Suisse
Schweiz
Svizzera
2008

Sommaire

Inhaltsverzeichnis

Sommario

Contents

INTRODUCTION

FRANÇAIS

Mode d'emploi 4
Engagements 6
Édito 7
Classements & distinctions 8
Équipements & services 10
Prix 11
Villes 13
Plans 15

→ EINLEITUNG

DEUTSCH

Hinweise zur Benutzung 16
Grundsätze 18
Lieber Leser 19
Kategorien & Auszeichnungen 20
Einrichtung & Service 22
Preise 23
Städte 25
Stadtpläne 27

→ INTRODUZIONE

ITALIANO

Come leggere la guida 28
Principi 30
Editoriale 31
Categorie e simboli distintivi 32
Installazioni e servizi 34
I prezzi 35
Le città 37
Le carte 39

→ INTRODUCTION

ENGLISH

How to use this guide 40
Commitments 42
Dear reader 43
Classification & awards 44
Facilities & services 46
Prices 47
Towns 49
Town plans 51

LES DISTINCTIONS 2008

Les tables étoilées 54
Les Bib Gourmand 58
Les Bib Hôtel 62
Les hôtels agréables 64
Les restaurants agréables 66

→ DISTINZIONI 2008

Esercizi con stelle 54
Bib Gourmand 58
Bib Hotel 62
Alberghi ameni 64
Ristoranti ameni 66

→ AUSZEICHNUNGEN 2008

Sterne-Restaurants 54
Bib Gourmand 58
Bib Hotel 62
Angenehme Hotels 64
Angenehme Restaurants 66

→ AWARDS 2008

Starred establishments 54
Bib Gourmand 58
Bib Hotel 62
Pleasant hotels 64
Pleasant restaurants 66

POUR EN SAVOIR PLUS

Liste des Spas 70
Les langues parlées 75
Carte des cantons 76
Fromages 79
Vins et spécialités régionales 83
Automobile clubs 88
Stations de sports d'hiver 504
Jours fériés 514
Calendrier des foires 518
Lexique 520

→ PER SAPERNE DI PIÚ

Lista degli Spas 70
Le lingue parlate 75
Carta dei cantoni 76
Formaggi 79
Vini e specialità regionali 83
Automobile clubs 88
Stazioni di sport invernali 504
Festività 514
Principali fiere 518
Lessico 534

→ GUT ZU WISSEN

Liste der Wellness-Hotels 70
Die Sprachen 75
Karte der Kantone 76
Käse 79
Wein und regionale Spezialitäten 83
Automobil Clubs 88
Wintersportorte 504
Feiertage 514
Wichtigste Messen 518
Lexikon 527

→ FURTHER INFORMATION

List of Spas 70
Spoken languages 75
Maps of the Swiss districts 76
Cheeses 79
Wines and regional specialities 83
Motoring organisations 88
Winter sports stations 504
Public holidays 514
Main fairs 518
Lexicon 520

→ VILLES de A à Z 89
→ CITTÀ da A a Z 89
→ STÄDTE von A bis Z 89
→ TOWNS from A to Z 89

Mode d'emploi

INFORMATIONS TOURISTIQUES

Distances depuis les villes principales, offices de tourisme, sites touristiques locaux, moyens de transports, golfs et loisirs...

L'HÉBERGEMENT

De 🏠🏠🏠🏠 à 🏠 : catégories de confort.
En rouge 🏠🏠🏠🏠 ... 🏠 : les plus agréables.

LES MEILLEURES ADRESSES À PETITS PRIX

Bib Hôtel.
Bib Gourmand.

LES RESTAURANTS

De XXXXX à X : catégories de confort.
En rouge XXXXX ... X : les plus agréables.

LES TABLES ÉTOILÉES

✿✿✿ Vaut le voyage.
✿✿ Mérite un détour.
✿ Très bonne cuisine.

CORTAILLOD – 2016 Neuchâtel (NE) – 552 F17 – 4 40
Bern 58 – Neuchâtel 9 – Biel 44 – La Chaux-
Cortaillod Tourisme, rue Grande, ✆ 032 812
Fax 032 812 34 55
Panorama autour du lac AE D – Neuchâte

Le Galion
à Petit Cortaillod – ✆ 032 843 44 35 – admin@
– Fax 032 843 44 36 – Fermé 18 décembre - 8 j
22 ch – †110/130 CHF ††180/230 CHF – ½P
Rest – (fermé dimanche d'octobre à mars)
• Au plus près de la nature, entre lac et vig
décorées, pour des nuitées sans remous.
et spécialités du lac. Cuvée maison prove

La Retraite
18 r. Chanélaz – ✆ 032 844 22 34 – inf
– Fermé 22 décembre - 8 janvier et d
25 ch – †75/100 CHF ††160/190 C
Rest – (17 CHF) Menu 49/89 CHF – C
• Hôtellerie familiale établie dans
Ses deux chalets renferment d'am
apprécié pour son confort et po

La Pomme de Pin – ✆ 032 8
14 av. François-Borel
– Fax 032 842 29 43
Rest – (fermé Noël et Nouve
• Table entièrement rénov
tisme : perches, homards, f
à la détente.

COSSONAY – 1304 Vaud (VD)
Bern 107 – Lausann

Le Petit Comptoir
22 r. du Temple – ✆ 0
– Fermé 24 décembr
Rest – Menu 80 CHF
Spéc. Pressée de th
Mille-feuille de bo
• Ancienne mais
mobilier Louis X
Du plaisir pour

…NAY – 295

CARTE MICHELIN

Références de la carte MICHELIN où vous retrouverez la localité.

LOCALISER LA VILLE

Repérage de la localité sur la carte régionale en fin de guide (n° de la carte et coordonnées).

LES HÔTELS TRANQUILLES

Hôtel tranquille.
Hôtel très tranquille.

DESCRIPTION DE L'ÉTABLISSEMENT

Atmosphère, style, caractère et spécialités.

LOCALISER L'ÉTABLISSEMENT

Localisation sur le plan de ville (coordonnées et indice).

ÉQUIPEMENTS ET SERVICES

PRIX

8 C2
482
34 – Lausanne 65
o@cortaillod.ch,
ch ch AE VISA
BS e
galion.ch
enu 49/63 CHF – Carte 51/87 CHF
is catégories de chambres joliment
ant vogue entre recettes classiques
vignes.
P AE VISA
AU b
ite.ch – Fax 032 844 22 35
36 CHF
4 CHF
ier résidentiel, donc exempte de chahut.
bres à touches campagnardes. Restaurant
apporté à se préparations.
P AE VISA
CU d
pommedepin@net2000.ch
u 18 CHF – Carte 43/87 CHF
'orientation culinaire ne manque pas d'éclec-
ier et produits terrestres. Terrasse d'été propice
12 A3
– 2 487 h. – alt. 565
bourg 78 – Genève 62 – Yverdon-les-Bains 28
AE VISA
20 – lepe@swissonline.ch – Fax 032 861 46 21
er, 9 juillet - 3 août et dimanche
0 CHF – Carte 128/208 CHF
é aux herbes. Gnocchi à la truffe noire et jus de légumes.
onts. **Vins** Morges, Lully, Féchy.
3e s. mariant harmonieusement décor ancien - élégant
ne cheminée en pierre moulurée - et cuisine innovante.
t le palais.
5 D7
) – **551** H4 – **2 099 h. – alt. 488**
t 24 – Basel 54 – Biel 57 – Montbéliard 38
P AE VISA
471 22 35 – petitalbertine@bluewin.ch
44 CHF – Carte 33/72 CHF
ines dotées de
cieuse.

Engagements

« Ce guide est né avec le siècle et il durera autant que lui. »

Cet avant-propos de la première édition du Guide MICHELIN 1900 est devenu célèbre au fil des années et s'est révélé prémonitoire. Si le Guide est aujourd'hui autant lu à travers le monde, c'est notamment grâce à la constance de son engagement vis-à-vis de ses lecteurs.
Nous voulons ici le réaffirmer.

Les engagements du guide MICHELIN :

La visite anonyme : les inspecteurs testent de façon anonyme et régulière les tables et les chambres afin d'apprécier le niveau des prestations offertes à tout client. Ils paient leurs additions et peuvent se présenter pour obtenir des renseignements supplémentaires sur les établissements. Le courrier des lecteurs nous fournit par ailleurs une information précieuse pour orienter nos visites.

L'indépendance : la sélection des établissements s'effectue en toute indépendance, dans le seul intérêt du lecteur. Les décisions sont discutées collégialement par les inspecteurs et le rédacteur en chef. Les plus hautes distinctions sont décidées à un niveau européen. L'inscription des établissements dans le guide est totalement gratuite.

La sélection : le Guide offre une sélection des meilleurs hôtels et restaurants dans toutes les catégories de confort et de prix. Celle-ci résulte de l'application rigoureuse d'une même méthode par tous les inspecteurs.

La mise à jour annuelle : chaque année toutes les informations pratiques, les classements et les distinctions sont revus et mis à jour afin d'offrir l'information la plus fiable.

L'homogénéité de la sélection : les critères de classification sont identiques pour tous les pays couverts par le guide MICHELIN.

… et un seul objectif : tout mettre en œuvre pour aider le lecteur à faire de chaque sortie un moment de plaisir, conformément à la mission que s'est donnée MICHELIN : contribuer à une meilleure mobilité.

Édito

Cher lecteur,

Nous avons le plaisir de vous proposer notre 15e édition du guide MICHELIN Suisse. Cette sélection des meilleurs hôtels et restaurants dans chaque catégorie de prix est effectuée par une équipe d'inspecteurs professionnels, de formation hôtelière. Tous les ans, ils sillonnent le pays pour visiter de nouveaux établissements et vérifier le niveau des prestations de ceux déjà cités dans le Guide. Au sein de la sélection, nous reconnaissons également chaque année les meilleures tables en leur décernant de ✿ à ✿✿✿. Les étoiles distinguent les établissements qui proposent la meilleure qualité de cuisine, dans tous les styles, en tenant compte du choix des produits, de la créativité, de la maîtrise des cuissons et des saveurs, du rapport qualité/prix ainsi que de la régularité. Cette année encore, de nombreuses tables ont été remarquées pour l'évolution de leur cuisine. Un « **N** » accompagne les nouveaux promus de ce millésime 2008, annonçant leur arrivée parmi les établissements ayant une, deux ou trois étoiles.

De plus, nous souhaitons indiquer les établissements *« espoirs »* pour la catégorie supérieure. Ces établissements, mentionnés en rouge dans notre liste, sont les meilleurs de leur catégorie. Ils pourront accéder à la distinction supérieure dès lors que la régularité de leurs prestations, dans le temps et sur l'ensemble de la carte, aura progressé. Par cette mention spéciale, nous entendons vous faire connaître les tables qui constituent, à nos yeux, les espoirs de la gastronomie de demain.

Votre avis nous intéresse, en particulier sur ces *« espoirs »* ; n'hésitez pas à nous écrire. Votre participation est importante pour orienter nos visites et améliorer sans cesse votre Guide.

Merci encore de votre fidélité. Nous vous souhaitons de bons voyages avec le guide MICHELIN 2008.

Consultez le Guide MICHELIN sur
www.ViaMichelin.ch
et écrivez-nous à :
leguidemichelin-suisse@ch.michelin.com

Classement & distinctions

Le guide MICHELIN retient dans sa sélection les meilleures adresses dans chaque catégorie de confort et de prix. Les établissements sélectionnés sont classés selon leur confort et cités par ordre de préférence dans chaque catégorie.

	Grand luxe et tradition
	Grand confort
	Très confortable
	De bon confort
	Assez confortable
sans rest garni, senza rist	**L'hôtel n'a pas de restaurant**
avec ch mit Zim, con cam	**Le restaurant possède des chambres**

LES DISTINCTIONS

Pour vous aider à faire le meilleur choix, certaines adresses particulièrement remarquables ont reçu une distinction : étoiles ou Bib Gourmand. Elles sont repérables dans la marge par ou et dans le texte par **Rest**.

LES ÉTOILES : LES MEILLEURES TABLES

Les étoiles distinguent les établissements, tous styles de cuisine confondus, qui proposent la meilleure qualité de cuisine. Les critères retenus sont : le choix des produits, la créativité, la maîtrise des cuissons et des saveurs, le rapport qualité/prix ainsi que la régularité.

Cuisine remarquable, cette table vaut le voyage
On y mange toujours très bien, parfois merveilleusement.

Cuisine excellente, cette table mérite un détour

Une très bonne cuisine dans sa catégorie

LES BIBS : LES MEILLEURES ADRESSES À PETIT PRIX

Bib Gourmand
Établissement proposant une cuisine de qualité à moins de 55 CHF (prix d'un repas hors boisson).

Bib Hôtel
Établissement offrant une prestation de qualité avec une majorité de chambres à moins de 180 CHF (prix pour 2 personnes, petit-déjeuner compris).

LES ADRESSES LES PLUS AGRÉABLES

Le rouge signale les établissements particulièrement agréables. Cela peut tenir au caractère de l'édifice, à l'originalité du décor, au site, à l'accueil ou aux services proposés.

🏠 à 🏠🏠🏠🏠🏠 **Hôtels agréables**

✕ à ✕✕✕✕✕ **Restaurants agréables**

LES MENTIONS PARTICULIÈRES

En dehors des distinctions décernées aux établissements, les inspecteurs MICHELIN apprécient d'autres critères souvent importants dans le choix d'un établissement.

SITUATION

Vous cherchez un établissement tranquille ou offrant une vue attractive ? Suivez les symboles suivants :

🐦	**Hôtel tranquille**
🐦	**Hôtel très tranquille**
⋞	**Vue intéressante**
⋞ lac	**Vue exceptionnelle**

CARTE DES VINS

Vous cherchez un restaurant dont la carte des vins offre un choix particulièrement intéressant ? Suivez le symbole suivant :

🍇 **Carte des vins particulièrement attractive**
Toutefois, ne comparez pas la carte présentée par le sommelier d'un grand restaurant avec celle d'une auberge dont le patron se passionne pour les vins de sa région.

Équipements & services

30 ch (Zim, cam)	Nombre de chambres
	Ascenseur
	Air conditionné (dans tout ou partie de l'établissement)
	Établissement disposant de chambres ou d'une salle réservées aux non-fumeurs
	Connexion Internet « Wireless Lan » dans la chambre
	Établissement en partie accessible aux personnes à mobilité réduite
	Équipement d'accueil pour les enfants
	Repas servi au jardin ou en terrasse
Spa	SPA : bel espace de bien-être et de relaxation
	Cure thermale, hydrothérapie
	Salle de remise en forme, sauna
	Piscine : de plein air ou couverte
	Jardin de repos – parc
	Plage aménagée
18	Court de tennis – Golf et nombre de trous
	Ponton d'amarrage
	Salles de conférences
	Salons pour repas privés
	Garage dans l'hôtel (généralement payant)
P	Parking réservé à la clientèle
P	Parking clos réservé à la clientèle
	Accès interdit aux chiens (dans tout ou partie de l'établissement)

Les prix indiqués dans ce guide ont été établis à l'été 2007. Ils sont susceptibles de modifications, notamment en cas de variation des prix des biens et des services. Ils s'entendent taxes et service compris. Aucune majoration ne doit figurer sur votre note sauf éventuellement la taxe de séjour.

Les hôteliers et restaurateurs se sont engagés, sous leur propre responsabilité, à appliquer ces prix aux clients.

À l'occasion de certaines manifestations : congrès, foires, salons, festivals, événements sportifs..., les prix demandés par les hôteliers peuvent être sensiblement majorés.

Par ailleurs, renseignez-vous pour connaître les éventuelles conditions avantageuses accordées par les hôteliers.

RÉSERVATION ET ARRHES

Certains hôteliers demandent le versement d'arrhes en signe d'engagement du client. Il est souhaitable de bien demander à l'hôtelier d'indiquer dans sa lettre d'accord si le montant ainsi versé sera imputé sur la facture (dans ce cas, les arrhes servent d'acompte) ou non. Il est également conseillé de se renseigner sur les conditions précises du séjour.

CARTES DE PAIEMENT

	Cartes de crédit acceptées :
AE (D) MC VISA	American Express – Diners Club – Mastercard (Eurocard) – Visa

CHAMBRES

29 ch (Zim, cam)	Nombre de chambres
† 100/150	Prix minimum 100 CHF et /maximum 150 CHF pour une chambre d'une personne.
†† 200/350	Prix minimum 200 CHF et /maximum 350 CHF pour une chambre de deux personnes.
ch (Zim,cam) ☕ -	Petit-déjeuner compris.
☕ 20 CHF	Prix du petit-déjeuner (Suites et junior suites : se renseigner auprès de l'hôtelier.)

DEMI-PENSION

½ P 30 CHF	Prix du supplément pour la demi-pension par personne/jour.
(inkl. ½ P.)	Prix de la chambre, demi-pension inclus La plupart des hôtels saisonniers pratiquent également sur demande la pension complète.

RESTAURANT

☺	Restaurant proposant un plat du jour **à moins de 20 CHF**
	Plat du jour :
(16 CHF)	Prix moyen du plat du jour généralement servi au repas de midi, en semaine.
	Menu à prix fixe :
	Prix d'un repas composé d'un plat principal, d'**une entrée** et d'**un dessert**.
Menu 36/80 CHF **(Menü – Menu)**	**Prix du menu :** minimum 36/maximum 80
	Repas à la carte :
Carte 50/95 CHF **(Karte – Carta)**	Le premier prix correspond à un repas simple comprenant une entrée, un plat garni et un dessert. Le second prix concerne un repas plus complet (avec spécialité) comprenant une entrée, un plat principal, un fromage et un dessert.

GÉNÉRALITÉS

(BIENNE)	Traduction usuelle du nom de la localité
⊠ *3000*	Numéro de code postal de la localité
⊠ *3123 Belp*	Numéro de code postal et nom de la commune de destination
C - K	Chef-lieu de canton
Bern (BE)	Canton auquel appartient la localité
551 I6	Numéro de la carte MICHELIN et coordonnées permettant de se repérer sur la carte
1 057 h. (Ew. – ab.)	Nombre d'habitants
Alt. (Höhe) 1 500	Altitude de la localité
Kurort *Stazione termale*	Station thermale
Wintersport *Sport invernali*	Sports d'hiver
1 200/1 900	Altitude de la station minimum et altitude maximum atteinte par les remontées mécaniques
2	Nombre de téléphériques ou télécabines
14	Nombre de remonte-pentes et télésièges
	Ski de fond
BY b	Lettres repérant un emplacement sur le plan de ville
18	Golf et nombre de trous
	Panorama, point de vue
	Aéroport
	Localité desservie par train-auto Renseignements au numéro de téléphone indiqué
i	Information touristique
	Touring Club Suisse (T.C.S.)
	Automobile Club de Suisse (A.C.S.)

INFORMATIONS TOURISTIQUES

INTÉRÊT TOURISTIQUE

★★★	Vaut le voyage
★★	Mérite un détour
★	Intéressant
	Les musées sont généralement fermés le lundi

SITUATION DU SITE

	A voir dans la ville
	A voir aux environs de la ville
	La curiosité est située :
Nord, Süd, Sud,	au Nord, au Sud
Est, Ost,	à l'Est
Ouest, West, Ovest	à l'Ouest
② ④	On s'y rend par la sortie ② ou ④ repérée par le même signe sur le plan du Guide et sur la carte MICHELIN
2 km	Distance en kilomètres

MANIFESTATIONS LOCALES

Sélection des principales manifestations culturelles, folkloriques ou sportives locales.

Plans

Hôtels
Restaurants

CURIOSITÉS

Bâtiment intéressant
Édifice religieux intéressant : Catholique – Protestant

VOIRIE

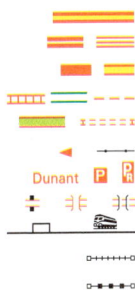

Autoroute
Double chaussée de type autoroutier
Grande voie de circulation
Voie en escalier – Allée piétonnière - Sentier
Rue piétonne– Rue réglementée ou impraticable
Sens unique – Tramway
Dunant — Rue commerçante – Parking – Parking Relais
Porte – Passage sous voûte – Tunnel
Gare et voie ferrée
Funiculaire, voie à crémaillère
Téléphérique, télécabine

SIGNES DIVERS

Information touristique
Mosquée – Synagogue
Tour – Ruines
Jardin, parc, bois – Cimetière
Stade – Golf – Hippodrome – Patinoire
Piscine de plein air, couverte – Port de plaisance
Vue – Panorama – Table d'orientation
Monument – Fontaine – Usine – Centre commercial
Aéroport – Station de métro – Gare routière
Transport par bateau :
- passagers et voitures, passagers seulement

Repère commun aux plans et aux cartes Michelin détaillées
Bureau principal de poste restante
Hôpital – Marché couvert
Bâtiment public repéré par une lettre :
- G H — Police cantonale (Gendarmerie) – Hôtel de ville
- J M — Palais de justice - Musée
- P T U — Préfecture – Théâtre - Université, grande école
- POL. — Police municipale

Passage bas (inf. à 4 m 50) – Charge limitée (inf. à 19 t)
Touring Club Suisse (T.C.S.)
Automobile Club de Suisse (A.C.S.)

Hinweise zur Benutzung

TOURISTISCHE INFORMATIONEN

Entfernungen zu grösseren Städten, Informationsstellen, Sehenswürdigkeiten, Verkehrsmittel, Golfplätze und lokale Veranstaltungen...

DIE HOTELS

Von bis : Komfortkategorien.
In rot ... : Besonders angenehme Häuser.

DIE BESTEN PREISWERTEN ADRESSEN

Bib Hotel.
Bib Gourmand.

DIE RESTAURANTS

Von bis : Komfortkategorien.
In rot ... : Besonders angenehme Häuser.

DIE STERNE-RESTAURANTS

Eine Reise wert.
Verdient einen Umweg.
Eine sehr gute Küche.

CORTAILLOD – 2016 Neuchâtel (NE) – 552 F17 – 4
Bern 58 – Neuchâtel 9 – Biel 44 – La Chau
Cortaillod Tourisme, rue Grande, 032 8
Fax 032 812 34 55
Panorama autour du lac AE D – Neuchâ

Le Galion
à Petit Cortaillod – 032 843 44 35 – admi
– Fax 032 843 44 36 – Fermé 18 décembre –
22 ch – 110/130 CHF 180/230 CHF –
Rest – (fermé dimanche d'octobre à ma
• Au plus près de la nature, entre lac et vi
décorées, pour des nuitées sans remou
et spécialités du lac. Cuvée maison pro

La Retraite
18 r. Chanélaz – 032 844 22 34 – i
– Fermé 22 décembre - 8 janvier et
25 ch – 75/100 CHF 160/19
Rest – (17 CHF) Menu 49/89 CHF –
• Hôtellerie familiale établie da
Ses deux chalets renferment d'a
apprécié pour son confort et p

La Pomme de Pin
14 av. François-Borel – 032
– Fax 032 842 29 43
Rest – (fermé Noël et Nouv
• Table entièrement réno
tisme : perches, homards,
à la détente.

COSSONAY – 1304 Vaud (VD
Bern 107 – Lausan

Le Petit Comptoi
22 r. du Temple –
– Fermé 24 décemb
Rest – Menu 80 CH
Spéc. Pressée de
Mille-feuille de b
• Ancienne ma
mobilier Louis
Du plaisir pour

…NAY – 295

MICHELIN-KARTE

Angabe der MICHELIN-Karte auf der Ort zu finden ist.

LAGE DER STADT

Markierung des Ortes auf der Regionalkarte am Ende des Buchs (Nr. der Karte und Koordinaten).

RUHIGE HOTELS

Ruhiges Hotel.

Sehr ruhiges Hotel.

BESCHREIBUNG DES HAUSES

Atmosphäre, Stil, Charakter und Spezialitäten.

LAGE DES HAUSES

Markierung auf dem Stadtplan (Planquadrat und Koordinate).

EINRICHTUNG UND SERVICE

PREISE

Grundsätze

„Dieses Werk hat zugleich mit dem Jahrhundert das Licht der Welt erblickt, und es wird ihm ein ebenso langes Leben beschieden sein."

Das Vorwort der ersten Ausgabe des MICHELIN-Führers von 1900 wurde im Laufe der Jahre berühmt und hat sich inzwischen durch den Erfolg dieses Ratgebers bestätigt. Der MICHELIN-Führer wird heute auf der ganzen Welt gelesen. Den Erfolg verdankt er seiner konstanten Qualität, die einzig den Lesern verpflichtet ist und auf festen Grundsätzen beruht.

Die Grundsätze des MICHELIN-Führers:

Anonymer Besuch: Die Inspektoren testen regelmässig und anonym die Restaurants und Hotels, um deren Leistungsniveau zu beurteilen. Sie bezahlen alle in Anspruch genommenen Leistungen und geben sich nur zu erkennen, um ergänzende Auskünfte zu den Häusern zu erhalten. Für die Reiseplanung der Inspektoren sind die Briefe der Leser im Übrigen eine wertvolle Hilfe.

Unabhängigkeit: Die Auswahl der Häuser erfolgt völlig unabhängig und ist einzig am Nutzen für den Leser orientiert. Die Entscheidungen werden von den Inspektoren und dem Chefredakteur gemeinsam getroffen. Über die höchsten Auszeichnungen wird sogar auf europäischer Ebene entschieden. Die Empfehlung der Häuser im MICHELIN-Führer ist völlig kostenlos.

Objektivität der Auswahl: Der MICHELIN-Führer bietet eine Auswahl der besten Hotels und Restaurants in allen Komfort- und Preiskategorien. Diese Auswahl erfolgt unter strikter Anwendung eines an objektiven Massstäben ausgerichteten Bewertungssystems durch alle Inspektoren.

Einheitlichkeit der Auswahl: Die Klassifizierungskriterien sind für alle vom MICHELIN-Führer abgedeckten Länder identisch.

Jährliche Aktualisierung: Jedes Jahr werden alle praktischen Hinweise, Klassifizierungen und Auszeichnungen überprüft und aktualisiert, um ein Höchstmass an Zuverlässigkeit zu gewährleisten.

... und sein einziges Ziel – dem Leser bestmöglich behilflich zu sein, damit jede Reise und jeder Restaurantbesuch zu einem Vergnügen werden, entsprechend der Aufgabe, die sich MICHELIN gesetzt hat: die Mobilität in den Vordergrund zu stellen.

Lieber Leser

Lieber Leser,

Wir freuen uns, Ihnen die 15. Ausgabe des MICHELIN-Führers Schweiz vorstellen zu dürfen. Diese Auswahl der besten Hotels und Restaurants in allen Preiskategorien wird von einem Team von Inspektoren mit Ausbildung in der Hotellerie und Gastronomie erstellt. Sie bereisen das ganze Jahr hindurch das Land. Ihre Aufgabe ist es, die Qualität und Leistung der bereits empfohlenen und der neu hinzu kommenden Hotels und Restaurants kritisch zu prüfen. In unserer Auswahl weisen wir jedes Jahr auf die besten Restaurants hin, die wir mit ✿ bis ✿✿✿ kennzeichnen. Die Sterne zeichnen die Häuser mit der besten Küche aus, wobei unterschiedliche Küchenstilrichtungen vertreten sind. Als Kriterien dienen die Wahl der Produkte, die fachgerechte Zubereitung, der Geschmack der Gerichte, die Kreativität und das Preis-Leistungs-Verhältnis, sowie die Beständigkeit der Küchenleistung. Dieses Jahr werden ferner zahlreiche Restaurants für die Weiterentwicklung ihrer Küche hervorgehoben. Um die neu hinzugekommenen Häuser des Jahrgangs 2008 mit einem, zwei oder drei Sternen zu präsentieren, haben wir diese mit einem **„N"** gekennzeichnet.

Ausserdem möchten wir die *"Hoffnungsträger"* für die nächsthöheren Kategorien hervorheben. Diese Häuser, die in der Sterne-Liste in rot aufgeführt sind, sind die besten ihrer Kategorie und könnten in Zukunft aufsteigen, wenn sich die Qualität ihrer Leistungen dauerhaft und auf die gesamte Karte bezogen bestätigt hat. Mit dieser besonderen Kennzeichnung möchten wir Ihnen die Restaurants aufzeigen, die in unseren Augen die Hoffnung für die Gastronomie von morgen sind. Ihre Meinung interessiert uns! Bitte teilen Sie uns diese mit, insbesondere hinsichtlich dieser *"Hoffnungsträger"*. Ihre Mitarbeit ist für die Planung unserer Besuche und für die ständige Verbesserung des MICHELIN-Führers von grosser Bedeutung.

Wir danken Ihnen für Ihre Treue und wünschen Ihnen angenehme Reisen mit dem MICHELIN-Führer 2008.

Den MICHELIN-Führer finden Sie auch im Internet unter
www.ViaMichelin.ch
oder schreiben Sie uns eine E-mail:
leguidemichelin-suisse@ch.michelin.com

Kategorien & Auszeichnungen

KOMFORTKATEGORIEN

Der MICHELIN-Führer bietet in seiner Auswahl die besten Adressen jeder Komfort- und Preiskategorie. Die ausgewählten Häuser sind nach dem gebotenen Komfort geordnet; die Reihenfolge innerhalb jeder Kategorie drückt eine weitere Rangordnung aus.

🏨🏨🏨🏨🏨	✗✗✗✗✗	**Grosser Luxus und Tradition**
🏨🏨🏨🏨	✗✗✗✗	**Grosser Komfort**
🏨🏨🏨	✗✗✗	**Sehr komfortabel**
🏨🏨	✗✗	**Mit gutem Komfort**
🏨	✗	**Mit Standard-Komfort**
sans rest garni, senza rist		**Hotel ohne Restaurant**
avec ch mit Zim, con cam		**Restaurant vermietet auch Zimmer**

AUSZEICHNUNGEN

Um ihnen behilflich zu sein, die bestmögliche Wahl zu treffen, haben einige besonders bemerkenswerte Adressen dieses Jahr eine Auszeichnung erhalten. Die Sterne bzw. „Bib Gourmand" sind durch das entsprechende Symbol ✿ bzw. ☺ und **Rest** gekennzeichnet.

DIE STERNE : DIE BESTEN RESTAURANTS

Die Häuser, die eine überdurchschnittlich gute Küche bieten, wobei alle Stilrichtungen vertreten sind, wurden mit einem Stern ausgezeichnet. Die Kriterien sind: die Wahl der Produkte, die Kreativität, die fachgerechte Zubereitung und der Geschmack, sowie das Preis-Leistungs-Verhältnis und die immer gleich bleibende Qualität.

✿✿✿ **Eine der besten Küchen: eine Reise wert**
Man isst hier immer sehr gut, öfters auch exzellent.

✿✿ **Eine hervorragende Küche: verdient einen Umweg**

✿ **Ein sehr gutes Restaurant in seiner Kategorie**

DIE BIBS : DIE BESTEN PREISWERTEN HÄUSER

☺ **Bib Gourmand**
Häuser, die eine gute Küche für weniger als 55 CHF bieten (Preis für eine dreigängige Mahlzeit ohne Getränke).

☺ **Bib Hotel**
Häuser, die eine Mehrzahl ihrer komfortablen Zimmer für weniger als 180 CHF anbieten (Preis für 2 Personen mit Frühstück).

DIE ANGENEHMSTEN ADRESSEN

Die rote Kennzeichnung weist auf besonders angenehme Häuser hin. Dies bezieht sich auf den besonderen Charakter des Gebäudes, die nicht alltägliche Einrichtung, die Lage, den Empfang oder den gebotenen Service.

bis **Angenehme Hotels**

bis **Angenehme Restaurants**

BESONDERE ANGABEN

Neben den Auszeichnungen, die den Häusern verliehen werden, legen die MICHELIN-Inspektoren auch Wert auf andere Kriterien, die bei der Wahl einer Adresse oft von Bedeutung sind.

LAGE

Wenn Sie eine ruhige Adresse oder ein Haus mit einer schönen Aussicht suchen, achten Sie auf diese Symbole:

Ruhiges Hotel

Sehr ruhiges Hotel

Interessante Sicht

Berge **Besonders schöne Aussicht**

WEINKARTE

Wenn Sie ein Restaurant mit einer besonders interessanten Weinauswahl suchen, achten Sie auf dieses Symbol:

Weinkarte mit besonders attraktivem Angebot
Aber vergleichen Sie bitte nicht die Weinkarte, die Ihnen vom Sommelier eines grossen Hauses präsentiert wird, mit der Auswahl eines Gasthauses, dessen Besitzer die Weine der Region mit Sorgfalt zusammenstellt.

Einrichtung & Service

30 Zim (ch, cam)	Anzahl der Zimmer
	Fahrstuhl
A/C	Klimaanlage (im ganzen Haus bzw. in den Zimmern oder im Restaurant)
	Nichtraucherzimmer vorhanden bzw. Separater Restaurantraum für Nichtraucher reserviert
	Internetzugang mit W-LAN in den Zimmern möglich
	Einrichtung für Körperbehinderte vorhanden
	Spezielle Angebote für Kinder
	Garten bzw. Terrasse mit Speiseservice
Spa	Wellnessbereich
	Badeabteilung, Thermalkur
	Fitnessraum, Sauna
	Freibad oder Hallenbad
	Liegewiese, Garten – Park
	Strandbad
18	Tennisplatz – Golfplatz und Lochzahl
	Bootssteg
	Konferenzraum
	Veranstaltungsraum
	Hotelgarage (wird gewöhnlich berechnet)
P	Parkplatz reserviert für Gäste
P	Gesicherter Parkplatz für Gäste
	Hunde sind unerwünscht (im ganzen Haus bzw. in den Zimmern oder im Restaurant)

Preise

Die in diesem Führer genannten Preise wurden uns im Sommer 2007 angegeben. Änderungen sind vorbehalten, vor allem bei Preisschwankungen von Waren und Dienstleistungen. Bedienung und MWSt sind enthalten. Es sind Inklusivpreise, die sich nur noch durch die evtl. zu zahlende Kurtaxe erhöhen können.

Die Häuser haben sich verpflichtet, die von den Hoteliers selbst angegebenen Preise den Kunden zu berechnen.

Anlässlich grösserer Veranstaltungen, Messen und Ausstellungen werden von den Hotels in manchen Städten und deren Umgebung erhöhte Preise verlangt.

Erkundigen Sie sich bei den Hoteliers und Restaurateuren nach eventuellen Sonderbedingungen.

RESERVIERUNG UND HAFTGELD

Einige Hoteliers verlangen die Bezahlung eines Haftgeldes als Zeichen der Verpflichtung des Kunden. Es ist empfehlenswert, den Hotelier aufzufordern, in seinem Bestätigungsschreiben anzugeben, ob dieser bezahlte Betrag an die Rechnung angerechnet wird (in diesem Fall dient das Haftgeld als Anzahlung) oder nicht. Es wird ebenfalls empfohlen, sich über die präzisen Konditionen des Aufenthaltes zu informieren.

KREDITKARTEN

	Akzeptierte Kreditkarten:
VISA MC AE DC	Visa – Mastercard(Eurocard) – American Express – Diners Club

ZIMER

29 Zim (ch, cam)	Anzahl der Zimmer
† 100/150	Mindest- und Höchstpreis für ein Einzelzimmer
†† 200/350	Mindest- und Höchstpreis für ein Doppelzimmer
ch (Zim,cam) ☕ -	Zimmerpreis inkl. Frühstück
☕ 20	Preis des Frühstücks (Suiten und Junior Suiten: sich erkundigen)

HALBPENSION

½ P 30 CHF	Aufschlag zum Zimmerpreis für Halbpension pro Person und Tag
(inkl. ½ P.)	Zimmerpreis inkl. Halbpension In den meisten Hotels können Sie auf Anfrage auch Vollpension erhalten.

RESTAURANT

Restaurant, das einen Tagesteller **unter 20 CHF** anbietet

Tagesteller:

(16 CHF) Mittlere Preislage des Tagestellers im allgemeinen mittags während der Woche.

Feste Menüpreise:

Preis einer Mahlzeit aus Vorspeisen, Hauptgericht und Dessert.

Menu 36/80 CHF **(Menü – Menu)** **Menüpreise:** mindestens 36 CHF/höchstens 80 CHF

Mahlzeiten „à la carte":

Carte 50/95 CHF **(Karte – Carta)** Der erste Preis entspricht einer einfachen Mahlzeit mit Vorspeise, Hauptgericht mit Beilage und Dessert. Der zweite Preis entspricht einer reichlicheren Mahlzeit (mit Spezialität) aus Vorspeise, Hauptgang, Käse und Dessert.

ALLGEMEINES

(BIENNE)	Gebräuchliche Übersetzung des Ortsnamens
✉ *3000*	Postleitzahl
✉ *3123 Belp*	Postleitzahl und Name des Verteilerpostamtes
C - K	Kantonshauptstadt
Bern (BE)	Kanton, in dem der Ort liegt
551 I6	Nummer der Michelin-Karte mit Koordinaten
1 057 Ew. (h. – ab.)	Einwohnerzahl
Höhe (Alt.) 1 500	Höhe der Ortschaft
Station thermale – Stazione termale	Kurort
Sports d'hiver – Sport invernali	Wintersport
1 200/1 900	Minimal-Höhe der Station des Wintersportortes/Maximal-Höhe, die mit Kabinenbahn oder Lift erreicht werden kann
2	Anzahl der Luftseil-und Gondelbahnen
14	Anzahl der Schlepp- und Sessellifte
	Langlaufloipen
BY b	Markierung auf dem Stadtplan
18	Golfplatz mit Lochzahl
	Rundblick, Aussichtspunkt
	Flughafen
	Ladestelle für Autoreisezüge. Nähere Auskünfte unter der angegebenen Telefonnummer
i	Touristeninformation
	Touring Club der Schweiz (T.C.S.)
	Automobil Club der Schweiz (A.C.S.)

SEHENSWÜRDIGKEITEN

BEWERTUNG

★★★	Eine Reise wert
★★	Verdient einen Umweg
★	Sehenswert
	Museen sind im allgemeinen montags geschlossen

LAGE

	In der Stadt
	In der Umgebung der Stadt
	Die Sehenswürdigkeit befindet sich :
Nord, Süd, Sud,	Im Norden, Süden der Stadt
Ost, Est	Osten der Stadt
West, Ouest, Ovest	Westen der Stadt
② ④	Zu erreichen über die Ausfallstrasse ② bzw. ④, die auf dem Stadtplan und der MICHELIN-Karte identisch gekennzeichnet sind
2 km	Entfernung in Kilometern

LOKALE VERANSTALTUNGEN

Auswahl der wichtigsten kulturellen, folkloristischen und sportlichen lokalen Veranstaltungen

Stadtpläne

- Hotels
- Restaurants

SEHENSWÜRDIGKEITEN

Sehenswertes Gebäude

Sehenswerte katholische bzw. evangelische Kirche

STRASSEN

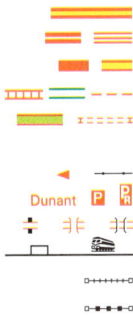

Autobahn

Schnellstrasse

Hauptverkehrsstrasse

Treppenstrasse – Fussweg – Weg, Pfad

Fussgängerzone – Gesperrte Strasse oder Strasse mit Verkehrsbeschränkungen

Einbahnstrasse – Strassenbahn

Dunant — Einkaufsstrasse – Parkplatz, Parkhaus – Park-and-Ride-Plätze

Tor – Passage – Tunnel

Bahnhof und Bahnlinie

Standseilbahn, Zahnradbahn

Seilbahn, Kabinenbahn

SONSTIGE ZEICHEN

Touristeninformation

Moschee – Synagoge

Turm – Ruine

Garten, Park, Wäldchen – Friedhof

Stadion – Golfplatz – Pferderennbahn – Eisbahn

Freibad – Hallenbad – Jachthafen

Aussicht – Rundblick – Orientierungstafel

Denkmal – Brunnen – Fabrik – Einkaufszentrum

Flughafen – U-Bahnstation – Autobusbahnhof

Schiffsverbindungen: Autofähre – Personenfähre

Strassenkennzeichnung (identisch auf MICHELIN-Stadtplänen und -Abschnittskarten)

Hauptpostamt (postlagernde Sendungen)

Krankenhaus – Markthalle

Öffentliches Gebäude, durch einen Buchstaben gekennzeichnet:

G H – Kantonspolizei – Rathaus

J M – Gerichtsgebäude – Museum

P T U – Präfektur – Theater – Universität, Hochschule

POL. – Stadtpolizei

Unterführung (Höhe bis 4,50 m) – Höchstbelastung (unter 19 t)

Touring Club der Schweiz (T.C.S.) –

Automobil Club der Schweiz (A.C.S.)

Come leggere la guida

INFORMAZIONI TURISTICHE

Distanza dalle città di riferimento, uffici turismo, siti turistici locali, mezzi di trasporto, golfs e tempo libero...

L'ALLOGGIO

Da 🏠🏠🏠🏠🏠 a 🏠: categorie di confort.
In rosso 🏠🏠🏠🏠🏠... 🏠: I più ameni.

I MIGLIORI ESERCIZI A PREZZI CONTENUTI

Bib Hotel.
Bib Gourmand.

I RISTORANTI

Da XXXXX a X: categorie di confort.
In rosso XXXXX... X: i più ameni.

LE TAVOLE STELLATE

✿✿✿ Vale il viaggio.
✿✿ Merita una deviazione.
✿ Ottima cucina.

CORTAILLOD – 2016 Neuchâtel (NE) – 552 F17 – 4 407
Bern 58 – Neuchâtel 9 – Biel 44 – La Chaux-
Cortaillod Tourisme, rue Grande, ✆ 032 812
Fax 032 812 34 55
Panorama autour du lac AE D – Neuchâtel

Le Galion
à Petit Cortaillod – ✆ 032 843 44 35 – admin@
– Fax 032 843 44 36 – Fermé 18 décembre - 8 j
22 ch – 110/130 CHF 180/230 CHF – ½P
Rest – (fermé dimanche d'octobre à mars)
• Au plus près de la nature, entre lac et vig
décorées, pour des nuitées sans remous.
et spécialités du lac. Cuvée maison prove

La Retraite
18 r. Chanélaz – ✆ 032 844 22 34 – inf
– Fermé 22 décembre - 8 janvier et d
25 ch – 75/100 CHF 160/190
Rest – (17 CHF) Menu 49/89 CHF – Ca
• Hôtellerie familiale établie dans
Ses deux chalets renferment d'am
apprécié pour son confort et po

La Pomme de Pin
14 av. François-Borel – ✆ 032 8
– Fax 032 842 29 43
– (fermé Noël et Nouve
Rest – Table entièrement rénov
• tisme : perches, homards, f
à la détente.

COSSONAY – 1304 Vaud (VD)
Bern 107 – Lausann

Le Petit Comptoir
22 r. du Temple – ✆ 0
– Fermé 24 décembr
Rest – Menu 80 CHF
Spéc. Pressée de t
Mille-feuille de bo
• Ancienne mai
mobilier Louis X
Du plaisir pour

...ENAY – 295

CARTE MICHELIN

Riferimento alla carta MICHELIN in cui figura la località.

LOCALIZZARE LA CITTÀ

Posizione della località sulla carta regionale alla fine della guida (n° della carta e coordinate).

GLI ALBERGHI TRANQUILLI

Albergo tranquillo.
Albergo molto tranquillo.

DESCRIZIONE DELL'ESERCIZIO

Atmosfera, stile, carattere e spécialità.

LOCALIZZARE L'ESERCIZIO

Localizzazione sulla pianta di città (coordinate ed indice).

INSTALLAZIONI E SERVIZI

PREZZI

Principi

« Quest'opera nasce col secolo e durerà quanto esso. »

La prefazione della prima edizione della guida MICHELIN 1900, divenuta famosa nel corso degli anni, si è rivelata profetica. Se la Guida viene oggi consultata in tutto il mondo è grazie al suo costante impegno nei confronti dei lettori.

Desideriamo qui ribadirlo.

I principi della Guida MICHELIN:

La visita anonima: per poter apprezzare il livello delle prestazioni offerte ad ogni cliente, gli ispettori verificano regolarmente ristoranti ed alberghi mantenendo l'anonimato. Questi pagano il conto e possono presentarsi per ottenere ulteriori informazioni sugli esercizi. La posta dei lettori fornisce peraltro preziosi suggerimenti che permettono di orientare le nostre visite.

L'indipendenza: la selezione degli esercizi viene effettuata in totale indipendenza, nel solo interesse del lettore. Gli ispettori e il caporedattore discutono collegialmente le scelte. Le massime decisioni vengono prese a livello europeo. La segnalazione degli esercizi all'interno della Guida è interamente gratuita.

La selezione: la Guida offre una selezione dei migliori alberghi e ristoranti per ogni categoria di confort e di prezzo. Tale selezione è il frutto di uno stesso metodo, applicato con rigorosità da tutti gli ispettori.

L'aggiornamento annuale: ogni anno viene riveduto e aggiornato l'insieme dei consigli pratici, delle classifiche e della simbologia al fine di garantire le informazioni più attendibili.

L'omogeneità della selezione: i criteri di valutazione sono gli stessi per tutti i paesi presi in considerazione dalla guida MICHELIN.

... e un unico obiettivo: prodigarsi per aiutare il lettore a fare di ogni spostamento e di ogni uscita un momento di piacere, conformemente alla missione che la MICHELIN si è prefissata: contribuire ad una miglior mobilità.

Editoriale

Caro lettore,

Abbiamo il piacere di presentarle la nostra 15a edizione della guida MICHELIN Svizzera.

Questa selezione, che comprende i migliori alberghi e ristoranti per ogni categoria di prezzo, viene effettuata da un'équipe di ispettori professionisti di formazione alberghiera. Ogni anno, percorrono l'intero paese per visitare nuovi esercizi e verificare il livello delle prestazioni di quelli già inseriti nella Guida.

All'interno della selezione, vengono inoltre assegnate ogni anno da ✿ a ✿✿✿ alle migliori tavole. Le stelle contraddistinguono gli esercizi che propongono la miglior cucina, in tutti gli stili, tenendo conto della scelta dei prodotti, della creatività, dell'abilità nel raggiungimento della giusta cottura e nell'abbinamento dei sapori, del rapporto qualità/prezzo, nonché della costanza.

Anche quest'anno, numerose tavole sono state notate per l'evoluzione della loro cucina. Una « **N** » accanto ad ogni esercizio prescelto dell'annata 2008, ne indica l'inserimento fra gli esercizi con una, due o tre stelle.

Desideriamo inoltre segnalare le *« promesse »* per la categoria superiore. Questi esercizi, evidenziati in rosso nella nostra lista, sono i migliori della loro categoria e potranno accedere alla categoria superiore non appena le loro prestazioni avranno raggiunto un livello costante nel tempo, e nelle proposte della carta. Con questa segnalazione speciale, è nostra intenzione farvi conoscere le tavole che costituiscono, dal nostro punto di vista, le principali promesse della gastronomia di domani.

Il vostro parere ci interessa, specialmente riguardo a queste *« promesse »*. Non esitate quindi a scriverci, la vostra partecipazione è importante per orientare le nostre visite e migliorare costantemente la vostra Guida.

Grazie ancora per la vostra fedeltà e vi auguriamo buon viaggio con la guida MICHELIN 2008.

Consultate la guida MICHELIN su
www.ViaMichelin.ch
e scriveteci a :
leguidemichelin-suisse@ch.michelin.com

Categorie & simboli distintivi

LE CATEGORIE DI CONFORT

Nella selezione della guida MICHELIN vengono segnalati i migliori indirizzi per ogni categoria di confort e di prezzo. Gli escercizi selezionati sono classificati in base al confort che offrono e vengono citati in ordine di preferenza per ogni categoria.

🏨🏨🏨🏨🏨	XXXXX	Gran lusso e tradizione
🏨🏨🏨🏨	XXXX	Gran confort
🏨🏨🏨	XXX	Molto confortevole
🏨🏨	XX	Di buon confort
🏨	X	Abbastanza confortevole
senza rist garni, sans rest		L'albergo non ha ristorante
con cam mit Zim, avec ch		Il ristorante dispone di camere

I SIMBOLI DISTINTIVI

Per aiutarvi ad effettuare la scelta migliore, segnaliamo gli esercizi che si distinguono in modo particolare. Questi ristoranti sono evidenziati nel testo con ✿ o ☺ e **Rest**.

LE STELLE : LE MIGLIORI TAVOLE

Le stelle distinguono gli esercizi che propongono la miglior qualità in campo gastronomico, indipendentemente dagli stili di cucina. I criteri presi in considerazione sono: la scelta dei prodotti, l'abilità nel raggiungimento della giusta cottura e nell'abbinamento dei sapori, il rapporto qualità/prezzo nonché la costanza.

✿✿✿ **Una delle migliori cucine, questa tavola vale il viaggio**
Vi si mangia sempre molto bene, a volte meravigliosamente.

✿✿ **Cucina eccellente, questa tavola merita una deviazione**

✿ **Un'ottima cucina nella sua categoria**

BIB : I MIGLIORI ESERCIZI A PREZZI CONTENUTI

☺ **Bib Gourmand**
Esercizio che offre una cucina di qualità a meno di 55 CHF . Prezzo di un pasto, bevanda esclusa.

Bib Hotel
Esercizio che offre un soggiorno di qualità a meno di 180 CHF per la maggior parte delle camere. Prezzi per 2 persone, compresa la prima colazione.

GLI ESERCIZI AMENI

Il rosso indica gli esercizi particolarmente ameni. Questo per le caratteristiche dell'edificio, le decorazioni non comuni, la sua posizione ed il servizio offerto.

🏠 a 🏠🏠🏠🏠🏠 **Alberghi ameni**

✗ a ✗✗✗✗✗ **Ristoranti ameni**

LE SEGNALAZIONI PARTICOLARI

Oltre alle distinzioni conferite agli esercizi, gli ispettori MICHELIN apprezzano altri criteri spesso importanti nella scelta di un esercizio.

POSIZIONE

Cercate un esercizio tranquillo o che offre una vista piacevole?
Seguite i simboli seguenti :

- **Albergo tranquillo**
- **Albergo molto tranquillo**
- < **Vista interessante**
- < Rhein **Vista eccezionale**

CARTA DEI VINI

Cercate un ristorante la cui carta dei vini offra una scelta particolarmente interessante? Seguite il simbolo seguente:

Carta dei vini particolarmente interessante
Attenzione a non confrontare la carta presentata da un sommelier in un grande ristorante con quella di una trattoria dove il proprietario ha una grande passione per i vini della regione.

Installazioni & servizi

30 cam (ch, Zim)	Numero di camere
	Ascensore
A/C	Aria condizionata (in tutto o in parte dell'esercizio)
	Esercizio con camere riservate in parte ai non fumatori o una sala del ristorante è riservata ai non fumatori
	Connessione Internet « Wireless Lan » in camera
	Esercizio accessibile in parte alle persone con difficoltà motorie
	Attrezzatura per accoglienza e ricreazione dei bambini
	Pasti serviti in giardino o in terrazza
Spa	Spa/Wellness center: centro attrezzato per il benessere ed il relax
	Cura termale, Idroterapia
	Palestra, sauna
	Piscina: all'aperto, coperta
	Giardino – Parco
	Spiaggia attrezzata
18	Campo di tennis – Golf e numero di buche
	Pontile d'ormeggio
	Sale per conferenze
	Saloni privati nei ristoranti
	Garage nell'albergo (generalmente a pagamento)
P	Parcheggio riservato alla clientela
P	Parcheggio chiuso riservato alla clientela
	Accesso vietato ai cani (in tutto o in parte dell'esercizio)

I prezzi

I prezzi che indichiamo in questa guida sono stati stabiliti nell'estate 2007; potranno subire delle variazioni in relazione ai cambiamenti dei prezzi di beni e servizi. Essi s'intendono comprensivi di tasse e servizio. Sul conto da pagare non deve figurare alcuna maggiorazione, ad eccezione dell'eventuale tassa di soggiorno.

Gli albergatori e i ristoratori si sono impegnati, sotto la propria responsabilità, a praticare questi prezzi ai clienti.

In occasione di alcune manifestazioni (congressi, fiere, saloni, festival, eventi sportivi…) i prezzi richiesti dagli albergatori potrebbero subire un sensibile aumento.

Chiedete informazioni sulle eventuali promozioni offerte dagli albergatori.

LA CAPARRA

Alcuni albergatori chiedono il versamento di una caparra per confermare la prenotazione del cliente. E consigliato di chiedere all'albergatore d'indicare chiaramente nella lettera d'accettazione se la somma versata sarà dedotta dalla fattura finale (nel qual caso la caparra sarà trattata come un acconto) o se è pagata a fondo perso. E ugualmente consigliato d'informarsi riguardo alle condizioni precise del soggiorno.

CARTE DI CREDITO

	Carte di credito accettate:
VISA MC AE	Visa – Mastercard(Eurocard) – American Express –
D	Diners Club

CAMERE

25 cam (Zim, ch)	Numero di camere
🚹 100/150	Prezzo minimo e massimo per una camera singola
🚹🚹 200/350	Prezzo minimo e massimo per una camera doppia
ch (Zim,cam) ☕ -	Prima colazione compresa
☕ 20 CHF	Prezzo della prima colazione (Suite e junior suite: informarsi presso l'albergatore)

MEZZA PENSIONE

½ P 30 CHF	Questo supplemento per persona al giorno va aggiunto al prezzo della camera per ottenere quello della ½ pensione.
(½ P. incluso)	Prezzo della mezza pensione è incluso nel prezzo della camera. La maggior parte degli alberghi pratica anche, su richiesta, la pensione completa.

RISTORANTE

⊜	Esercizio che offre un **pasto semplice per meno di 20 CHF**
	Piatto del giorno
(16 CHF)	Prezzo medio del piatto del giorno generalmente servito a pranzo nei giorni settimanali.
	Menu a prezzo fisso
Menu 36/80 CHF **(Menü - Menu)**	Prezzo di un pasto composto dal piatto, da **un primo** ed **un dessert.**
	Pasto alla carta
Carte 50/95 CHF **(Karte - Carta)**	Il primo prezzo corrisponde ad un pasto semplice comprendente: primo, piatto e dessert. Il secondo prezzo corrisponde ad un pasto più completo (con specialità)comprendente: primo, un piatto, formaggio e dessert.

Le città

GENERALITÀ

(BIENNE)	Traduzione in uso dei nomi di comuni
✉ *3000*	Codice di avviamento postale
✉ *3123 Belp*	Numero di codice e sede dell'ufficio postale
C - K	Capoluogo cantonale
Bern (BE)	Cantone a cui la località appartiene
551 I6	Numero della carta MICHELIN e del riquadro
1 057 ab. (h. – Ew.)	Popolazione residente
Alt. (Höhe) 1 500	Altitudine
Station thermale Kurort	Stazione termale
Sports d'hiver – Wintersport	Sport invernali
1 200/1 900	Altitudine minima della statione e massima raggiungibile con gli impianti di risalita
2	Numero di funivie o cabinovie
14	Numero di sciovie e seggiovie
	Sci di fondo
BY b	Lettere indicanti l'ubicazione sulla pianta
18	Golf e numero di buche
✳ ⩤	Panorama, vista
	Aeroporto
	Località con servizio auto su treno Informarsi al numero di telefono indicato
i	Ufficio informazioni turistiche
	Touring Club Svizzero (T.C.S.)
	Club Svizzero dell'Automobile (A.C.S.)

INFORMAZIONI TURISTICHE

INTERESSE TURISTICO

★★★	Vale il viaggio
★★	Merita una deviazione
★	Interessante
	I musei sono generalmente chiusi il lunedì

UBICAZIONE

[occhio]	Nella città
[dintorni]	Nei dintorni della città
	Il luogo si trova :
Nord, Sud, Süd,	a Nord, a Sud della città
Est	a Est della città
Ouest, Ovest	a Ovest della città
② ④	Ci si va dall'uscita ② o ④ indicata con lo stesso segno sulla pianta e sulla carta stradale MICHELIN
2 km	Distanza chilometrica

MANIFESTAZIONI LOCALI

Selezione delle principali manifestazioni culturali, folcloristice e sportive locali.

Le piante

- Alberghi
- Ristoranti

CURIOSITÀ

Edificio interessante
Costruzione religiosa interessante : Cattolica – Protestante

VIABILITÀ

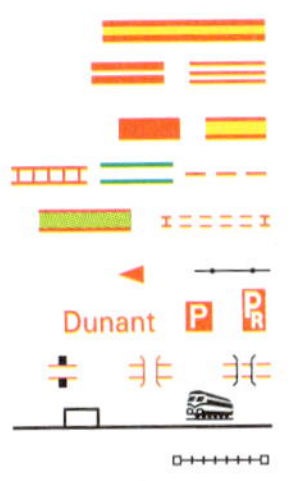

Autostrada
Strada a carreggiate separate
Grande via di circolazione
Via a scalini – Passeggiata – Sentiero
Via pedonale – Via regolamentata o impraticabile
Senso unico – Tranvia
Via commerciale – Parcheggio – Parcheggio Ristoro
Porta – Sottopassaggio – Galleria
Stazione e ferrovia
Funicolare, ferrovia a cremagliera
Funivia, cabinovia

SIMBOLI VARI

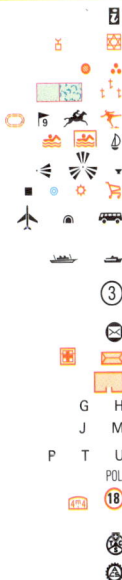

Ufficio informazioni turistiche
Moschea – Sinagoga
Torre – Ruderi
Giardino, parco, bosco – Cimitero
Stadio – Golf – Ippodromo – Pista di pattinaggio
Piscina: all'aperto, coperta – Porto turistico
Vista – Panorama – Tavola d'orientamento
Monumento – Fontana – Fabbrica – Centro commerciale
Aeroporto – Stazione della metropolitana – Autostazione
Trasporto con traghetto:
passeggeri ed autovetture, solo passeggeri
Simbolo di riferimento comune alle piante ed alle carte MICHELIN particolareggiate
Ufficio centrale di fermo posta
Ospedale – Mercato coperto
Edificio pubblico indicato con lettera:

G H – Polizia cantonale (Gendarmeria) – Municipio
J M – Palazzo di Giustizia – Museo
P T U – Prefettura – Teatro – Università, Scuola superiore
POL. – Polizia

4m4 18 Sottopassaggio (altezza inferiore a m 4,50) – Portata limitata (inf. a 19 t)
Touring Club Svizzero (T.C.S.)
Club Svizzero dell'Automobile (A.C.S.)

How to use this guide

TOURIST INFORMATION

Distances from the main towns, tourist offices, local tourist attractions, means of transport, golf courses and leisure activities...

HOTELS

From 🏠🏠🏠🏠🏠 to 🏠: categories of comfort.
In red 🏠🏠🏠🏠🏠 ... 🏠: the most pleasant.

GOOD FOOD AND ACCOMMODATION AT MODERATE PRICES

Bib Hotel.
Bib Gourmand.

RESTAURANTS

From XXXXX to X: categories of comfort.
In red XXXXX ... X: the most pleasant.

STARS

✿✿✿ Worth a special journey.
✿✿ Worth a detour.
✿ A very good restaurant.

MICHELIN MAPPING

References for the MICHELIN map which cover the area.

LOCATING THE TOWN

Locate the town on the map at the end of the guide (map number and coordinates).

QUIET HOTELS

Quiet hotel.
Very quiet hotel.

DESCRIPTION OF THE ESTABLISHMENT

Atmosphere, style, character and specialities.

LOCATING THE ESTABLISHMENT

Located on the town plan (coordinates and letters giving the location).

FACILITIES AND SERVICES

PRICES

Commitments

"This volume was created at the turn of the century and will last at least as long".

This foreword to the very first edition of the MICHELIN guide, written in 1900, has become famous over the years and the Guide has lived up to the prediction. It is read across the world and the key to its popularity is the consistency of its commitment to its readers, which is based on the following promises.

The MICHELIN guide's commitments:

Anonymous inspections: our inspectors make regular and anonymous visits to hotels and restaurants to gauge the quality of products and services offered to an ordinary customer. They settle their own bill and may then introduce themselves and ask for more information about the establishment. Our readers' comments are also a valuable source of information, which we can then follow up with another visit of our own.

Independence: Our choice of establishments is a completely independent one, made for the benefit of our readers alone. The decisions to be taken are discussed around the table by the inspectors and the editor. The most important awards are decided at a European level. Inclusion in the Guide is completely free of charge.

Selection and choice: The Guide offers a selection of the best hotels and restaurants in every category of comfort and price. This is only possible because all the inspectors rigorously apply the same methods.

Annual updates: All the practical information, the classifications and awards are revised and updated every single year to give the most reliable information possible.

Consistency: The criteria for the classifications are the same in every country covered by the MICHELIN Guide.

... and our aim: to do everything possible to make travel, holidays and eating out a pleasure, as part of MICHELIN's ongoing commitment to improving travel and mobility.

Dear reader

Dear Reader,

We are delighted to introduce the 15th edition of The MICHELIN guide Switzerland.

This selection of the best hotels and restaurants in every price category is chosen by a team of full-time inspectors with a professional background in the industry. They cover every corner of the country, visiting new establishments and testing the quality and consistency of the hotels and restaurants already listed in the Guide.

Every year we pick out the best restaurants by awarding them from ✿ to ✿✿✿. Stars are awarded for cuisine of the highest standards and reflect the quality of the ingredients, the skill in their preparation, the combination of flavours, the levels of creativity and value for money, and the ability to combine all these qualities not just once, but time and time again.

One highlights those restaurants which, over the last year, have raised the quality of their cooking to a new level. Whether they have gained a first star, risen from one to two stars, or moved from two to three, these newly promoted restaurants are marked with an '**N**' next to their entry to signal their new status in 2008.

We have also picked out a selection of *"Rising Stars"*. These establishments, listed in red, are the best in their present category. They have the potential to rise further, and already have an element of superior quality; as soon as they produce this quality consistently, and in all aspects of their cuisine, they will be hot tips for a higher award. We've highlighted these promising restaurants so you can try them for yourselves; we think they offer a foretaste of the gastronomy of the future.

We're very interested to hear what you think of our selection, particularly the *"Rising Stars"*, so please continue to send us your comments. Your opinions and suggestions help to shape your Guide, and help us to keep improving it, year after year.

Thank you for your support. We hope you enjoy travelling with the MICHELIN guide 2008.

Consult the MICHELIN guide at
www.ViaMichelin.ch
and write to us at:
leguidemichelin-suisse@ch.michelin.com

Classification & awards

CATEGORIES OF COMFORT

The MICHELIN guide selection lists the best hotels and restaurants in each category of comfort and price. The establishments we choose are classified according to their levels of comfort and, within each category, are listed in order of preference.

🏨🏨🏨🏨🏨	XXXXX	**Luxury in the traditional style**
🏨🏨🏨🏨	XXXX	**Top class comfort**
🏨🏨🏨	XXX	**Very comfortable**
🏨🏨	XX	**Comfortable**
🏨	X	**Quite comfortable**
sans rest garni,senza rist		**This hotel has no restaurant**
avec ch mit Zim, con cam		**This restaurant also offers accommodation**

THE AWARDS

To help you make the best choice, some exceptional establishments have been given an award in this year's Guide. They are marked ✿ or ☺ and **Rest**.

THE STARS : THE BEST CUISINE

MICHELIN stars are awarded to establishments serving cuisine, of whatever style, which is of the highest quality. The cuisine is judged on the quality of ingredients, the skill in their preparation, the combination of flavours, the levels of creativity, the value for money and the consistency of culinary standards.

✿✿✿ **Exceptional cuisine, worth a special journey**
One always eats extremely well here, sometimes superbly.

✿✿ **Excellent cooking, worth a detour**

✿ **A very good restaurant in its category**

GOOD FOOD AND ACCOMMODATION AT MODERATE PRICES

☺ **Bib Gourmand**

Establishment offering good quality cuisine for under 55 CHF (price of a meal not including drinks).

Bib Hotel

Establishment offering good levels of comfort and service, with most rooms priced at under 180CHF (price of a room for 2 people, including breakfast).

PLEASANT HOTELS AND RESTAURANTS

Symbols shown in red indicate particularly pleasant or restful establishments: the character of the building, its decor, the setting, the welcome and services offered may all contribute to this special appeal.

to **Pleasant hotels**

to **Pleasant restaurants**

OTHER SPECIAL FEATURES

As well as the categories and awards given to the establishment, MICHELIN inspectors also make special note of other criteria which can be important when choosing an establishment.

LOCATION

If you are looking for a particularly restful establishment, or one with a special view, look out for the following symbols:

Quiet hotel

 **Very quiet hotel**

 **Interesting view**

 lac **Exceptional view**

WINE LIST

If you are looking for an establishment with a particularly interesting wine list, look out for the following symbol:

 **Particularly interesting wine list**

This symbol might cover the list presented by a sommelier in a luxury restaurant or that of a simple inn where the owner has a passion for wine. The two lists will offer something exceptional but very different, so beware of comparing them by each other's standards.

Facilities & services

30 ch (Zim, cam)	Number of rooms
	Lift (elevator)
A/C	Air conditioning (in all or part of the establishment)
	Establishment with areas reserved for non-smokers
	Wireless Lan access in bedrooms
	Establishment at least partly accessible to those of restricted mobility
	Special facilities for children
	Meals served in garden or on terrace
Spa	Wellness centre: an extensive facility for relaxation and well-being
	Hydrotherapy
	Exercise room, sauna
	Swimming pool: outdoor or indoor
	Garden – Park
	Beach with bathing facilities
18	Tennis court – Golf course and number of holes
	Landing stage
	Equipped conference room
	Private dining rooms
	Hotel garage (additional charge in most cases)
P	Car park for customers only
P	Enclosed car park for customers only
	No dogs allowed (in all or part of the establishment)

Prices

Prices quoted in this Guide supplied in summer 2007. They are subject to alteration if goods and service costs are revised. The rates include tax and service and no extra charge should appear on your bill with the possible exception of visitor's tax.

By supplying the information, hotels and restaurants have undertaken to maintain these rates for our readers.

In some towns, when commercial, cultural or sporting events are taking place the hotel rates are likely to be considerably higher.

Certain establishments offer special rates. Ask when booking.

RESERVATIONS AND DEPOSIT

Certain hoteliers will request the payment of a deposit which confirms the commitment of the customer. It is desirable that you ask the hotelier to indicate in its written confirmation if the amount thus paid will be charged to the invoice (in this case, the deposit is used as a down payment) or not. It is also advised to get all useful information about the terms and conditions of the stay.

CREDIT CARDS

	Credit cards accepted by the establishment:
VISA MC AE	Visa – Mastercard(Eurocard) – American Express –
D	Diners Club

ROOMS

29 ch (Zim, cam)	Number of rooms
🯅 100/150	Lowest price 100CHF and highest price 150CHF for a comfortable single room
🯅🯅 200/350	Lowest price 200CHF and highest price 350CHF for a double or twin room for 2 people
ch (Zim,cam) ☕ -	Breakfast included
☕ 20 CHF	Price of breakfast (Suites and junior suites: ask the hotelier)

HALF BOARD

½ P 30 CHF	This supplement per person per day should be added to the cost of the room in order to obtain the half board price.
(inkl. ½ P.)	Price of the room including half board. Most hotels also offer full board terms on request.

RESTAURANT

ꝏ	Restaurant serving a dish of the day **under 20 CHF**
	Dish of the day:
(16 CHF)	Average price of midweek dish of the day, usually served at lunch.
	Set meals:
	Price of a main meal with an entrée and a dessert.
Menu 36/80 CHF **(Menü – Menu)**	**Price of the set meal:** lowest price 36 CHF/ highest price 80 CHF
	A la carte meals:
Carte 50/95 CHF **(Karte – Carta)**	The first figure is for a plain meal and includes entrée, main dish and dessert. The second figure is for a fuller meal (with "spécialité") and includes entrée, main course, cheese and dessert.

Towns

GENERAL INFORMATION

(BIENNE)	Usual translation for the name of the town
✉ *3000*	Local postal number
✉ *3123 Belp*	Postal number and name of the postal area
C - K	Capital of the "Canton"
Bern (BE)	"Canton" in which a town is situated
551 I6	MICHELIN map and co-ordinates or fold
1 057 h. (Ew. – ab.)	Population
Alt. (Höhe) 1 500	Altitude (in metres)
Kurort *Stazione termale* *Station thermale*	Spa
Wintersport *Sport invernali* *Sports d'hiver*	Winter sports
1 200/1 900	Lowest station and highest points reached by lifts
2 [cablecar]	Number of cablecars
14 [ski lift]	Number of ski and chairlifts
[cross-country skier]	Cross-country skiing
BY b	Letters giving the location of a place on the town plan
[golf 18]	Golf course and number of holes
[panorama] [viewpoint]	Panoramic view, viewpoint
[airport]	Airport
[motorail]	Places with motorail pick-up point Further information from telephone number indicated
[i]	Tourist Information Centre
[TCS]	Touring Club Suisse (T.C.S.)
[ACS]	Automobile Club der Schweiz (A.C.S.)

TOURIST INFORMATION

STAR-RATING

★★★	Highly recommended
★★	Recommended
★	Interesting
	Museums and art galleries are generally closed on Mondays

LOCATION

◉	Sights in town
ⓒ	On the outskirts
	The sight lies:
Nord, Sud, Süd,	north, south of the town
Est, Ost,	east of the town
Ouest, West, Ovest	west of the town
②	Sign on town plan and on the MICHELIN road map indicating the road leading to a place of interest
2 km	Distance in kilometres

LOCAL EVENTS

Selection of the main cultural, traditional and sporting events

Town plans

- Hotels
- Restaurants

SIGHTS

Place of interest
Interesting place of worship: Catholic-Protestant

ROADS

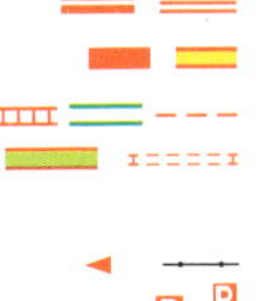

Motorway
Dual carriageway with motorway characteristics
Main traffic artery
Stepped street – Footpath – Path
Pedestrian street – Unsuitable for traffic; street subject to restrictions

One-way street – Tramway
Shopping street – Car park – Park and Ride
Gateway – Street passing under arch – Tunnel
Station and railway
Funicular – Rack railway
Cable car, cable way

VARIOUS SIGNS

Tourist Information Centre
Mosque – Synagogue
Tower or mast – Ruins
Garden, park, wood – Cemetery
Stadium – Golf course – Racecourse – Skating rink
Outdoor or indoor swimming pool – Pleasure boat harbour
View – Panorama – Viewing table
Monument – Fountain – Factory – Shopping centre
Airport – Underground station – Coach station
Ferry services:

passengers and cars, passengers only
Reference number common to town plans and MICHELIN maps

Main post office with poste restante
Hospital – Covered market
Public buildings located by letter:
G H - Local Police Station – Town Hall
J M - Law Courts Museum
P T U - Offices of Cantonal Authorities – Theatre – University, College
POL. - Police

Low headroom (4m50 - 15ft max) – Load limit (under 19 t)
Touring Club Suisse (T.C.S.)
Automobile Club der Schweiz (A.C.S.)

Distinctions 2008

Auszeichnungen 2008
Distinzioni 2008
Awards 2008

Les Tables étoilées 2008
Die Sterne Restaurants

La couleur correspond à l'établissement le plus étoilé de la localité.
Die Farbe entspricht dem besten Sterne-Restaurant im Ort.

Brent
La localité possède au moins un restaurant 3 étoiles
Ort mit mindestens einem 3 Sterne Restaurant
Genève
La localité possède au moins un restaurant 2 étoiles
Ort mit mindestens einem 2 Sterne Restaurant
Zürich
La localité possède au moins un restaurant 1 étoile
Ort mit mindestens einem 1 Stern Restaurant
Schaffhausen
Altnau
Wigoltingen
Winterthur
Dielsdorf
Rehetobel
Lindau
Zürich
Wetzikon
nacht
LIECHTENSTEIN
attikon
Uetikon am See
Hurden
Vaduz
Triesen
Menzingen
Walchwil
Mels
Fläsch
Bad Ragaz
Samnaun
Weggis
Schwyz
Klosters
Ftan
Sagogn
Sporz
Fürstenau
La Punt-Chamues-Ch.
Santa Maria im Münstertal
Champfèr
Bellinzona
Ascona
Taverne
Sorengo
Vacallo

Les tables étoilées

Die Stern-Restaurants

Gli esercizi con stelle

Starred establishments

✿✿✿ 2008

Crissier	*Philippe Rochat*
Montreux / Brent	*Le Pont de Brent*

✿✿ 2008

Cossonay	*Le Cerf*	
Ftan	*Paradies - La Bellezza*	
Fürstenau	*Schauenstein*	**N**
Genève	*Parc des Eaux-Vives*	
Hägendorf	*Lampart's*	
Küsnacht	*Petermann's Kunststuben*	
Le Noirmont	*Georges Wenger*	
La Punt-Chamues-Ch.	*Bumanns Chesa Pirani*	
Sankt Moritz / Champfèr	*Jöhri's Talvo*	
Satigny / Peney-Dessus	*Domaine de Châteauvieux*	
Sierre	*Didier de Courten*	
Uetikon am See	*Wirtschaft zum Wiesengrund*	
Vevey	*Denis Martin*	

✿ 2008

En rouge *les espoirs 2008 pour* ✿✿
→ **In rosso** *le promesse 2008 per* ✿✿
→ **In rot** *die Hoffnungsträger 2008 für* ✿✿
→ **In red** *the 2008 Rising Stars for* ✿✿

Altnau	*Urs Wilhelm's Restaurant*	
Anières	*Auberge de Floris*	
Ascona	*Ecco*	**N**
Bad Ragaz	*Kuriger's Paradies*	
Basel	*Bel Etage - Der Teufelhof*	
Basel	*Bruderholz*	
Basel	*Cheval Blanc*	**N**
Basel	*Les Quatre Saisons*	
Bellinzona	*Orico*	
Bern	*Wein und Sein*	
Burg im Leimental	*Bad-Burg*	
Burgdorf	*Emmenhof*	
Crans-Montana	*Hostellerie du Pas de l'Ours*	
Dielsdorf	*Zur Sonne*	
Escholzmatt	*Rössli - Jägerstübli*	**N**
Fläsch	*Adler*	**N**
Flüh	*Zur Säge*	
Fribourg	*Le Pérolles / P.- A. Ayer*	
Fribourg / Bourguillon	*Des Trois Tours*	

N *Nouveau* → *Neu* → *Nuovo* → *New*

Gattikon *Sihlhalden*
Genève *Buffet de la Gare des Eaux-Vives*
Genève / Cologny *Auberge du Lion d'Or*
Genève / Thônex *Le Cigalon*
Genève / Troinex *La Chaumière*
Gstaad *Chesery*
Gstaad *Prado* **N**
Hurden *Markus Gass zum Adler*
Klosters *Walserhof*
Laax / Sagogn *Da Veraguth Carnetg*
Lausanne *A la Pomme de Pin*
Lausanne *La Rotonde*
Lausanne *La Table d'Edgard*
Lenzerheide / Sporz *Guarda Val*
Lindau *Rössli*
Lugano / Sorengo *Santabbondio*
Mels *Schlüssel - Nidbergstube*
Menzingen *Löwen*
Le Mont-Pèlerin *Le Trianon*
Montreux *L'Ermitage*
Nebikon *Adler*
Neuchâtel / Saint-Blaise *Boccalino - Au Bocca*
Olten / Trimbach *Traube*
Orsières *Les Alpes*
Rehetobel *Zum Gupf*
Saas Fee *Waldhotel Fletschhorn*
Samnaun *Homann's Restaurant* **N**
Santa Maria i.M. *Piz Umbrail*
Schaffhausen *Rheinhotel Fischerzunft*
Schwyz *Adelboden*
Sion / Vex *L'Argilly*
Solothurn *Zum Alten Stephan - Zaugg's Zunftstube*
Sonceboz *Du Cerf*
Sugnens *Auberge de Sugnens*
Taverne *Motto del Gallo*
Thörigen *Löwen*
Triesen *Schatzmann*
Vacallo *Conca Bella* **N**
Vaduz *Park-Hotel Sonnenhof* **N**
Vevey / Saint-Légier *Auberge de la Veveyse*
Vevey / Saint-Saphorin *Auberge de l'Onde - La Rôtisserie*
Vouvry *Auberge de Vouvry*
Vufflens-le-Château *L'Ermitage*
Walchwil *Sternen*
Weggis *Annex* **N**
Wetzikon *Il Casale*
Wigoltingen *Taverne zum Schäfli*
Winterthur *Taggenberg* **N**
Yvorne *La Roseraie*
Zürich *Rigiblick - Spice*

LES ESPOIRS 2008 POUR ✿

Die Hoffnungsträger 2008 für ✿

Le promesse 2008 per ✿

The 2008 Rising Stars for ✿

Genève *Vertig'O*
Lugano *Al Portone*
Widen *Ryokan Hasenberg - Usagiyama*
Zürich *Sankt Meinrad*

N *Nouveau*  *Neu* → *Nuovo* → *New*

Bib Gourmand 2008

• Localités possédant au moins un établissement avec un Bib Gourmand.
Orte mit mindestens einem Bib Gourmand-Haus.

Basel
Bottmingen
Birmenstorf
Pleujouse
Riedholz
Roggwil
Nebikon
Solothurn
Sonceboz
Gerlafingen
Thörigen
Utzenstorf
Scheunenberg
Blatten
Münchenbuchsee
Sugiez
Ulmiz
Bern
Escholzmatt
Villarepos
Steffisburg
Fribourg
Meiringe
Thun
Aeschiried
Wilderswil
Reichenbach
Sullens
Mézières
Apples
Lausanne
Vouvry
Saint-Léonard
Anières
Genève
Chemin
Orsières

Schaffhausen
Mammern
Weinfelden
Lömmenschwil
Bülach
Wil
Arnegg
Heiden
Abtwil
Zürich
Urnäsch
Wetzikon
Wattwil
Ottenbach
LIECHTENSTEIN
Zug
Mels
Fläsch
Ried-Muotathal
Stans
Riemenstalden
Altdorf
Flims
kt Niklausen
Schnaus
La Punt-Chamues-Ch.
Pontresina
Bellinzona
Intragna
Brissago
Cadro
Massagno
Lugano
Vico Morcote

Bib Gourmand

Repas soignés à prix modérés
Sorgfältig zubereitete, preiswerte Mahlzeiten
Pasti accurati a prezzi contenuti
Good food at moderate prices

Abtwil	*Panoramahotel Säntisblick*	
Aeschi bei Spiez / Aeschiried	*Panorama - Gourmet*	
Altdorf	*Goldener Schlüssel*	
Anières	*Auberge de Floris - Le Bistrot*	
Apples	*Auberge de la Couronne - Café*	
Arnegg	*Ilge*	N
Basel	*Oliv*	N
Basel / Bottmingen	*Basilicum*	
Bellinzona	*Castelgrande - Grottino San Michele*	
Bern	*Flo's*	N
Bern	*Kirchenfeld*	
Birmenstorf	*Zum Bären - Gaststube*	
Blatten bei Malters	*Krone - Gaststube*	
Brissago	*Osteria al Giardinetto*	
Bülach	*Zum Goldenen Kopf*	
Cadro	*La Torre del Mangia*	
Escholzmatt	*Chrüter Gänterli - Rössli*	
Fläsch	*Landhaus*	N
Flims	*Las Caglias*	
Fribourg	*Schild - Brasserie*	
Genève	*Bistrot du Bœuf Rouge*	
Gerlafingen	*Frohsinn*	
Heiden	*Rosengarten*	N
Ilanz / Schnaus	*Stiva Veglia*	N
Interlaken / Wilderswil	*Alpenblick - Dorfstube*	
Intragna	*Stazione „Da Agnese"*	
Langenthal / Roggwil	*Kaltenherberge - Bistro*	
Lausanne	*A la Pomme de Pin - Café*	
Lömmenschwil	*Ruggisberg*	
Lugano	*Osteria Calprino*	
Lugano / Massagno	*Grotto della Salute*	
Mammern	*Adler*	
Mammern	*Zum Schiff*	
Martigny / Chemin	*Le Belvédère*	
Meiringen	*Victoria*	
Mels	*Schlüsselstube*	
Mels	*Waldheim*	
Mézières	*Du Jorat - Café*	
Morcote / Vico Morcote	*Alpe Vicania*	N
Münchenbuchsee	*Moospinte - Gaststube*	
Nebikon	*Adler - Beizli*	
Orsières	*Les Alpes - Brasserie*	
Ottenbach	*Reussbrücke - Bistro*	
Pleujouse	*Château de Pleujouse*	
Pontresina	*Albris - Kochendörfer*	
Pontresina	*Saratz - Pitschna Scena*	
La Punt-Chamues-Ch.	*Gasthaus Krone*	
Reichenbach	*Bären*	
Ried-Muotathal	*Adler*	
Riemenstalden	*Kaiserstock*	
Sankt Niklausen	*Alpenblick*	
Schaffhausen	*Vinopium*	
Scheunenberg	*Sonne - Bistro*	
Sion / Saint-Léonard	*Buffet de la Gare*	
Solothurn	*Zum Alten Stephan - Stadtbeiz*	
Solothurn / Riedholz	*Attisholz - Gaststube*	

N *Nouveau → Neu → Nuovo → New*

Sonceboz	*Du Cerf - Brasserie*		**Utzenstorf**	*Bären*
Stans	*Zur Linde - Feldschlösschen*		**Villarepos**	*De la Croix-Blanche - Café*
Stans	*Zur Rosenburg*		**Vouvry**	*Auberge de Vouvry - Le Bistrot*
Sugiez	*De l'Ours*	N	**Wattwil**	*Krone - Bistro*
Sullens	*Auberge Communale*		**Weinfelden**	*Pulcinella*
Thörigen	*Nik's Wystube*		**Wetzikon**	*Il Casale - Bistro*
Thun	*Burehuus*	N	**Wil**	*Hof zu Wil*
Thun / Steffisburg	*Panorama - Bistro*		**Zürich**	*Bistro Quadrino*
Ulmiz	*Zum Jäger*		**Zürich**	*Vorderer Sternen*
Urnäsch	*Frischknecht's Anker*	N	**Zug**	*Rathauskeller - Bistro*

N *Nouveau* → *Neu* → *Nuovo* → *New*

Bib Hôtel

Bonnes nuits à petits prix
Hier übernachten Sie gut und preiswert
Buona sistemazione a prezzo contenuto
Good accomodation at moderate prices

Aeschi bei Spiez	*Aeschi Park*
Airolo	*Forni*
Arbon	*Römerhof*
Arbon	*Seegarten*
Arnegg	*Arnegg*
Arolla	*Du Pigne*
Bad Ragaz	*Ochsen*
Bad Ragaz	*Rössli*
Bellwald	*Bellwald*
Bergün	*Bellaval*
Bern / Oberbottigen	*Bären*
Bettlach	*Urs und Viktor*
Bischofszell	*Le Lion*
Bosco Gurin	*Walser*
Breil	*Alpina*
Bremgarten	*Sonne*
Brienz / Hofstetten	*Alpenrose*
Bulle	*Du Cheval Blanc*
Buriet-Thal	*Schiff*
Champex	*Le Belvédère*
Charmey	*De l'Etoile*
Coinsins	*Auberge de la Réunion*
Courgenay	*De la Gare*
Curaglia / Mutschnengia	*Cuntera*
Davos / Sertig-Dörfli	*Walserhuus*
Degersheim	*Wolfensberg*
Delémont	*La Tour Rouge*
Egnach	*Seelust*
Eschikofen	*Thurtal*
Felben-Wellhausen	*Schwanen*
Fiesch	*Alpenblick*
Fiesch	*Christania*
Fiesch	*Eggishorn*
Fuldera	*Staila*
Genève	*Bel'Espérance*
Golino	*Cà Vegia*
Grächen	*Walliserhof*
Grüsch	*Krone*
Güttingen	*Seemöwe*
Guggisberg	*Sternen*
Heiligkreuz	*Heiligkreuz*
Iseltwald	*Chalet du Lac*
Kreuzlingen / Tägerwilen	*Trompeterschlössle*
Langnau im Emmental	*Hirschen*
Le Locle	*Trois Rois*
Lodano	*Ca'Serafina*
Madiswil	*Bären*
Meiringen	*Victoria*
Menzberg	*Menzberg*
Mörigen	*Seeblick*
Montreux / Veytaux	*Masson*
Mühledorf	*Kreuz*
N Muri	*Ochsen*
Oberbipp	*Eintracht*
Oberentfelden	*Aarau West*
Orbe	*Des Mosaïques*
Pontresina	*Gasthaus Berninahaus*

N *Nouveau* → *Neu* → *Nuovo* → *New*

Porrentruy	*Bellevue*
Poschiavo	*Suisse*
Rorschach / Rorschacherberg	*Rebstock*
Rougemont	*Hôtel de Commune*
Santa Maria i.M.	*Alpina*
Sax	*Schlössli*
Schmerikon	*Strandhotel*
Sedrun	*La Cruna*
Sierre / Salgesch	*Arkanum*
Sion	*Rhône*
Sumiswald	*Bären*
Sumiswald / Lüderenalp	*Lüderenalp*
Thyon-Les Collons	*La Cambuse*
Triesenberg	*Kulm*
Unterwasser	*Schwendihotel Iltios*
Villarepos	*De la Croix-Blanche*
Wermatswil	*Puurehuus*
N **Widnau**	*Metropol*
N **Worb**	*Zum Löwen*
Zürich	*Hirschen*

Hôtels agréables

Angenehme Hotels

Alberghi ameni

Particularly pleasant hotels

Bad Ragaz	*Grand Hotel Quellenhof*
Genève	*Four Seasons Hôtel des Bergues*
Interlaken	*Victoria-Jungfrau*
Lausanne	*Beau-Rivage Palace*
Montreux	*Fairmont Le Montreux Palace*
Sankt Moritz	*Badrutt's Palace Hotel*
Sankt Moritz	*Kulm*
Sankt Moritz	*Suvretta House*

Arosa	*Tschuggen Grand Hotel*
Ascona	*Castello del Sole*
Ascona	*Eden Roc*
Ascona	*Giardino*
Ascona	*Parkhotel Delta*
Basel	*Les Trois Rois*
Genève	*Beau-Rivage*
Genève	*D'Angleterre*
Genève	*De la Paix*
Genève / Bellevue	*La Réserve*
Gstaad	*Grand Hotel Bellevue*
Kandersteg	*Royal Park Hotel*
Lugano	*Grand Hotel Villa Castagnola*
Lugano	*Villa Principe Leopoldo e Residence*
Le Mont-Pèlerin	*Le Mirador Kempinski*
Morcote	*Swiss Diamond Hotel Olivella*
Murten / Meyriez	*Le Vieux Manoir*
Vitznau	*Park Hotel Vitznau*
Weggis	*Park Hotel Weggis*
Zermatt	*Grand Hotel Zermatterhof*
Zermatt	*Mont Cervin Palace*
Zermatt	*Riffelalp Resort*
Zürich	*Widder*

Adelboden	*Parkhotel Bellevue*
Appenzell / Weissbad	*Hof Weissbad*
Arosa	*BelArosa*
Ascona / Losone	*Losone*
Brienz / Giessbach	*Grandhotel Giessbach*
Ftan	*Paradies*

Grindelwald	*Schweizerhof*
Gstaad	*Le Grand Chalet*
Gstaad / Schönried	*Ermitage-Golf*
Klosters	*Vereina*
Lenk	*Lenkerhof*
Lenzerheide / Sporz	*Guarda Val*
Leukerbad	*Les Sources des Alpes*
Luzern	*Montana*
Merligen	*Beatus*
Montreux / Glion	*Victoria*
Neuchâtel / Monruz	*Palafitte*
Pontresina	*Walther*
Rapperswil	*Schwanen*
Saint-Luc	*Bella Tola*
Sils Maria	*Waldhaus*
Vaduz	*Park-Hotel Sonnenhof*
Verbier	*Le Chalet d'Adrien*
Vevey	*Du Lac*
Zermatt	*Alex*
Zermatt	*Alpenhof*
Zermatt	*The Omnia*
Zürich	*Alden Hotel Splügenschloss*

Château-d'Oex	*Hostellerie Bon Accueil*
Chexbres	*Le Baron Tavernier*
Gstaad / Schönried	*Alpenrose*
Kandersteg	*Waldhotel Doldenhorn*
Le Prese	*Le Prese*
Ronco sopra Ascona	*La Rocca*
Scuol	*Belvédère*
Scuol / Tarasp	*Schlosshotel Chastè*
Wengen	*Caprice*
Wengen	*Jungfrau*
Zermatt	*Julen*
Zürich	*Florhof*
Zuoz	*Castell*

Ascona	*Riposo*
Bever	*Chesa Salis*
Carona	*Villa Carona*
Celerina	*Misani*
Kandersteg / Blausee-Mitholz	*Blausee*
Lodano	*Ca'Serafina*
Saas Fee	*Au Chalet Cairn*
Scuol	*Engiadina*
Sementina	*Fattoria L'Amorosa*
Sils Maria	*Sonne*
Soazza	*Al Cacciatore*
Zermatt	*Bella Vista*

Restaurants agréables

Angenehme Restaurants

Ristoranti ameni

Particularly pleasant restaurants

Basel	*Cheval Blanc*
Genève	*Il Lago*
Genève	*Parc des Eaux-Vives*
Genève / Cologny	*Auberge du Lion d'Or*
Lausanne	*La Rotonde*
Satigny / Peney-Dessus	*Domaine de Châteauvieux*
Vufflens-le-Château	*L'Ermitage*

Basel	*Bruderholz*
Basel / Bottmingen	*Weiherschloss*
Hägendorf	*Lampart's*
Klosters	*Walserhof*
Lenzerheide / Sporz	*Guarda Val*
Le Mont-Pèlerin	*Le Trianon*
Montreux	*L'Ermitage*
Montreux / Brent	*Le Pont de Brent*
Le Noirmont	*Georges Wenger*
La Punt-Chamues-Ch.	*Bumanns Chesa Pirani*
Rehetobel	*Zum Gupf*
Saas Fee	*Waldhotel Fletschhorn*
Sankt Moritz / Champfèr	*Jöhri's Talvo*
Schaffhausen	*Rheinhotel Fischerzunft*
Taverne	*Motto del Gallo*
Weggis	*Annex*

Altnau	*Urs Wilhelm's Restaurant*
Arbon	*Römerhof*
Ardon / Vétroz	*La Régence*
Arosa	*Kachelofa-Stübli*

Birmenstorf	*Zum Bären - Orangerie*
Breil	*Casa Fausta Capaul*
Burg im Leimental	*Bad-Burg*
Fürstenau	*Schauenstein*
Genève	*Brasserie - Parc des Eaux-Vives*
Goldach	*Villa am See*
Hurden	*Markus Gass zum Adler*
Intragna	*Stazione „Da Agnese"*
Laax / Sagogn	*Da Veraguth Carnetg*
Menzingen	*Löwen*
Ponte Brolla	*Da Enzo*
Sankt Pelagiberg	*Sankt Pelagius*
Santa Maria i.M.	*Piz Umbrail*
Scheunenberg	*Sonne*
Schwyz	*Adelboden*
Sugiez	*De l'Ours*
Thun	*Arts Schloss Schadau*
Wädenswil	*Eichmühle*
Weesen	*Flyhof*
Widen	*Ryokan Hasenberg - Usagiyama*
Zürich	*Il Gattopardo*

Fläsch	*Landhaus*
Genève	*Buffet de la Gare des Eaux-Vives*
Genève	*Vertig'O*
Genève / Conches	*Le Vallon*
Kandersteg	*Ruedihus - Biedermeier Stuben*
Laax / Murschetg	*Tegia Larnags*
Sankt Moritz	*Chesa Veglia - Patrizier Stuben*
Zeihen / Oberzeihen	*Ochsen*
Zermatt	*Zum See*

Pour en savoir plus

Gut zu wissen

Per saperne di piú

Further information

Wellness

Bel espace de bien-être et de relaxation

Schöner Bereich zum Wohlfühlen

Centro attrezzato per il benessere ed il relax

An extensive facility for relaxation

Adelboden	*Parkhotel Bellevue*
Appenzell / Weissbad	*Hof Weissbad*
Arosa	*Arosa Kulm*
Arosa	*Tschuggen Grand Hotel*
Arosa	*Waldhotel National*
Ascona	*Castello del Sole*
Ascona	*Eden Roc*
Ascona	*Giardino*
Ascona	*Parkhotel Delta*
Bad Ragaz	*Grand Hotel Quellenhof*
Bad Ragaz	*Schloss Ragaz*
Celerina	*Cresta Palace*
Crans-Montana	*Alpina et Savoy*
Crans-Montana	*Art de Vivre*
Crans-Montana	*Grand Hôtel du Golf*
Crans-Montana	*Hostellerie du Pas de l'Ours*
Crans-Montana	*L'Etrier*
Crans-Montana	*Royal*
Emmetten	*Seeblick*
Engelberg	*Waldegg*
Feusisberg	*Panorama Resort und Spa*
Flims	*Adula*
Flims	*Park Hotel Waldhaus*
Genève	*Crowne Plaza*

Genève	*Grand Hôtel Kempinski*
Genève	*Intercontinental*
Genève / Bellevue	*La Réserve*
Gersau	*Paradies Hotel Rotschuo*
Grindelwald	*Sunstar*
Gstaad	*Grand Hotel Bellevue*
Gstaad	*Grand Hotel Park*
Gstaad	*Gstaad Palace*
Gstaad / Saanenmöser	*Golfhotel Les Hauts de Gstaad*
Gstaad / Schönried	*Ermitage-Golf*
Heiden	*Heiden*
Interlaken	*Lindner Grand Hotel Beau Rivage*
Interlaken	*Victoria-Jungfrau*
Klosters	*Vereina*
Lausanne	*Beau-Rivage Palace*
Lausanne	*Lausanne Palace*
Lavey-Village	*Grand Hôtel des Bains*
Lenk	*Lenkerhof*
Lenk	*Simmenhof*
Lenzerheide	*Lenzerhorn*
Lenzerheide	*Schweizerhof*
Leukerbad	*Bristol*
Leukerbad	*Les Sources des Alpes*
Locarno / Minusio	*Esplanade*
Lugano	*Grand Hotel Eden*
Lugano	*Grand Hotel Villa Castagnola*
Lugano / Massagno	*Villa Sassa*
Luzern / Kastanienbaum	*Seehotel Kastanienbaum*
Merligen	*Beatus*
Le Mont-Pèlerin	*Le Mirador Kempinski*
Montreux	*Bristol*
Montreux	*Fairmont Le Montreux Palace*
Morcote	*Swiss Diamond Hotel Olivella*
Morschach	*Swiss Holiday Park*
Neuchâtel	*Beau-Rivage*

Obergesteln	*Hubertus*	
Pontresina	*Rosatsch und Residence*	
Pontresina	*Walther*	
Saas Almagell	*Pirmin Zurbriggen*	
Saas Fee	*Ferienart Resort und SPA*	
Saas Fee	*Metropol*	
Saas Fee	*Schweizerhof*	
Saillon	*Bains de Saillon*	
Saint-Luc	*Bella Tola*	
Samnaun	*Chasa Montana*	
Sankt Moritz	*Badrutt's Palace Hotel*	
Sankt Moritz	*Crystal*	
Sankt Moritz	*Kempinski Grand Hôtel des Bains*	
Sankt Moritz	*Kulm*	
Sankt Moritz	*Monopol*	
Sankt Moritz	*Suvretta House*	
Sankt Moritz / Champfèr	*Chesa Guardalej*	
Serpiano	*Serpiano*	
Sigriswil	*Solbadhotel*	
Sils Maria / Sils Baselgia	*Margna*	
Sörenberg / Rischli	*Rischli*	
Stoos	*Stoos*	
Vals	*Rovanada*	
Verbier	*Le Chalet d'Adrien*	
Vevey	*Trois Couronnes*	
Vitznau	*Park Hotel Vitznau*	
Weggis	*Alexander*	
Weggis	*Gerbi*	
Weggis	*Park Hotel Weggis*	
Weggis	*Rössli*	
Wengen	*Beausite Park Hotel*	
Zermatt	*Albana Real*	
Zermatt	*Alex*	
Zermatt	*Alpenhof*	
Zermatt	*Eden*	
Zermatt	*Grand Hotel Zermatterhof*	

Zermatt	*Julen*	
Zermatt	*Mirabeau*	
Zermatt	*Mont Cervin Palace*	
Zermatt	*National*	
Zermatt	*Riffelalp Resort*	
Zermatt	*Sonne*	
Zermatt	*The Omnia*	
Zuoz	*Castell*	

Charas lecturas, chars lecturs

No'ns allegrain da Tils pudair preschantar la 15. 'ediziun da la „guida MICHELIN Svizzra". Quista selecziun dals meglders hotels e restorants in tuot las categorias da predschs, vegn realisada d'ün'equipa dad inspecturs scolats ill'hoteleria. Dürant tuot on sun els in viadi tras nos pajais. Lur incumbenza es, da controllar criticamaing la qualità e la praistaziun dals hotels e restorants fingià propuonüts e da quels chi vegnan nouv laprò. Nossa tscherna muossa via minch'on sün ils meglders hotels e restorants, quels vegnan marcats cun ✿ fin ✿✿✿ stailas. Las stailas premieschan la megldra cuschina. Da la partida sun differents möds da cuschina. Sco criteris stan a disposiziun la selecziun dals prodots, la preparaziun professiunala, il gust dals pasts, la creatività e la praistaziun in congual cul predsch, sco eir la praistaziun permanenta da la cuschina. Quist on vegnan nomnats specialmaing eir blers restorants per lur svilup illa cuschina. Per pudair preschantar cun üna, duos o trais stailas quellas chasas chi sun gnüdas prò nouv 'il on 2008, vaina marcà quellas cun ün "**N**". Inoltra vulaina accentuar quellas chasas chi sun sün buna via da rivar in üna categoria plü ota. Quellas chasas sun scrittas 'illa glista cun cotschen e sun las megldras in lur categoria. Ellas han bunas schanzas da far ün pass inavant illa prossma categoria, scha lur qualità e praistaziun es da dürada e s'ha verifichada sün tuot la carta. L'accentuaziun dess muossar ils restorants chi sun in noss ögls las sprazas da daman illa gastronomia. Lur opiniun ans interessa! No Tils rovain d'ans dar part Lur opiniun, impustüt schi's tratta da las chasas, illas qualas no mettain spranzas per l'avegnir. Vossa collavuraziun es da grond'importanza per la planisaziun da nossas visitas ed eir per pudair amegldrar continuantamaing la "guida MICHELIN".

No Tils ingrazchain per lur fideltà e Tils giavüschain agreabels viadis culla "guida MICHELIN 2008".

La "guida MICHELIN" es da chatter eir aint il internet suot **www.ViaMichelin.ch** o ans scrivai ün e-mail: **leguidemichelin-suisse@ch.michelin.com**

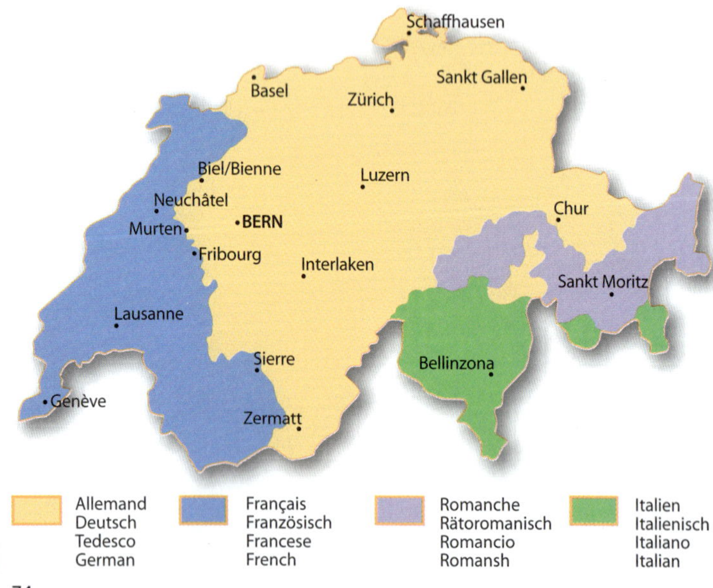

Les langues parlées

Outre le « Schwyzerdütsch », dialecte d'origine germanique, quatre langues sont utilisées dans le pays : l'allemand, le français, l'italien et le romanche, cette dernière se localisant dans la partie ouest, centre et sud-est des Grisons. L'allemand, le français et l'italien sont considérés comme langues officielles administratives et généralement pratiqués dans les hôtels et restaurants.

Die Sprachen

Neben dem "Schwyzerdütsch", einem Dialekt deutschen Ursprungs, wird Deutsch, Französisch, Italienisch und Rätoromanisch gesprochen, wobei Rätoromanisch im westlichen, mittleren und südöstlichen Teil von Graubünden beheimatet ist. Deutsch, Französisch und Italienisch sind Amtssprachen ; man beherrscht sie in den meisten Hotels und Restaurants.

Le lingue parlate

Oltre allo "Schwyzerdütsch", dialetto di origine germanica, nel paese si parlano quattro lingue : il tedesco, il francese, l'italiano ed il romancio ; quest'ultimo nella parte ovest, centrale e sud-est dei Grigioni. Il tedesco, il francese e l'italiano sono considerate le lingue amministrative ufficiali e generalmente praticate negli alberghi e ristoranti.

Spoken languages

Apart from "Schwyzerdütsch", a dialect of German origin, four languages are spoken in the country: German, French, Italian and Romansh, the latter being standard to the West, Centre and South-East of Grisons. German, French and Italian are recognised as the official administrative languages and generally spoken in hotels and restaurants.

Ils lingvatgs

Ultra il "Schwyzerdütsch", in conglomerat da dialects d'origin german, vegnan quatter linguas utilisadas : il tudestg, il franzos, il talian ed il rumantsch che è derasà en la part vest, sid-ost e la part centrala dal Grischun. Il tudestg, il franzos ed il talian èn renconuschids sco linguatgs uffizials ed en general san ins discurrer quels en hotels ed ustarias.

Les cantons suisses

La Confédération Helvétique regroupe 23 cantons dont 3 se divisent en demi-cantons. Le « chef-lieu » est la ville principale où siègent les autorités cantonales. Berne, centre politique et administratif du pays, est le siège des autorités fédérales (voir Le Guide Vert Suisse). Le 1er août, jour de la Fête Nationale, les festivités sont nombreuses et variées dans tous les cantons.

PPENZELL (AR/AI)

AARGAU (AG)

ASEL-LAND (BL)

ASEL-STADT (BS)

BERN (BE)

Basel
BS
BASEL (BÂLE)
Liestal
BL
AG
AARGAU
(ARGOVIE)
Aarau
Delémont
JU
JURA
SO
SOLOTHURN
(SOLEURE)
Solothurn
LU
LUZERN
(LUCERNE)
Luzern
NE
NEUCHÂTEL
(NEUENBURG)
Neuchâtel
BERN
Sarnen
OW
UNTERWALDE
(UNTERWAL
Fribourg
BE
BERN (BERNE)
VD
VAUD (WAADT)
FR
FRIBOURG
(FREIBURG)
Lausanne
Sion
Genève
GE
GENÈVE
(GENF)
VS
VALAIS (WALLIS)

FRIBOURG (FR)

GENÈVE (GE)

GLARUS (GL)

GRAUBÜNDEN (GR)

JURA (JU)

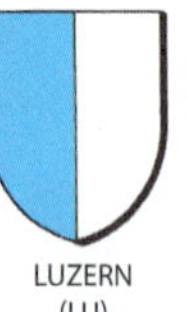

LUZERN (LU)

NEUCHÂT (NE)

Die Schweizer Kantone

Die Schweizer Eidgenossenschaft umfasst 23 Kantone, wobei 3 Kantone in je zwei Halbkantone geteilt sind. Im Hauptort befindet sich jeweils der Sitz der Kantonsbehörden. Bern ist verwaltungsmässig und politisch das Zentrum der Schweiz und Sitz der Bundesbehörden (siehe Der Grüne Führer Schweiz). Der 1. August ist Nationalfeiertag und wird in allen Kantonen festlich begangen.

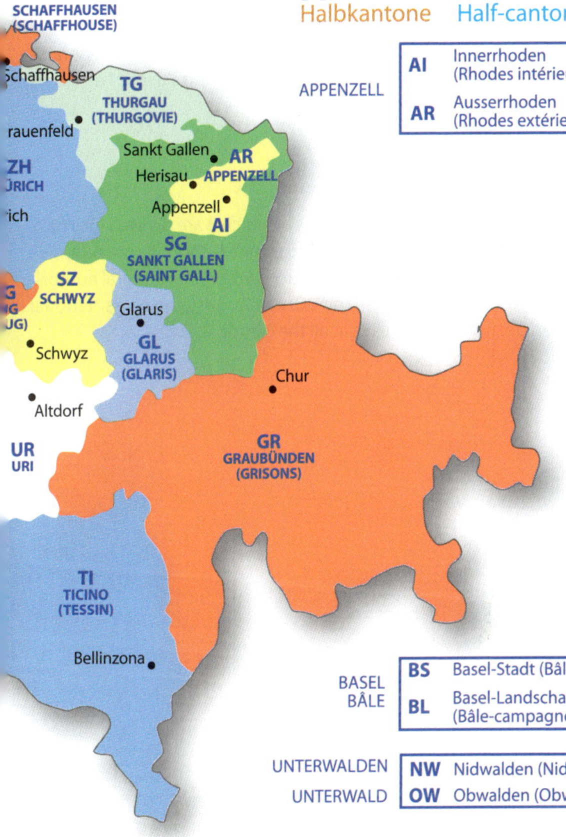

Demi-cantons Semi-cantoni
Halbkantone Half-cantons

APPENZELL	AI	Innerrhoden (Rhodes intérieures)
	AR	Ausserrhoden (Rhodes extérieures)

BASEL BÂLE	BS	Basel-Stadt (Bâle-ville)
	BL	Basel-Landschaft (Bâle-campagne)

UNTERWALDEN	NW	Nidwalden (Nidwald)
UNTERWALD	OW	Obwalden (Obwald)

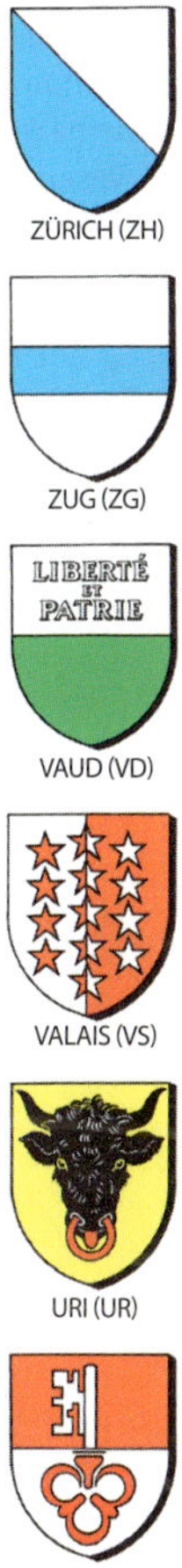

ZÜRICH (ZH)

ZUG (ZG)

LIBERTÉ ET PATRIE

VAUD (VD)

VALAIS (VS)

URI (UR)

OBWALDEN (OW)

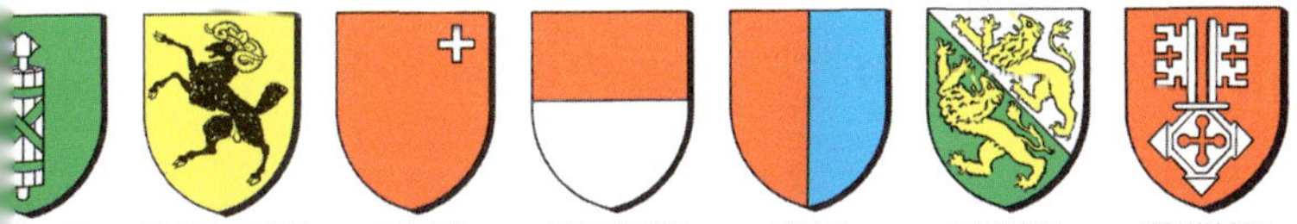

SANKT GALLEN (SG)

SCHAFFHAUSEN (SH)

SCHWYZ (SZ)

SOLOTHURN (SO)

TICINO (TI)

THURGAU (TG)

NIDWALDEN (NW)

I cantoni svizzeri

La Confederazione Elvetica raggruppa 23 cantoni, dei quali 3 si dividono in semi-cantoni. Il «capoluogo» è la città principale dove risiedono le autorità cantonali.
Berna, centro politico ed amministrativo del paese, è sede delle autorità federali (vedere La Guida Verde Svizzera in francese, inglese, tedesco). Il 1° Agosto è la festa Nazionale e numerosi sono i festeggiamenti in tutti i cantoni.

Ils chatuns svizzers

La Confederaziun Helvetica cumpiglia 23 chantuns dals quals 3 èn dividids en mezs chantuns. La «chapitala» è la citad nua che las autoritads civilas sa chattan.
Berna, il center politic ed administrativ dal pajais, è la sedia da las autoritads federalas (vesair Guid Verd Svizra). Il prim d'avust, il di da la festa naziunala, dat i en tut ils chantuns numerasas festivitads da different gener.

Swiss Districts (Cantons)

The Helvetica Confederation comprises 23 cantons of which 3 are divided into half-cantons. The «chef-lieu» is the main town where the district authorities are based.
Bern, the country's political and administrative centre, is where the Federal authorities are based (see The Green Guide Switzerland). On 1st August, the Swiss National Holiday, lots of different festivities take place in all the cantons.

Le fromage en Suisse

La Suisse est un pays de fromages, sa fabrication absorbe la moitié du lait fourni par les paysans. Les fromageries, souvent artisanales, font partie intégrante des villages helvétiques, on en compte environ 1100. La plupart de ces fromages sont élaborés à partir de lait cru frais qui confère aux pâtes traditionnelles leur plénitude d'arôme et favorise leur conservation prolongée.

Der Käse in der Schweiz

Die Schweiz ist ein Land des Käses, die Hälfte der Milch, welche die Bauern abliefern, wird zu Käse verarbeitet. Die ca. 1100, häufig noch handwerklich arbeitenden Käsereien, sind Teil des schweizerischen Dorfbilds. Die meisten dieser Käse werden aus frischer Rohmilch hergestellt, sie verleiht ihnen volles Aroma und eine längere Haltbarkeit.

Il formaggio in Svizzera

La Svizzera è un paese di formaggi, la metà del latte consegnato dai contadini viene trasformato in formaggio. I caseifici, spesso artigianali, sono parte integrante dei villaggi svizzeri, se ne contano circa 1100. La maggior parte de questi formaggi sono fabricadi con latte crudo fresco che conferisce un aroma particolarmente pieno e favorisce una conservazione prolongata.

The cheese in Switzerland

Switzerland is a land of cheeses. In all there are around 1100 cheese dairies, most of whom use local traditional methods, and which together account for half of the national milk production. The majority of their cheeses are made from fresh raw milk, which gives them their strong flavours and helps preserve them longer.

Principaux fromages suisses
Wichtigste Schweizerkäse
Principali formaggi svizzeri
Main swiss cheese

→ Leur numéro fait référence à la carte → Ihre Nummer bezieht sich auf die Karte → Il numero fa riferimento alla carta → Number refers to the map	PÂTE TEIG PASTA TEXTURE	GOÛT GESCHMACK GUSTO TASTE	MATURATION REIFEZEIT STAGIONATURA PERIOD OF MATURING
LA ROMANDIE **1 - GRUYÈRE** Peu ou pas de trous, doux ou salé *Wenige oder keine Löcher, mild oder rezent* Con pochi o senza buchi, dolce o salato *Few or no holes, sweet or salted*	dure *hart* dura *hard*	**fin, corsé, racé** **fein, kräftig, würzig** **fine, saporito** **full-bodied**	4-12 mois et plus *4-12 Monate und mehr* 4-12 mesi e più *4-12 months and more*
2 - VACHERIN FRIBOURGEOIS	mi-dure *halb-hart* semidura *semi-hard*	**doux, crémeux puis corsé et un peu acide** ***mild, cremig bis kräftiger, leicht säuerlich*** **dolce, cremoso poi saporito, acidulo** ***sweet, creamy then strong and with a slightly acid aftertaste***	2-4 mois *2-4 Monate* 2-4 mesi *2-4 months*
3 - VACHERIN MONT-D'OR Entouré d'une écorce d'épicéa qui contribue à l'arôme *mit Tannenrinde die das Aroma prägt eingebunden* avvolto in corteccia di abete che contibusce all'aroma. *wrapped in pine bark to enhance the flavour*	molle *weich* molle *soft*	**légèrement doux puis plus relevé voire fort** ***leicht süsslich später bis sehr kräftig*** **leggermente dolce poi più saporito** ***slightly sweet then with a strong, spicy aftertaste***	2-4 semaines *2-4 Wochen* 2-4 settimane *2-4 weeks*
4 - TÊTE DE MOINE Râclé à la girolle *Mit der Girolle geschabt* Raschiato con la girolle *Scraped with the girolle*	mi-dure *halb-hart* semidura *semi-hard*	**doux à relevé, aromatique** ***mild bis pikant, aromatisch*** **da morbido a piccante, aromatico** ***sweet, fragrant and full bodied***	3-6 mois *3-6 Monate* 3-6 mesi *3-6 months*
LE VALAIS (WALLIS) 5. Anniviers, Bagnes, Conthey, Gomser, Heida, Savièse... les noms sont gravés sur le talon. Les fromages d'alpage, souvent de raclette, sont les seuls à base de lait entier non pasteurisé. *...die Namen sind am Rand eingraviert. Die Alpkäse, meistens für Raclette, sind die einzigen die aus Rohmilch und nicht pasteurisierter Milch hergestellt werden.*	mi-dure *halb-hart*	**doux puis corsé** ***mild später pikant und kräftig***	à la coupe 12 sem. à raclette 16-18 sem. à rebibes 32 sem *für Schnittkäse 12 Wochen für Raclette 16-18 Wochen für Hobbelkäse 32 Wochen.*

...i nomi sono marchiati sul tallone. I formaggi di alpeggio, speso da raclette, sono i soli a base di latte intero non pastorizzato	semidura	**morbido poi saporito**	al taglio 12 settimane da raclette 16-18 settimane, in trucioli 32 settimane
...the names are stamped into the rind. These mountain cheeses, often used for raclette, are the only cheeses made with fresh raw milk and not pasteurized milk	*semi-hard*	***sweet then full-flavoured***	*eating 12 weeks raclette 16-18 weeks in shaving 32 weeks*
BERN			
6 - EMMENTAL			
Nombreux trous de 1 à 3 cm	dure	**doux, saveur de noisettes puis corsé**	le jeune 4 ou 5 mois le mûr 7-10 mois, l'extra dur jusqu'à 17 mois
zahlreiche Löcher von 1 bis 3 cm	*hart*	***mild, nussig später kräftig, würzig***	*jung 4 oder 5 Monate reif 7-10 Monate extra-hart bis 17 Monate*
numerosi buchi da 1 a 3 cm.	dura	**dolce, gusto di noce poi robusto**	il giovane 4 o 5 mesi il maturo 7-10 mesi, il extra duro fino a 17 mesi
Many holes, 1-3 cm.	*hard*	***sweet, nutty then full-flavoured***	*young 4 or 5 months mature 7-10 months extra-mature 17 months*
ZENTRAL SCHWEIZ (SUISSE CENTRALE)			
7 - SBRINZ			
Fromages à rebibes, à casser ou à râper	extra dure	**racé, aromatique, évoque la noix**	1-2 ans ou plus
Hobel oder Reibkäse	*extra hart*	***rassig, aromatisch, nussig***	*1-2 Jahre und mehr*
Da spezzare o grattugiare	extradura	**saporito, aromatico, gusto di noce**	1-2 anni o più
scraped, crumbled or grated	*extra hard*	***fruity and fragrant, slightly nutty***	*1-2 years and more*
OST SCHWEIZ (SUISSE ORIENTALE)			
8 - APPENZELL			
Passage dans une saumure aux herbes	mi-dure	**épicé, aromatique, fruité, doux puis très corsé**	6-8 mois pour l'extra.
mit einer gewürzten Lake behandelt	*halb-hart*	***Rässkäse aromatisch, würzig mild später kräftig***	*6-8 Monate für den Extra*
passato in una marinata a base di erbe	semidura	**speziato, aromatico, fruttato, dolce poi molto robusto**	6-8 mesi per il extra
washed in a pickle with herbs	*semi-hard*	***spiced and fragrant, fruity, sweet then with a strong aftertaste***	*6-8 months for extra*
9 - SCHABZIGER			
Fromage compact écrémé, mélangé au beurre à tartiner, ou sec et râpé en saupoudreur pour l'assaisonnement.	aux herbes	**corsé, piquant, inimitable**	4-12 semaines
Kompakter Magermilchkäse als Aufstrich mit Butter vermischt sowie getrocknet und gerieben in Streudose zum würzen	*mit Kräutern*	***kräftig, pikant, unnachahmlich***	*4-12 Wochen*
Formaggio compatto scremato, mescolato con burro da spalmare, o secco e grattugiato per condimento	alle erbe	**robusto, piccante, inimitabile**	4-12 settimane

Compact skimmed cheese, for spreading herbed ordried and grated for sprinkling/ seasoning	*with herbs*	***an unmistakable, full-bodied, piquant flavour***	*4-12 weeks*
10 - TILSIT SUISSE Trous ronds *runde Löcher* buchi rotondi *round holes*	mi-dure *halb-hart* semidura *semi-hard*	**un peu acide, doux à corsé** ***leicht säuerlich, mild bis sehr kräftig*** **acidulo, da dolce a saporito** ***slightly acid, sweet to full-bodied***	
a. étiquette rouge *rote Etikette* etichetta rossa *red label* b. étiquette verte *grüne Etikette* etichetta verde *green label* c. étiquette jaune *gelbe Etikette* etichetta gialla *yellow label*			a. lait cru 3-5 mois *Rohmilch 3-5 Monate* latte crudo 3-5 mesi *raw milk 3-5 months* b. lait pasteurisé 1-2 mois *pasteurisierte Milch 1 bis 2 Monate* latte pastorizzato 1-2 mesi *pasteurized milk 1-2 months* c. à la crème 1-2 mois *cremig 1-2 Monate* alla panna 1-2 mesi *creamy 1-2 months*
GRAUBÜNDEN (GRISONS / GRIGIONI)			
11. Fromages d'alpage : Andeer, Brigels, Bivio, Ftan, Müstair... Au lait de vache ou de chèvre *Alpkäse, aus Kuh oder Ziegenmilch* Formaggi di alpeggio, di latte di mucca o Capra *Mountain cheeses, cow or goats milk*	mi-dure *halb-hart* semidura *semi-hard*	**corsé** ***sehr kräftig*** **robusto** ***full-flavoured***	4-8 semaines *4-8 Wochen* 4-8 settimane 4-8 weeks
TICINO (TESSIN) Formaggini : petits fromages, quelquefois aux herbes et à l'huile d'olive, lait de chèvre ou de vache, cru ou pasteurisé	fromage frais	**plus ou moins prononcé ou aromatique**	de quelques jours à un mois
...kleine Käse, manchmal in Olivenöl und Kräutern eingelegt, Ziegen- oder Kuhmilch, roh oder pasteurisiert	*Frischkäse*	***mehr oder weniger kräftig oder aromatisch***	*einige Tage bis 1 Monat*
...A volte alle erbe e all'olio d'oliva, latte di capra o mucca, crudo o pastorizzato	formaggio fresco	**più o meno pronunciato o aromatico**	da qualche giorno a un mese
...Small cheeses, some with herbs and olive oil, goats or cows milk, raw or pasteurized	*cream cheese*	***characteristic, aromatic flavours***	*from a few days up to 1 month*
12. VALMAGGIA : dans le Locarnese, Campo la Torba, Zania... constitué avec 1/3 lait de chèvre, 2/3 lait de vache.	mi-dure	**corsé à piquant**	3-4 mois
... im Locarnese, hergestellt aus 1/3 Ziegenmilch und 2/3 Kuhmilch.	*halb-hart*	***sehr kräftig bis pikant***	*3-4 Monate*
... nel Locarnese, 1/3 latte di capra, 2/3 latte di mucca.	semidura	**da saporito a piccante**	3-4 mesi
... from Locarnese, made with 1/3 goats milk, 2/3 cows milk.	*semi-hard*	***full-bodied, piquant***	*3-4 months*

Le vignoble suisse

La production vinicole suisse, est estimée à 1,2 million d'hectolitres, moitié en vins blancs, moitié en vins rouges. Le relief tourmenté du pays rend difficile l'exploitation du vignoble, mais assure une grande variété de climats et de terroirs (voir page 85). Cépage blanc typique de Suisse romande et peu cultivé ailleurs, le Chasselas est sensible à toute nuance de terroir et de vinification, d'où une grande variété de caractères selon les régions. Pinot, Gamay et Merlot sont les principaux cépages rouges cultivés dans le pays.
La réglementation d'« Appellation d'Origine Contrôlée », dans le cadre des ordonnances fédérales sur la viticulture et sur les denrées alimentaires, est de la compétence des cantons. Elle existe déjà dans les cantons d'Argovie, Fribourg, Genève, Neuchâtel, Schaffhouse, Tessin, Vaud, Valais et la région du lac de Bienne. 2003 et 2005 sont les meilleurs millésimes récents.

Das Schweizer Weinanbaugebiet

Die Weinproduktion in der Schweiz wird auf 1,2 Millionen Hektoliter, je zu 50 % Weisswein und Rotwein geschätzt. Die Topographie der Schweiz macht den Weinanbau zwar schwierig, sorgt jedoch für eine grosse Vielfalt verschiedener Klimazonen und Böden (Siehe Seite 85). Der Chasselas, eine typische weisse Rebsorte aus der Westschweiz, die woanders kaum angebaut wird, reagiert sehr unterschiedlich auf den Boden und die Verarbeitung des Weins. Daher variert der Charakter dieses Weins sehr stark je nach Region, in der er angebaut wird. Blauburgunder, Gamay und Merlot sind die wichtigsten roten Rebsorten. Die Regelung zur kontrollierten Ursprungsbezeichnung, im Rahmen der Wein- und Lebensmittelverordnung, wurde vom Bund an die Kantone übertragen und existiert schon für die Kantone Aargau, Freiburg, Genf, Neuenburg, Schaffhausen, Tessin, Waadt, Wallis und die Region Bielersee. 2003 und 2005 sind die besten letzten Jahrgänge.

La Svizzera vinicola

La produzione vinicola svizzera è stimata a 1,2 milioni d'ettolitri, la metà dei quali di vino bianco e l'altra metà di vino rosso. Il rilievo accidentato del paese rende difficoltosa l'attività vitivinicola, ma assicura una grande varietà di climi e terreni (Vedere pagina 85). Vitigno bianco tipico della Svizzera romanda e poco coltivato altrove, lo Chasselas è sensibile a tutte le sfumature del terreno e della vinificazione ; da ciò deriva una grande varietà di caratteristiche. Pinot, Gamay e Merlot sono i principali vitigni rossi coltivati nel paese. La normativa sulla «Denominazione d'Origine Controllata», nell'ambito delle disposizioni federali sullaviticoltura e sui generi alimentari, è di competenza dei cantoni, ma già esiste, nei cantoni di Argovia, Friburgo, Ginevra, Neuchâtel, Sciaffusa, Ticino, Vaud, Vallese e nella regione del lago di Bienne. 2003 e 2005 sono i migliori millesimi recenti.

Swiss Wine

Swiss wine production is estimated at 1.2 million hectolitres per year, half white wine and half red wine. The tortuous relief of the country makes cultivation of vineyards difficult but ensures a great variation in climate and soil (See page 85). The Chasselas, a typical white Swiss grape little grown elsewhere, is sensitive to the slightest variation in soil or fermentation; hence its noticeable change in character according to the region in which it is grown. Pinot, Gamay and Merlot are the main red grapes grown in the country. Under federal regulation for viticulture and foodstuffs, each district is responsible for the administration of the «Appellation d'Origine Contrôlée». It already exists in the districts of Aargau, Fribourg, Geneva, Neuchâtel, Schaffhausen, Ticino, Valais, Vaud and the region of Bienne.
2003 and 2005 are the best of the recent vintages.

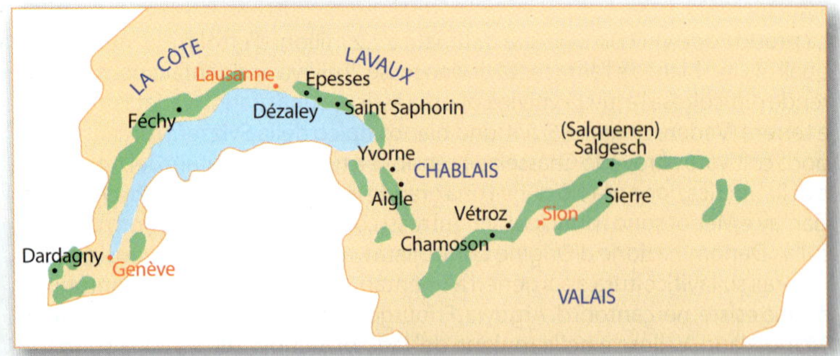

Principaux vins et spécialités régionales
Wichtigste Weine und regionale Spezialitäten
Principali vini e specialità regionali
Main wines and regional specialities

→ *Principaux cépages* → *Wichtigste Rebsorten* → *Principali vitigni* → *Main grape stock* (*)	**Caractéristiques** **Charakteristiken** **Caratterische** **Chatacteristics**	**Mets et principales spécialités culinaires régionales** **Gerichte und wichtigste regionale kulinarische Spezialitäten** **Vivande e principali specialità culinarie regionali** **Food and main regional culinary specialities**
GENEVE (Genf) (GE)		
Chasselas (b)	fruité, léger, frais *fruchtig, leicht mundig frisch*	Poissons du lac (omble chevalier), Fondue, Gratin genevois *Süsswasserfische (Saibling), Käse-Fondue, Genfer Auflauf*
Gamay (r)	frais, souple, fruité *mundig frisch, zart, fruchtig*	Viandes blanches, Ragoût de porc (fricassée) Longeole au marc (saucisse fumée) *helles Fleisch, Schweinsragout (Frikassee),* « Longeole » *(geräucherte Wurst)*
GRAUBÜNDEN (Grisons) (Grigioni) (GR)		
Blauburgunder (Pinot noir) (r)	velouté *körperreich, samtig*	Bœuf en daube - *Bündner Beckribraten,* Viande de bœuf séchée des Grisons - *Bündnerfleisch*
NEUCHÂTEL (Neuenburg) (NE)		
Chasselas, Chasselas sur lie (b) **Pinot noir** (r) *(Blauburgunder)* **Oeil de Perdrix** (rosé de Pinot noir) *Rosé von Blauburgunder*	nerveux *feine Säure* bouqueté, racé *blumig, rassig* vif *anregend-frisch*	Palée : Féra du lac de Neuchâtel *Felchen aus dem Neuenburgersee* Viandes rouges *dunkles Fleisch* Tripes à la Neuchâteloise *Kutteln nach Neuenburger Art*
TICINO (Tessin) (TI)		
Merlot bianco (b)	fruité, frais, léger *fruchtig, frisch, leicht* *fruttato, fresco, leggero*	Poissons d'eau douce *Süsswasserfische*
Merlot (r)	corsé, équilibré *kräftig, ausgeglichen* *robusto, equilibrato*	Viandes rouges, Gibier à plumes, fromages, Polpettone (viandes hachées aromatisées) *dunkles Fleisch, Wildgeflügel, Käse,* « *Polpettone* » *(gewürztes Hackfleisch)*

(*)(b)(w) : *blanc, weiss, bianco, white*

(r) : rouge, rot, rosso, red

→ *Principaux cépages* → *Wichtigste Rebsorten* → *Principali vitigni* → *Main grape stock* (*)	Caractéristiques Charakteristiken Caratterische Chatacteristics	Mets et principales spécialités culinaires régionales Gerichte und wichtigste regionale kulinarische Spezialitäten Vivande e principali specialità culinarie regionali Food and main regional culinary specialities
TICINO (Tessin) (TI) **Merlot rosato (rosé)**	fruité, frais *fruchtig, mundig frisch* *fruttato, fresco*	**Poissons d'eau douce, Pesci in carpione (Fera en marinade)** ***Süsswasserfische, Pesci in carpione, Felchen in einer Marinade***
VALAIS (Wallis) (VS) **Fendant (Chasselas) (b)**	rond, équilibré, fruité, parfois perlant *füllig, ausgeglichen, fruchtig, gelegentlich perlend*	**Poissons, Raclette, Filets de truite** ***Fische, Raclette, Forellenfilets***
Petite Arvine (b)	certains secs, d'autres doux *einige trocken, andere mild*	**Vins secs : Poissons, fromages de chèvre** ***Trockene Weine : Fische, Ziegenkäse***
Amigne (b)	corsé, sapide, parfois sec, très souvent doux *kräftig, harmonisch, voll, manchmal trocken, oft mild*	**Vins doux : Foie gras, desserts** ***Milde Weine : Ente-, Gänseleber, Desserts***
Johannisberg (b) (Sylvaner)	sec ou doux *trocken oder mild*	
Malvoisie flétrie (Pinot gris vendanges tardives, *Grauburgunder Beerenauslese)* **(b)**	moelleux, riche *weich, rund gehaltvoll*	**Vin d'apéritif et de dessert, *Aperitif- und Dessert-Wein*** **Foie Gras** ***Ente-, Gänseleber***
Dôle (assemblage de Pinot noir et de Gamay) *(Mischung aus Blauburgunder und Gamay)* **(r)**	robuste, ferme, bouqueté *robust, verschlossen, bukettreich*	**Assiette valaisanne (viande séchée, jambon et fromage) *Walliserteller (Trockenfleisch, Schinken, Hobel-, und Bergkäse)***
Cornalin (r)	corsé, tanique *kräftig, gerbstoffhaltig*	**Gibiers : cerf, chevreuil, sanglier** ***Wild : Hirsch, Reh, Wildschwein*** ***Fromages - Käse***
Humagne rouge	charnu, généreux *kernig, edel*	
VAUD (Waadt) (VD) **Chasselas (b)**	équilibré, fruité *ausgeglichen fruchtig*	**Truite, brochet, perche ; Fondue (vacherin et gruyère)** ***Forelle, Hecht, Egli, Käse-Fondue (Vacherin und Greyerzer)***
Salvagnin (r) *(assemblage de Pinot noir et de Gamay) (Mischung aus Blauburgunder und Gamay)*	harmonieux, velouté *harmonisch, samtig*	**Viandes blanches, Papet vaudois (poireaux, p. de terre, saucissons)** **helles Fleisch, *Waadtländer Papet (Lauch, Kartoffeln, Würste)***

(*)(b)(w) : *blanc, weiss, bianco, white* *(r) : rouge, rot, rosso, red*

→ *Principaux cépages* → *Wichtigste Rebsorten* → *Principali vitigni* → *Main grape stock* *(*)*	**Caractéristiques** **Charakteristiken** **Caratterische** **Chatacteristics**	**Mets et principales spécialités culinaires régionales** **Gerichte und wichtigste regionale kulinarische Spezialitäten** **Vivande e principali specialità culinarie regionali** **Food and main regional culinary specialities**
ZÜRICH (ZH) **SCHAFFHAUSEN (Schaffhouse) (SH)** **THURGAU (Thurgovie) (TG)** **SANKT-GALLEN (Saint-Gall) (SG)** **AARGAU (Argovie) (AG)**		
Riesling-Sylvaner (w)	parfum délicat, léger, sec *feines Aroma, leicht, trocken*	**Zürich- und Bodenseefische** ***Poissons des lacs de Zurich et Constance***
Blauburgunder (Pinot noir) (r)	léger, aromatique *leicht, aromatisch*	**Cochonailles. Deftige Wurstwaren** **Emincé de veau** ***Geschnetzeltes Kalbfleisch*** **Potée aux choux, *Zürcher Topf (verschiedene Fleischsorten mit Kohl)*** **Assiette bernoise (viandes diverses, choucroute, choux, haricots, pommes de terre)** ***Berner Platte (verschiedene Fleischsorten Sauerkraut, Kohl, Bohnen, Kartoffeln)***

(*)(b)(w) : *blanc, weiss, bianco, white*

(r) : *rouge, rot, rosso, red*

Automobile clubs

Les principales organisations de secours automobile dans le pays sont :

Touring Club Suisse (T.C.S.)
Siège central : 4 ch. de Blandonnet
1214 VERNIER
Tél : 022 417 27 27
Fax : 022 417 20 20

Automobile Club de Suisse (A.C.S.)
Siège central : Wasserwerkgasse 39
3000 BERN 13
Tél : 031 328 31 11
Fax : 031 311 03 10
Dépannage routier 24/24 h. Tél. : 140

Automobilclubs

Die wichtigsten Automobilclubs des Landes sind :

Touring Club der Schweiz (T.C.S.)
Zentralverwaltung : 4 ch. de Blandonnet
1214 VERNIER
Tel : 022 417 27 27
Fax : 022 417 20 20

Automobil Club der Schweiz (A.C.S.)
Zentralverwaltung : Wasserwerkgasse 39
3000 BERN 13
Tel : 031 328 31 11
Fax : 031 311 03 10
24 Stunden Pannenhilfe. Tel. : 140

Automobile clubs

Le principali organizzazioni di soccorso automobilistico sono :

Touring Club Svizzero (T.C.S.)
Sede centrale : 4 ch. de Blandonnet
1214 VERNIER
Tel : 022 417 27 27
Fax : 022 417 20 20

Club Svizzeri dell'Automobile (A.C.S.)
Sede centrale : Wasserwerkgasse 39
3000 BERN 13
Tel : 031 328 31 11
Fax : 031 311 03 10
Servizio Assistenza 24/24 Tel. : 140

Motoring organisations

The major motoring organisations in Switzerland are:

Touring Club Suisse (T.C.S.)
4 ch. de Blandonnet
1214 VERNIER
Tél : 022 417 27 27
Fax : 022 417 20 20

Automobil Club der Schweiz (A.C.S.)
Wasserwerkgasse 39
3000 BERN 13
Tél : 031 328 31 11
Fax : 031 311 03 10
24 h. rescue service. Tél. : 140

Villes

Classées par ordre alphabétique
(ä = ae, ö = oe, ü = ue)

Les renseignements sont exprimés dans la langue principale parlée sur place

Städte

In alphabetischer Reihenfolge
(ä = ae, ö = oe, ü = ue)

Die Informationen sind in der lokalen Sprache angegeben

Città

in ordine alfabetico
(ä = ae, ö = oe, ü = ue)

Le informazioni sono indicati nella lingua che si parla in prelavenza sul posto

Towns

in alphabetical order
(ä = ae, ö = oe, ü = ue)

Information is given in the local language

AARAU [K] – Aargau (AG) – **551** N4 – **15 470 Ew** – **Höhe 383 m** – ✉ **5000** 3 **E3**

Bern 84 – Basel 54 – Luzern 51 – Zürich 47

aarau info Verkehrsbüro, Graben 42, ✆ 062 824 76 24, mail@aarauinfo.ch, Fax 062 824 77 50 A

Entfelden Oberentfelden, Süd : 4 km, ✆ 062 723 89 84 ;

Heidental Stüsslingen, Süd-West : 9 km über Erlinsbach-Stüsslingen, ✆ 062 285 80 90

Schloss Hallwil★ über ③ : 18 km

Lokale Veranstaltungen :

04.07 : "Aarauer Maienzug", alter Brauch

18.09 : "Bachfischet", alter Brauch und Volksfest

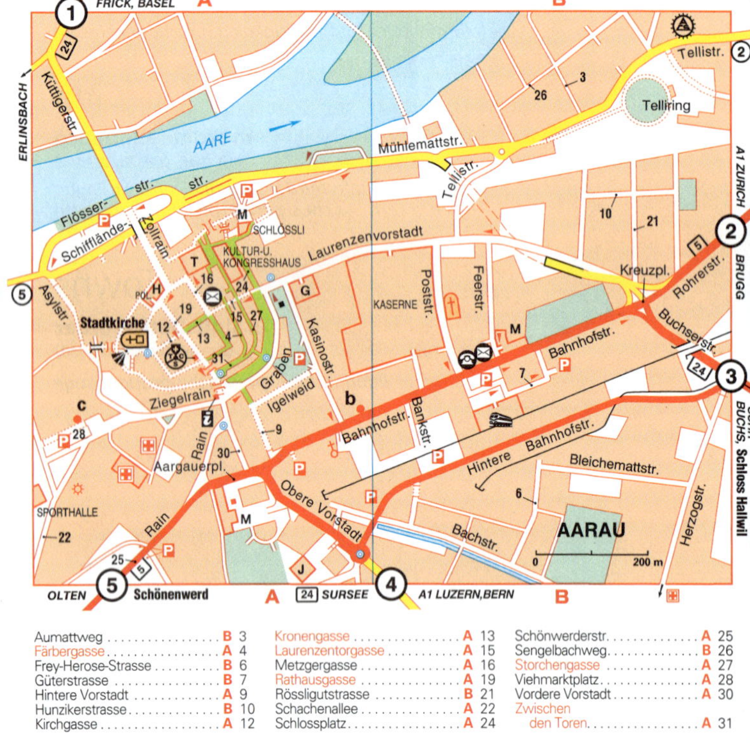

Aumattweg . . . . . B 3	Kronengasse . . . . . A 13	Schönwerderstr. . . . . A 25
Färbergasse . . . . . A 4	Laurenzentorgasse . . . . . A 15	Sengelbachweg . . . . . B 26
Frey-Herose-Strasse . . . . . B 6	Metzgergasse . . . . . A 16	Storchengasse . . . . . A 27
Güterstrasse . . . . . B 7	Rathausgasse . . . . . A 19	Viehmarktplatz . . . . . A 28
Hintere Vorstadt . . . . . A 9	Rössligutstrasse . . . . . B 21	Vordere Vorstadt . . . . . A 30
Hunzikerstrasse . . . . . B 10	Schachenallee . . . . . A 22	Zwischen den Toren . . . . . A 31
Kirchgasse . . . . . A 12	Schlossplatz . . . . . A 24	

Mürset - Alte Stube

Schachen 18 – ✆ 062 822 13 72 – restaurant@muerset.ch – Fax 062 824 29 88

Rest – (34 CHF) Menü 48/100 CHF – Karte 51/103 CHF A **c**

Rest *Brasserie* – (19,90 CHF) – Karte 49/95 CHF

Rest *Weinstube* – (19,90 CHF) Menü 60 CHF (abends) – Karte 49/94 CHF

◆ Die Alte Stube ist ein vollständig in Holz gehaltener, schöner Speiseraum mit origineller, leicht rustikaler Dekoration. Klassisch-französisches Angebot. Brasserie in typischer Gestaltung. Bruchsteinmauern und Weinflaschen prägen das Ambiente in der Weinstube.

Einstein

Bahnhofstr. 43 – ✆ 062 834 40 34 – info@restauranteinstein.ch – Fax 062 834 40 35 – geschl. 8. - 26. Juli, Sonntag und Montag A **b**

Rest – (24 CHF) – Karte 60/104 CHF

◆ Ein schlicht-modernes Restaurant mit Bar-Lounge unter einem Dach mit Radio Argovia. Auf Wunsch bedienen Sie sich an zwei langen Küchentischen direkt aus den Schüsseln.

AARBERG – Bern (BE) – 551 I6 – 3 802 Ew – Höhe 449 m – ✉ 3270 2 D4

Bern 32 – Biel 18 – Fribourg 62 – Neuchâtel 36 – Solothurn 34

Tourismus Aarberg, Stadtplatz 29, ✆ 032 392 60 60, wa@mein-partner.ch, Fax 032 391 99 65

Stadtplatz★

Krone Rest, VISA MC AE D

Stadtplatz 29 – ✆ 032 391 99 66 – info@krone-aarberg.ch – Fax 032 391 99 65

25 Zim – 125/145 CHF 180/200 CHF – ½ P +35 CHF – **Rest** – (17 CHF) Menü 42 CHF (mittags)/92 CHF – Karte 50/106 CHF

♦ Der historische Gasthof a. d. 14. Jh. befindet sich im Herzen des mittelalterlichen Städtchens. Die Zimmer sind meist neuzeitlich gestaltet, im 3. Stock einige Deluxe-Zimmer. Einfache Gaststube und das Restaurant Fischer- und Jägerstube.

Commerce VISA MC AE D

Stadtplatz 20 – ✆ 032 392 45 45 – commerce@gmx.ch – Fax 032 392 45 20 – geschl. Februar 1 Woche, Juni - Juli 2 Wochen, September 1 Woche, Sonntag und Montag

Rest – *(Tischbestellung erforderlich) (nur Menü)* Menü 50 CHF (mittags)/105 CHF

Rest *Restaurant-Bar* – (18 CHF) – Karte 35/77 CHF

♦ Hübsch liegt dieses Restaurant am Altstadtplatz. In einer kleinen, hellen Stube - mit modernen Bildern geschmückt - offeriert man dem Gast mündlich zwei saisonale Menüs. Überwiegend Tagesteller bietet das einfache Restaurant-Bar.

Bahnhof VISA MC AE D

Bahnhofstr. 5 – ✆ 032 392 48 88 – Fax 032 392 47 04 – geschl. 12. - 25. Mai, 22. September - 12. Oktober, Sonntag und Montag

Rest – *(Tischbestellung erforderlich) (nur Menü)* (18 CHF) Menü 70/120 CHF

♦ Der heimelige Gastraum wird je nach Saison dekoriert. Wechselnde Ausstellungen und mit viel Liebe zubereitete Speisen und Themenmenüs machen diese Adresse aus.

AARBURG – Aargau (AG) – 551 M5 – 6 263 Ew – Höhe 395 m – ✉ 4663 3 E3

Bern 65 – Aarau 22 – Basel 50 – Luzern 51 – Solothurn 37

Krone Zim, VISA MC AE D

Bahnhofstr. 52, (am Bahnhofplatz) – ✆ 062 791 52 52 – info@krone-aarburg.ch – Fax 062 791 31 05 – geschl. 4. - 17. Februar

25 Zim – 155 CHF 210 CHF – ½ P +42 CHF – **Rest** – *(geschl. 21. Juli - 10. August, Samstagmittag und Montag)* (18 CHF) Menü 43 CHF (mittags)/70 CHF – Karte 60/99 CHF

♦ Das Haus gegenüber dem Bahnhof befindet sich seit vielen Jahren in Familienbesitz. Die Gästezimmer wurden wohnlich eingerichtet. Neuzeitlich und schlicht eingerichtete Gaststube.

ABTWIL – Sankt Gallen (SG) – 551 O6 – 4 960 Ew – Höhe 658 m – ✉ 9030 5 H2

Bern 203 – Sankt Gallen 6 – Bregenz 45 – Frauenfeld 44 – Konstanz 50

Säntispark AC Rest, Rest, VISA MC AE D

Wiesenbachstr. 5 – ✆ 071 313 11 11 – hotel@saentispark.ch – Fax 071 313 11 13

70 Zim – 200 CHF 260 CHF

Rest *Parkrestaurant* – Menü 30 CHF (mittags) – Karte 34/85 CHF

♦ Das Hotel liegt neben dem grössten Freizeitpark der Schweiz. Der Eintritt ist im Arrangement inbegriffen. Die modernen Gästezimmer sind mit guter Technik ausgestattet. Parkrestaurant mit Wintergarten und zeitgemässer Küche.

Nord 3 km :

Panoramahotel Säntisblick ≤ Säntis und Glarner Alpen, Rest, Zim, VISA MC

Grimm 27 – ✆ 071 313 25 25 – info@saentisblick.ch – Fax 071 313 25 26 – geschl. Februar und Montag

12 Zim – 120/150 CHF 190/250 CHF – **Rest** – (19,50 CHF) Menü 39 CHF (mittags)/95 CHF – Karte 47/82 CHF

♦ Der Name verspricht nicht zu viel! In herrlicher Lage mit weitem Ausblick thront dieser Landgasthof über dem Ort. Mit frischer Note zeigen sich die Zimmer. Gute zeitgemässe Küche im Restaurant mit Glasfront und Panoramaterrasse.

ADELBODEN – Bern (BE) – 551 J10 – 3 634 Ew – Höhe 1 356 m – Wintersport : 1 353/2 362 m 5 18 – ✉ 3715 7 D5

Bern 67 – Interlaken 48 – Fribourg 104 – Gstaad 81

Adelboden Tourismus, Dorfstr. 23, ✆ 033 673 80 80, info@adelboden.ch

Engstligenfälle★★★ – Lage★★

Parkhotel Bellevue Berge, (Solebad) Rest, VISA

Bellevuestr. 15 – ✆ 033 673 80 00 – info@parkhotel-bellevue.ch – Fax 033 673 80 01 – geschl. 13. April - 15. Mai

50 Zim (nur ½ P.) – 215/230 CHF 350/450 CHF – 3 Suiten – **Rest** – *(abends nur Menü)* (18 CHF) Menü 58/110 CHF – Karte 41/97 CHF

♦ Hier überzeugen die ruhige Lage am Wald, geschmackvolle, zeitlos-elegante Zimmer - z. T. mit rustikaler Note - sowie ein attraktiver Wellnessbereich. Schöne Gartenanlage. Das Restaurant ist modern und doch klassisch gehalten. Grosser begehbarer Weinkeller.

Sporthotel Adler Zim, VISA AE

Dorfstr. 19 – ✆ 033 673 41 41 – info@adleradelboden.ch – Fax 033 673 42 39 – geschl. 14. April - 5. Juni und 27. Oktober - 13. November

43 Zim – 105/178 CHF 170/316 CHF – ½ P +40 CHF – **Rest** – (19 CHF) Menü 48/72 CHF (abends) – Karte 36/85 CHF

♦ Das schöne regionstypische Chalethotel liegt im Ortszentrum. Die Einrichtung der Zimmer ist modern-rustikal und in Arvenholz gehalten. Im traditionellen Stil zeigt sich das Restaurant.

Bristol Zim, Rest, VISA AE

Obere Dorfstr. 6 – ✆ 033 673 14 81 – bristol@bluewin.ch – Fax 033 673 16 50 – geschl. 15. April - 15. Mai und 22. Oktober - 10. Dezember

31 Zim – 100/160 CHF 170/320 CHF – ½ P +40 CHF – **Rest** – (25 CHF) Menü 38/52 CHF – Karte 57/87 CHF

♦ In ruhiger Lage oberhalb der Kirche befindet sich dieses Haus mit seinen solide und freundlich im rustikalen Stil eingerichteten Zimmern und einem hübschen Freizeitbereich. Im Sommer ergänzt eine Terrasse zum Garten das neuzeitlich gestaltete Restaurant.

Beau-Site Zim, VISA AE

Dorfstr. 5 – ✆ 033 673 82 82 – hotelbeausite@bluewin.ch – Fax 033 673 33 33 – geschl. 16. Oktober -14. Dezember und 16. April - 31. Mai

40 Zim – 105/180 CHF 160/360 CHF – ½ P +40 CHF – **Rest** – *(geschl. Dienstag)* (19 CHF) Menü 42/54 CHF (abends) – Karte 40/78 CHF

♦ Die Zimmer des am Dorfrand gelegenen Ferienhotels sind meist mit hellen Holzmöbeln funktionell ausgestattet und alle mit Balkon versehen. Besonders geräumig: die Südzimmer. Das Restaurant: teils recht elegant mit schönem Panoramablick, teils rustikaler.

Bären VISA AE

Dorfstr. 22 – ✆ 033 673 21 51 – hotel@baeren-adelboden.ch – Fax 033 673 21 90 – geschl. 12. November - 21. Dezember und 14. April - 12. Juni

14 Zim – 75/135 CHF 150/300 CHF – ½ P +38 CHF – **Rest** – *(geschl. Donnerstag ausser Saison)* (25 CHF) Menü 40/60 CHF – Karte 34/87 CHF

♦ 1569 wurde der Bären als erster Gasthof Adelbodens erbaut. Heute finden Besucher in den mit hellem Holz eingerichteten Zimmern ein sympathisches Heim auf Zeit. Im Parterre befindet sich die rustikale Gaststube des Hauses: Bären-Stübli.

Waldhaus-Huldi Berge, VISA AE

Dorfstr. 77 – ✆ 033 673 85 00 – info@waldhaushuldi.ch – Fax 033 673 28 43 – geschl. Anfang Oktober - Mitte Dezember und 7. April - 5. Juni

43 Zim – 98/155 CHF 190/310 CHF – ½ P +45 CHF – **Rest** – *(nur für Hausgäste)*

♦ Ein herrlicher Bergblick macht die beiden schön am Ende des Dorfes gelegenen Chalets aus. Im Waldhaus sind die Zimmer mit massiven Holzmöbeln zeitgemäss eingerichtet.

Alpenblick VISA

Dorfstr. 9 – ✆ 033 673 27 73 – alpenblick-adel@bluewin.ch – Fax 033 673 25 98 – geschl. 25. November - 8. Dezember, 15. Juni - 10. Juli, Dienstag in der Zwischensaison und Montag

Rest – (21 CHF) Menü 85 CHF – Karte 45/96 CHF

♦ Parkett und moderne Polsterstühle unterstreichen das leicht elegante Ambiente des Restaurants. Der vordere Bereich im Stil einer Gaststube. Schöne Aussicht auf die Umgebung.

ADLIGENSWIL – Luzern (LU) – 551 O7 – 5 010 Ew – Höhe 540 m – ✉ 6043 4 F3

Bern 117 – Luzern 7 – Aarau 56 – Schwyz 32 – Zug 30

XX **Rössli**

Dorfstr. 1 – ✆ 041 370 10 30 – info@roessli-adligenswil.ch – Fax 041 370 68 14 – geschl. 30. Januar - 14. Februar und 7. - 27. Juli, Mittwochabend und Donnerstag

Rest – (18 CHF) Menü 48/78 CHF – Karte 38/90 CHF

◆ Das schöne Dorfgasthaus liegt im Ortskern. Durch die rustikale Gaststube erreicht man das gehobene Restaurant im ländlichen Stil mit Cheminée und Sommerterrasse.

ADLISWIL – Zürich (ZH) – 551 P5 – 15 822 Ew – Höhe 451 m – ✉ 8134 4 G3

Bern 132 – Zürich 10 – Aarau 55 – Luzern 49 – Rapperswil 32 – Schwyz 57

XX **Krone**

Zürichstr. 4 – ✆ 044 771 22 05 – krone.adliswil@bluewin.ch – Fax 044 771 22 06 – geschl. Juli - August 3 Wochen, Sonntag und Montag

Rest – (35 CHF) – Karte 58/111 CHF

◆ Hinter seiner schönen Fachwerkfassade überrascht dieses Restaurant im Ortszentrum mit modern gestaltetem Interieur und trendiger Bar/Lounge.

XX **Zen**

Im Sihlhof 1 – ✆ 043 377 06 18 – info@restaurant-zen.ch – Fax 043 377 06 17 – geschl. Montag

Rest – (17 CHF) Menü 65 CHF – Karte 35/96 CHF

◆ In diesem halbrund angelegten Restaurant mit raumhoher Fensterfront erwarten Sie ein modernes Ambiente und ein typisch chinesisches Speisenangebot.

AESCH – Basel-Landschaft (BL) – 551 K4 – 9 735 Ew – Höhe 318 m – ✉ 4147 2 D2

Bern 103 – Basel 14 – Delémont 30 – Liestal 22

XX **Klus**

Klusstr. 178, West : 2 km – ✆ 061 751 77 33 – info@landgasthofklus.ch – Fax 061 751 77 34 – geschl. 5. - 19. Februar und 22. - 26. Dezember, Sonntagabend und Dienstag von November - März und Montag

Rest – (16 CHF) Menü 48/56 CHF – Karte 36/80 CHF

◆ Dieses Haus überzeugt mit seiner schönen Lage in der Aescher Klus, inmitten von Weinbergen, sowie einer auf Bio-Produkten basierenden Küche.

AESCHI BEI SPIEZ – Bern (BE) – 551 K9 – 2 025 Ew – Höhe 859 m – ✉ 3703 8 E5

Bern 44 – Interlaken 16 – Brienz 37 – Spiez 5 – Thun 18

Aeschi Park Thunerseeregion, Rest, Rest, Rest,

Dorfstrasse – ✆ 033 655 91 91 – info@aeschipark.ch – Fax 033 655 91 92 – geschl. 7. - 17. Dezember

46 Zim – 120/150 CHF 160/200 CHF – 6 Suiten – ½ P +35 CHF – **Rest** – *(nur Abendessen)* Menü 38 CHF – Karte 36/79 CHF

◆ Vom Hotel aus hat man eine wundervolle Aussicht auf den Thunersee und die Berge. Die Zimmer sind in hellem Massivholz möbliert und verfügen meist über einen Balkon. Gepflegtes Restaurant mit schönem Ausblick.

in Aeschiried Süd-Ost : 3 km – 1 994 Ew – Höhe 1 000 m – ✉ 3703 Aeschi bei Spiez

XX **Panorama - Gourmet** Berge,

Aeschiriedstr. 36 – ✆ 033 654 29 73 – info@restaurantpanorama.ch – Fax 033 654 29 40 – geschl. 26. März - 10. April, 23. Juni - 15. Juli, Montag und Dienstag

Rest – (32 CHF) Menü 62/91 CHF – Karte 51/105 CHF

Rest *Restaurant* – (29 CHF) – Karte 41/96 CHF

◆ Auf einem Plateau gelegenes Haus mit Sommerterrasse und schöner Bergsicht. Eine moderne Einrichtung bestimmt das Ambiente des Gourmet-Restaurants. Im Restaurant werden neben traditionellen Gerichten hausgemachte Pastaspezialitäten serviert.

AESCHIRIED – Bern – 551 K9 – siehe Aeschi bei Spiez

AGARN – Wallis (VS) – 552 K11 – 758 Ew – Höhe 650 m – ✉ 3951 8 E6

Bern 81 – Brig 27 – Aosta 125 – Montreux 94 – Sion 29

Central Rest, P VISA MC AE

Dorfstrasse – ✆ 027 473 14 95 – info@central-wallis.ch – Fax 027 473 44 94

15 Zim – 95/115 CHF 150/160 CHF – ½ P +25 CHF – **Rest** – (19,50 CHF) Menü 25 CHF (mittags) – Karte 40/89 CHF

◆ Das Hotel mit den schönen Holzbalkonen findet man mitten im kleinen Dorf. Die Zimmer von unterschiedlicher Grösse sind einheitlich mit dunklem Eichenholzmobiliar eingerichtet. Im Parterre befindet sich die rustikale Gaststube, dahinter der kleine Speisesaal.

AGARONE – Ticino (TI) – 553 R12 – alt. 350 m – ✉ 6597 10 H6

Bern 228 – Locarno 10 – Bellinzona 11 – Lugano 34

Grotto Romitaggio VISA MC AE

– ✆ 091 859 15 77 – info@romitaggio.ch – Fax 091 859 16 00 – chiuso 1° novembre - 1° marzo, lunedì e martedì a mezzogiorno

Rist – (18 CHF) Menu 42/69 CHF – Carta 42/69 CHF

◆ Grotto ticinese dall'ambiente ospitale grazie ai tavoli in legno massiccio ed al crepitio del fuoco nel camino. Cucina tradizionale e, in estate, grigliate all'aperto.

AGIEZ – Vaud – 552 D8 – voir à Orbe

AIGLE – Vaud (VD) – 552 G11 – 7 955 h. – alt. 404 m – ✉ 1860 7 C6

Bern 105 – Montreux 17 – Evian-les-Bains 37 – Lausanne 44 – Martigny 32

Montreux, ✆ 024 466 46 16

Du Nord sans rest VISA MC AE

2 r. Colomb – ✆ 024 468 10 55 – info@hoteldunord.ch – Fax 024 468 10 56 – fermé 7 - 21 décembre

19 ch – 120/149 CHF 150/190 CHF

◆ Un café, à l'entrée de l'hôtel, tient lieu de réception. Vue sur le vignoble et les toits du village aux étages supérieurs. Chambres côté cour un peu plus quiètes.

AIROLO – Ticino (TI) – 553 P10 – 1 593 ab. – alt. 1 142 m – Sport invernali : 1 175/2 250 m 2 5 – ✉ 6780 9 G5

Bern 162 – Andermatt 30 – Bellinzona 60 – Brig 75

Leventina Turismo, via Stazione, ✆ 091 869 15 33, info@leventinaturismo.ch, Fax 091 869 26 42

Strada★★ del passo della Novena Ovest – Strada★ del San Gottardo Nord verso Andermatt e Sud-Est verso Giornico – Museo nazionale del San Gottardo★ – Val Piora★ : Est 10 km

Forni rist, P VISA MC AE

via Stazione – ✆ 091 869 12 70 – info@forni.ch – Fax 091 869 15 23 – chiuso 3 novembre - 18 dicembre

20 cam – 95/120 CHF 150/180 CHF – ½ P +30 CHF – **Rist** – *(chiuso il mercoledì da gennaio ad aprile)* (21 CHF) Menu 35/78 CHF – Carta 57/94 CHF

◆ Ubicato nella parte bassa del paese, di fronte alla stazione, offre camere tutte diverse per dimensioni, arredate con mobili chiari e funzionali. Moderna sala da pranzo, menù vario e modificato periodicamente.

sul Passo di Gottardo Nord-Ovest : 14 km – ✉ 6780 Airolo

Claustra rist, P VISA MC AE

1 km in direzione Andermatt (vecchia strada del passo) – ✆ 091 880 50 55 – info@claustra.ch – Fax 091 880 50 56 – chiuso novembre - aprile

17 cam – 210 CHF 420 CHF – ½ P +50 CHF – **Rist** – *(solo per alloggiati)*

◆ Nato per iniziativa di un artista, la Claustra è un luogo assolutamente originale sorto dalla ristrutturazione del Forte di San Carlo. L'hotel è anche centro studi.

ALDESAGO – Ticino – **553** R13 – vedere Lugano

ALLSCHWIL – Basel-Landschaft (BL) – **551** K3 – 18 131 Ew – Höhe 287 m – ✉ 4123 2 **D2**

Bern 102 – Basel 5 – Belfort 62 – Delémont 46 – Liestal 26 – Olten 52

XX **Mühle**

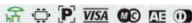

Mühlebachweg 41 – ✆ 061 481 33 70 – info@muehle-allschwil.ch – Fax 061 483 83 95 – geschl. 20. Juli - 4. August, Sonntag und Montag

Rest – (26 CHF) Menü 54 CHF (mittags)/97 CHF – Karte 50/116 CHF

◆ Das Fachwerkhaus mit der historischen Hostienmühle a. d. 17. Jh. hat sich seine urtümliche Gemütlichkeit bewahrt. Müllerstube und Buurestube verbreiten rustikale Atmosphäre.

ALPNACH – Obwalden (OW) – **551** O7 – 4 932 Ew – Höhe 452 m – ✉ 6055 4 **F4**

Bern 110 – Luzern 15 – Altdorf 39 – Brienz 39

X **Küchler**

Brünigstr. 25 – ✆ 041 670 17 12 – casagrande@restaurantkuechler.ch – Fax 041 670 17 13 – geschl. 6. - 21. Juli, Sonntag und Montag

Rest – (18 CHF) Menü 72 CHF – Karte 50/101 CHF

◆ Massive Holztische und mit Schnitzereien verzierte Stühle machen die Stube gemütlich-rustikal. Die Küche ist zeitgemäss ausgerichtet.

ALTDORF K – Uri (UR) – **553** Q8 – 8 541 Ew – Höhe 447 m – ✉ 6460 4 **G4**

Bern 152 – Luzern 42 – Andermatt 34 – Chur 133 – Interlaken 92 – Zürich 85

Tourist Info Uri, Schützengasse 11, ✆ 041 872 04 50, info@uri.info, Fax 041 872 04 51

Telldenkmal und Museum

Lokale Veranstaltungen : 16.08 - 18.10 : Tellspiel, Theater 3 mal die Woche

Höfli Zim, Rest,

Hellgasse 20 – ✆ 041 875 02 75 – info@hotel-hoefli.ch – Fax 041 875 02 95

33 Zim – †90/135 CHF ††150/185 CHF – ½ P +25 CHF – **Rest** – *(geschl. 5. - 29. Februar)* (19 CHF) – Karte 39/78 CHF

◆ Das gut geführte Hotel bietet seinen Gästen Zimmer verschiedener Kategorien - von schlicht-rustikal im Haupthaus bis modern-komfortabel im neueren Gästehaus. Der gastronomische Bereich teilt sich in ein bürgerliches Restaurant und eine Pizzeria.

XX **Goldener Schlüssel** mit Zim Rest,

Schützengasse 9 – ✆ 041 871 20 02 – info@hotelschluessel.ch – Fax 041 870 11 67

21 Zim – †110 CHF ††160 CHF – ½ P +35 CHF – **Rest** – *(geschl. Samstagmittag, Sonntag und Montag)* (19,50 CHF) Menü 40 CHF (mittags)/89 CHF – Karte 54/94 CHF

◆ Parkett, Holzmobiliar und Kachelofen geben dem Restaurant im 1. Stock des a. d. 18. Jh. stammenden Hauses einen rustikal-eleganten Touch. Praktische, sehr einfache Zimmer.

X **Lehnhof**

Lehnplatz 18 – ✆ 041 870 12 29 – info@lehnhof.ch – Fax 041 871 18 10 – geschl. Sonntag und Montag

Rest – (19,50 CHF) – Karte 39/95 CHF

◆ Auf vorherige Reservierung werden im "Primero" im 1. Stock Menüs nach Absprache serviert. Im Ergeschoss bewirtet man den Gast im schlichten Bistro mit euro-asiatischer Küche.

in Bürglen Ost : 1 km Richtung Klausenpass – 3 878 Ew – Höhe 552 m – ✉ 6463 Bürglen

X **Schützenhaus**

Klausenstr. 150 – ✆ 041 870 12 10 – Fax 041 871 19 10 – geschl. 18. - 30. Juni, 16. - 25. Oktober, Dienstag und Mittwoch

Rest – (19 CHF) Menü 53 CHF – Karte 43/86 CHF

◆ Ein nettes rustikales Chalet mit einfacher, sorgfältig zubereiteter traditioneller Küche. Mit vielen Pflanzen hat man die unter Weinlauben angelegte Terrasse hübsch gestaltet.

ALTENDORF – Schwyz (SZ) – **551** R6 – **4 638 Ew – Höhe 412 m** – ✉ **8852** 4 **G3**

Bern 161 – Zürich 39 – Glarus 35 – Rapperswil 7 – Schwyz 34

Garni Seehof garni

Churerstr. 64 – ✆ 055 462 15 00 – info@garni-seehof.ch – Fax 055 462 15 02 – geschl. 23. - 26. Dezember

8 Zim – 100 CHF 160 CHF

◆ Verkehrsgünstig liegt dieses Haus zwischen Altendorf und Lachen. Man übernachtet in hellen, zeitgemäss eingerichteten Zimmern mit gutem Platzangebot zu angemessenen Preisen.

Steinegg

Steineggstr. 52 – ✆ 055 442 13 18 – steinegg.altendorf@bluewin.ch – Fax 055 442 13 18 – geschl. 27. Dezember - 9. Januar, 12. - 27. Mai, 22. September - 7. Oktober, Montag und Dienstag

Rest – Menü 46 CHF (mittags)/86 CHF – Karte 67/118 CHF

◆ Im einstigen Bauernhaus a. d. 18. Jh. speisen Sie in den liebevoll gestalteten Stuben mit ihren typischen, niedrigen Decken. Marktfrisches Angebot. Pergola mit Weinstöcken.

ALTNAU – Thurgau (TG) – **551** T3 – **1 804 Ew – Höhe 409 m** – ✉ **8595** 5 **H2**

Bern 198 – Sankt Gallen 31 – Arbon 18 – Bregenz 49 – Frauenfeld 37 – Konstanz 12 – Winterthur 54

Urs Wilhelm's Restaurant mit Zim

Kaffeegasse 1, (im Schäfli, neben der Kirche) – ✆ 071 695 18 47 – Fax 071 695 31 05 – geschl. 23. Januar - 7. Februar, 29. Oktober - 16. November, Mittwoch und Donnerstag

4 Zim – 95/145 CHF 180/240 CHF – **Rest** – *(nur Abendessen) (Tischbestellung ratsam)* Karte 67/136 CHF

Spez. Urs Wilhelms besonderer Salat mit vielen Kräutern und Kalbsmilken (März - November). Bodensee-Fische nach Tagesfang. Kalbshaxe nach alter Art mit kräftiger Sauce. **Weine** Steckborner, Diessenhofener

◆ In dem gemütlichen, mit vielen Bildern dekorierten Lokal herrscht eine heimelige Atmosphäre. Raffiniert bereitet Ihnen der Chef feine, klassisch inspirierte Speisen zu.

ALTSTÄTTEN – Sankt Gallen (SG) – **551** V5 – **10 381 Ew – Höhe 460 m** – ✉ **9450** 5 **I2**

Bern 244 – Sankt Gallen 25 – Bregenz 26 – Feldkirch 20 – Konstanz 66

Tourismusbüro, Breite 9, ✆ 071 750 00 23, reisetreff.steiger@bluewin.ch, Fax 071 750 00 24

Frauenhof

Marktgasse 56 – ✆ 071 755 16 37 – frauenhof@bluewin.ch – Fax 071 755 17 37 – geschl. 23. Dezember - 2. Januar, Juni 3 Wochen, Sonntag und Montag

Rest – (20 CHF) Menü 28 CHF (mittags)/45 CHF – Karte 43/92 CHF

◆ Im Parterre des Steinhauses aus dem Jahre 1450 befindet sich eine gemütliche rustikale Stube, in der man eine klassische Küche serviert.

AMDEN – Sankt Gallen (SG) – **551** T6 – **1 593 Ew – Höhe 908 m – Wintersport : 1 000/1 684 m** 2 – ✉ **8873** 5 **H3**

Bern 190 – Sankt Gallen 87 – Chur 65 – Feldkirch 70 – Luzern 93 – Zürich 67

Tourismus Amden-Weesen, Dorfstr. 22, ✆ 055 611 14 13, tourismus@amden.ch, Fax 055 611 17 06

in Arfenbühl Ost : 3 km – Höhe 1 259 m – ✉ 8873 Amden

Arvenbüel

Rest, Zim,

Arvenbüelstr. 47 – ✆ 055 611 60 10 – info@arvenbuel.ch – Fax 055 611 21 01 – geschl. Mitte November - Ende Dezember, April und Montag ausser Wintersaison

21 Zim – 100/135 CHF 160/220 CHF – ½ P +38 CHF – **Rest** – (27 CHF) – Karte 37/76 CHF

◆ Das Haus liegt idyllisch am Rand des Bergdorfes im Grünen. Die Zimmer sind mit dunklem Eichenmobiliar bestückt und unterscheiden sich in Lage und Grösse. Meist mit Balkon. Das Ausflugsrestaurant bietet von seiner Terrasse einen schönen Blick auf die Berge.

ANDEER – Graubünden (GR) – 553 U10 – 669 Ew – Höhe 983 m – ✉ 7440 10 I5

Bern 276 – Sankt Moritz 73 – Andermatt 112 – Chur 38

Fravi Zim, Rest, VISA MC AE

veia Granda 1 – ✆ 081 660 01 01 – info@fravi-hotel.ch – Fax 081 660 01 02 – geschl. 2. - 22. Dezember

49 Zim – 130 CHF 240 CHF – ½ P +20 CHF – **Rest** – (18 CHF) – Karte 37/79 CHF

◆ In dem a. d. J. 1828 stammenden, als Bade- und Kurhotel erbauten Haus erwarten Sie gut gepflegte, hell und modern eingerichtete Gästezimmer. Freier Zugang zum Mineralbad. Neuzeitlich gestaltetes Restaurant und schöner Jugendstil-Speisesaal für Hotelgäste.

ANDERMATT – Uri (UR) – 551 P9 – 1 282 Ew – Höhe 1 438 m – Wintersport : 1 444/2 963 m 2 7 – ✉ 6490 9 G5

Bern 148 – Altdorf 35 – Bellinzona 84 – Chur 94 – Interlaken 91

Andermatt - Sedrun, Information ✆ 027 927 77 07

Andermatt Gotthard Tourismus, Gotthardstr.2, ✆ 041 887 14 54, info@andermatt.ch, Fax 041 887 01 85

Gotthard Realp Realp, Süd-West : 9 km Richtung Furka, ✆ 041 887 01 62

Lage★

Göscheneralpsee★★ Nord : 15 km – Schöllenen★★ Nord : 3 km

3 Könige und Post Zim, Rest, VISA MC AE

Gotthardstr. 69 – ✆ 041 887 00 01 – hotel@3koenige.ch – Fax 041 887 16 66 – geschl. Ende Oktober - 20. Dezember und 7. April - 23. Mai

22 Zim – 80/135 CHF 160/270 CHF – ½ P +45 CHF – **Rest** – (19 CHF) – Karte 39/114 CHF

◆ Das Haus liegt mitten im Dorf an der historischen Reussbrücke, dem ehemaligen Knotenpunkt für Postkutschen bei Alpenüberquerungen. Zimmer mit rustikalem Mobiliar. Einfacher Gastraum und komfortable Stube.

Monopol-Metropol Zim, VISA MC AE

Gotthardstr. 43 – ✆ 041 887 15 75 – info@monopol-andermatt.ch – Fax 041 887 19 23 – geschl. Mitte Oktober - 7. Dezember und 6. April - 9. Mai

35 Zim – 75/115 CHF 160/230 CHF – ½ P +40 CHF – **Rest** – (19,50 CHF) – Karte 36/92 CHF

◆ Die Gästezimmer in diesem Haus sind überwiegend etwas älter und zweckmässig ausgestattet, die renovierten Zimmer heller und freundlicher in rustikalem Stil. Im Restaurant wählen Sie aus der italienischen Speisekarte mit Grillspezialitäten.

ANIÈRES – Genève (GE) – 552 B11 – 2 031 h. – alt. 410 m – ✉ 1247 6 A6

Bern 168 – Genève 12 – Annecy 55 – Thonon-les-Bains 25

Auberge de Floris (Claude Legras) lac, VISA MC AE

287 rte d'Hermance – ✆ 022 751 20 20 – resa@lefloris.com – Fax 022 751 22 50 – fermé 22 décembre - 8 janvier, 15 - 31 mars, 30 août - 8 septembre, dimanche et lundi

Rest – Menu 69 CHF (déj.)/185 CHF – Carte 108/187 CHF

Rest *Le Bistrot* – voir ci-après

Spéc. Araignée de mer en gelée de crustacés, écume de concombre. Turbot de Bretagne cuit sur pierre évaporation à la citronelle. Canard de Louhans laqué au cacao et écorces d'orange. **Vins** Anières

◆ Élégante table au goût du jour procurant vue splendide sur le lac. Salle à manger panoramique au décor frais et actuel ; confortable restaurant d'été perché tel un belvédère.

Le Bistrot – Auberge de Floris VISA MC AE

287 rte d'Hermance – ✆ 022 751 20 20 – resa@lefloris.com – Fax 022 751 22 50 – fermé 22 décembre - 8 janvier, 30 août - 8 septembre, dimanche et lundi

Rest – *(réservation conseillée)* (20 CHF) Menu 50 CHF – Carte 61/112 CHF

◆ Une appétissante carte actuelle rythmée par les saisons s'emploie à calmer votre faim au bistrot de l'auberge de Floris. Cadre rustique-moderne ; joli coup d'œil en terrasse.

APPENZELL - Appenzell Innerrhoden (AI) – 551 U5 – 5 447 Ew – Höhe 789 m – ✉ 9050 5 I2

Bern 215 – Sankt Gallen 20 – Bregenz 41 – Feldkirch 35 – Konstanz 57

Appenzellerland Tourismus, Hauptgasse 4, ✆ 071 788 96 41, info.ai@appenzell.ch, Fax 071 788 96 49

Gonten, West : 4 km, ✆ 071 795 40 60

Hauptgasse★

Hoher Kasten★★ : Panorama★★ Süd-Ost : 7 km und Luftseilbahn – Ebenalp★★ : Seealpsee★★ Süd : 7 km und Luftseilbahn

Lokale Veranstaltungen : 27.04 : Landsgemeinde

Säntis

Landsgemeindeplatz 3 – ✆ 071 788 11 11 – info@saentis-appenzell.ch – Fax 071 788 11 10 – geschl. Februar – **36 Zim** – †150/170 CHF ††230/270 CHF – ½ P +40 CHF – **Rest** – (27 CHF) Menü 47/110 CHF (abends) – Karte 61/106 CHF

◆ Am Landsgemeindeplatz fällt das Hotel mit der schön bemalten Appenzeller Holzfassade auf. Geboten werden: moderne Junior Suiten, Romantik- oder Standardzimmer. Das Restaurant ist in regionstypischem Stil eingerichtet.

Appenzell Rest, Zim,

Hauptgasse 37, (am Landsgemeindeplatz) – ✆ 071 788 15 15 – info@hotel-appenzell.ch – Fax 071 788 15 51 – geschl. 4. - 27. November
16 Zim – †120/165 CHF ††200/220 CHF – ½ P +35 CHF – **Rest** – *(geschl. Dienstagmittag)* Karte 37/71 CHF

◆ Am Dorfplatz liegt das regionstypische Hotel mit rustikalen Zimmern. Gefrühstückt wird im kleinen, teils antik eingerichteten Gastraum.

Adler garni

Weissbadstr. 2, (Adlerplatz) – ✆ 071 787 13 89 – info@adlerhotel.ch – Fax 071 787 13 65 – geschl. 3. Februar - 3. März und Mittwoch
21 Zim – †90/125 CHF ††170/200 CHF

◆ Das Haus mit eigener Bäckerei/Konfisserie bietet Zimmer, die mit dunklem Massivholz eingerichtet sind. Die Appenzeller Zimmer strahlen den ortstypischen Charme aus.

in Schlatt bei Appenzell Nord : 5 km Richtung Haslen – Höhe 921 m – ✉ 9050 Schlatt

Bären mit Zim ← Appenzell und Alpsteinmassiv, Rest, Zim,

– ✆ 071 787 14 13 – info@baeren-schlatt.ch – Fax 071 787 49 33 – geschl. 21. Februar - 8. März, 14. - 30. Juli, Dienstag und Mittwoch
3 Zim – †110 CHF ††170 CHF – ½ P +35 CHF – **Rest** – Menü 39/62 CHF – Karte 43/73 CHF

◆ In dem Landgasthof am Dorfrand bietet man in zwei netten Stuben eine traditionelle Küche. Von der Terrasse aus hat man einen sehr schönen Blick auf das Alpsteinmassiv.

in Weissbad Süd-Ost : 4 km – Höhe 820 m – ✉ 9057 Weissbad

Hof Weissbad Zim, Rest,

Im Park – ✆ 071 798 80 80 – hotel@hofweissbad.ch – Fax 071 798 80 90
84 Zim – †215/225 CHF ††390/430 CHF – ½ P +50 CHF
Rest *Schotte-Sepp Stube / Flickflauder* – *(Tischbestellung ratsam)* Menü 55 CHF (abends) – Karte 52/84 CHF

◆ Schön liegt das luxuriöse Wellnesshotel, das ein breites Entspannungsprogramm, elegante Zimmer, eine hauseigene Klinik und freundliches Personal für Sie bereithält. Rustikal-elegant: die Schotte-Sepp-Stube. Lichtdurchflutet und in klaren Linien: Flickflauder.

in Schwende Süd : 5 km – Höhe 842 m – ✉ 9057 Schwende

Alpenblick ← Rest,

– ✆ 071 799 11 73 – hotel@alpenblick-appenzell.ch – Fax 071 799 14 55 – geschl. 1. November - 10. Dezember und 30. Januar - 10. Februar
17 Zim – †93/97 CHF ††142/166 CHF – ½ P +28 CHF – **Rest** – *(geschl. Dienstag und im Winter auch Montag)* (23 CHF) – Karte 36/83 CHF

◆ Typisches und nettes Alpenzellerhaus in attraktiver, ruhiger Naturlage. Die Zimmer sind wohnlich und im ländlichen Stil gehalten. Die traditionelle Küche können Sie auch auf der Terrasse zu sich nehmen.

APPLES – Vaud (VD) – 552 D9 – 1 159 h. – alt. 642 m – ✉ 1143 6 B5

Bern 117 – Lausanne 24 – Genève 57 – Pontarlier 64 – Yverdon-les-Bains 48

Auberge de la Couronne avec ch
– ✆ *021 800 31 67 – info@couronne-apples.ch – Fax 021 800 53 28 – fermé 23 décembre - 8 janvier, 22 juillet - 20 août, dimanche et lundi*
5 ch – †110/130 CHF ††180/220 CHF
Rest – Menu 60/170 CHF – Carte 122/162 CHF
Rest *Café* – (18 CHF) – Carte 55/89 CHF
◆ Le patron a converti l'ex-maison communale en plaisante auberge. Salles contemporaines, assorties au tempérament de la goûteuse cuisine. Chambres au diapason. Dans la partie ancienne du bâtiment, café misant sur un choix de spécialités suisses à prix sages.

ARAN – Vaud (VD) – 552 E10 – alt. 468 m – ✉ 1091 6 B5

Bern 98 – Lausanne 5 – Montreux 22 – Yverdon-les-Bains 42

Le Guillaume Tell
5 rte de la Petite Corniche – ✆ 021 799 11 84 – guillaume.tell@bluewin.ch – Fax 021 799 34 98 – fermé Noël, 30 décembre - 14 janvier, 28 juillet - 18 août, dimanche et lundi
Rest – (38 CHF) Menu 62 CHF (déj.)/131 CHF – Carte 81/131 CHF
◆ Pimpante maison rose à dénicher au cœur d'un village de vignerons. Cuisine innovante servie dans une petite salle chaleureuse ou sur la terrasse installée à l'étage.

ARBON – Thurgau (TG) – 551 V4 – 12 906 Ew – Höhe 399 m – ✉ 9320 5 I2

Bern 220 – Sankt Gallen 14 – Bregenz 32 – Frauenfeld 61 – Konstanz 27

Info Center, Schmiedgasse 5, ✆ 071 446 13 80, info@infocenter-arbon.ch, Fax 071 446 13 81

Lokale Veranstaltungen : 20.06 - 22.06 : Seenachtsfest mit Feuerwerk

Metropol < Bodensee, Rest, Zim,
Bahnhofstr. 49 – ✆ 071 447 82 82 – hotel@metropol-arbon.ch – Fax 071 447 82 80 – geschl. 22. Dezember - 13. Januar
42 Zim – †140/160 CHF ††190/260 CHF – ½ P +35 CHF
Rest *Gourmet* – (35 CHF) – Karte 52/92 CHF – **Rest *Bistro*** – (25 CHF) – Karte 47/86 CHF
◆ Das Haus liegt in der Arboner Bucht direkt am Ufer. Die mit dunklen Möbeln funktionell eingerichteten Zimmer auf der Seeseite bieten eine sehr schöne Aussicht. Restaurant mit edlem Ambiente und schönem Blick zum See.

Seegarten Rest,
Seestr. 66 – ✆ 071 447 57 57 – info@hotelseegarten.ch – Fax 071 447 57 58 – geschl. 22. Dezember - 14. Januar
42 Zim – †105 CHF ††168 CHF – ½ P +35 CHF – **Rest** – (15 CHF) – Karte 39/84 CHF
◆ Das Haus liegt ruhig, etwas ausserhalb des Ortes, umgeben von Wiesen und Bäumen. Die zweckmässigen Zimmer sind einheitlich mit braunem Standardholzmobiliar eingerichtet. Das Restaurant zeigt sich freundlich und modern.

Römerhof mit Zim Rest,
Freiheitsgasse 3 – ✆ 071 447 30 30 – info@roemerhof-arbon.ch – Fax 071 447 30 31 – geschl. 27. Januar - 5. Februar und 20. Juli - 6. August
10 Zim – †110/120 CHF ††170/180 CHF – **Rest** – *(geschl. Sonntag und Montag)* Menü 57 CHF (mittags)/120 CHF – Karte 76/117 CHF
◆ Neben geschmackvollen Gerichten empfiehlt sich das modern eingerichtete Riegelhaus aus dem 16. Jh. durch einen erfrischend freundlichen und aufmerksamen Service.

ARDON – Valais (VS) – 552 H12 – 2 295 h. – alt. 488 m – ✉ 1957 7 D6

Bern 147 – Martigny 21 – Montreux 59 – Sion 9

à Vétroz Nord-Est : 3 km – alt. 487 m – ✉ 1963 Vétroz

La Régence avec ch
267 rte Cantonale – ✆ 027 346 69 40 – info@laregence.ch – Fax 027 346 69 70
4 ch – 120 CHF 160 CHF – **Rest** – *(fermé 2 semaines août, dimanche et lundi)*
Menu 29/35 CHF – Carte 48/97 CHF
◆ Maison de caractère où l'on se repaît dans un décor intime et raffiné ou sous les tonnelles côtoyant les vignes. Charmantes chambres personnalisées. Ambiance "guest-house".

Le Coq en Pâte
291 rte Cantonale – ✆ 027 346 22 33 – coq-en-pate@bluewin.ch – fermé 23 décembre - 3 janvier, 16 - 25 mars, 1er - 19 août, dimanche et lundi
Rest – (15 CHF) Menu 58 CHF – Carte 43/83 CHF
◆ Aux portes d'Ardon, restaurant où l'on se sent un peu comme un "coq en pâte", tant l'accueil et le service sont avenants. Carte actualisée et atmosphère de bistrot gourmand.

ARFENBÜHL – Sankt Gallen – 551 T6 – siehe Amden

ARLESHEIM – Basel-Landschaft (BL) – 551 K4 – 8 628 Ew – Höhe 330 m – ✉ 4144 2 D2

Bern 103 – Basel 13 – Baden 68 – Liestal 12 – Olten 57 – Solothurn 72
Stiftskirche★

Zum Ochsen Zim,
Ermitagestr. 16 – ✆ 061 706 52 00 – gasthof@ochsen.ch – Fax 061 706 52 54
35 Zim – 155/225 CHF 225/345 CHF – ½ P +45 CHF – **Rest** – (27 CHF)
Menü 58 CHF (mittags)/98 CHF – Karte 62/115 CHF
◆ Das moderne Gasthaus liegt an einem ruhigen Platz im Zentrum des Dorfes. Die Zimmer unterschiedlicher Grösse sind alle mit hellen, massiven Einbaumöbeln ausgestattet. Das Restaurant wirkt rustikal mit heimischem Ulmentäfer und Holzdecke.

ARNEGG – Sankt Gallen (SG) – 551 U4 – Höhe 621 m – ✉ 9212 5 H2

Bern 196 – Sankt Gallen 16 – Bregenz 54 – Frauenfeld 37 – Konstanz 30

Arnegg garni
Bischofszellerstr. 332 – ✆ 071 388 76 76 – info@hotel-arnegg.ch – Fax 071 388 76 77 – geschl. 24. Dezember - 6. Januar und 28. Juli - 3. August
14 Zim – 115 CHF 176/186 CHF
◆ Ein Wohnhaus beherbergt die in der Grösse unterschiedlichen Zimmer, die mit hellem Einbaumobiliar funktionell eingerichtet sind. Eine zeitgemässe und preiswerte Unterkunft.

Ilge
Bischofszellerstr. 336 – ✆ 071 388 59 00 – info@ilge.ch – Fax 071 388 59 51
Rest – *(geschl. Montag ausser Juli und August)* (25 CHF) Menü 82 CHF – Karte 38/106 CHF
◆ In dem schönen Schindelhaus befinden sich mehrere Restaurantstuben. Zur Wahl stehen ein traditionelles Speisenangebot und ein ambitioniertes Gourmetmenü.

AROLLA – Valais (VS) – 552 J13 – alt. 2 003 m – Sports d'hiver : 2 000/3 000 m 5 – ✉ 1986 7 D7

Bern 195 – Sion 39 – Brig 90 – Martigny 69 – Montreux 108

Du Pigne ch, ch,
– ✆ 027 283 71 00 – hotel.pigne@bluewin.ch – Fax 027 283 71 05 – fermé début novembre - début décembre et mercredi hors saison
12 ch – 68/99 CHF 95/158 CHF – ½ P +33 CHF – **Rest** – (18 CHF) Menu 49 CHF – Carte 32/74 CHF
◆ Accueillant chalet tenu en couple au cœur d'un village montagnard. Chambres pimpantes, duplex familiaux et junior suite. Chaleur et convivialité au restaurant comme au carnotset. Mets traditionnels et plats fleurant bon le Valais. Terrasse panoramique.

AROSA – Graubünden (GR) – 553 W9 – 2 771 Ew – Höhe 1 739 m – Wintersport : 1 800/2 653 m 3 10 – ✉ 7050 10 J4

Bern 273 – Chur 31 – Davos 90 – Sankt Moritz 115

Arosa Tourismus, Poststrasse, ✆ 081 378 70 20, arosa@arosa.ch, Fax 081 378 70 21 BZ

✆ 081 377 42 42

Lage★★★ – Weisshorn★★ mit Seilbahn

Strasse von Arosa nach Chur★ über ① - Strasse durch das Schanfigg★ über ①

Lokale Veranstaltungen :

07.12 - 16.12.07 : Humor-Festival

13.01 und 20.01 : Pferderennen auf Schnee

Stadtplan siehe nächste Seite

Tschuggen Grand Hotel ⋖ Arosa und Berge, (Thermalbäder) Zim, Zim, Rest, VISA
Sonnenbergstr. 1 – ✆ 081 378 99 99 – info@tschuggen.ch – Fax 081 378 99 90 – geschl. 14. April - 12. Juni AZ **a**

120 Zim – 305/450 CHF 535/820 CHF – 10 Suiten – ½ P +60 CHF

Rest *La Vetta* – *(geschl. Montag ausser Saison) (nur Abendessen)* Menü 79 CHF – Karte 79/101 CHF

Rest *La Provence* – *(nur Mittagessen)* Menü 49/89 CHF – Karte 52/93 CHF

Rest *Bündnerstube* – *(geschl. Mittwoch ausser Saison) (nur Abendessen)* Karte 55/97 CHF

◆ Hier nächtigen Sie in den von Carlo Rampazzi individuell und stilvoll designten Zimmern und relaxen im vierstöckigen Spabereich des Stararchitekten Mario Botta. Im eleganten La Vetta bereitet man südländische Speisen zu.

Arosa Kulm ⋖ Berge, Rest, VISA
Innere Poststrasse – ✆ 081 378 88 88 – info@arosakulm.ch – Fax 081 378 88 89 – geschl. Ende Oktober - Anfang Dezember und 7. April - 12. Juni AZ **b**

123 Zim – 175/445 CHF 350/760 CHF – 14 Suiten – ½ P +20 CHF

Rest *Ahaan Thai* – *(geschl. 7. April - 4. Dezember) (nur Abendessen)* Karte 39/103 CHF

Rest *Taverne* – *(nur Abendessen)* Karte 45/97 CHF

Rest *Muntanella* – *(nur Mittagessen)* (22 CHF) – Karte 40/87 CHF

◆ Bereits im ansprechend gestalteten Hallenbereich spüren Sie den Komfort, den dieses Hotel mit seinen individuellen Zimmern und dem hübschen Spabereich bietet. Thailändische Küche im Ahaan Thai. Rustikal: die Taverne.

Waldhotel National ⋖ Arosa und Berge, Rest, VISA
Tomelistrasse – ✆ 081 378 55 55 – info@waldhotel.ch – Fax 081 378 55 99 – geschl. Mitte September - Anfang Dezember und 6. April - 13. Juni BY **d**

94 Zim – 140/245 CHF 270/480 CHF – ½ P +35 CHF

Rest Kachelofa-Stübli – separat erwähnt

Rest *Stivetta* – *(geschl. 6. April - 6. Dezember) (nur Abendessen)* Menü 58 CHF – Karte ca. 59 CHF

◆ In dem gut geführten Hotel erwarten Sie Zimmer im regionstypischen Stil und eine wechselnde Bilderausstellung. Zudem befindet sich im Haus ein 700 qm grosser Spabereich. Im Stivetta isst man Fondue und Käsespezialitäten.

BelArosa garni ⋖ Berge, VISA
Prätschlistrasse – ✆ 081 378 89 99 – hotel@belarosa.ch – Fax 081 378 89 89 – geschl. Mitte Oktober - 6. Dezember und 7. April - 13. Juni BY **h**

6 Zim – 155/250 CHF 240/400 CHF – 16 Suiten

◆ Das schöne Haus besticht mit der einladenden familiären Atmosphäre und der rustikal-modernen Ausstattung sowie grosszügigen Zimmern und allerlei Aufmerksamkeiten.

Excelsior ⋖ Arosa und Berge, Rest, VISA
Sonnenbergstrasse – ✆ 081 378 47 47 – info@hotel-excelsior.ch – Fax 081 378 47 49 – geschl. Anfang April - Anfang Dezember

73 Zim – 140/220 CHF 280/430 CHF – ½ P +35 CHF – **Rest** – *(nur Abendessen)* Menü 85 CHF – Karte 48/99 CHF BZ **f**

◆ Freundlich, gemütlich und zeitgemäss sind Merkmale, die dieses Alpenhotel kennzeichnen. Je nach Anspruch kann man zwischen verschiedenen Zimmertypen wählen. In der kleinen, rustikalen Arvenstube, dem "Bünderstübli", kann man auch à la carte essen.

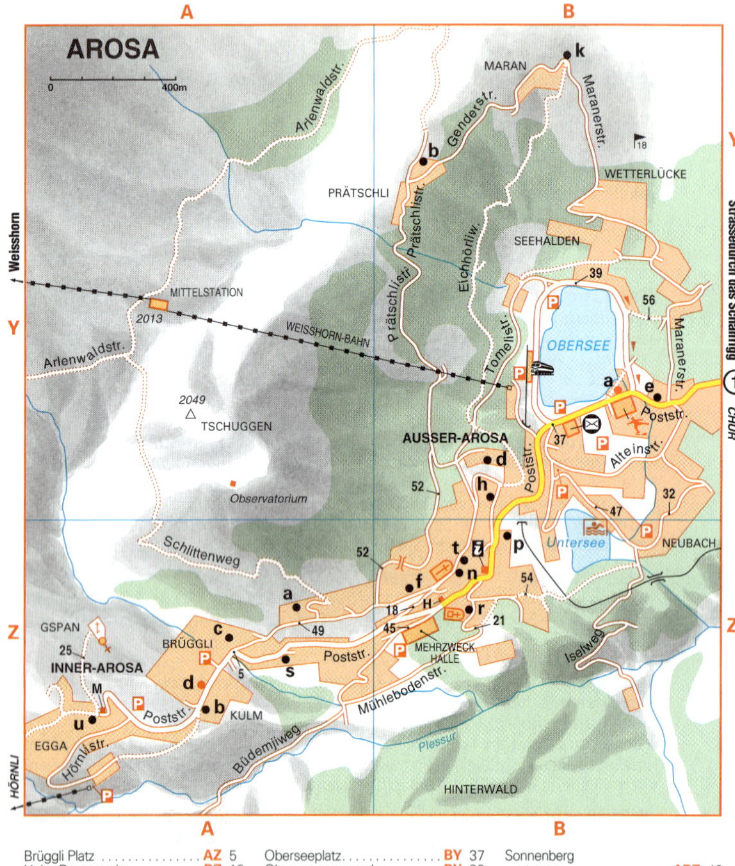

Straße	Planquadrat	Nr.
Brüggli Platz	AZ	5
Hohe Promenade	BZ	18
Hubelstrasse	BZ	21
Kirchweg	AZ	25
Neubachstrasse	BYZ	32
Oberseeplatz	BY	37
Oberseepromenade	BY	39
Schulhaus strasse	BZ	45
Seewaldstrasse	BZ	47
Sonnenberg strasse	ABZ	49
Untere Waldpromenade	BYZ	52
Unterseestrasse	BYZ	54
Waldstrasse	BY	56

Sporthotel Valsana

Rest, VISA

Äussere Poststrasse – 081 378 63 63 – info@valsana.ch – Fax 081 378 63 64 – geschl. 14. April - 19. Juni und Anfang Oktober - Ende November BY **e**

65 Zim (nur ½ P.) – 123/315 CHF 236/580 CHF – 8 Suiten – **Rest** – *(mittags nur Snack-Karte)* Karte 46/96 CHF

◆ Am Ortseingang findet man das Hotel mit warmen, sehr wohnlich eingerichteten Zimmern und einem grossen Freizeitangebot, von Volleyball bis hin zu Massagen. Restaurant mit klassischem Ambiente.

Arve Central

Rest, Rest, VISA

Hubelstr. 252 – 081 378 52 52 – info@arve-central.ch – Fax 081 378 52 50 – geschl. 17. April - 5. Juni BZ **r**

47 Zim – 112/174 CHF 186/310 CHF – ½ P +28 CHF – **Rest** – *(geschl. Montag und Dienstag von Mitte Oktober bis Mitte November)* (19,50 CHF) Menü 58/89 CHF – Karte 48/113 CHF

◆ Regionstypisch mit Arvenholz möbliert und teilweise mit einem Balkon versehen sind die Zimmer dieses Hauses, das günstig unterhalb der Promenade liegt. Das getäfelte Restaurant ist in mehrere gemütliche Stuben unterteilt.

Cristallo < Untersee und Berge, Rest, VISA
Poststrasse – 081 378 68 68 – hotel@cristalloarosa.ch – Fax 081 378 68 69 – geschl. Ende September - Anfang Dezember und 6. April - 21. Juni BZ **p**
36 Zim – 125/270 CHF 210/440 CHF – ½ P +45 CHF
Rest *Le Bistro* – (19 CHF) Menü 77/99 CHF – Karte 58/101 CHF
♦ Das Hotel ist unweit des Untersees gelegen und offeriert Ihnen Zimmer, die mit unterschiedlichem Mobiliar nett eingerichtet sind. Hübsch: die Südzimmer mit Balkon. Französisches Flair geniesst der Gast im Le Bistro.

Hof Maran < Hörnli und Weisshorn Bergpanorama, Rest, Rest, VISA
Maranerstrasse, Nord : 2 km – 081 378 51 51 – hotel@hofmaran.ch – Fax 081 378 51 00 – geschl. Ende September - 15. Dezember und 7. April - 14. Juni BY **k**
52 Zim – 80/215 CHF 160/480 CHF – ½ P +30 CHF
Rest – Karte 56/122 CHF
♦ Aus dem ehemaligen Gehöft, dessen ältester Teil aus dem Jahre 1791 stammt, ist das Hotel entstanden. Die Zimmer sind teils neuzeitlich und angenehm schlicht eingerichtet. Gemütlich ist das Restaurant mit der "Bündnerstube" und der netten Terrasse.

Hohenfels < Arosa und Berge, Rest, VISA
Hohenfelsstrasse – 081 378 56 56 – info@hohenfels.ch – Fax 081 378 56 57 – geschl. Mitte September - Anfang Dezember und 7. April - 20. Juni BZ **n**
49 Zim (nur ½ P.) – 80/213 CHF 160/392 CHF – ½ P +35 CHF – **Rest** – *(nur Abendessen) (nur Menü)* Menü 44 CHF
♦ In ruhiger Hanglage befindet sich dieses Haus, dessen Zimmer zeitgemäss und funktionell eingerichtet wurden, entweder mit Blick ins Tal oder auf das Gebirge. Restaurant mit leicht mediterranem Flair und Fenstern mit Sicht auf die Berglandschaft.

Belri < Berge, Rest, VISA
Schwelliseestrasse – 081 378 72 80 – belri@bluewin.ch – Fax 081 378 72 90 – geschl. Ende September - Anfang Dezember und 13. April - 28. Juni AZ **u**
18 Zim – 125/135 CHF 260/280 CHF – ½ P +25 CHF – **Rest** – *(geschl. Mitte April - Anfang Dezember) (nur für Hausgäste)*
♦ Gemütlich, rustikal und recht geräumig sind die Gästezimmer des netten, familiären Hotels, das sich in Inner-Arosa befindet. Behaglich ist auch das Stübli.

Hohe Promenade < Berge, Rest, Rest, VISA
Hohe Promenade – 081 378 77 00 – info@hoproarosa.ch – Fax 081 378 77 07 – geschl. Ende September - Mitte Dezember und 6. April - 20. Juni BZ **t**
32 Zim – 100/160 CHF 180/320 CHF – ½ P +20 CHF – **Rest** – *(nur für Hausgäste)*
♦ Eine typisch familiäre Adresse ist das Hotel, das sich seit 1947 im Besitz der Eigentümer befindet. Mit Naturholz möbliert sind die Zimmer.

Arlenwald < Berge, VISA
in Prätschli, Nord : 3 km – 081 377 18 38 – arlenwald@bluewin.ch – Fax 081 377 45 50 – geschl. 7. April - 31. Mai BY **b**
8 Zim – 120/130 CHF 200/280 CHF – ½ P +30 CHF
Rest *Burestübli* – *(geschl. Donnerstag von September bis November)* (19 CHF) – Karte 36/86 CHF
♦ Dieses Hotel mit Nähe zu den Skiliften verfügt über behagliche Zimmer mit viel Licht und einer freundlichen Atmosphäre. Auch der Saunabereich ist nett. Gemütlich ist das einfach rustikale Burestübli mit traditionellem Angebot.

Sonnenhalde garni < Berge, VISA
Sonnenbergstrasse – 081 378 44 44 – hotelsonnenhalde@bluewin.ch – Fax 081 378 44 55 – geschl. 13. April - 26. Juni und 12. Oktober - 28. November AZ **c**
25 Zim – 95/148 CHF 180/320 CHF
♦ Sehr persönlich wirkt das gastliche Schweizer Chalethaus, das mit seinen neuzeitlichen, rustikalen und freundlichen Zimmern zu überzeugen weiss.

Alpensonne ≤ Berge, Zim, Rest, P
Poststr. 351 – ☎ 081 377 15 47 – alpensonne@ swissonline.ch – Fax 081 377 34 70 – geschl. 14. April - 21. Juni und 20. Oktober - 1. Dezember VISA MC AE D AZ **s**
33 Zim – 80/155 CHF 160/330 CHF – ½ P +30 CHF – **Rest** – Karte 41/89 CHF
◆ Das Haus an der Ortsdurchfahrt hat Zimmer, die mit unterschiedlichen Möbeln praktisch und nett ausgestattet sind - einige verfügen auch über einen Balkon. Rustikal gibt sich das Restaurant mit Bar und Sonnenterrasse.

XX **Kachelofa-Stübli** – Waldhotel National VISA MC AE D
Tomelistrasse – ☎ 081 378 55 55 – info@waldhotel.ch – Fax 081 378 55 99 (geschl. 6. April - 12. Juni, 21. September - 6. Dezember und abends im Sommer) BY **d**
Rest – *(mittags nur kleine Karte)* (25 CHF) Menü 38 CHF (mittags)/128 CHF – Karte 75/130 CHF
◆ Angenehm elegant-rustikal ist das Ambiente in diesem Restaurant, in dem man seinen Gästen eine zeitgemäss ausgerichtete Küche serviert.

XX **Stüva Cuolm - Trattoria Toscana** VISA MC AE D
Innere Poststrasse – ☎ 081 378 88 90 – info@arosakulm.ch – Fax 081 378 88 89 – geschl. Anfang April - Anfang Dezember AZ **d**
Rest – *(abends Tischbestellung ratsam) (mittags einfaches Angebot)* (17 CHF) – Karte 52/108 CHF
◆ Schon fast auf der Skipiste, 200 m vom Hotel Kulm entfernt, stossen Sie auf das schön gestaltete Restaurant mit rustikaler Einrichtung und italienisch ausgelegtem Angebot.

X **Osteria Poltera** VISA MC
Poststr. 794 – ☎ 081 377 21 15 – osteriapoltera@bluewin.ch – Fax 081 377 06 75 – geschl. 20. April - 14. Juni, 20. Oktober - 28. November, Dienstagmittag im Sommer und Montag BY **a**
Rest – *(mittags einfaches Angebot)* (19,80 CHF) Menü 57/89 CHF – Karte 41/109 CHF
◆ Abends bietet man in dem in warmen Tönen gehaltenen Restaurant frische Küche mit italienischem Flair an. Mittags ist das Angebot etwas einfacher gehalten.

Qualità a prezzi contenuti?
Cercate i Bib: Bib Gourmand rosso per i ristoranti e Bib Hotel azzuro per gli alberghi.

ASCONA – Ticino (TI) – 553 Q12 – 4 984 ab. – alt. 210 m – ✉ 6612 9 H6

- Bern 240 – Locarno 4 – Bellinzona 23 – Domodossola 51 – Lugano 46
- Ente turistico Lago Maggiore, viale Papio 5, ☎ 091 791 00 91, buongiorno@ maggiore.ch, Fax 091 785 19 41 Z
- Est : 1,5 km, ☎ 091 791 21 32 ;
- Gerre Losone Losone, Nord-Ovest : 5 km per Losone e strada Centovalli, ☎ 091 785 10 90
- Circuito di Ronco★★ per strada di Losone X – Isole de Brissago★ Z

Manifestazioni locali :
29.06 - 09.07 : JazzAscona, New Orleans e Classics
29.08 - 17.10 : Settimane musicali

Pianta pagina a lato

Castello del Sole rist, P VISA MC AE D
via Muraccio 142, est : 1 km – ☎ 091 791 02 02 – info@castellodelsole.ch – Fax 091 792 11 18 – chiuso metà ottobre - 25 aprile
78 cam – 375 CHF 580/730 CHF – 4 suites – ½ P +30 CHF
Rist *Locanda Barbarossa* – Menu 55 CHF (pranzo)/125 CHF – Carta 72/155 CHF
◆ Casa di fine Ottocento, raffinata e ricca di charme, ubicata in riva al lago all'interno di un grande parco con vigneto. Camere da mille e una notte. Ristorante elegante, nei mesi estivi si cena anche all'aperto.

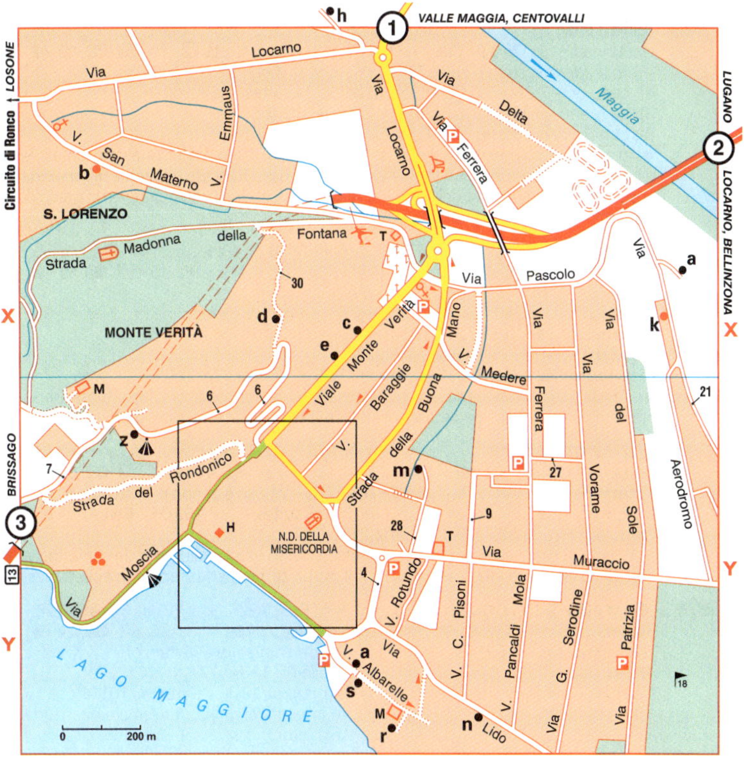

VALLE MAGGIA, CENTOVALLI
LOSONE
Circuito di Ronco
LUGANO
LOCARNO, BELLINZONA
BRISSAGO
Via Locarno
Via Emmaus
V. San Materno
S. LORENZO
Strada Madonna della Fontana
MONTE VERITÀ
Via Locarno
Via Delta
Via Ferrera
Maggia
Via Pascolo
Viale Monte Verità
V. Baraggie
Strada della Buona Mano
V. Medere
Via Ferrera
Via Vorame
Via del Sole
Aerodromo
Strada del Rondonico
Via Moscia
N.D. DELLA MISERICORDIA
V. Rotundo
Via Muraccio
V. C. Pisoni
V. Pancaldi Mola
Via G. Serodine
Via Patrizia
Via Albarelle
Via Lido
LAGO MAGGIORE
200 m

100 m
Strada del Rondonico
Borgo
Via B. Papio
Via Baraggie
POL.
Via Carrà dei Nasi
V. Collegio
P^za S. Pietro
N. D. DELLA MISERICORDIA
Via delle Cappelle
V. Orelli
LAGO MAGGIORE
Isole di Brissago

ASCONA

Borgo (V.) . . . . Z
Buona Mano (Strada della) . . Z 3
Circonvallazione (V.). . . . . Y 4
Collina (Strada). . . . . Y 6
Collinetta (Strada) . . . . Y 7
Franscini (V.). . . . . Y 9
Ghiriglioni (Vicolo dei) . . . . . . Z 10
Losone (V.). . . . . X 12
Maggiore (Contrada) . . . . Z 13
Motta (Pza G.) . . . . Z 15
Muraccio (V.) . . . . Z 16
Pasini (Vicolo). . . . . Z 18
Pecore (Strada delle) . . . . Z 19
Querce (V. delle) . . . . Y 21
Sacchetti (Vicolo) . . . . Z 25
Schelcie (V.) . . . . Y 27
Scuole (V. delle). . . . . Y 28
Signore in Crocce (V.) . . . . . . Y 30
S. Pieto (Passaggio). . . . . Z 22
S. Sebastiano (V.). . . . . Z 24

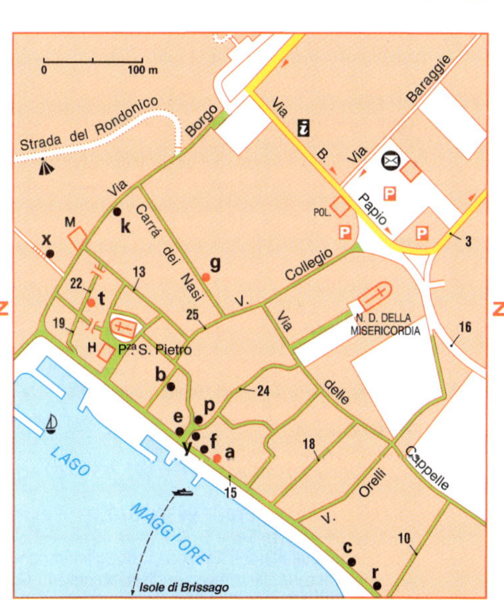

Eden Roc lago, rist, rist,
via Albarelle 16 – 091 785 71 71 – info@edenroc.ch – Fax 091 785 71 43 – chiuso 4 gennaio - 7 febbraio
48 cam – 280/705 CHF 350/830 CHF – 34 suites – ½ P +60 CHF Y r
Rist – Menu 49 CHF (pranzo)/76 CHF – Carta 68/123 CHF
Rist *La Brezza* – Menu 72/112 CHF (cena) – Carta 72/88 CHF
◆ Ad accogliervi, l'elegante e luminosa hall in marmo chiaro. Tre piscine e l'incantevole terrazza sul lago completano lo charme. Cucina classica francese e sinfonie di sapori da gustare nell'ambiente chic dell'Eden Roc. A La Brezza, cucina contemporanea in grado di soddisfare i palati più esigenti.

Giardino cam, rist,
via del Segnale 10, Est : 1,5 km per via Muraccio – 091 785 88 88 – welcome@giardino.ch – Fax 091 785 88 99 – chiuso 11 novembre - 7 marzo
56 cam – 430/530 CHF 600/740 CHF – 21 suites – ½ P +60 CHF
Rist *Ecco* – vedere selezione ristoranti
Rist *Aphrodite* – Menu 62 CHF (pranzo)/122 CHF – Carta 77/122 CHF
◆ Cinta da un fresco giardino che ospita stagnetti di ninfee e una piscina, la sontuosa risorsa offre ambienti di gusto mediterraneo. Ambiente elegante al ristorante Aphrodite.

Parkhotel Delta cam, rist,
via Delta 137 – 091 785 77 85 – info@parkhoteldelta.ch – Fax 091 785 77 35 – chiuso 6 gennaio - 6 febbraio
42 cam – 224/502 CHF 320/700 CHF – 8 suites – ½ P +55 CHF – **Rist** – Menu 55 CHF (pranzo)/139 CHF – Carta 71/112 CHF X a
◆ Albergo di lusso, particolarmente apprezzato dalle famiglie per l'atmosfera informale. L'elegante ristorante, affacciato sul meraviglioso parco, promette specialità mediterranee.

Castello-Seeschloss cam, rist, rist,
piazza G. Motta – 091 791 01 61 – castello-seeschloss@bluewin.ch – Fax 091 791 18 04 – chiuso inizio novembre - 6 marzo Z r
45 cam – 164/344 CHF 248/588 CHF – ½ P +38 CHF
Rist *De Ghiriglioni* – (28 CHF) Menu 34 CHF (pranzo)/78 CHF – Carta 54/101 CHF
◆ A ricordare il castello del 1250 restano le torri, in parte d'origine. Qui le camere, quasi tutte affrescate, hanno un'atmosfera particolare ma...nessun fantasma! Grazioso e classico il ristorante. A pranzo, servizio in terrazza.

Ascolago rist, rist,
via Albarelle 6 – 091 785 82 00 – hotel@ascolago.ch – Fax 091 791 42 26 – chiuso metà novembre - metà dicembre
19 cam – 180/340 CHF 280/420 CHF – 5 suites – ½ P +45 CHF – **Rist** – *(chiuso 2 novembre - 10 marzo e lunedì da marzo a maggio)* Menu 62 CHF (pranzo)/88 CHF – Carta 56/117 CHF Y s
◆ Se non vi bastassero le acque del lago approfittate della piscina semi coperta. Molte camere hanno il balcone che dà sull'incantevole giardino digradante fino al lago. D'estate si mangia sulla tranquilla terrazza ove si assapora una cucina fantasiosa.

Ascona Ascona e lago, cam, rist,
via Collina – 091 785 15 15 – booking@hotel-ascona.ch – Fax 091 785 15 30 – chiuso 3 gennaio - 29 febbraio X d
67 cam – 100/220 CHF 190/480 CHF – ½ P +25 CHF
Rist *Al Grotto* – (18 CHF) Menu 33/60 CHF – Carta 52/81 CHF
◆ Sopraelevato sulla città, dispone di un magnifico giardino con piscina da cui godere di un'ottima vista sul lago. Camere tutte diverse per stile e dimensioni. Al ristorante la cucina riporta sapori e profumi del Mediterraneo.

Ascovilla rist, rist,
via Albarelle 15 – 091 785 41 41 – reservation@ascovilla.ch – Fax 091 785 44 00 – chiuso inizio novembre - 14 marzo Y a
50 cam – 180/210 CHF 300/370 CHF – 6 suites – ½ P +40 CHF – **Rist** – Menu 52 CHF – Carta 54/100 CHF
◆ In zona tranquilla l'hotel si affaccia su due giardini ognuno con piscina. Dalla hall abbellita da marmi si accede alle camere, calde ed accoglienti. Godibile area wellness. Ristorante di tono elegante, intimo e confortevole.

Sasso Boretto cam, rist, rist, VISA

viale Monte Verita 45 – 091 786 99 99 – info@sassoboretto.com – Fax 091 786 99 00 – chiuso 2 gennaio - 28 febbraio X c

44 cam – 140/220 CHF 220/360 CHF – 5 suites – ½ P +40 CHF – **Rist** – (22 CHF) Menu 44 CHF – Carta 43/82 CHF

♦ Lungo la strada che conduce al centro, hotel di taglio tradizionale che dispone di ampie camere, chiare e luminose dai diversi colori! L'offerta culinaria è piuttosto tradizionale ma si differenzia da quella standard, per turisti.

Mulino rist, P VISA

via delle Scuole 17 – 091 791 36 92 – welcome@hotel-mulino.ch – Fax 091 791 06 71 – chiuso 1° novembre - 15 marzo Y m

32 cam – 120/180 CHF 190/280 CHF – ½ P +32 CHF – **Rist** – Menu 34/42 CHF (cena) – Carta 36/84 CHF

♦ Hotel sito in un quartiere residenziale vicino al centro. La maggior parte delle camere è spaziosa con un arredamento semplice e pratico. Giardino con pergolato e piscina. La sala da pranzo in estate si apre sulla gradevole terrazza.

Carcani Mövenpick P VISA AE

piazza G. Motta – 091 785 17 17 – hotel.carcani@moevenpick.com – Fax 091 785 17 18 Z c

30 cam – 100/130 CHF 150/260 CHF – **Rist** – Carta 32/89 CHF

♦ Direttamente sulla passeggiata, rilassatevi e godetevi la vista dalla terrazza adiacente. Camere funzionali e moderne. Chiedete quelle con vista lago: più grandi! La carta del ristorante propone la classica offerta arricchita di sapori locali.

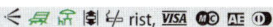

Al Porto rist, VISA AE

piazza G. Motta – 091 785 85 85 – info@alporto-hotel.ch – Fax 091 785 85 86 Z p

36 cam – 90/195 CHF 204/320 CHF – ½ P +38 CHF

Rist – *(chiuso mercoledì da novembre a febbraio)* Menu 38/69 CHF – Carta 53/106 CHF

♦ Insieme di quattro antiche case ticinesi, la principale sulla passeggiata. La maggior parte delle camere dà sulla corte interna o sul giardino. Dal piccolo balcone al primo piano del ristorante, vista sublime sulla piazza. Specialità locali rivisitate.

Schiff - Battello VISA AE

piazza G. Motta 21 – 091 791 25 33 – mail@hotel-schiff-ascona.ch – Fax 091 792 13 15 – chiuso 4 gennaio - 15 febbraio Z e

15 cam – 75/170 CHF 165/275 CHF – ½ P +35 CHF – **Rist** – *(chiuso domenica sera e lunedì da novembre a marzo esclusi i giorni festivi)* (19 CHF) Menu 54/78 CHF (cena) – Carta 46/75 CHF

♦ Edificio che sorge proprio sul lungolago. Dalla reception si accede alle funzionali camere, in parte più moderne ed ammobiliate in legno chiaro, in parte più rustiche. Il ristorante propone piatti di stampo tradizionale e locale, secondo l'offerta stagionale.

Piazza VISA AE

piazza G. Motta 29 – 091 791 11 81 – welcome@hotel-piazza-ascona.ch – Fax 091 791 27 57 Z f

32 cam – 75/120 CHF 130/230 CHF – ½ P +32 CHF – **Rist** – *(chiuso 1° dicembre - 10 marzo)* Carta 41/82 CHF

♦ Sul lungolago, una risorsa con camere di differenti tipologie, ma tutte rinnovate di recente. Alcune, dotate di piccoli balconi, godono della vista sulla passeggiata. Ristorante con veranda lungo la passeggiata a lago.

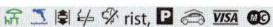

Riposo rist, P VISA

scalinata della Ruga 4 – 091 791 31 64 info@hotel riposo.ch – Fax 091 791 46 63 – chiuso fine ottobre - 14 marzo Z x

32 cam – 100/175 CHF 200/300 CHF – ½ P +38 CHF

Rist *Arlecchino* – *(chiuso le sere di mercoledì, giovedì e domenica)* (32 CHF) – Carta 52/86 CHF

♦ Vecchia costruzione ricca di fascino. Camere personalizzate rendono l'atmosfera davvero speciale. Sublime vista su Ascona dal roof garden e piscina...sul tetto! Nella corte interna, sotto i fiori del vecchio glicine, per apprezzare una cucina locale.

Michelangelo
via Collina 81 – 091 791 80 42 – michelangelo@ticino.com – Fax 091 791 67 32 – chiuso 10 novembre - 25 febbraio Y z
17 cam – 140/180 CHF 200/300 CHF – ½ P +35 CHF – **Rist** – *(chiuso 25 ottobre - 15 marzo e mercoledì) (chiuso a mezzogiorno)* Menu 42 CHF (cena) – Carta 47/99 CHF
◆ Piccolo hotel molto personalizzato; camere con mobilio in stile o più attuale. La piscina può esser usata anche d'inverno, grazie ad una copertura mobile. Il patio del ristorante è cornice ideale per gustare piatti tradizionali e soprattutto proposte di pesce.

Mirador senza rist
via al Lido 28 – 091 791 16 66 – info@mirador-golfhotel.ch – Fax 091 791 20 62 – chiuso inizio novembre - inizio marzo Y n
22 cam – 140/160 CHF 240/350 CHF
◆ A poca distanza dal lago, in zona residenziale e tranquilla, un hotel funzionale, completamente rinnovato che presenta camere di differenti dimensioni.

Al Faro
rist,
piazza G. Motta 27 – 091 791 85 15 – info@hotel-al-faro.ch – Fax 091 791 65 77 – chiuso 31 ottobre - 1 marzo Z y
10 cam – 130/150 CHF 170/250 CHF – ½ P +29 CHF – **Rist** – *(chiuso martedì da marzo ad aprile)* (29 CHF) – Carta 55/92 CHF
◆ Lungo la passeggiata, in zona pedonale. Possibile l'accesso con l'auto per chi alloggerà in una delle 10 camere, piccole, accoglienti e ben arredate. L'ambiente rustico del ristorante è l'ideale per una pizza dal forno a legna o le proposte di cucina italiana.

Golf senza rist
vicolo Sacchetti 2 – 091 791 00 35 – info@garni-golf.ch – Fax 091 791 00 55 – chiuso 4 gennaio - 19 marzo Z b
22 cam – 95/130 CHF 170/220 CHF
◆ Albergo situato nel centro storico in una stradina laterale, pedonale. Interni "freschi" perché completamente rinnovati recentemente, mobilio in stile rustico.

Antica Posta
via Borgo – 091 791 04 26 – antica.posta@bluewin.ch – Fax 091 792 25 22 – Albergo : chiuso 1° novembre - 15 marzo Z k
8 cam – 80/100 CHF 160/220 CHF – **Rist** – *(chiuso 15 febbraio - 15 marzo e mercoledì) (chiuso a mezzogiorno)* Carta 48/84 CHF
◆ Nel cuore del centro storico, una storica e pittoresca casa del XVI sec. accoglie questa caratteristica locanda. Camere di differenti metrature, tutte rinnovate. Il ristorante dispone di un gradevole dehors con pergolato.

Sport senza rist
viale Monte Verità 25 – 091 791 00 31 – garnisport@hotmail.com – Fax 091 791 00 74 – chiuso 31 dicembre - 15 marzo X e
19 cam – 100/130 CHF 160/200 CHF
◆ Un albergo mignon per dimensioni, gusti e prezzi! In prossimità del centro città, troverete reception e sala colazione al secondo piano. Tutte le camere dispongono di balcone.

Ecco – Il Giardino
via del Segnale 10, Est : 1,5 km per via Muraccio – 091 785 88 88 – welcome@giardino.ch – Fax 091 785 88 99 – chiuso 11 novembre - 7 marzo
Rist – *(chiuso lunedì e martedì) (chiuso a mezzogiorno) (solo menu)* Menu 125/138 CHF
Spez. Fegato d'oca marinato con anguilla affumicata, mela e olio di carbone. Filetto di vitello Simmental con scampo al limone e vaniglia. Crema catalana con frutti di bosco e timo limone con gelato ai fagioli tonka. **Vini** Merlot del Ticino
◆ Predominanza di nero e argento nel luminoso giardino d'inverno. Arredamento e menu sfoggiano uno stile moderno-contemporaneo, come la cucina che strizza l'occhio alla creatività.

Della Carrà
Carrà dei Nasi 11 – 091 791 44 52 – alcormano8@bluemail.ch – Fax 091 791 60 93 – chiuso 8 gennaio - 14 febbraio e domenica Z g
Rist – (19 CHF) Menu 25 CHF (pranzo) – Carta 57/115 CHF
◆ Grazioso ristorante rustico, nella parte vecchia della città, con bella terrazza per sorseggiare un drink dopocena. Cucina legata alla tradizione, con specialità alla griglia.

XX **Hostaria San Pietro**

Passaggio San Pietro 6 – ✆ 091 791 39 76 – osteriasanpietro@yahoo.com – chiuso 5 gennaio - 5 febbraio e lunedì Z t

Rist – Menu 49 CHF (pranzo) – Carta 46/83 CHF

◆ Piccola e raffinata osteria, situata nella parte vecchia della città, in una stradina laterale. La cucina è tradizionale con offerte regionali a prezzi favorevoli.

XX **Al Pontile**

Lungolago Motta 31 – ✆ 091 791 46 04 – alpontile@ticino-gastronomico.ch – Fax 091 791 90 60 – chiuso 26 novembre - 18 dicembre Z a

Rist – (26 CHF) Menu 75 CHF (cena) – Carta 50/108 CHF

◆ Vivace nella cucina dai sapori regionali e nella frequentazione, l'elegante ristorante dispone d'un piacevole dehors estivo e organizza serate a tema e rassegne gastronomiche.

X **Aerodromo**

via Aerodromo 3 – ✆ 091 791 13 73 – Fax 091 791 13 73 – chiuso metà novembre - metà dicembre, mercoledì escluso la sera da luglio a settembre e giovedì a mezzogiorno X k

Rist – Carta 57/114 CHF

◆ Presso l'ex campo di volo, raccolto ristorante suddiviso in due sale di tono rustico e aperto nel verde sulla bella veranda estiva. Imperdibili le specialità alla griglia.

a Losone Nord-Ovest : 2 km per ① X – alt. 240 m – ✉ 6616 Losone

Losone

cam, rist, rist,

via dei Pioppi 14 – ✆ 091 785 70 00 – info@albergolosone.ch – Fax 091 785 70 07 – chiuso fine ottobre - 21 marzo X h

77 cam – 235/464 CHF 420/580 CHF – ½ P +58 CHF – **Rist** – Menu 69 CHF (cena) – Carta 36/96 CHF

◆ Nel verde dei campi, un po' fuori Losone, struttura ideale per tutta la famiglia con immenso giardino, piscina e zoo. Ampie camere di stile mediterraneo. Al ristorante ambiente solare, dalle forti tinte; bella terrazza e proposte classiche.

Elena senza rist

via Gaggioli 15 – ✆ 091 791 63 26 – Fax 091 792 29 22 – chiuso 26 ottobre - 24 marzo

20 cam – 110/150 CHF 140/190 CHF

◆ Costruzione che sorge in una tranquilla zona residenziale. Godetevi le calde serate estive sotto le arcate, di fronte alla piscina ed al giardino con le palme.

XX **Osteria dell'Enoteca**

contrada Maggiore 24 – ✆ 091 791 78 17 – enoteca@nikko.ch – Fax 091 791 78 17 – chiuso 1° gennaio - 6 marzo, lunedì e martedì

Rist – *(coperti limitati - prenotare) (solo menu)* Menu 56 CHF (pranzo)/122 CHF

◆ Varcato un cancello di ferro, l'ottocentesca casa in pietra ospita un piccolo e raffinato ristorante che propone sfiziose prelibatezze. Servizio estivo in giardino.

X **Grotto Broggini**

via S. Materno 18 – ✆ 091 791 15 67 – grotto-broggini@ffgastro.ch – Fax 091 791 03 37 – chiuso 10 gennaio - 15 febbraio X b

Rist – Carta 41/94 CHF

◆ Un vecchio grotto ridisegnato in chiave moderna, tra il wine-bar e il ristorante. Polli allo spiedo e risotti tra le specialità, accompagnati da una buona selezione di vini.

X **Centrale**

via Locarno 2 – ✆ 091 792 12 01 – Fax 091 792 14 00 – chiuso 29 dicembre - 9 gennaio, 4 - 24 agosto, sabato a mezzogiorno e domenica

Rist – (20 CHF) – Carta 51/74 CHF

◆ Voglia di sfuggire al turismo e di assaporare la proverbiale accoglienza ticinese? Questo ristorante fa al caso vostro. Ottima cucina casalinga a prezzi accessibilissimi.

sulla strada Panoramica di Ronco Ovest : 3 km :

Casa Berno ← Lago Maggiore e monti, rist, rist,
Via Gottardo Madonna 15 ✉ 6612 Ascona – ☎ 091 791 32 32 – hotel@casaberno.ch – Fax 091 792 11 14 – chiuso novembre - marzo
62 cam – †250 CHF ††400/480 CHF – ½ P +20 CHF – **Rist** – Menu 60 CHF – Carta 55/112 CHF
◆ Beneficiate della posizione privilegiata delle colline sopra al lago per ammirare i dintorni. Le camere hanno un buon livello di confort, in stile moderno o tradizionale. Il ristorante panoramico offre una cucina ricca e gustosa.

ASTANO – Ticino (TI) – 553 Q13 – 290 ab. – alt. 638 m – ✉ 6999 9 H7

Bern 294 – Lugano 21 – Altdorf 145 – Bellinzona 44

Della Posta rist,
Via Trezzini – ☎ 091 608 32 65 – info@albergo-posta-astano.ch – Fax 091 608 32 66 – chiuso 1° novembre - 15 marzo
15 cam – †75/120 CHF ††150/240 CHF – ½ P +35 CHF – **Rist** – Carta 35/104 CHF
◆ In posizione tranquilla, la risorsa si compone di due edifici distinti: una villa patrizia con accoglienti ambienti in stile ed una costruzione più recente dai luminosi spazi. Cucina regionale al ristorante. Servizio estivo in terrazza.

ASUEL – Jura (JU) – 551 I4 – 216 h. – alt. 573 m – ✉ 2954 2 C3

Bern 96 – Délémont 19 – Basel 46 – Belfort 49 – Montbéliard 46

Au Cheval Blanc
– ☎ 032 462 24 41 – Fax 032 462 32 53 – fermé 15 - 28 février, lundi et mardi
Rest – (17 CHF) Menu 75 CHF – Carte 57/84 CHF
◆ Dans un petit village, restaurant champêtre réchauffé par un âtre. De la terrasse, vous pourrez même garder un œil sur vos enfants jouant sur la place. Carte traditionnelle.

AUBONNE – Vaud (VD) – 552 C10 – 2 570 h. – alt. 502 m – ✉ 1170 6 B5

Bern 119 – Lausanne 25 – Genève 44 – Montreux 56 – Yverdon-les-Bains 48

L'Esplanade ← lac et montagnes,
42 r. du Chêne – ☎ 021 808 03 03 – info@lesplanade.ch – Fax 021 808 03 04 – fermé 23 décembre - 15 janvier, 23 - 31 mars et 12 - 20 octobre
Rest – *(fermé dimanche soir, lundi et mardi)* (21 CHF) Menu 37/160 CHF – Carte 77/112 CHF
◆ Pavillon rénové, perché tel un nid d'aigle sur un promontoire. Cuisine d'aujourd'hui, ambiance trendy, vue plongeante sur le lac en terrasse et par les grandes baies vitrées.

AUSSERBERG – Wallis (VS) – 552 L11 – Höhe 1 008 m – ✉ 3938 8 E6

Bern 187 – Brig 20 – Andermatt 98 – Saas Fee 37 – Sion 47

Sonnenhalde ← Rest,
– ☎ 027 946 25 83 – info@sonnenhalde-ausserberg.ch – Fax 027 946 18 05 – geschl. 4. Februar - 8. März, Mittwoch und Donnerstag von November bis März
15 Zim – †82/88 CHF ††142/150 CHF – ½ P +40 CHF – **Rest** – (28 CHF) – Karte 42/94 CHF
◆ Das Haus liegt am oberen Dorfrand und bietet von der Sonnenterrasse Ausblick auf die Walliser Alpen. Die Zimmer sind mit hellem Mobiliar zeitgemäss-rustikal eingerichtet. Ländliches Restaurant mit traditioneller Küche.

Les AVANTS – Vaud – 552 G10 – voir à Montreux

Rot = angenehm. Richten Sie sich nach den Symbolen und in Rot.

AVENCHES – Vaud (VD) – 552 G7 – 2 544 h. – alt. 475 m – ✉ 1580 2 C4

Bern 40 – Neuchâtel 37 – Fribourg 15 – Lausanne 72

Avenches Tourisme, 3 pl. de l'Église, ✆ 026 676 99 22, info@avenches.ch, Fax 026 675 33 93

Musée romain★

Musée romain de Vallon: mosaïques★★

Manifestations locales :

04.07 - 19.07 : Festival d'opéra aux arènes d'Avenches : La Traviata

05.09 - 06.09 : Aventicum Musical Parade, fanfares militaires internationales

Couronne rest, VISA MC AE D

20 r. Centrale – ✆ 026 675 54 14 – couronneavenches@vtx.ch – Fax 026 675 54 22 – fermé 20 décembre - 20 janvier

12 ch – 110/140 CHF 160/210 CHF – ½ P +35 CHF

Rest – *(fermé dimanche soir et jeudi sauf juin - août)* (19 CHF) Menu 48/65 CHF – Carte 58/93 CHF

♦ Maison de caractère nichée au cœur de la cité historique. Teintes pastel et toiles contemporaines président au décor des chambres. Restaurant traditionnel au cadre moderne et chaleureux. Dégustations de vins dans la cave voûtée.

Des Bains P VISA MC AE D

1 rte de Berne – ✆ 026 675 36 60 – zurcher@restaurantdesbains.ch – Fax 026 675 15 37 – fermé 24 mars - 9 avril, 1er - 16 septembre, dimanche soir et lundi

Rest – (18 CHF) Menu 45/95 CHF – Carte 56/101 CHF

♦ Si la visite des proches arènes romaines vous a donné les crocs, venez donc vous attabler dans cette salle néo-rustique dont le nom évoque les anciens thermes d'Aventicum.

BADEN – Aargau (AG) – 551 O4 – 16 270 Ew – Höhe 396 m – Kurort – ✉ 5400 4 F2

Bern 108 – Aarau 30 – Basel 68 – Luzern 75 – Zürich 24

Info Baden, Oberer Bahnhofplatz 1, ✆ 056 200 87 87, info@baden.ag.ch, Fax 056 200 83 82 Y

Schinznach Bad West : 14 km, ✆ 056 443 12 26

Lage★ – Altstadt★ : Blick★ von der Hochbrücke Z. Stiftung "Langmatt" Sydney und Jenny Brown★ Y

Lokale Veranstaltungen : 10.09 - 14.09 : Figura, Theaterfestival

Stadtplan siehe nächste Seite

Limmathof garni VISA MC AE D

Limmatpromenade 28 – ✆ 056 200 17 17 – info@limmathof.ch – Fax 056 200 17 18 Y f

10 Zim – 220 CHF 290 CHF

♦ Zimmer in trendigem Design - 2 Junior Suiten befinden sich unter dem Dach - sowie ein moderner öffentlicher Spa-Bereich machen das im 19. Jh. erbaute Hotel im Limmatbogen aus.

Grand Casino AC VISA MC AE D

Haselstr. 2 – ✆ 056 204 08 08 – restaurant@grandcasinobaden.ch – Fax 056 204 08 07 Y d

Rest – (19 CHF) – Karte 55/105 CHF

♦ Halbrund gebaut ist das moderne Restaurant mit grosser Fensterfront und Terrasse zum Park. Man serviert zeitgemässe Gerichte mit mediterranem Touch.

in Ennetbaden Nord-Ost : 1 km – Höhe 359 m – ✉ 5408 Ennetbaden

Hertenstein < Baden, P VISA MC AE D

Hertensteinstr. 80, Richtung Freienwil – ✆ 056 221 10 20 – info@hertenstein.ch – Fax 056 221 10 29 – geschl. 1. - 7. Januar, Sonntag und Montag

Rest – (34 CHF) Menü 54/108 CHF – Karte 61/123 CHF

♦ Eine traditionelle Küche mit modernen Einflüssen findet man in dem klassischen Restaurant mit saisonaler Dekoration und Terrasse mit schönem Ausblick.

XX **Sonne** Y g

Badstr. 3 – ✆ 056 221 24 24 – Fax 056 221 24 24 – geschl. 17. - 24. März, 14. Juli - 4. August, Samstagmittag und Montag

Rest – (19,50 CHF) Menü 30 CHF (mittags) – Karte 50/115 CHF

◆ Diese familiäre Adresse überzeugt ihre Gäste mit einem traditionellen Restaurant mit internationalen Speisen, dem modernen Wintergarten und einer Terrasse über der Limmat.

BAD RAGAZ – **Sankt Gallen (SG)** – **551** V7 – **4 929 Ew** – **Höhe 502 m** – **Kurort** – ✉ **7310** 5 **I3**

Bern 222 – Chur 24 – Sankt Gallen 84 – Vaduz 24

Bad Ragaz Tourismus, Am Platz 1, ✆ 081 300 40 20, info@spavillage.ch, Fax 081 300 40 21

18 ✆ 081 303 37 17 ; 9 Heidiland, ✆ 081 303 37 00

Taminaschlucht★★ Süd-West

Lokale Veranstaltungen : 04.05 : Maibär, alter Brauch

Grand Hotel Quellenhof

081 303 30 30 – reservation@resortragaz.ch – Fax 081 303 30 33

Zim, Rest, Zim, Rest, VISA

97 Zim – 470 CHF 760 CHF – 9 Suiten

Rest *Bel - Air* – Karte 75/132 CHF

◆ Das Haus beeindruckt mit klassischem Luxus. Elegantes Thermalbad im römischen Stil mit modernem Health- und Beauty-Center sowie komfortable Junior-Suiten und Suiten. Edles Restaurant im Belle-Epoque-Stil mit verzierten Stuckdecken und prächtigen Kronleuchtern.

Sorell Hotel Tamina

Am Platz 3 – 081 303 71 71 – info@hoteltamina.ch – Fax 081 303 71 72

Rest, Rest, VISA

37 Zim – 175/195 CHF 290/330 CHF – 7 Suiten – ½ P +40 CHF

Rest *Locanda* – (19 CHF) – Karte 34/105 CHF

◆ Das klassische Hotelgebäude am Dorfplatz verfügt über Zimmer, die teils im Jugendstil mit weissem Holzmobiliar, teils aber auch in rustikalem Naturholz eingerichtet sind. Ein Bijou aus der Belle Epoque: die Locanda mit gemütlicher Gartenterrasse.

Schloss Ragaz

Süd-Ost : 1,5 km Richtung Landquart – 081 303 77 77 – info@hotelschlossragaz.ch – Fax 081 303 77 78 – geschl. 16. November - 19. Dezember

Zim, Zim, Rest, VISA

56 Zim – 115/146 CHF 230/306 CHF – ½ P +29 CHF – **Rest** – (28 CHF) Menü 38/65 CHF – Karte 41/80 CHF

◆ Das Hotel liegt ruhig im schönen Park mit Freibad und Wellnesspavillon und bietet drei unterschiedliche Zimmertypen: in der Residenz, in den Pavillons oder im Schlossgebäude. Ein schöner saalartiger Raum fungiert als Restaurant.

Sandi

Rest, Rest, VISA

Bahnhofstr. 47 – 081 303 45 00 – info@hotelsandi.ch – Fax 081 303 45 01 – geschl. Mitte Dezember - Mitte Januar

50 Zim – 90/140 CHF 190/260 CHF – ½ P +30 CHF

Rest *Allegra* – (19 CHF) – Karte 31/65 CHF

◆ Ein grosser Teil der Zimmer dieses in der Nähe des Bahnhofs gelegenen Hauses wurde mit braunem Mobiliar wohnlich ausgestattet. Ein Plus: der grosse Garten.

Ochsen

Zim, VISA

Bartholoméplatz 4 – 081 330 79 20 – info@ochsenragaz.ch – Fax 081 330 79 21 – geschl. 30. März - 9. April und 15. - 31. Juli

10 Zim – 100/120 CHF 180/200 CHF – ½ P +28 CHF – **Rest** – *(geschl. Dienstag und Mittwoch)* (18 CHF) – Karte 39/90 CHF

◆ Hinter der roten Fassade dieses zentral gelegenen Hotels stehen modern ausgestattete Gästezimmer in dezenten Farben zur Verfügung.

Aebtestube – Grand Hotel Hof Ragaz

VISA

– 081 303 30 30 – reservation@resortragaz.ch – Fax 081 303 30 33 – geschl. Februar 1 Woche, Juli - August 4 Wochen, Sonntag und Montag

Rest – *(nur Abendessen) (Tischbestellung ratsam)* Karte 102/161 CHF

◆ Fast schon intim ist die Atmosphäre in dem gehobenen Restaurant im ehemaligen Palast der Stadthalterei a. d. 18. Jh. Das Hotel ist von April 2008 bis April 2009 geschlossen.

Kuriger's Paradies

VISA

Fluppestr. 28, Süd-Ost: 2 km Richtung Landquart – 081 302 24 24 – info@kurigers.ch – Fax 081 302 52 30 – geschl. 5. - 13. Februar, 8. - 16. Juli, 30. September - 8. Oktober, Dienstag und Mittwoch

Rest – (45 CHF) Menü 65 CHF (mittags)/145 CHF – Karte 79/123 CHF

Spez. Fläscher Spargeln (Frühling). Rehrücken aus der Brigelser Jagd mit seinen Herbstbeilagen (September - Oktober). Dreierlei vom Lamm. **Weine** Jeninser, Malanser

◆ In dem angenehm hellen, modernen Wintergarten offeriert man drei feine zeitgemässe Menüs. Schön sitzt man auch auf der schattigen Sommerterrasse.

XX **Löwen**

Löwenstr. 5 – 081 302 13 06 – info@loewen.biz – Fax 081 330 72 01 – geschl. 25. März - 15. April, 28. Oktober - 18. November, Sonntag und Montag
Rest – (24 CHF) Menü 86 CHF (abends) – Karte 47/111 CHF
◆ Hinter der gemütlichen Gaststube dieses hübsch an der Tamina gelegenen Hauses befindet sich das gehobene neo-rustikale Restaurant mit schöner Holzdecke.

X **Rössli** mit Zim — Zim, Rest,

Freihofweg 3 – 081 302 32 32 – info@roessliragaz.ch – Fax 081 300 42 84 – geschl. 23. Dezember - 14. Januar und 6. - 29. Juli
11 Zim – †80 CHF ††156 CHF – ½ P +25 CHF – **Rest** – *(geschl. Sonntag und Montag)* (19 CHF) Menü 51 CHF (mittags)/86 CHF – Karte 55/105 CHF
◆ Das Hotel im Zentrum beherbergt in Pastellgelb gehaltene, zeitgemässe Zimmer mit grossen Landschaftsgemälden und gutem Platzangebot.

BAD SCHAUENBURG – Basel-Landschaft – 551 K4 – siehe Liestal

BÄCH – Schwyz (SZ) – 551 Q6 – Höhe 411 m – ✉ 8806 — 4 G3

Bern 153 – Zürich 32 – Glarus 42 – Rapperswil 9 – Schwyz 29

XX **Zur Faktorei**

Seestr. 41 – 044 784 03 16 – Fax 044 786 18 49 – geschl. 23. Dezember - 8. Januar, 20. Juli - 5. August, 28. September - 14. Oktober, Sonntag, Montag und Dienstag
Rest – *(Tischbestellung ratsam)* Menü 75 CHF – Karte 61/122 CHF
◆ Die ehemalige Salzfaktorei mit rustikaler Einrichtung ist nunmehr seit fast vier Jahrzehnten eine Institution für Fischgerichte, vor allem aus dem Zürichsee.

XX **Seeli**

Seestr. 189 – 044 784 03 07 – info@see.li – geschl. 23. Dezember - 6. Januar, Sonntag und Montag
Rest – *(Tischbestellung ratsam)* Menü 63/94 CHF – Karte 56/109 CHF
◆ Das typische Zürcher Riegelhaus liegt direkt am See. Die vier historischen Stuben mit gehobenem Komfort sind über eine Aussentreppe zu erreichen. Fischspezialitäten.

BAGGWIL – Bern – 551 I7 – siehe Seedorf

BÂLE – Basel-Stadt – 551 K3 – voir à Basel

BALLWIL – Luzern (LU) – 551 O6 – 2 112 Ew – Höhe 515 m – ✉ 6275 — 4 F3

Bern 110 – Luzern 15 – Aarau 39 – Baden 48 – Zug 29 – Zürich 56

XX **Zur Sonne**

Dorfstr. 13 – 041 448 13 18 – sonne_ballwil@bluewin.ch – Fax 041 448 21 18 – geschl. 3. - 10. Februar, 27. Juli - 18. August, Sonntag und Montag
Rest – (18 CHF) Menü 48 CHF (mittags)/116 CHF – Karte 54/131 CHF
◆ In dem von aussen unscheinbaren Haus wird man im Gourmetstübli mit sorgfältig zubereiteten klassischen Gerichten aus Produkten vom benachbarten Bauern überrascht. Gaststube.

BALSTHAL – Solothurn (SO) – 551 K5 – 5 574 Ew – Höhe 489 m – ✉ 4710 — 3 E3

Bern 53 – Basel 54 – Solothurn 22 – Zürich 80
Passwanggipfel : Panorama★★ Nord : 14 km

Kreuz — Zim, Zim,

Falkensteinerstr. 1 – 062 386 88 88 – kreuz@seminarhotelkreuz.ch – Fax 062 386 88 89
79 Zim – †90/160 CHF ††160/200 CHF – **Rest** – *(geschl. Sonntagabend)* (19 CHF) – Karte 50/103 CHF
◆ Das Hotel besteht aus vier einzelnen Gebäuden. Die Zimmer im Rössli sind ländlich, die des Motels farbenfroh und die im Kornhaus sind mit hellem Holz eingerichtet. Verschiedene Restaurants und eine Terrasse erwarten den Gast.

R. Mattes/MOA-QUI

BASEL *Bâle*

Kanton : BS Basel-Stadt
Michelin-Karte : **551** K3 + 4
Einwohnerzahl : 166 558 Ew
Höhe : 273 m – **Postleitzahl :** ✉ 4000

Bern 100 – Aarau 56 – Belfort 79 – Freiburg im Breisgau 72 – Schaffhausen 99
Atlas : 2 **D2**

PRAKTISCHE HINWEISE

Tourist-Information

Basel Tourismus, Tourist Info im Stadtcasino am Barfüsserplatz, Steinenberg 14 **BY** Tourist Info Bahnhof im Bahnhof SBB **BZ**, ✆ 061 268 68 68, info@basel.com, Fax 061 268 68 70

Automobilclub

Steinentorstr. 13, ✆ 061 205 99 99, Fax 061 205 99 70 **BZ**
Birsigstr. 4, ✆ 061 272 39 33, Fax 061 281 36 57 **BZ**

Flughafen

EuroAirport, ✆ 061 325 31 11, Basel (Schweiz) über zollfreie Strasse 8 km und in Saint-Louis (Frankreich) T

Fluggesellschaften

Swiss International Air Lines Ltd. ✆ 0848 852 000, Fax 061 582 33 33
British Airways, EuroAirport ✆ 0848 845 845, Fax 0848 845 849

FREIZEIT

Lokale Veranstaltungen

12.01 : Vogel Gryff, alter Brauch
11.02 - 13.02 : Fasnacht, "Morgenstraich"

Golfplätze

9 Rheinfelden, Ost: 20 km Autobahn Ausfahrt Rheinfelden West, ✆ 061 833 94 07 ;
18 Hagenthal-le-Bas (Frankreich) Süd-West : 10 km, ✆ (0033) 389 68 50 91 ;
18 Markgräflerland Kandern (Deutschland), Nord : 23 km, ✆ (0049) 7626 97 79 90

Fussball-Europameisterschaft

07.06, 11.06, 15.06 : Vorrundenspiele
19.06, 21.06 : Viertelfinale
25.06 : Halbfinale

AUFZUDECKEN

SEHENSWERT

Zoologischer Garten★★★ **AZ** - Altstadt★★ : Münster★★ **CY**, Blick★ von der Pfalz, Fischmarktbrunnen★ **BY**, Alte Strassen★ **BY** - Hafen **T** : Blick★ von der Aussichtsterrasse auf dem Siloturm der Schweizerischen Reederei **AX** **G** - Rathaus★ **BY** **H**

MUSEEN

Kunstmuseum★★★ **CY** - Museum der Kulturen★ **BY** **M1** - Historisches Museum★★ **BY** - Antikenmuseum und Sammlung Ludwig★★ **CY** - Basler Papiermühle★ **DY** **M6** - Haus zum Kirschgarten★ **BZ** - Museum Jean Tinguely★ **T** **M8**

AUSFLUGSZIELE

Römische Ruinen in Augst★★ Süd-Ost : 11 km - St.-Chrischona-Kapelle★ : 8 km über ②- Wasserturm Bruderholz★ **U** - Riehen 6 km über ② : Fondation Beyeler★★, Spielzeugmuseum★

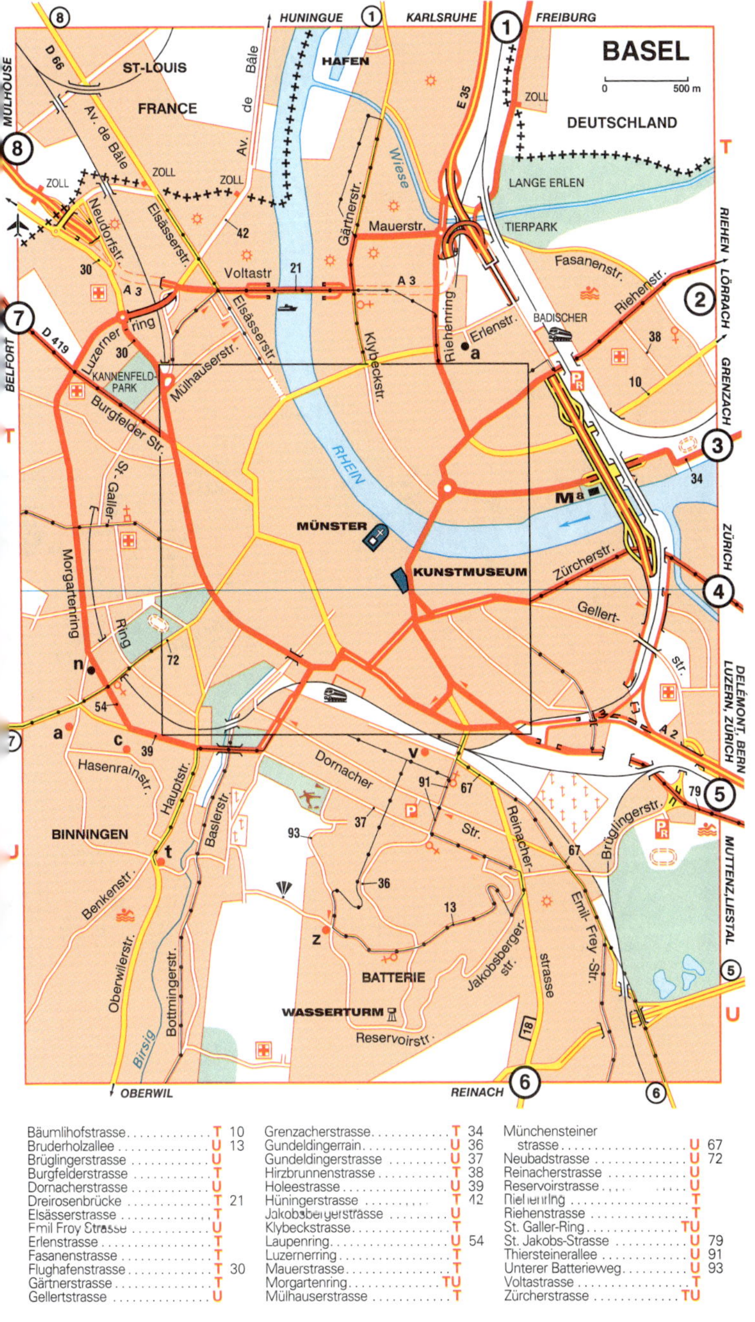

Bäumlihofstrasse	T 10	Grenzacherstrasse	T 34	Münchensteiner strasse	U 67
Bruderholzallee	U 13	Gundeldingerrain	U 36	Neubadstrasse	U 72
Brüglingerstrasse	U	Gundeldingerstrasse	U 37	Reinacherstrasse	U
Burgfelderstrasse	T	Hirzbrunnenstrasse	T 38	Reservoirstrasse	U
Dornacherstrasse	U	Holeestrasse	U 39	Riehenring	T
Dreirosenbrücke	T 21	Hüningerstrasse	T 42	Riehenstrasse	T
Elsässerstrasse	T	Jakobsbergerstrasse	U	St. Galler-Ring	TU
Emil Frey Strasse	U	Klybeckstrasse	T	St. Jakobs-Strasse	U 79
Erlenstrasse	T	Laupenring	U 54	Thiersteinerallee	U 91
Fasanenstrasse	T	Luzernerring	T	Unterer Batterieweg	U 93
Flughafenstrasse	T 30	Mauerstrasse	T	Voltastrasse	T
Gärtnerstrasse	T	Morgartenring	TU	Zürcherstrasse	TU
Gellertstrasse	U	Mülhauserstrasse	T		

A
B
X
Y
Z
Kannenfeldpl.
0
200 m
Metzerstr.
Johanns-
Ring
St.-
Johanns-
Spitalstrasse
Johanniterbrücke
Feldbergstr.
Klybeckstr.
St. Antonius-Kirche
Mittlere
St.
Klingelbergstr.
FRAUENSPITAL
Schanzenstr.
Spitalstrasse
Vorstadt
46
G
Burgfelderplatz
KANTONSSPITAL
Blumen-
rain
M
Str.
graben
Petersgasse
Mittlere Rheinbrücke
M
M
12
Peterskirche
Missionsstr.
Peterspl.
FISCHMARKT-BRUNNEN
28
61
24
Rhein-
Martinskirche
sprung
Nonnenweg
Birmannsgasse
Spalentor
84
U
Peters-
87
H
Marktpl.
82
Socinstr.
Schützen-
85
Spalenberg
Gerbergasse
Ahornstr.
Spalenring
Socinstr.
Eulerstr.
str.
31
76
Freie
70
Str.
Heuberg
93
27
Allschwilerstr.
Austr.
graben
55
90
Holbeinstr.
Steinengraben
57
51
HISTORISCH
MUSEUM
Steinent
Weiherweg
Schützenmatt-
Austr.
Leimenstr.
52
Steinenvorstadt
92
SCHÜTZENMATT-PARK
Auberg
HAUS ZUM KIRSCHGARTEN
Brennerstr.
Bundesstr.
Steinenring
Holbeinstr.
88
49
Arnold Böcklin-Str.
Bundespl.
Birsigstr.
Birsigstr.
Rütimeyer-
str.
43
63
str.
Viaduktstr.
18
16
str.
Bachlettenstr.
Vivarium
25
Binningerstr.
Oberwiler-
ZOOLOGISCHER GARTEN
Bernerring
Margarethenstr.
Güterstr.
Dornacherstr.

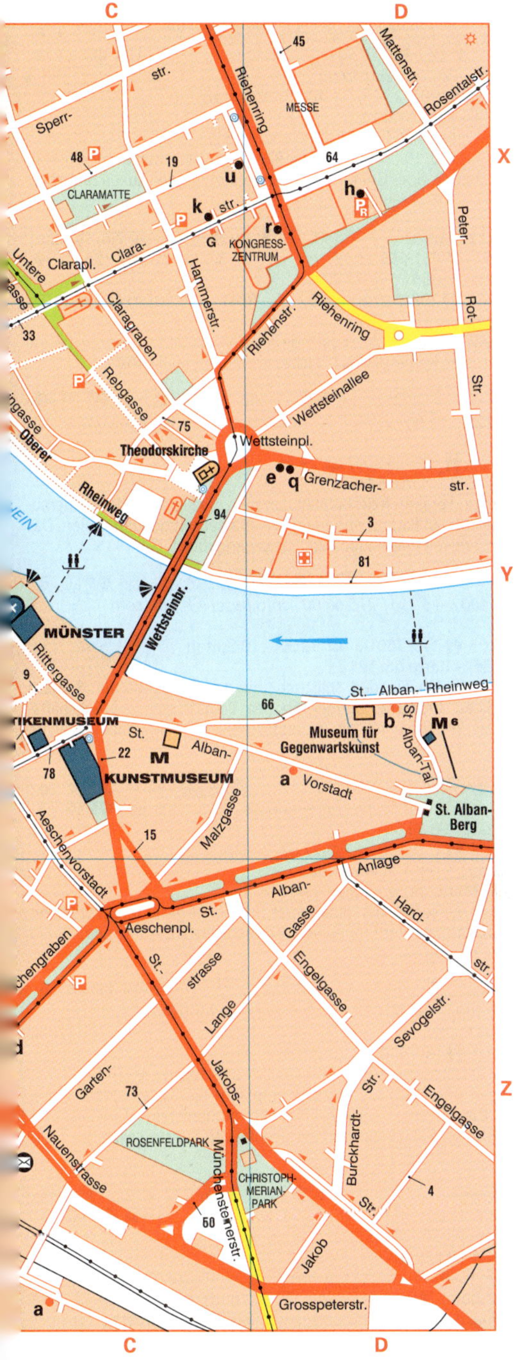

BASEL

Aeschenvorstadt . . . . CYZ
Alemannengasse . . . . DY 3
Andreasplatz . . . . BY 5
Andreas-Heusler-Strasse . . DZ 4
Augustinergasse . . . . BY 6
Bäumleingasse . . . . CY 9
Barfüsserplatz . . . . BY 7
Bernoullistrasse . . . . ABY 12
Brunngässlein . . . . CYZ 15
Centralbahnplatz . . . . BZ 16
Centralbahnstrasse . . . . . . BZ 18
Claraplatz CX
Drahtzugstrasse . . . . CX 19
Dufourstrasse . . . . CY 22
Eisengasse . . . . BY 24
Erdbeergraben . . . . BZ 25
Falknerstrasse . . . . BY 27
Fischmarktplatz . . . . BY 28
Freie Strasse . . . . BY
Gemsberg . . . . BY 31
Gerbergasse . . . . BY
Greifengasse . . . . BCY 33
Innere-Margarethen-strasse . . . . BZ 43
Isteinerstrasse . . . . DX 45
Kannenfeldstrasse . . . . AX 46
Klingentalstrasse . . . . CX 48
Klosterberg . . . . BZ 49
Kohlenberg . . . . BY 51
Kohlenberggasse . . . . BY 52
Leonhardsgraben . . . . BY 55
Leonhardsstrasse . . . . BY 57
Lindenhofstrasse . . . . CZ 58
Luftgässlein . . . . CY 60
Marktgasse . . . . BY 61
Marktplatz . . . . BY
Marschalkenstrasse . . . . . . AZ 63
Messeplatz . . . . DX 64
Mühlenberg . . . . CDY 66
Münsterberg . . . . BY 69
Münsterplatz . . . . BY 70
Peter Merian-Strasse . . . . . CZ 73
Riehentorstrasse . . . . CY 75
Rümelinsplatz . . . . BY 76
St. Alban-Graben . . . . CY 78
Schaffhauserrheinweg . . . DY 81
Schneidergasse . . . . BY 82
Spalengraben . . . . BY 84
Spalenvorstadt . . . . BY 85
Stadthausgasse . . . . BY 87
Steinentorstrasse . . . . BZ 88
Steinenvorstadt . . . . BYZ
Streitgasse . . . . BY 90
Theaterstrasse . . . . BY 92
Unterer Heuberg . . . . BY 93
Wettsteinstrasse . . . . CY 94

Les Trois Rois Zim, Zim,

Blumenrain 8 ✉ *4001* – ☎ *061 260 50 50* – *info@lestroisrois.com* – *Fax 061 260 50 60* VISA AE BY **a**

95 Zim – †350/575 CHF ††590/725 CHF, ☕ 40 CHF – 6 Suiten

Rest *Cheval Blanc* – separat erwähnt

Rest *Brasserie* – (23 CHF) Menü 39 CHF (mittags) – Karte 57/115 CHF

♦ In diesem Traditionshaus a. d. 19. Jh. mit schöner Rheinlage geniessen anspruchsvolle Gäste den historischen Charme eines Grandhotels, ohne auf modernen Luxus zu verzichten.

Swissôtel Le Plaza Basel Zim, Zim, Zim,

Messeplatz 25 ✉ *4005* – ☎ *061 555 33 33* – *basel@swissotel.com* – *Fax 061 555 39 70* VISA AE DX **r**

238 Zim – †208/610 CHF ††208/610 CHF, ☕ 32 CHF – **Rest** – (19,50 CHF) Menü 28 CHF (mittags) – Karte 45/88 CHF

♦ Das weitläufige Gebäude - direkt am Messegelände gelegen - bietet dem Geschäfts- und Freizeitreisenden modernsten Komfort. Neuzeitliches Restaurant im Bistrostil.

Radisson SAS Zim, VISA AE

Steinentorstr. 25 ✉ *4001* – ☎ *061 227 27 27* – *info.basel@radissonsas.com* – *Fax 061 227 28 28* BZ **b**

205 Zim – †199/259 CHF ††199/295 CHF, ☕ 29 CHF

Rest *Steinenpick* – (21 CHF) – Karte 54/98 CHF

♦ Sie wohnen in modern und praktisch gestalteten Zimmern mit Kirsche- oder Buchemobiliar. Die nach innen gelegenen Räume sind ruhig, die strassenseitigen gut isoliert. Das Steinenpick ist eine Brasserie mit internationalem Speisenangebot.

Hilton Zim, VISA AE

Aeschengraben 31 ✉ *4002* – ☎ *061 275 66 00* – *info.basel@hilton.com* – *Fax 061 275 66 70* CZ **d**

204 Zim – †250/460 CHF ††350/560 CHF, ☕ 32 CHF – 10 Suiten

Rest *Wettstein* – (29 CHF) – Karte 66/121 CHF

♦ Unweit des Bahnhofs finden Sie den stilistisch mit den benachbarten Häusern harmonierenden Zweckbau. Moderne Zimmer, an den Bedürfnissen des Geschäftsreisenden orientiert. Das Wettstein ist ein im englischen Stil gehaltenes Lokal im Untergeschoss.

Mercure Hotel Europe Rest, Zim,

Clarastr. 43 ✉ *4005* – ☎ *061 690 80 80* – *hotel-europe@balehotels.ch* – *Fax 061 690 88 80* VISA AE CX **k**

158 Zim – †150/400 CHF ††150/500 CHF, ☕ 27 CHF

Rest Les Quatre Saisons – separat erwähnt

Rest *Bajazzo* – (18 CHF) Menü 44 CHF – Karte 43/77 CHF

♦ Das Geschäftshotel beim Messeplatz hat klimatisierte, funktionell gestaltete Zimmer mit modernem Mobiliar und bietet auch für Tagungen ausreichend Platz. Die Brasserie Bajazzo erfreut durch ihr frisches, modernes Dekor.

Victoria Rest, Zim, VISA AE

Centralbahnplatz 3 ✉ *4002* – ☎ *061 270 70 70* – *hotel-victoria@balehotels.ch* – *Fax 061 270 70 77* BZ **d**

107 Zim – †160/410 CHF ††160/510 CHF, ☕ 27 CHF

Rest *Le Train Bleu* – (19 CHF) Menü 40 CHF (mittags)/71 CHF – Karte 54/101 CHF

♦ Mit einer grosszügigen offen angelegten Halle empfängt Sie dieses schöne Hotel direkt am Bahnhof. Die Zimmer überzeugen mit modernstem Komfort und geschmackvoller Einrichtung. Modern-elegant, mit dekorativen Kunstobjekten: Le Train Bleu.

Ramada Plaza Basel Zim, Zim, Rest,

Messeplatz 12 ✉ *4058* – ☎ *061 560 40 00* – *basel.plaza@ramada-treff.ch* – *Fax 061 560 55 55* VISA AE DX **h**

224 Zim – †170/290 CHF ††170/320 CHF, ☕ 29 CHF

Rest *Filou* – (28 CHF) Menü 30 CHF (mittags Buffet)/130 CHF – Karte 63/122 CHF

♦ Businesshotel im Messeturm. Modernes Design, viel Glas und interessante Lichteffekte bestimmen im ganzen Haus das Ambiente. Das elegante Filou ist ein gläserner Vorbau über dem Messeplatz. Die Lounge im 30. Stock bietet eine einmalige Sicht.

Basel Zim, Zim, VISA AE

Münzgasse 12, (Am Spalenberg) ✉ 4001 – ☎ 061 264 68 00 – reception@hotel-basel.ch – Fax 061 264 68 11 BY **x**

72 Zim – 160/470 CHF 210/600 CHF, 22 CHF – **Rest** – Menü 54 CHF – Karte 49/92 CHF

◆ In der Fussgängerzone der Altstadt ruhig gelegenes Hotel mit Parkservice und eleganten, modernen Zimmern. Für geschäftlich und privat Reisende geeignet.

Palazzo garni VISA AE

Grenzacherstr. 6 ✉ 4058 – ☎ 061 690 64 64 – mail@hotel-palazzo.ch – Fax 061 690 64 10 DY **e**

36 Zim – 150/300 CHF 190/450 CHF

◆ Das moderne Hotel besticht durch seine verkehrsgünstige Lage. Zur Strasse hin klimatisierte Zimmer. Nach hinten - zum kleinen Garten hin - der Wintergarten.

Merian Zim, Zim, VISA AE

Rheingasse 2 ✉ 4058 – ☎ 061 685 11 11 – kontakt@hotelmerianbasel.ch – Fax 061 685 11 12 – geschl. 22. - 27. Dezember BY **b**

63 Zim – 185/390 CHF 255/480 CHF

Rest *Café Spitz* – (19,50 CHF) Menü 45 CHF (mittags) – Karte 50/102 CHF

◆ Traditionsreiches Haus direkt am Rheinufer. Die flussseitigen, ruhiger gelegenen Zimmer gewähren einen schönen Ausblick auf das Grossbasler Ufer und das Basler Münster. Das Café Spitz: bekannt für Fischgerichte und die sonnige Rheinterrasse.

St. Gotthard garni VISA AE

Centralbahnstr. 13 ✉ 4002 – ☎ 061 225 13 13 – reception@st-gotthard.ch – Fax 061 225 13 14 BZ **f**

94 Zim – 150/350 CHF 180/450 CHF

◆ Dieses beim Bahnhof gelegene Hotel - hier ist aus zwei Hotels eines entstanden - bietet Ihnen neuzeitlich ausgestattete Gästezimmer an.

Der Teufelhof Rest, VISA AE

Leonhardsgraben 49 ✉ 4051 – ☎ 061 261 10 10 – info@teufelhof.com – Fax 061 261 10 04 – geschl. 23. - 27. Dezember BY **g**

29 Zim – 190/380 CHF 275/380 CHF – 4 Suiten

Rest *Der Teufelhof* – separat erwähnt

Rest *Weinstube* – (27 CHF) Menü 57/89 CHF – Karte 57/111 CHF

◆ Hier erwarten Sie nicht nur Kunst- und Galeriezimmer mit heller Atmosphäre und geradlinigem modernem Ambiente, sondern auch ein anspruchsvolles Kulturprogramm. Die Weinstube: sympathisch-rustikal mit gemütlichem Innenhof.

Dorint Zim, VISA AE

Schönaustr. 10 ✉ 4058 – ☎ 061 695 70 00 – info.basel@dorint.com – Fax 061 695 71 00 T **a**

171 Zim – 141/295 CHF 141/295 CHF, 25 CHF

Rest *Côté Jardin* – (17 CHF) – Karte 49/82 CHF

◆ Die modernen, funktionellen Zimmer mit grossen Schreibflächen und guter Technik sowie die Nähe zu Messe und Kongresszentrum machen das Hotel für Geschäftsreisende interessant.

Bildungszentrum 21 Rest, VISA AE

Missionsstr. 21 ✉ 4055 – ☎ 061 260 21 21 – info@bildungszentrum-21.ch – Fax 061 260 21 22 AY **a**

69 Zim – 130/215 CHF 200/295 CHF – **Rest** – *(nur für Hausgäste)* Menü 30 CHF

◆ Dieses Domizil am Rande der Innenstadt - ein altes, renoviertes Missionshaus - liegt in einer grossen Grünanlage. Hier beziehen Sie moderne, funktionelle Gästezimmer.

Schweizerhof garni VISA AE

Centralbahnplatz 1 ✉ 4002 – ☎ 061 560 85 85 – info@schweizerhof-basel.ch – Fax 061 560 85 86 BZ **h**

83 Zim – 129/340 CHF 169/370 CHF

◆ Zimmer teils top modern, teils einfachere teilrenovierte Zimmer. Frühstücksterrasse mit Blick auf das lebhafte Treiben des Zentralbahnplatzes.

Metropol garni
Elisabethenanlage 5 ✉ 4002 – ✆ 061 206 76 76 – hotel@metropol-basel.ch – Fax 061 206 76 77 – geschl. 21. Dezember - 6. Januar BZ **a**
46 Zim – 150/290 CHF 220/370 CHF
♦ Nicht weit von Bahnhof und Stadtzentrum gelegen, bietet das Hotel moderne, solide Zimmer und im 8. Stock einen Frühstücksraum mit schöner Panoramasicht über Basel.

Spalentor garni
Schönbeinstr. 1 ✉ 4056 – ✆ 061 262 26 26 – info@hotelspalentor.ch – Fax 061 262 26 29 – geschl. 21. Dezember - 1. Januar AY **c**
40 Zim – 160/185 CHF 200/230 CHF
♦ Ein modernes Stadthotel in zentraler Lage nahe dem namengebenden Spalentor. Saubere und neuzeitlich ausgestattete Gästezimmer mit Laminatfussboden stehen zum Einzug bereit.

Wettstein garni
Grenzacherstr. 8 ✉ 4058 – ✆ 061 690 69 69 – mail@hotel-wettstein.ch – Fax 061 691 05 45 DY **q**
40 Zim – 130/260 CHF 180/380 CHF
♦ Zeitgemässes Hotel mit funktionell eingerichteten Zimmern und hellem Frühstücksraum. Hübscher Hofgarten. In den umliegenden Gebäuden Appartements für Dauermieter.

Rochat Zim,
Petersgraben 23 ✉ 4051 – ✆ 061 261 81 40 – info@hotelrochat.ch – Fax 061 261 64 92 BY **e**
50 Zim – 115/150 CHF 175/210 CHF – **Rest** – *(geschl. Samstag) (nur Mittagessen) (alkoholfrei)* (15 CHF) – Karte 31/64 CHF
♦ Im Namen des Genfer Pfarrers Rochat, Gründer des Blauen Kreuzes, werden Hotel und Restaurant heute wie vor 100 Jahren alkoholfrei geführt. Zimmer mit zeitgemässem Komfort. Nettes Restaurant mit Gartensitzplatz.

Krafft
Rheingasse 12 ✉ 4058 – ✆ 061 690 91 30 – info@hotelkrafft.ch – Fax 061 690 91 31 CY **a**
45 Zim – 165/190 CHF 200/300 CHF – **Rest** – Menü 58 CHF (abends) – Karte 64/98 CHF
♦ Schön liegt das modernisierte Stadthaus a. d. J. 1872 in der Fussgängerzone am Rhein. Die Zimmereinrichtung stellt einen Mix aus modernen und traditionellen Elementen dar. Bei angenehmem Wetter bietet sich die sehr nette, zum Restaurant gehörende Terrasse an.

Münchnerhof garni
Riehenring 75 ✉ 4058 – ✆ 061 689 44 44 – info@muenchnerhof.ch – Fax 061 689 44 45 – geschl. 22. Dezember - 2. Januar CX **u**
32 Zim – 145/260 CHF 155/370 CHF
♦ Ein Stadthaus am Messegelände, dessen Zimmer ausreichend gross, frisch renoviert und mit hellem Holzmobiliar praktisch ausgestattet sind. Moderne Badezimmer.

Bâlegra Zim,
Reiterstr. 1 ✉ 4054 – ✆ 061 306 76 76 – info@balegra.ch – Fax 061 306 76 77 U **n**
23 Zim – 120/195 CHF 160/300 CHF – **Rest** – *(Restaurationskonzept bei Redaktionsschluss noch nicht bekannt)*
♦ Das mit funktionellen Zimmern ausgestattete Hotel liegt an der Ringstrasse, 10 Minuten vom Stadtzentrum entfernt. In der Nähe befinden sich grosszügige Grünanlagen.

Steinenschanze garni
Steinengraben 69 ✉ 4051 – ✆ 061 272 53 53 – info@steinenschanze.ch – Fax 061 272 45 73 – geschl. 22. Dezember - 2. Januar BY **s**
53 Zim – 133/240 CHF 190/320 CHF
♦ Unweit der Innenstadt wohnt man hier in modernen Zimmern, die gelungen in warmen Tönen gestaltet wurden. Im Sommer empfiehlt sich das Frühstück auf der Gartenterrasse.

Cheval Blanc – Les Trois Rois
Rhein, VISA AE
Blumenrain 8 ✉ 4001 – ✆ 061 260 50 50 – info@lestroisrois.com – Fax 061 260 50 60 BY **a**
Rest – *(geschl. 4. - 18. Februar, Sonntag und Montag)* Menü 72 CHF (mittags)/165 CHF – Karte 116/189 CHF
Spez. Lauwarmes Hummercarpaccio mit Zitronengrasvinaigrette. Saint-Pierre glasiert mit Senf, Kräutern und Tomaten. Gebratene Nantaiser Ente mit Balsamicosauce und Orangen-Kartoffelpüree in zwei Gängen serviert.
◆ Ein elegantes Restaurant mit klassisch-mediterraner Küche, sehr gutem Service und bezaubernder Terrasse am Rhein ist das Cheval Blanc.

Bruderholz
VISA AE
Bruderholzallee 42 ✉ 4059 – ✆ 061 361 82 22 – bruderholz@bluewin.ch – Fax 061 361 82 03 – geschl. 4. - 18. Februar, Sonntag und Montag (ausser grosse Messen) U **z**
Rest – Menü 68 CHF (mittags)/159 CHF – Karte 139/223 CHF
Spez. Gebratene Entenleber mit Honig-Aprikosen und konfierten Tomaten. Langustinen in der Zucchettiblüte mit Melisse. Challans Ente mit Oliven und glasierten Navetten (2 Pers.).
◆ Ein imposantes Herrenhaus oberhalb Basels, elegant-komfortabel eingerichtet und mit schönem Blumengarten, empfiehlt sich mit klassischen Menüs für den wahren Geniesser.

Les Quatre Saisons – Mercure Hotel Europe
VISA AE
Clarastr. 43, (1. Etage) ✉ 4005 – ✆ 061 690 87 20 – hotel-europe@balehotels.ch – Fax 061 690 88 83 – geschl. 13. Juli - 10. August und Sonntag (ausser grosse Messen) CX **k**
Rest – Menü 63 CHF (mittags)/180 CHF – Karte 78/160 CHF
Spez. Würstchen von der Tiefseekrevette in der Kuttelsuppe. Kabeljaufilet mit Petersilienmousse und Kalbsjus. Joghurt-Soufflé auf geeister Melonensuppe mit Minze.
◆ In dem angenehm hellen Restaurant im 1. Stock des Mercure Hotel Europe kann der Gast eine kreative, internationale Küche geniessen. Der Service ist freundlich und geschult.

Bel Etage – Hotel Der Teufelhof
VISA AE
Leonhardsgraben 49, (1. Etage) ✉ 4051 – ✆ 061 261 10 10 – info@teufelhof.com – Fax 061 261 10 04 – geschl. 23. - 27. Dezember, 1. - 6. Januar, Samstagmittag, Sonntag und Montag BY **g**
Rest – Menü 75 CHF (mittags)/160 CHF – Karte 90/152 CHF
Spez. Wildkrautsalat mit Saint-Pierre-Hummerroulade und Peperoni-Vinaigrette. Geschmortes und gebratenes Pyrenäen-Lamm in Gewürztraminer mit Artischockentortellini. Waldmeister-Erdbeersüppchen mit Quarksoufflé und weissem Schokoladeneis (Frühling/Sommer).
◆ Klassische Einrichtung, eine ausgezeichnete kreative Küche sowie Weine aus der eigenen Vinothek zwischen alten Stadtmauerfundamenten erwarten Sie.

Chez Donati
VISA AE
St. Johanns-Vorstadt 48 ✉ 4056 – ✆ 061 322 09 19 – chezdonati@lestroisrois.com – Fax 061 322 09 81 – geschl. 11. - 18. Februar, 13. Juli - 11. August, Sonntag und Montag BX **g**
Rest – Karte 68/135 CHF
◆ Das alte Haus beherbergt Räume im Stil des 19. Jahrhunderts - Details wie Kronleuchter unterstreichen die Atmosphäre. Geboten wird italienische Küche.

Zum Goldenen Sternen
VISA AE
St. Alban-Rheinweg 70 ✉ 4052 – ✆ 061 272 16 66 – info@sternen-basel.ch – Fax 061 272 16 67 DY **b**
Rest – (28 CHF) Menü 50 CHF (mittags)/105 CHF – Karte 74/117 CHF
◆ Inmitten alter Fachwerkhäuser liegt das Bürgerhaus am Rhein. Die Speiseräume haben teilweise wunderschöne Holzdecken. Hübsch: die Terrassen vor und hinter dem Haus.

Oliv
VISA AE
Bachlettenstr. 1 ✉ 4054 – ✆ 061 283 03 03 – info@restaurantoliv.ch – Fax 061 283 03 04 – geschl. 5. - 9. Februar, Juli - August 2 Wochen, Samstagmittag, Montag, Sonn- und Feiertage AZ **a**
Rest – *(Tischbestellung ratsam)* (25 CHF) Menü 65 CHF (abends) – Karte 50/95 CHF
◆ Nicht weit vom Zoo (hier befinden sich Parkplätze) liegt dieses modern gestaltete Restaurant. Den Gast erwarten preiswerte, schmackhaft zubereitete mediterrane Gerichte.

XX **Charon**

Schützengraben 62 ✉ 4051 – ✆ 061 261 99 80 – Fax 061 261 99 09 – geschl. Mitte Juli - Mitte August, Samstag von Mai - September, Montag von Oktober - April, Sonn- und Feiertage AY s

Rest – (30 CHF) Menü 50 CHF (mittags) – Karte 60/120 CHF

◆ Ein kleines sympathisches Altstadtrestaurant am Spalentor. Schwerpunkt der geschmackvollen, saisonalen Küche sind ausgewählte Frischprodukte.

XX **St. Alban-Stübli**

St. Alban-Vorstadt 74 ✉ 4052 – ✆ 061 272 54 15 – Fax 061 274 04 88 – geschl. 22. Dezember - 8. Januar, 23. Juli - 6. August, Samstag (ausser an Messen und abends von November - Dezember) und Sonntag (ausser an Messen) DY a

Rest – *(Tischbestellung ratsam) (mittags nur kleine Karte)* (30 CHF) Menü 49 CHF (mittags)/79 CHF – Karte 61/116 CHF

◆ Im gemütlichen ortstypischen Stübli oder im Garten geniesst man traditionelle gutbürgerliche Gerichte. Danach führt der Weg die Treppe hinauf ins kleine Zigarrenzimmer.

X **Bonvivant**

Zwingerstr. 10 ✉ 4053 – ✆ 061 361 79 00 – info@bon-vivant.ch – geschl. über Fasnacht, 21. Juli - 3. August, Samstagmittag, Sonn- und Feiertage CZ a

Rest – *(nur Menü)* Menü 50 CHF (mittags)/65 CHF

◆ Ehemalige Seidenbandfabrik mit Loftcharakter und einer in den Gastraum integrierten Küche. Geschmackvoll, sorgfältig und leicht mediterran wird hier gekocht. Wechselndes Menü.

X **Balthazar**

Steinenbachgässlein 34 ✉ 4051 – ✆ 061 281 81 51 – balthazar@sygama.ch – Fax 061 281 55 88 BY d

Rest – *(geschl. Samstagmittag, Sonn- und Feiertage)* Karte 63/121 CHF

◆ Modernes geradliniges Design und eine mediterran geprägte zeitgemässe Küche erwarten den Gast in dieser etwas versteckt gelegenen Trendadresse. Hübsche Altstadtterrasse.

X **Gundeldingerhof**

Hochstr. 56 ✉ 4053 – ✆ 061 361 69 09 – dominic@gundeldingerhof.ch – Fax 061 361 83 99 – geschl. 24. Dezember - 2. Januar, 10. - 14. Februar, Samstagmittag, Sonntagmittag und Montag U v

Rest – *(Tischbestellung ratsam)* (29 CHF) Menü 54 CHF (mittags)/99 CHF – Karte 62/102 CHF

◆ In dem in hohen Räumen eingerichteten, angenehm hell gestalteten Quartierrestaurant serviert man eine zeitgemässe Küche sowie ausgesuchte Weine.

X **Sakura - Teppanyaki**

Centralbahnstr. 14 ✉ 4051 – ✆ 061 272 05 05 – info@bahnhofrestaurants.ch – Fax 061 295 39 88 – geschl. Juli - Mitte August, Samstagmittag, Sonn- und Feiertage BZ k

Rest – *(nur Menü)* Menü 35 CHF (mittags)/85 CHF

Rest *Sushi-Kappoh* – (16 CHF) Menü 45/65 CHF – Karte 35/85 CHF

◆ Vor den Augen der Gäste werden im Restaurant Teppanyaki japanische Speisen von flinken Köchen kunstvoll zubereitet. Japanische Sushi-Spezialitäten gibt es im Sushi-Kappoh.

in Riehen über ② : 5 km – Höhe 288 m – ✉ 4125 Riehen

X **Wiesengarten-Musetti**

Weilstr. 51, Richtung Weil am Rhein – ✆ 061 641 26 42 – musetti@bluewin.ch – Fax 061 641 26 43 – geschl. 24. Dezember - 1. Januar, 17. März - 1. April, 29. September - 14. Oktober, Montag und Dienstag

Rest – Menü 70 CHF – Karte 60/102 CHF

◆ In einfachem rustikalem Ambiente hält man ein typisch italienisches Angebot mit vielen hausgemachten Teigwaren bereit. Ergänzt wird es durch mündliche Tagesempfehlungen.

in Birsfelden Ost über ④ : 3 km – Höhe 260 m – ✉ 4127 Birsfelden

XX **Waldhaus** mit Zim

in der Hard, Ost : 2 km Richtung Rheinfelden – ✆ 061 313 00 11 – info@waldhaus-basel.ch – Fax 061 378 97 20 – geschl. 23. Dezember - 3. Januar und 4. -17. Februar

8 Zim – †130/176 CHF ††200 CHF – **Rest** – (19,80 CHF) Menü 55/68 CHF – Karte 48/100 CHF

◆ Idyllisch ist die Lage dieses schönen Fachwerkhauses in einer Parkanlage am Rheinufer. Für Kinder ist ein Spielplatz vorhanden, Spaziergänge in der nahen Hard bieten sich an.

in Muttenz über ⑤ : 4,5 km – Höhe 271 m – ✉ 4132 Muttenz

Baslertor Rest, Zim, VISA

St. Jakob-Str. 1 – ✆ 061 465 55 55 – hotel-baslertor@balehotels.ch – Fax 061 465 55 50

43 Zim – †120/310 CHF ††150/390 CHF, 17 CHF – 4 Suiten – **Rest** – *(geschl. Samstag und Sonntag) (nur Abendessen)* Karte 40/74 CHF

◆ Im grossen Gebäudekomplex mit Einkaufszentrum stehen moderne Zimmer mit grosszügigem Platzangebot wie auch Appartements mit vollständig eingerichteter Küche zur Verfügung.

in Binningen 2 km – Höhe 284 m – ✉ 4102 Binningen

XXX **The Castle**

Hasenrainstr. 59 – ✆ 061 421 24 30 – welcome@thecastle.ch – geschl. 26. - 30. Dezember, 1. - 7. Januar, Frühling - Sommer 4 Wochen, Samstagmittag, Sonntag und Montag U c

Rest – (33 CHF) Menü 56 CHF (mittags)/128 CHF – Karte 82/130 CHF

◆ Dank Hanglage und Panoramafenster geniesst man hier einen herrlichen Ausblick - ausserdem: das elegante Ambiente, den schönen Garten und nicht zuletzt die klassische Küche.

XX **Gasthof Neubad** mit Zim Zim, VISA

Neubadrain 4 – ✆ 061 302 07 05 – gasthof.neubad@bluewin.ch – Fax 061 302 81 16 – geschl. 2. - 16. Februar U a

6 Zim – †130/150 CHF ††230/250 CHF – **Rest** – *(geschl. Mittwoch)* (22 CHF) – Karte 42/122 CHF

◆ 1742 begann die Geschichte dieses schönen Hauses als Bade- und Gasthof. Heute speist man hier gutbürgerlich, auch im hübschen Gartenrestaurant.

XX **Krone** VISA

Hauptstr. 127 – ✆ 061 421 20 42 – mail@kittipon-thai-restaurant.ch – Fax 061 421 59 95 – geschl. 23. - 26. Dezember, 1. Juli - 4. August, Samstagmittag, Sonntag und Montag U t

Rest – (21 CHF) Menü 32 CHF (mittags) – Karte 59/100 CHF

◆ Die Tramlinie 2 hat direkt hier ihre Endstation. In stimmigem Rahmen wird thailändische Küche angeboten, die sich durch geringere Schärfe von der sonstigen Landesküche abhebt.

in Bottmingen 4 km U – Höhe 292 m – ✉ 4103 Bottmingen

XXX **Weiherschloss** VISA

Schlossgasse 9 – ✆ 061 421 15 15 – gischig@schlossbottmingen.ch – Fax 061 421 19 15 – geschl. 23. Dezember - 3. Januar, 3. - 14. Februar, 20. Juli - 4. August, Sonntag und Montag

Rest – Menü 59 CHF (mittags)/125 CHF – Karte 98/144 CHF

◆ Die im Barockstil renovierte Wasserburg ist der Mittelpunkt einer schönen Parkanlage. Im schlicht-eleganten Restaurant im Stil Louis XVI wird eine klassische Karte aufgelegt.

XX **Basilicum** VISA

Margarethenstr. 1 – ✆ 061 421 70 70 – basilicum@gmx.ch – Fax 061 423 87 77 – geschl. 14. - 27. Juli, Montagabend, Samstagmittag, Sonn- und Feiertage

Rest – (21 CHF) Menü 62 CHF (abends) – Karte 54/89 CHF

◆ Das helle, freundliche Restaurant liegt direkt an der Hauptstrasse, eine Tramstation vor der Tür. Die zeitgemässe Karte reicht von regional bis mediterran.

BASSECOURT – Jura (JU) – 551 I5 – 3 283 h. – alt. 478 m – ✉ 2854 — 2 C3

Bern 83 – Delémont 11 – Basel 51 – Biel 41 – Montbéliard 57

Croix Blanche avec ch

51 r. Colonel Hoffmeyer – ✆ 032 426 71 89 – office@cb-jobin.ch – Fax 032 426 60 49 – fermé 26 juillet - 18 août

9 ch – †80 CHF ††150 CHF – ½ P +20 CHF – **Rest** – *(fermé samedi midi et dimanche)* (17 CHF) Menu 55/112 CHF – Carte 48/110 CHF

◆ Sur la traversée du bourg, maison de pays abritant un restaurant estimé pour sa cuisine actualisée et son caveau-vinothèque voûté vous conviant à découvrir les crus du monde.

BAUEN – Uri (UR) – 551 P7 – 228 Ew – Höhe 440 m – ✉ 6466 — 4 G4

Bern 160 – Luzern 50 – Altdorf 11

Lage ★

Zwyssighaus

See und Berge,

– ✆ 041 878 11 77 – zemp@zwyssighaus.ch – Fax 041 878 10 77 – geschl. 28. Januar - 13. Februar, November - Mitte Dezember, Montag und Dienstag

Rest – *(Tischbestellung ratsam)* Menü 89/106 CHF – Karte 53/118 CHF

◆ Gleich bei der Kirche dieses hübschen Dorfes steht das Geburtshaus des Komponisten der Schweizer Nationalhymne, Alberik Zwyssig. Klassische Küche in heimeliger Atmosphäre.

BAUMA – Zürich (ZH) – 551 R5 – 4 259 Ew – Höhe 639 m – ✉ 8494 — 4 G2

Bern 159 – Zürich 40 – Frauenfeld 30 – Rapperswil 22 – Winterthur 25

Heimat

Rest, Zim,

Tösstalstr. 190, Richtung Rapperswil : 1 km – ✆ 052 386 11 66 – Fax 052 386 25 60 – geschl. 7. Januar - 10. Februar

14 Zim – †70/80 CHF ††140/160 CHF – ½ P +28 CHF – **Rest** – *(geschl. 7. Januar - 10. Februar, 15. - 25. August und Montag) (nur Abendessen ausser Samstag und Sonntag)* Karte 35/82 CHF

◆ Der Landgasthof befindet sich ausserhalb des Ortes - ein gut geführtes kleines Hotel mit gepflegten und solide möblierten Gästezimmern. Bürgerlich-rustikales Restaurant mit traditioneller Küche.

BEATENBERG – Bern (BE) – 551 L9 – 1 279 Ew – Höhe 1 150 m – ✉ 3803 — 8 E5

Bern 66 – Interlaken 10 – Brienz 34

Beatenberg Tourismus, ✆ 033 841 18 18, info@beatenberg.ch, Fax 033 841 18 08

Niederhorn ★★

Lokale Veranstaltungen : 26.09 : "Chästeilet", Volksfest

Dorint Resort Blüemlisalp

Thunersee und Berneralpen, Rest,

– ✆ 033 841 41 11 – info.beatenberg@dorint.com – Fax 033 841 41 44 – geschl. 4. November - 14. Dezember

30 Zim – †104/149 CHF ††148/238 CHF – 101 Suiten – ½ P +40 CHF – **Rest** – (21 CHF) Menü 30 CHF (mittags)/41 CHF – Karte 38/86 CHF

◆ Ruhig ist die Lage dieses Hotels, schön der Blick auf den Thunersee und die Alpen. Besonders geräumig sind die Maisonetten und Appartements. Restaurant in ländlichem Stil.

BECKENRIED – Nidwalden (NW) – 551 P7 – 2 825 Ew – Höhe 435 m – Wintersport : 435/2 001 m 2 10 – ✉ 6375 — 4 G4

Bern 135 – Luzern 22 – Andermatt 54 – Brienz 57 – Schwyz 34 – Stans 12

Tourismusbüro, Seestr. 1/Schiffstation, ✆ 041 620 31 70, info@tourismus-beckenried.ch, Fax 041 620 32 05

Lokale Veranstaltungen : 06.12 : "Samichlais Märcht und Izug"

Sternen ≤ Vierwaldstättersee, Rest, Zim, VISA
Buchserstr. 54 – ✆ 041 624 55 55 – seehotel-sternen@bluewin.ch – Fax 041 624 55 56
41 Zim – 100/120 CHF 160/200 CHF – ½ P +45 CHF – **Rest** – (22 CHF) – Karte 48/85 CHF
◆ Ein schön gelegenes Seehotel, dessen Zimmer mit hellem Naturholz ausgestattet sind und teils einen Ausblick auf Wasser und Berge bieten. Sie speisen in verschiedenen rustikalen Stuben oder auf der Terrasse.

BEGNINS – **Vaud (VD)** – **552** B10 – **1 335 h.** – **alt. 541 m** – ✉ **1268** 6 **A6**

Bern 132 – Genève 32 – Lausanne 38 – Champagnole 61

Auberge de l'Ecu Vaudois avec ch VISA AE
1 rte de Saint-Cergue – ✆ 022 366 49 75 – auberge@ecuvaudois.ch – Fax 022 366 49 63
5 ch – 90/140 CHF 170/230 CHF
Rest – *(fermé 25 - 27 décembre, dimanche soir et lundi)* Menu 52 CHF (déj.)/110 CHF – Carte 66/112 CHF
Rest *Café* – *(fermé 25 - 27 décembre, dimanche soir et lundi)* (16 CHF) – Carte 47/92 CHF
◆ Ancienne auberge communale rénovée abritant quelques chambres modernes et une salle à manger contemporaine où l'on vient faire des repas soignés, dans le tempo actuel. Brasserie présentant une carte traditionnelle. Caveaux et "Carnotzet des Vignerons".

BEINWIL AM SEE – **Aargau (AG)** – **551** N5 – **2 581 Ew** – **Höhe 519 m** – ✉ **5712** 4 **F3**

Bern 100 – Aarau 22 – Luzern 31 – Olten 44 – Zürich 53

Seehotel Hallwil VISA AE
Seestr. 79 – ✆ 062 765 80 30 – hotel@seehotel-hallwil.ch – Fax 062 765 80 40 – geschl. 24. Dezember - 11. Januar
12 Zim – 105 CHF 175 CHF – ½ P +45 CHF – **Rest** – *(geschl. Montag von November bis März)* Menü 65 CHF (abends) – Karte 50/110 CHF
◆ Die zwei Hotelgebäude befinden sich in ruhiger Lage am See und verfügen über modern eingerichtete Gästezimmer. Traditionelle Speisen serviert man in den rustikalen Stuben mit angenehm schlichter Dekoration.

BELALP – **Wallis** – **552** M11 – **siehe Blatten bei Naters**

BELLEVUE – **Genève** – **552** B11 – **voir à Genève**

BELLINZONA Ⓒ – **Ticino (TI)** – **553** S12 – **16 463 ab.** – **alt. 240 m** – ✉ **6500** 10 **H6**

Bern 216 – Locarno 20 – Andermatt 84 – Chur 115 – Lugano 28

Bellinzona Turismo, Palazzo Civico, ✆ 091 825 21 31, info@bellinzonaturismo.ch, Fax 091 821 41 20

Castelli★ : castello di Montebello★, ≤★ dal castello di Sasso Corbaro

Manifestazioni locali : 31.01 - 05.02 : "Rabadan" corteo mascherato ed animazione carnevalesca

Unione rist, rist, VISA AE
via Henri Guisan 1 – ✆ 091 825 55 77 – info@hotel-unione.ch – Fax 091 825 94 60 – chiuso 20 dicembre - 20 gennaio
33 cam – 150/170 CHF 220/240 CHF – ½ P +30 CHF
Rist *Da Marco* – *(chiuso domenica e giorni festivi)* (32 CHF) Menu 39 CHF – Carta 56/90 CHF
◆ Ubicato lungo la strada principale, comodo hotel indicato anche per una clientela d'uomini d'affari. Camere funzionali e dal confort attuale. Il ristorante propone una carta tradizionale con orientamento internazionale, in un ambiente classico.

Castelgrande
Salita al Castelgrande – 091 826 23 53 – info@castelgrande.ch – Fax 091 826 23 65 – chiuso lunedì
Rist – Menu 45 CHF (pranzo)/118 CHF – Carta 79/122 CHF
Rist *Grottino San Michele* – (18 CHF) Menu 28 CHF – Carta 40/70 CHF
◆ Lasciatevi sorprendere dal moderno ed elegante ristorante nel contesto medievale del castello. Cucina raffinata e ampia scelta di vini. Una alternativa al Ristorante Castelgrande il Grottino San Michele propone una cucina tradizionale. Terrazza panoramica.

Orico (Lorenzo Albrici)
via Orico 13 – 091 825 15 18 – info@locandaorico.ch – Fax 091 825 15 19 – chiuso 1° - 7 gennaio, 13 luglio - 13 agosto, domenica e lunedì
Rist – (30 CHF) Menu 42/108 CHF – Carta 84/130 CHF
Spec. Millefoglie croccante alla mousse di capretto nostrano. Timballo di insalatine estive insaporito alle lamelle di fegato d'anatra ed alle guancette di vitello affogate (estate). Code di scampi alla pancetta piana e mosaico di cappesante tiepide. **Vini** Merlot del Gudo e Sementina
◆ Un locale attraente, piccolino, con due sale curate ed eleganti dove lasciarsi stupire da una cucina italiana ricercata e ricca d'inventiva.

Osteria Sasso Corbaro
via Sasso Corbaro 44, Salita al Castello Sasso Corbaro, Est : 4 km – 091 825 55 32 – athosluzzi@bluewin.ch – Fax 091 829 08 48 – chiuso 23 dicembre - 15 gennaio, domenica sera e lunedì
Rist – *(prenotare)* Menu 45 CHF (pranzo)/79 CHF – Carta 60/88 CHF
◆ Dimenticate il presente nell'amena cornice medievale del più alto dei tre castelli: in estate mangiate nella stupenda corte interna. Sale rinnovate, buona cucina locale.

Pedemonte
via Pedemonte 12 – 091 825 33 33 – Fax 091 825 33 33 – chiuso 1 settimana febbraio, 1° luglio - 26 agosto, mezzogiorno da martedì a sabato e lunedì
Rist – *(prenotare)* Menu 60/80 CHF – Carta 43/83 CHF
◆ Ambiente intimo per cenette "tête-à-tête". Scoprite i nuovi sapori della lista letta a voce, creati con prodotti locali, rispettando il susseguirsi delle stagioni.

Osteria Malakoff
Carrale Bacilieri 10, Ravecchia, (presso dell'ospedale) – 091 825 49 40 – Fax 091 826 37 14 – chiuso 1° - 10 gennaio, domenica e giorni festivi
Rist – (20 CHF) – Carta 39/62 CHF
◆ A pranzo menù fisso ma la sera apprezzate le numerose proposte alla carta, più elaborate, in questo simpatico locale a conduzione familiare.

sull'autostrada N2 (direzione Nord) Sud-Ovest : 2 km :

Mövenpick Benjaminn senza rist
Area di servizio Bellinzona Sud ✉ 6513 Monte Carasso – 091 857 01 71 – hotel.benjaminn@moevenpick.com – Fax 091 857 76 35
55 cam – †120/140 CHF ††170/190 CHF, 16 CHF
◆ Tappa ideale per chi viaggia in direzione del Gottardo: vi si accede unicamente dall'area di servizio Bellinzona sud. Camere tutte identiche, funzionali e ben isolate.

BELLWALD – Wallis (VS) – 552 N11 – 427 Ew – Höhe 1 560 m – ✉ 3997 8 F5

Bern 157 – Brig 26 – Domodossola 89 – Interlaken 103 – Sion 79

Bellwald
Berge und Rhonetal, Zim, Rest,
– 027 970 12 83 – info@hotel-bellwald.ch – Fax 027 970 12 84 – geschl. 31. März - 1. Mai und 26. Oktober - 15. Dezember
16 Zim – †90/120 CHF ††140/170 CHF – ½ P +35 CHF – **Rest** – *(geschl. Montag in Juni und September)* (24 CHF) Menü 32/56 CHF – Karte 39/86 CHF
◆ Von den Balkonen der hell und neuzeitlich gestalteten Südzimmer der ruhig gelegenen Chalets bietet sich ein schöner Ausblick auf Rhonetal und Berge. In den rustikalen Gaststuben und im modernen Wintergarten serviert man traditionelle Gerichte.

Zur alten Gasse mit Zim

– *027 971 21 41 – alte-gasse@rhone.ch – Fax 027 971 12 04 – geschl. 19. Oktober - 15. Dezember und 15. April - 28. Mai*
15 Zim – 93/113 CHF 156/196 CHF – ½ P +39 CHF
Rest – (24 CHF) Menü 39 CHF (mittags)/79 CHF – Karte 37/103 CHF
◆ In erhöhter Lage bei der Sesselbahnstation liegt das nette rustikale Restaurant mit sorgfältig zubereiteter zeitgemässer Küche. Helle, moderne Gästezimmer, meist mit Balkon.

BERG – Sankt Gallen – 551 U4 – 846 Ew – Höhe 580 – 9305

Zum Sternen

Landquart 13, Nord : 2 km in Richtung Arbon – 071 446 03 03 – speiserestaurant@sternen-berg.ch – Fax 071 446 05 05 – geschl. 7. - 27. Juli, Sonntag und Montag
Rest – Karte 58/101 CHF
◆ Das Fachwerkhaus aus dem Jahre 1890 bietet traditionelle Küche in gepflegtem Ambiente. Besonders empfiehlt sich im Sommer ein Platz auf der Terrasse.

BERGÜN (BRAVUOGN) – Graubünden (GR) – 553 W10 – 520 Ew – Höhe 1 372 m – 7482

11 **J4**

Bern 295 – Sankt Moritz 37 – Chur 54 – Davos 39

Bergün-Filisur Tourismus, Hauptstr. 83, 081 407 11 52, info@berguen.ch, Fax 081 407 14 04

Weisses Kreuz

Dorfplatz – 081 407 11 61 – weisskreuz@berguen.ch – Fax 081 407 11 71 – geschl. 7. April - 19. Mai und 26. Oktober - 4. Dezember
25 Zim – 75/110 CHF 140/200 CHF – ½ P +30 CHF – **Rest** – (19,50 CHF) – Karte 34/90 CHF
◆ Am schönen kleinen Dorfplatz steht das alte Engadiner Bauernhaus a. d. 16. Jh., das dieses Hotel beherbergt. Die hellen und freundlichen Zimmer sind funktionell eingerichtet. Einfache Gaststube mit Terrasse und gemütliche Stüvetta mit schöner Rundumtäferung.

Albula

Zim,

Hauptstr. 70 – 081 407 11 26 – albula@berguen.ch – Fax 081 407 14 83 – geschl. 1. - 14. Dezember und 31. März - 27. April
19 Zim – 75/95 CHF 140/190 CHF – ½ P +28 CHF – **Rest** – (19 CHF) – Karte 37/82 CHF
◆ Am Ortseingang, an einer alten kleinen Bachbrücke finden Sie dieses Haus. Wohnlich sind die mit hellen rustikalen Naturholzmöbeln ausgestatteten Gästezimmer. Das Restaurant im neo-rustikalen Stil bietet traditionelle Küche.

Bellaval garni

– 081 407 12 09 – bellaval@berguen.ch – Fax 081 407 21 64 – geschl. 30. März - 11. Mai und 5. Oktober - 12. Dezember
7 Zim – 65/75 CHF 120/160 CHF
◆ Dieses nette kleine Hotel beherbergt Sie in geräumigen Zimmern, die mit hellem Naturholz und Laminatboden modern und funktionell eingerichtet sind - mit Balkon oder Terrasse.

in Preda Süd : 6 km an der Albula Passstrasse – Höhe 1 789 m – 7482 Preda

Preda Kulm

Zim,

(im Winter nur mit der Bahn erreichbar) – 081 407 11 46 – preda.kulm@bluewin.ch – Fax 081 407 21 46 – geschl. 29. Oktober - 14. Dezember und 1. April - 30. Mai
18 Zim – 65/120 CHF 150/180 CHF – ½ P +30 CHF
Rest – Karte 39/78 CHF
◆ Das Berghotel am Albulapass erreicht man im Winter per Schlittenbahn. In diesem Familienbetrieb übernachten Sie in mit solidem Naturholzmobiliar ausgestatteten Gästezimmern. Traditionelles Speisenangebot in der einfachen Gaststube.

BERIKON – Aargau (AG) – **551** O5 – **4 358 Ew** – **Höhe 554 m** – ✉ **8965** 4 **F3**

Bern 110 – Aarau 33 – Baden 24 – Dietikon 14 – Wohlen 12 – Zürich 22

Stalden mit Zim

Friedlisbergstr. 9 – ☎ 056 633 11 35 – info@stalden.com – Fax 056 633 71 88 – geschl. 28. Januar - 10. Februar und 7. Juli - 3. August

8 Zim – 80 CHF 110 CHF – **Rest** – *(geschl. Montag und Dienstag)* (18 CHF) Menü 29 CHF (mittags)/73 CHF – Karte 39/76 CHF

◆ Der Gasthof liegt versteckt am Ende des Ortes. Im netten, gemütlichen Restaurant oder auf der Terrasse serviert man Ihnen zeitgemässe Gerichte. Einfache, gepflegte Zimmer.

BERLINGEN – Thurgau (TG) – **551** S3 – **854 Ew** – **Höhe 403 m** – ✉ **8267** 4 **H2**

Bern 184 – Sankt Gallen 52 – Frauenfeld 24 – Konstanz 16 – Schaffhausen 34 – Singen 23

Seehotel Kronenhof Bodensee, Zim,

Seestr. 101 – ☎ 052 762 54 00 – info@seehotel-kronenhof.ch – Fax 052 762 54 81 – geschl. 17. Dezember - 6. Januar

48 Zim – 150/240 CHF 210/300 CHF – ½ P +37 CHF – **Rest** – Menü 32 CHF (mittags)/52 CHF – Karte 44/94 CHF

◆ Direkt am Ufer befindet sich das renovierte Hotel. Die Zimmer mit schönem Blick auf den Bodensee sind in ähnlichem Stil mit neuzeitlich-zweckmässigen Möbeln eingerichtet. Modernes Restaurant mit schöner Terrasse am Seeufer.

COLORISE/SGM

BERN *Berne*

Michelin-Karte : 551 J7
Einwohnerzahl : 128 634 Ew
Höhe : 548 m – **Postleitzahl :** ✉ 3000

Biel 35 – Fribourg 34 – Interlaken 59 – Luzern 111 – Zürich 125
Atlas : 2 **D4**

PRAKTISCHE HINWEISE

Tourist-Informationen

Bern Tourismus, Bahnhofplatz 10 A **DY** Bern Tourismus, Am Bärengraben, Grosser Muristalden 6 **FZ**, ✆ 031 328 12 12, info@berninfo.com, Fax 031 328 12 77

Automobilclub

Thunstr. 63, ✆ 031 356 34 34, Fax 031 356 34 35 **FZ**

Giacomettistr. 15, ✆ 031 311 38 13, Fax 031 311 26 37 **B**

Flughafen

Bern-Belp, ✆ 031 960 21 11, Fax 031 960 21 12 **BX**

Fluggesellschaft

Swiss International Airlines Ltd., ✆ 0848 852 000, Fax 058 582 24 35

FREIZEIT

Lokale Veranstaltung

24.11 : Zwiebelmarkt

Golfplätze

27 Bern/Moossee Münchenbuchsee, Nord : 11 km Richtung Münchenbuchsee-Schönbühl, ✆ 031 868 50 50 ;
36 Blumisberg Wünnewil, Süd-West : 18 km, ✆ 026 496 34 38 ;
9 Oberburg Nord-Ost : 20 km Richtung Burgdorf, ✆ 034 424 10 30 ;
9 Aaretal Kiesen, Süd : 22 km Richtung Thun, ✆ 031 782 00 00

Fussball-Europameisterschaft

09.06, 13.06, 17.06 : Vorrundenspiele

AUFZUDECKEN

SEHENSWERT

Alt-Bern★★ : Marktgasse★ **DZ**, Zeitglockenturm★ **EZ** C, Kramgasse★ **EZ**, Ausblicke★ von der Nydeggbrücke **FY**, Bärengraben★ **FZ**, Münster St. Vinzenz★ **EZ** : Bogenfeld★★, Rundblick★★ vom Turm **EZ** - Rosengarten **FY** : Blick★ auf die Altstadt - Botanischer Garten★ **DY** - Tierpark im Dählhölzli★ **BX** - Bruder-Klausenkirche★ **BX** B

MUSEEN

Kunstmuseum★★ **DY** - Zentrum Paul Klee **BX** - Naturhistorisches Museum★★ **EZ** - Bernisches Historisches Museum★★ **EZ** - Schweizerisches Alpines Museum★★ **EZ** - Museum für Kommunikation★ **EZ**

AUSFLUGSZIEL

Gurten★★ **AX**

Bellevue Palace Zim, Rest, VISA MC AE
Kochergasse 3 ✉ 3001 – ✆ 031 320 45 45 – info@bellevue-palace.ch – Fax 031 311 47 43 EZ **p**
115 Zim – 360/450 CHF 470/560 CHF, 32 CHF – 15 Suiten
Rest *Bellevue Grill / Bellevue Terrasse* – Menü 72 CHF (mittags)/132 CHF – Karte 83/166 CHF
◆ Ein Hauch Noblesse durchzieht das nach einem Umbau wieder eröffnete Luxushotel. Die Kombination von Moderne und Klassik macht es zu einer exklusiven Residenz. Von der Terrasse des Restaurants geniessen Sie einen wunderschönen Blick auf die Aare.

Allegro Zim, Zim, P VISA MC AE
Kornhausstr. 3 ✉ 3013 – ✆ 031 339 55 00 – info@kursaal-bern.ch – Fax 031 339 55 10 EY **a**
171 Zim – 169/600 CHF 209/600 CHF, 28 CHF
Rest Meridiano – separat erwähnt
Rest *Yù* – *(geschl. 1. - 7. Januar, 31. März - 14. April, 28. Juli - 18. August, 5. - 12. Oktober, Montag und Dienstag)* Menü 28 CHF (mittags)/98 CHF – Karte 63/133 CHF
Rest *Allegretto* – (19,50 CHF) – Karte 48/101 CHF
◆ Ein trendiges Hotel, das mit seiner topmodernen und funktionellen Ausstattung besonders auf den Businessgast ausgelegt ist. Hauseigenes Kasino. Chinesische Gerichte werden im Yù serviert. Freundliches Ambiente und zeitgemässe Küche im Allegretto.

Innere Enge Zim, Rest, P VISA MC AE
Engestr. 54 ✉ 3012 – ✆ 031 309 61 11 – reservation-ieb@zghotels.ch – Fax 031 309 61 12 AX **n**
26 Zim – 245/320 CHF 310/400 CHF, 25 CHF – **Rest** – *(geschl. Sonntagabend von Oktober bis Mai)* (26 CHF) Menü 50 CHF (mittags)/85 CHF – Karte 48/106 CHF
◆ Ein ruhiges Haus fast im Grünen. Die Zimmer mit elegantem Mobiliar und provenzalischer Farbgebung. Sie frühstücken im historischen Pavillon. Stadtbekannter Jazzkeller. Einladend: Café und Restaurant im Bistro-Brasseriestil.

Hotelbern Zim, VISA MC AE
Zeughausgasse 9 ✉ 3011 – ✆ 031 329 22 22 – hotelbern@hotelbern.ch – Fax 031 329 22 99 EY **b**
95 Zim – 175/295 CHF 230/340 CHF
Rest *Kurierstube* – *(geschl. 7. Juli - 10. August und Sonntag)* Menü 35 CHF (mittags)/78 CHF – Karte 57/114 CHF
Rest *7 - Stube* – (19,50 CHF) – Karte 41/90 CHF
◆ Im Zentrum situiert und stolz den Namen der Stadt und des Kantons tragend, bietet das Altstadthaus neben farbenfrohen modernen Zimmern auch gute Seminarmöglichkeiten. Die Kurierstube ist klassisch-elegant eingerichtet. Rustikal die 7-Stube.

Savoy garni VISA MC AE
Neuengasse 26 ✉ 3011 – ✆ 031 311 44 05 – reservation-sar@zghotels.ch – Fax 031 312 19 78 DY **n**
56 Zim – 205/320 CHF 275/400 CHF, 25 CHF
◆ Das Berner Altstadthaus befindet sich in der Fussgängerzone. Die Zimmer sind von guter Grösse, frisch, geschmackvoll und mit moderner Technik eingerichtet.

Belle Epoque Zim, Zim, Rest, VISA MC AE
Gerechtigkeitsgasse 18 ✉ 3011 – ✆ 031 311 43 36 – info@belle-epoque.ch – Fax 031 311 39 36 FY **u**
17 Zim – 195/280 CHF 280/340 CHF, 19 CHF – **Rest** – *(mittags nur Snacks)* (19,50 CHF) – Karte 54/91 CHF
◆ Jugendstilelemente begleiten Sie von der schönen Rezeption bis in die geschmackvoll gestalteten Zimmer dieser charmanten Adresse immitten des UNESCO-Weltkulturerbes. Im Restaurant serviert man mittags Snacks und abends als Spezialität Bratenstück vom Wagen.

Bristol garni VISA MC AE
Schauplatzgasse 10 ✉ 3011 – ✆ 031 311 01 01 – reception@bristolbern.ch – Fax 031 311 94 79 DZ **w**
92 Zim – 200/265 CHF 270/320 CHF
◆ Das alte renovierte Stadthaus beherbergt Sie in modernen Zimmern mit hellem Massivholzmobiliar. Die kleine Sauna teilt man sich mit dem Hotel Bern.

STRASSENVERZEICHNIS BERN

Aarbergergasse . . . DY
Aargauer Stalden . . . FY
Aarstrasse . . . DEZ
Aegertenstrasse . . . EZ
Altenbergrain . . . DEY
Altenbergstrasse . . . EFY
Amthausgasse . . . DEZ 3
Bärenplatz . . . DZ
Bahnhofplatz . . . DY
Belpstrasse . . . CZ
Bernstrasse . . . AX
Bernstrasse OSTERMUNDIGEN BX
Bethlehemstrasse . . . AX 4
Beundenfeldstrasse . . . EFY
Blumenbergstrasse . . . EFY
Bollingenstrasse . . . BX
Bollwerk . . . DY
Breitenrainstrasse . . . EY
Brunngasse . . . EY 6
Brunngasshalde . . . EY
Bubenbergplatz . . . DZ
Bühlstrasse . . . CY
Bundesgasse . . . DZ
Bundesplatz . . . DZ
Bundesterrasse . . . DZ 7
Casinoplatz . . . EZ
Christoffelgasse . . . DZ 9
Dalmaziquai . . . DZ
Dufourstrasse . . . EZ
Effingerstrasse . . . CZ
Eigerplatz . . . CZ
Eigerstrasse . . . CDZ
Elfenstrasse . . . FZ
Ensingerstrasse . . . FZ
Gerberngasse . . . FZ
Gerechtigkeitsgasse . . . EYZ
Gesellschaftsstrasse . . . CY
Greyerzstrasse . . . EY
Halenstrasse . . . AX
Hallerstrasse . . . CY
Helvetiaplatz . . . EZ 10
Helvetiastrasse . . . EZ
Hirschengraben . . . CZ
Holderstrasse . . . DY
Jubiläumsstrasse . . . EZ 12
Jungfraustrasse . . . FZ
Junkerngasse . . . EFZ
Kapellenstrasse . . . CZ
Kasernenstrasse . . . FY
Kirchenfeldbrücke . . . EZ
Kirchenfeldstrasse . . . EFZ
Kirchstrasse . . . AX
Kochergasse . . . DEZ 13
Könizstrasse . . . AX
Kornhausbrücke . . . EY
Kramgasse . . . EZ
Kreuzgasse . . . EZ 15
Längassstrasse . . . CY
Laubeggstrasse . . . FY
Laupenstrasse . . . CZ
Lorrainebrücke . . . DY
Lorrainestrasse . . . DY
Luisenstrasse . . . EZ
Marienstrasse . . . EZ
Marktgasse . . . DEZ
Marzilistrasse . . . DZ
Mittelstrasse . . . CY
Monbijoubrücke . . . DZ
Monbijoustrasse . . . CZ
Moserstrasse . . . EY
Mühlemattstrasse . . . CZ
Mühlenplatz . . . FZ
Münstergasse . . . EZ 16
Münsterplatz . . . EZ 18
Muristalden . . . FZ
Muristrasse . . . FZ
Murtenstrasse . . . AX 19
Nägeligasse . . . DY 20
Neubrückstrasse . . . CDY
Neuengasse . . . DY
Nordring . . . EY
Nydeggasse . . . FY 22
Ostermundigen strasse . . . BX 24
Ostring . . . BX 25
Papiermühlestrasse . . . BX 27
Postgasse . . . EY
Postgasshalde . . . EY
Rathausgasse . . . EY 28
Rathausplatz . . . EY 30
Schänzlistrasse . . . EY
Schanzenstrasse . . . CYZ
Schauplatzgasse . . . DZ
Schifflaube . . . EY
Schlossstrasse . . . AX 31
Schosshaldenstrasse . . . FZ 33
Schüttestrasse . . . DEY
Schwarzenburgstrasse . . . CZ 34
Schwarztorstrasse . . . CZ 36
Seftigenstrasse . . . CZ 37
Seminarstrasse . . . FZ
Speichergasse . . . DY
Spitalackerstrasse . . . EFY
Spitalgasse . . . DZ
Stadtbachstrasse . . . CY
Standstrasse . . . BX
Sulgenbachstrasse . . . CZ
Sulgeneckstrasse . . . CDZ
Thunstrasse . . . EFZ
Tiefenaustrasse . . . DY
Untertorbrücke . . . FY 39
Viktoriaplatz . . . EY
Viktoriarain . . . EY
Viktoriastrasse . . . EFY
Waisenhausplatz . . . DY 40
Waldhöheweg . . . EY
Weissensteinstrasse . . . AX 42
Winkelriedstrasse . . . BX 43
Worblaufenstrasse . . . BX 45
Worbstrasse . . . BX
Zähringerstrasse . . . CY
Zeughausgasse . . . DY 46
Zieglerstrasse . . . CZ 48

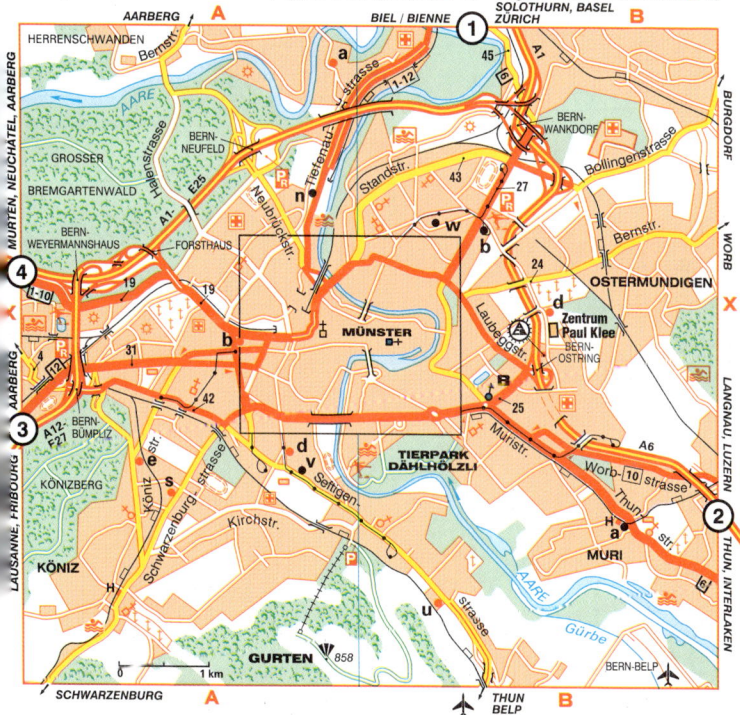

AARBERG
BIEL / BIENNE
SOLOTHURN, BASEL ZÜRICH
BURGDORF
WORB
LANGNAU, LUZERN
THUN, INTERLAKEN
THUN BELP
SCHWARZENBURG
LAUSANNE, FRIBOURG
MURTEN, NEUCHÂTEL, AARBERG
HERRENSCHWANDEN
GROSSER BREMGARTENWALD
BERN-NEUFELD
BERN-WEYERMANNSHAUS
FORSTHAUS
BERN-WANKDORF
OSTERMUNDIGEN
Zentrum Paul Klee
BERN-OSTRING
MÜNSTER
TIERPARK DÄHLHÖLZLI
BERN-BÜMPLIZ
KÖNIZBERG
KÖNIZ
MURI
GURTEN
BERN-BELP
AARE
Gürbe

C
D
Y
Z
LÄNGGASSE
GROSSE SCHANZE
KLEINE SCHANZE
MATTENHOF
SULGENBACH
BOTANISCH
GARTEN
KUNSTMUSEUM
BUNDESHAU
Heiliggeistkirche
Bärenplatz
MARKTGAS
AARE
Zähringer-
Mittelstr.
strasse
Neubrückstr.
Tiefenaustr.
Lorrainestr.
Hallerstr.
Gesellschafts
Länggass-
strasse
Bühlstrasse
Lorrainebrücke
Bollwerk
Hodlerstr.
Speichergasse
Aarbergergasse
Neuengasse
Spitalgasse
Schauplatzgasse
Bundespl.
Bahnhofpl.
Stadtbachstrasse
Schanzenstr.
Laupenstr.
Belpstr.
Hirschengraben
Bubenbergpl.
Bundesgasse
Effinger-
Kapellenstr.
Schwarztorstr.
Monbijoustr.
Sulgeneckstr.
Mühlemattstr.
Sulgenbachstr.
Eigerplatz
Eigerstr.
Eigerstrasse
Sulgeneckstrasse
Marzilistr.
Aarstr.
Monbijoubrüke
Schütt
POL.
1-12
1-10
12

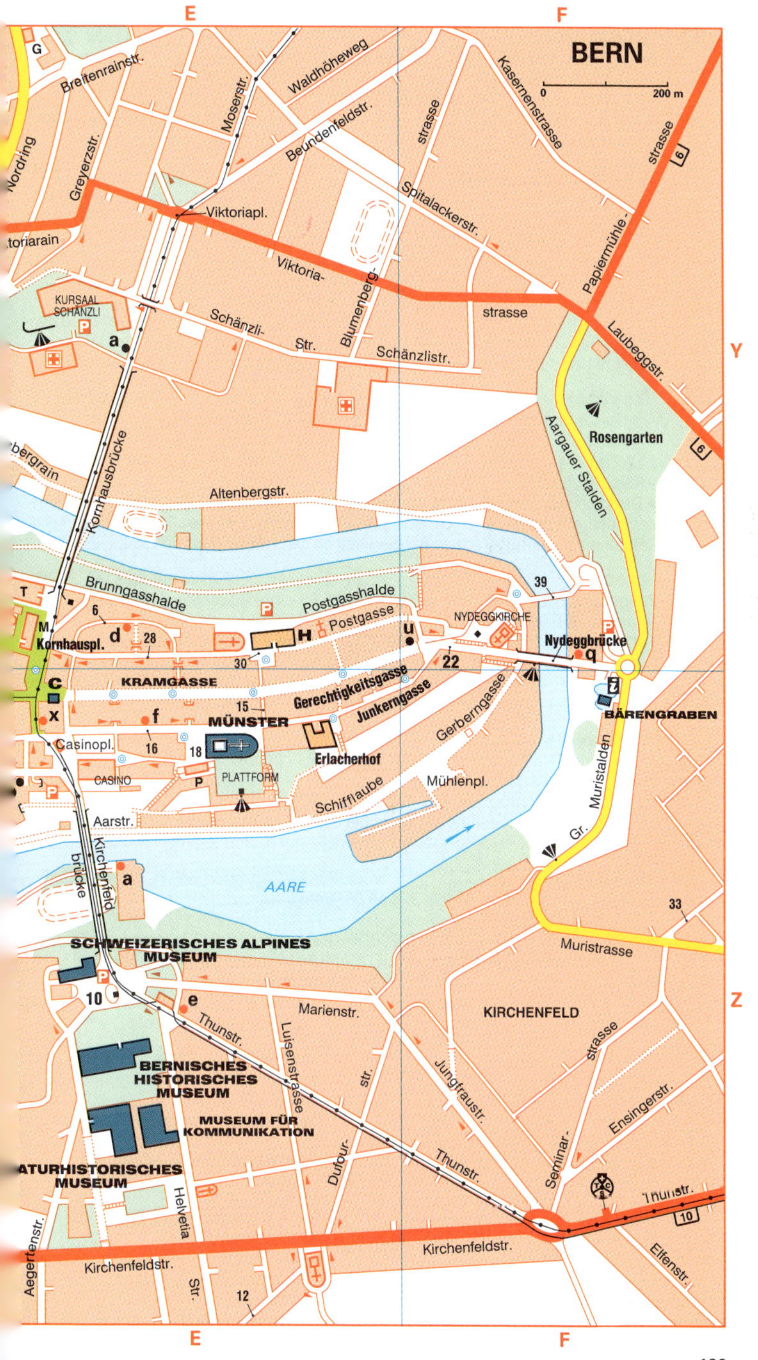
BERN
0
200 m
E
F
Y
Z
Breitenrainstr.
Moserstr.
Waldhöheweg
Kasernenstrasse
Nordring
Greyerzstr.
Beundenfeldstr.
strasse
Viktoriapl.
Spitalackerstr.
Viktoria-
strasse
Papiermühle-
Viktoriarain
Blumenberg
KURSAAL SCHÄNZLI
Schänzli-
Str.
Schänzlistr.
Laubeggstr.
Rosengarten
Aargauer Stalden
Kornhausbrücke
Altenbergstr.
Brunngasshalde
Postgasshalde
Postgasse
NYDEGGKIRCHE
Nydeggbrücke
Kornhauspl.
KRAMGASSE
Gerechtigkeitsgasse
Junkerngasse
Gerberngasse
BÄRENGRABEN
MÜNSTER
Erlacherhof
Casinopl.
CASINO
PLATTFORM
Mühlenpl.
Schifflaube
Muristalden
Aarstr.
Gr.
Kirchenfeldbrücke
AARE
SCHWEIZERISCHES ALPINES MUSEUM
Muristrasse
Marienstr.
KIRCHENFELD
Thunstr.
Luisenstrasse
BERNISCHES HISTORISCHES MUSEUM
Jungfraustr.
strasse
MUSEUM FÜR KOMMUNIKATION
Ensingerstr.
Dufour-
str.
Seminar-
NATURHISTORISCHES MUSEUM
Helvetia
Str.
Kirchenfeldstr.
Elfenstr.
Aegertenstr.
G
T
M
C
X
H
P
a
d
f
u
q
e
6
28
30
15
16
18
22
39
33
10
12

Bären garni
Schauplatzgasse 4 ✉ 3011 – ✆ 031 311 33 67 – reception@baerenbern.ch – Fax 031 311 69 83 DZ s
57 Zim – 200/265 CHF 270/320 CHF
◆ Nur einen Steinwurf vom Bundesplatz entfernt gelegenes Hotel mit modern eingerichteten Zimmern und guter, kompletter Ausstattung für Geschäftsreisende.

Ambassador & Spa Zim,
Seftigenstr. 99 ✉ 3007 – ✆ 031 370 99 99 – ambassador@fhotels.ch – Fax 031 371 41 17 AX v
97 Zim – 164/320 CHF 196/360 CHF, 18 CHF
Rest *Taishi* – *(geschl. Mitte Juli 4 Wochen, Samstagmittag, Sonntag und Montag)* (19 CHF) Menü 30 CHF (mittags)/85 CHF – Karte 42/92 CHF
Rest *Pavillon* – (18 CHF) Menü 30/69 CHF – Karte 47/85 CHF
◆ Das Geschäftshotel am Stadtrand bietet dem Gast topmoderne, funktionelle und dennoch wohnliche Zimmer. Ebenfalls modern gestaltet ist der Freizeitbereich. Teppanyaki-Gerichte bereitet man im Taishi. Zeitgemäss ist die Karte im hellen Pavillon ausgerichtet.

Novotel Zim, Zim, Zim,
Am Guisanplatz 2 ✉ 3014 – ✆ 031 339 09 09 – H5009@accor.com – Fax 031 339 09 10 BX b
112 Zim – 185/280 CHF 199/280 CHF, 25 CHF – **Rest** – (22 CHF) Menü 36 CHF – Karte 46/82 CHF
◆ Direkt beim Berner Expo-Gelände und nicht weit vom neuen Wankdorf-Stadion gelegenes Hotel mit modernen, technisch gut ausgestatteten Zimmern. Neuzeitliches, helles Restaurant. In der stilgerechten Bar huldigt man den WM-Helden von 1954.

Kreuz Rest, Zim,
Zeughausgasse 41 ✉ 3011 – ✆ 031 329 95 95 – info@hotelkreuz-bern.ch – Fax 031 329 95 96 DY v
100 Zim – 125/150 CHF 180/210 CHF – **Rest** – *(geschl. 28. Juni - 4. August, Samstag und Sonntag)* (19 CHF) – Karte 32/71 CHF
◆ Das Kongresshotel Kreuz bietet funktionelle, mit grauem Einbaumobiliar ausgestattete Zimmer. Es stehen auch verschiedene Seminarräume zur Verfügung.

City am Bahnhof garni
Bubenbergplatz 7 ✉ 3011 – ✆ 031 311 53 77 – cityab@fhotels.ch – Fax 031 311 06 36 DY c
58 Zim – 116/180 CHF 148/220 CHF, 18 CHF
◆ Zentral liegt dieses Stadthotel gegenüber dem bis Frühsommer 2008 im Umbau befindlichen Bahnhofsplatz. Zeitgemässe, funktionell eingerichtete Zimmer erwarten den Gast.

Astoria Rest, Zim,
Zieglerstr. 66 ✉ 3007 – ✆ 031 378 66 66 – info@astoria-bern.ch – Fax 031 378 66 00 CZ t
62 Zim – 150/170 CHF 180/200 CHF – **Rest** – *(geschl. 21. Dezember - 6. Januar, Samstag, Sonn- und Feiertage)* (19 CHF) Menü 30 CHF (mittags) – Karte 38/68 CHF
◆ Nicht weit vom Stadtzentrum findet der Gast hier helle praktische Zimmer mit dunklem Einbaumobiliar vor. Netter Frühstücksraum mit bequemen Korbstühlen und kleiner Terrasse. Restaurant im Bistrostil mit traditionellen und griechischen Gerichten.

Ador Zim,
Laupenstr. 15 ✉ 3001 – ✆ 031 388 01 11 – info@hotelador.ch – Fax 031 388 01 10 – geschl. 21. Dezember - 3. Januar CZ b
52 Zim – 125/219 CHF 170/308 CHF – **Rest** – *(geschl. Samstag, Sonn- und Feiertage)* (17 CHF) – Karte 35/70 CHF
◆ Ein besonders auf Geschäftsleute ausgelegtes Hotel in Bahnhofsnähe, das über sachlich-modern eingerichtete Zimmer mit guter Technik verfügt.

Jardin
Militärstr. 38 ✉ 3014 – ✆ 031 333 01 17 – info@hotel-jardin.ch – Fax 031 333 09 43 BX w
18 Zim – 115/135 CHF 160 CHF – **Rest** – *(geschl. 7. Juli - 4. August, Samstagabend und Sonntag)* (17 CHF) – Karte 30/69 CHF
◆ Das familiär geführte Haus liegt in einem Wohnquartier am Rande des Kasernenareals. Die Zimmer sind schlicht, gepflegt und technisch neuzeitlich ausgestattet.

Ibis garni
Guisanplatz 4 ✉ 3014 – ✆ 031 335 12 00 – H5007@accor.com – Fax 031 335 12 10 BX **b**
96 Zim – †101/165 CHF ††101/165 CHF, ☕ 15 CHF
◆ Eine einfache, praktische und preiswerte Übernachtungsadresse mit hell möblierten, sauberen Zimmern. An der Bar bietet man 24 Stunden Snacks.

Meridiano – Hotel Allegro ← Bern und Berge,
Kornhausstr. 3 ✉ 3013 – ✆ 031 339 52 45 – info@kursaal-bern.ch – Fax 031 339 55 10 – geschl. 1. - 14. Januar, 3. - 18. Februar, 6. - 28. Juli, Samstagmittag, Sonntag und Montag EY **a**
Rest – Menü 54 CHF (mittags)/165 CHF – Karte 92/161 CHF
◆ Modernes Design und die einzigartige Panoramaterrasse machen das Restaurant in der 6. Etage des Hotel Allegro aus. Das Speisenangebot ist zeitgemäss.

Schöngrün
Monument im Fruchtland 1, (beim Zentrum Paul Klee) ✉ 3006 – ✆ 031 359 02 90 – info@restaurants-schoengruen.ch – Fax 031 359 02 91 – geschl. Montag BX **d**
Rest – *(Tischbestellung ratsam)* Menü 59 CHF (mittags)/125 CHF – Karte 91/136 CHF
◆ So modern wie das Design des Wintergartens ist auch der Küchenstil dieses trendigen Restaurants. Aufwändig werden die schmackhaften Speisen präsentiert.

Mille Sens
Bubenbergplatz 9, (in der Markthalle) ✉ 3011 – ✆ 031 329 29 29 – info@millesens.ch – Fax 031 329 29 91 – geschl. Juli 3 Wochen, Sonn- und Feiertage DZ **c**
Rest – *(in Juni - August nur Mittagessen ausser Samstag) (mittags nur Menü)* Menü 64 CHF (mittags)/98 CHF – Karte 78/118 CHF
Rest *Marktplatz* – (27 CHF) Menü 70 CHF (abends) – Karte 53/98 CHF
◆ In einem Zentrum mit zahlreichen Geschäften liegt dieses im modernen Stil eingerichtete Restaurant mit zeitgemässem Speisenangebot. Das einfache Bistro Marktplatz mit kleiner, günstiger Karte.

La Tavola Pronta
Laupenstr. 57 ✉ 3008 – ✆ 031 382 66 33 – Fax 031 381 56 93 – geschl. August, Samstagmittag und Sonntag AX **b**
Rest – *(Tischbestellung ratsam)* (28 CHF) Menü 55 CHF (mittags)/90 CHF – Karte 59/111 CHF
◆ Dieses kleine Kellerrestaurant mit gemütlicher Stube und Kamin hat ein italienisches Speisenangebot und eine nette Atmosphäre.

Kirchenfeld
Thunstr. 5 ✉ 3005 – ✆ 031 351 02 78 – restaurant@kirchenfeld.ch – Fax 031 351 84 16 – geschl. Sonntag und Montag EZ **e**
Rest – (19 CHF) Menü 56 CHF (mittags)/62 CHF – Karte 50/90 CHF
◆ Stuck und Antiquitäten verleihen dem Rahmen eine stilvolle Note. Das schmackhafte Speisenangebot reicht von traditionell bis zeitgemäss.

Wein & Sein (Beat Blum)
Münstergasse 50 ✉ 3011 – ✆ 031 311 98 44 – blum@weinundsein.ch – geschl. 20. Juli - 11. August, Sonntag und Montag EZ **f**
Rest – *(nur Abendessen) (Tischbestellung erforderlich) (nur Menü)* Menü 92 CHF
Spez. Sommerwild (Juni - Juli). Sauerbraten vom Kalbstafelspitz mit luftigem Härdöpfelstock. Marillenknödel (Frühling).
◆ Das hübsche Gewölberestaurant bietet nur ein 4-Gänge-Menü, die passenden Weine findet man auf der gut sortierten Weinkarte. Nett sind die Plätze im Freien in der Münstergasse.

Flo's
Weissenbühlweg 40 ✉ 3007 – ✆ 031 372 05 55 – info@flos-restaurant.ch – Fax 031 372 05 54 – geschl. 23. Dezember - 13. Januar, 29. Juni - 10. August, Sonntag, Montag und Dienstag A **d**
Rest – *(nur Abendessen) (Tischbestellung ratsam)* Karte 59/86 CHF
◆ Ein modernes, kochstudioähnliches Restaurant in einem Aussenquartier, in dem ein Geschwisterpaar ein kleines Frischmarktangebot zubereitet. Mittags bietet man Kochkurse an.

Lorenzini

Hotelgasse 10 ✉ 3011 – ✆ 031 318 50 67 – info@lorenzini.ch – Fax 031 312 30 38 EZ **x**

Rest – *(geschl. Sonn- und Feiertage)* (17 CHF) Menü 27 CHF (mittags) – Karte 55/109 CHF

◆ Nicht weit vom Bundeshaus entfernt liegt das im Bistro-Brasseriestil eingerichtete italienische Restaurant mit eleganten "Salotti" und schöner Innenhofterrasse.

Schwellenmätteli - Terrasse

Dalmaziquai 11 ✉ 3005 – ✆ 031 350 50 01 – info@schwellenmaetteli.ch – Fax 031 350 50 02 EZ **a**

Rest – *(Tischbestellung ratsam)* (23 CHF) – Karte 47/91 CHF

Rest *Casa* – *(geschl. Montag)* Menü 33 CHF (mittags) – Karte 49/92 CHF

◆ Wunderschön an der Aare liegt das moderne Lokal mit ebensolcher Küche. Einmalig ist die in den Fluss hineinragende Terrasse des gleichnamigen Restaurants, traumhaft die Sicht. Eine trendige italienische Küche wird im Casa geboten.

Zimmermania

Brunngasse 19 ✉ 3011 – ✆ 031 311 15 42 – info@zimmermania.ch – Fax 031 312 28 22 – geschl. Juli 4 Wochen, Montag, Sonn- und Feiertage

Rest – (18 CHF) – Karte 44/101 CHF EY **d**

◆ Dieses Berner Bistro mit einer über 150-jährigen Tradition befindet sich in einer Altstadtgasse. In gemütlichem Ambiente bewirtet man Sie mit traditioneller Küche.

Felsenau

Fährstr. 2, über Tiefenaustrasse ✉ 3004 – ✆ 031 301 22 54 – felsenau@bluewin.ch – Fax 031 305 22 58 – geschl. 22. Dezember - 2. Januar, Sonntag und Montag AX **a**

Rest – (18 CHF) Menü 62 CHF – Karte 42/98 CHF

◆ In dem unter Denkmalschutz stehenden Berner Gasthaus etwas ausserhalb des Zentrums serviert man zeitgemässe Speisen. Nette Gartenterrasse.

Gourmanderie Moléson

Aarbergergasse 24 ✉ 3011 – ✆ 031 311 44 63 – info@moleson-bern.ch – Fax 031 312 01 45 – geschl. Samstagmittag, Sonn- und Feiertage DY **q**

Rest – (27 CHF) Menü 59 CHF – Karte 62/101 CHF

◆ "Tafeln wie zu Grossmutters Zeiten" ist das Motto des gemütlichen Altstadtrestaurants. Spezialitäten sind traditionelle Berner Gerichte und elsässische Flammkuchen.

Brasserie Bärengraben

Grosser Muristalden 1 ✉ 3006 – ✆ 031 331 42 18 – info@brasseriebaerengraben.ch – Fax 031 331 25 60 FY **q**

Rest – *(Tischbestellung ratsam)* (19 CHF) Menü 60 CHF – Karte 40/85 CHF

◆ Eine der beliebtesten und typischsten Brasserien der Stadt ist im historischen Zollhäuschen auf der Nydeggbrücke beim Bärengraben untergebracht.

Frohegg

Belpstr. 51 ✉ 3007 – ✆ 031 382 25 24 – frohegg@freesurf.ch – Fax 031 382 25 27 CZ **r**

Rest – *(geschl. Samstag im Juli, Sonn- und Feiertage) (Tischbestellung ratsam)* (18 CHF) Menü 56 CHF (mittags)/62 CHF – Karte 47/91 CHF

◆ Das traditionsreiche Restaurant unterteilt sich in den rustikalen Gastraum und den Wintergarten mit einer hübschen intimen Terrasse unter Lauben. Kleine, günstige Saisonkarte.

Kabuki

Bubenbergplatz 9, (in der Markthalle) ✉ 3011 – ✆ 031 329 29 19 – kabuki@kabuki.ch – Fax 031 329 29 17 – geschl. 28. Juli - 3. August, Sonn- und Feiertage DZ **c**

Rest – (21 CHF) Menü 85 CHF (abends) – Karte 41/99 CHF

◆ Ein schlicht-moderner Stil und eine lange Sushi-Bar bestimmen das Ambiente in diesem Restaurant im Untergeschoss der Markthalle. Japanische Küche.

in Ittigen Nord-Ost : 6 km – Höhe 529 m – ✉ 3063 Ittigen

Arcadia
Talgut-Zentrum 34 – ✆ 031 921 60 30 – arcadia@arcadia-ittigen.ch – Fax 031 924 71 12
Rest – *(geschl. Sonntag)* (17 CHF) Menü 65 CHF (abends) – Karte 40/88 CHF
◆ Das Restaurant ist in ein Einkaufszentrum integriert. Steinfussboden, Fensterfront und farbenfrohe Gemälde lassen den Raum hell und modern wirken. Italienische Küche.

an der Autobahn A1 Nord-Ost : 8 km – Höhe 529 m – ✉ 3063 Ittigen

Grauholz garni
– ✆ 031 915 12 12 – info@hotelgrauholz.ch – Fax 031 915 12 13
62 Zim – 135 CHF 180 CHF
◆ Der moderne, ausserhalb gelegene Rundbau ist nur von der Autobahn A1 aus zu erreichen. Die Zimmer sind zeitgemäss und mit hellem, funktionellem Holzmobiliar eingerichtet.

in Muri Süd-Ost : 3,5 km – Höhe 560 m – ✉ 3074 Muri bei Bern

Sternen
Thunstr. 80 – ✆ 031 950 71 11 – info@sternenmuri.ch – Fax 031 950 71 00 BX a
44 Zim – 140/240 CHF 190/300 CHF – **Rest** – *(geschl. 22. Dezember - 6. Januar und 19. Juli - 3. August)* (19 CHF) Menü 45 CHF (mittags)/50 CHF – Karte 50/88 CHF
◆ In dem traditionellen Berner Gasthof erwarten Sie neuzeitlich gestaltete Zimmer mit funktioneller Ausstattung, verteilt auf Haupthaus und Anbau. Läubli und Gaststube bieten eine zeitgemässe Küche.

in Wabern Süd : 5 km Richtung Belp – Höhe 560 m – ✉ 3084 Wabern

Maygut - Kreidolfstube
Seftigenstr. 370 – ✆ 031 961 39 81 – info@maygut.ch – Fax 031 961 00 98 BX u
Rest – Menü 49 CHF (mittags)/89 CHF – Karte 58/94 CHF
Rest *Gaststube* – (18 CHF) – Karte 42/91 CHF
◆ Den Eingang zur rustikal-eleganten Kreidolfstube finden Sie hinter der Konfiserietheke des typischen Berner Gutshauses. Sie wählen aus einem zeitgemässen Speisenangebot. Gaststube mit traditioneller Küche.

in Liebefeld Süd-West : 3 km Richtung Schwarzenburg – Höhe 563 m – ✉ 3097 Liebefeld

Landhaus - Rôtisserie mit Zim Rest, Zim,
Schwarzenburgstr. 134 – ✆ 031 971 07 58 – info@landhaus-liebefeld.ch – Fax 031 972 02 49 AX s
6 Zim – 170 CHF 240 CHF
Rest – *(geschl. Sonntag) (Tischbestellung ratsam)* Menü 56 CHF (mittags)/116 CHF – Karte 57/115 CHF
Rest *Gaststube* – *(geschl. Sonntag)* (18 CHF) Menü 50 CHF (abends) – Karte 51/94 CHF
◆ Die hübsche Rôtisserie befindet sich in einer ehemaligen Landvogtei. Geboten wird zeitgemässe Küche. Lauschig: die Gartenterrasse. In der Gaststube serviert man u. a. günstige Klassiker und Saisongerichte. Geschmackvolle, helle und moderne Gästezimmer.

Haberbüni
Könizstr. 175 – ✆ 031 972 56 55 – info@haberbueni.ch – Fax 031 972 57 45 AX e
Rest – *(geschl. Samstagmittag und Sonntag) (Tischbestellung ratsam) (mittags nur kleine Karte)* (19,50 CHF) Menü 51 CHF (mittags)/78 CHF – Karte 46/94 CHF
◆ Im renovierten Dachstock (Büni) des Bauernhauses lässt es sich gut "habere"(essen). Nehmen Sie an der Bar in modern-rustikalem Rahmen den Apéro aus dem guten Weinangebot.

in Oberbottigen **West : 9 km über Bern-Bümpliz oder über Autobahn Fribourg Ausfahrt Bern-Bethlehem** – ✉ **3019 Bern**

Bären Zim, Zim, Rest, VISA
Matzenriedstr. 35 – ✆ 031 926 14 24 – hotel@baeren-oberbottigen.ch – Fax 031 926 14 25 – geschl. 24. Dezember - 15. Januar
12 Zim – 120 CHF 180 CHF – **Rest** – *(geschl. Sonntag und Montag)* (18 CHF) Menü 49 CHF (mittags)/58 CHF – Karte 46/85 CHF
♦ Ein typischer renovierter Berner Landgasthof in ruhiger Lage. Die Gäste wohnen in Zimmern, die mit hellen Naturholzmöbeln modern und zugleich rustikal eingerichtet sind. Man speist in der getäferten Gaststube oder im rustikalen Restaurant.

BERNECK – Sankt Gallen (SG) – 551 W5 – 3 289 Ew – Höhe 427 m – ✉ 9442 5 I2

Bern 235 – Sankt Gallen 31 – Altstätten 11 – Bregenz 21 – Dornbirn 14 – Feldkirch 28

Ochsen - Zunftstube VISA AE
Neugasse 8 – ✆ 071 747 47 21 – info@ochsen-berneck.ch – Fax 071 747 47 25 – geschl. Ende Juli - Anfang August 3 Wochen und Donnerstag
Rest – (34 CHF) Menü 84 CHF – Karte 47/107 CHF
Rest *Dorfstübli* – (22 CHF) – Karte 31/78 CHF
♦ Die Zunftstube im 1. Stock über der hauseigenen Metzgerei ist ein heller Raum mit schönen dunklen Deckenbalken, solidem Mobiliar und hübsch in Weiss gedeckten Tischen. Das Dorfstübli ist weithin bekannt für seine Kuttelgerichte.

BETTLACH – Solothurn (SO) – 551 J6 – 4 721 Ew – Höhe 441 m – ✉ 2544 2 D3

Bern 56 – Delémont 43 – Basel 82 – Biel 19 – Solothurn 10

Urs und Viktor Zim, VISA AE
Solothurnstr. 35 – ✆ 032 645 12 12 – walker@ursundviktor.ch – Fax 032 645 18 93
77 Zim – 95/125 CHF 150/180 CHF – ½ P +30 CHF – **Rest** – (17 CHF) Menü 36 CHF (mittags) – Karte 34/95 CHF
♦ Der alte Landgasthof mit Tavernenrecht seit 1542 hat einen neueren Anbau und verfügt über moderne und zeitgemässe Gästezimmer zu günstigen Konditionen. Gemütliches Restaurant.

BETTMERALP – Wallis (VS) – 552 M11 – Höhe 1 950 m – Wintersport : 1 935/2 869 m 3 14 – ✉ 3992 8 F6

Bern 114 – Brig 20 – Andermatt 91 – Domodossola 80 – Sion 74

Autos nicht zugelassen

Bettmeralp Tourismus, ✆ 027 928 60 60, info@bettmeralp.ch, Fax 027 928 60 61

mit Luftseilbahn ab Betten FO erreichbar

La Cabane garni VISA AE
– ✆ 027 927 42 27 – lacabane@bettmeralp.ch – Fax 027 927 44 40 – geschl. 15. Oktober - 7. Dezember und 13. April - 20. Juni
12 Zim – 120/195 CHF 190/260 CHF
♦ Das Hotel liegt ruhig am Ende des Dorfes und überzeugt mit einer geschmackvollen rustikalen Einrichtung. Die grossen Zimmer mit Parkettboden bieten wohnlichen Komfort.

Waldhaus Berge, Rest, Rest, VISA AE
– ✆ 027 927 27 17 – waldhaus@bettmeralp.ch – Fax 027 927 33 38 – geschl. 10. April - 16. Juni und 1. September - 15. Dezember
19 Zim – 94/132 CHF 168/304 CHF – ½ P +40 CHF – **Rest** – Menü 52 CHF (abends) – Karte 55/88 CHF
♦ Direkt am Waldrand liegt dieses Hotel in traumhafter Ruhe. Frisch und gemütlich gestaltete Zimmer ermöglichen dem Gast einen Aufenthalt in heimeliger Atmosphäre. Im Restaurant speisen Sie in rustikalem Rahmen.

Alpfrieden Berge, Rest, Rest, VISA MC AE
– ✆ *027 927 22 32 – mail@alpfrieden.ch – Fax 027 927 10 11 – geschl. 22. Oktober - 15. Dezember und 6. April - 18. Juni*
24 Zim – †80/120 CHF ††130/290 CHF – ½ P +35 CHF – **Rest** – (19,50 CHF) Menü 27 CHF (mittags)/55 CHF – Karte 48/105 CHF
◆ Das Hotel ist im traditionellen Chaletstil gebaut und liegt im Dorfzentrum. Die hell getäferten Zimmer sind mit Massivholzmobiliar rustikal eingerichtet. Das Restaurant hat eine schöne Terrasse.

Bettmerhof Berge, Zim, Zim, VISA MC AE
– ✆ *027 928 62 10 – hotel@bettmerhof.ch – Fax 027 928 62 15 – geschl. Mitte Oktober - Mitte Dezember und 14. April - 18. Juni*
21 Zim – †85/135 CHF ††170/290 CHF – ½ P +35 CHF
Rest *AlpuTräff* – (17 CHF) Menü 45 CHF (abends) – Karte 48/81 CHF
Rest *Picco Bello* – *(geschl. Sonntag) (im Sommer nur Abendessen)*
Karte 51/82 CHF
◆ Sie finden das Haus am Rande des Dorfes, am Ende der Skipisten. Die Zimmer sind wohnlich eingerichtet und verfügen teils über Balkone mit Sicht auf Berge. Heimelige Atmosphäre umgibt Sie im AlpuTräff. Im Picco Bello gibt's Pizza aus dem Holzofen.

BEVER – Graubünden (GR) – **553** X10 – **631 Ew – Höhe 1 714 m – Wintersport :** – ✉ **7502** 11 **J5**

Bern 322 – Sankt Moritz 11 – Chur 82 – Davos 58

Tourismusverein, staziun, ✆ 081 852 49 45, info@bevertourismus.ch, Fax 081 852 49 17

Chesa Salis Rest, Rest, VISA MC
bügls suot 2 – ✆ 081 851 16 16 – reception@chesa-salis.ch – Fax 081 851 16 00 – geschl. 21. Oktober - 13. Dezember und 6. April - 13. Juni
18 Zim – †150/250 CHF ††210/340 CHF – ½ P +58 CHF – **Rest** – (28 CHF) Menü 78 CHF (abends) – Karte 50/115 CHF
◆ Das Engadiner Patrizierhaus aus dem 16. Jh. liegt am Dorfrand und hat eine schöne rustikale Einrichtung. Die Zimmer sind liebevoll mit Originalmöbeln ausgestattet. Gemütliches Restaurant mit zeitgemässer Küche und Grilladen.

BEX – Vaud (VD) – **552** G11 – **5 973 h. – alt. 411 m** – ✉ **1880** 7 **C6**

Bern 112 – Martigny 20 – Évian-les-Bains 37 – Lausanne 53 – Sion 46 – Thonon-les-Bains 56

Mine de sel★

Le Cèdre ch, rest, VISA MC AE
24 av. de la Gare – ✆ 024 463 01 11 – cedre@hotel-cedre.ch – Fax 024 463 42 88
37 ch – †150/170 CHF ††170/200 CHF – 6 suites – ½ P +38 CHF – **Rest** – *(fermé samedi et dimanche)* (18 CHF) Menu 85 CHF – Carte 46/95 CHF
◆ Immeuble hôtelier construit autour d'un cèdre centenaire venu du Liban. Installations répondant à vos attentes de bien-être. Chambres contemporaines d'un bon gabarit. Plaisante salle de restaurant entretenant une atmosphère feutrée.

BIASCA – Ticino (TI) – **553** S11 – **5 795 ab. – alt. 304 m** – ✉ **6710** 10 **H5**

Bern 196 – Andermatt 64 – Bellinzona 24 – Brig 111 – Chur 131

Ente Turistico Biasca e Riviera, Contrada Cavalier Pellanda 4, ✆ 091 862 33 27, info@biascaturismo.ch, Fax 091 862 42 69

Malvaglia : campanile★ della chiesa Nord : 6 km

Al Giardinetto rist, rist, VISA MC AE
via A. Pini 21 – ✆ 091 862 17 71 – info@algiardinetto.ch – Fax 091 862 23 59
25 cam – †90/135 CHF ††150/185 CHF – ½ P +30 CHF – **Rist** – (15 CHF) Menu 22 CHF – Carta 32/76 CHF
◆ Direttamente in centro, lungo un asse trafficato. Camere di buona ampiezza, arredate con mobilio funzionale. Il ristorante propone una cucina ricca e gustosa.

BIEL/BIENNE

Adam Göuffi-Strasse / Adam Göuffi (R.) . . . . BY 3
Bahnhofstrasse / Gare (R. de la) . . . . ABZ 4
Bözingenstrasse / Boujean (Rte de) . . . . BY 6
Brühlstrasse / Breuil (R. de) . . . . BY 7
Burggasse / Bourg (R. du) . . . . BY 9
Florastrasse / Flore (Rue de) . . . . BY 10
Freiburgstrasse / Fribourg (R. de) . . . . BZ 12
General Guisan-Platz / Guisan (Pl. du Gén.) . . . . AZ 13
Gerbergasse / Tanneurs (R. des) . . . . BY 15
Güterstrasse / Marchandises (R. des) . . . . BZ 16
Industriegasse / l'Industrie (R. de) . . . . ABY 18
Jakob Rosius-Strasse / Rosius (R. Jakob) . . . . ABY 19
Juravorstadt / Jura (Faubourg du) . . . . BY 21
Kanalgasse / Canal (R. du) . . . . BY 22
Karl Stauffer-Strasse / Stauffer (R. Karl) . . . . BY 24
Kreuzplatz / Croix (Pl. de la) . . . . BZ 25
Logengasse / Loge (R. de la) . . . . BY 27
Marktgasse / Marché (R. du) . . . . BY 28
Mittelstrasse / R. du (Milieu) . . . . BY 29
Murtenstrasse / Morat (R. de) . . . . BZ 30
Neumarktplatz / Pl. du (Marché-Neuf) . . . . BY 31
Nidaugasse / Nidau (R. de) . . . . BY 33
Obergasse / Haute (R.) . . . . BY 34
Quellgasse / Source (R. de la) . . . . ABY 36
Reuchenettestrasse / Reuchenette (Rte de) . . . . BY 37
Rüschlistrasse / Rüschli (Rte de) . . . . ABY 39
Schüsspromenade / Suze (Prom. de la) . . . . AYZ 40
Silbergasse / l'Argent (R. de) . . . . BZ 42
Spitalstrasse / l'Hôpital (R. de) . . . . AYZ 43
Tschärisplatz / Pl. de la (Charrière) . . . . AY 45
Unionsgasse / Union (R. de) . . . . ABY 46
Unterer Quai / Bas (Quai du) . . . . AZ 48
Untergasse / Basse (R.) . . . . BY 49
Zentralplatz / Centrale (Pl.) . . . . BY 51
Zentralstrasse / Centrale (R.) . . . . BZ

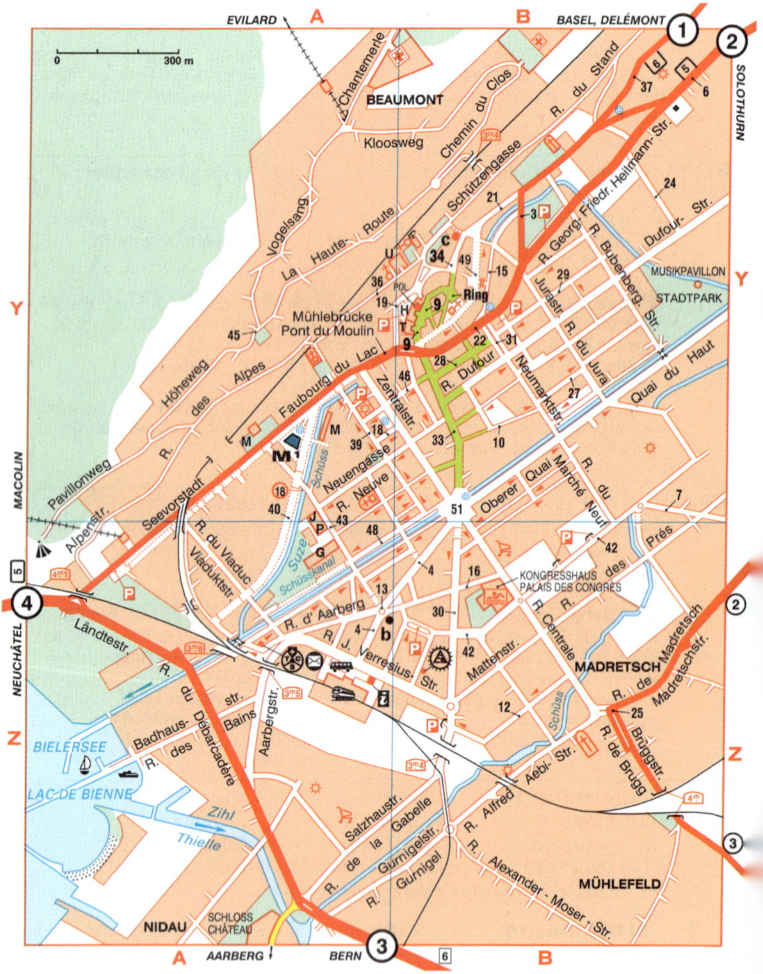

BIEL (BIENNE) – Berne (BE) – 551 I6 – 48 655 Ew – Höhe 437 m – ✉ 2500 2 D3

Bern 44 – Basel 91 – La Chaux-de-Fonds 52 – Montbéliard 96 – Neuchâtel 35 – Solothurn 26

Tourismus Biel Seeland, Bahnhofplatz 12, ✆ 032 329 84 84, outlet@tbsinfo.ch, Fax 032 329 84 85 AZ

Altstadt★ BY. Schwab★ AY M[1]

St. Petersinsel★★ Süd-West – Taubenlochschlucht★ über ② : 3 km

Lokale Veranstaltungen : 31.07 : Bielerfest mit Feuerwerk

Stadtplan siehe vorhergehende Seite

Elite

Zim, VISA MC AE

Bahnhofstr. 14 ✉ 2501 – ✆ 032 328 77 77 – info@hotelelite.ch – Fax 032 328 77 70 AZ **b**

68 Zim – †160/260 CHF ††200/300 CHF – 3 Suiten

Rest *Brasserie* – *(geschl. 5. Juli - 10. August, Samstagmittag und Sonntag)* (36 CHF) Menü 45 CHF (mittags)/90 CHF – Karte 49/95 CHF

♦ Das zentral gelegene Haus ist ein Art-déco-Hotel, dessen Zimmer mit modernem, hellem Holzmobiliar funktionell und wohnlich ausgestattet sind. In der Brasserie bietet man traditionelle Küche.

De la Tour

VISA MC

Obergasse 33a ✉ 2502 – ✆ 032 322 00 64 – mail@delatour.ch – Fax 032 323 10 31 – geschl. Juli - August 1 Woche, Samstagmittag und Sonntag BY **c**

Rest – Menü 39 CHF (mittags)/65 CHF – Karte 61/89 CHF

Rest *Bistro* – (19 CHF) – Karte 52/59 CHF

♦ Schönes Restaurant in einem 400 Jahre alten, geschmackvoll restaurierten Wehrturm - markante Gemälde zieren die Wände. Geboten wird eine zeitgemässe Küche. Schlichtes Bistro mit günstigem kleinem Angebot.

Süd-West Richtung Neuchâtel über ④ : 2 km :

Gottstatterhaus

Bielersee, P VISA MC AE

Neuenburgstr. 18 ✉ 2505 Biel – ✆ 032 322 40 52 – info@gottstatterhaus.ch – Fax 032 322 60 46 – geschl. 26. Dezember - 17. Januar, Donnerstag ausser von Mai bis September und Mittwoch

Rest – (28 CHF) Menü 36 CHF (mittags)/49 CHF – Karte 42/90 CHF

♦ Gaststuben mit ländlichem Charakter und eine schöne Terrasse mit wundervoller Aussicht. Die Küche ist traditionell ausgelegt und bietet viel Fisch aus dem Bielersee.

BIENNE – Berne – 551 I6 – voir Biel

BINII – Valais – 552 I11 – voir à Sion

BINNINGEN – Basel-Landschaft – 551 K4 – siehe Basel

BIOGGIO – Ticino (TI) – 553 R13 – 2 061 ab. – alt. 292 m – ✉ 6934 10 H7

Bern 241 – Lugano 6 – Bellinzona 28 – Locarno 40 – Varese 28

Grotto Antico

P VISA MC AE

via Cantonale 10 – ✆ 091 605 12 39 – Fax 091 605 12 39 – chiuso a Natale

Rist – *(prenotazione obbligatoria)* Carta 43/88 CHF

♦ Caseggiato rustico ed allo stesso tempo signorile, risalente al 1800. Immerso nel verde propone un servizio estivo in terrazza. Piatti di stagione, cucina d'impronta classica.

Les BIOUX – Vaud – 552 C9 – voir à Joux (Vallée de)

Il rosso è il colore di chi sa distinguersi; i nostri punti di riferimento!

BIRMENSTORF – Aargau (AG) – 551 O4 – 2 313 Ew – Höhe 384 m – ✉ 5413 4 F2

Bern 102 – Aarau 25 – Baden 7 – Luzern 70 – Zürich 27

Zum Bären - Orangerie mit Zim Zim, P VISA

Kirchstr. 7 – ✆ 056 201 44 00 – zumbaeren@smile.ch – Fax 056 201 44 01

9 Zim – 115/135 CHF 170/190 CHF

Rest – *(geschl. Sonntag und Montag)* Menü 95 CHF – Karte 72/114 CHF

Rest *Gaststube* – *(geschl. Sonntag und Montag)* (19 CHF) – Karte 49/78 CHF

◆ Mit Ambition zubereitet werden die Gerichte in diesem Restaurant, einer hübschen, lichtdurchfluteten Orangerie mit Blick in den Garten. Schmackhafte Küche serviert man in der urigen Gaststube mit nostalgischem Flair. Geschmackvoll eingerichtete Gästezimmer.

BIRRWIL – Aargau (AG) – 551 N5 – 960 Ew – Höhe 521 m – ✉ 5708 4 F3

Bern 97 – Aarau 21 – Baden 29 – Luzern 34 – Zürich 50

Seebrise < Hallwilersee, P VISA

Seetalstr. 13 – ✆ 062 772 11 16 – kontakt@seebrise.ch – Fax 062 772 16 13 – geschl. 3. - 13. Januar, Montag und Dienstag

Rest – (26 CHF) Menü 36 CHF (mittags)/88 CHF – Karte 46/100 CHF

◆ Das moderne, in hellen Farben gehaltene Restaurant verfügt über eine separate rustikale Gaststube. In beiden hat man einen traumhaften Blick auf den See.

BIRSFELDEN – Basel-Landschaft – 551 K4 – siehe Basel

BISCHOFSZELL – Thurgau (TG) – 551 U4 – 5 421 Ew – Höhe 506 m – ✉ 9220 5 H2

Bern 196 – Sankt Gallen 25 – Frauenfeld 35 – Konstanz 24 – Romanshorn 18

Waldkirch, Richtung Gossau : 9 km, ✆ 071 434 67 67

Le Lion garni VISA

Grubplatz 2 – ✆ 071 424 60 00 – info@hotel-lelion.ch – Fax 071 424 60 01 – geschl. 24. - 30. Dezember

17 Zim – 120/180 CHF 160/210 CHF

◆ In der Altstadt wurde dieses traditionsreiche Hotel revitalisiert. Moderne Zimmer mit Parkett und funktionellem Ulmenholzmobiliar sowie sehr guter technischer Ausstattung.

BISSONE – Ticino (TI) – 553 R14 – 711 ab. – alt. 274 m – ✉ 6816 10 H7

Bern 250 – Lugano 10 – Bellinzona 38 – Locarno 50 – Varese 30

Campione A/C P VISA

via Campione 62, Nord : 1,5 km – ✆ 091 640 16 16 – info@hotel-campione.ch – Fax 091 640 16 00

34 cam – 122/162 CHF 154/267 CHF – 5 suites – ½ P +39 CHF – **Rist** – *(chiuso da lunedì a venerdì a mezzogiorno e domenica da novembre a marzo)* Menu 44 CHF – Carta 32/79 CHF

◆ Vicino alla frontiera di Campione con il suo nuovo casinò, sorge questa struttura d'impronta classica. Grandi camere arredate con sobrietà. Ameno servizio estivo sulla terrazza panoramica. Cucina tradizionale.

BIVIO – Graubünden (GR) – 553 W11 – 204 Ew – Höhe 1 799 m – ✉ 7457 10 J5

Bern 305 – Sankt Moritz 22 – Chiavenna 59 – Chur 65 – Davos 60

Post Rest, P VISA

Julierroute – ✆ 081 659 10 00 – mail@hotelpost-bivio.ch – Fax 081 659 10 01 – geschl. Mai - Mitte Juni und Ende Oktober - Anfang Dezember

47 Zim – 78/132 CHF 160/234 CHF – ½ P +38 CHF

Rest – (25 CHF) Menü 45 CHF (abends) – Karte 38/100 CHF

◆ Der historische Gasthof an der Julierpassstrasse bietet helle, rustikale Zimmer im Haupthaus und einfachere, aber charmante, getäferte Arvenholzzimmer im Gästehaus. Schlichte Gaststube und gehobener Speiseraum mit gut gedeckten Tischen.

BLATTEN BEI MALTERS – Luzern (LU) – 551 N7 – Höhe 480 m – ✉ 6102 Malters 4 F4

Bern 115 – Luzern 8 – Aarau 55 – Altdorf 45 – Interlaken 79

Krone

– ✆ 041 498 07 07 – info@krone-blatten.ch – Fax 041 498 07 01 – geschl. 27. Januar - 11. Februar, 20. Juli - 4. August, Sonntagabend und Montag

Rest – Menü 49 CHF (mittags)/99 CHF – Karte 68/105 CHF

Rest *Gaststube* – (22 CHF) Menü 33 CHF (abends) – Karte 42/77 CHF

◆ Dieses schlicht-elegante Restaurant bietet dem Gast die Möglichkeit, im Lokal oder auf der Terrasse von einer zeitgemässen Karte mit schmackhaften Gerichten zu wählen. Ungezwungene Atmosphäre herrscht in der Gaststube.

BLATTEN BEI NATERS – Wallis (VS) – 552 M11 – Höhe 1 322 m – Wintersport : 1 327/3 112 m 1 7 – ✉ 3914 8 F6

Bern 103 – Brig 9 – Andermatt 85 – Domodossola 74 – Sion 64

Brig Belalp Tourismus, ✆ 027 921 60 40, info@belalp.ch, Fax 027 921 60 41

auf der Belalp mit Luftseilbahn erreichbar – Höhe 2 096 m – ✉ 3914 Belalp

Hamilton Lodge

Berge, Zim, Rest,

(in 10 min. per Spazierweg erreichbar) – ✆ 027 923 20 43 – info@hamiltonlodge.ch – Fax 027 924 45 45 – geschl. Mitte Oktober - Mitte Dezember und 14. April - 8. Juni

14 Zim – 105/115 CHF 160/190 CHF – ½ P +35 CHF – **Rest** – *(mittags Snack-Karte)* (22 CHF) – Karte 50/83 CHF

◆ Schön liegt das kleine Haus auf einer Bergalm. Man verfügt über nette und gut unterhaltene Gästezimmer mit Täferung, teils auch mit Balkon. Rustikales Restaurant mit hübscher Panoramaterrasse.

Belalp

Berge und Aletschgletscher, Rest,

(in 30 min. per Spazierweg erreichbar) – ✆ 027 924 24 22 – info@hotelbelalp.ch – Fax 027 924 23 63 – geschl. Mitte Oktober - Mitte Dezember und 7. April - 13. Juni

21 Zim – 90 CHF 160 CHF – ½ P +35 CHF – **Rest** – Karte 44/72 CHF

◆ Das sehr ruhig gelegene Berghotel mit sensationellem Blick auf die Walliser Alpen und den nahegelegenen Aletschgletscher bietet funktionelle Zimmer mit einfachem Komfort. Restaurant mit Panoramaterrasse.

BLATTEN IM LÖTSCHENTAL – Wallis (VS) – 552 L11 – 281 Ew – Höhe 1 540 m – ✉ 3919 8 E5

Bern 73 – Brig 38 – Domodossola 101 – Sierre 38 – Sion 54

Edelweiss

Tal und Langgletscher, Rest,

– ✆ 027 939 13 63 – info@hoteledelweiss.ch – Fax 027 939 10 53 – geschl. Anfang November - Mitte Dezember, 14. April - 17. Mai und Mittwoch von April - Mai

22 Zim – 85/135 CHF 150/210 CHF – ½ P +35 CHF – **Rest** – Menü 42 CHF (abends) – Karte 37/67 CHF

◆ Eine absolute Ruhe garantiert die Lage in dem verkehrsfreien alten Walliserdorf. Meist mit hellem, rustikalem Mobiliar eingerichtete Zimmer und eine schöne Panoramasicht. Eine einfache nette Gaststube mit Terrasse erwartet Sie zum Essen.

BLAUSEE-MITHOLZ – Bern – 551 K10 – siehe Kandersteg

BLITZINGEN – Wallis (VS) – 552 N10 – 99 Ew – Höhe 1 296 m – ✉ 3989 8 F5

Bern 145 – Andermatt 54 – Brig 24 – Interlaken 90 – Sion 77

Castle

Rhonetal und Berge, Rest,

Nord : 2,5 km – ✆ 027 970 17 00 – info@hotel-castle.ch – Fax 027 970 17 70 – geschl. 30. März - 29. Mai und 20. Oktober - 14. Dezember **10 Zim** – 105/115 CHF 180/210 CHF – 34 Suiten – ½ P +30 CHF

Rest *Schlossrestaurant* – Menü 58/105 CHF – Karte 53/107 CHF

◆ Eine sehr ruhige Übernachtungsmöglichkeit finden Sie in diesem hoch über dem Dorf gelegenen Hotel. Studios und Appartements bieten Platz und Komfort. Schlossrestaurant mit eleganter Einrichtung, zeitgemässer Küche und schöner Terrasse.

BLONAY – Vaud – 552 F10 – voir à Vevey

BLUCHE – Valais – 552 J11 – voir à Crans-Montana

BÖNIGEN – Bern – 551 L9 – siehe Interlaken

BÖTTSTEIN – Aargau (AG) – 551 O4 – 3 648 Ew – Höhe 360 m – ✉ 5315 4 F2

Bern 114 – Aarau 31 – Baden 16 – Basel 59 – Schaffhausen 49

Schloss Böttstein

Schlossweg 20 – ✆ 056 269 16 16 – info@schlossboettstein.ch – Fax 056 269 16 66

32 Zim – 110/135 CHF 190/235 CHF – ½ P +45 CHF

Rest *Schlossrestaurant* – Menü 37 CHF (mittags)/98 CHF – Karte 70/138 CHF

Rest *Dorfstube* – (19 CHF) – Karte 54/101 CHF

◆ Der schlossartige Patrizierbau mit eigener Barockkapelle stammt aus dem Jahre 1615. Die Gäste werden in zeitgemässen Zimmern untergebracht. Mehrere Raüme für Konferenzen. Klassische Atmosphäre herrscht im Schlossrestaurant. Rustikal-schlicht: die Gaststube.

BOGIS-BOSSEY – Vaud (VD) – 552 B10 – 847 h. – alt. 470 m – ✉ 1279 6 A6

Bern 144 – Genève 19 – Lausanne 49 – Montreux 79

Auberge Communale

1 r. de la Pinte – ✆ 022 776 63 26 – omartin@auberge-bogis-bossey.ch – Fax 022 776 63 27 – fermé 23 décembre - 15 janvier, 27 juillet - 7 août, lundi et mardi

Rest – Menu 89/125 CHF – Carte 69/121 CHF

Rest *Le Café* – (19 CHF) Menu 68 CHF (déj.)/125 CHF – Carte 50/108 CHF

◆ Devant la mairie, engageante maison de 1750 abritant une salle à manger élégante et chaleureuse, où l'on vient savourer une cuisine innovante bien tournée. Repas dans une ambiance décontractée au Café, dont certains plats sont les mêmes qu'au restaurant.

Les BOIS – Jura (JU) – 551 G6 – 1 029 h. – alt. 1 029 m – ✉ 2336 2 C3

Bern 81 – Delémont 45 – Biel 40 – La Chaux-de-Fonds 13 – Montbéliard 76

Auberge de l'Ours

3 r. du Doubs – ✆ 032 961 14 45 – hentzler@bluewin.ch – Fax 032 961 14 71 – fermé Noël, Nouvel An, 2 semaines en été, mardi midi, dimanche soir et lundi

Rest – (17 CHF) Menu 64 CHF – Carte 47/84 CHF

◆ Tout respire la campagne dans ce petit restaurant jurassien, qu'il s'agisse de la coquette salle ou de la cuisine de tradition composée en fonction des opportunités du marché.

BOSCO GURIN – Ticino (TI) – 553 P11 – 71 ab. – alt. 1 506 m – Sport invernali : 1 500/2 400 m 2 3 – ✉ 6685 9 G6

Bern 280 – Andermatt 148 – Brig 144 – Bellinzona 64 – Locarno 41

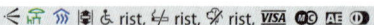

Walser

rist, rist, rist,

– ✆ 091 759 02 02 – grossalp@bluewin.ch – Fax 091 759 02 03 – chiuso 7 aprile - 4 maggio e 3 - 9 novembre

12 cam – 100/120 CHF 140/160 CHF – ½ P +24 CHF

Rist – Carta 35/76 CHF

◆ Nel comune più alto del cantone, a 1506 m.s.m., vi accoglie questo hotel con le sue 13 confortevoli camere. A fine giornata, approfittate di sauna e fitness. Il grande ristorante dell'albergo propone, accanto alla cucina regionale, anche pizze.

BOSCO LUGANESE – Ticino (TI) – **553** R13 – **338 ab. – alt. 443 m** – ✉ **6935** 10 **H6**

Bern 244 – Lugano 9 – Bellinzona 31 – Locarno 43

Villa Margherita Lago e monti, rist, – ✆ *091 611 51 11* rist, VISA AE
– margherita.ch@bluewin.ch – Fax 091 611 51 10 – chiuso 15 ottobre - 25 aprile
30 cam – 154/250 CHF 336/500 CHF – ½ P +68 CHF – **Rist** – Menu 84/98 CHF (cena) – Carta 66/130 CHF
◆ Signorile dimora immersa nella cornice di un lussureggiante parco. Camere, eleganti e discrete, per una vacanza all'insegna del relax. Allo stile classico della sala da pranzo preferite, d'estate, il parco illuminato all'esterno.

BOTTMINGEN – Basel-Landschaft – **551** K4 – siehe Basel

BOUDEVILLIERS – Neuchâtel (NE) – **552** G6 – **718 h. – alt. 756 m** – ✉ **2043** 2 **C4**

Bern 58 – Neuchâtel 8 – Biel 40 – La Chaux-de-Fonds 15

La Croisée VISA AE
à Malvilliers, Nord : 2 km – ✆ 032 858 17 17 – croisee@vtx.ch – Fax 032 858 17 00
26 ch – 74 CHF 95 CHF, 18 CHF – ½ P +20 CHF – **Rest** – *(fermé lundi soir)* (16 CHF) – Carte 35/83 CHF
◆ Sur la route menant à la "Vue des Alpes", bâtisse moderne alliant bois naturel, béton et baies vitrées. Chambres à prix assez sages. Équipements modernes. Vaste restaurant traditionnel ménageant une perspective sur le Val de Ruz, au même titre que la terrasse.

BOURGUILLON – Fribourg – **552** H8 – voir à Fribourg

BOUVERET – Valais (VS) – **552** F10 – **alt. 374 m** – ✉ **1897** 7 **C6**

Bern 107 – Sion 67 – Lausanne 48 – Thonon-les-Bains 32 – Yverdon-les-Bains 80

Le Phare A/C VISA AE
44 rte Cantonale – ✆ 024 481 58 23 – lephare@bluewin.ch – Fax 024 481 58 24 – fermé 20 janvier - 8 mars, 29 septembre - 8 octobre, mardi sauf juillet - août et lundi
Rest – (20 CHF) Menu 38 CHF (déj.)/64 CHF – Carte 52/88 CHF
◆ À une encablure du port, préparations traditionnelles faites par le patron, proposées dans une véranda au cadre actuel sobre ou en plein air, dès les premiers beaux jours.

Le BRASSUS – Vaud – **552** B9 – voir à Joux (Vallée de)

BRAUNWALD – Glarus (GL) – **551** S8 – **408 Ew – Höhe 1 280 m – Wintersport : 1 256/1 904 m** 5 2 – ✉ **8784** 5 **H4**

Bern 203 – Chur 90 – Altdorf 51 – Glarus 20 – Vaduz 82 – Zürich 90
Autos nicht zugelassen
Braunwald - Klausenpass Tourismus, Dorf, ✆ 055 653 65 65, info@braunwald.ch, Fax 055 653 65 66
Lokale Veranstaltungen : 05.07 - 11.07 : Musikwoche, Humor in der Musik

mit Standseilbahn ab Linthal erreichbar

Märchenhotel Bellevue Berge, VISA
– ✆ 055 653 71 71 – info@maerchenhotel.ch
– Fax 055 643 10 00 – geschl. 29. März - 15. Juni und Ende Oktober - Mitte Dezember
54 Zim (nur ½ P.) – 140/250 CHF 280/500 CHF – **Rest** – *(Abendessen nur für Hausgäste)* (16 CHF) Menü 27 CHF (mittags)/59 CHF – Karte 36/92 CHF
◆ Ein familienfreundliches Hotel mit zeitgemässen Zimmern und ganztägiger Kinderbetreuung - jeden Abend erzählt der Chef ein Märchen. Sehr originell ist der Aquariumlift.

BREIL (BRIGELS) – **Graubünden (GR)** – **553** S9 – **1 187 Ew** – **Höhe 1 289 m** – **Wintersport: 1 257/2 418 m** 7 – ✉ **7165** 10 **H4**

Bern 199 – Andermatt 52 – Chur 50 – Bellinzona 105

Center Turistic, ✆ 081 941 13 31, info@brigels.ch, Fax 081 941 24 44

Brigels, ✆ 081 920 12 12

La Val

– ✆ 081 929 26 26 – hotel@laval.ch – Fax 081 929 26 27 – geschl. 28. Oktober - 14. Dezember und 6. April - Mitte Mai

29 Zim – 155/161 CHF 190/247 CHF – ½ P +32 CHF – **Rest** – Menü 49 CHF – Karte 56/94 CHF

◆ Die beiden unterirdisch miteinander verbundenen, ruhig gelegenen Häuser bieten den Gästen im Annexe grosse Zimmer mit Sitzecke, Balkon und kleiner Kochzeile. Gaststube und Speisesaal bilden das Restaurant.

Alpina

– ✆ 081 941 14 13 – info@alpina-brigels.ch – Fax 081 941 31 44 – geschl. April und November

10 Zim – 56/75 CHF 100/150 CHF – ½ P +25 CHF – **Rest** – (15 CHF) Menü 32 CHF (abends) – Karte 30/68 CHF

◆ Das mit Holz verkleidete ältere Haus steht im Ortskern am Kirchplatz. Auch viele Familien schätzen die gepflegten Gästezimmer. An die Gaststube schliesst sich das holzgetäferte Restaurant an.

Casa Fausta Capaul mit Zim

cadruvi 32 – ✆ 081 941 13 58 – info@faustacapaul.ch – Fax 081 941 16 36 – geschl. 6. April - 3. Mai und 2. November - 12. Dezember

5 Zim – 62/68 CHF 124/136 CHF – **Rest** – *(geschl. Dienstag - Mittwoch ausser von Dezember - März)* Menü 68 CHF (mittags)/138 CHF – Karte 67/121 CHF

◆ Die alten Stuben des a. d. 18. Jh. stammenden Engadiner Hauses gefallen mit hübschem rustikalem Ambiente. Die Gästezimmer sind einfach, aber mit viel Holz gemütlich gestaltet.

BREMGARTEN – **Aargau (AG)** – **551** O5 – **5 338 Ew** – **Höhe 386 m** – ✉ **5620** 4 **F3**

Bern 108 – Aarau 30 – Baden 27 – Luzern 46 – Zürich 25

Sonne

Rest, Rest,

Marktgasse 1 – ✆ 056 648 80 40 – hotel@sonne-bremgarten.ch – Fax 056 648 80 41 – geschl. 24. Dezember - 6. Januar

15 Zim – 140 CHF 185 CHF

Rest *Sonnenstube* – *(geschl. Sonntagabend)* Menü 40 CHF (mittags)/86 CHF – Karte 47/99 CHF

Rest *Bogenstube* – *(geschl. Sonntagabend)* (19,50 CHF) Menü 40 CHF (mittags) – Karte 44/90 CHF

◆ Das Altstadthaus liegt ruhig in der Fussgängerzone und bietet mit solidem Nussbaummobiliar im Stil der 80er Jahre ausgestattete Gästezimmer. Klassische Küche wird in der Sonnenstube serviert. Einfachere Gaststube mit traditionellem Angebot.

Les BRENETS – **Neuchâtel (NE)** – **552** F6 – **1 164 h.** – **alt. 876 m** – ✉ **2416** 1 **B4**

Bern 85 – Neuchâtel 34 – Besançon 79 – La Chaux-de-Fonds 16 – Yverdon-les-Bains 60

Les Rives du Doubs

rest,

26 Pré du Lac – ✆ 032 933 99 99 – rives-du-doubs@bluewin.ch – Fax 032 933 99 98 – fermé novembre - avril

19 ch – 128 CHF 172 CHF – ½ P +35 CHF – **Rest** – Menu 35/55 CHF – Carte 40/78 CHF

◆ Au bord du Doubs, bâtisse moderne abritant des chambres rénovées dans l'esprit contemporain et parfois dotées d'un balcon tourné vers l'eau. Ponton d'amarrage. Carte traditionnelle à dominante poissonneuse présentée dans un cadre actuel. Terrasse panoramique.

BRENT – **Vaud** – **552** F10 – **voir à Montreux**

BRIENZ – Bern (BE) – 551 M8 – 2 956 Ew – Höhe 566 m – ✉ 3855 — 8 F4

Bern 77 – Interlaken 22 – Luzern 52 – Meiringen 15

Haslital. Berner Oberland Hauptstr. 148, ☎ 033 952 80 80, info@haslital.ch, Fax 033 952 80 88

Brienzer Rothorn★★★ – Giessbachfälle★★ – Ballenberg★★, Schweizerisches Freilichtmuseum – Brienzer See★, Nordufer★ – Oltschibachfall★

Lokale Veranstaltungen : 02.07 - 07.07 : Internationales Holzbildhauer Symposium

Lindenhof – ≤ Berge und See, P VISA MC AE
Lindenhofweg 15 – ☎ 033 952 20 30 – info@hotel-lindenhof.ch – Fax 033 952 20 40 – geschl. 2. Januar - 8. März und Montag - Dienstag in März - April und November - Dezember
40 Zim – †130/190 CHF ††170/260 CHF – ½ P +45 CHF – **Rest** – Menü 38 CHF (mittags)/65 CHF – Karte 45/81 CHF
◆ Die Zimmer des ruhig oberhalb des Ortes gelegenen Hotels verteilen sich auf fünf Gebäude. Individuelle Themenzimmer, teils mit schönem Ausblick und/oder Terrasse zum See. Zum Speisen stehen zur Wahl: das Alpstübli, der Wintergarten oder die Terrasse.

Brienzerburli-Löwen – ≤ Rest, P VISA MC AE
Hauptstr. 11 – ☎ 033 951 12 41 – hotel@brienzerburli.ch – Fax 033 951 38 41 – geschl. 26. November - 26. Dezember
31 Zim – †85/120 CHF ††120/220 CHF – 3 Suiten – ½ P +30 CHF – **Rest** – (18 CHF) – Karte 40/77 CHF
◆ Am Ortseingang liegt das aus zwei Häusern bestehende Hotel mit Zugang zur Promenade. Die Zimmer sind rustikal eingerichtet - im Löwen direkt am See stehen Appartements bereit. Eine schöne Seeterrasse ergänzt das Restaurant.

in Hofstetten Ost : 2 km Richtung Ballenberg – Höhe 642 m – ✉ 3858 Hofstetten bei Brienz

Alpenrose – ≤ Zim, Rest, P VISA MC AE

Dorfstrasse – ☎ 033 951 14 10 – info@landgasthof-alpenrose.ch – Fax 033 951 44 81 – geschl. Januar
12 Zim – †95/105 CHF ††150/180 CHF – ½ P +28 CHF – **Rest** – *(geschl Montag)* (24 CHF) Menü 48 CHF – Karte 40/78 CHF
◆ Dieses gastfreundliche Haus liegt zwar an der Strasse, aber dennoch ruhig. Die Zimmer sind zeitgemäss und funktionell mit rustikalem Mobiliar ausgestattet. Teils gediegen, teils neo-rustikal ist das Restaurant mit traditionellem Angebot.

in Giessbach Süd-West : 6 km – Höhe 573 m – ✉ 3855 Brienz

Grandhotel Giessbach – ≤ See und Giessbachfälle, Rest, P VISA MC AE
– ☎ 033 952 25 25 – grandhotel@giessbach.ch – Fax 033 952 25 30 – geschl. 20. Oktober - 19. April
71 Zim – †150/190 CHF ††220/410 CHF – ½ P +70 CHF
Rest *Chez Florent* – Menü 48 CHF (mittags)/145 CHF – Karte 76/138 CHF
Rest *Parkrestaurant* – (24 CHF) Menü 34 CHF (mittags)/78 CHF – Karte 58/106 CHF
◆ Herrlich liegt das nostalgisch im Stil der Jahrhundertwende eingerichtete Haus an den Giessbachfällen. Besonders hübsch: die Zimmer nach vorne, etwas dunkler die Waldzimmer. Elegant gibt sich das Chez Florent, mit schöner Terrasse.

Luxuriös oder eher schlicht?
Die Symbole ✕ und 🏠 kennzeichnen den Komfort.

BRIG – Wallis (VS) – 552 M11 – 11 590 Ew – Höhe 678 m – ✉ 3900 — 8 F6

Bern 94 – Andermatt 80 – Domodossola 66 – Interlaken 116 – Sion 53

Brig Belalp Tourismus, Bahnhofplatz 1, ☎ 027 921 60 30, info@brig-belalp.ch, Fax 027 921 60 31 Y

Stockalperschloss : Hof★ Z

Simplonpass★★ über ② : 23 km

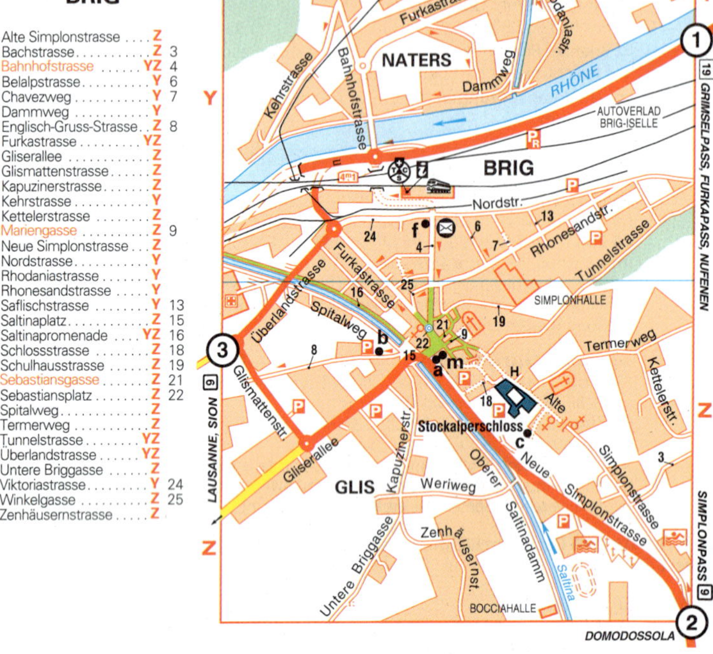

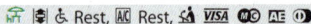

Stadthotel Simplon Rest, Rest, VISA

Sebastiansplatz 6 – 027 922 26 00 – simplon@wallis.ch – Fax 027 922 26 05 – geschl. 3. November - 8. Dezember Z m

32 Zim – 125/145 CHF 160/220 CHF – ½ P +30 CHF

Rest *Rest. de Ville* – (20 CHF) Menü 25 CHF (mittags)/98 CHF – Karte 50/90 CHF

◆ Dieses familienbetriebene Hotel liegt günstig mitten in der Innenstadt und bietet seinen Gästen in neuzeitlichem Stil mit anthrazitfarbenen Möbeln eingerichtete Unterkünfte. Im eleganten Ambiente des Rest. de Ville serviert man Ihnen eine zeitgemässe Küche.

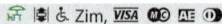

Du Pont Zim, VISA

Neue Simplonstr. 1 – 027 923 15 02 – dupont.brig@datacomm.ch – Fax 027 923 95 72 – geschl. 24. Dezember - 18. Januar Z a

17 Zim – 105/125 CHF 160/220 CHF – ½ P +30 CHF – **Rest** – (25 CHF) Menü 53 CHF – Karte 37/80 CHF

◆ Das Hotelgebäude liegt beim Marktplatz. Die Gästezimmer mit ihrem massiven Nussbaummobiliar und der funktionellen Ausstattung unterscheiden sich lediglich in der Grösse. Getäferte Wände machen das Restaurant gemütlich.

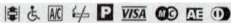

Good Night Inn garni VISA

Englischgruss-Str. 6 – 027 921 21 00 – gni@brig-wallis.ch – Fax 027 921 21 99

170 Zim – 84 CHF 109 CHF – ½ P +17 CHF Z b

◆ Das moderne Hotel ist in einem Einkaufzentrum situiert. Die Zimmer von durchschnittlichem Platzangebot sind zeitgemäss mit hellem Buchenholzmobiliar ausgestattet.

Schlosshotel Art Furrer garni VISA

(am Schlosspark) – 027 922 95 95 – info@schlosshotel.ch – Fax 027 922 95 96 – geschl. 15. November - 15. Dezember Z c

27 Zim – 75/98 CHF 110/160 CHF – ½ P +25 CHF

◆ Für dieses Hotel spricht u. a. seine Lage beim Stockalperpalast neben dem schönen Schlosspark. Der Gast schläft in Zimmern, die in solidem Nussbaumholz möbliert sind.

Victoria Zim,
Bahnhofstr. 2 – ✆ 027 923 15 03 – hotel_victoria@swissonline.ch – Fax 027 924 21 69 – geschl. 26. März - 9. April und 10. November - 18. Dezember Y f
37 Zim – 110/130 CHF 160/230 CHF – ½ P +30 CHF – **Rest** – (17 CHF) Menü 45 CHF – Karte 33/73 CHF
♦ Die Zimmer dieses verkehrsgünstig gegenüber dem Bahnhof gelegenen Hauses sind mit dunklem Holzmobiliar funktionell eingerichtet. Durch eine einfache Stube mit Terrasse gelangen Sie in das ansprechend gestaltete Restaurant, das über einen Wintergarten verfügt.

in Naters Nord : 1 km - Y – Höhe 673 m – ✉ 3904 Naters

Alex Zim, Rest, Zim, Rest,
Furkastr. 88 – ✆ 027 922 44 88 – info@hotelalex.ch – Fax 027 924 25 44
40 Zim – 94/145 CHF 160/240 CHF – ½ P +30 CHF – **Rest** – *(nur Abendessen)* Menü 30 CHF – Karte ca. 56 CHF
♦ Das Hochhaus-Hotel bietet seinen Gästen modern ausgestattete Zimmer mit gutem Platzangebot und verfügt über ein Putting Green auf 1500 qm. Das Restaurant befindet sich in der 7. Etage.

BRIGELS – Graubünden – 553 S9 – siehe Breil

BRIGNON – Valais – 552 I12 – voir à Veysonnaz

BRISSAGO – Ticino (TI) – 553 Q12 – 1 833 ab. – alt. 210 m – ✉ 6614 9 G6

Bern 247 – Locarno 10 – Bellinzona 30 – Domodossola 53 – Lugano 53 – Verbania 28

Ente Turistico Lago Maggiore, via R. Leoncavallo 25, ✆ 091 791 00 91, buongiorno@maggiore.ch, Fax 091 785 19 41

Villa Caesar rist,
via Gabbietta 3 – ✆ 091 793 27 66 – brissago@privilegehotels.ch – Fax 091 793 31 04 – chiuso 24 novembre - 27 febbraio
24 cam – 96/296 CHF 138/348 CHF, 15 CHF – 8 suites – **Rist** – *(chiuso mercoledì ed a mezzogiorno) (solo menu)* Menu 35/55 CHF
♦ Immaginate una residenza di villeggiatura di epoca romana, trasportatela sulle rive del Verbano ed ecco a voi l'hotel. Il confort è al passo coi tempi, le camere spaziose. Ristorante con terrazza e vista verso la bella piscina.

Mirto al Lago rist,
viale Lungolago 2 – ✆ 091 793 13 28 – info@hotel-mirto.ch – Fax 091 793 13 33 – chiuso fine ottobre - 1° aprile
25 cam – 150 CHF 190/280 CHF – ½ P +32 CHF – **Rist** – (30 CHF) Menu 40/54 CHF – Carta 43/85 CHF
♦ Ubicato direttamente sulla passeggiata, di fronte al lago. Le camere si differenziano tra loro per ampiezza ed arredamento: moderno e dai colori diversi. Ristorante semplice, proposte culinarie tradizionali e pizza.

Rivabella senza rist
via R. Leoncavallo 43 – ✆ 091 793 11 37 – info@rivabellaaulac.ch – Fax 091 793 25 37 – chiuso 31 ottobre - 13 marzo
18 cam – 75/105 CHF 140/170 CHF
♦ Sito in riva al lago, oltre alla bella terrazza-giardino offre una spiaggetta privata. Camere d'aspetto semplice ed abbastanza confortevoli, ritinteggiate di recente.

Osteria al Giardinetto
Muro degli Ottevi 10 – ✆ 091 793 31 21 – osteria@al-giardinetto.ch – Fax 091 780 90 05 – chiuso mercoledì
Rist – *(chiuso a mezzogiorno)* Menu 69 CHF – Carta 57/84 CHF
♦ Antico edificio nel centro del paese con un'intima sala con camino o servizio estivo sotto il grazioso patio. Menù mediterraneo, secondo le stagioni. Apertura solo serale.

a Piodina Sud-Ovest : 3 km – alt. 360 m – ✉ 6614 Brissago

Osteria Borei lago e monti,
via Ghiridone 77, Ovest : 3 km, alt. 850 – ✆ 091 793 01 95 – chiuso 16 dicembre - 13 marzo, lunedì - mercoledì in bassa stagione e giovedì
Rist – *(prenotare)* Carta 38/74 CHF
◆ Grotto di ambiente familiare, da cui godrete della vista di tutto il lago in un solo colpo d'occhio! Offerta semplice, tipica e cucina rigorosamente casalinga.

BRONSCHHOFEN – Sankt Gallen – 551 S4 – siehe Wil

BRUNEGG – Aargau (AG) – 551 N4 – 466 Ew – Höhe 434 m – ✉ 5505 4 F2

Bern 93 – Aarau 18 – Luzern 61 – Olten 38

Zu den drei Sternen Rest,
Hauptstr. 3 – ✆ 062 887 27 27 – info@hotel3sternen.ch – Fax 062 887 27 28
24 Zim – 140 CHF 210 CHF
Rest *Gourmet* – *(geschl. 17. - 30. März)* Menü 44 CHF (mittags)/98 CHF – Karte 56/117 CHF
Rest *Schlosskeller* – *(geschl. 17. - 30. März)* Karte ca. 42 CHF
Rest *Gaststube* – *(geschl. 17. - 30. März)* (18 CHF) – Karte 42/61 CHF
◆ Der schön renovierte Gasthof aus dem 16. Jh. beherbergt in ländlich-rustikalem Stil geschmackvoll eingerichtete Zimmer. Suite mit Kamin. Angenehmes Ambiente im Gourmet. Der Schlosskeller bietet u. a. Fonduespezialitäten. Traditionelle Küche in der Gaststube.

BRUNNEN – Schwyz (SZ) – 551 Q7 – Höhe 439 m – ✉ 6440 4 G4

Bern 152 – Luzern 48 – Altdorf 13 – Schwyz 6
Brunnen Tourismus, Bahnhofstr. 15, ✆ 041 825 00 40, info@brunnentourismus.ch, Fax 041 825 00 49
Lage★★ – Die Seeufer★★

Seehotel Waldstätterhof Vierwaldstättersee,
Waldstätterquai 6 – Rest,
✆ 041 825 06 06 – info@waldstaetterhof.ch – Fax 041 825 06 00
102 Zim – 160/260 CHF 270/430 CHF – ½ P +50 CHF
Rest *Rôtisserie* – Menü 55 CHF (mittags)/76 CHF – Karte 52/111 CHF
Rest *Sust-Stube* – Karte 44/75 CHF
◆ In schöner Lage wurde dieses Hotel Ende des 19. Jahrhunderts am See erbaut. Einige Zimmer sind mit grauem, funktionellem, der Grossteil aber mit hellem Mobiliar ausgestattet. Die Rôtisserie ist das gehobene Restaurant an der Seeseite des Hauses.

Schmid und Alfa
Axenstr. 5 – ✆ 041 820 18 82 – mail@schmidalfa.ch – Fax 041 820 11 31 – geschl. 17. November - 1. März
27 Zim – 65/140 CHF 120/200 CHF – ½ P +30 CHF – **Rest** – *(geschl. 21. Oktober - 1. März und Dienstag - Mittwoch von 1. - 20. März)* Menü 26 CHF – Karte 34/63 CHF
◆ Die zwei Gebäude liegen im Zentrum des Ortes. Die Zimmer im Hotel Schmid sind mit einfachem weissem Mobiliar ausgestattet, die des Alfa moderner, ebenfalls in Weiss. Das schlichte, bürgerliche Restaurant befindet sich im Haus Alfa.

BRUSINO ARSIZIO – Ticino (TI) – 553 R14 – 454 ab. – alt. 276 m – ✉ 6827 10 H7

Bern 263 – Lugano 21 – Bellinzona 49 – Milano 99

Chalet San Giorgio con cam Lago e dintorni,
via Cantonale – ✆ 091 996 21 55
– Fax 091 996 21 55 – chiuso 20 dicembre - 28 febbraio e lunedì salvo la sera in estate
3 cam – 90 CHF 150 CHF – ½ P +30 CHF – **Rist** – Menu 98 CHF (cena) – Carta 48/84 CHF
◆ Due sale da pranzo accoglienti e curate nonché una bella terrazza in riva al lago con vista panoramica. Cucina italiana con proposte classiche e pizza.

BUBENDORF – Basel-Landschaft (BL) – 551 L4 – 4 262 Ew – Höhe 360 m – ✉ 4416 3 E2

Bern 84 – Basel 25 – Aarau 55 – Liestal 5 – Olten 40

Bad Bubendorf

Rest, Zim, VISA MC AE

Kantonsstr. 3 – ✆ 061 935 55 55 – info@badbubendorf.ch – Fax 061 935 55 66

56 Zim – 135/180 CHF 190/240 CHF

Rest *Wintergarten* – Menü 45 CHF (mittags) – Karte 52/95 CHF

Rest *Zum Bott* – (18 CHF) – Karte 40/87 CHF

♦ 1641 wurde die Heilquelle zum ersten Mal amtlich erwähnt und hundert Jahre später das erste Badhaus errichtet. Heute schläft man hier in modernen, wohnlichen Zimmern. Das Restaurant: grosser Wintergarten im Stil der Belle Epoque. Zum Bott: mit Kreuzgewölbe.

Murenberg

VISA MC AE

Krummackerstr. 4 – ✆ 061 931 14 54 – murenberg@bluewin.ch – Fax 061 931 18 46 – geschl. 11. - 28. Februar, 29. September - 17. Oktober, Mittwoch und Donnerstag

Rest – (30 CHF) Menü 90 CHF – Karte 61/130 CHF

♦ Das Haus liegt leicht erhöht und zurückversetzt am Dorfeingang. In einem hellen, freundlichen Speisesaal isst man besonders gut die Spezialität des Hauses: Fischgerichte.

BUBIKON – Zürich (ZH) – 551 R5 – 5 424 Ew – Höhe 509 m – ✉ 8608 4 G3

Bern 159 – Zürich 31 – Rapperswil 7 – Uster 17 – Winterthur 42

Löwen - Apriori mit Zim

Zim, VISA MC AE

Wolfhauserstr. 2 – ✆ 055 243 17 16 – info@loewenbubikon.ch – Fax 055 243 37 16 – geschl. 10. - 25. Februar, 12. Juli - 4. August, Sonntag und Montag

9 Zim – 95/120 CHF 180 CHF

Rest – *(nur Menü)* Menü 86 CHF

Rest *Gaststube* – (23 CHF) – Karte 49/103 CHF

♦ Hell und grosszügig wirkt das Restaurant Apriori mit schön gedeckten Tischen und einem modernen Speisenangebot. In der getäferten Gaststube bietet man zeitgemässe Küche. Neuzeitliche und komfortable Zimmer.

BUCHS – Sankt Gallen (SG) – 551 V6 – 10 399 Ew – Höhe 451 m – ✉ 9470 5 I3

Bern 237 – Sankt Gallen 63 – Bregenz 50 – Chur 46 – Vaduz 7

Tourist Info Werdenberg, Bahnhofplatz 2, ✆ 081 740 05 40, touristinfo@werdenberg.ch, Fax 081 740 07 28

Buchserhof

Zim, Zim, VISA MC AE

Grünaustr. 2 – ✆ 081 755 70 70 – info@buchserhof.ch – Fax 081 755 70 71 – geschl. Weihnachten

55 Zim – 98/112 CHF 158/168 CHF – 4 Suiten – ½ P +25 CHF – **Rest** – (17 CHF) Menü 35 CHF – Karte 36/68 CHF

♦ Unweit des Bahnhofs gelegenes Hotel, in dem zeitgemäss und funktionell ausgestattete Zimmer und grosse Appartements zur Verfügung stehen. Restaurant mit traditioneller Küche.

City garni

VISA MC AE

Bahnhofstr. 43 – ✆ 081 750 57 10 – info@hotelgarnicitybuchs.ch – Fax 081 750 57 30

25 Zim – 95/110 CHF 134/159 CHF, 15 CHF

♦ Das Hotel befindet sich in einem Einkaufszentrum. Die Zimmer sind mit hellem, funktionellem Mobiliar modern eingerichtet. Gutes Preis-Leistungs-Verhältnis.

Schneggen

VISA MC AE

Fallengässli 6 – ✆ 081 756 11 22 – rest.schneggen@bluewin.ch – Fax 081 756 32 96 – geschl. 4. - 13. Februar, 29. September - 19. Oktober, Samstag, Sonn- und Feiertage jeweils abends und Mittwoch

Rest – (35 CHF) Menü 55 CHF (mittags)/125 CHF – Karte 48/112 CHF

♦ Mitten im Wald liegt das rustikale Lokal auf der Anhöhe oberhalb von Buchs und bietet von der Terrasse Ausblick auf das Rheintal. Grilladen, gute Weinauswahl.

Gecco

Schenkenalpweg – 081 756 18 74 – Fax 081 756 19 55 – geschl. Sonntag und Montag
Rest – (35 CHF) – Karte 64/106 CHF
♦ Schöne, kräftige Rot- und Grüntöne sowie elegante Rattanstühle unterstreichen das angenehm-moderne Ambiente des Restaurants. Zeitgemässe Küche. Ruhige Terrasse im Grünen.

BUCHS – Zürich (ZH) – 551 P4 – 4 182 Ew – Höhe 424 m – ✉ 8107 — 4 F2

Bern 115 – Zürich 21 – Baden 13 – Schaffhausen 39 – Winterthur 34

Weinberg

Weinbergstr. 21 – 044 844 06 60 – weinberg@info.ch
Rest – *(geschl. April - Mai 3 Wochen, Samstagmittag, Sonn- und Feiertage)* Menü 38 CHF (mittags)/95 CHF – Karte 45/117 CHF
♦ Das traditionelle kleine Restaurant liegt etwas versteckt oberhalb der Kirche. In der gemütlichen Stube werden bürgerliche Speisen serviert.

BÜLACH – Zürich (ZH) – 551 P4 – 13 999 Ew – Höhe 428 m – ✉ 8180 — 4 G2

Bern 139 – Zürich 21 – Baden 39 – Schaffhausen 28 – Winterthur 19

Zum Goldenen Kopf

Zim,

Marktgasse 9 – 044 872 46 46 – mail@zum-goldenen-kopf.ch – Fax 044 872 46 00
34 Zim – 125/195 CHF 170/250 CHF, 15 CHF – **Rest** – *(geschl. Weihnachten)* (20 CHF) Menü 55 CHF (mittags)/115 CHF – Karte 41/102 CHF
♦ Der sehr schöne, renovierte Riegelbau mit Erker und Türmchen birgt in seinem modernisierten Inneren Zimmer mit hellen Schleiflackmöbeln oder funktionellem Mobiliar. Eine interessante Karte reicht man Ihnen im heimeligen Restaurant und im Stübli.

BÜRCHEN – Wallis (VS) – 552 L11 – 672 Ew – Höhe 1 340 m – ✉ 3935 — 8 E6

Bern 95 – Brig 18 – Sierre 30 – Sion 46 – Zermatt 38

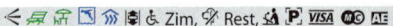

Bürchnerhof

Zim, Rest,

in Zenhäusern, Ronalpstr. 86 – 027 934 24 34 – info@buerchnerhof.ch – Fax 027 934 34 17 – geschl. Ende Oktober - 21. Dezember und 30. März - 1. Juni
20 Zim – 122/152 CHF 194/204 CHF – ½ P +38 CHF – **Rest** – *(geschl. Montag und Dienstagmittag)* Menü 58/98 CHF – Karte 48/87 CHF
♦ Das Haus liegt ruhig oberhalb des Ortes und bietet einen schönen Ausblick auf das Tal. Teils in rustikalem, hellem Naturholz, teils in alter, dunkler Eiche möblierte Zimmer. Das Restaurant ist gemütlich und mit viel Liebe zum Detail eingerichtet.

BÜREN AN DER AARE – Bern (BE) – 551 I6 – 3 077 Ew – Höhe 443 m – ✉ 3294 — 2 D3

Bern 31 – Biel 14 – Burgdorf 44 – Neuchâtel 46 – Solothurn 19

Zum Baselstab

Aareweg 1, (an der historischen Holzbrücke) – 032 351 12 36 – info@baselstabbueren.ch – Fax 032 351 58 83 – geschl. 1. - 15. Februar, 25. September - 15. Oktober, Donnerstag und Freitag
Rest – (17 CHF) Menü 65 CHF – Karte 36/85 CHF
♦ Das Haus liegt an der Aare, direkt neben der alten Holzbrücke - Terrasse und Wintergarten bieten eine schöne Sicht. Rustikal: Gaststube und Restaurant. Traditionelle Küche.

BÜREN ZUM HOF – Bern (BE) – 551 J6 – 431 Ew – Höhe 506 m – ✉ 3313 — 2 D3

Bern 24 – Biel 40 – Burgdorf 12 – Solothurn 16

Rössli

Dorfstr. 14 – 031 767 82 96 – herzog@vino-thek.ch – Fax 031 767 96 65 – geschl. 21. Juli - 1. August, 24. September - 18. Oktober, Mittwoch und Donnerstag
Rest – (18 CHF) – Karte 44/101 CHF
♦ Das typische Berner Dorfgasthaus mit Fachwerk beherbergt eine einfache Gaststube sowie ein ländlich gestaltetes Restaurant. Die Küche bietet Traditionelles.

BÜRGENSTOCK – Nidwalden (NW) – 551 O7 – Höhe 874 m – ✉ 6363 4 F4

Bern 128 – Luzern 17 – Beckenried 11 – Stans 10

041 612 00 10

Waldhotel Bergpanorama,

– 041 611 03 83 – waldhotel-reception@buergenstock-hotels.ch – Fax 041 610 64 66

55 Zim – 80/260 CHF 170/350 CHF, 24 CHF – ½ P +45 CHF – **Rest** – (34 CHF) Menü 45 CHF (mittags)/65 CHF – Karte 38/114 CHF

◆ Das moderne Hotel liegt sehr ruhig inmitten der Natur und bietet einen exzellenten Panoramablick. Die Zimmer sind teils wohnlich-nobel, teils modern, manche auch einfacher. Frische, kräftige Farben verschönern das grosse Restaurant.

BÜSINGEN – Baden-Württemberg – 551 Q3 – 1 470 Ew – Höhe 421 m – Deutsche Exklave im Schweizer Hoheitsgebiet – ✉ 78266 4 G1

Berlin 802 – Stuttgart 169 – Freiburg im Breisgau 96 – Zürich 58 – Winterthur 35

Alte Rheinmühle

Junkerstr. 93 – (0049) 7734 93 19 90 – hotel@alte-rheinmuehle.ch – Fax (0049) 7734 93 19 940

16 Zim – 130 CHF 160 CHF – **Rest** – *(geschl. 20. Januar - 18. Februar)* Karte 53/84 CHF

◆ Reizvoll liegt die 1674 erbaute ehemalige Mühle am Rhein. In dem kleinen Hotel finden sich einge schöne Antiquitäten und freigelegtes altes Fachwerk. Gemütlich-rusikales Restaurant mit Blick aufs Wasser und angenehmer Terrasse.

BULLE – Fribourg (FR) – 552 G9 – 11 149 h. – alt. 771 m – ✉ 1630 7 C5

Bern 60 – Fribourg 30 – Gstaad 42 – Montreux 35 – Yverdon-les-Bains 66

Office du Tourisme de Bulle et Environs, 26 place des Alpes, 0848 424 424, info@la-gruyere.ch, Fax 026 919 85 01

Gruyère Pont-la-Ville, Nord-Est : 15 km par route de Fribourg - Echarlens, 026 414 94 60

Musée Gruérien★★

Manifestations locales :

29.04 - 03.05 : Francomanias, concerts chansons françaises

29.10 - 02.11 : Salon des Goûts et Terroirs de Suisse Romande

Du Cheval Blanc rest,

16 r. de Gruyères – 026 919 64 44 – cheval.blanc@bluewin.ch – Fax 026 919 64 43 – fermé 23 décembre - 14 janvier

19 ch – 110/155 CHF 170/205 CHF – ½ P +20 CHF – **Rest** – *(fermé dimanche sauf manifestations)* (16 CHF) Menu 35 CHF – Carte 33/77 CHF

◆ En centre-ville, bâtisse d'aspect traditionnel dotée de chambres sobres et nettes. Une partie du café tient lieu d'espace breakfast (buffet). Carte variée et menus souvent recomposés présentés dans une salle lambrissée ornée de vieilles photos de la maison.

Alpesgruyère sans rest

3 r. Nicolas-Glasson – 026 919 47 47 – hotel@alpesgruyere.ch – Fax 026 919 47 49

33 ch – 110/140 CHF 140/220 CHF, 12 CHF

◆ Hôtel de notre temps installé dans un immeuble-bloc à trois étages voisinant avec la gare. Petites chambres claires et fraîches au confort fonctionnel ; trois junior suites.

L'Ecu

5 r. Saint-Denis – 026 912 93 18 – Fax 026 912 93 06 – fermé 17 - 25 mars, 30 juin - 16 juillet, lundi et mardi

Rest – (18 CHF) Menu 27 CHF (déj.)/108 CHF – Carte 49/118 CHF

◆ Engageante maison de ville aux volets verts où l'on fait des repas traditionnels généreux dans un décor d'auberge néo-rustique. Joli bar en bois blond près de l'entrée.

à Morlon Nord-Est : 2 km – alt. 751 m – ✉ 1638 Morlon

Le Gruyérien
2 Clos d'Amont – ☎ 026 912 71 58 – legruyerien@bluewin.ch – Fax 026 912 16 84 – fermé 6 - 25 janvier et mardi
13 ch – 95/130 CHF 150/180 CHF – ½ P +35 CHF – **Rest** – *(fermé dimanche soir de novembre à mi-mai)* (17 CHF) Menu 56/65 CHF – Carte 44/89 CHF
♦ Vous vous sentirez un peu comme à la maison dans ce chalet en harmonie avec la verte Gruyère environnante. Chambres vastes, lambrissées et dotées de balcons. Table traditionnelle faisant la part belle au gibier en saison de chasse. Terrasse avant invitante.

à La Tour-de-Trême Sud-Est : 2 km – alt. 746 m – ✉ 1635 La Tour-de-Trême

De la Tour avec ch
57 r. Ancien-Comté – ☎ 026 912 74 70 – thurler-latour@bluewin.ch – fermé 23 décembre - 8 janvier, 17 - 31 mars, 8 - 23 septembre, dimanche soir, lundi et mardi
5 ch – 100/130 CHF 130/160 CHF – **Rest** – Menu 68 CHF – Carte 68/86 CHF
♦ Nouvelle offre sous la forme d'un menu-carte attractif et nouvel intérieur aux couleurs du jour en cette maison ancienne installée sur la traversée du village, près de la tour.

Gute und preiswerte Häuser kennzeichnet das Michelin-Männchen, der „Bib": der rote „Bib Gourmand" für die Küche, der blaue „Bib Hotel" bei den Zimmern.

BUOCHS – Nidwalden (NW) – 551 O7-J6 – 4 856 Ew – Höhe 435 m – ✉ 6374 — 4 F4

Bern 130 – Luzern 19 – Altdorf 24 – Cham 41 – Engelberg 23 – Stans 5

Office Tourismus, Beckenriederstr. 7, ☎ 041 622 00 55, info@tourismus-buochs.ch, Fax 041 620 58 56

Lokale Veranstaltungen : 20.06 - 22.06 : Quaifäscht, Musik und Feuerwerk

Rigiblick am See — Vierwaldstättersee
Seeplatz 3 – ☎ 041 624 48 50 – info@rigiblickamsee.ch – Fax 041 620 68 74 – geschl. 26. Dezember - 1. Februar
18 Zim – 150/185 CHF 198/270 CHF – ½ P +57 CHF – **Rest** – *(geschl. Montag ausser Juli - August und Dienstag von Oktober bis April)* (19 CHF) Menü 43 CHF (mittags)/78 CHF – Karte 44/102 CHF
♦ In schöner, ruhiger Lage direkt am See findet man diesen klassischen Hotelbau. Die grossen Zimmer bieten zeitgemässen Komfort. Gediegen zeigt sich das Restaurant, in dem klassische Küche kredenzt wird.

Krone — Zim
Dorfplatz 2 – ☎ 041 620 08 20 – info@kronebuochs.ch – Fax 041 620 17 29
27 Zim – 80/100 CHF 145/160 CHF – ½ P +25 CHF – **Rest** – *(geschl. 18. - 27. Dezember, Dienstag ausser abends von Mai - September und Montag)* (17 CHF) – Karte 31/74 CHF
♦ Zentral liegt dieses Haus an einer Kreuzung der Hauptstrasse. Im Anbau finden Sie moderne, hell möblierte Zimmer mit gutem Platzangebot vor. Im Stammhaus rustikale Gaststube mit traditionellem Speisenangebot.

BUONAS – Zug (ZG) – 551 P6 – Höhe 417 m – ✉ 6343 — 4 F3

Bern 127 – Luzern 22 – Zug 12 – Zürich 46

Wildenmann — Zugersee
St. Germanstr. 1 – ☎ 041 790 30 60 – info@wildenmann-buonas.ch – Fax 041 790 51 41 – geschl. 12. Januar - 11. Februar, Sonntag und Montag
Rest – Menü 82 CHF – Karte 47/100 CHF
♦ Ein typisches altes Zuger Haus mit schöner Sicht beherbergt mehrere gemütliche Stuben, in denen man eine traditionelle Speisekarte reicht.

ROEDERER

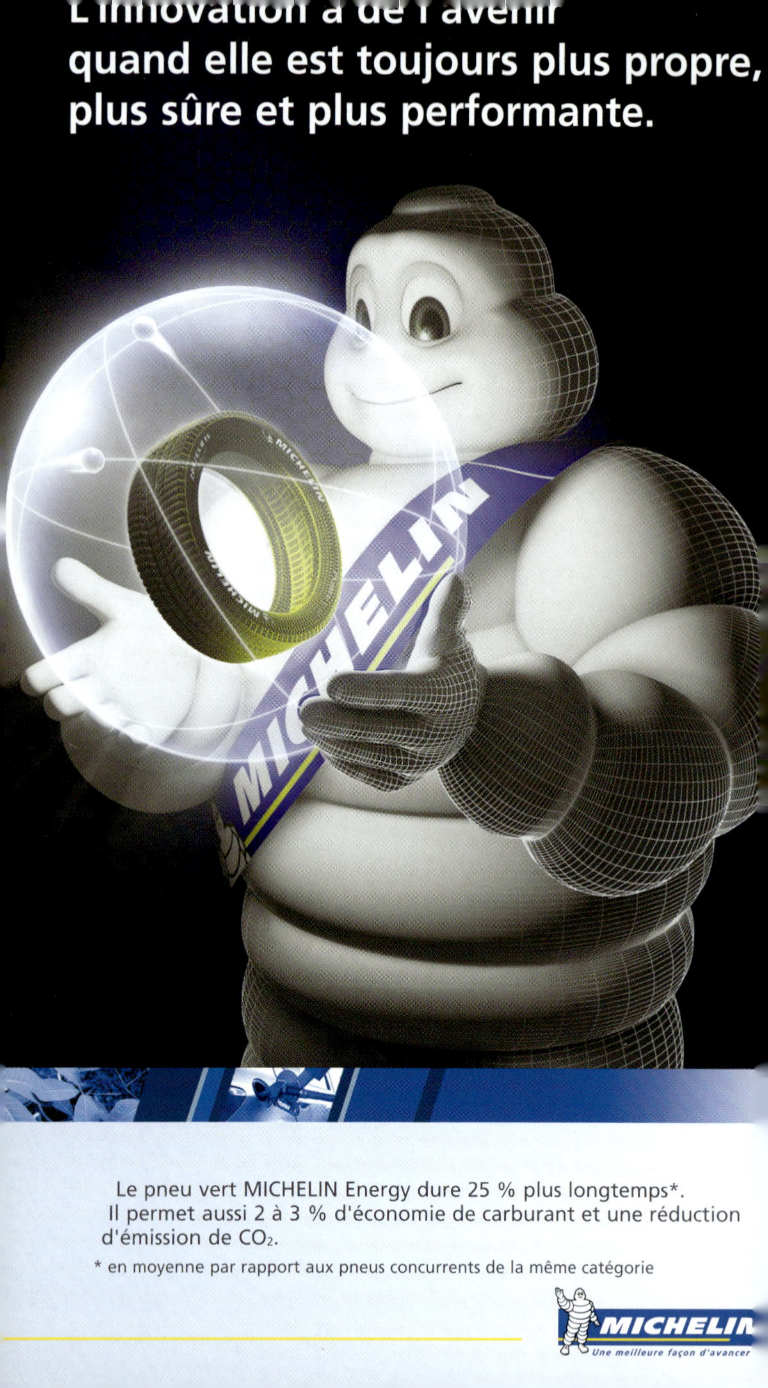
L'innovation a de l'avenir
quand elle est toujours plus propre,
plus sûre et plus performante.
MICHELIN
Le pneu vert MICHELIN Energy dure 25 % plus longtemps*.
Il permet aussi 2 à 3 % d'économie de carburant et une réduction d'émission de CO_2.
* en moyenne par rapport aux pneus concurrents de la même catégorie
Une meilleure façon d'avancer

BURG IM LEIMENTAL – Basel-Landschaft (BL) – 551 J4 – 229 Ew – Höhe 480 m – ✉ 4117 2 D2

Bern 115 – Basel 22 – Delémont 30 – Liestal 37 – Reinach 88

Bad-Burg (Roberto Gianora)
Badweg 24 – ✆ 061 731 21 31 – gasthaus@bad-burg.ch – Fax 061 731 44 46 – geschl. 1. Januar - 17. März und Montag
Rest – Menü 85/120 CHF – Karte 81/135 CHF
Spez. Eierschwämmli auf Salat (Mai - August). Südafrikanische Scampi vom Grill. Steinbutt vom Grill mit Rahmrisotto.
◆ Dieser detailverliebt eingerichtete Familienbetrieb wie aus dem Bilderbuch glänzt mit seiner ausgezeichneten klassischen Küche und einer hervorragenden Bordeaux-Auswahl.

BURGDORF – Bern (BE) – 551 K7 – 14 714 Ew – Höhe 533 m – ✉ 3400 2 D4

Bern 29 – Aarau 69 – Basel 85 – Biel 49 – Brienz 98 – Luzern 98

Tourist Office, Bahnhofstr. 44, ✆ 034 424 50 65, tourismus.burgdorf@bls.ch, Fax 034 424 50 46

Oberburg, Süd : 3,5 km Richtung Langnau, ✆ 034 424 10 30

Aussichtspunkt Lueg★ Nord-Ost : 8,5 km

Stadthaus – Zim, Zim
Kirchbühl 2 – ✆ 034 428 80 00 – info@stadthaus.ch – Fax 034 428 80 08
18 Zim – 🚹130/220 CHF 🚹🚹190/350 CHF – ½ P +55 CHF
Rest *La Pendule* – *(geschl. Sonntag)* (32 CHF) Menü 45 CHF (mittags)/120 CHF – Karte 74/130 CHF
Rest *Stadtcafé* – (19,50 CHF) Menü 45 CHF (mittags) – Karte 56/108 CHF
◆ Geschmackvoll hat man das sorgsam renovierte Stadthaus eingerichtet, stilvolle Möbel schmücken die Zimmer. Der schöne Lichthof dient als Lounge. Park-Service. Elegant gibt sich das angenehm hell gehaltene La Pendule.

Berchtold – Zim, Zim, Rest
Bahnhofstr. 90 – ✆ 034 428 84 28 – info@berchtold-group.ch – Fax 034 428 84 84
36 Zim – 🚹100/205 CHF 🚹🚹150/250 CHF – **Rest** – *(geschl. Sonntag und Feiertage)* (18 CHF) – Karte 37/77 CHF
◆ Das aus zwei miteinander verbundenen Häusern bestehende Hotel liegt unweit des Bahnhofs. Die Zimmer sind recht geräumig und in modernem Stil eingerichtet.

Emmenhof (Werner Schürch)
Kirchbergstr. 70 – ✆ 034 422 22 75 – emmenhofburgdorf@bluewin.ch – Fax 034 423 46 29 – geschl. 14. Juli - 13. August, Montag und Dienstag
Rest – Menü 75 CHF (mittags)/160 CHF – Karte 102/155 CHF
Rest *Gaststube* – (19 CHF) – Karte 28/76 CHF
Spez. Kalbshaxe im Ofen glasiert. Rehmedaillons mit konfierten Melonen (Sommer/Herbst). Mascarponemousse mit Himbeeren und Zitronensorbet.
◆ Recht modern hat man das A-la-carte-Restaurant des Emmenhofs gestaltet. Geboten wird eine ausgezeichnete klassische wie auch regionale Küche. Rustikaler ist die Gaststube gehalten, mit wechselnder Tageskarte.

in Heimiswil Ost : 3 km – Höhe 618 m – ✉ 3412 Heimiswil

Löwen
Dorfstr. 2 – ✆ 034 422 32 06 – daniel.luedi@loewen-heimiswil.ch – Fax 034 422 26 35 – geschl. Weihnachten, 4. - 19. Februar, 14. Juli - 5. August, Montag und Dienstag
Rest – (17 CHF) Menü 78 CHF – Karte 45/94 CHF
◆ Ein Bijou für Nostalgiker: Ein historischer Berner Landgasthof, in dem man in diversen authentisch eingerichteten Stuben traditionelle Küche serviert.

Frühstück inklusive? Die Tasse steht gleich hinter der Zimmeranzahl.

BURIET-THAL – Sankt Gallen (SG) – **551** V4 – Höhe 423 m – ✉ 9425 Thal 5 **I2**

Bern 224 – Sankt Gallen 21 – Bregenz 15 – Dornbirn 20 – Vaduz 51

Schiff

Burietstr. 1 – ☎ 071 888 47 77 – hotel@schiff-buriet.ch – Fax 071 888 12 46 – geschl. 27. Dezember - 3. Januar

36 Zim – 100/140 CHF 170/200 CHF – ½ P +35 CHF

Rest *Rôtisserie Torggel* – Menü 59/99 CHF – Karte 48/94 CHF

Rest *Fischer-Bistro* – (18 CHF) Menü 50 CHF – Karte 48/72 CHF

◆ Ein traditioneller Landgasthof im Rebbauerndorf. Sie können im chaletähnlichen Anbau komfortable Zimmer mit hellbraunem Holzmobiliar beziehen, im Haupthaus einfachere Zimmer. Klassisches Ambiente in der Rôtisserie. Das Fischer-Bistro mit Schiffsdekoration.

BURSINEL – Vaud (VD) – **552** C10 – 342 h. – alt. 434 m – ✉ 1195 6 **A6**

Bern 127 – Lausanne 33 – Champagnole 76 – Genève 35

A la Clef d'Or avec ch < lac et vignoble,

– *☎ 021 824 11 06 – contact@laclefdor.ch – Fax 021 824 17 59*

8 ch – 120/155 CHF 180/230 CHF – **Rest** – *(fermé 1er - 20 janvier, dimanche soir et lundi d'octobre à avril)* (27 CHF) – Carte 60/90 CHF

◆ Auberge communale officiant dans une région viticole, en surplomb du lac. Salle de restaurant moderne où l'on goûte une cuisine actuelle ; agréable terrasse et belle vue.

BURSINS – Vaud – **552** C10 – voir à Rolle

BUSSIGNY-PRÈS-LAUSANNE – Vaud (VD) – **552** D9 – 7 498 h. – alt. 407 m – ✉ 1030 6 **B5**

Bern 102 – Lausanne 11 – Pontarlier 63 – Yverdon-les-Bains 31

Novotel rest, ch,

35 rte de Condémine – ☎ 021 703 59 59 – h0530-re@accor.com – Fax 021 702 29 02

99 ch – 162 CHF 195 CHF, 23 CHF – **Rest** – (22 CHF) Menu 39 CHF – Carte 45/70 CHF

◆ Établissement de chaîne hôtelière situé à proximité de l'autoroute. Chambres actuelles et bonnes installations pour décompresser, se divertir et entretenir sa forme.

CADEMARIO – Ticino (TI) – **553** R13 – 596 ab. – alt. 770 m – ✉ 6936 10 **H6**

Bern 247 – Lugano 13 – Bellinzona 34 – Locarno 46 – Varese 37

Monte Lema★ : ✳★★ per seggiovia da Miglieglia

Cacciatori cam,

Nord-Est : 1,5 km – ☎ 091 605 22 36 – info@hotelcacciatori.ch – Fax 091 604 58 37 – chiuso 25 novembre - 19 marzo

30 cam – 100/180 CHF 200/290 CHF – ½ P +38 CHF – **Rist** – (19,80 CHF) – Carta 47/95 CHF

◆ Due edifici moderni, con due tipi di camere: alcune contemporanee, altre più rustiche. Tutte sono spaziose e confortevoli. Bel giardino ombreggiato. Due sale da pranzo; una ha una grande vetrata che dà sul giardino. Oltre all'offerta tradizionale, pizzeria.

CADRO – Ticino (TI) – **553** S13 – 1 797 ab. – alt. 456 m – ✉ 6965 10 **H6**

Bern 246 – Lugano 7 – Bellinzona 35 – Como 39 – Locarno 48

La Torre del Mangia

via Margherita 2 – ☎ 091 943 38 35 – torredelmangia@bluewin.ch – chiuso 26 febbraio - 17 marzo, 15 luglio - 5 agosto, domenica da maggio a settembre e martedì

Rist – *(coperti limitati, prenotare)* Menu 55 CHF – Carta 48/74 CHF

◆ Locale nella zona residenziale, con sala da pranzo dominata da una struttura fatta di travi e arredata in stile contemporaneo. Cucina mediterranea, pesce e frutti di mare.

CAMORINO – Ticino (TI) – 553 S12 – 2 210 ab. – alt. 258 m – ✉ 6528 10 H6

Bern 220 – Locarno 21 – Andermatt 85 – Chur 122 – Lugano 26

La Bolla

a Comelina, Sud-Ovest : 1 km – ✆ 091 857 65 95 – labolla@ticino.com – Fax 091 858 22 02 – chiuso 1° - 7 gennaio, 1° - 18 agosto, sabato a mezzogiorno e domenica

Rist – (20 CHF) Menu 30 CHF (pranzo)/75 CHF – Carta 62/90 CHF

◆ Ambiente familiare dove gustare una cucina italiana di stampo tradizionale, con qualche excursus nella gastronomia sarda.

CARNAGO – Ticino – 553 R13 – vedere Origlio

CARONA – Ticino (TI) – 553 R14 – 681 ab. – alt. 602 m – ✉ 6914 10 H7

Bern 251 – Lugano 9 – Bellinzona 39 – Locarno 51 – Varese 41

Villa Carona rist, rist,

piazza Noseed – ✆ 091 649 70 55 – info@villacarona.ch – Fax 091 649 58 60 – chiuso 26 novembre - 18 gennaio

18 cam – 103/180 CHF 147/230 CHF – **Rist** – *(chiuso mercoledì)* Carta 49/83 CHF

◆ Nel bellissimo villaggio ricco d'opere d'arte sorge questa villa patrizia a gestione familiare, costruita 200 anni fa. Ampie camere eleganti o più rustiche, alcune affrescate. Il ristorante propone una gustosa cucina mediterranea ed un piacevole servizio all'aperto, nella bella stagione.

Posta

– ✆ 091 649 72 66 – ristorante-posta@ticino.com – Fax 091 649 72 86 – chiuso 15 gennaio - 19 febbraio e lunedì

Rist – Carta 38/72 CHF

◆ Nel centro di questa pittoresca località ticinese, una graziosa stube all'insegna della rusticità e dell'autentica cucina regionale.

CAROUGE – Genève – 552 B11 – voir à Genève

CASLANO – Ticino (TI) – 553 R13 – 3 495 ab. – alt. 289 m – ✉ 6987 10 H7

Bern 247 – Lugano 11 – Bellinzona 33 – Locarno 45

Lugano Magliaso, ✆ 091 606 15 57

Gardenia senza rist (riscaldato) rist,

via Valle 20 – ✆ 091 611 82 11 – info@albergo-gardenia.ch – Fax 091 611 82 10 – chiuso novembre - aprile

24 cam – 160/220 CHF 250/350 CHF

◆ Edificio del 1800, squisita fusione di antico e moderno, immerso in un bel giardino con piscina in pietra viva. Camere moderne e confortevoli.

CASTAGNOLA – Ticino – 553 S13 – vedere Lugano

CAUX – Vaud – 552 G10 – voir à Montreux

CELERINA (SCHLARIGNA) – Graubünden (GR) – 553 X10 – 1 353 Ew – Höhe 1 730 m – Wintersport : 1 720/3 057 m 5 18 – ✉ 7505 11 J5

Bern 332 – Sankt Moritz 4 – Chur 90 – Davos 65 – Scuol 60

Celerina Tourismus, via maistra, ✆ 081 830 00 11, info@celerina.ch, Fax 081 830 00 19

Lokale Veranstaltungen : 01.03 : "chalandamarz" alter Frühlingsbrauch und Kinderfest

Cresta Palace
via maistra 75 – ✆ 081 836 56 56 – mail@crestapalace.ch – Fax 081 836 56 57 – geschl. Mitte Oktober - Anfang Dezember und 7. April - 20. Juni
102 Zim – 145/370 CHF 290/610 CHF – 3 Suiten – ½ P +50 CHF
Rest *Classico* – via maistra 91 *(geschl. Donnerstagabend)* Menü 125 CHF – Karte 57/109 CHF
◆ Durch den Garten gelangt man in den freistehenden klassischen Bau im Dorfzentrum mit komfortablen Zimmern. Wellnessbereich auf 1200 qm. Zeitgemässes Speisenangebot im eleganten Classico.

Chesa Rosatsch

via san gian 7 – ✆ 081 837 01 01 – hotel@rosatsch.ch – Fax 081 837 01 00 – geschl. 31. März - 1. Juni
36 Zim – 110/235 CHF 190/450 CHF – ½ P +68 CHF
Rest *Stüvas* – *(geschl. 31. März - 12. Juni) (nur Abendessen)* Menü 68/104 CHF – Karte 81/124 CHF
Rest *La Cuort* – *(geschl. 31. März - 12. Juni)* (19 CHF) – Karte 42/90 CHF
◆ Das schöne Engadiner Haus mit modern-rustikaler Einrichtung liegt ruhig im Dorf an einer Seitengasse am Inn. Die Zimmer sind mit hellem Arvenholz angenehm ausgestattet. Hübsch, mit Holz vertäfert: die Stüvas. La Cuort: freundliches Innenhof-Restaurant.

Misani
via maistra 70 – ✆ 081 839 89 89 – info@hotelmisani.ch – Fax 081 839 89 90 – geschl. Mitte Oktober - Anfang Dezember und 30. März - 20. Juni
39 Zim – 85/175 CHF 170/330 CHF – ½ P +58 CHF
Rest *Voyage* – *(nur Abendessen)* Menü 65 CHF – Karte 64/114 CHF
Rest *Ustaria* – (21 CHF) – Karte 49/98 CHF
Rest *Bodega* – *(geschl. 30. März - Anfang Dezember und Montag ausser Weihnachten - Neujahr und Februar) (nur Abendessen)* Menü 48/64 CHF – Karte 38/68 CHF
◆ Ein Hotel mit einem ungewöhnlichen Konzept: Zimmer in drei verschiedenen Grundausstattungen können aus einem Fundus mit Möbeln und Accessoires selbst eingerichtet werden. In warmen Farben gestaltet: das Voyage. Uriges Ustaria. Spanische Küche im Bodega.

Saluver
via maistra 128 – ✆ 081 833 13 14 – info@saluver.ch – Fax 081 833 06 81
23 Zim – 110/120 CHF 220/240 CHF – ½ P +45 CHF – **Rest** – (22 CHF) Menü 45/60 CHF – Karte 40/121 CHF
◆ Das Haus im typischen Engadiner Stil liegt am Rande des Dorfes. Ein Grossteil der einfachen, mit Arve ausgestatteten Zimmer hat Südlage und dank der Balkone viel Licht. Gemütliches regionales Restaurant mit Fischspezialitäten.

CÉLIGNY – Genève (GE) – 552 B10 – 599 h. – alt. 391 m – ✉ 1298 6 A6

Bern 143 – Genève 21 – Saint-Claude 56 – Thonon-les-Bains 53

La Coudre sans rest
200 rte des Coudres – ✆ 022 960 83 60 – vivimar@deckpoint.ch – Fax 022 960 83 61 – fermé 21 décembre - 2 janvier et 4 - 24 août
8 ch – 200/240 CHF 240/280 CHF
◆ Cette belle maison de notable à dénicher dans la campagne boisée a des allures de petit manoir. Parc soigné, communs parsemés d'objets anciens, amples chambres personnalisées.

Buffet de la Gare

25 rte de Founex – ✆ 022 776 27 70 – info@buffet-gare-celigny.ch – Fax 022 776 70 54 – fermé 3 - 25 février, 7 - 22 septembre, dimanche et lundi
Rest – (17 CHF) Menu 41 CHF (déj.) – Carte 60/95 CHF
◆ Atmosphère "bistrot rétro" évocatrice des années folles dans ce restaurant décoré d'objets d'époque. Terrasse à l'ombrage naturel et jardin soigné. Repas traditionnel.

CERTOUX – Genève – 552 A12 – voir à Genève

Le CHALET-À-GOBET – Vaud – 552 E9 – voir à Lausanne

CHAMBÉSY – Genève – 552 B11 – voir à Genève

CHAMPÉRY – Valais (VS) – 552 F12 – 1 107 h. – alt. 1 053 m – Sports d'hiver : 900/2 466 m 13 173 – ✉ 1874 7 C6

Bern 124 – Martigny 39 – Aigle 26 – Évian-les-Bains 50 – Montreux 37 – Sion 65

Champéry Tourisme, 44 rte de la Fin, ✆ 024 479 20 20, Fax 024 479 20 21

Site★

Manifestations locales : 06.01 - 09.01 : La Grande Odyssée, course de chiens de traîneaux dans les Portes du Soleil

Beau-Séjour sans rest
114 r. du Village – ✆ 024 479 58 58 – info@bo-sejour.com – Fax 024 479 58 59 – fermé octobre - mi-décembre et 8 avril - 30 mai
18 ch – 70/140 CHF 110/265 CHF
◆ Chalet vous réservant un accueil familial charmant. Chambres typées, espace petit-déj' braqué vers les Dents du Midi, bon buffet le matin, douceurs "maison" à l'heure du thé.

Suisse sans rest
55 r. du Village – ✆ 024 479 07 07 – hotelsuisse@netplus.ch – Fax 024 479 07 09 – fermé mi-octobre - mi-décembre
40 ch – 110/195 CHF 150/290 CHF
◆ Grand chalet central doté de chambres rustiques à choisir de préférence côté montagne. Jolie vue sur le relief par les fenêtres du salon. Clichés anciens de la station au bar.

National
ch, rest,
47 r. du Village – ✆ 024 479 11 30 – reception@lenational.ch – Fax 024 479 31 55 – fermé 6 avril - 6 mai, novembre et mercredi de mai à mi-juillet et mi-août à novembre
24 ch – 85/145 CHF 130/245 CHF – ½ P +35 CHF – **Rest** – (16 CHF) Menu 26/65 CHF – Carte 47/100 CHF
◆ Hôtel central vous hébergeant dans des chambres claires meublées en pin, égayées de peintures murales (paysages) et mansardées au dernier étage. Jolie vue pour certaines. Restaurant et terrasse panoramiques, cuisine de saison, ambiance valaisanne au carnotset.

Le Nord - L'Atelier Gourmand
106 r. du Village – ✆ 024 479 11 26 – info@lenord.ch – fermé 4 mai - 8 juin, 19 octobre - 30 novembre, mardi soir et mercredi soir en été, dimanche soir et lundi soir
Rest – Menu 79 CHF – Carte 81/110 CHF
◆ Deux formules dans ce vieux café né en 1886 : repas traditionnel à composantes régionales (en bas) et atelier gourmand avec carte actuelle et cadre rustique lambrissé (étage).

Mitchell's
17 rte d'Entrevayes – ✆ 024 479 20 10 – mitchells_champery@hotmail.com – Fax 024 479 20 16 – fermé 13 avril - 20 juin et 22 septembre - 28 novembre
Rest – (18 CHF) – Carte 41/84 CHF
◆ En bas de la station, restaurant envoyant de la cuisine "globe-trotter" dans un cadre design, façon bistrot "trendy". Éclairage original, cheminée monumentale, lounge-bar.

Café du Centre
58 r. du Village – ✆ 024 479 15 50 – info@cafeducentre.com – Fax 024 479 15 51 – fermé 2 juin - 1er juillet, lundi et mardi d'avril à mi-juillet et de fin août à mi-décembre
Rest – (18 CHF) Menu 25 CHF (déj.)/49 CHF – Carte 48/113 CHF
◆ Joli chalet ancien en bois situé au cœur du village. Table mariant tradition et audace ; vins locaux, bière brassée sur place, bel assortiment de whiskies et choix de thés.

CHAMPEX – Valais (VS) – 552 H13 – alt. 1 472 m – ✉ 1938 7 C7

Bern 151 – Martigny 20 – Aosta 62 – Chamonix-Mont-Blanc 54 – Sion 47

Au Pays du Saint-Bernard, ✆ 027 783 12 27, champex@saint-bernard.ch, Fax 027 783 32 74

La Breya★★ Sud-Ouest par téléphérique

Glacier ch, rest, VISA MC AE

– ✆ *027 782 61 51 – info@hotelglacier.ch – Fax 027 782 61 50 – fermé fin octobre - mi-décembre et 30 mars - 25 avril*

29 ch – †100/135 CHF ††126/180 CHF – ½ P +35 CHF – **Rest** – *(fermé vendredi midi et jeudi hors saison)* (18 CHF) Menu 33 CHF (déj.)/63 CHF – Carte 44/77 CHF

◆ On ressent le professionnalisme de la quatrième génération d'hôtes dans cette bâtisse surveillant le lac. Chambres néo-rustiques et espaces communs d'une belle ampleur. Restaurant misant sur une carte traditionnelle et brasserie servant des repas simples.

Alpina vallée et montagnes, rest, VISA MC AE

– ✆ *027 783 18 92 – tissieres@romandie.com – Fax 027 783 34 94 – fermé 1er - 10 décembre*

6 ch – †90/110 CHF ††140/170 CHF – ½ P +30 CHF – **Rest** – *(fermé mercredi hors saison) (dîner seulement)* Menu 60 CHF (dîner) – Carte 64/81 CHF

◆ Ce chalet ancien et typé est tenu en famille et entretient une ambiance montagnarde. Chambres panoramiques meublées en bois clair. Restaurant servant de la cuisine actuelle dans un décor alpin. Belle vue sur la vallée et les cimes par les baies vitrées.

Le Belvédère avec ch vallée et montagnes, rest, VISA MC

– ✆ *027 783 11 14 – belvedere@dransnet.ch – Fax 027 783 25 76 – fermé mi-novembre - mi-décembre, 2 semaines avril, dimanche soir et mercredi hors saison*

9 ch – †80/95 CHF ††140/170 CHF – ½ P +25 CHF – **Rest** – (17 CHF) – Carte 41/88 CHF

◆ Décor rustique d'époque, ambiance montagnarde et plaisirs conjugués d'un paysage grandiose et d'un repas axé terroir, dans ce chalet de 1920. Nuitées calmes et douillettes à prix doux. Jardin de repos. L'hiver, patinoire et cascade de glace à deux pas.

CHAMPFÈR – Graubünden – 553 W10 – siehe Sankt Moritz

CHARMEY – Fribourg (FR) – 552 H9 – 1 574 h. – alt. 891 m – Sports d'hiver : 900/1 630 m 1 6 – ✉ 1637 7 C5

Bern 72 – Fribourg 40 – Bulle 12 – Gstaad 48 – Montreux 47 – Thun 61

Charmey Tourisme, Les Charrières 1, ✆ 026 927 55 80, office.tourisme@charmey.ch, Fax 026 927 55 88

Manifestations locales :

27.09 : Rindyà, désalpe et marché artisanal

11.10 - 12.10 : Bénichon de la montagne, célèbres courses de charrettes à foin

Cailler ch, ch, VISA MC AE

28 Gros Plan – ✆ 026 927 62 62 – direction@hotel-cailler.ch – Fax 026 927 62 63

50 ch – †170/190 CHF ††240/260 CHF – 9 suites – ½ P +40 CHF

Rest *Le Mignon* – *(menu unique)* Menu 65/133 CHF

Rest *Le Bistrot* – (28 CHF) Menu 77 CHF – Carte 42/95 CHF

◆ Dans un site paisible, hôtel-chalet en bois doté de divers types d'hébergement (chambres, junior suites, studios) et couplé à un centre "thalasso". Spécialité de séminaires. Offre limitée à un menu "gastro" au Mignon. Repas simple et cadre convivial au bistrot.

Le Sapin rest, VISA MC AE

25 r. du Centre – ✆ 026 927 23 23 – office@charmey-le-sapin.ch – Fax 026 927 12 44

17 ch – †96 CHF ††170 CHF – ½ P +36 CHF – **Rest** – (17 CHF) Menu 35 CHF (déj.)/65 CHF – Carte 47/74 CHF

◆ Sur la traversée du village, grande bâtisse d'aspect traditionnel vous logeant dans des chambres sobres et fonctionnelles, légèrement rustiques. Chaleureux café gruyérien. Restaurant-véranda égayé de plantes vertes et d'oiseaux tropicaux en bois.

De l'Etoile avec ch

21 r. du Centre – ✆ 026 927 50 50 – marie-claude@etoile.ch – Fax 026 927 50 55 – fermé lundi

8 ch – 95 CHF 170 CHF – ½ P +35 CHF – **Rest** – (18 CHF) Menu 40/98 CHF – Carte 41/87 CHF

◆ Maison ancienne et typique restaurée au début du siècle dans l'esprit néo-rustique. Brasserie et restaurant boisés, distribués sur différents niveaux. Chambres avenantes.

CHÂTEAU-D'OEX – Vaud (VD) – 552 H10 – 2 949 h. – alt. 968 m – Sports d'hiver : 958/1 630 m 1 6 – ✉ 1660

7 C5

Bern 87 – Montreux 49 – Bulle 27 – Gstaad 15 – Lausanne 78 – Thun 70

Château d'Oex Tourisme, La Place, ✆ 026 924 25 25, info@chateau-doex.ch, Fax 026 924 25 26

Site★. Art populaire du Vieux Pays d'Enhaut★

Manifestations locales : 19.01 - 27.01 : Semaine internationale de ballons à air chaud

Hostellerie Bon Accueil rest,

La Frasse – ✆ 026 924 63 20 – host-bon-accueil@bluewin.ch – Fax 026 924 51 26 – fermé fin octobre - mi-décembre et 6 avril - 1er mai

17 ch – 105/145 CHF 140/235 CHF – ½ P +49 CHF – **Rest** – *(fermé lundi midi, mardi midi et mercredi midi en janvier et mars, mardi et mercredi hors saison)* (24 CHF) Menu 35 CHF (déj.)/62 CHF – Carte 58/97 CHF

◆ Vieux chalet profitant d'un site paisible sur les hauteurs du village. Ses chambres lambrissées, blotties sous les charpentes, sont garnies de meubles de style. Bon petit-déj. Restaurant de caractère où l'on vient faire des repas classiques élaborés.

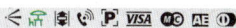

Ermitage

Le Petit-Pré – ✆ 026 924 60 03 – piazza.ermitage@bluewin.ch – Fax 026 924 50 76

17 ch – 100/170 CHF 170/220 CHF – ½ P +35 CHF

Rest – *(fermé mardi soir - vendredi hors saison et lundi - mardi midi)*
Menu 75/85 CHF – Carte 52/93 CHF

◆ En paix avec la nature environnante, chalet renfermant de confortables chambres pourvues d'un mobilier rustique et d'un balcon. Restaurant complété d'une terrasse panoramique. Mets classiques.

La CHAUX-DE-FONDS – Neuchâtel (NE) – 552 F6 – 37 016 h. – alt. 994 m – ✉ 2300

2 C4

Bern 71 – Neuchâtel 20 – Biel 52 – Martigny 157 – Montbéliard 74 – Pontarlier 54

Tourisme neuchâtelois - Montagnes, Espacité 1, ✆ 032 889 68 95, info.cdf@ne.ch, Fax 032 889 62 97 B

Les Bois, Nord-Est : 12 km par route de Saignelégier, ✆ 032 961 10 03

International d'horlogerie★★ C – Beaux-Arts★ B

Route de la Vue des Alpes★★ par ③ – Tête de Ran★★ par ② : 7 km – Vue des Alpes★ par ② : 10 km

Manifestations locales : début août : La Plage des Six-Pompes, théâtre de rue

Plan page suivante

Grand Hôtel Les Endroits ch, ch,

94 bd des Endroits, par r. du Succès : 2,5 km – ✆ 032 925 02 50 – contact@hotel-les-endroits.ch – Fax 032 925 03 50

38 ch – 160/175 CHF 240/270 CHF – 4 suites – ½ P +40 CHF – **Rest** – (19 CHF) Menu 42 CHF (déj.)/109 CHF – Carte 44/102 CHF

◆ Dans un site rural, hôtel d'aspect moderne convenant à la clientèle familiale et "corporate". Suites, chambres avec balcon ou en rez-de-jardin, loisirs et salles de réunions. Table classico-régionale, espaces banquets, terrasse et distractions pour les petits.

La CHAUX DE FONDS

Abeille (R. de l') . . . . **B** 3
Alexis-Marie-Piaget (R.) . . . . **A** 4
Arsenal (R. de l') . . . . **C** 6
Banneret (R. du) . . . . **C** 7
Biaufond (R. de) . . . . **A** 9
Boucherie (R. de la). . . . . **C** 10
Carmagnole (Pl. de la). . . . . . **C** 11
Casino (R. du) . . . . **B** 12
Chapelle (R. de la) . . . . **C** 13
Charrière (R.) . . . . **A** 15
Coq (R. du) . . . . **BC** 16
Le Corbusier (Pl.) . . . . **B** 31
Croix Fédérale (R. de la) . . . . **A** 18
Cygne (R. du). . . . . **B** 19
Éperon (R. de l') . . . . **C** 21
Fleur de Lys (Ruelle de la). . . **C** 22
Grandes Crosettes (Rte des) **A** 23
Granges (R. des) . . . . **C** 24
Guillaume-Ritter (R.) . . . . . . **BC** 25
Industrie (R. de l') . . . . **C** 27
Jardinière (R.). . . . . **B** 28
Jeu (Pl. de). . . . . **B** 30
Léopold-Robert (Av.). . . . . . . **BC**
Lilas (Pl. des) . . . . **C** 32
Marronniers (Pl. des). . . . . . . **C** 33
Ruche (R. de la). . . . . **A** 34
St-Hubert (R.). . . . . **C** 36
Stand (R. du) . . . . **B** 37
Succès (R. du). . . . . **A** 39
Temple Allemand (R. du) . . . **B** 40
Traversière (R.) . . . . **BC** 42
Vieux-Cimetière (R. du). . . . . **C** 43
1er-Mars (R. du) . . . . **BC** 45

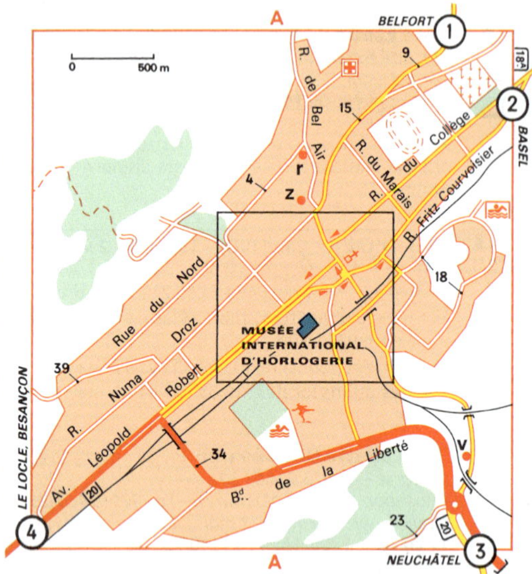

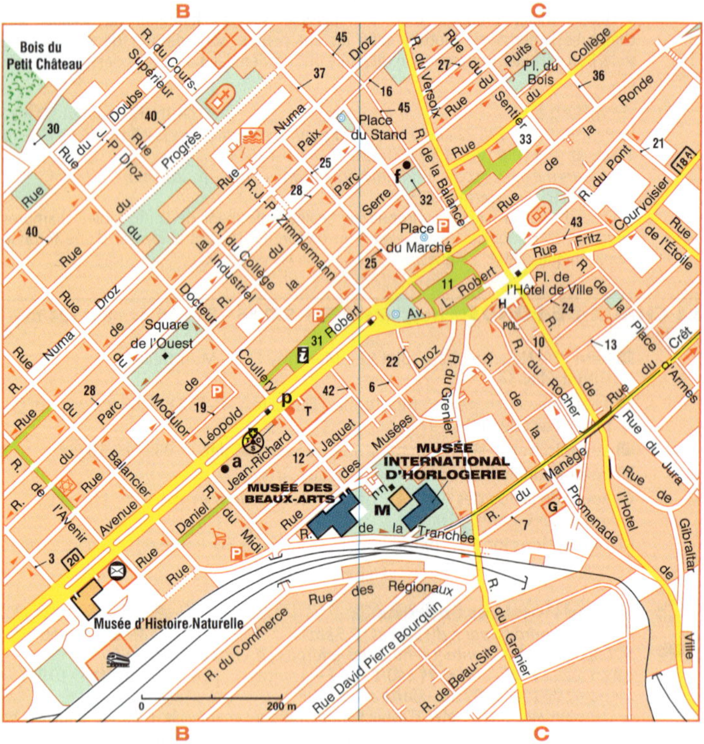

Athmos Hôtel
45 av. Léopold-Robert – 032 910 22 22 – info@athmoshotel.ch – Fax 032 910 22 25 B a
44 ch – 140/160 CHF 214/254 CHF
Rest *Pékin* – *032 913 64 65 (fermé dimanche midi)* (18 CHF) Menu 46/69 CHF – Carte 43/74 CHF
Rest *Brasserie La Suisse* – *(fermé dimanche)* (15 CHF) Menu 35/98 CHF – Carte 43/95 CHF
◆ En centre ville, imposante bâtisse d'angle où vous logerez dans de bonnes chambres convenablement agencées, dotées de salles de bains garnies de marbre. Cuisine de l'Empire du Milieu au Pékin. Plats traditionnels à la Brasserie La Suisse.

Chez Gilles - Hôtel-Restaurant du 1er Mars
7 r. du 1er Mars – 032 968 28 32 – info@chezgilles.ch – Fax 032 968 90 22 C f
13 ch – 95/150 CHF 140/180 CHF – **Rest** – *(fermé dimanche soir)* (16 CHF) Menu 50 CHF – Carte 31/76 CHF
◆ Curieusement agrégé à une boucherie-charcuterie sous la même gérance, cet estimable petit hôtel familial vous héberge dans des chambres fraîches et nettes. Brasserie rénovée donnant sur un chaleureux restaurant traditionnel.

L'Orologio - La Toquante
1 r. A.-M. Piaget – 032 968 19 00 – orologio@bluewin.ch – Fax 032 968 19 16 – fermé 24 - 28 décembre et dimanche A r
Rest – Menu 38 CHF (déj.)/95 CHF – Carte 46/96 CHF
Rest *Brasserie* – (18 CHF) Menu 38 CHF (déj.) – Carte 41/89 CHF
◆ Avec ses vitrines d'horlogerie en guise de tables, ce restaurant honore l'activité la plus prestigieuse de la Chaux. Deux formules de repas. Préparations classiques à La Toquante. Brasserie au registre culinaire plus traditionnel.

La Parenthèse
114 r. de l'Hôtel-de-Ville – 032 968 03 89 – info@la-parenthese.ch – Fax 032 968 00 89 – fermé 20 juillet - 11 août, lundi soir, samedi midi et dimanche A v
Rest – (18 CHF) Menu 31 CHF (déj.)/65 CHF – Carte 61/94 CHF
◆ Offrez-vous une parenthèse gourmande dans ce petit restaurant tout simple misant sur une cuisine actuelle personnalisée. Au fromage, on descend faire son choix dans la cave.

Le P'tit Paris
4 r. du Progrès – 032 968 65 33 – info@petit-paris.ch – Fax 032 968 13 04 – fermé 14 juillet - 9 août, dimanche sauf le soir du 1er novembre au 16 mars et fériés A z
Rest – *(nombre de couverts limité - prévenir)* (17 CHF) – Carte 47/76 CHF
◆ Le plus vieux bistrot de la ville (1844) vous convie à un repas au goût du jour dans une ambiance "trendy". Expos de toiles modernes, "wine-bar", cave à concerts "jazzy".

L'heure bleue
29 av. Léopold-Robert – 032 913 44 35 – Fax 032 913 44 37 B p
Rest – *(fermé dimanche)* (18 CHF) – Carte 42/77 CHF
◆ Brasserie conviviale implantée au rez-de-chaussée du théâtre municipal (1837). Éléments décoratifs d'époque en salle ; carte traditionnelle appétissante et variée.

au Mont-Cornu **Sud-Est : 3,5 km par rue de l'Hôtel-de-Ville et route secondaire**

Auberge de Mont-Cornu
116 Mont-Cornu – 032 968 76 00 – aubergedecornu@bluewin.ch – Fax 032 968 54 12 – fermé 1er décembre - 31 mars, lundi et mardi
Rest – Menu 48 CHF – Carte 45/89 CHF
◆ Dans une ferme typique jouxtant un centre équestre, restaurant d'altitude au cadre rustique approprié à la dégustation de plats du terroir et de fondues. Terrasse panoramique.

CHAVANNES-DE-BOGIS – Vaud (VD) – 552 B11 – 1 048 h. – alt. 483 m – ✉ 1279 6 A6

Bern 142 – Genève 19 – Saint-Claude 54 – Thonon-les-Bains 53

Chavannes-de-Bogis rest, ch,
Les Champs-Blancs – ✆ 022 960 81 81 – contact@hotel-chavannes.ch – Fax 022 960 82 82
180 ch – 125/210 CHF 170/250 CHF
Rest *Brasserie des Arts* – (19 CHF) Menu 35 CHF (déj.) – Carte 44/87 CHF
◆ Établissement proche de la nature, mais aussi d'une sortie d'autoroute. Beau jardin panoramique avec piscine. Chambres fraîches, certaines climatisées. Banquets et séminaires. Brasserie agrémentée d'une terrasse d'où vous balayerez du regard lac et montagnes.

CHEMIN – Valais – 552 G12 – voir à Martigny

CHÉSEREX – Vaud (VD) – 552 B10 – 1 043 h. – alt. 529 m – ✉ 1275 6 A6

Bern 138 – Genève 28 – Divonne-les-Bains 13 – Lausanne 43 – Nyon 9

Bonmont, ✆ 022 369 99 00

Auberge Les Platanes
– ✆ 022 369 17 22 – lesplatanes@gmail.com – Fax 022 369 30 33 – fermé 23 décembre - 9 janvier, 17 - 24 mars, 26 juillet - 13 août, dimanche et lundi
Rest – Menu 52/95 CHF – Carte 62/110 CHF
Rest *Bistrot* – (24 CHF) Menu 52/95 CHF – Carte 55/100 CHF
◆ On mesure toute l'élégance de cette maison patricienne du 17e s. dans ses salons bourgeois meublés de style Régence. Cuisine classique sensible au rythme des saisons. Sympathique petit café proposant une carte brève et les suggestions du jour.

CHEXBRES – Vaud (VD) – 552 F10 – 2 041 h. – alt. 580 m – ✉ 1071 7 C5

Bern 90 – Lausanne 13 – Montreux 16 – Fribourg 60 – Yverdon-les-Bains 50

Le Baron Tavernier < Portes du Soleil et lac, rest, ch,
route de la Corniche – ✆ 021 926 60 00 – info@barontavernier.ch – Fax 024 926 60 01
18 ch – 170/250 CHF 270/350 CHF – ½ P +50 CHF
Rest *Le Baron* – *(fermé mai - octobre, dimanche soir et mardi)* Menu 48 CHF (déj.)/95 CHF – Carte 61/110 CHF
Rest *Le Bon Sauvage* – *(fermé mai - octobre)* (28 CHF) – Carte 47/77 CHF
◆ Entre lac et vignes, avec les Portes du Soleil à l'horizon, auberge du début du 20e s. rénovée en 2006 et dotée de terrasses-belvédère et de chambres tournées vers les flots. Carte au goût du jour et décor classique orientalisant au Baron. Repas simple au Bon Sauvage.

Préalpina < lac et vignobles, ch, rest, rest,
35 rte de Chardonne – ✆ 021 946 09 09 – info@prealpina.ch – Fax 021 946 09 50 – fermé 21 décembre - 6 janvier
56 ch – 128/195 CHF 195/270 CHF – **Rest** – *(fermé dimanche soir)* (18 CHF) Menu 25 CHF (déj.)/58 CHF – Carte 55/97 CHF
◆ Rendez-vous d'affaires dans les agréables salles de séminaire ou vacances-détente dans des chambres à la vue enchanteresse sur lac et vignoble. Restaurant présentant une carte traditionnelle et des menus quelquefois épicés de séquences exotiques.

Du Nord avec ch
4 pl. du Nord – ✆ 021 946 10 26 – Fax 021 946 10 26 – fermé 7 janvier - 11 février et lundi
3 ch – 70 CHF 100 CHF
Rest – Menu 45 CHF (déj.)/95 CHF – Carte 76/124 CHF
Rest *Le Café* – (17 CHF) – Carte 42/98 CHF
◆ Intime salle à manger de style Louis XVI, en harmonie avec l'orientation classique de la table. Chambres proprettes à l'étage. Café servant des repas transalpins dans un décor approprié : peintures murales montrant la baie de Naples et l'habitat des Pouilles.

CHIASSO – Ticino (TI) – 553 S14 – 7 720 ab. – alt. 238 m – ✉ 6830 10 H7

Bern 267 – Lugano 26 – Bellinzona 54 – Como 6 – Varese 26

Mövenpick Hotel Touring

piazza Indipendenza 1 – ✆ 091 682 53 31 – hotel.touring@moevenpick.com – Fax 091 682 56 61

61 cam – 125/140 CHF 150/180 CHF, 15 CHF – **Rist** – (22 CHF) – Carta 54/107 CHF

◆ Albergo con ampie arcate all'esterno, situato nei pressi della stazione, in posizione centrale. Dispone di camere spaziose e funzionali. Al ristorante una grande sala da pranzo con soffitto intarsiato e servizio estivo in piazza.

Emporio Arcadia

via Enrico Dunant 3 – ✆ 091 682 32 32 – emporio-arcadia@bluewin.ch – Fax 091 682 76 33 – chiuso 3 settimane agosto, lunedì sera, sabato a mezzogiorno e domenica

Rist – Carta 52/98 CHF

◆ Ristorante accogliente ed arredato con gusto, situato nell'isola pedonale della località, propone specialità mediterranee e, nella bella stagione, servizio all'aperto.

CHOËX – Valais – 552 G11 – voir à Monthey

CHUR (COIRE) K – Graubünden (GR) – 553 V8 – 32 989 Ew – Höhe 585 m – ✉ 7000 5 I4

Bern 242 – Feldkirch 55 – Davos 59 – Bludenz 77 – Buchs 44

Chur-Tourismus, Bahnhofplatz 3, ✆ 081 252 18 18, info@churtourismus.ch, Fax 081 252 90 76 Y

Domat/Ems West : 6 km, ✆ 081 650 35 00

Arosastrasse : Blick★ auf die Stadt Z - Schnitzaltar★ der Kathedrale Z

Parpaner Rothorn★★ : Blick★★, über ③ : 16 km und Luftseilbahn - Strasse von Chur nach Arosa★ : Strasse durch das Schanfigg★ - Soliser Brücken★, über ③ : 32 km

Lokale Veranstaltungen : 15.08 - 17.08 : Churer Altstadtfest

Stadtplan siehe nächste Seite

Stern

Rest, Rest,

Reichsgasse 11 – ✆ 081 258 57 57 – info@stern-chur.ch – Fax 081 258 57 58 Y d

65 Zim – 110/155 CHF 190/270 CHF – ½ P +40 CHF – **Rest** – (17 CHF) Menü 30 CHF (mittags)/82 CHF – Karte 43/89 CHF

◆ Das Hotel mit über 300-jähriger Tradition liegt im Zentrum und bietet wohnliche Zimmer; funktionelle Businesszimmer im Nebenhaus. Bilder von Alois Carigiet zieren das Haus. In zwei gemütlichen rustikalen Stuben bietet man bürgerlich-traditionelle Küche.

ABC garni

Ottostr. 8, (Bahnhofplatz) – ✆ 081 252 60 33 – abc@hotelabc.ch – Fax 081 252 55 24 Y c

40 Zim – 125/145 CHF 200/220 CHF

◆ Die zentrale Lage direkt beim Bahnhof sowie eine zeitgemässe und funktionelle Ausstattung sprechen für diese Businessadresse.

Freieck garni

Reichsgasse 44 – ✆ 081 255 15 15 – hotel@freieck.ch – Fax 081 255 15 16 Z a

42 Zim – 90/110 CHF 150/200 CHF

◆ Das a. d. J. 1575 stammende Haus im Herzen der Churer Altstadt ist heute ein gepflegtes Hotel mit praktischen Zimmern. Frühstücksraum und Wintergarten-Café in modernem Stil.

Ibis garni

Richtstr. 19, über ③ : 1 km – ✆ 081 252 60 60 – h1720@accor.com – Fax 081 253 50 22

56 Zim – 90 CHF 120 CHF, 14 CHF

◆ Das Hotel liegt nur 300 m von der Autobahnausfahrt Chur-Süd entfernt und bietet sachlich-funktionelle Zimmer sowie kostenlose Garagenplätze. Kleines einfaches Speisenangebot.

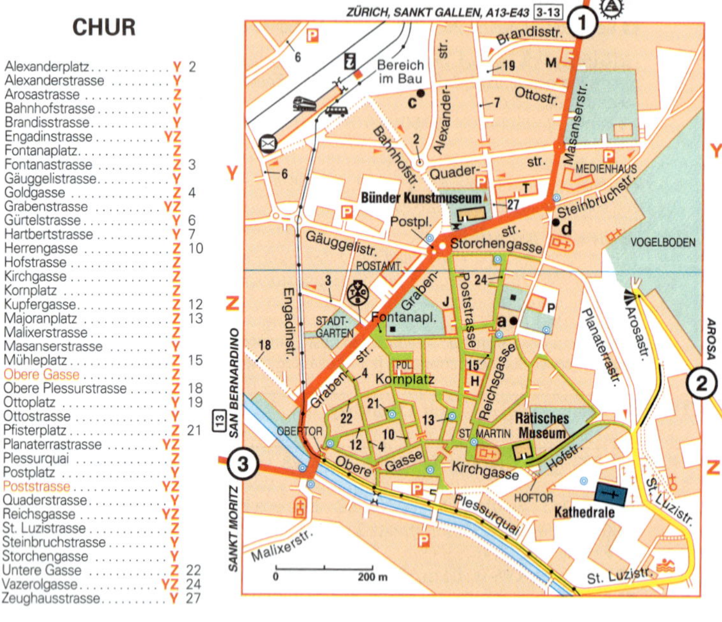

Basilic ← Chur und Calanda, VISA AE

Susenbühlstr. 43, über Malixerstrasse, Richtung Lenzerheide : 1 km – ✆ 081 252 35 05 – trepp@basilic.ch – Fax 081 252 16 51 – geschl. 11. - 17. Februar, 7. - 20. Juli, 13. - 19. Oktober, Montagmittag und Sonntag

Rest – (35 CHF) Menü 45 CHF (mittags)/119 CHF – Karte 71/145 CHF

♦ Oberhalb von Chur finden Sie dieses angenehm hell gestaltete Restaurant mit schmackhafter zeitgemässer Küche. Einzigartig ist die Aussicht auf die Stadt.

in Malix Süd : 4,5 km über Malixerstrasse Z Richtung Lenzerheide – Höhe 1 130 m – ✉ 7074 Malix

Belvédère mit Zim ← VISA

Hauptstr. 4, Nord : 1,5 km Richtung Chur – ✆ 081 252 33 78 – hotel_belvedere@bluewin.ch – Fax 081 253 52 14

8 Zim – †60 CHF ††90/120 CHF, ☕ 15 CHF – ½ P +25 CHF – **Rest** – *(geschl. Montag und Dienstag) (nur Abendessen ausser Sonntag)* Menü 29/79 CHF – Karte 51/111 CHF

♦ Eine heimelige Atmosphäre herrscht in dem schön gelegenen Haus zwischen Chur und Malix. Am zentralen Cheminéegrill bereitet der Chef Grilladen.

Les CLÉES – Vaud (VD) – 552 D8 – 154 h. – alt. 610 m – ✉ 1356 6 B5

Bern 90 – Lausanne 39 – Neuchâtel 55 – Pontarlier 32 – Yverdon-les-Bains 20

Croix-Blanche VISA

1 pl. de la Ville – ✆ 024 441 91 71 – Fax 024 441 92 01 – fermé 1 semaine mars, 1 semaine juin, 2 semaines août - septembre, dimanche soir, lundi et dernier mardi du mois

Rest – (17 CHF) Menu 34 CHF (déj.)/85 CHF – Carte 66/86 CHF

♦ Les Clées ouvrent-elles les portes du château juché sur le rocher ? Une chose est sûre, elles donnent accès à une table sympathique dont le choix traditionnel met en appétit.

COINSINS – Vaud (VD) – 552 B10 – 368 h. – alt. 475 m – ✉ 1267 — 6 A6

Bern 131 – Genève 31 – Lausanne 35 – Neuchâtel 98 – Nyon 8 – Saint-Cergue 17

Auberge de la Réunion — rest, ch, VISA AE
route du Cordex – ✆ 022 364 23 01 – info@auberge-coinsins.ch – Fax 022 364 66 90
15 ch – †130 CHF ††160 CHF – ½ P +30 CHF
Rest – *(fermé 1er - 21 janvier, dimanche soir et lundi)* Menu 62/82 CHF – Carte 47/98 CHF
Rest *Brasserie* – *(fermé 1er - 21 janvier, dimanche soir et lundi)* (19 CHF) Menu 42/62 CHF – Carte 42/96 CHF

♦ Cette ancienne ferme vaudoise de 1804 a été entièrement rénovée et offre désormais un confort tout à fait valable. Chambres fonctionnelles d'ampleur très satisfaisante. Salle de restaurant précédée d'un café. Repas traditionnels semés d'accents régionaux.

COINTRIN – Genève – 552 B11 – voir à Genève

COIRE – Graubünden – 553 V8 – voir à Chur

COLLA – Ticino (TI) – 553 S13 – alt. 1 057 m – ✉ 6951 — 10 H6

Bern 246 – Lugano 18 – Bellinzona 34 – Locarno 43 – Varese 53

Cacciatori
– ✆ 091 944 17 68 – giovanni@ristorantino.ch – chiuso 7 gennaio - 11 marzo, lunedì e martedì
Rist – Carta 54/87 CHF

♦ Piccolo ritrovo familiare in una bella casetta di montagna dagli interni rustici, in posizione panoramica. Cucina tradizionale con specialità ticinesi e della vicina Italia.

COLLOMBEY-LE-GRAND – Valais – 552 F11 – voir à Monthey

COLLONGE-BELLERIVE – Genève – 552 B11 – voir à Genève

Les COLLONS – Valais – 552 I12 – voir à Thyon - Les Collons

COLOGNY – Genève – 552 B11 – voir à Genève

COMANO – Ticino (TI) – 553 R13 – 1 594 ab. – alt. 511 m – ✉ 6949 — 10 H6

Bern 243 – Lugano 7 – Bellinzona 30 – Como 36 – Locarno 47

La Comanella — rist, cam, VISA AE
via al Ballo 9/10 – ✆ 091 941 65 71 – Fax 091 942 65 13
17 cam – †95/135 CHF ††160/210 CHF – ½ P +38 CHF – **Rist** – Menu 38 CHF – Carta 44/73 CHF

♦ In posizione collinare, sorge quest'accogliente albergo con giardino e piscina. Camere ampie e ben arredate, così come gli spazi comuni. Il ristorante, immerso nel verde delle palme, vanta una bella terrazza. Vi è, inoltre, un meraviglioso ulivo secolare.

San Bernardo — VISA AE
Tèra d'súra 19d – ✆ 091 941 01 00 – info@sanbernardo.ch – chiuso 7 - 30 gennaio, 11 - 28 agosto, sabato a mezzogiorno, domenica sera e lunedì
Rist – (28 CHF) Menu 32 CHF (pranzo)/90 CHF – Carta 61/97 CHF

♦ Sita fra le viuzze del borgo antico, la piccola risorsa consta di due sale di stile classico-moderno con quadri d'artisti ticinesi alle pareti. Buona cucina d'impronta moderna.

CONCHES – Genève – 552 B11 – voir à Genève

COPPET – Vaud (VD) – 552 B11 – 2 360 h. – alt. 394 m – ✉ 1296 6 A6

Bern 146 – Genève 13 – Lausanne 52 – Saint-Claude 61 – Thonon-les-Bains 48

Château★

Du Lac

51 Grand-Rue – ☎ 022 960 80 00 – info@hoteldulac.ch – Fax 022 960 80 10 – fermé janvier

12 ch – †205/255 CHF ††265/325 CHF, ☕ 25 CHF – 6 suites – ½ P +55 CHF

Rest *La Rôtisserie* – *(fermé dimanche soir et lundi d'octobre à mars)* Menu 55 CHF (déj.)/95 CHF – Carte 72/121 CHF

◆ Sur la traversée du village, au bord de l'eau, relais du 17e s. préservant son cachet ancien. Spacieuses chambres pourvues d'un mobilier de style ou rustique. Rôtisserie dotée d'une cheminée d'époque où sont saisies les grillades. Belle terrasse à l'ombre.

CORSEAUX – Vaud – 552 F10 – voir à Vevey

CORSIER – Vaud – 552 F10 – voir à Vevey

CORTAILLOD – Neuchâtel (NE) – 552 F7 – 4 373 h. – alt. 482 m – ✉ 2016 2 C4

Bern 62 – Neuchâtel 11 – Biel 44 – La Chaux-de-Fonds 29 – Lausanne 65

Le Vaisseau

ch, ch, VISA

38 Petit Cortaillod – ☎ 032 843 44 77 – admin@hotel-le-vaisseau.ch – Fax 032 843 44 75 – fermé 22 décembre - 6 janvier

22 ch ☕ – †120/130 CHF ††180/230 CHF – ½ P +40 CHF – **Rest** – (17 CHF) Menu 30/140 CHF – Carte 37/99 CHF

◆ Entre lac et vignoble, bâtisse hôtelière tenue par la même famille depuis 1914. Chambres de bon confort, fitness neuf et terrasses. Table classico-traditionnelle complétée par une véranda d'été tournée vers le lac. Cuvée issue des vignes de la maison.

Le Chalet

15 r. Chanélaz – ☎ 032 843 42 42 – info@lechalet.ch – Fax 032 843 42 43 – fermé 22 décembre - 13 janvier, lundi midi et dimanche

17 ch ☕ – †125/135 CHF ††180/200 CHF – ½ P +36 CHF – **Rest** – (17 CHF) Menu 48/89 CHF – Carte 44/95 CHF

◆ Hôtellerie familiale établie dans un quartier tranquille et composée de deux chalets engageants où se répartissent des chambres assez amples et dotées d'une bonne literie. Repas traditionnel dans une salle à manger classiquement aménagée.

Le Buffet d'un Tram

3 av. François-Borel – ☎ 032 842 29 92 – info@buffetduntram.ch – Fax 032 845 04 14 – fermé Noël et Nouvel An

Rest – (17 CHF) – Carte 44/85 CHF

◆ Table entièrement rénovée, dont l'orientation culinaire ne manque pas d'éclectisme : perches, homards, fruits de mer et produits terrestres. Terrasse d'été invitante.

COSSONAY – Vaud (VD) – 552 D9 – 2 558 h. – alt. 565 m – ✉ 1304 6 B5

Bern 100 – Lausanne 20 – Fribourg 88 – Genève 69 – Yverdon-les-Bains 31

Le Cerf (Carlo Crisci)

10 r. du Temple – ☎ 021 861 26 08 – lecerf@swissonline.ch – Fax 021 861 26 27 – fermé 23 décembre - 7 janvier, 13 juillet - 5 août, mardi midi, dimanche et lundi

Rest – Menu 85 CHF (déj.)/240 CHF – Carte 128/196 CHF

Rest *La Fleur de Sel* – (19,50 CHF) Menu 55/95 CHF – Carte 61/107 CHF

Spéc. Ciselé de féra et son caviar en velours de l'égopode. Cannelloni de foie gras de canard. Filet de porc ibérique. **Vins** Féchy, Gamaret

◆ Maison du 16e s. mariant harmonieusement décor ancien (salle rythmée de piliers et garnie de sièges Louis XIII) et cuisine innovante. Du plaisir pour les yeux autant que pour les papilles. Recettes régionales et ambiance bistrotière agréable à la Fleur de Sel.

COURGENAY – Jura (JU) – 551 H4 – 2 062 h. – alt. 488 m – ✉ 2950 2 C3

Bern 92 – Delémont 24 – Basel 51 – Biel 51 – Montbéliard 38

De la Gare

2 r. de la Petite-Gilberte – ✆ 032 471 22 22 – petitegilberte@bluewin.ch – Fax 032 471 22 12 – fermé 2 - 21 janvier

6 ch – †85 CHF ††150 CHF

Rest *La Petite Gilberte* – *(fermé dimanche et lundi)* (16 CHF) Menu 38/65 CHF – Carte 33/80 CHF

◆ Face à la gare, établissement aux chambres personnalisées, quelquefois dotées de meubles anciens. Pour plus d'agrément, réservez celle de Gilberte. Cette ancienne chanteuse du pays prête aussi son nom à la brasserie de l'hôtel. Belle terrasse arrière au calme.

Boeuf avec ch

7 r. de l'Eglise – ✆ 032 471 11 21 – hotel_boeuf@bluewin.ch – Fax 032 471 12 89 – fermé 5 - 20 février, 8 - 15 octobre, mardi et mercredi

11 ch – †65 CHF ††120 CHF – **Rest** – (17 CHF) Menu 48 CHF (déj.)/82 CHF – Carte 53/92 CHF

◆ Elle fait un "effet bœuf", l'enseigne de cette affaire familiale dont la façade rose se dresse au milieu du village. Préparations au goût du jour ; menus soignés.

COURTION – Fribourg (FR) – 552 H8 – alt. 581 m – ✉ 1721 2 C4

Bern 45 – Fribourg 13 – Neuchâtel 43 – Lausanne 77

Auberge de l'Etoile

Au Village 21 – ✆ 026 475 41 21 – Fax 026 475 41 24 – fermé 3 - 13 février, 27 juillet - 20 août, lundi et mardi

Rest – (16 CHF) Menu 52 CHF – Carte 41/98 CHF

◆ Deux frères tiennent cette table sympathique occupant l'ex-auberge communale d'un tout petit village agricole. Joli décor provençal dans la salle non-fumeurs. Carte actuelle.

COUVET – Neuchâtel (NE) – 552 E7 – 2 703 h. – alt. 734 m – ✉ 2108 1 B4

Bern 79 – Neuchâtel 27 – La Chaux-de-Fonds 39 – Morteau 32 – Pontarlier 29 – Yverdon-les-Bains 39

L'Aigle

rest,

27 Grand-Rue – ✆ 032 864 90 50 – info@gout-region.ch – Fax 032 863 21 89

19 ch – †125 CHF ††185 CHF – ½ P +35 CHF – **Rest** – *(fermé dimanche soir)* (16 CHF) Menu 35/65 CHF – Carte 41/74 CHF

◆ À mi-chemin de Neuchâtel et de la frontière française, maison ancienne disposant de chambres standard d'ampleur très respectable. Terrasse ensoleillée. Élégante table traditionnelle avoisinant prés et forêt. Le souci de faire bon et bien anime les fourneaux.

Le rouge est la couleur de la distinction : nos valeurs sûres !

CRANS-MONTANA – Valais (VS) – 552 J11 – 7 000 h. – alt. 1 495 m – Sports d'hiver : 1 500/3 000 m 6 17 – ✉ 3963 7 D6

Bern 182 – Sion 25 – Brig 58 – Martigny 54 – Sierre 14

Crans-Montana Tourisme, 7 r. Centrale, ✆ 027 485 04 04, information@crans-montana.ch, Fax 027 485 04 61 AZ

Crans-Montana Tourisme, avenue de la Gare, ✆ 027 485 04 04, information@crans-montana.ch, Fax 027 485 04 60 BY

✆ 027 485 97 97

Site★★

Bella Lui★★★ par télécabine AY

Manifestations locales : 12.01 - 14.01 : Festival international de montgolfières

CRANS-MONTANA

Centrale (R.) . . . . AZ 3
Chorecrans (Rte de) . . . . BY 4
Comba (Rte de la) . . . . BY 6
Crête du Louché (Rte de la) . . . . BY 7
Ehanoun (R. de l') . . . . AZ 9
Elysée Bonvin (R.) . . . . AZ 10
Fleurs des Champs (Rte de) . . . . ABZ 12
Gare (Av. de la) . . . . BY 13
Grand-Place (R. du) . . . . AZ 15
Louis Antille (R.) . . . . BY 16
Petit Signal (Rte du) . . . . BY 18
Pont du Diable (R. du) . . . . AZ 19
Prado (R. du) . . . . AZ 21
Sommets de Crans (Rte des) . . . . BZ 22
Théodore Stéphani (R.) . . . . BY 24
Transit (Rte du) . . . . BY 25

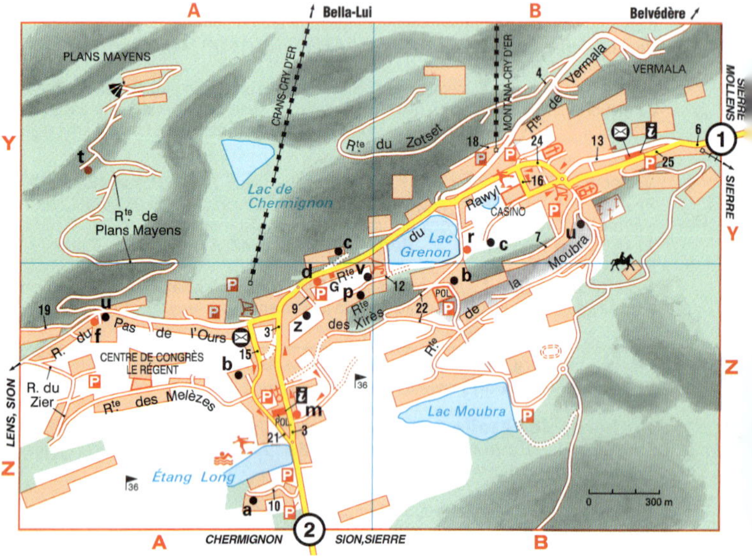

Grand Hôtel du Golf

ch, rest, VISA AE

rue Elysée Bonvin – ✆ 027 485 42 42 – info@grand-hotel-du-golf.ch – Fax 027 485 42 43 – fermé début octobre - début décembre et 15 avril - 1er juin

AZ a

72 ch – 480/750 CHF 480/750 CHF – 8 suites – ½ P +60 CHF – **Rest** – Menu 45 CHF (déj.)/70 CHF – Carte 72/146 CHF

◆ L'un des plus anciens fleurons de l'hôtellerie locale. Salons cossus, bar feutré, piscine convertible en salle de banquets, grandes chambres et suites tournées vers le golf. Vaste restaurant aux tables dressées avec soin ; choix classique étendu.

Royal

ch, rest, VISA AE

10 r. de l'Ehamoun – ✆ 027 485 95 95 – info@hotel-royal.ch – Fax 027 485 95 85 – fermé fin septembre - mi-décembre et 30 avril - 15 juin

AZ z

50 ch – 200/340 CHF 360/560 CHF – 4 suites – ½ P +60 CHF – **Rest** – Menu 70/100 CHF – Carte 72/150 CHF

◆ Dans un magnifique site valaisan, palace dont l'intérieur conjugue charme et raffinement. Salons feutrés. Chambres cossues garnies de meubles de style. Beau restaurant confortablement installé. Savoureux répertoire culinaire classique.

Aïda Castel

ch, rest, VISA AE

1 ch. du Bethania – ✆ 027 485 41 11 – info@aida-castel.ch – Fax 027 481 70 62

BZ b

60 ch – 130/280 CHF 250/460 CHF – ½ P +40 CHF

Rest *La Hotte* – Menu 50/100 CHF – Carte 49/110 CHF

◆ La convivialité valaisanne vous accompagnera dans ce typique double chalet aux chambres modernes ou montagnardes. Piscine extérieure chauffée. Cuisine classique française servie au coin du feu à La Hotte.

Lindner Golfhotel Rhodania rest, P VISA MC AE

7 r. du Rhodania – 027 486 92 92 – info.rhodania@lindnerhotels.ch – Fax 027 486 92 93 – fermé fin septembre - mi-décembre et fin mars - 20 juin AZ **b**

42 ch – 109/199 CHF 189/449 CHF – ½ P +50 CHF – **Rest** – (22 CHF) Menu 45 CHF (déj.)/130 CHF – Carte 62/105 CHF

◆ Agencement intérieur de style Art déco en cet hôtel doté de chambres personnalisées et très bien équipées. Le soir, un piano-bar invite à la détente. Deux salles de restaurant : l'une d'esprit rustique et l'autre plus classique, à l'image de la carte.

Alpina et Savoy ch, rest, P VISA MC AE

15 rte de Rawyl – 027 485 09 00 – info@alpinasavoy.ch – Fax 027 485 09 99 – fermé mi-septembre - mi-décembre et 15 avril - 15 juin AY **c**

45 ch – 170/230 CHF 280/420 CHF – ½ P +55 CHF – **Rest** – Menu 32 CHF (déj.)/68 CHF – Carte 65/94 CHF

◆ Cet hôtel s'agrémentant d'un jardin arboré vous héberge dans de pimpantes chambres pourvues de meubles en bois clair. Belle piscine et installations de remise en forme. Chaleureuses salles à manger se partageant deux étages. Cuisine d'aujourd'hui.

Grand Hôtel du Parc montagnes, ch, rest, P VISA MC AE

5 rte du Parc – 027 481 41 01 – hotel.parc@bluewin.ch – Fax 027 481 53 01 – fermé novembre - mi-décembre BY **c**

71 ch – 105/170 CHF 160/420 CHF – ½ P +45 CHF – **Rest** – *(fermé novembre - mi-décembre et 15 avril - 15 juin)* (28 CHF) Menu 45/65 CHF – Carte 40/102 CHF

◆ Ce havre de paix, bâti au cœur d'un grand parc, surplombe le plateau de Montana : vue inoubliable ! Grandes chambres en constante évolution. Restaurant composé de deux salles à manger : l'une bourgeoise, assez vaste, l'autre rustique, plus chaleureuse.

L'Etrier ch, rest, P VISA MC AE

rue du Pas de l'Ours – 027 485 44 00 – hotel.etrier@bluewin.ch – Fax 027 481 76 10 – fermé mai AZ **u**

51 ch – 160/210 CHF 270/390 CHF – ½ P +30 CHF – **Rest** – (30 CHF) – Carte 47/85 CHF

◆ Deux pimpants chalets communicants composent cet hôtel établi à proximité du Palais des Congrès. Grandes chambres au décor montagnard, avec balcon côté Sud. Belle piscine. Restaurant lambrissé, bar-salon panoramique et carnotzet avec spécialités fromagères.

Helvetia Intergolf P VISA MC AE

8 rte de la Moubra – 027 485 88 88 – info@helvetia-intergolf.ch – Fax 027 485 88 99 – fermé mi-octobre - mi-décembre et 6 avril - 14 juin BY **u**

17 ch (½ P. seulement) – 150/260 CHF 250/420 CHF – 37 suites – ½ P +43 CHF – **Rest** – *(fermé dimanche hors saison) (dîner seulement)* Carte 55/99 CHF

◆ Hôtel établi à proximité du centre et exposé plein Sud. Deux types d'hébergement : chambres de belle ampleur ou appartements-suites rénovés et dotés d'une cuisinette. Lumineuse salle de restaurant avec les montagnes pour toile de fond. Carte traditionnelle.

Le Mont-Paisible vallée et montagnes, AC rest, P VISA MC AE

12 ch. du Mont-Paisible, par ① et route d'Aminona : 2 km – 027 480 21 61 – info@montpaisible.ch – Fax 027 481 77 92

40 ch – 100/155 CHF 160/240 CHF – ½ P +47 CHF – **Rest** – *(fermé dimanche soir, lundi et mardi d'avril à mai et du 7 octobre au 9 décembre)* (22 CHF) Menu 32 CHF (déj.)/47 CHF – Carte 59/108 CHF

◆ L'enseigne n'est assurément pas usurpée ! Spacieuses et paisibles chambres garnies de meubles centenaires et invitant à admirer un paysage grandiose. À table, cuisine au goût du jour et vue imprenable sur la vallée et les reliefs.

Art de Vivre rest, rest,
17 rte de Fleurs des Champs – 027 481 33 12 – art-vivre@bluewin.ch – Fax 027 481 43 84 – fermé fin octobre - début décembre AZ **p**
29 ch – 120/240 CHF 200/340 CHF – ½ P +45 CHF – **Rest** – *(fermé mardi en mai et octobre et lundi)* Carte 56/87 CHF
◆ Hôtel où l'art de vivre se cultive de différentes façons : chambres panoramiques douillettes à choisir au Sud, à l'Est ou à l'Ouest, piscine, fitness, welness et soins. Au restaurant, vue valaisanne, choix succinct à midi et ardoise selon le marché le soir.

Ad'Eldorado ch, rest,
15 rte de Fleurs des Champs – 027 485 98 88 – ad@hoteleldorado.ch – Fax 027 481 95 22 – fermé mi-octobre - mi-décembre et 10 avril - 15 juin
31 ch – 80/210 CHF 150/310 CHF – ½ P +45 CHF – **Rest** – *(dîner seulement)* Carte 44/81 CHF AZ **v**
◆ Accueil et service très soignés dans ce chalet familial bâti hors de l'agitation. Chambres diversement agencées, soins relaxants et jeux d'enfants. Salle à manger montagnarde et terrasse refaites à neuf. Choix traditionnel selon le marché. Vue panoramique.

Hostellerie du Pas de l'Ours avec ch ch,
41 r. du Pas de l'Ours – 027 485 93 33 – pasdelours@bluewin.ch – Fax 027 485 93 34 – fermé mai et novembre AZ **f**
9 ch – 390/790 CHF 390/790 CHF
Rest – *(fermé dimanche soir, mardi midi et lundi)* Menu 65 CHF (déj.)/165 CHF – Carte 110/175 CHF
Rest *Le Bistrot des Ours* – *(fermé mai, novembre, mardi soir, jeudi midi et mercredi)* Carte 62/95 CHF
Spéc. Marmite d'écrevisses à l'ail des ours (printemps). Pigeon laqué aux épices vertes, salsifis aux éclats d'arachide (hiver). "Rouge Cerise" tarte soufflée de thym, citron et cerises (été). **Vins** Ermitage, Humagne Rouge
◆ Vieux chalet valaisan dont la façade en bois contraste avec l'intérieur, smart et moderne. Fine cuisine actuelle personnalisée. Junior suites et junior suites de luxe (tarification en rapport). Cadre rustico-montagnard et choix à l'ardoise au Bistrot des Ours.

La Nouvelle Rôtisserie
6 r. Centrale – 027 481 18 85 – osterino3@bluewin.ch – Fax 027 481 30 22 – fermé 15 - 30 avril, 15 - 30 octobre, dimanche soir et lundi hors saison AZ **m**
Rest – (24 CHF) Menu 58 CHF (déj.)/98 CHF – Carte 60/119 CHF
◆ À l'entrée du golf Jack Nicklaus, restaurant au cadre contemporain estimé pour sa cuisine traditionnelle à composantes méridionales. Mise en place soignée sur les tables.

La Diligence avec ch ch,
56 rte de la Combaz – 027 485 99 85 – info@ladiligence.ch – Fax 027 485 99 88
8 ch – 85/125 CHF 140/175 CHF – **Rest** – (19 CHF) – Carte 40/76 CHF
◆ Les amateurs de gastronomie libanaise trouveront leur bonheur dans ce vieux chalet implanté à l'entrée de la station. Décor plus montagnard qu'oriental. Chambres pour l'étape.

Au Gréni
route des sommets de Crans – 027 481 24 43 – augreni@yahoo.com – fermé mi-novembre - début décembre, 9 - 22 juin et mercredi hors saison BY **r**
Rest – (19,50 CHF) – Carte 48/88 CHF
◆ Sur la route des Sommets de Crans, restaurant envoyant de la cuisine traditionnelle et des spécialités du pays dans un cadre rustique ou sur sa terrasse face au lac Grenon.

Le Thaï
12 rte du Rawyl – 027 481 82 82 – info@le-thai.ch – Fax 027 480 10 64 – fermé novembre, lundi et mardi hors saison AZ **d**
Rest – Carte 50/95 CHF
◆ Ambiance lounge agréablement restituée dans un décor exotico-contemporain à touche rétro. Photos d'art paysager (Arthus Bertrand) projetées en salle. Cuisine thaïlandaise.

à Plans Mayens Nord : 4 km - AY – ✉ 3963 Crans-Montana

X **La Dent Blanche**
– ☎ 027 481 11 79 – Fax 027 481 66 98 – *fermé mi-septembre - début décembre, 13 avril - 13 juin et lundi hors saison* AY t
Rest – Carte 61/94 CHF
◆ Vous n'aurez pas "les crocs" en sortant de ce plaisant restaurant, bénéficiant d'une situation privilégiée en pleine nature ! Plats régionaux et traditionnels.

à Vermala Nord-Est : 1,5 km - BY – alt. 1 680 m – ✉ 3963 Crans-Montana

XX **Cervin**
– ☎ 027 481 21 80 – charly.cottini@tvs2net.ch – Fax 027 480 10 64 – *fermé novembre, lundi et mardi hors saison*
Rest – (30 CHF) Menu 65/85 CHF – Carte 48/114 CHF
◆ Restaurant d'altitude au cadre rustique surmontant une bergerie où l'on mange plus simplement. Un buffet et un barbecue colonisent la terrasse quand perce le soleil dominical.

à Bluche Est : 3 km par ① – alt. 1 263 m – ✉ 3975 Randogne

X **Petit Paradis** avec ch ← Alpes valaisannes,
– ☎ 027 481 21 48 – petit.paradis@netplus.ch – Fax 027 481 02 32 – *fermé 1er - 21 avril*
13 ch – †75 CHF ††140 CHF – **Rest** – (16 CHF) – Carte 36/72 CHF
◆ Ce chalet à l'ambiance familiale scrutant les cimes enneigées comblera vos attentes en matière de restauration et d'hébergement montagnards. Café populaire et table rustique.

CRAP MASEGN – Graubünden – 553 T8 – siehe Laax

CRASSIER – Vaud (VD) – 552 B10 – 769 h. – alt. 470 m – ✉ 1263 6 A6

Bern 141 – Genève 21 – Lausanne 46 – Lons-le-Saunier 90 – Thonon-les-Bains 54

X **Auberge de Crassier**
route de la Rippe – ☎ 022 367 12 01 – Fax 022 367 10 24 – *fermé 23 - 25 décembre, 23 - 31 avril, 9 - 14 septembre, dimanche et lundi*
Rest – (18 CHF) Menu 59 CHF – Carte 45/98 CHF
Rest *Café* – (18 CHF) Menu 59 CHF – Carte 39/80 CHF
◆ Auberge rustique de 1808 où officient un chef breton et son épouse suisse. Choix traditionnel volontiers actualisé et assez poissonneux. Café ancien et terrasse ombragée vous conviant à goûter le menu ou le plat du jour.

CRISSIER – Vaud (VD) – 552 E9 – 6 577 h. – alt. 470 m – ✉ 1023 6 B5

Bern 102 – Lausanne 7 – Montreux 38 – Nyon 45 – Pontarlier 64

XXXX ✿✿✿ **Philippe Rochat**
1 r. d'Yverdon – ☎ 021 634 05 05 – reservations@philippe-rochat.ch – Fax 021 634 24 64 – *fermé 24 décembre - 7 janvier, 26 juillet - 19 août, dimanche et lundi*
Rest – Menu 165 CHF (déj.)/295 CHF – Carte 155/320 CHF ✿
Spéc. Grosses langoustines de casier d'Ayr poêlées, vinaigrette de Toro Albalà et tilleul frit (printemps). Cubisme de morilles des Monts d'Auvergne au jus d'agarics (printemps). Lièvre à la royale (automne).
◆ Derrière une façade ancienne, salles à manger au décor typique des années 1980, offrant les plaisirs d'une cuisine classique raffinée et d'une excellente cave franco-suisse.

Grand luxe ou sans prétention ?
Les X et les 🏠 notent le confort.

La CROIX-DE-ROZON – Genève (GE) – 552 B12 – alt. 483 m – ✉ 1257 6 A6

Bern 174 – Genève 7 – Gex 31 – Saint-Julien-en-Genevois 6

à Landecy Ouest : 3 km – alt. 490 m – ✉ 1257 La Croix-de-Rozon

Auberge de Landecy

37 rte du Prieur – ☎ 022 771 41 41 – info@auberge-de-landecy.ch – Fax 022 771 41 45 – fermé Noël, Nouvel An, 9 - 17 février, 18 - 26 octobre, lundi midi, samedi midi et dimanche

Rest – (19 CHF) Menu 38 CHF (déj.)/94 CHF – Carte 51/104 CHF

◆ Dans un village frontalier charmant, jolie maison du 18e s. abritant une table actuelle au cadre sobre et feutré. Grande terrasse fleurie, salon et caveau pour l'apéritif.

CROY – Vaud (VD) – 552 D8 – 267 h. – alt. 642 m – ✉ 1322 6 B5

Bern 95 – Lausanne 31 – Pontarlier 41 – Yverdon-les-Bains 20

Rôtisserie au Gaulois

3 rte de la Dîme – ☎ 024 453 14 89 – au-gaulois@bluewin.ch – Fax 024 453 12 27 – fermé 7 - 16 janvier, 28 juillet - 13 août, lundi, mardi et mercredi

Rest – (19 CHF) Menu 56/125 CHF – Carte 50/110 CHF

◆ L'âtre en pierre agrémentant cette salle rustique n'est pas seulement décoratif : le chef y grille les viandes sous vos yeux. La carte propose également des plats de poisson.

CULLY – Vaud (VD) – 552 E10 – 1 798 h. – alt. 391 m – ✉ 1096 6 B5

Bern 96 – Lausanne 9 – Montreux 15 – Pontarlier 77 – Yverdon-les-Bains 49

La Gare

2 pl. de la Gare – ☎ 021 799 21 24 – info@lagarecully.ch – Fax 021 799 21 04 – fermé 29 août - 23 septembre, samedi midi et dimanche

Rest – (16 CHF) Menu 69/120 CHF – Carte 69/118 CHF

◆ Restaurant voisinant avec la gare, dont il fit office de salle d'attente. Cuisine classique française servie dans une salle d'aspect traditionnel ou, l'été, sous les parasols.

CURAGLIA – Graubünden (GR) – 553 R9 – Höhe 1 332 m – ✉ 7184 9 H5

Bern 184 – Andermatt 38 – Altdorf 71 – Bellinzona 78 – Chur 66

in Mutschnengia West : 2 km – ✉ 7184 Curaglia

Cuntera ← Val Medel, Zim, Rest,

– ☎ 081 947 63 43 – info@hotel-cuntera.ch – Fax 081 947 57 07

8 Zim – †68/83 CHF ††108/128 CHF – ½ P +25 CHF – **Rest** – *(geschl. 5. - 9. Mai, 4. - 28. November und Dienstag)* (19 CHF) Menü 33 CHF – Karte 32/55 CHF

◆ Sehr ruhig liegt das familiär geführte Haus in einem kleinen Bergdorf oberhalb des Tales - ein guter Ausgangspunkt für Wanderer. Solide und freundlich eingerichtete Zimmer. Eine nette Panoramaterrasse ergänzt das Restaurant.

La CURE – Vaud (VD) – 552 A-B10 – alt. 1 155 m – ✉ 1265 6 A6

Bern 154 – Genève 44 – Lausanne 60 – Nyon 21 – Les Rousses 4

Arbez Franco-Suisse avec ch ch,

2 rte de France – ☎ 022 360 13 96 – hotel.arbez@netgdi.com – Fax (0033) 384 60 08 59

10 ch – †79 CHF ††95 CHF, 12 CHF – ½ P +47 CHF

Rest – *(fermé 3 novembre - 2 décembre, dimanche soir, lundi et mardi)* Menu 47/58 CHF – Carte 64/104 CHF

Rest *Brasserie* – *(fermé 3 novembre - 2 décembre, dimanche soir, lundi soir et mardi soir)* Menu 25 CHF (déj.) – Carte 31/57 CHF

◆ Agréable restaurant familial où l'on vient faire des repas traditionnels. Dans certaines chambres, on dort la tête en Suisse et les pieds en France ! Cuisine bourgeoise et additions sans rondeurs à La Brasserie, dont l'entrée se trouve en territoire helvète.

DALLENWIL – Nidwalden (NW) – 551 O7 – 1 649 Ew – Höhe 486 m – ✉ 6383 4 **F4**

Bern 128 – Luzern 18 – Chur 160 – Zürich 79

Zum Kreuz mit Zim — Rest, P, VISA, MC, AE, D

Städtlistr. 3 – ✆ 041 628 20 20 – Fax 041 628 20 21 – geschl. 2. - 26. Juni

6 Zim – †70/90 CHF ††90/120 CHF – **Rest** – *(geschl. Montag und Dienstag)* (21 CHF) Menü 63 CHF (mittags)/119 CHF – Karte 68/128 CHF

♦ In diesem netten Landgasthof mit seinen gemütlich-rustikalen Stuben bereiten Vater und Sohn zeitgemässe klassische Gerichte. Einfache, aber saubere und günstige Zimmer.

Eine preiswerte und komfortable Übernachtung?
Folgen Sie dem „Bib Hotel".

DAVESCO-SORAGNO – Ticino (TI) – 553 R13 – 1 312 ab. – alt. 393 m – ✉ 6964 10 **H6**

Bern 245 – Lugano 5 – Bellinzona 31 – Locarno 44

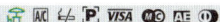

Osteria Gallo d'Oro — A/C, P, VISA, MC, AE, D

via Cantonale 3a, (a Soragno) – ✆ 091 941 19 43 – info@osteriagallodoro.ch – Fax 091 941 00 45 – chiuso 17 giugnio - 1° luglio, Natale 2 settimane, domenica e lunedi

Rist – Carta 43/91 CHF

♦ Sfuggite all'afa estiva e concedetevi un pranzo sotto il fresco pergolato in legno che lascia trasparire i fiori di glicine. Proposte del giorno secondo il mercato.

DAVOS – Graubünden (GR) – 553 X8 – 11 417 Ew – Wintersport : 1 560/2 844 m 11 17 – ✉ 7270 11 **J4**

Bern 271 – Chur 59 – Sankt Moritz 68 – Vaduz 78

Alvaneu Bad, Süd-West : 29 km Richtung Tiefencastel, ✆ 081 404 10 07 ;

Davos, ✆ 081 416 56 34 ;

Klosters, Nord : 11 km an der Selfrangastr. 44, ✆ 081 422 11 33

Lage★★★ – Weissfluhgipfel★★ mit Standseilbahn AY – Schatzalp★ AY – Hohe Promenade★ ABY

Die Zügenschlucht über ③ und die Flüela★★ über ②

Lokale Veranstaltungen :

23.01 - 27.01 : Weltwirtschaftsforum - WEF

26.07 - 09.08 : Davos Festival, junge Artisten aus aller Welt

Stadtplan siehe nächste Seite

DAVOS DORF – Höhe 1 560 m – ✉ 7260 Davos Dorf

Bern 270 – Chur 58 – Bludenz 105 – Mels 58

Davos Tourismus, Bahnhofstr. 7, ✆ 081 415 21 21, info@davos.ch, Fax 081 415 21 00 BY

ArabellaSheraton Hotel Seehof — Zim, VISA, MC, AE, D

Promenade 159 – ✆ 081 417 94 44 – seehof.davos@arabellastarwood.com – Fax 081 417 94 45 – geschl. 6. Oktober - 23. November

114 Zim – †175/385 CHF ††290/670 CHF – 4 Suiten – ½ P +40 CHF BY **a**

Rest *Stübli* – *(geschl. 6. April - 23. November) (nur Abendessen)* Menü 79 CHF – Karte 66/111 CHF

Rest *Paulaner's* – (19,50 CHF) Menü 48 CHF – Karte 35/97 CHF

♦ Ein stilvoller Rahmen erwartet Sie in dem Hotel an der Promenade. Die zeitlos-eleganten Gästezimmer verfügen grösstenteils über einen Balkon mit Bergblick. Ein Täfer aus Arvenholz ziert das schöne Stübli - mit Wintergarten.

Zauberberg (Suitenhotel) garni — VISA, MC, AE, D

Salzgäbastr. 5 – ✆ 081 417 17 17 – zauberberg@bluewin.ch – Fax 081 417 17 99 – geschl. 7. April - Ende November BY **n**

13 Zim – †550/890 CHF ††550/890 CHF

♦ Klein aber fein ist diese sehr gepflegte Adresse, benannt nach dem Roman von Thomas Mann. Luxuriöse und moderne Suiten, meist auch mit Cheminée, erwarten den Gast.

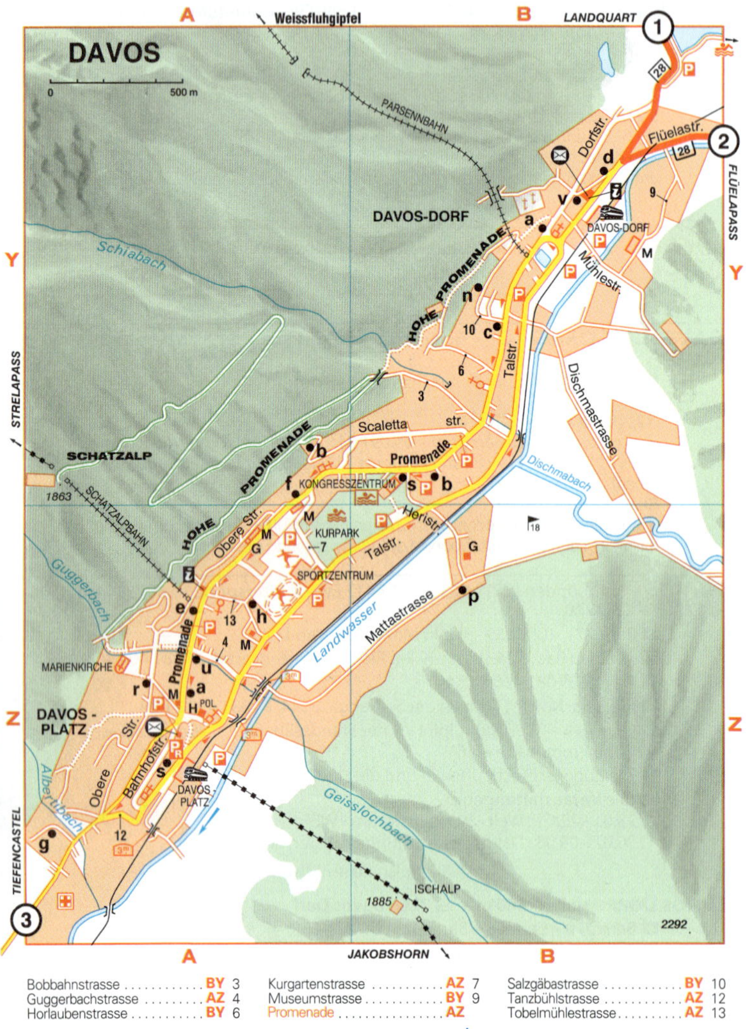

Bobbahnstrasse . . . . BY 3	Kurgartenstrasse . . . . AZ 7	Salzgäbastrasse . . . . BY 10
Guggerbachstrasse . . . . AZ 4	Museumstrasse . . . . BY 9	Tanzbühlstrasse . . . . AZ 12
Horlaubenstrasse . . . . BY 6	Promenade . . . . AZ	Tobelmühlestrasse . . . . AZ 13

Flüela Rest,

Bahnhofstr. 5 – ✆ 081 410 17 17 – hotel@fluela.ch – Fax 081 410 17 18 – geschl. 13. April - 29. November BY **v**

59 Zim – 🚹220/415 CHF 🚹🚹480/770 CHF – 10 Suiten – ½ P +45 CHF

Rest *Stübli und Flüela Post* – (26 CHF) Menü 45 CHF (mittags)/135 CHF – Karte 76/126 CHF

♦ Ein Haus mit Tradition, das bereits 1868 als Pension erbaut wurde. Man bietet unterschiedliche Zimmerkategorien sowie die kleine Saunalandschaft Oasis. Gemütlich ist das mit hellem Holz vertäfelte Stübli. Gediegen: Flüela Post mit Holzdecke und Wandmalereien.

Meierhof Rest,
Promenade 135 – 081 416 82 85 – info@meierhof.ch – Fax 081 416 39 82 – geschl. 6. April - 23. Mai und 5. Oktober - 28. November BY c
67 Zim – 135/330 CHF 240/480 CHF – 9 Suiten – ½ P +35 CHF – **Rest** – *(geschl. Montag im Sommer)* (24 CHF) Menü 39 CHF (mittags)/85 CHF – Karte 44/109 CHF
◆ Nahe dem Dorfzentrum finden Sie den Meierhof, ein modern-rustikales Haus mit freundlichen, hellen Zimmern, Freizeitbereich und hübschem Garten. Rustikal und zugleich modern zeigt sich auch der gastronomische Bereich.

Turmhotel Victoria Zim, Rest,
Alte Flüelastr. 2 – 081 417 53 00 – hotel@victoria-davos.ch – Fax 081 417 53 80 – geschl. 6. April - 1. Mai und 12. Oktober - 22. November
76 Zim – 128/238 CHF 216/436 CHF – 5 Suiten – ½ P +38 CHF BY d
Rest *La Terrasse* – (19 CHF) Menü 34/96 CHF – Karte 52/103 CHF
◆ Die nicht alltägliche Architektur des Turmhotels verbirgt im Inneren Zimmer, die mit edlem, in unterschiedlichen Farben gehaltenem Mobiliar nett eingerichtet sind. La Terrasse - als Wintergarten angelegt - verbindet die beiden Hotelgebäude.

DAVOS PLATZ – Höhe 1 540 m – 7270 Davos Platz

Bern 273 – Chur 61 – Bludenz 108 – Mels 61

Davos Tourismus, Promenade 67, 081 415 21 21, info@davos.ch, Fax 081 415 21 00 AZ

Steigenberger Belvédère Zim, Rest,
Promenade 89 – 081 415 60 00 – davos@steigenberger.ch – Fax 081 415 60 01 – geschl. 6. April - 8. Juni und 19. Oktober - 16. November AY f
119 Zim – 250/298 CHF 500/596 CHF – 8 Suiten – ½ P +25 CHF
Rest *Romeo und Julia / Trattoria* – *(geschl. Montag) (nur Abendessen)* Karte 43/94 CHF
Rest *Bistro Voilà* – Karte 43/86 CHF
◆ Aus dem Jahre 1875 stammt dieser imposante Bau. Neben meist elegant gestalteten Zimmern zählt auch die schöne Aussicht zu den Annehmlichkeiten des Hauses. Auf einer Galerie liegt das Romeo und Julia mit gediegener Atmosphäre und italienischer Speisekarte.

Waldhotel Davos Davos und Berge,
Buolstr. 3 – 081 415 15 15 – info@waldhotel-davos.ch – Fax 081 415 15 16 – geschl. 13. April - 21. Juni und 26. Oktober - 29. November AY b
50 Zim – 120/255 CHF 200/480 CHF – ½ P +35 CHF
Rest Mann und Co – separat erwähnt
◆ Ruhig liegt dieses Haus oberhalb des Dorfes - Thomas Mann wurde hier zu seinem Roman "Der Zauberberg" inspiriert. Einige neuere Zimmer sind besonders komfortabel und modern.

ArabellaSheraton Hotel Waldhuus
Mattastr. 58 – 081 417 93 33 – waldhuus.davos@arabellasheraton.com – Fax 081 417 93 34 – geschl. 31. März - 30. Mai BZ p
88 Zim – 160/420 CHF 250/760 CHF – 6 Suiten – ½ P +45 CHF – **Rest** – (22 CHF) Menü 65 CHF (abends) – Karte 61/114 CHF
◆ Eine grosszügige Lobby und komfortable, modern-rustikale Zimmer in hellem Naturholz und frischen Farben zeichnen dieses attraktive Hotel aus. Etwas gehobener: der Neubau. Gemütlich gestaltetes Restaurant.

Morosani Schweizerhof Rest,
Promenade 50 – 081 415 55 00 – schweizerhof@morosani.ch – Fax 081 415 55 01 – geschl. Mitte April - Mitte Mai und Mitte Oktober - Mitte November AZ u
80 Zim – 140/210 CHF 280/500 CHF – 6 Suiten – ½ P +30 CHF – **Rest** – Menü 56 CHF (abends) – Karte 60/121 CHF
◆ Bereits in der 5. Generation leitet Familie Morosani das Hotel im Zentrum von Davos. Die Gästezimmer sind meist mit Arvenholzmöbeln wohnlich eingerichtet. Moderner Barbereich.

Morosani Posthotel Rest, P VISA MC AE
Promenade 42 – 081 415 45 00 – posthotel@morosani.ch – Fax 081 415 45 01 – geschl. 13. April - 8. Juni und 19. Oktober - 29. November AZ **a**
90 Zim – 135/245 CHF 270/480 CHF – ½ P +30 CHF –
Rest – Karte 60/107 CHF
◆ Wo einst Kutschenpferde gewechselt wurden, beherbergt man heute Gäste in behaglichen Zimmern, die meist über einen kleinen Wohnbereich verfügen. Restaurant mit Bündner Atmosphäre.

Kongress Hotel Davos Zim, Rest, P VISA MC AE
Promenade 94 – 081 417 11 22 – info@hotelkongress.ch – Fax 081 417 11 23 BY **s**
80 Zim – 155/240 CHF 270/440 CHF – ½ P +30 CHF – **Rest** – *(geschl. Mitte April - 25. Mai, Anfang Oktober - 25. November und Montag von Mai bis Juni)* Karte 37/114 CHF
◆ Das Hotel befindet sich neben dem Kongresszentrum. Es stehen komfortabel und modern eingerichtete Gästezimmer zur Verfügung. Mit Internetcorner in der Lobby.

Europe VISA MC AE
Promenade 63 – 081 415 41 41 – europe@bluewin.ch – Fax 081 415 41 11 AZ **e**
64 Zim – 125/220 CHF 210/400 CHF – ½ P +35 CHF
Rest *Zauberberg* – *(geschl. 28. April - 6. Juni und Montag - Dienstag von Juni bis November) (nur Abendessen)* Menü 45/60 CHF (abends) – Karte 43/86 CHF
Rest *Scala* – (19 CHF) – Karte 32/86 CHF
◆ Im Zentrum befindet sich das älteste Hotel des Ortes. Die Zimmer sind unterschiedlich eingerichtet, teils mit Loggia. Kasinozugang im Haus. Zauberberg ist ein chinesisches Restaurant im 1. Stock. Das Scala ist im Brasserie-Stil gehalten.

National Zim, Zim, Rest, P VISA MC AE
Obere Strasse 31 – 081 415 10 10 – national-davos@bluewin.ch – Fax 081 415 10 00 – geschl. Mai, Oktober und November AZ **r**
66 Zim – 120/175 CHF 230/370 CHF – ½ P +15 CHF – **Rest** – (24 CHF) Menü 54/125 CHF (abends) – Karte 44/99 CHF
◆ In diesem traditionsreichen Haus erwarten Sie wohnliche Gästezimmer unterschiedlicher Kategorien - auf der Südseite mit grossem Balkon.

Terminus Rest, P VISA MC AE
Talstr. 3 – 081 414 97 97 – hotel@bahnhof-terminus.ch – Fax 081 414 97 98 AZ **s**
54 Zim – 95/165 CHF 170/330 CHF – ½ P +25 CHF
Rest *Zum Goldenen Drachen* – Menü 45/59 CHF – Karte 43/79 CHF
Rest *Veltlinerstube* – (19 CHF) – Karte 45/98 CHF
◆ Das Haus liegt direkt gegenüber dem Bahnhof. Die Gästezimmer sind solide möbliert und unterscheiden sich in der Grösse; teilweise bieten sie einen Balkon. Der Goldene Drachen zeigt sich typisch chinesisch. Heimelig: die Veltlinerstube.

Crystal VISA MC
Eisbahnstr. 2 – 081 414 01 01 – hotelcrystal@bluewin.ch – Fax 081 414 01 00 – geschl. 15. April - 15. Juni AZ **h**
27 Zim – 105/175 CHF 192/284 CHF – ½ P +30 CHF – **Rest** – *(im Winter nur Abendessen)* (19 CHF) Menü 68 CHF (abends) – Karte 55/103 CHF
◆ Das familiär geleitete Hotel bietet zeitgemäss und wohnlich mit Arvenholzmobiliar ausgestattete Gästezimmer, die alle über einen Balkon verfügen. Hell und freundlich gestaltetes Restaurant.

Casanna Rest, P VISA MC AE
Alteinstr. 6 – 081 417 04 04 – info@casanna.ch – Fax 081 417 04 00 – geschl. 13. April - 1. Juni und 12. Oktober - 29. November BY **b**
26 Zim – 110/155 CHF 170/300 CHF – ½ P +30 CHF – **Rest** – *(nur für Hausgäste)*
◆ Ein zentral gelegenes Hotel mit familiärer Atmosphäre und netten, gepflegten Gästezimmern. Schön sind die 3 Zimmer im 4. Stock mit toller Aussicht.

Larix Rest,
Obere Albertistr. 9 – 081 413 11 88 – info@hotel-larix.ch – Fax 081 413 33 49 – geschl. 10. April - 6. Juli und 10. Oktober - 23. November AZ **g**

20 Zim – 100/150 CHF 200/300 CHF – ½ P +30 CHF – **Rest** – *(geschl. Dienstag im Sommer und Mittwoch) (nur Abendessen)* Karte 48/101 CHF

◆ In ruhiger und erhöhter Lage am Ortsausgang finden Sie dieses Chalet-Hotel. Die Zimmer sind unterschiedlich eingerichtet - die Hälfte mit Balkon. Das Restaurant ist nett als Wintergarten angelegt.

Mann und Co – Waldhotel Davos Davos und Berge,
Buolstr. 3 – 081 415 15 15 – info@waldhotel-davos.ch – Fax 081 415 15 16 AY **b**

Rest – *(geschl. 7. April - 10. Juli, 19. Oktober - 13. Dezember, Sonntag bis Mittwoch im Sommer und Dienstag im Winter) (nur Menü)* (28 CHF) Menü 34 CHF (mittags)/135 CHF

◆ Ein ganz moderner Stil und angenehm helle, warme Farbtöne bestimmen das Ambiente in diesem Restaurant. Das Speisenangebot ist zeitgemäss ausgelegt.

auf dem Weissfluhgipfel ab Davos-Dorf BY mit Standseilbahn und Gondelbahn erreichbar – Höhe 2 844 m – ✉ 7260 Davos Dorf

Bruhin's Weissfluhgipfel Bündner Alpen,
– 081 417 66 44 – info@gourmetdavos.ch – Fax 081 417 66 40 – geschl. 14. April - 29. November

Rest – *(nur Mittagessen) (Tischbestellung ratsam)* Karte 53/127 CHF

◆ Einmalig ist die Lage dieses Gipfelrestaurants in über 2800 m Höhe, phantastisch die Aussicht auf die Bergwelt. Reservieren Sie einen Fensterplatz!

in Wolfgang über ① : 4 km – Höhe 1 629 m – ✉ 7265 Davos-Wolfgang

Kulm Rest,
Prättigauerstr. 32 – 081 417 07 07 – info@kessler-kulm.ch – Fax 081 417 07 99

40 Zim – 72/159 CHF 144/318 CHF – ½ P +25 CHF – **Rest** – (19 CHF) Menü 48 CHF (abends) – Karte 40/78 CHF

◆ Das Hotel befindet sich an der Durchgangsstrasse, am Ende der Parsenn Skiregion. Mit Landhausmobiliar eingerichtete Gästezimmer stehen hier zur Verfügung. Im Restaurant wie auch auf der Terrasse serviert man bürgerliche Speisen.

in Sertig Dörfli Süd-Ost über ③ : 9 km – ✉ 7272 Davos Clavadel

Walserhuus Berge, Rest, Rest, Rest,
Sertigstr. 34, Süd: 1km – 081 410 60 30 – walserhuus@swissonline.ch – Fax 081 410 60 35

10 Zim – 115 CHF 180 CHF – ½ P +30 CHF – **Rest** – (21 CHF) – Karte 49/88 CHF

◆ Das am Ende eines Hochtales gelegene kleine Hotel besticht mit seiner netten rustikalen Einrichtung und einer traumhaften Sicht auf die umgebenden Berge. Zum Restaurant gehören das besonders gemütliche Arvenstübli und die Gartenterrasse.

DEGERSHEIM – Sankt Gallen (SG) – 551 T5 – 3 952 Ew – Höhe 799 m – ✉ 9113 5 H2

Bern 197 – Sankt Gallen 18 – Konstanz 50 – Winterthur 62

Wolfensberg
– 071 370 02 02 – info@wolfensberg.ch – Fax 071 370 02 04

28 Zim – 115 CHF 158/178 CHF – ½ P +35 CHF – **Rest** – (19 CHF) Menü 42 CHF (mittags)/48 CHF – Karte 43/99 CHF

◆ Das Haus liegt ruhig auf einem Hügel am Ortsrand. Die Zimmer sind im Anbau mit Kiefernholzmobiliar, im Haupthaus mit hellem funktionellem Einbaumobiliar ausgestattet. Eine einfache Gaststube und ein Speisesaal mit Terrasse bilden den gastronomischen Bereich.

Gute Küche zu günstigem Preis? Folgen Sie dem „Bib Gourmand".

DELÉMONT C – Jura (JU) – 551 I5 – 11 353 h. – alt. 413 m – ✉ 2800 2 D3

Bern 90 – Basel 42 – Montbéliard 62 – Solothurn 36

Jura Tourisme, 9 pl. de la Gare, ✆ 032 420 47 71, delemont@juratourisme.ch, Fax 032 420 47 81

Manifestations locales :

13.09 - 14.09 : Fête du Peuple

26.09 - 28.09 : Notes d'Equinoxe, Festival musical, traditions musicales du monde entier

National
ch, VISA MC AE D

25 rte de Bâle – ✆ 032 422 96 22 – reservation@lenational-hotel.ch – Fax 032 422 39 12 – fermé 24 décembre - 5 janvier

27 ch – 115/130 CHF 170/190 CHF – ½ P +27 CHF – **Rest** – *(fermé dimanche)* (18 CHF) Menu 50 CHF – Carte 42/83 CHF

◆ Bâtisse des années 1970 vous logeant dans des chambres fonctionnelles fraîches et nettes. Sauna, salles de réunions et brasserie. Au restaurant, carte vivant avec son temps et cuisinière donnant toute la mesure de son savoir-faire dans les recettes de poisson.

La Bonne Auberge
rest, VISA MC AE

32 r. du 23 Juin, (accès piétonnier) – ✆ 032 422 17 58 – Fax 032 422 48 28 – fermé 1er - 7 janvier et 21 - 27 juillet

7 ch – 120 CHF 170/180 CHF – ½ P +25 CHF – **Rest** – *(fermé dimanche soir et lundi)* (19 CHF) Menu 49/80 CHF – Carte 49/87 CHF

◆ Avenante maison séculaire, située dans une rue piétonne de la vieille ville. Les chambres, assez cossues, sont contemporaines et spacieuses. Cuisine traditionnelle servie à l'étage. Au rez-de-chaussée, le café propose une restauration simple et rapide.

La Tour Rouge
VISA MC

10 rte de Porrentruy – ✆ 032 422 12 18 – tour_rouge@bluewin.ch – Fax 032 423 11 94

12 ch – 110/120 CHF 150/160 CHF – ½ P +30 CHF – **Rest** – *(fermé 14 juillet - 11 août, samedi midi, dimanche et fériés)* (17 CHF) – Carte 36/84 CHF

◆ Le nom de l'auberge est emprunté à une tour de défense de la ville, jadis peinte en rouge. Elle met à votre disposition des chambres modernes bien équipées. Restaurant-rôtisserie courtisé des amateurs de grillades au feu de bois.

City
ch, ch, VISA MC AE

38 rte de Bâle – ✆ 032 422 83 28 – reservation@hotelcitydelemont.com – Fax 032 422 83 27 – fermé 21 juillet - 3 août

12 ch – 97/105 CHF 140/170 CHF – ½ P +25 CHF

Rest *Le Bambou* – *(fermé dimanche)* (18 CHF) Menu 28 CHF (déj.)/52 CHF – Carte 36/57 CHF

◆ Hébergement fiable situé à proximité de la gare et du centre-ville. Chambres fonctionnelles bien calibrées. Terrasse couverte. Honorable restaurant chinois où assouvir votre faim d'exotisme.

XX Du Midi - Salle à manger avec ch
AC rest, VISA MC AE D

10 pl. de la Gare – ✆ 032 422 17 77 – sedem94@bluewin.ch – Fax 032 423 19 89 – fermé 12 - 26 mars, 10 - 24 septembre, mardi soir et mercredi

7 ch – 95 CHF 140 CHF – ½ P +20 CHF

Rest – Menu 90/125 CHF – Carte 69/107 CHF

Rest *Restaurant* – (18 CHF) – Carte 46/104 CHF

◆ Deux formules de repas se côtoient à cette enseigne. Salle à manger misant sur les classiques culinaires français. Restaurant fidèle à la tradition, dont le choix et la sagesse des prix ne laissent pas indifférent. Chambres proprettes pour l'étape nocturne.

à Soyhières Nord-Est : 3 km par route de Bâle – alt. 405 m – ✉ 2805 Soyhières

Le Cavalier
ch, VISA MC AE

1 r. du Vorbourg – ✆ 032 422 32 33 – Fax 032 422 32 43 – fermé 25 - 29 décembre et 2 - 3 janvier

15 ch – 98 CHF 160 CHF – **Rest** – (17 CHF) Menu 57/98 CHF – Carte 51/90 CHF

◆ En bordure de route, hôtel actuel aux chambres sobres et modernes ; la n° 15 fait exception avec ses meubles régionaux en bois peint. Plus de calme à l'arrière. Salles à manger rustiques dont une véranda ouvrant sur la terrasse et son étang. Cuisine du moment.

Les DIABLERETS – Vaud (VD) – 552 H11 – alt. 1 155 m – Sports d'hiver : 1 151/2 120 m 3 25 – ✉ 1865 7 C6

Bern 126 – Montreux 38 – Aigle 22 – Gstaad 21 – Lausanne 66 – Martigny 50 – Sion 75

Diablerets Tourisme, Maison du Tourisme, ✆ 024 492 33 58, info@diablerets.ch, Fax 024 492 23 48

site★★

Sex Rouge★★★ : panorama★★★ Est : 4 km et téléphérique – Glacier des Diablerets★★ Est

Manifestations locales :

janvier - mars : Festival Musique et Neige

une semaine en août : Festival International du Film Alpin et de l'Environnement

Eurotel Victoria

chemin du Vernex – ✆ 024 492 37 21 – lesdiablerets@eurotel-victoria.ch – Fax 024 492 23 71 – fermé 31 octobre - 22 décembre et 7 avril - 20 mai

101 ch – 119/258 CHF 266/396 CHF – ½ P +20 CHF – **Rest** – Menu 49/75 CHF (dîner) – Carte 55/65 CHF

◆ Cette bâtisse moderne bien équipée pour les séminaires renferme de spacieuses chambres souvent dotées d'un balcon jouissant d'une typique vue alpine. Salle de restaurant relookée dans l'esprit montagnard. Carte au goût de Monsieur Tout-le-monde.

Diablerets

rue des Ormonts – ✆ 024 492 09 09 – hotel@diablerets.com – Fax 024 492 23 91 – fermé mi-avril - mi-juin et mi-octobre - mi-décembre

54 ch – 160/185 CHF 260/310 CHF – ½ P +45 CHF – **Rest** – (19 CHF) Menu 45 CHF – Carte 45/106 CHF

◆ Hôtel de type chalet moderne établi au cœur de la station, près de l'entrée des pistes. Communs amples et feutrés, chambres bien tenues et grande piscine couverte.

Hostellerie Les Sources

ch, ch, rest,

chemin du Vernex – ✆ 024 492 01 00 – sleep@hotel-les-sources.ch – Fax 024 492 01 69 – fermé 6 avril - 25 mai

48 ch – 94/140 CHF 138/226 CHF – ½ P +35 CHF – **Rest** – *(fermé 5 avril - 14 juin et le midi du 31 octobre au 20 décembre)* (17 CHF) Menu 40 CHF – Carte 48/73 CHF

◆ Un ruisseau frémissant longe ce chalet propice à une mise au vert. Nombreuses chambres familiales pourvues d'un mobilier en pin. Salons aux étages. Terrasse d'été ensoleillée. Une petite carte traditionnelle est présentée au restaurant.

Le Chamois sans rest

rue de la Gare – ✆ 024 492 02 02 – lechamois@diablerets.com – Fax 024 492 26 06 – fermé 6 avril - mi-juin

52 ch – 105/140 CHF 160/200 CHF

◆ Chambres chaleureuses et cosy réparties sur quatre étages d'un imposant chalet situé au cœur de ce joli village de montagne. Balcons ménageant un beau panorama.

Auberge de la Poste

rue de la Gare – ✆ 024 492 31 24 – info@aubergedelaposte.ch – Fax 024 492 12 68 – fermé 2 semaines avril

Rest – (19 CHF) – Carte 33/78 CHF

◆ De Victor Hugo à David Bowie, on ne compte plus les célébrités conquises par ce pittoresque chalet et sa superbe façade fleurie. Généreuse cuisine aux accents régionaux.

à Vers-l'Église Ouest : 2 km par route de Leysin – alt. 1 136 m – ✉ 1864 Vers-l'Eglise

Auberge de l'Ours avec ch

– ✆ 024 492 44 00 – info@aubergedelours.ch – Fax 024 492 44 01 – fermé 7 avril - 8 mai et mi-novembre - mi-décembre

6 ch – 90 CHF 160 CHF – ½ P +30 CHF – **Rest** – *(fermé mardi et mercredi en basse saison)* (19 CHF) Menu 49/78 CHF – Carte 42/92 CHF

◆ Beau grand chalet dont l'intérieur a été totalement repensé. Cuisine "terroir" : plats simples à midi et repas plus élaboré le soir. Partie carnotzet et chambres bien conçues.

DIELSDORF – Zürich (ZH) – 551 P4 – 4 882 Ew – Höhe 429 m – ✉ 8157 4 F2

Bern 127 – Zürich 22 – Baden 16 – Schaffhausen 36 – Winterthur 35

Lägern Otelfingen, Nord-Ost : 12 km, ✆ 044 846 68 18

Löwen Zim, Zim, Rest, VISA

Hinterdorfstr. 21 – ✆ 044 855 61 61 – loewen.dielsdorf@bluewin.ch – Fax 044 855 61 62 – geschl. 19. Juli - 3. August

35 Zim – 110/165 CHF 145/225 CHF – **Rest** – *(geschl. Sonntag)* (20 CHF) Menü 60 CHF (abends) – Karte 42/98 CHF

◆ Der renovierte Gasthof aus dem 13 Jh. ist eine gut gepflegte Unterkunft - fragen Sie nach den Zimmern im Anbau mit hellem Parkettboden und hübschem Holzmobiliar. Die helle, freundliche Taverne dient als A-la-carte-Restaurant.

Zur Sonne (Rudolf Gübeli) VISA

Bahnhofstr. 1 – ✆ 044 853 12 45 – gast@sonne-dielsdorf.ch – Fax 044 853 29 55 – geschl. 1. - 7. Januar, 24. Februar - 3. März, 20. - 24. März, 20. Juli - 11. August, Sonntag und Montag

Rest – *(Tischbestellung ratsam)* (20 CHF) Menü 59 CHF (mittags)/110 CHF – Karte 78/126 CHF

Spez. Apfel - Bündnerfleischtatar und Avocado - Grapefruittatar mit buntem Marktsalat. Südafrikanische Scampi mit Kartoffelgnocchi und Champagnersauce. Katalanische Creme mit Vanilleeis. **Weine** Regensberger, Thayinger

◆ Das gepflegte Dorfgasthaus mit Fachwerkelementen liegt mitten im Zentrum. In dem Restaurant mit Parkettboden und Sichtbalkenwand reicht man eine klassische Karte.

Bienengarten mit Zim VISA

Regensbergstr. 9 – ✆ 044 853 12 17 – info@bienengarten-dielsdorf.ch – Fax 044 853 24 41 – geschl. Weihnachten, 21. - 24. März, 3. - 19. Oktober und Samstagmittag

8 Zim – 165/250 CHF 195/320 CHF – **Rest** – *(Tischbestellung ratsam)* (23 CHF) Menü 65/90 CHF – Karte 42/121 CHF

◆ Ein alter Gasthof beherbergt dieses gehobene bürgerliche Restaurant mit nettem Dekor und klassischer Küche. Zum Übernachten stehen auch einige gepflegte Zimmer bereit.

DIESSBACH BEI BÜREN – Bern (BE) – 551 I6 – 862 Ew – Höhe 457 m – ✉ 3264 2 D3

Bern 30 – Biel 14 – Burgdorf 34 – Neuchâtel 43 – Solothurn 25

Storchen VISA

Schmiedgasse 1 – ✆ 032 351 13 15 – info@storchen-diessbach.ch – Fax 032 351 53 06 – geschl. 1. - 9. Januar, 21. Juli - 1. August, Dienstag und Mittwoch

Rest – (17 CHF) Menü 42 CHF (mittags)/90 CHF – Karte 48/95 CHF

◆ Neben einer einfachen Gaststube finden Sie hier zwei mit hellem, rustikalem Holzmobiliar nett gestaltete Stuben. Man serviert eine klassische Küche.

DIESSENHOFEN – Thurgau (TG) – 551 R3 – 3 227 Ew – Höhe 413 m – ✉ 8253 4 G2

Bern 172 – Zürich 52 – Baden 72 – Frauenfeld 22 – Schaffhausen 10

Unterhof Zim, Zim, VISA

Schaffhauserstr. 8 – ✆ 052 646 38 11 – info@unterhof.ch – Fax 052 646 38 38 – geschl. 22. Dezember - 6. Januar

88 Zim – 120/170 CHF 160/210 CHF – ½ P +40 CHF – **Rest** – (17 CHF) – Karte 42/83 CHF

◆ Die Burganlage aus dem 12. Jh. wird durch ein modernes Gebäude ergänzt, in dem die zweck- und zeitgemässen Zimmer untergebracht sind. Frühstück im alten Rittersaal. Restaurant mit Rheinterrasse und internationalem Angebot.

Schupfen VISA

Steinerstr. 501, Ost : 3 km Richtung Stein am Rhein – ✆ 052 657 10 42 – Fax 052 657 45 44 – geschl. 20. Januar - 23. Februar, Dienstag und Mittwoch

Rest – Karte 43/86 CHF

◆ Eine schöne Sicht auf den Rhein bietet das Riegelhaus a. d. 14. Jh. Im dreifach unterteilten Restaurant offeriert man klassische Küche und Süsswasserfische aus dem Bodensee.

Krone mit Zim
Rheinstr. 2 – 052 657 30 70 – info@krone-diessenhofen.ch – Fax 052 657 30 87 – geschl. 2. - 23. Januar und 23. Juni - 14. Juli
6 Zim – 105/120 CHF 150/180 CHF – ½ P +50 CHF – **Rest** – *(geschl. Montag und Dienstag)* (28 CHF) Menü 38 CHF (mittags) – Karte 42/95 CHF
◆ Das alte Haus liegt direkt am Rhein, an der historischen Holzbrücke. Neben einer gemütlich-rustikalen Gaststube stehen auch einige gepflegte Zimmer bereit. Schöne Aussicht!

DIETIKON – Zürich (ZH) – 551 O5 – 21 353 Ew – Höhe 388 m – ✉ 8953 4 F2

Bern 113 – Zürich 18 – Aarau 37 – Baden 14 – Luzern 57 – Schaffhausen 63

Conti Rest, Zim, Rest,
Heimstr. 41, (Industriegebiet Nord), Richtung N1 – 044 745 86 86 – info@conti.ch – Fax 044 745 86 87
68 Zim – 177/207 CHF 224/254 CHF – 3 Suiten – ½ P +32 CHF – **Rest** – (24 CHF) Menü 42 CHF (mittags)/75 CHF – Karte 48/78 CHF
◆ Das Hotel ist ein moderner Backsteinbau in einem Industriegebiet, in dem neuzeitlich eingerichtete Gästezimmer zur Verfügung stehen.

Sommerau Ticino
Zürcherstr. 72 – 044 745 41 41 – info@sommerau-ticino.ch – Fax 044 745 44 88 – geschl. Dezember
83 Zim – 115/170 CHF 160/230 CHF – **Rest** – (19 CHF) – Karte 45/100 CHF
◆ Nicht weit vom Zentrum entfernt liegt das Hotel in dem ein Teil der Zimmer modern mit hellem Holz eingerichtet wurde. Zum Restaurant gehören die Trattoria Mercato und der Wintergarten Giardino Verde, beide mit italienischer Küche.

DIETINGEN – Thurgau (TG) – 551 R4 – Höhe 435 m – ✉ 8524 Uesslingen 4 G2

Bern 170 – Zürich 50 – Frauenfeld 8 – Konstanz 35 – Sankt Gallen 63 – Schaffhausen 23 – Winterthur 23

Traube
Schaffhauserstr. 30, Süd-West : 1 km – 052 746 11 50 – info@traube-dietingen.ch – Fax 052 746 10 14 – geschl. 18. Januar - 7. Februar, 16. - 31. Juli, Mittwoch und Donnerstag
Rest – (25 CHF) Menü 115 CHF – Karte 55/105 CHF
◆ Rustikal-elegant ist die Einrichtung in dem hübschen Fachwerk-Gasthaus a. d. 19. Jh. Schön sind auch die Lage inmitten der Weinberge sowie die Terrasse. Gute Weine.

DISENTIS (MUSTÉR) – Graubünden (GR) – 553 R9 – 2 172 Ew – Höhe 1 130 m – Wintersport : 1 227/2 833 m 1 8 – ✉ 7180 9 H4

Bern 178 – Andermatt 32 – Altdorf 66 – Bellinzona 85 – Chur 64
Sedrun Disentis Tourismus, via alpsu 2, 081 920 30 20, info@disentis-sedrun.ch, Fax 081 920 30 29
Klosterkirche St. Martin★

Montana Zim, Rest,
gassa da cuoz 3 – 081 947 45 65 – info@montana-disentis.ch – Fax 081 947 42 77 – geschl. 1. April - 26. Mai und 25. Oktober - 25. Dezember
14 Zim – 75/100 CHF 140/180 CHF – ½ P +30 CHF – **Rest** – *(nur für Hausgäste)*
◆ Das freundlich und engagiert geführte kleine Hotel im Chaletstil liegt von Rasen und Bäumen umgeben ruhig ausserhalb des Ortes. Man bietet u. a. Appartements mit Cheminée.

Alpsu
via alpsu 4 – 081 947 51 17 – hotelalpsu@bluewin.ch – Fax 081 947 43 66
12 Zim – 65/72 CHF 116/130 CHF – ½ P +33 CHF – **Rest** – *(geschl. Anfang November - Mitte Dezember und 6. - 27. April)* (18 CHF) Menü 57 CHF (abends) – Karte 37/80 CHF
◆ Hinter der gepflegten Fassade dieses familiär geleiteten Hauses im Zentrum erwarten Sie mit Tannenholz individuell und rustikal gestaltete Gästezimmer. Das Restaurant bietet viele Bündner Spezialitäten.

DOMAT/EMS – Graubünden (GR) – 553 U8 – 6 372 Ew – Höhe 581 m – ✉ 7013 5 I4

Bern 250 – Chur 7 – Andermatt 87 – Davos 64 – Sankt Moritz 81

Sternen Rest, Rest, VISA AE

via nova 102 – 081 633 27 27 – info@gartenhotel-sternen.ch – Fax 081 633 41 32

15 Zim – 95 CHF 190 CHF – ½ P +25 CHF – **Rest** – *(geschl. Montag)* (17 CHF) – Karte 33/78 CHF

◆ Das kleine Hotel steht am Dorfrand Richtung Chur und bietet seinen Gästen zeitgemäss und funktionell ausgestattete Zimmer. Im Sternen werden indische Spezialitäten zubereitet.

DOMBRESSON – Neuchâtel (NE) – 552 G6 – 1 521 h. – alt. 743 m – ✉ 2056 2 C4

Bern 64 – Neuchâtel 14 – Biel 46 – La Chaux-de-Fonds 16 – Delémont 57

Hôtel de Commune avec ch ch, VISA AE

24 Grand'Rue – 032 853 24 01 – info@hoteldombresson.ch – Fax 032 853 60 08 – fermé 7 janvier - 13 février et mercredi

9 ch – 50/80 CHF 110/150 CHF – ½ P +60 CHF – **Rest** – *(fermé mardi)* (16 CHF) Menu 28 CHF (déj.)/120 CHF – Carte 71/118 CHF

◆ Sur la traversée du village, maison de pays vous conviant à un repas bien en phase avec l'époque, et non dénué de personnalité. Cadre néo-rustique. Chambres simples et nettes.

DORNACH – Solothurn (SO) – 551 K4 – 5 886 Ew – Höhe 294 m – ✉ 4143 2 D2

Bern 104 – Basel 14 – Delémont 33 – Liestal 21 – Olten 53 – Solothurn 73

Engel Rest, VISA AE

Hauptstr. 15 – 061 705 04 04 – office@hotel-engel.ch – Fax 061 705 04 05

20 Zim – 105/200 CHF 180/280 CHF – ½ P +25 CHF – **Rest** – (25 CHF) Menü 35 CHF – Karte 54/95 CHF

◆ Im oberen Dorfteil findet man den Gasthof mit solide eingerichteten Gästezimmern. Je nach Bedarf kann man hier aus verschiedenen Grössen wählen. Um das leibliche Wohl kümmert man sich in verschieden gestalteten Stuben und auf der netten Hofterrasse.

DÜDINGEN – Freiburg (FR) – 552 H8 – 6 712 Ew – Höhe 596 m – ✉ 3186 2 C4

Bern 28 – Neuchâtel 39 – Fribourg 10

Central AC Rest, Zim, VISA

Hauptstr. 25 – 026 493 13 48 – central@rega-sense.ch – Fax 026 493 34 88

16 Zim – 105/140 CHF 164/208 CHF – ½ P +40 CHF – **Rest** – *(geschl. 3. - 17. August und Sonntagmittag)* (17 CHF) – Karte 53/86 CHF

◆ An der Durchgangsstrasse ist dieses Haus aus der Jahrhundertwende gelegen, in dem einheitlich gestaltete Zimmer mit solidem dunklem Mobiliar bereitstehen. Ein imposanter Holzofen ziert die Pizzeria.

DÜRNTEN – Zürich (ZH) – 551 R5 – 6 082 Ew – Höhe 515 m – ✉ 8635 4 G3

Bern 157 – Zürich 29 – Rapperswil 9 – Uster 14 – Winterthur 40

Sonne AC Zim, Zim, VISA AE

Oberdürntnerstr. 1 – 055 240 85 76 – info@sonne-duernten.ch – Fax 055 240 87 22 – geschl. 22. Dezember - 6 Januar, Juli - August 2 Wochen und Sonntag

30 Zim – 105/120 CHF 155/180 CHF – ½ P +48 CHF

Rest *Chez Yvonne* – Karte 47/113 CHF

Rest *Sonnenstübli* – (19 CHF) – Karte 43/83 CHF

◆ Das im Zentrum des Ortes gelegene Hotel verfügt über neuzeitlich und sachlich-funktionell ausgestattete Gästezimmer. Modernes Ambiente und zeitgemässe Küche im Restaurant Chez Yvonne. Das Sonnenstübli ist eine einfache rustikale Gaststube.

DÜRRENROTH – Bern (BE) – 551 L6 – 1 032 Ew – Höhe 669 m – ✉ 3465 3 E3

Bern 45 – Olten 48 – Luzern 53 – Thun 49

Gastro-Zentrum Dürrenroth
Zim, Zim,

Dorfstr. 17 – ✆ 062 959 00 88 – info@ gastro-duerrenroth.ch – Fax 062 959 01 22

28 Zim – 85/120 CHF 170/220 CHF –

Rest – *(geschl. 1. - 14. Januar und Sonntagabend)* (18 CHF) Menü 71/116 CHF (abends) – Karte 43/116 CHF

♦ Der Gasthof Bären, das Gästehaus Kreuz mit geschmackvollen Zimmern sowie ein zum Seminarhaus umfunktioniertes Bauernhaus von 1744 bilden diese Adresse. Schöner Rosengarten! In dem schmucken Gasthof a. d. 18. Jh. befinden sich die hübschen Restauranträume.

DUILLIER – Vaud – 552 B10 – voir à Nyon

EBERSECKEN – Luzern (LU) – 551 M6 – 404 Ew – Höhe 548 m – ✉ 6245 3 E3

Bern 86 – Aarau 39 – Luzern 46 – Solothurn 58

Sonne

Dorf – ✆ 062 756 25 14 – info@sonne-ebersecken.ch – Fax 062 756 04 35 – geschl. 16. Februar - 3. März, 26. Juli - 18. August, Sonntagabend und Montag

Rest – Menü 42 CHF (mittags)/76 CHF – Karte 40/80 CHF

♦ Hier geniessen Sie Ihr Essen aus der traditionellen Speisenauswahl des Restaurants im leicht modernen Säli, in der einfacheren Gaststube oder auf der sonnigen Gartenterrasse.

EBIKON – Luzern (LU) – 551 O7 – 11 322 Ew – Höhe 421 m – ✉ 6030 4 F3

Bern 116 – Luzern 6 – Aarau 52 – Schwyz 38 – Zürich 54

Löwen
Rest, Zim, Zim,

Dorfstr. 5 – ✆ 041 445 04 04 – info@loewen-ebikon.ch – Fax 041 445 04 40 – geschl. 22. Dezember - 2. Januar und 21. - 24. März

18 Zim – 86/90 CHF 142/150 CHF – **Rest** – *(geschl. Montag)* (19,50 CHF) Menü 43 CHF (mittags) – Karte 50/92 CHF

♦ Der langgezogene Gasthof mit Fachwerkelementen ist an der Durchgangsstrasse gelegen. Die Zimmer sind mit massivem Eichenholz eingerichtet und bieten einfachen Komfort. Das Restaurant zeigt sich in ländlichem Stil.

EBNAT-KAPPEL – Sankt Gallen (SG) – 551 T6 – 5 007 Ew – Höhe 630 m – Wintersport : 875/1 180 m 1 – ✉ 9642 5 H3

Bern 188 – Sankt Gallen 41 – Bregenz 78 – Vaduz 44 – Zürich 59

Verkehrsbüro, Ebnaterstr. 4, Bahnhof, ✆ 071 993 29 11, vvebnat@bluewin.ch, Fax 071 375 68 69

Kapplerhof
Rest, Rest,

Kapplerstr. 111 – ✆ 071 992 71 71 – hotel@ kapplerhof.ch – Fax 071 992 71 68

52 Zim – 135/150 CHF 160/185 CHF – ½ P +40 CHF – **Rest** – (19,50 CHF) Menü 35 CHF (mittags)/80 CHF (Buffet) – Karte 52/113 CHF

♦ Die Zimmer Ihrer Unterkunft, meist mit Balkon, sind zeitgemäss mit hellem, funktionellem Mobiliar ausgestattet. Hinter dem Hotel befindet sich ein gepflegter Gartenbereich. Als Wintergarten angelegtes Restaurant mit mediterraner und traditioneller Küche.

Post

Ebnaterstr. 6 – ✆ 071 993 17 72 – Fax 071 993 18 10 – geschl. 14. Juli - 11. August, Sonntag und Montag

Rest – Menü 45 CHF (mittags)/145 CHF – Karte 49/105 CHF

♦ In der Gaststube serviert man günstige Speisen von einer kleinen Karte, im Stübli bietet man Gerichte aus einer klassischen Auswahl - ergänzt durch mündliche Empfehlungen.

ECHANDENS – Vaud (VD) – 552 D9 – 2 085 h. – alt. 434 m – ✉ 1026 6 B5

Bern 104 – Lausanne 9 – Pontarlier 65 – Yverdon-les-Bains 34

Auberge Communale

8 pl. du Saugey – ✆ 021 702 30 70 – gandillon@bluewin.ch – Fax 021 702 30 71 – fermé 1 semaine février, 2 semaines début août, mardi et mercredi

Rest – Menu 65/150 CHF – Carte 71/97 CHF

Rest *Café* – (18 CHF) Menu 50 CHF – Carte 41/84 CHF

◆ Restaurant à deux entrées donnant accès à deux espaces : le café où l'on sert le plat du jour et la salle à manger contemporaine dévolue à la cuisine française.

EFFRETIKON – Zürich (ZH) – 551 Q5 – Höhe 511 m – ✉ 8307 4 G2

Bern 140 – Zürich 20 – Rapperswil 39 – Wil 32 – Winterthur 11

QN-Restaurant

Rikonerstr. 52, Richtung Autobahn Winterthur, Ost : 1 km – ✆ 052 355 38 38 – info@qn-world.ch – Fax 052 355 38 36

Rest – *(geschl. Samstagmittag, Sonn- und Feiertage)* (23 CHF) Menü 38 CHF (mittags) – Karte 52/96 CHF

◆ Unverkleidete Lüftungsrohre, Plastiken und neuzeitliche Bilder prägen das moderne Ambiente dieser alten, aus dem 17. Jh. stammenden Mühle. Italienische Karte.

EGERKINGEN – Solothurn (SO) – 551 L5 – 2 884 Ew – Höhe 435 m – ✉ 4622 3 E3

Bern 58 – Basel 44 – Aarau 30 – Luzern 57 – Solothurn 31

Mövenpick Rest,

Höhenstr. 12 – ✆ 062 389 19 19 – hotel.egerkingen@moevenpick.com – Fax 062 389 19 29

137 Zim – †155/310 CHF ††155/310 CHF, 24 CHF – **Rest** – Karte 42/85 CHF

◆ Das Hotel liegt über der Autobahn am Ende einer gut beschilderten Privatstrasse. Man bietet funktionell und zeitgemäss eingerichtete Zimmer mit gutem Platzangebot. Neuzeitlich gestalteter Restaurantbereich.

Kreuz - Cheminée mit Zim

Oltnerstr. 11 – ✆ 062 398 03 33 – info@kreuz-egerkingen.ch – Fax 062 398 43 40 – geschl. 22. Dezember - 7. Januar, 15. - 24. März und 27. September - 6. Oktober

8 Zim – †130/165 CHF ††180/215 CHF

Rest – *(geschl. Sonntag und Montag)* (28 CHF) Menü 91/120 CHF – Karte 57/115 CHF

Rest *Luce* – *(geschl. Sonntag und Montag)* (20 CHF) Menü 65 CHF (abends) – Karte 41/88 CHF

◆ Das Cheminée befindet sich im Parterre eines renovierten Gasthofs und wurde hübsch im Biedermeierstil eingerichtet. Eine Gemäldeausstellung von Corpato ziert die Tiefgarage. Das Luce ist eine rustikale Gaststube mit Wintergarten.

EGGIWIL – Bern (BE) – 551 L8 – 2 501 Ew – Höhe 741 m – ✉ 3537 8 E4

Bern 35 – Burgdorf 30 – Interlaken 55 – Luzern 70

Zum Hirschen Zim, Zim,

Heidbühl – ✆ 034 491 10 91 – info@hirschen-eggiwil.ch – Fax 034 491 17 08 – geschl. 3. - 13. Januar

35 Zim – †98 CHF ††170 CHF – ½ P +40 CHF – **Rest** – (17 CHF) – Karte 38/78 CHF

◆ Schön liegt das Haus in einem ruhigen Seitental. Die Gästezimmer verteilen sich auf Haupthaus und Annexe und sind in ländlichem Stil eingerichtet. Holzdecke und schönes Täfer machen die schlichte Gaststube gemütlich. Mit Terrasse.

EGNACH – Thurgau (TG) – 551 U4 – 4 153 Ew – Höhe 401 m – ✉ 9322 5 I2

Bern 223 – Sankt Gallen 20 – Bregenz 41 – Frauenfeld 45 – Konstanz 23

Seelust Zim,

Wiedehorn, Süd-Ost : 1,5 km Richtung Arbon – ✆ 071 474 75 75 – info@seelust.ch – Fax 071 474 75 65

23 Zim – †105 CHF ††165 CHF – ½ P +35 CHF – **Rest** – (15 CHF) Menü 55/64 CHF – Karte 32/85 CHF

◆ 200 m vom Bodenseeufer entfernt liegt dieser Landgasthof zwischen Obstbäumen. Die Zimmer im Anbau sind mit hellem Naturholz eingerichtet, die des Neubaus mit modernen Möbeln. Im Restaurant und im Obstgarten bewirtet Sie ein freundliches Serviceteam.

EICH – Luzern (LU) – 551 N6 – 1 256 Ew – Höhe 516 m – ✉ 6205 4 F3

Bern 100 – Luzern 19 – Olten 44 – Sursee 14

im Ortsteil Vogelsang Nord : 2,5 km :

Vogelsang mit Zim – Sempachersee und Berge, Rest, Zim, Zim,
Eichbergstr. 2 – ✆ 041 462 66 66 – mail@vogelsang.ch – Fax 041 462 66 65 – geschl. 21. Januar - 7. Februar
11 Zim – 100/130 CHF 160/200 CHF – **Rest** – (18 CHF) Menü 48 CHF (mittags)/103 CHF – Karte 50/102 CHF
◆ Von den diversen Gasträumen bieten der elegante Wintergarten und die schöne Panoramaterrasse die beste Aussicht. Traditionelle Küche. Solide ausgestattete, zeitgemässe Zimmer.

EINSIEDELN – Schwyz (SZ) – 551 Q6 – 12 622 Ew – Höhe 881 m – ✉ 8840 4 G3

Bern 166 – Luzern 67 – Glarus 53 – Schwyz 24

Einsiedeln Tourismus, Hauptstr. 85, ✆ 055 418 44 88, info@einsiedeln.ch, Fax 055 418 44 80

Ybrig Studen, Süd-Ost : 16 km über Euthal - Studen, ✆ 055 414 60 50

Lage★★ – Klosterkirche★★

Linde mit Zim – Zim,
Schmiedenstr. 28 – ✆ 055 418 48 48 – hotel@linde-einsiedeln.ch – Fax 055 418 48 49 – geschl. Juni - Juli 1 Woche, 29. Oktober - 5. Dezember und Mittwoch
17 Zim – 105/160 CHF 175/240 CHF – ½ P +42 CHF – **Rest** – (34 CHF) Menü 43 CHF (mittags)/125 CHF – Karte 62/113 CHF
◆ In diesem Restaurant am Klosterplatz mit schönem Holztäfer und typisch ländlichem Dekor bietet man den Gästen eine klassische Küche. Mittags eine günstigere Karte.

Meinradsberg
Ilgenweidstr. 3 – ✆ 055 418 81 97 – haller-johner@bluewin.ch – Fax 055 418 81 98 – geschl. Frühling, Herbst und Winter, jeweils 2 Wochen, Montag und Dienstag
Rest – (25 CHF) – Karte 46/97 CHF
◆ Ein Restaurant im Bistrostil mit wechselndem marktfrischem Angebot. Am Abend serviert man eine Auswahl an Gerichten aus regionalen Bio-Produkten. Nette Gartenterrasse.

ELM – Glarus (GL) – 551 T8 – 761 Ew – Höhe 962 m – Wintersport : 1 000/2 105 m 1 5 – ✉ 8767 5 H4

Bern 213 – Chur 91 – Altdorf 74 – Andermatt 106 – Glarus 21

Elm-Sernftal Tourismus, ✆ 055 642 52 52, info@elm.ch

Sardona – Zim,
Obmoos – ✆ 055 642 68 68 – info@sardona.ch – Fax 055 642 68 69 – geschl. 7. - 25. Juli
66 Zim – 130/160 CHF 190/220 CHF – ½ P +40 CHF – **Rest** – (19,50 CHF) Menü 51/72 CHF – Karte 40/80 CHF
◆ Das Hotel liegt wenige Meter von der Gondelbahnstation entfernt. Durch modernes Mobiliar wirken die renovierten Zimmer hell und frisch - einfacher dagegen die älteren Zimmer. Rustikales Restaurant mit traditionellem Angebot und Glarner Spezialitäten.

Elmer – Zim,
Dorf – ✆ 055 642 60 80 – info@hotelelmer.ch – Fax 055 642 60 85 – geschl. 7. - 21. April
22 Zim – 85/91 CHF 144/164 CHF – ½ P +25 CHF – **Rest** – *(geschl. Sonntagabend und Montag)* Karte 33/63 CHF
◆ Die Lage direkt im Dorf sowie zeitgemässe, funktionelle Gästezimmer sprechen für dieses gut geführte Hotel. Einige neuere Zimmer sind besonders modern gestaltet.

Camperdun
Egg – ✆ 055 642 16 88 – Fax 055 642 14 79 – geschl. Ende November - Mitte Dezember, 25. Juli - 9. August und Dienstagabend - Mittwoch ausser Hochsaison im Winter
Rest – (21 CHF) Menü 48 CHF – Karte 30/85 CHF
♦ Im Inneren dieses Chalets gelangt man über eine Treppe in das sehr rustikale und äusserst gemütliche Lokal. Auch auf der Panoramaterrasse kann man zum Speisen Platz nehmen.

EMMETTEN – Nidwalden (NW) – 551 P7 – 1 184 Ew – Höhe 762 m – ✉ 6376 4 G4

Bern 140 – Luzern 27 – Andermatt 55 – Brienz 63 – Schwyz 39 – Stans 18

Seeblick Vierwaldstättersee, Zim,
Hugenstrasse – ✆ 041 624 41 41 – info@hotelseeblick.ch – Fax 041 624 42 42
105 Zim – 🚹120/140 CHF 🚹🚹190/230 CHF – ½ P +25 CHF – **Rest** – Menü 25 CHF – Karte 39/75 CHF
♦ Das Hotel liegt ruhig auf einem Hügel über dem Vierwaldstättersee - mit schöner Aussicht auf die Berge. Die Zimmer im Haupthaus sind modern und hell, im Annexe etwas älter. Bistro, rustikales Restaurant und eine sehr schöne Terrasse mit Blick auf den See.

ENGELBERG – Obwalden (OW) – 551 O8 – 3 544 Ew – Höhe 1 004 m – Wintersport : 1 050/3 028 m 8 12 – ✉ 6390 8 F4

Bern 145 – Andermatt 77 – Luzern 35 – Altdorf 47 – Interlaken 87 – Sarnen 36

Engelberg-Titlis Tourismus AG, Tourist Center, Klosterstr. 3, ✆ 041 639 77 77, welcome@engelberg.ch, Fax 041 639 77 66

Engelberg Titlis, ✆ 041 638 08 08

Jochpass★★ – Engstlensee★★ – Lage★

Titlis★★★ Süd mit Luftseilbahn – Schwand★ Nord : 4 km

Lokale Veranstaltungen : Mitte Juli - Mitte August : Jazz auf der Dorfstrasse

Ramada Hotel Regina Titlis Zim, Rest,
Dorfstr. 33 – ✆ 041 639 58 58 – regina-titlis@ramada-treff.ch – Fax 041 639 58 59 – geschl. Ende Oktober - Mitte November 3 Wochen
96 Zim – 🚹160/215 CHF 🚹🚹260/370 CHF – 32 Suiten – ½ P +42 CHF
Rest *La Strega* – (17 CHF) Menü 35 CHF – Karte 45/86 CHF
Rest *Titlis* – *(geschl. Mai - November)* Karte 41/89 CHF
♦ Eine geräumige Halle mit moderner Bar empfängt Sie in diesem gepflegten Hotel im Zentrum. Die Zimmer sind komfortabel ausgestattet und verfügen alle über einen Balkon. Gediegen wirkendes Restaurant mit italienischem Speisenangebot.

Schweizerhof Zim, Rest,
Dorfstr. 42 – ✆ 041 637 11 05 – info@schweizerhof-engelberg.ch – Fax 041 637 41 47 – geschl. November 3 Wochen
38 Zim – 🚹110/155 CHF 🚹🚹180/270 CHF – ½ P +32 CHF
Rest *Fonduestube* – *(geschl. nach Ostern - Mitte November) (nur Abendessen)* Karte 29/81 CHF
♦ Der klassische Hotelbau verfügt über grosszügige, modern eingerichtete Zimmer, die je nach Stockwerk unterschiedliche farbliche Gestaltungen aufweisen.

Waldegg Engelberg und Titlis, Zim, Zim, Rest,
Schwandstr. 91 – ✆ 041 637 18 22 – info@waldegg-engelberg.ch – Fax 041 637 43 21
58 Zim – 🚹170/230 CHF 🚹🚹280/400 CHF – ½ P +42 CHF – **Rest** – Menü 59/116 CHF – Karte 64/97 CHF
♦ Hoch über dem Ort in prachtvoller Aussichtslage erwarten Sie gepflegte Zimmer, meist mit Südbalkon, und ein in seiner Gestaltung überzeugender Wellnessbereich. Klassisches Restaurant mit Panoramafenstern und -terrasse. Modernes Speisenangebot.

Terrace Engelberg und Berge, Zim, VISA AE
Terracestr. 33 – 041 639 66 66 – terrace@terrace.ch – Fax 041 639 66 99 – geschl. November
168 Zim – 155/175 CHF 240/280 CHF – ½ P +35 CHF – **Rest** – Menü 55 CHF (abends Buffet)
◆ Das klassische, auch für Gruppenreisen beliebte Grand Hotel liegt ruhig oberhalb des Ortes. Die meisten Zimmer wurden renoviert und sind hell und funktionell ausgestattet.

Spannort Rest, VISA AE
Dorfstr. 28 – 041 637 26 26 – info@spannort.ch – Fax 041 637 44 77 – geschl. 31. März - 15. Mai
20 Zim – 130/160 CHF 210/260 CHF – ½ P +42 CHF – **Rest** – *(geschl. Montag)* (37 CHF) Menü 50/66 CHF – Karte 48/95 CHF
◆ Das Haus am Rande der Fussgängerzone bietet seinen Gästen wohnliche Zimmer mit grosszügigem Platzangebot, guten Möbeln aus rustikalem Tannenholz und einer Sitzecke. Eine offene Gaststube mit blanken Tischen ergänzt das gemütlich-rustikale Restaurant.

Sonnwendhof Zim, VISA AE
Gerschniweg 1 – 041 637 45 75 – sonnwendhof@ramada-treff.ch – Fax 041 637 42 38 – geschl. November
28 Zim – 155/265 CHF 170/280 CHF – ½ P +35 CHF – **Rest** – *(nur für Hausgäste)*
◆ Neben den netten, mit hellen Naturholzmöbeln im Landhausstil ausgestatteten Zimmern zählt auch die Aussicht auf die Berge zu den Annehmlichkeiten des Hauses.

Engelberg Zim, Rest, VISA AE
Dorfstr. 14 – 041 639 79 79 – mail@hotel-engelberg.ch – Fax 041 639 79 69 – geschl. Ende Oktober - 7. Dezember
20 Zim – 90/110 CHF 180/220 CHF – ½ P +40 CHF
Rest – *(geschl. Donnerstag im Sommer)* (22 CHF) – Karte 44/103 CHF
Rest *Dorfstübli* – *(geschl. 30. März - Mitte Dezember, Montag und Dienstag) (nur Abendessen)* Karte 44/83 CHF
◆ In der autofreien Zone, im Zentrum des Dorfes finden Sie diesen alten Gasthof. Die Zimmer sind hell, modern und wohnlich eingerichtet. Das Restaurant im Erdgeschoss ist ländlich gestaltet und gut eingedeckt - mit Strassencafé.

Crystal Rest, VISA
Dorfstr. 45 – 041 637 21 22 – info@crystal-engelberg.ch – Fax 041 637 29 79
28 Zim – 80/135 CHF 160/240 CHF – ½ P +30 CHF – **Rest** – (19 CHF) Menü 29 CHF – Karte 43/85 CHF
◆ Der zeitgemässe Zweckbau liegt im Ortszentrum nahe dem Bahnhof. Den Gast erwarten rustikale, mit hellem Massivholzmobiliar eingerichtete Zimmer. Das Restaurant offeriert italienische Küche.

Sunnmatt garni VISA AE
Alpenstr. 1 – 041 637 20 45 – sunnmatt-garni@tep.ch – Fax 041 637 15 33 – geschl. 25. Juni - 15. Juli und 15. - 30. Oktober
20 Zim – 95/110 CHF 150/180 CHF
◆ Das Haus am Rande des Ortes verfügt über Zimmer von unterschiedlicher Grösse, die einheitlich mit hellem Tannenholzmobiliar eingerichtet sind. Vom Balkon Sicht auf die Berge.

ENNETBADEN – Aargau – 551 O4 – siehe Baden

EPTINGEN – Basel-Landschaft (BL) – 551 L5 – 566 Ew – Höhe 567 m – ✉ 4458 3 E3

Bern 66 – Basel 33 – Aarau 37 – Liestal 18 – Olten 22

Bad Eptingen Rest, VISA AE
Hauptstr. 25 – 062 285 20 10 – badeptingen@swissonline.ch – Fax 062 299 13 04 – geschl. Weihnachten
14 Zim – 95/130 CHF 160/210 CHF – ½ P +45 CHF – **Rest** – (18 CHF) Menü 27 CHF (mittags)/98 CHF – Karte 49/105 CHF
◆ Der um 1700 erbaute Landgasthof ist ein kleines Hotel, in dem solide und wohnlich eingerichtete Zimmer zur Verfügung stehen. Gediegenes Restaurant und einfachere Gaststube. Geboten wird gutbürgerliche Küche.

ERLEN – Thurgau (TG) – 551 T4 – 3 068 Ew – Höhe 449 m – ✉ 8586 5 H2

Bern 193 – Sankt Gallen 29 – Bregenz 51 – Frauenfeld 29 – Konstanz 17

Erlen, ✆ 071 648 29 30

Aachbrüggli mit Zim

Poststr. 8 – ✆ 071 648 26 26 – aachbrueggli@bluewin.ch – Fax 071 648 26 28 – geschl. 20. Juli - 3. August

8 Zim – 98 CHF 165 CHF – **Rest** – *(geschl. Sonntag und Montag)* (18 CHF) Menü 58/88 CHF (abends) – Karte 54/116 CHF

◆ Mit Holztäfer und warmen Farben wurde der gastronomische Bereich des zweckmässig wirkenden weissen Gebäudes gestaltet. Gut unterhaltene Übernachtungszimmer.

ERLENBACH – Zürich (ZH) – 551 Q5 – 4 609 Ew – Höhe 419 m – ✉ 8703 4 G3

Bern 136 – Zürich 9 – Rapperswil 21 – Winterthur 50 – Zug 45

Sinfonia

Bahnhofstr. 29 – ✆ 044 910 04 02 – sinfonia@bluewin.ch – Fax 044 910 37 62 – geschl. 23. Dezember - 1. Januar, 21. - 31. März, 27. Juli - 18. August, Sonntag und Montag

Rest – (30 CHF) Menü 39 CHF (mittags)/94 CHF – Karte 66/124 CHF

◆ Gegenüber dem Bahnhof liegt das Restaurant mit seinen zwei hellen, neuzeitlich eingerichteten Stuben. Geboten wird eine gute italienische Küche.

Schönau Zürichsee,

Schiffländestr. 1 – ✆ 044 914 30 80 – info@schoenau.ch – Fax 044 914 30 99 – geschl. 23. Dezember - 6. Januar

Rest – *(geschl. Samstagmittag)* Karte 56/110 CHF

◆ Modern und leicht elegant wirkt das im ersten Stock gelegene Restaurant, dessen Panoramafenster einen herrlichen Blick über den Zürichsee ermöglichen. Schöne Terrasse.

ERMATINGEN – Thurgau (TG) – 551 T3 – 2 427 Ew – Höhe 402 m – ✉ 8272 5 H2

Bern 89 – Sankt Gallen 46 – Frauenfeld 27 – Konstanz 9 – Schaffhausen 39

Ermatingerhof garni

Hauptstr. 82 – ✆ 071 663 20 20 – info@ermatingerhof.ch – Fax 071 663 20 30 – geschl. 20. Dezember - 6. Januar

16 Zim – 145 CHF 180 CHF, 15 CHF

◆ Dieses sehr gepflegte Haus mit der gelben Fassade liegt an der Durchgangsstrasse des Dorfes. Die geräumigen Gästezimmer sind mit weissem, elegantem Holzmobiliar eingerichtet.

Adler mit Zim

Fruthwilerstr. 2 – ✆ 071 664 11 33 – adlerermatingen@bluewin.ch – Fax 071 664 30 11 – geschl. Februar

10 Zim – 85/110 CHF 150/190 CHF – ½ P +35 CHF – **Rest** – *(geschl. Montag und Dienstag)* (22 CHF) – Karte 41/104 CHF

◆ Der Gasthof aus dem 16. Jh. beherbergte schon Persönlichkeiten wie Napoleon III. und Hermann Hesse. Heute kann man in drei schönen holzgetäferten Stuben Klassisches speisen.

ERZENHOLZ – Thurgau – 551 R4 – siehe Frauenfeld

ESCHIKOFEN – Thurgau (TG) – 551 S4 – Höhe 414 m – ✉ 8553 4 H2

Bern 177 – Sankt Gallen 51 – Frauenfeld 10 – Konstanz 22 – Winterthur 29

Thurtal mit Zim

Hauptstr. 19 – ✆ 052 763 17 54 – info@thurtal.ch – Fax 052 763 16 04 – geschl. Januar 3 Wochen und August 2 Wochen

4 Zim – 110 CHF 160 CHF – ½ P +45 CHF – **Rest** – *(geschl. Mittwoch und Donnerstag) (Tischbestellung ratsam)* (26 CHF) Menü 103 CHF – Karte 72/114 CHF

◆ Warme Orangetöne und wechselnde Bilderausstellungen bestimmen das Ambiente in diesem Restaurant. Das Speisenangebot ist euro-asiatisch ausgelegt. Hübsche, geräumige Gästezimmer mit neuzeitlicher Einrichtung.

ESCHLIKON – Thurgau (TG) – 551 S4 – 3 133 Ew – Höhe 567 m – ✉ 8360 4 H2

Bern 176 – Sankt Gallen 38 – Frauenfeld 18 – Zürich 57

XX **Löwen - Löwenstübli**

Bahnhofstr. 71 – ✆ 071 971 17 83 – loewen-eschlikon@bluewin.ch – Fax 071 971 17 84 – geschl. Februar - März 3 Wochen, Ende Juli - Anfang August 2 Wochen, Sonntagabend und Montag

Rest – Menü 33 CHF (mittags)/91 CHF – Karte 57/98 CHF

Rest *Gaststube* – (21 CHF) Menü 33/91 CHF – Karte 57/98 CHF

◆ Das Löwenstübli befindet sich in einem historischen Gasthof aus dem Jahre 1732. In rustikalem Ambiente serviert man zeitgemässe Küche. Die einfache Gaststube bietet traditionelle Gerichte.

ESCHOLZMATT – Luzern (LU) – 551 M7 – 3 229 Ew – Höhe 853 m – ✉ 6182 3 E4

Bern 47 – Interlaken 73 – Langnau im Emmental 13 – Luzern 46 – Thun 41

XX **Rössli - Jägerstübli** (Stefan Wiesner)

Hauptstr. 111 – ✆ 041 486 12 41 – info@gasthofroessli.ch – Fax 041 486 12 11 – geschl. Januar und Juni jeweils 3 Wochen, Montag, Dienstag und jeweils letzter Sonntag im Monat

Rest – *(nur Abendessen ausser Sonntag) (Tischbestellung erforderlich) (nur Menü)* Menü 125 CHF

Rest *Chrüter Gänterli* – separat erwähnt

Spez. Quellwasserforelle in Zitronenmelisse mariniert und in Rottannengerbsäure gegart. Gebratene Sommerbock-Rehwurst mit Mandeln, Bittermandelessenz und Champignons, dazu Sommertrüffel-Rehwurstschaum. Milchreis-Ameisensäure-Glace auf Schokoladenkuchen mit Himbeer-Paprikagelée und Himbeerblättersauce.

◆ Für die im Jägerstübli gebotenen kreativen Speisen lässt sich der Chef von der Natur inspirieren. Naturelemente wie Steine, Stroh etc. geben den Speisen ein spezielles Aroma.

X **Chrüter Gänterli** – Rössli

Hauptstr. 111 – ✆ 041 486 12 41 – info@gasthofroessli.ch – Fax 041 486 12 11 – geschl. Januar und Juni jeweils 3 Wochen, Montag, Dienstag und jeweils letzter Sonntag im Monat

Rest – (16 CHF) Menü 50/56 CHF – Karte 44/92 CHF

◆ Neben dem Jägerstübli befindet sich im Rössli auch dieses gemütliche Restaurant mit ländlichem Charakter, in dem man kreative Küche serviert.

ESTAVAYER-LE-LAC – Fribourg (FR) – 552 F8 – 4 437 h. – alt. 463 m – ✉ 1470 2 C4

Bern 59 – Neuchâtel 54 – Fribourg 32 – Pontarlier 67 – Yverdon-les-Bains 26

Office du Tourisme, 16 r. de l'Hôtel de Ville, ✆ 026 663 12 37, office.tourisme@estavayer-le-lac.ch, Fax 026 663 42 07

Choeur★ de l'Église Saint-Laurent

Manifestations locales :

22.03 : Chant du Surrexit, cortège aux flambeaux, ancienne tradition
30.08 - 31.08 : Bénichon Staviacoise, ancienne coutume populaire

Hôtel de Ville

16 r. de l'Hôtel de Ville – ✆ 026 663 92 92 – contact@hotel-de-ville.info – Fax 026 663 92 99 – fermé Noël

13 ch – †80/95 CHF ††140/160 CHF – **Rest** – *(fermé lundi)* (15 CHF) Menu 35/75 CHF – Carte 58/83 CHF

◆ Maison ancienne (16e s.) rénovée située au cœur du bourg médiéval. Vue sur les toits et le lac par les fenêtres des chambres du 3e étage. Carte traditionnelle présentée dans une salle confortable (1er étage) et plat du jour proposé au café. Petite terrasse.

XX **La Gerbe d'Or**

5 r. Camus, (1er étage) – ✆ 026 663 11 81 – gerbedor@estavision.ch – Fax 026 663 39 35 – fermé 3 - 11 février, dimanche et lundi

Rest – (17 CHF) Menu 45 CHF (déj.)/92 CHF – Carte 44/91 CHF

◆ Maison du 17e s. située au centre de la cité médiévale. Cuisine saisonnière selon le marché, proposée à l'étage ; menus appétissants. Repas simplifié au café d'en bas.

à Lully **Sud : 3 km par route de Payerne et direction Frasses – alt. 494 m – ✉ 1470 Lully**

Park Inn sans rest
aire de la Rose de la Broye, (A1) – ☎ 026 664 86 86 – reservations.lully@rezidorparkinn.com – Fax 026 664 86 87
80 ch – †135 CHF ††155 CHF, ☕ 12 CHF
◆ En bord d'autoroute, hôtel contemporain intégré à une aire de services. Chambres "concept" au design clair et sobre, où l'accès se fait par l'espace sanitaires. Original !

EUTHAL – Schwyz (SZ) – 551 R7 – Höhe 893 m – ✉ 8844 — 4 G3

Bern 170 – Luzern 72 – Einsiedeln 9 – Rapperswil 26 – Schwyz 34

Bürgi's Burehof
Euthalerstr. 29 – ☎ 055 412 24 17 – info@buergis-burehof.ch – Fax 055 412 53 32 – geschl. 28. Juli - 10. August
Rest – (35 CHF) Menü 59 CHF (mittags)/128 CHF – Karte 73/124 CHF
◆ Das schindelgedeckte Bauernhaus aus dem Jahre 1860 beherbergt in der 1. Etage eine helle, rustikale Stube, in der man dem Gast klassische Küche bietet.

Les ÉVOUETTES – Valais (VS) – 552 F11 – alt. 375 m – ✉ 1897 — 7 C6

Bern 101 – Montreux 14 – Aigle 13 – Lausanne 42 – Monthey 15 – Sion 63

Le Maguet
95 rte Cantonale – ☎ 024 481 26 04 – fermé lundi soir et dimanche
Rest – (20 CHF) Menu 50/80 CHF – Carte 44/86 CHF
◆ Auberge familiale entre lac et montagne. Repas traditionnel dans une salle claire ornée d'une fresque vénitienne, plat du jour au café, terrasse côté jardin et jeux d'enfants.

FAULENSEE – Bern – 551 K9 – siehe Spiez

FELBEN-WELLHAUSEN – Thurgau (TG) – 551 S4 – 2 145 Ew – Höhe 399 m – ✉ 8552 — 4 H2

Bern 169 – Zürich 51 – Konstanz 25 – Sankt Gallen 51 – Schaffhausen 44 – Winterthur 23

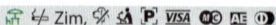

Schwanen Zim,
Weinfelderstr. 14, (Wellhausen) – ☎ 052 766 02 22 – info@landgasthof-schwanen.ch – Fax 052 766 02 23
25 Zim ☕ – †110/120 CHF ††170/220 CHF – ½ P +35 CHF – **Rest** – (16 CHF) Menü 41 CHF (mittags) – Karte 39/84 CHF
◆ Die Zimmer in dem Haus an der Strasse nach Weinfelden sind geräumig und z. T. mit Stahlrohrmobiliar unterschiedlich, aber durchwegs modern ausgestattet. Ein Beizli ergänzt das neo-rustikal eingerichtete Restaurant mit Terrasse.

FEUSISBERG – Schwyz (SZ) – 551 R6 – 3 779 Ew – Höhe 685 m – ✉ 8835 — 4 G3

Bern 157 – Luzern 58 – Zürich 35 – Einsiedeln 12 – Schwyz 26

Panorama Resort & Spa ← Zürichsee, Zim,
Schönfelsstrasse – ☎ 044 786 00 00 – info@panoramaresort.ch – Fax 044 786 00 99
107 Zim ☕ – †240/360 CHF ††440/560 CHF – ½ P +80 CHF
Rest *Seasons* – (25 CHF) Menü 80/115 CHF – Karte 71/129 CHF
Rest *Akari Dine* – *(nur Abendessen)* Menü 80/115 CHF – Karte 71/129 CHF
◆ Das Hotel liegt oberhalb des Zürichsees. Die Zimmer, besonders die Juniorsuiten, bieten viel Platz sowie modernste Ausstattung und Komfort. Grosse neuzeitliche Wellnessanlage. Gehoben: das Seasons mit Blick auf den See. Akari Dine: modernes Panoramarestaurant.

FEX-CRASTA – Graubünden – 553 W11 – siehe Sils Maria

FIDAZ – Graubünden – 553 U8 – siehe Flims Dorf

FIESCH – Wallis (VS) – 552 N11 – 996 Ew – Höhe 1 062 m – Wintersport : 1 060/2 869 m 3 14 – ✉ 3984 8 F5

Bern 153 – Brig 17 – Domodossola 83 – Interlaken 98 – Sion 70

Eggishorn Tourismus, ✆ 027 970 60 70, info@fiesch.ch, Fax 027 970 60 71

Eggishorn★★★ Nord-West mit Luftseilbahn

Christania – Zim, Rest, VISA

– ✆ *027 970 10 10 – hotel@christania.ch – Fax 027 970 10 15 – geschl. April - 11. Mai und 20. Oktober - 20. Dezember*

22 Zim – †110/130 CHF ††160/190 CHF – ½ P +30 CHF – **Rest** – *(nur Abendessen)* Karte 37/56 CHF

◆ Neben hellen und modern eingerichteten Zimmern zählt auch die ruhige Lage am Rande des Dorfes zu den Annehmlichkeiten dieser Unterkunft.

Walliserkanne mit Zim Rest, Rest, VISA AE

am Bahnhof – ✆ 027 970 12 40 – info@walliserkanne-fiesch.ch – Fax 027 970 12 45 – geschl. 21. April - 5. Mai und Mittwoch im November

5 Zim – †95 CHF ††150 CHF – ½ P +35 CHF

Rest – *(nur Menü)* Menü 62/89 CHF

Rest *Gaststube* – (16 CHF) Menü 18 CHF (mittags)/49 CHF – Karte 39/78 CHF

◆ Neo-rustikal ist das Ambiente in der kleinen Gourmetstube. Geboten wird eine zeitgemässe Küche, die in Form von Menüs serviert wird. Gaststube mit einfacherem traditionellem Angebot. Helle, moderne Zimmer.

im Fieschertal Nord-Ost : 2 km – Höhe 1 043 m – ✉ 3984 Fieschertal

Alpenblick Zim, VISA

– ✆ *027 970 16 60 – alpenblick@rhone.ch – Fax 027 970 16 65 – geschl. November - 15. Dezember*

55 Zim – †80/110 CHF ††120/180 CHF – ½ P +30 CHF – **Rest** – (18 CHF) Menü 36 CHF – Karte 40/80 CHF

◆ Ruhig am Ende des Tales gelegen, hält dieses Hotel sowohl im Stammhaus als auch im Montana funktionelle, mit hellem Holzmobiliar modern gestaltete Zimmer bereit. In dem schlichten Restaurant serviert man traditionelle Küche.

in Niederernen Süd-Ost : 3 km Richtung Ernen – ✉ 3995 Ernen

Gommer-Stuba VISA

– ✆ *027 971 29 71 – gommerstuba@ewcom.ch – Fax 027 971 29 71 – geschl. 15. November - 15. Dezember, April, Dienstag ausser Juli - August und Montag*

Rest – Menü 59/98 CHF – Karte 65/108 CHF

◆ Das ruhig gelegene Restaurant ist in hellen, frischen Farben gestaltet. Man bietet eine grosse Weinauswahl aus über 50 Traubensorten des Wallis an, auch einige Raritäten.

auf der Fiescheralp/Kühboden mit Luftseilbahn erreichbar – Höhe 2 214 m – ✉ 3984 Fiesch

Eggishorn Berge, Zim, VISA

– ✆ *027 971 14 44 – info@hotel-eggishorn.ch – Fax 027 971 36 78 – geschl. 10. April - 15. Juni und 10. Oktober - 10. Dezember*

24 Zim – †70/90 CHF ††140/190 CHF – ½ P +32 CHF – **Rest** – (18 CHF) Menü 32 CHF (abends) – Karte 34/69 CHF

◆ Herrliche Ruhe und eine wunderbare Sicht auf die Berge - das schätzen die Gäste dieser Adresse. Die modernen Zimmer verteilen sich auf zwei Chalets. Skifahrer und Wanderer stärken sich im Restaurant oder auf der Terrasse mit Panoramasicht.

FIGINO – Ticino (TI) – 553 R14 – alt. 295 m – ✉ 6918 10 H7

Bern 248 – Lugano 9 – Bellinzona 38 – Como 36 – Varese 42

Ceresio rist,
via Cantonale 73 – 091 995 11 29 – ceresio.figino@bluewin.ch – Fax 091 995 13 93 – chiuso 1° novembre - 7 dicembre
15 cam – 90/100 CHF 150/170 CHF – ½ P +30 CHF – **Rist** – *(chiuso mercoledì da dicembre a maggio)* (16 CHF) – Carta 40/69 CHF
◆ Accogliente albergo a conduzione familiare in riva al lago Ceresio. Camere spaziose, curate; arredamento dal gusto attuale. Alla sala da pranzo rustica del ristorante preferite l'ombra del pergolato di vigne, sull'ampia veranda esterna. Cucina classica.

FILZBACH – Glarus (GL) – 553 T6 – 542 Ew – Höhe 707 m – ✉ 8757 5 H3

Bern 195 – Sankt Gallen 110 – Altdorf 89 – Glarus 16 – Luzern 96 – Vaduz 47 – Zürich 75

Römerturm Walensee, Rest, Zim,
Vordemwald – 055 614 62 62 – roemerturm@seminarhotel.com – Fax 055 614 62 63 – geschl. 2. - 11. Januar
34 Zim – 140/160 CHF 220/250 CHF – 4 Suiten – ½ P +50 CHF – **Rest** – Karte 53/108 CHF
◆ Das im Chaletstil erbaute Hotel liegt schön am Hang. Die unterschiedlich eingerichteten Gästezimmer verfügen über Badezimmer mit Whirlwannen. Eine Terrasse mit Postkartenaussicht auf den Walensee ergänzt das gepflegte Restaurant.

FINDELN – Wallis – 552 K13 – siehe Zermatt

FISLISBACH – Aargau (AG) – 551 O4 – 4 974 Ew – Höhe 429 m – ✉ 5442 4 F2

Bern 105 – Aarau 26 – Baden 6 – Luzern 71 – Zürich 28

Linde Zim, Zim,
Niederrohrdorferstr. 1 – 056 493 12 80 – info@linde-fislisbach.ch – Fax 056 493 27 33 – geschl. 4. - 17. Februar und 14. Juli - 3. August
34 Zim – 120/170 CHF 190/210 CHF – **Rest** – *(geschl. Mittwoch)* (18 CHF) Menü 65 CHF – Karte 45/94 CHF
◆ Im ehemaligen Zehntenhaus des Klosters findet man rustikale und neuzeitlichere Zimmer, verteilt auf Haupthaus und Anbau. Schön ist die Juniorsuite im DG mit grossem Balkon. Unterschiedlich gestaltete Restauranträume mit einsehbarer, ganz moderner Küche.

FLAACH – Zürich (ZH) – 551 Q4 – 1 164 Ew – Höhe 362 m – ✉ 8416 4 G2

Bern 155 – Zürich 40 – Baden 55 – Schaffhausen 22 – Winterthur 17

Sternen
Hauptstr. 29 – 052 318 13 13 – info@sternen-flaach.ch – Fax 052 318 21 40 – geschl. 21. Januar - 22. Februar, 14. - 29. Juli, Dienstag ausser von Mai bis Mitte Juni und Montag
Rest – (30 CHF) Menü 54/77 CHF – Karte 44/101 CHF
◆ Das zentral gelegene Riegelhaus beherbergt zwei gemütliche Restaurationsräume, in denen man dem Gast eine saisonale traditionelle Speisenauswahl präsentiert.

FLÄSCH – Graubünden (GR) – 553 V7 – 535 Ew – Höhe 516 m – ✉ 7306 5 I3

Bern 223 – Chur 24 – Sankt Gallen 84 – Bad Ragaz 15 – Davos 53

Adler
Am Platz – 081 302 61 64 – adler.flaesch@bluewin.ch – Fax 081 302 73 29 – geschl. 13. - 28. Februar, 16. Juli - 3. August, Mittwoch und Donnerstag
Rest – *(Tischbestellung ratsam)* Menü 74/98 CHF – Karte 70/112 CHF
Spez. Gebratene Jakobsmuscheln und Rindszunge auf Petersilienmousseline. Prättigauer Kalbskotelette aus dem Ofen mit Zitronenbutter und Rösti. Gebrannte Creme nach Grossmutter Art mit Passionsfruchtsorbet und Mandelgebäck.
◆ Die 1. Etage des alten Bündner Hauses beherbergt mit Fichtenholz getäferte Stuben, in denen man dem Gast zeitgemässe Speisen serviert.

Mühle

Richtung Maienfeld : 1 km – ✆ 081 330 77 70 – info@muehle-flaesch.ch – Fax 081 330 77 71 – geschl. 1. - 24. Januar, 7. - 21. Juli, Sonntag und Montag

Rest – Menü 40 CHF (mittags)/88 CHF – Karte 47/111 CHF

◆ Der Landgasthof liegt schön im Grünen unterhalb der Weinberge. In rustikalem Rahmen bietet man zeitgemässe Küche und Weine aus der Region.

Landhaus

Ausserdorf 28, (1. Etage) – ✆ 081 302 14 36 – Fax 081 302 18 83 – geschl. 13. - 17. Februar, 9. - 22. Juni, 12. - 16. November, Montag und Dienstag

Rest – Karte 46/123 CHF

◆ Gemütlich sitzt man im 1. Stock dieses regionstypischen Hauses - auf Tafeln präsentiert man Ihnen die regionalen Speisen. Hübsch ist auch die Terrasse zum Weinberg.

FLAMATT – Freiburg (FR) – 552 I7 – Höhe 532 m – ✉ 3175 2 D4

Bern 18 – Biel 54 – Fribourg 20 – Neuchâtel 43 – Thun 48

Moléson mit Zim

Zim,

Bernstr. 1 – ✆ 031 741 02 40 – info@moleson-flamatt.ch – Fax 031 741 33 76 – geschl. Sonntagabend und Montag

13 Zim – †90 CHF ††160 CHF – ½ P +30 CHF – **Rest** – (18 CHF) Menü 50/90 CHF – Karte 50/94 CHF

◆ Im Erdgeschoss des Hauses befinden sich die heimelige Gaststube und ein stimmungsvoller Speisesaal. Der Gast wählt aus einem traditionellen Speisenangebot.

FLAWIL – Sankt Gallen (SG) – 551 T5 – 9 320 Ew – Höhe 611 m – ✉ 9230 5 H2

Bern 194 – Sankt Gallen 22 – Bregenz 58 – Winterthur 45

Toggenburg

St. Gallerstr. 2 – ✆ 071 393 55 66 – info@toggi.ch – Fax 071 393 55 70 – geschl. 23. Dezember - 1. Januar

27 Zim – †97 CHF ††160 CHF – ½ P +25 CHF – **Rest** – (20 CHF) Menü 36/55 CHF – Karte 35/78 CHF

◆ Das Haus ist zentral an der Durchgangsstrasse gelegen. Hier beziehen Sie praktische Gästezimmer, die einheitlich mit braunen Naturholzmöbeln ausgestattet sind. Eine einfache Dorfbeiz ergänzt die gehobenere, traditionell gestaltete Flawilerstube.

FLIMS – Graubünden (GR) – 553 T-U8 – 2 549 Ew – Wintersport : 1 100/3 018 m 10 13 5 I4

Bern 261 – Chur 22 – Andermatt 74 – Bellinzona 118

Flims Laax Falera Tourismus, ✆ 081 920 92 00, info@flims.com, Fax 081 920 92 01

Breil / Brigels, Süd-West : 25 km, ✆ 081 920 12 12

Cassons Grat★★ – Crap Masegn★

FLIMS-DORF – Höhe 1 070 m – ✉ 7017

Bern 261 – Chur 21 – Davos 78 – Buchs 63 – Mels 49

Curtgin

Rest,

via sulom 1 – ✆ 081 911 35 66 – info@hotelcurtgin.ch – Fax 081 911 34 55

26 Zim – †91/138 CHF ††122/266 CHF – ½ P +30 CHF – **Rest** – *(nur für Hausgäste)*

◆ Eine familiäre Adresse ist dieses im ortstypischen Stil gebaute Haus. Die Gästezimmer sind mit dunklem Arvenmobiliar ausgestattet - die nach hinten liegenden Räume mit Balkon.

Cavigilli

via arviul 1 – ✆ 081 911 01 25 – info@cavigilli.ch – geschl. Anfang November - Anfang Dezember, 7. April - 22. Mai, Donnerstag von Mai - Juni und Mittwoch

Rest – Menü 50/88 CHF – Karte 37/74 CHF

◆ Schön hat man in dem Bündner Haus von 1453 Historisches mit Modernem kombiniert. In der Gotischen Stube und in der Carigiet-Stube reicht man eine kleine regionale Karte.

Conn Berge, VISA AE

Conn, (über Wanderweg 40 min. oder mit Pferdekutschenfahrt ab Waldhaus Post erreichbar) – 081 911 12 31 – restaurant@conn.ch – Fax 081 911 55 80 – geschl. Mitte Oktober - Mitte Dezember und 31. März - 10. Mai

Rest – *(nur Mittagessen)* Karte 38/95 CHF

◆ Über einen schönen Wanderweg gelangt man zu Fuss oder nach einer Kutschenfahrt in das idyllische Maiensäss oberhalb der Rheinschlucht. Man serviert einfache, regionale Gerichte.

in Fidaz Nord : 1 km – Höhe 1 151 m – ✉ 7019 Fidaz

Fidazerhof mit Zim Berge und Flimsertal, P VISA AE

via da Fidaz 34 – 081 920 90 10 – info@fidazerhof.ch – Fax 081 920 90 19

12 Zim – 130/260 CHF 160/320 CHF – ½ P +45 CHF – **Rest** – *(geschl. 14. - 25. April, 2. - 14. November und Montag im Frühling und Herbst)* (29 CHF) Menü 49/81 CHF – Karte 49/95 CHF

◆ Hier erwartet Sie ein rustikales Restaurant mit teils regionaler Küche und einer tollen Aussichtsterrasse mit phantastischem Blick. Nette Gästezimmer und Ayurveda-Anwendungen.

Flims-Waldhaus – Höhe 1 103 m – ✉ 7018

Bern 262 – Chur 22 – Davos 79 – Buchs 64 – Mels 50

Park Hotel Waldhaus Rest, P VISA AE

via dil parc – 081 928 48 48 – info@parkhotel-waldhaus.ch – Fax 081 928 48 58 – geschl. 14. April - 7. Mai

141 Zim – 305/365 CHF 550/710 CHF – 9 Suiten – ½ P +50 CHF

Rest *La Cena* – *(nur Abendessen von Mai bis November) (nur Menü)* Menü 50 CHF (mittags)/120 CHF

Rest *il Tschaler* – *(geschl. 13. April - 28. November und Montag) (nur Abendessen)* Karte 67/105 CHF

◆ Die Hotelanlage, die sich aus verschiedenen Häusern zusammensetzt, verfügt über stilvolle Zimmer, ein Hotelmuseum und einen schönen Wellnessbereich. Grandezza und mediterrane Küche im La Cena. Fondue und Käsespezialitäten im il Tschaler.

Schweizerhof Rest, P VISA

Rudi Dadens 1 – 081 928 10 10 – info@schweizerhof-flims.ch – Fax 081 928 10 11 – geschl. 24. März - 13. Juni und 28. September - 28. November

45 Zim (nur ½ P.) – 140/230 CHF 260/380 CHF – 3 Suiten – ½ P +40 CHF – **Rest** – Menü 30 CHF (mittags)/65 CHF – Karte 51/94 CHF

◆ Das schmucke, im viktorianischen Stil erbaute Hotel versprüht den Charme der Belle Epoque. Sie beziehen komfortable Standard- oder Superior-Zimmer, teils mit Jugendstil-Dekor.

Adula Zim, Rest, P VISA AE

via sorts sut 3 – 081 928 28 28 – info@adula.ch – Fax 081 928 28 29 – geschl. 14. April - 9. Mai

92 Zim – 170/545 CHF 310/650 CHF – ½ P +35 CHF

Rest *Barga* – *(geschl. Montag - Dienstag ausser Hochsaison) (nur Abendessen)* Menü 96 CHF – Karte 85/136 CHF

Rest *La Clav* – (19,50 CHF) Menü 28 CHF (mittags)/69 CHF – Karte 47/106 CHF

◆ In diesem Hotel erwarten Sie wohnlich-rustikales Ambiente und ein moderner Wellnessbereich. Beeindruckend ist die Sammlung antiker Truhen. Das Barga präsentiert sich gediegen-rustikal. Eine schlichtere Alternative: La Clav.

Cresta Flimserstein, Rest, P VISA

via passadi 5 – 081 911 35 35 – cresta@kns.ch – Fax 081 911 35 34 – geschl. Mitte Oktober - Mitte Dezember und 6. April - 6. Juni

54 Zim – 108/157 CHF 196/294 CHF – ½ P +20 CHF – **Rest** – *(nur für Hausgäste)*

◆ Mehrere Gebäude bilden die in einem ruhigen Garten gelegene Hotelanlage - mit Bade-Saunabereich. Unterschiedlich eingerichtete Zimmer, von Fichtenholz bis Stilmobiliar.

Waldeck Rest, Rest,
promenada 49 – 081 928 14 14 – info@waldeck.ch – Fax 081 928 14 15
38 Zim – †85/170 CHF ††170/340 CHF – ½ P +30 CHF –
Rest – Karte 53/102 CHF
◆ Das im Bündner Stil gebaute Hotel liegt im Dorfzentrum nahe der Post. Die Zimmer im Haupthaus mit rustikalem Arvenholzmobiliar, die im Neubau hell und modern. Das Restaurant teilt sich in Stivetta, Dorfbeizli und Bündnerstube.

Las Caglias
via las caglias 3 – 081 911 29 49 – info@lascaglias.ch – Fax 081 911 55 80 – geschl. 30. März - 26. Juni, 19. Oktober - 26. Dezember, Montag, Dienstag und Mittwoch
Rest – *(nur Abendessen) (Tischbestellung ratsam)* Karte 55/96 CHF
◆ Ein Geheimtipp ist dieses kleine Restaurant, das versteckt im Unterdorf liegt. Serviert werden sorgfältig zubereitete regionale Gerichte mit italienischen Akzenten.

FLÜELEN – Uri (UR) – 551 Q8 – 1 787 Ew – Höhe 436 m – ✉ 6454 4 G4

Bern 152 – Luzern 39 – Altdorf 4 – Andermatt 38 – Schwyz 16

Hostellerie Sternen Zim,
Axenstr. 6 – 041 875 03 03 – info@bonetti.ch – Fax 041 875 03 05 – geschl. 2. - 27. Februar und Sonntag von November - März
19 Zim – †115/140 CHF ††180/210 CHF – ½ P +50 CHF – **Rest** – (29 CHF) Menü 47/89 CHF – Karte 58/126 CHF
◆ An der Durchgangsstrasse im Ortszentrum findet der Reisende dieses kleine Hotel, das ihm saubere und sehr gepflegte, mit solidem Holzmobiliar eingerichtete Zimmer bietet. Mit Hummer- und Fischspezialitäten lockt das gehobene Speisenrestaurant.

Flüelerhof Rest,
Axenstr. 38 – 041 871 14 71 – flueelerhof@bluewin.ch – Fax 041 870 00 14 – geschl. 1. Dezember - 1. Februar
24 Zim – †99/110 CHF ††150/170 CHF –
Rest – (22 CHF) – Karte 33/96 CHF
◆ Das Haus liegt an der Durchgangsstrasse in Richtung Brunnen. Die gepflegten Gästezimmer sind praktisch und zweckmässig eingerichtet. Im Parterre: Gaststube mit Terrasse und kleiner A-la-carte-Bereich; im 1. Stock: Pizzeria mit Holzofen.

FLÜELI RANFT – Obwalden (OW) – 551 O8 – Höhe 748 m – ✉ 6073 4 F4

Bern 104 – Luzern 25 – Altdorf 50 – Brienz 33

Paxmontana Tal und Berge, Zim,
– 041 660 22 33 – welcome@paxmontana.ch – Fax 041 660 61 42 – geschl. Ende Oktober - Mitte März
100 Zim – †115/135 CHF ††190/290 CHF – ½ P +35 CHF – **Rest** – (19,50 CHF) Menü 26 CHF (mittags)/62 CHF – Karte 44/86 CHF
◆ Ruhig liegt das schmucke Jugendstilhotel oberhalb des Tales. Durch einen geschmackvollen Eingangsbereich mit diversen Salons gelangen Sie in funktionelle, zeitgemässe Zimmer. Grosses Veranda-Restaurant mit sehr schöner Panoramasicht.

FLÜH – Solothurn (SO) – 551 J4 – Höhe 381 m – ✉ 4112 2 D2

Bern 110 – Basel 15 – Biel 75 – Delémont 32 – Mulhouse 41 – Olten 65 – Solothurn 82

Martin
Hauptstr. 94 – 061 731 10 02 – restaurant_martin@tiscalinet.ch – Fax 061 731 11 03 – geschl. 4. - 17. Februar, 29. September - 12. Oktober, Sonntag und Montag
Rest – *(Tischbestellung ratsam)* Menü 49 CHF (mittags)/130 CHF – Karte 82/147 CHF
◆ Nahe dem Zollhäuschen liegt das Restaurant mit den zwei schön eingerichteten Speisesälen, in denen man klassische Gerichte anbietet.

Zur Säge (Felix Suter)
Steinrain 5 – 061 731 15 77 – suter@saege-flueh.ch – Fax 061 731 14 63 – geschl. 2. - 8. Januar, Mitte Juli - Mitte August, Samstagmittag, Montag und Dienstag
Rest – *(nur Menü)* (28 CHF) Menü 58 CHF (mittags)/145 CHF
Spez. Jakobsmuscheln mit Tomaten-Mozzarella Küchlein und Basilikumschaum (Frühling). Aprikosenrisotto mit Entenleber (Sommer). Hofstetter Wildschwein mit Quitten, Nüssen und Kartoffelstock (Herbst).
◆ Eine Speisekarte gibt es hier nicht. Das wöchentlich wechselnde Menü ist der Saison angepasst und wird von der herzlichen Patronne mündlich am Tisch vorgestellt.

FLÜHLI – Luzern (LU) – 551 M8 – 1 737 Ew – Höhe 893 m – ✉ 6173 3 E4

Bern 62 – Luzern 47 – Langnau im Emmental 29
Flühli-Sörenberg, Süd : 2 km Richtung Sörenberg, 041 488 01 18

Kurhaus Rest, Zim, Rest, VISA
Dorfstr. 3 – 041 488 11 66 – info@kurhaus-fluehli.ch – Fax 041 488 23 53
14 Zim – 85/115 CHF 150/180 CHF – ½ P +45 CHF – **Rest** – *(geschl. Dienstag)* (16 CHF) Menü 24 CHF – Karte 33/68 CHF
◆ Das im Dorfzentrum gelegene ehemalige Kurhaus aus dem 19. Jh. bietet Zimmer, die - wie das ganze Haus - mit hellem Naturholz im einfach-rustikalen Stil gestaltet sind. Sie speisen in gemütlichen, getäferten Stuben aus der Jahrhundertwende. Mit Gartenterrasse.

FLUMSERBERG TANNENBODENALP – Sankt Gallen (SG) – 551 U7 – Höhe 1 342 m – Wintersport : 1 400/2 222 m 3 12 – ✉ 8898 5 H3

Bern 222 – Sankt Gallen 106 – Chur 53 – Vaduz 44 – Zürich 99
Touristikverein, 081 720 18 18, info@flumserberg.ch, Fax 081 720 18 19

Tannenboden garni Churfirsten, VISA
– 081 733 11 22 – info@tannenboden.ch – Fax 081 733 24 58 – geschl. 14. April - 6. Juni und 20. Oktober - 28. November
20 Zim – 70/108 CHF 140/216 CHF – ½ P +30 CHF
◆ Neben dem schönen Ausblick auf die Churfirsten bietet das Hotel hell und wohnlich ausgestattete Komfortzimmer im Haus Steinbock sowie einfachere Unterkünfte im Haupthaus.

in Flumserberg Tannenheim Süd-Ost : 1,5 km – Höhe 1 215 m – ✉ 8897 Flumserberg Tannenheim

Cafrida - Stübli mit Zim Churfirsten und Alvierkette, VISA
Cafridastrasse – 081 733 11 93 – hotel@cafrida.ch – Fax 081 733 15 55 – geschl. 21. April - 25. Juni und 13. Oktober - 13. November
11 Zim – 135/150 CHF 240/260 CHF – ½ P +55 CHF
Rest – *(geschl. Mitte April - Mitte Dezember) (Tischbestellung erforderlich)* Menü 72/130 CHF – Karte 56/118 CHF
Rest *Tagesrestaurant* – *(geschl. Dienstag ausser Weihnachten, Neujahr, Februar - März und Montag in der Zwischensaison)* (25 CHF) Menü 56/72 CHF – Karte 46/111 CHF
◆ Ein offener Kamin und nettes Dekor unterstreichen den gediegenen Rahmen des Restaurants Stübli. Serviert werden klassische Speisen. Herrlich ist der Bergblick von der Terrasse des Tagesrestaurants.

FORCH – Zürich (ZH) – 551 Q5 – Höhe 689 m – ✉ 8127 4 G3

Bern 139 – Zürich 14 – Rapperswil 24 – Winterthur 38

Wassberg Greifensee, Rest, VISA
Wassbergstr. 62 – 043 366 20 40 – info@hotel-wassberg.ch – Fax 043 366 20 41
18 Zim – 145/185 CHF 230/270 CHF – **Rest** – *(geschl. 7. Januar - 2. Februar)* (22 CHF) – Karte 45/101 CHF
◆ Das Hotel liegt ruhig auf einem Hochplateau über dem Greifensee am Waldrand und bietet ein schönes Alpenpanorama. Die Zimmer sind in modernem Stil eingerichtet. Gemütliches Restaurant mit toller Sicht.

La FOULY – Valais (VS) – 552 G13 – alt. 1 605 m – ✉ 1944 7 C7

Bern 164 – Martigny 32 – Aosta 70 – Chamonix-Mont-Blanc 70 – Sion 60

Au Pays du Saint-Bernard, ✆ 027 783 27 17, lafouly@saint-bernard.ch, Fax 027 783 32 74

Edelweiss ≤ glacier de l'À Neuvaz, rest,
– ✆ 027 783 26 21 – info@lafouly.ch
– Fax 027 783 28 20 – fermé 31 mars - 1er juin et 10 octobre - 15 décembre
20 ch – 92/99 CHF 144/160 CHF – ½ P +23 CHF – **Rest** – (17 CHF) – Carte 34/69 CHF

◆ Chalet blotti au creux d'une vallée charmante. Chambres pratiques et boisées, offrant souvent une vue sur les cimes. Domaine skiable à deux pas. Superbe échappée sur le glacier de la Neuvaz par les baies vitrées du restaurant. Gibier en saison de chasse.

FRAUBRUNNEN – Bern (BE) – 551 J6 – 1 607 Ew – Höhe 496 m – ✉ 3312 2 D3

Bern 22 – Biel 40 – Burgdorf 12 – Olten 54 – Solothurn 16

Zum Brunnen
Bernstr. 6 – ✆ 031 767 72 16 – info@suuremocke.ch – Fax 031 767 82 98 – geschl. 3. - 20. Januar, 16. Juli - 3. August, Montag und Dienstag
Rest – (16 CHF) Menü 55/90 CHF – Karte 56/101 CHF

◆ Das nette ländliche Restaurant besteht aus einer einfachen Gaststube und dem A-la-carte-Bereich. Hier werden aus frischen Produkten Schweizer Spezialitäten zubereitet.

FRAUENFELD K – Thurgau (TG) – 551 R4 – 21 954 Ew – Höhe 405 m – ✉ 8500 4 G2

Bern 167 – Zürich 46 – Konstanz 30 – Sankt Gallen 47 – Schaffhausen 29 – Winterthur 17

Tourist Service Regio Frauenfeld, Bahnhofplatz 75, ✆ 052 721 31 28, tourismus@regiofrauenfeld.ch, Fax 052 722 10 64

27 Lipperswil, über Kantonalstrasse Richtung Kreuzlingen : 16 km, ✆ 052 770 04 05

Lokale Veranstaltungen : 27.09 - 04.10 : generations, Jazzkonzerte mit internationalen Künstlern

Domicil Rest, Zim,
Oststr. 51, (an der Autobahnausfahrt Frauenfeld-Ost) – ✆ 052 723 53 53 – info@domicil.ch – Fax 052 723 53 54 – geschl. 22. Dezember - 6. Januar
46 Zim – 115/130 CHF 175/195 CHF – ½ P +45 CHF – **Rest** – (14 CHF) – Karte 45/91 CHF

◆ Ein nicht weit von der Autobahnausfahrt und neben der Pferderennbahn gelegenes Hotel, das moderne, einheitlich mit hellem Mobiliar ausgestattete Zimmer bietet. Neuzeitlich die Gastwirtschaft und der Speisesaal, beide mit Ausgang zur Terrasse.

Hirt im Rhyhof
Rheinstr. 11 – ✆ 052 728 93 00 – info@hirt-im-rhyhof.ch – Fax 052 728 93 19
15 Zim – 125 CHF 190 CHF – ½ P +35 CHF – **Rest** – (18 CHF) – Karte 32/69 CHF

◆ Kleines Hotel nahe dem Bahnhof mit modernen, geschmackvoll eingerichteten Zimmern, die mit funktionellen Möbeln und guter Technik ausgestattet sind. An die hauseigene Konditorei schliesst sich das traditionelle Café/Restaurant an.

Blumenstein Zim,
Bahnhofplatz – ✆ 052 721 47 28 – info@hotel-blumenstein.ch – Fax 052 721 91 35
29 Zim – 100/125 CHF 150/190 CHF – **Rest** – (16 CHF) – Karte 32/59 CHF

◆ Eine praktische Adresse ist das zentral, direkt am Bahnhof gelegene Hotel mit seinen funktionellen und neuzeitlichen Gästezimmern.

Zum Goldenen Kreuz mit Zim Zim,
Zürcherstr. 134 – ✆ 052 725 01 10 – beat.jost@goldeneskreuz.ch – Fax 052 725 01 20
9 Zim – 100/130 CHF 170/190 CHF – **Rest** – (19,90 CHF) Menü 89 CHF – Karte 49/105 CHF

◆ In diesem Haus war schon Goethe zu Gast. Eine erhaltene bemalte Täferung aus dem 17. Jh. verleiht dem hübschen Goethe-Stübli seinen unverwechselbaren rustikalen Charme.

in Erzenholz **West : 4 km Richtung Schaffhausen – Höhe 385 m – ✉ 8500 Frauenfeld**

XX **Wirtschaft zur Hoffnung**

Schaffhauserstr. 266 – ☎ 052 720 77 22 – hoffnungerzenholz@bluewin.ch – Fax 052 720 77 49 – geschl. 28. Januar - 5. Februar, 28. Juli - 19. August, Montag und Dienstag

Rest – (22 CHF) Menü 98 CHF – Karte 46/102 CHF

◆ Entweder geht der Gast nach links in die rustikale Stube oder er wendet sich nach rechts in das elegante Restaurant mit dem kleinen Wintergarten. Beide mit klassischer Karte.

→ *Dénicher la meilleure table ?*
→ *Trouver l'hôtel le plus proche ?*
→ *Vous repérer sur les plans et les cartes ?*
→ *Décoder les symboles utilisés dans le guide...*

Suivez les Bibs rouges !

Les conseils du **Bib Chef** pour vous aider au restaurant.

Les « bons tuyaux » et les informations du **Bib Astuce** pour vous repérer dans le guide... et sur la route.

Les conseils du **Bib Groom** pour vous aider à l'hotel.

PHOTOGLOB

FRIBOURG

🄲 **Canton :** FR Fribourg
Carte Michelin LOCAL : n° **552** H8
Population : 35 547 h.
Altitude : 640 m
– **Code Postal :** ✉ 1700

Bern 34 – Neuchâtel 55 – Biel 50 – Lausanne 71 – Montreux 61
Atlas : 2 **C4**

RENSEIGNEMENTS PRATIQUES

Office de tourisme

Fribourg Tourisme, 1 av. de la Gare, ✆ 026 350 11 11, info@fribourgtourisme.ch, Fax 026 350 11 12 **CY**

Automobile clubs

21 r. de l'Hôpital, ✆ 026 350 39 39, Fax 026 350 39 40 **CY**
2 av. de la Gare, ✆ 026 341 80 20, Fax 026 322 13 02 **CY**

LOISIRS

Manifestations locales

01.03 - 08.03 : Festival international de films de Fribourg
04.07 - 19.07 : Jazz Parade La Liberté, Festival international de Jazz
25.08 - 31.08 : Rencontres de Folklore internationales

Golfs

18 Gruyère Pont-la-Ville, Sud : 17 km par route de Bulle, ✆ 026 414 94 60 ;
18 Wallenried, Nord : 10 km par route de Morat, ✆ 026 684 84 80

DÉCOUVRIR

A VOIR

Site★★ - Vieille ville★ - Ville haute★ : Hôtel de Ville★ **CY** H, cathédrale St-Nicolas★ **DY** : tympan★★, stalles★, église des Cordeliers **CY** : triptyque★, retable★★, stalles★

MUSEES

Art et Histoire★ **CY** : groupe de 14 statues★

EXCURSIONS

Barrage de Rossens★ Sud : 15 km par ③

FRIBOURG

Street	Grid	No.
Alpes (Rte des)	CY	3
Beauregard (Av.)	BX	4
Berne (Rte de)	BX	6
Château d'Affry (Rte du)	AX	7
Europe (Av. de l')	CY	8
Gare (Av. de la)	CY	9
Georges-Python (Pl.)	CY	10
Grand-Fontaine (R. de la)	CY	12
Guisan (Av. du Gén.)	BX	13
Hôpital (R. de l')	CY	15
Industrie (R. de l')	CZ	16
Jura (Rte du)	ABX	18
Lac Noir (Rte du)	BX	19
Lausanne (R. de)	CY	
Marly (Rte de)	BX	21
Midi (Av. du)	BX	22
Neuveville (R. de la)	CY	24
Payerne (Rte de)	AX	25
Pérolles (Bd de)	CZ	
Planche Supérieure	DY	26
Préalpes (Rte des)	AX	27
Romont (R. de)	CY	28
St-Jean (Pont de)	DY	31
Samaritaine (R. de la)	DY	30
Tavel (Rte de)	DY	33
Tivoli (Av. de)	CY	34

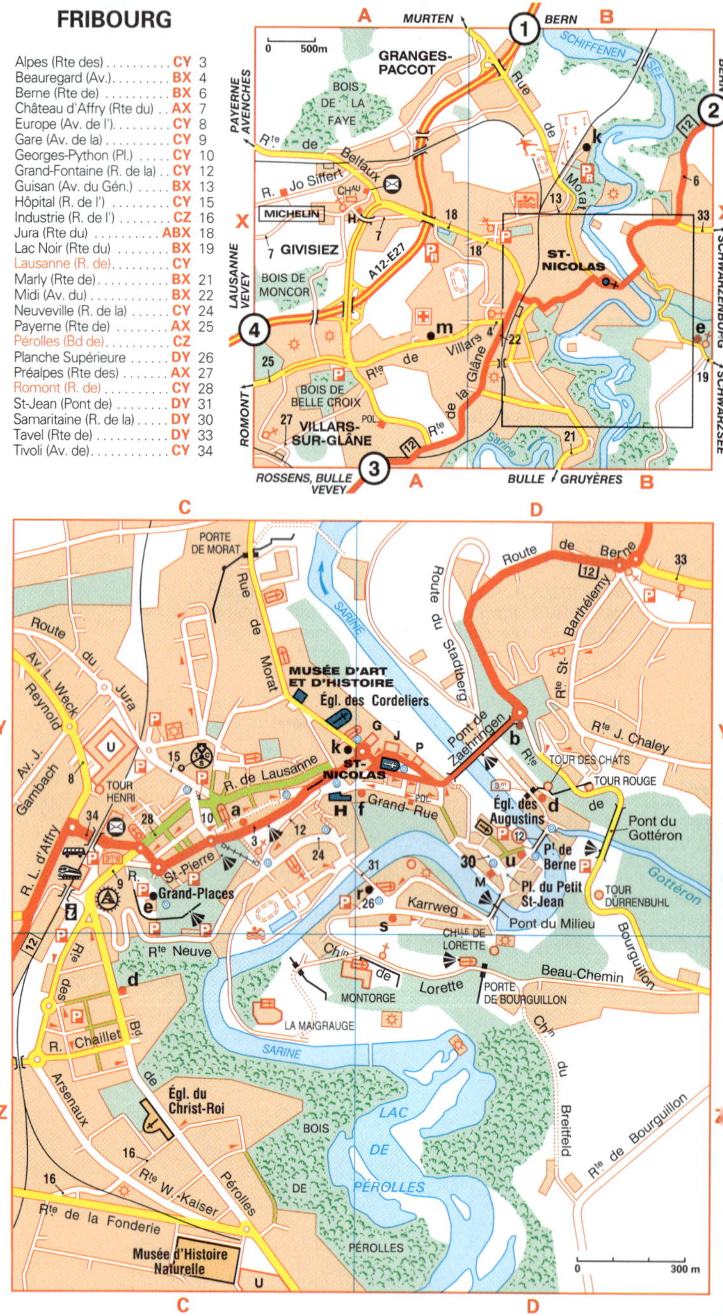

Au Parc Hotel
37 rte de Villars – 026 429 56 56 – info@auparc-hotel.ch – Fax 026 429 56 57
71 ch – 135/185 CHF 185/245 CHF – ½ P +24 CHF AX **m**
Rest *La Coupole* – (26 CHF) Menu 45/78 CHF – Carte 43/74 CHF
Rest *La Brasserie* – (21 CHF) Menu 40/54 CHF – Carte 44/87 CHF
◆ Cet ensemble hôtelier des années 1980 situé à l'approche de Fribourg offre un bon niveau de confort, quoiqu'un rien mûrissant. Spécialité de séminaires. Repas thaïlandais dans un décor d'ombrelles et d'éventails à La Coupole. Choix traditionnel à La Brasserie.

NH Fribourg Hotel rest, rest,
14 Grand-Places – 026 351 91 91
– nhfribourg@nh-hotels.ch – Fax 026 351 91 92 CY **e**
122 ch – 155/225 CHF 205/275 CHF
Rest *Mix* – (15 CHF) – Carte 42/82 CHF
◆ Hôtel de chaîne occupant un immeuble-tour du centre moderne, pas loin de la gare. Deux catégories de chambres, dont un tiers de petites "single" pour la clientèle "corporate". Carte internationale présentée dans un cadre contemporain au Mix.

Au Sauvage ch, rest,
12 Planche-Supérieure – 026 347 30 60 – hotel-sauvage@bluewin.ch
– Fax 026 347 30 61 DY **r**
17 ch – 195/260 CHF 260/350 CHF – ½ P +45 CHF – **Rest** – *(fermé 2 semaines Noël - 10 janvier, 2 semaines juillet et dimanche)* (18 CHF) Menu 35/95 CHF (dîner) – Carte 54/109 CHF
◆ Maison de caractère nichée au cœur de la vieille ville basse. Escalier design en verre et bel ascenseur menant aux chambres, personnalisées. Table au cadre néo-rustique soigné. Une belle voûte en briques enveloppe l'une des deux salles. Cuisine d'aujourd'hui.

La Rose ch,
1 r. de Morat – 026 351 01 01 – info@hoteldelarose.ch – Fax 026 351 01 00
40 ch – 110/170 CHF 160/230 CHF – ½ P +40 CHF – **Rest** – *(fermé 28 juilllet - 11 août)* (19 CHF) Menu 45 CHF – Carte 50/96 CHF CY **k**
◆ Dans le centre ancien, près de la cathédrale et d'une place passante, bâtisse du 17e s. où l'on est accueilli sous un plafond d'époque en bois repeint. Chambres pratiques. Table italienne au décor vaguement vénitien ; jeux de miroirs et four à pizza en salle.

Auberge aux 4 Vents rest,
124 rte de Grandfey – 026 347 36 00 – Fax 026 347 36 10 – fermé 3 semaines janvier BX **k**
8 ch – 60/170 CHF 120/250 CHF – **Rest** – *(fermé mercredi) (dîner seulement)* Menu 60 CHF – Carte 45/82 CHF
◆ Ancienne maison de notable embusquée dans un parc bordé par le chemin de fer. Ambiance "relax", cadre "rétro", chambres mignonnes, salon-bibliothèque et vélos à disposition. Restaurant-véranda offrant un choix traditionnel actualisé. Terrasse sous les hêtres.

Le Pérolles / P.- A. Ayer
18a bd de Pérolles – 026 347 40 30 – ayeramey@leperolles.ch
– Fax 026 347 40 32 – fermé 30 décembre - 7 janvier, 27 juillet - 16 août, dimanche et lundi CZ **d**
Rest – (40 CHF) Menu 69 CHF (déj.)/145 CHF – Carte 98/160 CHF
Spéc. Les ravioles de boudin noir aux reinettes, beurre au vieux cidre de Normandie (hiver). La Grouse d'Ecosse aux bluets des Vosges (automne). La tartelette au vin cuit, avec sa crème glacée. **Vins** Vully
◆ Bonne table au goût du jour et au décor chic et moderne, égayé par des toiles de J-M Schwaller (peintre fribourgeois). Agréable restaurant de plein air enrobé de verdure.

Schild
21 Planche-Supérieure – 026 322 42 25 – schild.restaurant@bluewin.ch
– Fax 026 323 12 33 – fermé 3 - 10 février, 1er - 22 août, mercredi et jeudi
Rest – Menu 55/145 CHF – Carte 85/126 CHF DY **s**
Rest *Brasserie* – (18 CHF) Menu 21 CHF (déj.)/51 CHF – Carte 53/80 CHF
◆ Dans la ville basse, vieille maison rénovée au-dedans et proposant deux genres de prestation. Carte appétissante et bons menus au goût du jour côté restaurant. Repas traditionnel côté brasserie. Terrasse avant et caveau voûté où flotte une ambiance "lounge".

XX **La Fleur de Lys**

18 r. des Forgerons – ✆ 026 321 49 40 – fleur-de-lys@bluemail.ch – Fax 026 321 49 41 – fermé 23 - 27 décembre, 27 juillet - 11 août et dimanche DY **d**

Rest – Menu 65/89 CHF – Carte 60/106 CHF

◆ Vénérable maison de maître de la ville basse où l'on se repaît dans un cadre contemporain soigné. Cuisine actuelle personnalisée. Salles agrémentées de toiles modernes naïves.

XX **Grand Pont "La Tour Rouge"**

2 rte de Bourguillon – ✆ 026 481 32 48 – restaurant@legrandpont.ch – Fax 026 481 54 44 – fermé 17 - 30 mars, 2 semaines fin octobre, dimanche soir et mercredi DY **b**

Rest – Menu 60 CHF (déj.)/118 CHF – Carte 69/117 CHF

Rest *La Galerie* – (19 CHF) Menu 57/79 CHF – Carte 53/112 CHF

◆ Salle en partie tournée vers un pont à arcades monumental, terrasse-belvédère au-dessus de la ville basse, carte classico-traditionnelle et sélection de vins digne d'intérêt. Décor néo-rustique léger, panorama urbain et cuisine de type brasserie à La Galerie.

XX **Auberge de La Cigogne**

24 r. d'Or – ✆ 026 322 68 34 – Fax 026 322 68 41 – fermé Noël, Nouvel An 2 semaines Carnaval, 3 semaines septembre, dimanche et lundi DY **u**

Rest – (24 CHF) Menu 29 CHF (déj.)/123 CHF – Carte 67/103 CHF

◆ Jolie maison de 1771 située en basse ville, sur une place pittoresque, face au pont couvert. Élégante sobriété décorative en salle, plaisante cour-terrasse, cuisine actuelle.

XX **L'Aigle-Noir** Vieille Ville et Préalpes,

10 r. des Alpes – ✆ 026 322 49 77 – restaurantaiglenoir@bluewin.ch – Fax 026 322 49 88 – fermé 22 décembre - 8 janvier, 29 juillet - 5 août, dimanche et lundi CY **a**

Rest – (19,80 CHF) Menu 50 CHF (déj.)/110 CHF – Carte 61/97 CHF

◆ Trois ambiances pour festoyer : salle traditionnelle, salons historiques et véranda dont les verrières escamotables offrent une belle vue sur la vieille ville et les Préalpes.

X **Hôtel de Ville**

6 Grand-Rue – ✆ 026 321 23 67 – info@restaurant-hotel-de-ville.ch – Fax 026 321 23 67 – fermé 31 décembre - 7 janvier, 23 - 31 mars, 29 juillet - 18 août, dimanche et lundi DY **f**

Rest – (19,50 CHF) Menu 25 CHF (déj.)/65 CHF – Carte 39/98 CHF

◆ Table cordiale cachée au 1er étage d'une maison historique (ancien Cercle de l'Union) jouxtant l'hôtel de ville. Cuisine actuelle soignée, loggia surplombant la basse ville.

à Bourguillon Sud-Est : 2 km – alt. 669 m – ✉ 1722 Bourguillon

XXX **Des Trois Tours** (Alain Bächler)

15 rte de Bourguillon – ✆ 026 322 30 69 – a.baechler@troistours.ch – Fax 026 322 42 88 – fermé 23 décembre - 7 janvier, 13 juillet - 4 août, dimanche et lundi BX **e**

Rest – Menu 70 CHF (déj.)/140 CHF – Carte 87/141 CHF

Rest *Brasserie* – *(déjeuner seulement)* (20 CHF) Menu 32 CHF – Carte 58/102 CHF

Spéc. Vitello tonnato aux asperges vertes et piment d'espelette. Taboulé aux moules et Saint-Jacques parfumé au curry. Chevreuil d'été aux noix vertes confites (été). **Vins** Vully

◆ Bâtisse ancienne (1839) où l'on mange savoureusement dans une pièce actualisée ou, par forte affluence, dans une grande salle plus classique. Belle terrasse d'été ombragée. Brasserie servant des plats traditionnels sagement revisités et un menu du jour.

à Marly Sud : par route de Marly - BX : 4 km – alt. 622 m – ✉ 1723 Marly

XX **Le Petit Marly**

1 imp. du Nouveau Marché – ✆ 026 430 03 30 – petit-marly@bluewin.ch – Fax 026 430 03 31 – fermé 1 semaine janvier, 3 semaines juillet - août, lundi soir et dimanche

Rest – (17 CHF) Menu 45 CHF (déj.)/97 CHF – Carte 42/80 CHF

◆ Table discrète incorporée à un petit centre commercial. Cuisine du moment servie dans une salle confortablement installée. À midi, prestation simplifiée au café. Miniterrasse.

FRICK – Aargau (AG) – 551 M4 – 4 028 Ew – Höhe 360 m – ✉ 5070 3 E2

Bern 113 – Aarau 16 – Baden 28 – Basel 41 – Schaffhausen 95

Platanenhof Rest, Zim, VISA MC AE

Bahnhofstr. 21 – ✆ 062 865 71 71 – info@platanenhof.ch – Fax 062 865 71 56 – geschl. 20. Juli - 4. August

20 Zim – 150 CHF 220 CHF

Rest ***La Volière*** – *(geschl. 9. - 24. Februar und Sonntag)* (24 CHF) Menü 47 CHF (mittags)/89 CHF – Karte 63/120 CHF

◆ Das Haus liegt verkehrsgünstig nahe der Autobahnausfahrt und nicht weit vom Bahnhof. Man bietet funktionell ausgestattete Zimmer und einen Hotel-Shuttle-Bus. Hell und freundlich zeigt sich das La Volière.

FRUTIGEN – Bern (BE) – 551 K9 – 6 661 Ew – Höhe 803 m – Wintersport : 1 300/2 300 m 1 7 – ✉ 3714 8 E5

Bern 54 – Interlaken 33 – Adelboden 16 – Gstaad 65

Frutigen Tourismus, Dorfstr. 18, ✆ 033 671 14 21, frutigen-tourismus@bluewin.ch, Fax 033 671 54 21

National Zim, VISA MC AE

Obere Bahnhofstr. 10 – ✆ 033 671 16 16 – hotel@national-frutigen.ch – Fax 033 671 40 15 – geschl. 3. - 27. November

18 Zim – 80/100 CHF 150/160 CHF – ½ P +25 CHF – **Rest** – *(geschl. Sonntagabend von Oktober - Mai und Mittwoch)* (16 CHF) – Karte 34/81 CHF

◆ Das Hotel befindet sich in einer Häuserzeile im Zentrum und verfügt über tipptopp gepflegte Gästezimmer, die in ländlichem Stil eingerichtet sind. Ein rustikaler Tea-Room mit Confiserie ergänzt das A-la-carte-Restaurant.

FTAN – Graubünden (GR) – 553 Z9 – 516 Ew – Höhe 1 648 m – Wintersport : 1 684/2 783 m 2 10 – ✉ 7551 11 K4

Bern 313 – Scuol 7 – Chur 101 – Davos 45 – Sankt Moritz 58

Ftan Turissem, plaz 114, ✆ 081 864 05 57, info@ftan.ch, Fax 081 864 05 37

Paradies Inntal und Lischanagruppe, Rest, Rest, VISA MC AE

Süd-West : 1 km Richtung Ardez – ✆ 081 861 08 08 – info@paradieshotel.ch – Fax 081 861 08 09

15 Zim – 225/410 CHF 415/480 CHF – 8 Suiten – ½ P +88 CHF

Rest ***La Bellezza*** – *(geschl. 7. April - 30. Mai, 3. November - 12. Dezember, Montag und Dienstag) (nur Abendessen) (Tischbestellung ratsam)* Menü 157/210 CHF – Karte 102/170 CHF

Rest ***Vitalino*** – *(geschl. 7. April - 30. Mai und 3. November - 12. Dezember) (nur Abendessen)* Menü 88 CHF – Karte 70/90 CHF

Rest ***Stüva Paradies*** – Menü 59 CHF – Karte 60/100 CHF

Spez. "Capun" von Edelfischen auf meine Art mit Hummerschaumsauce. Loup de mer in der Salzkruste mit Grillgemüse und eingelegten Perlzwiebeln. Crepinette vom Hirschkalbrücken mit Espuma von Sellerie (Winter).

◆ Die Residenz überzeugt mit herrlicher Ruhe, komfortablen, modern-eleganten Zimmern und einem phantastischen Blick auf die Umgebung. Im edlen La Belleza bietet man seinen Gästen aufwändig zubereitete klassische Speisen. Uriges Stüva mit ganzjähriger Küche.

Munt Fallun garni Schloss Tarasp und Berge,

Munt Fallun 1 – ✆ 081 860 39 01 – muntfallun@bluewin.ch – Fax 081 860 39 02 – geschl. 5. - 27. April und 8. - 30. November

10 Zim – 81/104 CHF 140/180 CHF

◆ Bewusst hat man die traditionelle Architektur des 300 Jahre alten Engadiner Bauernhauses bewahrt und mit modernem Stil kombiniert. Schön ist die Lage etwas oberhalb des Ortes.

Engiadina Rest, VISA MC AE

Mugliner – ✆ 081 864 04 34 – info@engiadina-ftan.ch – Fax 081 864 04 35 – geschl. 5. November - 19. Dezember und 14. April - 6. Juni

14 Zim – 95/120 CHF 160/210 CHF – ½ P +37 CHF – **Rest** – (20 CHF) Menü 69 CHF – Karte 47/87 CHF

◆ Das kleine Hotel liegt ruhig nahe der Sessellift-Talstation. Die regionstypisch eingerichteten Zimmer bieten meist Blick auf die Berge und den Ort. Grosses Familienzimmer. Restaurant mit traditionellem und regionalem Angebot. Blumengeschmückte Terrasse.

FÜRIGEN – Nidwalden – 551 O7 – siehe Stansstad

FÜRSTENAU – Graubünden (GR) – 553 U9 – 311 Ew – Höhe 665 m – ✉ 7414 10 I4

Bern 263 – Chur 24 – Andermatt 99 – Davos 48 – Sankt Moritz 64

Schauenstein (Andreas Caminada) mit Zim Rest, P VISA MC AE
– ✆ 081 632 10 80 – kontakt@schauenstein.ch – Fax 081 632 10 81 – *geschl. 25. März - 25. April, 29. Juni - 3. Juli, 31. August - 5. September, 26. Oktober - 28. November, (Mittwochmittag, Montag und Dienstag) (ausser Hotel in Hochsaison)*
6 Zim – †196/290 CHF ††245/360 CHF, ☐ 36 CHF – ½ P +105 CHF – **Rest** – *(Tischbestellung ratsam)* Menü 105 CHF – Karte 83/168 CHF
Spez. Kreation von der Entenleber mit Bitterschokolade, Banane und Joghurt. Flusskrebse und Saibling mit Radieschen und Limone. Ganz gebratene Königstaube in 2 Gängen serviert. **Weine** Fläscher, Malanser
◆ Im sorgsam umgebauten Schlösschen von 1742 verwöhnt man den Gast in einem schön getäferten Restaurant mit schmackhaften zeitgemässen Kreationen. Individuelle, moderne Zimmer.

FULDERA – Graubünden (GR) – 553 AA10 – 115 Ew – Höhe 1 641 m – Wintersport : – ✉ 7533 11 K4

Bern 332 – Scuol 60 – Chur 119 – Davos 65 – Merano 75 – Sankt Anton am Arlberg 118

Staila Zim, P VISA MC AE

via maistra 20 – ✆ 081 858 51 60 – info@hotel-staila.ch – Fax 081 858 50 21 – *geschl. 31. März - 30. April und 3. November - 20. Dezember*
17 Zim ☐ – †85/105 CHF ††160/180 CHF – ½ P +34 CHF – **Rest** – *(geschl. Montag in Januar und Mai)* Menü 42 CHF (abends) – Karte 44/88 CHF
◆ Der zinnoberrote Landgasthof in diesem friedlichen Dörfchen im Val Müstair bietet seinen Gästen Zimmer, die einfach, aber wohnlich mit solidem Holzmobiliar eingerichtet sind. Arventäferdecke und -mobiliar geben dem Restaurant seinen rustikalen Charakter.

FULLY – Valais (VS) – 552 G12 – 5 587 h. – alt. 465 m – ✉ 1926 7 C6

Bern 134 – Martigny 7 – Montreux 45 – Sion 26

De Fully ch, AC rest, P VISA MC AE
16 r. de l'Eglise – ✆ 027 746 30 60 – hotel.fully@bluewin.ch – Fax 027 746 41 33 – *fermé 22 décembre - 7 janvier*
18 ch ☐ – †75/80 CHF ††130/140 CHF – ½ P +25 CHF
Rest – *(fermé dimanche soir et lundi)* Menu 55/75 CHF – Carte 55/78 CHF
Rest *Brasserie* – *(fermé dimanche soir)* (16 CHF) – Carte 36/78 CHF
◆ Chambres avenantes tournées vers le vignoble de Fully ou la vallée du Rhône. Caveau mettant à l'honneur les crus locaux (dégustation en fin de semaine). Restaurant au joli décor nostalgique. Spécialité de brisolée (à la châtaigne). Repas simple côté brasserie.

FURI – Wallis – 552 K13 – siehe Zermatt

GAIS – Appenzell Ausserrhoden (AR) – 551 V5 – 2 770 Ew – Höhe 919 m – ✉ 9056 5 I2

Bern 221 – Herisau 20 – Konstanz 100 – Sankt Gallen 16 – Friedrichshafen 74

Truube P VISA MC AE
Rotenwies 9 – ✆ 071 793 11 80 – info@truube.ch – *geschl. 28. Januar - 7. Februar, 14. Juli - 14. August, Dienstag und Mittwoch*
Rest – Menü 39 CHF (mittags)/102 CHF – Karte 57/98 CHF
◆ Ein Landgasthof im Einklang mit seiner Umgebung, der schmackhafte Küche mit regionalen Einflüssen anbietet. Weiter zeichnen ihn freundlicher und familiärer Service aus.

GALS – Bern (BE) – 552 H7 – 689 Ew – Höhe 449 m – ✉ 2076 2 C4

Bern 42 – Neuchâtel 14 – Biel 26 – La Chaux-de-Fonds 31 – Murten 21

Zum Kreuz VISA MC AE

Dorfstr. 8 – ✆ 032 338 24 14 – info@kreuzgals.ch – Fax 032 338 24 70 – geschl. 21. Dezember - 8. Januar, 14. Juli - 5. August, Montag und Dienstag

Rest – (18 CHF) Menü 48/85 CHF – Karte 46/105 CHF

◆ Der Landgasthof an der Dorfstrasse beherbergt ein rustikales Restaurant mit netter zum Garten liegender Terrasse. Modern-regionale Karte.

GANDRIA – Ticino (TI) – 553 S13 – 224 ab. – alt. 274 m – ✉ 6978 10 H6

Bern 247 – Lugano 6 – Bellinzona 33 – Locarno 45 – Menaggio 23

Moosmann rist, VISA MC AE

– ✆ 091 971 72 61 – hotel_moosmann@bluewin.ch – Fax 091 972 71 32 – chiuso metà ottobre - 21 marzo

29 cam – 100/150 CHF 160/226 CHF – **Rist** – *(chiuso martedì) (chiuso a mezzogiorno)* Carta 38/80 CHF

◆ Ai bordi del Ceresio, albergo di tono familiare con terrazza e giardino. Camere spaziose e luminose, arredate secondo diversi stili: preferite quelle fronte lago. La simpatica sala da pranzo del ristorante è completata dalla terrazza sul lago. Cucina curata, con pesce di lago.

GATTIKON – Zürich (ZH) – 551 P5 – Höhe 510 m – ✉ 8136 4 G3

Bern 136 – Zürich 13 – Luzern 47 – Zug 20

Sihlhalden (Gregor Smolinsky) VISA MC AE

Sihlhaldenstr. 70 – ✆ 044 720 09 27 – rest.sihlhalde@bluewin.ch – Fax 044 720 09 53 – geschl. 1. - 7. Januar, 16. - 24. März, 20. Juli - 11. August, Sonntag und Montag

Rest – *(Tischbestellung ratsam)* (38 CHF) Menü 125 CHF (abends) – Karte 72/130 CHF

Spez. Meeresfrüchte mit Fettuccine. Kalbsbäckli in Barolo geschmort. Trilogie von weisser und dunkler Schokolade. **Weine** Riesbächler

◆ Das Haus liegt etwas versteckt auf einer Anhöhe. In drei traditionellen, individuell eingerichteten Stuben geniesst man klassische Küche. Nette Sommerterrasse.

GEMPENACH – Freiburg (FR) – 552 H7 – 281 Ew – Höhe 508 m – ✉ 3215 2 C4

Bern 24 – Neuchâtel 30 – Biel 34 – Fribourg 24 – Murten 8

Zum Kantonsschild VISA MC AE

Hauptstr. 24 – ✆ 031 751 11 11 – info@kantonsschild.ch – Fax 031 751 23 08 – geschl. 28. Januar - 19. Februar, 14. Juli - 5. August, Montag und Dienstag

Rest – (17 CHF) Menü 45/75 CHF – Karte 59/109 CHF

◆ In diesem Restaurant werden den Gästen je nach Jahreszeit zusätzlich zu der klassischen Speisekarte saisonale Gerichte angeboten, z. B. Spargel, Fisch, Wild oder Muscheln.

Ravasini/COLORISE

GENÈVE Genf

Ⓒ **Canton :** GE Genève
Carte Michelin LOCAL : n° **552** B11
Population : 177 964 h.
Altitude : 375 m – **Code Postal :** ✉ 1200

▶ Bern 164 – Annecy 45 – Grenoble 148 – Lausanne 60 – Lons-le-Saunier 111 – Lyon 151
Atlas : 6 **A6**

RENSEIGNEMENTS PRATIQUES

Offices de tourisme

Genève Tourisme, 18 r. du Mont Blanc FY, Informations touristiques, Aéroport niveau Arrivées BT, ☎ 022 909 70 00, info@geneve-tourisme.ch, Fax 022 909 70 11

Automobile clubs

8 cours de Rive, 1204 Genève GZ, 4 ch. de Blandonnet, 1214 Vernier ☎ 022 417 20 30, Fax 022 417 20 42 BU
19 ch. du Clos de la Fonderie, 1227 Carouge, ☎ 022 342 22 33, Fax 022 301 37 11 CV

Aéroport

de Genève, ☎ 022 717 71 11 BT

Compagnies aériennes

Swiss International Air Lines Ltd., ☎ 0848 852 000
Air France, 15 rte de l'Aéroport, ☎ 022 827 87 87, Fax 022 827 87 81
Alitalia, Genève-Airport, ☎ 022 798 20 80
British Airways, 13 Chantepoulet, ☎ 0848 801 010, Fax 022 906 12 23
Lufthansa, 29 rte de Prébois, Cointrin, ☎ 022 929 51 51, Fax 022 929 51 50

LOISIRS

Manifestations locales

20.06 - 22.06 : Fête de la Musique, concerts en tous genres dans les rues de Genève
31.07 - 10.08 : "Fêtes de Genève", fête populaire avec feux d'artifice
12.12 - 14.12 : Fête de l'Escalade, fête historique avec cortège

Golfs

18 Cologny, ☎ 022 707 48 00 ;
18 Bossey (France) par rte de Troinex, ☎ (0033) 450 43 95 50 ;
27 Esery (France) Sud-Est : 15 km, ☎ (0033) 450 36 58 70 ;
18 Maison Blanche Echenevex-Gex (France), Nord-Ouest : 17 km, ☎ (0033) 450 42 44 42

Football-Championnat d'Europe

07.06, 11.06, 15.06 : matchs de sélection

DÉCOUVRIR

A VOIR

Rade et les bords du lac★★ **FGY** : vues★★★ du quai du Mont-Blanc ; Parcs Mon Repos **GX**, Perle du Lac, Villa Barton★★ **CTU** - conservatoire et jardin botanique★ : jardin de rocaille★★ **CT E** - Parc de la Grange★ **CU** - Parc des Eaux-Vives★ **CU** - Palais des Nations★★ **CT** - Vieille ville★ : Monument de la Réformation★ **FZ D**, Cathédrale St-Pierre★ **FZ** : tour Nord (panorama★★), Site archéologique★★, Maison Tavel★ **FZ**, Collections Baur★ **GZ** - Eglise du Christ-Roi : intérieur★ **BV N** - Boiseries ★ au musée des Suisses à l'étranger **CT M**[4]

MUSEES

Ariana★★ **CT M**[2] - Art et Histoire★★ **GZ** - Histoire naturelle★★ **GZ** - International de la Croix-Rouge et du Croissant-Rouge★★ **CT M**[3] - International de l'automobile★ **BT M**[1] - Petit Palais - Art Moderne★★ **GZ**

EXCURSIONS

en bateau sur le lac. Renseignements Cie Gén. de Nav. Jardin Anglais, ✆ 0848 811 848 - Mouettes genevoises, 8 quai du Mont-Blanc, ✆ 022 732 29 44 - Swissboat, 4 quai du Mont-Blanc, ✆ 022 732 47 47

Liste alphabétique des hôtels et des restaurants

A

Page

- **Ambassador** 10
- **Angleterre (D')** 9
- **Armures (Les)** 12
- **Auteuil** 10

B

- **Beau-Rivage** 8
- **Bel'Espérance** 13
- **Bistrot du Boeuf Rouge** 12
- **Brasserie** 13
- **Brasserie de l'Hôtel de Ville** 14
- **Bristol** 9
- **Broche (La)** 14
- **Buffet de la Gare des Eaux-Vives** 14

C

- **Café de Certoux** 17
- **Café de la Réunion** 16
- **Café des Négociants** 16
- **Café Métropole** 14
- **Chaumière (La)** 17
- **Cheval Blanc** 15
- **Cigalon (Le)** 16
- **Cigogne (De la)** 13
- **Closerie (La)** 15
- **Comédie** 13
- **Crowne Plaza** 18

E

- **Edelweiss** 10
- **Eden** 10
- **Entrecôte Couronnée (L')** 12
- **Epsom** 9
- **Express by Holiday Inn** 17

F

- **Finestra (La)** 14
- **Four Seasons Hôtel des Bergues** 8

I

- **Ibis (Cointrin)** 18
- **Ibis (Rive droite)** 11
- **Intercontinental** 14

J

- **Jacky (Chez)** 12
- **Jade** 10

K

Kempinski (Grand Hôtel)	8
Kipling	10

L

Lago (Il)	11
Lavandou (Au)	16
Lion d'Or (Auberge du)	15
Longemalle	13

M

Mandarin Oriental du Rhône	8
Midi (Du)	10
Montbrillant (Le)	9
Mövenpick	17

N

Nations (Les)	10
NH Geneva Airport Hotel	18

P

Paix (De la)	9
Parc des Eaux-Vives	13
Patio (Le)	14
Perle du Lac (La)	11
Petit Collège (Au)	16
Président Wilson	8

R

Ramada Encore	16
Ramada Park Hotel	17
Relais de Chambésy (Le)	15
Réserve (La)	15
Richemond (Le)	8
Roberto	13
Rouge et le Blanc (Le)	12
Royal	9

S

Sagano	12
Saladier (Le)	15
Spice's	11
Strasbourg	11
Suisse	11
Suitehotel	17
Swissôtel Métropole Geneva	12

T

Thai Phuket	12
Tiffany	13
Tsé Yang	11

V

Vallon (Le)	16
Vertig'O	11
Vieux-Bois	14

W

Warwick	9

Restaurants ouverts le dimanche

Brasserie	13
Brasserie de l'Hôtel de Ville	14
Closerie (La)	15
Lago (Il)	11
Perle du Lac (La)	11
Thai Phuket	12
Tsé Yang	11

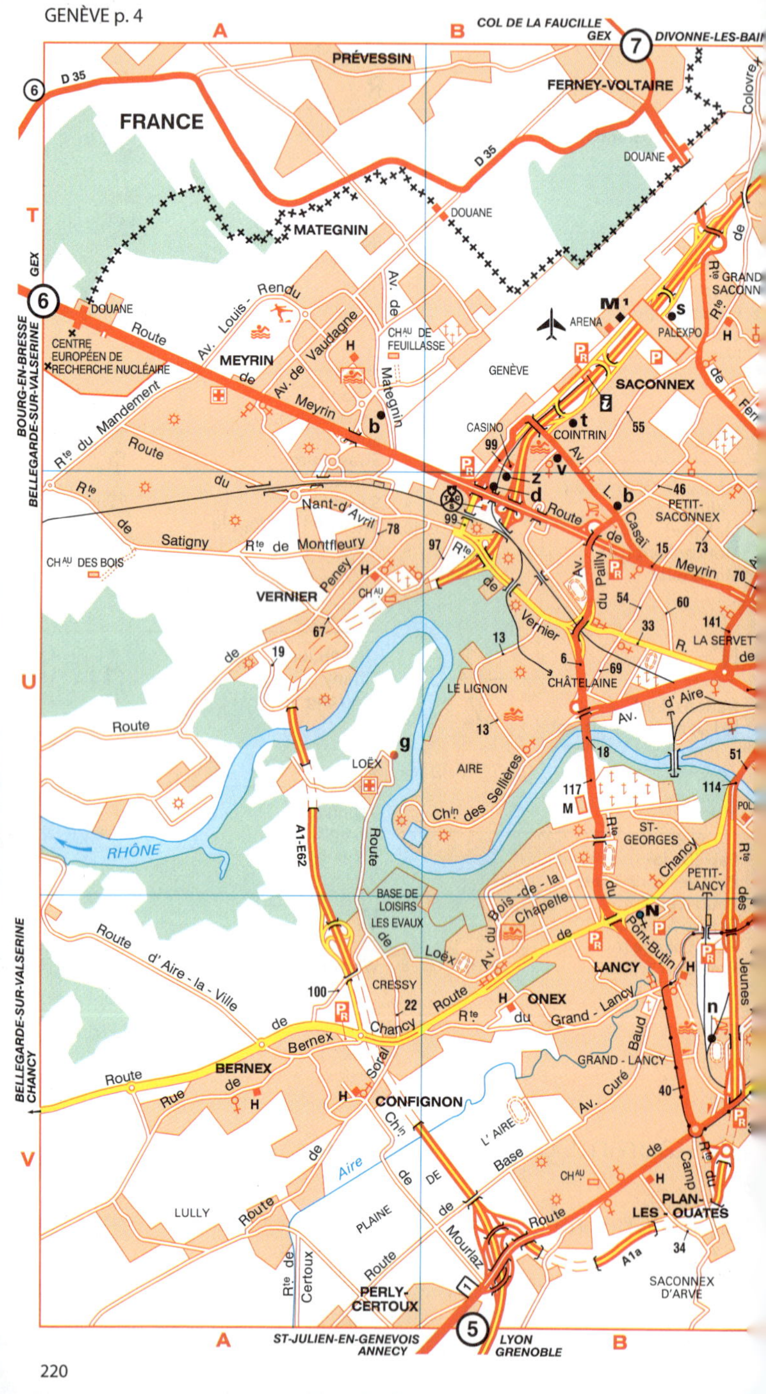
COL DE LA FAUCILLE
GEX
DIVONNE-LES-BAINS
PRÉVESSIN
FERNEY-VOLTAIRE
FRANCE
D 35
DOUANE
MATEGNIN
MEYRIN
CENTRE EUROPÉEN DE RECHERCHE NUCLÉAIRE
GENÈVE
SACONNEX
ARENA
PALEXPO
CASINO
COINTRIN
PETIT-SACONNEX
VERNIER
LE LIGNON
CHÂTELAINE
LA SERVETTE
LOËX
AIRE
RHÔNE
ST-GEORGES
PETIT-LANCY
BASE DE LOISIRS LES EVAUX
CRESSY
LANCY
ONEX
BERNEX
CONFIGNON
GRAND-LANCY
L'AIRE
PLAN-LES-OUATES
LULLY
PLAINE
PERLY-CERTOUX
SACONNEX D'ARVE
A1-E62
A1a
ST-JULIEN-EN-GENEVOIS
ANNECY
LYON
GRENOBLE
BOURG-EN-BRESSE
BELLEGARDE-SUR-VALSERINE
CHANCY

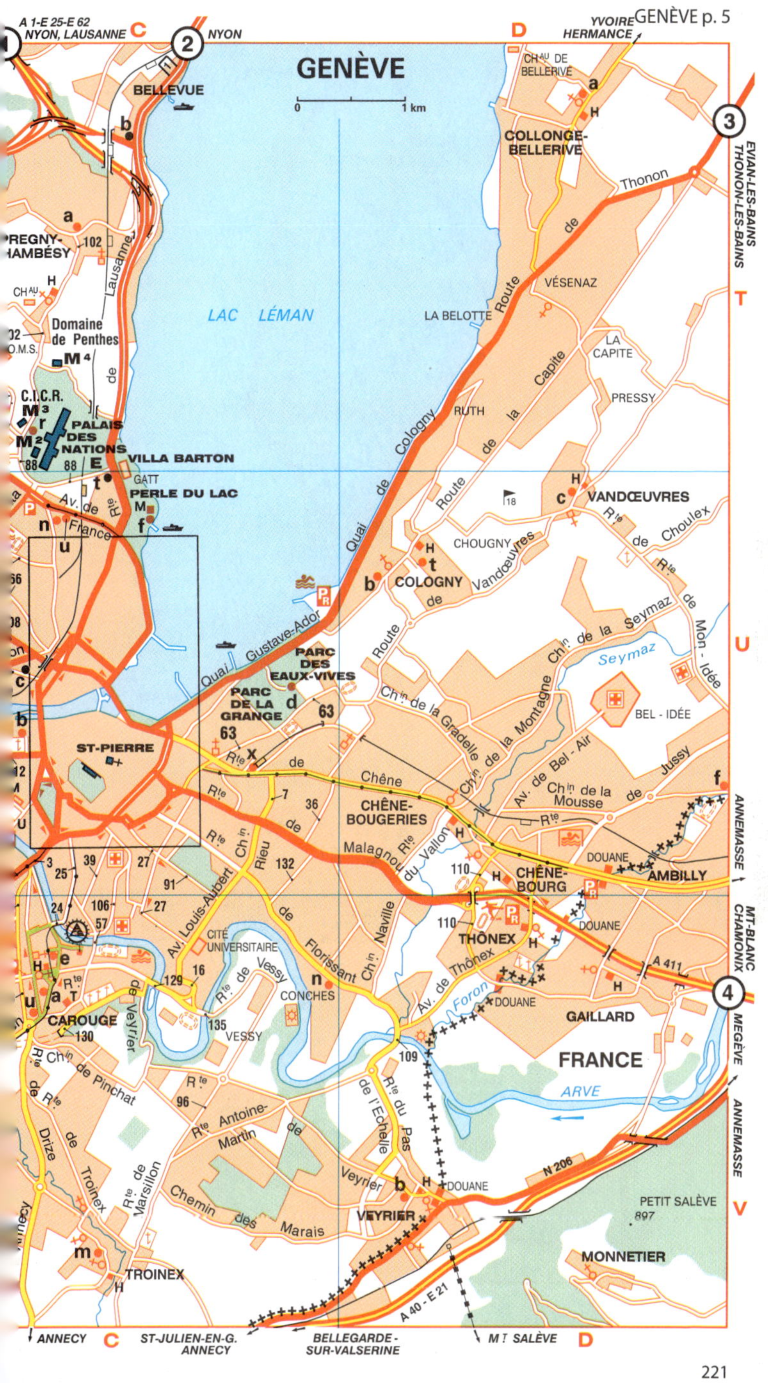
GENÈVE
A 1-E 25-E 62
NYON, LAUSANNE
NYON
YVOIRE
HERMANCE
BELLEVUE
LAC LÉMAN
PREGNY-
CHAMBÉSY
Domaine de Penthes
C.I.C.R.
PALAIS DES NATIONS
VILLA BARTON
PERLE DU LAC
COLLONGE-BELLERIVE
VÉSENAZ
LA BELOTTE
LA CAPITE
PRESSY
RUTH
VANDŒUVRES
CHOUGNY
COLOGNY
Route de Thonon
Quai de Cologny
Quai Gustave-Ador
PARC DES EAUX-VIVES
PARC DE LA GRANGE
ST-PIERRE
BEL - IDÉE
Seymaz
CHÊNE-BOUGERIES
CHÊNE-BOURG
AMBILLY
DOUANE
THÔNEX
GAILLARD
FRANCE
ARVE
Foron
CITÉ UNIVERSITAIRE
CONCHES
VESSY
CAROUGE
VEYRIER
TROINEX
PETIT SALÈVE
897
MONNETIER
N 206
A 411
A 40 - E 21
EVIAN-LES-BAINS
THONON-LES-BAINS
ANNEMASSE
MT-BLANC
CHAMONIX
MEGÈVE
ANNECY
ST-JULIEN-EN-G.
ANNECY
BELLEGARDE-
SUR-VALSERINE
MT SALÈVE
0
1 km

GENÈVE
0
200 m
F
G
X
Y
Z
PARC MON REPOS
LE PRIEURÉ
LAC LÉMAN
AUTO TRAIN
LES PÂQUIS
PORT DES PÂQUIS
PARC DES CROPETTES
CORNAVIN
Jet d'eau
PIERRE DU NITON
ÎLE J. J. ROUSSEAU
RHÔNE
Jardin Anglais
Quai Gustave Ador
Quai du Mont-Blanc
Quai Wilson
Pt du Mont-Blanc
Quai Gal Guisan
MAISON TAVEL
CATH. ST-PIERRE
Musée Rath
Pl. Neuve
VIEILLE VILLE
Prom. des Bastions
R. de la Croix Rouge
MUSÉE D'ART ET D'HISTOIRE
MUSÉE D'HISTOIRE NATURELLE
Bibliothèque universitaire
COLLECTIONS BAUR
PETIT PALAIS
LES TRANCHÉES
Pl. Ed. Claparède
PLAINE DE PLAINPALAIS
Rd Point de Plainpalais
PLAINPALAIS
Bd des Philosophes
Bd du Pont d'Arve
Av. Henri Dunant
Av. du Mail
Bd Georges Favon
Bd Helvétique
Bd James Fazy
PROM. DE ST-JEAN
Rue de Lausanne
Rue de Montbrillant
R. des Gares
Rue du Rhône
R. de Rive
R. des Eaux-Vives
R. de la Scie
Rte de Florissant
R. de Contamines
Bd des Tranchées
R. Rousseau
R. de Berne
R. des Pâquis
R. des Alpes
R. Plantamour
R. du Valais
R. des Buis
R. Dalcroze
R. F. Hodler
Grand' Rue

RÉPERTOIRE DES RUES DE GENÈVE

Acacias (Pont des) **CU** 3
Acacias (R. des) **BV** 4
Ain (Av. de l') **BU** 6
Aire la Ville (Rte d') **AV**
Aïre (Av. d') **BU**
Alpes (R. des) **FY**
Amandier (Av. de l') **CU** 7
Annecy (Rte d') **CV**
Antoine-Martin (Rte) **CV**
Appia (Av.) **CT** 9
Base (Rte de) **ABV**
Bastions (Prom. des) **FZ**
Bel Air (Av. de) **DU**
Bel Air (Pl.) **FY** 10
Bergues (Quai des) **FY** 12
Bernex (R. de) **AV**
Berne (R. de) **FY**
Bois des Frères (Rte du) **BU** 13
Bois de la Chapelle (Av. du) **BUV**
Bouchet (Carr. du) **BU** 15
Bourg de Four (Pl. du) **FZ** 14
Bout du Monde (Rte du) **CV** 16
Buis (R. des) **FX**
Butin (Pont) **BU** 18
Camp (Rte du) **BV**
Canada (Rte du) **AU** 19
Candolle (R. de) **FZ** 21
Capite (Rte de la) **DTU**
Carabot (Ch. de) **AV** 22
Carouge (Pont de) **CV** 24
Carouge (R. de) **CU** 25
Certoux (Rte de) **AV**
Champel (Av. de) **CUV** 27
Chancy (Rte de) **AV**
Chantepoulet (R. de) **FY** 28
Chapelle (Rte de la) **BCV** 30
Charmilles (R. des) **BU** 31
Châtelaine (Av. de) **BU** 33
Chêne (Rte de) **CDU**
Chevaliers de Malte (Rte des) **BV** 34
Chevillarde (Ch. de la) **CU** 36
Choulex (Rte de) **DU**
Cirque (Pl. du) **FZ** 37
Cluse (Bd de la) **CU** 39
Cologny (Quai de) **DTU**
Colovrex (Rte de) **BT**
Communes Réunies (Av. des) **BV** 40
Confédération (R. de la) **FY** 42
Contamines (R. de) **GZ**
Cornavin (Pl. de) **FY** 43
Corraterie (R. de la) **FY** 45
Coudriers (Ch. des) **BU** 46
Coulouvrenière (Pont de la) **FY** 48
Croix d'Or (R. de la) **FY** 49
Croix Rouge (R. de la) **FZ**
Curé Baud (Av. du) **BV**
Deux Ponts (R. des) **BU** 51
Drize (Rte de) **CV**
Eaux Vives (Pl. des) **GZ** 52
Eaux Vives (R. des) **GY**
Edmond-Vaucher (Av.) **BU** 54
Edouard-Claparède (Pl.) **FGZ**
Edouard-Sarazin (Ch.) **BT** 55
Ferdinand-Hodler (R.) **GZ**
Ferney (Rte de) **BT**
Florissant (Rte de) **CUV**
Fontenette (Pont de) **CV** 57
Fort-Barreau (R. du) **FX** 58
France (Av. de) **CU**
Franchises (R. des) **BU** 60
Frontenex (Av. de) **GZ** 61
Frontenex (Rte de) **CU** 63
Gares (R. des) **FX**
Général-Guisan (Quai) **FGY**
Georges-Favon (Bd) **FZ**
Giuseppe-Motta (Av.) **BCU**
Gradelle (Ch. de la) **DU**
Grand'Rue **FZ**
Grand-Bureau (R. du) **CV** 64
Grand-Lancy (Rte du) **BV**
Grand-Pré (R. du) **CU** 66
Granges (R. des) **FZ** 65
Greube (Ch. de la) **AU** 67
Gustave-Ador (Quai) **GY**
Helvétique (Bd) **FGZ**
Henri-Dunant (Av.) **FZ**
Henry-Golay (Av.) **BU** 69
Hoffmann (R.) **BU** 70
Italie (R. d') **GZ** 72
Jacques-Dalcroze (Bd) **FGZ**
James-Fazy (Bd) **FY**
Jean-Trembley (Av.) **BU** 73
Jeunes (Rte des) **BUV**
Jussy (Rte de) **DU**
Lausanne (Rte de) **CTU**
Lausanne (R. de) **FX**
Loëx (Rte de) **AUV**
Longemalle (Pl.) **FY** 76
Louis-Aubert (Av.) **CUV**
Louis-Casaï (Av.) **BTU**
Louis-Pictet (Ch.) **AU** 78
Louis-Rendu (Av.) **AT**
Lyon (R. de) **BCU**
Mail (Av. du) **FZ**
Malagnou (Rte de) **GZ** 79
Mandement (Rte du) **AT**
Marais (Ch. des) **CV**
Marché (R. du) **FY** 81
Marsillon (Rte de) **CV**
Mategnin (Av. de) **AT**
Meyrin (Rte de) **AT**
Moillebeau (R. de) **BU** 82
Molard (Pl. du) **FY** 84
Montagne (Ch. de la) **DU**
Montbrillant (R. de) **FX**
Montfleury (Rte de) **AU**
Monthoux (R. de) **FXY** 87
Mont-Blanc (Pont du) **FY**
Mont-Blanc (Quai du) **FGY**
Mont-Blanc (R. du) **FY** 85
Mon-Idée (Rte de) **DU**
Mourlaz (Ch. de) **ABV**
Mousse (Ch. de la) **DU**
Nant-d'Avril (Rte du) **ATU**
Naville (Ch.) **DV**
Neuve (Pl.) **FZ**
Pailly (Av. du) **BU**
Paix (Av. de la) **CTU** 88
Pâquis (R. des) **FXY**
Pas de l'Echelle (Rte du) **DV**
Peney (Rte de) **AU**
Pépinière (R. de la) **FY** 90
Peschier (Av.) **CU** 91
Philippe-Plantamour (R.) **GX**
Philosophes (Bd des) **FZ**
Pictet-de-Rochemont (Av.) **GZ** 93
Pierre-Fatio (R.) **GYZ** 94
Pinchat (Ch. de) **CV**
Place Verte (Rte de la) **CV** 96
Plainpalais (Rond-Point de) **FZ**
Pont Butin (Rte du) **BUV**
Pont d'Arve (Bd du) **FZ**
Poussy (Ch. de) **BU** 97
Pregny (Rte de) **CT** 102
Pré Bois (Rte de) **BTU** 99
Pré Marais (Rte du) **AV** 100
Promenades (Bd des) **CV** 103
Rhône (R. du) **FGY**
Rieu (Ch.) **CU**
Rive (Rond-Point de) **GZ** 105
Rive (R. de) **FGZ**
Roseraie (Av. de la) **CV** 106
Rousseau (R.) **FY**
St-Georges (Bd de) **CU** 112
St-Georges (Pont de) **BU** 114
St-Georges (Rte de) **BU** 117
St-Julien (Rte de) **BCV**
St-Léger (R.) **FZ** 118
Satigny (Rte de) **AU**
Scie (R. de la) **GY**
Sellières (Ch. des) **BU**
Servette (R. de la) **BCU** 108
Seymaz (Ch. de la) **DU**
Sierne (Pont de) **DV** 109
Soral (Rte de) **AV**
Sous Moulin (Rte de) **DUV** 110
Temple (R. du) **FY** 120
Terrassière (R. de la) **GZ** 121
Terreaux du Temple (R. des) **FY** 123
Théâtre (Bd du) **FZ** 124
Thônex (Av. de) **DV**
Thonon (Rte de) **DT**
Tour (Bd de la) **FZ** 126
Tranchées (Bd des) **GZ**
Troinex (Rte de) **CV**
Turrettini (Quai) **FY** 127
Valais (R. du) **FX**
Vallon (Rte du) **DU**
Val d'Arve (Pont du) **CV** 129
Val d'Arve (Rte du) **CV** 130
Vandœuvres (Rte de) **DU**
Vaudagne (Av. de) **AT**
Velours (Ch. du) **CU** 132
Vernier (Rte de) **BU**
Versonnex (R.) **GY** 133
Vessy (Pont de) **CV** 135
Vessy (Rte de) **CV**
Veyrier (Rte de) **CV**
Vibert (Av.) **BV** 136
Vidollet (R. du) **CU** 138
Villereuse (R. de) **GZ** 139
Voltaire (R.) **CU** 140
Wendt (Av.) **BU** 141
Wilson (Quai) **GX**
22-Cantons (Pl. des) **FY** 142

Rive droite (Gare Cornavin - Les Quais)

Four Seasons Hôtel des Bergues
33 quai des Bergues ✉ 1201 – ✆ 022 908 70 00 – info.gen@fourseasons.com – Fax 022 908 74 00 6 FY f
83 ch – ♦575/895 CHF ♦♦635/945 CHF, ☕ 40 CHF – 20 suites
Rest *Il Lago* – voir ci-après
♦ Le premier et le plus fastueux palace genevois (1834) a retrouvé l'éclat du neuf. Salons où brille le marbre, bar raffiné, chambres et suites Empire, service distingué.

Mandarin Oriental du Rhône
1 quai Turrettini ✉ 1201 – ✆ 022 909 00 00 – mogva-enquiry@mohg.com – Fax 022 909 00 10 6 FY r
180 ch – ♦570/1150 CHF ♦♦790/1150 CHF, ☕ 41 CHF – 10 suites
Rest *Café Rafael* – ✆ *022 909 00 05* – (39 CHF) Menu 61 CHF – Carte 69/118 CHF
♦ Établissement central œuvrant sur la rive droite du Rhône, dont la course est représentée dans le hall d'escalier. Somptueuses chambres meublées Art déco et pimpantes salles d'eau en marbre. Une belle terrasse au bord du fleuve agrémente le Café Rafael.

Le Richemond
Jardin Brunswick ✉ 1201 – ✆ 022 715 70 00 – reservations.lerichemond@roccofortecollection.com – Fax 022 715 70 01 6 FY a
99 ch – ♦695/1140 CHF ♦♦695/1140 CHF, ☕ 42 CHF – 10 suites
Rest *Sapori* – Menu 65 CHF (déj.) – Carte 106/169 CHF
♦ Hôtel inauguré en 1863 et totalement rénové en 2007. Chambres, junior suites et suites au chic contemporain. Vue sur le lac et son jet d'eau aux étages supérieurs. Au Sapori, gastronomie transalpine, cadre moderne smart et belle terrasse côté Jardin Brunswick.

Président Wilson
47 quai Wilson ✉ 1201 – ✆ 022 906 66 66 – sales@hotelpwilson.com – Fax 022 906 66 67 6 GX d
219 ch – ♦730/890 CHF ♦♦730/890 CHF, ☕ 42 CHF – 11 suites
Rest *Spice's* – voir ci-après
Rest *L'Arabesque* – (34 CHF) Menu 56 CHF (déj.)/105 CHF – Carte 60/114 CHF
Rest *Pool Garden* – *(fermé mi-septembre - mai)* Menu 55 CHF (déj.)/80 CHF – Carte 82/163 CHF
♦ Bois nobles, marbres et fleurs à profusion dans cet hôtel ouvrant sur le lac. Décor féerique (mosaïque à la feuille d'or) et délices libanais à L'Arabesque. Repas d'été autour de la piscine au Pool Garden.

Grand Hôtel Kempinski
19 quai du Mont-Blanc ✉ 1201 – ✆ 022 908 90 81 – reservations.grandhotelgeneva@kempinski.com – Fax 022 908 90 90 – (Nouveau concept de restauration à partir de mi 2007)
409 ch – ♦331/890 CHF ♦♦331/990 CHF, ☕ 45 CHF – 14 suites – **Rest** – (24 CHF) – Carte 57/117 CHF 6 GY y
♦ Rénovation intégrale pour cet immeuble hôtelier dialoguant en tête-à-tête avec le lac. Communs, chambres et suites contemporains. Centre de congrès, fitness et spa complets. Quatre espaces et quatre types de cuisine sur une même carte, pour combler toutes les faims

Beau-Rivage
13 quai du Mont-Blanc ✉ 1201 – ✆ 022 716 66 66 – info@beau-rivage.ch – Fax 022 716 60 60 6 FY d
80 ch – ♦790/1100 CHF ♦♦890/1200 CHF, ☕ 43 CHF – 11 suites
Rest *Le Chat Botté* – Menu 65 CHF (déj.)/180 CHF – Carte 109/223 CHF ✿
Rest *Patara* – ✆ *022 731 55 66 (fermé 22 décembre - 6 janvier, 21 - 24 mars samedi midi et dimanche midi)* (27 CHF) Menu 39 CHF (déj.)/126 CHF – Carte 67/106 CHF
♦ Face au lac, hôtel de caractère tenu par la même famille depuis 1865. Élégantes chambres entretenant une atmosphère raffinée. Bel atrium à colonnades où bruisse une fontaine. Gastronomie d'aujourd'hui et cadre cossu au Chat Botté. Repas thaïlandais au Patara.

D'Angleterre

17 quai du Mont-Blanc ✉ *1201 –* ✆ *022 906 55 55 – angleterre@rchmail.com – Fax 022 906 55 56* 6 FGY **n**

45 ch – †450/980 CHF ††450/980 CHF, ☕ 45 CHF

Rest *Windows* – (29 CHF) Menu 49 CHF (déj.)/190 CHF – Carte 98/157 CHF

♦ Élégant palace néoclassique (1872) tourné vers le Léman. Service aux petits soins, chambres personnalisées avec goût et décor colonial très "cosy" au Leopard Lounge. Restaurant-véranda à l'ambiance sélecte, ménageant une vue lacustre. Choix classique français.

De la Paix

11 quai du Mont-Blanc ✉ *1201 –* ✆ *022 909 60 00 – info-hdlp@concorde-hotels.com – Fax 022 909 60 01* 6 FY **e**

84 ch – †370/750 CHF ††370/750 CHF, ☕ 40 CHF

Rest *Vertig'O* – voir ci-après

♦ Palace de 1865 rénové en 2005. Communs exubérants, dont un patio vertigineux rehaussé d'or. Chambres personnalisées suivant deux thèmes : "goutte d'eau" et "pétales de rose".

Bristol

10 r. du Mont-Blanc ✉ *1201 –* ✆ *022 716 57 00 – reservations@bristol.ch – Fax 022 738 90 39* 6 FY **w**

95 ch – †310/610 CHF ††345/650 CHF, ☕ 34 CHF – 5 suites

Rest *Relais Bristol* – (23 CHF) Menu 50 CHF (déj.)/85 CHF – Carte 72/111 CHF

♦ Hôtel situé près des quais. Hall luxueux, escalier vertigineux, grandes chambres à choisir si possible côté square, collection de toiles anciennes, fitness, sauna et hammam. Repas au goût du jour dans une salle classique tirée à quatre épingles. Piano-bar.

Epsom

18 r. Richemont ✉ *1202 –* ✆ *022 544 66 66 – epsom@manotel.com – Fax 022 544 66 99* 6 FX **d**

153 ch – †350/590 CHF ††350/590 CHF, ☕ 30 CHF

Rest *Portobello* – *(fermé 23 décembre - 2 janvier)* (20 CHF) Menu 40 CHF (déj.)/61 CHF – Carte 63/113 CHF

♦ Hôtel de style contemporain œuvrant dans une rue calme du centre. Atmosphère reposante, chambres agréables et salles de réunions. Recettes du moment et vins du monde proposés sous une verrière moderne teintée d'exotisme (parquet, sièges tressés, végétation).

Royal

41 r. de Lausanne ✉ *1201 –* ✆ *022 906 14 14 – royal@manotel.com – Fax 022 906 14 99* 6 FX **f**

197 ch – †350/590 CHF ††350/590 CHF, ☕ 30 CHF – 5 suites

Rest *Rive Droite* – (20 CHF) Menu 56 CHF – Carte 49/96 CHF

♦ Entre gare et lac, hôtel moderne bien feutré bordant un axe passant. Chambres pas immenses, pensées pour les séjours d'affaires. Centre de conférences. Cuisine actuelle et déco de brasserie chic au Rive Droite. Formule simplifiée en terrasse, sous les arcades.

Warwick

14 r. de Lausanne ✉ *1201 –* ✆ *022 716 80 00 – res.geneva@warwickhotels.com – Fax 022 716 80 01* 6 FY **c**

167 ch – †430/550 CHF ††470/650 CHF, ☕ 28 CHF

Rest *Teseo* – (19 CHF) Menu 30 CHF (déj.)/45 CHF – Carte 65/114 CHF

♦ Devant la gare, adresse idéale pour touristes ou congressistes anxieux de rater leur train. Chambres actuelles et pratiques. Restaurant entretenant une atmosphère de brasserie parisienne. Offre culinaire bien en phase avec le genre de l'installation.

Le Montbrillant

2 r. de Montbrillant ✉ *1201 –* ✆ *022 733 77 84 – contact@montbrillant.ch – Fax 022 733 25 11* 6 FY **b**

82 ch ☕ – †170/275 CHF ††255/360 CHF – **Rest** – (19 CHF) – Carte 46/92 CHF

♦ Hôtel fiable dans les parages de la gare. Communs montagnards, chambres à géométrie variable et studios avec kitchenette. Massages sur demande. Brasserie parisienne et table chaleureuse combinant cuisine traditionnelle et italienne (pizza au feu de bois).

Les Nations sans rest
62 r. du Grand-Pré ✉ 1202 – ☎ 022 748 08 08 – info@hotel-les-nations.com – Fax 022 734 38 84 4 BU c
71 ch – 175/280 CHF 220/350 CHF
◆ Couloirs ornés d'objets anciens, chambres personnalisées et belles junior suites au 7e étage. Une peinture murale sur le thème de la transhumance égaye la façade arrière.

Jade sans rest
55 r. Rothschild ✉ 1202 – ☎ 022 544 38 38 – jade@manotel.com – Fax 022 544 38 99 6 FX j
47 ch – 290/390 CHF 290/390 CHF, 18 CHF
◆ Immeuble hôtelier dont l'intérieur a été repensé selon les préceptes "ultra-tendance" du Feng Shui (philosophie chinoise). Harmonie et sérénité dans un cadre moderne épuré.

Kipling sans rest
27 r. de la Navigation ✉ 1201 – ☎ 022 544 40 40 – kipling@manotel.com – Fax 022 544 40 99 6 FX x
62 ch – 290/390 CHF 290/390 CHF, 18 CHF
◆ Hommage à l'illustre auteur du Livre de la Jungle dans cet établissement sympathique au parti pris décoratif moderne d'esprit "colonial". Parfums d'encens à l'entrée.

Auteuil sans rest
33 r. de Lausanne ✉ 1201 – ☎ 022 544 22 22 – auteuil@manotel.com – Fax 022 544 22 99 6 FX m
104 ch – 320/490 CHF 320/490 CHF, 28 CHF
◆ Hall "fashionable" orné de portraits de stars du 7e art, chambres meublées en bois sombre, égayées de velours or et dotées de salles d'eau design. Espace breakfast "trendy".

Edelweiss ch, rest,
2 pl. de la Navigation ✉ 1201 – ☎ 022 544 51 51 – edelweiss@manotel.com – Fax 022 544 51 99 6 FGX a
42 ch – 290/390 CHF 290/390 CHF, 18 CHF – **Rest** – *(fermé 1er - 15 janvier) (dîner seulement)* Menu 55 CHF – Carte 48/91 CHF
◆ Établissement dont la devanture donne une juste idée de l'aménagement intérieur : un véritable chalet suisse ! Chambres douillettes. Chaleureuse salle à manger avec mezzanine. Plats traditionnels, spécialités régionales (fondue, raclette), ambiance helvétique.

Du Midi ch,
4 pl. Chevelu ✉ 1201 – ☎ 022 544 15 00 – info@hotel-du-midi.ch – Fax 022 544 15 20 6 FY v
78 ch – 260/400 CHF 280/450 CHF, 26 CHF – **Rest** – *(fermé samedi et dimanche)* (22 CHF) Menu 38 CHF (déj.)/100 CHF – Carte 47/85 CHF
◆ Hôtel tenu en famille sur une placette baignée par le Rhône. Hall à colonnades, salon douillet, collection d'art contemporain et chambres rénovées au décor contemporain. Salle à manger d'un style actuel plutôt "cosy", complétée par une terrasse d'été.

Ambassador ch,
21 quai des Bergues ✉ 1201 – ☎ 022 908 05 30 – info@hotel-ambassador.ch – Fax 022 738 90 80 6 FY m
73 ch – 300/450 CHF 400/550 CHF, 24 CHF – **Rest** – *(fermé dimanche midi, samedi et fériés)* (28 CHF) Menu 41 CHF (déj.)/64 CHF – Carte 47/93 CHF
◆ Hôtel installé sur un quai du Rhône au trafic soutenu. Deux générations de chambres : optez si possible pour celles venant d'être rajeunies dans la note design. Repas traditionnel dans un cadre classique agrémenté de boiseries ou sur la terrasse-trottoir.

Eden
135 r. de Lausanne ✉ 1202 – ☎ 022 716 37 00 – eden@eden.ch – Fax 022 731 52 60 5 CU t
54 ch – 175/280 CHF 235/330 CHF – **Rest** – *(fermé 21 décembre - 6 janvier, 19 juillet - 10 août, samedi et dimanche)* (19 CHF) Menu 32/47 CHF – Carte 42/74 CHF
◆ Maison régulièrement améliorée, faisant face au Palais des Nations. Les chambres, classiquement agencées, sont claires et fonctionnelles. Restaurant traditionnel où la clientèle du quartier côtoie logeurs et gens de passage.

Strasbourg sans rest
10 r. Pradier ✉ 1201 – ✆ 022 906 58 00 – info@hotelstrasbourg.ch – Fax 022 738 42 08 6 FY **q**
51 ch – 170/210 CHF 220/270 CHF
◆ À deux pas de la gare et du parking Cornavin, hôtel traditionnel dont les chambres sont peu spacieuses, mais fonctionnelles. Chaleureux hall habillé de boiseries.

Suisse sans rest
10 pl. de Cornavin ✉ 1201 – ✆ 022 732 66 30 – reservation@hotel-suisse.ch – Fax 022 732 62 39 6 FY **y**
62 ch – 190/215 CHF 255/300 CHF
◆ Sur la place de Cornavin, face à la gare centrale, hôtel bénéficiant d'un emplacement commode du point de vue de la mobilité. Chambres fonctionnelles ; tenue sans reproche.

Ibis sans rest
10 r. Voltaire ✉ 1201 – ✆ 022 338 20 20 – h2154@accor.com – Fax 022 338 20 30 5 CU **c**
65 ch – 142 CHF 142 CHF, 14 CHF
◆ Cet hôtel de chaîne entièrement non-fumeurs et bien pratique pour l'étape genevoise se situe dans un quartier un peu terne. Chambres fonctionnelles, dont plusieurs familiales.

Il Lago – Four Seasons Hotel des Bergues
33 quai des Bergues ✉ 1201 – ✆ 022 908 70 00 – info.gen@fourseasons.com – Fax 022 908 74 00 6 FY **f**
Rest – Menu 80 CHF (déj.)/180 CHF – Carte 110/188 CHF
◆ Cuisine italienne élaborée à apprécier dans un décor classique opulent. Précieux papier peint à la main (scènes lacustres) en salle. Réservez une table braquée vers le lac.

La Perle du Lac lac,
126 r. de Lausanne ✉ 1202 – ✆ 022 909 10 20 – info@laperledulac.ch – Fax 022 909 10 30 – fermé 24 décembre - 20 janvier et lundi 5 CU **f**
Rest – Menu 65 CHF (déj.)/120 CHF – Carte 102/148 CHF
◆ Bordé d'une large terrasse panoramique, ce chalet centenaire jouit d'une situation privilégiée au milieu d'un parc face au lac. Tons vifs dans la plus moderne des deux salles.

Spice's – Hotel Président Wilson
47 quai Wilson ✉ 1201 – ✆ 022 906 66 66 – sales@hotelpwilson.com – Fax 022 906 66 67 – fermé 2 - 14 janvier, 1er juillet - 15 août, samedi midi et dimanche 6 GX **d**
Rest – Menu 59 CHF (déj.)/140 CHF – Carte 103/185 CHF
◆ Repas aux influences cosmopolites servi dans un décor "fashionable" et une ambiance trendy. Boutique design permettant de se procurer l'un ou l'autre savoureux souvenir.

Tsé Yang
19 quai du Mont-Blanc, (1er étage) ✉ 1201 – ✆ 022 732 50 81 – Fax 022 731 05 82 6 GY **e**
Rest – Menu 45 CHF (déj.)/139 CHF – Carte 60/144 CHF
◆ Élégante salle à manger décorée à l'orientale et compartimentée par des cloisons en bois sculpté. Savourez des spécialités chinoises tout en profitant de la vue sur le Léman.

Vertig'O – Hôtel de la Paix
11 quai du Mont-Blanc ✉ 1201 – ✆ 022 909 60 00 – info hdlp@concorde-hotels.com – Fax 022 909 60 01 6 FY **e**
Rest – *(fermé 22 décembre - 6 janvier, 14 juillet - 17 août, samedi, dimanche et fériés)* (38 CHF) Menu 55 CHF (déj.)/120 CHF – Carte 85/129 CHF
◆ Restaurant d'hôtel envoyant de la cuisine traditionnelle actualisée dans un décor moderne très "fashionable", combinant des tons orange, gris et bleu. Confort de type bistrot.

Thai Phuket

33 av. de France ✉ 1202 – ☎ 022 734 41 00 – Fax 022 734 42 40 – fermé samedi midi 5 CU **u**

Rest – (30 CHF) Menu 36 CHF (déj.)/90 CHF – Carte 39/82 CHF

◆ Bonne table thaïlandaise où de prévenantes hôtesses en tenue de là-bas sont aux petits soins. Vieux millésimes et grands bordeaux. Superbe aquarium de poissons exotiques.

Chez Jacky

9 r. Necker ✉ 1201 – ☎ 022 732 86 80 – restaurant@chezjacky.ch – Fax 022 731 12 97 – fermé 22 décembre - 6 janvier, 26 juillet - 17 août, samedi et dimanche 6 FY **p**

Rest – (27 CHF) Menu 46 CHF (déj.)/92 CHF – Carte 70/92 CHF

◆ Salle bourgeoise dans les tons vert et blanc et terrasse sous stores, isolée du trottoir par des jardinières. Cuisine traditionnelle. Beaux chariots de fromages et desserts.

Bistrot du Boeuf Rouge

17 r. Alfred-Vincent ✉ 1201 – ☎ 022 732 75 37 – Fax 022 731 46 84 – fermé 14 juillet - 13 août, samedi, dimanche et fériés 6 FY **z**

Rest – (18 CHF) Menu 37/54 CHF – Carte 50/92 CHF

◆ Typique bistrot à la française, avec son zinc, ses banquettes, ses vieilles "réclames" et ses jeux de miroirs. Spécialités lyonnaises, plats locaux et suggestions gourmandes.

Sagano

86 r. de Montbrillant ✉ 1202 – ☎ 022 733 11 50 – Fax 022 733 27 50 – fermé samedi midi et dimanche 5 CU **n**

Rest – (29 CHF) Menu 40 CHF (déj.)/90 CHF – Carte 49/102 CHF

◆ Faim d'exotisme et envie de rester zen ? Ce restaurant nippon est alors l'adresse indiquée. Tatamis et tables basses en salle. Voyage culinaire dans l'Empire du Soleil levant.

L'Entrecôte Couronnée

5 r. des Pâquis ✉ 1201 – ☎ 022 732 84 45 – Fax 022 732 84 46 – fermé Noël - Nouvel An, samedi midi et dimanche 6 FY **j**

Rest – (25 CHF) Menu 60 CHF – Carte 57/84 CHF

◆ Belle maison abritant un petit bistrot à l'atmosphère genevoise. Cadre rétro et spécialités locales composées de produits du terroir, servies par les cuisiniers eux-mêmes.

Le Rouge et le Blanc

27 quai des Bergues ✉ 1201 – ☎ 022 731 15 50 – fermé 21 décembre - 3 janvier et dimanche 6 FY **g**

Rest – (27 CHF) – Carte 50/66 CHF

◆ Resto-bar à vins convivial misant à midi sur un menu dans l'air du temps (décrit oralement) et, le soir, sur des plats mijotés à l'ancienne. Charcuteries maison. Crus choisis.

Rive gauche (Centre des affaires)

Swissôtel Métropole Geneva ch,

34 quai Général-Guisan ✉ 1204 – ☎ 022 318 32 00 – geneva@swissotel.com – Fax 022 318 33 00 6 GY **a**

118 ch – †330/810 CHF ††360/880 CHF, ☐ 39 CHF – 9 suites

Rest *Le Grand Quai* – (30 CHF) – Carte 69/138 CHF

◆ Hôtel de 1854 surveillant l'emblématique jet d'eau. Chambres classiques, plus spacieuses côté lac, piano bar agréable, terrasse panoramique et fitness perché. Table à la française au Grand Quai.

Les Armures

1 r. du Puits-Saint-Pierre ✉ 1204 – ☎ 022 310 91 72 – armures@span.ch – Fax 022 310 98 46 6 FZ **g**

32 ch ☐ – †370/490 CHF ††485/615 CHF – **Rest** – *(fermé Noël et Nouvel An)* (19 CHF) Menu 58 CHF – Carte 52/90 CHF

◆ L'intérieur de cette belle demeure (17e s.) nichée au cœur du vieux Genève associe avec goût le moderne et l'ancien. Propriétaire née dans les murs. Mets traditionnels dont on se repaît dans un cadre rustique ou en terrasse. Fondues et raclettes au carnotset.

De la Cigogne rest, VISA MO AE D
17 pl. Longemalle ✉ 1204 – ✆ 022 818 40 40 – cigogne@relaischateaux.com – Fax 022 818 40 50 6 FGY **j**
46 ch – 390 CHF 495 CHF – 6 suites – **Rest** – *(fermé samedi de juillet à août et dimanche midi)* (38 CHF) Menu 59 CHF (déj.)/120 CHF – Carte 78/122 CHF
♦ Façade "1900" dominant une place passante. Installations élégantes, communs parsemés d'objets d'arts, chambres et suites personnalisées par du beau mobilier ancien. Repas traditionnel sous la verrière du restaurant à touche Art déco.

Tiffany AC ch, VISA MO AE D
1 r. des Marbriers ✉ 1204 – ✆ 022 708 16 16 – info@hotel-tiffany.ch – Fax 022 708 16 17 6 FZ **v**
46 ch – 260/340 CHF 360/420 CHF, 22 CHF – **Rest** – *(fermé Noël, Nouvel An et Pâques)* (24 CHF) – Carte 57/102 CHF
♦ Maison de la fin du 19e s. vous réservant un accueil soigné. Communs au chic Belle Époque, chambres personnalisées dans le même goût, excellente literie. À table, joli cadre "rétro", terrasse d'été, carte actuelle avec plats minceur et recettes gourmandes.

Longemalle sans rest VISA MO AE D
13 pl. Longemalle ✉ 1204 – ✆ 022 818 62 62 – info@longemalle.ch – Fax 022 818 62 61 6 GY **k**
58 ch – 230 CHF 295/380 CHF
♦ Au cœur du quartier des affaires, hôtel mettant à profit une impressionnante demeure de 1905. Chambres de tailles disparates, souvent décorées dans des tons vifs.

Bel'Espérance sans rest VISA MO AE D
1 r. de la Vallée ✉ 1204 – ✆ 022 818 37 37 – belesp@swi.salvationarmy.org – Fax 022 818 37 73 6 GZ **a**
40 ch – 98/154 CHF 154/190 CHF
♦ Petite adresse d'une tenue sans reproche, bien située dans une ruelle tranquille de la vieille ville. Chambres de divers formats et généreux buffet dressé au petit-déjeuner.

Comédie sans rest VISA MO AE D
12 r. de Carouge ✉ 1205 – ✆ 022 322 23 24 – info@hotel-comedie.ch – Fax 022 322 23 23 6 FZ **b**
28 ch – 130/195 CHF 180/250 CHF
♦ Établissement sans prétention vous logeant dans des chambres bien calibrées, à choisir côté cour pour plus de calme. 10 minutes suffisent pour gagner à pied la vieille ville.

Parc des Eaux-Vives AC ch, P VISA MO AE D
82 quai Gustave-Ador, (1er étage) ✉ 1211 – ✆ 022 849 75 75 – info@parcdeseauxvives.ch – Fax 022 849 75 70 5 CU **d**
Rest – *(fermé 1er - 21 janvier, dimanche et lundi)* Menu 79/220 CHF – Carte 152/234 CHF
Rest Brasserie – voir ci-après
Spéc. Féra du Lac Léman, vinaigrette d'œuf mollet, écrevisse et chou-fleur. Homard breton, rafraîchi à la pastèque, vinaigrette de palourdes et concombre. Lièvre de chasse à la tradition Royale avec truffes et foie gras (automne). **Vins** Dardagny, Satigny
♦ Fastueux pavillon du 18e s. installé dans un parc. Carte actuelle, bonne cave mondiale, salon feutré et table du chef avec vue sur les fourneaux. Terrasse panoramique.

Brasserie – Parc des Eaux-Vives P VISA MO AE D
82 quai Gustave-Ador ✉ 1211 – ✆ 022 849 75 75 – info@parcdeseauxvives.ch – Fax 022 849 75 70 5 CU **d**
Rest – Menu 49 CHF (déj.) – Carte 67/107 CHF
♦ Élégante brasserie moderne établie au rez-de-chaussée du pavillon du parc des Eaux-Vives. Cuisine au goût du jour, belle vue sur le lac et invitante terrasse en teck.

Roberto AC VISA MO AE
10 r. Pierre-Fatio ✉ 1204 – ✆ 022 311 80 33 – Fax 022 311 84 66 – fermé samedi soir, dimanche et fériés 6 GZ **e**
Rest – Carte 62/136 CHF
♦ Offrez-vous la "dolce vita" à cette table italienne estimée pour la chaleur de son décor, l'authenticité de sa cuisine et la qualité du service. Préférez la salle principale.

Buffet de la Gare des Eaux-Vives (Serge Labrosse)

7 av. de la Gare des Eaux-Vives ✉ 1207 – ✆ 022 840 44 30 – Fax 022 840 44 31 – fermé 22 décembre - 7 janvier, 19 juillet - 11 août, samedi et dimanche 5 CU x

Rest – (31 CHF) Menu 59 CHF (déj.)/155 CHF – Carte 94/134 CHF

Spéc. Croustillant de foie gras des Landes poêlé et asperges de Provence. Grillade de Saint-Pierre à l'huile citronnée et tartine de tomate confite. L'agneau de l'Adret en trois façons, caviar d'aubergine et ail rose confit. **Vins** Satigny

◆ Ce "buffet de la gare" sort vraiment du lot : cadre ultracontemporain, terrasse à quai, cuisine actuelle innovante et bel assortiment de vins suisses et de la vallée du Rhône.

Le Patio

19 bd Helvétique ✉ 1207 – ✆ 022 736 66 75 – lepatio.ch@freesurf.ch – Fax 022 786 40 74 – fermé 24 décembre - 2 janvier, samedi et dimanche 6 GZ b

Rest – (26 CHF) Menu 46 CHF (déj.) – Carte 66/104 CHF

◆ Un amateur de peinture tient ce restaurant de quartier. Grandes toiles en salle, brossées par un artiste cubain. Carte traditionnelle et ardoise suggestive selon le marché.

La Finestra

11 r. de la Cité ✉ 1204 – ✆ 022 312 23 22 – fermé 24 décembre - 2 janvier, samedi midi et dimanche 6 FY x

Rest – (37 CHF) – Carte 68/101 CHF

◆ Cette petite table de la vieille ville plaît pour son cadre chaleureux, sa cuisine italienne soignée, son honorable choix de vins et le bon accueil que vous réserve le patron.

La Broche

36 r. du Stand ✉ 1204 – ✆ 022 321 22 60 – labroche@bluewin.ch – Fax 022 321 22 61 – fermé samedi midi, samedi soir de juillet à août et dimanche

Rest – (18 CHF) Menu 31/61 CHF – Carte 48/90 CHF 5 CU b

◆ Rôtisserie aménagée dans les murs d'un édifice historique appelé l'Arquebuse. Salle à manger contemporaine agrémentée d'une verrière et terrasse d'été ombragée sur le côté.

Brasserie de l'Hôtel de Ville

39 Grand-Rue ✉ 1204 – ✆ 022 311 70 30 – glosu@bluewin.ch – Fax 022 312 18 87 – fermé Noël et Nouvel An 6 FZ u

Rest – (25 CHF) Menu 57/67 CHF – Carte 49/103 CHF

◆ Adresse très "couleur locale" proche des maisons natales de J.-J. Rousseau et de Michel Simon. Souvenirs du passage de célébrités en salle. Au menu : spécialités genevoises.

Café Métropole

6 r. du Prince ✉ 1204 – ✆ 022 310 06 70 – info@cafemetropole.ch – fermé dimanche et fériés 6GYZ x

Rest – (21 CHF) – Carte 45/98 CHF

◆ La clientèle d'affaires du quartier a ses habitudes dans ce café-restaurant au cadre sobre et à l'ambiance animée. Salles superposées, terrasses-trottoir, cuisine du moment.

Environs au Nord

Palais des Nations

Intercontinental rest,

7 ch. du Petit-Saconnex ✉ 1209 – ✆ 022 919 39 39 – inter-geneva@intercontinental-geneva.ch – Fax 022 919 38 38 4 BT d

266 ch – †314/650 CHF ††314/700 CHF, ☕ 42 CHF – 62 suites

Rest *Woods* – Menu 59 CHF (déj.)/98 CHF – Carte 73/127 CHF

◆ Tour des années 1960 avoisinant le Palais des Nations. Espaces communs relookés, infrastructure conférencière importante et chambres en attente d'une rénovation. Restaurant ample et confortable où l'on goûte de la cuisine actuelle dans un cadre moderne.

Vieux-Bois

12 av. de la Paix, (Ecole Hôtelière) ✉ 1202 – ✆ 022 919 24 26 – info@vieux-bois.ch – Fax 022 919 24 28 – fermé 22 décembre - 7 janvier, 15 - 24 mars, 12 juillet - 3 août, samedi et dimanche 5 CT r

Rest – *(fermé le soir) (menu unique)* (32 CHF) Menu 45/70 CHF

◆ Pavillon du 18e s. abritant l'École Hôtelière de Genève. Les étudiants, encadrés par des pros, y préparent des repas de notre temps. Offre limitée à un menu. Belle terrasse.

à Chambésy 5 km – alt. 389 m – ✉ 1292 Chambesy

Le Relais de Chambésy
8 pl. de Chambésy – ✆ 022 758 11 05 – Fax 022 758 02 30 – fermé 22 décembre - 14 janvier, samedi et dimanche 5 CT a
Rest – (23 CHF) Menu 38 CHF (déj.)/95 CHF – Carte 69/122 CHF
Rest *Le Bistrot* – (19,90 CHF) Menu 35 CHF – Carte 43/74 CHF
◆ Sur la place, auberge où la clientèle des instances internationales alentours ripaille sur le mode classico-traditionnel dans trois salles soignées. Service au guéridon. Menu simplifié et assiette du jour proposés au bistrot. Terrasse d'été à l'avant.

à Bellevue par route de Lausanne : 6 km – alt. 380 m – ✉ 1293 Bellevue

La Réserve ch, rest,
301 rte de Lausanne – ✆ 022 959 59 59 – info@lareserve.ch – Fax 022 959 59 60 5 CT b
87 ch – ♦430/990 CHF ♦♦540/990 CHF – 15 suites
Rest *Le Loti* – Carte 76/173 CHF
Rest *Tsé-Fung* – Menu 70/150 CHF – Carte 65/237 CHF
◆ Palace dont les chambres et suites modernes se complètent souvent d'une terrasse donnant pour la plupart sur le parc et sa piscine. Splendide décor signé Garcia ; superbe spa. Carte italianisante et décor exotique soigné au Loti. Gastronomie chinoise évolutive et cadre oriental raffiné au Tsé Fung.

à l'Est par route d'Evian

à Cologny 3,5 km – alt. 432 m – ✉ 1223 Cologny

Auberge du Lion d'Or (Thomas Byrne et Gilles Dupont) lac,
5 pl. Pierre-Gautier – ✆ 022 736 44 32 – liondorcologny@bluewin.ch – Fax 022 786 74 62 – fermé 21 décembre - 13 janvier, samedi et dimanche 5 DU b
Rest – Menu 70 CHF (déj.)/220 CHF – Carte 135/201 CHF
Rest *Le Bistro de Cologny* – (24 CHF) Menu 48 CHF (déj.) – Carte 71/118 CHF
Spéc. Pétales de thon rouge au sel de Maldon, gelée d'eau de tomate, tartine de copeaux de fenouil. Poitrine de pigeonneau rôtie en cocotte, étuvée de petits pois nouvelle saison (printemps). Pavé de loup de mer clouté de citron, fumet de coquillages. **Vins** Satigny, Lully
◆ Vue superbe sur lac et montagnes, tant par les baies d'une salle au design chic signé Wilmotte que par celles du bar moderne occupant les combles et de la terrasse perchée. Bistrot au goût du jour complété par un restaurant de plein air bien fleuri en été.

La Closerie
14 pl. du Manoir – ✆ 022 736 13 55 – lacloserie@bluewin.ch – Fax 022 736 43 56 – fermé mi-juillet - mi-août, mardi midi et lundi 5 DU t
Rest – (19 CHF) Menu 39 CHF (déj.)/98 CHF – Carte 76/108 CHF
◆ L'auberge borde la petite place communale. Dans un décor moderne rehaussé de boiseries et de fresques, le chef vous propose une carte d'inspiration italienne.

à Vandoeuvres 4,5 km – alt. 465 m – ✉ 1253 Vandoeuvres

Cheval Blanc
1 rte de Meinier – ✆ 022 750 14 01 – restchevalblanc@bluewin.ch – Fax 022 750 31 01 – fermé 2 semaines Noël - Nouvel An, 3 semaines juillet - août, dimanche et lundi 5 DU c
Rest – (19 CHF) – Carte 62/117 CHF
◆ Maison typée établie au centre du village. Terrasse avant, salle néo-rustique et carte panachant d'immuables classiques transalpins et des recettes actuelles selon le marché.

à Collonge-Bellerive 6 km – alt. 411 m – ✉ 1245 Collonge-Bellerive

Le Saladier
1 ch. du Château-de-Bellerive – ✆ 022 752 47 04 – lesaladier@freesurf.ch – fermé 24 décembre - 15 janvier, 28 juillet - 12 août, dimanche soir et lundi 5 DT a
Rest – (21 CHF) Menu 38 CHF (déj.) – Carte 79/127 CHF
◆ Ce restaurant où l'on mange classico-traditionnellement est établi au centre du village, dans une maison du 16e s. attenante à l'église. Sa terrasse donne sur un petit parc.

à l'Est par route d'Annemasse

à Thônex Sud-Est : 5 km – alt. 414 m – ✉ 1226 Thônex

Le Cigalon (Jean-Marc Bessire)
39 rte d'Ambilly, (à la douane de Pierre-à-Bochet) – ☎ 022 349 97 33 – jmbessire@le-cigalon.ch – Fax 022 349 97 39 – fermé 23 décembre - 7 janvier, 10 - 18 avril, 27 juillet - 18 août, dimanche et lundi 5 DU **f**
Rest – (25 CHF) Menu 58 CHF (déj.)/110 CHF – Carte 81/131 CHF
Spéc. Menu Océan (tout poisson). Arrivage journalier de poissons de Sète selon pêche. Poissons du Lac Léman (féra, brochet et omble chevalier). **Vins** Satigny, Dardagny
◆ Goûteuse cuisine littorale servie dans une salle à l'ambiance océane, dotée d'une table d'hôte tournée vers les fourneaux (réserver) ou, en été, sur la terrasse côté jardin.

au Sud

à Conches Sud-Est : 5 km – alt. 419 m – ✉ 1231 Conches

Le Vallon
182 rte de Florissant – ☎ 022 347 11 04 – vallon@chateauvieux.ch – Fax 022 346 31 11 – fermé 21 décembre - 3 janvier, samedi et dimanche 5 CV **n**
Rest – Menu 48 CHF (déj.)/84 CHF – Carte 73/132 CHF
◆ Cadre de "bistrot rétro" bien soigné, petits chevalets en guise de cartes et fourneaux à vue d'où sortent des mets traditionnels élaborés. Pergola et vigne vierge en terrasse.

à Veyrier 6 km – alt. 422 m – ✉ 1255 Veyrier

Café de la Réunion
2 ch. Sous-Balme – ☎ 022 784 07 98 – info@restaurant-reunion.ch – Fax 022 784 38 59 – fermé 22 décembre - 7 janvier, 15 - 30 mars, 20 - 28 octobre, samedi et dimanche 5 DV **b**
Rest – (21 CHF) Menu 49 CHF (déj.)/103 CHF – Carte 92/115 CHF
◆ À l'accueil et au service avenants, s'ajoutent ici les plaisirs d'une cuisine contemporaine, d'un cadre rustique soigné et d'une boutique de macarons "maison" (dégustation).

à Carouge 3 km – alt. 382 m – ✉ 1227 Carouge

Ramada Encore ch, ch, ch,
12 rte des Jeunes – ☎ 022 309 50 00 – info@ramadaencoregeneve.ch – Fax 022 309 50 05 4 BV **n**
154 ch – †139/230 CHF ††139/230 CHF, ☕ 22 CHF – **Rest** – *(fermé 22 décembre - 7 janvier, 7 juillet - 25 août, samedi et dimanche) (déjeuner seulement) (buffet seulement)* (17 CHF) Menu 36 CHF
◆ Immeuble moderne élevé près d'une sortie d'autoroute, entre un stade et un complexe commercial. Centre de congrès, chambres sans reproche et bon breakfast intercontinental. Buffets disponibles au lunch.

Café des Négociants
29 r. de la Filature – ☎ 022 300 31 30 – info@negociants.ch – Fax 022 300 31 05 – fermé 24 décembre - 3 janvier, 21 - 24 mars, Pentecôte, samedi et dimanche
Rest – (18 CHF) Menu 29 CHF (déj.) – Carte 49/98 CHF 5 CV **e**
◆ Cette table au cadre soigné façon "bistrot rétro" vous convie à dénicher votre vin dans un cellier riche de quelque 300 références. Sommeliers avertis. Cuisine actuelle.

Au Lavandou
54 r. Jacques-Dalphin – ☎ 022 343 68 22 – contact@restaurant-lavandou.ch – fermé 23 - 30 mars, 7 - 21 septembre, le midi du samedi au mercredi et dimanche soir 5 CV **u**
Rest – (19,50 CHF) Menu 49/89 CHF – Carte 65/124 CHF
◆ Petit restaurant vous réservant un accueil familial et proposant une cuisine actuelle à dominante poissonneuse. Salles de type bistrot aux murs ocre-jaune et terrasse verte.

Au Petit Collège
8 r. du Collège – ☎ 022 300 20 98 – fermé 2 semaines Noël - Nouvel An, 16 - 26 avril, 25 août - 7 septembre, dimanche et lundi 5 CV **a**
Rest – *(menu unique)* (18 CHF) Menu 50 CHF
◆ Maison proposant un menu classique et des suggestions du marché dans un cadre intime ou sur la terrasse avant. Offre réduite à un menu. Patron aux casseroles, madame en salle.

à Troinex **5 km par route de Troinex – alt. 425 m – ✉ 1256 Troinex**

La Chaumière (Richard Cressac)
16 ch. de la Fondelle – ✆ 022 784 30 66 – info@lachaumiere.ch
– Fax 022 784 60 48 – fermé 23 décembre - 8 janvier, 21 - 24 mars, 11 - 15 septembre, dimanche et lundi 5 CV **m**
Rest – Menu 65 CHF (déj.)/165 CHF – Carte 100/151 CHF
Rest *Brasserie* – (21 CHF) Menu 44 CHF (déj.) – Carte 54/95 CHF
Spéc. Filets de perches fraîches du Lac Léman selon pêche. Noix de Saint-Jacques rôties aux cèpes au beurre d'épices. Bœuf du Simmental à la sauce du vigneron.
Vins Dardagny, Satigny
◆ Une confortable maison de bouche s'est substituée à cette auberge communale enrobée de verdure. Cuisine d'aujourd'hui accompagnée des meilleurs vins locaux ; restaurant d'été. Table de type brasserie installée dans une rotonde. Terrasse équipée d'un grill.

à Certoux **9 km - AV – alt. 425 m – ✉ 1258 Perly**

Café de Certoux
133 rte de Certoux – ✆ 022 771 10 32 – b.livron@cafe-certoux.com
– Fax 022 771 28 43 – fermé 23 décembre - 7 janvier, 3 semaines juillet - août, dimanche et lundi
Rest – (24 CHF) Menu 49 CHF (déj.)/89 CHF – Carte 67/123 CHF
◆ Auberge régionale en parfaite harmonie avec la campagne environnante. Derrière les fourneaux, le patron se concentre sur un répertoire au goût du jour, léger et varié.

à l'Ouest

à Cointrin **par rte de Meyrin : 4 km - BTU – alt. 428 m – ✉ 1216 Cointrin**

Mövenpick rest, ch, VISA
20 rte de Pré-Bois – ✆ 022 717 11 11 – hotel.geneva.airport@moevenpick.com
– Fax 022 717 11 22 4 BT **z**
344 ch – 🯅220/590 CHF 🯅🯅250/630 CHF, ☕ 36 CHF – 6 suites
Rest *Latitude* – (21 CHF) Menu 58/61 CHF – Carte 48/101 CHF
Rest *Kamomé* – *(fermé lundi midi, samedi midi et dimanche)* (26 CHF) Menu 45 CHF (déj.)/110 CHF – Carte 52/109 CHF
◆ Hôtel d'affaires proche de l'aéroport. Lounge, bars, casino et divers types de chambres (les "executives" sont les plus récentes). Décor branché et carte "fusion" au Latitude. Repas nippon au sushi-bar ou autour des tables de cuisson (teppanyaki) du Kamomé.

Ramada Park Hotel ch, VISA
75 av. Louis-Casaï – ✆ 022 710 30 00 – info@ramadaparkhotel.ch
– Fax 022 710 31 00 4 BT **v**
302 ch – 🯅195/500 CHF 🯅🯅195/500 CHF, ☕ 37 CHF – 6 suites – ½ P +34 CHF
Rest *La Récolte* – (20 CHF) Menu 35 CHF – Carte 49/107 CHF
◆ Cet établissement voisin des pistes d'envol propose toutes sortes de commodités : kiosque, coiffeur, sauna, salles de fitness et de réunions, etc. Chambres modernes. Salle de restaurant contemporaine où des semaines à thèmes culinaires sont organisées.

Suitehotel ch, VISA
28 av. Louis-Casaï – ✆ 022 710 46 46 – H5654@accor.com
– Fax 022 710 46 00 4 BU **b**
86 ch – 🯅182/230 CHF 🯅🯅182/230 CHF, ☕ 10 CHF
Rest *Swiss Bistro* – *(fermé fériés, dimanche midi et samedi)* (17 CHF) – Carte 37/67 CHF
◆ Entre l'aéroport et le centre-ville, hôtel dont les chambres, de style contemporain, ont un bureau séparable par une cloison coulissante. Espaces communs clairs et modernes. Brasserie au cadre actuel ; carte bistrotière à connotations helvétiques.

Express by Holiday Inn sans rest VISA
16 rte de Pré-Bois – ✆ 022 939 39 39 – info@expressgeneva.com
– Fax 022 939 39 30 4 BU **d**
154 ch ☕ – 🯅165/240 CHF 🯅🯅165/240 CHF
◆ Conçu dans un esprit moderne, cet hôtel de chaîne modulaire, proche de l'aéroport, est taillé sur mesure pour accueillir la clientèle d'affaires. Chambres fonctionnelles.

Ibis
10 ch. de la Violette – ✆ 022 710 95 00 – H3535@accor.com – Fax 022 710 95 95
109 ch – 106/166 CHF 106/166 CHF, 14 CHF – **Rest** – *(fermé 22 décembre - 2 janvier) (dîner seulement)* (18 CHF) – Carte 45/72 CHF 4 BT t
◆ Retrouvez, dans le voisinage de l'autoroute et de l'aéroport genevois, l'éventail des prestations hôtelières de la chaîne Ibis. Chambres standard avec modules sanitaires. Restaurant plagiant le style "estaminet" et présentant une carte au goût du jour.

à Meyrin par route de Meyrin : 5 km – alt. 445 m – ✉ 1217 Meyrin

NH Geneva Airport Hotel
21 av. de Mategnin – ✆ 022 989 90 00 – nhgenevaairport@nh-hotels.ch – Fax 022 989 99 99 4 AT b
190 ch – 150/450 CHF 150/450 CHF, 27 CHF
Rest *Le Pavillon* – *(fermé samedi midi et dimanche midi)* (19 CHF) – Carte 52/98 CHF
◆ Architecture extérieure circulaire en briques rouges, révélatrice de la modernité intérieure. Hall et lobby d'esprit design, bar chaleureux et chambres nettes. Repas au goût du jour dans un décor contemporain sous la coupole du Pavillon.

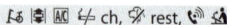

Palais des Expositions 5 km – alt. 452 m – ✉ 1218 Grand-Saconnex

Crowne Plaza
34 r. François-Peyrot – ✆ 022 747 02 02 – sales@cpgeneva.ch – Fax 022 747 03 03 4 BT s
496 ch – 295/510 CHF 295/570 CHF, 36 CHF
Rest *Carlights* – (39 CHF) – Carte 47/101 CHF
Rest *L'Olivo* – *(fermé 20 décembre - 5 janvier, samedi et dimanche)* (39 CHF) – Carte 59/118 CHF
◆ Près de l'aéroport, hôtel d'affaires spécialisé dans le tenue de conférences et congrès. Chambres actuelles, communs "trendy", wellness très complet. Cuisine "fusion" et cadre design au Carlights. Repas au goût du jour dans un décor méridional à l'Olivo.

GENOLIER – Vaud (VD) – 552 B10 – 1 494 h. – alt. 562 m – ✉ 1272 6 A6

Bern 135 – Genève 29 – Lausanne 39 – Neuchâtel 99 – Nyon 9

Auberge des Trois Tilleuls
7 pl. du Village – ✆ 022 366 05 31 – info@troistilleuls.ch – Fax 022 366 05 32 – fermé 2 semaines décembre - janvier, dimanche et lundi
Rest – Menu 58 CHF (déj.)/98 CHF – Carte 71/95 CHF
Rest *Bistrot* – (17 CHF) – Carte 52/85 CHF
◆ Au centre du village, charmante auberge rénovée où l'on fait des repas traditionnels sobrement actualisés. Salle élégante et feutrée ; service souriant et appliqué. Bistrot misant sur un plat du jour et des suggestions "canailles" annoncées sur des ardoises.

GERLAFINGEN – Solothurn (SO) – 551 K6 – 4 694 Ew – Höhe 452 m – ✉ 4563 2 D3

Bern 34 – Biel 29 – Solothurn 7 – Sursee 48

Frohsinn
Obergerlafingerstr. 5 – ✆ 032 675 44 77 – r.frohsinn@bluewin.ch – Fax 032 675 44 82 – geschl. Weihnachten, 28. Juli - 10. August, Sonntag und Montag
Rest – (15 CHF) – Karte 43/80 CHF
◆ Mit landestypischer Gastlichkeit empfängt Sie der Gasthof, der österreichische Spezialitäten im Angebot hat und ein optimales Preis-Leistungs-Verhältnis bietet.

**Wie entscheidet man sich zwischen zwei gleichwertigen Adressen?
In jeder Kategorie sind die Häuser nochmals geordnet,
die besten Adressen stehen an erster Stelle.**

GEROLDSWIL – Zürich (ZH) – 551 P4 – 4 540 Ew – Höhe 403 m – ✉ 8954 4 F2

Bern 114 – Zürich 18 – Aarau 38 – Baden 14 – Dietikon 6 – Luzern 76

Hostellerie Geroldswil Rest, Zim,

Huebwiesenstr. 36, (am Dorfplatz) – VISA AE

✆ 044 747 87 87 – info@hostellerie-geroldswil.ch – Fax 044 747 88 88

72 Zim – 140/195 CHF 200/265 CHF

Rest *Costa d'Oro* – *(geschl. 21. Juli - 10. August)* (32 CHF) – Karte 47/98 CHF

Rest *Osteria Barbarossa* – *(geschl. 21. Juli - 10. August)* (19,50 CHF) – Karte 43/83 CHF

♦ Das Hotel beherbergt seine Gäste in neuzeitlichen Zimmern, die mit hellem Mobiliar funktionell eingerichtet wurden. Ein modernes Restaurant ist das gehobenere Costa d'Oro mit italienischen Gerichten. In der Osteria Barbarossa geht es rustikal zu.

GEROLFINGEN – Bern (BE) – 552 H6 – Höhe 502 m – ✉ 2575 2 C4

Bern 39 – Neuchâtel 29 – Biel 10 – Solothurn 36

Züttel VISA AE

Hauptstr. 30 – ✆ 032 396 11 15 – zuettel@evard.ch – Fax 032 396 10 53 – geschl. Februar

Rest – (18 CHF) Menü 42 CHF (mittags)/85 CHF – Karte 51/97 CHF

♦ Das Gasthaus neben der Regionalbahnstation empfängt Sie in verschiedenen freundlichen Stuben. Das Speisenangebot ist vornehmlich traditionell ausgerichtet.

GERRA GAMBAROGNO – Ticino (TI) – 553 Q13 – 254 ab. – alt. 222 m – ✉ 6576 9 H6

Bern 236 – Locarno 20 – Bellinzona 22 – Lugano 43

a Ronco Sud : 1 km – alt. 290 m – ✉ 6576 Gerra Gambarogno

Roccobello lago e monti, VISA

– ✆ 091 794 16 19 – info@roccobello.ch – Fax 091 794 27 78 – chiuso metà novembre - metà dicembre, 7 gennaio - 14 marzo, lunedì escluso da luglio a metà ottobre, mercoledì a mezzogiorno e martedì

Rist – *(coperti limitati - prenotare per la sera)* Menu 68 CHF – Carta 44/81 CHF

♦ Caratteristico ristorantino dotato di terrazza panoramica con bella vista sul lago e sulle montagne. Atmosfera familiare, cucina legata al territorio e alle tradizioni.

GERSAU – Schwyz (SZ) – 551 P7 – 1 934 Ew – Höhe 435 m – ✉ 6442 4 G4

Bern 159 – Luzern 55 – Altdorf 20 – Einsiedeln 39 – Gersau 12

Gersau Tourismus, Seestr. 27, ✆ 041 828 12 20, tourismus@gersau.ch, Fax 041 828 22 30

Lage★★

Seehof - Du Lac Vierwaldstättersee, Zim,

Seestr. 1, Richtung Brunnen – ✆ 041 829 83 00 VISA AE

– info@seehof-gersau.ch – Fax 041 829 83 84 – geschl. November

23 Zim – 108/178 CHF 158/228 CHF – **Rest** – *(geschl. Oktober - April) (nur Abendessen in Zwischensaison)* Karte 43/98 CHF

♦ Die zwei Gebäude liegen an der Seestrasse. Die Zimmer im Haupthaus sind hell und funktionell, im Nebenhaus komfortabler, jedoch alle zum See und viele mit Balkon. Das Restaurant verfügt über eine grosse, moderne Veranda und eine schöne Terrasse direkt am See.

West 3 km Richtung Luzern :

Paradies Hotel Rotschuo Vierwaldstättersee,

Seestr. 159 – Zim, VISA AE

✆ 041 828 22 66 – rotschuo@bluewin.ch – Fax 041 828 22 70 – geschl. 17. Dezember - 13. Januar

61 Zim – 120/160 CHF 200/240 CHF – ½ P +38 CHF

Rest *Fischerstube* – (19,50 CHF) Menü 60 CHF – Karte 44/104 CHF

♦ Das Hotel steht in einem weitläufigen exotischen Park nicht weit vom Ufer. Die Zimmer mit schönem Blick auf den See sind modern gestaltet. Im vorderen Gebäude befindet sich die in drei helle, freundliche Stuben aufgeteilte Restauration.

GERZENSEE – Bern (BE) – 551 J8 – 911 Ew – Höhe 647 m – ✉ 3115 2 D4

Bern 23 – Fribourg 59 – Langnau im Emmental 27 – Thun 16

Bären

Dorfstr. 9 – ✆ 031 781 14 21 – Fax 031 781 42 35 – geschl. 11. - 28. Februar und 22. Juli - 8. August

Rest – (19 CHF) Menü 68 CHF – Karte 52/87 CHF

◆ Dieses Riegelhaus ist eine nette ländliche Adresse, die eine einfache Gaststube sowie einen A-la-carte-Bereich in rustikalem Stil bietet.

GESCHINEN – Wallis (VS) – 552 O10 – 65 Ew – Höhe 1 340 m – ✉ 3985 8 F5

Bern 136 – Andermatt 45 – Brig 35 – Interlaken 81 – Sion 87

Baschi

Furkastrasse, Nord-Ost : 1 km – ✆ 027 973 20 00 – info@baschi-goms.ch – Fax 027 973 23 22 – geschl. Ende Oktober - Mitte Dezember, 30. März - 29. Mai und Sonntag im Sommer

Rest – Karte 38/86 CHF

◆ Einen angenehmen Zwischenstopp auf der Furkastrasse verspricht dieses einfache, traditionelle Restaurant. Der Chef bereitet am Holzofengrill die Hausspezialitäten selbst zu.

GIESSBACH – Bern – 551 M9 – siehe Brienz

GIRENBAD BEI TURBENTHAL – Zürich (ZH) – 551 R4 – Höhe 740 m – ✉ 8488 Turbenthal 4 G2

Bern 157 – Zürich 36 – Frauenfeld 16 – Rapperswil 32 – Winterthur 17

Gyrenbad

– ✆ 052 385 15 66 – info@gyrenbad.ch – Fax 052 385 24 57 – geschl. 18. Februar - 7. März und Dienstag

7 Zim – †80 CHF ††140 CHF – ½ P +35 CHF – **Rest** – (16 CHF) – Karte 36/79 CHF

◆ Umgeben von Wald und Wiesen findet man in diesem Landgasthof die Ruhe, die man für einen erholsamen Schlaf braucht. Sämtliche Zimmer sind in hellem Holz eingerichtet. Besonders Ausflugsgäste schätzen das Lokal mit seiner Sonnenterrasse.

GISWIL – Obwalden (OW) – 551 N8 – 3 435 Ew – Höhe 485 m – Wintersport : 1 350/1 850 ⛷6 – ✉ 6074 8 F4

Bern 96 – Luzern 29 – Altdorf 53 – Andermatt 86 – Interlaken 39 – Sarnen 11

Giswil-Mörlialp Tourismus, Brünigstr. 49, ✆ 041 675 17 60, info@giswil.tourismus.ch, Fax 041 675 17 46

Bahnhof-Landauer mit Zim

Brünigstr. 48 – ✆ 041 675 11 61 – info@bahnhofgiswil.ch – Fax 041 675 24 57 – geschl. 24. Dezember - 22. Januar

10 Zim – †60/85 CHF ††100/150 CHF – ½ P +36 CHF

Rest – *(geschl. Montag und Dienstag)* Menü 43 CHF (mittags)/98 CHF – Karte 58/96 CHF

Rest *Reblaube* – *(geschl. Montag und Dienstag)* (18 CHF) – Karte 37/76 CHF

◆ Der Landauer ist ein rustikales, gemütliches Lokal mit massiven Deckenbalken und Sichtmauern. Das einfachere Restaurant Reblaube ist im Stil eines gehobenen Cafés eingerichtet.

Süd 2 km :

Landhaus

Brünigstr. 202 – ✆ 041 676 66 77 – hotel@landhaus-giswil.ch – Fax 041 676 66 70 – geschl. 7. - 30. Januar

50 Zim – †67/112 CHF ††144/184 CHF – ½ P +32 CHF – **Rest** – (18 CHF) – Karte 36/84 CHF

◆ Das Hotel liegt oberhalb des Ortes. Die Gästezimmer sind mit hellem, rustikalem Holz möbliert und funktionell in der Ausstattung. Gemütliches Ambiente in den Restaurantstuben.

GLARUS (GLARIS) K – Glarus (GL) – 551 S7 – 5 556 Ew – Höhe 472 m – ✉ 8750 5 H3

Bern 195 – Chur 71 – Sankt Gallen 90 – Buchs 66 – Schwyz 68 – Zürich 70

Lage★

XX **Sonnegg**

Asylstr. 32, (beim Spital) – ✆ 055 640 11 92 – rest.sonnegg@bluewin.ch – Fax 055 640 81 06 – geschl. 12. Juli - 3. August, Dienstag und Mittwoch

Rest – (34 CHF) Menü 53 CHF (mittags)/89 CHF – Karte 60/89 CHF

◆ Eintretend in die Gaststube mit nur drei Tischen, gelangt man in einen angenehm eingerichteten Raum mit davorliegender kleiner Terrasse. Klassisches Saisonangebot.

GLATTBRUGG – Zürich – 551 P4 – siehe Zürich

GLION – Vaud – 552 F10 – voir à Montreux

GNOSCA – Ticino (TI) – 553 S12 – 514 ab. – alt. 259 m – ✉ 6525 10 H6

Bern 215 – Locarno 30 – Andermatt 83 – Bellinzona 7 – Gordevio 35 – Lugano 35

X **Lessy**

– ✆ 091 829 19 41 – chiuso 4 - 11 febbraio, 29 luglio - 18 agosto, domenica sera e lunedì

Rist – Carta 31/64 CHF

◆ Sita accanto alla chiesa romanica di S. Giovanni, osteria con bel dehors per l'estate. Sala da pranzo semplice, ornata da un caminetto, dove apprezzare una cucina casalinga.

GOLDACH – Sankt Gallen (SG) – 551 V4 – 8 441 Ew – Höhe 447 m – ✉ 9403 5 I2

Bern 217 – Sankt Gallen 12 – Bregenz 34 – Konstanz 35 – Vaduz 64

XX **Villa am See** < Rorschach und See,

Seestr. 64 – ✆ 071 845 54 15 – Fax 071 845 54 16 – geschl. 27. Januar - 12. Februar, September - Oktober 3 Wochen, Montag und Dienstag

Rest – Menü 58 CHF (mittags)/98 CHF – Karte 54/112 CHF

◆ In den schönen Räumen der schmucken Villa oder auf der romantischen Gartenterrasse am Seeufer mit traumhafter Sicht geniesst man klassisch-französische Küche.

GOLINO – Ticino (TI) – 553 Q12 – alt. 270 m – ✉ 6656 9 G6

Bern 245 – Locarno 8 – Bellinzona 29 – Lugano 51

Cà Vegia senza rist

– ✆ 091 796 12 67 – Fax 091 796 24 07 – chiuso novembre - 15 marzo

12 cam – †92/145 CHF ††136/170 CHF

◆ Tipica casa patrizia ticinese; la facciata è ornata da un bell'affresco e da una cornice d'edera. Interni arredati con gusto e camere funzionali; grazioso giardino.

GONTEN – Appenzell Innerrhoden (AI) – 551 U5 – 1 379 Ew – Höhe 902 m – ✉ 9108 5 I2

Bern 213 – Sankt Gallen 20 – Appenzell 6 – Bregenz 61 – Winterthur 67

Appenzell, ✆ 071 795 40 60

XX **Bären** mit Zim

Hauptstrasse – ✆ 071 795 40 10 – info@hotel-baeren-gonten.ch – Fax 071 795 40 19 – geschl. Sonntagabend und Montag

15 Zim – †88 CHF ††166 CHF – ½ P +42 CHF – **Rest** – Menü 58 CHF (mittags)/98 CHF – Karte 63/119 CHF

◆ In dem netten Appenzellerhaus aus dem 17. Jh. bittet man seine Gäste in einem netten, ansprechend eingerichteten Restaurant zu Tisch.

GOPPENSTEIN – Wallis (VS) – 552 K11 – Höhe 1 217 m – ✉ 3917

Bern 64 – Brig 29 – Interlaken 45 – Sierre 30 – Sion 45

Goppenstein - Kandersteg, Information ✆ 031 327 27 27, 0900 553 333

GORNERGRAT – Wallis – 552 K13 – siehe Zermatt

GOTTLIEBEN – Thurgau – 551 T4 – siehe Kreuzlingen

GOUMOIS – Jura (JU) – 551 G5 – 158 h. – alt. 496 m – ✉ 2354 2 C3

Bern 84 – Delémont 41 – Biel 41 – La Chaux-de-Fonds 35 – Montbéliard 55

Le Theusseret VISA MC

à l'Ouest : 2,5 km – ✆ 032 951 14 51 – Fax 032 951 14 51 – fermé fin novembre - février et mercredi

Rest – Carte 29/75 CHF

◆ Du Doubs qui cascade en contrebas, les truites n'ont qu'un saut à faire pour s'allonger dans la poêle ! Ambiance rustique et terrasse bucolique à souhait. Plats régionaux.

GRÄCHEN – Wallis (VS) – 552 L12 – 1 254 Ew – Höhe 1 617 m – Wintersport : 1 617/2 868 m 2 11 – ✉ 3925 8 E6

Bern 108 – Brig 33 – Sion 67

Grächen Tourismus, Dorfplatz, ✆ 027 955 60 60, info@graechen.ch, Fax 027 955 60 66

Walliserhof Rest, VISA MC AE

Dorfplatz – ✆ 027 956 11 22 – walliserhof@rhone.ch – Fax 027 956 29 22

25 Zim – 85/110 CHF 140/190 CHF – ½ P +26 CHF – **Rest** – (28 CHF) Menü 36 CHF – Karte 39/77 CHF

◆ Das schöne Walliser Haus am Dorfplatz bietet Zimmer von guter Grösse, die individuell, mit klassischem Holzmobiliar wohnlich eingerichtet sind. Das Restaurant im Erdgeschoss wirkt mit Holzdecke und typisch lokaler Dekoration gemütlich.

Grächerhof Zim, Zim, Rest, VISA MC

– ✆ 027 956 25 15 – info@graecherhof.ch – Fax 027 956 25 42 – geschl. Mitte Oktober - Mitte Dezember und 12. April - 31. Mai

28 Zim – 100/140 CHF 160/340 CHF – ½ P +35 CHF – **Rest** – (25 CHF) Menü 42 CHF – Karte 57/103 CHF

◆ Das Haus liegt in der verkehrsberuhigten Zone und beherbergt seine Gäste in Zimmern, die zum grössten Teil mit hellem Holzmobiliar zeitgemäss eingerichtet sind. Das Lokal ist unterteilt in einfaches Tagesrestaurant und die gediegene Rôtisserie.

Alpina Zim, VISA MC

Dorfstrasse – ✆ 027 955 26 00 – info@hotelalpinagraechen.ch – Fax 027 956 29 26 – geschl. Mitte Oktober - Mitte Dezember und 13. April - 1. Juni

23 Zim – 90/100 CHF 160/180 CHF – ½ P +20 CHF

Rest *Olympia* – *(geschl. Montag und Dienstag im Sommer) (nur Abendessen)* Menü 34 CHF – Karte 49/86 CHF

◆ Ein kinderfreundliches Hotel mit vielen Familienzimmern und zwei Kinderspielräumen. Hell, zeitgemäss und funktionell sind die Zimmer gestaltet, die meisten mit Balkon.

Hannigalp Zim, VISA MC

Heiminen 468 – ✆ 027 955 10 00 – info@hannigalp.ch – Fax 027 955 10 05 – geschl. 6. April - 21. Juni und 18. Oktober - 17. Dezember

25 Zim – 90/150 CHF 140/260 CHF – ½ P +30 CHF – **Rest** – Menü 39 CHF (abends) – Karte 39/87 CHF

◆ Das etwas ausserhalb des Ortskerns gelegene Ferienhotel verfügt über freundlich eingerichtete Gästezimmer. Der Anbau "Résidence Rendez-vous" beherbergt einige Superiorzimmer. Kleines A-la-carte-Restaurant mit italienischem Angebot.

Bärgji-Alp Berge, VISA MC

in Bärgji, Nord: 2,5 km über Bergstrasse erreichbar – ✆ 027 956 15 77 – baergji-hohtschuggo@bluewin.ch – Fax 027 956 29 95 – geschl. Mitte Oktober - Mitte Dezember und 15. April - 15. Juni ausser Samstagabend und Sonntagmittag

Rest – Karte 44/92 CHF

◆ Über eine schmale Bergstrasse erreicht man, am besten zu Fuss, das rustikale Restaurant. Belohnt wird man mit einem schönen Ausblick und einer regionalen Küche.

Le GRAND-SACONNEX – Genève – 552 B11 – voir à Genève

GRANDVAUX – Vaud (VD) – 552 E10 – 1 937 h. – alt. 565 m – ✉ 1091 6 B5

Bern 97 – Lausanne 8 – Montreux 22 – Yverdon-les-Bains 46

XX **Relais de la Poste** ← lac et vignobles, VISA MC AE

10 rte de Crétaz – ☎ 021 799 16 33 – Fax 021 799 17 16

Rest – (18 CHF) Menu 38 CHF (déj.)/108 CHF – Carte 61/108 CHF

◆ De la magie plein les yeux grâce à la vue exceptionnelle sur le vignoble et le Léman dont jouit ce restaurant à débusquer sur les hauts du village. Carte attrayante.

X **Le Pointu** VISA MC AE

10 Grand'Rue – ☎ 021 799 43 33 – info@lepointu.ch – Fax 021 799 43 34 – fermé 3 semaines juillet - août, 2 semaines Noël - Nouvel An, samedi et dimanche

Rest – *(nombre de couverts limité - prévenir)* (19 CHF) Menu 62 CHF – Carte 54/97 CHF

◆ Mieux vaut réserver si vous espérez vous attabler dans cette petite maison de bouche bénéficiant d'une bonne réputation locale. Répertoire culinaire au goût du jour.

GRANGES – Fribourg (FR) – 552 F10 – 629 h. – alt. 750 m – ✉ 1614 7 C5

Bern 85 – Montreux 20 – Fribourg 54 – Lausanne 40 – Neuchâtel 108

X **La Croix Blanche** P VISA MC AE

– ☎ 021 947 59 85 – cladermi@bluewin.ch – Fax 021 947 56 51 – fermé 22 décembre - 8 janvier, 6 - 22 juillet, dimanche et lundi

Rest – *(menu unique)* Menu 51 CHF (déj.)/98 CHF

Rest *Brasserie* – (17 CHF) – Carte 35/66 CHF

◆ Au centre du village, grosse auberge où l'on se repaît agréablement, sur le mode contemporain. Carte et menu extensible évoluant souvent. Jeux d'enfants près de la terrasse. Plat du jour et choix de préparations simples à la Brasserie.

GRANOIS – Valais – 552 I11 – voir à Sion

GRELLINGEN – Basel-Landschaft (BL) – 551 K4 – 1 595 Ew – Höhe 322 m – ✉ 4203 2 D2

Bern 107 – Basel 17 – Delémont 26 – Liestal 26

X **Zur Brücke** P VISA MC

Bahnhofstr. 4 – ☎ 061 741 12 36 – rest.bruecke@tiscali.ch – Fax 061 741 10 82 – geschl. 11. - 13. Februar, 28. Juli - 10. August und Sonntag

Rest – (32 CHF) Menü 54/85 CHF – Karte 42/98 CHF

◆ Das ältere Gebäude an der Brücke birgt in seinem Inneren eine sehr kleine Gaststube, daneben das Stübli und die schön gedeckte Laube. Traditionelle Karte mit viel Fisch.

GRENCHEN – Solothurn (SO) – 551 J6 – 15 938 Ew – Höhe 440 m – ✉ 2540 2 D3

Bern 55 – Delémont 58 – Basel 80 – Biel 15 – Solothurn 14

Grenchen Tourismus, Kirchstr. 10, ☎ 032 644 32 11, info@grenchentourismus.ch, Fax 032 653 24 19

Airport Zim, Zim, P VISA MC AE

Flughafenstr. 123 – ☎ 032 654 70 70 – info@airporthotel.ch – Fax 032 654 70 80

44 Zim – †115 CHF ††155 CHF – ½ P +20 CHF – **Rest** – (17 CHF) Menü 38 CHF – Karte 42/79 CHF

◆ Die verkehrsgünstige Lage nahe der Autobahnausfahrt, direkt am Flugplatz sowie neuzeitlich-sachlich eingerichtete Zimmer sprechen für dieses Hotel. Die Restauration teilt sich in das einfache Tagesrestaurant und die moderne Rôtisserie mit gehobenerem Angebot.

XX **Krebs** mit Zim Zim, VISA MC

Bettlachstr. 29 – ☎ 032 652 29 52 – info@hotelkrebs.ch – Fax 032 652 29 85 – geschl. 25. Dezember - 6. Januar und 21. Juli - 3. August

13 Zim – †115 CHF ††165 CHF – ½ P +25 CHF – **Rest** – *(geschl. Sonntag)* (18 CHF) Menü 25/112 CHF – Karte 46/124 CHF

◆ Das Restaurant in einem Stadthotel im Zentrum überrascht mit klassischer Küche, einem Weinangebot von ca. 1000 Positionen und einem riesigen Zigarrensortiment.

GRENG – Freiburg – 551 H7 – siehe Murten

GREPPEN – Luzern (LU) – 551 P7 – 770 Ew – Höhe 460 m – ✉ 6404 4 F3

Bern 136 – Luzern 19 – Altdorf 42 – Schwyz 28 – Zug 25 – Zürich 55

Mitti's Rigi mit Zim Zim, VISA MC AE
Dorfstr. 15 – ✆ 041 390 34 39 – rigi@mitti.ch – Fax 041 390 34 29 – geschl. 28. Januar - 13. Februar und 1. - 15. Oktober
4 Zim – †80/95 CHF ††120/135 CHF – **Rest** – *(geschl. Dienstag und Mittwoch)* (29 CHF) Menü 82/140 CHF – Karte 86/139 CHF
◆ Der schöne historische Gasthof verfügt über zwei gemütlich-rustikale Stuben. Die internationale Küche wird auch auf der netten Terrasse serviert. Karte mit Überraschungsmenü. Heimelige Gästezimmer.

St. Wendelin mit Zim Vierwaldstättersee, VISA MC AE
Dorfstr. 8 – ✆ 041 390 30 16 – st.wendelin@bluewin.ch – Fax 041 390 39 16 – geschl. 23. Dezember - 6. Februar
8 Zim – †75/85 CHF ††150/170 CHF – **Rest** – *(geschl. Montag von November bis März und Dienstag)* (19 CHF) Menü 45 CHF (mittags)/85 CHF – Karte 55/110 CHF
◆ Der 400 Jahre alte Gasthof liegt im Zentrum des Ortes und bietet einen malerischen Ausblick auf den Vierwaldstättersee. Klassische Karte mit Fisch. Einfache, gepflegte Zimmer.

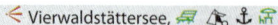

GRIMENTZ – Valais (VS) – 552 J12 – 404 h. – alt. 1 570 m – Sports d'hiver : 1 570/2 900 m 1 8 – ✉ 3961 8 E6

Bern 191 – Sion 38 – Brig 55

Grimentz - St-Jean Tourisme, ✆ 027 475 14 93, grimentz@sierre-anniviers.ch, Fax 027 475 28 91

Manifestations locales :
21.06 : Inalpe et combats de reines
27.09 : Désalpe

Alpina VISA MC AE
– ✆ 027 476 16 16 – info@hotel-alpina-grimentz.com – Fax 027 476 16 17 – fermé novembre - mi-décembre
28 ch (½ P. seulement) – †108/194 CHF ††188/338 CHF – 4 suites – **Rest** – (20 CHF) Menu 60/80 CHF – Carte 51/88 CHF
◆ Au pied des pistes de ski, hôtel composé de quatre chalets mitoyens. Accueil affable et chambres fonctionnelles progressivement refaites à neuf. Grande salle de restaurant panoramique donnant sur une terrasse. Cuisine traditionnelle et valaisanne.

GRINDELWALD – Bern (BE) – 551 M9 – 4 069 Ew – Höhe 1 034 m – Wintersport : 1 034/2 500 m 5 17 – ✉ 3818 8 F5

Bern 77 – Interlaken 20 – Brienz 38 – Spiez 36

Grindelwald Tourismus, ✆ 033 854 12 12, touristcenter@grindelwald.ch, Fax 033 854 12 10

Lage★★

Jungfraujoch★★★ mit Zahnradbahn – Faulhorn★★★ - Männlichen★★★ – First★★ mit Sessellift – Bachsee★★ – Gletscherschlucht★★

Lokale Veranstaltungen :
14.01 - 19.01 : World Snow Festival (Schneeskulpturen-Wettbewerb)
16.06 - 21.06 : Landart Festival (Kunstwerke in wilder Natur-Wettbewerb)

Schweizerhof Eiger und Berge, VISA MC
Spillstatt – ✆ 033 854 58 58 – info@hotel-schweizerhof.com – Fax 033 854 58 59 – geschl. bis 22. Dezember wegen Umbau und 24. März - 1. Juni
38 Zim – †215/275 CHF ††360/510 CHF – 9 Suiten – ½ P +20 CHF
Rest *Schmitte* – (18 CHF) Menü 48/95 CHF – Karte 55/93 CHF
◆ Mit einem schönen Blick auf den Eiger, angenehmem aufmerksamem Service und einem wohnlichen Ambiente überzeugt dieses hübsche Chalet. Restaurant Schmitte: elegant, mit rustikalem Touch.

Per dare valore a grandi ricette, hanno scelto due grandi acque.

Per apprezzare fino in fondo i cibi più raffinati, impara a dare importanza all'acqua che scegli per accompagnarli. Le fini bollicine di S.Pellegrino e l'equilibrata leggerezza di Acqua Panna sanno esaltare i gusti e i profumi di ogni piatto. Ecco perché le trovi sulle migliori tavole del mondo. WWW.FINEDININGWATERS.COM

ACQUA PANNA E S.PELLEGRINO. FINE DINING WATERS.

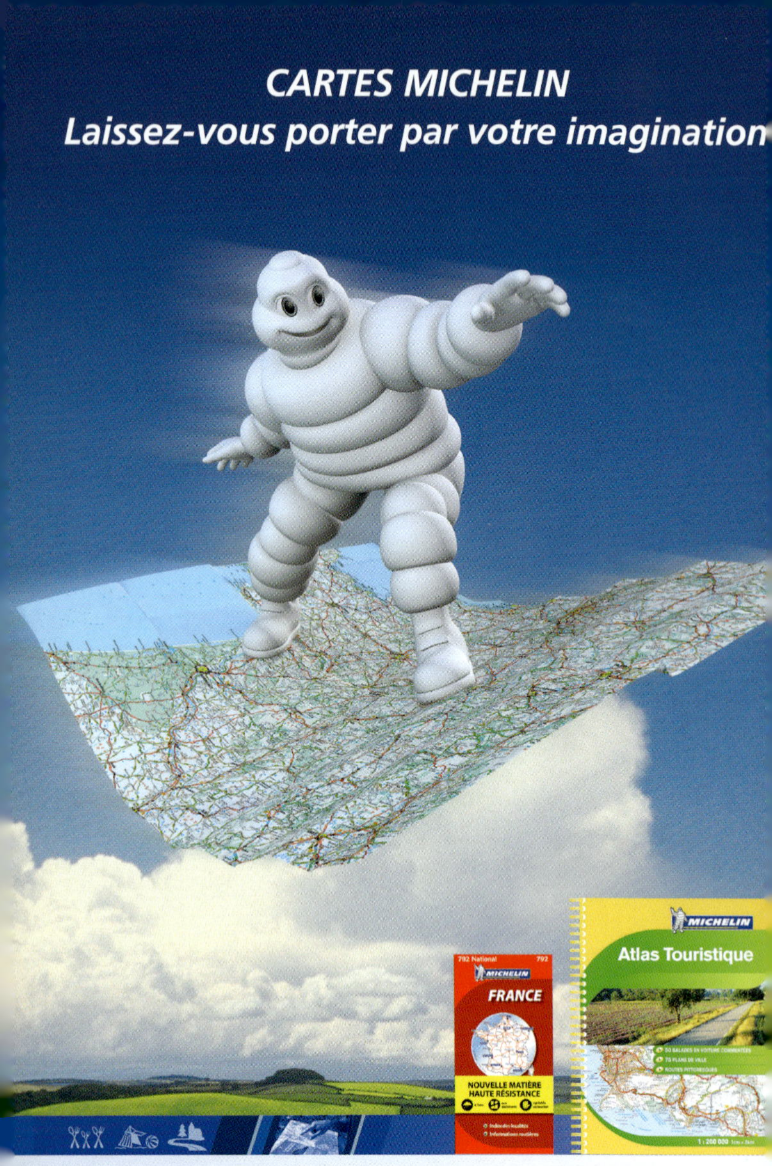
CARTES MICHELIN
Laissez-vous porter par votre imagination
MICHELIN
FRANCE
NOUVELLE MATIÈRE HAUTE RÉSISTANCE
MICHELIN
Atlas Touristique

Belvedere Eiger, Rest, Rest,
Hauptstrasse – 033 854 57 57 – belvedere@grindelwald.ch – Fax 033 853 53 23 – geschl. Mitte Oktober - Mitte Dezember
55 Zim – 250/290 CHF 400/520 CHF – **Rest** – Menü 85 CHF (abends) – Karte 51/92 CHF
♦ Die meist sehr modernen Zimmer dieses neuzeitlichen Hotels unweit des Ortszentrums sind elegant eingerichtet. Executive-Etage im OG. Wellnessbereich mit Aussen-Sole-Whirlpool. Zeitgemäss gestaltetes Restaurant.

Kreuz und Post Eiger, Zim, Rest,
Dorfstrasse – 033 854 54 92 – kreuz-post@bluewin.ch – Fax 033 854 54 99 – geschl. 31. März - 22. Mai
42 Zim – 135/190 CHF 230/370 CHF – ½ P +45 CHF – **Rest** – *(geschl. Montag im Sommer)* (17 CHF) Menü 48 CHF (abends) – Karte 38/103 CHF
♦ Die zentrale Lage nahe dem Bahnhof sowie wohnliche und zeitgemässe Zimmer sprechen für dieses Hotel. Alte Bilder und schöne Antiquitäten zieren das ganze Haus. Teil des Restaurants ist das hübsche original erhaltene Challistübli.

Bodmi Eiger und Grindelwaldgletscher, Rest,
Terrassenweg – 033 853 12 20 – hotel@bodmi.ch – Fax 033 853 13 53 – geschl. Mitte Oktober - Mitte Dezember und 7. April - 8. Mai
20 Zim – 157/192 CHF 234/294 CHF – ½ P +38 CHF – **Rest** – *(geschl. Mittwoch von 9. Mai - 11. Juni und von 24. September - 15. Oktober)* Menü 79 CHF (im Winter nur abends) – Karte 45/95 CHF
♦ Das Chalet liegt angenehm ruhig in wunderbarer Aussichtslage - im Winter unmittelbar an der Piste - und verfügt über neuzeitlich-rustikale Zimmer. Ländlich gehaltenes Restaurant.

Kirchbühl Eiger und Grindelwaldgletscher, Zim, Rest,
– 033 854 40 80 – hotel@kirchbuehl.ch – Fax 033 854 40 81 – geschl. Ende Oktober - Anfang Dezember und 7. April - 8. Mai
49 Zim – 160/220 CHF 260/370 CHF – 10 Suiten – ½ P +45 CHF
Rest *La Marmite* – *(mittags nur kleine Karte)* Karte 43/79 CHF
Rest *Hilty-Stübli* – (19 CHF) – Karte 43/84 CHF
♦ Das gut geführte Haus überzeugt durch seine ruhige, leicht erhöhte Lage mit herrlichem Blick auf den Eiger. Die Zimmer im Chaletbau sind meist hell und rustikal möbliert. Das La Marmite verfügt über eine Panoramaterrasse. Rustikal gibt sich das Hilty-Stübli.

Caprice Eiger, Rest, Rest,
– 033 854 38 18 – info@hotel-caprice.ch – Fax 033 854 38 19 – geschl. Mitte Oktober - Mitte Dezember und 14. April - 9. Mai
23 Zim – 142/152 CHF 252/316 CHF – ½ P +20 CHF – **Rest** – *(nur für Hausgäste)*
♦ Ruhig liegt das familiär geführte Haus oberhalb des Ortes, schön ist die Sicht auf den Eiger. Ein nettes, gemütliches Ambiente und ein hübscher Freizeitbereich erwarten Sie.

Sunstar Rest, Zim, Rest,
Hauptstrasse – 033 854 77 77 – grindelwald@sunstar.ch – Fax 033 854 77 70 – geschl. Mitte Oktober - Mitte Dezember
178 Zim – 131/178 CHF 262/356 CHF – 30 Suiten – ½ P +36 CHF
Rest *Adlerstube* – *(geschl. Montag und Dienstag in Zwischensaison) (nur Abendessen in Zwischensaison)* Karte 54/118 CHF
♦ In diesem Hotel bietet man seinen Gästen gepflegte, mit rustikalem Pinienholzmobiliar wohnlich gestaltete Zimmer. Ansprechender Wellnessbereich mit Panoramaterrasse. Die Adlerstube ist ein ländliches, geschmackvoll eingerichtetes Restaurant.

Parkhotel Schoenegg Eiger und Berge, Rest,
Hauptstrasse – 033 854 18 18 – info@parkhotelschoenegg.ch – Fax 033 854 18 19 – geschl. Mitte Oktober - Mitte Dezember und 31. März - 11. Juni
50 Zim – 165/200 CHF 290/370 CHF – ½ P +25 CHF – **Rest** – *(nur für Hausgäste)*
♦ Die Zimmer in diesem schön gelegenen Hotel bieten z. T. einen herrlichen Blick auf den Eiger. Besonders wohnlich sind die Chaletzimmer gestaltet.

Derby Zim, Rest,
(am Bahnhof) – *033 854 54 61* – *derby@grindelwald.ch* – *Fax 033 853 24 26* – *geschl. November - Mitte Dezember*
70 Zim – 124/144 CHF 182/270 CHF – ½ P +35 CHF – **Rest** – (21 CHF) – Karte 45/89 CHF
◆ Seit mehr als 100 Jahren befindet sich das zentral im Ortskern gelegene Haus in Familienbesitz. Besonders hübsch und wohnlich sind einige neuere Gästezimmer. In mehrere rustikale Stuben unterteilte Restauration.

Eiger Eiger, Zim,
Dorfstrasse – *033 854 31 31* – *hotel@eiger-grindelwald.ch* – *Fax 033 854 31 30*
44 Zim – 140/195 CHF 240/380 CHF – ½ P +35 CHF
Rest *Barry's* – *(geschl. Sonntag - Mittwoch in Zwischensaison)* (16 CHF) – Karte 32/83 CHF
◆ Das im Zentrum gelegene Hotel bietet einen schönen Blick auf den Eiger und verfügt über freundliche, in rustikalem Stil möblierte Gästezimmer. Das Barry's hat man einer gemütlichen Almhütte nachempfunden.

Alpenhof Eiger, Rest,
– *033 853 52 70* – *info@alpenhof.ch* – *Fax 033 853 19 15* – *geschl. Ende Oktober - Mitte Dezember*
12 Zim – 101/161 CHF 182/312 CHF – 5 Suiten – ½ P +32 CHF – **Rest** – *(nur Abendessen)* Menü 40 CHF – Karte 35/87 CHF
◆ Das stattliche Chalet oberhalb des Zentrums bietet einen schönen Blick auf den Eiger und ein behagliches Ambiente. Zum Haus gehört auch eine eigene Käserei. Kleine rustikale Gaststube.

Chalet Hotel alte Post Rest,
Dorfstrasse – *033 853 42 42* – *altepost@grindelwald.ch* – *Fax 033 853 42 88* – *geschl. November*
20 Zim – 95/150 CHF 190/260 CHF – **Rest** – *(geschl. Mittwoch ausser Juli - August)* (17 CHF) – Karte 45/92 CHF
◆ Dieser ruhig gelegene Familienbetrieb bietet Ihnen hinter seiner regionstypischen Fassade ländlich eingerichtete Zimmer mit wohnlicher Atmosphäre. Durch eine alte Postkutsche betreten Sie das rustikale Restaurant. Käse aus eigener Almwirtschaft.

Gletschergarten Fiescherhörner und Grindelwaldgletscher, Rest, Rest,
Dorfstrasse – *033 853 17 21* – *info@hotel-gletschergarten.ch* – *Fax 033 853 29 57* – *geschl. Anfang Oktober - Mitte Dezember und Ende März - 22. Mai*
26 Zim – 110/150 CHF 200/300 CHF – ½ P +40 CHF – **Rest** – *(nur für Hausgäste)*
◆ Schon seit 1899 befindet sich dieses Haus im Besitz der Familie. Nett ist die heimelige Atmosphäre, sehr schön der Ausblick auf die Fiescherhörner und den Gletscher.

Hirschen Zim,
Dorfstrasse – *033 854 84 84* – *info@hirschen-grindelwald.ch* – *Fax 033 854 84 80* – *geschl. Ende Oktober - Mitte Dezember und 31. März - 1. Mai*
28 Zim – 95/145 CHF 160/240 CHF – ½ P +30 CHF – **Rest** – *(geschl. Donnerstag in Zwischensaison)* Karte 41/92 CHF
◆ In der vierten Generation wird das Haus bereits von der Inhaberfamilie geführt. Die Gästezimmer sind mit solidem Holzmobiliar zeitgemäss eingerichtet. In ländlichem Stil gehaltenes Restaurant.

Alpina Eiger, Zim,
– *033 854 33 44* – *hotel@alpina-grindelwald.ch* – *Fax 033 854 33 45* – *geschl. 30. März - 10. Mai*
30 Zim – 90/130 CHF 150/260 CHF – ½ P +35 CHF – **Rest** – *(geschl. Anfang November - Anfang Dezember, 30. März - 10. Mai und Dienstag)* (18 CHF) Menü 42 CHF (abends) – Karte 33/93 CHF
◆ Ruhig liegt das familiär geführte Haus etwas oberhalb des Ortes, aber dennoch zentral - schön der Blick auf den Eiger. Praktisch ausgestattete, zeitgemässe Zimmer. Ländlich gestalteter Restaurantbereich.

Steinbock Zim, VISA

Hauptstrasse – 033 853 89 89 – steinbock@grindelwald.ch – Fax 033 853 89 98
20 Zim – 105/125 CHF 190/260 CHF
Rest *Pizzeria da Salvi* – (19,50 CHF) – Karte 47/90 CHF
◆ Das hübsche, teils mit Holz verkleidete Chalet liegt im Zentrum von Grindelwald und beherbergt sehr gepflegte, solide eingerichtete Gästezimmer. Neuzeitlich gestaltetes, mit Malereien dekoriertes Restaurant mit kleinem Wintergarten.

Grindelwalderhof garni Eiger, VISA AE

Hauptstrasse – 033 854 40 10 – info@grindelwalderhof.ch – Fax 033 854 40 19 – geschl. Anfang November - Mitte Dezember
16 Zim – 80/160 CHF 135/230 CHF – 3 Suiten
◆ Das Hotel liegt im Zentrum des Dorfes, im Erdgeschoss einige Geschäfte. Die Zimmer, meist mit Balkon, sind mit hellen, rustikalen Massivholzmöbeln eingerichtet. Appartements.

Blümlisalp Schreckhorn und Oberer Gletscher, VISA AE

Obere Gletscherstrasse, Ost : 3 km – 033 853 63 60 – bluemlisalp@grindelwald.ch – Fax 033 853 63 61 – geschl. Ende November - 24. Dezember und Montag
16 Zim – 65/90 CHF 120/160 CHF – ½ P +30 CHF – **Rest** – (21 CHF) – Karte 36/87 CHF
◆ Die schöne Lage macht das familiär geführte kleine Hotel aus. Ein Grossteil der recht schlichten, hell möblierten Zimmer bietet einen tollen Blick. Skibusstation am Haus. Einfach-rustikale Gaststube mit netter Aussicht.

GROSSHÖCHSTETTEN – Bern (BE) – 551 K7 – 3 196 Ew – Höhe 743 m – 3506 3 E4

Bern 18 – Burgdorf 22 – Luzern 76 – Thun 21

in Zäziwil Ost : 2 km – Höhe 680 m – 3532 Zäziwil

Appenberg Zim, Zim, Rest, VISA AE

Appenbergstr. 36, Süd : 2 km in Richtung Oberhünigen – 031 790 40 40 – info@appenberg.ch – Fax 031 790 40 50 – geschl. 17. - 27. Dezember
40 Zim – 90 CHF 164 CHF – ½ P +30 CHF
Rest – *(geschl. Sonntagabend)* (17 CHF) Menü 26 CHF (mittags)/29 CHF – Karte 36/74 CHF
Rest *Spycher-Grotto* – *(geschl. 17. Dezember - 14. Januar, Sonntag und Montag) (nur Abendessen)* Karte 43/64 CHF
◆ Ein hübsch angelegtes kleines Dörfli aus überwiegend historischen Emmentaler Bauernhäusern mit rustikalen, zeitgemässen Zimmern. Gut für Tagungen geeignet. Spycher-Grotto: ein Höhlenrestaurant mit in den Fels geschlagenen Nischen, Gartenterrasse und Grilladen.

GRUB – Appenzell Ausserrhoden (AR) – 551 V5 – 1 038 Ew – Höhe 813 m – 9035 5 I2

Bern 218 – Sankt Gallen 17 – Altstätten 16 – Bregenz 23 – Herisau 22

Bären mit Zim VISA AE

Halten 112, Richtung Eggersriet : 1 km – 071 891 13 55 – info@baeren-grub.ch – geschl. 28. Januar - 5. Februar und 23. Juli - 8. August
6 Zim – 65/75 CHF 125/135 CHF – ½ P +29 CHF – **Rest** – *(geschl. Montag und Dienstag)* (19,50 CHF) Menü 40 CHF (mittags)/93 CHF – Karte 58/93 CHF
◆ Neben der einfachen Gaststube, in welcher auch Tagesgerichte serviert werden, gibt es ein kleines, ländlich-rustikales Stübli mit gutem Gedeck und zeitgemässer Küche.

Bestecke und Sterne sollten nicht verwechselt werden!
Die Bestecke stehen für eine Komfortkategorie, die Sterne zeichnen Häuser mit besonders guter Küche aus - in jeder dieser Kategorien.

GRÜSCH – Graubünden (GR) – 553 W7 – 1 210 Ew – Höhe 630 m – ✉ 7214 5 I3

Bern 234 – Chur 23 – Bad Ragaz 14 – Davos 36

Krone

Rest,

Oberdorf 28 – ✆ 081 300 11 22 – info@krone-gruesch.ch – Fax 081 300 11 23 – geschl. 4. - 18. August

15 Zim – †100/110 CHF ††180/200 CHF – ½ P +40 CHF – **Rest** – *(geschl. Montag)* (16 CHF) Menü 34 CHF (mittags)/85 CHF – Karte 43/103 CHF

♦ In einem schönen Patrizierhaus, das seine Wurzeln im 14. Jahrhundert hat, findet man überwiegend neuzeitlich eingerichtete Zimmer. Das Restaurant ist in verschiedene gemütliche Stuben unterteilt.

GRUND BEI GSTAAD – Bern – 551 I10 – siehe Gstaad

GRUYÈRES – Fribourg (FR) – 552 G9 – 1 546 h. – alt. 830 m – ✉ 1663 7 C5

Bern 65 – Fribourg 35 – Gstaad 38 – Lausanne 57 – Montreux 43 – Yverdon-les-Bains 72

Interdit à la circulation automobile

Office du Tourisme, rue du Bourg, ✆ 0848 424 424, tourisme@gruyeres.ch, Fax 026 921 38 50

Château★★ : chapes★

Manifestations locales : 13.07 : Journée "Cors des alpes" à Moléson-Gruyères

Hostellerie des Chevaliers sans rest

ruelle des Chevaliers – ✆ 026 921 19 33 – chevaliers@gruyeres-hotels.ch – Fax 026 921 25 52

34 ch – †110/160 CHF ††160/210 CHF

♦ Hôtel tranquille environné de verdure, où les "chevaliers" en quête de repos passeront un séjour revigorant. Seize chambres ont leurs fenêtres tournées vers la vallée.

Hôtel de Ville

ch, ch,

29 r. du Bourg – ✆ 026 921 24 24 – info@hoteldeville.ch – Fax 026 921 36 28 – fermé mercredi - jeudi de novembre à février

8 ch – †130/180 CHF ††180/300 CHF – ½ P +35 CHF – **Rest** – (18 CHF) Menu 29/59 CHF – Carte 32/88 CHF

♦ Petites chambres aux noms de fleurs dans une auberge ancienne à façade pittoresque. Parquet clair, meubles en bois blond, bonne literie et tissus coordonnés les caractérisent. Restaurant au décor "tout pin" et café assorti ; spécialités à base de fromage.

GRYON – Vaud – 552 G11 – voir à Villars-sur-Ollon

GSTAAD – Bern (BE) – 551 I10 – Höhe 1 050 m – Wintersport : 1 050/2 151 m 6 10 – ✉ 3780 7 D5

Bern 88 – Interlaken 71 – Aigle 48 – Fribourg 73 – Lausanne 92 – Montreux 64 – Spiez 55

Gstaad Saanenland Tourismus, "Haus des Gastes", Promenade, ✆ 033 748 81 81, info@gstaad.ch, Fax 033 748 81 83

Gstaad-Saanenland, ✆ 033 748 40 30

Lage★★★

Lokale Veranstaltungen :

05.07 - 13.07 : Allianz Suisse Tennis Open

25.07 - 06.09 : Menuhin Festival

Grand Hotel Park

(Solebad) Rest,

Wispilenstrasse – ✆ 033 748 98 00 – info@grandhotelpark.ch – Fax 033 748 98 08 – geschl. Mitte September - Mitte Dezember und Ende März - Mitte Juni

91 Zim – †340/940 CHF ††480/1160 CHF – 8 Suiten – ½ P +55 CHF

Rest – Menü 75 CHF – Karte 78/189 CHF

Rest *Marco Polo* – *(geschl. Ende März - Mitte Dezember) (nur Abendessen)* Menü 75 CHF – Karte 86/156 CHF

♦ Das traditionsreiche Haus steht für Gediegenheit und Exklusivität. Das wohnliche Ambiente und die schöne Lage mit Ausblick sprechen für sich. Aufwändig und elegant hat man das Restaurant Marco Polo gestaltet.

Gstaad Palace Gstaad und Berge, Rest, P VISA MC AE
Palacestrasse – 033 748 50 00 – info@palace.ch – Fax 033 748 50 01 – geschl. Mitte September - Mitte Dezember und 30. März - 10. Juni
97 Zim (nur ½ P.) – 420/850 CHF 640/1640 CHF – 7 Suiten – **Rest** – Menü 85 CHF (mittags)/110 CHF – Karte 87/167 CHF
◆ Das schlossähnliche Gebäude mit schöner Terrasse thront über dem Ort. Äusserst wohnlich und mit eleganter Note hat man die Zimmer eingerichtet. Aufwändig gestaltete Suiten. Vornehm wirkt das Restaurant.

Grand Hotel Bellevue AC Rest, Rest, P VISA MC AE
Hauptstrasse – 033 748 00 00 – info@bellevue-gstaad.ch – Fax 033 748 00 01
57 Zim – 336/720 CHF 420/720 CHF – ½ P +69 CHF
Rest *Prado* – separat erwähnt
Rest *Coelho* – Menü 60 CHF (mittags) – Karte 74/125 CHF
◆ Äusserst wohnlich, modern und technisch gut ausgestattet sind die schönen Zimmer dieses eleganten Hotels. Auch sehr ansprechend ist der grosse Wellnessbereich. Leuchter aus Muranoglas zieren das Coelho.

Le Grand Chalet Saanenland und Berge, P VISA MC AE
Neueretstrasse – 033 748 76 76 – hotel@grandchalet.ch – Fax 033 748 76 77 – geschl. Mitte Oktober - Mitte Dezember und 26. März - 5. Juni
21 Zim – 160/450 CHF 260/540 CHF – 4 Suiten – ½ P +55 CHF
Rest *La Bagatelle* – *(Tischbestellung ratsam)* (32 CHF) Menü 46 CHF (mittags)/128 CHF – Karte 56/142 CHF
◆ Schön liegt das grosse Chalet oberhalb des Ortes, beeindruckend ist die herrliche Bergkulisse. Mit viel Holz hat man die Zimmer rustikal und sehr wohnlich gestaltet. La Bagatelle ist ein gemütliches Restaurant mit Panoramaterrasse.

Bernerhof Rest, P VISA MC
Bernerhofplatz – 033 748 88 44 – info@bernerhof-gstaad.ch – Fax 033 748 88 40 – geschl. 31. März - 1. Juni
34 Zim – 138/170 CHF 236/416 CHF – 11 Suiten – ½ P +35 CHF
Rest – (19,50 CHF) Menü 31 CHF (mittags)/65 CHF – Karte 46/110 CHF
Rest *Blun-Chi* – *(geschl. Dienstag und Mittwoch von Mitte Oktober - Mitte Dezember) (Tischbestellung ratsam)* (17 CHF) Menü 45/72 CHF – Karte 49/90 CHF
◆ Die zentrale Lage in der Fussgängerzone spricht für dieses Haus. Die Gästezimmer sind zeitgemäss ausgestattet und in ländlichem Stil möbliert. Betont rustikales Restaurant. Blun-Chi mit einsehbarer Küche und chinesischen Speisen.

Bellerive garni P VISA MC AE
Bellerivestrasse – 033 748 88 33 – bellerive-gstaad@bluewin.ch – Fax 033 748 88 34 – geschl. 7. April - 5. Mai und 27. Oktober - 24. November
15 Zim – 120/350 CHF 200/350 CHF
◆ Ein familiengeführtes kleines Hotel im Chaletstil mit netter Lounge und wohnlichen, technisch modern ausgestatteten Gästezimmern. Hübsch sind auch die zwei Themenzimmer.

Arc-en-ciel Rest, P VISA MC AE
Egglistrasse – 033 748 43 43 – info@arc-en-ciel.ch – Fax 033 748 43 53
34 Zim – 115/214 CHF 236/418 CHF – 6 Suiten – **Rest** – (24 CHF) – Karte 40/100 CHF
◆ Ganz besonders Familien ermöglicht man hier einen erholsamen Urlaub, durch funktionelle Zimmer, ein nettes Freibad und einen Kinder- und Jugendspielbereich. Das internationale Angebot wird durch Holzofenpizza erweitert.

Gstaaderhof Zim, VISA MC AE
Lauenenstrasse – 033 748 63 63 – gstaaderhof@gstaad.ch – Fax 033 748 63 60 – geschl. Ende Oktober - Anfang Dezember und 6. April - 9. Mai
64 Zim – 118/229 CHF 206/428 CHF – ½ P +35 CHF
Rest *Müli* – (19 CHF) Menü 34 CHF (mittags)/50 CHF – Karte 44/104 CHF
Rest *Saagi-Stübli* – *(geschl. 6. April - Mitte Dezember) (nur Abendessen)* Karte 42/89 CHF
◆ In warmen Tönen wohnlich und neuzeitlich eingerichtet sind die Zimmer des im Zentrum liegenden Hotels. Mit nettem Saunabereich und Tagungsraum. Internationales in der ehemaligen Mühlenkammer. Saagi-Stübli mit Grillgerichten und Fonduespezialitäten.

Posthotel Rössli
Gstaadplatz – ✆ 033 748 42 42 – info@posthotelroessli.ch – Fax 033 748 42 43
18 Zim – 108/170 CHF 196/299 CHF – ½ P +36 CHF – **Rest** – *(geschl. Mitte April - Anfang Mai und Mittwoch in der Zwischensaison)* (19 CHF) Menü 41 CHF – Karte 48/92 CHF
◆ Beim Dorfbrand von 1898 blieb dieses Gasthaus verschont und gilt daher als das älteste im Ort. Die Zimmer sind mit viel Holz rustikal eingerichtet. Stübli und Alti Poscht bilden das ländliche Restaurant.

Chesery (Robert Speth)
Lauenenstrasse – ✆ 033 744 24 51 – chesery@gstaad.ch – Fax 033 744 89 47 – geschl. 31. März - 13. Juni, 6. Oktober - 12. Dezember, Dienstag in Nebensaison und Montag
Rest – *(Dienstag - Donnerstag nur Abendessen)* Menü 72/168 CHF – Karte 115/188 CHF
Spez. Variation von der Königskrabbe und Jakobsmuscheln. Salzwiesen-Lammkarrée mit Kräuterkruste. Brie de Meaux mit Trüffel gefüllt.
◆ Eine hier ehemals existierende Käserei gab dem elegant-rustikalen Restaurant seinen Namen. Der aufmerksame, kompetente Service und die klassische Küche überzeugen.

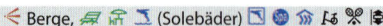

Prado – Grand Hotel Bellevue
Hauptstrasse – ✆ 033 748 00 00 – info@bellevue-gstaad.ch – Fax 033 748 00 01
Rest – *(nur Abendessen ausser im Sommer)* Menü 95 CHF (mittags)/160 CHF – Karte 120/160 CHF
Spez. Foie gras de canard confit au sésame. Loup de mer rôti au fenouil et jus gras. Assiette chocolat grand cru: Tarte soufflée, macaron, chocolat chaud et gelée.
◆ In dem edlen Restaurant serviert man Ihnen freundlich klassische Küche. Der Name sowie zeitgenössische Gemälde verweisen auf das Kunstmuseum in Madrid.

Olden mit Zim
Promenade – ✆ 033 748 49 50 – info@hotelolden.com – Fax 033 748 49 59 – geschl. Anfang November - Mitte Dezember, Ende März - Ende Mai, Dienstag und Mittwoch in der Zwischensaison
16 Zim – 350/650 CHF 500/650 CHF – ½ P +100 CHF
Rest – Karte 82/186 CHF
Rest *La Cave* – *(geschl. Ende Februar - Mitte Dezember) (nur Abendessen)* Karte 94/184 CHF
◆ Hinter seiner aufwändig bemalten Fassade beherbergt das historische Haus ein schönes gediegenes Restaurant und gemütliche elegant-rustikale Gästezimmer. La Cave ist ein behagliches rustikales Kellerrestaurant mit Live-Musik. Beeindruckende Weinkarte.

Rialto
Promenade – ✆ 033 744 34 74 – rialto-gstaad@bluewin.ch – Fax 033 744 84 54 – geschl. 31. März - 28. April, 27. Oktober - 14. November, Sonntagabend und Montag in der Zwischensaison
Rest – Menü 48 CHF (mittags) – Karte 71/138 CHF
◆ Ein italienisches Restaurant, in dem die Teigwaren selbst hergestellt werden. Eine nette Bar sowie eine schöne Terrasse zur Fussgängerzone ergänzen die Stuben.

in Schönried Nord : 7 km Richtung Zweisimmen – Höhe 1 231 m – ✉ 3778 Schönried

Ermitage-Golf ← Berge, (Solebäder) Rest,
Hauptstrasse – ✆ 033 748 60 60 – ermitagegolf@gstaad.ch – Fax 033 748 60 67
72 Zim – 165/335 CHF 310/620 CHF – 6 Suiten – ½ P +55 CHF
Rest *Ermitage-Stube* – Karte 59/116 CHF
Rest *Fondue Spycher* – *(geschl. Mitte März - Ende Dezember, Montag und Dienstag) (nur Abendessen)* Karte 40/91 CHF
◆ Dieses hübsch bemalte Chalet steht für engagierten Service und elegantes regionstypisches Ambiente. Ansprechend gestalteter Wellnessbereich. In der Ermitage-Stube bietet man zeitgemässe Küche. Käsespezialitäten werden im Fondue Spycher zubereitet.

Alpenrose Berge, Zim, VISA AE

Saanenmöserstrasse – 033 748 91 91 – info@hotelalpenrose.ch – Fax 033 748 91 92 – geschl. Mitte Oktober - Mitte Dezember

19 Zim – 90/320 CHF 160/490 CHF – ½ P +50 CHF

Rest *Azalée* – *(geschl. Dienstagmittag und Montag)* (24 CHF) Menü 36 CHF (mittags)/137 CHF – Karte 82/163 CHF

Rest *J.P.'s Churrascaria* – *(geschl. Mittwoch)* (24 CHF) Menü 36 CHF (mittags) – Karte 51/109 CHF

◆ Im traditionellen Stil erbautes, gemütlich-rustikales kleines Hotel mit recht geräumigen Zimmern, meist mit schöner Sicht. Kinderspielzimmer, Mini-Kasino für Jugendliche. Leicht elegant gibt sich das Azalée. Blickfang in J.P.'s Churrascaria: der offene Grill.

in Saanenmöser Nord : 9 km Richtung Zweisimmen – Höhe 1 269 m – ✉ 3777 Saanenmöser

Golfhotel Les Hauts de Gstaad Berge, VISA AE

Bahnhofstrasse – 033 748 68 68 – mail@golfhotel.ch – Fax 033 748 68 00 – geschl. Ende November - Anfang Dezember und 14. April - 1. Mai

55 Zim – 135/275 CHF 200/550 CHF – ½ P +25 CHF

Rest *Belle Epoque* – Karte 62/117 CHF

Rest *Bärengraben* – *(nur Abendessen)* Karte 62/124 CHF

◆ Grosszügig angelegtes Chalet mit modernem Wellnessbereich auf 1000 qm. Besonders wohnlich: Die Zimmer im Haus Golfino, allergikerfreundlich mit Terrakottafliesen ausgestattet. Elegant: das Belle Epoque. Bärengraben: rustikal, mit Wandmalereien von 1922.

Hornberg VISA

Hornbergstrasse – 033 748 66 88 – willkommen@hotel-hornberg.ch – Fax 033 748 66 89 – geschl. Mitte Oktober - Anfang Dezember und 4. April - 30. Mai

36 Zim – 130/190 CHF 310/390 CHF – ½ P +30 CHF – **Rest** – Karte 45/96 CHF

◆ Direkt am Ende der Piste liegt dieses Hotel. Die Zimmer sind nett eingerichtet, einige gemütlich mit Arvenholz möbliert. Sehr schön ist die grosszügige Gartenanlage. In dem behaglich gestalteten Restaurant wählen Sie aus einer traditionellen Karte.

in Lauenen Süd : 6,5 km – Höhe 1 250 m – ✉ 3782 Lauenen

Alpenland Berge, VISA AE

Rohrbrücke, Süd : 1 km – 033 765 91 34 – hotel@alpenland.ch – Fax 033 765 91 35 – geschl. 31. März - 25. April und Ende Oktober - Ende November

20 Zim – 100/230 CHF 170/300 CHF – ½ P +40 CHF – **Rest** – *(geschl. Mittwoch in der Zwischensaison)* (18 CHF) Menü 27 CHF (mittags)/50 CHF – Karte 37/108 CHF

◆ Das ortstypische Chalet liegt ruhig ausserhalb des Ortes in der Nähe der Skilifte. Die Gästezimmer sind mit hellen Naturholzmöbeln wohnlich eingerichtet. Eine Terrasse mit schönem Bergblick ergänzt das Restaurant.

in Saanen Nord-West : 3 km – Höhe 1 010 m – ✉ 3792 Saanen

Chalets★ – Wandmalereien★ in der Kirche

Steigenberger Saanen und Gstaad, Zim, Rest, VISA AE

Auf der Halten, Ost : 2 km – 033 748 64 64 – gstaad@steigenberger.ch – Fax 033 748 64 66 – geschl. Ende Oktober - Mitte Dezember

126 Zim – 162/297 CHF 264/534 CHF – 7 Suiten – ½ P +62 CHF – **Rest** – Karte 54/106 CHF

◆ Neuzeitlich, wohnlich und komfortabel ausgestattete Gästezimmer sowie ein schöner Freizeitbereich stehen in diesem Haus zur Verfügung. Frischer, heller Speisesaal und rustikales A-la-carte-Restaurant.

Alpine Lodge VISA AE

Wyssmülleriweg – 033 748 41 51 – info@alpinelodge.ch – Fax 033 748 41 52

24 Zim – 119/220 CHF 198/400 CHF – ½ P +10 CHF – **Rest** – (28 CHF) Menü 35/52 CHF – Karte 38/66 CHF

◆ Neben modernen und freundlichen Zimmern - alle mit Computer und freiem Internetzugang - bietet dieses Hotel auch viele Outdoor-Aktivitäten an. Einige Themenzimmer. Helles, neuzeitliches Restaurant.

Saanerhof
Bahnhofstrasse – ✆ 033 744 15 15 – hotel@saanerhof.ch – Fax 033 744 13 23 – geschl. Mitte November - Mitte Dezember und 1. - 13. April
21 Zim – 90/130 CHF 150/200 CHF – ½ P +35 CHF – **Rest** – (17 CHF) Menü 35 CHF – Karte 37/85 CHF
◆ Der ältere Gasthof, nicht weit vom Bahnhof gelegen, bietet seinen Gästen Zimmer, die mit viel hellem Holz rustikal und behaglich eingerichtet sind. Der Restaurantbereich teilt sich in das Beizli mit blanken Holztischen und die gemütlich-ländliche Stube.

Landhaus
Hauptstrasse – ✆ 033 748 40 40 – landhaus-saanen@bluewin.ch – Fax 033 748 40 49 – geschl. Mitte Mai - Mitte Juni und Donnerstag in der Zwischensaison
20 Zim – 90/130 CHF 160/240 CHF – ½ P +35 CHF – **Rest** – (19 CHF) – Karte 38/100 CHF
◆ Das kleine Hotel befindet sich im Zentrum des Ortes. Die Zimmer sind mit hellem Naturholzmobiliar solide und praktisch ausgestattet. Restaurant mit Gaststubencharakter.

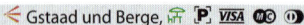

Sonnenhof Gstaad und Berge,
in Unterbord, Nord-Ost : 3 km – ✆ 033 744 10 23 – restaurant.sonnenhof@bluewin.ch – Fax 033 744 10 37 – geschl. Anfang November - Mitte Dezember, 20. April - 12. Juni, Dienstag in der Zwischensaison und Mittwoch
Rest – *(Tischbestellung ratsam)* (28 CHF) Menü 52 CHF (mittags)/108 CHF – Karte 67/135 CHF
◆ Oberhalb des Tales liegt dieses gemütlich-rustikale Restaurant. Von der schönen Sonnenterrasse aus geniesst man den traumhaften Blick auf Gstaad und die Berge.

in Grund bei Gstaad Süd : 3 km – Höhe 1 095 m – ✉ 3792 Grund bei Gstaad

Chlösterli - By Dalsass
Gsteigstr. 1 – ✆ 033 748 79 79 – chlosterli@chlosterli.com – Fax 033 748 79 76
Rest – *(geschl. Ende Februar - Mitte Dezember, Dienstag und Mittwoch ausser Saison) (nur Abendessen)* Menü 158 CHF – Karte 132/186 CHF
Rest *Alpenbistro* – *(geschl. Ende September - Mitte Dezember, 27. März - 16. Juni, Dienstag und Mittwoch ausser Saison)* Karte 58/105 CHF
◆ By Dalsass ist ein Winterrestaurant im 1. Stock eines a. d. 18. Jh. stammenden Hauses. Interessant: die Mischung aus alten Bauernmöbeln und Designerstühlen. Mediterrane Küche. Regionales und Internationales im ganzjährig geöffneten rustikalen Alpenbistro.

GUARDA – Graubünden (GR) – 553 Z9 – 144 Ew – Höhe 1 653 m – ✉ 7545 11 K4

Bern 304 – Scuol 19 – Chur 94 – Davos 36 – Merano 122 – Sankt Anton am Arlberg 107 – Sankt Moritz 49

Meisser Rest,
Dorfstr. 42 – ✆ 081 862 21 32 – info@hotel-meisser.ch – Fax 081 862 24 80 – geschl. Anfang November - Mitte Dezember und 31. März - 1. Mai
18 Zim – 113/125 CHF 210/308 CHF – 4 Suiten – ½ P +40 CHF – **Rest** – *(geschl. Sonntagabend und Montagabend im Winter)* Menü 58 CHF (abends) – Karte 54/91 CHF
◆ Die ehemaligen Engadiner Bauernhäuser a. d. 17. Jh. liegen ruhig im alten Dorfkern - mit schönem Blick vom Garten des Haupthauses. Rustikale Suiten und schlichtere Zimmer. Sehenswert: Speisesaal mit Stuckdecke und Holztäfer, Panoramarestaurant und Kellerbar.

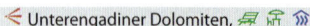

Piz Buin Unterengadiner Dolomiten, Rest,
Dorfstr. 21 – ✆ 081 861 30 00 – info@pizbuin.ch – Fax 081 861 30 15 – geschl. Ende Oktober - Mitte Dezember, 13. - 27. Januar und 25. März - 6. Juni
22 Zim – 72/95 CHF 130/210 CHF – ½ P +35 CHF – **Rest** – *(nur für Hausgäste)* Menü 39 CHF (abends) – Karte 45/69 CHF
◆ Die wunderbare Sicht auf die Unterengadiner Dolomiten eröffnet sich dem Hotelgast. Gemütlich wohnt man in Zimmern mit Arven- und Tannenholz. Nette Liegewiese mit Gartenteich.

GUDO – Ticino (TI) – 553 R12 – 679 ab. – alt. 218 m – ✉ 6515 10 H6

Bern 224 – Locarno 14 – Bellinzona 7 – Lugano 32

Osteria Brack con cam – rist, rist, VISA

via delle Vigne – 091 859 12 54 – Fax 091 859 20 98 – chiuso 10 dicembre - 8 febbraio

7 cam – 95/105 CHF 170/195 CHF – ½ P +45 CHF – **Rist** – *(chiuso lunedì in bassa stagione, martedì e mercoledì) (chiuso a mezzogiorno)* Carta 42/72 CHF

◆ In zona collinare e verdeggiante è la meta ideale per gli amanti della pasta, rigorosamente fatta in casa! Si consiglia di prenotare. Alcune camere dal confort soddisfacente.

Gran lusso o stile informale?
I e i indicano il livello di comfort.

GÜTTINGEN – Thurgau (TG) – 551 U3-4 – 1 308 Ew – Höhe 410 m – ✉ 8594 5 H2

Bern 199 – Sankt Gallen 29 – Bregenz 51 – Konstanz 13 – Winterthur 52

Seemöwe – Zim, VISA

Hauptstr. 54 – 071 695 10 10 – info@seemoewe.ch – Fax 071 695 28 74

14 Zim – 80/110 CHF 120/180 CHF – ½ P +30 CHF – **Rest** – (17 CHF) Menü 45 CHF (abends) – Karte 40/90 CHF

◆ Das am Ende des Ortes gelegene Haus mit seinen wohnlichen, leicht rustikal möblierten Zimmern ist ein idealer Ausgangspunkt für Wanderungen und Radtouren. Mit Kosmetiksalon. Vom Restaurant und der Sonnenterrasse hat man eine schöne Sicht auf Wiesen und Felder.

GUGGISBERG – Bern (BE) – 552 I8 – 1 660 Ew – Höhe 1 118 m – ✉ 3158 7 D4

Bern 29 – Fribourg 23 – Interlaken 61 – Thun 35

Sternen – Freiburgerland, VISA

Dorf – 031 736 10 10 – info@sternen-guggisberg.ch – Fax 031 736 10 19

9 Zim – 85 CHF 150 CHF – ½ P +40 CHF – **Rest** – (19 CHF) Menü 52/90 CHF – Karte 41/89 CHF

◆ Ein neuerer, nach Südwesten ausgerichteter Hotelanbau ergänzt den traditionellen Gasthof. Die Zimmer sind modern, hell und rustikal mit Naturholzmöbeln eingerichtet. Neo-rustikales Restaurant mit traditionellem Angebot. Eigener Kinderspielplatz.

GUNTEN – Bern (BE) – 551 K9 – Höhe 560 m – ✉ 3654 8 E5

Bern 36 – Interlaken 15 – Brienz 35 – Spiez 23 – Thun 9

Parkhotel – Thunersee und Niesen, Rest, Rest, VISA AE

Seestr. 90 – 033 252 88 52 – info@parkhotel-gunten.ch – Fax 033 252 88 88 – geschl. 3. Januar - 11. April

52 Zim – 94/139 CHF 188/258 CHF – ½ P +35 CHF – **Rest** – *(geschl. Dienstag und Mittwoch in der Zwischensaison)* (21 CHF) Menü 35 CHF – Karte 47/80 CHF

◆ An der Seestrasse liegt dieses Hotel, das Sie in funktionell ausgestatteten Zimmern beherbergt. Hübsche Gartenanlage, die sich bis zum Ufer erstreckt. Restaurant mit traditioneller Küche. Terrasse am Haus und direkt am See.

GURTNELLEN – Uri (UR) – 551 Q9 – 631 Ew – Höhe 738 m – ✉ 6482 9 G4

Bern 174 – Andermatt 18 – Altdorf 25 – Chur 109

Gotthard mit Zim – Zim, VISA AE

– 041 885 11 10 – sichers@gotthardhotel.ch – Fax 041 885 03 10 – geschl. 23. Dezember - 6. Januar, 26. März - 30. April, Montag und Dienstag

11 Zim – 65/90 CHF 100/140 CHF – ½ P +40 CHF – **Rest** – (20 CHF) – Karte 45/90 CHF

◆ Hinter einer teils holzverkleideten Fassade verbirgt sich ein in ländlichem Stil eingerichtetes Restaurant mit ausgeprägtem familiärem Charakter. Saubere einfache Gästezimmer.

GUTTANNEN – Bern (BE) – 551 O9 – 328 Ew – Höhe 1 060 m – ✉ 3864 8 F5

Bern 100 – Andermatt 55 – Brig 72 – Interlaken 43

an der Grimselpass Strasse Süd : 6 km :

Handeck Rest, Zim, Rest,
– 033 982 36 11 – Fax 033 982 36 05 – geschl. Mitte Oktober - Mitte Mai
39 Zim – 110/145 CHF 170/240 CHF – ½ P +40 CHF
Rest *Handeckstube* – *(Tischbestellung erforderlich) (abends nur Menü)*
Menü 24 CHF (mittags)/92 CHF – Karte 40/106 CHF
Rest *Gelmerstube/Haslistube* – Menü 24 CHF (mittags)/92 CHF – Karte 40/106 CHF
◆ Eingebettet in eine grandiose Hochgebirgslandschaft bietet Ihnen dieses Hotel hübsche rustikale Zimmer und diverse Freizeitaktivitäten. Handeckstube mit interessantem Abendmenü, mittags schmackhafte regionale Küche.

HÄGENDORF – Solothurn (SO) – 551 L5 – 4 178 Ew – Höhe 428 m – ✉ 4614 3 E3

Bern 62 – Aarau 33 – Basel 46 – Luzern 62 – Solothurn 34

Lampart's
Oltnerstr. 19, (1. Etage) – 062 209 70 60 – info@lamparts.ch
– Fax 062 209 70 61 – geschl. 24. Dezember - 10. Januar, Juli - August 3 Wochen, Sonntag ausser Adventssonntage und Montag
Rest – Menü 62 CHF (mittags)/138 CHF – Karte 94/180 CHF
Rest *Bistro* – Menü 62 CHF (mittags) – Karte 72/108 CHF
Spez. "Der Klassiker": Hausgemachter Schwartenmagen vom Kalb (Frühling - Sommer). Brust vom Perlhuhn mit Périgord Trüffel gespickt (Winter). Schokoladenträumerei aus Grand Cru Couverture von Teichlin aus der Schweiz.
◆ Das geschmackvoll und modern-elegant im Landhausstil gehaltene Restaurant überzeugt mit einer innovativen, mediterran geprägten Küche. Bistro im Erdgeschoss mit traditionellem Angebot.

HARDERN – Bern – 551 I6 – siehe Lyss

HAUTE-NENDAZ – Valais (VS) – 552 I12 – 5 389 h. – alt. 1 255 m – Sports d'hiver : 1 400/3 300 m 16 47 – ✉ 1997 7 D6

Bern 159 – Sion 14 – Martigny 33 – Montreux 71

Nendaz Tourisme, 027 289 55 89, info@nendaz.ch, Fax 027 289 55 83

Manifestations locales : 18.07 - 20.07 : Festival international de Cors des Alpes

Mont-Fort ch,
route de la Télécabine – 027 288 26 16 – info@hotelmontfort.ch
– Fax 027 288 54 30 – fermé début octobre - début décembre et fin avril - fin mai
34 ch – 90/140 CHF 150/240 CHF – ½ P +30 CHF – **Rest** – Menu 18 CHF (déj.)/30 CHF – Carte 48/80 CHF
◆ Ce gros chalet proche des remontées mécaniques dispose de 3 types de chambres : familiales, pour randonneurs et standard avec balcon, personnalisées par une couleur dominante. À table, cuisine de saison et spécialités régionales. Grande terrasse plein Sud.

Mont-Rouge
– 027 288 11 66 – resto@mont-rouge.ch – Fax 027 288 53 10 – fermé 14 - 22 décembre, 17 mai - 4 juillet et mercredi hors saison
Rest – (20 CHF) Menu 58/84 CHF (dîner) – Carte 57/106 CHF
◆ Ce restaurant familial un peu caché en bas d'un immeuble plaît pour ses recettes traditionnelles que le chef-patron revisite avec doigté. Cadre rustique. Terrasse d'été.

La Cabane
– 027 288 20 11 – fermé mercredi hors saison
Rest – Menu 32/49 CHF (dîner) – Carte 41/72 CHF
◆ Sur les hauts de la station, petit chalet typé au décor tout bois où l'on s'initie aux saveurs valaisannes dans une ambiance couleur locale, rustique à souhait ou en terrasse.

Le Grenier

place de la Télécabine – ✆ 027 288 24 40 – Fax 027 288 10 80 – fermé 12 mai - 20 juin, 13 octobre - 18 décembre et dimanche hors saison
Rest – (16 CHF) Menu 50/65 CHF – Carte 37/86 CHF
◆ La télécabine se trouve juste en face : la promenade digestive est toute trouvée ! Les hautes chaises baroques ajoutent au cachet de la salle à manger. Plats traditionnels.

Trattoria dei Savi

rue des Ecluses – ✆ 027 288 12 68 – Fax 027 288 12 55 – fermé juin, septembre, lundi et mardi hors saison
Rest – (22 CHF) Menu 45/65 CHF – Carte 51/113 CHF
◆ Le patron vous fera découvrir les spécialités de sa Sardaigne natale à cette adresse au cadre campagnard. Plus de 200 sortes de vins d'Italie et vaste assortiment de grappas.

Rouge = agréable. Repérez les symboles et passés en rouge.

HAUTERIVE – Neuchâtel – **552** G7 – **voir à Neuchâtel**

HEIDEN – **Appenzell Ausserrhoden (AR)** – **551** V5 – **4 063 Ew** – **Höhe 794 m** – ✉ **9410** 5 **I2**

Bern 220 – Sankt Gallen 19 – Bregenz 21 – Herisau 25 – Konstanz 54

Appenzellerland Tourismus, Bahnhofstr. 2, ✆ 071 898 33 00, heiden@appenzell.ch, Fax 071 898 33 09

Heiden Zim, Rest,

Seeallee 8 – ✆ 071 898 15 15 – info@hotelheiden.ch – Fax 071 898 15 55
66 Zim – 150/185 CHF 260/340 CHF – ½ P +42 CHF – **Rest** – (22 CHF) Menü 32 CHF (mittags) – Karte 44/106 CHF
◆ Hier erwarten Sie freundliche, teils zum See, teils zum Park hin gelegene Zimmer sowie ein hübscher, modern gestalteter Freizeitbereich mit Wellnessanwendungen. Helles, komfortables Restaurant mit schöner Terrasse.

Rosengarten

Schützengasse 21 – ✆ 071 891 61 31 – rosengarten.heiden@bluewin.ch – geschl. 2. - 13. Januar, 9. - 27. Juli, Montag und Dienstag
Rest – (19,50 CHF) – Karte 49/93 CHF
◆ In familärer Atmosphäre kann man hier in ländlichem Ambiente zeitgemässe Küche mit traditionellen Einflüssen speisen. Im Sommer isst man auch schön auf der Terrasse.

HEILIGKREUZ – **Luzern (LU)** – **551** M7 – **Höhe 1 050 m** – ✉ **6166** 3 **F4**

Bern 61 – Luzern 41 – Stans 51 – Zug 63

Heiligkreuz Entlebuch, Rest, Zim,

– ✆ 041 484 23 09 – info@kurhaus-heiligkreuz.ch – Fax 041 484 10 08 – geschl. 30. Juni - 7. Juli und 10. November - 1. Dezember
21 Zim – 79 CHF 148 CHF – ½ P +25 CHF – **Rest** – *(geschl. Sonn- und Feiertage abends und Montag)* (19 CHF) – Karte 37/83 CHF
◆ Dieses familiengeführte Haus gefällt mit seinen gepflegten, funktionell ausgestatteten Zimmern und einer sehr schönen und ruhigen Lage in einem UNESCO-Biosphärenreservat. Rustikales Restaurant mit bürgerlicher Karte.

HEILIGKREUZ – Sankt Gallen – **551** U7 – **siehe Mels**

HEIMISWIL – Bern – **551** K6 – **siehe Burgdorf**

HERBLINGEN – Schaffhausen – **551** Q3 – **siehe Schaffhausen**

HERGISWIL – Nidwalden (NW) – 551 O7 – 4 754 Ew – Höhe 449 m – ✉ 6052 4 F4

Bern 120 – Luzern 9 – Interlaken 63 – Stans 6

Tourismus Hergiswil, Seestr. 54, ☎ 041 630 12 58, hergiswil@inbox.ch

Pilatus < Vierwaldstättersee, Rest,

Seestr. 34 – ☎ 041 632 30 30 – info@pilatushotel.ch – Fax 041 632 30 31

60 Zim – †100/140 CHF ††185/255 CHF – ½ P +28 CHF – **Rest** – (22 CHF) Menü 43 CHF – Karte 45/104 CHF

◆ Mit seiner guten Lage, dem herrlichen Blick auf den Vierwaldstättersee und der schönen Seeterrasse lockt das Hotel seine Gäste, die in Zimmern mit dunklen Holzmöbeln wohnen. Rustikales Restaurant mit traditioneller Küche.

Brünig Rest,

Seestr. 13 – ☎ 041 632 42 42 – info@hotel-bruenig.ch – Fax 041 632 42 41

20 Zim – †110/120 CHF ††150/170 CHF – 3 Suiten – ½ P +42 CHF – **Rest** – (19 CHF) – Karte 42/84 CHF

◆ Das Hotel liegt in der Nähe des Bahnhofs. Die Zimmer sind teils mit älteren Möbeln, teils mit hellem, funktionellem Holzmobiliar eingerichtet. Alle verfügen über einen Balkon. Hinter dem schlichten Restaurant liegt der Schlosskeller mit schönem Gewölbe.

HERISAU K – Appenzell Ausserrhoden (AR) – 551 U5 – 15 882 Ew – Höhe 771 m – ✉ 9100 5 H2

Bern 200 – Sankt Gallen 12 – Bregenz 47 – Konstanz 51 – Winterthur 54

Herisau Zim,

Bahnhofstr. 14 – ☎ 071 354 83 83 – info@hotelherisau.ch – Fax 071 354 83 80 – geschl. 23. Dezember - 6. Januar und Sonntag

33 Zim – †110/125 CHF ††200 CHF, 15 CHF – ½ P +30 CHF – **Rest** – (16 CHF) Menü 22/49 CHF – Karte 39/83 CHF

◆ Gut geeignet für Privat- und Geschäftsreisende ist dieses Haus, in dem man in funktionellen Zimmern mit guter technischer Ausstattung übernachtet. Die Robert-Walser-Stube ist eine Art Wintergarten.

Rüti < Säntis und Unterland,

Rütistr. 1683, 2 km Richtung Winkeln – ☎ 071 352 32 80 – hj.seifried@ruetiherisau.ch – Fax 071 352 32 52 – geschl. 21. Juli - 3. August und Montag

Rest – Menü 58 CHF (mittags)/75 CHF – Karte 39/106 CHF

◆ Von dem wintergartenähnlichen, modern eingerichteten Restaurant auf dem Hügelkamm bietet sich eine sehr schöne Sicht auf die Umgebung. Traditionell geprägte Karte.

HERLISBERG – Luzern (LU) – 551 N6 – 239 Ew – Höhe 737 m – ✉ 6028 4 F3

Bern 102 – Aarau 30 – Luzern 23 – Zürich 63

Zum Herlisberg < See und Berge,

– ☎ 041 930 12 80 – info@herlisberg.ch – Fax 041 930 36 65 – geschl. 28. Januar - 12. Februar, Montag und Dienstag von Oktober bis Mitte März

Rest – (25 CHF) Menü 48 CHF (mittags)/112 CHF – Karte 56/102 CHF

◆ Das ehemalige Bauernhaus aus dem 18. Jh. hat eine Terrasse mit wundervollem Ausblick auf den See und die Berge. Innen: schöne rustikale Stuben.

Unsere „Hoffnungsträger" sind die Restaurants, deren Küche wir für die nächste Ausgabe besonders sorgfältig auf eine höhere Auszeichnung hin überprüfen. Der Name dieser Restaurants ist in „rot" gedruckt und zusätzlich auf der Sterne-Liste am Anfang des Buches zu finden.

HERSCHMETTLEN – Zürich (ZH) – 551 R5 – Höhe 540 m – ✉ 8625 Ottikon 4 G3

Bern 152 – Zürich 26 – Rapperswil 10 – Uster 18 – Winterthur 38

Weinschenke

Dürntnerstr. 43 – ✆ 044 935 12 64 – Fax 044 935 12 64 – geschl. 23. Dezember - 1. Januar, 25. Februar - 4. März, 21. - 29. Juli, Montag und Dienstag

Rest – (18 CHF) – Karte 36/78 CHF

◆ Das Restaurant im kleinen Landgasthof hat ein rustikales Interieur mit Sichtbalken. In gemütlicher Atmosphäre serviert man Speisen von einer bürgerlichen Karte.

HERTENSTEIN – Luzern – 551 O7 – siehe Weggis

HILDISRIEDEN – Luzern (LU) – 551 N6 – 1 675 Ew – Höhe 687 m – ✉ 6024 4 F3

Bern 100 – Luzern 9 – Aarau 36 – Baden 59 – Sursee 12 – Zug 44

Sempachersee, ✆ 041 462 71 71

Zum Roten Löwen

Luzernerstr. 3 – ✆ 041 460 33 66 – info@roterloewen.ch – Fax 041 460 10 53 – geschl. Juli - August 3 Wochen

17 Zim – 90 CHF 150 CHF – ½ P +30 CHF – **Rest** – *(geschl. Mittwoch)* (20 CHF) – Karte 35/94 CHF

◆ Die Zimmer unterscheiden sich in der Grösse und sind ansonsten durchgängig mit lackiertem Kirschholzmobiliar funktionell eingerichtet. Die Restauration des alten Gasthauses besteht aus einer gemütlichen Wirtschaft und der rustikal gestalteten Götschi-Stube.

HILTERFINGEN – Bern – 551 K8 – siehe Thun

HIRZEL – Zürich – 551 Q6 – siehe Sihlbrugg

HOCHDORF – Luzern (LU) – 551 O6 – 7 761 Ew – Höhe 482 m – ✉ 6280 4 F3

Bern 122 – Aarau 41 – Luzern 20 – Stans 31 – Zug 28

Braui - Gourmet

Brauiplatz 5 – ✆ 041 910 16 66 – gastgeber@restaurantbraui.ch – Fax 041 910 16 48 – geschl. 6. - 18. Februar, 26. Juli - 18. August, Samstagmittag, Sonntag und Montag

Rest – *(nur Menü)* Menü 45 CHF (mittags)/106 CHF

Rest *Brasserie* – (19 CHF) Menü 49 CHF – Karte 44/111 CHF

◆ Im Restaurant Gourmet wird Ihnen eine moderne Karte geboten. Der Küchenchef lädt seine Gäste in die Küche zur Menüzusammenstellung ein. Zeitgemässe Frischküche bietet auch die einfachere Brasserie.

HOFSTETTEN – Bern – 551 M8 – siehe Brienz

HORGEN – Zürich (ZH) – 551 Q5 – 17 432 Ew – Höhe 409 m – ✉ 8810 4 G3

Bern 146 – Zürich 21 – Luzern 47 – Schwyz 41

Schwan

Zim,

Zugerstr. 9, (am Schwanenplatz) – ✆ 044 725 47 19 – hotelschwan@gmx.ch – Fax 044 725 46 07

22 Zim – 150/180 CHF 190/220 CHF – **Rest** – *(geschl. 1. - 7. Januar, 20. Juli - 11. August, Sonntag und Montag)* (27 CHF) Menü 48 CHF (mittags)/98 CHF – Karte 53/120 CHF

◆ Das Hotel im Ortskern überzeugt mit seinen wohnlichen und modernen, mit Stilmöbeln und guter Technik ausgestatteten Zimmern. Gemütliches neuzeitliches Restaurant mit italienischer Küche.

HORN – Thurgau (TG) – 551 V4 – 2 421 Ew – Höhe 403 m – ✉ 9326 5 I2

Bern 217 – Sankt Gallen 12 – Bregenz 35 – Frauenfeld 58 – Konstanz 33 – Winterthur 71

Bad Horn ← Bodensee, Zim, Rest, Zim,

Seestr. 36 – ✆ 071 841 55 11 – info@badhorn.ch – Fax 071 841 60 89

60 Zim – 125/190 CHF 190/310 CHF

Rest *Emily's Wave* – *(geschl. Januar 3 Wochen, Oktober 2 Wochen, Sonntag und Montag)* Menü 99 CHF – Karte 64/114 CHF

Rest *Captains Grill* – *(geschl. Februar)* Menü 40 CHF (mittags)/99 CHF – Karte 62/103 CHF

Rest *Al Porto* – *(geschl. Sonntag im Februar)* (20 CHF) – Karte 48/96 CHF

◆ Dieses komfortable Haus bietet in klassischem Stil gehaltene Zimmer unterschiedlicher Kategorien, viele davon seeseitig und mit schönem Blick. Gourmet-Restaurant Emily's Wave liegt wie auch die anderen Restaurants zum See hin, alle mit Seeterrasse.

HORW – Luzern – 551 O7 – siehe Luzern

HÜNENBERG – Zug (ZG) – 551 P6 – 6 987 Ew – Höhe 451 m – ✉ 6331 4 F3

Bern 127 – Luzern 23 – Zürich 46 – Aarau 47 – Zug 9

Wart

Nord : 1 km Richtung Wart - St. Wolfgang – ✆ 041 780 12 43 – info@wart.ch – Fax 041 780 92 88 – geschl. 16. - 26. Februar, 19. Juli - 5. August, Montagabend, Dienstag und Feiertage

Rest – *(Tischbestellung ratsam)* (19 CHF) Menü 58 CHF (mittags)/105 CHF – Karte 58/127 CHF

◆ Ein Haus mit bewegter Vergangenheit, das hinter seiner auffälligen, schön bemalten Fassade a. d. J. 1703 eine gediegene getäferte Stube mit gutbürgerlicher Küche beherbergt.

HÜNIBACH – Bern – 551 K8 – siehe Thun

HÜTTENLEBEN – Schaffhausen – 551 Q2 – siehe Thayngen

HURDEN – Schwyz (SZ) – 551 R6 – Höhe 411 m – ✉ 8640 4 G3

Bern 162 – Zürich 37 – Rapperswil 3 – Schwyz 32

Rössli ← Rest,

Hurdnerstr. 137 – ✆ 055 416 21 21 – info@hotel-restaurant-roessli.ch – Fax 055 416 21 25

24 Zim – 120/155 CHF 189/199 CHF – **Rest** – Menü 46 CHF (mittags)/109 CHF – Karte 53/111 CHF

◆ Das Hotel liegt am Ufer des Zürichsees und hat eine schöne Gartenterrasse mit ausgezeichnetem Seeblick. Wohnlich und einladend gestaltet sind die Gästezimmer. Im Obergeschoss befindet sich die Restauration mit rustikal eingerichteten Stuben.

Markus Gass zum Adler ←

Hurdnerstr. 143 – ✆ 055 410 45 45 – welcome@mg-adlerhurden.ch – Fax 055 410 11 20 – geschl. 4. - 27. Februar, Montag und Dienstag

Rest – *(Tischbestellung ratsam)* (38 CHF) Menü 55 CHF (mittags)/145 CHF – Karte 108/167 CHF

Spez. Taleggio-Triangoli. Variation von der Entenleber. Gebratenes Kalbskotelett.

Weine Erlenbacher, Fläscher

◆ Das Restaurant ist sehr modern und ganz in Weiss gehalten. Hier serviert man eine gute zeitgemässe Küche. Angenehm sitzt man auch auf der Terrasse am See.

HUTTWIL – Bern (BE) – 551 L6 – 4 825 Ew – Höhe 638 m – ✉ 4950 3 E3

Bern 48 – Luzern 48 – Olten 43 – Thun 74

Mohren Zim, Rest, VISA MC AE
Marktgasse 5 – ✆ 062 962 20 10 – info@mohren-huttwil.ch – Fax 062 962 20 11
32 Zim – 85/90 CHF 150/160 CHF – ½ P +25 CHF –
Rest – *(geschl. 15. Juli - 7. August und Montag)* (15 CHF) Menü 25 CHF (mittags) – Karte 34/81 CHF
♦ Im Ortszentrum liegt das familiengeführte Hotel, das über praktische, solide möblierte Gästezimmer verfügt - neuzeitlicher sind die Zimmer im Gästehaus eingerichtet. Restaurant mit ländlichem Ambiente.

ILANZ – Graubünden (GR) – 553 T9 – 2 488 Ew – Höhe 698 m – ✉ 7130 10 H4

Bern 209 – Chur 34 – Bad Ragaz 53 – Disentis 32

in Schnaus Nord-West : 3 km – Höhe 713 m – ✉ 7130 Schnaus

Stiva Veglia VISA MC AE
– ✆ 081 925 41 21 – info@stiva-veglia.ch – Fax 081 925 41 33 – geschl. Juni, 10. - 23. November, Mittwoch und Donnerstag
Rest – (25 CHF) Menü 36/98 CHF – Karte 57/99 CHF
♦ Eine gemütliche Atmosphäre herrscht in den zwei netten Gaststuben des holzverkleideten Bündnerhauses. Geboten werden Speisen aus der Region Surselva.

ILLNAU – Zürich (ZH) – 551 Q5 – Höhe 517 m – ✉ 8308 4 G2

Bern 145 – Zürich 24 – Rapperswil 29 – Wil 50 – Winterthur 14

Rössli mit Zim VISA MC AE
Kempttalstr. 52 – ✆ 052 235 26 62 – info@roessli-illnau.ch – Fax 052 235 26 64 – geschl. 21. Juli - 3. August
6 Zim – 110 CHF 180 CHF – **Rest** – (18 CHF) Menü 48 CHF (mittags)/98 CHF – Karte 57/112 CHF
♦ Ein traditioneller Gasthof im Dorfzentrum mit gemütlich-rustikaler Gaststube und lauschigem Garten. Die Karte bietet zeitgemässe Speisen.

INTERLAKEN – Bern (BE) – 551 L9 – 5 119 Ew – Höhe 564 m – ✉ 3800 8 E5

Bern 57 – Luzern 68 – Montreux 149 – Sion 88

Interlaken Tourismus, Höheweg 37, ✆ 033 826 53 00, mail@interlakentourism.ch, Fax 033 826 53 75 AY

Interlaken-Unterseen, West : 2 km Richtung Gonten über Seestrasse, ✆ 033 823 60 16

Höheweg★★ : Aussicht★★★ ABY – Ansicht★★ der Kirche von Unterseen AY B

Jungfraujoch★★★ mit Bahn – Schynige Platte★★ über ② : 2,5 km und Zahnradbahn – Harderkulm★★ mit Standseilbahn BY – Heimwehfluh★ AZ

Lokale Veranstaltungen :
08.03 - 20.03 : Interlaken Classics
26.06 - 06.09 : "Wilhelm Tell" Freilichtspiele (am Donnerstag und Samstag)

Stadtplan siehe nächste Seite

Victoria-Jungfrau (Solebad) VISA MC AE
Höheweg 41 – ✆ 033 828 28 28 – interlaken@victoria-jungfrau.ch – Fax 033 828 28 80 AY g
193 Zim – 560/650 CHF 680/760 CHF, 40 CHF – 29 Suiten – ½ P +115 CHF
Rest *La Terrasse* und ***Jungfrau Brasserie*** – separat erwähnt
Rest *La Pastateca* – Karte 43/83 CHF
♦ Exklusivität begleitet Sie von den eleganten Zimmern bis in den imposanten Wellnessbereich dieses noblen Grandhotels. Geschmackvolles, klares Design in den neuen Juniorsuiten. Im modern in Schwarz-Weiss gestylten La Pastateca gibt es Pastaspezialitäten.

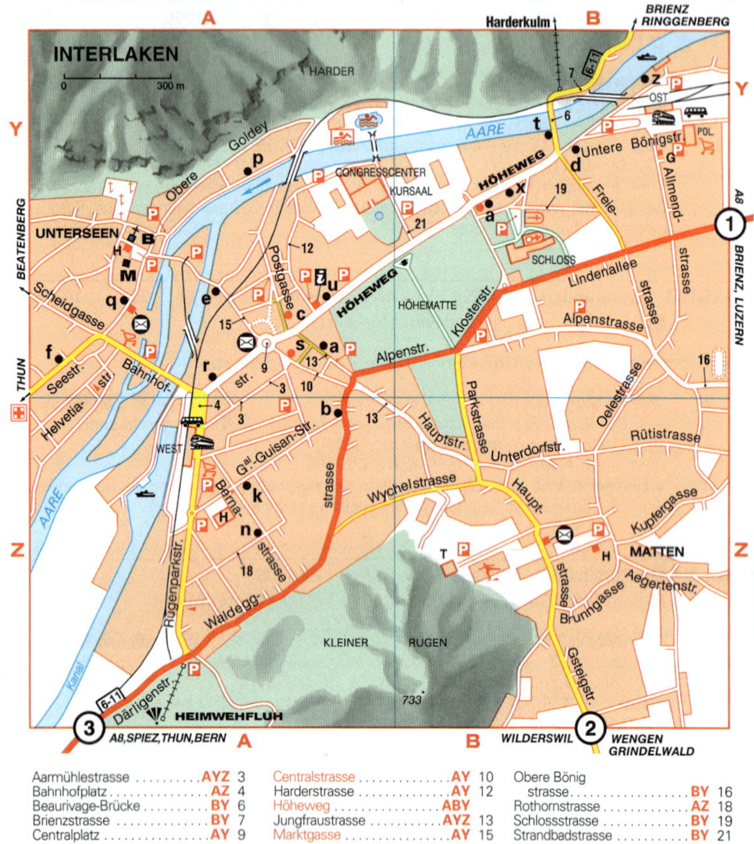

Aarmühlestrasse .... AYZ 3	Centralstrasse .... AY 10	Obere Bönig strasse .... BY 16
Bahnhofplatz .... AZ 4	Harderstrasse .... AY 12	Rothornstrasse .... AZ 18
Beaurivage-Brücke .... BY 6	Höheweg .... ABY	Schlossstrasse .... BY 19
Brienzstrasse .... BY 7	Jungfraustrasse .... AYZ 13	Strandbadstrasse .... BY 21
Centralplatz .... AY 9	Marktgasse .... AY 15	

Lindner Grand Hotel Beau Rivage

Höheweg 211 – Rest, Rest,
033 826 70 07 – info.interlaken@lindnerhotels.ch – Fax 033 826 70 08 BY **t**

101 Zim – 199/279 CHF 269/419 CHF – ½ P +75 CHF

Rest *L'Ambiance* – *(geschl. Sonntag und Montag) (nur Abendessen)* Menü 95 CHF – Karte 90/124 CHF

◆ Schön liegt das traditionsreiche Grandhotel in einem Park. Elegante Hotelhalle, Zimmer in klassischem Stil, moderner Wellnessbereich und Seminarräume. Belle Epoque-Saal. L'Ambiance: ein stilvolles Hotelrestaurant mit internationaler Küche.

Metropole

Jungfraumassiv, Zim,
Höheweg 37 – 033 828 66 66 – mail@metropole-interlaken.ch – Fax 033 828 66 33 AY **u**

96 Zim – 175/250 CHF 260/360 CHF, 25 CHF – ½ P +55 CHF

Rest *Bellini* – *(geschl. Montagmittag und Dienstagmittag)* Karte 51/117 CHF

Rest *Top o Met* – (25 CHF) – Karte 42/97 CHF

◆ Besonders wohnlich und elegant sind die Zimmer in den oberen Etagen dieses Hochhauses. Auch ältere und einfachere Gästezimmer sind vorhanden. Zeitlos und leicht elegant: das Bellini. Schweizer Spezialitäten. Top o Met: im 18. Stock mit Panoramablick.

Goldey

Obere Goldey 85 – 033 826 44 45 – info@goldey.ch – Fax 033 826 44 40 – geschl. Dezember - Februar AY **p**

42 Zim – 130/190 CHF 150/290 CHF – ½ P +32 CHF – **Rest** – *(nur für Hausgäste)*

◆ Nicht weit vom Zentrum, ruhig oberhalb der Aare gelegenes Hotel mit zeitgemässer, heller Einrichtung. Besonders komfortabel und modern: die "Loverooms".

Interlaken

Rest, Zim,

Höheweg 74 – 033 826 68 68 – info@hotelinterlaken.ch – Fax 033 826 68 69 – geschl. 29. Januar - 10. Februar BY **x**

60 Zim – 110/200 CHF 170/280 CHF, 20 CHF – ½ P +45 CHF – **Rest** – *(geschl. 15. Januar - 10. Februar)* (17 CHF) – Karte 39/90 CHF

◆ Das älteste Hotel Interlakens liegt beim kleinen japanischen Garten. Die einstige Klosterherberge verfügt über zeitgemäss ausgestattete Zimmer. Alte Gerichtsstube im 1. Stock. Im Restaurant Taverne bietet man chinesische und schweizerische Küche.

Stella

Zim,

Waldeggstr. 10 – 033 822 88 71 – info@stella-hotel.ch – Fax 033 822 66 71 – geschl. Februar - März 2 Wochen AZ **b**

30 Zim – 125/235 CHF 180/310 CHF – ½ P +46 CHF

Rest *Stellambiente* – Menü 23 CHF (mittags)/90 CHF – Karte 52/122 CHF

◆ Das am Rand des Zentrums gelegene Hotel bietet recht unterschiedlich eingerichtete Zimmer, grösstenteils mit hellem Holzmobiliar modern gestaltet, einige auch mit Video. Das Ambiente im Restaurant Stellambiente ist hell und freundlich.

Carlton - Europe garni

Höheweg 94 – 033 826 01 60 – info@carltoneurope.ch – Fax 033 826 01 69 BY **d**

78 Zim – 115/200 CHF 180/300 CHF

◆ In dem schmucken Jugendstilhaus mit grossem Garten sowie im Hotel Carlton stehen wohnlich eingerichtete Zimmer zur Verfügung, darunter auch einige schöne Laura-Ashley-Zimmer.

Du Nord

Höheweg 70 – 033 827 50 50 – mail@hotel-dunord.ch – Fax 033 827 50 55 – geschl. 1. November - 6. Januar BY **a**

46 Zim – 155/235 CHF 210/320 CHF – ½ P +44 CHF

Rest *Im Gade* – separat erwähnt

◆ Das am Ende der Höhenmatte gelegene Hotel bietet seinen Gästen grosse Zimmer, die hell, modern und komfortabel ausgestattet sind.

Du Lac

Rest, Rest,

Höheweg 225 – 033 822 29 22 – dulac@bluewin.ch – Fax 033 822 29 15 – geschl. November - Mitte April BY **z**

35 Zim – 130/170 CHF 200/330 CHF – ½ P +30 CHF – **Rest** – (16 CHF) Menü 42/52 CHF – Karte 46/86 CHF

◆ Das Haus liegt an der Aare direkt bei der Bootsanlegestelle. Die meisten Zimmer sind einheitlich mit dunklem Furnier, andere mit Nussbaumholz oder rustikal eingerichtet. Zur Aare gelegenes, klassisches Restaurant.

Bernerhof garni

Bahnhofstr. 16 – 033 826 76 76 – info@bernerhof.info – Fax 033 826 76 60 AY **r**

43 Zim – 130/190 CHF 150/250 CHF

◆ In diesem Hotel nahe dem Bahnhof wohnen die Gäste in neuzeitlich und funktionell eingerichteten Zimmern, die alle über einen Balkon verfügen.

Bellevue garni

Marktgasse 59 – 033 822 44 31 – info@bellevue-interlaken.ch – Fax 033 822 92 50 AY **e**

40 Zim – 110/220 CHF 170/285 CHF

◆ Das vom Jugendstil geprägte Hotel an der Aare überrascht in seinen gediegenen Räumen mit vielen reizvollen historischen Details.

Beausite

in Unterseen, Seestr. 16 – 033 826 75 75 – info@beausite.ch – Fax 033 826 75 85 – geschl. Ende Oktober - Mitte Dezember AY f

50 Zim – 120/180 CHF 180/330 CHF – ½ P +45 CHF – **Rest** – (21 CHF) Menü 25 CHF (mittags) – Karte 41/97 CHF

♦ Seit einigen Jahrzehnten befindet sich dieses Haus im Besitz der Familie. Ein Teil der Zimmer wirkt mit seiner neuzeitlichen Möblierung besonders frisch. Freundliches Restaurant mit zeitgemässem Speisenangebot.

De la Paix Rest,

Bernastr. 24 – 033 822 70 44 – info@hotel-de-la-paix.ch – Fax 033 822 87 28 – geschl. Ende Oktober - 28. April AZ n

21 Zim – 90/150 CHF 130/200 CHF – ½ P +28 CHF – **Rest** – *(nur für Hausgäste)*

♦ Hier sammelt man alte Uhren, die das ganze Haus schmücken. Zimmer in verschiedenen Kategorien von einfach über rustikal bis modern. Gutes Preis-Leistungs-Verhältnis.

Toscana Rest, Zim, Zim,

Jungfraustr. 19 – 033 823 30 33 – toscana@hotel-toscana.ch – Fax 033 823 35 51 – geschl. 6. Januar - 28. Februar und Sonntag von Oktober bis April AY a

20 Zim – 105/150 CHF 150/240 CHF – ½ P +34 CHF – **Rest** – (16 CHF) – Karte 30/70 CHF

♦ Das Hotel liegt in der kleinen Fussgängerzone des Ortes. Die Zimmer sind mit dunklem Holzmobiliar funktionell und zeitgemäss eingerichtet. Restaurant in rustikalem Stil mit traditioneller und italienischer Küche.

Lötschberg garni

General-Guisanstr. 31 – 033 822 25 45 – hotel@lotschberg.ch – Fax 033 822 25 79 – geschl. November - 15. März AZ k

19 Zim – 98/120 CHF 135/200 CHF

♦ Das kleine Hotel liegt am Zentrumsrand in einem Wohngebiet. Die Zimmer sind mit weissem Mobiliar modern und funktionell ausgestattet. Recht einfach und günstig.

La Terrasse – Hotel Victoria-Jungfrau

Höheweg 41 – 033 828 28 28 – interlaken@victoria-jungfrau.ch – Fax 033 828 28 80 – geschl. Sonntag und Montag ausser Sommer AY g

Rest – *(nur Abendessen)* Menü 128 CHF – Karte 83/123 CHF

♦ Kristalllüster und eleganter Marmorfussboden unterstreichen das vornehme Ambiente in diesem Restaurant. Kompetent serviert man Ihnen internationale, teils klassische Küche.

Jungfrau Brasserie – Hotel Victoria-Jungfrau

Höheweg 41 – 033 828 28 28 – interlaken@victoria-jungfrau.ch – Fax 033 828 28 80 – geschl. Mittwoch ausser abends im Sommer und Dienstag AY g

Rest – Karte 55/104 CHF

♦ Ein einzigartiges Ambiente erwartet Sie in diesem Restaurant mit bemalter Holzvertäfelung und Decke, die den wunderschönen Jugendstil-Saal zieren. Schweizer Spezialitäten.

Im Gade – Hotel du Nord

Höheweg 70 – 033 821 60 81 – im_gade@hotel-dunord.ch – Fax 033 821 60 83 – geschl. Dezember BY a

Rest – *(Tischbestellung ratsam)* Karte 45/100 CHF

♦ In der hübsch gestalteten, hell-rustikal gehaltenen Stube wie auch auf der netten Terrasse bewirtet man die Gäste mit traditioneller Küche.

Stocker's Degusta

Centralstr. 3 – 033 822 00 29 – stockers_degusta@bluewin.ch – Fax 033 821 24 25 – geschl. Sonntag und Montag AY s

Rest – *(nur Mittagessen ausser Freitag und Samstag) (Tischbestellung erforderlich) (abends nur grosses Gourmetmenü)* Menü 72/90 CHF – Karte 45/97 CHF

♦ Dieses nette kleine Restaurant mit rustikaler Einrichtung findet man im ehemaligen Chäs-Dörfli. Heimelige Atmosphäre, sorgfältig zubereitete klassische Gerichte.

Spice India
Postgasse 6 – ✆ 033 821 00 91 – vaneesh@freesurf.ch – geschl. November und Montag ausser abends von Mai bis August AY c
Rest – Karte 36/64 CHF
◆ Ein Grossteil der Einrichtung dieses indischen Restaurants in der Fussgängerzone - u. a. der für viele Gerichte genutzte Tandoori-Ofen - wurde aus Indien importiert.

in Bönigen über ① : 2 km – Höhe 568 m – ✉ 3806 Bönigen

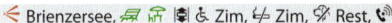

Seiler au Lac ← Brienzersee, Zim, Zim, Rest,
am Quai 3 – ✆ 033 828 90 90 – seileraulac@bluewin.ch – Fax 033 822 30 01 – geschl. Ende Oktober - Mitte Dezember und 10. Januar - 15. März
42 Zim – 125/180 CHF 230/336 CHF – ½ P +35 CHF – **Rest** – (25 CHF) Menü 62 CHF – Karte 43/93 CHF
◆ Am Seeufer liegt dieses gut geführte Hotel mit herrlichem Panorama. Die Gästezimmer sind grosszügig geschnitten und verfügen fast alle über bequeme Sitzgruppen. Gediegener Speisesaal und helles, rustikales A-la-carte-Restaurant.

Seehotel ← Zim,
Seestr. 22 – ✆ 033 827 07 70 – info@seehotelterrasse.ch – Fax 033 827 07 71 – geschl. 20. Dezember - 29. Februar
40 Zim – 102/122 CHF 185/237 CHF – ½ P +33 CHF – **Rest** – *(geschl. Dienstag - Donnerstag im November, Dezember und März)* Karte 39/84 CHF
◆ Die schöne Lage zählt zu den Annehmlichkeiten dieses familiär geführten Hauses. Die Zimmer sind mit unterschiedlichen Möbeln solide eingerichtet. Bürgerliches Restaurant mit hübscher Terrasse nicht weit vom See.

in Wilderswil über ② : 4 km – Höhe 584 m – ✉ 3812 Wilderswil

Berghof ← Eiger, Mönch und Jungfrau, Zim,
Oberdorfstr. 23 – ✆ 033 822 75 66 – info@hotel-berghof.ch – Fax 033 822 89 68 – geschl. 19. Oktober - 20. Dezember
40 Zim – 70/115 CHF 140/230 CHF – ½ P +39 CHF – **Rest** – *(nur für Hausgäste)*
◆ Von einer herrlichen Bergkulisse umgebenes Haus mit familiärer Atmosphäre und rustikal gestalteten Gästezimmern - geräumiger sind die Zimmer in Annex. Schöner Garten mit Pool.

Bären Rest,
Oberdorfstr. 1 – ✆ 033 828 31 51 – info@baeren.ch – Fax 033 828 31 52
42 Zim – 95/140 CHF 160/240 CHF – ½ P +30 CHF – **Rest** – *(geschl. Mittwoch von Mitte Oktober - Mitte Dezember)* (15 CHF) Menü 23 CHF (mittags)/48 CHF – Karte 36/76 CHF
◆ Der über 300 Jahre alte traditionelle Berner Landgasthof liegt im oberen Teil des Dorfzentrums und bietet Ihnen ganz unterschiedlich eingerichtete Zimmer. Helles, rustikales A-la-carte-Stübli mit schönem Täfer.

Alpenblick Zim,
Oberdorfstr. 3 – ✆ 033 828 35 50 – info@hotel-alpenblick.ch – Fax 033 828 35 51 – geschl. 2. November - 10. Dezember
37 Zim – 90/200 CHF 150/250 CHF – ½ P +40 CHF
Rest Alpenblick - Gourmetstübli – separat erwähnt
Rest *Dorfstube* – *(geschl. 9. November - 10. Dezember, Dienstag ausser in Juli - August und Montag)* (18 CHF) Menü 50 CHF – Karte 46/94 CHF
◆ Die auf mehrere Häuser verteilten Zimmer sind individuell, jedoch durchweg rustikal eingerichtet - manche verfügen über einen Balkon. Bäuerliches Dekor ziert das Haus. Dorfstube mit ländlichem Ambiente und regionalem Angebot.

Restaurant Alpenblick - Gourmetstübli – Hotel Alpenblick
Oberdorfstr. 3 – ✆ 033 828 35 50 – info@hotel-alpenblick.ch – Fax 033 828 35 51 – geschl. 2. November - 10. Dezember, Montag und Dienstag
Rest – Menü 60 CHF (mittags)/210 CHF – Karte 101/151 CHF
◆ Im Gourmetstübli bietet man freundlichen Service, klassische Küche sowie eine gut sortierte Weinkarte. Nett ist die Terrasse vor dem Haus.

INTRAGNA – Ticino (TI) – 553 Q12 – 915 ab. – alt. 342 m – ✉ 6655 9 G6

Bern 246 – Locarno 10 – Bellinzona 30 – Domodossola 40 – Lugano 53 – Verbania 47

Antico e Intragna cam, rist, VISA MC AE
via Cantonale – ☎ 091 796 11 07 – hotelantico@bluemail.ch – Fax 091 796 31 15 – chiuso 5 novembre - 31 marzo
38 cam – †80/110 CHF ††130/180 CHF – ½ P +35 CHF – **Rist** – Menu 35 CHF – Carta 41/66 CHF
◆ Hotel diviso in due: l'"Antico" dotato di camere arredate con mobilio in quercia; a 20 metri, l'"Intragna"con piscina, giardino e camere più spaziose. Gustate paste e risotti nella sala da pranzo o sulla terrazza di questa casa di quattrocento anni.

Stazione "Da Agnese" con cam VISA MC AE
piazzale Fart – ☎ 091 796 12 12 – da.agnese@bluewin.ch – Fax 091 796 31 33 – chiuso dicembre - febbraio
10 cam – †120/150 CHF ††170/190 CHF, 17 CHF – **Rist** – (27 CHF) Menu 40 CHF (pranzo)/97 CHF – Carta 49/94 CHF
◆ A 15 minuti da Locarno fate una tappa dall'Agnese, storico locale completamente rinnovato, un mix armonioso di tradizione e modernità. Camere chiare, in stile mediterraneo.

Centrale VISA MC
Piazza Municipio – ☎ 091 796 12 84 – osteria.centrale@hotmail.com – chiuso 30 dicembre - 1° marzo, giovedì escluso sera da giugno a ottobre e mercoledì
Rist – Menu 35 CHF (pranzo)/80 CHF – Carta 55/86 CHF
◆ Nel centro di questa caratteristica località, affacciato sulla pittoresca piazzetta, un ristorantino che propone una cucina al passo coi tempie e ispirata alla creatività.

IPSACH – Bern (BE) – 551 I6 – 3 266 Ew – Höhe 435 m – ✉ 2563 2 C3

Bern 42 – Basel 96 – La Chaux-de-Fonds 55 – Neuchâtel 35 – Solothurn 28

Schlössli Rest, Zim, VISA MC AE
Ipsacherstr. 13 – ☎ 032 332 26 26 – info@schloessli-ipsach.ch – Fax 032 332 26 27
45 Zim – †125/150 CHF ††175/200 CHF, 18 CHF – ½ P +34 CHF – **Rest** – (18 CHF) Menü 22 CHF (mittags)/51 CHF – Karte 47/98 CHF
◆ In dem hübschen Haus am Ortseingang stehen mit hellem Mobiliar und frischen Farben modern gestaltete Gästezimmer zur Verfügung. Terrakottaboden und Korbstühle geben dem neuzeitlichen Restaurant eine mediterrane Note.

IRAGNA – Ticino (TI) – 553 R11 – 491 ab. – alt. 305 m – ✉ 6707 10 H6

Bern 197 – Andermatt 65 – Bellinzona 26 – Brig 113 – Lugano 53

Grotto Angela - Da Giacinto VISA MC AE
– ☎ 091 862 29 56 – Fax 091 862 45 98 – chiuso 26 dicembre - 19 gennaio, lunedì sera e martedì sera
Rist – Menu 30/57 CHF – Carta 36/66 CHF
◆ Tipico grotto ai margini del paese in zona verdeggiante è la tappa ideale nelle giornate estive per godere del fresco sotto la pergola. Salumi e vino di produzione propria.

ISELTWALD – Bern (BE) – 551 M9 – 434 Ew – Höhe 566 m – ✉ 3807 8 E5

Bern 67 – Interlaken 11 – Brienz 15 – Luzern 59

Chalet du Lac See und Berge, Rest, Rest, VISA MC AE
– ☎ 033 845 84 58 – abegglen@dulac-iseltwald.ch – Fax 033 845 84 59 – Hotel: geschl. November - Februar
21 Zim – †90/115 CHF ††160/200 CHF – ½ P +35 CHF –
Rest – *(geschl. November, Montag und Dienstag von Oktober bis April)* (16 CHF) – Karte 33/92 CHF
◆ Wunderschön ist die Lage dieses regionstypischen Hauses am Brienzersee. Die wohnlichen Gästezimmer bieten alle einen herrlichen Blick auf See und Berge. Rustikal gestaltetes Restaurant mit grosser Terrasse zum See.

Kinners Bellevue mit Zim — See und Berge,
– *033 845 11 10 – geniessen@kinners.ch*
– Fax 033 845 12 77 – geschl. 22. Dezember - 27. Februar, Dienstag ausser Juli - August und Mittwoch ausser Juni - September
11 Zim (½ P. inkl.) – 139 CHF 278 CHF – **Rest** – Menü 72 CHF – Karte 71/115 CHF
◆ Eine tolle Aussicht auf den Brienzersee hat man aus den Panoramafenstern und von der schönen Terrasse am Ufer. Diese idyllische Adresse serviert Fisch- und Grillspezialitäten.

ITTIGEN – Bern – **551** J7 – siehe Bern

JONA – Sankt Gallen – **551** R6 – siehe Rapperswil

JOUX (Vallée de) – Vaud (VD) – Sports d'hiver : 1 010/1 437 m 9 — 6 **A5**

Vallée de Joux Tourisme, 8 r. de l'Orbe, 1347 Le Sentier, 021 845 17 77, info@valleedejoux.ch, Fax 021 845 50 08

Dent de Vaulion★★★ – Route de Burtigny à Begnins : vues★★

LES BIOUX – Vaud (VD) – **552** C9 – alt. 1 023 m – 1346

Bern 116 – Lausanne 49 – Les Rousses 22 – Vallorbe 15

Des Trois Suisses
2 Chez Besson – 021 845 55 08 – lestroisuisses@vtxnet.ch – Fax 021 845 60 31 – fermé 3 semaines Pâques, 2 semaines novembre, mardi soir et mercredi sauf en été
10 ch – 90 CHF 120 CHF – ½ P +35 CHF – **Rest** – (18 CHF) Menu 46/52 CHF – Carte 37/72 CHF
◆ Hôtellerie simple et accueillante, exploitée en famille depuis sept générations. Vous y trouverez des chambres proprettes, dont six s'offrent une vue lacustre. Restaurant tourné vers le lac et présentant un choix traditionnel succinct. Service aimable.

LE BRASSUS – Vaud (VD) – **552** B9 – alt. 1 022 m – 1348

Bern 121 – Lausanne 49 – Les Rousses 16 – Vallorbe 21

Des Horlogers — Vallée de Joux, ch, ch,
8 rte de France – 021 845 08 45 – info@hotel-horlogers.com – Fax 021 845 08 46 – fermé 21 décembre - 4 janvier et 12 juillet - 4 août
27 ch – 170/200 CHF 200/240 CHF – ½ P +45 CHF – **Rest** – *(fermé dimanche soir)* (19 CHF) Menu 54 CHF (déj.) – Carte 63/100 CHF
◆ Gros chalet braqué vers la vallée de Joux. Les chambres, confortables, sont dotées de meubles en bois travaillé. Bons équipements pour se réunir, se détendre et garder la forme. Table gastronomique et brasserie chaleureuse entretenant une ambiance montagnarde.

LE PONT – Vaud (VD) – **552** C9 – alt. 1 008 m – 1342

Bern 108 – Lausanne 57 – Les Rousses 29 – Vallorbe 8

La Truite — rest,
4 r. de la Poste – 021 841 17 71 – hoteltruite@bluewin.ch – Fax 021 841 19 29 – fermé décembre - février, dimanche soir et lundi en novembre, mars et avril
19 ch – 80/130 CHF 140/190 CHF – ½ P +35 CHF – **Rest** – (19 CHF) Menu 35/53 CHF – Carte 40/79 CHF
◆ Bâtisse régionale postée en bout de lac. Chambres claires et confortables, habillées de lambris et décorées dans la note montagnarde. Restaurant convivial où l'on présente un choix traditionnel.

LE SENTIER – Vaud (VD) – **552** B9 – alt. 1 024 m – 1347

Bern 118 – Lausanne 66 – Les Rousses 21 – Vallorbe 19

Bellevue Le Rocheray
Le Rocheray 23, (au lac) – 021 845 57 20 – info@rocheray.ch – Fax 021 845 47 20 – fermé 22 décembre - 13 janvier
20 ch – 110/130 CHF 145/170 CHF – ½ P +43 CHF – **Rest** – *(fermé dimanche soir)* (18 CHF) Menu 48/83 CHF – Carte 45/90 CHF
◆ Cette bâtisse hôtelière alanguie sur une berge lacustre promet de douces nuitées dans des chambres rénovées, majoritairement tournées vers l'eau. Repas traditionnel honorant le terroir, spécialité de brochet et salle panoramique, au même titre que la terrasse.

KANDERSTEG – Bern (BE) – **551** K10 – **1 137 Ew – Höhe 1 176 m – Wintersport : 1 200/1 700 m 1 2 –** ✉ **3718** 8 **E5**

Bern 66 – Interlaken 45 – Montreux 156 – Sion 47

Kandersteg - Goppenstein, Information ✆ 031 327 27 27, 0900 553 333

Kandersteg Tourismus, Hauptstrasse, ✆ 033 675 80 80, info@kandersteg.ch, Fax 033 675 80 81

Lage★

Oeschinensee★★★ – Klus★★

Lokale Veranstaltungen :

19.01 - 20.01 : Internationale Schlittenhunderennen

27.07 : Schäferfest auf dem Gemmipass

Royal Park Hotel Rest, Rest, VISA

Bellevuestr. 1 – ✆ 033 675 88 88 – royal@rikli.com – Fax 033 675 88 80 – geschl. Anfang Oktober - Mitte Dezember und 26. März - 31. Mai

24 Zim – 280/480 CHF 320/680 CHF – 4 Suiten – ½ P +90 CHF – **Rest** – *(abends nur für Hausgäste)* Karte 68/125 CHF

◆ Exklusiv gibt sich dieses gewachsene alte Patrizierhaus mit seinen eleganten Zimmern und luxuriösen Suiten sowie dem stilvollen Salon Louis XV. Eigener Reitstall. Im klassischen Restaurant herrscht eine vornehme Atmosphäre. Schön: der Blick in den Garten.

Waldhotel Doldenhorn Zim, Zim, VISA

Vielfalle, Süd : 1,5 km – ✆ 033 675 81 81 – info@doldenhorn.ch – Fax 033 675 81 85

32 Zim – 140/195 CHF 240/300 CHF – 3 Suiten – ½ P +45 CHF

Rest *Au Gourmet* – *(geschl. Anfang November - Anfang Dezember und Dienstag in der Zwischensaison) (Tischbestellung ratsam)* (30 CHF) Menü 50 CHF (mittags)/125 CHF – Karte 58/91 CHF

Rest *Burestube* – *(geschl. Anfang November - Anfang Dezember und Dienstag in der Zwischensaison)* (30 CHF) – Karte ca. 60 CHF

◆ Die ruhige Lage, schöne, wohnliche Gästezimmer sowie ein hübscher Sauna- und Wohlfühlbereich machen das familiengeführte Hotel zu einer angenehmen Adresse. Au Gourmet: gediegen-elegant mit klassischer Karte. Traditionelle Küche in der behaglichen Burestube.

Adler Rest, VISA

Hauptstrasse – ✆ 033 675 80 10 – info@chalethotel.ch – Fax 033 675 80 11

25 Zim – 105/120 CHF 170/240 CHF – ½ P +30 CHF – **Rest** – (25 CHF) Menü 34/49 CHF – Karte 37/92 CHF

◆ Ein mit Holz verkleidetes Chalet in der Ortsmitte: Man verfügt über solide, mit viel Holz ausgestattete Zimmer - einige mit auf den Balkon ausfahrbarem Whirlpool bzw. Kamin. Gaststube und Restaurant in ländlichem Stil, mit schöner Terrasse.

Bernerhof VISA

Hauptstrasse – ✆ 033 675 88 75 – hotel@bernerhof.ch – Fax 033 675 88 77 – geschl. 25. März - 30. April und 1. - 30. November

46 Zim – 95/125 CHF 160/220 CHF – ½ P +32 CHF – **Rest** – *(geschl. Donnerstagmittag)* (22 CHF) Menü 33 CHF – Karte 37/88 CHF

◆ Am Dorfeingang steht der Chaletbau mit schönem Ausblick. Sie wohnen in unterschiedlich eingerichteten, funktionellen Zimmern. Nett: das Kaminzimmer. Bürgerlich-rustikales Restaurant.

Ermitage Rest, VISA

(bei der Oeschinensee Sesselbahn) – ✆ 033 675 80 20 – info@ermitage-kandersteg.ch – Fax 033 675 80 21 – geschl. Ende Oktober - Mitte Dezember und 25. März - 12. Mai

15 Zim – 93/100 CHF 156/180 CHF – ½ P +28 CHF – **Rest** – *(geschl. Montag)* (27 CHF) Menü 40 CHF – Karte 35/70 CHF

◆ An der Talstation der Oeschinenseebahn übernachten Sie in diesem engagiert geführten Familienbetrieb in rustikalen Zimmern mit überwiegend hellem Naturholzmobiliar. Freundlich gestaltetes Restaurant mit traditionellem Speisenangebot.

Blümlisalp Rest,
Hauptstrasse – ✆ 033 675 18 44 – info@hotel-bluemlisalp.ch – Fax 033 675 18 09 – geschl. Anfang November - Mitte Dezember und 1. April - 10. Mai
24 Zim – †85/160 CHF ††150/230 CHF – ½ P +32 CHF – **Rest** – *(geschl. Montag)* (19 CHF) Menü 50/90 CHF – Karte 32/90 CHF
♦ Der Anbau dieses familiär geführten Hotels gefällt mit hübschen, modernen Gästezimmern - die im Haupthaus sind etwas schlichter gestaltet. Schön: der Ausblick. Restaurant mit traditioneller Karte.

Ruedihus - Biedermeier Stuben mit Zim
Vielfalle, Süd : 1,5 km – ✆ 033 675 81 82 – info@doldenhorn.ch – Fax 033 675 81 85
10 Zim – †120/140 CHF ††240/260 CHF – ½ P +45 CHF
Rest – *(geschl. Mittwoch in Nebensaison) (Tischbestellung ratsam)* Menü 55 CHF – Karte 47/68 CHF
Rest *Chäs- und Wystube* – *(geschl. Mittwoch in Nebensaison)* Karte 37/63 CHF
♦ Aus dem Jahre 1753 stammt die ehemalige Umspannstation für Postkutschen. In zwei sehenswerten Biedermeierstuben bietet man ausschliesslich Schweizer Spezialitäten an. Rustikal: Chäs- und Wystube im EG des unter Denkmalschutz stehenden Holzhauses.

in Blausee-Mitholz Nord : 4 km – Höhe 974 m – ✉ 3717 Blausee-Mitholz

Blausee Rest,
(im Naturpark Blausee, über Spazierweg 5 min. erreichbar) – ✆ 033 672 33 33 – info@blausee.ch – Fax 033 672 33 39
18 Zim – †149 CHF ††246/284 CHF – ½ P +60 CHF – **Rest** – Menü 49 CHF (mittags)/88 CHF – Karte 50/106 CHF
♦ Romantisch liegt das kleine Hotel im Naturpark. Die Zimmer sind einfach, aber nett eingerichtet - kein Fernseher stört die Ruhe. Mit Bibliothek. Zeitgemässe Küche mit vielen Forellenspezialitäten aus eigener Zucht.

KAPPEL – Solothurn (SO) – 551 L5 – 2 486 Ew – Höhe 427 m – ✉ 4616 — 3 E3

Bern 63 – Aarau 34 – Basel 46 – Luzern 61 – Olten 7

Kreuz mit Zim — Zim, Zim,
Mittelgäustr. 20 – ✆ 062 216 03 16 – mail@kreuz-kappel.ch – Fax 062 216 00 13 – geschl. 24. Dezember - 9. Januar und 21. Juli - 6. August
17 Zim – †85/150 CHF ††120/230 CHF – **Rest** – *(geschl. Dienstag und Mittwoch)* (18 CHF) Menü 49 CHF (mittags) – Karte 52/93 CHF
♦ Der alte Landgasthof beherbergt eine rustikale Gaststube sowie einen klassischen Speisesaal. Auch Gästezimmer stehen bereit, einige besonders neuzeitlich.

KASTANIENBAUM – Luzern – 551 O7 – siehe Luzern

KEHLHOF – Zürich – 551 Q6 – siehe Stäfa

KEMMERIBODEN-BAD – Bern (BE) – 551 L-M8 – siehe Schangnau

KEMPRATEN – Sankt Gallen – 551 R6 – siehe Rapperswil

KERNS – Obwalden (OW) – 551 O8 – 5 101 Ew – Höhe 569 m – ✉ 6064 — 4 F4

Bern 107 – Luzern 21 – Altdorf 46 – Brienz 36

in Sand Nord-Ost : 2 km – Höhe 575 m – ✉ 6064 Kerns

Kernserhof
Obermattli – ✆ 041 660 68 68 – idyllhotel@kernserhof.ch – Fax 041 660 85 69 – geschl. 29. Januar - 1. März
30 Zim – †80/110 CHF ††130/180 CHF – ½ P +30 CHF – **Rest** – *(geschl. Montag)* (24 CHF) Menü 30 CHF (mittags) – Karte 41/86 CHF
♦ Das Haus steht in ruhiger Lage oberhalb von Kerns. Die Gäste werden in einfachen Zimmern, die mit dunklem Holzmobiliar eingerichtet sind, beherbergt. Restaurant mit Wintergarten, der mit Rattanmöbeln bestuhlt ist.

KESSWIL – Thurgau (TG) – 551 U4 – 850 Ew – Höhe 405 m – ✉ 8593 5 H2

Bern 202 – Sankt Gallen 27 – Bregenz 49 – Frauenfeld 40 – Konstanz 15

Schiff mit Zim

Hafenstr. 28 – ✆ 071 463 18 55 – info@seegasthofschiff.ch – Fax 071 463 18 30 – geschl. Montag und Dienstag von Oktober - April

8 Zim – †105 CHF ††175 CHF – **Rest** – (32 CHF) Menü 68 CHF (abends) – Karte 56/108 CHF

◆ Ein hübsches Restaurant am kleinen Hafen. Es teilt sich in eine Gaststube und ein Restaurant mit Hussenstühlen, Dielenboden, Kristalllüstern und gemaltem Himmel an der Decke.

KESTENHOLZ – Solothurn (SO) – 551 L5 – 1 617 Ew – Höhe 453 m – ✉ 4703 3 E3

Bern 55 – Basel 54 – Aarau 39 – Luzern 67 – Solothurn 24

Eintracht - St. Peter-Stube mit Zim

Neue Strasse 6 – ✆ 062 393 24 63 – eintracht@datacomm.ch – Fax 062 393 24 23 – geschl. 3. - 17. Februar und 20. Juli - 10. August, Sonntagabend und Montag

5 Zim – †80/90 CHF ††140/160 CHF

Rest – (32 CHF) Menü 50 CHF (mittags)/88 CHF – Karte 54/95 CHF

Rest *Gaststube* – (18 CHF) Menü 59 CHF – Karte 45/84 CHF

◆ Der Landgasthof, seit 150 Jahren in Familienbesitz, liegt im Zentrum des Dorfes. In der rustikalen St. Peter-Stube wählen Sie Gerichte einer zeitgemässen Küche. Die einfachere Gaststube bietet eine günstigere Karte.

KILCHBERG – Zürich (ZH) – 551 P5 – 7 197 Ew – Höhe 424 m – ✉ 8802 4 G3

Bern 132 – Zürich 7 – Aarau 53 – Luzern 52 – Rapperswil 35

Chez Fritz Zürichsee,

Seestr. 195b – ✆ 044 715 25 15 – chezfritz@dinning.ch – Fax 044 715 25 11 – geschl. Februar, Samstagmittag und Sonntag von Oktober bis März

Rest – (30 CHF) – Karte 59/97 CHF

◆ Direkt am Seeufer liegt dieses moderne, wintergartenähnliche Restaurant mit Lounge und schmackhaften, sorgfältig zubereiteten Gerichten. Ein Highlight: die Seeterrasse.

KLEINDÖTTINGEN – Aargau (AG) – 551 O4 – Höhe 323 m – ✉ 5314 4 F2

Bern 117 – Aarau 34 – Basel 58 – Freiburg i. Breisgau 85 – Luzern 79 – Zürich 40

Linde

Hauptstr. 27 – ✆ 056 245 13 50 – doris.linde@bluewin.ch – Fax 056 245 12 28 – geschl. 20. Juli - 4. August und Sonntag

Rest – (20 CHF) Menü 45 CHF (mittags)/88 CHF – Karte 36/111 CHF

◆ Zwei schöne Räume und eine einfache Gaststube bilden die Restauration dieses Landgasthofes, in dem man von einer traditionell-klassischen Speisekarte wählen kann.

KLOSTERS – Graubünden (GR) – 553 X8 – 3 890 Ew – Höhe 1 191 m – Wintersport : 1 124/2 844 m 11 24 – ✉ 7250 11 J4

Bern 258 – Chur 47 – Davos 12 – Vaduz 57

Klosters Selfranga - Susch Sagliains, Information ✆ 081 288 37 37

Klosters Tourismus, Alte Bahnhofstr. 6, ✆ 081 410 20 20, info@klosters.ch, Fax 081 410 20 10

✆ 081 422 11 33

Lage★★

Vereina Zim,

Landstr. 179 – ✆ 081 410 27 27 – klosters@vereinahotel.ch – Fax 081 410 27 28 – geschl. 30. März - 27. Juni

11 Zim – †190/380 CHF ††300/620 CHF – 14 Suiten – ½ P +64 CHF

Rest – (25 CHF) Menü 49 CHF (mittags)/129 CHF – Karte 61/132 CHF

Rest *Enoteca la torre* – (19 CHF) – Karte 39/80 CHF

◆ Mit Engagement kümmert man sich in diesem sehr stilvoll eingerichteten Hotel um den Gast. Relaxen Sie im "Aquareina-Spa" auf über 1000 qm. Stuben und ein Wintergarten bilden das Restaurant. Brasserie mit Fondue am Abend. Italienische Küche im Enoteca la torre.

Alpina Rest, VISA AE
Bahnhofstr. 1 – 081 410 24 24 – hotel@alpina-klosters.ch – Fax 081 410 24 25 – geschl. 13. April - 8. Juni und 18. Oktober - 22. November
38 Zim – 154/474 CHF 228/474 CHF – 12 Suiten – ½ P +68 CHF
Rest Alpina - Bündnerstube – separat erwähnt
♦ Gegenüber dem Bahnhof, nahe der Talstation befindet sich dieses sehr gut geführte regionstypische Hotel mit wohnlichen Landhauszimmern, z. T. mit speziellen Gesundheitsbetten.

Silvretta Parkhotel Rest, VISA AE
Landstr. 190 – 081 423 34 35 – info@silvretta.ch – Fax 081 423 34 50 – geschl. Ende Oktober - Anfang Dezember und 20. April - 2. Mai
87 Zim (½ P. inkl.) – 165/245 CHF 280/440 CHF – 8 Suiten
Rest *Stübli* – (15 CHF) Menü 28 CHF (mittags) – Karte 43/93 CHF
Rest *Grischalina* – *(geschl. 20. April - Mitte Dezember) (nur Abendessen)* Karte 39/91 CHF
♦ Ein grosses Hotel im Chaletstil, in dem wohnlich-rustikal gestaltete Zimmer zur Verfügung stehen. Zum Wellnessangebot zählen u. a. Beautyanwendungen und Massage. Im Stübli serviert man italienische Küche. Grischalina mit Fondue und Käsespezialitäten.

Sunstar Hotel Albeina Rest, VISA AE
Boscaweg 7 – 081 423 21 00 – klosters@sunstar.ch – Fax 081 423 21 21 – geschl. 6. April - Mitte Juni
59 Zim – 98/143 CHF 196/346 CHF – ½ P +36 CHF – **Rest** – *(geschl. Mitte Oktober - Mitte Dezember)* Menü 45 CHF (abends) – Karte 40/90 CHF
♦ Das bei Familien beliebte Hotel bietet wohnliche, mit hellem Weichholzmobiliar rustikal eingerichtete Gästezimmer. Von den Balkonen aus hat man eine schöne Bergsicht. Traditionelle Speisenauswahl im Restaurant.

Chesa Grischuna Zim, VISA AE
Bahnhofstr. 12 – 081 422 22 22 – hotel@chesagrischuna.ch – Fax 081 422 22 25 – geschl. Ende Oktober - Mitte Dezember und 14. April - 26. Juni
23 Zim – 120/235 CHF 220/440 CHF – ½ P +45 CHF – **Rest** – (21 CHF) Menü 37 CHF (mittags)/89 CHF – Karte 56/123 CHF
♦ Fresken und Holzmalereien einheimischer Künstler wie Alois Carigiet zieren das hübsche Bündnerhaus im Ortskern. Gemütlich-rustikal hat man die Gästezimmer gestaltet. Mit Liebe zum Detail dekoriertes Restaurant.

Cresta Zim, VISA AE
Landstr. 170 – 081 423 26 00 – info@crestaklosters.ch – Fax 081 423 26 10
35 Zim – 90/183 CHF 120/318 CHF – ½ P +36 CHF – **Rest** – (14 CHF) Menü 19 CHF (mittags) – Karte 34/80 CHF
♦ Das gepflegte Hotel im Ortszentrum verfügt über hell und funktionell eingerichtete Gästezimmer wie auch ältere, rustikal möblierte. Im Restaurant und auf der Terrasse serviert man traditionelle Gerichte.

Walserhof (Armin Amrein) mit Zim 
Landstr. 141 – 081 410 29 29 – info@walserhof.ch – Fax 081 410 29 39 – geschl. 16. April - 17. Juni und 19. Oktober - 30. November
11 Zim – 140/325 CHF 220/400 CHF – 3 Suiten – ½ P +85 CHF – **Rest** – *(geschl. Dienstag im Sommer)* (28 CHF) Menü 45 CHF (mittags)/175 CHF – Karte 84/167 CHF
Spez. Wolfsbarsch in der Salzkruste mit Olivencoulis. Kalbsbäggli in Malanser Rotwein geschmort. Prättigauer Menü. **Weine** Malanser, Fläscher
♦ Sehr angenehm sitzt man in dem gemütlichen Restaurant mit rustikalem Charme. Freundlicher Service und klassische Speisen erwarten den Gast.

Alpina - Bündnerstube – Hotel Alpina VISA AE
Bahnhofstr. 1 – 081 410 24 24 – hotel@alpina-klosters.ch – Fax 081 410 24 25 – geschl. 13. April - 8. Juni und 18. Oktober - 22. November
Rest – *(mittags kleine Karte)* (19 CHF) Menü 35 CHF (mittags)/180 CHF – Karte 75/159 CHF
♦ In den beiden gemütlichen Restaurantstuben bietet man zeitgemässe Küche und aufmerksamen Service. Am Mittag reicht man eine einfachere Karte.

The Rustico Hotel mit Zim — Zim, — VISA — AE

Landstr. 194 – ✆ 081 410 22 88 – info@rusticohotel.com – Fax 081 410 22 80 – geschl. Ende Oktober - Anfang Dezember und 14. April - 6. Juni

14 Zim – 80/180 CHF 140/380 CHF – ½ P +65 CHF – **Rest** – *(geschl. Donnerstagmittag und Mittwoch im Sommer) (mittags kleine Karte)* (18 CHF) Menü 28 CHF (mittags)/92 CHF – Karte 61/140 CHF

♦ Das in einen rustikalen und einen klassisch-modernen Bereich unterteilte Restaurant bietet euro-asiatische Gerichte vom Küchenchef aus Hongkong. Gemütliche Zimmer.

KLOTEN – Zürich – **551** Q4 – siehe Zürich

KONOLFINGEN – Bern (BE) – **551** K8 – **4 606 Ew** – **Höhe 728 m** – ✉ **3510** 8 **E4**

Bern 20 – Fribourg 57 – Langnau im Emmental 15 – Thun 19

in Stalden **Süd : 1 km** – **Höhe 654 m** – ✉ **3510 Konolfingen**

Schloss Hünigen — Zim, Zim, — VISA — AE

– ✆ 031 791 26 11 – hotel@schlosshuenigen.com – Fax 031 791 27 31 – geschl. 25. Dezember - 6. Januar

54 Zim – 155/225 CHF 280 CHF – ½ P +35 CHF – **Rest** – *(geschl. Sonntagabend und Montag)* (23 CHF) Menü 36 CHF (mittags)/87 CHF – Karte 51/82 CHF

♦ Ruhig liegt das schmucke historische Gebäude in einem hübschen Park. Die Zimmer sind modern gestaltet, einige mit schönen alten Kassettendecken. Wechselnde Kunstausstellung. Hell und freundlich: das Restaurant Rosarium.

KREUZLINGEN – **Thurgau (TG)** – **551** T3 – **17 118 Ew** – **Höhe 402 m** – ✉ **8280** 5 **H2**

Bern 189 – Sankt Gallen 40 – Bregenz 62 – Frauenfeld 27 – Konstanz 3

Kreuzlingen Tourismus, Sonnenstr. 4, Haus zum Hammer, ✆ 071 672 38 40, info@kreuzlingen-tourismus.ch, Fax 071 672 17 36

Lipperswil über Kantonalstrasse Richtung Frauenfeld : 14 km, ✆ 052 770 04 05

Seegarten - Salon Admiral — VISA

Promenadenstr. 40, (am Yachthafen) – ✆ 071 688 28 77 – restaurant@seegarten.ch – Fax 071 688 29 44 – geschl. 24. Dezember - 2. Januar, 21. Januar - 10. Februar, Dienstag ausser Sommer und Montag

Rest – Menü 85 CHF – Karte 74/133 CHF

Rest *Tagesrestaurant* – (29 CHF) Menü 80 CHF – Karte 41/112 CHF

♦ Über einen versteckten Eingang gelangt man in den Salon Admiral. "Klein, aber fein" lautet die Devise in diesem eleganten und charmant geführten Restaurant. Sachlich präsentiert sich das Tagesrestaurant.

Schloss Seeburg — < Bodensee, — VISA

Seeweg 5 – ✆ 071 688 47 75 – info@restaurant-seeburg.ch – Fax 071 688 47 63 – geschl. 28. Januar - 28. Februar, 6. - 10. Oktober, Mittwoch ausser Sommer und Dienstag

Rest – (29 CHF) Menü 59/82 CHF – Karte 47/93 CHF

♦ Nach einem kurzem Spaziergang durch den Park erreichen Sie das Seeschloss. Im gediegenen Restaurant oder auf der sehr schönen Terrasse bietet man eine klassische Karte.

Jakobshöhe — AC — VISA — AE

Bergstr. 46 – ✆ 071 670 08 88 – jakobshoehe@bluewin.ch – Fax 071 670 08 89 – geschl. 22. Juni - 12. Juli, Montag und Dienstag

Rest – (28 CHF) Menü 59/86 CHF – Karte 56/101 CHF

♦ Im modernisierten Gasthof werden in zwei netten Stuben, die mit elegantem Holzmobiliar eingerichtet sind, klassische Gerichte serviert. Mit schöner Gartenterrasse im Sommer.

Trewers Grödeli
Konstanzerstr. 58 – ✆ 071 672 43 62 – info@groedeli.ch – Fax 071 672 43 62 – geschl. 1. - 13. Januar und Montag
Rest – (24 CHF) Menü 65 CHF (abends) – Karte 50/120 CHF
◆ Eine gemütliche Atmosphäre herrscht in dem hübschen historischen Riegelhaus. Die zeitgemässen Speisen empfiehlt der Chef seinen Gästen mündlich am Tisch.

in Tägerwilen Nord-West : 4 km Richtung Schaffhausen – Höhe 420 m – ✉ 8274 Tägerwilen

Trompeterschlössle
Konstanzerstr. 123, (am Zoll) – ✆ 071 669 31 31 – hotel@trompeterschloessle.ch – Fax 071 669 31 33 – geschl. 20. Dezember - 1. März und Mittwoch - Donnerstag von Mitte Oktober - Mitte April
17 Zim – †105 CHF ††170 CHF – ½ P +35 CHF –
Rest – (18 CHF) – Karte 37/70 CHF
◆ Direkt an der Grenze befindet sich das Trompeterschlössle, in dem zeitgemäss eingerichtete Gästezimmer zur Verfügung stehen. Einfachere Gaststube und gehobeneres A-la-carte-Restaurant.

Steinbock
Hauptstr. 85 – ✆ 071 669 11 72 – info@steinbock-taegerwilen.ch – Fax 071 669 17 52 – geschl. 28. Januar - 3. Februar, 28. Juli - 3. August, Samstagmittag und Sonntag
Rest – (21 CHF) – Karte 42/87 CHF
◆ Das hübsche Riegelhaus teilt sich in eine gemütlich-rustikale Gaststube und einen hellen, modernen Pavillon-Wintergarten. Traditionelle Küche und Spezialitätenwochen.

in Gottlieben Nord-West : 4 km Richtung Schaffhausen – Höhe 402 m – ✉ 8274 Gottlieben

Drachenburg und Waaghaus Rest,
Am Schlosspark 7 – ✆ 071 666 74 74 – info@drachenburg.ch – Fax 071 666 74 99 – geschl. 24. Dezember - 5. Januar
45 Zim – †110/130 CHF ††185/300 CHF – **Rest** – (28 CHF) Menü 55/96 CHF – Karte 47/108 CHF
◆ Die schönen Fachwerkhäuser liegen direkt am Seeufer. In verschiedenen Gebäuden logiert man in individuell gestalteten Zimmern mit stilvoller Einrichtung. Wählen Sie zwischen dem gediegenen Restaurant im ersten Stock und der rustikaleren Drachenburg.

Krone
Seestr. 11 – ✆ 071 666 80 60 – krone@romantikhotel.ch – Fax 071 666 80 69 – geschl. 5. Januar - 13. Februar
25 Zim – †120/165 CHF ††180/300 CHF – ½ P +60 CHF – **Rest** – (28 CHF) Menü 48 CHF (mittags)/110 CHF – Karte 66/119 CHF
◆ Das historische Gebäude befindet sich an der engsten Stelle des Bodensees in ruhiger Lage. Gäste wohnen in dem freundlichen Familienbetrieb in gepflegten Zimmern. Wählen Sie zwischen dem Restaurant oder der sonnigen Terrasse am Wasser.

KRIEGSTETTEN – Solothurn (SO) – 551 K6 – 1 126 Ew – Höhe 455 m – ✉ 4566

2 D3

Bern 34 – Biel 35 – Solothurn 12

Sternen
Hauptstr. 61 – ✆ 032 674 41 61 – info@sternen.ch – Fax 032 674 41 62
23 Zim – †145/180 CHF ††215/290 CHF
Rest *Gartenzimmer* – *(geschl. 3. - 18. Februar)* Menü 59 CHF (mittags)/115 CHF – Karte 54/102 CHF
Rest *Gaststube* – *(geschl. 3. - 18. Februar)* (19,50 CHF) – Karte 45/66 CHF
◆ Die Zimmer dieses Hotels unterscheiden sich in Zuschnitt, Lage und Ausstattung. Wählen Sie zwischen Räumen mit Biedermeiermobiliar oder rustikaler Einrichtung. Klassisch gibt sich das Restaurant Gartenzimmer. Rustikal: die gemütliche Gaststube.

KRIENS – Luzern – 551 O7 – siehe Luzern

KRONBÜHL – Sankt Gallen – 551 U4 – siehe Sankt Gallen

KÜSNACHT – Zürich (ZH) – 551 Q5 – 12 484 Ew – Höhe 415 m – ✉ 8700 4 G3

Bern 133 – Zürich 8 – Aarau 54 – Einsiedeln 43 – Luzern 68

Seehotel Sonne Rest, Rest,
Seestr. 120 – ✆ 044 914 18 18 – home@sonne.ch – Fax 044 914 18 00 VISA AE
40 Zim – 215/325 CHF 245/355 CHF
Rest *Sonnengalerie* – (36 CHF) Menü 54 CHF (mittags)/125 CHF – Karte 74/119 CHF
Rest *Gaststube* – (23 CHF) – Karte 48/86 CHF
◆ Gelungen hat man in dem eleganten Seehotel historische Bausubstanz mit topmoderner Einrichtung kombiniert. Diverse wertvolle Kunstobjekte zieren das Haus. Geschmackvoll und neuzeitlich: die Sonnengalerie. Gaststube mit schönem Täfer und Bildern.

Petermann's Kunststuben VISA AE
Seestr. 160 – ✆ 044 910 07 15 – petermannskunststuben@bluewin.ch – Fax 044 910 04 95 – geschl. 11. - 25. August, Sonntag und Montag
Rest – *(Tischbestellung ratsam am Abend)* Menü 78 CHF (mittags)/195 CHF – Karte 134/245 CHF
Spez. Cassoulette von Flusskrebsen mit Zucchiniblüte. Jakobsmuscheln mit Blumenkohlsalat und Kaviarcreme (September - März). Wild aus lokaler Jagd.
◆ Eine Institution am Zürichsee ist dieses Restaurant mit klassischer Küche. Schön sitzt man im Sommer auch auf der hübsch eingedeckten Terrasse.

Zum Trauben VISA AE
Untere Wiltisgasse 20 – ✆ 044 910 48 55 – Fax 043 266 91 53 – geschl. 22. Dezember - 2. Januar, 15. Juli - 15. August, Sonntag und Montag
Rest – (35 CHF) – Karte 53/93 CHF
◆ Im Ortskern liegt das kleine zweigeteilte Restaurant mit einem moderneren Bereich im hinteren Teil. Man bietet den Gästen einfache italienische Küche.

Chez Crettol, Cave Valaisanne VISA AE
Florastr. 22 – ✆ 044 910 03 15 – geschl. 23. Dezember - 5. Januar und 1. Juni - 31. August
Rest – *(nur Abendessen) (Tischbestellung ratsam)* Karte 55/95 CHF
◆ In der gemütlichen Stube liegt der Käse für den netten Raclette-Plausch am offenen Kamin schon parat. Neben der urtypischen Walliser Spezialität gibt es allerlei Käsefondues.

KÜSSNACHT AM RIGI – Schwyz (SZ) – 551 P7 – 10 704 Ew – Höhe 435 m – ✉ 6403 4 F3

Bern 133 – Luzern 16 – Schwyz 25 – Zürich 52

✆ 041 850 70 60

Frohsinn Zim, Zim, VISA AE
Zugerstr. 3 – ✆ 041 850 14 14 – info@rest-frohsinn.ch – Fax 041 850 14 36 – geschl. 24. Dezember - 13. Januar
30 Zim – 92 CHF 148 CHF – ½ P +22 CHF – **Rest** – (16 CHF) – Karte 30/79 CHF
◆ Durch ihr helles, modernes Design und eine gute technische Ausstattung zeichnen sich die Zimmer dieses verkehrsgünstig in Autobahnnähe gelegenen Hotels aus. In dem freundlich eingerichteten Restaurant werden die Gäste mit klassischer Küche bewirtet.

Du Lac-Seehof mit Zim VISA AE
Seeplatz 6 – ✆ 041 850 10 12 – jtrutmann@bluewin.ch – Fax 041 850 10 22 – geschl. 18. - 29. Februar und 14. Oktober - 28. November
12 Zim – 110/140 CHF 180/220 CHF – ½ P +34 CHF – **Rest** – *(geschl. Dienstag und Mittwoch von Oktober bis Mitte Mai)* (37 CHF) Menü 70 CHF – Karte 38/84 CHF
◆ Dieser Familienbetrieb liegt direkt neben der Schiffsanlegestelle. Zum Geniessen stehen das Restaurant sowie eine Terrasse am See unter schattigen Kastanien zur Verfügung.

Adler
Hauptplatz 9 – 041 850 10 25 – windlingastro@bluewin.ch – Fax 041 850 10 36 – geschl. Mitte Juni - Mitte Juli, Dienstagmittag und Montag
Rest – Menü 50 CHF – Karte 43/88 CHF
◆ Neben der einfachen Gaststube liegt der gemütlich rustikale Speisesaal mit origineller Dekoration. In heimeliger Atmosphäre reicht man eine traditionell ausgerichtete Karte.

Engel
Hauptplatz 1 – 041 850 92 17 – info@engel-kuessnacht.ch – Fax 041 850 92 18 – geschl. Weihnachten, 25. Februar - 5. März, 20. Juli - 6. August, Dienstag und Mittwoch
Rest – (23 CHF) Menü 42 CHF (mittags)/94 CHF – Karte 51/105 CHF
◆ In diesem historischen Haus haben Sie die Wahl zwischen der Goethestube mit schönen, langen Holztischen und dem Tagsatzungssaal mit aufwändigem Dekor. Zeitgemässe Küche.

LAAX – Graubünden (GR) – 553 T8 – 1 150 Ew – Höhe 1 023 m – Wintersport : 1 100/3 018 m 10 13 – ✉ 7031 10 I4

Bern 266 – Chur 27 – Andermatt 69

Flims Laax Falera Tourismus, 081 920 81 81, info@flimslaaxfalera.ch, Fax 081 920 81 82

Bellaval Rest, VISA
via Falera 112 – 081 921 47 00 – info@hotelbellaval.ch – Fax 081 921 48 55 – geschl. Anfang Oktober - Anfang Dezember und 1. April - 2. Juni
27 Zim – 88/145 CHF 146/240 CHF – ½ P +35 CHF – **Rest** – *(nur für Hausgäste)*
◆ In Laax-Dorf liegt dieses Hotel neben einem schönen kleinen Badesee. Die wohnlichen Zimmer sind grösstenteils mit hellem Arvenholz in rustikalem Stil möbliert.

Posta Veglia mit Zim Zim, VISA
via principala 54 – 081 921 44 66 – info@postaveglia.ch – geschl. 14. April - 7. Juni
7 Zim – 125/155 CHF 170/270 CHF – ½ P +40 CHF – **Rest** – *(geschl. Montag ausser Winter)* (26 CHF) Menü 70 CHF (abends) – Karte 55/87 CHF
◆ Die "Alte Post", ein a. d. J. 1880 stammendes Haus im Dorfkern, beherbergt verschiedene gemütliche Stuben, in denen man traditionelle Gerichte serviert. Wohnliche Gästezimmer.

in Murschetg Nord : 2 km – Höhe 1 080 m – ✉ 7031 Laax

Signina Rest, Rest, VISA
– 081 927 90 00 – signina@laax.com – Fax 081 927 90 01 – geschl. Mitte April - Ende November
76 Zim – 120/220 CHF 180/380 CHF – ½ P +45 CHF – **Rest** – (19,50 CHF) Menü 51 CHF – Karte 46/101 CHF
◆ Das Hotel liegt an den Bergbahnen und bietet mit Arvenmöbeln wohnlich eingerichtete Gästezimmer sowie einen modernen Sauna- und Badebereich. Mit Holz getäfeltes Restaurant und heller, gepflegter Speisesaal mit Terrasse.

Tegia Larnags VISA
(mittags mit der Larnags Gondelbahn, abends über beleuchteten Wanderweg 15 min. erreichbar) – 081 927 99 10 – marianne.bauer@laax.com – Fax 081 927 99 11 – geschl. Mitte Oktober - Anfang Dezember, 15. April - 28. Juni und Montag im Sommer
Rest – *(Tischbestellung ratsam) (mittags nur einfaches Angebot)* (32 CHF) Menü 83 CHF – Karte 54/112 CHF
◆ In dem gemütlichen Holzhaus direkt an der Skipiste vereinen sich Hütten-Atmosphäre und eine gute traditionelle wie auch regionale Küche. Après-Ski in der rustikalen Bar.

in Salums Ost : 2 km – Höhe 1 020 m – ✉ 7031 Laax

Straussennest Signinakette, VISA
via salums 516 – 081 921 59 71 – info@straussennest.ch – geschl. Anfang November - Mitte Dezember, 31. März - 30. April, Dienstag in der Zwischensaison und Montag
Rest – Menü 29 CHF (mittags)/65 CHF – Karte 46/95 CHF
◆ Das rustikale Lokal in schöner Lage am Waldrand bietet traditionelle Küche in netter Atmosphäre. Terrasse mit wundervollem Blick auf die Signinakette.

in Sagogn Süd : 2 km – Höhe 779 m – ✉ 7152 Sagogn

Da Veraguth Carnetg (Klaus Ziegler)
– ☎ *081 921 64 64 – ziegler@daveraguth.ch – Fax 081 921 36 98 – geschl. Ende Oktober - Anfang Dezember, Mitte April - Mitte Mai, Montag und Dienstag*
Rest – Menü 65 CHF (mittags)/140 CHF – Karte 66/141 CHF
Spez. Hummer auf Capuns (Frühling - Herbst). Lammrücken mit Nusskräuterkruste und Saisongemüse. Zieglers Hackbraten mit Kartoffelstock. **Weine** Malanser
◆ Das hübsch gelegene Bündner Haus mit rustikal-eleganter Einrichtung offeriert dem Gast regionale und klassische Spezialitäten. Schöne Gartenterrasse.

auf dem Crap Masegn mit Luftseilbahn erreichbar – Höhe 2 477 m – ✉ 7032 Laax

Das Elephant ← Bündner Berge,
– ☎ *081 927 73 90 – marianne.bauer@laax.com – geschl. Mitte April - Mitte Dezember*
Rest – *(nur Mittagessen) (Tischbestellung ratsam)* Karte 52/101 CHF
◆ Nur mit der Gondelbahn zu erreichen ist das in 2500 m Höhe gelegene Restaurant. Bei beeindruckendem Blick über die Berge reicht man eine kleine Karte mit Tagesempfehlungen.

LACHEN – Schwyz (SZ) – 551 R6 – 6 272 Ew – Höhe 417 m – ✉ 8853 — 4 G3

Bern 164 – Zürich 42 – Sankt Gallen 81 – Schwyz 38 – Winterthur 67

Oliveiras
Sagenriet 1 – ☎ 055 442 69 49 – info@oliveiras.ch – Fax 055 442 69 51 – geschl. 23. Dezember - 7. Januar, 20. Juli - 4. August, Sonntag und Montag
Rest – (21 CHF) Menü 40 CHF (mittags)/99 CHF – Karte 61/108 CHF
◆ Engagiert und freundlich betreut Sie Familie Oliveira in maritimem Flair. Der Chef kocht portugiesisch orientiert, mit schweizerischen Akzenten. Begrünte Terrasse mit Lounge.

LÄUFELFINGEN – Basel-Landschaft (BL) – 551 L4 – 1 251 Ew – Höhe 559 m – ✉ 4448 — 3 E3

Bern 71 – Aarau 23 – Basel 36 – Liestal 18 – Luzern 65 – Olten 10

Bad Ramsach ← Tal, Zim, Zim,
Nord-Ost : 2 km – ☎ 062 285 15 15 – hotel@bad-ramsach.ch – Fax 062 285 15 00 – geschl. 2. - 28. Januar
70 Zim – †115/135 CHF ††170/200 CHF – ½ P +35 CHF – **Rest** – (26 CHF) Menü 57/75 CHF – Karte 47/97 CHF
◆ Die absolut ruhige Lage, eine schöne Aussicht auf das Tal und solide, mit Einbaumobiliar eingerichtete Zimmer mit Balkon sind Annehmlichkeiten dieser Adresse mit Kurbetrieb. Saalartiges Restaurant mit zeitgemässer Küche.

Rosengarten
Hauptstr. 16 – ☎ 062 299 11 21 – info@rosen-garten.ch – Fax 062 299 51 31 – geschl. 4. - 17. Februar, Montag und Dienstag
Rest – (16 CHF) – Karte 37/91 CHF
◆ Thekenbereich und helle Stube gehören zu diesem Restaurant mit traditioneller Küche. Im Winter steht z. T. auch der rustikale Grill im Obergeschoss zur Verfügung.

LAI – Graubünden – 553 V9 – siehe Lenzerheide

LANDECY – Genève – 552 A12 – voir à La Croix-de-Rozon

Le LANDERON – Neuchâtel (NE) – 552 H6 – 4 227 h. – alt. 437 m – ✉ 2525 — 2 C4

Bern 49 – Neuchâtel 15 – Fribourg 48 – Solothurn 47

L'Escarbot
Ville 32 – ☎ 032 751 72 82 – Fax 032 751 72 83 – fermé 24 décembre - 7 janvier, 21 - 24 mars, lundi soir et dimanche
Rest – (17 CHF) Menu 27 CHF (déj.)/85 CHF – Carte 44/116 CHF
◆ Cette maison vénérable et engageante, nichée au cœur du village, vous reçoit dans un décor mariant avec bonheur l'ancien et le moderne. Carte actuelle. Terrasse sur la place.

LANGENDORF – Solothurn – 551 J5 – siehe Solothurn

LANGENTHAL – Bern (BE) – 551 L6 – 14 078 Ew – Höhe 472 m – ✉ 4900 3 E3

Bern 46 – Aarau 36 – Burgdorf 24 – Luzern 56 – Olten 23 – Solothurn 28

Bären

St. Urbanstr. 1 – ✆ 062 919 17 17 – info@baeren-langenthal.ch – Fax 062 919 17 18 – geschl. Weihnachten, Neujahr und Ostern

37 Zim – 140/173 CHF 230/280 CHF – ½ P +40 CHF – **Rest** – (22 CHF) – Karte 55/86 CHF

◆ Der Gasthof aus dem 17. Jh. hat einen beeindruckend schönen Barocksaal. Die Zimmer sind in unterschiedlichen Pastelltönen gehalten und neuzeitlich eingerichtet. Parkettboden und freundliches Interieur sorgen im Restaurant für Atmosphäre. Zeitgemässe Küche.

in Roggwil Nord-Ost : 2 km über alte Zürcherstrasse – Höhe 456 m – ✉ 4914 Roggwil

Kaltenherberge

Landstr. 53 – ✆ 062 918 80 90 – info@kaltenherberge.ch – Fax 062 918 80 99 – geschl. 28. Januar - 10. Februar

Rest – *(geschl. Sonntag und Montag)* Menü 49 CHF (mittags)/135 CHF – Karte 64/122 CHF

Rest ***Bistro*** – *(geschl. Montag)* (17 CHF) – Karte 45/86 CHF

◆ Teil des von lichter Architektur geprägten Restaurantkomplexes ist dieser leicht elegante Raum in geradlinig-modernem Design. Geboten wird zeitgemässe Küche. Internationales und Regionales im Bistro. Sommer-Terrassenrestaurant mit Antipasti-Buffet und Grill.

Ochsen mit Zim — Rest,

Brennofenstr. 11 – ✆ 062 929 11 35 – alscha@gmx.ch – Fax 062 929 70 64

4 Zim – 55/80 CHF 100/150 CHF – **Rest** – *(geschl. Anfang Februar und Mitte Juli jeweils 2 Wochen, Dienstagabend und Mittwoch)* (17 CHF) Menü 55 CHF (mittags)/90 CHF – Karte 42/99 CHF

◆ Neben dem netten kleinen Speisesaal verfügt dieses Restaurant mit traditioneller Küche auch über eine rustikale Gaststube und einige einfache Zimmer.

LANGNAU IM EMMENTAL – Bern (BE) – 551 L7 – 9 148 Ew – Höhe 673 m – ✉ 3550 3 E4

Bern 31 – Interlaken 63 – Luzern 63 – Solothurn 48

Pro Emmental, Schlossstr. 3, ✆ 034 402 42 52, info@emmental.ch, Fax 034 402 56 67

Dürsrütiwald★

Hirschen

Dorfstr. 17 – ✆ 034 402 15 17 – info@hirschen-langnau.ch – Fax 034 402 56 23

15 Zim – 110 CHF 180 CHF – ½ P +35 CHF – **Rest** – *(geschl. Januar und Montag)* (18 CHF) Menü 68 CHF – Karte 52/88 CHF

◆ Die Zimmer in dem ansprechenden Gasthof sind sehr wohnlich mit massivem Kiefernholzmobiliar eingerichtet. Teilweise bieten sie recht viel Platz und haben eine Sitzecke. Gaststube und A-la-carte-Restaurant mit Täfer und gemütlichem Ambiente.

Zum Goldenen Löwen

Güterstr. 9, (Transitstrasse) – ✆ 034 402 65 55 – loewen.langnau@freesurf.ch – Fax 034 402 11 96 – geschl. 19. Juli - 10. August, Samstagmittag und Sonntag

Rest – (16 CHF) Menü 52 CHF – Karte 42/85 CHF

◆ Das Haus beherbergt ein freundliches Bistro sowie ein zeitlos gehaltenes, holzgetäfeltes A-la-carte-Restaurant. Die Küche: regional, traditionell und international.

LARET – Graubünden – 553 AA8 – siehe Samnaun

LAUENEN – Bern – 551 I10 – siehe Gstaad

LAUERZ – Schwyz (SZ) – 551 P7 – 874 Ew – Höhe 460 m – ✉ 6424 4 G3

Bern 145 – Luzern 39 – Altdorf 22 – Schwyz 8

Rigiblick

Lauerzersee, VISA AE

Seestr. 9 – 041 811 54 66 – rigiblick@freesurf.ch – Fax 041 811 83 13 – geschl. 28. Januar - 7. März und Montag von Oktober bis April

Rest – Menü 48/125 CHF – Karte 61/139 CHF

◆ Teil dieses direkt am Ufer des Lauerzersees gelegenen Restaurants ist der elegant gestaltete Pavillon - von der Terrasse geniesst man den schönen Seeblick. Klassische Karte.

Rössli

VISA AE

Seestr. 3 – 041 811 17 02 – roessli.lauerz@bluewin.ch – Fax 041 811 17 88 – geschl. 1. - 7. Januar, 16. Juli - 16. August, Mittwoch und Donnerstag

Rest – Karte 46/95 CHF

◆ An die schlichte Gaststube schliesst sich der eingedeckte Restaurantbereich mit einem klassischen Angebot und einer grossen Fischkarte an.

LAUFEN – Basel-Landschaft (BL) – 551 J4 – 4 857 Ew – Höhe 355 m – ✉ 4242 2 D2

Bern 84 – Basel 25 – Delémont 18 – Liestal 33 – Olten 70 – Solothurn 57

Central

P VISA AE

Röschenzstr. 3 – 061 761 61 03 – info@central-laufen.ch – Fax 061 761 69 81 – geschl. 23. Dezember - 6. Januar und Sonntagabend von Juni bis August

21 Zim – †100 CHF ††150 CHF – ½ P +30 CHF – **Rest** – (17 CHF) Menü 48 CHF – Karte 39/83 CHF

◆ Im Neubau dieses am Rande der Altstadt gelegenen Hotels bietet man seinen Gästen Zimmer, die mit Parkettboden und hellem, gutem Holzmobiliar zeitgemäss eingerichtet sind. Gaststube im regionstypischen ländlichen Stil.

PHOTOGLOB

LAUSANNE

Canton : VD Vaud
Carte Michelin LOCAL : n° **552** E10
Population : 124 914 h.
Altitude : 455 m – **Code Postal :** ✉ 1000

Bern 101 – Fribourg 71 – Genève 60 – Montreux 25 – Sion 63 – Yverdon-les-Bains 32
Atlas : 6 **B5**

RENSEIGNEMENTS PRATIQUES

Office de tourisme

Lausanne Tourisme, 4 pl. de la Navigation **DZ**, 9 pl. de la Gare **BY**, ✆ 021 613 73 73, information@lausanne-tourisme.ch, Fax 021 616 86 47

Automobile Clubs

3 r. du Petit-Chêne, ✆ 021 331 21 21, Fax 021 331 21 41 **BY**
9 av. de Rumine, ✆ 021 331 27 22, Fax 021 331 27 29 **CY**

Compagnie aérienne

Swiss International Air Lines Ltd., ✆ 0848 852 000

LOISIRS

Manifestations locales

24.04 - 03.05 : Béjart Ballet Lausanne
04.07 - 12.07 : Festival de la Cité, théâtre, musique, jazz, danse
02.09 : Athletissima, meeting international d'athlétisme

Golfs

18 Lausanne Chalet-à-Gobet, Nord-Est : 6 km, ✆ 021 784 84 84 ;
9 Domaine du Brésil Goumoens-le-Jux, direction Echallens-Goumoens-la-Ville: 20 km, ✆ 021 882 24 20

DÉCOUVRIR

A VOIR

Cathédrale★★ **BCX** : vue★ de la tour **BCX** - Le Signal : vue★★ **U** - Parc de Montriond : vue★★ **AY** - Ouchy★★ **DZ** : vues★★ des quais et du sentier du bord du lac - Collection de l'Art brut★ **AX**

MUSEE

Olympique★★ **DZ**

EXCURSIONS

en bateau sur le lac. Renseignements : Cie Gén. de Navigation, 17 av. de Rhodanie, ✆ 0848 811 848

Lausanne Palace lac, rest, VISA AE

7 r. Grand-Chêne ✉ 1003 – ☎ 021 331 31 31 – reservation@lausanne-palace.ch – Fax 021 323 25 71 BY b

142 ch – †380/640 CHF ††480/740 CHF, ☕ 38 CHF – 8 suites

Rest *La Table d'Edgard* – voir ci-après

Rest *Grand-Chêne* – (28 CHF) – Carte 54/108 CHF

Rest *Côté Jardin* – *(fermé 1er - 28 janvier)* Carte 66/100 CHF

◆ Palace de 1915 promettant un séjour d'exception : communs opulents, élégantes chambres, belle vue lacustre et excellentes installations pour se distraire ou se ressourcer. Ambiance "brasserie parisienne" au Grand-Chêne. Plats méditerranéens au Côté Jardin.

De la Paix ch, ch, VISA AE

5 av. Benjamin-Constant ✉ 1003 – ☎ 021 310 71 71 – info@hoteldelapaix.net – Fax 021 310 71 72 CY c

103 ch ☕ – †295/410 CHF ††395/480 CHF – 6 suites

Rest *La Paix* – (27 CHF) Menu 46 CHF (déj.)/75 CHF – Carte 60/107 CHF

Rest *Bistrot Benjamin* – (19 CHF) – Carte 53/90 CHF

◆ Ce luxueux établissement bâti en 1910 dans la vieille ville met à votre disposition des chambres "King size" agencées avec raffinement. Restaurant confortablement installé, interprétant un répertoire culinaire bien dans le coup.

Victoria sans rest VISA AE

46 av. de la Gare ✉ 1003 – ☎ 021 342 02 02 – info@hotelvictoria.ch – Fax 021 342 02 22 – fermé 21 décembre - 3 janvier BY m

55 ch ☕ – †190/300 CHF ††250/385 CHF

◆ Hôtel dont les paliers en mezzanine, surplombant un patio à colonnades d'un assez bel effet, donnent accès à d'amples chambres climatisées, au mobilier varié mais choisi.

Alpha-Palmiers ch, ch, VISA AE

34 r. Petit-Chêne ✉ 1003 – ☎ 021 555 59 99 – alpha@fassbindhotels.com – Fax 021 555 59 98 BY g

187 ch – †196/330 CHF ††224/360 CHF, ☕ 24 CHF

Rest *Le Jardin Thaï* – *(fermé 13 juillet - 17 août et dimanche)* (19 CHF) – Carte 48/94 CHF

Rest *La Palmeraie* – (17 CHF) – Carte 47/81 CHF

◆ Hôtel très "trendy". Ses grandes chambres au "look zen" offrent une vue plongeante sur le jardin exotique aménagé au cœur du bâtiment ou sur le lac. Spécialités thaïlandaises et cadre moderne au Jardin Thaï. Cuisine traditionnelle à La Palmeraie.

Mirabeau ch, ch, VISA AE

31 av. de la Gare ✉ 1003 – ☎ 021 341 42 43 – reservation@mirabeau.ch – Fax 021 341 42 42 BCY y

75 ch ☕ – †190/295 CHF ††260/350 CHF – **Rest** – Menu 49 CHF – Carte 51/82 CHF

◆ Près de la gare, élégante maison ancienne abritant des chambres bien tenues. Vue lacustre pour un tiers et balcon pour la moitié. Salles de réunions. Brasserie cossue complétée par une jolie terrasse d'été sous les marronniers. Préparations traditionnelles.

Tulip Inn sans rest VISA AE

8-10 ch. du Cerisier ✉ 1004 – ☎ 021 646 16 25 – reception@tulipinnlausanne.ch – Fax 021 646 16 37 U a

61 ch ☕ – †145/232 CHF ††179/264 CHF

◆ Près du Palais de Beaulieu, hôtel comprenant deux bâtiments reliés par une galerie. Chambres pratiques pourvues de meubles de série en bois sombre. Clientèle d'affaires.

Élite sans rest VISA AE

1 av. Sainte-Luce ✉ 1003 – ☎ 021 320 23 61 – info@elite-lausanne.ch – Fax 021 320 39 63 BY v

33 ch ☕ – †140/210 CHF ††180/270 CHF

◆ Ressource hôtelière très valable implantée au-dessus de la gare, dans un quartier exempt de chahut. Douces nuitées dans diverses catégories de chambres. Jardin de repos.

Des Voyageurs sans rest VISA AE

19 r. Grand Saint Jean ✉ 1003 – ☎ 021 319 91 11 – hotel@voyageurs.ch – Fax 021 319 91 12 BX a

33 ch ☕ – †128/178 CHF ††168/198 CHF

◆ En zone semi-piétonne, hôtel simple mais commode pour une courte étape à Lausanne. Chambres fraîches et bien tenues. Vaste salle des petits-déjeuners à l'étage.

XXXX **La Table d'Edgard** – Lausanne Palace

7 r. Grand-Chêne ✉ 1003 – ✆ 021 331 31 31

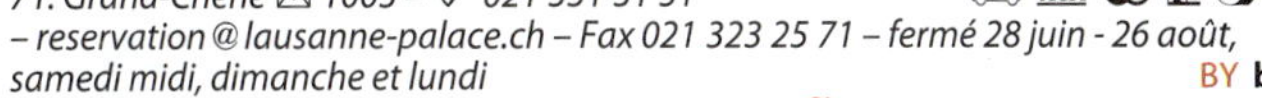

– reservation@lausanne-palace.ch – Fax 021 323 25 71 – fermé 28 juin - 26 août, samedi midi, dimanche et lundi BY **b**

Rest – Menu 68 CHF (déj.)/160 CHF – Carte 98/156 CHF

Spéc. Supions farcis à la niçoise, ravioli à l'encre de seiche, jus de poissons de roche. Homard en estouffade de morue servi en cocotte lutée. Poitrine de pigeon à l'aubergine confite. **Vins** Dézaley

◆ Conforme à l'esprit du Lausanne Palace auquel elle appartient, cette salle à manger prolongée d'une véranda panoramique est dévolue à une cuisine inventive soignée.

XXX **San Marino**

20 av. de la Gare ✉ 1003 – ✆ 021 312 93 69 – san-marino-lausanne@bluewin.ch – Fax 021 323 86 64 – fermé samedi midi et dimanche BY **t**

Rest – (25 CHF) Menu 58 CHF (déj.)/165 CHF – Carte 85/153 CHF

◆ Parmi les bonnes tables italiennes de Lausanne. Carte à dominantes toscano-vénitiennes, grande cave franco-transalpine, meubles Louis-Philippe et lustres en verre de Murano.

LAUSANNE

Bergières (Av. des) .... U 15
Borde (R. de la) .... U 18
Chablais (Av. du) .... U 21
Chocolatière (Ch. de la) .... U 25
Denantou (Av. du) .... V 31
Grey (Av. du) .... U 37
Lavaux (Av. de) .... V 44
Levant (Ch. du) .... V 46
Marc-Dufour (Av.) .... V 54
Montoie (Av. de) .... V 63
Mont d'Or (Av. du) .... V 60
Morges (Av. de) .... U 64
Ouchy (Quai d') .... V 67
Provence (Av. de) .... U 79
Sallaz (Av. de la) .... U 91
Tivoli (Av. de) .... U 96
Vallombreuse (Av. de la) .... U 102

LAUSANNE

Acacias (Av. des) . . . . **BY** 3
Ale (R. de l') . . . . **ABX** 4
Alpes (Av. des) . . . . **CY**
Avant Poste (R. de l') . . . . **CY** 7
Beaulieu (Av. de) . . . . **AX**
Beauregard (Av.) . . . . **AY** 9
Beau Séjour (R.) . . . . **BCY**
Bellefontaine (R.) . . . . **CY**
Benjamin Constant (Av.) . . . . **BCY** 13
Bergières (Av. des) . . . . **AX**
Bessières (Pont) . . . . **CX**
Béthusy (Av. de) . . . . **CX**
Borde (R. de la) . . . . **BX** 16
Boston (Ch. de) . . . . **AX** 19
Bourg (R. de) . . . . **BCX**
Bugnon (R. du) . . . . **CX**
Calvaire (Ch. du) . . . . **CX**
Cèdres (Ch. des) . . . . **AX**
César Roux (R. du Dr.) . . . . **CX**
Charles-Monnard (R.) . . . . **CY** 22
Château (Pl. du) . . . . **CX** 23
Chauderon (Pl.) . . . . **AX**
Chauderon (Pont) . . . . **AX**
Cheneau de Bourg . . . . **CX** 24
Cité Derrière (R.) . . . . **CX** 27
Collonges (Av.) . . . . **AX** 28
Cour (Av. de) . . . . **AY**
Croix Rouges (Ch. des) . . . . **AX** 30
Davel (Av.) . . . . **BX**
Échallens (Av. d') . . . . **AX**
Édouard-Dapples (Av.) . . . . **ABY**
Eglantine (Av.) . . . . **CY**
Fleurettes (Ch. des) . . . . **AY**
Floréal (Av.) . . . . **AY**
Florimont (Av. de) . . . . **CY**
France (Av. de) . . . . **AX**
Gare (Av. de la) . . . . **BCY**
Gare (Pl. de la) . . . . **ABY**
Genève (R. de) . . . . **ABX**
Georgette (Av.) . . . . **CY** 33
Grancy (Bd de) . . . . **ABY**
Grand Chêne (R. du) . . . . **BXY** 36
Grand Pont . . . . **BX**
Haldimand (R.) . . . . **BX**
Harpe (Av. de la) . . . . **AY**
Jean-Jacques-Mercier (Av.) . . . . . . **AX** 37
Jomini (Av.) . . . . **AX** 39
Jules-Gonin (Av.) . . . . **ABX**
Jura (R. du) . . . . **AX**
Jurigoz (Av. de) . . . . **CY** 42
Juste-Olivier (Av.) . . . . **CY**
Langallerie (R. de) . . . . **CX** 45
Longeraie (Ch. de) . . . . **CY** 48
Louis-Ruchonnet (Av.) . . . . **AXY**
Louve (R. de la) . . . . **BX** 49
Lucinge (Ch. de) . . . . **CY**
Madeleine (R.) . . . . **BX** 51
Marc-Dufour (Av.) . . . . **AX** 52
Marterey (R.) . . . . **CX** 55
Mauborget (R.) . . . . **BX** 57
Maupas (R. du) . . . . **AX**
Mercerie (R.) . . . . **BX**
Messidor (Ch.) . . . . **CY**
Midi (R. du) . . . . **BY**
Milan (Av. de) . . . . **AY**
Milan (Pl. de) . . . . **AY**
Montagibert (Av.) . . . . **CX**
Montbenon (Espl. de) . . . . **AX**
Montchoisi (Av. de) . . . . **BY**
Mont d'Or (Av. du) . . . . **AY**
Mont Tendre (Ch. du) . . . . **AY** 61
Mon Repos (Av.) . . . . **CY**
Morges (Av. de) . . . . **AX**
Mornex (Ch. de) . . . . **ABY** 66
Ouchy (Av. d') . . . . **BY**
Ours (Pl. de l') . . . . **CX**
Paix (R. de la) . . . . **CY** 69
Palud (Pl. de la) . . . . **BX** 70

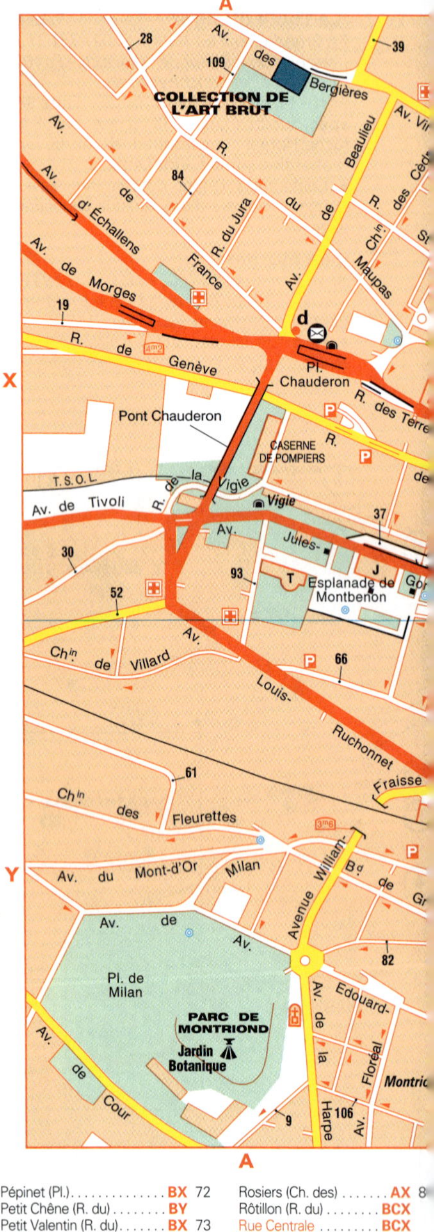

Pépinet (Pl.) . . . . **BX** 72
Petit Chêne (R. du) . . . . **BY**
Petit Valentin (R. du) . . . . **BX** 73
Pierre-Decker (Av.) . . . . **CX** 75
Pierre-Viret (R.) . . . . **BX** 76
Pont (R. du) . . . . **BX** 78
Riant Mont (Av. de) . . . . **BX** 81
Riponne (Pl. de la) . . . . **BX**
Rond-Point (Av. du) . . . . **AY** 82

Rosiers (Ch. des) . . . . **AX** 8
Rôtillon (R. du) . . . . **BCX**
Rue Centrale . . . . **BCX**
Rue Neuve . . . . **BX**
Rumine (Av. de) . . . . **CY**
Sainte-Beuve (R.) . . . . **CX** 9
Ste-Luce (Av.) . . . . **BY**
St-François (Pl.) . . . . **BX** 8
St-François (R.) . . . . **BX** 8

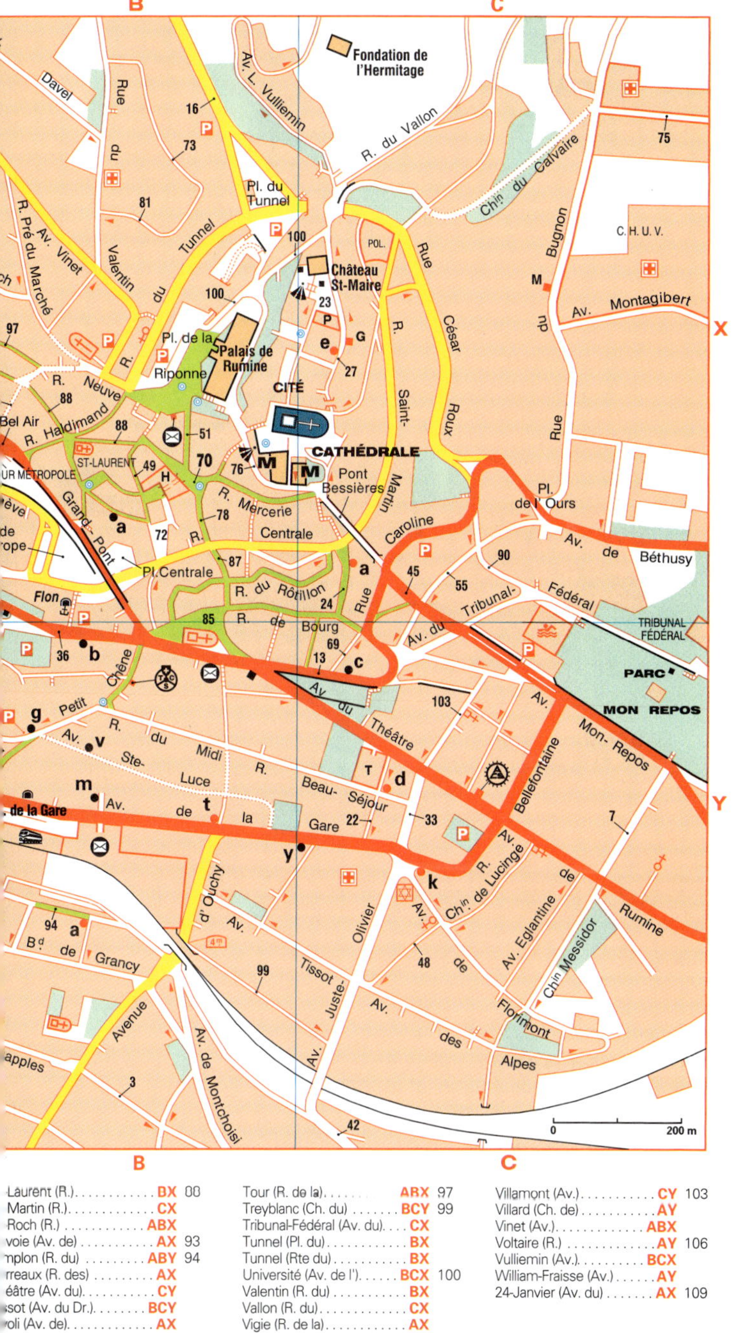

- Laurent (R.) . . . . BX 88
- Martin (R.) CX
- Roch (R.) . . . . ABX
- voie (Av. de) . . . . AX 93
- mplon (R. du) . . . . ABY 94
- rreaux (R. des) . . . . AX
- éâtre (Av. du) . . . . CY
- ssot (Av. du Dr.) . . . . BCY
- voli (Av. de) . . . . AX
- Tour (R. de la) . . . . ABX 97
- Treyblanc (Ch. du) . . . . BCY 99
- Tribunal-Fédéral (Av. du) CX
- Tunnel (Pl. du) . . . . BX
- Tunnel (Rte du) . . . . BX
- Université (Av. de l') . . . . . . BCX 100
- Valentin (R. du) . . . . BX
- Vallon (R. du) CX
- Vigie (R. de la) . . . . AX
- Villamont (Av.) . . . . CY 103
- Villard (Ch. de) . . . . AY
- Vinet (Av.) . . . . ABX
- Voltaire (R.) . . . . AY 106
- Vulliemin (Av.) . . . . BCX
- William-Fraisse (Av.) . . . . . . AY
- 24-Janvier (Av. du) . . . . AX 109

Acacias (Av. des). . . . . DZ
Auguste-Pidou (Ch.) . . . . DZ 6
Beauregard (Av.). . . . . DZ 9
Beau Rivage (Ch. de) . . . . DZ
Belgique (Quai de) . . . . DZ
Bellerive (Ch. de). . . . . DZ
Cour (Av. de) . . . . DZ
Édouard-Dapples (Av.) . . . . . . DZ
Élysée (Av. de l') . . . . DZ
Eugène-Grasset (Ch.) . . . . DZ
Floréal (Av.) . . . . DZ
Fontenailles (R. des) . . . . DZ
Grammond (Av. du) . . . . DZ 34
Grancy (Bd de) . . . . DZ
Harpe (Av. de la) . . . . DZ
Jean-Pascal Delamuraz (Q.). DZ
Jordils (Av. des). . . . . DZ 40
Montchoisi (Av. de). . . . . DZ
Mon-Loisir (Av. de) . . . . DZ 58
Mouettes (Ch. des) . . . . DZ
Navigation (Pl. de la) . . . . DZ
Ouchy (Av. d') . . . . DZ
Port (Pl. du) . . . . DZ
Rhodanie (Av. de) . . . . DZ
Rod-Édouard (Av.) . . . . DZ
Servan (Av.). . . . . DZ
Voltaire (R.) . . . . DZ 106
Warnery (Av.) . . . . DZ 108

XX **Au Canard Pékinois** VISA MC AE

16 pl. Chauderon ✉ 1003 – ✆ 021 329 03 23 – acp1996@bluewin.ch – Fax 021 329 03 28 – fermé Noël et dimanche AX **d**

Rest – (19 CHF) Menu 40 CHF (déj.)/90 CHF – Carte 52/121 CHF

◆ Gastronomie chinoise dans une ample salle égayée de boiseries exotiques, d'antiquités du pays et d'un aquarium. Spécialité de canard pékinois, comme l'indique l'enseigne.

XX **La Grappe d'Or** VISA MC AE

3 r. Cheneau-de-Bourg ✉ 1003 – ✆ 021 323 07 60 – info@grappedor.ch – Fax 021 323 22 31 – fermé 23 décembre - 7 janvier, 20 juillet - 11 août, samedi midi et dimanche CX **a**

Rest – Menu 52 CHF (déj.) – Carte 67/106 CHF

◆ L'Italie s'invite à votre table dans ce restaurant convivial situé au bord du secteur piétonnier. Spécialités de toutes les régions transalpines ; bon choix de vins de là-bas.

Café de la Presse
2 r. Bellefontaine ✉ 1003 – ☎ 021 323 41 61 – site@restaurant-la-presse.ch – Fax 021 320 01 29 – fermé 22 décembre - 3 janvier, 2 - 17 août et dimanche CY **k**
Rest – (18 CHF) Menu 56 CHF – Carte 42/86 CHF
◆ Grande brasserie moderne et animée, prolongée par une salle un peu plus cossue. Double prestation culinaire : choix de recettes bistrotières et carte à thématique portugaise.

Au Chat Noir
27 r. Beau-Séjour ✉ 1003 – ☎ 021 312 95 85 – Fax 021 312 95 54 – fermé mi-juillet - mi-août, samedi, dimanche et fériés CY **d**
Rest – (19 CHF) – Carte 52/104 CHF
◆ À côté de l'Opéra. Conviviale atmosphère de bistrot, plats du marché notés sur des ardoises et service prévenant. Les murs en témoignent : l'endroit est apprécié des vedettes.

A la Pomme de Pin (Georges Croset)
11 r. Cité-Derrière ✉ 1005 – ☎ 021 323 46 56 – Fax 021 323 46 82 – fermé 21 juillet - 17 août, samedi midi, dimanche et fériés CX **e**
Rest – (28 CHF) Menu 55 CHF (déj.)/96 CHF – Carte 67/111 CHF
Rest *Café* – voir ci-après
Spéc. Asperges du pays et morilles fraîches (printemps). Poissons du Lac Léman selon arrivage. Chasse fraîche et truffes du Périgord (hiver). **Vins** Lavaux, La Côte
◆ Une cuisine traditionnelle raffinée s'emploie à assouvir votre appétit derrière cette façade proprette blottie dans une rue pavée reliant la cathédrale au château St-Maire.

Café – A la Pomme de Pin
11 r. Cité-Derrière ✉ 1005 – ☎ 021 323 46 56 – Fax 021 323 46 82 – fermé 21 juillet - 17 août, samedi midi, dimanche et fériés CX **e**
Rest – (19 CHF) Menu 28 CHF – Carte 50/91 CHF
◆ Café animé partageant une partie de ses installations avec le restaurant A La Pomme de Pin. Choix traditionnel, tables serrées, décor simple et bonne ambiance bistrotière.

Les Trois Rois
7 r. du Simplon ✉ 1006 – ☎ 021 616 38 22 – les_trois_rois@yahoo.fr – Fax 021 616 38 39 – fermé samedi en juillet, dimanche et fériés BY **a**
Rest – (18 CHF) – Carte 42/74 CHF
◆ Brasserie "1900" installée dans un immeuble en briques et moulures. Souvenirs du métro parisien (banquettes et porte) en salle ; beau plafond en verre peint au-dessus du bar.

à Ouchy

Beau-Rivage Palace lac,
17 pl. du Port ✉ 1006 – ☎ 021 613 33 33 – reservation@brp.ch – Fax 021 613 33 34 DZ **a**
162 ch – †440/780 CHF ††470/780 CHF, ☕ 42 CHF – 7 suites
Rest *La Rotonde* et *Café Beau-Rivage* – voir ci-après
◆ Face au lac, palace somptueux inauguré au 19e s., agrandi au 20e s. et brillamment rénové au 21e s. Grand parc, communs très stylés, chambres exquises et service "nickel" !

Angleterre et Résidence ch, ch,
11 pl. du Port ✉ 1006 – ☎ 021 613 34 34 – resi@brp.ch – Fax 021 613 34 35 – fermé 21 décembre - 6 janvier DZ **f**
75 ch – †225/360 CHF ††270/420 CHF, ☕ 30 CHF
Rest *L'Accadémia* – Menu 48/65 CHF – Carte 64/101 CHF
◆ Ressource hôtelière moderne et très fiable, offrant le choix entre deux styles de chambres : classiques d'esprit "British" ou résolument actuelles et épurées. Préparations italiennes à goûter dans une salle contemporaine aux tons ocres. Mobilier design.

Mövenpick ch, ch,
4 av. de Rhodanie ✉ 1006 – ☎ 021 612 76 12 – hotel.lausanne@moevenpick.com – Fax 021 612 76 11 DZ **e**
265 ch – †195/375 CHF ††215/430 CHF, ☕ 30 CHF – **Rest** – Menu 49 CHF (déj.)/73 CHF – Carte 41/113 CHF
◆ Immeuble moderne bâti en face du port de plaisance. Aménagements intérieurs d'esprit contemporain, diverses catégories de chambres rénovées et espace breakfast radieux. Au restaurant, propositions culinaires de notre temps et décor de même.

Nash Carlton sans rest
4 av. de Cour ✉ 1007 – ☎ 021 613 07 07 – hotel.carlton@nash-holding.com – Fax 021 613 07 10 DZ **h**
38 ch – †150/300 CHF ††150/300 CHF, ☕ 25 CHF – 6 suites
◆ Près du parc de Montriond, fière demeure ancienne modernisée dans un souci d'esthétique et de confort. Communs fringants, chambres à l'identique et suites personnalisées.

Port ch,
5 pl. du Port ✉ 1006 – ☎ 021 612 04 44 – leport@vtx.ch – Fax 021 612 04 45 – fermé 15 décembre - 24 janvier DZ **g**
22 ch ☕ – †160/190 CHF ††190/240 CHF – **Rest** – *(fermé dimanche soir d'octobre à mars)* (19,50 CHF) Menu 35 CHF (déj.)/75 CHF – Carte 43/96 CHF
◆ Estimable petit hôtel officiant au bord du Léman. Amples chambres au pimpant décor actuel. Nuitées plus calmes à l'arrière mais vue sur la place du Port et le lac à l'avant. À table, préparations classiques-traditionnelles de bon aloi. Terrasse en façade.

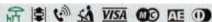

Aulac
4 pl. de la Navigation ✉ 1006 – ☎ 021 613 15 00 – aulac@cdmgroup.ch – Fax 021 613 15 15 DZ **b**
84 ch ☕ – †140/220 CHF ††190/260 CHF
Rest *Le Pirate* – (18 CHF) – Carte 38/76 CHF
◆ Établissement centenaire jouxtant le château d'Ouchy, à une encablure du port de plaisance. La moitié des chambres ont vue sur le lac et quelques-unes disposent d'un balcon. Brasserie décontractée au cadre nautique. Plats traditionnels sans effets de manche.

La Rotonde – Hôtel Beau-Rivage Palace
17 pl. du Port ✉ 1006 – ☎ 021 613 33 39 – reservation@brp.ch – Fax 021 613 33 34 – fermé 7 - 25 janvier et samedi midi DZ **a**
Rest – Menu 58 CHF (déj.)/165 CHF – Carte 99/150 CHF
Spéc. Marbré de foie gras aux asperges et morilles (printemps). Bar de ligne grillé puis flambé à l'absinthe. Canard Colvert à la goutte de sang (automne/hiver). **Vins** Morges, Rosey
◆ De la place du port, un ascenseur privé dessert ce restaurant gastronomique de l'hôtel Beau-Rivage. Fine cuisine dans le tempo actuel. Belle salle en rotonde dominant le lac.

Café Beau-Rivage – Hôtel Beau-Rivage Palace
place Général-Guisan ✉ 1006 – ☎ 021 613 33 30 – cafebar@brp.ch – Fax 021 613 33 34 DZ **c**
Rest – (28 CHF) Menu 48 CHF (déj.)/82 CHF – Carte 63/121 CHF
◆ La luxueuse brasserie du Beau-Rivage s'abrite sous des arcades. Salle feutrée et moderne. En saison, laissez-vous tenter par le banc d'écailler. Cuisine d'aujourd'hui.

La Croix d'Ouchy
43 av. d'Ouchy ✉ 1006 – ☎ 021 616 22 33 – Fax 021 617 86 13 – fermé Noël, Nouvel An, dimanche de juillet à août, samedi midi et fériés DZ **p**
Rest – (18 CHF) Menu 52 CHF (déj.)/88 CHF – Carte 63/95 CHF
◆ Cuisine italo-suisse à apprécier dans une petite salle chaleureuse et rustique accessible par un bistrot typique proposant la même carte. Service gentil ; terrasse en hauteur.

à Pully Sud-Est : 3 km – alt. 422 m – ✉ 1009 Pully

Le Prieuré
2A pl. du Prieuré – ☎ 021 728 27 40 – Fax 021 728 78 11 – fermé 21 - 31 mars, 27 juillet - 25 août, dimanche et lundi V **t**
Rest – (19 CHF) Menu 68/88 CHF – Carte 54/107 CHF
◆ Grande bâtisse typée offrant le choix entre plusieurs espaces pour passer à table : café rustique, salle classique, salle avec rôtissoire et terrasse d'été. Cuisine du moment.

au Mont-sur-Lausanne Nord, par route d'Yverdon : 5 km – alt. 702 m – ✉ 1052 Le Mont-sur-Lausanne

Auberge Communale
place du Petit-Mont – ☎ 021 653 22 31 – info@auberge-du-mont.ch – Fax 021 653 22 33 – fermé 16 - 25 février, 24 - 31 mars, 27 avril - 5 mai, 27 juillet - 18 août, dimanche et lundi
Rest – (19 CHF) Menu 52 CHF (déj.)/89 CHF – Carte 54/91 CHF
◆ Au cœur du village, café-restaurant où l'on s'attablera plus confortablement à l'arrière, dans la petite salle feutrée. Carte actuelle bien conçue mais un rien chichiteuse.

au Chalet-à-Gobet par route de Berne ① et direction Epalinges : 6 km – ✉ 1000 Lausanne 25 Le Chalet-à-Gobet

XXX **Le Berceau des Sens**
(Ecole Hôtelière de Lausanne) – ✆ 021 785 12 21 – berceaudessens@ehl.ch – Fax 021 785 11 21 – fermé 1er décembre - 3 février, 14 - 20 avril, 6 juin - 7 septembre, vendredi soir, samedi, dimanche et fériés
Rest – *(prévenir)* Menu 38 CHF – Carte 64/86 CHF
◆ Le futur "gratin" de la gastronomie suisse fait ses gammes à cette enseigne dépendant de l'École hôtelière de Lausanne. Cuisine au goût du jour et cave d'épicurien.

LAUTERBRUNNEN – Bern (BE) – 551 L9 – 2 914 Ew – Höhe 797 m – ✉ 3822 — 8 E5

Bern 69 – Interlaken 12 – Brienz 30 – Kandersteg 55

Lauterbrunnen Tourismus, Greifenbach 460, ✆ 033 856 85 68, info@lauterbrunnen.ch, Fax 033 856 85 69

Staubbachfall★★ Nord

Lauterbrunnental★★★ – Trümmelbachfälle★★★ Süd

Silberhorn
– ✆ 033 856 22 10 – info@silberhorn.com – Fax 033 855 42 13 – geschl. 29. November - 20. Dezember
32 Zim – 70/90 CHF 140/190 CHF – ½ P +35 CHF – **Rest** – (19,50 CHF) – Karte 39/81 CHF
◆ Die ruhige Lage sowie zeitgemäss ausgestattete Gästezimmer - teils mit Balkon - sprechen für dieses regionstypische Haus unter familiärer Leitung. Rustikales Restaurant mit Wintergarten.

LAVEY-VILLAGE – Vaud (VD) – 552 G12 – alt. 450 m – Stat. thermale – ✉ 1892 — 7 C6

Bern 125 – Martigny 25 – Aigle 19 – Lausanne 64 – Montreux 37

Grand Hôtel des Bains (thermales) ch, ch, rest,
Sud : 2 km
✉ 1892 Lavey-les-Bains – ✆ 024 486 15 15 – grand.hotel@lavey-les-bains.ch – Fax 024 486 15 17
68 ch – 155/195 CHF 270/340 CHF – ½ P +42 CHF – **Rest** – *(buffets seulement)* Menu 49 CHF
◆ Ce confortable établissement cumulant les fonctions de centre thermal et d'hôtel offre aux curistes la promesse d'un séjour revigorant. Ample salle à manger où l'on dresse plusieurs buffets. Agréable restaurant d'été au bord du grand bassin extérieur.

LAVIGNY – Vaud (VD) – 552 B10 – 701 h. – alt. 522 m – ✉ 1175 — 6 B5

Bern 122 – Lausanne 26 – Genève 46 – Montreux 57 – Yverdon-les-Bains 51

XX **Auberge de la Croix Blanche** avec ch — rest, rest,
25 rte du Vignoble – ✆ 021 808 86 54 – la-croix-blanche@bluewin.ch – Fax 021 808 86 58 – fermé 23 décembre - 16 janvier
3 ch – 90 CHF 150 CHF – **Rest** – *(fermé dimanche soir et lundi)* (25 CHF) Menu 65 CHF – Carte 55/106 CHF
◆ Auberge communale entièrement réaménagée. Salle de restaurant moderne à touche design et choix traditionnel annoncé de vive voix. Hébergement douillet à bon prix et, au café, petite ardoise de préparations selon les opportunités du marché. Terrasse estivale.

LAVORGO – Ticino (TI) – 553 R11 – alt. 615 m – ✉ 6746 — 9 H5

Bern 180 – Andermatt 49 – Bellinzona 43 – Brig 96

X **Alla Stazione**
via Cantonale – ✆ 091 865 14 08 – Fax 091 862 39 34 – chiuso 1° - 8 gennaio, 23 giugno - 15 luglio, domenica sera e lunedì
Rist – *(coperti limitati)* (15 CHF) Menu 28 CHF (pranzo)/80 CHF – Carta 58/80 CHF
◆ Simpatico indirizzo la cui cucina leggera è di stampo regionale con accenti mediterranei. Le piccole dimensioni della sala da pranzo impongono di riservare!

LÉCHELLES – Fribourg (FR) – 552 G8 – 503 h. – alt. 551 m – ✉ 1773 7 C4

Bern 47 – Fribourg 13 – Lausanne 51 – Neuchâtel 45

Auberge Communale

– ☎ 026 660 24 94 – Fax 026 660 24 04 – fermé Noël - Nouvel An, 1 semaine Pâques, 3 semaines juillet - août, mercredi et dimanche

Rest – (18 CHF) Menu 48 CHF (déj.)/94 CHF – Carte 72/98 CHF

◆ Près de la gare, restaurant exploité en famille, et dont la cuisine au goût du jour s'apprécie sur des tables vernies, dans une salle lumineuse, ou en terrasse, sur le devant.

LENK IM SIMMENTAL – Bern (BE) – 551 I10 – 2 337 Ew – Höhe 1 068 m – Wintersport : 1 068/2 200 m 4 18 – ✉ 3775 7 D5

Bern 84 – Interlaken 66 – Montreux 88 – Spiez 51

Lenk-Simmental Tourismus, Rawilstr. 3, ☎ 033 736 35 35, info@lenk-simmental.ch, Fax 033 733 20 27

Iffigenfall ★

Lokale Veranstaltungen :

16.02 - 17.02 : Internationale Schlittenhunderennen
11.07 - 20.07 : Jazz Tage Lenk
18.08 - 30.08 : Internationale musikalische Sommer-Akademie

Lenkerhof

Badstr. 20 – ☎ 033 736 36 36 – welcome@lenkerhof.ch – Fax 033 736 36 37 – geschl. 14. April - 29. Mai

78 Zim – 310/410 CHF 420/550 CHF – 5 Suiten – ½ P +40 CHF

Rest *Spettacolo* – *(nur Abendessen)* Menü 85/185 CHF – Karte 75/111 CHF

Rest *Oh de Vie* – Menü 45 CHF (mittags)/80 CHF – Karte 63/95 CHF

◆ Eine moderne Designereinrichtung begleitet Sie von der Hotelhalle bis in die grosszügig geschnittenen Zimmer. Sehr schön hat man den Wellnessbereich gestaltet. Klare Linien bestimmen das Ambiente im Spettacolo. Begehbarer Weinkeller. Oh de Vie mit Schauküche.

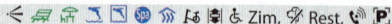

Simmenhof

Zim, Rest,

Lenkstr. 43, Nord : 2 km – ☎ 033 736 34 34 – simmenhof@bluewin.ch – Fax 033 736 34 36 – geschl. 31. März - 24. April und 3. - 27. November

40 Zim – 130/180 CHF 225/320 CHF – ½ P +45 CHF – **Rest** – (22 CHF) Menü 36/80 CHF – Karte 52/95 CHF

◆ Die Zimmer dieses etwas ausserhalb des Ortes gelegenen Hotels sind mit hellem, massivem Holzmobiliar modern-rustikal gestaltet. Recht geräumig: die Juniorsuiten. Das Restaurant teilt sich in nach Schweizer Regionen benannte Stuben. Die Küche: traditionell.

Sporthotel Betelberg

Rest,

Rawilstrasse – ☎ 033 736 33 33 – reception@sporthotelbetelberg.ch – Fax 033 736 33 30 – geschl. 6. April - 24. Mai und 12. Oktober - 15. November

40 Zim – 90/118 CHF 180/236 CHF – ½ P +35 CHF – **Rest** – *(geschl. mittags im Winter von Montag - Freitag)* Menü 35 CHF – Karte 43/86 CHF

◆ Das Haus liegt inmitten eines schönen Gartens mit Schwimmbad, grossem Schachfeld und einem beleuchteten Beachvolleyballplatz. Praktisch eingerichtete Zimmer. Gemütliches Restaurant mit dunkler Holztäfelung und traditioneller Karte.

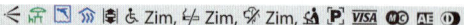

Kreuz

Zim, Zim, Zim,

Aegertenstr. 1 – ☎ 033 733 13 87 – info@kreuzlenk.ch – Fax 033 733 13 40

78 Zim – 100/145 CHF 190/254 CHF – ½ P +42 CHF – **Rest** – (14 CHF) Menü 21 CHF (mittags)/42 CHF – Karte 38/77 CHF

◆ Die Zimmer dieses zentral gelegenen Hauses sind solide und praktisch möbliert - einige etwas rustikaler mit Kiefernholz eingerichtet - teils mit Balkon. Bürgerlich-rustikal: Restaurant Säumer, Buffet-Restaurant und Kreuz-Stube. Traditionelles Angebot.

Wildstrubel

Rest,

Lenkstr. 8 – ☎ 033 736 31 11 – info@wildstrubel.ch – Fax 033 733 31 51 – geschl. Mitte Oktober - Mitte Dezember und 7. April - 30. Mai

46 Zim – 81/116 CHF 162/232 CHF – ½ P +35 CHF – **Rest** – (18 CHF) Menü 28 CHF (mittags)/56 CHF – Karte 40/87 CHF

◆ Das familiengeführte, im regionstypischen Chalet-Stil erbaute Haus beherbergt Sie in solide möblierten Gästezimmern - zur Südseite mit Holzbalkonen. Zeitlos gestaltetes Restaurant mit traditioneller Küche.

LENZBURG – Aargau (AG) – 551 N5 – 7 568 Ew – Höhe 406 m – ✉ 5600 4 F3

Bern 93 – Aarau 12 – Baden 16 – Luzern 58 – Zürich 36

Krone

Zim, VISA

Kronenplatz 20 – ☎ 062 886 65 65 – mail@krone-lenzburg.ch – Fax 062 886 65 00 – geschl. über Weihnachten

70 Zim – 175/195 CHF 225 CHF

Rest *Charly* – (21 CHF) – Karte 52/110 CHF

◆ Der aus drei Gebäuden bestehende Gasthof liegt am Rand des Ortskerns. Zeitgemässe und funktionelle Zimmer gibt es sowohl im Altbau wie auch im Neubau. Nischen, Erker und eine schöne Täferung machen das Charly gemütlich.

Ochsen

VISA

Burghaldenstr. 33 – ☎ 062 886 40 80 – info@ochsen-lenzburg.ch – Fax 062 886 40 70 – geschl. 22. Dezember - 7. Januar

21 Zim – 125/145 CHF 170/190 CHF – **Rest** – *(geschl. Sonntag und Montag)* (22 CHF) Menü 49/70 CHF – Karte 49/60 CHF

◆ Dieses Hotel wird bereits in der vierten Generation von der Familie geführt. Die Gästezimmer sind individuell und teilweise modern gestaltet. Traditionell-bürgerlich, aber auch modern ist die Ochsenstube.

Rosmarin

Rathausgasse 13 – ☎ 062 892 46 00 – info@restaurant-rosmarin.ch – Fax 062 892 46 01 – geschl. 23. Dezember - 2. Januar, 27. September - 13. Oktober, Sonntag und Montag

Rest – *(nur Abendessen ausser Dienstag und Freitag)* (19,50 CHF) Menü 31 CHF (mittags)/90 CHF – Karte 63/109 CHF

◆ Die Innenausstattung dieses Restaurants orientiert sich ganz an seinem Namensgeber, so wurde es in dunklen Tönen ansprechend eingerichtet. Das Speisenangebot ist mediterran.

LENZERHEIDE (LAI) – Graubünden (GR) – 553 V9 – Höhe 1 476 m – Wintersport : 1 475/2 865 m 2 25 – ✉ 7078 10 I4

Bern 263 – Chur 21 – Andermatt 113 – Davos 41 – Sankt Moritz 63

Lenzerheide Tourismus, via principala 68, ☎ 081 385 11 20, info@lenzerheide.com, Fax 081 385 11 21

Lenzerheide, Süd: 2 km, ☎ 081 385 13 13

Lage★★

Schweizerhof

Rest, Rest, VISA

via principala 39 – ☎ 081 385 25 25 – info@schweizerhof-lenzerheide.ch – Fax 081 385 26 26 – geschl. 6. - 29. April

74 Zim – 160/310 CHF 260/520 CHF – ½ P +55 CHF – **Rest** – (18 CHF) – Karte 51/100 CHF

◆ Der Neubau dieses komfortablen Hotels besticht durch besonders geschmackvolle Zimmer in warmem, modernem Design und den BergSpa auf 1500 qm - Herzstück ist der 450-qm-Hamam. Zum gastronomischen Bereich gehört u. a. das Restaurant 7078 mit Showküche.

Lenzerhorn

VISA

via principala 41 – ☎ 081 385 86 87 – info@hotel-lenzerhorn.ch – Fax 081 385 86 88 – geschl. 13. April - 9. Mai

39 Zim – 96/295 CHF 196/485 CHF – ½ P +45 CHF – **Rest** – (19,50 CHF) – Karte 49/108 CHF

◆ Dieses Hotel in Zentrallage bietet helle, modern und funktionell gestaltete Zimmer. Grosse Fenster mit schöner Aussicht. Junior-Suiten. Der Gast speist im freundlich gestalteten Restaurant oder auf der Terrasse.

Spescha

via principala 60 – ☎ 081 385 14 24 – info@hotel-spescha.ch – Fax 081 385 14 40 – geschl. Mai

11 Zim – 80/190 CHF 130/296 CHF – 4 Suiten – ½ P +35 CHF – **Rest** – (19,50 CHF) Menü 44/58 CHF – Karte 37/84 CHF

◆ Das familiär geführte kleine Haus liegt im Zentrum. Die mit Tannenholzmobiliar hell eingerichteten, zeitgemässen Zimmer verfügen über eine wohnliche Sitzecke. Im Restaurant strahlen Kachelofen und Stabellen Gemütlichkeit aus.

Collina Zim,

via val sporz 9 – 081 384 18 17 – info@hotelcollina.ch – Fax 081 384 62 09 – geschl. Ende Oktober - Mitte Dezember und 7. April - 7. Juni

24 Zim – 90/145 CHF 130/290 CHF – ½ P +40 CHF – **Rest** – (19,50 CHF) Menü 58 CHF (abends) – Karte 54/90 CHF

◆ In diesem traditionellen Familienbetrieb bezieht der Gast überwiegend helle, zeitgemässe Hotelzimmer, teils mit Balkon oder Terrasse. Im rustikalen Restaurant mit schöner Holzdecke serviert man internationale Küche.

La Riva

via Davos Lai 27 – 081 384 26 00 – la-riva@bluewin.ch – Fax 081 384 26 22 – geschl. 6. April - 5. Juni, 26. Oktober - 4. Dezember und Montag ausser Hochsaison

Rest – (29 CHF) – Karte 60/125 CHF

◆ Hell und freundlich präsentiert sich dieses modern-rustikal eingerichtete Restaurant nicht weit vom Seeufer. Neben zeitgemässen Speisen bietet man auch Traditionelles.

Scalottas - La Scala

via principala 39 – 081 384 21 48 – info@scalottas-lenzerheide.ch – geschl. Mitte Mai - 30. Juni, Mitte Oktober - 30. November, Montag in der Zwischensaison und Dienstag - Mittwoch im Sommer ausser Mitte Juli - Mitte August

Rest – *(nur Abendessen)* Karte 49/89 CHF

Rest *Bündnerstube* – *(geschl. April - November) (nur Abendessen)* Karte 47/82 CHF

◆ Mediterrane Küche in modern-trendigem Ambiente bietet Ihnen das in warmen Tönen gestaltete Restaurant La Scala. Zu den Spezialitäten der rustikalen Bündnerstube gehören neben regionalen Gerichten vor allem Fondues und Raclette.

in Sporz Süd-West : 2,5 km – ✉ 7078 Lenzerheide/Sporz

Guarda Val

via Sporz – 081 385 85 85 – hotel@guardaval.ch – Fax 081 385 85 95 – geschl. 30. März - 6. Juni und 19. Oktober - 12. Dezember

16 Zim – 190/360 CHF 290/440 CHF – 16 Suiten – ½ P +90 CHF

Rest *Guarda Val* – separat erwähnt

Rest *Crap Naros* – *(geschl. Dienstag)* Karte 48/100 CHF

◆ Das schöne ehemalige Maiensäss mit dazugehörenden Bauernhäusern und Ställen ist ein angenehmes und komfortables Domizil inmitten der ruhigen Bergwelt. Die urchige Atmosphäre eines Bündnerbeizlis herrscht im Crap Naros.

Restaurant Guarda Val

via Sporz – 081 385 85 85 – hotel@guardaval.ch – Fax 081 385 85 95 – geschl. 30. März - 6. Juni und 19. Oktober - 12. Dezember

Rest – *(mittags nur kleine Karte)* Menü 149 CHF (abends) – Karte 109/155 CHF

Spez. Mosaik von Gänseleber und Trüffel mit Brioche. Bretonischer Steinbutt und Langustinen im Reisblatt mit Estragonsauce. Rehrücken im Salzteig mit Koriander-Gänseleberbersauce auf geschmortem Wurzelgemüse. **Weine** Fläscher, Malanser

◆ In diesem Restaurant mit gemütlich-rustikalem Charakter, der durch die dunklen alten Holzbalken unterstrichen wird, bewirtet man den Gast mit einer guten zeitgemässen Küche.

in Tgantieni Süd-West : 3.5 km – Höhe 1 755 m – ✉ 7078 Lenzerheide

Berghotel Tgantieni Tal und Berge, Rest, Rest,

via Tgantieni 17 – 081 384 12 86 – info@tgantieni.ch – Fax 081 384 32 51 – geschl. Mitte Oktober - Mitte Dezember und 6. April - 28. Juni

15 Zim – 80/120 CHF 140/210 CHF – ½ P +30 CHF – **Rest** – *(geschl. Mittwoch und Donnerstag von Ende Juni bis Ende Oktober)* (17 CHF) – Karte 41/76 CHF

◆ Schön liegt das Berghaus über dem Tal, direkt neben der Skipiste. Die hellen, freundlichen Gästezimmer bieten zeitgemässen Komfort. Rustikales Restaurant mit traditionellem Angebot.

in Valbella **Nord : 3 km – Höhe 1 546 m – ✉ 7077 Valbella**

Posthotel ← Rest, VISA AE
via principala 11 – ☎ 081 385 12 12 – info@posthotelvalbella.ch – Fax 081 385 12 13 – geschl. 15. April - 30. November
17 Zim – †170/260 CHF ††280/410 CHF – ½ P +50 CHF
Rest *Stoiva* – *(nur Abendessen)* Karte 73/123 CHF
Rest *Mamma Mia* – Karte 45/82 CHF
◆ Das stattliche Gebäude im beliebten Winterferienort beherbergt geschmackvoll gestaltete, angenehm-rustikale Zimmer mit gutem Komfort. Durch viel helles Naturholz wirkt die Stoiva freundlich. Hier kosten Sie zeitgemässe Küche. Italienisches im Mamma Mia.

Valbella Inn ← Rest, Rest, VISA AE
via selva 3 – ☎ 081 384 36 36 – hotel@valbellainn.ch – Fax 081 384 40 04 – geschl. Ende Oktober - Anfang Dezember und 6. April - 24. Mai
28 Zim – †85/195 CHF ††170/300 CHF – 23 Suiten – **Rest** – (17 CHF) Menü 55 CHF (abends) – Karte 42/110 CHF
◆ Das Haus im Chaletstil in ruhiger Lage - ein Kidshotel - verfügt über rustikale oder zeitlos-funktionelle Zimmer und Appartements, meist mit Balkon und kleiner Kitchenette. In hellen Farben gestaltetes Restaurant mit Aussichtsterrasse.

Seehof ← Rest, VISA
via Davos Lai 26 – ☎ 081 384 35 35 – hotel@seehof-valbella.ch – Fax 081 384 34 88 – geschl. nach Ostern 6 Wochen
27 Zim – †120/216 CHF ††200/292 CHF – ½ P +55 CHF – **Rest** – (36 CHF) – Karte 86/126 CHF
◆ Ruhig an der Seeuferstrasse liegt dieses Haus. Hier beziehen Sie helle, wohnliche Zimmer mit rustikalen Arvenholzmöbeln. Balkone mit schönem Ausblick. Angenehmen, persönlichen Service beim Genuss klassischer Gerichte verspricht das gemütliche Restaurant.

LEUKERBAD (LOÈCHE-LES-BAINS) – Wallis (VS) – 552 K11 – 1 431 Ew – Höhe 1 404 m – Wintersport : 1 411/2 700 m 3 9 – Kurort – ✉ 3954 8 E6

Bern 101 – Brig 47 – Interlaken 81 – Sierre 27 – Sion 43
Leukerbad Tourismus, Rathausstr. 8, ☎ 027 472 71 71, info@leukerbad.ch, Fax 027 472 71 51

Lokale Veranstaltungen :
19.01 : Fire and Snow Festival, inmitten der Winterwelt auf Torrent
27.07 : Schäferfest auf dem Gemmipass

Les Sources des Alpes ← (Thermalbäder) Rest, VISA AE
Tüftstr. 17 – ☎ 027 472 20 00 – hotel@sourcesdesalpes.ch – Fax 027 472 20 01 – geschl. April
26 Zim – †310/390 CHF ††430/570 CHF – 4 Suiten – ½ P +75 CHF
Rest *La Malvoisie* – Menü 65 CHF (mittags)/135 CHF – Karte 87/140 CHF
◆ Geschmackvoll eingerichtete, grosse Gästezimmer sowie die herrlich ruhige Lage machen dieses komfortable Haus zu einer sehr angenehmen Adresse. Tolle Aussicht. Vornehm ist die Atmosphäre in dem hell gestalteten Restaurant.

Bristol ← (Thermalbäder) Zim, Rest, VISA AE
Rathausstr. 51 – ☎ 027 472 75 00 – info@bristolhotel.ch – Fax 027 472 75 52 – geschl. 6. - 30. April
78 Zim – †140/180 CHF ††240/320 CHF – ½ P +60 CHF – **Rest** – Menü 60/158 CHF – Karte 61/98 CHF
◆ Die zwei Gebäude mit schönem grossem Garten-Poolbereich sind ruhig am Dorfrand gelegen. Die Zimmer des Haupthauses sind modern möbliert, die im Annex hell ausgestattet.

Lindner Hotels & Alpentherme (Thermalbäder) Rest, Rest, VISA AE
Dorfplatz 1 – ☎ 027 472 10 00 – info@lindnerhotels.ch – Fax 027 472 10 01
135 Zim – †109/269 CHF ††219/549 CHF – ½ P +50 CHF
Rest *Sacré Bon* – *(geschl. Montag)* Karte 52/90 CHF
◆ Vorzüge dieses aus drei unterirdisch miteinander verbundenen Häusern bestehenden Hotels sind geräumige und elegante Zimmer sowie der direkte Zugang zur Alpentherme. Traditionelle Küche im Nichtraucherrestaurant Sacré Bon mit schöner Terrasse.

Grichting und Badnerhof Rest, VISA
Kurparkstr. 13 – 027 472 77 11 – info@grichting-hotels.ch – Fax 027 470 22 69
44 Zim – 100/125 CHF 195/250 CHF – ½ P +38 CHF
Rest *La Terrasse* – (18 CHF) Menü 20 CHF (mittags)/65 CHF – Karte 42/96 CHF
◆ Die beiden Chalets liegen einander gegenüber. Den Gast erwarten ansprechend gestaltete Zimmer und ein netter Wellnessbereich zum Entspannen. Im La Terrasse verwöhnt man Sie beim Essen mit dezenter Livemusik.

Waldhaus-Grichting Rest, Rest, VISA
Promenade 17 – 027 470 32 32 – info@hotel-waldhaus.ch – Fax 027 470 45 25
16 Zim – 125/145 CHF 227/261 CHF – ½ P +28 CHF – **Rest** – *(geschl. Mittwoch in Zwischensaison und von Mai bis Mitte Juni auch Dienstag)* (18 CHF) Menü 38 CHF (abends) – Karte 42/98 CHF
◆ Das ruhig ausserhalb des Zentrums gelegene Chalet beherbergt seine Gäste in Zimmern mit hellem rustikalem Massivholzmobiliar und behaglicher Atmosphäre. Gemütlich-rustikales Restaurant mit bemerkenswerter Bordeaux-Weinkarte.

Viktoria garni VISA AE
Pfolongstutz 2 – 027 470 16 12 – hotel@viktoria-leukerbad.ch – Fax 027 470 36 12 – geschl. Ende November - 22. Dezember und 6. April - 1. Mai
20 Zim – 98/123 CHF 180/230 CHF
◆ Wohnlicher und moderner Stil kennzeichnet die Gästezimmer dieser familiären Adresse am Burgerbad (freier Eintritt für Hausgäste). Alle Zimmer mit Balkon, teils mit Talsicht.

LEYSIN – Vaud (VD) – 552 G11 – 2 998 h. – alt. 1 268 m – Sports d'hiver : 1 350/2 205 m 1 12 – ✉ 1854 7 C6

Bern 121 – Montreux 33 – Aigle 17 – Genève 125 – Lausanne 59 – Martigny 45 – Spiez 90

Leysin Tourisme, place Large, 024 493 33 00, info@leysin.ch, Fax 024 493 33 01

Site★★

Manifestations locales : 19.07 - 21.07 : Leysin Music Panorama, festival de musique folklorique au sommet de la Berneuse

Classic Hôtel ch, ch, rest, VISA AE
– 024 493 06 06 – reception@classic-hotel.ch – Fax 024 493 06 93 – fermé 1er - 22 décembre
115 ch – 135/200 CHF 220/320 CHF – ½ P +35 CHF – **Rest** – *(fermé 1er - 22 décembre, 1er avril - 31 mai et 30 juin - 15 août)* (18 CHF) Menu 30 CHF (déj.)/40 CHF – Carte 38/80 CHF
◆ Hôtel fréquenté par la clientèle d'affaires, à son aise dans les chambres au confort moderne et les salles de séminaire dotées d'équipements de pointe. La salle à manger jouit d'une belle vue sur les cimes rocheuses et les bas versants boisés. Carte classique.

Le Grand Chalet Dents du Midi et Les Diablerets, VISA AE
à Feydey, Ouest : 1 km – 024 493 01 01 – hotel.grand-chalet@bluewin.ch – Fax 024 494 16 14 – fermé mi-octobre - mi-décembre et 7 avril - 9 mai
30 ch – 110/140 CHF 160/200 CHF – ½ P +30 CHF – **Rest** – (19 CHF) Menu 31/45 CHF – Carte 41/101 CHF
◆ Chalet à flanc de montagne scrutant les Dents du Midi et les fières murailles des Diablerets. Chambres ensoleillées avec petit coin salon. Tranquillité assurée. Restaurant rustique, salle réservée aux fondues et terrasse panoramique.

LEYTRON – Valais (VS) – 552 H12 – 2 128 h. – alt. 497 m – ✉ 1912 7 D6

Bern 144 – Martigny 16 – Montreux 55 – Sion 16

Les Vergers VISA AE
1 rte de Saillon – 027 306 30 62 – vergersdelice@bluewin.ch – Fax 027 306 80 47 – fermé dimanche soir et mardi
Rest – Menu 49 CHF – Carte 58/90 CHF
Rest *Café* – (16 CHF) Menu 49 CHF – Carte 46/87 CHF
◆ Maison vénérable misant sur deux formules de restauration dans une ambiance familiale. Salle classiquement agencée où l'on fait des repas assez élaborés. Café servant des plats simples volontiers inspirés par le terroir.

LIEBEFELD – Bern – 551 J7 – siehe Bern

LIECHTENSTEIN – (FÜRSTENTUM) – 551 V-W6-7 – 553 V-W6-7 – siehe Seite 498

LIESTAL K – Basel-Landschaft (BL) – 551 L4 – 12 930 Ew – Höhe 327 m – ✉ 4410 3 E2

Bern 82 – Basel 20 – Aarau 52 – Baden 59 – Olten 37 – Solothurn 51

Tourismus-Information, Rathausstr. 76, ✆ 061 921 58 07, info@drehscheibeliestal.ch, Fax 061 921 58 57

Altstadt★

Oltingen★ Süd-Ost : 20 km

Lokale Veranstaltungen : 10.02 : Kienbesen-Umzug, Brauchtum

Engel Zim, Zim, VISA MC AE D

Kasernenstr. 10 – ✆ 061 927 80 80 – info@engel-liestal.ch – Fax 061 927 80 81

49 Zim – 140/200 CHF 190/270 CHF – ½ P +40 CHF

Rest *Raphael's* – Menü 45 CHF (mittags) – Karte 45/98 CHF

Rest *Le Papillon / Taverne* – (19,50 CHF) – Karte 37/82 CHF

◆ Moderne und komfortable Zimmer mit hellem Buchenholzmobiliar bietet dieses Hotel im Stadtzentrum, das man über einen grosszügig gehaltenen Empfangsbereich betritt. Elegant präsentiert sich das Raphael's. Hell und freundlich Le Papillon, rustikal die Taverne.

in Bad Schauenburg Nord-West : 4 km – Höhe 486 m – ✉ 4410 Liestal

Bad Schauenburg P VISA MC AE D

Schauenburgerstr. 76 – ✆ 061 906 27 27 – hotel@badschauenburg.ch – Fax 061 906 27 00 – geschl. 20. Dezember - 14. Januar und Sonntagabend

34 Zim – 135/185 CHF 200/250 CHF – ½ P +55 CHF – **Rest** – Menü 55 CHF (mittags)/116 CHF – Karte 83/120 CHF

◆ Angenehm ruhig liegt das schmucke historische Gebäude in einem schönen Park. Die Gästezimmer wurden zurückhaltend elegant wie auch funktionell eingerichtet. Teil des Restaurants ist das hübsche Stübli im Louis-Philippe-Stil. Festlich: der Schauenburger Saal.

LIGNIÈRES – Neuchâtel (NE) – 552 H6 – 914 h. – alt. 802 m – ✉ 2523 2 C4

Bern 54 – Neuchâtel 20 – Delémont 69 – Fribourg 53 – Solothurn 47

Hôtel de Commune VISA MC

2 pl. du Régent – ✆ 032 751 22 62 – info@lacommune.net – fermé 24 décembre - 2 janvier, 23 juillet - 10 août, mercredi soir, samedi midi et dimanche

Rest – (14 CHF) Menu 52 CHF (déj.)/90 CHF – Carte 43/86 CHF

◆ Belle maison aux volets peints, dont le droit d'auberge remonte à 1681. Salle en noir et blanc mariant l'ancien et le moderne, cuisine actuelle, chef voyageur officiant à vue.

LINDAU – Zürich (ZH) – 551 Q4 – 4 072 Ew – Höhe 530 m – ✉ 8315 4 G2

Bern 138 – Zürich 18 – Kloten 9 – Rapperswil 39 – Winterthur 12

Rössli (Rolf Grob) P VISA MC AE D

Neuhofstr. 3 – ✆ 052 345 11 51 – roesslilindau@duebinet.ch – Fax 052 345 11 26 – geschl. 24. - 28. Dezember, 4. - 11. Februar, 4. - 17. August, Sonntag und Montag

Rest – (28 CHF) Menü 39 CHF (mittags)/119 CHF – Karte 72/136 CHF

Spez. Spargeln aus der Region (April - Juni). Süsswasserfische aus den umliegenden Seen nach Tagesfang. Charolais Rindsfilet ab Hof in verschiedenen Variationen. **Weine** Zürcher Weinland

◆ Im schönen Riegelhaus mit seinen 3 verschiedenen Stuben schätzt der Geniesser eine kreative mediterrane Küche sowie traditionelle Speisen aus der Region.

Frühstück inklusive? Die Tasse steht gleich hinter der Zimmeranzahl.

LINTHAL – Glarus (GL) – 551 S8 – 1 200 Ew – Höhe 648 m – ✉ 8783 5 H4

Bern 199 – Chur 88 – Glarus 17 – Sankt Gallen 107 – Zürich 87

West 3,5 km Richtung Klausenpass :

Bergli mit Zim ← Linthal und Berge, Zim,
an der Passstrasse – ☎ 055 643 33 16 Zim, VISA MC AE
– info@giorgio.ch – Fax 055 643 33 44 – geschl. Montag - Freitag von November - März
3 Zim – 80 CHF 130 CHF – ½ P +65 CHF – **Rest** – *(Tischbestellung ratsam)* Menü 35 CHF (mittags)/72 CHF – Karte 42/90 CHF
♦ Oberhalb des Ortes liegt das Haus mit schöner Sicht auf Tal und Bergwelt, auch Klausenrennen sind von hieraus zu sehen. Eigene Lachsräucherei. Einfache Zimmer.

LOCARNO – Ticino (TI) – 553 Q12 – 14 561 ab. – alt. 205 m – Sport invernali : a Cardada : 1 340/1 670 m 1 3 – ✉ 6600 9 H6

Bern 239 – Lugano 46 – Andermatt 107 – Bellinzona 24 – Domodossola 49

Ente Turistico Lago Maggiore, Largo Zorzi 1, ☎ 091 791 00 91, buongiorno@maggiore.ch, Fax 091 785 19 41 BZ

Ascona, Est: 6,5 km, ☎ 091 791 21 32 ;

Gerre Losone Losone, Ovest: 6 km per strada Centovalli, ☎ 091 785 10 90

Lago Maggiore★★★ BZ – ←★★ dall'Alpe di Cardada Nord per funivia – Monte Cimetta★★ : ✻★★ Nord per seggiovia AY – Santuario della Madonna del Sasso★ : ← AY per via ai Monti della Trinità o per funicolare (6 km)

Circuito di Ronco★★ : ←★★ sul lago dalla strada per Losone e Ronco – Itinerario nella Vallemaggia★★ (Maggia : affreschi★ della chiesa di Santa Maria delle Grazie) – Itinerario nella Val Verzasca★ (Corippo★, Brione : affreschi★ della chiesa) – Itinerario nelle Centovalli★

Manifestazioni locali : 06.08 - 16.08 : Festival internazionale del Film

Pianta pagina seguente

Belvedere ← Locarnese e monti, AC
via ai Monti della Trinità 44 – rist, P VISA MC AE
☎ 091 751 03 63 – info@belvedere-locarno.com – Fax 091 751 52 39
76 cam – 165/280 CHF 280/370 CHF – 5 suites – ½ P +40 CHF – **Rist** – (20 CHF) – Carta 59/88 CHF AY **z**
♦ Dimora storica dell'alto lago da cui è possibile scorgere la città dal giardino fiorito con piscina. Camere ampie e moderne: preferite quelle con vista lago. Diversi ambienti dedicati alla ristorazione, ma il menù di taglio tradizionale non cambia.

Ramada Hotel Arcadia ← AC cam, rist,
Lungolago G. Motta – ☎ 091 756 18 18 VISA MC AE
– arcadia@ramada-treff.ch – Fax 091 756 18 28 – chiuso novembre - febbraio
57 cam – 160/200 CHF 260/340 CHF – 33 suites – ½ P +42 CHF – **Rist** – Menu 17 CHF (pranzo)/58 CHF – Carta 49/89 CHF BZ **a**
♦ Costruzione funzionale, in centro, di fronte al lago Maggiore. Le spaziose camere sono attuali, luminose, arredate con mobilio di legno chiaro. Ristorante totalmente rinnovato ed ambiente fresco, piacevole. Cucina tradizionale con forti accenti regionali.

Du Lac senza rist ← AC VISA MC AE
via Ramogna 3 – ☎ 091 751 29 21 – info@du-lac-locarno.ch – Fax 091 751 60 71 BZ **d**
31 cam – 95/165 CHF 154/230 CHF
♦ Proprio nel centro cittadino, hotel con camere diverse per dimensioni, dagli arredi moderni. Al primo piano, sala per la colazione da cui si accede ad una bella terrazza.

La Cittadella con cam AC rist, rist, VISA MC AE
via Cittadella 18, (1° piano) – ☎ 091 751 58 85 – info@cittadella.ch – Fax 091 751 77 59 – chiuso lunedì AZ **r**
10 cam – 60/100 CHF 120/160 CHF
Rist – Menu 82 CHF – Carta 73/97 CHF
Rist *La Trattoria* – (18 CHF) – Carta 49/81 CHF
♦ Vecchia casa di stile rustico ed elegante, con travi a vista anche nelle poche camere a disposizione. Offerta culinaria tradizionale. Un ambiente più tipico alla Trattoria del Cittadella per una cucina di stampo italiano con l'immancabile pizza!

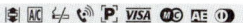

Ballerini (V. F.) . . . . . BY 3
Balli (V. F.) . . . . . BZ 4
Cittadella (V.) . . . . . AZ 7
Collegiatta (V. della) . . . . . BY 9
Grande (Pza) . . . . . ABZ
Motta (V. della) . . . . . AZ 10
Municipio (V. del) . . . . . BY 12
Ramogna (V.) . . . . . BZ 13
S. Antonio (V.) . . . . . AZ 15
Vallemaggia (V.) . . . . . AZ 16

Bistrot Latino

via Marcacci 9 – ✆ 091 751 01 70 – rist.bistrotlatino@bluewin.ch – chiuso 15 - 30 agosto, sabato a mezzogiorno e domenica AZ **a**

Rist – Menu 22 CHF (pranzo)/75 CHF – Carta 49/90 CHF

◆ Moderno bistrot, nella parte antica della città, con una bella terrazza e proposte gastronomiche prevalentemente mediterranee: originali e gustose.

a Muralto – alt. 208 m – ✉ 6600 Muralto

Ramada Hotel La Palma au Lac rist,

viale Verbano 29 – ✆ 091 735 36 36 – palma@ramada-treff.com – Fax 091 735 36 16 – chiuso fino 11 marzo per transformazione BY **v**

68 cam – 🛉210/340 CHF 🛉🛉210/340 CHF, 25 CHF – ½ P +42 CHF – **Rist** – (17 CHF) Menu 46 CHF – Carta 46/79 CHF

◆ Situato di fronte al lago, albergo con camere di diverso stile alcune arredate con mobili in cuoio, funzionali altre con mobili più classici, di legno intarsiato. Dall'ampia hall si accede al ristorante, per il pranzo si può approfittare della zona caffè.

Rio senza rist

via Collegiata 1 – ✆ 091 743 63 31 – info@hotel-rio.ch – Fax 091 743 63 33 – chiuso metà novembre - 18 febbraio BY **t**

14 cam – 🛉99/180 CHF 🛉🛉159/219 CHF

◆ Costruzione Liberty, nei pressi della stazione. Belle camere, spaziose e tutte di colori diversi, arredate con mobili di legno massiccio, allestite in maniera accogliente.

Millennium senza rist
via Dogana Nuova 2 – 091 759 67 67 – info@millennium-hotel.ch – Fax 091 759 67 68 BZ **e**
11 cam – 110/225 CHF 150/280 CHF
◆ Di fronte all'imbarcadero, lasciatevi viziare in questa piccola bomboniera, familiare e personalizzata, nella quale vivere richiami al jazz. Camere piccole e confortevoli.

Piccolo Hotel senza rist
via Buetti 11 – 091 743 02 12 – info@piccolo-hotel.ch – Fax 091 743 21 98 – chiuso inizio novembre - 1° marzo BY **r**
21 cam – 85/140 CHF 160/190 CHF
◆ Piccolo... indirizzo simpatico e familiare, situato in una stradina laterale non lontano dal centro. Camerette arredate con mobilio bianco, di stile mediterraneo.

Camelia cam, rist, rist,
via G.G. Nessi 9 – 091 743 00 21 – hotel@camelia.ch – Fax 091 743 00 22 – chiuso fine ottobre - 1° marzo BY **a**
41 cam – 98/120 CHF 176/220 CHF – ½ P +30 CHF – **Rist** – (16 CHF) Menu 36 CHF (cena) – Carta 34/65 CHF
◆ Lasciatevi avvolgere dall'atmosfera Liberty di questa vecchia villa ristrutturata negli anni. Propone nuove camere, essenziali e ben arredate in stile moderno.

Osteria del Centenario
viale Verbano 17 – 091 743 82 22 – osteriacentenario@bluewin.ch – Fax 091 743 18 69 – chiuso 4 - 17 febbraio, 3 - 16 novembre e domenica
Rist – Menu 65 CHF – Carta 59/106 CHF BY**m**
◆ Piacevole terrazza sul lungolago, per un ristorante accogliente e luminoso che vi stupirà con ricette squisitamente mediterranee, rivisitate e corrette.

Osteria Chiara
Vicolo dei Chiara 1 – 091 743 32 96 – osteriachiara@hotmail.com – Fax 091 743 32 96 – chiuso 22 giugno - 8 luglio, 9 - 25 novembre, domenica e lunedì escluso in agosto BY **b**
Rist – (29 CHF) Menu 68 CHF – Carta 59/83 CHF
◆ Tradizionale grotto, un po' defilato in una stradina del centro storico, propone una cucina regionale.

ad Orselina Nord : 2 km – alt. 406 m – 6644 Orselina

Mirafiori rist, rist,
via al Parco 25 – 091 743 18 77 – info@mirafiori.ch – Fax 091 743 77 39 – chiuso fine ottobre - 19 marzo AY **h**
25 cam – 120/145 CHF 200/260 CHF – ½ P +28 CHF – **Rist** – Menu 42 CHF (cena) – Carta 42/80 CHF
◆ Allungati attorno alla piscina, lasciatevi trasportare verso mete lontane dal profumo intenso dei fiori esotici i cui colori ravvivano anche le camere. Giardino a terrazze. Dalla gradevole terrazza del ristorante si gode una vista imperdibile.

Stella Locarnese, rist, rist,
via al Parco 14 – 091 743 66 81 – info@hotelstella.ch – Fax 091 743 66 83 – chiuso inizio novembre - 10 marzo AY **a**
35 cam – 85/127 CHF 136/286 CHF – ½ P +28 CHF – **Rist** – (22 CHF) Menu 32 CHF (cena) – Carta 34/63 CHF
◆ Situato nella parte superiore di Locarno, dispone di un bel giardino fiorito con piscina. Camere e bagni totalmente rinnovati e arredati con mobilio moderno. Andate fino alla terrazza e cenate cercando la vostra "Stella"! Cucina tradizionale.

a Minusio per ① : 2 km – alt. 246 m – 6648 Minusio

Esplanade Lago Maggiore e monti,
via delle Vigne 149 – 091 735 85 85 rist,
– reservations@esplanade.ch – Fax 091 735 85 86 – chiuso 1° dicembre - 29 febbraio
75 cam – 155/220 CHF 270/430 CHF – ½ P +45 CHF – **Rist** – Menu 35 CHF (pranzo)/55 CHF – Carta 44/87 CHF
◆ Struttura del 1913 in stile Liberty, totalmente rinnovata. Oltre a moderne infrastrutture, offre un grande centro wellness e tutto per la vostra salute. La sala da pranzo classica e la terrazza dell'albergo vi faranno scoprire la saporita cucina.

Alba senza rist
via Simen 58 – ✆ 091 735 88 88 – albahotel@bluewin.ch – Fax 091 735 88 99 – chiuso metà novembre - metà marzo
35 cam – 90/130 CHF 180/240 CHF
◆ Albergo dalle linee architettoniche d'avanguardia che si prolungano nell' altrettanto moderna sala per le colazioni. Belle camere spaziose: preferite quelle a sud, con balcone.

Remorino senza rist
via Verbano 29 – ✆ 091 743 10 33 – albergo@remorino.ch – Fax 091 743 74 29 – chiuso metà novembre - 29 febbraio
25 cam – 85/160 CHF 170/340 CHF
◆ Hall signorile e aperta direttamente verso la terrazza e il rigoglioso giardino. Camere arredate con mobilio in legno scuro, alcune completamente rinnovate, tutte vista lago.

Navegna cam,
via alla Riva 2 – ✆ 091 743 22 22 – hotel@navegna.ch – Fax 091 743 31 50 – chiuso inizio novembre - 20 marzo
20 cam – 100/120 CHF 170/250 CHF – ½ P +30 CHF – **Rist** – *(chiuso martedì escluso da fine giugno - inizio settembre)* Menu 64 CHF (cena) – Carta 50/91 CHF
◆ Sito proprio in riva al lago. Camere non molto grandi arredate con mobili chiari e testate dei letti foderate con tessuto abbinato ai tendaggi. Col sole preferite la terrazza ombreggiata alla bella sala da pranzo. Proposte interessanti di cucina tradizionale.

Minusio senza rist
via Esplanade 6 – ✆ 091 743 19 13 – info@hotelminusio.ch – Fax 091 743 77 04 – chiuso 31 dicembre - 5 febbraio
24 cam – 98/138 CHF 158/198 CHF
◆ Moderna costruzione con al pianoterra la piccola reception da cui si accede alla sala da pranzo. Camere funzionali di cui alcune rinnovate con grande attenzione al design.

Le LOCLE – Neuchâtel (NE) – 552 F6 – 10 529 h. – alt. 925 m – ✉ 2400 — 1 B4

Bern 78 – Neuchâtel 28 – Besançon 76 – La Chaux-de-Fonds 9 – Yverdon-les-Bains 62

Tourisme neuchâtelois-Montagnes, Moulins souterrains du Col-des-Roches, ✆ 032 889 68 92, tourisme.locle@ne.ch, Fax 032 889 63 02
Bureau promotionnel et culturel, Hôtel de Ville, ✆ 032 933 84 14

Horlogerie★

Saut du Doubs★★★ Nord

Trois Rois sans rest

29 r. du Temple – ✆ 032 932 21 00 – hoteldestroisrois@bluewin.ch – Fax 032 931 58 72 – fermé 2 semaines juillet - août et 2 semaines Noël - Nouvel An
40 ch – 118 CHF 150 CHF
◆ En centre-ville, façade de verre abritant des chambres pratiques et actuelles, toutes rénovées. Au dernier étage, espace de réunion en rotonde, sous charpente apparente.

La Croisette
10 r. Marais – ✆ 032 931 35 30 – info@lacroisette.ch – Fax 032 931 35 50
Rest – *(fermé 23 décembre - 2 janvier, 14 juillet - 10 août et dimanche)* (39 CHF) Menu 60/109 CHF – Carte 84/126 CHF
Rest *Brasserie* – *(fermé 23 décembre - 2 janvier et dimanche)* (18 CHF) – Carte 51/94 CHF
◆ Cuisine en phase avec l'époque servie dans une salle évoquant le Sud : plantes vertes, palmiers, sièges en rotin et paysage balnéaire tropical sous forme de peinture murale. Prestation simplifiée à la brasserie.

De la Gare - Chez Sandro
4 r. de la Gare – ✆ 032 931 40 87 – sandro@chez-sandro.ch – Fax 032 931 40 40 – fermé 24 décembre - 3 janvier, 12 juillet - 10 août et dimanche
Rest – (17 CHF) Menu 65/98 CHF – Carte 53/102 CHF
◆ Restaurant italien accueillant et soigné voisinant avec la gare. Salle à manger classiquement agencée, dotée de banquettes en bois à certaines tables. Pâtes maison.

LODANO – Ticino (TI) – 553 Q12 – 191 ab. – alt. 341 m – ✉ 6678 9 G6

Bern 255 – Locarno 17 – Andermatt 123 – Bellinzona 39 – Lugano 62

Ca'Serafina rist, VISA MC

– ✆ 091 756 50 60 – info@caserafina.com – Fax 091 756 50 69

5 cam – 160 CHF 190 CHF – **Rist** – *(solo per alloggiati)* Menu 45 CHF

◆ Nel cuore del tranquillo paesino sorge questa tipica casa ticinese in sasso, completamente ristrutturata e graziosissima. Offre solo cinque camere ma molto belle e spaziose. Cucina legata ai sapori del territorio e buona selezione di vini ticinesi.

LOÈCHE-LES-BAINS – Valais – 552 K11 – voir à Leukerbad

LÖMMENSCHWIL – Sankt Gallen (SG) – 551 U4 – Höhe 543 m – ✉ 9308 5 I2

Bern 208 – Sankt Gallen 11 – Bregenz 41 – Konstanz 27 – Winterthur 61

Thuri's Blumenau P VISA MC AE

Romanshornerstr. 2 – ✆ 071 298 35 70 – thuris@thurisblumenau.ch – Fax 071 298 45 90 – geschl. Sonntag und Montag

Rest – Menü 80 CHF – Karte 82/123 CHF

◆ Im gediegen-rustikalen Stübli mit dunklem Täfer und Aquarellen werden dem Gast meist regionale Gerichte aus marktfrischen Produkten serviert.

Ruggisberg P VISA MC AE

Süd-Ost 2 km, im Weiler Ruggisberg – ✆ 071 298 54 64 – wirtschaft@ruggisberg.ch – Fax 071 298 54 53 – geschl. Oktober 2 Wochen, Sonntagabend, Montag und Dienstag

Rest – Menü 49/84 CHF – Karte 48/94 CHF

◆ Das hübsche Haus mit eigenem Gehöft ist eine Wirtschaft von 1893, schön ist die Lage auf einer Anhöhe mit toller Sicht. In zwei gemütlichen Stuben bietet man Traditionelles.

LOSONE – Ticino – 553 Q12 – vedere Ascona

LOSTALLO – Grigioni (GR) – 553 T11 – 656 ab. – alt. 426 m – ✉ 6558 10 I6

Bern 490 – Sankt Moritz 130 – Bellinzona 24 – Chur 95

Groven P VISA MC AE

– ✆ 091 830 16 42 – info@groven.ch – Fax 091 830 16 24 – chiuso 1° gennaio - 4 febbraio, 1° - 8 settembre, domenica sera e lunedì

Rist – Menu 35 CHF (pranzo)/98 CHF – Carta 60/100 CHF

◆ Piccola locanda dove tutto punta sulla semplicità locale: fermatevi per una pausa pranzo in terrazza, ogni giorno troverete un menù diverso, ispirato ai prodotti di stagione.

LOVERESSE – Berne (BE) – 551 I5 – 333 h. – alt. 765 m – ✉ 2732 2 C3

Bern 64 – Delémont 29 – Basel 68 – Biel 21 – Saignelégier 21 – Solothurn 43

Du Cerf P VISA MC AE

22 Les Vies – ✆ 032 481 22 32 – Fax 032 481 11 98 – fermé 23 décembre - 3 janvier, 15 juillet - 6 août, mardi soir et mercredi

Rest – *(prévenir)* (14 CHF) Menu 31 CHF (déj.)/62 CHF – Carte 53/82 CHF

◆ Cette ancienne ferme réhabilitée vous reçoit dans une salle de restaurant au décor champêtre soigné. Répertoire culinaire traditionnel. Ambiance familiale.

LUCENS – Vaud (VD) – 552 F8 – 2 221 h. – alt. 493 m – ✉ 1522 7 C5

Bern 68 – Fribourg 33 – Lausanne 32 – Montreux 45 – Payerne 15 – Yverdon-les-Bains 44

Vuissens, Nord: 7 km par route Combremont - Estavayer-le-Lac, ✆ 024 433 33 00

La Couronne
1 Grand-Rue – ✆ 021 906 95 15 – Fax 021 906 95 40
9 ch – 98/128 CHF 138/168 CHF – **Rest** – *(fermé 3 semaines juillet, samedi soir et dimanche)* (18 CHF) Menu 30 CHF (déj.)/60 CHF – Carte 46/108 CHF
◆ Établissement bordant la place centrale du village. Chambres fonctionnelles dotées de meubles en bois clair. Salle à manger intime et chaleureuse. Coup d'œil sur le château depuis la terrasse dressée en été sur le devant.

Gare avec ch — rest,
13 av. de la Gare – ✆ 021 906 12 50 – hotelgare.suter@praznet.ch – Fax 021 906 12 60 – fermé 23 décembre - 8 janvier, 27 juillet - 19 août, dimanche et lundi
5 ch – 100 CHF 140 CHF – **Rest** – (17 CHF) Menu 42 CHF (déj.)/102 CHF – Carte 58/101 CHF
◆ Ambiance conviviale en cette auberge familiale rénovée. Plat du jour au café et repas classique dans une salle égayée par des expos picturales. Chambres amples et modernes.

LÜDERENALP – Bern – 551 L7 – siehe Sumiswald

LÜSCHERZ – Bern (BE) – 551 H6 – 492 Ew – Höhe 446 m – ✉ 2576 — 2 C4

Bern 38 – Neuchâtel 22 – Biel 16 – La Chaux-de-Fonds 42 – Murten 20

3 Fische
Hauptstr. 29 – ✆ 032 338 12 21 – 3.fische@bluewin.ch – Fax 032 338 12 03 – geschl. 3. - 24. Januar, Mittwoch und Donnerstag
Rest – *(abends Tischbestellung ratsam)* (17 CHF) Menü 66/83 CHF – Karte 54/119 CHF
◆ In der ehemaligen Klostertaverne a. d. 16. Jh. serviert man in gemütlichem rustikalem Ambiente traditionelle Küche mit vielen Fischgerichten. Gaststube und Säli.

Zum Goldenen Sternen
Hauptstr. 33 – ✆ 032 338 12 23 – info@goldenersternen.ch – Fax 032 338 24 02 – geschl. 4. - 27. Februar, September 1 Woche, Montag und Dienstag
Rest – (19 CHF) Menü 66/86 CHF – Karte 48/93 CHF
◆ Das schöne Berner Haus beherbergt eine rustikale Stube sowie einen A-la-carte-Bereich mit einer stark auf Fisch ausgerichteten traditionellen Karte.

Lylian/COLORISE

Lago di Lugano

LUGANO

Cantone : TI Ticino
Carta Michelin : n° **553** R13
Popolazione : 48 319 ab.
Altitudine : 273 m
Codice Postale : ✉ 6900

▶ Bern 271 – Bellinzona 28 – Como 30 – Locarno 40 – Milano 78
Atlas : 9 **H7**

INFORMAZIONI PRATICHE

Ufficio Informazioni turistiche

Lugano Turismo, Palazzo Civico, Riva Albertolli, ✆ 091 913 32 32, info@lugano-tourism.ch, Fax 091 922 76 53 Z

Automobile Club

via S. Balestra 3, ✆ 091 911 65 65, Fax 091 911 65 66 AV

Aeroporto

di Agno Sud-Ovest : 6 km ✆ 091 610 16 16, Fax 091 610 16 20

Compagnie aeree

Swiss International Air Lines Ltd., ✆ 0848 852 000, Fax 091 610 47 01
Alitalia, Piazza Cioccaro 11, ✆ 0848 848 017, Fax 091 922 05 65

TEMPO LIBERO

Manifestazioni locali

04.04 - 28.06 : Lugano Festival, concerti di musica classica
10.07 - 12.07 : "Estival Jazz" festival internazionale
28.08 - 31.08 : Blues to Bop Festival

Golf

18 Lugano Magliaso, Sud-Ovest : 10 km, ✆ 091 606 15 57

SCOPRIRE

VEDERE

Lago★★ **BX** - Parco Civico★★ **ABX** - Affreschi★★ nella chiesa di Santa Maria degli Angioli Z

DINTORNI

Monte San Salvatore★★★ 15 min di funicolare **AX** - Monte Generoso★★★ 15 km per ③ e treno - Monte Brè★★ Est : 10 km o 20 min di funicolare **BV** - ⋞★★ dalla strada per Morcote - Morcote★★ per ③ : Sud 8 km - Monte Tamaro ⋞★ per ④ : Nord-Ovest 15 km e cabinovia da Rivera-Monte Lema★ per ⑤ Nord-Ovest 17 km e per cabinovia Carona Sud 4 km : affreschi★ della chiesa di San Giorgio - Melide Sud 7 km : Swissminiatur★

NAVIGAZIONE

Informazioni Società Navigazione Lago di Lugano, viale Castagnola 12, ✆ 091 971 52 23

Street	Square	No.
Adamini (V.)	AX	3
Aldesago (V.)	BV	6
Bosia (V.)	AX	7
Calloni (V. S.)	AX	9
Camara (V.)	AV	10
Canova (V.)	Y	12
Cantonale (V.)	Y	13
Capelli (V. P.)	BV	15
Cassarate (Viale)	BV	16
Casserinetta (V.)	AX	18
Castagnola (Viale)	BX	19
Cattaneo (Viale C.)	Y	20
Cattedrale (V.)	Y	21
Cattori (V. G.)	AX	22
Cioccaro (Pza)	Y	23
Cortivo (V.)	BX	24
Dante (Pza)	Y	25
Faggi (V. dei)	BV	26
Ferruccio Pelli (V.)	AV	17
Franscini (Viale S.)	AV	27
Ginevra (V.)	AV	28
Indipendenza (Pza)	Y	29
Laghetto (V. al)	AX	30
Lido (V. al)	BV	31
Luvini (V. G.)	Y	32
Maderno (V. C.)	AV	33
Madonna della Salute (V.)	AV	34
Madonnetta (V.)	BV	36
Manzoni (Pza A.)	Z	37
Manzoni (V. R.)	AX	39
Maraini (V. C.)	AX	40
Nassa (V.)	Z	43
Paradiso (Riva)	AX	45
Peri (V. P.)	Y	46
Pessina (V.)	Y	48
Pestalozzi (Cso)	Y	49
Posta (V. della)	Y	51
Regazzoni (V. P.)	Y	52
Rezzonico (Pza R.)	Z	54
Riforma (Pza della)	YZ	55
Riva (V. A.)	AX	57
San Carlo (Piazzetta)	Z	58
San Giorgio (V.)	BX	59
San Gottardo (V.)	Y	60
Scuole (V. delle)	AX	61
Sonvico (V.)	BV	63
Verla (Contrada di)	Y	66

Splendide Royal < lago e monti, rist, cam, rist,
riva A. Caccia 7 ✉ 6902 Lugano-Paradiso – ✆ 091 985 77 11 – info@splendide.ch – Fax 091 985 77 22
85 cam – 320/520 CHF 400/650 CHF – 8 suites – ½ P +75 CHF – **Rist** – Menu 66 CHF (pranzo)/85 CHF – Carta 92/177 CHF AX c
◆ Antica villa adibita ad hotel da oltre 100 anni; recente aggiunta di un'ala nuova ma la parte vecchia è più elegante e raffinata. Sublime vista sul lago. Il ristorante riprende il lussuoso stile dell'albergo e nell'arredamento e nella cucina di linea classica.

Grand Hotel Villa Castagnola < cam,
viale Castagnola 31 ✉ 6906 Lugano-Cassarate – ✆ 091 973 25 55 – info@villacastagnola.com – Fax 091 973 25 50 BX n
85 cam – 290/400 CHF 410/560 CHF – 3 suites – ½ P +70 CHF
Rist *Arté* – vedere selezione ristoranti
Rist *Le Relais* – Menu 56 CHF (pranzo)/110 CHF – Carta 75/116 CHF
◆ Ambiente vellutato per questo hotel sito in un giardino dalla flora subtropicale. Arredi di stile garantiscono un'amenità totale nelle belle e confortevoli camere. Assaporate una cucina creativa nella signorile sala da pranzo del Relais, come nella terrazza sul parco.

Villa Principe Leopoldo e Residence < lago e monti,
via Montalbano 5 – ✆ 091 985 88 55 – info@leopoldohotel.com – Fax 091 985 88 25 AXm
33 cam – 370/560 CHF 470/685 CHF – 4 suites
Rist *Principe Leopoldo* – vedere selezione ristoranti
◆ Villa patrizia del XIX sec. ubicata in zona verdeggiante, i cui interni sono impreziositi da un mobilio di classe. Ampie e lussuose suite rivolte verso il golfo di Lugano.

Residence cam, rist,
via Montalbano 5 – ✆ 091 985 88 55 – info@leopoldohotel.com – Fax 091 985 88 25 AXm
32 cam – 390/555 CHF 490/590 CHF – 6 suites
Rist *Café Leopoldo* – Carta 72/110 CHF
◆ Immerso nel verde e non lontano dalla villa Principe Leopoldo. Camere spaziose, arredamento moderno e di buon gusto. Sala prima colazione; le proposte della carta rappresentano però una simpatica alternativa al ristorante gastronomico del Principe Leopoldo.

Grand Hotel Eden < lago e circondario, rist,
riva Paradiso 1 ✉ 6902 Lugano-Paradiso – ✆ 091 985 92 00 – welcome@edenlugano.ch – Fax 091 985 92 50 AX t
107 cam – 230/422 CHF 382/592 CHF – 8 suites – ½ P +70 CHF
Rist *Oasis* – (25 CHF) Menu 65 CHF (pranzo)/105 CHF – Carta 82/130 CHF
◆ Costruito nel 1870, il complesso si articola oggi in due edifici e dispone di spazi comuni e di alcune camere arredati in uno stile etnico-coloniale e di una piccola spa. Piccola sala ristorante ed un suggestivo sushi bar per le serate estive.

Parco Paradiso < lago, monti e città, rist,
via Carona 27 ✉ 6902 Lugano-Paradiso – ✆ 091 993 11 11 – info@parco-paradiso.com – Fax 091 993 10 11 AX d
16 cam – 220/290 CHF 320/440 CHF – 49 suites – ½ P +50 CHF
Rist *La Favola* – Carta 75/115 CHF
◆ Nella parte alta della città, struttura moderna con grandi camere e confortevoli suite (quasi tutte rivolte verso il lago). Bel giardino d'inverno e pasti esotici al Tsukimi Tei. Al "La Favola", sala da pranzo e terrazza panoramica per una cucina moderna e mediterranea.

De la Paix
via Cattori 18 – ✆ 091 960 60 60 – booking@delapaix.ch – Fax 091 960 60 66 AX s
131 cam – 228/263 CHF 336/366 CHF – ½ P +50 CHF – **Rist** – Carta 48/91 CHF
◆ Ubicato sull'arteria che conduce verso l'autostrada, propone camere di diverse tipologie e spazi comuni ben distribuiti. Ideale per l'attività congressuale. Il ristorante-pizzeria propone una cucina semplice, ispirata alla tradizione gastronomica italiana.

Lugano Dante senza rist
piazza Cioccaro 5 – ✆ 091 910 57 00 – info@hotel-luganodante.com – Fax 091 910 57 77 Y a
83 cam – 185/285 CHF 270/380 CHF
◆ Edificio di fine Ottocento situato nel centro città e riportato al suo antico splendore. Ampie camere tutte rinnovate e climatizzate, arredate con mobilio di qualità.

Bellevue au Lac
riva A. Caccia 10 ✉ 6902 Lugano-Paradiso – ✆ 091 994 33 33 – info@hotelbellevue.ch – Fax 091 994 12 73 – chiuso 3 - 23 gennaio AX e
67 cam – 185/240 CHF 290/400 CHF – ½ P +54 CHF – **Rist** – *(chiuso novembre - metà dicembre e 3 gennaio - 30 marzo) (chiuso a mezzogiorno)* Menu 42/52 CHF – Carta 49/92 CHF
◆ Caratteristico albergo che si affaccia direttamente sulle rive del lago di Lugano. Camere rinnovate, di diversa tipologia e stile, alcune dotate di balcone. Ristorante con veranda, dove gustare una cucina tradizionale elaborata con perizia e fantasia.

Delfino rist, rist,
via Casserinetta 6 ✉ 6902 Lugano-Paradiso – ✆ 091 985 99 99 – info@delfinolugano.ch – Fax 091 985 99 00 – chiuso febbraio AX a
50 cam – 155/185 CHF 195/275 CHF – ½ P +35 CHF – **Rist** – (22 CHF) Menu 34 CHF (pranzo)/55 CHF – Carta 48/88 CHF
◆ Albergo un po' decentrato, dispone di camere moderne, piacevolmente arredate. Le splendenti zone comuni si aprono sulla terrazza solarium con piscina. Nuova impostazione per il ristorante, che propone una cucina prevalentemente moderna.

International au Lac rist, rist,
via Nassa 68 – ✆ 091 922 75 41 – info@hotel-international.ch – Fax 091 922 75 44 – chiuso fine ottobre - 21 marzo
79 cam – 125/185 CHF 190/298 CHF – ½ P +32 CHF – **Rist** – (20 CHF) Menu 39 CHF – Carta 39/74 CHF Z b
◆ Accanto alla chiesetta di Santa Maria degli Angeli, all'inizio della zona pedonale nella parte vecchia della città, sorge questo piacevole complesso dotato di terrazza con piscina. Sala da pranzo, arredata in stile classico, per una proposta culinaria di carattere tradizionale-mediterraneo.

Albatro rist,
via Clemente Maraini 8 – ✆ 091 921 09 21 – info@albatro.ch – Fax 091 921 09 27
40 cam – 135/185 CHF 190/250 CHF – ½ P +35 CHF – **Rist** – *(chiuso dicembre - febbraio escluso Natale - Capodanno) (solo per alloggiati)* Z n
◆ Costruzione moderna, munita di giardino con piscina, grazie alla sua posizione centrale (non lontana dalla stazione), risulta interessante per una clientela d'affari ma non solo. Camere funzionali e ben insonorizzate. Sobrio ristorante di taglio contemporaneo, propone una carta locale con accenti italiani.

Parkhotel Villa Nizza senza rist lago e monti,
via Guidino 14 ✉ 6902 Lugano-Paradiso – ✆ 091 994 17 71 – hotelnizza@swissonline.ch – Fax 091 994 17 73 – chiuso 1° gennaio - 13 marzo AX f
25 cam – 125/170 CHF 190/290 CHF
◆ In posizione collinare, tranquilla, domina il golfo di Lugano. Ottima vista sui dintorni. Belle camere accoglienti e tutte diverse.

Ristorante Principe Leopoldo – Villa Principe Leopoldo e Residence
via Montalbano 5 lago e dintorni,
– ✆ 091 985 88 55 – info@leopoldohotel.com – Fax 091 985 88 25 AX m
Rist – Menu 60/145 CHF – Carta 96/154 CHF
◆ Un ambiente raffinato, con pavimenti di marmo, tovaglie di lino e luci velate dove la cucina tipica italiana è rivisitata con una discreta mano creativa.

Al Portone
viale Cassarate 3 – ✆ 091 923 55 11 – Fax 091 971 65 05 – chiuso 1° - 9 gennaio, 27 luglio - 18 agosto, domenica e lunedì BX t
Rist – *(coperti limitati, prenotare)* Menu 58/150 CHF – Carta 90/144 CHF
◆ Luci soffuse, tovagliato chiaro con pizzi segnaposto fatti a mano, un fiore a centro tavola e un ventaglio di elaborazioni che spaziano dagli antipasti ai dolci.

Arté – Grand Hotel Villa Castagnola
piazza Emilio Bossi 7 ✉ 6906 Lugano-Cassarate – ✆ 091 973 48 00 – info@villacastagnola.com – Fax 091 973 25 50 – chiuso 1° - 19 gennaio, 27 luglio - 16 agosto, domenica e lunedì BX **d**
Rist – Menu 55 CHF (pranzo)/98 CHF – Carta 73/112 CHF
◆ Locale elegante e moderno, arredato secondo i toni del grigio e nero, affacciato direttamente sul lago. La cucina esplora con fantasia e competenza il regno della creatività.

La Perla del Lago – lago e dintorni,
via Stauffacher 1, (2° piano) – ✆ 091 973 72 72 – info@casinolugano.ch – Fax 091 973 72 73 – chiuso sabato e domenica a mezzogiorno Y **b**
Rist – Menu 35 CHF (pranzo)/74 CHF – Carta 69/101 CHF
◆ La completa ristrutturazione dell'edificio del Casinò ha incluso anche l'area del ristorante che oggi si presenta elegantemente rinnovato. Magnifica terrazza panoramica.

Orologio
via Nizzola 2 – ✆ 091 923 23 38 – info@ristorante-orologio.ch – Fax 091 923 12 10 – chiuso 23 luglio - 21 agosto, sabato in luglio e domenica Y **e**
Rist – (30 CHF) Menu 45 CHF (pranzo)/75 CHF – Carta 63/116 CHF
◆ Storico ristorante di Lugano sapientemente rinnovato, presenta un ingresso bar che anticipa la sala con arredi eleganti dalle tonalità chiare e graziosi lampadari in seta.

Scala
via Nassa 29 – ✆ 091 922 09 58 – ristorantescala@ticino.com – Fax 091 923 75 42 – chiuso 1° - 10 gennaio e domenica Z **a**
Rist – (29 CHF) Menu 40 CHF (pranzo) – Carta 55/123 CHF
◆ Locale ben situato, vicino al lago, dall'ambiente signorile i cui tavoli sono piuttosto ravvicinati. Cucina tradizionale che segue il ritmo delle stagioni.

Cyrano
corso Pestalozzi 27 – ✆ 091 922 21 82 – info@bistrotcyrano.ch – Fax 091 922 22 82 – chiuso 23 giugno - 6 luglio, sabato, domenica e giorni festivi Y **d**
Rist – (21 CHF) – Carta 40/88 CHF
◆ Ristorante moderno, luminoso. La cucina, regionale ed italiana, è basata sulle offerte stagionali ed è ricercata. Un pizzico di creatività accompagna tutti i piatti!

Grotto Grillo
via Ronchetto 6 – ✆ 091 970 18 18 – grottogrillo@bluewin.ch – Fax 091 970 18 16 – chiuso 22 dicembre - 14 gennaio, 23 giugno - 14 luglio, sabato a mezzogiorno e domenica ABV **b**
Rist – *(coperti limitati, prenotare)* Carta 50/85 CHF
◆ Nella zona dello Stadio, un grotto di lunga tradizione risalente a fine '800. Ambiente caldo con tocchi eleganti e proposte adatte alle aspettative dei palati più diversi.

Locanda del Boschetto
via Boschetto 8, (Cassarina) – ✆ 091 994 24 93 – ninuzzo@ticino.com – Fax 091 994 44 95 – chiuso 13 - 27 agosto e lunedì AX **b**
Rist – *(consigliata la prenotazione la sera)* Carta 36/98 CHF
◆ Caseggiato rustico a due passi dal centro. Nella bella stagione servizio esterno in luogo ombreggiato: ideale per gustare grigliate di pesce e di carne.

Bottegone del vino
via Magatti 3 – ✆ 091 922 76 89 – Fax 091 922 76 91 – chiuso domenica e giorni festivi Y **f**
Rist – *(consigliata la prenotazione la sera)* (32 CHF) – Carta 56/90 CHF
◆ Trascinante atmosfera conviviale per questo tipico wine bar. Piatti, formaggi, salumi ed oltre 100 etichette di vini, serviti anche al bicchiere.

Osteria Calprino
via Carona 28 ✉ 6902 Lugano-Paradiso – ✆ 091 994 14 80 – calprino@ticino.com – chiuso 3 - 17 agosto e domenica AX **n**
Rist – *(coperti limitati, prenotare)* (20 CHF) Menu 42 CHF – Carta 39/68 CHF
◆ Tappa obbligatoria per gustare succulenti piatti regionali quali: polenta cotta sul fuoco del camino, capretto o maialino al forno. La prenotazione è d'obbligo.

Osteria del Portico

Corso Enrico Pestalozzi 21a – 091 921 02 95 – osteriadelportico@hotmail.com – Fax 091 921 99 72 – chiuso 1° - 6 gennaio, sabato e domenica Y v

Rist – *(consigliata la prenotazione)* Carta 44/92 CHF

◆ Graziosa trattoria tradizionale propone piatti tipici regionali, simpaticamente elencati su una lavagnetta. Piacevole terrazza ombreggiata.

a Castagnola Est : 3 km – alt. 325 m – ✉ 6976 Castagnola

Carlton Villa Moritz rist,

via Cortivo 9 – 091 971 38 12 – hotel@carlton-villa-moritz.ch – Fax 091 971 38 14 – chiuso metà ottobre - 3 aprile BX a

48 cam – 110/140 CHF 210/260 CHF – ½ P +33 CHF – **Rist** – (24 CHF) Menu 35 CHF (pranzo)/38 CHF – Carta 40/60 CHF

◆ Due edifici separati dalla terrazza con piscina sorgono in una verdeggiante zona residenziale. Camere disparate; preferite quelle rinnovate. Ambiente classico nella sala da pranzo; servizio estivo nel giardino fiorito. Offerta culinaria tradizionale.

ad Aldesago Est : 6 km verso Brè – alt. 570 m – ✉ 6974 Aldesago

Colibrì lago e città di Lugano con dintorni, rist, rist,

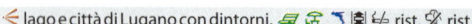

via Aldesago 91 – 091 971 42 42 – hotel.colibri@swissonline.ch – Fax 091 971 90 16 – chiuso 3 gennaio - 29 febbraio BV a

30 cam – 100/190 CHF 150/260 CHF – ½ P +35 CHF – **Rist** – Menu 42 CHF – Carta 35/84 CHF

◆ Città e lago in un solo colpo d'occhio dalla piscina, dalle terrazze panoramiche e dalle camere ampie e luminose di questo albergo sul monte Bré. Ottima anche la vista che si gode dalla sala da pranzo e dalla terrazza del ristorante. Carta tradizionale.

a Sorengo Ovest : 3 km – alt. 350 m – ✉ 6924 Sorengo

Santabbondio (Martin Dalsass)

via Fomelino 10 – 091 993 23 88 – santabbondio@bluewin.ch – Fax 091 994 32 37 – chiuso gennaio - febbraio, domenica e lunedì AX g

Rist – *(consigliada la prenotazione)* Menu 58 CHF (pranzo)/168 CHF – Carta 102/157 CHF

Rist *Bistro* – Carta 52/98 CHF

Spec. Il millefoglie con fettine di capriolo estivo e fegato d'anatra con porcini (estate-autunno). I cavatelli ai molluschi. Il rombetto bretone con spiedino di calamari alla mediterranea. **Vini** Merlot del Ticino

◆ Ambiente elegante in cui gustare una raffinata cucina mediterranea a cui non manca un tocco di creatività. In estate il servizio si svolge sulla simpatica terrazza all'ombra. Al Bistrò le ricette della cucina italiana.

a Massagno Nord-Ovest : 2 km – alt. 349 m – ✉ 6900 Massagno

Villa Sassa Lugano, rist, rist,

via Tesserete 10 – 091 911 41 11 – info@villasassa.ch – Fax 091 922 05 45 AV d

35 cam – 250/320 CHF 350/420 CHF – 11 suites – ½ P +60 CHF

Rist *Ai Giardini di Sassa* – Menu 50 CHF (pranzo)/92 CHF – Carta 63/116 CHF

◆ La terrazza con giardino fiorito e vista lago è solo una delle attrattive di questa bella struttura dotata anche di una valida zona wellness. Camere di taglio moderno. In una struttura adiacente all'hotel il ristorante propone un menù moderno.

Grotto della Salute

via dei Sindacatori 4 – 091 966 04 76 – chiuso 22 dicembre - 13 gennaio, 2 - 17 agosto, sabato e domenica AV c

Rist – *(consigliata la prenotazione)* (24 CHF) – Carta 40/74 CHF

◆ Caratteristico grotto ombreggiato da platani quasi centenari ove gustare una buona cucina regionale, basata freschi ingredienti casalinghi. Prezzi interessanti.

a Viganello – alt. 322 m – ✉ 6962 Viganello

Osteria Ticinese da Raffaele

via Pazzalino 19 – 091 971 66 14 – chiuso sabato e giorni festivi a mezzogiorno e domenica BV f

Rist – (16 CHF) – Carta 43/74 CHF

◆ Locale caratteristico a conduzione familiare; proposte originali con largo uso della griglia e dei prodotti del mercato. Nella bella stagione, piacevole servizio in terrazza.

LUGNORRE - Fribourg (FR) - 552 G-H7 - alt. 515 m - ✉ 1789 2 C4

Bern 37 - Neuchâtel 20 - Biel 35 - Fribourg 28 - Murten 12

XX **Auberge des Clefs**

4 r. de Chenaux, (1er étage) - ☎ 026 673 31 06 - fermé 30 janvier - 13 février, 2 semaines mi-octobre - début novembre, mercredi et jeudi

Rest - *(nombre de couverts limité, prévenir) (menu unique)* Menu 69/98 CHF

Rest *Bistro* - (17 CHF) Menu 67 CHF - Carte 52/107 CHF

◆ Auberge chaleureuse située dans un village juché au-dessus des vignes. Salle "cosy" à l'étage, dotée d'une miniterrasse-belvédère. Petite carte actuelle et menu du marché. Assiette du jour au bistrot.

au Mont-Vully Est : 1 km - alt. 653 m - ✉ 1789 Lugnorre

X **Mont-Vully** avec ch < lac et montagnes, rest,

50 rte du Mont - ☎ 026 673 21 21 - info@hotel-mont-vully.ch - Fax 026 673 21 26 - fermé 1er janvier - 28 février

9 ch - 100/120 CHF 150/180 CHF - ½ P +43 CHF - **Rest** - *(fermé mercredi sauf de juin à septembre et mardi)* Menu 48 CHF - Carte 45/83 CHF

◆ Cette ancienne ferme isolée sur le Mont-Vully ménage une jolie vue vers le lac et les montagnes. Table au goût du jour, salle néo-rustique et chambres panoramiques à l'annexe.

LULLY - Fribourg - 552 F8 - voir à Estavayer-le-Lac

LUTERBACH - Solothurn - 551 K6 - siehe Solothurn

LUTRY - Vaud (VD) - 552 E10 - 8 270 h. - alt. 402 m - ✉ 1095 6 B5

Bern 100 - Lausanne 5 - Montreux 25 - Genève 68 - Yverdon-les-Bains 45

XX **Auberge de Lavaux**

à La Conversion, 97 rte du Landar - ☎ 021 791 29 09 - Fax 021 791 68 09 - fermé 23 décembre - 7 janvier, 27 avril - 5 mai, 5 - 27 octobre, dimanche et lundi

Rest - Menu 49 CHF (déj.)/150 CHF - Carte 88/135 CHF

Rest *Le Bistrot* - (19 CHF) Menu 49 CHF (déj.)/150 CHF - Carte 72/119 CHF

◆ Auberge de tradition où une végétation luxuriante envahit tant la salle à manger-véranda que la vaste terrasse très courtisée aux beaux jours. Carte actuelle. Bistrot évoquant une petite galerie de peinture avec ses toiles d'artistes locaux. Repas classique.

P. Roy/HOA-QUI

Die Kappellbrücke

LUZERN *Lucerne*

Kanton : LU Luzern
Michelin-Karte : 551 O7
Einwohnerzahl : 59 496 Ew
Höhe : 439 m – **Postleitzahl :** ✉ 6000

Bern 111 – Aarau 47 – Altdorf 40 – Interlaken 68 – Zürich 56
Atlas : 3 **F4**

PRAKTISCHE HINWEISE

Tourist-Information

Luzern Tourismus, Zentralstr. 5, ✆ 041 227 17 17, luzern@luzern.org,
Fax 041 227 17 18 **DZ**

Automobilclub

Burgerstr. 22, ✆ 041 229 69 29, Fax 041 229 69 30 **CZ**

FREIZËIT

Lokale Veranstaltungen

31.01 - 05.02 : Fasnacht
26.06 - 29.06 : Eidgenössisches Jodlerfest
14.08 - 20.09 : Lucerne Festival Sommer

Golfplätze

9 Rastenmoos Neuenkirch, Nord-West : 10 km bis Emmen-Nord, dann Richtung Basel-Sursee, beim Bahnhof Rothenburg auf die Hasenmoosstrasse, ✆ 041 467 04 26 ;
18 Luzern am Dietschiberg, Nord-Ost : 4 km über Dietschibergstrasse, ✆ 041 420 97 87 ;
18 Oberkirch, Nord-Westen: 27 km Autobahn Ausfahrt Sursee, Richtung Sursee, dann Nottwil/Oberkirch und über die Kantons-Umfahrungsstrasse, ✆ 041 925 24 50 ;
36 Sempachersee Hildisrieden, Autobahn Richtung Basel, Ausfahrt Sempach : 18 km, ✆ 041 462 71 71

SEHENSWÜRDIGKEITEN

SEHENSWERT

Lage★★★ - Altstadt und Seeufer★★ : Altes Rathaus★, Weinmarkt★ **CZ**, Jesuitenkirche St. Franz Xaver : Innenraum★ **CZ**, Kapellbrücke★ **DZ**, Hofkirche★ **DY** : Innenraum★ - Uferstrassen **DY** : Ausblicke★★ vom Schweizerhofquai und Nationalquai **DY** - Dietschiberg★★ (mit Standseilbahn) **BX** - Panorama★ **DY** - Museggmauer : Aussicht★ **CDY** - Gütsch★ **AX** - Sammlung Rosengart★★ - Kultur- und Kongresszentrum★★

AUSFLUGSZIELE

Pilatus★★★ : 15 km über ③ und Zahnradbahn - Rigi★★★ : 24 km über ② und Zahnradbahn

SCHIFFFAHRTEN

Informationen bei der Schifffahrtsgesellschaft, Werftestr. 5, ✆ 041 367 67 67

MUSEUM

Verkehrshaus★★★ der Schweiz über ②

Palace

Vierwaldstättersee und Berge,

Haldenstr. 10 ✉ 6002 – ✆ 041 416 16 16 – info@palace-luzern.ch – Fax 041 416 10 00

BX **v**

130 Zim – 🛉400/600 CHF 🛉🛉510/710 CHF, ☕ 42 CHF – 6 Suiten

Rest Jasper – separat erwähnt

◆ Das langgezogene Hotel am Seeufer überzeugt mit komfortablen Zimmern, teils in Pastelltönen, teils in kräftigen Farben - zur Seeseite mit schöner Sicht.

Grand Hotel National

Vierwaldstättersee und Berge,

Haldenstr. 4 ✉ 6006 – Zim, Zim,

✆ 041 419 09 09 – info@national-luzern.ch – Fax 041 419 09 10

BX **a**

41 Zim – 🛉300/510 CHF 🛉🛉350/650 CHF, ☕ 35 CHF

Rest *Trianon* – *(geschl. Montag von November bis März)* (27 CHF) Menü 95 CHF – Karte 76/122 CHF

◆ Ende des 19. Jh. erbaut, wurde das klassische Grand Hotel von dem berühmten Hotelier Cäsar Ritz geleitet, für Gaumenfreuden sorgte August Escoffier - Namen, die verpflichten. Im stilvollen Ambiente des Trianon geniessen Sie zeitgemässe Küche. Mit Seeterrasse.

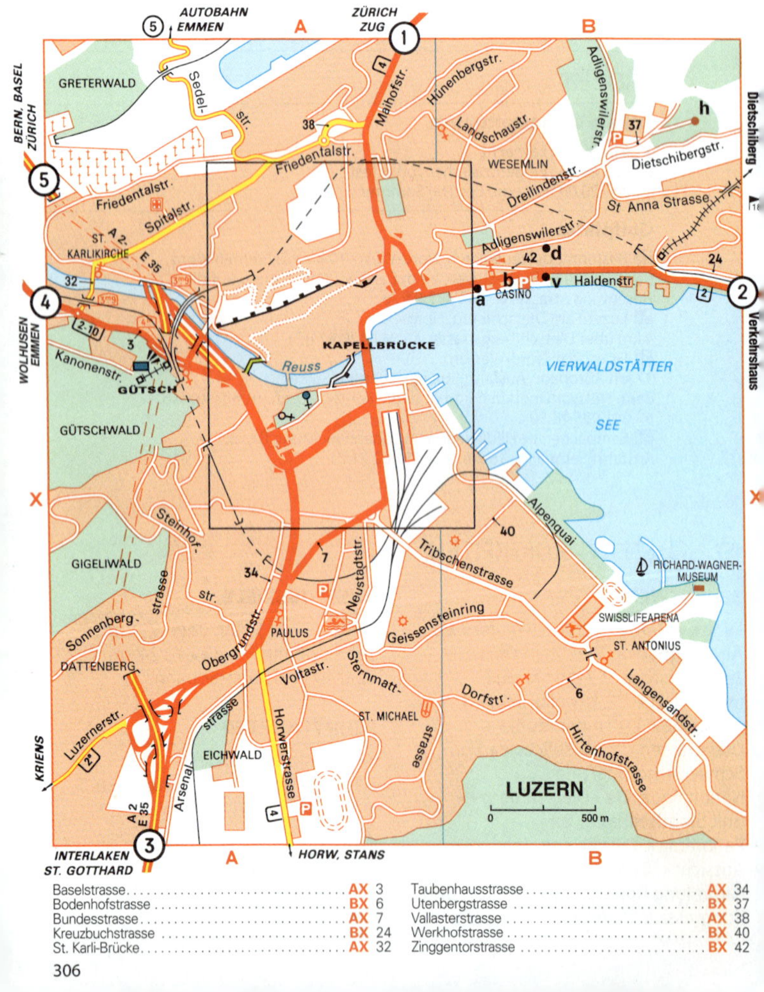

Baselstrasse	AX 3	Taubenhausstrasse	AX 34
Bodenhofstrasse	BX 6	Utenbergstrasse	BX 37
Bundesstrasse	AX 7	Vallasterstrasse	AX 38
Kreuzbuchstrasse	BX 24	Werkhofstrasse	BX 40
St. Karli-Brücke	AX 32	Zinggentorstrasse	BX 42

LUZERN

Baselstrasse	CZ	3
Bundesstrasse	CDZ	7
Denkmalstrasse	DY	10
Europaplatz	DZ	12
Gerbergasse	DY	13
Grendel	DY	15
Hirschenplatz	CZ	16
Kapellgasse	CDZ	
Kapellplatz	DZ	18
Kornmarkt	CZ	19
Kornmarktgasse	CZ	21
Kramgasse	CZ	22
Löwengartenstrasse	DY	25
Morgartenstrasse	DZ	27
Mühlenplatz	CZ	28
Pfistergasse	CZ	30
Pilatusstrasse	CDZ	
Rössligasse	CZ	31
St. Leodegar Strasse	DY	33
Theilinggasse	CY	36
Weggisgasse	CZ	39

Schweizerhof < Zim, VISA MC AE D
Schweizerhofquai 3 ✉ *6002* – ✆ *041 410 04 10* – *info@schweizerhof-luzern.ch* – *Fax 041 410 29 71* DY **s**
97 Zim – 260/520 CHF 310/570 CHF, 35 CHF – 10 Suiten – **Rest** – (24 CHF) Menü 45 CHF (mittags)/118 CHF – Karte 49/138 CHF
◆ Das imposante Gebäude - nur durch eine Strasse vom See getrennt - bietet dem Gast Zimmer, die mit elegantem Holzmobiliar modern und komfortabel eingerichtet sind. Im Restaurant serviert man zeitgemässe Gerichte. Einfachere Karte im Pavillon.

Montana < Vierwaldstättersee und Berge, Rest, Zim, VISA MC AE D
Adligenswilerstr. 22 ✉ *6002* – ✆ *041 419 00 00* – *info@hotel-montana.ch* – *Fax 041 419 00 01* BX **d**
62 Zim – 210/295 CHF 295/475 CHF
Rest *Scala* – Menü 45 CHF (mittags)/104 CHF – Karte 73/127 CHF
◆ Mit viel Platz, Ruhe und modernem, farbenfrohem Art-déco-Stil überzeugen die Gästezimmer dieses geschmackvoll eingerichteten Hauses. Zugang zum See mit Standseilbahn. Im Scala werden den Gästen mediterrane Gerichte angeboten.

The Hotel Rest, VISA MC AE D
Sempacherstr. 14 ✉ *6002* – ✆ *041 226 86 86* – *info@the-hotel.ch* – *Fax 041 226 86 90* DZ **e**
25 Zim – 350/430 CHF 350/430 CHF, 25 CHF
Rest *Bam Bou* – *(geschl. Samstagmittag und Sonntagmittag)* (26 CHF) Menü 105 CHF – Karte 72/108 CHF
◆ Das moderne Design des Hotels trägt die Handschrift von Jean Nouvel. Die Zimmer sind verschiedenen Filmen gewidmet - erotische Filmszenen zieren die Raumdecken. Interessantes Restaurant mit raffiniert angeordneten Spiegeln und euro-asiatischer Küche.

Radisson SAS Zim, VISA MC AE D
Inselquai 12, (Lakefront Center) ✉ *6005* – ✆ *041 369 90 00* – *info.lucerne@radissonsas.com* – *Fax 041 369 90 01* DZ **b**
161 Zim – 280/450 CHF 280/480 CHF, 28 CHF – 4 Suiten
Rest *Luce* – (28 CHF) – Karte 51/92 CHF
◆ In das Lakefront Center integriertes Businesshotel nahe dem Bahnhof und dem Kultur- und Kongresszentrum. Geradlinig-modern sind die "Urban"-, "Resort"- und "Lifestyle"-Zimmer. Luce: puristisch gestaltetes Restaurant mit mediterraner Küche. Bar im Retro-Look.

Wilden Mann VISA MC AE D
Bahnhofstr. 30 ✉ *6003* – ✆ *041 210 16 66* – *mail@wilden-mann.ch* – *Fax 041 210 16 29* CZ **m**
50 Zim – 165/265 CHF 270/390 CHF
Rest *Wilden Mann Stube* – (23 CHF) Menü 45 CHF (mittags)/107 CHF – Karte 55/109 CHF
Rest *Burgerstube* – (23 CHF) Menü 45 CHF (mittags)/79 CHF – Karte 49/94 CHF
◆ Die Zimmer des ruhig gelegenen, aus 7 Altstadthäusern bestehenden Hotels a. d. 16. Jh. sind individuell im Zuschnitt und mit Stilmöbeln geschmackvoll eingerichtet. Gehoben-rustikale Wilden Mann Stube mit zeitgemässer Karte. Regionale Küche in der Burgerstube.

Des Balances < Reuss und Berge, Zim, VISA MC AE D
Weinmarkt ✉ *6004* – ✆ *041 418 28 28* – *info@balances.ch* – *Fax 041 418 28 38* CZ **a**
54 Zim – 170/260 CHF 280/395 CHF, 27 CHF – 3 Suiten – **Rest** – (28 CHF) Menü 35 CHF (mittags)/79 CHF – Karte 63/112 CHF
◆ Hinter der im Stil von Hans Holbein bemalten Fassade des zwischen der Fussgängerzone und der Reuss gelegenen Hotels bezieht der Gast geräumige, gut ausgestattete Zimmer. Den Geniesser verwöhnt man im Hotel-Restaurant oder auf der schönen Terrasse zur Reuss.

Sonnmatt < Berge und Vierwaldstättersee, Zim, P VISA MC
Hemschlen, 5 km über Dreilindenstrasse BX
✉ *6006* – ✆ *041 375 32 32* – *sana@sonnmatt.ch* – *Fax 041 370 39 19*
27 Zim – 185/200 CHF 300/320 CHF – 7 Suiten – **Rest** – (27 CHF) Menü 35 CHF (mittags) – Karte 52/90 CHF
◆ Die sehr schöne Panoramalage sowie topmoderne, elegante Zimmer, meist mit Seeblick, machen dieses Hotel aus. Angeschlossen: Kurbetrieb und Rehaklinik. Freundliches Restaurant mit zeitgemässem Angebot und toller Aussichtsterrasse.

Astoria
Pilatusstr. 29 ✉ *6002 – ✆ 041 226 88 88 – info@astoria-luzern.ch*
– Fax 041 210 34 04 CZ **q**
252 Zim – 160/320 CHF 250/380 CHF
Rest *Thai Garden* – separat erwähnt
Rest *Latino* – *(Tischbestellung ratsam)* (29 CHF) Menü 78 CHF – Karte 56/104 CHF
Rest *La Cucina* – *(geschl. Samstagmittag und Sonntagmittag)* (22 CHF)
Menü 64 CHF (abends) – Karte 58/91 CHF
◆ Die Gästezimmer in diesem Hotel sind mit Parkettfussboden ausgestattet und modern mit hellem, funktionellem Mobiliar eingerichtet. Latino: lebhaftes Lokal mit originellem Ambiente. Italienische Küche und passende Atmosphäre im La Cucina.

Continental-Park Zim,
Murbacherstr. 4 ✉ *6002 – ✆ 041 228 90 50 – hotel@continental.ch*
– Fax 041 228 90 59 DZ **x**
92 Zim – 150/275 CHF 200/400 CHF – **Rest** – (15 CHF) – Karte 45/104 CHF
◆ Am Zentrumsrand neben einem kleinen Park gelegen, bietet dieses moderne Stadthotel mit hellem Buchenholzmobiliar gut ausgestattete Zimmer von angenehmer Grösse. Im Hotelrestaurant stehen italienische Gerichte zur Auswahl.

Hofgarten Rest,
Stadthofstr. 14 ✉ *6006 – ✆ 041 410 88 88 – hotel@hofgarten.ch*
– Fax 041 410 83 33 DY **d**
19 Zim – 175/195 CHF 275/295 CHF – ½ P +35 CHF – **Rest** – (21 CHF) – Karte 37/71 CHF
◆ In dem Riegelhaus a. d. 13. Jh. verbindet sich Altes mit Neuem: Die Zimmer sind modern-stilvoll eingerichtet und teilweise mit Messingbetten versehen. Im Erdgeschoss des Hauses findet man das bistroartige Restaurant - mit Hofgarten und vegetarischem Angebot.

Krone und Magic Hotel Rest, Zim,
Weinmarkt 12 ✉ *6004 – ✆ 041 419 44 00 – info@krone-luzern.ch*
– Fax 041 419 44 90 CZ **c**
38 Zim – 145/215 CHF 220/310 CHF – **Rest** – *(geschl. Sonntag, Montag und Feiertage) (nur Mittagessen)* Karte 34/63 CHF
◆ Die Zimmer des Altstadthotels Krone mit einer schön bemalten Fassade sind modern und funktionell ausgestattet. Interessante Themenzimmer im angegliederten Magic-Hotel. Hotelrestaurant mit Mittagstisch.

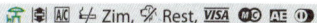

Schiller Zim, Rest,
Pilatusstr. 15 ✉ *6003 – ✆ 041 226 87 87 – info@schiller-luzern.ch*
– Fax 041 226 87 90 CZ **f**
100 Zim – 160/300 CHF 250/360 CHF
Rest *Pacifico* – (19,80 CHF) – Karte 36/82 CHF
◆ Modernen Komfort hinter historischer Fassade findet der Gast in diesem Hotel, das nur wenige Schritte vom Bahnhof entfernt liegt. Zimmer teils mit dunklen, modernen Möbeln. Das mexikanische Restaurant mit Bar wurde in kräftigen Farben gestaltet.

Cascada Zim,
Bundesplatz 18 ✉ *6003 – ✆ 041 226 80 88 – info@cascada.ch*
– Fax 041 226 80 00 DZ **a**
63 Zim – 185/195 CHF 270/320 CHF
Rest *Bolero* – *(geschl. Samstagmittag und Sonntagmittag)* (19 CHF) Menü 70 CHF – Karte 51/92 CHF
◆ Dieses moderne Geschäftshotel bietet nicht nur dem beruflich Reisenden Zimmer, die funktionell und praktisch eingerichtet sind und zeitgemässen Komfort bieten. Im Bolero: neuzeitliches Ambiente in warmen Farben und spanische Karte.

Waldstätterhof Zim, Zim,
Zentralstr. 4 ✉ *6003 – ✆ 041 227 12 71 – info@hotel-waldstaetterhof.ch*
– Fax 041 227 12 72 DZ **y**
79 Zim – 140/170 CHF 200/260 CHF – **Rest** – *(alkoholfrei)* (23 CHF) – Karte 42/65 CHF
◆ Die Zimmer des Hauses sind individuell eingerichtet: teils mit modernem Holzmobiliar, teils auch mit dunklem Ahorn, Stilmobiliar oder bunt als Designerzimmer. Traditionelles Restaurant mit einer Auswahl an vegetarischen Gerichten. Nur alkoholfreie Getränke.

Zum Weissen Kreuz Zim, VISA MC AE D
Furrengasse 19 ✉ 6004 – ☎ 041 418 82 20 – info@hotel-wkreuz.ch – Fax 041 418 82 30 CZ v
21 Zim – †145/175 CHF ††265/295 CHF, ☐ 15 CHF – **Rest** – Karte 43/87 CHF
♦ Nach einer geglückten Komplettrenovation empfiehlt sich dieses Haus in der Altstadt mit modernen, technisch gut ausgestatteten Designer-Zimmern. Italienisches Restaurant mit neuzeitlichem Konzept.

Baslertor garni VISA MC
Pfistergasse 17 ✉ 6003 – ☎ 041 249 22 22 – info@baslertor.ch – Fax 041 249 22 33 CZ z
30 Zim – †125/175 CHF ††175/225 CHF, ☐ 20 CHF
♦ In diesem Altstadthaus mit kleinem Pool - nahe der Reuss gelegen - findet der Gast Zimmer individueller Grösse und Ausstattung, teils mit Deckenventilator.

Rebstock Rest, VISA MC AE D
St. Leodegarstr. 3 ✉ 6006 – ☎ 041 417 18 19 – rebstock@hereweare.ch – Fax 041 410 39 17 DY n
30 Zim ☐ – †160/200 CHF ††260/300 CHF – **Rest** – (22 CHF) – Karte 44/88 CHF
♦ Kein Zimmer gleicht dem anderen in dem renovierten Riegelhaus a. d. 12. Jh. Alle sind stilvoll eingerichtet, mal modern mit Messingbett, mal rustikal mit Bauernmöbeln. Regionale Küche im Beizli, in der rustikalen Hofstube oder der wintergartenartigen Hofecke.

Schiff ← Reuss und Berge, Zim, VISA MC AE
Unter der Egg 8 ✉ 6004 – ☎ 041 418 52 52 – contact@hotel-schiff-luzern.ch – Fax 041 418 52 55 – geschl. 24. Dezember - 2. Januar CZ d
14 Zim ☐ – †100/185 CHF ††160/250 CHF – **Rest** – (19,50 CHF) Menü 49 CHF (abends) – Karte 41/97 CHF
♦ Ein historisches Haus in der Altstadt beherbergt dieses kleine Hotel mit seinen gepflegten Gästezimmern und toller Aussicht. Bodenständiges bietet das sehr traditionelle Restaurant mit hübscher Terrasse zur Reuss.

Drei Könige garni VISA MC AE D
Bruchstr. 35 ✉ 6003 – ☎ 041 248 04 80 – hotel@drei-koenige.ch – Fax 041 248 04 90 CZ w
67 Zim ☐ – †120/160 CHF ††190/280 CHF
♦ Dieses schöne Haus, Anfang des vorigen Jahrhunderts erbaut, bietet Gästezimmer, die mit funktionellem grauem Mobiliar eingerichtet sind und über eine Sitzecke verfügen.

Jasper – Hotel Palace ← Vierwaldstättersee und Berge, A/C P VISA MC AE D
Haldenstr. 10 ✉ 6002 – ☎ 041 416 16 16 – info@palace-luzern.ch – Fax 041 416 10 00 BX v
Rest – (32 CHF) – Karte 70/138 CHF
♦ Ein puristisch-elegantes Restaurant mit grosser Fensterfront zum See, mediterraner Küche und kompetentem Service ist das Jasper.

Old Swiss House VISA MC AE D
Löwenplatz 4 ✉ 6004 – ☎ 041 410 61 71 – info@oldswisshouse.ch – Fax 041 410 17 38 – geschl. 27. Januar - 21. Februar und Montag DY w
Rest – Menü 45 CHF (mittags)/79 CHF – Karte 75/139 CHF
♦ Schmuckes Riegelhaus mit gediegen-rustikalen alten Stuben und Kachelofen aus dem Jahre 1636. Weitum bekannte Hausspezialität: am Tisch zubereitetes Wienerschnitzel.

Thai Garden – Hotel Astoria A/C VISA MC AE D
Pilatusstr. 29 ✉ 6002 – ☎ 041 226 88 88 – info@astoria-luzern.ch – Fax 041 210 42 62 – geschl. Samstagmittag und Sonntagmittag CZ q
Rest – (19,90 CHF) Menü 33 CHF (mittags) – Karte 66/92 CHF
♦ Das elegante Restaurant im Hotel Astoria entführt Sie auf eine Reise in die Welt Thailands, serviert wird die dementsprechende Küche.

Red ← VISA MC AE D
Europaplatz 1, (im Kultur- und Kongresszentrum) ✉ 6005 – ☎ 041 226 71 10 – red@kkl-luzern.ch – Fax 041 226 70 71 – geschl. Februar 2 Wochen, Juli 3 Wochen und Montag - Dienstag ausser bei Konzerten DZ c
Rest – *(nur Abendessen)* Menü 75/135 CHF – Karte 58/117 CHF
♦ Im 1. Stock des KKL liegt das modern-elegante, rundum verglaste Restaurant, schön ist der Blick auf See und Seepromenade. Die zeitgemässe Küche bietet auch ein Konzertmenü.

Olivo
Haldenstr. 6, (im Grand Casino) ✉ 6006 – ✆ 041 418 56 56 – olivo@grandcasinoluzern.ch – Fax 041 418 56 55 – geschl. Samstag, Sonn- und Feiertage jeweils mittags BX **b**
Rest – (22 CHF) Menü 29 CHF (mittags)/79 CHF – Karte 58/98 CHF
♦ Ein eleganter Saal aus der Jahrhundertwende mit hoher Decke und imposanten Kronleuchtern im 1. Stock des Grand Casino. Herrlich: die Balkonterrasse. Mediterrane Küche.

Padrino
Haldenstr. 4, (im Grand Hotel National) ✉ 6006 – ✆ 041 410 41 50 – Fax 041 410 58 02 – geschl. Sonntag von Oktober - Ende März DY **a**
Rest – (36 CHF) – Karte 65/100 CHF
♦ Stilvoll speisen: grosse Bogenfenster, Marmorsäulen und Ölgemälde sowie mediterrane Farbgestaltung prägen das Padrino mit italienischem Speisenangebot.

Reussbad - las torres
Brüggligasse 19 ✉ 6004 – ✆ 041 240 54 23 – info@reussbad.ch – Fax 041 240 54 20 – geschl. 1. - 15. Januar und Montag CY **r**
Rest – (27 CHF) Menü 35 CHF (mittags)/92 CHF – Karte 62/129 CHF
♦ Im Gasthaus an der alten Stadtmauer mit dem wuchtigen Wehrturm serviert man neben mediterranen Gerichten auch Traditionelles. Terrasse unter Schatten spendenden Kastanien.

Schlössli Utenberg
Utenberg 643 ✉ 6006 – ✆ 041 420 00 22 – restaurant@schloessli-utenberg.ch – Fax 041 420 00 24 – geschl. 28. Januar - 4. März, Montag und Dienstag BX **h**
Rest – (23 CHF) Menü 39 CHF (mittags)/117 CHF – Karte 63/104 CHF
♦ Das spätbarocke Landgut aus dem 18. Jh. liegt in einem grosszügigen Park und beherbergt dieses Restaurant mit zeitgemässer Küche. Schöne Terrasse mit malerischer Aussicht.

Brasserie Bodu
Kornmarkt 5 ✉ 6004 – ✆ 041 410 01 77 – brasseriebodu@tic.ch – Fax 041 410 41 35 CZ **e**
Rest – (19 CHF) – Karte 42/82 CHF
♦ Das Haus zum Raben beherbergt drei Stuben: zwei sind im Bistro-Brasserie-Stil, eine mit altem Holz rustikal gestaltet. Mit schöner Terrasse zur Reuss oder am Kornmarkt.

Galliker
Schützenstr. 1, (am Kasernenplatz) ✉ 6003 – ✆ 041 240 10 02 – geschl. 15. Juli - 13. August, Sonntag und Montag CZ **b**
Rest – *(Tischbestellung ratsam)* (18 CHF) – Karte 42/90 CHF
♦ In dem vielleicht urchigsten Wirtshaus der Stadt, das eine lange Tradition hat, trifft man sich bei Gerichten wie aus Mutters Kochtopf zum gemütlichen Höck.

Taube
Burgerstr. 3 ✉ 6003 – ✆ 041 210 07 47 – wirtshaus@taube-luzern.ch – Fax 041 210 97 47 CZ **t**
Rest – *(geschl. Sonntag)* (18 CHF) – Karte 50/84 CHF
♦ Das alte Haus birgt vier gemütliche kleine Stüblis in sich - teils mit Gewölbe, teils mit niedriger Holzdecke. Offeriert wird eine regionale Küche. Terrasse an der Reuss.

Ost über ② : 4 km Richtung Meggen :

Hermitage ← Vierwaldstättersee, Pilatus und Luzern,
Seeburgstr. 72 ✉ 6006 – ✆ 041 375 81 81 – info@hermitage-luzern.ch – Fax 041 375 81 82 Zim,
69 Zim – †220/330 CHF ††280/420 CHF, ☐ 25 CHF
Rest *Baccara* – (29 CHF) Menü 44 CHF (mittags)/89 CHF – Karte 60/106 CHF
♦ Das Hotel mit Blick auf den See verfügt über moderne, grosszügige Zimmer, die mit hellem Mobiliar eingerichtet sind, sowie eine Lounge. Zum modern-eleganten Baccara, das zeitgemässe Küche bietet, gehört eine Seeterrasse mit Panoramasicht.

Seeburg < Vierwaldstättersee, Pilatus und Berge,
Seeburgstr. 61 ✉ 6006 – Rest,
✆ 041 375 55 55 – mail@hotelseeburg.ch – Fax 041 375 55 50
58 Zim – 150/270 CHF 190/360 CHF
Rest *Alexander* – *(nur Abendessen ausser Feiertage)* Menü 83 CHF – Karte 74/117 CHF
Rest *Seerestaurant* – (28 CHF) Menü 36 CHF (mittags)/85 CHF – Karte 43/105 CHF
♦ In der durch eine moderne Konstruktion angeschlossenen Villa erwarten den Gast luxuriöse Zimmer. Im Haupthaus sind einfachere Zimmer vorhanden. Alexander: modernes Designer-Restaurant mit kreativer Karte. Zeitgemässe Küche im eleganten Seerestaurant.

Bellevue garni <
Seeburgstr. 79 ✉ 6006 – ✆ 041 371 27 27 – info@bellevue-luzern.ch – Fax 041 371 27 28 – geschl. Dezember - Februar
19 Zim – 110/150 CHF 160/210 CHF
♦ Eine praktische und recht preisgünstige kleine Übernachtungsadresse mit hell möblierten, modern und funktionell eingerichteten Zimmern.

in Kastanienbaum Süd-Ost : 4 km über Langensandstrasse - BX - Höhe 435 m – ✉ 6047 Kastanienbaum

Seehotel Kastanienbaum < Vierwaldstättersee,
St. Niklausenstr. 105 – ✆ 041 340 03 40 Rest,
– seehotel@kastanienbaum.ch Rest,
– Fax 041 340 10 15 – geschl. 6. Dezember - 7. Januar
42 Zim – 165/240 CHF 250/360 CHF – ½ P +60 CHF
Rest *Chrüztrichter* – Menü 90 CHF – Karte 77/112 CHF
Rest *Hechtstube* – (28 CHF) Menü 40 CHF (mittags) – Karte 58/105 CHF
♦ Das Hotel liegt ruhig in der Horwer Bucht. Die meisten Zimmer - geräumig und komfortabel mit Rattan möbliert - bieten einen schönen Blick über den Vierwaldstättersee. Im eleganten Gourmetrestaurant Chrüztrichter serviert man zeitgemässe Küche.

in Horw Süd : 3 km – Höhe 442 m – ✉ 6048 Horw

Seehotel Sternen < Vierwaldstättersee,
in Winkel, Winkelstr. 46 – Rest,
✆ 041 348 24 82 – info@seehotel-sternen.ch – Fax 041 348 24 83 – geschl. 21. Januar - 11. Februar
25 Zim – 150/215 CHF 215/310 CHF
Rest *Venus* – *(geschl. Montag von September bis April)* Menü 64 CHF – Karte 61/120 CHF
Rest *Neptun* – *(geschl. Montag von September bis April)* (19,50 CHF) Menü 64 CHF – Karte 50/117 CHF
♦ Ruhig und direkt am Seeufer gelegen, bietet das Hotel einen wundervollen Ausblick über den Vierwaldstättersee. Hier bezieht der Gast komfortable, moderne Zimmer. Eine schöne Terrasse zum See ergänzt das gediegene Venus. Internationale Küche im Neptun.

Schwendelberg < Vierwaldstättersee und Berge,
Süd-West : 5 km Richtung Schwendelberg – ✆ 041 340 35 40 – ming@schwendelberg.ch – Fax 041 340 75 40 – geschl. 7. Januar - 7. Februar, Mittwoch von September - April und Dienstag
Rest – (18 CHF) Menü 56 CHF – Karte 49/85 CHF
♦ Vor allem von der schönen Sonnenterrasse des Chalets am Pilatushang geniesst man den grandiosen Ausblick. Urchig-gemütlich präsentiert sich die Stube dieses Ausflugslokals.

in Kriens Süd : 3 km – Höhe 492 m – ✉ 6010 Kriens

Ibis garni
Industriestr. 13 – ✆ 041 349 49 49 – h2982@accor.com – Fax 041 349 49 00
69 Zim – 99/109 CHF 124/129 CHF, 14 CHF
♦ Das Hotel befindet sich im Industriegebiet, in einem Gebäudekomplex mit Kinos und Geschäften. Die Zimmer sind mit bunten Möbeln im Ibis-Stil eingerichtet.

in Obernau Süd-West über Kriens : 6 km – Höhe 530 m – ✉ 6012 Obernau

Obernau - Nagelschmitte
Obernauerstr. 89 – ✆ 041 320 43 93 – obernau.thomas@gmx.ch – geschl. 1. - 3. Mai
Rest – Menü 55/99 CHF – Karte 60/115 CHF
◆ Dem durch Holztäfer und Holzdecke gediegen-bürgerlich wirkenden Restaurant geben blau bezogene Stühle einen modernen Touch. Zeitgemässe Karte. Schlichte, rustikale Gaststube.

an der Autobahn A2 Nord-West : 10 km – ✉ 6023 Rothenburg

Express by Holiday Inn garni
(Raststätte Luzern-Neuenkirch) – ✆ 041 288 28 28 – info@holidayinn.ch – Fax 041 288 29 29
60 Zim – 135/170 CHF 135/170 CHF
◆ Die verkehrsgünstige Lage unmittelbar an der Autobahn macht dieses Hotel mit seinen hellen, modernen Zimmern vor allem für Autofahrer auf der Durchreise interessant.

LYSS – Bern (BE) – **551** I6 – 10 659 Ew – Höhe 444 m – ✉ 3250 **2 D4**

Bern 31 – Biel 13 – Burgdorf 36 – Neuchâtel 42 – Solothurn 30

Bern/Moossee Münchenbuchsee, Süd-Ost: 17 km nach Münchenbuchsee-Schönbühl, ✆ 031 868 50 50

Weisses Kreuz
Marktplatz 15 – ✆ 032 387 07 40 – info@kreuz-lyss.ch – Fax 032 387 07 49
30 Zim – 90/140 CHF 150/190 CHF – ½ P +32 CHF – **Rest** – (19,50 CHF) Menü 54 CHF (mittags) – Karte 55/96 CHF
◆ A. d. 18. Jh. stammt die schöne Fassade dieses Hotels. Die Zimmer sind in ihrer modernen, funktionellen Art besonders auf Geschäftsleute ausgelegt - auch einfachere Zimmer. Das Restaurant Kreuzstube ist mit viel Holz hübsch gestaltet. Traditionelle Küche.

Schwanen
Hauptstr. 17 – ✆ 032 384 12 18 – info@schwanen-lyss.ch – Fax 032 384 74 89 – geschl. über Ostern und August jeweils 2 Wochen, Sonntag und Montag
Rest – (17 CHF) Menü 56 CHF (mittags)/125 CHF – Karte 50/109 CHF
◆ Dieser Gasthof bietet freundlichen Service und internationale Küche in modernem Ambiente. Hinter dem Haus befindet sich eine nette Terrasse mit Lounge. Kinderspielzimmer.

in Hardern Nord-Ost : 1,5 km Richtung Büren a.d. Aare – Höhe 496 m – ✉ 3250 Lyss

Freudiger's Hardern Pintli
Hardern 23 – ✆ 032 386 73 23 – Fax 032 386 73 22 – geschl. 11. Februar - 5. März, 8. September - 10. Oktober, Dienstag und Mittwoch
Rest – *(Tischbestellung ratsam)* (17 CHF) – Karte 38/83 CHF
◆ Ein rustikales, hell und frisch wirkendes Restaurant mit grosser Gartenterrasse. Geboten werden traditionelle und regionale Gerichte. Mit Kinderspielplatz und Streichelzoo.

in Suberg Süd-Ost : 3 km Richtung Bern – Höhe 475 m – ✉ 3262 Suberg

Pelzmanns Goldener Krug
Bernstr. 61 – ✆ 032 389 13 30 – info@goldener-krug.ch – Fax 032 389 13 15
Rest – *(geschl. Sonntag)* (16 CHF) Menü 43 CHF (mittags)/110 CHF – Karte 45/107 CHF
◆ Ganz in Holz gehalten ist das Innere dieses schönen alten Riegelhauses - ein rustikales und gemütliches Restaurant mit internationaler Karte. Spezialität: Hummergerichte.

Dieser Führer lebt von Ihren Anregungen, die uns stets willkommen sind. Egal ob Sie uns eine besonders angenehme Überraschung oder eine Enttäuschung mitteilen wollen – schreiben Sie uns!

MADISWIL – Bern (BE) – 551 L6 – 2 015 Ew – Höhe 534 m – ✉ 4934 3 **E3**

Bern 49 – Luzern 55 – Olten 28 – Solothurn 31

Bären mit Zim Zim, P VISA MC AE

Kirchgässli 1 – ✆ 062 957 70 10 – gasthof@baeren-madiswil.ch – Fax 062 957 70 12

11 Zim – 110 CHF 180 CHF – ½ P +40 CHF – **Rest** – *(geschl. Sonntagabend und Montag)* (18 CHF) Menü 53 CHF (mittags)/110 CHF – Karte 53/99 CHF

◆ In dem typischen Berner Landgasthof mit Velogarten erwarten den Gast verschiedene gemütliche Stuben und in frischen Farben und neuzeitlichem Stil gehaltene Zimmer.

MAIENFELD – Graubünden (GR) – 553 V7 – 2 368 Ew – Höhe 504 m – ✉ 7304 5 **I3**

Bern 224 – Chur 21 – Davos 50 – Vaduz 23

Swiss Heidi Hotel garni P VISA MC

Werkhofstr. 1 – ✆ 081 303 88 88 – info@swissheidihotel.ch – Fax 081 303 88 99

67 Zim – 108 CHF 176 CHF

◆ Gut zu erreichen liegt das Hotel in der Nähe der Autobahn. Bistro mit Snack-Angebot und nette rustikale Bar. Seminarräume im verglasten Rundbau.

MALIX – Graubünden – 553 V8 – siehe Chur

MALOJA – Graubünden (GR) – 553 W11 – Höhe 1 815 m – Wintersport : 1 800/2 159 m 2 – ✉ 7516 11 **J5**

Bern 332 – Sankt Moritz 17 – Chur 92 – Davos 83 – Sondrio 95

Kur- und Verkehrsverein, Casa Giacometti, ✆ 081 824 31 88, info@maloja.ch, Fax 081 824 36 37

Turm Belvedere : Ausblick★

Schweizerhaus Zim, P VISA MC AE

– ✆ 081 838 28 28 – hallo@maloja-schweizerhaus.ch – Fax 081 838 28 29 – geschl. Mitte Oktober - Mitte Dezember und 31. März - 14. Juni

22 Zim – 110/215 CHF 200/360 CHF – ½ P +39 CHF – **Rest** – (33 CHF) Menü 59 CHF (abends)/79 CHF – Karte 42/103 CHF

◆ In diesem schönen Holzhaus a. d. 19. Jh. übernachten Sie in mit hellem Naturholz, teils mit Täfer gestalteten sowie zeitgemäss und funktionell ausgestatteten Gästezimmern. Rustikale, mit Holz getäferte Gaststuben.

Bellavista P VISA MC AE

Capolago – ✆ 081 824 31 95 – geschl. Anfang November - Mitte Dezember, Mitte April - Mitte Juni, Montag und Dienstag

Rest – Karte 63/100 CHF

◆ Familiär geführtes hübsches Huxelhäuschen a. d. 20. Jh. mit einer gemütlichen kleinen Stube. Nett: die Terrasse mit Sicht auf See und Berge. Hausgemachte Wurstspezialitäten.

MAMMERN – Thurgau (TG) – 551 S3 – 533 Ew – Höhe 412 m – ✉ 8265 4 **G2**

Bern 175 – Zürich 55 – Frauenfeld 14 – Konstanz 22 – Stein am Rhein 5 – Winterthur 29

Adler mit Zim Rest, P VISA MC

Hauptstr. 4 – ✆ 052 741 29 29 – info@adler-mammern.ch – Fax 052 741 26 35 – geschl. 4 Wochen Januar - Februar, Montag von September bis April und Dienstag

6 Zim – 85 CHF 130 CHF – ½ P +35 CHF – **Rest** – (19,50 CHF) – Karte 42/92 CHF

◆ In netten rustikalen Stuben wie auch im modernen Wintergarten serviert man regionale Gerichte, die aus hiesigen Produkten sorgfältig zubereitet werden.

Zum Schiff mit Zim P VISA MC

Seestr. 3 – ✆ 052 741 24 44 – Fax 052 741 48 68 – geschl. 23. Dezember - 5. Februar, 7. - 19. Oktober und Montag

7 Zim – 130 CHF 190 CHF – **Rest** – Karte 43/117 CHF

◆ In der gemütlichen Stube mit Holztäfelung aus dem 18. Jh. empfiehlt man eigene Zuchtgüggeli und frisch gefangene Bodenseefische. Im Gästehaus stehen ruhige und moderne Zimmer zur Verfügung.

MANNENBACH - Thurgau (TG) - 551 S3 - Höhe 400 m - ✉ 8268 5 H1

Bern 186 - Sankt Gallen 49 - Frauenfeld 24 - Konstanz 11 - Steckborn 6 - Winterthur 41

Seehotel Schiff

Bodensee, Rest,

Seestr. 4 - ✆ 071 663 41 41 - info@seehotel-schiff.ch - Fax 071 663 41 50 - geschl. 7. - 27. Januar

18 Zim - 120/135 CHF 185/220 CHF - ½ P +35 CHF - **Rest** - (18 CHF) Menü 28 CHF (mittags)/52 CHF - Karte 47/93 CHF

◆ Ruhig und abseits der Strasse am Seeufer gelegen, bietet das Haus einen schönen Blick über den Untersee. Die Gäste werden in zeitgemässen Zimmern untergebracht. Modernes Restaurant mit schöner Seeterrasse.

MANNO - Ticino (TI) - 553 R13 - 1 045 ab. - alt. 344 m - ✉ 6928 10 H6

Bern 240 - Lugano 7 - Bellinzona 26 - Locarno 40

Grotto dell'Ortiga

Strada Regina 35 - ✆ 091 605 16 13 - panesalam@ortiga.ch - Fax 091 605 37 04 - chiuso 20 dicembre - 12 febbraio, 23 - 30 giugno, domenica e lunedì

Rist - (18 CHF) - Carta 35/60 CHF

◆ Circondato da prati e castagneti, un vero grotto - per un ambiente rilassante ed informale - dove apprezzare la buona cucina regionale a prezzi simpatici!

Les MARÉCOTTES - Valais - 552 G12 - voir à Martigny

MARLY - Fribourg - 552 H8 - voir à Fribourg

MARTIGNY - Valais (VS) - 552 G12 - 14 361 h. - alt. 467 m - ✉ 1920 7 C6

Bern 131 - Aosta 76 - Chamonix-Mont-Blanc 42 - Montreux 43 - Sion 30

Martigny Tourisme, 6 av. de la Gare, ✆ 027 720 49 49, info@martignytourism.ch, Fax 027 720 49 48 Y

Fondation Pierre Gianadda★★ Z - Verrière★ de l'Hôtel de Ville Y - Tour de la Bâtiaz : vue★ Y

Pont du Gueuroz★★ par ④ : 5 km

Manifestations locales :

29.07 - 03.08 : FIFO, Festival international folklorique d'Octodure

05.10 : Combat de reines à l'amphithéâtre romain (reporté au 12.10 en cas de pluie)

Plans pages suivantes

Du Parc

ch,

20 av. des Prés-Beudin, par ① - ✆ 027 720 13 13 - info@hotelduparc.ch - Fax 027 720 13 14

101 ch - 160 CHF 230 CHF - ½ P +32 CHF - **Rest** - *(fermé dimanche)* (16 CHF) Menu 26 CHF - Carte 43/86 CHF

◆ Immeuble hôtelier moderne (1998) spécialisé dans les congrès, séminaires et banquets. Chambres contemporaines parquetées et colorées. Découverte des crus locaux au sous-sol. Repas traditionnel dans un décor de brasserie actuelle ou l'été en terrasse.

Le Forum

ch,

72 av. du Grand-Saint-Bernard - ✆ 027 722 18 41 - info@le-gourmet.ch - Fax 027 722 79 25 Z a

29 ch - 88/128 CHF 148/228 CHF - ½ P +35 CHF

Rest *Brasserie l'Olivier* - *(fermé dimanche sauf fériés)* (25 CHF) Menu 52 CHF (déj.)/104 CHF - Carte 58/100 CHF

◆ Cet établissement voisin de la jolie placette du Bourg et de la pittoresque rue du même nom abrite des chambres sans reproche ainsi qu'une table estimée des gastronomes. Brasserie concoctant d'appétissants menus à prix sages.

MARTIGNY

Alpes (R. des) . . . . Y 3
Bâtiaz (R. de la) . . . . Y 4
Centrale (Pl.) . . . . Y 6
Collège (R. du). . . . . Y 7
Fully (Av. de) . . . . Y 9
Grand St-Bernard (Av. du)Y
Hôpital (R. de l'). . . . . Y 10
Maladière (R. de la) . . . . . Y 12
Manoir (R. du) . . . . Y 13
Midi (Pl. du) . . . . Y 15
Neuvilles (Av. des). . . . . . Y 16
Nord (R. du). . . . . Y 18
Petits Epineys (R. des) . . Y 19
Plaisance (Pl. de) . . . . Y 21
Plaisance (R. de) . . . . Y 22
Poste (R. de la) . . . . Y 24
Pré Borvey (R. de). . . . . . Z 25
Rome (Pl. de). . . . . Y 27
St-Théodule (R.). . . . . Z 28
Surfrête (R. de) . . . . Z 30

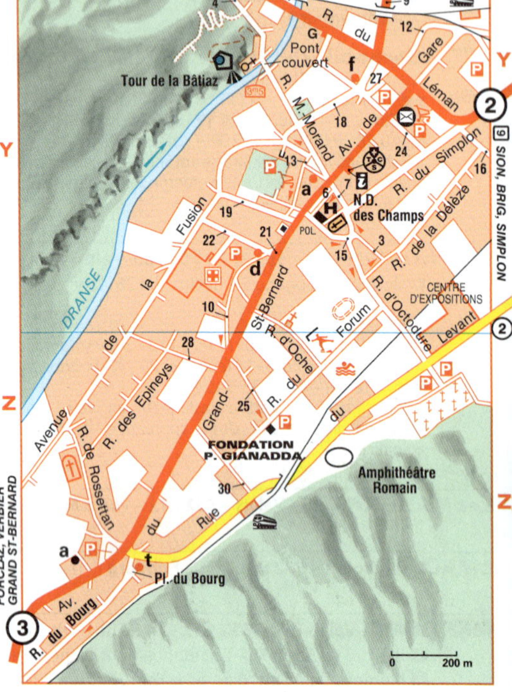

La Porte d'Octodure
route du Grand-Saint-Bernard, par ③ : 2 km ✉ 1921 Martigny-Croix – ✆ 027 722 71 21 – contact@porte-octodure.ch – Fax 027 722 21 73
36 ch – 100 CHF 160 CHF – ½ P +25 CHF
Rest *Brasserie* – *(déjeuner seulement)* (17 CHF) Menu 22 CHF – Carte 46/75 CHF
Rest *Toscana* – *(dîner seulement)* Carte 55/75 CHF
♦ Hôtel de la fin du 20e s. surveillant la voie historique du col du Grand-Saint-Bernard. Communs modernes, chambres actuelles, espaces de réunions, fitness et sauna. Brasserie confortable présentant un choix traditionnel. Carte italienne au restaurant Toscana.

Le Transalpin rest,
9 rte du Grand-Saint-Bernard, par ③ : 2 km ✉ 1921 Martigny-Croix – ✆ 027 722 16 68 – letransalpin@bluewin.ch – Fax 027 722 06 68 – fermé 20 décembre - 6 janvier
16 ch – 60/70 CHF 100/110 CHF – ½ P +22 CHF – **Rest** – (16 CHF) Menu 21 CHF (déj.) – Carte 35/74 CHF
♦ Point de chute idéal pour les touristes souhaitant faire étape au pied du Grand-Saint-Bernard, sur l'illustre voie transalpine. Table traditionnelle se complétant d'un restaurant d'été.

Kwong Ming
rue du Nord / place de Rome, (1er étage) – ✆ 027 722 45 15 Y f
Rest – Menu 45 CHF (déj.)/95 CHF – Carte 47/115 CHF
♦ Très honorable restaurant chinois établi au premier étage d'une galerie marchande. Saveurs dépaysantes, décor intérieur de circonstance et fond musical approprié.

Les Trois Couronnes

8 pl. du Bourg – 027 723 21 14 – ad3c@bluewin.ch – Fax 027 723 21 56 – fermé 27 février - 10 mars, 3 - 17 août, dimanche et lundi Z **t**

Rest – (15 CHF) Menu 20 CHF (déj.)/59 CHF – Carte 45/69 CHF

◆ Sur une placette agrémentée d'une fontaine, belle demeure historique de 1609 où l'on vient faire des repas traditionnels dans un cadre rustique-contemporain. Bar sympathique.

Les Touristes

2 r. de l'Hôpital – 027 722 95 98 – chomelfrancois@netplus.ch – Fax 027 722 96 02 – fermé août, dimanche et lundi Y **d**

Rest – (19 CHF) Menu 56 CHF – Carte 57/92 CHF

◆ Restaurant familial tenu entre frères et devancé par un café. Salle à manger associant pierres et boiseries ; recettes aux influences cosmopolites, à base de produits frais.

La vache qui vole

2b pl. Centrale, (1er étage) – 027 722 38 33 – info@lavachequivole.ch – fermé août, dimanche et lundi Y **a**

Rest – (23 CHF) Menu 46 CHF – Carte 43/98 CHF

◆ Lieu "trendy" comportant un bar à vins au rez-de-chaussée, où l'on grignote des tapas, et une brasserie au-dessus, misant sur une carte à dominante italienne. Cadre original.

aux Marécottes par ④ et route de Salvan : 10 km – alt. 1 032 m – Sports d'hiver : 1 110/2 220 m 1 4 – 1923 Les Marécottes

Salvan Les Marécottes Tourisme, Place de la Télécabine, 027 761 31 01, info@marecottes.ch, Fax 027 761 31 03

Aux Mille Étoiles rest, rest,

– 027 761 16 66 – mille.etoiles@omedia.ch – Fax 027 761 16 00 – fermé début novembre - mi-décembre et 30 mars - 1er mai

24 ch – 113/133 CHF 166/276 CHF – ½ P +32 CHF – **Rest** – *(dîner seulement)* Menu 63 CHF – Carte 48/84 CHF

◆ Une ambiance "cent pour cent montagne" flotte dans ce chalet propice au cocooning. Chambres lambrissées où l'on dort comme une bûche. Piscine creusée dans la roche. Intime salle de restaurant à touches campagnardes. L'été, repas sous les "mille étoiles".

à Chemin par ③ et route du col des Planches : 5 km – alt. 774 m – 1927 Chemin

Le Belvédère vallée du Rhône,

– 027 723 14 00 – Fax 027 723 14 03 – fermé 23 décembre - 9 janvier, 29 juin - 23 juillet, dimanche soir, lundi et mardi

Rest – (17 CHF) Menu 53/70 CHF – Carte 53/89 CHF

◆ Une petite route escarpée donne accès à cet établissement procurant une superbe échappée plongeante sur la vallée du Rhône. Soigneuses préparations au goût du jour.

MASSAGNO – Ticino – 553 R13 – vedere Lugano

MATZENDORF – Solothurn (SO) – 551 K5 – 1 305 Ew – Höhe 501 m – 4713 2 D3

Bern 58 – Basel 59 – Olten 30 – Solothurn 27

Sternen mit Zim Rest,

Dorfstr. 53 – 062 394 16 74 – info@sternen-matzendorf.ch – Fax 062 394 18 21 – geschl. 21. Juli - 6. August

3 Zim – 70 CHF 120 CHF – **Rest** – *(geschl. Dienstag und Mittwoch)* (16 CHF) Menü 55 CHF – Karte 40/75 CHF

◆ Das Gourmet dieses Landgasthofs ist gediegen eingerichtet und bietet dem Gast traditionelle Speisen - zusätzliche kleine Beizlikarte in der einfachen Gaststube.

Sie suchen ein besonderes Hotel für einen sehr angenehmen Aufenthalt? Reservieren Sie in einem roten Haus: ...

MEGGEN – Luzern (LU) – 551 O7 – 5 923 Ew – Höhe 472 m – ✉ 6045 4 F3

Bern 118 – Luzern 8 – Olten 60 – Schwyz 30 – Zug 28

Balm Rest, Zim, VISA MC AE D

Balmstr. 3 – 041 377 11 35 – info@balm.ch – Fax 041 377 23 83

18 Zim – 125/160 CHF 180/240 CHF

Rest *La Pistache* – *(geschl. Januar, Montag und Dienstag)* Menü 51/98 CHF – Karte 55/108 CHF

Rest *Beizli* – *(geschl. Januar, Montag und Dienstag)* (19,50 CHF) – Karte 39/85 CHF

◆ Unweit von Luzern befindet sich dieses Hotel in Seenähe, das seinen Gästen verschiedenfarbene moderne oder rustikale Zimmer bietet. Im La Pistache finden Sie klassische wie auch moderne Gerichte auf der Karte. Traditionelle Küche im rustikalen Beizli.

MEILEN – Zürich (ZH) – 551 Q5 – 11 480 Ew – Höhe 420 m – ✉ 8706 4 G3

Bern 141 – Zürich 16 – Luzern 48 – Sankt Gallen 90

Zur Burg VISA MC AE D

Nord-Ost : 2 km Richtung Burg – 044 923 03 71 – info@burg-meilen.ch – Fax 044 923 67 44

Rest – *(geschl. Dienstag und Mittwoch)* Menü 49 CHF (mittags) – Karte 61/99 CHF

◆ Das Zürcher Riegelhaus aus dem 16. Jh. liegt oberhalb des Sees. In 3 kleinen gemütlichen Stuben mit Täfer und modernen Bildern bietet man traditionelle Küche.

Thai Orchid VISA MC AE D

Rosengartenstr. 2 – 044 793 29 29 – Fax 044 793 36 76 – geschl. 22. Dezember - 6. Januar, 21. Juli - 19. August, Samstagmittag, Sonntagmittag und Montag

Rest – *(Tischbestellung ratsam)* (25 CHF) – Karte 46/93 CHF

◆ In dem an der Seestrasse gelegenen, hellen kleinen Lokal mit Terrasse serviert man in gepflegtem Ambiente exotische Spezialitäten aus Thailand.

in Obermeilen Richtung Rapperswil – Höhe 413 m – ✉ 8706 Meilen

Hirschen am See Zürichsee, Zim, VISA MC AE D

Seestr. 856 – 044 925 05 00 – reservation@hirschen-meilen.ch – Fax 044 925 05 01

16 Zim – 120/195 CHF 210/260 CHF

Rest *Bacino* – *(geschl. Samstagmittag und Montag von Januar - März)* (30 CHF) Menü 40 CHF (mittags)/65 CHF – Karte 60/108 CHF

Rest *Taverne* – (23 CHF) – Karte 43/72 CHF

◆ Die modernen, mit hellem Mobiliar wohnlich eingerichteten Zimmer liegen zum grössten Teil Richtung See und verfügen über ein gutes Platzangebot. Bacino: neuzeitlich-elegantes Restaurant mit überdachter Seeterrasse. Gemütliche Taverne mit italienischem Angebot.

MEIRINGEN – Bern (BE) – 551 N9 – 4 723 Ew – Höhe 595 m – Wintersport : 602/2 433 m 5 8 – ✉ 3860 8 F4

Bern 86 – Andermatt 64 – Brienz 15 – Interlaken 29 – Luzern 49

Haslital. Berner Oberland, Bahnhofstr. 22, 033 972 50 50, info@haslital.ch, Fax 033 972 50 55

Lage★

Aareschlucht★★ Süd-Ost : 2,5 km – Rosenlauital★★ Süd-West – Planplatten★★ mit Luftseilbahn dann Gondelbahn – Rosenlaui : Gletscherschlucht★ Süd-West : 10 km – Reichenbachfälle★ Süd : 1 km und Standseilbahn

Victoria Rest, VISA MC AE D

Bahnhofplatz 9 – 033 972 10 40 – info@victoria-meiringen.ch – Fax 033 972 10 45 – geschl. 7. April - 7. Mai

18 Zim – 110/180 CHF 160/240 CHF – ½ P +45 CHF – **Rest** – *(geschl. Dienstag - Mittwoch von November bis 20. Dezember)* (20 CHF) Menü 55 CHF (mittags)/75 CHF – Karte 49/95 CHF

◆ Das Hotel am Bahnhof bietet moderne, mit Mahagoniparkett und neuzeitlicher Technik ausgestattete Zimmer. Skulpturen und Bilder zieren das Haus. Helles A-la-carte-Restaurant mit internationaler Küche und Cafe mit Terrasse.

Zum Alpbach Zim, **P**

Kirchgasse 17 – 033 971 18 31 – info@alpbach.ch – Fax 033 971 44 78 – geschl. 18. November - 20. Dezember

33 Zim – 95/130 CHF 190/260 CHF – ½ P +35 CHF – **Rest** – (19 CHF) Menü 40 CHF – Karte 47/99 CHF

◆ Liebevoll führt Familie Gerber ihr Hotel im Herzen von Meiringen. Acht neu eingerichtete, gemütlich-rustikale Zimmer, die restlichen hell und praktisch, aber einfacher. Helles, ländliches Restaurant mit netter Atmosphäre.

MEISTERSCHWANDEN – Aargau (AG) – 551 O5 – 2 055 Ew – Höhe 368 m – ✉ 5616 4 F3

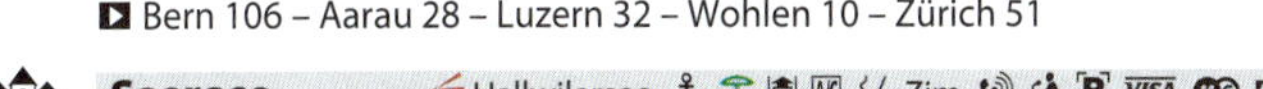

Bern 106 – Aarau 28 – Luzern 32 – Wohlen 10 – Zürich 51

Seerose Hallwilersee, Zim, **P** VISA AE

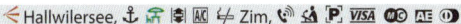

Seerosenstr. 1, Süd : 1,5 km Richtung Aesch – 056 676 68 68 – hotel@seerose.ch – Fax 056 676 68 88

56 Zim – 160/210 CHF 270/330 CHF – 4 Suiten

Rest *Samui-Thai* – separat erwähnt

Rest – (30 CHF) Menü 42 CHF (mittags)/88 CHF – Karte 53/89 CHF

◆ Das Hotel am Seeufer besticht durch geräumige, moderne Zimmer mit geschmackvoller Designer-Einrichtung. Toller Ausblick auf den Hallwilersee. Teil des Restaurants: der schöne begehbare Weinkeller.

Samui-Thai – Hotel Seerose VISA AE

Seerosenstr. 2, Süd : 1,5 km Richtung Aesch – 056 676 68 78 – hotel@seerose.ch – Fax 056 676 68 88 – geschl. Sonntag

Rest – *(nur Abendessen)* Menü 78/88 CHF – Karte 61/100 CHF

◆ Das nach den vier Elementen ausgerichtete Interior sowie die authentische Küche machen dieses Restaurant für Liebhaber der traditionellen thailändischen Küche interessant.

Come scegliere fra due strutture equivalenti?
In ogni categoria, hotel e ristoranti sono elencati per ordine di preferenza: ai primi posti, le scelte Michelin.

MELIDE – Ticino (TI) – 553 R14 – 1 501 ab. – alt. 274 m – ✉ 6815 10 H7

Bern 251 – Lugano 7 – Bellinzona 38 – Como 24 – Locarno 51

Svizzera in miniatura★

Dellago lago e monti, cam, **P** VISA AE

Lungolago Motta 9 – 091 649 70 41 – welcome@hotel-dellago.ch – Fax 091 649 89 15

16 cam – 120/290 CHF 170/340 CHF

Rist *Seafood Restaurant* – (27 CHF) Menu 39 CHF (pranzo)/85 CHF – Carta 56/110 CHF

◆ Lungo la passeggiata, godete del panorama sul Ceresio dalla bella terrazza. Camere dal design moderno e con stili differenti l'una dall'altra. Conduzione giovane e motivata. Ristorante in stile Art Déco che offre una cucina "fusion", proposta anche sulla terrazza in riva al lago.

Seehotel Riviera lago e monti, rist, rist, VISA AE

Lungolago Motta 7 – 091 640 15 00 – riviera@smile.ch – Fax 091 649 67 61 – chiuso fine ottobre - 13 marzo

27 cam – 90/140 CHF 160/220 CHF – ½ P +25 CHF – **Rist** – Menu 35 CHF – Carta 33/80 CHF

◆ La struttura dispone di camere diverse, per dimensioni ma non per livello di confort, alcune dotate di piccolo balcone dal quale godere di un'imperdibile vista su lago e monti. La vetrata aperta sul lago rende luminosa la sala da pranzo, dove assaporare una gustosa cucina tradizionale.

MELS – Sankt Gallen (SG) – 551 U7 – 7 837 Ew – Höhe 487 m – ✉ 8887 **5 I3**

Bern 216 – Chur 29 – Sankt Gallen 83 – Davos 58 – Vaduz 21

Schlüssel - Nidbergstube (Seppi Kalberer)

Oberdorfstr. 5, (1. Etage) – ✆ 081 723 12 38 – schluessel.mels@bluewin.ch – Fax 081 723 71 33 – geschl. 28. Januar - 18. Februar, 14. Juli - 4. August, Sonntag und Montag

Rest – Menü 62 CHF (mittags)/185 CHF – Karte 75/138 CHF

Rest *Schlüsselstube* – separat erwähnt

Spez. Melser Rieslingsuppe mit Kutteln. Gebratene Entenleber mit Essigzwetschgen. Geschmorte Kalbsbacke mit Rotweinsauce und Kartoffel - Rosmarinpüree.

Weine Fläscher

◆ Die Nidbergstube ist ein schönes Restaurant im Biedermeierstil. Umgeben von gemütlicher Atmosphäre serviert man Ihnen eine feine klassische Küche.

Waldheim ← Alvierkette,

West : 4 km über Weisstannenstrasse – ✆ 081 723 12 56 – Fax 081 723 25 33 – geschl. 9. - 29. Januar, 9. - 29. Juli, Montag und Dienstag

Rest – Menü 75 CHF – Karte 47/101 CHF

◆ Das Restaurant ist bekannt für seine Wildspezialitäten aus heimischer Jagd. Eine Gaststube und die Terrasse mit Sicht auf die Alvierkette ergänzen das Restaurant.

Schlüsselstube – Restaurant Schlüssel

Oberdorfstr. 5, (1. Etage) – ✆ 081 723 12 38 – schluessel.mels@bluewin.ch – Fax 081 723 71 33 – geschl. 28. Januar - 18. Februar, 14. Juli - 4. August, Sonntag und Montag

Rest – (21 CHF) Menü 59 CHF – Karte 41/103 CHF

◆ Eine gemütlich-rustikale Stube im regionstypischen Stil, in der man einfache, aber sorgfältig zubereitete und schmackhafte traditionelle Gerichte serviert.

in Heiligkreuz Nord : 2 km – Höhe 487 m – ✉ 8888 Heiligkreuz (Mels)

Stiva Antica

über Kantonsstrasse : 2 km Richtung Walenstadt – ✆ 081 723 37 66 – stivaantica@bluewin.ch

Rest – *(geschl. Mittwoch und Donnerstag)* (26 CHF) Menü 36 CHF (mittags)/72 CHF – Karte 48/83 CHF

◆ Restaurant mit Ambiente: Das schöne alte Bauernhaus wurde im regionalen Patrizierstil renoviert. In mehreren kleinen rustikalen Stuben bittet man seine Gäste zu Tisch.

MENDRISIO – Ticino (TI) – 553 R14 – 6 633 ab. – alt. 355 m – ✉ 6850 **10 H7**

Bern 260 – Lugano 20 – Bellagio 40 – Bellinzona 46 – Como 14 – Varese 20

Ente Turistico del Mendrisiotto e Basso Ceresio, via Lavizzari 2, ✆ 091 641 30 50, info@mendrisiottotourism.ch, Fax 091 641 30 59

Manifestazioni locali :

20.03 - 21.03 : Processioni storiche
27.06 - 28.06 : Estival Jazz, festival internazionale
26.09 - 28.09 : Sagra dell'Uva

Coronado

via Borromini 10 – ✆ 091 630 30 30 – info@hotelcoronado.ch – Fax 091 630 30 31

100 cam – 🚹195/255 CHF 🚹🚹295/355 CHF, ☕ 18 CHF – 8 suites – ½ P +38 CHF – **Rist** – Menu 38/48 CHF – Carta 49/80 CHF

◆ Sobria eleganza e ospitalità attenta in una struttura nei pressi dell'uscita autostradale; arredi moderni nelle camere, dotate di ogni confort e ideali per i clienti business. Cucina che spazia dalle semplici pizze a ricette mediterranee più elaborate.

Ateneo del Vino

via Pontico Virunio 1 – ✆ 091 630 06 36 – Fax 091 630 06 38 – chiuso 1° - 12 gennaio, 27 luglio - 18 agosto, lunedì a mezzogiorno, domenica e giorni festivi

Rist – (16 CHF) – Carta 48/78 CHF

◆ Ubicato nel bel centro storico della cittadina, un ristorante wine-bar dove è possibile gustare alcuni piatti del giorno da abbinare ai vini dell'enoteca.

a Salorino Nord : 13 km sulla strada per il Monte Generoso – alt. 473 m – ✉ 6872 Salorino

X **Grotto la Balduana** ← Vallata,
– ✆ 091 646 25 28 – info@baldovana.ch – Fax 091 646 08 52 – chiuso 15 dicembre - 15 marzo e martedì
Rist – Carta 30/50 CHF
◆ Buona cucina regionale da apprezzare nell'ambiente casalingo di questo caseggiato rustico con servizio estivo in terrazza-giardino. Vista panoramica sulla vallata.

MENZBERG – Luzern (LU) – 551 M7 – Höhe 1 016 m – ✉ 6125 3 E4

Bern 103 – Luzern 36 – Brienz 87 – Olten 46 – Thun 77

Menzberg ← Mittelland und Jura, Zim,
– ✆ 041 493 18 16 – info@hotel-menzberg.ch
– Fax 041 493 14 41 – geschl. 28. Januar - 15. Februar, 7. - 25. Juli und Montag
26 Zim – ♦115/125 CHF ♦♦180/200 CHF – **Rest** – (17 CHF) Menü 38 CHF (mittags)/80 CHF – Karte 43/90 CHF
◆ Das trendige Kurhaus a. d. J. 1834 liegt ruhig in den Bergen und bietet einen schönen Ausblick auf das Luzerner Hinterland. Unterschiedlich eingerichtete Zimmer stehen bereit. Schlicht gestaltetes Restaurant und einfache Gaststube mit Aussichtsterrasse.

MENZINGEN – Zug (ZG) – 551 Q6 – 4 495 Ew – Höhe 807 m – ✉ 6313 4 G3

Bern 147 – Luzern 43 – Zürich 33 – Einsiedeln 34 – Rapperswil 23 – Schwyz 28 – Zug 8

XX **Löwen** (Gabriela Döscher)
Holzhäusernstr. 2 – ✆ 041 755 11 15 – info@loewen-menzingen.ch
– Fax 041 755 14 29 – geschl. Dienstag und Mittwoch
Restaurant ab Ostern 2008 geschlossen
Rest – *(Tischbestellung ratsam)* (38 CHF) Menü 55/102 CHF – Karte 62/130 CHF
Spez. Milken vom Menzinger Kalb. Kalbskopf vom hiesigen Hochlandrind. Gitzi vom Menzinger Hubel.
◆ In der 1. Etage des Gasthofs aus dem 16. Jh. befindet sich das rustikale Lokal mit gemütlicher Atmosphäre - historische Portraits und gemalte Naturbilder zieren die Wände.

MERIDE – Ticino (TI) – 553 R14 – 293 ab. – alt. 582 m – ✉ 6866 10 H7

Bern 266 – Lugano 27 – Bellinzona 53 – Varese 18

X **Antico Grotto Fossati**
– ✆ 091 646 56 06 – Fax 091 630 19 27 – chiuso 24 dicembre - 15 gennaio, martedì da novembre a marzo e lunedì
Rist – Carta 32/72 CHF
◆ Cucina semplice e regionale nella verde cornice di un caseggiato rustico con servizio estivo sulla terrazza alberata. Dopo pranzo rilassatevi giocando a bocce.

MERLIGEN – Bern (BE) – 551 K9 – Höhe 568 m – ✉ 3658 8 E5

Bern 40 – Interlaken 11 – Brienz 34 – Spiez 24 – Thun 13

Beatus ← Thunersee und Berge, (Solebad)
– ✆ 033 252 81 81 Rest, Zim,
– info@beatus.ch – Fax 033 251 36 76
71 Zim – ♦145/325 CHF ♦♦270/630 CHF – 4 Suiten – ½ P +45 CHF
Rest *Bel Air* – Menü 74 CHF – Karte 59/114 CHF
Rest *Orangerie* – (26 CHF) Menü 74 CHF – Karte 56/86 CHF
◆ Eine der schönsten Adressen der Region! Die ruhige Lage am See, komfortable und geschmackvoll eingerichtete Zimmer sowie ein ansprechender Wellnessbereich überzeugen. Hell, modern und elegant - so präsentiert sich das Bel Air. Orangerie mit Piano-Bar.

MERLISCHACHEN – Schwyz (SZ) – **551** O7 – **Höhe 436 m** – ✉ **6402** 4 **F3**

Bern 136 – Luzern 10 – Aarau 61 – Schwyz 26 – Zug 27

Schloss-Hotel / Swiss-Chalet Rest,

Luzernerstr. 204 – ✆ 041 854 54 54 – info@schloss-hotel.ch – Fax 041 854 54 66

60 Zim – 139/198 CHF 178/278 CHF – **Rest** – (29 CHF) Menü 50/86 CHF – Karte 57/114 CHF

◆ Auf mehrere Gebäude verteilen sich die in unterschiedlichen Stilrichtungen eingerichteten Zimmer mit rustikaler Atmosphäre. Angenehm: Garten am See.

MEYRIEZ – Freiburg – **552** H7 – **siehe Murten**

MEYRIN – Genève – **552** A11 – **voir à Genève**

MÉZIÈRES – Vaud (VD) – **552** G9 – **969 h.** – **alt. 740 m** – ✉ **1083** 6 **B5**

Bern 82 – Lausanne 17 – Fribourg 52 – Montreux 28 – Yverdon-les-Bains 51

Du Jorat

Grand'Rue – ✆ 021 903 11 28 – Fax 021 903 39 14 – fermé 23 décembre - 8 janvier, 21 - 24 avril, 13 juillet - 5 août, dimanche et lundi

Rest – Menu 88 CHF – Carte 58/106 CHF

Rest *Café* – (17 CHF) Menu 45 CHF (déj.) – Carte 43/99 CHF

◆ Sur la traversée du village, petit repaire gourmand occupant une typique maison du pays. Goûteuse cuisine classique, plat du jour à bon prix et intéressants menus. Au café, ambiance cordiale et généreuses préparations valorisant autant que possible le terroir.

MIÉCOURT – Jura (JU) – **551** I4 – **422 h.** – **alt. 485 m** – ✉ **2946** 2 **C3**

Bern 103 – Delémont 28 – Basel 46 – Belfort 36 – Porrentruy 8 – Sainte-Ursanne 14

La Cigogne

33 r. Principale – ✆ 032 462 24 24 – cigognemiecourt@bluewin.ch – Fax 032 462 24 62

11 ch – 98 CHF 168 CHF – ½ P +28 CHF – **Rest** – *(fermé 18 - 30 décembre, 21 - 28 juillet et lundi soir)* (19 CHF) Menu 28 CHF (déj.)/50 CHF – Carte 40/63 CHF

◆ Une collection de peintures et d'objets d'art égaye ce petit hôtel familial posté en retrait de la route principale. Chambres de style actuel et nouvelle terrasse. Salle de restaurant sobre et moderne ; cuisine traditionnelle.

MINUSIO – Ticino – **553** R12 – **vedere Locarno**

MIRALAGO – Grigioni – **553** Y12 – **vedere Le Prese**

MISERY – Fribourg (FR) – **552** H8 – **1 232 h.** – **alt. 584 m** – ✉ **1721** 2 **C4**

Bern 46 – Fribourg 10 – Neuchâtel 42 – Lausanne 77

Misery

– ✆ 026 475 11 52 – Fax 026 475 11 52 – fermé 24 décembre - 2 janvier, 24 mars - 2 avril, 4 - 26 août, lundi et mardi

Rest – (19 CHF) Menu 89 CHF – Carte 46/94 CHF

◆ Restaurant dont la grande salle à manger a fait peau neuve, et cela saute aux yeux ! Tableaux modernes et couleurs claires produisent une ambiance décontractée.

MÖRIGEN – Bern (BE) – **551** I6 – **705 Ew** – **Höhe 481 m** – ✉ **2572 Mörigen** 2 **C4**

Bern 46 – Neuchâtel 31 – Biel 9 – Solothurn 34

Seeblick Bielersee, Rest, Zim, Zim,

Hauptstr. 2 – ✆ 032 397 07 07 – info@seeblick.net – Fax 032 397 07 08 – geschl. 24. Dezember - 14. Januar, 22. September - 5. Oktober und Montag

12 Zim – 125 CHF 170 CHF – **Rest** – (16 CHF) Menü 45 CHF – Karte 45/80 CHF

◆ Freundliche Farbtöne bestimmen die Atmosphäre in den modern eingerichteten Zimmern dieses am Bielersee gelegenen, neuzeitlichen Hotelbaus. Auch auf der Seeterrasse kann man die traditionelle Küche mit Schwerpunkt auf frischen Fischgerichten geniessen.

MOLLIS – Glarus (GL) – 551 S7 – 2 974 Ew – Höhe 450 m – ✉ 8753 5 H3

Bern 187 – Sankt Gallen 83 – Chur 64 – Glarus 9 – Vaduz 54

XX **Zum Löwen** mit Zim

Bahnhofstr. 2 – ✆ 055 612 13 33 – h.schenkel@bluewin.ch – Fax 055 612 15 52 – geschl. 13. Juli - 4. August

3 Zim – †87/100 CHF ††144 CHF – 3 Suiten – **Rest** – *(geschl. Sonntagabend und Montag)* (19 CHF) Menü 48 CHF (mittags)/95 CHF – Karte 60/111 CHF

♦ Neben einer rustikalen, heimeligen Gaststube befindet sich in diesem Riegelhaus auch ein mit Biedermeiermöbeln eingerichtetes A-la-carte-Restaurant. Zeitgemässe Gerichte.

MONRUZ – Neuchâtel – 552 G7 – voir à Neuchâtel

MONTANA – Valais – 552 J11 – voir à Crans-Montana

MONT-CORNU – Neuchâtel – 552 F6 – voir à La Chaux-de-Fonds

MONT-CROSIN – Berne – 551 H6 – voir à Saint-Imier

MONTEZILLON – Neuchâtel (NE) – 552 F7 – alt. 761 m – ✉ 2037 Montmollin 2 C4

Bern 59 – Neuchâtel 8 – La Chaux-de-Fonds 20 – Yverdon-les-Bains 37

L'Aubier ← lac et les Alpes, ch,

5 Les Murailles – ✆ 032 732 22 11 – contact@aubier.ch – Fax 032 732 22 00 – fermé 7 - 21 janvier

25 ch – †125/150 CHF ††160/210 CHF – ½ P +36 CHF – **Rest** – (17 CHF) – Carte 41/90 CHF

♦ Invitation au ressourcement dans cette ancienne ferme entretenant une atmosphère très "nature". Chambres rénovées. Panorama sur le lac et les Alpes. Repas composés à partir de produits "bio". Plat du jour à prix muselé.

MONTHEY – Valais (VS) – 552 F11 – 13 933 h. – alt. 420 m – ✉ 1870 7 C6

Bern 112 – Martigny 24 – Évian-les-Bains 38 – Gstaad 59 – Montreux 23 – Sion 49

Office du Tourisme, 3 pl. Centrale, ✆ 024 475 79 63, monthey.tourisme@bluemail.ch, Fax 024 475 79 49

X **Café du Théâtre**

6 r. du Théâtre – ✆ 024 471 79 70 – Fax 024 471 79 70 – fermé 23 - 26 décembre, 1er - 11 janvier, 20 juillet - 11 août, dimanche et lundi

Rest – (20 CHF) – Carte 60/100 CHF

♦ Idéal pour un repas d'avant ou d'après spectacle, ce bistrot agrégé à un théâtre propose, dans un cadre contemporain dépouillé, une soigneuse cuisine actuelle selon le marché.

à Choëx Sud-Est : 4 km – alt. 615 m – ✉ 1871 Choëx

X **Café Berra** ←

1 pl. de l'École – ✆ 024 471 05 30 – contact@cafeberra.ch – Fax 024 471 05 34 – fermé 1er - 24 janvier, 24 août - 24 septembre, lundi et mardi

Rest – (20 CHF) Menu 54 CHF (déj.) – Carte 60/111 CHF

♦ Restaurant sympathique aménagé dans un chalet en bois de 1890. Carte saisonnière au goût du jour et suggestions faites oralement, selon le marché. Terrasse à l'arrière.

à Collombey-le-Grand Nord-Est : 3,5 km par route d'Aigle – alt. 391 m – ✉ 1868 Collombey-le-Grand

X **Les Iles**

1 r. de l'Épinette – ✆ 024 472 70 50 – Fax 024 472 72 56 – fermé 30 janvier - 13 février, 30 juillet - 17 août, dimanche soir, mardi soir et mercredi

Rest – (18 CHF) Menu 50/85 CHF – Carte 45/95 CHF

♦ En secteur résidentiel, table trentenaire au cadre sobre et clair, complétée par une terrasse. Recettes traditionnelles et cave régionale augurant de jolis accords mets-vins.

Le MONT-PÈLERIN – Vaud (VD) – 552 F10 – alt. 1 080 m – ✉ 1801 7 C5

Bern 85 – Montreux 14 – Fribourg 54 – Lausanne 21 – Vevey 11

vue ★★

Le Mirador Kempinski

lac et montagnes,

5 ch. de l'Hôtel du Mirador ch, ch,

– ☎ 021 925 11 11 – reservation@mirador.ch – Fax 021 925 11 12

68 ch – 280/690 CHF 380/790 CHF, 35 CHF – 6 suites – ½ P +100 CHF

Rest *Le Trianon* – voir ci-après

Rest *Le Patio* – (29 CHF) Menu 61 CHF – Carte 56/98 CHF

◆ Un séjour de rêve vous attend dans cet hôtel à la vue magnifique sur le Léman et les Alpes. Chambres "nickel", centre de bien-être et nombreuses distractions au programme. Brasserie-véranda complétée d'une agréable terrasse près de la piscine.

Le Trianon – Hôtel Le Mirador Kempinski

lac et montagnes,

5 ch. de l'Hôtel du Mirador – ☎ 021 925 11 11 – reservation@mirador.ch – Fax 021 925 11 12 – fermé 15 janvier - 14 février, lundi et mardi

Rest – Menu 58 CHF (déj.)/145 CHF – Carte 95/159 CHF

Spéc. Cœur de thon rouge en croûte de poivre de Guinée, crème d'avocat et caviar de tomates mûres. Tronçon de turbot sauvage cuit en cocotte, artichauts, girolles et figues rôties. Côte de veau rôtie à la sauge, pêches aux fleurs d'hibiscus. **Vins** Dézaley, Saint Saphorin

◆ Restaurant gastronomique de l'hôtel Mirador. Deux niveaux offrent un panorama idyllique. Le soir, la magie s'installe avec les rives illuminées et l'ambiance du piano-bar.

Hostellerie chez Chibrac avec ch

1 ch. du Gort – ☎ 021 922 61 61 – hostellerie@chezchibrac.ch – Fax 021 922 93 88 – fermé 23 décembre - 15 janvier

9 ch – 103/143 CHF 116/161 CHF, 12 CHF – ½ P +48 CHF – **Rest** – *(fermé dimanche soir et lundi)* (18 CHF) Menu 48 CHF (déj.)/125 CHF – Carte 62/108 CHF

◆ À l'entrée du village, ancienne ferme convertie en table champêtre. Mets classiques, spécialités vaudoises et desserts cent pour cent "maison". Chambres rafraîchies en 2004.

Au Chalet

29 rte de Baumaroche – ☎ 021 925 18 00 – restauration@mirador.ch – Fax 021 925 11 12

Rest – *(fermé mardi d'octobre à avril et lundi)* (18 CHF) Menu 39 CHF – Carte 37/83 CHF

◆ Ce chalet rustique guettant l'arrivée du funiculaire abrite un sympathique restaurant de spécialités suisses. Belle vue sur le lac et la montagne en terrasse.

MONTREUX – Vaud (VD) – 552 F10 – 22 454 h. – alt. 406 m – ✉ 1820 7 C6

Bern 90 – Genève 95 – Lausanne 29 – Martigny 43

Montreux-Vevey Tourisme, 5 r. du Théâtre, ☎ 0848 868 484, info@mvtourism.ch, Fax 021 962 84 78 CZ

Aigle, Sud: 12 km, ☎ 024 466 46 16 ;

Les Coullaux Chessel, Sud et route d'Évian: 13 km, ☎ 024 481 22 46

Site★★ – Terrasse de l'église paroissiale : vue★★ d'ensemble DZ

Rochers de Naye★★★ par train à crémaillère BV – Château de Chillon★★ : site★★ et vue★★ du donjon BX – Les Pléiades★★ Nord AV – Col de Sonloup : vue★ Est : 9 km BV

Manifestations locales :

04.07 - 19.07 : Montreux Jazz Festival
27.11 - 24.12 : Marché de Noël

Plans pages suivantes

Fairmont Le Montreux Palace

100 Grand-Rue – ☎ 021 962 12 12 rest,

– montreux@fairmont.com – Fax 021 962 17 17 CY k

216 ch – 400/680 CHF 530/820 CHF, 40 CHF – 19 suites – ½ P +70 CHF

Rest *Le Jaan* – *☎ 021 962 19 00 (fermé 1er - 15 janvier, 1er - 20 août, dimanche et lundi) (dîner seulement)* Menu 110/175 CHF – Carte 108/220 CHF

Rest *La Brasserie du Palace* – *☎ 021 962 13 00* – (22 CHF) – Carte 44/106 CHF

◆ Palace de 1906 tourné vers le lac. Salons d'époque, chambres sélectes, superbe wellness et distractions nombreuses. Repas au goût du jour dans une opulente véranda "1900". Brasserie cossue restituant l'atmosphère caractéristique du début du 20e s.

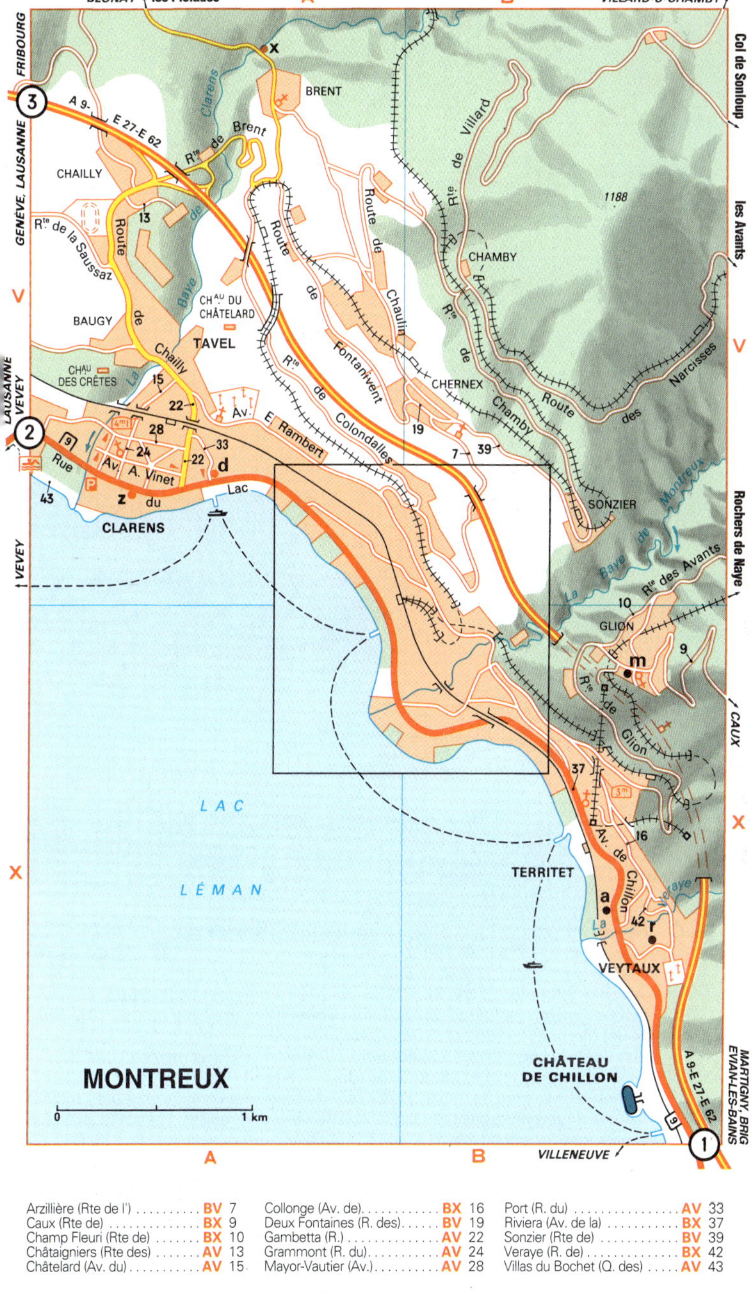

Arzillière (Rte de l')	BV	7	Collonge (Av. de)	BX	16	Port (R. du)	AV	33
Caux (Rte de)	BX	9	Deux Fontaines (R. des)	BV	19	Riviera (Av. de la)	BX	37
Champ Fleuri (Rte de)	BX	10	Gambetta (R.)	AV	22	Sonzier (Rte de)	BV	39
Châtaigniers (Rte des)	AV	13	Grammont (R. du)	AV	24	Veraye (R. de)	BX	42
Châtelard (Av. du)	AV	15	Mayor-Vautier (Av.)	AV	28	Villas du Bochet (Q. des)	AV	43

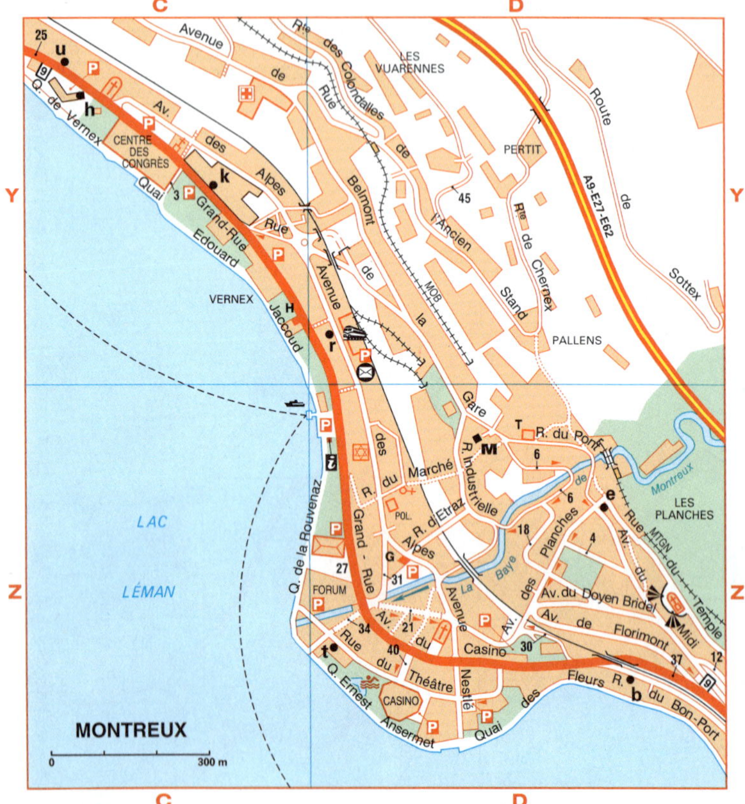

Alexandre-Emery (R.) . . . . **CY** 3
Amandiers (Av. des) . . . . **DZ** 4
Anciens Moulins (R. des) . . . . . **DZ** 6
Chantemerle (Av. de) . . . . **DZ** 12
Corsaz (R. de la) . . . . **DZ** 18
Église Catholique (R. de l') . . . . **DZ** 21
Grand-Rue . . . . **DYZ**
Lac (R. du) . . . . **CY** 25
Marché (Pl. du) . . . . **DZ** 27
National (Ch. du) . . . . **DZ** 30
Paix (R. de la) . . . . **DZ** 31
Quai (R. du) . . . . **DZ** 34
Riviéra (Av. de la) . . . . **DZ** 37
Strawinsky (R.) . . . . **DZ** 40
Vuarennes (Rte des) . . . . **DY** 45

Royal Plaza

lac, rest, AC

97 Grand-Rue – ✆ 021 962 50 50 – info@royalplaza.ch – Fax 021 962 51 51 — P VISA MC AE D — CY **h**

140 ch – 240/465 CHF 280/725 CHF, 29 CHF – 6 suites – ½ P +96 CHF

Rest *La Croisette* – *(fermé samedi midi, dimanche et lundi sauf du 4 au 19 juillet)* (24 CHF) Menu 45 CHF (déj.)/115 CHF – Carte 65/123 CHF

Rest *Café du Lac* – *(fermé 23 décembre - 17 janvier, mardi et mercredi sauf de juin à septembre)* (19 CHF) Menu 38 CHF (déj.) – Carte 51/103 CHF

◆ Hôtel établi au bord du Léman, juste à côté du Centre des Congrès. Communs soignés, chambres tout confort, beau panorama lacustre, terrasses exquises et ponton d'amarrage. Préparations au goût du jour à La Croisette. Ambiance décontractée au Café du Lac.

Grand Hôtel Suisse Majestic

AC ch, ch, ch,

45 av. des Alpes – ✆ 021 966 33 33 – hotel@suisse-majestic.ch – Fax 021 966 33 00 — VISA MC AE D — DY **r**

137 ch – 240/290 CHF 340/390 CHF, 22 CHF – ½ P +45 CHF – **Rest** – *(fermé 23 décembre - 8 janvier)* (25 CHF) Menu 45 CHF – Carte 56/80 CHF

◆ Ce palace de 1870 s'élevant entre la gare et le lac vous accueille par un superbe hall Art déco. Vastes chambres et deux suites dotées de jacuzzi. Salle à manger feutrée, brasserie rénovée et grande terrasse d'été côté lac.

Eden Palace au Lac ch, rest, VISA MC AE
11 r. du Théâtre – 021 966 08 00 – info@edenpalace.ch – Fax 021 966 09 00 – fermé 23 décembre - 7 janvier DZ **t**
100 ch – 150/190 CHF 190/270 CHF, 20 CHF – ½ P +49 CHF – **Rest** – *(fermé 23 décembre - 28 janvier)* (23 CHF) Menu 48/52 CHF – Carte 48/89 CHF
◆ Face au lac, palace de style victorien où descendent volontiers les vedettes du showbiz. Chambres "king size". Bonnes installations pour se distraire et se réunir. Plusieurs possibilités pour s'attabler, dont une terrasse sous les platanes, brès de la berge.

Golf-Hôtel René Capt rest, VISA MC AE D
35 r. de Bon Port – 021 966 25 25 – golf-hotel@montreux.ch – Fax 021 963 03 52 – fermé mi-novembre - 1er février DZ **b**
75 ch – 190/280 CHF 290/390 CHF – ½ P +55 CHF – **Rest** – (19 CHF) Menu 39 CHF (déj.)/55 CHF – Carte 54/94 CHF
◆ Imposante architecture de style Belle Époque alanguie face au lac. Jardin de repos et chambres tout confort, souvent dotées d'un balcon braqué vers le Léman et les montagnes. Restaurant installé dans une véranda du début du 20e s. Belle terrasse-belvédère.

Bristol lac et montagnes, rest, VISA MC AE D
à Territet, 63 av. de Chillon – 021 962 60 60 – bristol@bristol-montreux.ch – Fax 021 962 60 70 BX **a**
19 ch – 170/300 CHF 230/390 CHF – ½ P +35 CHF
Rest *Le Pavois* – (18 CHF) Menu 39/64 CHF – Carte 42/83 CHF
◆ Établissement cumulant les fonctions d'hôtel et de maison de santé. Chambres modernes bien équipées, espace de bien-être et de relaxation, jolie vue sur le lac et la montagne. Restaurant classique s'ouvrant sur une belle terrasse panoramique.

Villa Toscane sans rest VISA MC AE D
2 r. du Lac – 021 966 88 88 – villatoscane@montreux.ch – Fax 021 966 88 00 – fermé 23 décembre - 3 janvier CY **u**
43 ch – 155/255 CHF 220/340 CHF
◆ Charmante villa Art nouveau de 1909, ornée ici et là de vitraux d'époque, témoins du brillant passé de la station. Chambres personnalisées. Évitez celles donnant sur la route.

Auberge des Planches ch, VISA MC
2 r. du Temple – 021 963 49 73 – bmelchor@bluewin.ch – Fax 021 963 23 11 – fermé janvier et février DZ **e**
36 ch – 80/110 CHF 140/170 CHF
Rest *Don Chico* – *(fermé dimanche) (dîner seulement)* Menu 45 CHF – Carte 49/82 CHF
◆ Cet établissement perché sur les hauteurs du vieux Montreux met à votre disposition des chambres actuelles parsemées de touches décoratives "chicanos". Périple culinaire à travers le Mexique, dans une jolie salle voûtée recréant une atmosphère "hacienda".

L'Ermitage (Etienne Krebs) avec ch lac, VISA MC AE D
75 r. du Lac 1815 Clarens – 021 964 44 11 – ermitage.krebs@bluewin.ch – Fax 021 964 70 02 – fermé 22 décembre - 12 février AV **z**
7 ch – 190/390 CHF 280/390 CHF – **Rest** – *(fermé dimanche et lundi de septembre à mai)* (38 CHF) Menu 68 CHF (déj.)/185 CHF – Carte 140/189 CHF
Spéc. Le marbré de lapin "comme un nougat". Pavé de cabillaud aux oignons et poivrons confits, écume de curry. La marquise au chocolat et fruit de la passion.
Vins Villeneuve, Villette
◆ Grande maison de bouche embellie d'un jardin bordant le lac, au cœur de Clarens où Rousseau situe l'action de la Nouvelle Héloïse. Délicieux repas bien dans l'air du temps.

Maï Thaï VISA MC AE D
40 r. du Lac 1815 Clarens – 021 964 25 36 – info@maithai.com – Fax 021 964 81 23 – fermé 2 - 15 janvier et lundi sauf en juillet - août AV **d**
Rest – (18 CHF) Menu 38 CHF (déj.)/85 CHF – Carte 52/107 CHF
◆ Restaurant thaïlandais dont les deux salles au décor de circonstance sont reliées par une passerelle en bois exotique veillant sur un jardinet. Belle vue lacustre en terrasse.

aux Avants Nord : 8 km – alt. 970 m – ✉ 1833 Les Avants

Auberge de la Cergniaulaz
par Col de Sonloup et route d'Orgevaux : 3,5 km – ☎ 021 964 42 76 – Fax 021 964 64 83 – fermé janvier - mi-mars, lundi et mardi
Rest – *(prévenir)* Carte 50/98 CHF
♦ Ce restaurant, isolé en montagne, comporte deux petites salles chaleureusement habillées de boiseries et de photos du Tibet. Ardoise de suggestions. Terrasse en pleine nature.

à Glion Nord-Est : 5 km – alt. 688 m – ✉ 1823 Glion

Victoria — lac Léman et Montreux,
16 rte de Caux – ☎ 021 962 82 82 – info@victoria-glion.ch – Fax 021 962 82 92 BX **m**
55 ch – 170/250 CHF 250/370 CHF – 4 suites – ½ P +75 CHF – **Rest** – (42 CHF) Menu 75 CHF – Carte 72/112 CHF
♦ L'hôtel, entouré d'un superbe parc ombragé et fleuri, domine le Léman et Montreux. Raffinement des chambres, beau mobilier, charme et intimité du lieu. Cuisine classique française servie dans une salle agencée avec goût, ou sur l'invitante terrasse d'été.

à Caux Est : 9 km - BX – alt. 1 054 m – ✉ 1824 Caux

Hostellerie de Caux avec ch — ch,
31 rte des Monts – ☎ 021 961 25 91 – info@hostellerie-caux.com – Fax 021 961 25 92 – fermé 1er octobre - 2 janvier, mercredi et jeudi
6 ch – 110/120 CHF 170/180 CHF – **Rest** – *(fermé 1er octobre - 27 décembre, mercredi et jeudi)* Carte 41/77 CHF
♦ Accueillant chalet pelotonné sur les hauteurs. Cuisine valorisant le terroir (plus de 20 sortes de fondues au fromage), chambres mignonnes, jardin de repos et vue montagnarde.

à Brent Nord-Ouest : 7 km – alt. 569 m – ✉ 1817 Brent

Le Pont de Brent (Gérard Rabaey)
4 rte de Blonay – ☎ 021 964 52 30 – rabaey@bluewin.ch – Fax 021 964 55 30 – fermé 23 décembre - 7 janvier, 13 juillet - 4 août, dimanche et lundi AV **x**
Rest – Menu 90 CHF (déj.)/275 CHF – Carte 150/235 CHF
Spéc. Vinaigrette d'écrevisses du lac aux flageolets (printemps/été). Tarte fine aux bolets et aux amandes (automne). Saltimbocca de ris de veau aux artichauts et poivrons confits (automne/hiver). **Vins** Saint-Saphorin
♦ Avenante maison régionale dont l'élégant décor intérieur met en scène une somptueuse cuisine personnalisée, foisonnante de saveurs exquises. Un enchantement du palais !

à Veytaux – alt. 380 m – ✉ 1820 Veytaux

Masson — rest,
5 r. Bonivard – ☎ 021 966 00 44 – hotelmasson@bluewin.ch – Fax 021 966 00 36 – fermé 30 octobre - 17 mars BX **r**
31 ch – 120/200 CHF 180/270 CHF – ½ P +35 CHF – **Rest** – *(dîner seulement) (menu unique)* Menu 39 CHF
♦ Le doyen de l'hôtellerie locale (1829). Bon nombre d'aristocrates russes, mais aussi Jules Michelet et Victor Hugo ont séjourné ici. Intérieur typiquement suisse. Table au charme "rétro". Cuisine familiale goûtée des pensionnaires à l'heure du dîner.

MONT-SUR-LAUSANNE – Vaud – 552 E9 – voir à Lausanne

MONT-VULLY – Fribourg – 552 H7 – voir à Lugnorre

MORAT – Fribourg – 552 H7 – voir à Murten

Petit-déjeuner compris ?
La tasse suit directement le nombre de chambres.

MORBIO INFERIORE – Ticino (TI) – 553 S14 – 4 105 ab. – alt. 360 m – ✉ 6834 10 H7

Bern 266 – Lugano 26 – Bellagio 47 – Bellinzona 54 – Como 20 – Varese 26

Locanda del Ghitello VISA MC AE

via Ghitello 1, (Parco della Breggia, dietro il centro comerciale), Sud: 1,5 km, uscita Chiasso Nord – ✆ 091 682 20 61 – locandaghitello@bluewin.ch – Fax 091 682 29 41 – chiuso 4 - 10 febbraio, 16 - 29 giugno, 1° - 17 agosto, mercoledì sera, sabato a mezzogiorno e domenica

Rist – (21 CHF) Menu 42 CHF (pranzo)/85 CHF – Carta 72/106 CHF

◆ Un vecchio mulino restaurato con gusto, situato in fondo ad una valle d'accesso al Parco della Breggia. Sotto il gazebo o nelle salette interne, una cucina sempre delicata.

MORCOTE – Ticino (TI) – 553 R14 – 754 ab. – alt. 280 m – ✉ 6922 10 H7

Bern 255 – Lugano 11 – Bellinzona 42 – Como 28 – Varese 34

Località★★ – Santuario di Santa Maria del Sasso ; affreschi★

Strada per Lugano : <★★

Swiss Diamond Hotel Olivella < lago, VISA MC AE

via Cantonale ✉ 6921 Vico-Morcote – ✆ 091 735 00 00 – info@swissdiamondhotel.com – Fax 091 735 00 99

74 cam – †250/450 CHF ††320/590 CHF – 6 suites – ½ P +80 CHF

Rist *Panorama* – *(chiuso metà marzo - fine settembre)* Menu 65/85 CHF – Carta 76/140 CHF

Rist *Al Lago* – *(chiuso inizio ottobre - metà marzo)* Menu 65/85 CHF – Carta 76/140 CHF

◆ Hotel rinnovato, modernità e qualità degli arredi conferiscono un tono generale di signorilità ed eleganza. Camere lussuose e spazi comuni ampi e confortevoli. Il ristorante all'ultimo piano, con vista mozzafiato, propone una cucina prevalentemente moderna.

Carina Carlton < lago, rist, VISA MC AE

Riva da Sant'Antoni – ✆ 091 996 11 31 – info@carina-morcote.ch – Fax 091 996 19 29 – chiuso metà ottobre - metà marzo

22 cam – †150/165 CHF ††200/280 CHF – ½ P +46 CHF – **Rist** – (19 CHF) – Carta 54/106 CHF

◆ Albergo familiare e tradizionale, ben situato sul Ceresio, dalla cui terrazza si gode di una bella vista. Camere confortevoli, arredate con mobili di buona fattura. Sala da pranzo molto accogliente e terrazza sul lago, per apprezzare una cucina tradizionale.

a Vico Nord-Est : 4 km – alt. 432 m – ✉ 6921 Vico Morcote

Alpe Vicania VISA MC AE

sulla strada per Carona : 3 km e strada privata – ✆ 091 980 24 14 – arbostora@bluewin.ch – Fax 091 996 13 70 – chiuso 24 dicembre - 6 marzo, martedì da novembre a giugno e lunedì

Rist – Menu 54/64 CHF – Carta 58/96 CHF

◆ Il percorso per arrivare a questo ristorante immerso nel verde di un'ampia tenuta agricola è impegnativo, ma lo sforzo è ricompensato da atmosfera e buona cucina regionale.

La Sorgente < VISA MC AE

portich da suea 18 – ✆ 091 996 23 01 – ristorante@lasorgente.ch – Fax 091 996 18 65 – chiuso 31 ottobre - 30 marzo, lunedì e martedì escluso agosto

Rist – Carta 53/97 CHF

◆ Locale situato in un'antica villa, dove non solo il senso della vista sarà gratificato da una bel panorama, ma anche il gusto sarà deliziato da una sana cucina mediterranea.

MORGES – Vaud (VD) – 552 D10 – 14 154 h. – alt. 380 m – ✉ 1110 6 B5

Bern 108 – Lausanne 14 – Genève 52 – Pontarlier 68 – Yverdon-les-Bains 37

Morges Région Tourisme, 2 r. du Château, ✆ 021 801 32 33, info@morges-tourisme.ch, Fax 021 801 31 30 Z

Quai : vue★ sur le lac Z. Alexis-Forel★★ Z M

Manifestations locales : avril - mi-mai : Fleur du Léman : Fête de la Tulipe

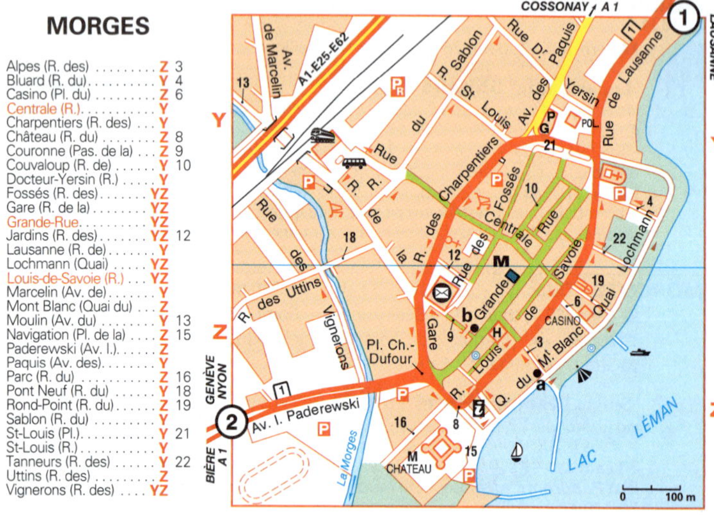

La Fleur du Lac

lac

70 r. de Lausanne, par ① – 021 811 58 11 – info@fleur-du-lac.ch – Fax 021 811 58 88

30 ch – 180/350 CHF 338/402 CHF – ½ P +62 CHF

Rest – Menu 68/120 CHF – Carte 77/146 CHF

Rest *Le Café des Amis* – (22 CHF) Menu 41/54 CHF – Carte 46/84 CHF

◆ Chambres avec terrasse ou balcon offrant (à deux exceptions près) une superbe vue lacustre. Jardin soigné et piano bar. Confortable restaurant au cadre rustique boisé agrandi d'une terrasse panoramique. Café où il fait bon se retrouver entre amis.

Mont-Blanc au Lac

lac, ch, ch, rest,

Quai du Mont-Blanc – 021 804 87 87 – info@hotel-mont-blanc.ch – Fax 021 801 51 22 Z a

45 ch – 165/230 CHF 210/270 CHF – ½ P +40 CHF

Rest *Les Guérites* – (1er étage) – (28 CHF) Menu 45 CHF (déj.)/95 CHF – Carte 50/92 CHF

Rest *Le Pavois* – (18 CHF) Menu 29 CHF (déj.)/95 CHF – Carte 49/92 CHF

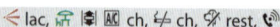

◆ Architecture du 19e s. abritant de grandes chambres de bon gabarit, toutes tournées vers le lac. Carte assez conséquente et confortables installations classiques aux Guérites. Repas dans une ambiance décontractée au Pavois.

La Nouvelle Couronne sans rest

2 passage de la Couronne – 021 804 81 81 – info@couronne-morges.ch – Fax 021 804 81 91 – fermé 15 décembre - 15 janvier Z b

34 ch – 155/180 CHF 185/210 CHF

◆ Hôtel rénové depuis peu, œuvrant dans le centre piétonnier, près d'un beau musée d'objets précieux. Chambres réparties sur trois étages d'une bâtisse qui daterait du 17e s.

MORLON – Fribourg – **552** G9 – voir à Bulle

MORSCHACH - Schwyz (SZ) - 551 Q7 - 958 Ew - Höhe 645 m - ✉ 6443 4 G4

Bern 155 - Luzern 51 - Altdorf 15 - Brunnen 4 - Schwyz 9

Swiss Holiday Park Zim, Rest, Zim, Zim, VISA AE

Dorfstr. 10 - ✆ 041 825 50 50 - info@shp.ch - Fax 041 825 50 05

115 Zim - 150/190 CHF 200/280 CHF - 5 Suiten

Rest *Silk Road* - *(geschl. Dienstag und Mittwoch) (nur Abendessen)* Menü 78 CHF - Karte 54/98 CHF

Rest *Panorama* - (19 CHF) Menü 28 CHF - Karte 41/76 CHF

Rest *Schwiizer Stube* - *(geschl. Sonntag und Montag) (nur Abendessen)* Karte 44/69 CHF

♦ Das Hotel im grössten Freizeitpark der Schweiz verfügt über ein beeindruckend vielfältiges Sport- und Wellnessangebot und geräumige Zimmer mit Balkon. Asiatische Karte im Silk Road. Das Panorama bietet Mediterranes. Schwiizer Stube mit Schweizer Spezialitäten.

Das Symbol in Rot weist auf besonders ruhige Häuser hin - hier ist nur der Gesang der Vögel am frühen Morgen zu hören...

Les MOSSES - Vaud (VD) - 552 G10 - alt. 1 435 m - Sports d'hiver : 1 450/1 870 m 13 - ✉ 1862 7 C6

Bern 100 - Montreux 36 - Aigle 30 - Genève 129 - Lausanne 63 - Martigny 48 - Spiez 78

Office du Tourisme Les Mosses - La Lécherette, Les Fougères, ✆ 024 491 14 66, info@lesmosses.ch, Fax 024 491 10 24

Manifestations locales : 01.03 - 02.03 : Courses internationales de chiens de traîneaux

Le Relais Alpin VISA AE

au Col des Mosses - ✆ 024 491 05 00 - hotel.relaisalpin@bluewin.ch - Fax 024 491 05 01

47 ch - 85 CHF 140 CHF - ½ P +25 CHF - **Rest** - (16 CHF) Menu 32 CHF (déj.) - Carte 43/78 CHF

♦ Sur la traversée de la station, grand chalet dont la façade s'anime de balcons en bois. Divers types de chambres souvent meublées en conifère. Restaurant présentant une carte traditionnelle variée, avec spécialités régionales. Large terrasse panoramique.

MOUTIER - Berne (BE) - 551 I5 - 7 701 h. - alt. 529 m - ✉ 2740 2 D3

Bern 76 - Delémont 14 - Biel 33 - Solothurn 25

Jura bernois Tourisme, 9 av. de la Gare, ✆ 032 494 53 43, info@jurabernois.ch, Fax 032 493 61 56

à Roches Nord : 3 km par route de Delémont - alt. 498 m - ✉ 2762 Roches

Auberge du Cheval Blanc VISA AE

15 r. principale - ✆ 032 493 11 80 - Fax 032 493 62 27 - fermé 23 - 26 décembre, 28 juillet - 19 août, dimanche soir, lundi soir et mardi

Rest - *(menu unique)* (17 CHF) Menu 38/68 CHF

♦ Aucun choix à la carte ne vous sera soumis à cette enseigne, mais un menu recomposé chaque jour, tant il est vrai que derrière ses fourneaux, le chef fuit la routine !

à Perrefitte Ouest : 2,5 km - alt. 578 m - ✉ 2742 Perrefitte

De l'Étoile VISA AE

- ✆ 032 493 10 17 - info@restaurant-etoile.ch - Fax 032 493 10 75 - fermé 24 décembre - 3 janvier, 21 juillet - 5 août, dimanche sauf le dernier du mois et lundi

Rest - (17 CHF) Menu 33/72 CHF - Carte 39/85 CHF

♦ Sympathique restaurant familial misant sur une carte actuelle renouvelée au fil des saisons. Un repas-buffet est souvent organisé le dernier dimanche du mois (réserver).

MÜHLEDORF – Solothurn (SO) – 551 J6 – 328 Ew – Höhe 570 m – ✉ 4583 2 D3

Bern 34 – Biel 23 – Burgdorf 21 – Olten 53 – Solothurn 15

Kreuz mit Zim

Hauptstr. 5 – ☎ 032 661 10 23 – mail@kreuz-muehledorf.ch – Fax 032 661 11 30 – geschl. 4. - 18. Februar und 6. - 20. Oktober

6 Zim – †105/135 CHF ††160/190 CHF – **Rest** – (17 CHF) Menü 58 CHF – Karte 40/92 CHF

◆ In dem netten Landgasthof stehen neben gemütlich-rustikalen Stuben auch einige gepflegte Gästezimmer zum Übernachten bereit. Schönes Freibad.

MÜLLHEIM-WIGOLTINGEN – Thurgau (TG) – 551 S3 – Höhe 412 m – ✉ 8554 4 H2

Bern 174 – Sankt Gallen 69 – Frauenfeld 12 – Konstanz 20 – Winterthur 30

Wartegg

Müllheimerstr. 3, (beim Bahnhof) – ☎ 052 770 08 08 – info@landgasthof-wartegg.ch – Fax 052 763 17 25 – geschl. 28. Januar - 3. Februar, 21. Juli - 3. August und Mittwoch

Rest – (19 CHF) Menü 45 CHF (mittags)/95 CHF – Karte 45/118 CHF

◆ In diesem Haus erwarten Sie ein kleiner Gaststubenbereich und ein sich anschliessendes elegantes A-la-carte-Restaurant, in dem man zeitgemässe Küche serviert.

MÜNCHENBUCHSEE – Bern (BE) – 551 J7 – 9 609 Ew – Höhe 557 m – ✉ 3053 2 D4

Bern 11 – Biel 29 – Burgdorf 22 – Neuchâtel 58 – Solothurn 38

Moospinte

Richtung Wiggiswil : 1 km – ☎ 031 869 01 13 – chrueteroski@moospinte.ch – Fax 031 869 54 13 – geschl. 3. - 25. Februar, Sonntag und Montag

Rest – *(Tischbestellung ratsam)* Menü 56 CHF (mittags)/160 CHF

Rest *Gaststube* – *(Tischbestellung ratsam)* (22 CHF) – Karte 47/101 CHF

◆ In dem schönen Berner Landgasthof verwöhnt Sie der für seine saisonale und marktfrische Küche bekannte "Chrüter Oski" mit ausgesuchten regionalen Spezialitäten. Gut und preisgünstig speist man in der Gaststube mit hübscher Gartenterrasse.

Häberli's Schützenhaus - Le Gourmet

Oberdorfstr. 10 – ☎ 031 868 89 88 – info@haeberlis.com – Fax 031 868 89 89 – geschl. Weihnachten

Rest – Menü 75/115 CHF – Karte 56/100 CHF

Rest *La Brasserie* – (18 CHF) Menü 23 CHF (mittags)/39 CHF – Karte 31/97 CHF

◆ Das leicht elegante Le Gourmet offeriert Menüs mit internationalen Speisen. Bei gutem Wetter sitzt man auch nett auf der Terrasse. Französischen Charme verbreitet La Brasserie mit schönem Jugendstil-Dekor. Im Untergeschoss: ein moderner Weinkeller.

MÜNCHWILEN – Thurgau (TG) – 551 S4 – 4 553 Ew – Höhe 518 m – ✉ 9542 4 H2

Bern 174 – Sankt Gallen 35 – Frauenfeld 13 – Wil 4 – Zürich 55

Münchwilen garni

Schmiedstr. 5 – ☎ 071 969 31 31 – info@hotel-muenchwilen.ch – Fax 071 969 31 32

55 Zim – †125/145 CHF ††165/185 CHF

◆ In dem Neubau werden die Gäste in modernen Zimmern untergebracht, die mit solidem Kirschholzmobiliar ausgestattet und in warmen Farben gehalten sind.

MÜNSINGEN – Bern (BE) – 551 J8 – 10 937 Ew – Höhe 531 m – ✉ 3110 2 D4

Bern 15 – Fribourg 51 – Langnau im Emmental 33 – Thun 18

Löwen

Bernstr. 28 – ☎ 031 724 31 11 – info@loewen.ch – Fax 031 724 31 10

18 Zim – †120/140 CHF ††175/190 CHF – **Rest** – (19 CHF) Menü 50 CHF (mittags)/85 CHF – Karte 45/96 CHF

◆ Die Zimmer im Haupthaus sind mit dunklem Holz eingerichtet - massive Dachbalken schaffen Atmosphäre. In einer renovierten Scheune stehen weitere funktionelle Zimmer bereit. Von rustikal bis elegant gestaltete Restaurantbereiche.

MÜRREN – Bern (BE) – 551 L10 – 427 Ew – Höhe 1 639 m – Wintersport : 1 650/2 970 m 2 8 – ✉ 3825 8 E5

Bern 74 – Interlaken 17 – Grindelwald 21 – Spiez 33

Autos nicht zugelassen

Mürren Tourismus, ✆ 033 856 86 86, info@muerren.ch, Fax 033 856 86 96

Lage★★

Schilthorn★★★ West mit Luftseilbahn – Sefinenfall★ Süd

mit Standseilbahn ab Lauterbrunnen erreichbar

Eiger

Eiger, Mönch und Jungfrau, Zim, Rest,
Bahnhofplatz – ✆ 033 856 54 54 – info@hoteleiger.com – Fax 033 856 54 56 – geschl. 14. Dezember - 31. März und 6. Juni - 28. September VISA MC AE

40 Zim – 175/265 CHF 270/450 CHF – 10 Suiten – ½ P +50 CHF – **Rest** – Menü 50 CHF (abends) – Karte 45/102 CHF

♦ Die Lage gegenüber dem Bahnhof in dem autofreien Ort - Eiger, Mönch und Jungfrau im Blick - sowie die wohnlichen Zimmer sind Annehmlichkeiten dieses sympathischen Hotels. Im rustikalen Restaurant und auf der Sonnenterrasse wird für das leibliche Wohl gesorgt.

Bellevue

Berge, Zim, VISA MC AE
Obere Dorfstrasse – ✆ 033 855 14 01 – bellevue@muerren.ch – Fax 033 855 14 90 – geschl. Mitte Oktober - Mitte Dezember und 1. April - 6. Juni

16 Zim – 125/155 CHF 170/230 CHF – ½ P +40 CHF – **Rest** – Karte 35/83 CHF

♦ Das Hotel liegt recht zentral im Ort - ganz in der Nähe: eine Skiabfahrt und die Standseilbahn ins Skigebiet. Sie beziehen freundliche Zimmer mit hellem Naturholzmobiliar. Teil des Restaurants ist das nette rustikale Jäger Stübli.

Alpenruh

Eiger und Jungfrau, Zim, Rest, VISA MC AE
– ✆ 033 856 88 00 – alpenruh@schilthorn.ch – Fax 033 856 88 88

26 Zim – 95/140 CHF 160/260 CHF – ½ P +40 CHF – **Rest** – *(geschl. November)* (16 CHF) Menü 40 CHF (abends) – Karte 48/86 CHF

♦ Wenige Schritte von der Luftseilbahnstation entfernt liegt das Chalet, in dem Zimmer mit hellem Holzmobiliar und schönem Blick auf Eiger und Jungfrau zum Einzug bereitstehen. Frisch wirkendes, rustikales Restaurant mit Aussichtsterrasse.

Edelweiss

Eiger, Mönch und Jungfrau, Zim, Rest, VISA MC
Hauptstrasse – ✆ 033 856 56 00 – edelweiss@muerren.ch – Fax 033 856 56 09 – geschl. Oktober - Mitte Dezember und 30. März - 11. Mai

24 Zim – 95/145 CHF 170/250 CHF – ½ P +30 CHF – **Rest** – (19,50 CHF) – Karte 38/76 CHF

♦ Ruhig liegt dieses Haus am Rande des Mürrener Plateaus - herrlich ist der Blick auf die Berge. Für die Gäste stehen mit Arve oder Furnierholz möblierte Zimmer bereit. Im Restaurant bietet man Rösti, Fondue (Käse und Fleisch) sowie Raclette und Pizza.

Jungfrau

Zim, Zim, Rest, VISA MC AE
im Gruebi – ✆ 033 856 64 64 – mail@hoteljungfrau.ch – Fax 033 856 64 65 – geschl. Oktober - Mitte Dezember und 10. April - 1. Juni

31 Zim – 95/145 CHF 190/290 CHF – ½ P +40 CHF – **Rest** – *(nur Abendessen ausser im Winter)* Karte 45/75 CHF

♦ Das ruhig gelegene Haus mit dem eigentümlichen Türmchen beherbergt seine Gäste in Zimmern, die mit hellem Furnierholzmobiliar praktisch eingerichtet sind. Im Restaurant Gruebi wie auch auf der Terrasse serviert man eine traditionelle Küche.

MUNTELIER – Freiburg – 552 H7 – siehe Murten

MURALTO – Ticino – 553 Q12 – vedere Locarno

La MURAZ – Valais – 552 I11 – voir à Sion

MURI – Aargau (AG) – **551** O5 – **6 545 Ew** – **Höhe 458 m** – ✉ **5630** 4 **F3**

▶ Bern 109 – Aarau 33 – Luzern 34 – Zürich 37

Ochsen

Seetalstr. 16 – ✆ 056 664 11 83 – hotel@ochsen-muri.ch – Fax 056 664 56 15

11 Zim – 95 CHF 150/170 CHF – ½ P +35 CHF – **Rest** – *(geschl. 14. - 27. Juli, Sonntagabend und Montag)* (19,50 CHF) Menü 82 CHF – Karte 53/97 CHF

◆ Im Dorfzentrum liegt das von der Eigentümerfamilie geführte Hotel, das seinen Gästen nette, teils neuzeitliche Zimmer bietet. Verschiedene Stuben bilden den Restaurantbereich, unter anderem mit Bankettträumen und dem A-la-carte-Stübli.

MURI BEI BERN – Bern – **551** J7 – siehe Bern

MURSCHETG – Graubünden – **553** T8 – siehe Laax

MURTEN (MORAT) – **Freiburg (FR)** – **552** H7 – **5 578 Ew** – **Höhe 448 m** – ✉ **3280** 2 **C4**

▶ Bern 31 – Neuchâtel 28 – Biel 42 – Fribourg 18

ℹ Murten Tourismus, Franz. Kirchgasse 6, ✆ 026 670 51 12, info@murtentourismus.ch, Fax 026 670 49 83 Y

◉ Altstadt★★ – Stadtmauer★

Lokale Veranstaltungen :

01.03 - 02.03 : Fasnacht

22.06 : Solennität (zur Erinnerung an die Schlacht bei Murten im Jahre 1476)

MURTEN

Strasse	Planquadrat	Nr.
Alte Freiburgstrasse	Z	
Bahnhofstrasse	Z	
Bernstrasse	Y	3
Bubengergstrasse	Z	4
Burgunderstrasse	Z	6
Deutsche Kirchgasse	Y	7
Erlachstrasse	Z	9
Franz Kirchgasse	Y	10
Freiburgstrasse	Z	
Hauptgasse	YZ	
Hôpital (R. de l')	Z	12
Längmatt	Y	13
Lausannestrasse	Z	
Meylandstrasse	YZ	
Pra Pury	Z	
Prehlstrasse	YZ	15
Raffor	Y	
Rathausgasse	Y	16
Ryf	YZ	
Schulgasse	Z	17
Törliplatz	Z	18
Wilerweg	Z	

Schiff

Ryf 53 – ✆ 026 672 36 66 – info@hotel-schiff.ch – Fax 026 672 36 65 – geschl. 1. Januar - 1. Februar Y **b**

15 Zim – 85/135 CHF 170/230 CHF – ½ P +48 CHF

Rest *Lord Nelson* – *(geschl. Mittwoch und Donnerstag ausser März - September)* Menü 48/104 CHF – Karte 42/102 CHF

◆ Am Hafen, unterhalb der Altstadt gelegen, bietet dieses Haus eine schöne Sicht sowie teils einfachere, praktische, teils klassische, mit Stilmöbeln eingerichtete Zimmer. Das Lord Nelson erinnert an einen alten, gediegenen englischen Club. Terrasse in Ufernähe.

Da Pino / Frohheim
Freiburgstr. 14 – 026 670 26 75 – dapino-frohheim@bluewin.ch – Fax 026 670 26 74 – geschl. 24. Dezember - 7. Januar, Sonntag und Montag
Rest – (19 CHF) Menü 64/79 CHF – Karte 62/96 CHF Z p
◆ Dieses nette Restaurant in einem kleinen Eckhaus bietet neben italienischen Speisen auch eine beeindruckende Weinkarte, auf der alle Regionen Italiens vertreten sind.

Ringmauer
Deutsche Kirchgasse 2 – 026 670 11 01 – Fax 026 672 20 83 – geschl. 23. Dezember - 2. Januar, 23. März - 8. April, 12. - 28. August, Sonntag ausser mittags von Juni bis Juli und Montag Y d
Rest – (18 CHF) Menü 80 CHF – Karte 46/106 CHF
◆ In einem Altstadthaus, in einer ruhigen Seitenstrasse liegt das hell und frisch wirkende rustikale Restaurant mit traditionellem Speisenangebot.

in Muntelier **Nord-Ost : 1 km – Höhe 438 m – ✉ 3286 Muntelier**

SeePark garni
Muntelierstr. 25 – 026 672 66 66 – office@hotel-seepark.ch – Fax 026 672 66 77 – geschl. 22. Dezember - 6. Januar
34 Zim – 152/162 CHF 180/290 CHF
◆ Direkt an der Sprachgrenze liegt der moderne Bau aus Granit und Glas. Nicht nur Geschäftsreisende schätzen die wohnlich-geräumigen, in warmen Farben gestalteten Gästezimmer.

in Meyriez **Süd-West : 1 km – Höhe 445 m – ✉ 3280 Meyriez**

Le Vieux Manoir ← See, Zim,
18 r. de Lausanne – 026 678 61 61 – welcome@vieuxmanoir.ch – Fax 026 678 61 62 – Hotel : geschl. Januar - Februar Z f
30 Zim – 300/375 CHF 400/570 CHF – 4 Suiten – ½ P +85 CHF
Rest – *(geschl. Januar-Februar)* Menü 69 CHF (mittags)/159 CHF – Karte 81/150 CHF
Rest *Pinte de Meyriez* – *(geschl. März und November jeweils 3 Wochen, Mittwoch ausser Juli - August und Dienstag)* Menü 26 CHF (mittags) – Karte 37/79 CHF
◆ Das anmutige, elegante Landhaus liegt etwas ausserhalb in einem schönen Park am See. Geschmackvoll eingerichtete Zimmer überzeugen mit angenehmem Wohnkomfort. Das helle, gediegene Restaurant mit Wintergarten sowie die Terrasse bieten eine wunderschöne Sicht.

in Greng **Süd-West : 2.5 km – Höhe 445 m – ✉ 3280 Greng**

Schloss-Taverne
De Castellaplatz 19 – 026 672 16 66 – schloss-taverne@sesamnet.ch – Fax 026 670 03 28 – geschl. 9. - 23. Juni, September 2 Wochen, Samstagmittag, Montagabend und Dienstag
Rest – (17 CHF) Menü 56 CHF – Karte 49/85 CHF
◆ Auf dem Areal des ehemaligen Schlosses befindet sich das nette moderne kleine Bistro, in dem man eine traditionelle Karte bietet.

MURZELEN – Bern (BE) – 551 I7 – Höhe 623 m – ✉ 3034 2 D4

Bern 13 – Biel 29 – Fribourg 39 – Solothurn 52

Sternen
Murzelenstr. 50 – 031 829 02 57 – Fax 031 829 38 16 – geschl. 9. - 25. Juli, Mittwoch und Donnerstag
Rest – (16 CHF) Menü 41/82 CHF – Karte 37/87 CHF
◆ Der traditionsreiche und bodenständige Berner Landgasthof mit gemütlich-rustikalem Ambiente lädt Sie zu gutbürgerlichen Mahlzeiten ein.

MUSTÉR – Graubünden – 553 R9 – siehe Disentis

MUTSCHNENGIA – Graubünden – 553 R9 – siehe Curaglia

MUTTENZ – Basel-Landschaft – 551 K4 – siehe Basel

NÄNIKON – Zürich (ZH) – 551 Q5 – Höhe 457 m – ✉ 8606 4 G2

Bern 141 – Zürich 20 – Rapperswil 28 – Sankt Gallen 83 – Winterthur 25

XX **Zum Löwen**

Zürichstr. 47 – ✆ 044 942 33 55 – info@loewen-naenikon.ch – Fax 044 942 33 56 – geschl. 24. Dezember - 7. Januar, 12. - 25. Mai, 15. - 28. September, Samstagmittag, Sonntag und Montag

Rest – (32 CHF) Menü 58 CHF (mittags)/125 CHF – Karte 72/108 CHF

◆ Das Riegelhaus beherbergt eine gemütliche Stube mit niedriger Decke, blanken Tischen und gutem Couvert. Freundlicher Service und gute europäische Weinkarte.

NATERS – Wallis – 552 M11 – voir à Brig

NEBIKON – Luzern (LU) – 551 M6 – 2 141 Ew – Höhe 487 m – ✉ 6244 3 E3

Bern 81 – Aarau 34 – Baden 53 – Luzern 37 – Olten 22

XX **Adler** (Raphael Tuor)

Vorstatt 4 – ✆ 062 756 21 22 – info@adler-nebikon.ch – Fax 062 756 32 80 – geschl. 28. Januar - 14. Februar, 14. - 31. Juli, Montag und Dienstag

Rest – (35 CHF) Menü 78 CHF – Karte 77/118 CHF

Rest Beizli – separat erwähnt

Spez. Fische aus Schweizer Seen. Ganz gebratenes Geflügel. Wild aus der Region.

Weine Dagmerseller

◆ In zwei edlen Stuben, dem Säli und dem Stübli, erzeugt ein schönes Täfer eine behagliche Atmosphäre. Zeitgemässes Angebot aus sehr guten Produkten.

X **Beizli** – Restaurant Adler

Vorstatt 4 – ✆ 062 756 21 22 – info@adler-nebikon.ch – Fax 062 756 32 80 – geschl. 28. Januar - 14. Februar, 14. - 31. Juli, Montag und Dienstag

Rest – (17 CHF) Menü 39 CHF – Karte 35/84 CHF

◆ Das gemütlich-rustikale Beizli - eine einfachere Alternative zum Restaurant Adler - bietet seinen Gästen eine interessante Auswahl an traditionellen Speisen.

NENNIGKOFEN – Solothurn – 551 J6 – siehe Solothurn

NETSTAL – Glarus (GL) – 551 S7 – 2 813 Ew – Höhe 458 m – ✉ 8754 5 H3

Bern 190 – Sankt Gallen 87 – Chur 68 – Schwyz 64 – Zürich 68

XX **Schwert** mit Zim — Zim, Zim,

Landstr. 13a – ✆ 055 640 77 66 – schwert.netstal@bluewin.ch – Fax 055 640 90 10 – geschl. Juli 2 Wochen, August 1 Woche, Sonntag und Montag

10 Zim – †85 CHF ††140 CHF – ½ P +35 CHF – **Rest** – (19 CHF) Menü 54/85 CHF – Karte 64/107 CHF

◆ Ein modern-rustikales Restaurant mit zeitgemässer Küche. Neben der Wiggis Stube steht auch das Glarner Stübli zur Verfügung, in dem man zusätzlich regionale Gerichte bietet.

NEUCHÂTEL (NEUENBURG) Ⓒ – Neuchâtel (NE) – 552 G7 – 32 914 h. – alt. 440 m – ✉ 2000 2 C4

Bern 52 – Biel 33 – Köniz 50 – La Chaux-de-Fonds 21

Tourisme neuchâtelois, Hôtel des Postes ✆ 032 889 68 90, info@ne.ch, Fax 032 889 62 91 CZ

Saint-Blaise Sud-Est : 9 km, ✆ 032 753 55 50

Quai Osterwald : vues★★ BZ - Ville ancienne★ BZ - Collégiale★ BZ. Art et Histoire★★ : automates★★ ; collection Strübin★ CZ - Ethnographie★ AZ - Laténium★★

croisières sur le lac. Renseignements : Société de Navigation sur les lacs de Neuchâtel et Morat, Port de Neuchâtel, ✆ 032 729 96 00

Manifestations locales :

12.08 - 17.08 : Buskers Festival, musiciens de rue (international)
26.09 - 28.09 : Fête des vendanges, grand cortège et corso fleuri

Plans pages suivantes

Beau-Rivage lac, rest, ch,
1 Esplanade du Mont-Blanc – ✆ 032 723 15 15 – info@beau-rivage-hotel.ch – Fax 032 723 16 16 BZ **b**
63 ch – 225/400 CHF 225/470 CHF, 28 CHF – 3 suites – ½ P +60 CHF – **Rest** – (23 CHF) Menu 54/95 CHF – Carte 69/107 CHF
◆ Hôtel de standing établi sur une esplanade tournée vers le lac. Belles chambres et suites offrant tout le confort moderne. Nouveau wellness (hammam, fitness, massages). Restaurant-véranda panoramique devancé par une terrasse ; décor chic et choix traditionnel.

Beaulac lac, ch, ch,
2 Esplanade Léopold-Robert – ✆ 032 723 11 11 – hotel@beaulac.ch – Fax 032 725 60 35 CZ **u**
90 ch – 195/260 CHF 195/350 CHF, 22 CHF – ½ P +38 CHF – **Rest** – Carte 62/100 CHF
◆ Cet hôtel braqué vers le lac voisine avec le port des yachts. Réception, chambres, suites et junior suites ont bénéficié d'un rajeunissement. Restaurant rénové où une carte classique se donne pour mission de combler votre appétit. Terrasse panoramique.

Alpes et Lac ville et lac,
2 pl. de la Gare – ✆ 032 723 19 19 – hotel@alpesetlac.ch – Fax 032 723 19 20
30 ch – 119/165 CHF 165/210 CHF – ½ P +35 CHF – **Rest** – *(fermé 22 décembre - 7 janvier, samedi d'octobre à mai et dimanche)* (20 CHF) Menu 46 CHF – Carte 47/72 CHF CY **r**
◆ Façade de 1872, installations modernes, fringantes chambres actuelles orientées côté lac ou côté gare et formule buffets au petit-déjeuner. Salle à manger de notre temps et restaurant d'été procurant une jolie vue sur les toits de la ville et les flots.

Des Arts sans rest
3 r. Pourtalès – ✆ 032 727 61 61 – info@hotel-des-arts.ch – Fax 032 727 61 62 – fermé 22 décembre - 7 janvier CZ **d**
40 ch – 98/140 CHF 155/185 CHF – 4 suites
◆ Établissement moderne disposant de chambres, de suites et d'appartements agencés dans l'esprit contemporain, à l'image des parties communes de l'hôtel. Salle à manger rénovée.

De l'Écluse sans rest
24 r. de l'Ecluse – ✆ 032 729 93 10 – info@hoteldelecluse.ch – Fax 032 729 93 20 – fermé 22 décembre - 8 janvier BZ **f**
18 ch – 120/130 CHF 152/162 CHF, 12 CHF
◆ Cinq étages de chambres paisibles et accueillantes, complétées d'un coin cuisine. Celles orientées au Sud ont vue sur le château et l'habitat typique du quartier de l'Écluse.

Hôtel DuPeyrou
1 av. Du Peyrou – ✆ 032 725 11 83 – info@dupeyrou.ch – Fax 032 724 06 28 – fermé 24 février - 10 mars, 20 juillet - 4 août, dimanche et lundi CYZ **n**
Rest – (25 CHF) Menu 45 CHF (déj.)/140 CHF – Carte 80/126 CHF
◆ Ce petit palais (18e s.) appartint au financier Du Peyrou, ami de J.-J. Rousseau. Table actuelle à touches créatives, cave où l'on choisit son fromage, beau jardin d'apparat.

La Maison du Prussien avec ch rest,
11 r. des Tunnels, Sud-Ouest : par rue de Saint-Nicolas AZ *– ✆ 032 730 54 54 – info@hotel-prussien.ch – Fax 032 730 21 43 – fermé 20 juillet - 12 août, 21 décembre - 7 janvier et dimanche*
10 ch – 145/220 CHF 165/250 CHF – ½ P +60 CHF – **Rest** – *(fermé samedi midi)* (27 CHF) Menu 60 CHF (déj.)/145 CHF – Carte 98/145 CHF
◆ Vieille maison nichée aux abords de la ville, entre gorges et chemin de fer. Carte créative proposée sous une verrière moderne ou l'été en terrasse. Pour l'étape nocturne, chambres rustiques personnalisées. Torrent aux flots parfois tumultueux en fond sonore.

Le Banneret
1 r. Fleury, (1er étage) – ✆ 032 725 28 61 – restaurantlebanneret@bluewin.ch – Fax 032 725 29 22 – fermé 22 décembre - 6 janvier, 21 - 26 mars, dimanche, lundi et fériés BZ **a**
Rest – (19 CHF) Menu 51/68 CHF – Carte 55/92 CHF
◆ Cuisine italienne à apprécier au 1er étage d'une belle maison de 1609 à façade de style Renaissance tardive. Terrasse urbaine près d'une fontaine surmontée d'une statue.

à Monruz par ① : 2 km – ✉ 2008 Neuchâtel

Palafitte rest, ch, ch, VISA MC AE

2 rte des Goutes-d'Or – ✆ 032 723 02 02 – reservation@palafitte.ch – Fax 032 723 02 03

40 ch – 385/490 CHF 385/490 CHF, 35 CHF

Rest *Le Colvert* – (25 CHF) Menu 51 CHF (déj.)/130 CHF – Carte 82/128 CHF

♦ Ensemble hôtelier original et moderne, arrimé aux rives du lac de Neuchâtel. Belles chambres avec terrasse privée aménagées dans une ribambelle de pavillons sur pilotis. Repas au goût du jour dans une salle design ou sur la terrasse au ras de l'eau.

à Hauterive par ① : 5 km – alt. 490 m – ✉ 2068 Hauterive

Les Vieux Toits sans rest VISA MC AE

20 r. Croix-d'Or – ✆ 032 753 42 42 – hotel@vieux-toits.ch – Fax 032 753 24 52 – fermé 15 décembre - 15 janvier – **10 ch** – 93/145 CHF 135/187 CHF

♦ Un sympathique accueil familial vous est réservé dans cette maison de village où vous habiterez de grandes chambres meublées avec soin et parfois mansardées.

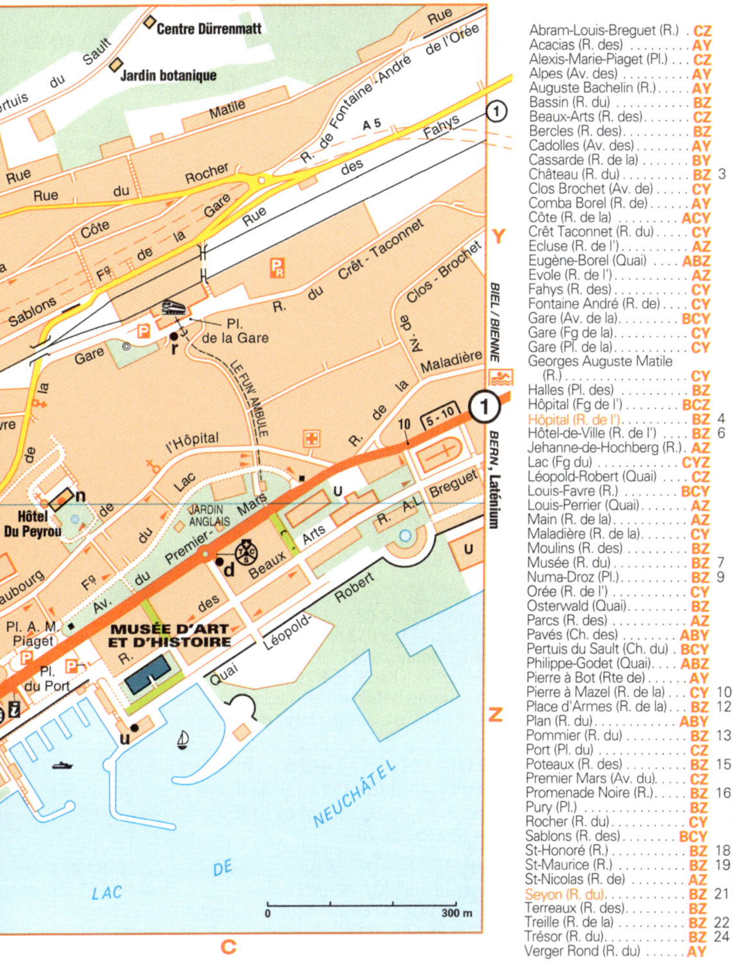

NEUCHÂTEL

- Abram-Louis-Breguet (R.) . **CZ**
- Acacias (R. des) . . . . **AY**
- Alexis-Marie-Piaget (Pl.) . . . **CZ**
- Alpes (Av. des) . . . . **AY**
- Auguste Bachelin (R.) . . . . . **AY**
- Bassin (R. du) . . . . **BZ**
- Beaux-Arts (R. des) . . . . **CZ**
- Bercles (R. des) . . . . **BZ**
- Cadolles (Av. des) . . . . **AY**
- Cassarde (R. de la) . . . . **BY**
- Château (R. du) . . . . **BZ** 3
- Clos Brochet (Av. de) . . . . . **CY**
- Comba Borel (R. de) . . . . . . **AY**
- Côte (R. de la) . . . . **ACY**
- Crêt Taconnet (R. du) . . . . . **CY**
- Ecluse (R. de l') . . . . **AZ**
- Eugène-Borel (Quai) . . . . **ABZ**
- Evole (R. de l') . . . . **AZ**
- Fahys (R. des) . . . . **CY**
- Fontaine André (R. de) . . . . **CY**
- Gare (Av. de la) . . . . **BCY**
- Gare (Fg de la) . . . . **CY**
- Gare (Pl. de la) . . . . **CY**
- Georges Auguste Matile (R.) . . . . **CY**
- Halles (Pl. des) . . . . **BZ**
- Hôpital (Fg de l') . . . . **BCZ**
- Hôpital (R. de l') . . . . **BZ** 4
- Hôtel-de-Ville (R. de l') . . . . **BZ** 6
- Jehanne-de-Hochberg (R.) . **AZ**
- Lac (Fg du) . . . . **CYZ**
- Léopold-Robert (Quai) . . . . **CZ**
- Louis-Favre (R.) . . . . **BCY**
- Louis-Perrier (Quai) . . . . **AZ**
- Main (R. de la) . . . . **AZ**
- Maladière (R. de la) . . . . **CY**
- Moulins (R. des) . . . . **BZ**
- Musée (R. du) . . . . **BZ** 7
- Numa-Droz (Pl.) . . . . **BZ** 9
- Orée (R. de l') . . . . **CY**
- Osterwald (Quai) . . . . **BZ**
- Parcs (R. des) . . . . **AZ**
- Pavés (Ch. des) . . . . **ABY**
- Pertuis du Sault (Ch. du) . **BCY**
- Philippe-Godet (Quai) . . . . **ABZ**
- Pierre à Bot (Rte de) . . . . . . **AY**
- Pierre à Mazel (R. de la) . . . **CY** 10
- Place d'Armes (R. de la) . . . **BZ** 12
- Plan (R. du) . . . . **ABY**
- Pommier (R. du) . . . . **BZ** 13
- Port (Pl. du) . . . . **CZ**
- Poteaux (R. des) . . . . **BZ** 15
- Premier Mars (Av. du) . . . . . **CZ**
- Promenade Noire (R.) . . . . . **BZ** 16
- Pury (Pl.) . . . . **BZ**
- Rocher (R. du) . . . . **CY**
- Sablons (R. des) . . . . **BCY**
- St-Honoré (R.) . . . . **BZ** 18
- St-Maurice (R.) . . . . **BZ** 19
- St-Nicolas (R. de) . . . . **AZ**
- Seyon (R. du) . . . . **BZ** 21
- Terreaux (R. des) . . . . **BZ**
- Treille (R. de la) . . . . **BZ** 22
- Trésor (R. du) . . . . **BZ** 24
- Verger Rond (R. du) . . . . . . **AY**

XX ## Auberge d'Hauterive

9 r. Croix-d'Or – ✆ 032 753 17 98 – auberge-hauterive@bluewin.ch – Fax 032 753 02 77 – fermé 23 décembre - 18 janvier, dimanche et lundi

Rest – (18 CHF) Menu 52 CHF (déj.)/128 CHF – Carte 76/112 CHF

◆ Bâtisse du 17e s. aux volets peints vous conviant à un repas traditionnel près d'une cheminée monumentale où crépitent de bonnes flambées quand le froid sévit. Jolie terrasse.

à Saint-Blaise par ① : 5 km – alt. 464 m – ✉ 2072 Saint-Blaise

XXX ## Boccalino - Au Bocca (Claude Frôté)

11 av. Bachelin – ✆ 032 753 36 80 – Fax 032 753 13 23 – fermé 23 décembre - 7 janvier, 15 juillet - 18 août, dimanche et lundi

Rest – Menu 78/165 CHF – Carte 63/136 CHF

Spéc. Salade de spaghettini aux tomates séchées et moules marinières (été). Foie gras frais de canard poêlé aux fruits de la passion. Noix de Saint-Jacques marinées aux truffes noires du Périgord et parmesan (hiver). **Vins** La Neuveville, Auvernier

◆ Devanture avant-gardiste pour ce restaurant chic au décor intérieur résolument contemporain. Fine cuisine bien en phase avec l'époque et cave au diapason. Un régal !

à Thielle par ① : 10 km – alt. 438 m – ✉ 2075 Thielle

Ibis 3 Lacs — rest, ch, VISA MC AE

Le Verger 1 – ✆ 032 755 75 75 – h0531@accor.com – Fax 032 755 75 57

60 ch – †99/114 CHF ††99/114 CHF, ☕ 14 CHF – **Rest** – *(fermé 26 décembre - 7 janvier)* (16 CHF) Menu 29/42 CHF – Carte 35/68 CHF

◆ Cet hôtel de chaîne rénové dispose de spacieuses chambres bien insonorisées et toutes dotées d'un W.-C. séparé de la salle d'eau. Petits salons et piscine de plein air. Restaurant-véranda complété par une terrasse invitante. Carte traditionnelle.

NEUENBURG – **Neuenburg – 552 G7 – siehe Neuchâtel**

NEUHAUSEN AM RHEINFALL – **Schaffhausen – 551 Q3 – siehe Schaffhausen**

NEUHEIM – **Zug (ZG) – 551 P6 – 1 920 Ew – Höhe 666 m – ✉ 6345** 4 **G3**

Bern 141 – Zürich 30 – Aarau 64 – Luzern 39 – Zug 9

Falken — P VISA MC

Hinterburgstr. 1 – ✆ 041 756 05 40 – info@dine-falken.ch – Fax 041 756 05 41 – geschl. 7. - 18. Juni, 4. - 15. August, Montag und Dienstag

Rest – (30 CHF) Menü 46 CHF (mittags)/118 CHF – Karte 58/117 CHF

◆ Modern und trendig gibt sich dieses von den jungen Besitzern motiviert geführte Restaurant. Serviert wird eine mediterran geprägte frische Küche.

NEUNKIRCH – **Schaffhausen (SH) – 551 P3 – 1 722 Ew – Höhe 431 m – ✉ 8213** 4 **F2**

Bern 143 – Zürich 49 – Baden 41 – Schaffhausen 13

Gemeindehaus — VISA MC AE

Vordergasse 26, (1. Etage) – ✆ 052 681 59 59 – info@restaurant-gemeindehaus.ch – Fax 052 681 50 07 – geschl. 14. Juli - 11. August, Samstagmittag, Sonntag, Montag und Dienstag

Rest – (23 CHF) Menü 66/95 CHF – Karte 46/97 CHF

◆ A. d. J. 1568 stammt das historische Gemeindehaus, in dem man eine traditionelle Küche mit zeitgemässen Einflüssen serviert. Im alten Treppenhaus: eine gemütliche Lounge.

La NEUVEVILLE – **Berne (BE) – 551 H6 – 3 445 h. – alt. 434 m – ✉ 2520** 2 **C4**

Bern 51 – Neuchâtel 17 – Biel 16 – La Chaux-de-Fonds 37

Jura bernois Tourisme, 4 r. du Marché, ✆ 032 751 49 49, laneuveville@jurabernois.ch, Fax 032 751 28 70

J.-J. Rousseau — lac et île Saint-Pierre, P VISA MC AE

1 promenade J.-J. Rousseau – ✆ 032 752 36 52 – info@jjrousseau.ch – Fax 032 751 56 23 – fermé Nouvel An

22 ch ☕ – †150/190 CHF ††220/260 CHF – ½ P +45 CHF – **Rest** – *(fermé dimanche soir de janvier à mars)* Menu 30 CHF (déj.)/67 CHF – Carte 65/100 CHF

◆ Hôtel alangui au bord du lac de Bienne, devant l'île St-Pierre, évoquée par Rousseau dans les Rêveries. Chambres souvent tournées vers l'eau. Salles à manger et véranda relookées dans la note "trendy", terrasses panoramiques et carte moderne tendance "fusion".

NIEDERERNEN – **Wallis – 552 N11 – siehe Fiesch**

NIEDERMUHLERN – **Bern (BE) – 551 J8 – 523 Ew – Höhe 845 m – ✉ 3087** 2 **D4**

Bern 15 – Fribourg 36 – Langnau im Emmental 43 – Thun 26

Bachmühle — P VISA MC AE

Nord-West : 1 km Richtung Oberscherli – ✆ 031 819 17 02 – restaurant@bachmuehle.ch – Fax 031 819 78 24 – geschl. 11. - 27. Februar, 11. August - 2. September, Montag und Dienstag

Rest – *(nur Abendessen ausser Samstag und Sonntag)* Menü 68/115 CHF (abends) – Karte 62/107 CHF

◆ In dem schönen Fachwerkhaus, einer ehemaligen Mühle, können Sie zwischen dem eleganten Restaurant und der rustikalen Burestube wählen. Gute zeitgemässe Küche.

NIEDERRÜTI – Zürich – **551** P-Q4 – siehe Winkel

Le NOIRMONT – Jura (JU) – **551** G5 – **1 561 h.** – **alt. 971 m** – ✉ **2340** 2 **C3**

Bern 80 – Delémont 38 – Biel 37 – La Chaux-de-Fonds 20 – Montbéliard 69

Du Soleil

18 r. de la Rauracie – ☎ 032 953 11 11 – info@lesoleilaunoirmont.ch – Fax 032 953 11 62 – fermé 2 semaines Noël - Nouvel An et 12 mars - 12 avril

16 ch – 70/95 CHF 150/170 CHF – ½ P +40 CHF – **Rest** – *(fermé mardi)* (15 CHF) Menu 53 CHF – Carte 46/92 CHF

◆ Sur la traversée de la bourgade, pimpante façade dissimulant des chambres fonctionnelles de diverses tailles et une précieuse collection de pendules. Salle à manger où trône une meule à grains et salon "Napoléon". Champignons des bois à gogo en saison.

Georges Wenger avec ch rest,

2 r. de la Gare – ☎ 032 957 66 33 – info@georges-wenger.ch – Fax 032 957 66 34 – fermé 23 décembre - 27 janvier

5 ch – 250/300 CHF 290/350 CHF – **Rest** – *(fermé lundi et mardi)* Menu 78 CHF (déj.)/210 CHF – Carte 120/177 CHF

Spéc. Morilles fraîches farcies à la compote d'herbes (printemps). Carré d'agneau en botte de foin. Tarte chaude de damassine, glace au noyau. **Vins** Soyhières, Auvernier

◆ Élégant restaurant dont le raffinement du décor n'a d'égal que celui de la cuisine, talentueusement personnalisée. Pour l'étape, chambres spacieuses aménagées avec goût.

NOVAZZANO – Ticino (TI) – **553** R14 – **2 369 ab.** – **alt. 346 m** – ✉ **6883** 10 **H7**

Bern 264 – Lugano 24 – Bellinzona 51 – Como 11 – Varese 20

Locanda degli Eventi

via Mulini 31 – ☎ 091 683 00 13 – locandadeglieventi@freesurf.ch – chiuso 26 dicembre - 7 gennaio, 20 luglio - 18 agosto, sabato a mezzogiorno, domenica sera e lunedì

Rist – (16 CHF) Menu 28 CHF (pranzo)/60 CHF – Carta 63/98 CHF

◆ Locale periferico, una grande villa circondata dal verde, con ampio dehors estivo, ambiente caldo e luminoso e una cucina incentrata sulle ricette tradizionali.

NOVILLE – Vaud (VD) – **552** F11 – **647 h.** – **alt. 374 m** – ✉ **1845** 7 **C6**

Bern 99 – Montreux 9 – Aigle 12 – Lausanne 37 – Sion 63

L'Etoile

1 ch. du Battoir – ☎ 021 960 10 58 – etoile.noville@bluewin.ch – Fax 021 960 43 38 – fermé 30 janvier - 22 février, 2 - 16 juillet, dimanche soir de décembre à janvier, lundi et mardi

Rest – (17 CHF) Menu 50 CHF (déj.)/82 CHF – Carte 58/98 CHF

◆ Établissement familial voisin d'une ferme. Cuisine classique française. Deux paisibles terrasses estivales vous accueillent lorsque le soleil est de la partie.

NYON – Vaud (VD) – **552** B10 – **16 182 h.** – **alt. 406 m** – ✉ **1260** 6 **A6**

Bern 138 – Genève 28 – Lausanne 44 – Lons-le-Saunier 91 – Thonon-les-Bains 60

Nyon Région Tourisme, 8 av. Viollier, ☎ 022 365 66 00, info@nrt.ch, Fax 022 365 66 06 A

Domaine Impérial Gland, Est: 4 km, ☎ 022 999 06 00

Promenade des vieilles murailles★ A

Château de Prangins★★

Manifestations locales :

18.04 - 24.04 : Visions du Réel, Festival international du film documentaire
22.07 - 27.07 : Paléo, Festival international de rock et folk
09.08 - 19.08 : FAR, Festival des arts vivants

NYON

Alfred-Cortot (Av.) . . . . . . A 2
Alpes (Quai des) . . . . B
César-Soulié (R.) . . . . B
Château (Pl. du) . . . . . . AB 3
Clémenty (Rte de) . . . . . A
Colombière (R. de la) . . . B 4
Combe (R. de la) . . . . A 6
Cordon (Rte du) . . . . A
Crève Coeur (Ch. de) . . . A 7
Gare (Pl. de la) . . . . A 9
Gare (R. de la) . . . . A 10
Genève (Rte de) . . . . A 12
Grand'Rue . . . . A
Jura (Prom. du) . . . . A 13
Juste-Olivier (R.) . . . . A 15
Lausanne (Rte de) . . . . . . B 16
Louis-Bonnard (Quai) . . . A
Marchandises (R. des) . AB 17
Morâche (R. de la) . . . . . A 18
Perdtemps (Av. de) . . . . . A 19
Perdtemps (Pl.) . . . . . . AB
Porcelaine (R. de la) . . . . B 21
Reverdil (Av.) . . . . A
Rive (R. de) . . . . B
St-Cergue (Rte de) . . . . . A
St-Jean (R.) . . . . B
Viollier (Av.) . . . . A
Vy Creuse (R. de la) . . . . B 24

Beau-Rivage
ch, rest, VISA AE

49 r. de Rive – 022 365 41 41 – reservations@beaurivagehotel.ch – Fax 022 365 41 65 B **x**

45 ch – 300 CHF 360 CHF – 5 suites – ½ P +50 CHF

Rest *Le Club* – Carte 63/118 CHF

◆ Hôtel ancien implanté au bord du lac et presque à portée de mousquet du château. Bonnes chambres classiquement agencées. Restaurant-véranda avec le lac Léman et le Mont-Blanc pour toile de fond. Carte élaborée.

Real
VISA AE

1 pl. de Savoie – 022 365 85 85 – mail@hotelrealnyon.ch – Fax 022 365 85 86 – Hôtel: fermé 15 décembre - 14 janvier B **y**

30 ch – 200/260 CHF 260/340 CHF – ½ P +40 CHF

Rest *Grand Café* – *022 365 85 95 (fermé mardi)* (18 CHF) Menu 35 CHF – Carte 61/103 CHF

◆ Enseigne à la gloire du fameux club de foot madrilène, qui s'entraîne chaque année à Nyon. Chambres de style contemporain, profitant souvent d'une vue lacustre. Grand Café "trendy" servant une appétissante cuisine méditerranéenne et de nombreux vins au verre.

Ambassador sans rest
VISA AE

26 r. Saint-Jean – 022 994 48 48 – hotelambassador@bluewin.ch – Fax 022 994 48 60 – fermé 22 décembre - 1er janvier AB **z**

19 ch – 180/220 CHF 220/260 CHF

◆ Jolie façade d'un rose soutenu animée de volets blancs ouvrant sur la place centrale. Hall-salon spacieux, chambres personnalisées, coup d'œil sur le château en terrasse.

Des Alpes
ch, rest, VISA AE

1 av. Viollier – 022 361 49 31 – desalpes@bestwestern.ch – Fax 022 362 35 63 A **a**

53 ch – 155/195 CHF 185/220 CHF – ½ P +32 CHF – **Rest** – *(fermé dimanche)* (18 CHF) – Carte 35/87 CHF

◆ Cet hôtel bâti en 1905 et régulièrement rénové fournit un hébergement valable dans les parages de la gare. La promenade des Vieilles Murailles est également toute proche. À table, répertoire culinaire traditionnel.

Café du Marché
VISA AE

3 r. du Marché – 022 362 35 00 – Fax 022 362 35 00 – fermé 23 - 31 décembre, 21 - 25 mars et dimanche A **e**

Rest – (20 CHF) Menu 45 CHF (déj.)/110 CHF – Carte 84/128 CHF

◆ Mamma mia, la cucina italiana ! Elle vaut le déplacement, dans ce restaurant du centre décoré de tableaux représentant des paysages vaudois.

Le Maître Jaques

rue de Rive – ✆ 022 361 28 34 – contact@maitrejaques.com – Fax 022 361 86 37 – fermé 23 décembre - 1er janvier, 10 - 18 février, dimanche et lundi B f

Rest – (20 CHF) – Carte 48/104 CHF

◆ Accueillante table au goût du jour bordant une rue piétonne rafraîchie par une fontaine près de laquelle on dresse le couvert en été. Espace de type bistrot et salle intime.

à Duillier Nord : 3 km par route d'Aubonne – alt. 469 m – ✉ 1266 Duillier

Auberge de l'Etoile

11 r. du Château – ✆ 022 361 28 12 – g.rossetti@bluewin.ch – Fax 022 362 23 53 – fermé 22 décembre - 7 janvier

17 ch – 110 CHF 150/160 CHF – ½ P +35 CHF – **Rest** – *(fermé samedi midi de septembre à mai et dimanche soir)* (19 CHF) Menu 31 CHF (déj.)/90 CHF – Carte 46/96 CHF

◆ Maison régionale, voisine du château, gérant l'exploitation viticole attenante. Chambres lambrissées de diverses tailles. Restaurant jouant sur toutes les notes : plats classiques, saisonniers, charbonnades... Belle terrasse dominant le vignoble.

à Prangins par ① : 2 km – alt. 417 m – ✉ 1197 Prangins

La Barcarolle

ch, ch,

route de Promenthoux – ✆ 022 365 78 78 – reservation@hotel-labarcarolle.ch – Fax 022 365 78 00

36 ch – 271/301 CHF 382/412 CHF – 3 suites – ½ P +50 CHF – **Rest** – (21 CHF) Menu 41/95 CHF – Carte 65/118 CHF

◆ Sur les rives du lac, établissement tranquille disposant de chambres agréables à vivre. Salon de détente, bar "cosy", parc boisé et même ponton d'amarrage pour votre yacht ! Salles à manger plaisamment agencées. Cuisine au goût du jour.

OBERÄGERI – Zug (ZG) – 551 Q6 – 4 740 Ew – Höhe 737 m – ✉ 6315 4 G3

Bern 151 – Luzern 46 – Rapperswil 27 – Schwyz 17 – Zug 12

Gulm

Ägerisee,

Gulmstr. 62 – ✆ 041 750 12 48 – gasthof@gulm.ch – Fax 041 750 42 99 – geschl. 4. - 19. Februar, 11. - 19. August, 6. - 21. Oktober, Montag und Dienstag

Rest – (24 CHF) Menü 39 CHF (mittags)/99 CHF – Karte 61/125 CHF

◆ Das Restaurant in wunderbarer Aussichtslage verfügt neben Stübli und Wintergarten auch über eine angenehme Panoramaterrasse. Serviert wird italienische Küche auf hohem Niveau.

Hirschen

Morgartenstr. 1 – ✆ 041 750 16 19 – hirschen.oberaegeri@bluewin.ch – Fax 041 750 86 19 – geschl. 10. - 18. Februar, 13. Juli - 4. August, Sonntagabend und Montag

Rest – (24 CHF) Menü 54 CHF (mittags)/112 CHF – Karte 56/112 CHF

◆ Unweit der Kirche liegt diese Adresse, die ihre Besucher im hellen, modern gestalteten Restaurant sowie auf der Terrasse mit zeitgemässer Schweizer Küche empfängt.

OBERBALM – Bern (BE) – 551 J8 – 835 Ew – Höhe 804 m – ✉ 3096 2 D4

Bern 13 – Fribourg 31 – Langnau im Emmental 44 – Thun 41

Bären

Oberbalmstr. 219 – ✆ 031 849 01 60 – ingrid.marggi@bluewin.ch – Fax 031 842 03 72 – geschl. 14. - 22. Mai, Dienstagabend und Mittwoch

Rest – (16 CHF) Menü 49 CHF – Karte 31/79 CHF

◆ Das hübsche Fachwerkhaus empfängt seine Gäste mit einem nett gestalteten Restaurant und einem gemütlichen Stübli, die um den zentralen Kamin angelegt sind.

OBERBIPP - Bern (BE) - **551** K5 - **1 407 Ew - Höhe 490 m -** ✉ **4538** 3 **E3**

Bern 44 - Basel 56 - Langenthal 13 - Solothurn 15

Eintracht & Rest, P VISA MC AE

Oltenstr. 1 - 032 636 12 76 - hoteleintracht@bluewin.ch - Fax 032 636 12 79 - geschl. 22. Dezember - 7. Januar, 19. Juli - 4. August, Samstag und Sonntag

9 Zim - 95 CHF 140 CHF - ½ P +17 CHF - **Rest** - (17 CHF) - Karte 36/96 CHF

◆ Die Zimmer dieses am Ortsrand an der Kantonsstrasse gelegenen Hauses sind zeitgemäss und funktionell eingerichtet. Ideal für Passanten und Geschäftsleute. Für spezielle Anlässe ergänzt das gediegene La Différence das Hauptrestaurant - mit traditioneller Karte.

OBERBOTTIGEN - Bern - **551** I7 - **siehe Bern**

OBERENTFELDEN - Aargau (AG) - **551** M5 - **6 740 Ew - Höhe 415 m -** ✉ **5036** 3 **E3**

Bern 79 - Aarau 6 - Baden 31 - Basel 64 - Luzern 45 - Solothurn 49

Aarau West garni P VISA MC AE

Muhenstr. 58, (beim Golfplatz) - 062 737 01 01 - hotel@aarau-west.ch - Fax 062 737 01 00 - geschl. 22. Dezember - 3. Januar

70 Zim - 110/145 CHF 155/195 CHF

◆ Vor allem für Durchreisende und Geschäftsleute ist das unweit der Autobahnausfahrt und des Golfplatzes gelegene Hotel geeignet. Die Zimmer: hell, modern und funktionell.

OBERERLINSBACH - Solothurn (SO) - **551** M4 - **691 Ew - Höhe 430 m -** ✉ **5016** 3 **E2**

Bern 88 - Aarau 5 - Basel 55 - Luzern 55 - Zürich 51

Hirschen mit Zim & Rest, Zim, P VISA MC AE

Hauptstr. 125 - 062 857 33 33 - mailbox@hirschen-erlinsbach.ch - Fax 062 857 33 00 - geschl. Ende Dezember - Anfang Januar

16 Zim - 122/135 CHF 207/230 CHF - **Rest** - (25 CHF) Menü 52 CHF (mittags)/135 CHF - Karte 52/122 CHF

◆ Ein sehr gut geführter Landgasthof mit Gaststube und gediegenem A-la-carte-Bereich. Schön sitzt man auf der Gartenterrasse. Sehenswert: mehrere Weinkeller und ein Essigkeller.

OBERGESTELN - Wallis (VS) - **552** O10 - **195 Ew - Höhe 1 353 m -** ✉ **3988** 8 **F5**

Bern 132 - Andermatt 41 - Brig 38 - Interlaken 77 - Sion 91

Source du Rhône, 027 973 44 00

Nufenenpass★★ Süd-Ost : 15 km

Hubertus Zim, Rest, P VISA MC

Schlüsselacker 35 - 027 973 28 28 - info@hotel-hubertus.ch - Fax 027 973 28 69 - geschl. 24. März - 30. Mai und 13. Oktober - 21. November

23 Zim - 95/150 CHF 180/240 CHF - 5 Suiten - ½ P +40 CHF - **Rest** - Menü 58/72 CHF - Karte 47/87 CHF

◆ Die ruhige Lage ausserhalb des Dorfes ist einer der Vorzüge dieses Hauses. Der Gast übernachtet hier in gemütlichen, mit hellem Naturholzmobiliar ausgestatteten Zimmern. Eine traditionelle Küche serviert man in der Gaststube sowie im lichten Wintergarten.

OBERHOFEN - Bern - **551** K9 - **siehe Thun**

OBERMEILEN - Zürich - **551** Q5 - **siehe Meilen**

OBERNAU - Luzern - **551** O7 - **siehe Luzern**

OBERRIET – Sankt Gallen (SG) – 551 V5 – 7 454 Ew – Höhe 421 m – ✉ 9463 5 I2

Bern 248 – Sankt Gallen 46 – Bregenz 33 – Feldkirch 12 – Konstanz 71

Haus zur Eintracht

Buckstr. 11 – ✆ 071 763 66 66 – info@hauszureintracht.ch – Fax 071 763 66 67 – geschl. 24. Februar - 2. März, 1. - 15. Oktober und Mittwoch
Rest – Menü 42 CHF (mittags)/89 CHF – Karte 52/112 CHF
Rest *Gaststube* – (19,50 CHF) Menü 42 CHF (mittags)/89 CHF – Karte 42/85 CHF
◆ Das sorgsam restaurierte Haus aus dem Jahre 1614 beherbergt gemütliche Stuben, in denen man Ihnen klassisch-französische Speisen serviert. Die Gaststube bietet traditionelle Küche.

Frohsinn

Staatsstr. 96 – ✆ 071 761 11 85 – frohsinn_oberriet@bluewin.ch – Fax 071 761 11 14
Rest – *(geschl. Montag)* (19 CHF) – Karte 42/90 CHF
◆ In dem Gasthof mit dem bürgerlich-rustikalen Restaurant bietet man den Gästen eine Auswahl an Gerichten einer klassischen französischen Küche.

OBERSAXEN-MEIERHOF – Graubünden (GR) – 553 S9 – 779 Ew – Höhe 1 302 m – Wintersport : 1 201/2 310 m 15 – ✉ 7134 10 H4

Bern 241 – Chur 54 – Andermatt 58

Verkehrsverein, ✆ 081 933 22 22, info@obersaxen.ch, Fax 081 933 11 10

Central und Haus Meierhof

in Meierhof – ✆ 081 933 13 23 – info@central-obersaxen.ch – Fax 081 933 10 22 – geschl. 1. - 15. Dezember, 15. April - 25. Mai und 3. - 30. November
37 Zim – 85/108 CHF 150/196 CHF – ½ P +28 CHF – **Rest** – (19 CHF) Menü 29 CHF (mittags)/65 CHF – Karte 39/93 CHF
◆ Das aus zwei Häusern bestehende Hotel befindet sich neben der Dorfkirche. Besonders hübsch sind die holzgetäfelten Gästezimmer im Haus Meierhof. Das Restaurant mit schöner Holzdecke wird ergänzt durch einen Wintergarten mit toller Sicht.

OBERSCHAN – Sankt Gallen (SG) – 551 V7 – Höhe 676 m – ✉ 9479 5 I3

Bern 225 – Sankt Gallen 75 – Bad Ragaz 17 – Buchs 14 – Feldkirch 28 – Rapperswil 73

Mühle

Grossbünt 2 – ✆ 081 783 19 04 – birchmeier@restaurantmuehle.ch – Fax 081 783 13 14 – geschl. 16. - 24. Februar, 21. Juli - 3. August, Dienstag und Mittwoch
Rest – Menü 57 CHF – Karte 41/89 CHF
◆ Das Haus besteht aus einer 500-jährigen Maismühle und einem Anbau, in dem sich die rustikale Gaststube befindet. Das gehobene Stübli liegt im Museum. Traditionelle Küche.

OBERSTAMMHEIM – Zürich (ZH) – 551 R3 – 1 064 Ew – Höhe 448 m – ✉ 8477 4 G2

Bern 168 – Zürich 48 – Frauenfeld 14 – Konstanz 40 – Stein am Rhein 10 – Winterthur 29

Zum Hirschen

Zim,

Steigstr. 2 – ✆ 052 745 11 24 – info@hirschenstammheim.ch – Fax 052 740 28 12 – geschl. 14. Januar - 6. Februar, 4. - 19. August, Montag und Dienstag
Rest – (18 CHF) Menü 114 CHF – Karte 58/102 CHF
◆ In den verschiedenen Stuben dieses schönen Riegelhauses a. d. 17. Jh. serviert man zeitgemässe Gerichte mit vielen Produkten aus der Region. Einfache Zimmer mit Charme.

Wir bemühen uns bei unseren Preisangaben um grösstmögliche Genauigkeit. Aber alles ändert sich! Lassen Sie sich daher bei Ihrer Reservierung den derzeit gültigen Preis mitteilen.

OBERWALD – Wallis (VS) – 552 P10 – 260 Ew – Höhe 1 370 m – Wintersport : 1 380/2 080 m 3 – ✉ 3999 8 F5

Bern 129 – Andermatt 38 – Brig 42 – Interlaken 74 – Sion 93

Oberwald - Realp, Information, ✆ 027 927 76 66

Obergoms Tourismus, Furkastr. 20, ✆ 027 973 32 32, info@obergoms.ch, Fax 027 973 32 33

Gletsch★★ Nord : 6 km – Grimselpass★★ Nord : 11,5 km – Rhonegletscher★★ : Eisgrotte★ Nord : 13 km

Ahorni Rest, Zim, Rest, VISA

– ✆ 027 973 20 10 – info@ahorni.ch – Fax 027 973 20 32 – geschl. 8. April - 15. Mai

16 Zim – 80/130 CHF 140/200 CHF – ½ P +35 CHF

Rest *Da Medici* – (23 CHF) – Karte 36/89 CHF

♦ Etwas versteckt liegt das Haus ruhig am Waldrand. Man verfügt über hell-moderne Gästezimmer, die funktionell ausgestattet sind. Alle Doppelzimmer mit Balkon. Im Da Medici serviert man italienische Speisen. Schöne hauseigene Enoteca.

OBERWIL – Basel-Landschaft (BL) – 551 K4 – 9 363 Ew – Höhe 297 m – ✉ 4104 2 D2

Bern 102 – Basel 7 – Belfort 81 – Delémont 36 – Liestal 21

Viva VISA

Hauptstr. 41 – ✆ 061 401 56 80 – info@vivadasrestaurant.ch – Fax 061 401 56 81 – geschl. 3. - 25. Januar, 1. - 13. Oktober, Sonntag und Montag

Rest – (37 CHF) Menü 82/123 CHF – Karte 69/104 CHF

♦ Sehr gelungen: trendiges Design rund um eine mittig angelegte kleine Lounge mit wärmendem Kamin, moderne, mediterran geprägte Küche und angenehme Gartenterrasse.

OBERZEIHEN – Aargau – 551 N4 – siehe Zeihen

OENSINGEN – Solothurn (SO) – 551 L5 – 4 517 Ew – Höhe 462 m – ✉ 4702 3 E3

Bern 51 – Basel 50 – Aarau 36 – Luzern 64 – Solothurn 23

Lindemann Rest, Zim, VISA

Hauptstr. 67 – ✆ 062 396 29 88 – info@lindemann.ch – Fax 062 396 30 43 – geschl. Juli - August 2 Wochen

23 Zim – 130 CHF 160 CHF – ½ P +32 CHF – **Rest** – *(geschl. Sonntag)* (19,50 CHF) – Karte 50/98 CHF

♦ Die Zimmer des Landgasthofs sind überwiegend mit hellem, funktionellem Mobiliar eingerichtet und bieten ausreichend Platz. Auch etwas ältere Zimmer sind vorhanden. Sichtbalken und derbes Holzmobiliar sorgen im Restaurant für eine rustikale Atmosphäre.

OERLIKON – Zürich – 551 P5 – siehe Zürich

OLIVONE – Ticino (TI) – 553 R10 – 845 ab. – alt. 893 m – ✉ 6718 10 H5

Bern 217 – Andermatt 84 – Bellinzona 46 – Chur 101

Chiesa del Negrentino★ a Prugiasco : affreschi★★ Sud : 8 km e 30 min a piedi – Strada★ del passo del Lucomagno Ovest

Arcobaleno rist, rist, VISA

– ✆ 091 872 13 62 – info@albergo-arcobaleno.ch – Fax 091 872 27 44 – chiuso metà novembre - inizio dicembre e 1° - 14 aprile

22 cam – 87 CHF 138 CHF – ½ P +20 CHF –

Rist – *(chiuso martedì da ottobre a giugno)* (16 CHF) Menu 29 CHF (pranzo)/85 CHF – Carta 34/80 CHF

♦ Albergo totalmente ristrutturato, situato ai piedi del Lucomagno. Offre camere molto carine con arredo pratico. Godetevi anche la sauna ed il solarium. Accogliente sala da pranzo per il servizio di pizzeria.

Olivone e Posta rist, VISA MC AE
– ✆ 091 872 13 66 – Fax 091 872 16 87
23 cam – 85 CHF 140 CHF – ½ P +25 CHF – **Rist** – (16 CHF) Menu 40 CHF – Carta 42/78 CHF
◆ Fate una sosta prima di affrontare il passo del Lucomagno. Piccole ma funzionali camere arredate con mobilio in legno chiaro. Dalla zona ricevimento si accede al bar e, di lì, al ristorante in stile rustico. Propone una carta semplice e tradizionale.

OLLON – Vaud (VD) – 552 G11 – 6 257 h. – alt. 468 m – ✉ 1867 — 7 C6

Bern 108 – Montreux 21 – Évian-les-Bains 42 – Gstaad 52 – Lausanne 46 – Martigny 27 – Thonon-les-Bains 51

Hôtel de Ville avec ch ch, VISA MC AE
place de l'Hôtel-de-Ville – ✆ 024 499 19 22 – Fax 024 499 23 54 – fermé 23 décembre - 17 janvier, mardi et mercredi
7 ch – 70 CHF 120 CHF – **Rest** – (18 CHF) Menu 50 CHF – Carte 43/89 CHF
◆ Au centre du bourg, près du clocher, grosse maison de pays où il fait bon poser sa besace le temps d'un savoureux repas traditionnel ou d'une nuit de repos. Accueil gentil.

OLTEN – Solothurn (SO) – 551 M5 – 16 757 Ew – Höhe 396 m – ✉ 4600 — 3 E3

Bern 69 – Aarau 15 – Basel 54 – Luzern 55 – Solothurn 41

Tourismusbüro Region Olten, Klosterplatz 21, ✆ 062 212 30 88, info@oltentourismus.ch Z

Weid Hauenstein Hauenstein, Nord: 7 km Richtung Basel, ✆ 062 293 44 53 ;

Heidental Stüsslingen, Nord-Ost: 11 km über Winznau-Lostorf-Stüsslingen, ✆ 062 285 80 90

Panorama★ beim Säli-Schlössli Süd-Ost : 5 km über ②

OLTEN

Aarauerstrasse . . . . Z 3
Aarburgerstrasse. . . . . . . Z
Alte Brücke . . . . Z
Amthausquai . . . . YZ
Bahnhofbrücke . . . . Y
Bahnhofquai . . . . Z
Bahnhofstrasse . . . . Z 4
Baslerstrasse . . . . YZ
Belchenstrasse . . . . Y
Dornacherstrasse . . . . . YZ
Fährweg . . . . Y
Friedhofweg . . . . Y
Froburgstrasse . . . . Y
Gösgerstrasse . . . . Y
Hagbergstrasse . . . . Y
Hagmattstrasse . . . . Y 6
Hauptgasse . . . . Z 7
Hausmattrain . . . . Z 9
Hübelistrasse . . . . Z 10
Ildefonsplatz . . . . Z 12
Jurastrasse . . . . Y
Kirchgasse . . . . Z 13
Klosterplatz . . . . Z
Konradstrasse . . . . Z 15
Leberngasse . . . . Z
Martin Disteli Strasse . . . Z 16
Mühlegasse . . . . Z 18
Munzingerplatz . . . . Z 19
Ringstrasse . . . . YZ
Römerstrasse . . . . YZ 21
Rötzmattweg . . . . Z 22
Schützenmatte . . . . Z
Solothurnerstrasse . . . . . Z 24
Spitalstrasse . . . . Y 25
Tannwaldstrasse . . . . Z
Unterführungsstrasse . . . Z 27
Ziegelfeldstrasse . . . . Y

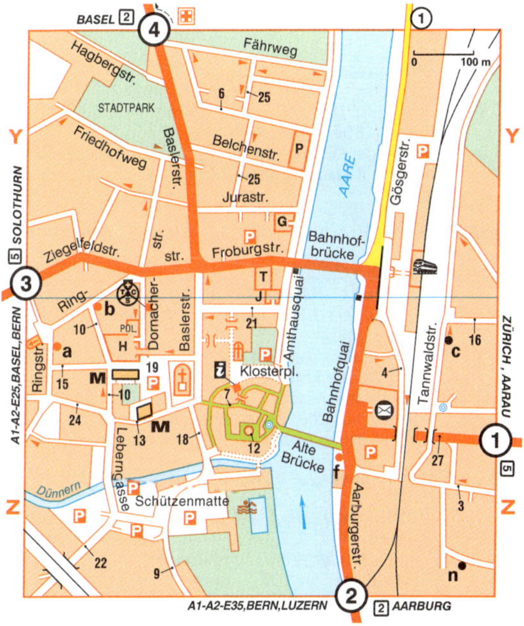

Arte Zim, Zim, Zim, VISA AE
Riggenbachstr. 10 – 062 286 68 00 – info@konferenzhotel.ch
– Fax 062 286 68 10 Z n
79 Zim – 128/220 CHF 175/280 CHF – **Rest** – (18 CHF) – Karte 51/94 CHF
♦ Das Kongresshotel liegt in günstiger Entfernung zum Bahnhof. Die Gäste übernachten in Zimmern von guter Grösse, die mit modernem Mobiliar funktionell eingerichtet sind. Restaurant mit neuzeitlichem Dekor.

Amaris garni VISA AE
Tannwaldstr. 34 – 062 287 56 56 – info@hotelamaris.ch
– Fax 062 287 56 57 Z c
37 Zim – 110/135 CHF 150/175 CHF
♦ Hell, modern und funktionell eingerichtete Zimmer erwarten Sie in dem direkt am Bahnhof gelegenen Hotel - ruhiger sind die Zimmer im rückwärtigen Teil. Komfortable Suiten.

Zum Goldenen Ochsen VISA AE
Ringstr. 23 – 062 212 19 35 – info@ochsen-olten.ch – Fax 062 212 23 84
– geschl. 1. - 15. August, Sonntag und Montag Z b
Rest – *(nur Menü)* (21 CHF) Menü 39 CHF (mittags)/99 CHF
♦ Der unterteilte Gastraum - teils als freundliches Bistro, teils als luftiger Wintergarten gestaltet - wird durch eine mit Wein bewachsene, lauschige Gartenlaube ergänzt.

Walliserkanne VISA AE
Aarburgerstr. 6 – 062 296 44 76 – Fax 062 296 44 72 – geschl. 1. - 7. Januar, 28. September - 13. Oktober, Samstagmittag, Sonntagabend und Montag
Rest – (19 CHF) Menü 49 CHF (mittags) – Karte 48/96 CHF 4 Z f
♦ Im rustikalen Restaurant neben der alten Holzbrücke kann der Gast in ländlichem Ambiente speisen. Auf der Terrasse an der Aare findet man weitere nette Sitzplätze.

Salmen A/C VISA AE
Ringstr. 39 – 062 212 22 11 – info@salmen-olten.ch – Fax 062 212 22 10
– geschl. 2. - 11. Februar, 13. Juli - 4. August, Sonntag und Montag Z a
Rest – (25 CHF) Menü 53 CHF (mittags)/79 CHF – Karte 57/91 CHF
♦ Das Haus im Zentrum beherbergt freundliche, mit Fotos vom historischen Olten dekorierte Restauranträume: die Brasserie sowie das Stukk-Säli mit schöner alter Stuckdecke.

Felsenburg VISA
Aarauerstr. 157, über ① – 062 296 22 77 – Fax 062 296 13 76 – geschl. 14. Juli - 15. August, Dienstag und Mittwoch
Rest – (18 CHF) – Karte 44/122 CHF
♦ Über die Aussentreppe und die grosse Terrasse betritt man das gemütliche familiär geführte Restaurant. Klassische und italienische Küche sowie Wein aus Frankreich und Italien.

in Trimbach Nord: über ④ – Höhe 435 m – ✉ 4632 Trimbach

Traube (Arno Sgier) A/C VISA
Baslerstr. 211 – 062 293 30 50 – postmaster@traubetrimbach.ch
– Fax 062 293 01 50 – geschl. 3. - 11. Februar, 14. Juli - 7. August, Sonntag und Montag
Rest – (20 CHF) Menü 54 CHF (mittags)/126 CHF – Karte 66/130 CHF
Spez. Warme Entenleber mit Apfelrösti. Pfifferlings-Millefeuille mit Kalbsmilken und Balsamicosauce (Sommer). Tarte Tatin mit Sauerrahmglace.
♦ In dem hübschen, angenehm hellen Restaurant erwartet Sie ein modernes, klares und leicht elegantes Ambiente. Zeitgemässe Küche und gute Weinauswahl.

Süd-Ost 4 km über ② – ✉ 4600 Olten

Säli-Schlössli Region und Berge, A/C VISA AE
Sälistrasse – 062 295 71 71 – info@saelischloessli.com – Fax 062 295 71 72
– geschl. 1. - 28. Februar und Montag
Rest – Karte 55/88 CHF
♦ Ein modernes Restaurant in historischen Mauern. Einmalig ist die erhöhte Lage, phantastisch die Aussicht von der Dachterrasse und der grossen Speiseterrasse.

ORBE – Vaud (VD) – 552 D8 – 5 139 h. – alt. 483 m – ✉ 1350 6 B5

Bern 86 – Lausanne 32 – Pontarlier 40 – Yverdon-les-Bains 16

Office du Tourisme Orbe et environs, 2 r. de la Poste, ☎ 024 441 52 66, tourisme@orbe.ch, Fax 024 441 52 66

Des Mosaïques sans rest

Mont-Choisi, Nord : 1 km – ☎ 024 441 62 61 – info@hotel-des-mosaiques.ch – Fax 024 441 15 14 – fermé 23 décembre - 6 janvier

37 ch – 98/110 CHF 165/175 CHF

◆ Le dieu Mercure monte la garde à l'entrée de cet hôtel situé aux avant-postes d'Orbe. Les mosaïques éponymes, d'époque romaines, ne sont pas bien loin et méritent la visite.

Guignard Desserts

17 Grand-Rue, (1er étage) – ☎ 024 442 81 20 – info@guignard-desserts.com – Fax 024 442 81 27 – fermé 3 semaines juillet - août, lundi et mardi

Rest – *(déjeuner seulement sauf vendredi et samedi)* Menu 56/150 CHF – Carte 65/104 CHF

◆ Repaire gourmand à débusquer au-dessus d'une aguichante pâtisserie-salon de thé. Salle de restaurant agrémentée d'une verrière. Repas classique soigné. Délicieux desserts.

à Agiez Ouest : 2,5 km – alt. 520 m – ✉ 1352 Agiez

Le Normand avec ch

– ☎ 024 441 15 45 – lenormand@bluewin.ch – Fax 024 441 75 87 – fermé 26 décembre - 8 janvier, 23 juin - 8 juillet, dimanche soir, lundi et 1er mardi de chaque mois

6 ch – 70 CHF 130 CHF, 10 CHF – ½ P +35 CHF – **Rest** – (18 CHF) Menu 38 CHF (déj.)/76 CHF – Carte 40/86 CHF

◆ Une atmosphère sympathique flotte dans cette auberge familiale dont le restaurant campagnard se divise en deux parties. Carte traditionnelle et régionale.

ORIGLIO – Ticino (TI) – 553 R13 – 1 158 ab. – alt. 453 m – ✉ 6945 10 H6

Bern 237 – Lugano 9 – Bellinzona 24 – Como 39 – Locarno 36

a Carnago Est : 1 km – ✉ 6945 Origlio

Origlio Country Club (riscaldato) rist, rist,

via Cantonale – ☎ 091 945 46 46 – info@hoteloriglio.ch – Fax 091 945 10 31

58 cam – 178/205 CHF 276/330 CHF – ½ P +48 CHF – **Rist** – (18 CHF) Menu 42 CHF (pranzo)/72 CHF – Carta 45/88 CHF

◆ Costruzione ben inserita nel contesto naturale della zona con una struttura a terrazze. Confort di livello omogeneo in ogni settore, camere ampie e luminose. La terrazza sul giardino e la graziosa sala da pranzo per una sorprendente carta di stampo francese.

ORMALINGEN – Basel-Landschaft (BL) – 551 M4 – 1 881 Ew – Höhe 425 m – ✉ 4466 3 E2

Bern 83 – Aarau 24 – Baden 45 – Basel 31 – Liestal 13 – Solothurn 52

Farnsburg mit Zim

Farnsburgerstr. 194, Nord : 3 km – ☎ 061 985 90 30 – landgasthof@farnsburg.ch – Fax 061 985 90 31 – geschl. Februar, Sonntagabend, Montag und Dienstag

4 Zim – 100 CHF 160 CHF – **Rest** – Menü 74/89 CHF – Karte 60/97 CHF

◆ Der Landgasthof mit Bio-Bauernhof liegt absolut ruhig ausserhalb des Ortes. Rustikale Stuben, ein legendärer Weinkeller sowie ein wintergartenähnlicher Pavillon erwarten Sie.

ORSELINA – Ticino – 553 Q12 – vedere Locarno

ORSIÈRES – Valais (VS) – 552 H13 – 2 630 h. – alt. 902 m – ✉ 1937 7 D7

Bern 151 – Martigny 20 – Aosta 57 – Montreux 63 – Sion 48

Au Pays du Saint-Bernard, route de la Gare, ☎ 027 783 32 48, info@pays-du-saint-bernard.ch, Fax 027 783 32 74

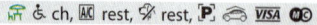

Terminus ch, rest, rest, VISA MC
place de la Gare – ✆ 027 783 20 40 – terminus@dransnet.ch – Fax 027 783 38 08 – fermé 1er - 20 avril, 30 octobre - 10 novembre et mardi hors saison
40 ch – †75/85 CHF ††100/120 CHF – ½ P +28 CHF – **Rest** – (20 CHF) Menu 28/66 CHF – Carte 36/66 CHF
♦ Hôtel familial côtoyant la gare d'un village situé au terminus de la ligne du St-Bernard-Express. Chambres proprettes ; celles de l'annexe offrent plus d'ampleur et de calme. Restaurant où l'on mange convenablement dans une ambiance décontractée.

Les Alpes (Jean-Maurice Joris) VISA MC AE
– ✆ 027 783 11 01 – les.alpes@dransnet.ch – Fax 027 783 38 78 – fermé 10 - 27 décembre, 15 mai - 15 juin, lundi soir, mardi et mercredi
Rest – *(menu unique)* Menu 130/165 CHF
Rest *Brasserie* – voir ci-après
Spéc. Berlingot de Saint-Jacques aux morilles, coque de jeunes poireaux au parmesan (printemps). Découpe de chamois, pommes fondantes au thym, composition de fruits automnale et extraction de cassis (automne). Menu campagnard. **Vins** Savièse, Cornalin
♦ Cet ancien relais de diligences (1750) posté sur la place principale d'Orsières constitue un excellent point de repère dans le paysage gastronomique des Alpes valaisannes.

Brasserie – Restaurant Les Alpes VISA MC AE
– ✆ 027 783 11 01 – les.alpes@dransnet.ch – Fax 027 783 38 78 – fermé 10 - 27 décembre, 15 mai - 15 juin, lundi soir, mardi et mercredi
Rest – (22 CHF) Menu 65/85 CHF – Carte 52/96 CHF
♦ Gourmets en quête d'une alternative à "haute" cuisine des Alpes, optez donc pour la brasserie attenante. L'addition n'y atteint pas les mêmes sommets ! Terroir à l'honneur.

ORVIN – Berne (BE) – 551 I6 – 1 235 h. – alt. 668 m – ✉ 2534 — 2 C3

Bern 51 – Delémont 49 – Biel 8 – La Chaux-de-Fonds 45 – Neuchâtel 38 – Solothurn 28

Cheval Blanc VISA MC
1 rte de Frinvillier – ✆ 032 358 12 82 – chevalblancorvin@bluewin.ch – Fax 032 358 11 82 – fermé 15 juillet - 16 août, dimanche soir et lundi
Rest – (17 CHF) Menu 130 CHF – Carte 55/93 CHF
♦ Petite auberge de bonne réputation locale implantée à l'entrée du village. Salle à manger de mise simple. Engageante carte de préparations traditionnelles et actualisées.

aux Prés-d'Orvin Nord-Ouest : 4 km – alt. 1 033 m – ✉ 2534 Les Prés-d'Orvin

Le Grillon
– ✆ 032 322 00 62 – fermé 9 juillet - 3 août, lundi et mardi
Rest – *(prévenir)* (19,50 CHF) Menu 48/98 CHF – Carte 42/80 CHF
♦ Restaurant de campagne au décor intérieur sans tape-à-l'œil. Mets traditionnels, alléchantes fondues et mention spéciale pour le menu gastronomique : une très bonne affaire !

OSTERFINGEN – Schaffhausen (SH) – 551 P3 – 359 Ew – Höhe 440 m – ✉ 8218 — 4 F2

Bern 164 – Zürich 47 – Baden 41 – Schaffhausen 20

Bad Osterfingen
Zollstrasse, Süd : 1 km – ✆ 052 681 21 21 – Fax 052 681 43 01 – geschl. 20. Januar - 15. Februar, 13. - 27. Juli, Montag und Dienstag
Rest – Karte 41/87 CHF
♦ Das Weingut aus dem 15. Jh. bietet den Gästen ausser dem schönen Gartenrestaurant unter alten Kastanien Stuben mit Steinmauern, Sichtbalken und Täfer. Traditionelles Angebot.

OTTENBACH – Zürich (ZH) – 551 P5 – 2 164 Ew – Höhe 421 m – ✉ 8913 4 **F3**

Bern 115 – Zürich 22 – Aarau 38 – Luzern 38 – Schwyz 45

XX **Reussbrücke - Pavillon**

Muristr. 32 – ✆ 044 760 11 61 – info@reussbruecke.com – Fax 044 760 12 50

Rest – Menü 55 CHF (mittags)/130 CHF – Karte 86/126 CHF

Rest *Bistro* – Menü 45 CHF (mittags) – Karte 40/83 CHF

◆ Der hell und neuzeitlich gestaltete Pavillon befindet sich in einem Wintergarten mit Blick auf den Fluss. Geboten wird gehobene zeitgemässe Küche. Das Bistro ist eine neo-rustikale Gaststube mit guten traditionellen Gerichten.

OTTIKON BEI KEMPTTHAL – Zürich (ZH) – 551 Q4 – Höhe 578 m – ✉ 8307 4 **G2**

Bern 141 – Zürich 23 – Frauenfeld 31 – Schaffhausen 38 – Winterthur 10

XX **Zur Traube**

Kyburgstr. 17 – ✆ 052 345 12 58 – Fax 052 345 14 13 – geschl. 1. - 7. Januar, 15. - 23. Juni, Sommer 2 Wochen, Herbst 1 Woche, Samstagmittag, Sonntagabend und Montag

Rest – Menü 50 CHF (mittags)/98 CHF – Karte 62/102 CHF

◆ In der gemütlichen Stube des Bauernhauses aus dem 19. Jh. herrscht dank schöner Holzdecke, Täfer und Sichtbalken eine charmant-rustikale Atmosphäre. Zeitgemässe Küche.

OUCHY – Vaud – 552 E10 – voir à Lausanne

OVRONNAZ – Valais (VS) – 552 H12 – alt. 1 350 m – Sports d'hiver : 1 400/2 500 m 8 – ✉ 1911 7 **D6**

Bern 152 – Martigny 26 – Montreux 65 – Sion 26

Office du Tourisme, ✆ 027 306 42 93, info@ovronnaz.ch, Fax 027 306 81 41

L'Ardève vallée, ch, ch,

à Mayens-de-Chamoson, Est : 2 km – ✆ 027 305 25 25 – info@hotelardeve.ch – Fax 027 305 25 26 – fermé 17 novembre - 11 décembre

15 ch – 100/150 CHF 140/220 CHF – ½ P +35 CHF

Rest – *(fermé lundi et mardi)* Menu 62/85 CHF – Carte 68/92 CHF

Rest *Brasserie* – (18 CHF) Menu 37/42 CHF – Carte 36/80 CHF

◆ Chalet contemporain dont la terrasse et les balcons procurent une vue magnifique sur la vallée et les Alpes valaisannes. Ambiance montagnarde ; quiétude assurée. Cuisine classique française au restaurant. Recettes valorisant le terroir local à la brasserie.

Les PACCOTS – Fribourg (FR) – 552 G10 – alt. 1 065 m – Sports d'hiver : 1 061/1 500 m 10 – ✉ 1619 7 **C5**

Bern 79 – Fribourg 48 – Lausanne 34 – Neuchâtel 103 – Sion 86

Ermitage rest,

11 rte des Dailles – ✆ 021 948 38 38 – info@hotel-ermitage.ch – Fax 021 948 38 00 – fermé dimanche soir et lundi

22 ch – 80/120 CHF 120/160 CHF, 15 CHF – ½ P +30 CHF – **Rest** – (18 CHF) Menu 59 CHF (déj.)/89 CHF – Carte 44/88 CHF

◆ Ce grand chalet abritant quatre catégories de chambres convenablement agencées est implanté au centre de la station, pas très loin des remontées mécaniques. Repas sagement traditionnel au restaurant.

PAYERNE – Vaud (VD) – 552 G8 – 7 294 h. – alt. 452 m – ✉ 1530 7 **C4**

Bern 53 – Neuchâtel 50 – Biel 62 – Fribourg 23 – Lausanne 64 – Yverdon-les-Bains 31

Office du Tourisme, 10 place du Marché, ✆ 026 660 61 61, tourisme@payerne.ch, Fax 026 660 71 26

18 Payerne, ✆ 026 662 42 20

Intérieur★★ de l'Église abbatiale★

Manifestations locales : 08.02 - 11.02 : Brandons, fête populaire

à Vers-chez-Perrin Sud : 2,5 km par route Fribourg/Romont – alt. 530 m – ✉ 1551 Vers-chez-Perrin

XX **Auberge de Vers-chez-Perrin** avec ch — rest, P VISA MC AE
– ☎ *026 660 58 46 – Fax 026 660 58 66*
9 ch – †98 CHF ††138 CHF – ½ P +35 CHF – **Rest** – *(fermé 24 décembre - 3 janvier, 28 juillet - 18 août, dimanche soir et lundi soir)* (19 CHF) Menu 55/99 CHF – Carte 41/92 CHF
◆ Auberge à façade orangée où l'on présente une carte actuelle bien variée, dans un décor provençal. Spécialité de grillades au ceps de vigne. Chambres classiquement agencées.

PENEY Dessus et Dessous – Genève – 552 A11 – voir à Satigny

PENEY-LE-JORAT – Vaud (VD) – 552 E9 – 312 h. – alt. 845 m – ✉ 1059 6 B5

Bern 85 – Lausanne 20 – Montreux 43 – Pontarlier 66 – Yverdon-les-Bains 26

X **Auberge du Cheval Blanc** — P VISA MC AE
– ☎ *021 903 30 08 – Fax 021 903 34 68 – fermé Noël, 18 février - 4 mars, 28 juillet - 20 août, lundi et mardi*
Rest – (18 CHF) Menu 49/89 CHF – Carte 46/96 CHF
◆ Établissement villageois composé d'un café servant de la petite restauration et d'une accueillante salle à manger. Carte traditionnelle. Choix de vins d'ici et d'ailleurs.

PENSIER – Fribourg (FR) – 552 H8 – alt. 551 m – ✉ 1783 2 C4

Bern 34 – Fribourg 10 – Neuchâtel 38 – Lausanne 78

X **Carpe Diem** — P
54 rte de Fribourg – ☎ 026 322 10 26 – cucina@rist-carpediem.ch – Fax 026 321 27 13 – fermé 24 décembre - 2 janvier, 21 - 30 mars, 16 - 30 juin, dimanche, lundi et mardi
Rest – *(dîner seulement) (nombre de couverts limité - prévenir)* Menu 54 CHF – Carte 45/88 CHF
◆ Cet ancien moulin caché dans un écrin verdoyant vous réserve un bon accueil. Intérieur clair orné de photos du chef en action, carte italienne, appétissante table d'antipasti.

PENTHAZ – Vaud (VD) – 552 D9 – 1 287 h. – alt. 488 m – ✉ 1303 6 B5

Bern 97 – Lausanne 16 – Cossonay 5 – Yverdon-les-Bains 26

X **La Treille** — AC P VISA MC AE
13 ch. de la Treille – ☎ 021 862 71 20 – info@treille.ch – Fax 021 862 71 21 – fermé 23 décembre - 7 janvier, dimanche et lundi
Rest – Menu 48 CHF (déj.)/99 CHF – Carte 73/108 CHF
Rest *Café* – (17 CHF) Menu 48 CHF (déj.)/99 CHF – Carte 49/78 CHF
◆ Table à retenir pour parfaire ses connaissances en cuisine italienne : toutes les régions de la péninsule sont mises à l'honneur dans les divers menus proposés.

PERREFITTE – Berne – 551 I5 – voir à Moutier

PÉRY-REUCHENETTE – Berne (BE) – 551 I6 – 1 335 h. – alt. 646 m – ✉ 2603 2 D3

Bern 53 – Delémont 42 – Biel 9 – Solothurn 31

XX **La Truite** avec ch — P VISA MC AE
3 rte de Reuchenette – ☎ 032 485 14 10 – Fax 032 485 14 21 – fermé 2 - 15 janvier, 12 juillet - 5 août, dimanche soir et lundi
12 ch – †78 CHF ††114 CHF – **Rest** – (16 CHF) Menu 45 CHF (déj.)/82 CHF – Carte 34/84 CHF
◆ Ce restaurant classiquement agencé s'est fait une place au soleil dans le paysage culinaire de Péry-Reuchenette. Table traditionnelle de bon aloi. Chambres personnalisées.

PFÄFFIKON – Schwyz (SZ) – 551 R6 – Höhe 412 m – ✉ 8808 4 G3

Bern 159 – Zürich 36 – Rapperswil 6 – Schwyz 30

Nuolen Wangen, Ost: 14 km Richtung Lachen-Nuolen, ✆ 055 450 57 60

Seedamm Plaza Zim, Zim, Zim, Rest, VISA

Seedammstr. 3 – ✆ 055 417 17 17 – info@seedamm-plaza.ch – Fax 055 417 17 18

144 Zim – 179/259 CHF 283/323 CHF

Rest *Pur* – *(geschl. Samstagmittag)* (37 CHF) Menü 37 CHF (mittags Buffet) – Karte 59/117 CHF

Rest *Nippon Sun* – *(geschl. 14. Juli - 11. August, Samstagmittag und Sonntagmittag)* Menü 34 CHF (mittags)/58 CHF – Karte 52/87 CHF

Rest *Punto* – (18 CHF) Menü 27 CHF (mittags)/69 CHF – Karte 46/88 CHF

◆ Das modern-funktionelle Hotel am Zürichsee ist mit seinem technischen Equipment besonders auf Tagungs-/Businessgäste ausgelegt. Das Restaurant Pur bietet internationale Speisen aus der Showküche. Japanische Küche im Nippon Sun. Punto mit italienischem Angebot.

Schiff Zim, VISA

Unterdorfstr. 21 – ✆ 055 416 17 18 – info@schiff-pfaeffikon.ch – Fax 055 416 17 19

30 Zim – 108/138 CHF 189 CHF – ½ P +38 CHF – **Rest** – (22 CHF) Menü 41 CHF (mittags) – Karte 49/98 CHF

◆ Eine nette Übernachtungsadresse: die hellen, freundlichen Gästezimmer sind zeitgemäss mit solidem Naturholzmobiliar eingerichtet. Beliebt im Sommer ist die schöne, zum See hin gelegene Gartenterrasse des Restaurants. Traditionelle Küche.

Le PICHOUX – Berne (BE) – 551 I5 – alt. 728 m – ✉ 2716 Sornetan 2 C3

Bern 74 – Delémont 19 – Biel 32 – Solothurn 52

La Couronne avec ch

– ✆ 032 484 91 28 – Fax 032 484 91 28 – fermé 18 décembre - 30 janvier, mardi soir et mercredi

5 ch – 75/90 CHF 116/150 CHF – **Rest** – *(nombre de couverts limité - prévenir)* Menu 60/84 CHF – Carte 49/93 CHF

◆ Bois et pierres apparentes président au décor rustique du restaurant, perché au point culminant de la pittoresque route du Pichoux. Petites chambres simples mais soignées.

PIETERLEN – Bern (BE) – 551 I6 – 3 282 Ew – Höhe 436 m – ✉ 2542 2 D3

Bern 59 – Basel 84 – Biel 8 – Delémont 54 – Solothurn 19

Klösterli mit Zim Zim, VISA

Bahnhofstr. 1 – ✆ 032 377 33 33 – rc.gastronomie@besonet.ch – Fax 032 377 33 63

14 Zim – 85/95 CHF 110/130 CHF

Rest – *(geschl. 23. Dezember - 6. Januar, 20. Juli - 3. August, Samstagmittag und Sonntag)* (30 CHF) Menü 60/115 CHF – Karte 55/110 CHF

Rest *Bistro* – *(geschl. 23. Dezember - 6. Januar, 20. Juli - 3. August, Samstagmittag und Sonntag)* (15 CHF) – Karte 35/92 CHF

◆ Das im Zentrum gelegene Haus beherbergt eine kleine A-la-carte-Stube in traditionellem Stil. An gut eingedeckten Tischen serviert man zeitgemässe Küche.

PIODINA – Ticino – 553 Q13 – vedere Brissago

PIOTTA – Ticino (TI) – 553 Q10 – alt. 1 010 m – ✉ 6776 9 G5

Bern 167 – Andermatt 34 – Bellinzona 53 – Brig 80

Motel Gottardo Sud senza rist VISA

Cioss Mezz 4 – ✆ 091 873 60 60 – info@gottardo-sud.ch – Fax 091 873 60 66

60 cam – 72/87 CHF 94/118 CHF, 16 CHF

◆ In ottima posizione, lungo la strada del Gottardo e a breve distanza dall'uscita autostradale, pratico hotel con camere moderne a prezzi molto concorrenziali.

PLAGNE – Berne (BE) – 551 I6 – 393 h. – alt. 869 m – ✉ 2536 2 **D3**

Bern 53 – Delémont 49 – Biel 10 – Solothurn 32

Au Vieux Grenier

– *032 358 15 30 – au.vieux.grenier@bluewin.ch – fermé Noël, 4 - 19 février, 8 - 23 septembre, lundi et mardi*

Rest – (16 CHF) – Carte 39/69 CHF

◆ Ce chalet surplombant le village distille une cordiale ambiance familiale. Vous dégusterez, dans un cadre agreste, des plats alliant la tradition au savoir-faire local.

PLAMBUIT – Vaud – 552 G11 – voir à Villars-sur-Ollon

PLANS-MAYENS – Valais – 552 I-J11 – voir à Crans-Montana

PLAUN DA LEJ – Graubünden – 553 W11 – siehe Sils Maria

PLEUJOUSE – Jura (JU) – 551 I4 – 80 h. – alt. 585 m – ✉ 2953 2 **C3**

Bern 98 – Delémont 21 – Basel 46 – Biel 55 – Porrentruy 12

Château de Pleujouse

18 le Château – 032 462 10 80 – le.chateau@bluewin.ch – Fax 032 462 10 84 – fermé 24 décembre - 9 janvier, 18 - 27 février, 17 - 27 mars, 30 juin - 9 juillet, 6 - 15 octobre, lundi et mardi

Rest – Menu 40/87 CHF – Carte 71/91 CHF

◆ Gastronomie au goût du jour dans un château fort datant du 10e s., perché sur un éperon rocheux. Restaurant d'été dans la cour, à l'ombre de la tour et d'un marronnier.

Le PONT – Vaud – 552 C9 – voir à Joux (Vallée de)

PONTE BROLLA – Ticino (TI) – 553 Q12 – alt. 258 m – ✉ 6652 Tegna 9 **G6**

Bern 243 – Locarno 5 – Bellinzona 25 – Lugano 49 – Verbania 42

Da Enzo

– *091 796 14 75 – Fax 091 796 13 92 – chiuso 6 gennaio - 27 febbraio, giovedì a mezzogiorno e mercoledì*

Rist – Menu 59 CHF (pranzo)/89 CHF – Carta 80/114 CHF

◆ Casa ticinese in sasso con una bella terrazza: accomodatevi ai tipici tavoli in granito coperti in parte da volte, in parte da alberi. Cucina attuale ed enoteca in cantina.

Centovalli con cam

– *091 796 14 44 – info@centovalli.com – Fax 091 796 31 59 – chiuso 23 dicembre - 27 febbraio*

10 cam – 110/165 CHF 140/195 CHF – **Rist** – *(chiuso lunedì e martedì)* Carta 45/81 CHF

◆ Due sale da pranzo rustico-moderne, una adibita anche a giardino d'inverno, vi danno il benvenuto per apprezzare una scelta piccola ma stuzzicante di proposte ticinesi.

PONTE CAPRIASCA – Ticino (TI) – 553 R13 – 1 478 ab. – alt. 453 m – ✉ 6946 10 **H6**

Bern 237 – Lugano 9 – Bellinzona 23 – Locarno 33

Del Cenacolo

via alla Chiesa – 091 945 14 76 – chiuso 27 novembre - 6 marzo, martedì e mercoledì

Rist – (17 CHF) Menu 58 CHF (cena) – Carta 48/91 CHF

◆ Accanto alla chiesa di S. Ambrogio, caratteristico ristorante ricavato da un edificio di origini trecentesche, composto da due raccolte salette e un piccolo spazio esterno.

PONT-LA-VILLE – Fribourg (FR) – 552 H9 – 459 h. – alt. 774 m – ✉ 1649 7 C5

Bern 52 – Fribourg 20 – Montreux 51 – Thun 82 – Yverdon-les-Bains 56

Du Golf de la Gruyère ← lac de la Gruyère et massif du Moléson,
1 rte du Château – ✆ 026 414 94 00 rest, P VISA MC AE D
– info@hotelgolfgruyere.ch – Fax 026 414 94 20 – fermé 17 décembre - 4 mars
12 ch – †160/180 CHF ††220/250 CHF, ☕ 15 CHF – **Rest** – *(fermé dimanche soir)* (28 CHF) Menu 46 CHF (déj.)/121 CHF – Carte 74/105 CHF

◆ Ce confortable "golf-hôtel" tapis dans une touffe de verdure domine le lac de la Gruyère. Chambres romantiques garnies de meubles de divers styles. Vue lacustre enchanteresse. Élégante table servant de la cuisine classique française actualisée.

PONTRESINA – Graubünden (GR) – 553 X10 – 2 191 Ew – Höhe 1 774 m – Wintersport : 1 805/2 262 m 2 – ✉ 7504 11 J5

Bern 334 – Sankt Moritz 9 – Chur 94 – Davos 66 – Merano 136

Pontresina Tourist Information Engadin-St. Moritz, Kongresszentrum Rondo, ✆ 081 838 83 00, info@pontresina.com, Fax 081 838 83 10

Engadin Golf Samedan, Nord: 6 km, ✆ 081 851 04 66 ;

Engadin Golf Zuoz-Madulain Zuoz, Nord: 18 km, ✆ 081 851 35 80

Lage★★

Belvedere di Chünetta★★★ Süd-Ost : 5 km – Diavolezza★★★ Süd-Ost : 10 km und Luftseilbahn – Muottas Muragl★★ Nord : 3 km und Standseilbahn – Piz Lagalb★★ Süd-Ost : 11 km und Luftseilbahn

Lokale Veranstaltungen : 01.03 : "chalandamarz" alter Frühlingsbrauch und Kinderfest

Grand Hotel Kronenhof ← Berge,
via maistra – ✆ 081 830 30 30 Rest, P VISA MC AE D
– info@kronenhof.com – Fax 081 830 30 31 – geschl. Anfang Oktober - Anfang Dezember und Anfang April - Mitte Juni
105 Zim ☕ – †290/415 CHF ††410/690 CHF – 7 Suiten – ½ P +35 CHF
Rest *Kronenstübli* – *(geschl. Sonntag und Montag von Januar bis März und von Mitte Juni bis Mitte September) (nur Abendessen)* Menü 85/170 CHF – Karte 86/144 CHF
Rest *Sonnenpavillon* – *(Konzept bei Redaktionsschluss noch nicht bekannt)*

◆ Das Grand Hotel neubarocker Prägung sticht jedem Besucher sofort ins Auge. Neben eleganten Salons mit schöner Deckenmalerei wartet man mit modern eingerichteten Zimmern auf. Kronenstübli mit schönem Holztäfer und kreativer Küche.

Walther ← Zim, Rest, P
via maistra – ✆ 081 839 36 36 – info@hotelwalther.ch – Fax 081 839 36 37 – geschl. Anfang Oktober - Mitte Dezember und 7. April - 12. Juni VISA MC AE D
70 Zim ☕ – †155/315 CHF ††300/615 CHF – ½ P +55 CHF
Rest *Stüva Bella* – Menü 85/95 CHF (abends) – Karte 75/129 CHF

◆ Eine grosszügige elegante Halle, geschmackvolle, komfortable Zimmer und ein neuzeitlicher Freizeitbereich erwarten Sie in diesem imposanten Gebäude. Klassisch-gediegenes Ambiente und kreative Küche in der Stüva Bella.

Saratz ← Zim, Zim, Rest,
via maistra – ✆ 081 839 40 00 – info@saratz.ch – Fax 081 839 40 40 – geschl. 6. April - 6. Juni P P VISA MC AE D
93 Zim ☕ – †224/387 CHF ††300/500 CHF – ½ P +62 CHF
Rest – *(nur Abendessen)* Menü 99 CHF – Karte 56/110 CHF
Rest *Pitschna Scena* – (22 CHF) – Karte 41/84 CHF

◆ Ein wirklich besonderes Haus mit wechselnden Kunstausstellungen. Die Designerzimmer sind modernst gestaltet, die im Altbau versprühen eigenen Charme, teils mit Parkett. Holzfussboden und hohe Decken geben dem Speisesaal einen klassischen Anstrich.

Allegra garni ← P VISA MC AE
via maistra 81 – ✆ 081 838 99 00 – info@allegrahotel.ch – Fax 081 838 99 99 – geschl. Mitte Oktober - Anfang Dezember und 13. April - 7. Juni
52 Zim ☕ – †140/245 CHF ††190/330 CHF

◆ Nach Feng-Shui-Richtlinien gestaltete Zimmer mit unverbauter Sicht sprechen für dieses Haus. Open-end-Frühstück und direkter, freier Zugang zum öffentlichen Hallenbad.

Schweizerhof Zim, Rest, VISA MC AE

via maistra – ✆ 081 839 34 34 – hotel@schweizerhofpontresina.ch – Fax 081 839 34 35 – geschl. Mitte Oktober - Anfang Dezember und 6. April - 13. Juni

69 Zim – †145/345 CHF ††250/440 CHF – ½ P +50 CHF – **Rest** – *(geschl. Montagmittag und Dienstagmittag im Juni, September und Oktober)* (34 CHF) Menü 53 CHF – Karte 53/96 CHF

◆ Das Gebäude liegt im Ortszentrum an der Hauptstrasse. Die Zimmer sind bei guter Grösse unterschiedlich ausgestattet, die Mehrzahl modern, meist auch mit Balkon. Speisesaal mit Wintergarten und Terrasse sowie rustikales A-la-carte-Restaurant.

Rosatsch und Residence Zim, VISA MC AE

via maistra 71 – ✆ 081 838 98 00 – hotelrosatschpontresina@bluewin.ch – Fax 081 842 77 78 – geschl. Mitte Oktober - Anfang Dezember und 14. April - 10. Juni

81 Zim – †119/152 CHF ††170/340 CHF – 8 Suiten – ½ P +30 CHF

Rest *Bündnerstube* – (19,50 CHF) Menü 25 CHF (mittags)/49 CHF – Karte 40/80 CHF

Rest *Romana* – Karte 34/65 CHF

◆ Die Zimmer des Haupthauses sind modern und hell mit Arvenholz gestaltet, in dem durch Garten und Wellnessbereich getrennten Annex sind sie älter, jedoch sehr gross. Regionale Spezialitäten bietet die Bündnerstube.

Müller Rest, P VISA MC AE

via maistra 100 – ✆ 081 839 30 00 – info@hotel-mueller.ch – Fax 081 839 30 30 – geschl. Ende Oktober - Mitte Dezember und 28. März - 7. Juni

14 Zim – †120/150 CHF ††200/290 CHF – 5 Suiten – ½ P +38 CHF – **Rest** – (18 CHF) Menü 51/69 CHF – Karte 46/96 CHF

◆ Das hübsche traditionsreiche Haus liegt im Zentrum und verfügt über wohnliche, in klaren Linien und hellen Tönen gehaltene Zimmer mit gutem Platzangebot. Viel Holz verleiht dem modern gestalteten Restaurant eine warme Atmosphäre. Italienische Küche.

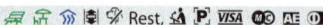

Sporthotel Rest, P VISA MC AE

via maistra – ✆ 081 838 94 00 – info@sporthotel.ch – Fax 081 838 94 01 – Hotel: geschl. Mitte Oktober - Anfang Dezember und 14. April - 6. Juni

83 Zim – †105/160 CHF ††190/340 CHF – ½ P +35 CHF

Rest *Sport-Stübli* – *(geschl. Samstag und Sonntag von Mitte Oktober bis Anfang Dezember und vom 14. April bis 6. Juni)* (21 CHF) Menü 43 CHF (abends) – Karte 35/107 CHF

◆ Die Zimmer dieses Hotels sind hell und wohnlich mit Arvenholz-Mobiliar eingerichtet. Auf dem Dach befindet sich ein Saunabereich mit Terrasse. Sportstübli und Gartenrestaurant mit traditioneller Karte.

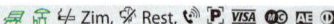

Steinbock Zim, Rest, P VISA MC AE

via maistra – ✆ 081 839 36 26 – info@steinbock-pontresina.ch – Fax 081 839 36 27

32 Zim – †130/170 CHF ††200/360 CHF – ½ P +35 CHF

Rest *Colani Stübli* – *(geschl. Mittwoch - Donnerstag im November)* (29 CHF) Menü 52 CHF (abends) – Karte 44/98 CHF

◆ In dieser ehemaligen Postkutschen-Umspannstation wohnt man in rustikalen Arvenholzzimmern. Die Nutzung der Infrastruktur des Hotel Walther ist während der Saison gratis. Colani Stübli: hell, frisch und typisch für die Region.

Albris Rest, P VISA MC

via maistra – ✆ 081 838 80 40 – hotel@albris.ch – Fax 081 838 80 50 – geschl. Mitte Oktober - Anfang Dezember und 4. April - 5. Juni

33 Zim – †125/155 CHF ††190/300 CHF – ½ P +35 CHF

Rest *Kochendörfer* – (38 CHF) Menü 52 CHF – Karte 48/111 CHF

◆ Am Ende des Ortes liegt dieses familiär geführte Haus, das seinen Gästen einheitliche, mit hellem Arvenholz wohnlich gestaltete Zimmer bietet. Im Restaurant bietet man traditionelle Küche - Spezialität sind Fischgerichte.

Post

via maistra 74 – 081 838 93 00 – info@hotelpost-pontresina.ch – Fax 081 838 93 01 – geschl. 12. April - 12. Juni

37 Zim – 95/130 CHF 180/250 CHF – ½ P +35 CHF – **Rest** – *(geschl. Sonntag und Montag im November)* (20 CHF) – Karte 33/84 CHF

◆ Man hat die Wahl zwischen einfachen Zimmern mit dunkler Einrichtung, komfortableren mit Massivholz oder rustikalen mit Arvenholz. Die Räume mit Südbalkon haben schöne Sicht. Restaurant mit traditioneller Küche.

Bernina

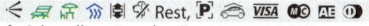

Rest,

via maistra – 081 838 86 86 – info@hotelbernina.ch – Fax 081 838 86 87 – geschl. Mitte Oktober - Mitte Dezember und 7. April - 9. Juni

41 Zim – 95/140 CHF 180/260 CHF – ½ P +30 CHF – **Rest** – (21 CHF) Menü 46 CHF (abends) – Karte 41/77 CHF

◆ An der Hauptstrasse liegt dieses Hotel, dessen Zimmer teilweise oder komplett renoviert wurden und mit rustikalen Einrichtungselementen ausstaffiert sind. Einfache Gaststube und helles, rustikales Stübli.

Chesa Mulin garni

via mulin – 081 838 82 00 – info@chesa-mulin.ch – Fax 081 838 82 30 – geschl. Mitte Oktober - Mitte Dezember und 6. April - 30. Mai

30 Zim – 105/145 CHF 180/260 CHF

◆ Mit netter Atmosphäre und wohnlichen, in hellem Holz möblierten Zimmern ist dieses Haus dem ländlichen Charakter der Gegend angepasst. In der Nähe: Loipen, Bus und Skilift.

Süd-Ost

Morteratsch

Rest, Rest,

5 km Richtung Berninapass – 081 842 63 13 – mail@morteratsch.ch – Fax 081 842 72 58 – geschl. Mitte Oktober - Anfang Dezember und 20. April - 30. Mai

16 Zim – 106/126 CHF 172/217 CHF – ½ P +41 CHF – **Rest** – (24 CHF) – Karte 53/85 CHF

◆ Das Haus liegt einsam am Ende des Tales unterhalb des zurückweichenden gleichnamigen Gletschers. Von den einfach eingerichteten Zimmern geniesst man die Sicht auf die Berge. Im Restaurant kann man die vorbeifahrenden Züge des Bernina Express beobachten.

Gasthaus Berninahaus

7,5 km Richtung Berninapass – 081 842 64 05 – berggasthaus@berninahaus.ch – Fax 081 842 79 49 – geschl. 1. Mai - 8. Juni und Mitte Oktober - 30. November

21 Zim – 78/107 CHF 136/194 CHF – ½ P +31 CHF –
Rest – Karte 39/80 CHF

◆ Schön liegt das familiär geführte traditionelle Engadiner Haus a. d. 16. Jh. in 2000 m Höhe. Die Zimmer sind sehr nett im regionstypischen Stil eingerichtet. Gemütlich sind die ganz in Holz gehaltenen Gaststuben.

PORRENTRUY – Jura (JU) – 551 H4 – 6 753 h. – alt. 423 m – ✉ 2900 2 C3

Bern 102 – Delémont 28 – Basel 56 – Belfort 37 – La Chaux-de-Fonds 64 – Solothurn 62

Jura Tourisme, 5 Grand'Rue, 032 420 47 72, porrentruy@juratourisme.ch, Fax 032 420 47 82

La Largue Mooslargue (France), Nord-Est: 21 km, (0033) 389 07 67 67

Bellevue

46 rte de Belfort – 032 466 55 44 – bellevue-porrentruy@bluewin.ch – Fax 032 466 71 91

10 ch – 98 CHF 165 CHF – ½ P +25 CHF

Rest – *(fermé 21 décembre - 6 janvier)* Menu 38 CHF – Carte 54/98 CHF

Rest *Brasserie* – *(fermé 21 décembre - 6 janvier)* (19 CHF) Menu 38 CHF – Carte 39/82 CHF

◆ Aux portes du bourg, construction basse dont le toit plat abrite des chambres contemporaines d'un bon niveau de confort. Brasserie servant des préparations simples.

PORTO RONCO – Ticino (TI) – **553** Q12 – **alt. 205 m** – ✉ **6613** 9 **G6**

Bern 244 – Locarno 8 – Bellinzona 28 – Lugano 51

San Martino con cam — Lago Maggiore, rist.

via Cantonale 47 – ✆ 091 791 91 96 – info@san-martino.ch – Fax 091 791 93 35 – chiuso 7 gennaio - 6 febbraio, 5 - 19 novembre, giovedì a mezzogiorno, martedì da novembre a febbraio e mercoledì

5 cam – 120/155 CHF 150/185 CHF – ½ P +50 CHF – **Rist** – Carta 59/95 CHF

◆ Di fronte all'isola di Brissago, si gode di una vista incantevole dalla veranda-terrazza di questo curato ristorantino ricco di fascino. Direttamente a bordo lago.

POSCHIAVO – Grigioni (GR) – **553** Y11 – **3 225 ab.** – **alt. 1 014 m** – ✉ **7742** 11 **K5**

Bern 366 – Sankt Moritz 40 – Chur 126 – Davos 99 – Merano 143 – Sondrio 40

Ente Turistico Valposchiavo, Plaza, ✆ 081 844 05 71, info@valposchiavo.ch, Fax 081 844 10 27

Alp Grüm★★★ Nord : 18 km e treno

Suisse — rist.

via da Mez – ✆ 081 844 07 88 – hotel@suisse-poschiavo.ch – Fax 081 844 19 67 – chiuso 30 ottobre - 15 dicembre

25 cam – 83/112 CHF 130/198 CHF – ½ P +30 CHF – **Rist** – Carta 43/80 CHF

◆ In centro paese, albergo con camere moderne: risorsa ideale per soggiorni di sport o di relax a contatto con le bellezze naturalistiche della vallata. Vivaci colori e gustosi piatti fedeli alla tradizione nella luminosa sala da pranzo.

La guida vive con voi: parlateci delle vostre esperienze.
Comunicateci le vostre scoperte più piacevoli e le vostre delusioni.
Buone o cattive sorprese? Scriveteci!

PRAGG-JENAZ – Graubünden (GR) – **553** W8 – **Höhe 719 m** – ✉ **7231** 5 **J4**

Bern 241 – Chur 31 – Bad Ragaz 22 – Davos 30

Sommerfeld mit Zim

Hauptstr. 264, (beim Bahnhof) – ✆ 081 332 13 12 – info@sommerfeld.ch – Fax 081 332 26 06 – geschl. Mitte April - Anfang Mai und 4. - 22. Oktober

18 Zim – 75/95 CHF 120/160 CHF – ½ P +25 CHF – **Rest** – *(geschl. Dienstag und Mittwoch)* (17 CHF) Menü 58/119 CHF – Karte 42/106 CHF

◆ In diesem Landgasthof wird in ländlich-rustikalem Ambiente regionale Küche mit kreativen Elementen serviert. Grosser begehbarer Weinkeller. Einfache Gästezimmer.

PRANGINS – Vaud – **552** C10 – voir à Nyon

PRATTELN – Basel-Landschaft (BL) – **551** L4 – **14 904 Ew** – **Höhe 290 m** – ✉ **4133** 3 **E2**

Bern 89 – Basel 12 – Baden 57 – Lörrach 19 – Olten 46

Höfli

Schauenburgerstr. 1 – ✆ 061 821 32 40 – rest@hoefli.ch – Fax 061 821 32 48 – geschl. 11. - 24. Februar, Sonntag und Montag

Rest – (25 CHF) Menü 47 CHF (mittags)/88 CHF – Karte 66/97 CHF

◆ Das nicht nur äusserlich, sondern auch mit seiner gemütlich-rustikalen Inneneinrichtung ansprechende Haus empfängt die Gäste mit zeitgemässer Karte in zwei kleinen Stuben.

PREDA – Graubünden – **553** W10 – siehe Bergün

Les PRÉS-D'ORVIN – Berne – **551** H6 – voir à Orvin

Le PRESE – Grigioni (GR) – **553** Y12 – **alt. 965 m** – ✉ **7746** 11 **K5**

Bern 371 – Sankt Moritz 45 – Chur 131 – Davos 103 – Merano 147 – Sondrio 36

Le Prese rist, VISA MC AE

– *081 844 03 33 – info@hotelleprese.com – Fax 081 844 08 35 – chiuso metà ottobre - metà maggio*
28 cam – 135/185 CHF 241/335 CHF – ½ P +45 CHF – **Rist** – Menu 65 CHF (cena) – Carta 54/97 CHF
♦ D'estate godetevi il parco ombreggiato ai bordi del lago, in un'atmosfera distesa che si prolunga nei saloni su, su fino alle ospitali camere. Scegliete tra la graziosa sala da pranzo o la riva del lago per delle proposte culinarie classiche.

La Romantica rist, VISA MC AE

– *081 844 03 83 – welcome@laromantica.ch – Fax 081 844 10 33 – chiuso fine ottobre - fine marzo*
25 cam – 80/100 CHF 110/160 CHF – ½ P +32 CHF
Rist *Giardino* – Menu 38/45 CHF (cena) – Carta 45/73 CHF
♦ Recentemente rinnovato nelle camere, aggraziate con dettagli di pregio e d'originalità, l'hotel mette a disposizione degli ospiti un noleggio barche per la pesca sportiva. Sala ristorante con una grande veranda affacciata sul giardino.

a Miralago Sud-Est : 3 km – alt. 965 m – ✉ 7743 Miralago

Miralago cam, VISA MC

– *081 839 20 00 – info@miralago.ch – Fax 081 839 20 01 – chiuso metà ottobre - metà dicembre, 2 gennaio - 2 febbraio e martedì-mercoledì in inverno ed a Pasqua*
9 cam – 80/140 CHF 140/220 CHF – ½ P +35 CHF – **Rist** – *(prenotare)* Menu 35 CHF – Carta 41/86 CHF
♦ In posizione gradevolissima, sorge questa costruzione restaurata in uno stile attuale. Graziose camere tutte personalizzate. Alla calda atmosfera della sala in legno, preferite in estate il fresco sasso del grottino a volte.

PRÉVERENGES – Vaud (VD) – **552** D10 – **4 078 h.** – **alt. 411 m** – ✉ **1028** 6 **B5**

Bern 110 – Lausanne 10 – Genève 54 – Montreux 46 – Pontarlier 70

La Plage avec ch ch, VISA MC AE

5 av. de la Plage – 021 803 07 93 – info@hotel-laplage.ch – Fax 021 801 25 35 – fermé fin octobre - fin mars
9 ch – 145 CHF 195 CHF – ½ P +35 CHF – **Rest** – (17 CHF) Menu 59 CHF (déj.)/98 CHF – Carte 83/138 CHF
♦ Sur la promenade du lac, établissement composé d'un café, d'une salle de restaurant bourgeoise et d'une terrasse. Recettes au goût du jour. Chambres fraîches et nettes.

PULLY – Vaud – **552** E10 – voir à Lausanne

La PUNT-CHAMUES-CH. – Graubünden (GR) – **553** X10 – **660 Ew** – **Höhe 1 697 m** – ✉ **7522** 11 **J5**

Bern 318 – Sankt Moritz 14 – Chur 77 – Davos 53 – Scuol 48

Gasthaus Krone Rest, Rest, VISA MC AE

– *081 854 12 69 – info@krone-la-punt.ch – Fax 081 854 35 48*
14 Zim – 105/155 CHF 180/220 CHF – **Rest** – *(geschl. Montag und Dienstag in Zwischensaison)* (38 CHF) Menü 65 CHF (abends) – Karte 51/124 CHF
♦ Das aus dem Jahre 1565 stammende Haus ist ein kleines Hotel, das mit ganz modern und geradlinig eingerichteten Zimmern gefällt. In gemütlichen rustikalen Restaurantstuben bietet man zeitgemässe und regionale Speisen aus frischen Produkten.

Chesa Plaz garni MC

Dorfplatz 85 – 081 851 21 00 – info@chesa-plaz.ch – Fax 081 851 21 13 – geschl. 8. Dezember - 20. April und 7. Juni - 27. Oktober
13 Zim – 100/120 CHF 180/260 CHF
♦ Das schöne Engadiner Bauernhaus liegt ruhig an einem Bach. Neben zeitgemässen Zimmern prägen Kreuzgewölbe, Sichtbalken und historische Türen den Charakter des Hauses.

Bumanns Chesa Pirani

Hauptstrasse – ✆ 081 854 25 15 – bumann@chesapirani.ch – Fax 081 854 25 57 – geschl. Mitte Oktober - Anfang Dezember, 25. März - 5. Juni und Sonntag - Montag (ausser Hochsaison)

Rest – *(Tischbestellung ratsam)* Menü 88 CHF (mittags)/208 CHF – Karte 75/150 CHF

Spez. Menü mit Schweizer Safran aus Mund im Wallis. Forelle, Saibling, Aesche aus dem Inn (Sommer). Wild aus Engadiner Jagd (Herbst).

♦ Elegant-rustikal sind die Engadiner Stuben in dem Patrizierhaus a. d. 18. Jh. Das Restaurant bietet eine zeitgemässe, puristische Küche, die von den Jahreszeiten geprägt ist.

RAPPERSWIL – Sankt Gallen (SG) – 551 R6 – 7 421 Ew – Höhe 409 m – ✉ 8640 4 G3

Bern 161 – Zürich 39 – Sankt Gallen 73 – Schwyz 34 – Winterthur 48

Tourist Information Rapperswil-Jona, Fischmarktplatz 1, ✆ 055 220 57 57, information@rapperswil.jona.ch, Fax 055 220 57 50.

Nuolen Wangen, Süd-Ost: 18 km Richtung Pfäffikon-Lachen-Nuolen, ✆ 055 450 57 60

Lokale Veranstaltungen : 27.06 - 29.06 : Blues'n Jazz

Schwanen ← Zürichsee,

Seequai 1 – ✆ 055 220 85 00 – reservation@schwanen.ch – Fax 055 210 77 77

25 Zim – †185/255 CHF ††280/320 CHF, ☕ 28 CHF – ½ P +75 CHF

Rest *Le Jardin* – *(geschl. 7. - 31. Januar)* Menü 47 CHF (mittags) – Karte 57/129 CHF

Rest *Schwanen Bar* – *(geschl. Februar 2 Wochen) (nur Abendessen ausser Mai - Oktober)* Karte 48/115 CHF

♦ Das Hotel liegt in der schönen Häuserzeile an der Seepromenade. In Zimmern mit moderner Designer-Einrichtung geniesst man die wunderbare Sicht. Le Jardin mit klassischer Küche. Schwanen Bar am Abend mit Live-Pianomusik. Schwerpunkt der Karte sind Grilladen.

Hirschen garni

Fischmarktplatz 7 – ✆ 055 220 61 80 – sleep@hirschen-rapperswil.ch – Fax 055 220 61 81 – geschl. 20. Dezember - 5. Januar

14 Zim ☕ – †139/155 CHF ††195/215 CHF

♦ Das kleine Hotel nahe dem Fischmarktplatz und dem See bietet romantische, individuell und mit Geschmack eingerichtete Zimmer. Alles andere als ein nüchternes Geschäftshotel!

Speer Zim,

Untere Bahnhofstr. 5 – ✆ 055 220 89 00 – info@hotel-speer.ch – Fax 055 220 89 89

56 Zim ☕ – †145/195 CHF ††190/250 CHF – ½ P +35 CHF – **Rest** – Menü 38 CHF (mittags)/80 CHF – Karte 47/89 CHF

♦ In dem zentral gegenüber dem Bahnhof gelegenen Hotel erwarten Sie ein neuzeitlich gestalteter Empfangsbereich und zeitgemässe, funktionelle Gästezimmer. Euro-asiatische Küche im Restaurant Sayori mit integrierter Sushi-Bar.

Jakob Zim,

Hauptplatz 11 – ✆ 055 220 00 50 – info@jakob-hotel.ch – Fax 055 220 00 55

20 Zim ☕ – †106/131 CHF ††153/173 CHF – ½ P +25 CHF – **Rest** – *(geschl. Januar und Montag)* (19,50 CHF) – Karte 48/75 CHF

♦ In zentraler Lage etwas unterhalb des Schlosses befindet sich dieses Hotel mit hell eingerichteten und zeitgemäss dekorierten Gästezimmern. Das moderne Restaurant im Bistrostil hat eine Terrasse zum autofreien Hauptplatz.

Falkenburg

Hauptplatz 4 – ✆ 055 214 11 22 – info@falkenburg-rapperswil.ch – geschl. 27. Juli - 17. August, Samstagmittag, Sonn- und Feiertage

Rest – Menü 88 CHF (abends) – Karte 80/121 CHF

♦ In diesem modern eingerichteten Restaurant bietet der ambitionierte Chef zeitgemässe Speisen, die auch auf der netten Terrasse am schönen Hauptplatz serviert werden.

XX **Villa Aurum**

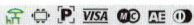

Alte Jonastr. 23 – ✆ 055 220 72 82 – info@villaaurum.ch – Fax 055 220 72 89 – geschl. 10. - 29. Februar, 20. Juli - 12. August, Sonntag und Montag
Rest – *(Tischbestellung ratsam)* Menü 57 CHF (mittags)/92 CHF – Karte 68/107 CHF
◆ Eine komplett umgebaute Herrschaftsvilla beherbergt vier helle, moderne Restauranträume. Hier wie auch auf der ruhigen Gartenterrasse serviert man zeitgemässe Küche.

XX **Schloss Restaurant**

Lindenhügel, (im Schloss Rapperswil) – ✆ 055 210 18 28 – schloss-restaurant@bluewin.ch – Fax 055 210 90 49 – geschl. 4. - 29. Februar und Montag
Rest – (24 CHF) Menü 85/96 CHF – Karte 88/99 CHF
◆ Die Kombination von Tradition mit Design macht den Charme des modern gestylten Restaurants in den meterdicken Mauern des Schlosses a. d. 13. Jh. aus. Schöne Innenhofterrasse.

X **Thai Orchid**

Engelplatz 4 – ✆ 055 210 91 91 – thaiorchid@hispeed.ch – Fax 055 210 02 21 – geschl. 24. Dezember - 7. Januar und 21. Juli - 10. August
Rest – Menü 19 CHF (mittags Buffet) – Karte 43/101 CHF
◆ Gerichte der thailändischen Küche serviert man den Gästen in dem kleinen Restaurant in der Altstadt. Baststühle und folkloristische Elemente prägen die Einrichtung.

X **Rössli**

Hauptplatz 5 – ✆ 055 211 13 45 – info@feinegastro.ch – Fax 055 211 13 69 – geschl. 4. - 10. Februar, 2. - 9. November, Sonntag ausser mittags von April bis September
Rest – (23 CHF) – Karte 56/92 CHF
◆ Inmitten der Stadt, am Hauptplatz, liegt dieses unterteilte Lokal in einem alten Gewölbekeller mit einem modernen Bistro-Bereich. Zeitgemässe Küche. Terrasse zum Platz.

in Jona Ost : 1 km – Höhe 433 m – ✉ 8645 Jona

XX **Frohberg** mit Zim — < Rapperswil und Zürichsee, Rest,

Frohbergstr. 65, Richtung Rüti – ✆ 055 210 72 27 – info@frohberg.ch – Fax 055 210 53 15 – geschl. 27. Dezember - 17. Januar und Dienstag
10 Zim – †115/135 CHF ††190/200 CHF – **Rest** – (30 CHF) Menü 46 CHF (mittags)/85 CHF – Karte 55/117 CHF
◆ Etwas ausserhalb auf einer Anhöhe liegend, bietet das Frohberg eine schöne Sicht auf Rapperswil und das Umland, vor allem von der Terrasse, aber auch vom Wintergarten aus.

in Kempraten Nord : 1 km Richtung Rüti – Höhe 412 m – ✉ 8640 Kempraten

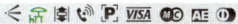

XX **Weinhalde** mit Zim

Rebhalde 9 – ✆ 055 210 66 33 – info@weinhalde.ch – Fax 055 211 17 72 – geschl. Ende Januar - Anfang Februar
12 Zim – †95/130 CHF ††200/220 CHF – **Rest** – (17 CHF) Menü 48 CHF (mittags)/86 CHF – Karte 46/89 CHF
◆ In einem der verschiedenen Gasträume sowie auf der Terrasse reicht man eine Karte mit zeitgemässen Gerichten. Ruhige, modern ausgestattete Zimmer erwarten den Gast.

Les RASSES – Vaud – 552 D8 – voir à Sainte-Croix

RAVAISCH – Graubünden – 553 AA8 – siehe Samnaun

REALP – Uri (UR) – 551 P10 – Höhe 1 538 m – ✉ 6491

Bern 145 – Altdorf 42 – Andermatt 9 – Bellinzona 91 – Interlaken 90
Realp - Oberwald, Information, ✆ 027 927 76 76

RECKINGEN – Wallis (VS) – 552 N10 – 356 Ew – Höhe 1 315 m – ✉ 3998 — 8 F5

Bern 141 – Andermatt 50 – Brig 30 – Interlaken 85 – Sion 82
Tourismusbüro Reckingen-Gluringen, ✆ 027 973 33 44, tourismus@reckingen-gluringen.ch, Fax 027 973 33 45

Blinnenhorn Rest,
Furkastrasse – 027 974 25 60 – blinnenhorn@rhone.ch – Fax 027 974 25 65 – geschl. 5. - 25. Dezember und 20. März - 15. Mai
17 Zim – 78/93 CHF 136/166 CHF – ½ P +30 CHF – **Rest** – (18 CHF) – Karte 31/71 CHF
◆ Hinter der regionstypischen Holzfassade mit Südbalkonen befinden sich helle Zimmer, die mit rustikalen Masssivholzmöbeln wohnlich ausgestattet sind. Im Stil einer einfachen Gaststube zeigt sich das Restaurant des Hauses.

Joopi
Bahnhofstrasse – 027 974 15 50 – info@joopi.ch – Fax 027 974 15 55 – geschl. Ende Oktober - Mitte Dezember und Ende April - Anfang Juni
20 Zim – 65/80 CHF 120/160 CHF – ½ P +28 CHF – **Rest** – (26 CHF) – Karte 31/68 CHF
◆ Das im alten Dorfteil, in Bahnhofsnähe gelegene schöne Holzhaus wird freundlich von der Inhaberfamilie geführt und bietet rustikal eingerichtete Gästezimmer. Zum Restaurant gehört eine nette Terrasse.

REGENSDORF – Zürich (ZH) – 551 P4 – 15 098 Ew – Höhe 443 m – 8105 4 F2

Bern 121 – Zürich 19 – Baden 22 – Luzern 61 – Schaffhausen 56 – Winterthur 31

Mövenpick Zim,
Zentrum – 044 871 51 11 – hotel.regensdorf@moevenpick.com – Fax 044 871 50 11
150 Zim – 155/395 CHF 155/395 CHF, 25 CHF – **Rest** – (18 CHF) – Karte 40/101 CHF
◆ Der grosse Gebäudekomplex im Stadtzentrum bietet meist modern eingerichtete Zimmer mit guter technischer Ausstattung. Zugang zum Migros-Fitness-Park. Hotelrestaurant in neuzeitlichem Stil.

Trend Rest, Zim,
Eichwatt 19 – 044 870 88 88 – info@trend-hotel.ch – Fax 044 870 88 99 – geschl. Weihnachten und 21. - 24. April
59 Zim – 142/215 CHF 165/250 CHF, 26 CHF – 8 Suiten – **Rest** – (20 CHF) Menü 39 CHF (mittags Buffet)/60 CHF (Buffet) – Karte 44/103 CHF
◆ Das Hotel ist in einem neuzeitlichen Geschäftshaus in verkehrsgünstiger Lage nahe der Autobahnausfahrt untergebracht. Modern ausgestattete Zimmer stehen bereit. In drei Restaurants bietet man überwiegend traditionelle Küche.

Hirschen Zim, Rest,
Watterstr. 9 – 044 843 22 22 – info@hirschen-regensdorf.ch – Fax 044 843 22 33 – geschl. 27. Dezember - 3. Januar
30 Zim – 132/152 CHF 196/200 CHF – **Rest** – *(geschl. Samstagmittag)* (19 CHF) Menü 45 CHF (mittags) – Karte 37/91 CHF
◆ In diesem gepflegten Gasthof wohnt man in modernen Zimmern unterschiedlicher Grösse, die mit hellen, gebleichten Holzmöbeln zweckmässig eingerichtet sind. Gemütliche, lebendige Gaststube und rustikales, geschmackvoll dekoriertes Restaurant.

REHETOBEL – Appenzell Ausserrhoden (AR) – 551 V5 – 1 742 Ew – Höhe 958 m – 9038 5 I2

Bern 218 – Sankt Gallen 13 – Appenzell 27 – Bregenz 28 – Konstanz 48

Zum Gupf (Walter Klose) mit Zim Zim,
Gupf 20, (auf dem Bergrücken), Nord-Ost : 2 km – 071 877 11 10 – info@gupf.ch – Fax 071 877 15 10 – geschl. Februar, 25. August - 10. September, Montag und Dienstag
8 Zim – 180 CHF 240 CHF – **Rest** – *(Tischbestellung ratsam)* (28 CHF) Menü 68 CHF (mittags)/119 CHF – Karte 56/125 CHF
Spez. Gupf-Spanferkel knusprig im Ofen gebraten. Währschaftes Schweinekotelett vom eigenen Hof. Hummer in 3 Gängen serviert.
◆ Einen der modernsten und bestbestückten Weinkeller der Schweiz finden Sie in dem Restaurant mit freundlichem Service und geschmackvoller klassischer Küche mit regionalen Akzenten. Wohnliche Gästezimmer stehen zur Verfügung.

REICHENAU-TAMINS – Graubünden – 551 U8 – siehe Tamins

REICHENBACH – Bern (BE) – 551 K9 – 3 325 Ew – Höhe 706 m – ✉ 3713 8 E5

Bern 47 – Interlaken 26 – Gstaad 58 – Kandersteg 19

Bären mit Zim
Dorfplatz – ✆ 033 676 12 51 – baeren.reichenbach@bluewin.ch – Fax 033 676 27 44 – geschl. 30. Juni - 23. Juli, 19. - 28. November, Montag und Dienstag
3 Zim – 90 CHF 160 CHF – **Rest** – (19 CHF) – Karte 40/109 CHF
◆ Die schönen Stuben des alten Berner Hauses aus dem 16. Jh. sind behaglich-ländlich eingerichtet. Hier geniesst man traditionelle, sorgfältig zubereitete Mahlzeiten.

REIDEN – Luzern (LU) – 551 M5 – 4 090 Ew – Höhe 458 m – ✉ 6260 3 E3

Bern 75 – Aarau 28 – Baden 48 – Luzern 40 – Olten 17

Lerchenhof
Wiggermatte 2, (Mehlsecken) – ✆ 062 758 12 22 – lerchenhof@bluewin.ch – Fax 062 758 15 83 – geschl. 25. Dezember - 3. Januar, 28. Januar - 5. Februar, 21. Juli - 6. August, Montag und Dienstag
Rest – (19,50 CHF) – Karte 41/80 CHF
◆ Nicht weit von der Autobahn liegt das traditionelle Restaurant, in dem der Gast zwischen einer einfachen Gaststube und einem gediegenen Grillraum wählen kann.

in Wikon Nord : 2 km – Höhe 463 m – ✉ 4806 Wikon

Schlossberg
Dorfstr. 17 – ✆ 062 752 11 10 – info@schlossberg-wikon.ch – Fax 062 752 49 24 – geschl. Februar 3 Wochen, Mitte September 1 Woche, Samstagmittag, Sonntagabend und Montag
Rest – (17 CHF) Menü 51 CHF (mittags)/80 CHF – Karte 49/102 CHF
◆ In einem schon äusserlich ansprechenden 350 Jahre alten Wirtshaus befindet sich dieses Restaurant. Das Angebot orientiert sich an der italienischen Herkunft des Chefs.

Bahnhöfli
Bahnhofstr. 44, (im Ortsteil Brittnau) – ✆ 062 751 03 13 – rest_bahnhoefli@bluewin.ch – Fax 062 751 33 45 – geschl. 1. - 7. Januar und 23. Februar - 3. März
Rest – (18 CHF) Menü 53/93 CHF – Karte 57/102 CHF
◆ Gegenüber dem kleinen Bahnhof gelegenes freundliches Restaurant, in dem man Ihnen in verschiedenen Stuben saisonale Gerichte als Tagesempfehlungen oder à la carte serviert.

RHEINAU – Zürich (ZH) – 551 Q3 – 1 645 Ew – Höhe 372 m – ✉ 8462 4 G2

Bern 160 – Zürich 43 – Baden 60 – Schaffhausen 9 – Winterthur 25

Hirschen
Sandackerstr. 1 – ✆ 052 319 12 62 – daniel_bucher@freesurf.ch – Fax 052 319 41 85 – geschl. 25. Februar - 11. März, 20. Oktober - 11. November, Montag und Dienstag
Rest – (32 CHF) Menü 47 CHF (mittags)/85 CHF – Karte 51/107 CHF
◆ Am Grenzübergang nach Deutschland gelegener Gasthof mit einer besonders auf Fisch ausgelegten Karte. Schön ist die Terrasse direkt am Rhein unter schattenspendenden Bäumen.

RHEINFELDEN – Aargau (AG) – 551 L4 – 10 673 Ew – Höhe 285 m – Kurort – ✉ 4310 3 E2

Bern 93 – Basel 21 – Aarau 37 – Baden 46

Tourismus Rheinfelden im Stadtbüro, Marktgasse 16, ✆ 061 833 05 25, tourismus@rheinfelden.ch, Fax 061 833 05 29

Rheinfelden, ✆ 061 833 94 07

Park-Hotel am Rhein Zim, Zim, VISA AE
Roberstenstr. 31 – 061 836 66 33
– park-hotel@kurzentrum.ch – Fax 061 836 66 34
45 Zim – 170/205 CHF 305/340 CHF – ½ P +40 CHF
Rest *Bellerive* – *(geschl. bis Juni wegen Umbau)* Menü 41 CHF (mittags)/66 CHF – Karte 52/100 CHF
Rest *Park-Café* – (20 CHF) – Karte 32/88 CHF
◆ Die Einrichtungen des mit dem Hotel verbundenen Kurzentrums stehen teils gratis zur Verfügung. Auch die unterschiedlich möblierten Zimmer tragen zur Erholung des Gastes bei. Im Restaurant Bellerive geniesst man beim Essen den Blick in den herrlichen Park.

Schützen Zim, VISA AE
Bahnhofstr. 19 – 061 836 25 25 – willkommen@hotelschuetzen.ch
– Fax 061 836 25 36
35 Zim – 109/145 CHF 146/195 CHF – ½ P +36 CHF
Rest *Farfallina* – *(geschl. 21. Dezember - 2. Januar)* (21 CHF) Menü 28 CHF (mittags) – Karte 48/90 CHF
◆ Ein klassisches Gebäude der Jahrhundertwende ist das Haus, das mit seinen modernen und funktionellen Zimmern und einem kleinen öffentlichen Kellertheater überzeugt. Das Farfallina wurde hell und neuzeitlich gestaltet, mit grossen Fenstern zum Garten hin.

Schiff am Rhein Rest, Zim, VISA AE
Marktgasse 58 – 061 836 22 22 – info@hotelschiff.ch – Fax 061 836 22 00
46 Zim – 145/175 CHF 195 CHF – ½ P +39 CHF – **Rest** – (19 CHF) – Karte 46/92 CHF
◆ Direkt an Rhein und Zoll gelegenes Hotel, das Ihnen modern ausgestattete Gästezimmer bietet - teils auch mit Aussicht auf den Fluss. In verschiedene Bereiche gegliedertes Restaurant.

Schlossgarten VISA AE
Feldschlösschenstr. 32, (auf dem Brauerei Feldschlösschenareal) –
061 836 90 10 – info@restaurant-schlossgarten.ch – Fax 061 836 90 19 – geschl. 10. - 17. Februar, Samstagmittag und Sonntag
Rest – Menü 42 CHF (mittags)/115 CHF – Karte 66/111 CHF
Rest *Wirtschaft Braustube* – (19 CHF) Menü 42 CHF (mittags)/115 CHF – Karte 66/111 CHF
◆ Vor den Toren der traditionsreichen Feldschlösschenbrauerei findet man das Restaurant mit ambitionierter klassischer Küche, elegantem Wintergarten-Pavillon und nettem Garten. Traditionelle Küche in der Braustube.

RICKEN – Sankt Gallen (SG) – 551 S6 – Höhe 792 m – ✉ 8726 5 H3

Bern 180 – Sankt Gallen 53 – Glarus 38 – Rapperswil 19

Zum Schweizerhaus mit Zim VISA AE
Wattwilerstr. 2 – 055 284 10 22 – schweizerhaus-ricken@bluewin.ch
– Fax 055 284 51 31 – geschl. 27. Januar - 4. Februar, 6. - 23. Juli, Sonntagabend und Montag
3 Zim – 65 CHF 120/130 CHF – **Rest** – (18 CHF) – Karte 38/90 CHF
◆ Der traditionelle Gasthof mit Schindelfassade, an der Ortsdurchfahrt gelegen, empfängt nicht nur Stammgäste. In hellen, renovierten Räumen serviert man bürgerliche Kost.

RIED – Wallis – 552 K13 – siehe Zermatt

RIEDERALP – Wallis (VS) – 552 M11 – Höhe 1 930 m – Wintersport : 1 925/2 869 m 3 14 – ✉ 3987 8 F6

Bern 113 – Brig 8 – Andermatt 90 – Sion 73

Autos nicht zugelassen

Riederalp Mörel Tourismus, Bahnhofstr. 7, 027 928 60 50, info@riederalp.ch, Fax 027 928 60 51

Riederalp, 027 927 29 32

Lage★

Aletschgletscher★★★ Nord-Ost mit Sessellift – Moosfluh★★ Nord-Ost mit Gondelbahn

mit Luftseilbahn ab Mörel erreichbar

Art Furrer Resort Berge, Zim, VISA MC AE
– 027 928 44 88 – artfurrer@artfurrer.ch – Fax 027 928 44 99 – *geschl. Anfang September - Mitte Dezember, 7. April - 13. Juni und Montag im Sommer*
47 Zim – 88/240 CHF 150/360 CHF – 9 Suiten – ½ P +45 CHF – **Rest** – *(im Sommer nur Abendessen)* (19,50 CHF) Menü 56 CHF (abends) – Karte 42/85 CHF
◆ Die Zimmer des Art Furrer Resorts sind funktionell eingerichtet, die im Valaisia fallen grösser und komfortabler aus, meist mit Südbalkon. Schöne Lage oberhalb des Golfplatzes. Sehr rustikal präsentiert sich das Restaurant.

Walliser Spycher Berge und Rhonetal, Rest, VISA MC
– 027 927 22 23 – mail@walliser-spycher.ch – Fax 027 927 31 49 – *geschl. Ende Oktober - Mitte Dezember und 6. April - 7. Juni*
19 Zim – 88/198 CHF 176/320 CHF – ½ P +35 CHF – **Rest** – (18 CHF) Menü 29 CHF (mittags)/69 CHF – Karte 34/109 CHF
◆ Die Aussicht kann man wohl nur als traumhaft bezeichnen. Aber auch die absolute Stille und die meist mit soliden Nussholzmöbeln eingerichteten Zimmer sind grosse Pluspunkte. Ein nettes Ambiente herrscht in der rustikalen Gaststube und dem gehobenen Restaurant.

Alpenrose Resort Berge und Tal, Zim, VISA MC AE
– 027 928 45 45 – alpenrose@artfurrer.ch – Fax 027 928 45 55 – *geschl. Ende Oktober - Mitte Dezember und 7. April - 20. Juni*
42 Zim – 75/140 CHF 110/190 CHF – 5 Suiten – ½ P +40 CHF
Rest *Walliser Kanne* – *(geschl. Dienstag im Sommer) (nur Abendessen)* Karte 53/92 CHF
Rest *Pizzeria* – *(geschl. Dienstag im Sommer)* Karte 35/81 CHF
Rest *Röstikeller* – *(geschl. Frühling - Herbst) (nur Abendessen)* Karte 38/80 CHF
◆ Neben einfacheren, hell und freundlich eingerichteten Zimmern im Stammhaus bietet man hier geschmackvoll-moderne Suiten, Juniorsuiten und Familienzimmer in zwei Gästehäusern. Das gehobene Restaurant Walliser Kanne gefällt mit gemütlicher, rustikaler Stimmung.

Edelweiss Zim, VISA MC
Liftweg 1 – 027 927 37 37 – info@edelweiss-riederalp.ch – Fax 027 927 37 39 – *geschl. Mitte Oktober - Mitte Dezember und 15. April - 29. Juni*
10 Zim – 100/190 CHF 190/300 CHF – 4 Suiten – ½ P +35 CHF
Rest *Da Vinci* – *(geschl. Montag im Sommer)* (19,50 CHF) Menü 47/68 CHF – Karte 47/61 CHF
◆ Der Chaletbau im ortsüblichen Stil liegt neben dem Kinderskilift. Die geräumigen Zimmer sind mit hellen Massivholzmöbeln rustikal und wohnlich eingerichtet. Südbalkone. Im modern gestalteten Da Vinci serviert man Ihnen eine zeitgemässe Küche.

RIEDHOLZ – Solothurn – **551** K5 – siehe Solothurn

RIED-MUOTATHAL – Schwyz (SZ) – **551** Q7 – Höhe 567 m – ✉ 6436 4 **G4**
Bern 159 – Luzern 56 – Altdorf 30 – Einsiedeln 35 – Glarus 77 – Schwyz 11

Adler P VISA MC AE
Hauptstrasse – 041 830 11 37 – jann-adler@bluewin.ch – Fax 041 830 27 13 – *geschl. 19. - 31. Dezember, 17. Juli - 14. August, Sonntag und Montag*
Rest – (18 CHF) Menü 48 CHF – Karte 37/96 CHF
◆ Das ländliche Gasthaus liegt in einem kleinen, romantischen Tal. Dem hungrigen Gast serviert man einfache, mit Sorgfalt zubereitete Gerichte, auch für den kleinen Geldbeutel.

RIEHEN – Basel-Stadt – **551** K3 – siehe Basel

Gute Küche zu günstigem Preis? Folgen Sie dem „Bib Gourmand". – Das freundliche Michelin-Männchen heisst „Bib" und steht für ein besonders gutes Preis-Leistungs-Verhältnis!

RIEMENSTALDEN – Schwyz (SZ) – 553 Q7 – 59 Ew – Höhe 1 030 m – ✉ 6452 4 G4

Bern 162 – Luzern 51 – Altdorf 16 – Schwyz 16 – Stans 39

Kaiserstock mit Zim – Zim, P
Dörfli – ✆ 041 820 10 32 – Fax 041 820 03 05 – geschl. 7. - 29. Januar, Montag und Dienstag
3 Zim – 55 CHF 110 CHF – **Rest** – *(Tischbestellung ratsam)* Karte 33/79 CHF
◆ Hoch in den Bergen liegt dieser von einem Ehepaar freundlich geführte Betrieb. Gute Küche aus Produkten der Region. Auf Vorbestellung bereitet man ein Überraschungsmenü zu.

RIFFELALP – Wallis – 552 K13 – siehe Zermatt

RIGI KALTBAD – Luzern (LU) – 551 P7 – Höhe 1 438 m – ✉ 6356 4 G3

Bern 147 – Luzern 29 – Zug 36 – Schwyz 38

Autos nicht zugelassen

Tourist Information Rigi, ✆ 041 397 11 28, info.rigi@wvrt.ch, Fax 041 397 19 82

Rigi-Kulm★★★ – Felsenweg★★

mit Zahnradbahn ab Vitznau oder mit Luftseilbahn ab Weggis erreichbar

Bergsonne mit Zim – Vierwaldstättersee und Bergpanorama, VISA
– ✆ 041 399 80 10 – Fax 041 399 80 20 – geschl. Ende Oktober - Mitte Dezember und 10. März - 2. Mai
15 Zim – 90/120 CHF 180/220 CHF – ½ P +55 CHF – **Rest** – *(geschl. Dienstag)* Menü 68 CHF (mittags)/125 CHF – Karte 66/133 CHF
◆ Dieses sehr hoch gelegene Haus verwöhnt Sie mit absoluter Ruhe und einer zeitgemässen Küche, die man am besten an einem der gemütlichen Fensterplätze geniesst.

in Rigi Staffelhöhe mit Zahnradbahn ab Vitznau erreichbar – Höhe 1 552 m – ✉ 6356 Rigi Kaltbad

Edelweiss – Vierwaldstättersee und Alpen, Rest, Zim, Rest, VISA
– ✆ 041 399 88 00 – edelweiss-rigi@bluewin.ch – Fax 041 397 11 36 – geschl. April
25 Zim – 95/135 CHF 170/260 CHF – ½ P +45 CHF – **Rest** – *(geschl. Montag)* (24 CHF) Menü 34 CHF (mittags)/65 CHF – Karte 55/100 CHF
◆ Kein Lärm stört die traumhafte Stille, nichts versperrt die wunderbare Sicht ins Tal oder auf die Berge. Dies sind nur zwei Gründe, in diesem abgelegenen Hotel zu logieren. Sie speisen im rustikalen Restaurant oder auf der Terrasse.

Bestecke und Sterne sollten nicht verwechselt werden!
Die Bestecke stehen für eine Komfortkategorie, die Sterne zeichnen Häuser mit besonders guter Küche aus - in jeder dieser Kategorien.

La RIPPE – Vaud (VD) – 552 B10 – 1 010 h. – alt. 530 m – ✉ 1278 6 A6

Bern 143 – Genève 22 – Lausanne 47 – Lons-le-Saunier 89 – Thonon-les-Bains 55

Auberge de l'Etoile avec ch – rest, VISA
rue des 4 Fontaines – ✆ 022 367 12 02 – mercier@aubergelarippe.ch – Fax 022 367 12 21 – fermé 1 semaine Pâques et 3 semaines juillet-août
4 ch – 60 CHF 100 CHF, 10 CHF – **Rest** – (17 CHF) Menu 49 CHF (déj.)/62 CHF – Carte 57/99 CHF
◆ Ancienne et attachante auberge communale où vous goûterez une cuisine traditionnelle dans un cadre lumineux fraîchement rénové. Chambres sobres également remises à neuf.

RISCH – Zug (ZG) – 551 P6 – 7 241 Ew – Höhe 417 m – ✉ 6343 4 F3

Bern 126 – Luzern 22 – Zug 14 – Zürich 47

Waldheim ← Zugersee, Rest, VISA

Rischerstr. 27 – 041 799 70 70 – waldheim@waldheim.ch – Fax 041 799 70 79

34 Zim – 115/195 CHF 220/290 CHF – ½ P +75 CHF

Rest – *(geschl. 23. - 29. Dezember, 27. Januar - 19. Februar und 5. - 21. Oktober)* Menü 66 CHF (mittags)/119 CHF – Karte 62/114 CHF

Rest *Bistro* – *(geschl. 23. - 29. Dezember, 27. Januar - 19. Februar und 5. - 21. Oktober)* Karte 57/99 CHF

◆ Neben wohnlichen Zimmern im Haupthaus, bietet man im neueren Anbau geräumige, komfortabler ausgestattete Räume in Kirschholz, teils mit Balkon/Terrasse zum See. Elegantes Restaurant mit schöner Gartenterrasse. Modernes Bistro mit Holztäfelung und Kachelofen.

RISCHLI – Luzern – 551 M8 – siehe Sörenberg

ROCHES – Berne – 551 J5 – voir à Moutier

ROGGENBURG – Basel-Landschaft (BL) – 551 I4 – 235 Ew – Höhe 558 m – ✉ 2814 2 D2

Bern 101 – Delémont 16 – Basel 39 – Biel 60 – Porrentruy 25

Haus Neumühle - Moulin Neuf Zim,

81 rte Internationale – 032 431 13 50 – info@neumuehle.ch – Fax 032 431 20 50 – geschl. 2. Januar - 13. Februar, Dienstag und Mittwoch

10 Zim – 77/92 CHF 134/164 CHF – ½ P +45 CHF – **Rest** – Menü 54/76 CHF (abends) – Karte 40/85 CHF

◆ Ein wahres Bijou ist diese alte Mühle a. d. J. 1693 - umgeben von Bäumen, Wiesen und Gewässern. Die Zimmer im Nebenhaus alle mit eigenem Zugang. Stall für Gastpferde. Im ländlich gehaltenen Restaurant serviert man Tagesempfehlungen.

ROGGWIL – Bern – 551 L5 – siehe Langenthal

ROLLE – Vaud (VD) – 552 C10 – 4 235 h. – alt. 402 m – ✉ 1180 6 A6

Bern 123 – Lausanne 30 – Champagnole 76 – Genève 38

Office du Tourisme, 1bis Grand-Rue, 021 825 15 35, tourisme@rolle.ch, Fax 021 825 11 31

La Côte, Golf Parc Signal de Bougy, Nord: 6 km route du Signal de Bougy, 021 821 59 50 ;

à Bursins Ouest : 4,5 km – alt. 473 m – ✉ 1183 Bursins

XXX **Auberge du Soleil** ← VISA

1 Grand-Rue – 021 824 13 44 – Fax 021 824 18 44 – fermé 23 décembre - 7 janvier, 27 juin - 18 août, dimanche et lundi

Rest – Menu 45 CHF (déj.)/118 CHF – Carte 64/144 CHF

Rest *Le Café* – (21 CHF) Menu 46/52 CHF – Carte 40/108 CHF

◆ Sur la traversée du village, estimable restaurant familial dont la salle à manger rénovée est tournée vers le lac. Répertoire culinaire dans le tempo actuel. Plat du jour et préparations sans complication au Café. Repas en terrasse quand perce le soleil d'été.

ROMAINMÔTIER – Vaud (VD) – 552 D8 – 435 h. – alt. 673 m – ✉ 1323 6 B5

Bern 96 – Lausanne 33 – Champagnole 69 – Pontarlier 43 – Yverdon-les-Bains 27

Église★

Dent de Vaulion★★★ Est : 22 km

Au Lieutenant Baillival sans rest

rue du Bourg – 024 453 14 58 – alb@tele2.ch – Fax 024 453 18 30

7 ch – 100/190 CHF 150/240 CHF

◆ Demeure de caractère (17e s.) où vous serez hébergés dans de chaleureuses chambres préservant leur cachet ancien. Jardin de repos bercé par le chant de la rivière.

Saint-Romain

place du Bourg – ✆ 024 453 11 20 – Fax 024 453 18 38 – fermé mercredi - jeudi d'octobre à mai et lundi - jeudi en février
9 ch – 75/120 CHF 168/180 CHF – ½ P +36 CHF – **Rest** – (18 CHF) Menu 65/75 CHF – Carte 47/89 CHF
◆ Au centre du village, maison du 15e s. dont l'enseigne se réfère au saint fondateur de l'abbaye locale, dix siècles plus tôt. Chambres-bonbonnières à touches champêtres. Salle à manger rustique ; cuisine traditionnelle.

ROMANEL-SUR-LAUSANNE – Vaud (VD) – 552 E9 – 3 068 h. – alt. 591 m – ✉ 1032 6 B5

Bern 103 – Lausanne 7 – Genève 64 – Montreux 32 – Yverdon-les-Bains 26

A la Chotte

19 ch. du Village – ✆ 021 646 10 12 – info@lachotte.ch – Fax 021 648 54 74 – fermé 22 décembre - 3 janvier et 26 juillet - 11 août
14 ch – 120/150 CHF 160/200 CHF – ½ P +58 CHF – **Rest** – *(fermé samedi midi et dimanche)* (19,50 CHF) Menu 39 CHF (déj.)/58 CHF – Carte 51/82 CHF
◆ Un bourg tranquille situé à 10 min de Lausanne sert de cadre à ce petit hôtel mettant à profit une ancienne ferme (1804) typiquement vaudoise. Amples chambres néo-rustiques. Restaurant traditionnel au décor intérieur d'esprit campagnard.

ROMANEL-SUR-MORGES – Vaud (VD) – 552 D9 – 441 h. – alt. 454 m – ✉ 1122 6 B5

Bern 104 – Lausanne 19 – Morges 6 – Nyon 35

Auberge de la Treille

2 rte de Cossonay – ✆ 021 869 91 19 – latreille@freesurf.ch – Fax 021 869 83 38 – fermé 24 - 30 mars, 1er - 28 septembre, lundi et mardi
Rest – (16 CHF) Menu 53 CHF (déj.)/90 CHF – Carte 56/96 CHF
◆ Auberge établie sur la traversée de la localité. Salle de restaurant classiquement agencée et terrasse estivale ombragée par la "treille" éponyme. Cuisine française.

ROMONT – Fribourg (FR) – 552 G9 – 3 964 h. – alt. 764 m – ✉ 1680 7 C5

Bern 56 – Fribourg 26 – Lausanne 41 – Montreux 39 – Yverdon-les-Bains 45

Office du Tourisme, 112 r. du Château, ✆ 026 652 31 52, office.tourisme@romont.ch, Fax 026 652 47 77

Site★ – Choeur★ de la Collégiale N.-D.-de-l'Assomption

Manifestations locales : 21.03 : Procession des Pleureuses

St-Georges

31 Grand-Rue – ✆ 026 652 44 10 – hotel-stgeorges@bluewin.ch – Fax 026 652 13 94
9 ch – 75/85 CHF 120/140 CHF, 10 CHF – ½ P +20 CHF – **Rest** – *(fermé 24 décembre - 3 janvier et dimanche)* (14 CHF) – Carte 35/66 CHF
◆ Auberge tenue en famille au cœur de Romont. On s'endort dans des chambres claires, gentiment personnalisées par du mobilier en fer forgé et en bois clair. Restaurant présentant une carte exempte de complication. Terrasse vivant au rythme de la Grand-Rue.

Du Lion d'Or

38 Grand-Rue – ✆ 026 652 22 96 – Fax 026 652 18 40
18 ch – 80 CHF 130 CHF – ½ P +17 CHF – **Rest** – (17 CHF) Menu 68 CHF – Carte 54/100 CHF
◆ Au centre de Romont, maison ancienne à l'ambiance familiale, où vous logerez dans des chambres sobres, à choisir de préférence côté campagne, pour la vue. Salle de restaurant boisée et terrasse arrière tournée vers un paysage agreste. Repas traditionnel.

RONCO – Ticino – 553 Q12 – vedere Gerra Gambarogno

RONCO SOPRA ASCONA – Ticino (TI) – 553 Q12 – 659 ab. – alt. 355 m – ✉ 6622 9 G6

Bern 246 – Locarno 9 – Bellinzona 29 – Lugano 52 – Stresa 49

Posizione pittoresca★★

Circuito di Ronco★★ : ≤★★ sul lago Maggiore dalla strada di Losone, verso Locarno

La Rocca ≤ Lago Maggiore e isole di Brissago,
via Ronco 61, Sud : 1 km cam, rist, VISA AE
✉ 6613 Porto Ronco – ✆ 091 785 11 44 – hotel@la-rocca.ch – Fax 091 791 40 64 – chiuso metà ottobre - 4 aprile
21 cam – †220 CHF ††340/400 CHF – ½ P +30 CHF – **Rist** – Menu 62 CHF (cena) – Carta 55/93 CHF
◆ Grazie alla posizione favorevole si gode di una vista così bella che vi sembrerà di toccar con mano le magnifiche isole di Brissago. Camere moderne. La terrazza-giardino panoramica vi permetterà di apprezzare una cucina classica, così come la splendida veduta.

Ronco ≤ Lago Maggiore, rist, cam, VISA AE
piazza della Madonna 1 – ✆ 091 791 52 65 – info@hotel-ronco.ch – Fax 091 791 06 40 – chiuso dicembre - 1° marzo
20 cam – †100/180 CHF ††195/250 CHF – ½ P +36 CHF – **Rist** – Menu 58 CHF – Carta 45/85 CHF
◆ Provvisto di una bella terrazza panoramica con piscina da cui approfittare della splendida vista. Camere uniformi, funzionali; "côté" lago, hanno tutte un balconcino. Per il ristorante, uno stile rustico che associa cucina tradizionale e mediterranea.

XX **Della Posta** con cam ≤ Lago Maggiore,
via Ciseri 9 – ✆ 091 791 84 70 – benvenuti@ristorantedellaposta.ch – Fax 091 791 45 33 – chiuso 13 novembre - 10 dicembre e 7 gennaio - 12 febbraio cam, VISA AE
4 cam – †130/150 CHF ††190/240 CHF – **Rist** – (24 CHF) – Carta 60/88 CHF
◆ Ristorante composto da una sala interna completamente rinnovata e da una terrazza con vista favolosa sul lago. Cucina mediterranea con predilezione per piatti a base di pesce.

RORBAS – Zürich (ZH) – 551 Q4 – 2 201 Ew – Höhe 380 m – ✉ 8427 4 G2

Bern 147 – Zürich 31 – Baden 47 – Schaffhausen 28 – Winterthur 13

XX **Adler** VISA AE
Postgasse 19 – ✆ 044 865 01 12 – info@adler-rorbas.ch – Fax 044 876 02 16 – geschl. Dienstag und Mittwoch
Rest – (22 CHF) – Karte 62/106 CHF
◆ In dem gediegen-rustikalen Restaurant mit altem Fachwerk ist der ursprüngliche Charakter dieses schönen Zürcher Riegelhauses a. d. J. 1406 erhalten geblieben.

RORSCHACH – Sankt Gallen (SG) – 551 V4 – 8 647 Ew – Höhe 398 m – ✉ 9400 5 I2

Bern 218 – Sankt Gallen 14 – Bregenz 27 – Konstanz 37

Tourist Information, Hauptstr. 63, ✆ 071 841 70 34, info@tourist-rorschach.ch, Fax 071 841 70 36

Lokale Veranstaltungen : 11.08 - 16.08 : Internationales Sandskulpturen Festival

in Rorschacherberg Süd : 3 km Richtung Lindau und Spital – Höhe 470 m – ✉ 9404 Rorschacherberg

Rebstock ≤ Bodensee, Rest, Zim,
Thalerstr. 57 – ✆ 071 855 24 55 – info@rebstock.ch – Fax 071 855 73 20 – geschl. 27. Dezember - 6. Januar VISA AE
25 Zim – †90/130 CHF ††170/200 CHF – ½ P +30 CHF – **Rest** – *(geschl. 27. Dezember - 13. Januar, Sonntag und Montag)* (18 CHF) Menü 28 CHF (mittags)/48 CHF – Karte 36/81 CHF
◆ Dieses alteingesessene Ferienhotel hat eine besonders schöne Lage oberhalb des Bodensees zu bieten. Sie schlafen in geräumigen, hell und rustikal eingerichteten Zimmern. Ein moderner Wintergarten ergänzt das neo-rustikale Restaurant.

Schloss Wartegg Zim,
von Blarer-Weg – 071 858 62 62 – schloss@wartegg.ch – Fax 071 858 62 60 – geschl. 2. - 16. Januar
25 Zim – 120/145 CHF 190/250 CHF – **Rest** – (23 CHF) Menü 68 CHF (abends) – Karte 47/77 CHF
◆ Das imposante Schloss a. d. 16. Jh. im hübschen Park mit Rosengarten bietet einfach ausgestattete Zimmer ohne TV. Schöner Saunabereich mit Bad in türkischem Stil von 1928. Restaurant in klarem Design, in dem überwiegend aus Bio-Produkten gekocht wird.

ROSSENS – Fribourg (FR) – 552 G8 – 1 114 h. – alt. 710 m – ✉ 1728 7 C5

Bern 47 – Fribourg 16 – Lausanne 62 – Neuchâtel 59

Du Barrage avec ch rest, ch, ch,
83 rte du Barrage – 026 411 11 73 – hoteldubarrage@bluewin.ch – Fax 026 411 23 18 – fermé dimanche
8 ch – 90 CHF 145 CHF – ½ P +25 CHF – **Rest** – (17 CHF) Menu 48 CHF (déj.)/80 CHF – Carte 48/89 CHF
◆ Table transalpine occupant une bâtisse rose dont le pignon arbore une arche de charpente lambrissée. Spécialité de "flambés" (pâtes préparées devant vous). Chambres simples.

ROTHENBURG – Luzern – 551 O6 – siehe Luzern

ROUGEMONT – Vaud (VD) – 552 H10 – 901 h. – alt. 992 m – Sports d'hiver : 992/2 151 m 6 10 – ✉ 1659 7 D5

Bern 88 – Montreux 57 – Bulle 35 – Gstaad 9 – Lausanne 85 – Thun 62

Office du Tourisme, Bâtiment Communal, 026 925 11 66, info@rougemont.ch, Fax 026 925 11 67

Manifestations locales : 09.05 - 12.05 : Festival de musique ancienne "La Folia"

Hôtel de Commune
rue du Village – 026 925 81 42 – Fax 026 925 86 58 – fermé 3 semaines avril et 3 semaines octobre
11 ch – 85/110 CHF 150/180 CHF – ½ P +30 CHF – **Rest** – *(fermé mercredi en basse saison)* (17 CHF) – Carte 43/92 CHF
◆ Vénérable chalet (1833) rénové établi dans la rue principale de Rougemont. Bon hébergement au confort moderne dans un cadre montagnard sobrement rustique. Café-restaurant où flotte une atmosphère villageoise. Cuisine traditionnelle suisse.

ROVIO – Ticino (TI) – 553 R-S14 – 673 ab. – alt. 500 m – ✉ 6821 10 H7

Bern 292 – Lugano 15 – Bellinzona 42 – Milano 71

Park Hotel Rovio lago e dintorni, rist, cam, rist,
– *091 649 73 72 – info@parkhotelrovio.ch – Fax 091 649 79 63 – chiuso inizio novembre - 4 marzo*
41 cam – 85/115 CHF 160/260 CHF – ½ P +25 CHF – **Rist** – (20 CHF) Menu 35/60 CHF – Carta 46/67 CHF
◆ Alle pendici del monte Generoso, l'hotel dispone di camere in gran parte ristrutturate, confortevoli spazi comuni e di una spettacolare terrazza-giardino con vista sul lago. Rinnovato negli interni, il ristorante offre una cucina classica.

RÜMLANG – Zürich (ZH) – 551 P4 – 5 552 Ew – Höhe 430 m – ✉ 8153 4 G2

Bern 129 – Zürich 14 – Baden 27 – Schaffhausen 52 – Winterthur 27

Park Inn Zurich Airport Zim, Zim,
Flughofstr. 75 – 044 828 86 86 – info.zurich@rezidorparkinn.com – Fax 044 828 86 87
208 Zim – 140/350 CHF 140/350 CHF, 21 CHF – ½ P +28 CHF – **Rest** – Karte 48/78 CHF
◆ Ideal für Geschäftsleute: Modernes Design in frischen Farben, "Easy-Check-in/-out", sehr gute Technik und Shuttle-Service zum Flughafen überzeugen.

RÜSCHLIKON – Zürich (ZH) – 551 P5 – 4 858 Ew – Höhe 433 m – ✉ 8803 4 G3

Bern 133 – Zürich 8 – Wädenswil 20 – Zug 29

Belvoir Zürichsee, Rest, Rest,
Säumerstr. 37 – 044 704 64 64 – info@belvoirhotel.ch – Fax 044 704 64 65 – geschl. 23. Dezember - 6. Januar
26 Zim – 150/230 CHF 198/270 CHF – **Rest** – (19 CHF) Menü 75 CHF – Karte 53/100 CHF
◆ In dem Geschäftshotel mit grossen, gut ausgestatteten Zimmern geniessen Sie Ruhe, modernen Komfort und einen schönen Blick auf den Zürichsee. Zeitgemässe Küche bietet das Panoramarestaurant Bellavista.

RÜTI – Zürich (ZH) – 551 R6 – 10 804 Ew – Höhe 482 m – ✉ 8630 4 G3

Bern 162 – Zürich 32 – Rapperswil 5 – Uster 17 – Winterthur 44

Bubikon, West: 4 km Richtung Hombrechtikon, 055 253 23 53

Laufenbach
Gmeindrütistr. 1b – 055 251 01 00 – hot.laufenbach@bluewin.ch – Fax 055 251 01 50
89 Zim – 107 CHF 178 CHF – **Rest** – *(geschl. 9. - 18. Februar, 12. Juli - 5. August und Montagmittag)* Menü 37 CHF – Karte 34/84 CHF
◆ Drei Gebäude - aus verschiedenen Bauetappen stammend - bieten helle, zweckmässig ausgestattete Zimmer, teils mit kleinen, recht angenehmen Terrassen oder Balkon. Im vorderen Haus befindet sich das einfache Restaurant mit leicht rustikaler Einrichtung.

SAANEN – Bern – 551 H10 – siehe Gstaad

SAANENMÖSER – Bern – 551 I10 – siehe Gstaad

SAAS ALMAGELL – Wallis (VS) – 552 L13 – 397 Ew – Höhe 1 672 m – Wintersport : 1 673/2 400 m 7 – ✉ 3905 8 F6

Bern 111 – Brig 37 – Sierre 55 – Sion 71 – Zermatt 39

Saastal Tourismus, 027 958 66 45, info@saas-almagell.ch, Fax 027 958 66 44

Pirmin Zurbriggen Zim, Rest,
– 027 957 23 01 – pirmin.zurbriggen@rhone.ch – Fax 027 957 33 13 – geschl. November - Mitte Dezember und April - Juni
25 Zim – 118/160 CHF 200/250 CHF – ½ P +25 CHF – **Rest** – *(nur für Hausgäste)*
◆ Zu Gast beim Olympiasieger! Sein Hotel liegt direkt im Ort und doch recht ruhig. Nach einem Umbau erwarten Sie im Sommer 2008 einige geräumige Suiten und Wellness auf 1000 qm. Behaglich ist das Ambiente im Restaurant.

Sport
– 027 957 20 70 – info@hotelsport.ch – Fax 027 957 33 70 – geschl. Mitte Oktober - Mitte Dezember und 20. April - 20. Juni
19 Zim – 72/82 CHF 124/144 CHF – ½ P +20 CHF – **Rest** – *(nur für Hausgäste)*
◆ In dem regionstypischen Chalet mit schöner Aussicht übernachtet man in frisch wirkenden Zimmern, die mit Kiefernholzmöbeln eingerichtet sind - einige mit Laminatböden.

SAAS FEE – Wallis (VS) – 552 L12 – 1 454 Ew – Höhe 1 798 m – Wintersport : 1 800/3 600 m 6 11 Metro Alpin 1 – ✉ 3906 8 E6

Bern 111 – Brig 36 – Sierre 55 – Sion 71 – Zermatt 39

Autos nicht zugelassen

Saas-Fee Tourismus, 027 958 18 58, to@saas-fee.ch, Fax 027 958 18 60 Y

Höhenlage★★★ – Mittelallalin★★★ – Längfluh★★★ – Egginerjoch★★ – Hannig★

Plattjen★★ mit Luftseilbahn

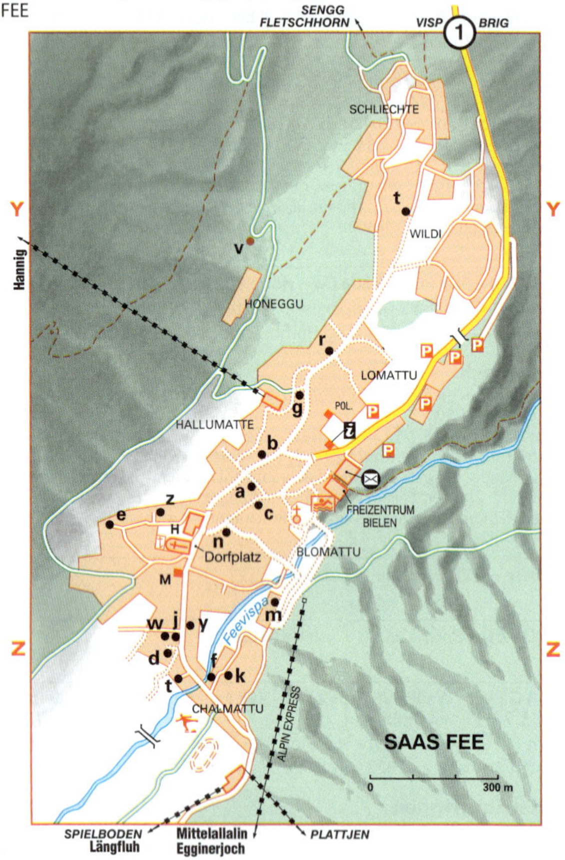

Ferienart Resort & SPA

– ✆ 027 958 19 00 – info@ferienart.ch – Fax 027 958 19 05 – geschl. 27. April - 7. Juni — Z a
Zim, Zim, Rest, VISA

83 Zim – 213/323 CHF 406/846 CHF – ½ P +20 CHF

Rest *Vernissage* – *(geschl. 27. April - 5. Juli, Dienstag und Mittwoch im Sommer) (nur Abendessen)* Menü 63 CHF – Karte 53/84 CHF

Rest *Le Mandarin* – *(geschl. 27. April - 5. Juli, Dienstag und Mittwoch im Sommer) (nur Abendessen) (Tischbestellung ratsam)* Menü 38/75 CHF – Karte 48/83 CHF

Rest *Del Ponte* – (18 CHF) – Karte 42/82 CHF

◆ Ein imposantes Hotel im Chaletstil mit grossem Wellnessbereich und wohnlichen Zimmern: im Haupthaus frisch-rustikal, elegant-komfortabel im Neubau. Das Restaurant Vernissage in schickem Design. Le Mandarin mit asiatischen Speisen. Italienisch: Del Ponte.

Schweizerhof

– ✆ 027 958 75 75 – info@schweizerhof-saasfee.ch – Fax 027 958 75 76 – geschl. 20. April - 1. Juli — Z z
Rest, VISA

43 Zim – 130/280 CHF 250/440 CHF – ½ P +20 CHF

Rest *Hofsaal* – *(geschl. Sonntag und Dienstag) (nur Menü)* Menü 45/75 CHF

◆ Der Schweizerhof ist ein Gebäude im ortsüblichen Chaletstil. Grosse, helle, modern und komfortabel ausgestattete Zimmer sowie ein Wellnessbereich erwarten den Gast. Elegant und stilvoll wirkt der Hofsaal.

Beau-Site

– ✆ 027 958 15 60 – info@beausite.org – Fax 027 958 15 65 – Hotel: geschl. 12. April - 7. Juni Y b

29 Zim (½ P. inkl.) – 170/225 CHF 294/450 CHF – 3 Suiten

Rest *La Ferme* – *(geschl. Mai)* Menü 29 CHF (mittags)/78 CHF – Karte 48/100 CHF

Rest *Fee Chäller* – *(geschl. April - Dezember, Dienstag in der Vorsaison und Montag) (nur Abendessen)* Karte 45/84 CHF

♦ Das traditionsreiche Hotel a. d. 19. Jh. gefällt mit schönen handgeschnitzten Saaser Möbeln, die sowohl die behaglichen Zimmer als auch den Speisesaal zieren. Gemütlich wirkt das rustikale La Ferme. Echt walliserisch: Fee Chäller mit Grill- und Käsegerichten.

Allalin

Lomatte – ✆ 027 958 10 00 – hotel.allalin@saas-fee.ch – Fax 027 958 10 01 Y r

27 Zim – 107/166 CHF 214/292 CHF – ½ P +27 CHF

Rest *Walliserkanne* – *(geschl. Mitte Oktober - Anfang Dezember und Ende April - Anfang Juni)* (26 CHF) Menü 50/80 CHF (abends) – Karte 50/91 CHF

♦ Eine helle, modern gestaltete Halle empfängt Sie in diesem zentral gelegenen Hotel. Die Zimmer und Appartements verfügen über solide Massivholzmöbel und Ledercouch. Schöne handgeschnitzte Saaser Möbel und Balken zieren die Walliserkanne.

Du Glacier

Rest,

– ✆ *027 958 16 00 – info@glacier.ch – Fax 027 958 16 05 – geschl. Ende April - Mitte Juni* Z n

30 Zim – 124/224 CHF 182/420 CHF – 10 Suiten – ½ P +20 CHF

Rest *Mondial* – *(geschl. Donnerstag, Freitag und Sonntag im Sommer) (im Winter nur Abendessen)* Menü 42 CHF (Themenbuffets)

Rest *Feeloch* – *(geschl. Montag, Dienstag und Mittwoch im Sommer) (nur Abendessen)* Karte 43/99 CHF

♦ Grosszügig, modern und funktionell sind die Gästezimmer in diesem Hotel im Zentrum. Auch Familienappartements sind vorhanden. In einem Pavillon: das Mondial mit Themenbuffets. Walliser Grill- und Käsespezialitäten serviert man im gemütlichen Feeloch.

Metropol

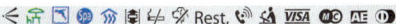

Rest,

– ✆ *027 957 10 01 – metropol-saas-fee@bluewin.ch – Fax 027 957 20 85 – geschl. 27. April - 13. Juni und 22. September - 10. Oktober* Z c

55 Zim (½ P. inkl.) – 145/269 CHF 240/474 CHF – **Rest** – Menü 43 CHF (mittags)/68 CHF – Karte 49/97 CHF

♦ Das im Herzen des Wintersportortes gelegene Haus bietet unterschiedlich eingerichtete Zimmer - besonders schön sind die modernen Feng-Shui-Zimmer. In angenehmen Pastelltönen gehaltenes modernes Restaurant.

Saaserhof

Rest,

– ✆ *027 958 98 98 – info@saaserhof.ch – Fax 027 958 98 99 – geschl. 27. April - 15. Juni* Z d

48 Zim – 100/270 CHF 200/450 CHF – ½ P +25 CHF – **Rest** – *(nur Abendessen)* Menü 39 CHF – Karte 57/94 CHF

♦ Eine schöne Sicht auf die Berge und einen neuzeitlichen Saunabereich bietet dieses Haus. Die Zimmer sind teils hell und modern eingerichtet, teils etwas älter und rustikal. Mit viel Holz hat man das Restaurant regionstypisch gestaltet.

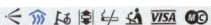

Berghof garni

– ✆ *027 957 24 84 – hotel.berghof@saas-fee.ch – Fax 027 957 46 72 – geschl. Mai* Z w

30 Zim – 70/150 CHF 140/260 CHF

♦ Das moderne, im Chaletstil gebaute Hotel bietet Ihnen helle, neuzeitlich ausgestattete Zimmer. Im Keller befindet sich die rustikale Bar Holzwurm mit Live-Musik.

Alpin

– ✆ *027 957 15 77 – info@hotel-alpin.ch – Fax 027 957 34 19 – geschl. Mai - Juni* Z m

32 Zim – 110/193 CHF 200/286 CHF – ½ P +25 CHF – **Rest** – *(nur für Hausgäste)*

♦ Das in zwei Bauetappen komplett renovierte Hotel neben der Luftseilbahn bietet in zeitgemäss gestalteten Zimmern, oft auch mit Sitzecke ausgestattet, ausreichend Platz.

Au Chalet Cairn

– ✆ 027 957 15 50 – info@au-chalet-cairn.ch – Fax 027 957 33 80 – geschl. Mitte September - Anfang Dezember und 12. April - 14. Juni Z e

16 Zim – †85/120 CHF ††180/250 CHF – ½ P +25 CHF – **Rest** – *(nur für Hausgäste)*

◆ Das schöne, sehr ruhig gelegene, familiär geführte Chalet besticht durch seine gemütlich-rustikale Einrichtung und das Bemühen um den Gast.

Mistral

Zim, Zim,

– ✆ 027 958 92 10 – info@hotel-mistral.ch – Fax 027 958 92 11 – geschl. 4. Mai - 22. Juni Z f

12 Zim – †110/150 CHF ††190/300 CHF – ½ P +25 CHF – **Rest** – *(geschl. Dienstag von Juni bis Mitte Juli und von Mitte Oktober bis Ende November)* (19,50 CHF) – Karte 40/83 CHF

◆ In dem am Dorfende oberhalb eines Baches gelegenen kleinen Ferienhotel findet der Gast wohnliche, solide möblierte Zimmer mit schöner Aussicht - teils mit Sprudelwanne. Helles, neuzeitliches Restaurant.

Artemis garni

– ✆ 027 957 32 01 – info@artemis-saasfee.ch – Fax 027 957 60 00 – geschl. 20. April - 21. Juni Y g

26 Zim – †90/170 CHF ††140/230 CHF

◆ Die mit Eschenholz wohnlich und funktionell eingerichteten Zimmer dieses an der Dorfstrasse gelegenen Hotels verfügen über Balkone, Sitzecke und moderne Bäder.

Bristol

Zim,

– ✆ 027 958 12 12 – bristol@saas-fee.ch – Fax 027 958 12 13 – geschl. 30. April - 1. Juni Z t

19 Zim – †105/148 CHF ††170/262 CHF – ½ P +25 CHF – **Rest** – (24 CHF) Menü 48 CHF – Karte 43/83 CHF

◆ Ein modernes Hotel mit funktionell ausgestatteten, hell möblierten Gästezimmern - die meisten verfügen über Balkone mit Sicht auf die umliegende Bergwelt. Gaststube und neuzeitlicher Speisesaal mit Blick auf die Piste.

Etoile

Rest, Rest,

Wildi / Grosses Moos – ✆ 027 958 15 50 – info@hotel-etoile.ch – Fax 027 958 15 55 – geschl. Oktober - Mitte Dezember und 12. April - 21. Juni Y t

22 Zim – †85/125 CHF ††160/250 CHF – ½ P +23 CHF – **Rest** – *(nur für Hausgäste)*

◆ Recht ruhig liegt dieses im regionstypischen Stil erbaute Haus am Ortsrand. Ein reichhaltiges Animationsprogramm kennzeichnet das Erlebnishotel.

Ambiente

Rest,

– ✆ 027 958 91 10 – hotel.ambiente@saas-fee.ch – Fax 027 958 91 20 – geschl. Mitte September - Mitte Dezember und 27. April - 27. Juni Z k

24 Zim – †105/140 CHF ††190/280 CHF – ½ P +25 CHF – **Rest** – *(nur für Hausgäste)*

◆ Helles Mobiliar und Stoffe in kräftigen Farben sowie teils mit Jacuzzi-Wannen ausgestattete Badezimmer prägen die modernen Zimmer dieses Hauses.

Feehof garni

– ✆ 027 958 97 00 – info@feehof.ch – Fax 027 958 97 01 Z j

12 Zim – †75/128 CHF ††140/246 CHF

◆ Modern und funktionell ist das familiär geführte kleine Hotel mit Balkonfassade eingerichtet. Auch zwei Familienzimmer sind vorhanden.

Imseng garni

– ✆ 027 958 12 58 – info@hotel-imseng.ch – Fax 027 958 12 55 – geschl. Ende November - Anfang Dezember und 5. - 25. Mai Z y

12 Zim – †82/123 CHF ††144/229 CHF

◆ Im ortstypischen Stil gebaut, liegt dieses zeitgemäss eingerichtete kleine Hotel im Zentrum und bietet Sicht auf die umliegenden Berge. Eigene Bäckerei/Konditorei mit Café.

Waldhotel Fletschhorn (Markus Neff) mit Zim ← Berge und über Wanderweg Richtung Sengg (30 min.) – ✆ 027 957 21 31 – info@fletschhorn.ch – Fax 027 957 21 87 – geschl. Ende Oktober - 12. Dezember und 20. April - 12. Juni
Saas-Tal, & Rest, Zim, VISA MC AE D

13 Zim – 220 CHF 330 CHF – ½ P +95 CHF – **Rest** – *(mittags auch kleine Karte)* Menü 160/200 CHF – Karte 112/167 CHF

Spez. Lauwarme Jakobsmuscheln in Almschinken gehüllt. Freilandpoularde unter der Salzkruste. Tarte Tatin vom Apfel mit Eis vom Schafsmilch-Joghurt.
Weine Heida, Petite Arvine

◆ Eine herzliche Betreuung, hoch stehende zeitgemässe Küche und eine enorme Auswahl an Walliser Weinen zeichnen das wunderschön auf einer Waldlichtung gelegene Restaurant aus.

Hohnegg mit Zim ← Berge, Zim, VISA MC AE
(von der Kirche aus über Wanderweg 20 min., Höhe 1 910 m) – ✆ 027 957 22 68 – welcome@hohnegg.ch – Fax 027 957 12 49 – geschl. Mai Y v

8 Zim – 95/170 CHF 190/300 CHF – ½ P +54 CHF – **Rest** – *(geschl. Mitte Oktober - Mitte Dezember, 20. April - 13. Juni und Montagmittag) (mittags auch kleine Karte)* (25 CHF) Menü 32 CHF (mittags)/125 CHF – Karte 53/101 CHF

◆ Klare Linien, warme Farben und eine angenehme Beleuchtung bestimmen das Ambiente des Restaurants und Gourmetstüblis. Wohnlich-rustikal eingerichtete Gästezimmer.

SAAS GRUND – Wallis (VS) – 552 L12 – 1 167 Ew – Höhe 1 562 m – Wintersport : 1 559/3 200 m 2 5 – ✉ 3910 8 E6

Bern 108 – Brig 33 – Sierre 52 – Sion 68 – Zermatt 36

Saastal Tourismus, Dorfplatz, ✆ 027 958 66 66, ferien@saastal.ch, Fax 027 958 66 67

Mattmark★★

Hohsaas★★★ mit Luftseilbahn

Lokale Veranstaltungen :

Anfang Juli : Alpenaufzug und Ringkuhkampf auf der Triftalp
15.08 : Älplerfest auf der Triftalp

Touring P VISA MC
– ✆ 027 957 21 27 – info@wellnesshotel-touring.ch – Fax 027 957 15 19 – geschl. Mitte September - Mitte Dezember und 10. April - 15. Juni

14 Zim – 70/87 CHF 130/160 CHF – ½ P +21 CHF – **Rest** – *(geschl. Mitte September - Ende Juni) (nur für Hausgäste)*

◆ Ein familiengeführtes kleines Hotel nicht weit von Saas Fee. Es stehen zeitgemässe und funktionelle Gästezimmer mit schöner Aussicht zur Verfügung.

SACHSELN – Obwalden (OW) – 551 N8 – 4 305 Ew – Höhe 472 m – ✉ 6072 4 F4

Bern 101 – Sarnen 4 – Luzern 23 – Emmen 28 – Kriens 23

Kreuz VISA MC AE D
Bruder-Klausen-Weg 1 – ✆ 041 660 53 00 – info@kreuz-sachseln.ch – Fax 041 660 53 90 – geschl. 24. Dezember - 1. Januar

26 Zim – 130/160 CHF 210/240 CHF – ½ P +35 CHF – **Rest** – *(geschl. Montag)* (18 CHF) Menü 39 CHF (mittags)/80 CHF – Karte 45/89 CHF

◆ Im Zentrum neben der Kirche liegt das Haus mit neuzeitlichen, soliden Zimmern. Im historischen Farbhaus von 1290 findet man weitere Gästezimmer. Wechselnde Kunstausstellung.

SÄRISWIL – Bern (BE) – 551 I7 – Höhe 640 m – ✉ 3044 2 D4

Bern 15 – Biel 31 – Fribourg 40 – Neuchâtel 53

Zum Rössli ← P VISA MC AE D
Staatsstr. 125 – ✆ 031 829 33 73 – kaufmann@roessli-saeriswil.ch – Fax 031 829 38 73 – geschl. 30. Januar - 12. Februar, 8. - 30. Juli, Dienstag von Oktober bis Juni, Sonntag von Juli bis September und Montag

Rest – (19,50 CHF) Menü 36 CHF (mittags)/67 CHF – Karte 43/97 CHF

◆ Das Berner Bauernhaus a. d. 19. Jh. beherbergt gemütliche, rustikale Stuben und einen modernen Wintergarten mit schöner Aussicht. Internationale, teils regionale Küche.

SAGOGN – Graubünden – 553 T8 – siehe Laax

SAILLON – Valais (VS) – 552 H12 – 1 519 h. – alt. 522 m – Stat. thermale – ✉ 1913 7 D6

Bern 141 – Martigny 13 – Montreux 53 – Sion 20

Ancien donjon : point de vue★

Bains de Saillon (thermales) ch, ch,
– ✆ *027 743 11 11 – info@hotel-des-bains-de-saillon.ch – Fax 027 744 32 92*
69 ch – †160/205 CHF ††220/280 CHF – ½ P +45 CHF
Rest *Le Mistral* – (20 CHF) Menu 35/83 CHF – Carte 41/82 CHF
◆ L'hôtellerie n'est qu'une des diverses activités de ce complexe gérant aussi un centre thermal, des boutiques et la location d'appartements. Chambres amples et modernes. À table, cuisine traditionnelle suivant le rythme des saisons.

SAINT-BLAISE – Neuchâtel – 552 G7 – voir à Neuchâtel

SAINTE-CROIX – Vaud (VD) – 552 D8 – 4 333 h. – alt. 1 066 m – ✉ 1450 6 B4

Bern 95 – Neuchâtel 53 – Lausanne 56 – Pontarlier 21 – Yverdon-les-Bains 20

Balcon du Jura Vaudois Tourisme, Hotel de Ville, 10 r. Neuve, ✆ 024 455 41 42, ot@sainte-croix.ch, Fax 024 455 41 15

Les Rasses★ : site★★

Le Chasseron★★★ Nord-Ouest : 8,5 km – Mont de Baulmes★★ Sud : 4,5 km – L'Auberson : Collection★ de pièces à musique anciennes au musée Baud, Ouest : 4 km

France ch, rest,
25 r. Centrale – ✆ 024 454 38 21 – info@hotel-defrance.ch – Fax 024 454 38 42
28 ch – †95/105 CHF ††135/155 CHF – ½ P +33 CHF – **Rest** – *(fermé dimanche d'octobre à avril)* (17 CHF) Menu 29 CHF (déj.)/46 CHF – Carte 35/65 CHF
◆ Dans un village surnommé le "balcon vaudois", bâtisse régionale dont la façade bleu clair abritait déjà une pension de famille en 1912. Chambres mansardées au dernier étage. Salle à manger actuelle où l'on présente une carte de préparations traditionnelles.

aux Rasses Nord-Est : 3 km – alt. 1 183 m – ✉ 1452 Les Rasses

Grand Hôtel Alpes, rest,
– ✆ *024 454 19 61 – info@grandhotelrasses.ch – Fax 024 454 19 42 – fermé 6 - 20 décembre et 16 - 30 mars*
42 ch – †90/160 CHF ††155/225 CHF – ½ P +38 CHF – **Rest** – (22 CHF) Menu 40/76 CHF – Carte 35/86 CHF
◆ Hôtel imposant fondé en 1898. Chambres aux accents baroques espagnols ou plus modernes. Panorama grandiose sur la chaîne des Alpes. Nombreuses distractions au programme. Ample salle de restaurant conservant quelques réminiscences "Belle Époque".

SAINT-GALL – Sankt Gallen – 551 U5 – voir à Sankt Gallen

SAINT-IMIER – Berne (BE) – 551 G6 – 4 807 h. – alt. 793 m – ✉ 2610 2 C3

Bern 71 – Delémont 43 – Neuchâtel 27 – Biel 28 – La Chaux-de-Fonds 16 – Montbéliard 81

Jura Bernois Tourisme, 2 pl. de la Gare, ✆ 032 942 39 42, info@jurabernois.ch, Fax 032 942 39 43

Chasseral★★★ Sud-Est : 13 km

L'Erguël avec ch ch,
11 r. Dr. Schwab – ✆ 032 941 22 64 – mobrecht@worldcom.ch – Fax 032 941 22 64 – fermé 20 juillet - 4 août
7 ch – †65/90 CHF ††110/150 CHF – ½ P +20 CHF – **Rest** – *(fermé dimanche)* (15 CHF) Menu 40 CHF (déj.) – Carte 55/82 CHF
◆ Ce petit hôtel établi au centre d'un bourg horloger constitue un point de chute simple mais valable pour séjourner à proximité du Chasseral (point culminant du Jura du Nord). Restaurant classiquement agencé.

au Mont-Crosin Nord-Est : 5 km – alt. 1 180 m – ✉ 2610 Mont-Crosin

Auberge Vert-Bois - Veranda avec ch
– ✆ 032 944 14 55 – vert-bois@bluewin.ch
– Fax 032 944 19 70 – fermé 3 - 27 mars
5 ch – †100 CHF ††150 CHF – ½ P +40 CHF
Rest – *(fermé mardi de novembre à février, dimanche soir et lundi)* Carte 52/95 CHF
Rest *Brasserie* – *(fermé mardi de novembre à février, dimanche soir et lundi)* (16 CHF) – Carte 37/86 CHF
◆ Chalet moderne isolé dans la nature, au départ d'un sentier menant à un site d'éoliennes. Repas au goût du jour sous la grande véranda. Carte traditionnelle à la brasserie ou en terrasse. Chambres actuelles confortables, dont deux possèdent un balcon avec vue.

à Villeret Est : 2 km – alt. 763 m – ✉ 2613 Villeret

L'Eléphant
9 r. Principale – ✆ 032 941 72 41 – Fax 032 941 72 48 – fermé 15 juillet - 20 août, mardi et mercredi
Rest – (16 CHF) Menu 57/67 CHF – Carte 53/92 CHF
◆ Honorable cuisine thaïlandaise à goûter dans une apaisante salle de restaurant vêtue de bois blond et décorée d'artisanat "made in Bangkok". Service en sari.

SAINT-LÉGIER – Vaud – 552 F10 – voir à Vevey

SAINT-LÉONARD – Valais – 552 I11 – voir à Sion

SAINT-LUC – Valais (VS) – 552 J12 – 319 h. – alt. 1 650 m – Sports d'hiver : 1 650/3 000 m 1 12 – ✉ 3961 8 E6

Bern 191 – Sion 37 – Brig 54 – Martigny 65 – Montreux 104
Office du Tourisme, route principale, ✆ 027 475 14 12, saint-luc@sierre-anniviers.ch, Fax 027 475 22 37
Vue★★
Manifestations locales : 01.08 - 03.08 : 75 ans des fifres et tambours

Bella Tola Becs de Bosson, rest,
rue Principale – ✆ 027 475 14 44
– bellatola@bluewin.ch – Fax 027 475 29 98 – fermé mi-octobre - mi-décembre et 6 avril - 12 juin
34 ch – †155/180 CHF ††274/420 CHF – ½ P +20 CHF – **Rest** – (19 CHF) Menu 51/95 CHF – Carte 56/94 CHF
◆ Hôtel délicieusement rétro, connu depuis 1883 dans ce village d'altitude. Divers types de chambres personnalisées, spa, salon de thé, jardin et superbes panoramas. Table actuelle et vue alpine Chez Ida.

SAINT-MAURICE – Valais (VS) – 553 X10 – 3 596 h. – alt. 422 m – ✉ 1890 7 C6

Bern 116 – Martigny 16 – Montreux 28 – Sion 42
Saint Maurice Tourisme, 1 av. des Terreaux, ✆ 024 485 40 40, tourisme@st-maurice.ch, Fax 024 485 40 80
Trésor★★ de l'abbaye – Clocher★ de l'Église abbatiale – Grotte aux Fées : vue★ de la terrasse du restaurant – Site★

Lafarge
place de la Gare – ✆ 024 485 13 60 – lafarge@bluewin.ch – Fax 024 485 19 11 – fermé 24 décembre - 6 janvier, Pâques, lundi soir et dimanche
Rest – (20 CHF) Menu 55/95 CHF – Carte 60/94 CHF
◆ Cette table, tenue depuis plus de 20 ans par un chef-patron d'origine lyonnaise, met à profit l'ex-hôtel de la gare. Choix traditionnel de saison. Plat du jour au bistrot.

Casabaud
Les Cases, Sud : 1 km – ✆ 024 485 11 85 – contact@casabaud.ch
– Fax 024 485 11 95 – fermé 1er - 20 août, dimanche soir, mardi soir et mercredi
Rest – (18 CHF) Menu 40 CHF (déj.)/67 CHF – Carte 50/72 CHF
◆ Dans un proche hameau, architecture moderne abritant un "restaurant-galerie". Salle à manger d'esprit actuel où l'on vient faire des repas traditionnels.

SAINT-SAPHORIN – Vaud – 552 F10 – voir à Vevey

SALGESCH = SALQUENEN – Wallis – 552 J11 – siehe Sierre

SALORINO – Ticino – 553 R-S14 – vedere Mendrisio

SALUMS – Graubünden – 553 T8 – siehe Laax

SAMEDAN – Graubünden (GR) – 553 X10 – 3 069 Ew – Höhe 1 709 m – Wintersport : 1 750/2 453 m 1 – ✉ 7503

11 J5

Bern 333 – Sankt Moritz 8 – Chur 93 – Davos 61

Samedan - Thusis, Information ☎ 081 288 47 16 und 081 288 66 77

Samedan Tourismus, plazzet 21, ☎ 081 851 00 60, info@samedan.ch, Fax 081 851 00 66

Engadin Golf Samedan, ☎ 081 851 04 66

Lage★

Lokale Veranstaltungen : 10.01 - 13.01 : Out of the Blues Festival

Quadratscha

Zim, Rest, VISA

via quadratscha 2 – ☎ 081 851 15 15 – info@quadratscha.ch – Fax 081 851 15 16 – geschl. Mitte Oktober - Anfang Dezember und 20. April - 30. Mai

21 Zim – 115/175 CHF 200/330 CHF – 4 Suiten – ½ P +39 CHF – **Rest** – Menü 49 CHF (abends) – Karte 50/82 CHF

◆ Hier tragen neben wohnlichen, funktionellen Zimmern mit Balkon - alle nach Süden gelegen - auch Freizeiteinrichtungen zu einem erholsamen Aufenthalt bei. Vier hell und frisch wirkende, getäferte Gaststuben mit rustikaler Einrichtung und zeitgemässer Küche.

Donatz

Rest, VISA

plazzet 15 – ☎ 081 852 46 66 – info@hoteldonatz.ch – Fax 081 852 54 51 – geschl. 14. April - 4. Juni

25 Zim – 100/140 CHF 185/240 CHF – ½ P +48 CHF

Rest *La Padella* – *(geschl. Dienstagmittag und Montag)* (25 CHF) Menü 62 CHF – Karte 55/119 CHF

◆ Man findet den soliden Familienbetrieb im verkehrsberuhigten Dorfzentrum. Die Zimmer sind mit hellen Naturholzmöbeln in rustikalem Stil eingerichtet. Der Name des Restaurants La Padella ist Programm: Aus der Bratpfanne kommen die meisten der gebotenen Speisen.

SAMNAUN – Graubünden (GR) – 553 AA8 – 743 Ew – Höhe 1 846 m – Wintersport : 1 840/2 864 m 5 30 – ✉ 7563

11 K3

Bern 393 – Scuol 38 – Chur 142 – Landeck 52 – Sankt Anton am Arlberg 80

Samnaun-Tourismus, Dorfstr. 4, ☎ 081 868 58 58, info@samnaun.ch, Fax 081 868 56 52

Chasa Montana

Rest, Zim, Rest, VISA

Dorfstr. 30 – ☎ 081 861 90 00 – info@hotelchasamontana.ch – Fax 081 861 90 02 – geschl. 4. - 8. Mai und 19. Oktober - 30. November

44 Zim – 135/330 CHF 204/540 CHF – 8 Suiten – ½ P +50 CHF

Rest *Gourmet Stübli "La Miranda"* – Menü 69/120 CHF – Karte 74/128 CHF

◆ Engadiner Stil und zeitgemässen Komfort hat man in dem wohnlich gestalteten Hotel vereint. Zum Wellnessangebot zählen u. a. Massage und Kosmetik. Zeitgemässe Küche im Gourmet Stübli "La Miranda". Alternativ: "La Pasta" und "La Grotta" mit Raclette und Fondue.

Post

Rest, VISA

– ☎ 081 861 92 00 – info@wellnesshotelpost.ch – Fax 081 861 92 93

52 Zim – 78/201 CHF 136/378 CHF – ½ P +25 CHF – **Rest** – *(nur Mittagessen im Mai, Juni und November)* (23 CHF) Menü 30 CHF (mittags)/40 CHF – Karte 39/85 CHF

◆ Das im regionalen Stil erbaute familiengeführte Hotel verfügt über solide möblierte, funktionelle Zimmer und den gepflegten Freizeitbereich Stella Aqua. Restaurant mit rustikalem Ambiente und traditioneller Küche.

Waldpark garni
Votlasstr. 46 – 081 861 83 10 – info@waldpark.ch – Fax 081 861 83 11 – geschl. Mai - November
20 Zim – 98/222 CHF 154/300 CHF
◆ Im etwas erhöht am Ortsrand liegenden Haus findet man Ruhe und eine schöne Aussicht. Auch die wohnlichen, modern mit rustikalem Fichtenholz möblierten Zimmer empfehlen sich.

Des Alpes Rest,
Dorfstr. 39 – 081 868 52 73 – info@hotel-desalpes-samnaun.ch – Fax 081 868 53 38 – geschl. Anfang Mai - Ende Juni und Mitte Oktober - Ende November
17 Zim – 68/184 CHF 132/320 CHF – ½ P +20 CHF – **Rest** – (18 CHF) Menü 24 CHF (mittags) – Karte 44/91 CHF
◆ Das gut unterhaltene kleine Hotel mit der regionstypischen Fassade beherbergt solide möblierte, wohnliche Gästezimmer. Zum Relaxen: der Freizeitbereich mit Saunalandschaft. Helles Holz schafft ein behagliches Ambiente im Restaurant.

in Samnaun-Ravaisch Nord-Ost : 1,5 km – Höhe 1 800 m – ✉ 7563 Samnaun

Homann
Ravaischstr. 12 – 081 861 91 91 – homann@bluewin.ch – Fax 081 861 91 90 – geschl. Anfang Oktober - Anfang Dezember und 1. Mai - 1. Juli
30 Zim – 73/152 CHF 104/296 CHF – ½ P +20 CHF
Rest *Homann's Restaurant* – separat erwähnt
◆ Das Hotel liegt schön an einem Hang und beherbergt seine Gäste in grosszügig konzipierten, mit hellem rustikalem Holzmobiliar regionstypisch eingerichteten Zimmern.

Astoria Zim,
Talstr. 66 – 081 861 82 42 – info@astoria-samnaun.ch – Fax 081 861 82 41 – geschl. 2. Mai - 6. Juni und 29. September - 31. Oktober
10 Zim – 57/155 CHF 94/290 CHF – ½ P +20 CHF – **Rest** – (24 CHF) Menü 29 CHF – Karte 36/74 CHF
◆ Das kleine, im regionstypischen Stil erbaute Hotel überzeugt mit modern und wohnlich eingerichteten Zimmern. Helles Naturholzmobiliar schafft ein freundliches Ambiente. Gemütliches Restaurant mit rustikalem Charme.

Homann's Restaurant
Ravaischstr. 12 – 081 861 91 91 – homann@bluewin.ch – Fax 081 861 91 90 – geschl. Anfang Oktober - Anfang Dezember, 20. April - 10. Juli und Montag
Rest – *(im Sommer nur Abendessen) (nur Menü)* Menü 63/106 CHF
Spez. Variation vom Thunfisch. Meerwolf an Sellerie-Petersilienmousse mit altem Balsamico. Apfeltarte mit Karamelroyal.
◆ Im rustikalen Restaurant des Ferienhotels verwöhnt man den Gast mit aufwändig und variantenreich zubereiteten zeitgemässen Menüs zu angenehm kalkulierten Preisen.

in Samnaun-Laret Nord-Ost : 3,5 km – Höhe 1 747 m – ✉ 7562 Samnaun-Compatsch

Laret Rest,
Laretstr. 9 – 081 868 51 29 – info@laret.ch – Fax 081 868 52 59 – geschl. 5. Mai - 5. Juli und 11. Oktober - 28. November
14 Zim – 77/177 CHF 132/236 CHF – ½ P +20 CHF –
Rest – Karte 31/65 CHF
◆ Im Hotel, ausserhalb von Samnaun am Hang gelegen, geniesst man die Ruhe und die Sicht. Einfache, mit hellen Möbeln rustikal gestaltete Zimmer. Im kleinen, gemütlichen Stübli oder auf der sonnigen Terrasse serviert man traditionelle Gerichte.

SAN PIETRO DI STABIO – Ticino – 553 R14 – vedere Stabio

SAND – Obwalden – 551 O8 – siehe Kerns

SANGERNBODEN – Bern (BE) – 551 I9 – Höhe 1 005 m – ✉ 1738 7 D5

Bern 40 – Fribourg 24 – Interlaken 70 – Thun 43

Hirschen mit Zim Rest, P VISA AE
– ✆ 026 419 11 58 – hirschen.sangernboden@bluewin.ch – Fax 026 419 39 58
– geschl. Februar, Montag und Dienstag
9 Zim – 50/60 CHF 100/110 CHF – ½ P +25 CHF – **Rest** – (17 CHF) Menü 38 CHF (mittags)/88 CHF – Karte 56/91 CHF
◆ Idyllisch in einem Seitental gelegenes Restaurant mit traditioneller Küche. Zum Übernachten stehen einfache, aber gepflegte Gästezimmer bereit.

SANKT ERHARD – Luzern (LU) – 551 N6 – Höhe 525 m – ✉ 6212 3 F3

Bern 87 – Aarau 31 – Luzern 40 – Olten 29 – Zug 51

Zum Mostkrug P VISA AE
Kantonsstr. 1 – ✆ 041 921 19 49 – info@mostkrug.ch – Fax 041 921 19 63
– geschl. 24. - 31. Dezember, 23. - 31. März, 1. - 10. August, Sonntag und Montag
Rest – (18 CHF) Menü 43 CHF (mittags)/80 CHF – Karte 55/95 CHF
◆ Das Restaurant teilt sich in eine schlicht-rustikale Gaststube und einen moderneren Raum. Neben zeitgemässer Küche bietet man auch über 300 Weine. Kleiner Apéro-Weinkeller.

R. Kuehne/Keystone/Francedias.com

Die Kathedrale

SANKT GALLEN
Saint-Gall

🄺 **Kanton :** SG Sankt Gallen
Michelin-Karte : 551 U5
Einwohnerzahl : 72 626 Ew
Höhe : 668 m – **Postleitzahl :** ✉ 9000

Bern 209 – Bregenz 36 – Konstanz 40 – Winterthur 59
Atlas : 5 **I2**

PRAKTISCHE HINWEISE

Tourist-Information

St. Gallen-Bodensee Tourismus, Bahnhofplatz 1a, **B** Tourist Information in der Chocolaterie Maestrani, Gallusstr. 20, **BC** ✆ 071 227 37 37, info@st.gallen-bodensee-ch, Fax 071 227 37 67 **B**

Automobilclub

Poststr. 18, ✆ 071 227 19 60, Fax 071 222 28 82 **B**
Sonnenstr. 6, ✆ 071 244 63 24, Fax 071 244 52 54 **C**

FREIZEIT

Lokale Veranstaltungen

20.06 - 06.07 : St. Galler Festspiele

Golfplätze

18 Niederbüren West : 24 km, ✆ 071 422 18 56 ;
54 Waldkirch über Ausgang Gossau, Richtung Bischofszell : 20 km, ✆ 071 434 67 67

SEHENSWÜRDIGKEITEN

SEHENSWERT

Stiftsbibliothek★★★ **C** - Kathedrale★★ **BC** : Chor★★★ - Altstadt★★ : Spisergasse★ **C**, Gallusstrasse : Haus "Zum Greif"★ **BC**, Schmiedgasse : Haus "Zum Pelikan"★ **BC**

MUSEEN

Textilmuseum **B** : Sammlung Iklé und Jacoby★★ - Historisches Museum★ **C**

AUSFLUGSZIELE

Dreilinden★ **A** - Tierpark Peter und Paul : Aussicht★ auf Sankt Gallen, Nord : über Tannenstrasse 3 km **A**

Einstein Rest, VISA MC AE D

Berneggstr. 2 – ✆ 071 227 55 55 – hotel@einstein.ch – Fax 071 227 55 77
113 Zim – 🛉220/440 CHF 🛉🛉325/540 CHF, ☕ 25 CHF – ½ P +50 CHF – **Rest** – (26 CHF) Menü 37 CHF (mittags) – Karte 58/106 CHF B **a**

◆ Das Haus unweit des Klosterviertels beherbergt seine Gäste in solide eingerichteten Zimmern mit gutem Platzangebot. Grosszügiger und moderner sind die Zimmer im neueren Annex. Rustikal-gediegenes Restaurant mit Dachschräge und Sichtbalken.

Radisson SAS Zim, Rest, VISA MC AE D

St. Jakobstr. 55 – ✆ 071 242 12 12 – info.stgallen@radissonsas.com – Fax 071 242 12 00 A **b**
123 Zim – 🛉190/270 CHF 🛉🛉215/295 CHF, ☕ 25 CHF
Rest *Olivé* – (19,50 CHF) – Karte 46/91 CHF

◆ Das Hotel überzeugt mit sehr modern eingerichteten und technisch gut ausgestatteten, komfortablen Zimmern. Auch ein Spielkasino befindet sich im Haus. Trendig ist das Ambiente im Olivé, mediterran und traditionell die Küche.

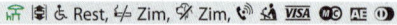

Ekkehard Rest, Zim, Zim, VISA MC AE D

Rorschacherstr. 50 – ✆ 071 224 04 44 – info@ekkehard.ch – Fax 071 224 04 74 – geschl. 22. Dezember - 2. Januar und 19. Juli - 3. August C **v**
29 Zim ☕ – 🛉120/160 CHF 🛉🛉170/225 CHF – ½ P +25 CHF
Rest *Schalander* – *(geschl. Montag, Sonn- und Feiertage) (nur Abendessen ausser Samstag)* Karte 47/92 CHF

◆ Von dem Geschäftshotel am Rande des Zentrums hat man es nicht weit zum Stadttheater und zum Historischen Museum. Helle, durchdacht eingerichtete Zimmer erwarten den Gast. Im kleinen, gemütlichen Schalander wird auch Kulinarisches aus dem Lande Mozarts geboten.

Gallo garni VISA MC AE D

St. Jakobstr. 62 – ✆ 071 242 71 71 – info@hotel-gallo.ch – Fax 071 242 71 61 – geschl. 22. Dezember - 3. Januar A **n**
25 Zim ☕ – 🛉160/175 CHF 🛉🛉220/240 CHF

◆ Das ehemalige, zu einem Hotel umgebaute Wohnhaus beherbergt seine Gäste in zeitgemässen, in Grösse und Farbe unterschiedlich eingerichteten Zimmern.

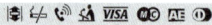

Walhalla VISA MC AE D

Bahnhofplatz – ✆ 071 228 28 00 – info@hotelwalhalla.ch – Fax 071 228 28 90
55 Zim ☕ – 🛉145/225 CHF 🛉🛉190/270 CHF – ½ P +25 CHF – **Rest** – (28 CHF) – Karte 45/88 CHF B **e**

◆ Zentral, wenige Schritte vom Bahnhof entfernt, kann man in funktionellen, teils mit hellem Mobiliar sehr modern eingerichteten Zimmern von ausreichender Grösse übernachten. Typisch bürgerliches A-la-carte-Restaurant.

Metropol Zim, Zim, VISA MC AE D

Bahnhofplatz 3 – ✆ 071 228 32 32 – info@hotel-metropol.ch – Fax 071 228 32 00
31 Zim ☕ – 🛉100/170 CHF 🛉🛉180/260 CHF – ½ P +30 CHF B **t**
Rest *O Premier* – *(geschl. Juli - August 2 Wochen, Ende Dezember 1 Woche, Sonn- und Feiertage)* Menü 26 CHF (mittags)/88 CHF – Karte 49/92 CHF

◆ Mit seiner funktionellen und zeitgemässen Zimmerausstattung ist dieses Hotel in Altstadtnähe vor allem für Geschäftsreisende interessant. Klassische Küche bietet das O Premier.

City Weissenstein garni VISA MC AE D

Davidstr. 22 – ✆ 071 228 06 28 – info@cityweissenstein.ch – Fax 071 228 06 30 – geschl. 22. Dezember - 3. Januar und 20. - 24. März B **n**
27 Zim ☕ – 🛉120/160 CHF 🛉🛉160/240 CHF – 4 Suiten

◆ Ein frisches, modernes Design prägt die angenehm-wohnlichen, technisch gut ausgestatteten Gästezimmer dieses gut geführten Hotels in Zentrumsnähe.

Jägerhof VISA MC AE D

Brühlbleichestr. 11 – ✆ 071 245 50 22 – info@jaegerhof.ch – Fax 071 245 26 12 – geschl. 23. Dezember - 6. Januar, Sonn- und Feiertage A **e**
19 Zim ☕ – 🛉165/185 CHF 🛉🛉230/280 CHF
Rest *Jägerhof* – separat erwähnt

◆ Etwas versteckt liegt dieser kleine Familienbetrieb am Zentrumsrand. Den Gast erwarten hier helle, individuell gestaltete Zimmer in freundlichen Farben.

SANKT GALLEN

Bahnhofplatz	B	3
Bankgasse	B	4
Bitzistrasse	A	6
Bogenstrasse	A	7
Dierauerstrasse	B	8
Engelgasse	B	9
Freudenbergstrasse	A	10
Frongartenstrasse	B	12
Gallusplatz	B	13
Gallusstrasse	C	14
Geltenwilenstrasse	A	15
Gerhaldenstrasse	A	16
Hafnerstrasse	C	17
Hinterlauben	B	18
Kugelgasse	C	19
Linsebühlstrasse	A	20
Marktgasse	BC	
Neugasse	B	
Rosenbergstrasse	A	22
Rotachstrasse	C	24
Sankt-Leonard-Strasse	A	25
Sonnenstrasse	C	27
Splügenstrasse	A	28
Tannenstrasse	A	30
Unterer Graben	B	32
Untere Büschenstrasse	C	31
Varnbüelstrasse	A	33
Vonwilstrasse	A	34
Webergasse	B	36
Zürcher Strasse	A	37
Zwinglistrasse	A	39

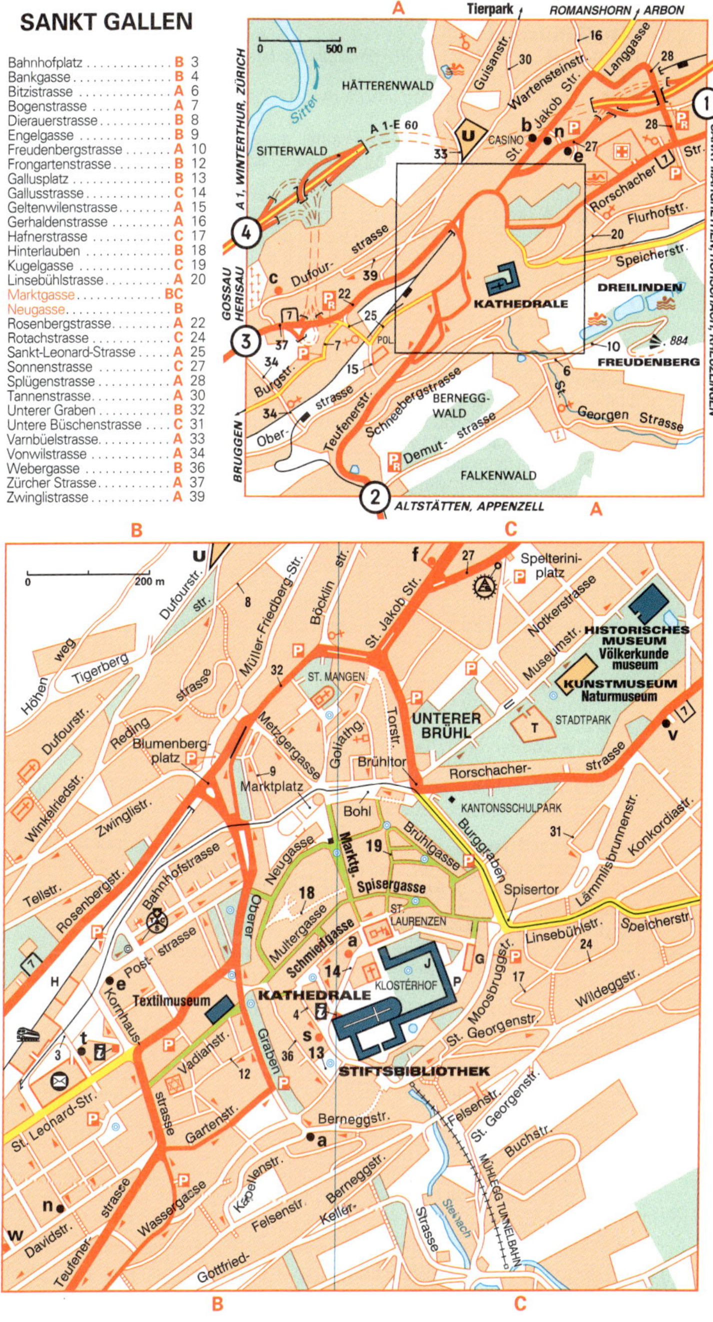

XX **Am Gallusplatz**

Gallusstr. 24 – 071 223 33 30 – gallusplatz@bluewin.ch – Fax 071 223 49 87 B s

Rest – *(geschl. Samstagmittag und Montag)* (25 CHF) Menü 55/90 CHF – Karte 37/114 CHF

◆ Ein altes Kreuzgewölbe ziert den Hauptteil dieses traditionellen familiengeführten Restaurants - ein ehemaliges Nebengebäude des Klosters. Serviert wird eine klassische Küche.

XX **David 38**

Davidstr. 38 – 071 230 28 38 – book@david38.ch – Fax 071 230 28 39

Rest – *(geschl. Sonntag) (Tischbestellung ratsam)* (19 CHF) Menü 56 CHF **(mittags)/98** CHF **– Karte 48/106** CHF B w

◆ In diesem modern-eleganten Restaurant mitten im Geschäftsviertel können die Gäste die gebotene zeitgemässe Küche in kleinen David- oder grossen Goliath-Portionen geniessen.

XX **Schoren**

Dufourstr. 150 – 071 277 08 51 – schoren.ba@bluewin.ch – Fax 071 277 68 50 – geschl. 17. - 30. März, 28. Juli - 10. August, Samstag und Sonntag A c

Rest – (32 CHF) – Karte 49/114 CHF

◆ Restaurant mit freundlichem klassischem Bereich, Wintergarten und seitlich gelegener kleiner Terrasse. Geboten wird traditionelle Küche.

XX **Restaurant Jägerhof** – Hotel Jägerhof

Brühlbleichestr. 11 – 071 245 50 22 – info@jaegerhof.ch – Fax 071 245 26 12 – geschl. 23. Dezember - 6. Januar, 10. Juli - 10. August, Samstagmittag, Sonn- und Feiertage A e

Rest – *(nur Menü)* (25 CHF) Menü 62 CHF (mittags)/200 CHF

◆ In dem hellen, neuzeitlichen Restaurant serviert man dem Gast an gut eingedeckten Tischen klassische Speisen aus Bioprodukten. Kleinere Karte am Mittag.

X **Netts Schützengarten**

St. Jakobstr. 35 – 071 242 66 77 – netts@netts.ch – Fax 071 242 66 78 C f

Rest – *(geschl. Sonntag) (Tischbestellung ratsam)* (19 CHF) Menü 56 CHF (mittags)/98 CHF – Karte 47/104 CHF

◆ Hinter einer verglasten Fassade erwarten Sie ein einfacherer Gaststubenbereich und die elegant-gediegene Braustube. Biergarten unter Kastanien und Platanen.

X **Zur alten Post**

Gallusstr. 4, (1. Etage) – 071 222 66 01 – a-post@bluemail.ch – Fax 071 222 66 94 – geschl. 1. - 13. Januar, 28. Juli - 10. August, Montag, Sonn- und Feiertage C a

Rest – *(mittags nur kleine Karte)* Menü 49/74 CHF – Karte 53/97 CHF

◆ Typisch für ein Sankt Galler Altstadtrestaurant: Man speist hier im 1. Stock in gemütlich-rustikalem Umfeld. Serviert werden zeitgemässe Gerichte.

in Kronbühl über Langstrasse : 3 km Nord-Ost – Höhe 614 m – ✉ 9302 Kronbühl

XX **Segreto**

Ziegeleistr. 12 – 071 290 11 11 – info@segreto.ch – Fax 071 290 11 17 – geschl. 31. Dezember - 14. Januar, 28. Juli - 11. August, Samstagmittag, Sonntag und Montag

Rest – *(mittags kleine Karte)* (26 CHF) Menü 48 CHF (mittags)/120 CHF – Karte 71/100 CHF

◆ Ein elegantes Restaurant in modernem mediterranem Stil. Das Angebot ist eine Mischung aus italienischer, asiatischer und französischer Küche. Schöne Terrasse. Mit Kinderraum.

Gute und preiswerte Häuser kennzeichnet das Michelin-Männchen, der „Bib": der rote „Bib Gourmand" für die Küche, der blaue „Bib Hotel" bei den Zimmern.

SANKT MORITZ – Graubünden (GR) – **553** X10 – **5 589 Ew** – **Höhe 1 775 m** – **Wintersport : 1 772/3 057 m** 5 18 – **Kurort** – ✉ **7500** 11 **J5**

Bern 327 – Chur 88 – Davos 67 – Scuol 63

Kur- und Verkehrsverein, via maistra 12, ✆ 081 837 33 33, information@stmoritz.ch, Fax 081 837 33 77 Z

Engadin Golf Samedan, Nord-Ost: 5 km, ✆ 081 851 04 66

Engadin Golf Zuoz-Madulain Zuoz, Nord-Ost: 18 km, ✆ 081 851 35 80

Lage★★★. Engadiner Museum★ X M¹ – Segantini Museum : Werden, Sein, Vergehen★ X M²

Piz Nair★★ – Julier- (über ②) und Albulastrasse★ (über ①) : Bergüner Stein★; Samedan★; Celerina/Schlarigna

Lokale Veranstaltungen :

24.01 - 27.01 : Cartier Polo World Cup on Snow

28.01 - 02.02 : Gourmet Festival

03.02, 10.02 und 17.02 : "White Turf" internationale Pferderennen

01.03 : "chalandamarz" alter Frühlingsbrauch und Kinderfest

Stadtplan siehe nächste Seite

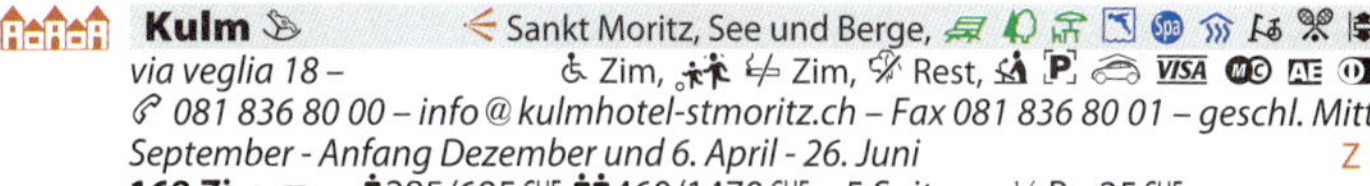

Kulm ← Sankt Moritz, See und Berge,

via veglia 18 – Zim, Zim, Rest, VISA MC AE

✆ 081 836 80 00 – info@kulmhotel-stmoritz.ch – Fax 081 836 80 01 – geschl. Mitte September - Anfang Dezember und 6. April - 26. Juni Z **b**

168 Zim – †285/685 CHF ††460/1470 CHF – 5 Suiten – ½ P +25 CHF

Rest *Rôtisserie des Chevaliers* – *(geschl. Ende März bis Mitte Dezember) (nur Abendessen)* Karte 75/157 CHF – **Rest *The Pizzeria*** – Karte 59/125 CHF

Rest *Sunny Bar* – *(geschl. Mitte Mai - Mitte Dezember)* (24 CHF) – Karte 53/138 CHF

◆ Dieses noble Haus in einem schönen Park bietet alles, was der anspruchsvolle Gast von einem Luxushotel erwartet. Elegant-rustikale Rôtisserie mit Gewölbedecke. Italienisches in The Pizzeria. Japanische Spezialitäten in der Sunny Bar.

Badrutt's Palace ← See und Berge,

via serlas 27 – ✆ 081 837 10 00 – reservations@badruttspalace.com – Fax 081 837 29 99 – geschl. Mitte September - Anfang Dezember und 2. April - 25. Juni Zim, Rest, VISA MC AE Z **a**

132 Zim – †220/945 CHF ††365/2165 CHF – 27 Suiten – ½ P +130 CHF

Rest *Nobu* – separat erwähnt – **Rest** – Menü 80 CHF (mittags)/160 CHF – Karte 108/230 CHF – **Rest *Le Bistro*** – *(geschl. 2. April - Anfang Dezember) (nur Abendessen)* – Menü 85 CHF – Karte 89/132 CHF

◆ Eine beeindruckende Adresse ist dieses 1896 eröffnete Luxushotel. Die verschiedenen Zimmerkategorien bieten Blick auf Dorf, Berge oder See, exklusiv sind die Suiten. Moderne Atmosphäre erwartet den Gast im Restaurant Le Bistro.

Suvretta House ← Tal und Berge,

via chassellas 1, Süd West : 2 km über via somplaz Y – ✆ 081 836 36 36 – info@suvrettahouse.ch – Fax 081 836 37 37 – geschl. Mitte September - Anfang Dezember und 7. April - 21. Juni Rest, Rest, VISA MC AE

175 Zim – †225/730 CHF ††450/1460 CHF – 9 Suiten – ½ P +35 CHF

Rest – *(nur Abendessen)* Karte 68/100 CHF – **Rest *Suvretta Stube*** – Karte 60/122 CHF

◆ In einer schönen Park- und Berglandschaft liegt das schlossähnliche Hotel mit seiner luxuriösen Ausstattung und einer herrlichen Aussicht. Kinderrestaurant für die Kleinen, die Eltern tafeln im prachtvollen Speisesaal. Regionale Küche in der gemütlichen Stube.

Kempinski Grand Hôtel des Bains ←

27 via mezdi – ✆ 081 838 38 38 – reservations.grandhoteldesbains@kempinski.com – Fax 081 838 30 00 – geschl. 7. April - 11. Juni und 20. Oktober - 29. November Zim, Rest, VISA MC AE Y **j**

168 Zim – †295/560 CHF ††380/1380 CHF – 16 Suiten – ½ P +90 CHF

Rest *Cà d'Oro* – *(geschl. 1. April - 24. Dezember, Sonntag und Montag) (nur Abendessen)* Menü 125 CHF – Karte 98/177 CHF

Rest *Les Saisons* – *(nur Abendessen)* Menü 85 CHF – Karte 76/132 CHF

Rest *Enoteca* – *(geschl. Sonntag und Montag im Sommer, Dienstag und Mittwoch im Winter) (nur Abendessen ausser Winter)* Menü 105/129 CHF – Karte 88/146 CHF

◆ Luxus und Exklusivität des imposanten Grandhotels überzeugen auch den anspruchsvollen Gast. Modern-elegante Räume und erstklassiger Service. Mit Kasino. Nobel: hohe, stuckverzierte Decken und Kristall-Lüster im Cà d'Oro. Enoteca: Weinproben und Tapas.

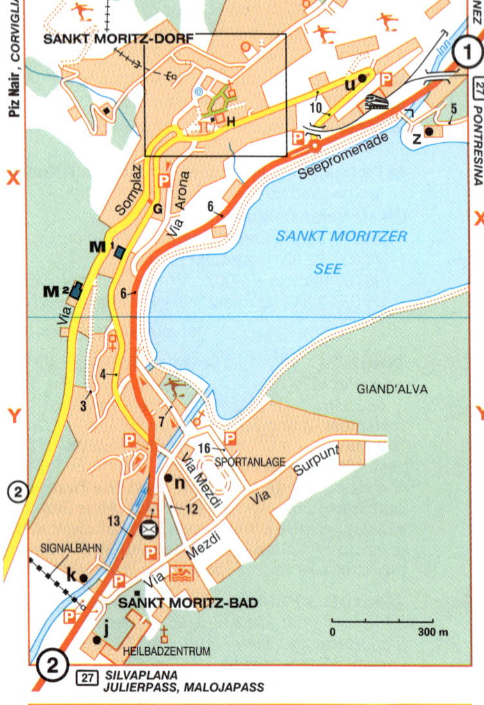

SANKT MORITZ

Arona (V.)	X	
Aruons (V.)	XY	3
Bagn (V. dal)	XY	4
Dim Lej (V.)	X	5
Grevas (V.)	XY	6
Ludains (V.)	Y	7
Maistra (V.)	Z	
Mezdi (V.)	Y	
Mulin (Pl. dal)	Z	
Mulin (V.)	Z	9
Posta Veglia (Pl. da la)	Z	10
Quadrellas (V.)	Z	
Rosatsch (V.)	Y	12
San Gian (V.)	Y	13
Scoula (Pl. da)	Z	15
Seepromenade	XY	
Sela (V.)	Y	16
Serlas (V.)	Z	
Somplaz (V.)	XY	
Stredas (V.)	Z	18
Surpunt (V.)	Y	
Tinus (V.)	Z	
Traunter Plazzas (V.)	Z	19
Veglia (V.)	Z	
Vout (V.)	Z	21

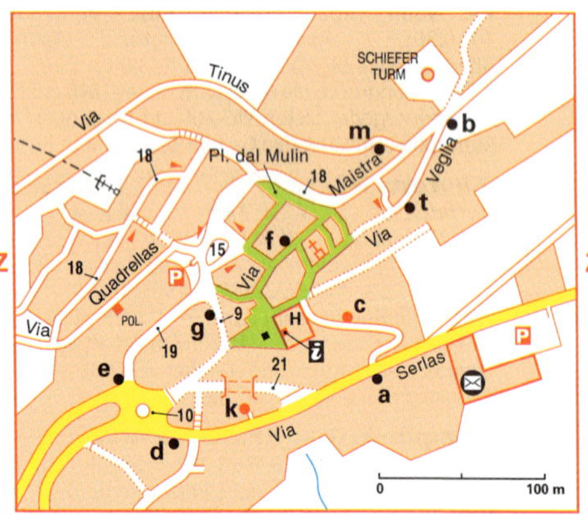

Monopol < Sankt Moritz und Berge, Rest,
via maistra 17 – ✆ 081 837 04 04 – office@monopol.ch – Fax 081 837 04 05 – geschl. Anfang Oktober - Anfang Dezember und 5. April - 21. Mai Z f

68 Zim – 🚹180/270 CHF 🚹🚹310/540 CHF

Rest *Grischuna* – separat erwähnt

◆ Modern eingerichtete Zimmer mit elegantem Holzmobiliar. Beeindruckender Blick auf St. Moritz und die Berge vom ansprechenden Wellnessbereich auf dem Hoteldach.

Schweizerhof Zim, Zim, Rest,
via dal bagn 54 – 081 837 07 07 – reservation@schweizerhofstmoritz.ch – Fax 081 837 07 00 Z d
83 Zim – 155/435 CHF 260/630 CHF – ½ P +45 CHF
Rest *Acla* – (21 CHF) Menü 26 CHF (mittags)/65 CHF – Karte 62/123 CHF
◆ Die Zimmer dieses neuzeitlich eingerichteten Hauses unterscheiden sich leicht in Grösse und Mobiliar, sind aber durchweg funktionell und zeitgemäss ausgestattet. Zeitgemässe italienische Küche im Acla.

Crystal Zim,
via traunter plazzas 1 – 081 836 26 26 – stay@crystalhotel.ch – Fax 081 836 26 27 – geschl. 6. April - 31. Mai und 2. Oktober - 30. November
70 Zim – 170/290 CHF 280/540 CHF – ½ P +65 CHF Z g
Rest *Grissini* – *(im Sommer nur Abendessen)* Menü 33 CHF (mittags)/85 CHF – Karte 65/122 CHF
◆ In diesem Haus übernachtet der Gast in zeitgemässen und wohnlichen Zimmern, die mit hellen Arvenholzmöbeln im regionalen Stil eingerichtet sind. Grissini mit interessantem, modern-italienischem Speisenangebot.

Steffani Zim, Rest,
Am Sonnenplatz 6 – 081 836 96 96 – info@steffani.ch – Fax 081 836 97 17 – geschl. 6. April - 12. Mai Z e
64 Zim – 160/285 CHF 280/570 CHF – ½ P +40 CHF
Rest *Le Lapin Bleu* – (26 CHF) Menü 58 CHF (abends) – Karte 58/104 CHF
Rest *Le Mandarin* – *(geschl. 6. April - Mitte Juni, Ende September - Ende November und Montag im Sommer) (nur Abendessen)* Menü 46/72 CHF – Karte 47/91 CHF
◆ In zentraler Lage an der Hauptstrasse befindet sich das gut unterhaltene Haus, das über zeitgemäss ausgestattete Gästezimmer verfügt. Le Lapin Bleu mit rustikaler Einrichtung und breiter Auswahl an gutbürgerlichen Speisen. Chinesische Küche im Le Mandarin.

La Margna
via serlas 5 – 081 836 66 00 – info@lamargna.ch – Fax 081 836 66 01 – geschl. Anfang Oktober - Mitte Dezember und 30. März - 30. Mai X u
62 Zim – 175/270 CHF 300/500 CHF – ½ P +52 CHF
Rest – Menü 52 CHF (abends) – Karte 47/92 CHF
Rest *Stüvetta* – (19 CHF) – Karte 43/81 CHF
◆ Eine schöne Halle mit Kreuzgewölbe, Original-Kronleuchtern und Schmiedeeisen-Kamin empfängt Sie in diesem Hotel. Die Zimmer: mit Naturholzmöbeln wohnlich-rustikal gestaltet. Gepflegter, klassischer Speisesaal. Urig: das Stüvetta mit regionaler Küche.

Waldhaus am See Sankt Moritz, See und Berge, Rest, Rest,
via dim lej 6 – 081 836 60 00 – info@waldhaus-am-see.ch – Fax 081 836 60 60 X z
52 Zim – 95/225 CHF 190/420 CHF – ½ P +20 CHF – **Rest** – Karte 52/91 CHF
◆ Ausser der ruhigen Seelage und der wohl schönsten Sicht auf den mondänen Wintersportort findet man hier wohnliche, regionstypisch eingerichtete Arvenholzzimmer. Restaurant mit begehbarem Humidor. Whisky-Bar und Shop mit einer riesigen Auswahl an Whiskysorten.

Nolda und Noldapark
via crasta 3 / via g. segantini 32 – 081 833 05 75 – info@nolda.ch – Fax 081 833 87 51 – geschl. Mitte Oktober - Mitte Dezember und Mitte April - Mitte Juni Y k
55 Zim – 90/210 CHF 180/340 CHF – ½ P +45 CHF – **Rest** – Menü 45 CHF (abends) – Karte ca. 45 CHF
◆ Das Noldapark überzeugt mit Wellnesseinrichtungen und Suiten; im Nolda, ca. 5 Gehminuten entfernt, sind der Empfang und die etwas einfacheren Standardzimmer untergebracht. Das A-la-carte-Restaurant befindet sich im Nolda.

Languard garni Sankt Moritz und Berge,
via veglia 14 – 081 833 31 37 – hotel@languard-stmoritz.ch – Fax 081 833 45 46 – geschl. Mitte Oktober - Anfang Dezember und 20. April - 1. Juni Z t
22 Zim – 105/260 CHF 230/510 CHF
◆ Das kleine Familienhotel liegt ruhig im oberen Ortsteil. Aus verschieden eingerichteten Zimmern bietet sich dem Gast eine sehr schöne Sicht auf St. Moritz und die Berge.

Corvatsch Zim, Zim, VISA MC AE D

via tegiatscha 1 – 081 837 57 57 – info@hotel-corvatsch.ch – Fax 081 837 57 58 – geschl. 13. April - 30. Mai und Mitte Oktober - Ende November Y n

28 Zim – 120/190 CHF 190/340 CHF – ½ P +40 CHF – **Rest** – (28 CHF) Menü 60 CHF (abends) – Karte 45/88 CHF

◆ Vom älteren Gebäude hat man es nicht weit zum "Lej da San Murezzan". Einfache und gemütlich mit rustikalem Massivholz eingerichtete Zimmer empfangen den Erholungsuchenden. Restaurant mit typischer Stube und Terrasse auf dem Trottoir.

Arte Zim, VISA MC AE D

via tinus 7 – 081 837 58 58 – hotel@arte-stmoritz.ch – Fax 081 837 58 59 – geschl. 15. April - 20. Juni, November und Montag vom 20. Juni bis 1. November Z m

9 Zim – 110/180 CHF 180/320 CHF – **Rest** – *(nur Abendessen)* Karte 28/65 CHF

◆ Das interessante kleine Hotel verfügt über neun Themenzimmer: Australien, Ägypten, Afrika, Japan, Engadin, Venedig, Mexiko, Indien und Kalifornien. Mit hauseigener Diskothek. Das Restaurant ist eine einfache Pizza-Stube mit kleinem Angebot.

Grischuna – Hotel Monopol VISA MC AE D

via maistra 17 – 081 837 04 04 – office@monopol.ch – Fax 081 837 04 05 – geschl. Anfang Oktober - Anfang Dezember und 5. April - 21. Mai Z f

Rest – *(Tischbestellung ratsam)* (23 CHF) Menü 28 CHF (mittags)/125 CHF – Karte 61/128 CHF

◆ Eine angenehm rustikale Note trägt zum behaglichen Ambiente in diesem Restaurant bei. Aufmerksam serviert man italienische Küche und ebensolche Weine.

Meierei mit Zim < Berge, VISA MC AE D

via dim lej 52, Nord-Ost : über Seepromenade und Spazierweg (Zufahrt mit dem Auto für Hausgäste gestattet) – 081 833 20 60 – info@hotel-meierei.ch – Fax 081 833 88 38 – geschl. Ende September - Mitte Dezember und 28. März - 20. Juni

14 Zim – 120/184 CHF 189/330 CHF – ½ P +45 CHF – **Rest** – *(geschl. Montag)* (18 CHF) Menü 40 CHF (abends) – Karte 47/97 CHF

◆ In den schönen, modernen Zimmern oder im Restaurant mit Terrasse geniesst man in traumhafter Berglandschaft die absolute Ruhe und die wunderbare Sicht auf die Berge.

Nobu – Badrutt's Palace Hotel VISA MC AE D

via serlas 27 – 081 837 10 00 – nobu@badruttspalace.com – Fax 081 837 29 99 – geschl. 2. April - Anfang Dezember Z a

Rest – *(nur Abendessen)* Menü 175/250 CHF – Karte 85/235 CHF

◆ Modern und recht farbenfroh hat man das Restaurant des weltbekannten Nobuyuki Matsuhisa gestaltet. Geboten wird japanische Küche.

Chesa Chantarella < Berge, VISA MC AE D

via salastrains 10, Nord-West : 2 km, im Winter Strasse bis 16 Uhr geschlossen, aber mit Corvatsch-Standseilbahn und 10 min. Fussweg erreichbar – 081 833 33 55 – chesachantarella@kempinski.com – Fax 081 833 85 46 – geschl. Anfang April - Ende November

Rest – *(mittags nur einfaches Angebot)* Karte 74/140 CHF

◆ Am Abend ist das modern-rustikale Ambiente dieses mitten im Skigebiet gelegenen Restaurants besonders angenehm. Zeitgemässe Küche.

Post Haus VISA MC AE D

via dal vout 3, (im "The Murezzan" Komplex) – 081 833 80 80 – info@post-haus.ch – Fax 081 833 80 81 – geschl. 7. April - 13. Juni, 29. September - 4. Dezember und Sonntag - Montag im Sommer Z k

Rest – *(Tischbestellung erforderlich)* (20 CHF) – Karte 62/132 CHF

◆ Italienisch speisen in einem modernen Restaurant mit trendiger Inneneinrichtung, die vom britischen Architekten Sir Norman Foster entworfen wurde.

Chesa Veglia - Patrizier Stuben

via veglia 2 – ✆ 081 837 28 00 – chesa.veglia@badruttspalace.com – Fax 081 837 28 99 – geschl. Mitte September - Anfang Dezember und 2. April - 25. Juni Z c

Rest – Karte 76/155 CHF
Rest *Heuboden* – *(nur Abendessen)* Karte 67/135 CHF
Rest *Chadafö Grill* – *(geschl. 2. April - Anfang Dezember) (nur Abendessen)* Karte 98/190 CHF

◆ Die Patrizier Stuben befinden sich in einem gemütlich-rustikalen Bauernhaus a. d. J. 1658, serviert werden überwiegend regionale Gerichte. Der Heuboden bietet italienische Pizza. Nur im Winter geöffnet: Chadafö Grill mit klassischer Karte.

Chasellas

via suvretta 22, Süd-West : 2,5 km über via somplaz Y – ✆ 081 833 38 54 – info@suvrettahouse.ch – Fax 081 834 43 00 – geschl. Mitte September - Anfang Dezember und 7. April - 21. Juni

Rest – *(Tischbestellung ratsam) (mittags nur kleine Karte)* Menü 110 CHF (abends) – Karte 57/118 CHF

◆ Während sich hier mittags die Skifahrer auf der Terrasse einfach verpflegen, herrscht am Abend gemütliches Ambiente beim Verzehr von Gerichten der regionalen Küche.

auf der Corviglia mit Standseilbahn erreichbar – Höhe 2 488 m – ✉ 7500 Sankt Moritz

Mathis Food Affairs - La Marmite

– ✆ 081 833 63 55 – info@mathisfood.ch – Fax 081 833 85 81 – geschl. Mitte Oktober - Ende November und Mitte April - Mitte Juni ← Berge und Tal,

Rest – *(nur Mittagessen)* Karte 73/143 CHF
Rest *Brasserie* – *(nur Mittagessen)* Karte 48/80 CHF

◆ Eine weithin bekannte Adresse mitten im Skigebiet, wo sich die Reichen und Schönen bei Kaviar und Champagner im eleganten La Marmite treffen. Einfacher geht es in der lebendigen Brasserie zu.

in Champfèr Süd-West : 3 km – Höhe 1 820 m – ✉ 7512 Champfèr

Chesa Guardalej ← Zim, Rest,

via maistra 1 – ✆ 081 836 63 00 – info@chesa-guardalej.ch – Fax 081 836 63 01 – geschl. Mitte Oktober - Anfang Dezember und 31. März - 20. Juni

84 Zim – †140/350 CHF ††280/680 CHF – 8 Suiten – ½ P +60 CHF
Rest *Jenatsch* – *(nur Abendessen)* Menü 78 CHF – Karte 76/120 CHF
Rest *Stüva dal Postigliun* – (28 CHF) Menü 35 CHF (mittags)/90 CHF – Karte 69/120 CHF
Rest *Diavolo* – *(geschl. 1. April - Mitte Dezember, Montag und Dienstag) (nur Abendessen)* Karte 62/122 CHF

◆ Mehrere unterirdisch miteinander verbundene Häuser im Engadiner Stil bilden dieses Hotel. Helle, wohnliche Zimmer und geschmackvolle Suiten. Freizeitbereich mit Squash. Ländlich-elegant: das Jenatsch mit internationaler Küche. Stüva in rustikalem Stil.

Jöhri's Talvo

via gunels 15 – ✆ 081 833 44 55 – info@talvo.ch – Fax 081 833 05 69 – geschl. April - 25. Juni, 21. September - 5. Dezember, im Winter Montag und Dienstagmittag ausser Hochsaison, im Sommer Montag und Dienstag

Rest – Menü 84/268 CHF – Karte 108/236 CHF

Spez. Halber Hummer mit Hummernudeln und Gurken. Engadiner Kalbskarree. Baileys-Soufflé mit Kirschen.

◆ Mit Liebe zum Detail hat man das aus dem 17. Jh. stammende Bündnerhaus restauriert. Angenehm sind das schöne Ambiente und die klassische Küche.

Wie entscheidet man sich zwischen zwei gleichwertigen Adressen? In jeder Kategorie sind die Häuser nochmals geordnet, die besten Adressen stehen an erster Stelle.

SANKT NIKLAUSEN - Obwalden (OW) - 551 O8 - Höhe 839 m - ✉ 6066 4 F4

Bern 110 - Luzern 24 - Altdorf 50 - Engelberg 34 - Sarnen 6 - Stans 12 - Zug 54

Alpenblick ← Bergpanorama, VISA

Melchtalerstrasse - ✆ 041 660 15 91 - geschl. 24. - 31. Dezember, Ende Februar 1 Woche, Juli - August 3 Wochen, Montag und Dienstag

Rest - *(Tischbestellung ratsam)* Menü 60 CHF - Karte 44/93 CHF

◆ Wählen Sie zwischen der kleinen gediegenen Stube und dem hellen, einfacheren Tagesrestaurant. Spezialitätenwochen und an der Saison ausgerichtete Küche.

SANKT PELAGIBERG - Thurgau (TG) - 551 U4 - Höhe 570 m - ✉ 9225 5 H2

Bern 202 - Sankt Gallen 14 - Bregenz 45 - Frauenfeld 43 - Konstanz 28 - Winterthur 57

Sankt Pelagius ← AC VISA AE

St. Pelagibergstr. 17, (hinter der Kirche) - ✆ 071 433 14 34 - wirtschaft-st.pelagius@bluewin.ch - Fax 071 433 14 40 - geschl. 3. - 10. März, 14. - 28. Juli, Sonntagabend, Montag und Dienstag

Rest - *(Tischbestellung erforderlich)* Menü 48 CHF (mittags)/120 CHF - Karte 75/125 CHF

◆ Äusserlich unscheinbar überrascht das Haus mit elegantem und geschmackvollem Interieur. Aufmerksamer Service und aufwendig bereitete Speisefolgen erwarten den Geniesser.

SANTA MARIA i.M. - Graubünden (GR) - 553 AA10 - 327 Ew - Höhe 1 388 m - ✉ 7536 11 K4

Bern 337 - Scuol 63 - Chur 125 - Davos 69 - Merano 69 - Sankt Moritz 69

Tourissem Val Müstair, Sta. Maria, ✆ 081 858 57 27, info.stamaria@val-muestair.ch, Fax 081 858 62 97

Schweizerhof ← Rest, Rest, VISA AE

- ✆ 081 858 51 24 - info@schweizerhof-gr.ch - Fax 081 858 50 09 - geschl. Mitte November - Mitte Januar

26 Zim - †90/145 CHF ††170/270 CHF - ½ P +30 CHF - **Rest** - (33 CHF) - Karte 43/59 CHF

◆ Das klassische, 1903 eröffnete Hotel mit zwei schönen Salons und beeindruckender Aussicht beherbergt die Gäste in einfach eingerichteten Zimmern von unterschiedlicher Grösse. Restaurantbereich mit Speisesaal, zwei rustikalen Stuben und einer Terrasse.

Alpina Zim, Rest, VISA

via maistra - ✆ 081 858 51 17 - alpina@santamaria.ch - Fax 081 858 56 97 - geschl. 1. November - 27. Dezember, April und Montag - Dienstag von Januar bis Mai

18 Zim - †85 CHF ††150 CHF - ½ P +20 CHF - **Rest** - (19 CHF) Menü 30 CHF - Karte 31/53 CHF

◆ In diesem ehemaligen Patrizierhaus an der Ortsdurchfahrt übernachtet der Gast in ausreichend geräumigen, mit soliden Naturholzmöbeln ausgestatteten Zimmern. Ländliche Gaststube und mit Arvenholz getäfertes Restaurant.

Piz Umbrail (Rudolf Wanninger) mit Zim Rest, VISA AE

via maistra 41 - ✆ 081 858 55 05 - info@pizumbrail.ch - Fax 081 858 61 50 - geschl. 4. November - 16. März

3 Zim - †115 CHF ††200 CHF - ½ P +75 CHF - **Rest** - *(geschl. Montag)* Menü 130 CHF - Karte 67/114 CHF

Spez. Terrine vom Saibling (Mai-Juni). Crêpinette vom Kalbssteak mit frischen Pfifferlingen und Steinpilzen (Juli-August). Medaillon vom Junghirschrücken unter einer Markkruste mit Rotweinrisotto (September - Oktober).

◆ Eine alte Pferdestation aus dem 17. Jahrhundert: Sowohl die Cuschina Naira mit offenem Kamin als auch die zeitgemässe Küche verdienen Ihre besondere Beachtung.

in Valchava West : 1 km – Höhe 1 414 m – ✉ 7535 Valchava

Central ≤ Zim, P VISA MC AE
– ✆ 081 858 51 61 – info@centralvalchava.ch – Fax 081 858 58 16 – geschl. 7. - 21. April
20 Zim – 85/105 CHF 150/200 CHF – ½ P +25 CHF – **Rest** – (24 CHF) Menü 28 CHF – Karte 37/60 CHF
◆ Einst ein Engadiner Bauernhaus, empfängt das wegen seiner hübsch bemalten Fassade unübersehbare Haus heute Übernachtungsgäste in seinen Wänden. Moderne Sauna mit Anwendungen. Zum Speisen: Regionale und traditionelle Gerichte sowie Bioküche.

Bestecke und Sterne sollten nicht verwechselt werden!
Die Bestecke stehen für eine Komfortkategorie, die Sterne zeichnen Häuser mit besonders guter Küche aus - in jeder dieser Kategorien.

SARNEN K – Obwalden (OW) – 551 N8 – 9 145 Ew – Höhe 473 m – ✉ 6060 4 F4

Bern 106 – Luzern 20 – Altdorf 44 – Brienz 34

Sarnen Tourismus, Hofstr. 2, ✆ 041 666 50 40, info@sarnen-tourism.ch, Fax 041 666 50 45

Krone Zim, Rest, P VISA MC AE
Brünigstr. 130 – ✆ 041 666 09 09 – info@krone-sarnen.ch – Fax 041 666 09 10
59 Zim – 145 CHF 230 CHF – ½ P +35 CHF –
Rest – (19 CHF) – Karte 44/84 CHF
◆ Das Hotel liegt an der Hauptstrasse im Ortszentrum. Durch eine helle, moderne Halle gelangen Sie in funktionell gestaltete Gästezimmer, teils mit Balkon. Im Restaurant serviert man traditionelle Küche.

Zum Landenberg VISA MC AE
Jordanstr. 1 – ✆ 041 660 12 12 – gasthaus-zum-landenberg@bluewin.ch – Fax 041 660 12 56 – geschl. 2 - 18. Februar, 26. Juli - 11. August, Samstagmittag und Sonntag
Rest – (23 CHF) Menü 55 CHF (mittags)/105 CHF – Karte 53/130 CHF
◆ In diesem hellen, freundlichen Restaurant mit Vinothek und moderner Einrichtung finden Sie sicher den jeweils passenden Tropfen zu den angebotenen mediterranen Speisen.

in Wilen Süd-West : 3 km – Höhe 506 m – ✉ 6062 Wilen (Sarnen)

Wilerbad ≤ Sarnersee und Berge, Rest, P VISA MC AE
Wilerbadstr. 6 – ✆ 041 662 70 70 – info@wilerbad.ch – Fax 041 662 70 80
57 Zim – 140/175 CHF 240/310 CHF – ½ P +38 CHF
Rest *Taptim Thai* – (19 CHF) Menü 33 CHF (mittags)/72 CHF – Karte 45/79 CHF
Rest *Vivaldi* – (18 CHF) Menü 32 CHF (mittags)/49 CHF – Karte 44/90 CHF
◆ Das moderne Geschäftshotel liegt sehr ruhig oberhalb des Sees. Die Zimmer mit funktioneller Einrichtung bestechen so besonders durch die Aussicht. Taptim Thai mit thailändischer Küche. Vivaldi mit Terrasse, die einen schönen Blick auf See und Berge gewährt.

Waldheim am Sarnersee ≤ Rest, Zim, Rest, P VISA MC AE
– ✆ 041 660 13 83 – info@waldheim.com – Fax 041 660 23 83 – geschl. 17. Dezember - 8. Januar, 4. - 17. Februar, Sonntagabend und Montag von November - Ostern
35 Zim – 132/145 CHF 190/215 CHF – ½ P +37 CHF
Rest *Boccaccio* – Karte 50/98 CHF
◆ Durch den hauseigenen Park gelangen Sie zu diesem Hotel. Die Zimmer: neuzeitlich, einige auch etwas älter und schlicht-rustikal. Im Sommer ist die Liegewiese am See beliebt. Das Restaurant bietet gute zeitgemässe Küche. Sehr schön ist die Terrasse zum See hin.

SATIGNY – Genève (GE) – 552 A11 – 2 785 h. – alt. 485 m – ✉ 1242 6 A6

Bern 163 – Genève 11 – Bellegarde-sur-Valserine 33 – Divonne-les-Bains 23 – Oyonnax 63

à Peney-Dessus Sud : 3 km par route de Dardagny et voie privée – ✉ 1242 Satigny

Domaine de Châteauvieux (Philippe Chevrier) avec ch
16 ch. de Châteauvieux – ☎ 022 753 15 11 – info@chateauvieux.ch – Fax 022 753 19 24 – fermé 22 décembre - 8 janvier et 28 juillet - 12 août
13 ch – 225/365 CHF 275/415 CHF – **Rest** – *(fermé dimanche et lundi)* Menu 88 CHF (déj.)/260 CHF – Carte 190/256 CHF
Spéc. Carpaccio de coquilles Saint-Jacques et tartare de langoustines. Bar de ligne au sel. Biscuit coulant au chocolat chaud. **Vins** Dardagny, Lully
◆ Cette ancienne ferme promue hostellerie œuvre au cœur du vignoble. Cuisine exquise, crus prestigieux et tout l'agrément que l'on peut attendre d'une grande maison de bouche. Chambres stylées, avec excellente literie et salles de bains modernes. Breakfast soigné.

à Peney-Dessous Sud : 3 km – ✉ 1242 Satigny

Le Café de Peney
130 rte d'Aire-la-Ville – ☎ 022 753 17 55 – peney@chateauvieux.ch – Fax 022 753 17 60 – fermé 23 décembre - 3 janvier
Rest – *(prévenir)* (24 CHF) Menu 59/89 CHF – Carte 72/111 CHF
◆ Plaisante ambiance de bistrot cossu, jardin d'hiver, cave rabelaisienne, joli restaurant d'été sous tonnelle et ponton d'amarrage. Au total : un bon petit repaire gourmand.

SAULCY – Jura (JU) – 551 H5 – 264 h. – alt. 910 m – ✉ 2873 2 C3

Bern 77 – Delémont 19 – Basel 61 – Biel 34 – La Chaux-de-Fonds 42

Bellevue rest,
– ☎ 032 433 45 32 – info@le-bellevue.ch – Fax 032 433 46 93 – fermé février, mardi et mercredi sauf de juillet à août
10 ch – 70/85 CHF 120/150 CHF – ½ P +35 CHF – **Rest** – (15 CHF) – Carte 34/81 CHF
◆ Belle bâtisse ancienne (1905) de style régional tournée vers la vallée et les monts du Jura. Chambres diversement agencées ; celle portant le numéro 25 est la plus charmante. Restaurant au décor rustique et à l'ambiance familiale. Cuisine traditionnelle.

SAVOGNIN – Graubünden (GR) – 553 V10 – 882 Ew – Höhe 1 210 m – Wintersport : 1 200/2 713 m 10 – ✉ 7460 10 I5

Bern 287 – Sankt Moritz 39 – Chur 47 – Davos 43

Savognin Tourismus im Surses, Stradung, ☎ 081 659 16 16, ferien@savognin.ch, Fax 081 659 16 17

Lokale Veranstaltungen :
01.03 : "chalandamarz" alter Frühlingsbrauch und Kinderfest
18.03 - 19.03 : Nationales Alpguggenmusiktreffen mit Umzug

Romana
veia davos tga clo 2 – ☎ 081 684 15 44 – info@hotel-romana.ch – Fax 081 684 37 07 – geschl. Ende Oktober - Anfang Dezember, April und Dienstag in Zwischensaison
15 Zim – 65/105 CHF 130/200 CHF – ½ P +35 CHF –
Rest – Karte 46/82 CHF
◆ In diesem familiär geführten Haus im unteren Dorfteil übernachtet man in mit hellen Holzmöbeln etwas verschieden eingerichteten Zimmern mit Standardkomfort. Vielfältige Gastronomie: einfache Gaststube, gemütlich-rustikale Pizzeria und gehobenes Restaurant.

SAX – Sankt Gallen (SG) – 551 V6 – Höhe 484 m – ✉ 9468 5 I3

Bern 243 – Sankt Gallen 60 – Altstätten 25 – Bad Ragaz 33 – Rapperswil 92

Schlössli mit Zim Rheintal und Berge, VISA AE

Gaditsch 1 – 081 750 40 90 – info@schloesslisax.ch – Fax 081 750 40 91 – geschl. Februar

9 Zim – 120 CHF 160 CHF

Rest – *(geschl. Montag und Dienstag ausser Adventszeit)* Menü 40 CHF (mittags)/104 CHF – Karte 68/119 CHF

Rest *Bier Stübli* – *(geschl. Montag und Dienstag ausser Adventszeit)* (18 CHF) Menü 40 CHF (mittags) – Karte 43/90 CHF

◆ Schönes Restaurant in einem Herrschaftshaus von 1551: das Grotto mit Kreuzgewölbe und das Freiherrenstübli mit getäferten Wänden, beide schlicht-modern gestylt. Die einfachere Version: das Bier Stübli. Zeitgemässe Zimmer mit funktioneller Einrichtung.

SCHAFFHAUSEN K – Schaffhausen (SH) – 551 Q3 – 33 628 Ew – Höhe 403 m – ✉ 8200 4 G1

Bern 172 – Zürich 52 – Winterthur 29 – Villingen 56 – Villingen-Schwenningen 58

Schaffhausen Tourismus, Herrenacker 15, 052 632 40 20, info@schaffhausen-tourismus.ch, Fax 052 632 40 30 A

Rheinblick Lottstetten-Nack (Deutschland), West : Lottstetten, Nack : 19 km, (0049) 77 45 92 960 ;

Obere Alp Stühlingen (Deutschland), Nord : 20 km, (0049) 77 03 92 030

Altstadt★ : Aussichtspunkt★, Vordergasse★ B. Museum zu Allerheiligen★ B M1 - Hallen für neue Kunst B M2

Rheinfall★★ über ③ oder ④

Stadtplan siehe nächste Seite

Bahnhof garni VISA AE

Bahnhofstr. 46 – 052 630 35 35 – mail@hotelbahnhof.ch – Fax 052 630 35 36 – geschl. 21. Dezember - 7. Januar A e

50 Zim – 170/207 CHF 270/310 CHF

◆ Zu dem Hotel mit modernen Gästezimmern und Tagungsräumen gehört ein Lounge-Restaurant, in dem man mittags vier Tagesteller und abends Snacks für den kleinen Appetit serviert.

Promenade Zim, VISA AE

Fäsenstaubstr. 43 – 052 630 77 77 – info@promenade-schaffhausen.ch – Fax 052 630 77 78 – geschl. 22. Dezember - 6. Januar A b

39 Zim – 129/165 CHF 190/245 CHF – ½ P +27 CHF – **Rest** – Menü 37 CHF – Karte 31/82 CHF

◆ Das Hotel liegt ausserhalb des Zentrums in einer Wohngegend. Die mit hellen Furnierholzmöbeln zweckmässig eingerichteten Zimmer haben meist eine kleine Sitzecke. Kleines, bürgerlich dekoriertes Restaurant.

Rüden garni VISA AE

Oberstadt 20 – 052 632 36 36 – info@rueden.ch – Fax 052 632 36 37 – geschl. 24. Dezember - 3. Januar A x

30 Zim – 125/180 CHF 160/280 CHF

◆ In diesem Zunfthaus aus dem 18. Jh. mit schöner Fassade wurde sehr grosser Wert auf die Harmonie von historischer Bausubstanz und modernstem Wohnkomfort gelegt.

Rheinhotel Fischerzunft (André Jaeger) mit Zim

Rheinquai 8 – 052 632 05 05 – info@fischerzunft.ch – Fax 052 632 05 13 VISA AE B a

6 Zim – 190/240 CHF 280/330 CHF – 4 Suiten

Rest *Vinopium* separat erwähnt

Rest – *(geschl. Montag und Dienstag ausser Feiertage)* Menü 95/195 CHF – Karte 83/180 CHF

Spez. Halber Hummer auf exotischem Salat. Saibling nach klassischem Fischerzunftrezept zubereitet. Steinbutt in der Salzkruste.

◆ Schön am Rhein liegt das elegante Haus, dessen aufmerksamer Service, die geschmackvolle Atmosphäre und der persönliche Stil des Küchenchefs einen Besuch lohnenswert machen.

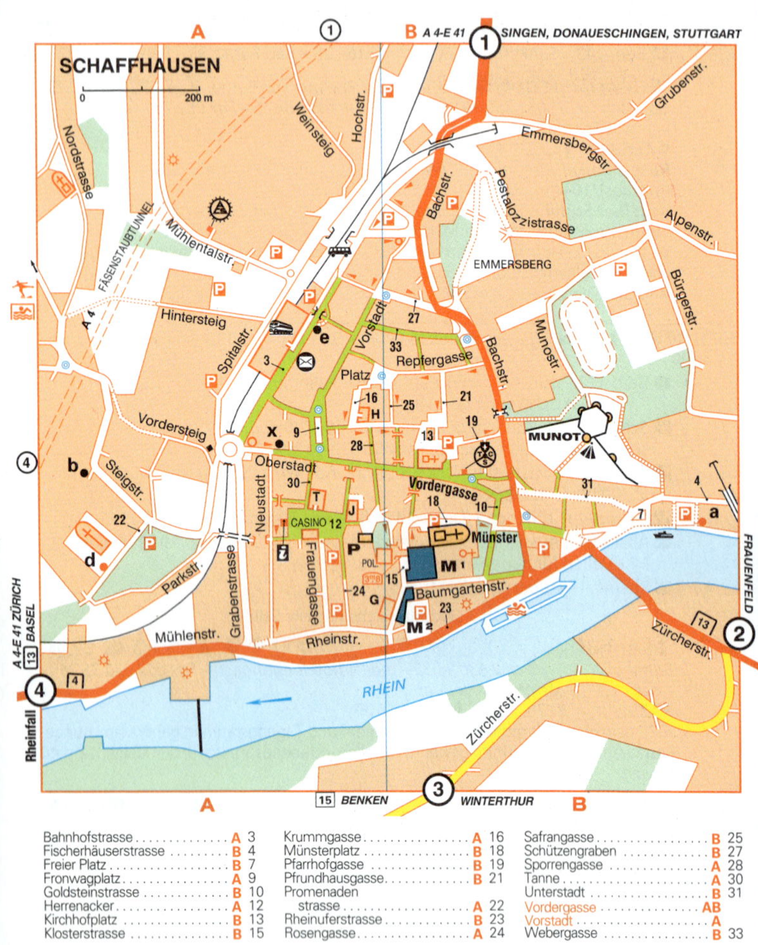

Bahnhofstrasse . . . . A 3	Krummgasse . . . . A 16	Safrangasse . . . . B 25
Fischerhäuserstrasse . . . . B 4	Münsterplatz . . . . B 18	Schützengraben . . . . B 27
Freier Platz . . . . B 7	Pfarrhofgasse . . . . B 19	Sporrengasse . . . . A 28
Fronwagplatz . . . . A 9	Pfrundhausgasse . . . . B 21	Tanne . . . . A 30
Goldsteinstrasse . . . . B 10	Promenaden strasse . . . . A 22	Unterstadt . . . . B 31
Herrenacker . . . . A 12	Rheinuferstrasse . . . . B 23	Vordergasse . . . . AB
Kirchhofplatz . . . . B 13	Rosengasse . . . . A 24	Vorstadt . . . . A
Klosterstrasse . . . . B 15		Webergasse . . . . B 33

Schaffhauserhof

Promenadenstr. 21 – 052 625 58 00 – schaffhauserhof@schaffhausen.ch – Fax 052 625 58 30 – geschl. Montag und Dienstag A **d**

Rest – (19 CHF) Menü 27 CHF (mittags)/98 CHF – Karte 45/93 CHF

◆ In diesem gut geführten Haus wird mit Ambition traditionelle Küche mit klassischen Einflüssen zubereitet. Sehr freundlich ist auch das Personal.

Sommerlust

Rheinhaldenstr. 8 – 052 630 00 60 – info@sommerlust.ch

Rest – (22 CHF) Menü 48 CHF (mittags) – Karte 53/99 CHF

◆ Konzerte und Kunstausstellungen, einen modernen Wintergarten, guter Service und einen schönen Garten mit Rheinblick bietet Ihnen dieses Restaurant.

Vinopium – Rheinhotel Fischerzunft

Rheinquai 8 – 052 632 05 05 – info@fischerzunft.ch – Fax 052 632 05 13 B **a**

Rest – *(geschl. Montag und Dienstag ausser Feiertage)* Karte 48/72 CHF

◆ Die Restauranträume des Vinopium sind in eine Vinothek-Lounge und einen Bistrobereich unterteilt. Man serviert hier zeitgemässe Gerichte zu moderaten Preisen.

in Herblingen über ① : 3 km – Höhe 404 m – ✉ 8207 Schaffhausen

Hohberg
Schweizersbildstr. 20 – ✆ 052 643 42 49 – hotel.hohberg@bluewin.ch – Fax 052 643 14 00
35 Zim – 100/145 CHF 160/250 CHF – ½ P +28 CHF – **Rest** – (15 CHF) – Karte 40/89 CHF
◆ Will man etwas ausserhalb der Stadt übernachten, empfiehlt sich das Hotel Hohberg mit seinen verschieden eingerichteten, jedoch durchweg modernen Zimmern. Beim Essen blickt man in die nur durch eine Glasscheibe abgetrennte Reithalle.

in Neuhausen am Rheinfall über ④ : 2 km – Höhe 397 m – ✉ 8212 Neuhausen am Rheinfall

Schlössli Wörth ← Rheinfall,
(am Rheinfall) – ✆ 052 672 24 21 – info@schloessliwoerth.ch – Fax 052 672 24 30 – geschl. 24. Januar - 10. Februar und Mittwoch von Oktober bis März
Rest – Menü 49 CHF (mittags)/74 CHF – Karte 53/91 CHF
◆ Einen wahren Logenplatz hat der Gast in diesem Restaurant direkt gegenüber dem grössten Wasserfall Europas. Zur Panoramasicht bietet man zeitgemässe Gerichte.

SCHALCHEN – Zürich – 551 R5 – siehe Wila

SCHANGNAU – Bern (BE) – 551 L8 – 910 Ew – Höhe 933 m – ✉ 6197 8 E4

Bern 55 – Langnau im Emmental 26 – Luzern 59 – Thun 29

in Kemmeriboden-Bad Süd-Ost : 8 km – Höhe 979 m – ✉ 6197 Schangnau

Kemmeriboden-Bad ← Zim, Rest,
– ✆ 034 493 77 77 – hotel@kemmeriboden.ch – Fax 034 493 77 70 – geschl. 10. - 26. Dezember
31 Zim – 101/114 CHF 184/200 CHF – ½ P +50 CHF – **Rest** – *(geschl. Montag von Januar bis März)* (25 CHF) Menü 54 CHF (abends) – Karte 41/90 CHF
◆ Der schöne Landgasthof von 1892 liegt eingebettet in eine idyllische Alpenlandschaft am Ende des Tales. Die Zimmer sind frisch renoviert und bieten zeitgemässen Komfort. Einfache Wirtschaft sowie zwei mit hellem Holz rustikal und gemütlich gestaltete Stuben.

SCHEUNENBERG – Bern (BE) – 551 I-J6 – Höhe 487 m – ✉ 3251 Wengi b. Büren 2 D4

Bern 26 – Biel 20 – Burgdorf 31 – Neuchâtel 49 – Solothurn 26

Sonne
Scheunenberg 70 – ✆ 032 389 15 45 – sonne-scheunenberg@bluewin.ch – Fax 032 389 15 36 – geschl. 14. - 31. Januar, 8. - 18. September, Montag und Dienstag
Rest – Menü 59 CHF (mittags)/143 CHF – Karte 88/135 CHF
Rest *Bistro* – (17 CHF) – Karte 56/107 CHF
◆ Schon die Lage in dem kleinen Weiler und die typische Fassade des alten Berner Bauernhauses stimmen auf den Genuss zeitgemässer Gerichte in den angenehmen Stuben ein.

SCHLARIGNA – Graubünden – 553 X10 – siehe Celerina

SCHLATT BEI APPENZELL – Appenzell Innerrhoden – 551 R4 – siehe Appenzell

---

SCHLATTINGEN – Thurgau (TG) – 551 R3 – Höhe 427 m – ✉ 8255 4 G2

Bern 170 – Zürich 51 – Frauenfeld 20 – Schaffhausen 14

Frieden "Ban Thai"
Hauptstr. 10 – ✆ 052 657 33 52 – h.dickenmann@bluewin.ch – Fax 052 657 38 24 – geschl. 28. Januar - 4. Februar, 21. Juli - 12. August und Sonntag
Rest – *(nur Abendessen)* Karte 47/76 CHF
◆ In dem von aussen etwas unscheinbar wirkenden Gasthaus serviert man in zwei freundlichen Stuben authentisch zubereitete thailändische Gerichte.

SCHMERIKON – Sankt Gallen (SG) – 551 S6 – 3 182 Ew – Höhe 408 m – ✉ 8716 4 H3

Bern 172 – Zürich 57 – Frauenfeld 57 – Glarus 27 – Sankt Gallen 66

Strandhotel

Allmeindstrasse – ✆ 055 282 56 00 – info@strand-hotel.ch – Fax 055 282 45 71

12 Zim – †125 CHF ††165 CHF – **Rest** – *(geschl. 15. Januar - 22. Februar und Dienstag ausser April - Oktober)* (25 CHF) – Karte 49/95 CHF

◆ Mit schöner Aussicht: Im direkt am See ruhig gelegenen Hotel übernachtet der Gast in Zimmern und Appartements, die geschmackvoll im mediterranen Stil eingerichtet wurden. Modernes Restaurant in warmen Farben, grosser Terrasse und italienischer Karte.

SCHNAUS – Graubünden – 553 T9 – siehe Ilanz

SCHÖNBÜHL – Bern (BE) – 551 J7 – Höhe 526 m – ✉ 3322 2 D4

Bern 18 – Biel 36 – Burgdorf 15 – Neuchâtel 64 – Solothurn 38

Schönbühl mit Zim

Alte Bernstr. 11 – ✆ 031 859 69 69 – info@gasthof-schoenbuehl.ch – Fax 031 859 69 05 – geschl. 23. - 28. Dezember

12 Zim – †97/120 CHF ††163/183 CHF – ½ P +30 CHF – **Rest** – *(geschl. Mittwoch)* (18 CHF) – Karte 42/91 CHF

◆ Im Zentrum des Ortes finden Sie diesen traditionellen Berner Landgasthof a. d. 19. Jh. - behagliche Stuben laden hier zum Verweilen ein. Einfach gehaltene Zimmer.

SCHÖNENWERD – Solothurn (SO) – 551 M5 – 4 761 Ew – Höhe 379 m – ✉ 5012 3 E3

Bern 77 – Aarau 5 – Baden 31 – Basel 59 – Luzern 52 – Solothurn 49 – Zürich 52

Schuhmuseum★★

Storchen Zim, Rest, Zim,

Oltnerstr. 16 – ✆ 062 858 47 47 – info@hotelstorchen.ch – Fax 062 858 47 00 – geschl. 24. Dezember - 2. Januar

42 Zim – †125/160 CHF ††185/240 CHF

Rest *A la Carte* – Menü 45 CHF (mittags) – Karte 40/95 CHF

Rest *Giardino* – (17 CHF) – Karte 40/95 CHF

◆ In dem soliden Geschäftshotel an der Hauptstrasse stehen funktionelle Gästezimmer bereit, meist mit gutem Platzangebot. Fragen Sie nach den neueren Zimmern im 5. Stock. Modern: das Restaurant A la Carte. Giardino mit legerer Atmosphäre.

SCHÖNRIED – Bern – 551 I10 – siehe Gstaad

SCHÜPFEN – Bern (BE) – 551 I7 – 3 318 Ew – Höhe 519 m – ✉ 3054 2 D4

Bern 23 – Biel 24 – Burgdorf 28 – Neuchâtel 53 – Solothurn 44

Bahnhof

Bernstr. 7 – ✆ 031 879 11 08 – h.fritsch@bluewin.ch – Fax 031 872 01 35 – geschl. Januar 2 Wochen und Juli 3 Wochen

10 Zim – †85/95 CHF ††130/150 CHF – ½ P +25 CHF – **Rest** – *(geschl. Donnerstag)* (16 CHF) – Karte 35/87 CHF

◆ Wie der Name schon vermuten lässt, kann man gegenüber dem kleinen Bahnhof in modernen, mit hellen Furnierholzmöbeln zweckmässig eingerichteten Zimmern übernachten. Einfache, rustikale Gaststube und gehobenerer Restaurantteil.

SCHWARZENBURG – Bern (BE) – 551 I8 – Höhe 792 m – ✉ 3150 7 D4

Bern 21 – Fribourg 22 – Thun 31

Verkehrsbüro, Dorfplatz 22, ✆ 031 731 13 91, info@schwarzenburgerland.ch, Fax 031 731 32 11

Lokale Veranstaltungen : 31.12 : Altjahrsesel, alter Brauch

Sonne Zim,

Dorfplatz 3 – 031 731 21 21 – info@sonne-schwarzenburg.ch – Fax 031 731 16 51 – geschl. Sonntag

20 Zim – 95 CHF 150 CHF – ½ P +30 CHF – **Rest** – (17 CHF) Menü 59/65 CHF – Karte 48/90 CHF

◆ Im Herzen des Schwarzenburgerlandes ist dieses Hotel ein günstiger Ausgangspunkt, um die Umgebung zu erkunden. Die hellen Zimmer sind zweckmässig ausgestattet. Für die Mahlzeiten: ein rustikales Restaurant sowie die gepflegte Sonnenstube mit alter Weinpresse.

SCHWEFELBERG BAD – Bern (BE) – 551 J9 – Höhe 1 398 m – ✉ 1738 Sangernboden 7 D5

Bern 40 – Interlaken 64 – Fribourg 32 – Thun 37

Schwefelberg-Bad Zim, Rest,

– 026 419 88 88 – info@schwefelbergbad.ch – Fax 026 419 88 44 – geschl. Ende Oktober - Ende Dezember

30 Zim – 145/300 CHF 290/310 CHF – ½ P +30 CHF – **Rest** – (17 CHF) Menü 46 CHF – Karte 36/85 CHF

◆ Schon im 16. Jh. wurden die romantisch in einer schönen Alpenlandschaft gelegenen Schwefelquellen genutzt. Das Hotel bietet sehr ruhige Zimmer mit gutem Komfort. Idyllische Speiseterrasse und rustikales Restaurant.

SCHWENDE – Appenzell Innerrhoden – 551 U5 – siehe Appenzell

SCHWYZ K – Schwyz (SZ) – 551 Q7 – 13 802 Ew – Höhe 501 m – ✉ 6430 4 G4

Bern 150 – Luzern 47 – Altdorf 19 – Einsiedeln 27 – Glarus 68

infoSchwyz-Tourismusbüro, Bahnhofstr. 4, 041 810 19 91, mail@info-schwyz.ch, Fax 041 810 17 01 A

Bundesbriefarchiv★ A – Kanzel★ der Pfarrkirche St. Martin B

Rigi-Scheidegg★★ über ② : 12 km und Luftseilbahn – Strasse zum Ibergeregg-Pass★ : Ibergeregg : Aussicht★ Ost über Rickenbachstrasse : 11,5 km – Höllochgrotte★ Süd-Ost über Grundstrasse : 16 km

Schwyzer-Stubli

Riedstr. 3 – 041 811 10 66 – info@schwyzer-stubli.ch – geschl. 23. Dezember - 22. Januar, Sonntag und Montag B a

Rest – (19 CHF) Menü 35 CHF (mittags)/82 CHF – Karte 52/82 CHF

◆ Ein behagliches Gasthaus mit sehenswerter Holztäfelung. Neben einer elegant-modernen Raucherlounge verfügt man auch über eine berankte, ruhig gelegene Terrasse.

Nord-West **Richtung Einsiedeln über ③ : 5,5 km – ✉ 6422 Steinen**

XX ✿ **Adelboden** (Franz Wiget) < Tal und Alpen, P VISA AE
Schlagstrasse – ✆ 041 832 12 42 – franz.wiget@bluewin.ch
– Fax 041 832 19 42 – geschl. 17. Februar - 6. März, 20. Juli - 7. August, Sonntag und Montag
Rest – Menü 65 CHF (mittags)/145 CHF – Karte 94/165 CHF
Spez. Salat von Hummer und Täubchen mit Périgord Trüffel. Ybriger Berglamm mit Thymian und Knoblauch. Langsam glasierte Kalbshaxe mit "Gummelistunggis".
◆ Das alte Bauernhaus an der Strasse von Schwyz nach Sattel beherbergt geschmackvoll gestaltete Stuben mit gemütlicher Atmosphäre, in denen der Gast zeitgemässe Küche geniesst.

SCUOL (SCHULS) – Graubünden (GR) – 553 Z9 – 2 122 Ew – Höhe 1 244 m – Wintersport : 1 250/2 783 m 2 10 – Kurort – ✉ 7550 11 K4

▶ Bern 317 – Chur 106 – Davos 49 – Landeck 59 – Merano 105 – Sankt Moritz 62

ℹ ENGADIN/Scuol Tourismus, Stradun, ✆ 081 861 22 22, info@engadin.com, Fax 081 861 22 23 A

Vulpera, ✆ 081 864 96 88

Lage★

Strasse nach Ardez★ West – Kreuzberg★ : Ansicht★★ von Schloss Tarasp über ② : 6 km

Lokale Veranstaltungen : 01.03 : "chalandamarz" alter Frühlingsbrauch und Kinderfest

SCUOL

Bagnera . . . . B 2
Bahnhofstrasse (Via Staziun) A 3
Bogns (V. dals). . . . . B 4
Büglgrond . . . . B 6
Ftan (V. da). . . . . A 7
Gurlaina . . . . B 9
Ospidal (V. da l'). . . . . B 10
Punt . . . . B
Stradun . . . . AB
Sviamaint (V. da). . . . . AB

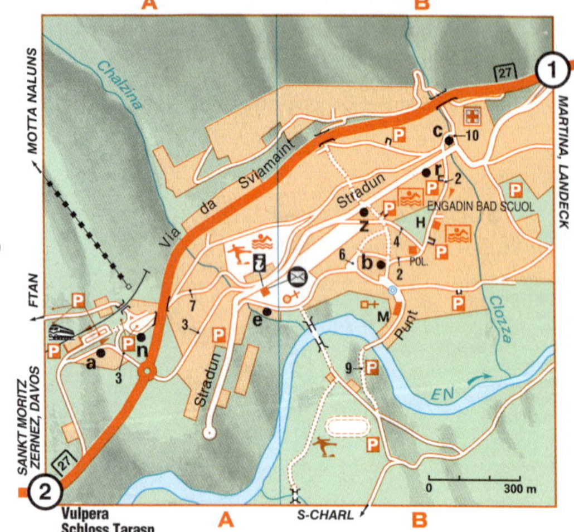

 **Belvédère** < P VISA AE
stradun 330 – ✆ 081 861 06 06 – info@belvedere-scuol.ch
– Fax 081 861 06 00 B z
72 Zim – †160/245 CHF ††240/470 CHF – ½ P +25 CHF – **Rest** – Menü 25 CHF (mittags)/98 CHF – Karte 55/92 CHF
◆ Hinter einer ansprechenden historischen Fassade verbergen sich eine einladende Halle und freundliche, helle Zimmer in modernem Design. Hübsch sind auch die Turmzimmer. Restaurant in rustikal-elegantem Stil.

Altana

via da la staziun 496 – ✆ 081 861 11 11 – hotel@altana.ch – Fax 081 861 11 12 – geschl. Mitte Oktober - Mitte Dezember und 30. März - 6. Juni A a

24 Zim – 124/145 CHF 198/268 CHF – ½ P +30 CHF – **Rest** – (16 CHF) Menü 52 CHF (abends) – Karte 46/91 CHF

◆ Unterhalb des Bahnhofs gelegen, offeriert dieses Hotel seinen Gästen Zimmer verschiedener Grösse, mit massiven Erlenholzmöbeln und moderner Ausstattung. Das Restaurant präsentiert sich in hellen, frischen Farben.

Engiadina Zim,

Rablüzza 152 – ✆ 081 864 14 21 – info@hotel-engiadina.ch – Fax 081 864 12 45 – geschl. Anfang November - Mitte Dezember und 6. - 30. April B b

16 Zim – 115/190 CHF 158/254 CHF – ½ P +35 CHF – **Rest** – *(geschl. Ende Oktober - Mitte Dezember, 6. - 30. April, Dienstag - Mittwoch im Mai, Sonntag - Montag ausser Feiertage und Februar)* (18 CHF) Menü 42 CHF (abends) – Karte 39/91 CHF

◆ Ein schönes Engadiner Haus a. d. 16. Jh. beherbergt dieses familiengeführte Hotel. Die hellen und geräumigen Zimmer mit solidem Arvenholzmobiliar bieten guten Komfort. In den netten Stuben serviert man neben Regionalem und Traditionellem auch Euroasiatisches.

Traube Zim, Rest,

– ✆ 081 861 07 00 – hotel@traube.ch – Fax 081 861 07 77 – geschl. Ende Oktober - Mitte Dezember und 7. April - 30. Mai B c

19 Zim – 80/120 CHF 160/260 CHF – ½ P +30 CHF – **Rest** – *(geschl. Dienstagmittag und Mittwochmittag) (mittags nur kleine Karte)* (19 CHF) Menü 42/64 CHF (abends) – Karte 43/91 CHF

◆ Dem im Dorfkern gelegenen Haus sieht man heute seinen Ursprung als Mühle kaum mehr an. Die Einrichtung der Zimmer ist solide, neuzeitlich-rustikal im Stil. Restaurant mit ländlichem Rahmen und eleganterer Speisesaal für Pensionsgäste.

Belvair Zim, Zim,

stradun – ✆ 081 861 25 00 – info@belvair.ch – Fax 081 861 25 50 – geschl. 6. April - Anfang Mai B r

33 Zim – 158/195 CHF 276/330 CHF – ½ P +20 CHF – **Rest** – Menü 58 CHF (abends) – Karte 43/87 CHF

◆ Mitten im Ort übernachtet man in mit hellen Holzmöbeln modern eingerichteten Zimmern mit Balkon und kleiner Sitzecke. Hotelgäste haben freien Zutritt zum Bad Bogn Engiadina. Bürgerliches Restaurant mit Terrasse.

Filli Rest,

chantröven 107 – ✆ 081 864 99 27 – hotel.filli@bluewin.ch – Fax 081 864 13 36 – geschl. Ende Oktober - Mitte Dezember und Dienstag von April bis Juni

21 Zim – 125/145 CHF 220/290 CHF – ½ P +20 CHF – **Rest** – (17 CHF) Menü 25 CHF (mittags)/58 CHF – Karte 45/83 CHF A e

◆ Auffällig ist die schöne, farbenfroh bemalte Fassade dieses Hotels. Die mit hellem Holzmobiliar eingerichteten Zimmer bieten dem Erholungsuchenden Standardkomfort. Von der Speiseterrasse hat man eine schöne Sicht auf die Umgebung.

Panorama Rest,

Via da Ftan – ✆ 081 864 10 71 – panorama.scuol@bluewin.ch – Fax 081 864 99 35 – geschl. Mai und November A n

14 Zim – 50/90 CHF 154/170 CHF – **Rest** – *(nur für Hausgäste)*

◆ Die Zimmer dieses kleinen Familienhotels, unterhalb des Bahnhofs gelegen, sind mit rustikalem Mobiliar eingerichtet. Wärmende Sonnenstrahlen geniesst man auf den Südbalkonen.

in Vulpera über ② : 3 km – Höhe 1 268 m – ✉ 7552 Vulpera

Villa Post

– ✆ 081 864 11 12 – info@villa-post.ch – Fax 081 864 95 85 – geschl. Mitte Oktober - Mitte Dezember und 30. März - 8. Juni

25 Zim – 125/145 CHF 240/280 CHF – ½ P +20 CHF – **Rest** – Menü 69 CHF (abends) – Karte 61/95 CHF

◆ Die Landvilla mit modernem Anbau liegt am hübschen, gepflegten Kurpark. Man verfügt über wohnliche Zimmer mit Arven- oder Fichtenholzmobiliar. Kleines Hotelmuseum im Keller. Schöner Jugendstil-Arvensaal und klassisch-rustikales Restaurant.

Villa Maria < Rest, VISA

– 081 864 11 38 – info@villamaria.ch – Fax 081 864 91 61 – *geschl. Mitte Oktober - Mitte Dezember und 31. März - 18. Mai*
15 Zim – 105/130 CHF 210/260 CHF – ½ P +35 CHF – **Rest** – (29 CHF) Menü 39/74 CHF (abends) – Karte 55/111 CHF
◆ An der Strasse von Vulpera nach Tarasp findet man dieses abgelegene Haus. In Zimmern, die mit hellem Naturholz möbliert sind, erholt sich der Gast von seinem Tagesprogramm. Restaurant im Untergeschoss, Käsespezialitäten gibt es nebenan im Fonduestübli.

Villa Engiadina < Scuol und Berge, Rest, VISA

– 081 861 22 44 – hotel@villa-engiadina.ch – Fax 081 861 22 66 – *geschl. Mitte Oktober - Mitte Dezember und 31. März - 9. Mai*
19 Zim – 90/130 CHF 150/300 CHF – ½ P +40 CHF – **Rest** – *(geschl. Montag ausser Saison)* Menü 40 CHF – Karte 42/77 CHF
◆ Vor allem in verschneiter Winterlandschaft macht diese renovierte Jugendstilvilla aus dem Jahre 1902 mit sehr individuell eingerichteten Zimmern einen märchenhaften Eindruck. Idyllische Speiseterrasse und einfaches Restaurant.

in Tarasp über ② : 6 km – Höhe 1 414 m – Wintersport : 1 400/1 700 m 2 –
7553 Tarasp

Tarasp-Vulpera Turissem, 081 861 20 52, tarasp-vulpera@engadin.com Fax 081 861 20 51

Schloss Tarasp★

Schlosshotel Chastè < Schloss von Tarasp und Berge,

sparsels – 081 861 30 60 Zim, Rest, VISA
– chaste@schlosshoteltarasp.ch – Fax 081 861 30 61 – *geschl. Mitte Oktober - Mitte Dezember und 30. März - 24. Mai*
16 Zim – 115/170 CHF 230/320 CHF – 3 Suiten – ½ P +85 CHF – **Rest** – *(geschl. Montag und Dienstag)* Menü 65/115 CHF (abends) – Karte 72/126 CHF
◆ Dieses Engadiner Haus wurde zu einem wahren Schmuckstück ausgebaut. Die traumhafte Lage, die wunderbare Sicht und die sehr behaglichen Zimmer lohnen den Besuch. Mit heimischem Arvenholz rustikal und sehr schön eingerichtete Gaststube.

SEDRUN – Graubünden (GR) – 553 Q9 – Höhe 1 441 m – Wintersport : 1 450/2 215 m 9 – 7188 9 **G5**

Bern 169 – Andermatt 23 – Altdorf 57 – Bellinzona 105 – Chur 71

Sedrun - Andermatt, Information 027 927 77 40

Sedrun Disentis Tourismus, via alpsu 62, 081 920 40 30, info@disentis-sedrun.ch, Fax 081 920 40 39

Richtung Andermatt: 6 km, 081 949 23 24

La Cruna VISA

via alpsu 65 – 081 920 40 40 – info@hotelcruna.ch – Fax 081 920 40 45 – *geschl. 13 April - 15. Mai und Mittwoch in Nebensaison*
27 Zim – 85/135 CHF 140/230 CHF – ½ P +38 CHF
Rest *Tavetschger-Gaststube "En Ca'nossa"* – separat erwähnt
◆ In diesem gepflegten, freundlich und familiär geleiteten Haus stehen wohnliche, geschmackvoll gestaltete Gästezimmer zur Verfügung.

Soliva < VISA

via alpsu 83 – 081 949 11 14 – info@hotelsoliva.ch – Fax 081 949 21 00
18 Zim – 70/90 CHF 150/190 CHF – ½ P +30 CHF – **Rest** – (19 CHF) – Karte 40/77 CHF
◆ Dieses schöne, im regionalen Stil gehaltene Bündnerhaus liegt im Dorfzentrum. Es erwarten Sie mit hellem Weichholzmobiliar wohnlich eingerichtete Zimmer. Rustikale Gaststuben.

Tavetschger-Gaststube "En Ca'nossa" – Hotel La Cruna VISA

via alpsu 65 – 081 920 40 40 – info@hotelcruna.ch – Fax 081 920 40 45 – *geschl. 13 April - 15. Mai und Mittwoch in Nebensaison*
Rest – (19 CHF) Menü 79 CHF – Karte 44/82 CHF
◆ Eine gemütlich-rustikale Atmosphäre herrscht in der ursprünglich aus dem Jahre 1796 stammenden Stube. Serviert werden regionale Gerichte.

SEEBACH – Zürich – 551 P4 – siehe Zürich

SEEDORF – Bern (BE) – 551 I7 – Höhe 565 m – ✉ 3267 2 D4

Bern 18 – Biel 21 – Fribourg 48 – Neuchâtel 39 – Solothurn 34

in Baggwil Süd-Ost : 0,5 km – Höhe 605 m – ✉ 3267 Seedorf

Curtovino

Bernstr. 104 – ✆ 032 392 55 32 – info@curtovino.ch – geschl. Januar - Februar 2 Wochen, Samstagmittag, Sonntag und Montag

Rest – (17 CHF) Menü 69 CHF – Karte 49/101 CHF

◆ In sympathischem, modernem Ambiente serviert man zeitgemässe Küche und den passenden Tropfen aus einem gut bestückten Weinkeller. Im Sommer Spezialitäten vom Texas-Grill.

SEENGEN – Aargau (AG) – 551 N5 – 2 526 Ew – Höhe 477 m – ✉ 5707 4 F3

Bern 98 – Aarau 20 – Baden 27 – Luzern 39 – Zürich 47

Hallwyl Rest,

Boniswilerstr. 17 – ✆ 062 777 11 14 – info@hallwylseengen.ch – Fax 062 777 15 98

8 Zim – †110 CHF ††160/165 CHF – ½ P +39 CHF – **Rest** – (21 CHF) – Karte 34/93 CHF

◆ Dieser kleine Landgasthof offeriert dem Durchreisenden einfache, aber gepflegte Zimmer, die mit hellen Furnierholzmöbeln ausgestattet sind und ausreichend Platz bieten. Traditionelles Restaurant mit Terrasse.

SEMENTINA – Ticino (TI) – 553 S12 – 2 646 ab. – alt. 225 m – ✉ 6514 10 H6

Bern 221 – Locarno 17 – Bellinzona 3 – Lugano 29

Fattoria L'Amorosa cam, rist,

via Moyar, Sud-Ovest : 2,5 km direzione Gudo – ✆ 091 840 29 50 – info@amorosa.ch – Fax 091 840 29 51

11 cam – †120/150 CHF ††220/260 CHF – **Rist** – *(chiuso domenica sera e lunedì da gennaio ad aprile) (solo menu)* (19 CHF) Menu 39 CHF (pranzo)/65 CHF

◆ Al confine tra Sementina e Gudo, l'originale struttura dispone di camere confortevoli, arredate con gusto. Sala degustazione-osteria dove assaporare una schietta cucina locale.

SEMPACH – Luzern (LU) – 551 N6 – 3 483 Ew – Höhe 515 m – ✉ 6204 4 F3

Bern 98 – Luzern 19 – Aarau 51 – Zug 40

Adler mit Zim Zim,

Stadtstr. 22 – ✆ 041 460 13 23 – adler.sempach@bluewin.ch – Fax 041 460 40 46 – geschl. 27. Januar - 11. Februar, 21. September - 13. Oktober und Sonntag

3 Zim – †90/100 CHF ††140/150 CHF – **Rest** – *(geschl. Montag)* (22 CHF) Menü 54 CHF (mittags)/115 CHF – Karte 58/122 CHF

◆ Zentral in der Altstadt liegt dieses familiär geführte Restaurant. Im Sommer lockt die angenehme Terrasse mit schöner Sicht auf den See.

SEMPACH STATION – Luzern (LU) – 551 N6 – Höhe 514 m – ✉ 6203 4 F3

Bern 101 – Luzern 16 – Olten 43 – Sursee 11

Aussicht★ bei der Dorfkirche in Kirchbühl

Sempacherhof - Säli mit Zim

Bahnhofstr. 13 – ✆ 041 469 70 10 – sempacherhof@bluewin.ch – Fax 041 469 70 19 – geschl. 23. - 30. Dezember, 21. Juli - 3. August, Samstagmittag und Sonntag

5 Zim – †98/150 CHF ††150 CHF

Rest – Menü 45 CHF (mittags)/85 CHF – Karte 50/86 CHF

Rest *Rosso* – (18 CHF) Menü 39 CHF (mittags) – Karte 41/68 CHF

◆ Gegenüber dem Bahnhof liegt dieses Gästehaus. Im gediegenen Restaurant Säli wird eine zeitgemäss ausgelegte Küche serviert. Traditionelle Gerichte bietet das Rosso. Übernachten können Sie in modern eingerichteten Gästezimmern.

Le SENTIER – Vaud – 552 B9 – voir à Joux (Vallée de)

SEON – Aargau (AG) – 551 N5 – 4 815 Ew – Höhe 446 m – ✉ 5703 3 **F3**

Bern 90 – Aarau 14 – Baden 22 – Luzern 41 – Zürich 43

Bänziger

Seetalstr. 43 – ✆ 062 775 11 39 – baenziger.seon@bluewin.ch – Fax 062 775 11 39 – geschl. 14. - 21. Januar, 1. - 12. Mai, 1. - 13. September, Montag und Dienstag

Rest – *(nur Abendessen)* Menü 90/120 CHF – Karte 56/105 CHF

◆ Hinter der recht unscheinbaren Fassade erwartet Sie ein dezent dekoriertes, gepflegtes Restaurant mit einer schmackhaften zeitgemässen Küche und familiärem Service.

SERPIANO – Ticino (TI) – 553 R14 – alt. 655 m – ✉ 6867 10 **H7**

Bern 270 – Lugano 30 – Bellinzona 57 – Varese 14

Serpiano ≤ lago e dintorni, cam, rist,

– ✆ 091 986 20 00 – info@serpiano.ch – Fax 091 986 20 20 – chiuso metà novembre - marzo

104 cam – 110/150 CHF 200/250 CHF – ½ P +35 CHF – **Rist** – (24 CHF) Menu 32 CHF (pranzo)/79 CHF – Carta 49/90 CHF

◆ In un'area naturale protetta per il suo interesse paleontologico, l'hotel dispone di camere funzionali e confortevoli, nonchè spazi per convegni. Cucina moderna che segue le stagioni, nell'elegante ristorante con vista sul lago.

SERTIG DÖRFLI – Graubünden – 553 X9 – siehe Davos

SESEGLIO – Ticino (TI) – 553 S14 – alt. 286 m – ✉ 6832 10 **H7**

Bern 306 – Bellinzona 56 – Milano 59 – Monza 66 – Como 12

Vecchia Osteria

via Campora 11 – ✆ 091 682 72 72 – info@vecchiaosteria.ch – Fax 091 683 51 88 – chiuso domenica sera e lunedì

Rist – (28 CHF) Menu 36 CHF (pranzo)/78 CHF – Carta 66/93 CHF

◆ Gustosa cucina mediterranea, nel ristorante più a sud della Svizzera! Ambiente rustico, recentemente ristrutturato, tranquillo ed immerso nel verde.

SÉZEGNIN – Genève (GE) – 552 A12 – alt. 420 m – ✉ 1285 Athénaz 6 **A6**

Bern 172 – Genève 20 – Gex 30 – St-Julien-en-Genevois 18

Au Renfort

19 rte Creux du Loup – ✆ 022 756 12 36 – info@renfort.ch – Fax 022 756 33 37 – fermé 17 - 21 mars, 22 septembre - 1er octobre, mardi midi, dimanche soir et lundi

Rest – (19 CHF) Menu 64 CHF – Carte 59/98 CHF

◆ Un village typique sert de cadre à cette auberge connue localement pour sa spécialité de cuisson sur ardoise. Solide mobilier rustique en salle ; grande terrasse.

SIERRE – Valais (VS) – 552 J11 – 14 317 h. – alt. 534 m – ✉ 3960 7 **D6**

Bern 171 – Sion 18 – Brig 38

Office du Tourisme, 10 pl. de la Gare, ✆ 027 455 85 35, sierre@sierre-anniviers.ch, Fax 027 455 86 35

Sierre Granges, ✆ 027 458 49 58 ;

Leuk Susten, Est: 12 km, ✆ 027 473 61 61

Site★ – Intérieur★ de l'Hôtel de Ville

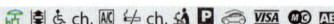

Le Terminus ch, ch,

1 r. du Bourg – ✆ 027 455 13 51 – info@hotel-terminus.ch – Fax 027 456 44 91 – fermé 23 décembre - 14 janvier et 22 juin - 14 juillet

19 ch – 120/150 CHF 190/215 CHF

Rest *Didier de Courten* – voir ci-après

Rest *L'Atelier Gourmand* – *(fermé dimanche et lundi)* (23 CHF) Menu 49 CHF (déj.)/79 CHF – Carte 63/116 CHF

◆ Cet hôtel œuvrant dans une rue commerçante proche de la gare retrouvait l'éclat du neuf en 2005. Spacieuses chambres d'un style contemporain de bon goût. Carte actuelle, décor intérieur chaleureux et dépouillé et bar à vins original à l'Atelier Gourmand.

Didier de Courten – Hôtel Le Terminus
1 r. du Bourg – 027 455 13 51 – info@hotel-terminus.ch – Fax 027 456 44 91 – fermé 23 décembre - 14 janvier, 22 juin - 14 juillet, dimanche et lundi
Rest – Menu 90 CHF (déj.)/195 CHF – Carte 142/182 CHF
Spéc. Gnocchi au safran et asperges vertes, ris de veau caramélisé et morilles fraîches (printemps). Bar de ligne rôti, purée de chou nouveau, couteaux et coquillages au beurre épicé (été). Dos de chamois aux poivres et grenades, palet automnal de polenta aux châtaignes (automne). **Vins** Humagne rouge
◆ Ce restaurant offre les plaisirs d'un délicieux repas résolument créatif et d'un beau choix de vins du Valais dans un cadre contemporain alliant élégance et sobriété.

in Salgesch (Salquenen) Ost : 4 km – Höhe 576 m – 3970 Salgesch

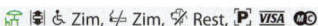

Arkanum Zim, Zim, Rest, VISA
Unterdorfstr. 1 – 027 451 21 00 – info@hotelarkanum.ch – Fax 027 451 21 05 – geschl. Januar
28 Zim – 95/115 CHF 160/180 CHF – ½ P +42 CHF
Rest *Bacchus* – *(geschl. Sonntagabend und Montag)* (19 CHF) Menü 40 CHF (abends) – Karte 47/85 CHF
◆ In diesem Hotel in zentraler Lage bietet man neben neuzeitlichen Standardzimmern auch einige originelle Erlebniszimmer zum Thema Wein. Zeitgemässe Küche im Restaurant mit Weinbar. Terrasse vor dem Haus.

Rhône Rest, VISA AE
Bahnhofstr. 80 – 027 455 18 38 – hotelrhone@bluewin.ch – Fax 027 455 12 59
24 Zim – 85/90 CHF 130/140 CHF – ½ P +25 CHF – **Rest** – *(geschl. Montag von November bis Mai)* (19 CHF) Menü 25 CHF (mittags) – Karte 43/83 CHF
◆ Praktisch ausgestattete Gästezimmer stehen in diesem Haus zur Verfügung. In den Fluren erzeugt eine Sammlung landwirtschaftlicher Accessoires eine ländliche Atmosphäre. Im rustikalen Restaurant serviert man traditionelle Speisen. Urchig ist das Carnotzet.

SIGIGEN – Luzern (LU) – 551 N7 – Höhe 760 m – 6019 4 F3

Bern 105 – Luzern 21 – Olten 48 – Wolhusen 11

Pony - Pavillon VISA AE
– 041 495 33 30 – info@pony-sigigen.ch – Fax 041 495 13 37 – geschl. Februar 2 Wochen, August 2 Wochen, Montag und Dienstag
Rest – (35 CHF) Menü 55 CHF (mittags)/110 CHF – Karte 63/118 CHF
Rest *Gaststube* – (18 CHF) Menü 30 CHF – Karte 39/86 CHF
◆ Diese etwas abgelegene Adresse empfiehlt sich mit dem eleganten Pavillon und sorgfältig zubereiteter, schmackhafter klassischer Küche. Eine einfachere Alternative bietet die Gaststube.

SIGRISWIL – Bern (BE) – 551 K9 – 4 496 Ew – Höhe 800 m – 3655 8 E5

Bern 41 – Interlaken 19 – Brienz 39 – Spiez 25 – Thun 11
Gunten-Sigriswil Tourismus, 033 251 12 35, sigriswil@thunersee.ch, Fax 033 251 09 10

Solbadhotel Rest, Zim, Rest, VISA AE
Sigriswilstr. 117 – 033 252 25 25 – info@solbadhotel-sigriswil.ch – Fax 033 252 25 00 – geschl. 6. - 13. Januar
55 Zim – 145/155 CHF 250/280 CHF – 4 Suiten – ½ P +40 CHF – **Rest** – Menü 29 CHF (mittags)/52 CHF – Karte 45/91 CHF
◆ Neben Touristen empfängt man hier auch gerne Seminarteilnehmer. Die ruhig gelegenen Zimmer bieten mit ihrer hellen, zweckmässigen Einrichtung Standardkomfort. Elegantes, mit grossen Fenstern angenehm hell wirkendes Restaurant.

Auch Hotels und Restaurants können sich ändern.
Kaufen Sie deshalb jedes Jahr den neuen Michelin-Führer!

SIHLBRUGG – Zug (ZG) – 551 P6 – Höhe 538 m – ✉ 6340 4 G3

Bern 140 – Zürich 27 – Einsiedeln 31 – Rapperswil 28 – Zug 11

in Hirzel – Höhe 720 m – ✉ 8816 Hirzel

Krone mit Zim

Sihlbrugg 4 – ✆ 044 729 83 33 – mail@krone-sihlbrugg.ch – Fax 044 729 83 32
4 Zim – †80/125 CHF ††100/135 CHF, ☐ 20 CHF – **Rest** – *(geschl. Montag und Dienstag)* Menü 55 CHF (mittags)/145 CHF – Karte 67/132 CHF

◆ Der rustkale Landgasthof a. d. 18. Jh. wird mittlerweile in der 13. Generation geführt. In zwei angenehmen, getäferten Stuben serviert man zeitgemässe Küche.

SILS MARIA (SEGL MARIA) – Graubünden (GR) – 553 W11 – Höhe 1 815 m – Wintersport : 1 800/3 303 m 2 11 – ✉ 7514 11 J5

Bern 325 – Sankt Moritz 11 – Chur 86 – Sondrio 89

Sils Tourist Information Engadin Sankt Moritz, chesa cumünela, ✆ 081 838 50 50, info@sils.ch, Fax 081 838 50 59

Lokale Veranstaltungen :

01.03 : "chalandamarz" alter Frühlingsbrauch und Kinderfest
Juli : Wasserzeichen Kultur Openair

Waldhaus ← Berge, Rest,

– ✆ 081 838 51 00 – mail@waldhaus-sils.ch – Fax 081 838 51 98 – geschl. Mitte Oktober - Mitte Dezember und 7. April - 11. Juni
131 Zim ☐ – †170/410 CHF ††420/680 CHF – 10 Suiten – ½ P +50 CHF – **Rest** – Menü 45 CHF (mittags)/110 CHF – Karte 57/113 CHF

◆ Mit viel Engagement wird dieses Haus a. d. J. 1908 laufend renoviert. Elegante Zimmer - meist im Stil der Bauepoche möbliert - garantieren einen angenehmen Aufenthalt. Für kulinarische Genüsse steht das gemütlich-rustikale Restaurant zur Verfügung.

Post Zim, Zim,

– ✆ 081 838 44 44 – mail@hotelpostsils.ch – Fax 081 838 44 00 – geschl. Mitte Oktober - Mitte Dezember und 31. März - 12. Juni
38 Zim ☐ – †130/230 CHF ††215/460 CHF – 4 Suiten – ½ P +30 CHF – **Rest** – (19 CHF) Menü 56 CHF (abends) – Karte 54/88 CHF

◆ Die Post befindet sich im Zentrum des Ortes. In heimeligen, mit massiven Arvenholzmöbeln eingerichteten Zimmern geniesst der Gast die Zeit im Engadin. Das Restaurant wirkt sehr frisch und neuzeitlich.

Edelweiss Zim,

– ✆ 081 838 42 42 – info@hotel-edelweiss.ch – Fax 081 838 43 43 – geschl. Mitte Oktober - Mitte Dezember und 7. April - 14. Juni
66 Zim ☐ – †150/560 CHF ††270/560 CHF – ½ P +40 CHF – **Rest** – (19 CHF) Menü 24 CHF (mittags) – Karte 54/93 CHF

◆ Teil dieses Hotels ist ein stattliches Gebäude von 1876. Hier wie auch im Annexe stehen helle, mit rustikalen Arvenholzmöbeln eingerichtete Zimmer bereit. Das Restaurant: gemütliches Arvenholzstübli und schöner klassischer Speisesaal.

Privata Zim,

– ✆ 081 832 62 00 – info@hotelprivata.ch – Fax 081 832 62 01 – geschl. Mitte Oktober - Anfang Dezember und 13. April - 7. Juni
26 Zim ☐ – †125/165 CHF ††210/290 CHF – ½ P +25 CHF – **Rest** – *(nur Abendessen) (Tischbestellung erforderlich) (nur Menü)* Menü 48 CHF

◆ Die Familienpension ist in einem für die Region typischen Haus untergebracht. Die Gäste schlafen in einladenden, mit hellem Holzmobiliar rustikal eingerichteten Zimmern.

Maria ← Zim,

– ✆ 081 832 61 00 – info@hotel-maria.ch – Fax 081 832 61 01 – geschl. Anfang November - Mitte Dezember und 20. April - 8. Juni
44 Zim – †105/130 CHF ††200/250 CHF – ½ P +35 CHF
Rest *Stüva Marmoré* – (24 CHF) Menü 34 CHF (mittags)/52 CHF – Karte 46/81 CHF

◆ Ein Hotel mit einer gemütlichen und ungezwungenen Atmosphäre, das Erholungsuchenden wohnliche, mit viel Holz gestaltete Gästezimmer bietet. Das Stüva Marmoré zeigt sich im urigen Bündner Stil.

XX **Alpenrose**
– ✆ *081 833 80 08 – sils-alpenrose@bluewin.ch – Fax 081 833 45 42 – geschl. Ostern - Ende Juni, November, Sonntagabend und Montag*
Rest – (29 CHF) Menü 43 CHF (mittags)/89 CHF – Karte 69/112 CHF
♦ Elegant wirkt das in modern-rustikalem Stil gehaltene Restaurant La Tavola. Hell und freundlich, mit viel Holz ausgestattet: das Stüvetta. Geboten wird zeitgemässe Küche.

in Sils Baselgia Nord-West : 1 km – Höhe 1 802 m – ✉ 7515 Segl Baselgia

 **Margna** Rest, VISA MC
– ✆ *081 838 47 47 – info@margna.ch – Fax 081 838 47 48 – geschl. Mitte Oktober - Mitte Dezember und 1. April - 13. Juni*
59 Zim – 190/290 CHF 320/530 CHF – 8 Suiten – ½ P +35 CHF
Rest *Grill* – Karte 52/120 CHF
Rest *Stüva* – Karte 50/112 CHF
Rest *Enoteca Mürütsch* – *(geschl. Sonntag im Sommer und Montag) (nur Abendessen)* Karte 54/112 CHF
♦ Das Anfang des 19. Jh. erbaute Patrizierhaus beherbergt seine Gäste in gemütlichen, komfortablen Zimmern im Engadinerstil, oft mit schönem Blick auf die Umgebung. Gediegene Atmosphäre im Grill. Behaglich-rustikale Stüva. Italienische Küche im Enoteca.

 **Chesa Randolina** See und Berge, Zim, Rest, P VISA MC
– ✆ *081 838 54 54 – hotel@randolina.ch – Fax 081 838 54 00 – geschl. Mitte Oktober - Mitte Dezember und 1. April - 6. Juni*
38 Zim – 120/150 CHF 240/280 CHF – 8 Suiten – ½ P +25 CHF – **Rest** – *(abends Tischbestellung erforderlich)* Menü 46 CHF (abends) – Karte 54/96 CHF
♦ Nach und nach ist aus einer Scheune und Fuhrhalterei dieses gut geführte Hotel entstanden. Die wohnlichen Zimmer bieten einen sehr schönen Blick auf die Berge. Im Restaurant: Frische und Qualität der verwendeten Produkte sind hier das oberste Gebot.

Chesa Grischa Rest, P VISA MC
– ✆ *081 826 51 16 – info@hotelgrischasils.ch – Fax 081 826 50 49 – geschl. Mitte Oktober - Mitte Dezember und 30. März - 14. Juni*
26 Zim – 89/206 CHF 178/328 CHF – ½ P +20 CHF – **Rest** – *(nur Abendessen)* Menü 48 CHF – Karte 40/91 CHF
♦ Direkt am Silsee liegt dieser gut unterhaltene Familienbetrieb mit ländlichem Charakter. Für die Gäste stehen solide möblierte Zimmer und ein netter Aufenthaltsraum bereit. Das Restaurant bietet als Spezialitäten hausgemachte Teigwaren und diverse Fondues.

in Sils Fextal Süd : 2 km, über Wanderweg in 30 Min. erreichbar, oder Hotelbus – Höhe 1 920 m – ✉ 7514 Sils Maria

Chesa Pool Berge, VISA MC
– ✆ *081 838 59 00 – info@pensiun-chesapool.ch – Fax 081 838 59 01 – geschl. Mitte Oktober - Mitte Dezember und 6. April - 6. Juni*
24 Zim (½ P. inkl.) – 140/190 CHF 260/390 CHF – **Rest** – *(abends Tischbestellung erforderlich) (abends nur Menü)* Menü 54 CHF (abends) – Karte 34/82 CHF
♦ Ein Bauernhaus a. d. J. 1585 sowie zwei kleinere Gebäude bilden diese nach ökologischen Richtlinien geführte Adresse. Reizvoll: die idyllische Lage im Fextal. Von dem modern-rustikalen Restaurant aus haben Sie eine wunderschöne Sicht auf die Berge.

in Fex-Crasta Süd : 2 km, über Wanderweg in 40 Min. erreichbar, oder Hotelbus – Höhe 1 960 m – ✉ 7514 Sils Maria

 **Sonne** Berge, Rest, VISA MC AE
– ✆ *081 826 53 73 – info@hotel-sonne-fex.ch – Fax 081 826 59 63 – geschl. Mitte Oktober - Mitte Dezember und 15. April - 15. Juni*
14 Zim – 115/130 CHF 230/260 CHF – 3 Suiten – ½ P +70 CHF – **Rest** – Karte 60/102 CHF
♦ Selbstverständlich bringt der Hotelbus Sie und Ihr Gepäck zu diesem ruhig und idyllisch im Fextal gelegenen Hotel mit sehr schöner Aussicht und gepflegten Zimmern. Traditionelle Mahlzeiten in rustikalem Rahmen.

in Plaun da Lej **Süd-West : 5 km – Höhe 1 802 m – ✉ 7517 Plaun da Lej**

Murtaröl

Hauptstr. 3, (an der Strasse nach Maloja) – ☎ 081 826 53 50 – rest.murtaroel@bluewin.ch – Fax 081 826 59 59 – geschl. Dienstag in Zwischensaison und Montag
Rest – *(Tischbestellung ratsam)* Karte 51/106 CHF
♦ Das Restaurant empfiehlt sich vor allem durch sein aussergewöhnlich umfangreiches Fisch- und Meeresfrüchteangebot. Absolute Frische garantiert die sehr grosse Vivier-Anlage.

SILVAPLANA – **Graubünden (GR) – 553 W11 – 913 Ew – Höhe 1 816 m – Wintersport : 1 870/3 303 m 2 11 – ✉ 7513** 11 **J5**

Bern 321 – Sankt Moritz 7 – Chur 82 – Sondrio 85

Silvaplana Tourist Information Engadin/Sankt Moritz, via dal farrer 2, ☎ 081 838 60 00, info@silvaplana.ch, Fax 081 838 60 09

Piz Corvatsch★★★ Ost : 2 km und Luftseilbahn – Silvaplaner und Silser See★★ Süd

Lokale Veranstaltungen :
Januar : Schlitteda da Silvaplana, alter Brauch
01.03 : "chalandamarz", alter Frühlingsbrauch und Kinderfest

Albana Rest,

via vers mulins 4 – ☎ 081 838 78 78 – info@albana-silvaplana.ch – Fax 081 838 78 79 – geschl. 14. April - 21. Juni und 19. Oktober - 28. November
33 Zim – 150/285 CHF 190/380 CHF – ½ P +40 CHF
Rest *Le Gourmet* – Menü 109 CHF – Karte 79/132 CHF
Rest *Spunta Grischun* – Karte 46/104 CHF
♦ Neben der Kirche liegt dieses neuzeitliche Hotel mit Giebelfassade. Gäste schätzen das wohnlich-moderne Ambiente der Zimmer. Sehr komfortabel: die Suiten mit offenem Kamin. Le Gourmet mit schöner Terrasse. Spunta Grischun mit heller, rustikaler Einrichtung.

Julier Palace

via maistra – ☎ 081 828 96 44 – hotel@julierpalace.com – Fax 081 834 30 03
36 Zim – 95/175 CHF 140/300 CHF – ½ P +30 CHF – **Rest** – (20 CHF) Menü 50 CHF – Karte 49/96 CHF
♦ Hat man den gleichnamigen Pass glücklich überwunden, fällt sofort dieses Haus ins Auge. Oft jüngere Gäste beziehen gepflegte und praktisch gestaltete Zimmer. Wählen Sie das Menu in der gemütlichen Stube oder ein trendiges Angebot im Restaurant.

St. Moritz - Chesa Silva garni

via munterots – ☎ 081 838 61 00 – info@chesasilva.ch – Fax 081 838 61 99 – geschl. Mitte Oktober - Mitte Dezember und 20. April - 20. Juni
12 Zim – 90/160 CHF 120/210 CHF
♦ Die Zimmer des Hotels sind in zwei Gebäuden untergebracht. Der Feriengast übernachtet in mit hellen Arvenholzmöbeln eingerichteten Räumen, die viel Platz bieten.

in Surlej **Süd : 1 km – Höhe 1 877 m – ✉ 7513 Silvaplana**

Bellavista See und Berge, Zim,

via d'alp – ☎ 081 838 60 50 – info@bellavista.ch – Fax 081 828 89 88 – geschl. Mitte Oktober - Anfang Dezember und 15. April - 15. Juni
25 Zim – 115/310 CHF 230/400 CHF – ½ P +20 CHF – **Rest** – Karte 59/113 CHF
♦ Geräumige, geschmackvoll und rustikal mit Massivholzmöbeln aus der eigenen Schreinerei eingerichtete Gästezimmer erwarten Sie in dem Hotel am Ortsrand. In gemütlichen Stuben bietet man traditionelle Küche mit viel Wild aus der eigenen Jagd.

SINS – **Aargau (AG) – 551 O6 – 3 282 Ew – Höhe 406 m – ✉ 5643** 4 **F3**

Bern 125 – Luzern 22 – Zürich 44 – Aarau 42 – Baden 48

Löwen

Luzernerstr. 22 – ☎ 041 787 11 32 – info@landgasthof-loewen.info – Fax 041 787 17 51 – geschl. 15. Juni - 10. August, Mittwochabend und Donnerstag
13 Zim – 80 CHF 120 CHF – ½ P +20 CHF – **Rest** – (16 CHF) Menü 42/60 CHF – Karte 33/85 CHF
♦ Funktionell ausgestatte, zeitgemässe Zimmer stehen in dem Landgasthof der Familie Huwyler zur Verfügung. Bei Belieben kann man eine Kutschenfahrt durch die Umgebung machen. Traditionelles Restaurant und schlichte Gaststube.

SION (SITTEN) C – **Valais (VS)** – **552** I12 – **27 171 h.** – **alt. 491 m** – ✉ **1950** 7 **D6**

Bern 156 – Brig 55 – Aosta 103 – Lausanne 95 – Martigny 30

Office du Tourisme, place de la Planta, ✆ 027 327 77 27, info@siontourism.ch, Fax 027 327 77 28 Z

Sion, ✆ 027 203 79 00

Site★★ – Valère★ : Stalles★★ de l'église N.-D.-de-Valère★ ; Musée cantonal d'Histoire★ Y M³ – Clocher★ et triptyque★ de la cathédrale N.-D.-du-Glarier Y – Porte★ et salle du Conseil bourgeoisial★ de l'Hôtel de Ville Y **H** – Grande salle★ de la maison Supersaxo Y **B** – Majorie : vue★ Y **M¹**

Barrage de la Grande Dixence★★★ Sud-Est : 24 km – Route du Sanetsch★★ par ② – Route de Derborence★ par ② – Route de Tseuzier★ Nord par route de Crans-Montana – Anzère★ par ① : 15 km

Manifestations locales :

mi-mai : Finale cantonale des combats de reines à Aproz
06.06 - 07.06 : Festival d'Art de Rue

Plan page suivante

Europa
ch, rest, ch, VISA MO AE

19 r. de l'Envol, par ② – ✆ 027 322 24 23 – hoteleuropa@zghotels.ch – Fax 027 322 25 35

55 ch – †150/180 CHF ††200/250 CHF – 10 suites – ½ P +25 CHF

Rest *Grissini* – *(fermé dimanche)* (17 CHF) – Carte 44/71 CHF

◆ Cet hôtel de conception moderne occupe un immeuble récent situé dans un quartier résidentiel proche de l'aéroport. Chambres et suites offrant un bon niveau de confort. Cuisine italienne proposée au restaurant Grissini et l'été aussi en terrasse.

Rhône
ch, rest, VISA MO AE

10 r. du Scex – ✆ 027 322 82 91 – durhonesion@bestwestern.ch – Fax 027 323 11 88 Z **a**

44 ch – †120/135 CHF ††160/180 CHF – ½ P +30 CHF – **Rest** – (17 CHF) Menu 30 CHF (déj.) – Carte 38/75 CHF

◆ En centre-ville, hébergement recommandable pour accueillir le marchand de sable dans de bonnes conditions ! Réception à l'étage. Sage politique tarifaire. Cuisine traditionnelle, chaleureux cadre rustique et ambiance animée au restaurant.

Ibis
ch, ch, VISA MO AE

21 av. Grand-Champsec, Sud-Est : par rue de la Dixence - Z – *✆ 027 205 71 00 – h0960@accor.com – Fax 027 205 71 71*

71 ch – †96/106 CHF ††96/106 CHF, 14 CHF – **Rest** – *(fermé samedi midi et dimanche midi)* (16 CHF) – Carte environ 46 CHF

◆ Ensemble hôtelier implanté aux portes de Sion. Toutes identiques, dotées de larges plans de travail, les chambres offrent le confort fonctionnel habituel de la chaîne Ibis. Salle à manger de type bistrot actuel. Prestation culinaire traditionnelle.

Le Jardin Gourmand
VISA MO AE

22 av. de la Gare – ✆ 027 323 23 10 – Fax 027 323 23 21 – fermé 1er - 15 août, dimanche soir et lundi Z **r**

Rest – (20 CHF) Menu 55 CHF (déj.)/98 CHF – Carte 80/100 CHF

◆ Table au goût du jour située en centre-ville. Optez pour la terrasse-véranda façon orangerie ou pour la salle plus classique pourvue de fauteuils Louis XVI. Bon choix de vins.

L'Enclos de Valère
VISA MO AE

18 r. des Châteaux – ✆ 027 323 32 30 – restaurant@enclosdevalere.ch – Fax 027 323 32 03 – fermé 22 décembre - 5 février, dimanche sauf le midi de mai à septembre et lundi Y **d**

Rest – (19 CHF) Menu 45 CHF (déj.)/96 CHF – Carte 47/93 CHF

◆ Cette maison traditionnelle blottie à l'ombre du château offre l'une des plus plaisantes terrasses du Sion médiéval. Chef-patron nancéien. Secteur historique piétonnier.

Brasserie de la Planta
VISA MO AE

33 av. de la Gare – ✆ 027 322 71 92 – bistrogolf@netplus.ch – Fax 027 322 71 93 – fermé 24 décembre - 10 janvier, 1er - 16 août, lundi soir et dimanche Z **t**

Rest – (19 CHF) Menu 45 CHF (déj.)/92 CHF – Carte 46/78 CHF

◆ Près de la place éponyme, restaurant traditionnel complété par une brasserie dont le bar circulaire se coiffe d'un chapeau de cuve à bière. Terrasse urbaine protégée.

Aubépines (R. des) . . . . Z
Cèdres (R. des) . . . . Z 3
Chanoine-Berchtold (R. du) . . . . . Z
Châteaux (R. des) . . . . Y 6
Condémines (R. des) . . . . Z 7
Creusets (R. des) . . . . Z
Dent Blanche (R. de la) . . . . Z 9
Dixence (R. de la) . . . . Z
France (Av. de) . . . . Z
Gare (Av. de la) . . . . YZ
Grand Pont (R. du) . . . . Y 10
Gravelone (R. de) . . . . Y
Industrie (R. de l') . . . . Z
Lausanne (R. de) . . . . YZ
Loèche (R. de) . . . . Y 15
Mayennets (Av. des) . . . . Z
Midi (Av. du) . . . . Z
Midi (Pl. du) . . . . Z
Planta (Pl. de la) . . . . YZ 16
Porte Neuve (R. de la) . . . . YZ 18
Pratifori (Av. de) . . . . Z 19
Rawil (R.du) . . . . Y
Remparts (R. des) . . . . Z 21
Rhône (R. du) . . . . Z 22
Ritz (Av.) . . . . Y
St-François (Av.) . . . . Y
Savièse (R. de) . . . . Y 24
Scex (R. du) . . . . YZ
Tourbillon (Av. de) . . . . Z
Tour (R. de la) . . . . Y 25
Tunnel (R. du) . . . . Y
Vergers (R. des) . . . . Z 27

La Table d'Hôtes

26 r. de la Cathédrale, (1er étage) – ✆ 027 323 43 44 – info@damiengermanier.ch – Fax 027 323 43 44 – fermé 6 - 13 janvier, 6 juillet - 6 août, dimanche et lundi Y e

Rest – *(nombre de couverts limité - prévenir) (menu unique)* Menu 56 CHF (déj.)/100 CHF

◆ Petit restaurant soigné installé au 1er étage d'une vieille maison embusquée dans une ruelle du centre-ville. Recettes d'aujourd'hui, offre réduite à un menu, décor classique.

La Sitterie
41 rte du Rawyl – ✆ 027 203 22 12 – fermé 23 décembre - 8 janvier, 24 août - 9 septembre, dimanche et lundi
Rest – Menu 38 CHF (déj.)/68 CHF – Carte 50/92 CHF
◆ Maison du début du 20e s. où l'on goûte de la cuisine actuelle aux accents du Sud dans un cadre contemporain (chaises "plexi", comptoir inox, parquet blond) ou au jardin.

Brasserie des Étoiles
3 av. de Tourbillon – ✆ 027 322 20 02 – info@lesateliersdelacite.ch – Fax 027 324 41 42 – fermé 27 juillet - 18 août et dimanche en juillet Z **h**
Rest – (22 CHF) Menu 45 CHF – Carte 45/85 CHF
◆ Près de la gare, mets traditionnels revisités par un chef bourguignon, à apprécier dans un cadre décontracté, du genre brasserie design. Photos de célébrités suisses aux murs.

à Uvrier par ① : 5 km – alt. 498 m – ✉ 1958 Uvrier

Des Vignes
9 r. du Pont – ✆ 027 203 16 71 – hotel@desvignes.ch – Fax 027 203 37 27 – fermé 24 décembre - 14 janvier
39 ch – 145/190 CHF 205/270 CHF – 4 suites – ½ P +45 CHF
Rest *Au Cep de Vigne* – *✆ 027 203 53 00 (fermé dimanche soir et lundi)* (20 CHF) Menu 65/100 CHF – Carte 56/88 CHF
◆ Petit complexe hôtelier tout confort situé entre route, vignes et village. Salon-cheminée et fontaine en granit côté hall. Grandes chambres, jolie piscine et jardin. Restaurant proposant de la cuisine méditerranéenne dans un décor remis à neuf.

à Saint-Léonard par ① : 6 km – alt. 505 m – ✉ 1958 Saint-Léonard

Buffet de la Gare
35 av. de la Gare – ✆ 027 203 43 43 – Fax 027 203 44 49 – fermé 1er - 8 janvier, 23 juillet - 17 août, lundi et mardi
Rest – (18 CHF) Menu 55/88 CHF – Carte 55/102 CHF
◆ Sympathique affaire tenue par la même famille depuis 1915 et repérable à sa façade régionale rouge-orange que devance une terrasse. Repas soigné dans un joli décor bistrotier.

à Vex Sud-Est : 6,5 km par route d'Évolène - Z – ✉ 1981 Vex

L'Argilly (Daniel Guerlavais) Sion et vallée du Rhône,
route du Val d'Hérens – ✆ 027 207 27 17 – info@argilly.ch – Fax 027 207 27 17 – fermé 2 semaines mai, 2 semaines septembre, dimanche soir, lundi et mardi
Rest – Menu 59 CHF (déj.)/138 CHF – Carte 88/134 CHF
Spéc. Poissons sauvages de la Bretagne (selon arrivage). Pigeonneau de Racan au jambon "Pata Negra", pommes croustillantes aux abats. Dos de chevreuil rôti aux airelles fraîches, accompagnement d'automne (automne). **Vins** Humagne blanc, Cornalin
◆ Vue unique sur Sion et la vallée du Rhône depuis cette table actuelle de haut vol, perchée tel un nid d'aigle. Salles confortables, véranda panoramique et terrasse-belvédère.

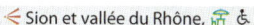

à La Muraz Nord-Ouest par route de Savièse : 2 km – alt. 657 m – ✉ 1950 Sion

Relais du Mont d'Orge
– ✆ 027 395 33 46 – info@ricou.ch – Fax 027 395 41 68 – fermé 24 décembre - 7 janvier, 30 juin - 14 juillet, dimanche sauf le midi de septembre à juin et lundi
Rest – (30 CHF) Menu 58/125 CHF – Carte 85/118 CHF
◆ Restaurant-véranda proposant de la cuisine du moment et des vins du cru. Toiles du peintre suisse A. Chavaz, dont ce fut la maison. Jolie vue de la terrasse près des vignes.

à Granois Nord-Ouest par route de Savièse : 7 km – alt. 860 m – ✉ 1965 Granois (savièse)

Château de la Soie sans rest
– ✆ 027 396 60 00 – chateaudelasoie@bluewin.ch – Fax 027 396 60 01
13 ch – 89 CHF 129 CHF
◆ Construction récente située au centre d'un village viticole, sur un coteau de Savièse. Sommeils réparateurs dans de calmes chambres d'une tenue méticuleuse.

à Binii Nord par route Savièse : 9 km – alt. 978 m – ✉ 1965 Savièse

Chalet - Binii ≤ Sion et montagnes, VISA MC
route de Binii – ✆ 027 395 12 17 – Fax 027 395 40 29 – fermé mardi et mercredi
Rest – (17 CHF) Menu 46/68 CHF – Carte 48/95 CHF
◆ Un panorama enchanteur se dévoile depuis la terrasse de ce restaurant familial surplombant Sion. Salle à manger d'esprit montagnard. Jardin-terrasse où s'attabler en été.

Une nuit douillette sans se ruiner ?
Repérez les Bibs Hôtel.

SITTEN – Wallis – 552 I12 – siehe Sion

SOAZZA – Grigioni (GR) – 553 T11 – 359 ab. – alt. 623 m – ✉ 6562 10 **I5**

Bern 237 – Sankt Moritz 125 – Bellinzona 30 – Chur 88 – San Bernardino 13

Al Cacciatore ≤ VISA MC AE
Piazzetta – ✆ 091 831 18 20 – alcacciatore@bluewin.ch – Fax 091 831 19 79
16 cam – 110/145 CHF 220/250 CHF – **Rist** – *(chiuso 14 gennaio - 13 marzo e lunedì da novembre a dicembre)* Menu 62/98 CHF – Carta 62/98 CHF
◆ Tre graziosi rustici totalmente rinnovati in un tranquillo villaggio tipico. Camere personalizzate, arredate con molto gusto. Ateliers e corsi d'arte. Luogo ideale per una sosta, il ristorante propone un'affidabile cucina mediterranea.

SÖRENBERG – Luzern (LU) – 551 M8 – Höhe 1 166 m – Wintersport : 1 166 m/2 350 m 1 14 – ✉ 6174 8 **F4**

Bern 69 – Luzern 50 – Brienz 45 – Stans 47

in Rischli Nord-West : 2 km – ✉ 6174 Sörenberg

Rischli ≤ VISA MC AE
– ✆ 041 488 12 40 – info@hotel-rischli.ch – Fax 041 488 24 69
25 Zim – 130/155 CHF 230/250 CHF – ½ P +40 CHF –
Rest – *(geschl. Montag und Dienstag in der Zwischensaison)* (18 CHF) – Karte 40/86 CHF
◆ In diesem familiengeführten Hotel kann der Gast zwischen traditionelleren und topmodernen Unterkünften mit interessanter Raumaufteilung wählen. Im modernen Restaurant oder in der rustikalen Gaststube serviert man traditionelle Speisen aus regionalen Produkten.

SOGLIO – Grigioni (GR) – 553 V11 – 172 ab. – alt. 1 095 m – ✉ 7610 10 **I5**

Bern 354 – Sankt Moritz 38 – Chiavenna 16 – Chur 114

Palazzo Salis VISA MC AE
– ✆ 081 822 12 08 – palazzosalis@bluewin.ch – Fax 081 822 16 00 – chiuso inizio novembre - inizio marzo, martedì e mercoledì da marzo ad aprile
15 cam – 100 CHF 190/290 CHF – **Rist** – Carta 49/104 CHF
◆ Tra le mura di questa residenza secentesca circondata da un rilassante giardino fiorito, camere ed ambienti con mobilio d'epoca offrono un soggiorno in un'atmosfera signorile. Al ristorante, un antico camino e le prelibatezze della cucina e della cantina.

Stüa Granda con cam ≤ monti e valli, cam, VISA MC AE
via maistra – ✆ 081 822 19 88 – info@stua-granda.ch – Fax 081 834 02 64 – chiuso 1° - 20 dicembre, 7 gennaio - 1° marzo, lunedì e martedì escluso in stagione
10 cam – 90/160 CHF 170/200 CHF – **Rist** – Carta 42/82 CHF
◆ Alle porte del pittoresco paese, l'ex dimora parrocchiale dispone di alcune camere in stile, semplici ma confortevoli, tutte con vista.

SOLEURE – Solothurn – 551 J6 – voir à Solothurn

SOLOTHURN (SOLEURE) 🄺 – Solothurn (SO) – 551 J6 – 15 489 Ew – Höhe 432 m – ✉ 4500 2 D3

- Bern 44 – Basel 69 – Biel 26 – Luzern 84 – Olten 38
- Region Solothurn Tourismus, Hauptgasse 69, ✆ 032 626 46 46, info@solothurn-city.ch, Fax 032 626 46 47 Z
- Wylihof Luterbach, ✆ 032 682 28 28 ;
- Limpachtal Aetingen, Süd-West: 15 km Richtung Bätterkinden, ✆ 032 661 17 43
- Altstadt★ Y – St. Ursenkathedrale★ Y – Schiff★ der Jesuitenkirche Y. Kunstmuseum : Madonna in den Erdbeeren★; Solothurner Madonna★ Y
- Weissenstein★★★ über ⑤ : 10 km

Lokale Veranstaltungen : 21.01 - 27.01 : Solothurner Filmtage

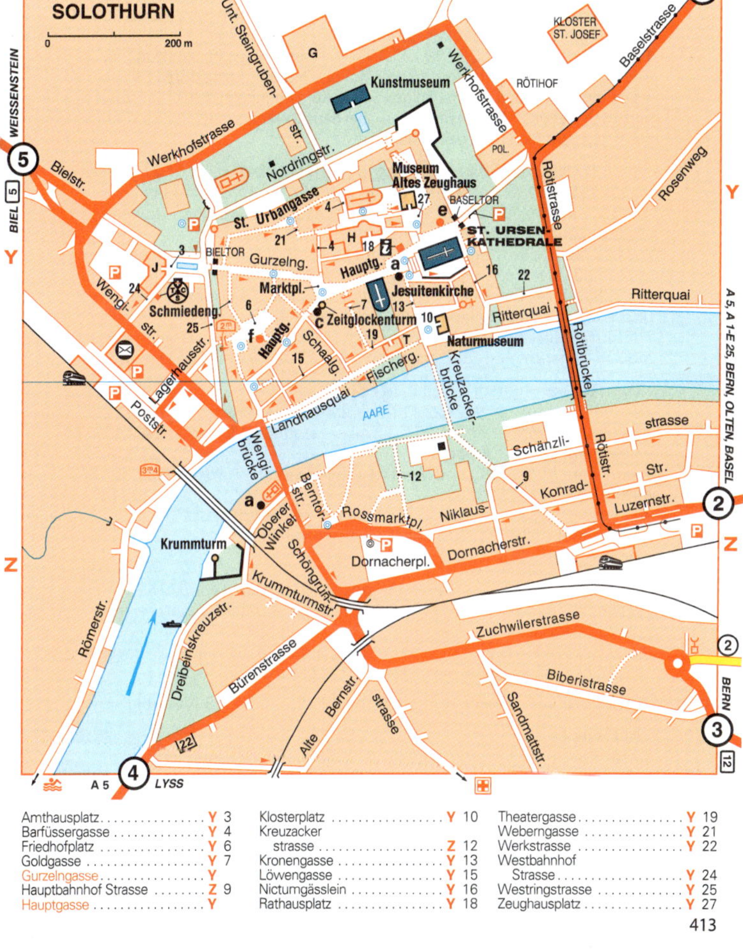

Amthausplatz . . . . . Y 3
Barfüssergasse . . . . . Y 4
Friedhofplatz . . . . . Y 6
Goldgasse . . . . . Y 7
Gurzelngasse . . . . . Y
Hauptbahnhof Strasse . . . . . Z 9
Hauptgasse . . . . . Y
Klosterplatz . . . . . Y 10
Kreuzacker strasse . . . . . Z 12
Kronengasse . . . . . Y 13
Löwengasse . . . . . Y 15
Nictumgässlein . . . . . Y 16
Rathausplatz . . . . . Y 18
Theatergasse . . . . . Y 19
Weberngasse . . . . . Y 21
Werkstrasse . . . . . Y 22
Westbahnhof Strasse . . . . . Y 24
Westringstrasse . . . . . Y 25
Zeughausplatz . . . . . Y 27

Krone VISA MC AE
Hauptgasse 64 – ☎ 032 626 44 44 – info@diekrone.ch – Fax 032 626 44 45
42 Zim – 160/220 CHF 220/260 CHF – ½ P +45 CHF Y a
Rest *Die Ambassadorenstube* – Menü 50/95 CHF – Karte 58/98 CHF
Rest *Stadtrestaurant* – (19,80 CHF) Menü 28 CHF (mittags)/95 CHF – Karte 41/83 CHF
◆ Wenige Schritte vom Baseltor steht das 1418 erstmals als Herberge erwähnte Haus, vermutlich das zweitälteste Hotel der Schweiz. Zimmer im Louis-XV- oder im Biedermeier-Stil. Elegant ist die Ambassadorenstube. Barockterrasse mit schöner Aussicht.

Tour Rouge (Roter Turm) Rest, VISA MC AE
Hauptgasse 42 – ☎ 032 622 96 21 – info@roterturm.ch – Fax 032 622 98 65 – geschl. Weihnachten Y c
36 Zim – 100/150 CHF 180/230 CHF
Rest *La Tourelle* – *(geschl. Samstagmittag und Sonntagabend im Winter)* (34 CHF) Menü 43 CHF (mittags)/83 CHF – Karte 52/87 CHF
Rest *Turmstube* – (18 CHF) Menü 27 CHF (mittags) – Karte 35/76 CHF
◆ Mitten in der Altstadt, direkt in der Fussgängerzone liegt dieses aus vier Häusern bestehende, engagiert geführte Hotel. La Tourelle im 5. Stock verfügt über eine Dachterrasse mit herrlichem Ausblick.

Hotel an der Aare Zim, VISA MC AE
Oberer Winkel 2 – ☎ 032 626 24 00 – info@hotelaare.ch – Fax 032 626 24 10 – Hotel : geschl. 24. Dezember - 2. Januar Z a
16 Zim – 130/150 CHF 170/195 CHF – **Rest** – *(geschl. Sonntag von November bis April und Montag von Mai bis Oktober)* Karte 46/81 CHF
◆ Das moderne Hotel im ehemaligen Schwesternwohnheim des Alten Spitals verbindet puristisch-trendiges Design mit historischer Bausubstanz a. d. 18. Jh. Alle Zimmer zur Aare hin. Restaurant mit schön gelegener Terrasse.

Zum Alten Stephan - Zaugg's Zunftstube VISA MC AE
Friedhofplatz 10, (1. Etage) – ☎ 032 622 11 09 – mail@alterstephan.ch – Fax 032 623 70 60 – geschl. 23. - 26. Dezember, 30. Dezember - 2. Januar, 30. März - 14. April und 28. September - 13. Oktober Y f
Rest – *(geschl. Samstagmittag, Sonntag und Montag) (Tischbestellung ratsam) (nur Menü)* Menü 65 CHF (mittags)/155 CHF – **Rest *Stadtbeiz*** – separat erwähnt
Spez. Sautierte Entenleber an Verjus. Rindsfilet Rossini mit Mascarponerisotto und Trüffeljus. Schokoladengalette mit Tahiti Vanilleeis.
◆ Im ersten Stock des Stadthauses aus dem 11. Jh. wird dem Feinschmecker in der hellen, modern eingerichteten Zunftstube eine zeitgemässe Küche auf hohem Niveau serviert.

Stadtbeiz – Restaurant zum Alten Stephan VISA MC AE
Friedhofplatz 10 – ☎ 032 622 11 09 – mail@alterstephan.ch – Fax 032 623 70 60 – geschl. 23. - 26. Dezember, 30. Dezember - 2. Januar, 30. März - 14. April und 28. September - 13. Oktober Y f
Rest – *(geschl. Sonntag und Montag)* (18 CHF) Menü 35 CHF (mittags)/65 CHF – Karte 44/98 CHF
◆ Unter einem Dach mit Zaugg's Zunftstube befindet sich dieses Restaurant, das neben zeitgemässer Küche auch traditionelle Hausspezialitäten bietet.

Baseltor mit Zim VISA MC AE
Hauptgasse 79 – ☎ 032 622 34 22 – post@baseltor.ch – Fax 032 622 18 79 Y e
9 Zim – 105/125 CHF 160/200 CHF – **Rest** – *(geschl. Sonntagmittag und Feiertage)* Karte 44/87 CHF
◆ Das Altstadthaus liegt, wie der Name schon vermuten lässt, unterhalb des Baseltors. Auf zwei Etagen kann der Gast mediterrane Küche geniessen.

in Riedholz Nord-Ost : 3 km über ① – Höhe 474 m – ✉ 4533 Riedholz

Attisholz VISA MC
Attisholzstr. 3, Süd: 1 km – ☎ 032 623 06 06 – info@attisholz.ch – Fax 032 623 06 07 – geschl. 23. - 29. Dezember, Anfang Februar 1 Woche, Ende Juli - August 3 Wochen, Montag und Dienstag
Rest – Menü 65 CHF (mittags)/136 CHF – Karte 90/159 CHF
Rest *Gaststube* – (19 CHF) Menü 52 CHF – Karte 47/100 CHF
◆ Hinter der hübschen Fassade des ehemaligen Bades a. d. 18. Jh. erwarten Sie aufmerksamer Service und elegantes Ambiente. Zum Haus gehört auch eine idyllische Gartenterrasse. Eine nette Alternative ist die gepflegte Gaststube.

in Luterbach Nord-Ost : 4 km über ① und Attisholz – Höhe 433 m – ✉ 4542 Luterbach

Park Forum Wylihof Rest, P VISA MC AE
Wylihof 43, (beim Golf 18) – ✆ 032 681 34 34 – parkforum@wylihof.ch – Fax 032 681 34 35 – geschl. 21. Dezember - 7. Januar
16 Zim – †140/190 CHF ††170/225 CHF – ½ P +39 CHF – **Rest** – *(geschl. Sonntag) (nur für Hausgäste)*
◆ Die geschmackvoll renovierte Villa mit Gästehaus liegt neben dem Golfplatz, inmitten einer schönen Parkanlage - ein Seminar- und Tagungshotel mit hellen, modernen Zimmern.

in Nennigkofen Süd-West : über ④ : 4 km – Höhe 458 m – ✉ 4574 Nennigkofen

Rössli P VISA MC AE
Bürenstr. 77 – ✆ 032 622 82 80 – info@roesslinennigkofen.ch – Fax 032 622 84 75 – geschl. 24. Dezember - 1. Januar, Juli - August 2 Wochen und Sonntag
Rest – (18 CHF) Menü 58 CHF (mittags)/120 CHF – Karte 50/116 CHF
◆ In dem typischen Dorfgasthaus werden zeitgemässe Speisen aufgetischt. Der gut sortierte Weinkeller bietet eine Vielzahl verschiedener Amarone-Weine.

in Langendorf Nord-West über ⑤ : 2 km – Höhe 470 m – ✉ 4513 Langendorf

Chutz P VISA MC AE
Weissensteinstr. 26 – ✆ 032 622 34 71 – Fax 032 622 58 51 – geschl. 24. - 30. Dezember, 4. - 11. Februar, 14. - 28. Juli, Sonntag und Montag
Rest – (19 CHF) Menü 55/83 CHF – Karte 39/84 CHF
◆ In dem typischen Solothurner Gasthaus offeriert man Ihnen in einer gemütlich-rustikalen Stube sowie in dem gehobeneren Stübli Speisen einer traditionellen Küche.

Dieser Führer lebt von Ihren Anregungen, die uns stets willkommen sind. Egal ob Sie uns eine besonders angenehme Überraschung oder eine Enttäuschung mitteilen wollen – schreiben Sie uns!

SOMAZZO – Ticino (TI) – 553 R14 – alt. 567 m – ✉ 6872 10 H7

Bern 263 – Lugano 23 – Bellinzona 50 – Como 21 – Varese 23

Eremo S. Nicolao < Mendrisio e dintorni, P VISA MC AE
vicolo S. Nicolao 7, Nord-Ovest : 1,3 km – ✆ 091 646 40 50 – Fax 091 646 40 50 – chiuso 7 gennaio - 11 marzo, martedì da ottobre a marzo e lunedì
Rist – Menu 35 CHF – Carta 27/52 CHF
◆ Sotto quest'antico eremo con chiesetta annessa, si estende il Mendrisiotto a perdita d'occhio, visibile soprattutto dalla bella terrazza all'aperto. Ottima cucina regionale.

SONCEBOZ – Berne (BE) – 551 H6 – 1 666 h. – alt. 653 m – ✉ 2605 2 C3

Bern 55 – Delémont 36 – Biel 12 – La Chaux-de-Fonds 31

Du Cerf (Jean-Marc Soldati) avec ch AC rest, P VISA MC AE
4 r. du Collège – ✆ 032 488 33 22 – Fax 032 488 33 21 – fermé 23 décembre - 4 janvier et 13 juillet - 14 août
10 ch – †95/100 CHF ††160/170 CHF – ½ P +20 CHF
Rest *Brasserie* – voir ci-après
Rest – *(fermé lundi, mardi, mercredi, jeudi midi, vendredi midi et dimanche soir) (réservation indispensable) (menu unique)* Menu 75/170 CHF
Spéc. Chartreuse d'asperges au homard breton (printemps). Court-bouillon de lotte safrané aux tomates et basilic (été). Côtelettes de chevreuil à la crème de genièvre (automne). **Vins** La Neuveville, Twanner
◆ Cette maison de 1707 au passé de relais de poste vous régale dans un cadre chaleureux, sous un plafond en bois, près d'une grande cheminée. Tables élégantes. Menu unique à discuter lors de la réservation. Chambres pour prolonger l'étape dans de bonnes conditions.

Brasserie – Restaurant du Cerf

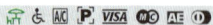

4 r. du Collège – ✆ 032 488 33 22 – Fax 032 488 33 21 – fermé 23 décembre - 4 janvier, 13 juillet - 14 août, mardi soir et mercredi
Rest – *(réservation indispensable)* (17 CHF) – Carte 35/95 CHF
◆ Brasserie sympa proposant, dans une salle boisée ou dehors en été, l'assiette du jour et un petit assortiment de plats bourgeois où entre le terroir. Par prudence, réservez.

Pierre-Pertuis

10 rte de Pierre-Pertuis – ✆ 032 489 10 22 – fermé 1 semaine Noël, 13 juillet - 18 août, mercredi et jeudi
Rest – (16 CHF) – Carte 34/76 CHF
◆ Cette affaire familiale établie à l'entrée de Sonceboz vous mitonne un choix de plats traditionnels de bon aloi. Les cuisses de grenouilles sont un classique de la maison.

SORENGO – Ticino – 553 R13 – vedere Lugano

SOYHIÈRES – Jura – 551 J4 – voir à Delémont

SPEICHER – Appenzell Ausserrhoden (AR) – 551 U6 – 3 853 Ew – Höhe 924 m – ✉ 9042 5 I2

Bern 213 – Sankt Gallen 8 – Altstätten 17 – Bregenz 41

Appenzellerhof Zim,

Trogenerstr. 6 – ✆ 071 344 13 21 – info@appenzellerhof.ch – Fax 071 344 10 38
19 Zim – †115/155 CHF ††195/220 CHF – ½ P +40 CHF – **Rest** – *(geschl. 4. - 17. Februar) (nur Abendessen ausser Sonntag)* Menü 40/95 CHF – Karte 45/93 CHF
◆ In dem Appenzellerhaus mit seiner blumengeschmückten hellen Fassade werden Sie in wohnlich-gemütlichen und zeitlos gediegenen Zimmern beherbergt. Auf reiner Biobasis beruhende Speisen werden sowohl in der rustikalen Stube wie auch im eleganten Salon serviert.

SPIEZ – Bern (BE) – 551 K9 – 12 027 Ew – Höhe 628 m – ✉ 3700 8 E5

Bern 41 – Interlaken 18 – Bulle 102 – Kandersteg 28

Info Center Spiez, Bahnhof, ✆ 033 655 90 00, spiez@thunersee.ch, Fax 033 655 90 09

Schloss : Rundblick★★ vom Turm – Lage★

Fahrt auf den Niesen★★★ Süd : 7 km und Standseilbahn – Stockhorn★★★ West : 12 km und Luftseilbahn

Belvédère < Spiezer Bucht und See, Zim, Rest,

Schachenstr. 39 – ✆ 033 655 66 66 – info@belvedere-spiez.ch – Fax 033 654 66 33 – geschl. 27. Januar - 29. Februar
33 Zim – †110/230 CHF ††260/420 CHF – ½ P +50 CHF – **Rest** – (32 CHF) Menü 89 CHF (abends) – Karte 58/118 CHF
◆ In dem ruhig, schön im Park über dem See gelegenen Hotel wohnt der Gast in komfortablen, zeitgemäss ausgestatteten Zimmern. Neu ist der kleine Freizeitbereich. Eleganter Speisesaal und idyllische Terrasse mit schönem Blick auf den Thuner See.

Single Hotel Eden Zim, Rest,

Seestr. 58 – ✆ 033 655 99 00 – info@singlehoteleden.ch – Fax 033 655 99 01 – geschl. 7. Januar - 4. Februar
43 Zim – †195/360 CHF ††285/450 CHF – ½ P +50 CHF – **Rest** – (27 CHF) Menü 34 CHF (mittags)/58 CHF – Karte 43/82 CHF
◆ Besonders auf alleinreisende Gäste hat man sich in dem Hotel mit zeitgemäss-wohnlichen Zimmern spezialisiert. Je nach Etage unterscheiden sie sich leicht. Im Restaurant mit internationaler Karte kann man sich zu anderen Gästen an einen grossen Tisch gesellen.

in Faulensee **Süd-Ost : 2 km – Höhe 603 m – ✉ 3705 Faulensee**

Seerose Thunersee, VISA MC AE D

Interlakenstr. 87 – ✆ 033 654 10 25 – info@seerose-faulensee.ch – Fax 033 654 10 23 – geschl. Januar und Montag von Oktober bis April

10 Zim – †100/180 CHF ††150/240 CHF – ½ P +40 CHF – **Rest** – (18 CHF) Menü 22 CHF (mittags)/54 CHF – Karte 44/97 CHF

◆ In einem kleinen Berner Oberländer Dorf gelegen, offeriert das Hotel seinen Gästen helle, modern eingerichtete Zimmer mit gutem Platzangebot. Die Juniorsuiten haben Terrassen. Restaurant mit sehr schöner Sicht auf den See und die Berge.

SPORZ – Graubünden – 553 V9 – siehe Lenzerheide

SPREITENBACH – Aargau (AG) – 551 O4 – 9 127 Ew – Höhe 424 m – ✉ 8957 4 F2

Bern 110 – Aarau 33 – Baden 10 – Dietikon 4 – Luzern 77 – Zürich 20

Arte Zim, VISA MC AE D

Wigartestr. 10 – ✆ 056 418 42 42 – arte@zuerich-hotels.ch – Fax 056 418 43 43

66 Zim – †88/130 CHF ††99/160 CHF – **Rest** – (19 CHF) – Karte 35/82 CHF

◆ In dem modernen Hotelbau stehen Gästezimmer zur Verfügung, die zeitgemäss und funktionell eingerichtet sind. Auch Tagungsräume sind vorhanden. Helles Restaurant mit internationaler Küche.

STABIO – Ticino (TI) – 553 R14 – 3 627 ab. – alt. 347 m – ✉ 6855 10 H7

Bern 300 – Lugano 23 – Bellinzona 50 – Milano 66 – Varese 16

a San Pietro di Stabio **Nord : 1 km – ✉ 6854 San Pietro**

Montalbano VISA MC AE D

via Montalbano 34c – ✆ 091 647 12 06 – montalbano@ticino.com – Fax 091 647 40 25 – chiuso 3 - 20 gennaio, 23 giugno - 14 luglio, sabato a mezzogiorno, domenica sera e lunedì

Rist – (30 CHF) Menu 48 CHF (pranzo)/83 CHF – Carta 60/102 CHF

◆ Sito sull'omonimo colle, un elegante e caratteristico ristorante: d'estate, le pareti della sala sono sostituite dai profumi della terrazza e del giardino. Cucina mediterranea.

STÄFA – Zürich (ZH) – 551 Q6 – 11 567 Ew – Höhe 414 m – ✉ 8712 4 G3

Bern 158 – Zürich 26 – Einsiedeln 28 – Luzern 73 – Rapperswil 10

Zur Alten Krone VISA MC AE D

Goethestr. 12 – ✆ 044 926 40 10 – info@altekrone.ch – Fax 044 926 62 31 – geschl. Sonntag und Montag

Rest – (17 CHF) Menü 20 CHF (mittags)/43 CHF – Karte 51/79 CHF

◆ In dem alten Zürcher Riegelhaus soll Goethe einst Stammgast gewesen sein. Heute serviert man in verschiedenen Räumlichkeiten eine zeitgemässe Küche.

in Kehlhof **Süd-Ost : 1 km Richtung Rapperswil – ✉ 8712 Stäfa**

Im Kehlhof VISA MC AE

Seestr. 191 – ✆ 044 926 11 55 – Fax 044 926 80 49 – geschl. 25. Februar - 12. März, 1. - 17. September, Montag und Dienstag

Rest – *(nur Abendessen ausser Sonntag)* Menü 95/125 CHF – Karte 65/131 CHF

◆ Gemütlich und gediegen ist das kleine Restaurant im Ortsteil Kehlhof an der Seestrasse. Hier wie auch auf der Terrasse serviert man klassische Speisen.

STALDEN – Bern – 551 K8 – siehe Konolfingen

STANS K – Nidwalden (NW) – 551 O7 – 6 983 Ew – Höhe 451 m – ✉ 6370 4 F4

Bern 125 – Luzern 15 – Altdorf 30 – Engelberg 20 – Zug 44

Tourismus Stans, Bahnhofplatz 4, ✆ 041 610 88 33, info@lakeluzern.ch, Fax 041 610 88 66

Glockenturm★ der Kirche

Stanserhorn★★ Süd mit Standseil- und Luftseilbahn – Strasse nach Seelisberg★ Ost

Engel
Dorfplatz 1 – ✆ 041 619 10 10 – info@engelstans.ch – Fax 041 619 10 11
18 Zim – 85 CHF 140 CHF – ½ P +25 CHF – **Rest** – (16 CHF) Menü 28 CHF (mittags)/63 CHF – Karte 42/88 CHF
◆ Kombination von Alt und Neu: Klare Linien, schlichte Formen, starke Farben und pfiffige Details prägen die modernen Zimmer des traditionsreichen Gasthofs im Dorfzentrum. Gehobenes Säli und schlicht-modernes Tagesrestaurant.

Motel Stans-Süd garni
Rieden 4, an der A2, Ausfahrt Stans-Süd – ✆ 041 618 07 77 – info@motelstans.ch – Fax 041 618 07 78
38 Zim – 88/98 CHF 135/145 CHF
◆ Dem Durchreisenden bietet sich direkt an der gleichnamigen Autobahnausfahrt eine Übernachtungsmöglichkeit in schlicht dekorierten, zweckmässig ausgestatteten Zimmern.

Zur Linde - Stanserstube mit Zim
Dorfplatz 7 – ✆ 041 619 09 30 – info@hotel-linde.ch – Fax 041 619 09 48
9 Zim – 90/105 CHF 160/180 CHF
Rest – *(geschl. 23. Dezember - 7. Januar, 3. - 11. Februar, Juli - August, Sonntag und Montag)* Menü 54/110 CHF – Karte 56/120 CHF
Rest *Feldschlösschen* – *(geschl. 23. Dezember - 7. Januar, 3. - 11. Februar, Sonntag und Montag)* (19 CHF) – Karte 36/82 CHF
◆ Die Stanserstube im 1. Stock des geschmackvoll restaurierten Hauses aus dem Jahre 1714 glänzt mit einer schönen Holzkasettendecke. Im Parterre befindet sich das Feldschlösschen. Hier werden einfachere, sorgfältig zubereitete Mahlzeiten serviert.

Zur Rosenburg
Alter Postplatz 3, (im Höfli) – ✆ 041 610 24 61 – info@rosenburg-stans.ch – Fax 041 610 93 56 – geschl. 1. - 12. Februar, 28. Juli - 18. August, Montag und Dienstag
Rest – (19 CHF) Menü 58 CHF – Karte 45/86 CHF
◆ Das schöne Herrschaftshaus aus dem Mittelalter mit bewegter Geschichte hat angenehm rustikale Stuben, in denen der Besucher zeitgemäss bereitete Gerichte geniessen kann.

STANSSTAD – Nidwalden (NW) – 551 O7 – 4 325 Ew – Höhe 438 m – ✉ 6362 4 F4

Bern 123 – Luzern 12 – Altdorf 32 – Sarnen 14 – Stans 4

Bürgenstock, ✆ 041 612 90 10

in Fürigen Nord-Ost : 3,5 km Richtung Bürgenstock – ✉ 6363 Obbürgen

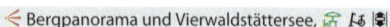

Fürigen ← Bergpanorama und Vierwaldstättersee, Rest,
– ✆ 041 618 69 69 – info@hotel-fuerigen.ch – Fax 041 618 69 00 – geschl. 15. Dezember - 6. Januar und 28. Januar - 17. Februar
83 Zim – 149/200 CHF 290 CHF – ½ P +50 CHF
Rest *La Brasserie* – *(geschl. 15. Dezember - 17. Februar)* Karte 47/101 CHF
◆ Dieses imposante Gebäude, schön oberhalb des Sees gelegen, bietet von seinen renovierten, mit hellem Mobiliar eingerichteten Zimmern eine wunderbare Sicht auf die Umgebung. La Brasserie zeigt sich modern-elegant mit schöner Panoramaterrasse.

STECKBORN – Thurgau (TG) – 551 S3 – 3 320 Ew – Höhe 404 m – ✉ 8266 4 H2

Bern 185 – Sankt Gallen 55 – Frauenfeld 18 – Konstanz 16 – Radolfzell 31 – Schaffhausen 31

Steckborntourismus, ✆ 052 761 10 55, info@steckborntourismus.ch, Fax 052 761 10 55

Feldbach ← Bodensee, Rest, Zim,
(Am Jachthafen) – ✆ 052 762 21 21 – info@hotel-feldbach.ch – Fax 052 762 21 91 – geschl. 20. Dezember - 22. Januar
36 Zim – 180/185 CHF 220/230 CHF – **Rest** – (25 CHF) – Karte 59/100 CHF
◆ Schön ist die ruhige Lage dieses Hauses direkt neben dem grossen Seepark von Steckborn. Die Zimmer sind freundlich und neuzeitlich eingerichtet. Modernes Restaurant in einem Kloster aus dem 13. Jh. Hübsche Seeterrasse.

Frohsinn ← Bodensee, ⚓ 🏞 ⚡ P VISA MC AE ①

Seestr. 62 – ✆ 052 761 11 61 – info@frohsinn-steckborn.ch – Fax 052 761 28 21 – geschl. 25. Januar - 22. Februar, Donnerstag ausser im Sommer und Mittwoch

10 Zim ☕ – †90/125 CHF ††135/170 CHF – **Rest** – Karte 38/76 CHF

◆ In dem netten kleinen Riegelhaus, zwischen See und Durchgangsstrasse gelegen, findet der Erholungsuchende praktische Zimmer mit moderner Einrichtung. Vom Restaurant und der Terrasse aus hat man einen schönen Blick auf den See.

STEFFISBURG – Bern – 551 K8 – siehe Thun

STEIN AM RHEIN – Schaffhausen (SH) – 551 R3 – 2 985 Ew – Höhe 413 m – ✉ 8260 4 G2

▶ Bern 177 – Zürich 58 – Baden 77 – Frauenfeld 16 – Schaffhausen 22 – Singen 18

◉ Altstadt★★ : Museum★ im ehemaligen Benediktinerkloster St. Georgen

◉ Burg Hohenklingen★ Nord : 2,5 km

Chlosterhof ← 🏞 🏊 ⛲ 🏋 🛗 ♿ Rest, ⚡ Zim, 📞 🏛 🚗 VISA MC AE ①

Oehningerstr. 2 – ✆ 052 742 42 42 – mail@chlosterhof.ch – Fax 052 741 13 37 – geschl. 22. Dezember - 6. Januar

42 Zim ☕ – †212/235 CHF ††265/300 CHF – 29 Suiten – ½ P +52 CHF

Rest *Le Bateau* – (26 CHF) Menü 56 CHF (mittags)/128 CHF – Karte 69/112 CHF

◆ Der grosse Gebäudekomplex beherbergt wohnliche Zimmer, die mit moderner Technik ausgestattet sind. Auch gibt es diverse freundliche Seminarräume. Das Le Bateau wurde dem Namen entsprechend eingerichtet und bietet zeitgemässe Küche.

Rheinfels ← 🏞 🛗 🏛 VISA MC AE

Rhygasse 8 – ✆ 052 741 21 44 – rheinfels@bluewin.ch – Fax 052 741 25 22 – geschl. 16. Dezember - 14. März, Mittwoch ausser Juli - August und Donnerstag von Mitte Oktober bis Ostern

17 Zim ☕ – †135/140 CHF ††190/200 CHF – ½ P +38 CHF – **Rest** – Menü 65 CHF – Karte 41/90 CHF

◆ Im historischen "Gredhaus" (Wasserzoll und Lagerhaus), 1493 erstmals erwähnt, schläft der Gast in geräumigen, mit dunklen, soliden Fichtenholzmöbeln eingerichteten Zimmern. Bürgerlich-rustikale Stuben und Rheinterrasse.

Adler 🏞 🛗 AC Rest, ⚡ Zim, 🚭 📞 VISA MC AE ①

Rathausplatz 2 – ✆ 052 742 61 61 – hotel-adler@bluewin.ch – Fax 052 741 44 40 – geschl. 25. Januar - 12. Februar

14 Zim ☕ – †120 CHF ††170 CHF – ½ P +50 CHF – **Rest** – *(geschl. Montag ausser Feiertage)* (24 CHF) – Karte 47/97 CHF

◆ Inmitten der malerischen Kleinstadt mit ihren wunderschönen Hausfassaden liegt das Hotel Adler. Beherbergt wird der Gast in hellen, zeitgemäss ausgestatteten Zimmern.

STEINEN – Schwyz – 551 P7 – siehe Schwyz

STEINHAUSEN – Zug (ZG) – 551 P6 – 8 801 Ew – Höhe 424 m – ✉ 6312 4 F3

▶ Bern 132 – Zürich 37 – Luzern 28 – Aarau 53 – Zug 5

XX **Zur Linde - Carpe Diem** mit Zim 🏞 🛗 ⚡ Zim, 📞 🏛 P VISA MC AE

Bahnhofstr. 28 – ✆ 041 748 81 18 – info@gasthaus-linde.ch – Fax 041 748 81 19

13 Zim ☕ – †145 CHF ††190 CHF – ½ P +30 CHF – **Rest** – *(geschl. Sonntag)* (19 CHF) Menü 65 CHF – Karte 50/104 CHF

◆ Freundliche, warme Farben verleihen dem Carpe Diem einen leicht mediterranen Touch. Daneben bietet man noch ein gemütliches Beizli sowie moderne, wohnliche Zimmer.

Dieser Führer lebt von Ihren Anregungen, die uns stets willkommen sind. Egal ob Sie uns eine besonders angenehme Überraschung oder eine Enttäuschung mitteilen wollen – schreiben Sie uns!

STOOS – Schwyz (SZ) – 551 Q7 – Höhe 1 256 m – ✉ 6433 4 G4

Bern 156 – Luzern 52 – Altdorf 17 – Brunnen 6 – Schwyz 6

mit der Luftseilbahn ab Morschach oder Standseilbahn ab Schlattli, jeweils 10 min., erreichbar

Stoos ← Berge, Zim,

Ringstr. 10 – 041 817 44 44 – info@hotel-stoos.ch – Fax 041 817 44 45

74 Zim – 95/184 CHF 190/328 CHF – ½ P +40 CHF – **Rest** – (17 CHF) Menü 27 CHF (mittags)/48 CHF – Karte 51/98 CHF

◆ Das Hotel befindet sich auf der autofreien Sonnenterrasse über dem Nebel und dem Vierwaldstättersee. Die Lage garantiert eine absolute Nachtruhe. Mit Wellnessbereich. Schlicht dekoriertes Restaurant und eine höher gelegene Terrasse mit Panoramablick.

STUDEN – Bern (BE) – 551 I6 – 2 387 Ew – Höhe 440 m – ✉ 2557 2 D3

Bern 36 – Aarberg 10 – Biel 9 – Murten 30 – Neuchâtel 38 – Solothurn 28

Florida garni

Aareweg 25 – 032 374 28 28 – info@florida.ch – Fax 032 374 28 29

48 Zim – 125/135 CHF 185/220 CHF

◆ Etwas ausserhalb, neben einer kleinen Freizeizeitanlage findet man dieses Hotel. Helle, modern ausgestattete Zimmer bieten dem Geschäftsmann das Erforderliche.

STÜSSLINGEN – Solothurn (SO) – 551 M4-5 – 945 Ew – Höhe 465 m – ✉ 4655 3 E3

Bern 76 – Aarau 7 – Olten 11 – Solothurn 45

Heidental, 062 285 80 90

Jura

Hauptstr. 48 – 062 298 11 55 – mail@restaurantjura.ch – Fax 062 298 20 06 – geschl. 11. - 21. Februar, 21. Juli - 7. August, Montag und Dienstag

Rest – (16 CHF) Menü 73 CHF – Karte 43/84 CHF

◆ Das im Ortszentrum gelegene Haus beherbergt eine einfache Gaststube sowie ein A-la-carte-Restaurant, in dem man traditionelle Speisen bietet.

SUBERG – Bern – 551 I6 – siehe Lyss

siehe Lyss

SUGIEZ – Fribourg (FR) – 552 H7 – alt. 434 m – ✉ 1786 2 C4

Bern 32 – Neuchâtel 21 – Biel 36 – Fribourg 25 – Murten 8

De l'Ours avec ch rest,

5 rte de l'Ancien Pont – 026 673 93 93 – info@hotel-ours.ch – Fax 026 673 93 99 – fermé 4 - 26 février et 20 octobre - 11 novembre

8 ch – 110 CHF 180/195 CHF, 15 CHF – **Rest** – *(fermé lundi et mardi)* (16 CHF) Menu 28 CHF (déj.)/79 CHF – Carte 49/94 CHF

◆ Lac, vignes et canal environnent cette ravissante auberge de 1678. Salle à manger contemporaine, carte au goût du jour, terrasse et café rustique plus simple. Chambres personnalisées pour l'étape nocturne ; jardin de repos et piscine couverte pour l'agrément.

SUGNENS – Vaud (VD) – 552 E9 – 233 h. – alt. 648 m – ✉ 1043 6 B5

Bern 88 – Lausanne 20 – Montreux 46 – Moudon 12 – Yverdon-les-Bains 18

Auberge de Sugnens (Foudil Sidi-Ali)

– 021 881 45 75 – Fax 021 881 45 35 – fermé 31 décembre - 7 janvier, 14 - 28 juillet, dimanche soir et lundi

Rest – Menu 55/115 CHF – Carte 63/122 CHF

Spéc. Noisettes de selle d'agneau aux épices. Filet de chamois au sureau (automne). Tourte au chocolat. **Vins** Dézaley, Saint-Saphorin

◆ Au cœur d'un tout petit village, ferme vaudoise ayant troqué fourches, cruches et bottes de foin contre fourneaux, marmites et spatules. Bonne table gastronomique et bistrot.

SUHR – Aargau (AG) – 551 N4 – 8 451 Ew – Höhe 397 m – ✉ 5034 3 **F3**

Bern 82 – Aarau 4 – Baden 24 – Basel 68 – Luzern 50 – Solothurn 55

Bären Zim, VISA MC AE

Bernstr.-West 56 – ✆ 062 855 25 25 – mailbox@baeren-suhr.ch – Fax 062 855 25 91

31 Zim – 125/160 CHF 190/260 CHF – **Rest** – *(geschl. Samstagmittag und Sonntag)* (23 CHF) Menü 44 CHF (mittags)/96 CHF – Karte 47/104 CHF

◆ Der erweiterte Gasthof beherbergt das heutige Hotel mit gepflegten, wohnlichen Zimmern und Tagungsraum. Ein moderner Barbereich und eine gepflegte Halle erwarten Sie ebenso. Das Restaurant teilt sich in eine leicht elegante und eine schlichte Stube.

SULLENS – Vaud (VD) – 552 D9 – 813 h. – alt. 600 m – ✉ 1036 6 **B5**

Bern 96 – Lausanne 16 – Cossonay 19 – Yverdon-les-Bains 27

Auberge Communale P VISA MC

1 r. du Château – ✆ 021 731 11 97 – Fax 021 731 32 65 – fermé 23 - 26 décembre, 26 juillet - 18 août, dimanche, lundi et fériés

Rest – (25 CHF) – Carte 41/93 CHF

◆ La carte de ce restaurant à l'ambiance familiale honore volontiers le terroir local. Salle à manger aux tables bien espacées. Café jouant les vases communicants. Bon accueil.

SUMISWALD – Bern (BE) – 551 L7 – 5 307 Ew – Höhe 700 m – ✉ 3454 3 **E4**

Bern 44 – Burgdorf 16 – Luzern 63 – Olten 58 – Thun 48

Bären Zim, Zim, P VISA MC AE

Marktgasse 1 – ✆ 034 431 10 22 – hotel@baeren-sumiswald.ch – Fax 034 431 23 24 – geschl. 21. Januar - 10. Februar, 21. Juli - 4. August und Montag

18 Zim – 95 CHF 160 CHF – ½ P +35 CHF – **Rest** – (15 CHF) – Karte 39/80 CHF

◆ Hinter der schönen Holzfassade des Emmentaler Gasthofs, ehemals eine Schenke aus dem 14. Jh., verbergen sich mit Massivholzmobiliar rustikal und modern eingerichtete Zimmer.

Zum Kreuz P VISA MC AE

Marktgasse 9 – ✆ 034 431 15 26 – kreuz@kreuz-sumiswald.ch – Fax 034 431 32 27 – geschl. 4. - 20. Februar, 7. - 23. Juli, Dienstagabend und Mittwoch

Rest – (16 CHF) – Karte 43/79 CHF

◆ Einst eine Umspannstelle für Postkutschenpferde, beherbergt das Haus a. d. J. 1664 heute zwei kleine, gemütliche Stuben und eine einfache Gaststube mit traditionellem Angebot.

in Lüderenalp Süd-Ost : 10 km über Wasen – ✉ 3457 Wasen im Emmental

Lüderenalp Berner Alpen und Jurakette, Rest, Rest, P VISA MC AE

– ✆ 034 437 16 76 – hotel@luederenalp.ch – Fax 034 437 19 80 – geschl. 3. - 15. Dezember, 7. - 27. Januar und Montag von November bis März

20 Zim – 85/150 CHF 130/215 CHF – ½ P +40 CHF – **Rest** – (34 CHF) Menü 57 CHF – Karte 43/94 CHF

◆ Einsam und abgeschieden liegt dieses Ausflugs- und Ferienhotel erhöht über dem Emmental mit aussergewöhnlicher Panoramasicht auf die Berner Alpen und die Jurakette. Einfaches Restaurant und grosse Speiseterrasse.

SURLEJ – Graubünden – 553 X11 – siehe Silvaplana

SURSEE – Luzern (LU) – 551 N6 – 8 059 Ew – Höhe 504 m – ✉ 6210 3 **F3**

Bern 90 – Luzern 23 – Aarau 26 – Baden 48 – Olten 32

Oberkirch, Süd: 2 km, ✆ 041 925 24 50

Rathaus★ – Wallfahrtskirche Mariazell : Aussicht★

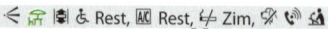

Bellevue am See Rest, Rest, Zim,
Bellevueweg 7 – 041 925 81 10 – info@ bellevue-sursee.ch – Fax 041 925 81 11 – geschl. 24. - 26. Dezember
19 Zim – 130/160 CHF 240 CHF – ½ P +50 CHF – **Rest** – *(geschl.14. Januar - 3. Februar, Sonntagabend und Montag)* (19,50 CHF) Menü 50 CHF (mittags)/100 CHF – Karte 50/128 CHF
◆ Die schlossähnliche, komplett renovierte Villa gefällt durch ihre ruhige Lage nicht weit vom See, die hübsche Aussicht und die individuelle, moderne Zimmerausstattung. Man speist im einfacheren Bar-Bistro-Bereich oder dem eleganten Wintergarten.

Wir bemühen uns bei unseren Preisangaben um grösstmögliche Genauigkeit. Aber alles ändert sich! Lassen Sie sich daher bei Ihrer Reservierung den derzeit gültigen Preis mitteilen.

SUSCH – Graubünden (GR) – 553 Y9 – 199 Ew – Höhe 1 435 m – ✉ 7542

Bern 295 – Davos 28 – Sankt Moritz 40 – Scuol 22
Susch Sagliains - Klosters Selfranga, Information 081 288 37 37

SUSTEN-LEUK – Wallis (VS) – 552 K11 – Höhe 627 m – ✉ 3952 8 E6

Bern 183 – Brig 29 – Leukerbad 14
Leuk, 027 473 61 61

Relais Bayard Rest,
Kantonsstrasse, Ost : 1 km Richtung Brig – 027 474 96 96 – mail@ relaisbayard.ch – Fax 027 474 96 99
30 Zim – 100/120 CHF 180/220 CHF – ½ P +25 CHF – **Rest** – (18 CHF) Menü 30 CHF – Karte 51/100 CHF
◆ Der Landgasthof liegt an der Strasse nach Brig und am Golfplatz. Zweckmässige Zimmer mit zeitgemässer Ausstattung. Besonders für Familien geeignete Duplex-Suiten. Restaurant mit Pizzeria und gehobenem A-la-carte-Bereich.

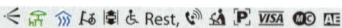

SUTZ-LATTRIGEN – Bern (BE) – 551 I6 – 1 151 Ew – Höhe 450 m – ✉ 2572 2 C3

Bern 44 – Biel 7 – Neuchâtel 36 – Solothurn 33

Anker
Hauptstr. 4 – 032 397 11 64 – anker.sutz@bluewin.ch – Fax 032 397 11 74 – geschl. 25. Februar - 9. März, 22. September - 12. Oktober, Montag und Dienstag
Rest – (16 CHF) Menü 51 CHF – Karte 38/79 CHF
◆ Ob im gemütlich-rustikalen Restaurant oder auf der schönen Gartenterrasse: Es erwartet Sie eine Karte mit preiswerten, sorgfältig zubereiteten traditionellen Gerichten.

TÄGERWILEN – Thurgau – 551 T3 – siehe Kreuzlingen

TÄSCH – Wallis (VS) – 552 K13 – 831 Ew – Höhe 1 438 m – ✉ 3929 8 E7

Bern 115 – Brig 40 – Sierre 59 – Sion 74 – Zermatt 1
Matterhorn, Nord: 2 km Richtung Randa, 027 967 70 00

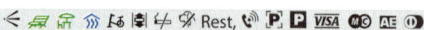

Täscherhof Rest,
Bahnhofstrasse – 027 966 62 62 – info@taescherhof.ch – Fax 027 966 62 00 – geschl. November
35 Zim – 95/120 CHF 145/200 CHF – ½ P +27 CHF – **Rest** – (18 CHF) Menü 29 CHF – Karte 29/79 CHF
◆ Den kleinen Ort Täsch kennt der Tourist meist nur als Umsteigestation auf dem Weg nach Zermatt. Hier liegt das einfache Hotel mit wohnlichen, rustikal eingerichteten Zimmern. Ländlich dekoriertes Restaurant.

TAMINS – Graubünden (GR) – 553 U8 – 1 167 Ew – Höhe 640 m – ✉ 7015 5 I4

Bern 251 – Chur 11 – Andermatt 84 – Davos 68 – Vaduz 49

in Reichenau – Höhe 604 m – ✉ 7015 Tamins

Schlosshotel Adler Rest, P VISA MC AE

Reichenauerstr. 58 – ☎ 081 641 10 44 – info@adlerreichenau.ch – Fax 081 641 24 96 – geschl. 23. Dezember - 7. Januar

15 Zim – 115 CHF 190 CHF, 15 CHF

Rest *Gourmet Stübli* – *(geschl. Sonntag ausser mittags im Sommer und Montag)* Menü 56/95 CHF – Karte 54/95 CHF

Rest *Gaststube* – *(geschl. Sonntag ausser mittags im Sommer und Montag)* (25 CHF) Menü 39 CHF – Karte 45/80 CHF

◆ Die einstige Pferdewechselstation am Zusammenfluss von Vorder- und Hinterrhein ist heute ein nettes kleines Hotel mit funktionellen, aber dennoch charmanten Zimmern.

TARASP – Graubünden – 553 Z9 – siehe Scuol

TAVERNE – Ticino (TI) – 553 R13 – 2 934 ab. – alt. 364 m – ✉ 6807 10 H6

Bern 235 – Lugano 10 – Bellinzona 21 – Locarno 31 – Varese 46

Motto del Gallo (José de la Iglesia) con cam P VISA MC AE

Bicentenario 16 – ☎ 091 945 28 71 – mottodelgallo@bluewin.ch – Fax 091 945 27 23 – chiuso lunedì a mezzogiorno e domenica

4 suites – 118 CHF 235 CHF – **Rist** – *(consigliata la prenotazione)* (38 CHF) Menu 48 CHF (pranzo)/139 CHF – Carta 108/133 CHF

Spec. Casoncelli con punte d'asparagi e verzette al burro delle alpi con erbe aromatiche (primavera). Carpaccio di Luccioperca con pomodori Kumato e olio extravergine del Ceresio con fiori di zucca (estate). Sella di lepre ai mirtilli rossi del Malcantone e cren con crespella di patate e cime di rapa (inverno). **Vini** Taverne

◆ Un ambiente rustico quattrocentesco con mobili antichi ed una bella terrazza per gustare una cucina di stagione e specialità d'ispirazione mediterranea.

TEGNA – Ticino (TI) – 553 Q12 – 661 ab. – alt. 258 m – ✉ 6652 9 G6

Bern 244 – Locarno 6 – Andermatt 112 – Bellinzona 28 – Lugano 50

Barbaté senza rist P VISA MC AE

– ☎ 091 796 14 30 – info@garnibarbate.ch – Fax 091 796 25 30 – chiuso 1° gennaio - 1° marzo

12 cam – 65/117 CHF 130/170 CHF

◆ Un simpatico indirizzo questo garni piccolo e familiare, ubicato in zona tranquilla. Al pian terreno, il giardino fa da cornice alle camere del lato sud, da consigliare.

TGANTIENI – Graubünden – 553 V9 – siehe Lenzerheide

THALWIL – Zürich (ZH) – 551 P5 – 15 805 Ew – Höhe 435 m – ✉ 8800 4 G3

Bern 134 – Zürich 12 – Luzern 47 – Schwyz 55

Sedartis AC VISA MC AE

Bahnhofstr. 16 – ☎ 043 388 33 00 – info@sedartis.ch – Fax 043 388 33 01

39 Zim – 143/250 CHF 163/250 CHF, 22 CHF – **Rest** – (19,50 CHF) Menü 26 CHF (mittags)/95 CHF – Karte 45/113 CHF

◆ Der Name dieses Hotels (Seda = Seide, Art = Kunst) nimmt Bezug auf die Seidenindustrie Thalwils und steht für topmodernes Design und funktionelle Architektur. Trendig ist das Ambiente im Restaurant.

THAYNGEN - Schaffhausen (SH) - 551 Q2 - 4 080 Ew - Höhe 440 m - ✉ 8240 4 G1

Bern 180 – Zürich 61 – Baden 80 – Schaffhausen 10

in Hüttenleben Nord-West : 1,5 km :

XX **Hüttenleben** mit Zim

Drachenbrunnenweg 5 – ✆ 052 645 00 10 – info@huettenleben.ch – Fax 052 645 00 13 – geschl. 7. - 20. Juli, 1. - 12. Oktober, Montag und Dienstag

4 Zim – †85 CHF ††156 CHF – **Rest** – Karte 52/90 CHF

◆ Von freundlichem Personal werden Sie in dem Landgasthof bedient. Die italienische Küche wird sowohl im schönen Wintergarten wie auch in der rustikalen Pasteria gereicht.

Luxuriös oder eher schlicht?
Die Symbole X und 🏠 kennzeichnen den Komfort.

THIELLE – Neuchâtel – 552 G7 – voir à Neuchâtel

THÖRIGEN – Bern (BE) – 551 L6 – 965 Ew – Höhe 488 m – ✉ 3367 3 E3

Bern 41 – Aarau 54 – Basel 69 – Luzern 83 – Solothurn 25

XXX **Löwen** (Nik Gygax)

Langenthalstr. 1 – ✆ 062 961 21 07 – nikgygax@bluewin.ch – Fax 062 961 16 72

Rest – *(geschl. Sonntag und Montag) (Tischbestellung ratsam)* Menü 65 CHF (mittags)/195 CHF – Karte 96/155 CHF

Rest *Nik's Wystube* – separat erwähnt

Spez. "Spaghetti-Turban" mit Flusskrebsen. Dreierlei vom Emmentaler Milchkalb. Cordon bleu Maison. **Weine** Oberbipp

◆ Hinter der hübschen Fassade mit Fachwerk und Holzfensterläden kredenzt man dem Gast in fast familiärer Atmosphäre aufwändig zubereitete klassische Küche mit persönlicher Note.

X **Nik's Wystube** – Restaurant Löwen

Langenthalstr. 1 – ✆ 062 961 21 07 – nikgygax@bluewin.ch – Fax 062 961 16 72

Rest – *(geschl. Sonntag und Montag)* (18 CHF) Menü 68/85 CHF – Karte 48/102 CHF

◆ Wenn Sie zum Speisen ein ungezwungenes Umfeld bevorzugen, dann wird es Ihnen in dieser hellen, rustikalen Gaststube mit traditioneller Küche bestimmt gefallen.

THÖRISHAUS – Bern (BE) – 551 I7 – Höhe 580 m – ✉ 3174 2 D4

Bern 14 – Biel 52 – Fribourg 23 – Neuchâtel 56 – Thun 47

X **Wirtschaft zum Hähli**

Freiburgstr. 850 – ✆ 031 889 07 07 – haeli@bluewin.ch – Fax 031 889 07 50 – geschl. 15. September - 5. Oktober, Samstag und Sonntag

Rest – *(Tischbestellung ratsam)* (17 CHF) – Karte 35/78 CHF

◆ In der Gaststube und dem Restaurant mit Wintergarten sowie auf einer schönen Terrasse unter alten Kastanien bewirtet man Sie mit traditionellen Speisen.

THÔNEX – Genève – 552 B11 – voir à Genève

THUN – Bern (BE) – 551 K8 – 40 377 Ew – Höhe 560 m – ✉ 3600 8 E4

Bern 32 – Interlaken 29 – Gstaad 61 – Langnau im Emmental 32 – Spiez 14

Thun Tourismus-Organisation, Bahnhof, Seestr. 2, ✆ 033 225 90 00, thun@thunersee.ch, Fax 033 225 90 09 Z

Thunersee, Ost: 2 km Richtung Allmendingen, ✆ 033 334 70 70 ;

Aaretal Kiesen, Nord: 12 km Richtung Bern, ✆ 031 782 00 00

Blick★★ vom Kirchenvorplatz Z – Seeufer : Jakobshübeli★★ Z – Park vom Schloss Schadau : Aussicht★★ BY – Altstadt : Obere Hauptgasse★ Z **28** – Rathausplatz★ Z **30** – Schloss Museum★; Blick von den Ecktürmen Z

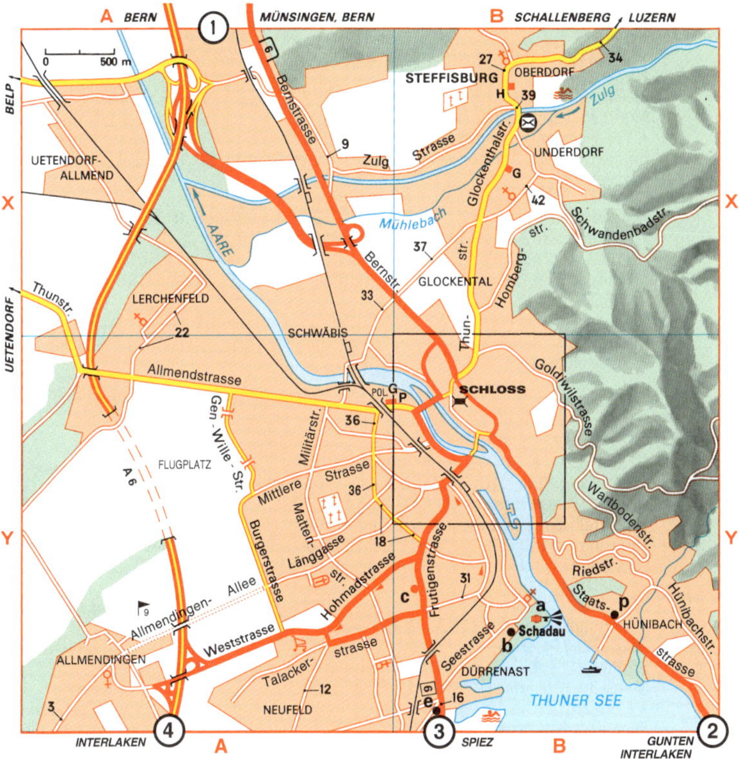

STEFFISBURG

Street	Square	No.
Bernstrasse alte	AX	9
Oberdorfstrasse	BX	27
Schwäbisstrasse	AX	33
Schwarzeneggstrasse	BX	34
Stockhornstrasse	BX	37
Unterdorfstrasse	BX	39
Ziegeleistrasse	BX	42

THUN

Street	Square	No.
Allmendingenstrasse	AY	3
Allmendstrasse	Z	4
Bälliz	Z	
Bahnhofbrücke	Z	6
Bahnhofplatz	Z	7
Berntorplatz	Z	10
Buchholzstrasse	AY	12
Grabenstrasse	Z	13
Guisanplatz	Z	15
Gwattstrasse	BY	16
Hauptgasse	Z	
Jungfraustrasse	ABY	18
Kirchtreppe	Z	19
Kuhbrücke	Z	21
Lerchenfeldstrasse	AXY	22
Marktgasse	Z	24
Maulbeerplatz	Z	25
Obere Hauptgasse	Z	28
Rathausplatz	Z	30
Schadaustrasse	BY	31
Steffisburgstrasse	Z	35
Stockhornstrasse	AY	36
Untere Hauptgasse	Z	40
Waisenhausstrasse	Z	41

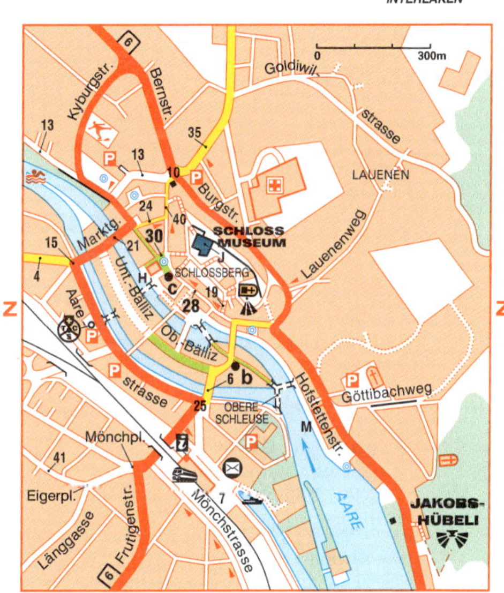

Seepark Zim, VISA MC AE DC
Seestr. 47 – ✆ 033 226 12 12 – info@seepark.ch – Fax 033 226 15 10 – geschl. 20. Dezember - 8. Januar BY **b**
89 Zim – 140/220 CHF 210/330 CHF – ½ P +53 CHF – **Rest** – (21 CHF) Menü 35 CHF (mittags)/68 CHF – Karte 51/84 CHF
◆ Vor allem auf Tagungen ist dieses Hotel mit seinen funktionell ausgestatteten Gästezimmern ausgelegt. Schön ist die Lage des Hauses direkt am See. Restaurant mit Terrasse zum Park.

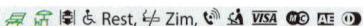

Freienhof Rest, Zim, VISA MC AE DC
Freienhofgasse 3 – ✆ 033 227 50 50 – info@freienhof.ch – Fax 033 227 50 55 Z **b**
68 Zim – 155/185 CHF 235/295 CHF – ½ P +40 CHF – **Rest** – (15 CHF) – Karte 41/93 CHF
◆ Auf der Aarehalbinsel, nicht weit vom Stadtzentrum entfernt befindet sich dieses Hotel. Die Zimmer sind sehr modern und funktionell gestaltet. Gepflegter Garten. Restaurant mit Terrasse an der Aare.

Krone VISA MC AE DC
Rathausplatz 2 – ✆ 033 227 88 88 – info@krone-thun.ch – Fax 033 227 88 90 Z **c**
27 Zim – 150/170 CHF 230/265 CHF – ½ P +38 CHF
Rest *Wong Kun* – (16 CHF) Menü 21 CHF (mittags) – Karte 39/87 CHF
Rest *Stadtrestaurant* – (16 CHF) – Karte 47/76 CHF
◆ Das hübsche alte Stadthaus mit Türmchen liegt direkt im historischen Zentrum von Thun, in der Fussgängerzone. Hier stehen modern ausgestattete Zimmer für Sie bereit. Fernöstliches Ambiente und chinesische Küche im Wong Kun.

Alpha Rest, Zim, VISA MC
Eisenbahnstr. 1 – ✆ 033 334 73 47 – welcome@alpha-thun.ch – Fax 033 334 73 48 BY **e**
35 Zim – 110/130 CHF 170/190 CHF – ½ P +30 CHF – **Rest** – (15 CHF) Menü 36 CHF (mittags)/58 CHF – Karte 47/79 CHF
◆ Etwas ausserhalb des Zentrums liegt dieses Hotel. Zweckmässig und zeitgemäss sind die Zimmer grossteils mit dunklem Eichenholzmobiliar eingerichtet. Restaurant mit traditionellem Speisenangebot.

Arts Schloss Schadau < Thunersee, VISA MC AE DC
Seestr. 45 – ✆ 033 222 25 00 – info@schloss-schadau.ch – Fax 033 222 15 80 – geschl. Februar, Dienstag von Oktober bis April und Montag BY **a**
Rest – Menü 54 CHF (mittags)/107 CHF – Karte 70/112 CHF
◆ Das Schloss a. d. 19. Jh., traumhaft in einem Park am See gelegen, besticht durch die mit Stuckaturen und sehenswerten Holzmalereien verzierten Räume und die schöne Terrasse.

Burehuus VISA MC AE DC
Frutigenstr. 44 – ✆ 033 224 08 08 – info@burehuus.ch – Fax 033 224 08 09 BY **c**
Rest – (17 CHF) Menü 55 CHF – Karte 44/89 CHF
◆ In dem netten, gut geführten Restaurant in einem schön sanierten 200 Jahre alten Bauernhaus bietet man regionale Küche - günstigere Menüs am Mittag. Terrasse hinter dem Haus.

in Steffisburg Nord-West : 2 km - AX – Höhe 563 m – ✉ 3612 Steffisburg

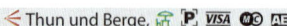

Panorama - Cayenne < Thun und Berge, VISA MC AE
Hartlisbergstr. 39, (auf dem Hartlisberg) – ✆ 033 437 43 44 – restaurant@panorama-hartlisberg.ch – Fax 033 437 60 98 – geschl. Montag und Dienstag
Rest – Menü 58 CHF (mittags)/118 CHF – Karte 71/119 CHF
Rest *Bistro* – (18 CHF) Menü 43 CHF (abends) – Karte 43/87 CHF
◆ Elegant und grosszügig präsentiert sich das Cayenne mit zeitgemässer Küche. Besonders von der Terrasse aus hat man einen herrlichen Ausblick auf Thun und die Berge. Günstige, einfache Gerichte im Bistro.

in Hünibach Süd-Ost : 2,5 km – Höhe 572 m – ✉ 3626 Hünibach

Chartreuse Zim, P VISA MC

Staatsstr. 142 – ✆ *033 243 33 82* – *mail@chartreuse.ch* – *Fax 033 243 33 59* BY p

14 Zim – 90 CHF 130/150 CHF – ½ P +35 CHF – **Rest** – (18 CHF) – Karte 44/86 CHF

◆ Der an der Hauptstrasse gelegene Landgasthof hält sehr saubere und gepflegte Zimmer mit funktionellem weissem Furnierholzmobiliar für Sie bereit. Viel Holz, farbige Muranoleuchten und indischer Schiefer prägen das Restaurant mit Sommerterrasse.

in Hilterfingen Süd-Ost : 3 km – Höhe 563 m – ✉ 3652 Hilterfingen

Schönbühl < See und Berge, Zim, P VISA MC AE

Dorfstr. 47 – ✆ *033 243 23 83* – *info@schoenbuehl.ch* – *Fax 033 243 40 47* – *geschl. Januar*

19 Zim – 105/140 CHF 160/220 CHF – ½ P +48 CHF – **Rest** – *(geschl. Montag ausser Mitte Mai - Ende September und Dienstag)* (18 CHF) Menü 43 CHF (mittags)/86 CHF – Karte 53/95 CHF

◆ Modern und komfortabel präsentieren sich die Zimmer dieses schön über dem See gelegenen Hotels in ansprechendem Schweizer Holzbaustil. Restaurant mit Panoramafenster und einladender Gartenterrasse.

in Oberhofen Süd-Ost : 3 km – Höhe 563 m – ✉ 3653 Oberhofen am Thunersee

Parkhotel < Thunersee und Berge, Zim, P VISA MC

Friedbühlweg 36 – ✆ *033 244 91 91* – *info@parkhoteloberhofen.ch* – *Fax 033 244 91 92* – *geschl. Januar*

38 Zim – 110/145 CHF 220/330 CHF – ½ P +45 CHF – **Rest** – *(geschl. Sonntagabend und Montag im Winter)* (19 CHF) Menü 39 CHF (mittags)/85 CHF – Karte 54/102 CHF

◆ Der Hotelbau aus der Jahrhundertwende bietet durch seine erhöhte, ruhige Lage vor allem von den Balkonen der zum See hin gelegenen Zimmer eine schöne Aussicht. Schmuckes Restaurant in modernem Design mit interessanten zeitgemässen Gerichten.

THUSIS – Graubünden (GR) – 553 U9 – 2 717 Ew – Höhe 697 m – ✉ 7430 10 I4

Bern 266 – Chur 26 – Bellinzona 93 – Davos 47 – Sankt Moritz 64

Thusis - Samedan, Information ✆ 081 288 47 16 und 081 288 66 77

Verkehrsverein Thusis-Cazis-Heinzenberg, Äussere Bahnhofstr. 4, ✆ 081 651 11 34, vvthusis@spin.ch, Fax 081 651 25 63

Zillis Holzdecke★★ der Kirche Süd : 8 km – Via Mala★★ Süd : 4 km

Weiss Kreuz Zim, P VISA MC

Neudorfstr. 50 – ✆ *081 650 08 50* – *info@weisskreuz.ch* – *Fax 081 650 08 55* – *geschl. Ende Oktober - Anfang Dezember*

35 Zim – 85/95 CHF 150/170 CHF – ½ P +30 CHF – **Rest** – (18 CHF) Menü 25 CHF (mittags)/65 CHF – Karte 40/93 CHF

◆ Das Haus mit der auffälligen zinnoberroten Fassade liegt im Zentrum und verfügt über helle, modern und praktisch ausgestattete Gästezimmer. Traditionelles Restaurant und moderner Dachwintergarten mit schöner Aussicht.

THYON-LES COLLONS – Valais (VS) – 552 I12 – alt. 2 187 m – Sports d'hiver : 1 800/3 300 m 16 47 – ✉ 1988 7 D6

Bern 179 – Sion 24 – Brig 74 – Martigny 53

Thyon-Région, Les Collons, ✆ 027 281 27 27, thyon-region@coeurduvalais.ch, Fax 027 281 27 83

aux Collons – alt. 1 802 m – ✉ 1988 Les Collons

La Cambuse < Val d'Hérens, P VISA MC AE

– ✆ *027 281 18 83* – *info@lacambuse.ch* – *Fax 027 281 32 22* – *fermé 13 avril - 20 juin et 26 octobre - 6 décembre*

10 ch – 85/110 CHF 140/170 CHF – ½ P +30 CHF – **Rest** – *(fermé mardi et mercredi en été sauf haute saison)* (18 CHF) Menu 26 CHF (déj.)/75 CHF – Carte 40/82 CHF

◆ Ce chalet dominant le val d'Hérens jouit d'une vue et d'une situation magnifiques au pied des pistes. Les chambres, douillettes, sont revêtues de boiseries. Une carte traditionnelle est présentée au restaurant. Espace fondues séparé.

TIEFENCASTEL – Graubünden (GR) – 553 V9 – 230 Ew – Höhe 884 m – ✉ 7450 10 I4

Bern 278 – Chur 38 – Davos 34 – Vaduz 76

Albula & Julier

– *081 659 04 00 – hotel.albula@bluewin.ch – Fax 081 659 04 01 – geschl. Anfang November - Mitte Dezember*

80 Zim – 75/85 CHF 120/140 CHF – ½ P +18 CHF – **Rest** – (16 CHF) Menü 25 CHF – Karte 26/77 CHF

◆ Bereits in der 4. Generation wird diese Adresse von der Inhaberfamilie geleitet. Das gewachsene Hotel bietet moderne oder rustikalere Gästezimmer. Eine nette holzgetäfelte Stube ergänzt den Speisesaal.

La TOUR-DE-PEILZ – Vaud – 552 F10 – voir à Vevey

La TOUR-DE-TRÊME – Fribourg – 552 G9 – voir à Bulle

TRAVERS – Neuchâtel (NE) – 552 E7 – 1 180 h. – alt. 748 m – ✉ 2105 1 B4

Bern 71 – Neuchâtel 22 – La Chaux-de-Fonds 35 – Pontarlier 31 – Yverdon-les-Bains 47

Crêt de l'Anneau avec ch ch,

Est : 1 km route de Neuchâtel – 032 863 11 78 – info@cretdelanneau.ch – Fax 032 863 40 38 – fermé 22 décembre - 15 janvier, 2 - 9 juin, dimanche soir et lundi

5 ch – 65 CHF 120 CHF – ½ P +30 CHF – **Rest** – (17 CHF) Menu 28/48 CHF – Carte 47/75 CHF

◆ Sur un axe fréquenté, affaire familiale toujours prête à rendre service aux voyageurs que la faim tenaille ou que la route a fatigué. Salle de restaurant, café et chambres.

TRIMBACH – Solothurn – 551 M5 – siehe Olten

TROINEX – Genève – 552 B12 – voir à Genève

TRUN – Graubünden (GR) – 553 S9 – 1 322 Ew – Höhe 852 m – ✉ 7166 10 H4

Bern 190 – Andermatt 44 – Altdorf 78 – Bellinzona 96 – Chur 50

Casa Tödi Zim, Rest,

via principala 106 – 081 943 11 21 – casa-toedi@casa-toedi.ch – Fax 081 943 18 28 – geschl. 15. November - 13. Dezember

18 Zim – 56/80 CHF 104/145 CHF – ½ P +43 CHF – **Rest** – Menü 20 CHF (mittags)/110 CHF – Karte 57/89 CHF

◆ Mit dem Bau dieses auffallenden Gebäudes wurde schon 1530 begonnen. Das Patrizierhaus in seiner heutigen Form gibt es seit 300 Jahren. Einfache, aber gepflegte Zimmer. Rustikales Restaurant im 1. Stock.

TSCHUGG – Bern (BE) – 552 H7 – 522 Ew – Höhe 470 m – ✉ 3233 2 C4

Bern 36 – Neuchâtel 14 – Biel 29 – La Chaux-de-Fonds 34 – Murten 17

Rebstock

Unterdorf 60 – 032 338 11 61 – rebstock.tschugg@bluewin.ch – Fax 032 338 13 73 – geschl. 7. - 18. Januar, Montag und Dienstag

Rest – Menü 65/120 CHF – Karte 63/120 CHF

◆ Die geschmackvolle Inneneinrichtung des ehemaligen Weinguts erinnert etwas an die Provence. Interessant: die Gemäldeausstellungen. Zeitgemässes Speisenangebot.

TÜBACH – Sankt Gallen (SG) – 551 V4 – 1 057 Ew – Höhe 418 m – ✉ 9327 — 5 I2

Bern 216 – Sankt Gallen 11 – Bregenz 33 – Konstanz 34

Löwen

Kirchstr. 9 – ✆ 071 841 20 42 – info@wirtschaft-loewen.ch – Fax 071 841 20 47 – geschl. 26. Januar - 6. Februar, 14. Juli - 6. August, Samstagmittag, Dienstag und Mittwoch

Rest – (19 CHF) Menü 83 CHF – Karte 47/98 CHF

◆ Ein einfaches, solide geführtes Gasthaus in dörflicher Umgebung. An eine schlichte Gaststube schliesst sich der sehr gepflegte, ländlich-rustikale A-la-carte-Bereich an.

TWANN – Bern (BE) – 551 H6 – 865 Ew – Höhe 434 m – ✉ 2513 — 2 C4

Bern 50 – Neuchâtel 23 – Biel 10 – La Chaux-de-Fonds 43 – Solothurn 35

Bären

Zim,

Moos 36 – ✆ 032 315 20 12 – info@baeren-twann.ch – Fax 032 315 22 92 – geschl. 28. Januar - 19. Februar und Montag - Dienstag von Oktober bis Mitte März

13 Zim – 95/135 CHF 150/220 CHF – ½ P +42 CHF – **Rest** – Menü 45/67 CHF – Karte 42/99 CHF

◆ Der Bären liegt in einem kleinen, zwischen Weinbergen und dem See eingebetteten Dorf. Die renovierten Zimmer bieten mit ihrer funktionellen Einichtung modernen Komfort. Grosse, klassisch dekorierte Restauration mit vorgelagerter Terrasse. Viele Fischgerichte.

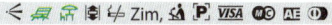

Fontana

Zim,

Moos 10 – ✆ 032 315 03 03 – mail@hotelfontana.ch – Fax 032 315 03 13 – geschl. Mitte November - Anfang Dezember, Donnerstag und Freitag von November bis März

14 Zim – 128 CHF 198/218 CHF – ½ P +35 CHF

Rest *Olivar* – Menü 59 CHF – Karte 40/96 CHF

◆ In diesem Gebäude im regionalen Stil serviert man in den unterschiedlichen Gasträumen gutbürgerliche Gerichte. Im Gästehaus stehen neuzeitlich eingerichtete Zimmer bereit.

Zur Ilge

Kleintwann 8 – ✆ 032 315 11 36 – ilgetwann@bluewin.ch – Fax 032 315 70 19 – geschl. 22. - 30. Dezember, Montag und Dienstag

Rest – Menü 30 CHF (mittags)/85 CHF – Karte 50/112 CHF

◆ Im Restaurant wie auch auf der kleinen Terrasse dieses alten Steinhauses im Dorfzentrum wird eine euro-asiatische Küche geboten.

UDLIGENSWIL – Luzern (LU) – 551 O6 – 1 851 Ew – Höhe 625 m – ✉ 6044 — 4 F3

Bern 128 – Luzern 14 – Aarau 66 – Schwyz 29 – Zürich 56

Frohsinn

Dorfstr. 13 – ✆ 041 371 13 16 – Fax 041 371 06 16 – geschl. Ende Juli - Anfang August und Mittwoch

Rest – (18 CHF) Menü 59/70 CHF – Karte 57/91 CHF

◆ Das am Dorfrand gelegene Holzhaus mit Anbau betritt man durch die rustikale Gaststube. Dahinter befindet sich das gemütliche Stübli mit traditionellem Angebot.

UETIKON AM SEE – Zürich (ZH) – 551 Q5 – 5 210 Ew – Höhe 414 m – ✉ 8707 — 4 G3

Bern 143 – Zürich 18 – Rapperswil 15

Alpenblick

Zürichsee und Berge, Zim,

Bergstr. 322, Nord-Ost : 3 km Richtung Uster – ✆ 044 920 47 22 – info@landhotelalpenblick.com – Fax 044 920 62 54 – geschl. 24. Dezember - 31. Januar

12 Zim – 110/135 CHF 210/250 CHF – **Rest** – *(geschl. Montag und Dienstag)* (25 CHF) Menü 40 CHF (mittags) – Karte 43/109 CHF

◆ Das Landhotel liegt hoch über dem See am Berghang und bietet ruhige, mit hellen Massivholzmöbeln eingerichtete Zimmer sowie eine freundliche, familiäre Atmosphäre. Rustikales Restaurant und Terrasse mit wunderbarer Sicht auf den Zürichsee und die Berge.

Wirtschaft zum Wiesengrund (Hans-Peter Hussong)
Kleindorfstr. 61 – ✆ 044 920 63 60 – hussong@wiesengrund.ch – Fax 044 921 17 09 – geschl. Weihnachten, 11. - 25. Februar, Juli - August 3 Wochen, Sonntag und Montag
Rest – *(Tischbestellung ratsam)* Menü 68 CHF (mittags)/176 CHF – Karte 113/188 CHF
Spez. Zürichsee-Fische nach Tagesfang. Mit Zitronen gefüllte Ente im Ofen gebraten. Grosses Amuse-Bouche-Menü (auf Vorreservation). **Weine** Meilener
◆ Das unscheinbare Haus lässt kaum vermuten, welche klassisch-französischen Raffinessen in dem modernen Restaurant oder auf der schönen kleinen Gartenterrasse serviert werden.

UETLIBERG – Zürich – 551 P5 – siehe Zürich

ULMIZ – Freiburg (FR) – 552 H7 – 359 Ew – Höhe 500 m – ✉ 3214 2 C4

Bern 24 – Neuchâtel 29 – Biel 35 – Fribourg 20 – Murten 9

Zum Jäger
Dorfstr. 104 – ✆ 031 751 02 72 – Fax 031 751 09 99 – geschl. 21. Juli - 15. August, Mittwoch und Donnerstag
Rest – (16 CHF) Menü 52/72 CHF – Karte 42/74 CHF
◆ Sorgfältig zubereitete bürgerliche Gerichte zu moderaten Preisen werden in diesem typischen, im Dorfkern gelegenen Landgasthof dem kundigen Geniesser aufgetischt.

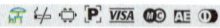

Zum Bauernhof
Dorfstr. 59 – ✆ 031 751 10 09 – restaurant@bauernhof-ulmiz.ch – Fax 031 751 23 38
Rest – *(geschl. Februar, Montag und Dienstag ausser abends von Juli - August)* (16 CHF) Menü 39 CHF (mittags)/94 CHF – Karte 45/115 CHF
Rest *Longchong* – *(geschl. 15. Juli - 10. August, Mittwoch, Donnerstag, Freitagmittag, Samstagmittag und Sonntagmittag)* (16 CHF) Menü 49 CHF (mittags)/75 CHF – Karte 49/101 CHF
◆ In den verschiedenen alten Stuben des Bauernhofes aus dem 18. Jh. oder auf der angenehmen Terrasse im Hof serviert man Speisen von einer traditionellen Karte. Im schönen alten Stöckli befindet sich eine Bar mit offener Küche und das chinesische Restaurant.

ULRICHEN – Wallis (VS) – 552 O10 – 221 Ew – Höhe 1 347 m – Wintersport : – ✉ 3988 8 F5

Bern 133 – Andermatt 43 – Brig 37 – Interlaken 78 – Sion 90

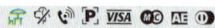

Astoria
Furkastrasse – ✆ 027 973 12 35 – hotelastoria@bluewin.ch – Fax 027 973 34 84 – geschl. Ende Oktober - Mitte Dezember
20 Zim – †75/85 CHF ††128/150 CHF – ½ P +31 CHF – **Rest** – (21 CHF) – Karte 36/68 CHF
◆ In dem familiär geführten kleinen Hotel erwarten Sie helle, neuzeitliche Gästezimmer, teils mit Balkon. Die Zimmer in der Dependance bieten Dorfblick. Gaststube mit traditionellem Angebot.

UNTERÄGERI – Zug (ZG) – 551 Q6 – 7 179 Ew – Höhe 725 m – ✉ 6314 4 G3

Bern 148 – Luzern 45 – Einsiedeln 31 – Rapperswil 29 – Schwyz 19 – Zug 10

Seminarhotel am Ägerisee Rest, Zim,
Seestr. 10 – ✆ 041 754 61 61 – sha@seminarhotelaegerisee.ch – Fax 041 754 61 71
69 Zim – †140/180 CHF ††210/250 CHF – **Rest** – (19,50 CHF) Menü 27 CHF (mittags) – Karte 44/91 CHF
◆ Nur durch einen Park ist dieses Geschäftshotel vom Seeufer getrennt. Sie wohnen in modern ausgestatteten Gästezimmern. Gehobenes A-la-carte-Restaurant mit traditioneller küche.

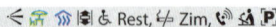

UNTERBÄCH – Wallis (VS) – 552 L11 – 426 Ew – Höhe 1 228 m – Wintersport : 1 220/2 500 m 5 – ✉ 3944 8 E6

Bern 90 – Brig 22 – Sierre 28 – Sion 44 – Zermatt 43

Unterbäch Tourismus, Haus Valesia, ✆ 027 934 56 56, info@unterbaech.ch, Fax 027 934 56 57

Alpenhof

Zim, Rest,

– ✆ 027 935 88 44 – info@myalpenhof.ch

VISA AE

– Fax 027 935 88 40 – geschl. 7. April - 24. Mai und 25. Oktober - 22. Dezember

36 Zim – †85/140 CHF ††140/240 CHF – 3 Suiten – ½ P +35 CHF – **Rest** – (25 CHF) Menü 30 CHF (mittags)/55 CHF – Karte 39/91 CHF

◆ In diesem Hotel im Zentrum des kleinen Ortes kann der Gast zwischen älteren Zimmern im Haupthaus und modernen Unterkünften im Annex - teils mit Kitchenette - wählen. Zur Strasse hin liegt die einfache Gaststube, im hinteren Hausteil der bürgerliche Speisesaal.

UNTERSIGGENTHAL – Aargau (AG) – 551 O4 – 6 128 Ew – Höhe 379 m – ✉ 5417 4 F2

Bern 109 – Aarau 32 – Baden 6 – Schaffhausen 55

Chämihütte

P VISA AE

Rooststr. 15, 1 km Richtung Koblenz – ✆ 056 298 10 35 – bieri@chaemihuette.ch – Fax 056 288 10 08 – geschl. Februar 2 Wochen, Oktober 2 Wochen, Montag und Dienstag

Rest – (21 CHF) Menü 62/74 CHF – Karte 57/122 CHF

◆ Fast im Grünen wartet das Restaurant mit einer schönen Terrasse. Vorwiegend klassische Gerichte, mal mit zeitgemässen, mal mit internationalen Einflüssen werden hier serviert.

UNTERVAZ – Graubünden (GR) – 553 V8 – 2 093 Ew – Höhe 537 m – ✉ 7201 5 I4

Bern 238 – Chur 13 – Bad Ragaz 19 – Davos 51

Sportcenter Fünf-Dörfer

Zim,

Oberauweg 186 D, (nahe der Autobahnausfahrt Zizers-Untervaz) – ✆ 081 322 69 00 – hotel@5doerfer.ch – Fax 081 322 69 03 – geschl. Weihnachten

P VISA AE

34 Zim – †94 CHF ††140 CHF – ½ P +26 CHF – **Rest** – (15 CHF) – Karte 32/71 CHF

◆ Das in der Nähe des Bahnhofs und nicht weit von der Autobahnausfahrt gelegene Hotel ist eine praktische Übernachtungsadresse mit gepflegten, zeitgemässen Zimmern.

UNTERWASSER – Sankt Gallen (SG) – 551 U6 – Höhe 910 m – Wintersport : 910/2 262 m 3 16 – ✉ 9657 5 I3

Bern 208 – Sankt Gallen 74 – Altstätten 40 – Buchs 20 – Rapperswil 48

Tourist-Info, Dorf, ✆ 071 999 19 23, unterwasser@toggenburg.org, Fax 071 999 20 85

Schwendihotel Iltios

Säntis und Berge,

in Schwendi, Süd : 2 km – ✆ 071 999 39 69 – iltios@smile.ch – Fax 071 999 37 94 – geschl. 1. April - 1. Mai und 2. - 30. November

P VISA

20 Zim – †75/90 CHF ††140/150 CHF – ½ P +25 CHF – **Rest** – *(nur für Hausgäste)*

◆ Neben der Talabfahrt gelegen, bietet dieser Gasthof seinen Gästen renovierte Zimmer mit rustikaler Einrichtung und sehr schöner Sicht auf die umliegenden Berge.

URNÄSCH – Appenzell Ausserrhoden (AR) – 551 U5 – 2 336 Ew – Höhe 826 m – ✉ 9107 5 H3

Bern 209 – Sankt Gallen 20 – Altstätten 26 – Herisau 10 – Rapperswil 53

Urnäscher Kreuz

P VISA AE

Unterdorfstr. 16 – ✆ 071 364 10 20 – info@urnaescher-kreuz.ch – Fax 071 364 22 92 – geschl. 28. Januar - 10. Februar und 21. Juli - 10. August

Rest – (22 CHF) Menü 36 CHF (mittags)/92 CHF – Karte 46/96 CHF

◆ Die zwei rustikalen Stuben dieses typischen Appenzeller Hauses bieten eine traditionelle frische Küche. Bei schönem Wetter sehr nett: die Gartenterrasse am Bach.

Frischknecht's Anker
Schwägalpstr. 36 – ✆ 071 364 17 71 – Fax 071 364 17 24 – geschl. 4. - 21. Februar, 7. - 24. Juli, Mittwoch und Donnerstag
Rest – (15 CHF) Menü 69 CHF – Karte 43/85 CHF
◆ Das Haus mit der hellen Fassade war einst eine Bäckerei und beherbergt heute ein Restaurant mit freundlichem Ambiente und regional-traditioneller Küche.

URSENBACH – Bern (BE) – 551 L6 – 900 Ew – Höhe 588 m – ✉ 4937 — 3 E3

Bern 43 – Burgdorf 20 – Langnau im Emmental 29 – Luzern 57 – Olten 33

Hirsernbad
Hirsern 102, Süd : 1 km Richtung Oeschenbach – ✆ 062 965 32 56 – hirsernbad@hirsernbad.ch – Fax 062 965 03 06 – geschl. Mittwoch
Rest – (19,50 CHF) Menü 112 CHF (abends) – Karte 46/105 CHF
◆ Nach einem Apéro im Gewölbekeller dieses hübschen Landgasthofs laden behaglich-rustikale Stuben zum Verweilen ein. Traditionelle Karte mit Schwerpunkt Fisch.

USTER – Zürich (ZH) – 551 Q5 – 28 571 Ew – Höhe 464 m – ✉ 8610 — 4 G3

Bern 145 – Zürich 24 – Rapperswil 24 – Winterthur 27
Hittnau-Zürich Hittnau, Ost: 10 km, ✆ 044 950 24 42

Ochsen
Zentralstr. 23 – ✆ 043 399 18 18 – mailbox@ochsen-uster.ch – Fax 043 399 18 19 – geschl. 23. Dezember - 3. Januar, 21. - 24. März und 11. - 12. Mai
25 Zim – 120/138 CHF 174 CHF – ½ P +30 CHF – **Rest** – *(geschl. 23. Dezember - 3. Januar, 21. - 24. März, 11. - 12. Mai, 22. Juli - 12. August und Montag)* (19 CHF) – Karte 49/99 CHF
◆ Das Haus liegt im Dorfzentrum unterhalb von Schloss und Kirche. Die Zimmer unterscheiden sich kaum und sind mit weissen Furnierholzmöbeln zweckmässig eingerichtet. Neuzeitliches Restaurant mit gutbürgerlichem Angebot.

UTTWIL – Thurgau (TG) – 551 U4 – 1 439 Ew – Höhe 406 m – ✉ 8592 — 5 H2

Bern 204 – Sankt Gallen 25 – Bregenz 47 – Frauenfeld 42 – Konstanz 18

Frohsinn
Romanshornerstr. 3 – ✆ 071 463 44 84 – frohsinn-uttwil@bluewin.ch – Fax 071 463 44 81
Rest – *(geschl. Dienstag und Mittwoch)* (19,80 CHF) Menü 50 CHF (abends) – Karte 46/92 CHF
◆ In diesem alten Riegelhaus aus dem 18. Jh. befindet sich ein schönes rustikales Restaurant - geboten werden Fischgerichte.

UTZENSTORF – Bern (BE) – 551 K6 – 3 649 Ew – Höhe 474 m – ✉ 3427 — 2 D3

Bern 26 – Biel 35 – Burgdorf 12 – Olten 47 – Solothurn 13
Schloss Landshut★

Bären
Hauptstr. 18 – ✆ 032 665 44 22 – baeren-utzenstorf@bluewin.ch – Fax 032 665 29 69 – geschl. 14. Januar - 6. Februar, Montag und Dienstag
Rest – (25 CHF) Menü 58/95 CHF – Karte 49/102 CHF
◆ Erstmals erwähnt wurde dieser schöne typische Berner Gasthof bereits 1261. In angenehmem Ambiente bewirtet man Sie mit sorgfältig zubereiteten traditionellen Speisen.

UVRIER – Valais – 552 I11 – voir à Sion

Eine preiswerte und komfortable Übernachtung?
Folgen Sie dem „Bib Hotel“.

UZWIL – Sankt Gallen (SG) – **551** T4 – **11 977 Ew** – **Höhe 564 m** – ✉ **9240** 5 **H2**

Bern 189 – Sankt Gallen 23 – Konstanz 45 – Weesen 52 – Zürich 68

Uzwil Zim, Zim, VISA AE
Bahnhofstr. 67 – ✆ 071 955 70 70 – info@hotel-uzwil.ch – Fax 071 955 70 71 – geschl. 22. Dezember - 3. Januar
33 Zim – 🛉125/190 CHF 🛉🛉135/240 CHF – ½ P +35 CHF – **Rest** – *(geschl. 22. Dezember - 3. Januar, 12. Juli - 3. August und Samstagmittag)* (19,50 CHF) Menü 45 CHF – Karte 34/85 CHF
◆ Im Dorfzentrum: Ein gepflegtes Business- und Seminarhotel mit zeitgemässer technischer Ausstattung, funktionellen Zimmern und kleinem Tagungscenter. Rustikales Restaurant mit modernen Akzenten. Mehrere kleine Stuben eignen sich besonders für Geschäftsessen.

VACALLO – Ticino (TI) – **553** S14 – **2 758 ab.** – **alt. 375 m** – ✉ **6833** 10 **H7**

Bern 269 – Lugano 29 – Bellinzona 55 – Como 9

Conca Bella VISA AE
via Concabella 2 – ✆ 091 697 50 40 – concabella@bluewin.ch – Fax 091 683 74 29 – chiuso 27 dicembre - 8 gennaio
17 cam – 🛉115/145 CHF 🛉🛉160/230 CHF – ½ P +48 CHF
Rist Conca Bella – vedere selezione ristoranti
◆ In una zona paradisiaca, circondato dalla natura lussureggiante della Valle di Muggio, la struttura dispone di camere confortevoli, sobriamente arredate.

Conca Bella – Albergo Conca Bella VISA AE
via Concabella 2 – ✆ 091 697 50 40 – concabella@bluewin.ch – Fax 091 683 74 29 – chiuso 27 dicembre - 8 gennaio – 13 - 29 luglio, domenica e lunedì)
Rist *(consigliata la prenotazione)* (38 CHF) Menu 52 CHF (pranzo)/135 CHF – Carta 94/136 CHF
Spec. Gli antipasti "Conca Bella" stile tapas. Il luccioperca del Ceresio dorato con passatina di piselli freschi. La rosetta di manzo con gallinacci trifolati, salsa crema ai granelli di senape e purèa tartufato. **Vini** Bianco del Ticino
◆ Un ambiente arioso e luminoso fa da palcoscenico ad una cucina che esalta profumi e sapori classici. La vasta proposta enologica è il corollario alla piacevole sosta : lasciatevi viziare dal calore dell'ospitalità !

VALBELLA – Graubünden – **553** V9 – **siehe Lenzerheide**

VALCHAVA – Graubünden – **553** AA10 – **siehe Santa Maria i.M.**

VALLAMAND-DESSOUS – Vaud (VD) – **552** G7 – **304 h.** – **alt. 438 m** – ✉ **1586** 2 **C4**

Bern 40 – Neuchâtel 24 – Biel 38 – Lausanne 79 – Yverdon-les-Bains 46

Du Lac VISA
– ✆ 026 677 13 15 – mail@restaurantdulac.ch – Fax 026 677 34 15 – fermé 7 février - 2 mars, mardi soir et mercredi
Rest – (18 CHF) Menu 48 CHF (déj.)/68 CHF – Carte 44/73 CHF
◆ Réservez votre table en terrasse ou sous la véranda pour apercevoir le lac, qui alimente bon nombre de recettes figurant à la carte, dont le fameux silure ou "poisson-chat" !

VALS – Graubünden (GR) – **553** T10 – **885 Ew** – **Höhe 1 248 m** – **Kurort** – ✉ **7132** 10 **H5**

Bern 229 – Chur 52 – Andermatt 83 – Davos 109

Visit Vals, Poststrasse, ✆ 081 920 70 70, visitvals@vals.ch, Fax 081 920 70 77

Rovanada VISA AE
– ✆ 081 935 13 03 – info@rovanada.ch – Fax 081 935 17 35 – geschl. 1. April - 15. Mai
28 Zim – 🛉90/120 CHF 🛉🛉172/236 CHF – ½ P +39 CHF – **Rest** – (17 CHF) – Karte 37/81 CHF
◆ Ein gepflegtes Haus, in dem helle, zeitgemässe Gästezimmer - meist mit Balkon und schöner Aussicht - sowie ein moderner Bade- und Saunabereich zur Verfügung stehen. Italienische Küche im La Cucina, Grillgerichte im Diavolo und Regionales in der Tschäni Stube.

VANDŒUVRES - Genève - 552 B11 - voir à Genève

VAUMARCUS - Neuchâtel (NE) - 552 F7 - 191 h. - alt. 447 m - ✉ 2028 1 B4

Bern 73 - Neuchâtel 22 - Fribourg 71 - Lausanne 55

La Cour du Peintre
- *✆ 032 836 36 10 - info@chateauvaumarcus.ch - Fax 032 836 36 37 - fermé 22 décembre - 20 janvier*
Rest - *(déjeuner seulement)* (15 CHF) Menu 30/50 CHF - Carte 42/80 CHF
◆ Dans la cour du château féodal, table traditionnelle offrant le choix de s'attabler lumineusement sous la coupole d'une véranda moderne, ou de façon plus feutrée, au caveau.

VENDLINCOURT - Jura (JU) - 551 H4 - 617 h. - alt. 448 m - ✉ 2943 2 C2

Bern 101 - Delémont 29 - Basel 48 - Belfort 38 - Biel 59

Le Lion d'Or avec ch
58 rte de Bonfol - ✆ 032 474 47 02 - leliondor.vendlincourt@bluewin.ch - Fax 032 474 47 03 - fermé 2 semaines janvier et 2 semaines octobre
8 ch - †50/70 CHF ††110/120 CHF - ½ P +25 CHF - **Rest** - *(fermé lundi)* (17 CHF) Menu 38/80 CHF - Carte 44/87 CHF
◆ Avenante salle à manger disposée en "L" et dotée d'atours campagnards : un cadre approprié à la dégustation des mets traditionnels et français. Chambres simples.

VERBIER - Valais (VS) - 552 H12 - 2 163 h. - alt. 1 406 m - Sports d'hiver : 1 500/3 330 m 16 47 - ✉ 1936 7 D6

Bern 159 - Martigny 28 - Lausanne 98 - Sion 55

Verbier/Bagnes Tourisme, place Centrale, ✆ 027 775 38 88, info@verbier.ch, Fax 027 775 38 89 BZ

Verbier, ✆ 027 771 53 14

Site★★ - Mont Gelé★★ par téléphérique - Mont Fort★★★ BZ

Manifestations locales :
05.07 - 06.07 : Rencontre d'orgues de barbarie
18.07 - 03.08 : Verbier Festival (concerts classiques)

Plan page ci-contre

Le Chalet d'Adrien ← Verbier et montagnes,
chemin des Creux - ✆ 027 771 62 00 - info@chalet-adrien.com - Fax 027 771 62 24 - fermé mi-septembre - mi-décembre et 20 avril - 10 juillet AY c
20 ch - †340/795 CHF ††380/840 CHF - 9 suites - ½ P +85 CHF
Rest *L'Appartement* - *(fermé 20 avril - 15 décembre) (dîner seulement)* Menu 90/190 CHF - Carte 95/150 CHF
Rest *Le Grenier* - *(fermé mi-septembre - début décembre et mai - juin)* Carte 72/120 CHF
◆ Vaste chalet dominant Verbier. Chambres, junior suites et suites arrangées avec goût. Vue splendide et divertissements pour toute la famille. Ambiance "comme chez soi" et cuisine actuelle à Appartement. Plats valaisans et atmosphère "alpage" au Grenier.

Montpelier
37 r. du Centre Sportif - ✆ 027 771 61 31 - hotel-montpelier@verbier.ch - Fax 027 771 46 89 - fermé mi-septembre - début décembre et début avril - fin juin AZ a
40 ch - †145/280 CHF ††260/490 CHF - 6 suites - ½ P +30 CHF - **Rest** - *(dîner seulement sauf Noël et Nouvel An)* Menu 80 CHF/150 CHF - Carte 87/132 CHF
◆ Cet imposant chalet voisin d'un centre multisports fournit un hébergement très valable pour qui souhaite conjuguer tranquillité, détente et ressourcement. Fringante salle de restaurant montagnarde. Carte au goût du jour et beau choix de vins valaisans.

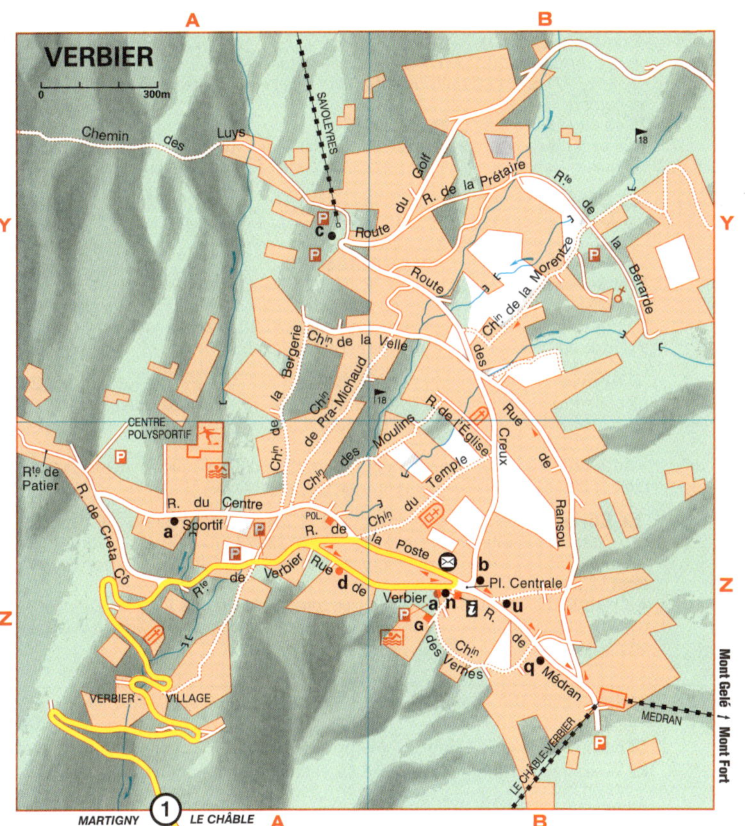

Central sans rest
place Centrale – ✆ 027 771 50 07 – info@verbiercentralhotel.com – Fax 027 771 50 11 – fermé 27 avril - 1er juillet et 21 septembre - 15 novembre BZ **b**

8 ch – 200 CHF 400 CHF

◆ Enseigne-vérité : ce chalet en bois bénéficie d'un emplacement très central. Communs et chambres modernes. Chacune a son jacuzzi ; balcon avec vue pour celles donnant au Sud.

Les 4 Vallées sans rest
20 r. de Médran – ✆ 027 775 33 44 – les4vallees@verbier.ch – Fax 027 775 33 45 – fermé fin août - début décembre et 21 avril - 11 juillet BZ **q**

20 ch – 175/490 CHF 280/490 CHF

◆ Chalet posté sur les hauteurs de la station, à proximité de deux télécabines. Salon panoramique et amples chambres bien tenues, dont trois familiales, avec mezzanine.

La Rotonde sans rest
2 ch. de la Barmète – ✆ 027 771 65 25 – rotonde@verbier.ch – Fax 027 771 33 31 – fermé mai - juin et septembre - novembre BZ **u**

26 ch – 95/170 CHF 220/340 CHF

◆ Au cœur du village, engageant chalet renfermant des chambres de tailles et d'aménagements divers, où domine souvent le bois. Feu de bûches au salon quand le froid sévit.

Ermitage sans rest
place Centrale – ✆ 027 771 64 77 – hotel.ermitage@verbier.ch – Fax 027 771 52 64 – fermé fin avril - début juillet et mi-septembre - mi-octobre BZ **n**
25 ch – 110/160 CHF 180/340 CHF
◆ Ce petit hôtel-chalet "on-ne-peut-plus-central" met à votre disposition des chambres sans luxe mais bien pratiques pour l'étape de Verbier. Plus de calme sur l'arrière.

La Grange
rue de Verbier – ✆ 027 771 64 31 – lagrangeverbier@bluewin.ch – Fax 027 771 15 57 – fermé mai et mercredi hors saison AZ **d**
Rest – Menu 62 CHF (déj.)/120 CHF – Carte 64/118 CHF
Rest *Brasserie* – (17 CHF) Menu 25 CHF (déj.)/62 CHF – Carte 54/96 CHF
◆ Établissement au cadre rustique montagnard recyclant d'anciens matériaux glanés ici et là. Carte traditionnelle et bon choix de vins du valais au restaurant (non-fumeurs). Grillades au feu de bois et cuisine fromagère à la Brasserie.

L'Écurie
place Centrale – ✆ 027 771 27 60 – fermé mi-juin - mi-juillet, 20 septembre - 26 octobre, mardi soir et mercredi hors saison BZ **a**
Rest – (18 CHF) – Carte 52/97 CHF
◆ Au cœur de la station, petite adresse où l'on vient faire des repas traditionnels aux accents régionaux dans une chaleureuse salle à manger néo-rustique.

Le Sonalon < massif des Combins,
110 r. de la Marlène, par route du Golf – ✆ 027 771 72 71 – Fax 027 771 73 71 – fermé 9 juin - 4 juillet et lundi - mardi de mai à juin et de septembre à novembre
Rest – Carte 41/89 CHF
◆ Ce chalet perché au-dessus de Verbier constitue un refuge tout indiqué pour se repaître en prenant un peu d'altitude. Copieuse cuisine du marché. Terrasse-belvédère abritée.

VERCORIN – Valais (VS) – 552 J11 – alt. 1 341 m – Sports d'hiver : 1 330/2 336 m 2 8 – ✉ 3967 7 **D6**

Bern 174 – Sion 22 – Brig 52 – Martigny 48 – Sierre 16

Vercorin Tourisme, ✆ 027 455 58 55, vercorin@sierre-anniviers.ch, Fax 027 455 87 20

Manifestations locales : 29.03 - 30.03 : Course randonnée de chiens de traîneaux et animation (sous réserve de modification)

Victoria < ch,
1 pl. Centrale – ✆ 027 455 40 55 – info@victoria-vercorin.ch – Fax 027 455 40 57 – fermé début octobre - mi-décembre et 6 avril - 14 juin
21 ch – 124/140 CHF 188/220 CHF – ½ P +38 CHF
Rest – *(dîner seulement sauf samedi et dimanche) (menu unique)* Menu 42/49 CHF
Rest *Carnotzet* – *(dîner seulement)* Menu 44 CHF – Carte 42/61 CHF
◆ Au centre du village, auberge du 19e s. vous logeant dans de calmes chambres ou dans 3 raccards (entrepôts à grain) en bois convertis en hébergements de charme. Vue alpine. Au restaurant, recettes du moment. Table fromagère dans le caveau du carnotzet.

VERDASIO – Ticino (TI) – 553 P12 – alt. 702 m – ✉ 6655 9 **G6**

Bern 253 – Locarno 16 – Bellinzona 37 – Domodossola 36 – Lugano 60

Al Pentolino
– ✆ 091 780 81 00 – alpentolino@bluewin.ch – Fax 091 780 81 01 – chiuso 1° gennaio - 14 marzo, lunedì e martedì
Rist – *(coperti limitati - prenotare)* Menu 59 CHF (pranzo)/84 CHF – Carta 43/99 CHF
◆ Abbandonata l'auto nel parcheggio all'inzio del pittoresco villaggio, si prosegue a piedi per arrivare a questo scrigno di sapori locali. Cinque tavoli e molta intimità.

VERMALA – Valais – 552 J11 – voir à Crans-Montana

VERS-CHEZ-LES-BLANC – Vaud (VD) – 552 E9 – alt. 840 m ✉ 1000 Lausanne 26 6 B5

Bern 89 – Lausanne 9 – Montreux 32

Hostellerie Les Chevreuils VISA MC AE

80 rte du Jorat – ✆ 021 785 01 01 – mail@chevreuils.ch – Fax 021 785 01 02 – fermé 22 décembre - 6 janvier

30 ch – †165/185 CHF ††235/260 CHF – ½ P +49 CHF – **Rest** – *(fermé samedi midi, dimanche midi de mai à septembre, dimanche soir et lundi)* (29 CHF) Menu 49/119 CHF – Carte 68/116 CHF

♦ À distance respectable de Lausanne hôtel paisible créé à partir d'une maison de caractère dont la jolie façade est rythmée de volets bleus. Restaurant occupant un pavillon traité en verrière, au milieu d'un jardin arboré. Terrasse ombragée.

VERS-CHEZ-PERRIN – Vaud – 552 G8 – voir à Payerne

VERS-L'ÉGLISE – Vaud – 552 H11 – voir aux Diablerets

VÉTROZ – Valais – 552 H12 – voir à Ardon

VEVEY – Vaud (VD) – 552 F10 – 16 202 h. – alt. 386 m – ✉ 1800 7 C5

Bern 85 – Montreux 7 – Lausanne 25 – Yverdon-les-Bains 60

Lavaux Puidoux, Nord-Ouest: 13 km par route de la Corniche-Chexbres-Lac de Bret, ✆ 021 946 14 14

Site★★ – Église St-Martin : vue★ B. Musée suisse de l'Appareil photographique★

Le Mont-Pèlerin ★★ par route de Châtel-Saint-Denis A

Manifestations locales : 05.07 - 30.08 : Les marchés folkloriques du samedi matin

Plan page suivante

Trois Couronnes rest, VISA MC AE

49 r. d'Italie – ✆ 021 923 32 00 – info@hoteltroiscouronnes.ch – Fax 021 923 33 99 B s

48 ch – †350/675 CHF ††450/720 CHF, 40 CHF – 7 suites – ½ P +75 CHF

Rest *Le Restaurant* – (42 CHF) Menu 70 CHF (déj.)/120 CHF – Carte 79/146 CHF

♦ Palace de 1842 où sont descendues de nombreuses têtes couronnées. Superbe hall-salon à colonnades, chambres soigneusement agencées et luxueux wellness. Élégante table au décor d'époque complétée d'une belle terrasse face au lac. Appétissante carte classique.

Du Lac VISA MC AE

1 r. d'Italie – ✆ 021 925 06 06 – info@hoteldulac-vevey.ch – Fax 021 925 06 07

47 ch – †310/425 CHF ††425/540 CHF, 30 CHF – 3 suites – ½ P +59 CHF B a

Rest *Les Saisons* – (29 CHF) Menu 49 CHF – Carte 68/126 CHF

♦ Palace de 1868 retrouvant son éclat au terme d'une rénovation minutieuse. Espaces communs fastueux, service performant, spa et chambres raffinées. Aux Saisons, registre culinaire classique français, opulent décor d'esprit Louis XVI et belle terrasse panoramique.

Astra Hotel ch, ch, VISA MC AE

4 pl. de la Gare – ✆ 021 925 04 04 – info@astra-hotel.ch – Fax 021 925 04 00

100 ch – †190/410 CHF ††190/480 CHF – ½ P +45 CHF – **Rest** – (19,50 CHF) Menu 35 CHF (déj.)/56 CHF – Carte 44/90 CHF A n

♦ Architecture moderne jouxtant la gare. Espaces communs développés, chambres modernes personnalisées et installations conférencières complètes. Restaurant proposant la même carte classique dans trois salles, dont une brasserie et un jardin d'hiver.

Denis Martin VISA MC AE

2 r. du Château – ✆ 021 921 12 10 – restaurantdenismartin@bluewin.ch – Fax 021 921 45 52 – fermé 23 décembre - 10 janvier, 27 juillet - 12 août, dimanche et lundi B u

Rest – *(dîner seulement) (menu unique)* Menu 230/260 CHF

Spéc. Raisin liquide "comme une Sangria". Tonato, cerise et chlorophylle (printemps). Bar de ligne au lait de livèche. **Vins** Ollon, Vilette

♦ Table surprenante intégrée à l'ancien siège de la confrérie vigneronne (musée). Cuisine classico-moderne et "moléculaire" à découvrir sous les voûtes ou en terrasse, côté lac.

VEVEY

Rue	Carré	N°
Anciens Fossés (Ruelle des)	A	2
Carpentras (Prom. de)	A	3
Centre (R. du)	B	
Châtel St-Denis (Rte de)	A	4
Collet (R.)	B	6
Communaux (R. des)	B	7
Conseil (R. du)	A	9
Crosets (Av. des)	B	10
Crottaz (Rte de la)	A	12
Deux Marchés (R. des)	AB	13
Entrepôts (Rte des)	A	15
Espérance (Ch. de l')	B	16
Gare (Av. de la)	A	18
Gare (Pl. de la)	A	19
Hôtel-de-Ville (R. de l')	B	21
Lac (R. du)	AB	
Marronniers (R. des)	A	22
Müllheim (Prom. de)	A	24
Panorama (R. du)	B	26
Paul-Cérésole (Av.)	A	28
Robin (Pl.)	A	30
Ste-Claire (R.)	B	32
Simplon (R. du)	AB	
Théâtre (R. du)	A	34
Tilleuls (R. des)	A	36

à Blonay Est : 6 km – alt. 620 m – ✉ 1807 Blonay

Bahyse sans rest

11 rte du Village – ✆ 021 943 13 22 – bahyse@bluewin.ch – Fax 021 943 48 10 – fermé mi-décembre - mi-janvier

13 ch – 143/163 CHF 181/231 CHF

◆ Un jardin de repos agrémente cette grande bâtisse typiquement helvétique où vous trouverez le gîte et le couvert. Ambiance familiale. Chambres peu à peu remises à neuf.

à La Tour-de-Peilz par ② : 2 km – alt. 390 m – ✉ 1814 La Tour-de-Peilz

Hostellerie Bon Rivage

18 rte de St-Maurice – ✆ 021 977 07 07 – info@bon-rivage.ch – Fax 021 977 07 99

50 ch – 140/220 CHF 180/270 CHF

Rest *L'Olivier* – *(fermé 18 décembre - 22 janvier, dimanche soir et lundi)*

Menu 38 CHF – Carte 75/110 CHF

◆ Cet hôtel établi depuis le 19e s. dans une localité lacustre, près du port des yachts, a profité d'une rénovation intégrale. Chambres majoritairement tournées vers l'eau. À table, cuisine provençale où entrent quelques produits du potager. Terrasse agréable.

à Corseaux Nord-Ouest : 3 km – alt. 441 m – ✉ 1802 Corseaux

Hôtellerie de Châtonneyre
8 r. du Village – ☎ 021 921 47 81 – chatonneyre@chatonneyre.ch – Fax 021 921 62 80 – fermé 19 décembre - 20 janvier
12 ch – 114/124 CHF 188/208 CHF – ½ P +38 CHF –
Rest – *(fermé dimanche soir et mercredi)* (19 CHF) Menu 39 CHF (déj.)/72 CHF – Carte 39/74 CHF
◆ Une localité vigneronne sert de cadre à cette auberge communale où vous serez hébergés dans des chambres avenantes. Accueil familial gentil. Cuisine classique française au restaurant et formule plat du jour au café.

à Corsier Nord : 3 km – alt. 424 m – ✉ 1804 Corsier-sur-Vevey

Le Châtelard
1 sentier des Crosets – ☎ 021 921 19 58 – Fax 021 921 20 68 – fermé 22 décembre - 6 janvier, 26 juillet - 17 août, samedi et dimanche
Rest – (19 CHF) – Carte 44/80 CHF
◆ Peut-être marcherez-vous sur les pas de Charlie Chaplin, qui vécut à Corsier, en vous attablant dans cette maison en pierre. Salle rustique ménageant une vue sur le jardin.

à Saint-Saphorin par ① : 4 km – alt. 376 m – ✉ 1071 Saint-Saphorin

Auberge de l'Onde - La Rôtisserie (Gerard Cavuscens)
– ☎ 021 925 49 00 – info@aubergedelonde.ch – Fax 021 925 49 01 – fermé 23 décembre - 8 janvier, 21 juillet - 5 août, lundi et mardi
Rest – Menu 69 CHF (déj.)/135 CHF – Carte 91/162 CHF
Rest *La Pinte* – (19,50 CHF) – Carte 46/94 CHF
Spéc. Filets de perche du lac à la meunière (mai - novembre). Côte de bœuf du Simmental. Poularde de Bresse rôtie. **Vins** Saint-Saphorin
◆ Au centre du bourg vinicole, ex-relais de poste (1730) relooké au-dedans. Gastronomie classico-évolutive à l'étage, sous une charpente blanchie, près de la grande rôtissoire. Carte traditionnelle à La Pinte, qui propose aussi le plat du jour au déjeuner.

à Saint-Légier Est : 5 km – alt. 553 m – ✉ 1806 Saint-Légier

Auberge de la Veveyse (Jean-Sébastian Ribette)
212 rte de Châtel-St-Denis, par Blonay : 6,5 km – ☎ 021 943 67 60 – Fax 021 943 67 61 – fermé 23 décembre - 15 janvier, 7 - 22 juillet, dimanche et lundi
Rest – *(menu unique)* Menu 68 CHF (déj.)/132 CHF
Rest *Brasserie* – (18 CHF) Menu 48 CHF (déj.) – Carte 53/95 CHF
Spéc. Terrine de foie gras au naturel et son glacé à la betterave rouge. Crevettes royales en duo de poivrons et caviar d'aubergines. Cœur de filet de nos Monts aux côtes de bettes. **Vins** Chardonne, Dézaley
◆ Au-dessus de Blonay, auberge accueillante et sympathique vous conviant à découvrir ses menus créatifs sous les poutres d'une salle à manger décorée de toiles contemporaines. Brasserie et terrasse où l'on goûte de la cuisine bistrotière soignée.

Auberge Communale avec ch
78 rte des Deux-Villages – ☎ 021 943 11 77 – aubergestle@bluewin.ch – Fax 021 943 18 90 – fermé 23 décembre - 14 janvier, dimanche de fin septembe à avril et lundi
6 ch – 92/112 CHF 154/184 CHF, 14 CHF – ½ P +35 CHF – **Rest** – (17 CHF) Menu 63/75 CHF – Carte 60/97 CHF
◆ Affaire familiale dont le répertoire culinaire oscille entre tradition et goût du jour, avec une inclination pour les préparations de homard. Chambres pratiques pour l'étape.

VEX – Valais – 552 I12 – voir à Sion

VEYRIER – Genève – 552 B12 – voir à Genève

VEYSONNAZ – Valais (VS) – 552 I12 – 467 h. – alt. 1 233 m – Sports d'hiver : 1 400/3 300 m 16 47 – ✉ 1993 7 D6

Bern 162 – Sion 13 – Martigny 36 – Montreux 74

Veysonnaz Tourisme, 027 207 10 53, tourism@veysonnaz.ch, Fax 027 207 14 09

Manifestations locales : 28.06 : Inalpe à la Combyre, montée à l'alpage et combats de vaches

Chalet Royal < vallée du Rhône et montagnes, ch,
(à la station) – 027 208 56 44
– info@chaletroyal.com – Fax 027 208 56 00 – fermé 1er - 15 décembre et 15 avril - 1er juin
56 ch – 101/156 CHF 138/248 CHF – ½ P +42 CHF – **Rest** – (25 CHF)
Menu 72/89 CHF – Carte 59/113 CHF

◆ Près de l'entrée de la télécabine, hôtel-chalet contemporain dont les meilleures chambres, côté vallée, procurent une vue magnifique sur le Rhône et les montagnes. Salle à manger et restaurant d'été où vous serez aux premières loges pour admirer le paysage.

à Brignon Est : 4 km – alt. 850 m – ✉ 1996 Brignon

Du Château de Brignon VISA
route de Nendaz – 027 288 21 09 – info@chateaudebrignon.ch
– Fax 027 288 21 19 – fermé 23 juin - 15 juillet, dimanche soir, lundi et mardi
Rest – Menu 59 CHF (déj.)/139 CHF – Carte 82/141 CHF

◆ Jolie maison régionale datant du début du 20e s. Les boiseries patinées et meubles anciens donnent beaucoup de cachet aux salles à manger. Cuisine d'aujourd'hui.

VEYTAUX – Vaud – 552 F-G10 – voir à Montreux

VICO MORCOTE – Tessin – 553 R14 – siehe Morcote

VIÈGE – Valais – 552 L11 – voir à Visp

VIGANELLO – Ticino – 553 R13 – vedere Lugano

VILLAREPOS – Fribourg (FR) – 552 H7 – 520 h. – ✉ 1583 2 C4

Bern 39 – Neuchâtel 33 – Estavayer-le-Lac 23 – Fribourg 15

De la Croix-Blanche avec ch VISA
– 026 675 30 75 – info@croixblanche.ch – Fax 026 675 50 30 – fermé 1er - 23 janvier et 2 semaines début octobre
7 ch – 110 CHF 185 CHF
Rest – *(fermé mardi et mercredi)* Menu 52 CHF (déj.)/98 CHF – Carte 91/111 CHF
Rest *Café* – *(fermé mardi et mercredi)* (19 CHF) – Carte 50/93 CHF

◆ Au cœur du village, ferme ancienne et typée convertie en auberge familiale de bon confort. Chambres actuelles, restaurant boisé et jolie terrasse. Table classique soignée. Plaisant café misant sur le plat du jour et un petit choix traditionnel à l'ardoise.

VILLARS-SUR-OLLON – Vaud (VD) – 552 G11 – alt. 1 253 m – Sports d'hiver : 1 200/2 120 m 3 25 – ✉ 1884 7 C6

Bern 118 – Montreux 31 – Lausanne 56 – Martigny 33 – Sion 59

Villars Tourisme, rue Centrale, 024 495 32 32, information@villars.ch, Fax 024 495 27 94

Villars, par route du Col de la Croix : 8 km, 024 495 42 14

Site★

Les Chaux★ Sud-Est : 8 km – Refuge de Solalex★ Sud-Est : 9 km – Pont de Nant★ Sud : 22 km

Grand Hôtel du Parc rest,

– 024 496 28 28 – info@parcvillars.ch
– Fax 024 495 33 63 – *fermé mi-septembre - mi-décembre et 15 avril - 27 juin*
50 ch – 240/330 CHF 420/590 CHF – 5 suites – ½ P +60 CHF
Rest *Le Mazarin* – (35 CHF) Menu 47 CHF (déj.)/80 CHF – Carte 62/118 CHF
Rest *La Taverne* – *(fermé 15 avril - 19 décembre et dimanche - lundi hors saison) (dîner seulement)* Menu 52 CHF – Carte 55/106 CHF
◆ Dans un superbe parc, établissement de standing abritant des chambres et suites d'une élégante sobriété. Nombreuses distractions "nature" au programme. Repas au goût du jour dans un cadre bourgeois au Mazarin. Taverne mettant à l'honneur fondues et raclettes.

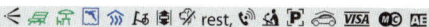

Le Bristol rest,

rue Centrale – 024 496 36 36 – info@bristol-villars.ch – Fax 024 496 36 37 – fermé novembre - mi-décembre
102 ch – 130/300 CHF 180/420 CHF – ½ P +45 CHF – **Rest** – Carte 57/82 CHF
◆ Grand chalet offrant une belle vue sur la chaîne des Alpes. Pour profiter au maximum du paysage, réservez une chambre côté vallée. Au restaurant, offre culinaire traditionnelle pimentée d'exotisme : carte chinoise présentée du mardi au samedi.

La Renardière

route des Layeux – 024 495 25 92 – info@larenardiere.ch – Fax 024 495 39 15 – fermé mi-octobre - mi-décembre, 15 avril - 15 juin et 1er - 10 septembre
15 ch – 190/380 CHF 220/380 CHF – 3 suites – ½ P +60 CHF
Rest La Renardière – voir ci-après
◆ Hôtel familial sympathique composé de deux grands chalets typés ouvrant sur un jardin tranquille. Chambres rustiques en accord avec style architectural de l'ensemble.

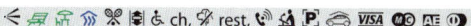

Du Golf ch, rest,

rue Centrale – 024 496 38 38 – info@hoteldugolf.ch – Fax 024 495 39 78
70 ch – 125/290 CHF 200/385 CHF – ½ P +40 CHF
Rest – *(fermé mi-octobre - mi-décembre et 13 avril - 23 mai)* (20 CHF) Menu 32 CHF (déj.)/55 CHF – Carte 54/102 CHF
Rest *Au Feu de Bois* – *(fermé 23 mars - 19 décembre et dimanche - lundi sauf en haute saison) (dîner seulement)* Menu 55 CHF – Carte 54/102 CHF
Rest *Au Coin du Feu* – *(fermé 16 mars - 26 décembre et lundi - jeudi sauf en haute saison) (dîner seulement)* Carte 46/75 CHF
◆ Hôtel familial officiant au centre de la localité. Chambres de belle ampleur meublées en pin massif, salon panoramique à l'ambiance montagnarde et jardin en terrasses. Grillades à gogo Au Feu de Bois. L'hiver, généreuse cuisine fromagère Au Coin du Feu.

Alpe Fleurie rest,

rue Centrale – 024 496 30 70 – info@alpe-fleurie.com – Fax 024 496 30 77 – fermé 14 avril - 7 juin
22 ch – 80/155 CHF 150/250 CHF – ½ P +45 CHF – **Rest** – *(fermé mardi et mercredi sauf 10 février - 10 mars)* (22 CHF) Menu 31 CHF (déj.)/64 CHF – Carte 40/95 CHF
◆ Offre d'hébergement très variée et emplacement commode au cœur de la station pour ce grand chalet rénové et tenu par la même famille depuis 1946. Prestation culinaire traditionnelle incluant des plats vaudois et des fondues bourguignonne ou chinoise.

Ecureuil

rue Centrale – 024 496 37 37 – contact@hotel-ecureuil.ch – Fax 024 496 37 22 – fermé 6 avril - 30 mai et 17 octobre - 20 décembre
27 ch – 93/160 CHF 150/250 CHF – ½ P +30 CHF – **Rest** – *(fermé mardi sauf Noël - Nouvel An)* (22 CHF) – Carte 32/83 CHF
◆ Les membres d'une même famille se relayent depuis plus de 50 ans derrière le comptoir de réception de cet hôtel proche de la gare. Chambres réparties dans deux gros chalets. Table traditionnelle avec grillades et spécialités fromagères régionales.

La Renardière – Hôtel La Renardière

route des Layeux – 024 495 25 92 – info@larenardiere.ch – Fax 024 495 39 15 – fermé mi-octobre - mi-décembre, 15 avril - 15 juin et 1er - 10 septembre
Rest – *(fermé 1er septembre - 23 décembre et 1er avril - 30 juin) (midi seulement petite carte)* (40 CHF) Menu 65/130 CHF – Carte 94/131 CHF
◆ Salle à manger agréablement boisée et intime terrasse d'été au vert : un cadre idéal pour goûter une cuisine actuelle bien tournée.

à Plambuit Nord : 6 km par route des Ecovets – alt. 798 m – ✉ 1867 Ollon

Plambuit

– ✆ 024 499 33 44 – restaurant@plambuit.com – fermé 7 janvier - 7 février, mardi sauf le soir de mai à octobre, dimanche soir et lundi

Rest – *(nombre de couverts limité - prévenir)* (20 CHF) Menu 65 CHF – Carte 56/95 CHF

♦ Ambiance alpine dans ce petit chalet dont les baies vitrées éclairent généreusement une chaleureuse salle à manger où domine le bois. Repas classique. Terrasse panoramique.

au lieu dit Alpe des Chaux Sud-Est : 10 km – ✉ 1882 Gryon

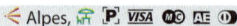

Refuge de Frience Alpes,

– ✆ 024 498 14 26 – Fax 024 498 20 10 – fermé 7 avril - 4 mai et 10 novembre - 14 décembre

Rest – *(fermé mardi hors saison)* (17 CHF) – Carte 45/80 CHF

♦ Refuge montagnard où l'on fait des repas simples mais goûteux dans un authentique décor alpin : poutres en mélèze, cloches et cheminées où crépitent de bonnes flambées.

Comment choisir entre deux adresses équivalentes ? Dans chaque catégorie, les établissements sont classés par ordre de préférence : nos coups de cœur d'abord.

VILLENEUVE – Vaud (VD) – 552 F10 – 4 180 h. – alt. 375 m – ✉ 1844 7 C6

Bern 97 – Montreux 5 – Aigle 12 – Lausanne 37 – Sion 64

Au Soleil

20 Grand'Rue – ✆ 021 960 42 06 – hotel-soleil@bluewin.ch – Fax 021 960 42 08 – fermé 24 décembre - 4 janvier

11 ch – †85/95 CHF ††135/145 CHF – **Rest** – *(fermé 27 décembre - 15 janvier, dimanche soir et lundi)* Menu 34 CHF – Carte 35/87 CHF

♦ Hôtel pratique occupant un immeuble de ville ancien situé dans la rue principale d'une bourgade vaudoise toute proche de Montreux. Chambres bien tenues.

VILLERET – Berne – 551 G6 – voir à Saint-Imier

VILLETTE – Vaud (VD) – 552 E10 – 564 h. – alt. 387 m – ✉ 1096 Villette 6 B5

Bern 102 – Lausanne 7 – Montreux 20 – Yverdon-les-Bains 46

Le Villette

199 rte de Lausanne – ✆ 021 799 21 83 – levillette@bluewin.ch – Fax 021 799 21 82 – fermé 22 décembre - 17 janvier, dimanche sauf le midi de mi-septembre à mi-juin et lundi

Rest – Menu 55/90 CHF – Carte 63/102 CHF

♦ Sur la route de Lausanne, restaurant servant des repas traditionnels dans une lumineuse salle ou sur la terrasse ménageant, toutes deux, une échappée lacustre.

VIRA-GAMBAROGNO – Ticino (TI) – 553 R12 – 616 ab. – alt. 204 m – ✉ 6574 10 H6

Bern 231 – Locarno 13 – Bellinzona 18 – Lugano 36

Gambarogno Turismo, via Cantonale, ✆ 091 795 12 14, info@gambarognoturismo.ch, Fax 091 795 33 40

Viralago lago e monti, rist,

via Cantonale – ✆ 091 785 92 00 – info@viralago.ch – Fax 091 785 92 01 – chiuso novembre - marzo

18 cam – †105/115 CHF ††165/175 CHF – ½ P +30 CHF – **Rist** – Menu 55 CHF – Carta 34/72 CHF

♦ Le terrazze digradanti sul lago permettono di apprezzare il paesaggio visibile anche dalle ampie camere in parte già rinnovate, in parte in corso di rinnovo. Il ristorante consiste in tre piccole sale di stile rustico e in un'ampia terrazza all'esterno.

Bellavista < lago e monti, AC rist, rist, rist, P VISA MC AE
via per Indemini, Sud : 1 km – ✆ 091 795 11 15 – info@hotelbellavista.ch – Fax 091 795 25 18 – chiuso inizio novembre - metà marzo
63 cam – †120/140 CHF ††216/262 CHF – ½ P +32 CHF – **Rist** – Menu 42 CHF (cena) – Carta 44/83 CHF
◆ Piccoli edifici sparsi in un bel parco dominante il lago. Accanto alla costruzione principale sorge la bella terrazza-giardino con piscina. Proprio una "Bellavista"... anche dalla sala da pranzo dell'omonimo albergo!

Rodolfo VISA MC AE
via Cantonale – ✆ 091 795 15 82 – wratti@bluewin.ch – Fax 091 795 27 72 – chiuso 3 - 13 febbraio, 26 ottobre - 4 novembre e domenica sera
Rist – (24 CHF) Menu 84 CHF – Carta 62/100 CHF
◆ L'entrata vi porta nella pergola coperta dalle volte delle arcate. All'interno, salette rustiche con camino vi accolgono per gustare le proposte del territorio.

VISP (VIÈGE) – Wallis (VS) – 552 L11 – 6 550 Ew – Höhe 651 m – ✉ 3930 — 8 E6

Bern 85 – Brig 10 – Saas Fee 27 – Sierre 29 – Sion 44

Visp Tourismus, La Poste-Platz 4 ✆ 027 948 33 33, info@visp.ch, Fax 027 948 33 35

Visperhof garni VISA MC AE
Bahnhofstr. 2 – ✆ 027 948 38 00 – info@visperhof.ch – Fax 027 948 38 01
45 Zim – †105/135 CHF ††180/210 CHF
◆ Das komplett renovierte Hotel liegt gegenüber dem Bahnhof. Die Zimmer sind modern, bieten genügend Platz und sind mit hellen Holzmöbeln praktisch eingerichtet.

in Visperterminen Süd-Ost : 8,5 km – Höhe 1 340 m – ✉ 3932 Visperterminen

Rothorn < Rest, P VISA MC AE
Bodumattenstrasse – ✆ 027 946 30 23 – info@hotel-rothorn.ch – Fax 027 946 76 48 – geschl. 11. - 25. Mai und November - 7. Dezember
20 Zim – †75/85 CHF ††130/150 CHF – ½ P +20 CHF – **Rest** – (16 CHF) – Karte 29/73 CHF
◆ Neben der Sesselbahnstation, hoch über dem Rhonetal, schläft der Gast in ruhigen, frisch wirkenden Zimmern, die z. T. kürzlich renoviert wurden. Rustikales Ambiente und Weissweinspezialitäten aus Visperterminen im Restaurant.

VISPERTERMINEN – Wallis – 552 L11 – siehe Visp

VISSOIE – Valais (VS) – 552 J12 – 451 h. – alt. 1 204 m – ✉ 3961 — 8 E6

Bern 183 – Sion 30 – Brig 47 – Martigny 60 – Montreux 99

Vissoie Tourisme, place de la Tour, ✆ 027 475 13 38, vissoie@sierre-anniviers.ch, Fax 027 475 43 54

Au Manoir d'Anniviers avec ch P VISA MC
20 rte de Sierre – ✆ 027 475 12 20 – info@anniviers.com – Fax 027 475 40 03 – fermé mi-novembre - mi-décembre et 25 mai - 5 juillet
8 ch – †78/125 CHF ††134/170 CHF – ½ P +30 CHF – **Rest** – (24 CHF) Menu 36/62 CHF – Carte 49/97 CHF
◆ Ce typique chalet en bois sombre fleurit copieusement sa façade en été. Salle à manger agrémentée de peintures murales. Préparations traditionnelles. Chambres chaleureuses.

VITZNAU – Luzern (LU) – 551 P7 – 1 039 Ew – Höhe 435 m – ✉ 6354 — 4 G4

Bern 147 – Luzern 27 – Schwyz 18 – Zug 34

Weggis Vitznau Rigi Tourismus, Tourist Information, Seestrasse, ✆ 041 398 00 35, info.vitznau@wvrt.ch, Fax 041 398 00 33

Rigi-Kulm ★★★ mit Zahnradbahn

Park Hotel Vitznau ← Vierwaldstättersee, Zim, Rest, Zim, VISA AE
Seestrasse – ✆ 041 399 60 60 – info@parkhotel-vitznau.ch – Fax 041 399 60 70 – geschl. Ende Oktober - Anfang April
94 Zim – 300/650 CHF 530/750 CHF – 7 Suiten – ½ P +90 CHF
Rest *Quatre-Cantons* – (39 CHF) Menü 63 CHF (mittags)/158 CHF – Karte 85/149 CHF
◆ Einem Schloss ähnelnd, liegt das Hotel eingebettet in eine schöne Gartenanlage am Seeufer. Die stilvollen Zimmer versprechen komfortables Wohnen. Restaurant mit langer Fensterfront und angenehme Seeterrasse mit wunderschöner Aussicht.

Flora Alpina ← Vierwaldstättersee, VISA AE
Seestrasse, 1,5 km Richtung Gersau – ✆ 041 397 13 86 – welcome@floraalpina.ch – Fax 041 397 10 54
57 Zim – 90/160 CHF 160/260 CHF – ½ P +49 CHF – **Rest** – Menü 59 CHF – Karte 42/98 CHF
◆ Dieses Haus liegt etwas ausserhalb des Ortes. Das moderne und einfache Design der Zimmer trägt die Handschrift der Stararchitektin Pia Schmid. Seewiese mit hauseigenem Strand. Die Restaurantterrasse bietet eine der schönsten Sichten auf den Vierwaldstättersee!

VOGELSANG – Luzern – 551 N6 – siehe Eich

VOLKETSWIL – Zürich (ZH) – 551 Q5 – 14 070 Ew – Höhe 475 m – ✉ 8604 4 G2

Bern 141 – Zürich 19 – Pfäffikon 33 – Rapperswil 29 – Sankt Gallen 83 – Winterthur 23

XX **Alte Post** VISA AE
Brugglenstr. 1 – ✆ 043 444 92 92 – altepost-volketswil@bluewin.ch – Fax 043 444 93 93 – geschl. 24. Dezember - 15. Januar, 29. Juli - 18. August, Sonntag und Montag
Rest – (32 CHF) Menü 48 CHF (mittags)/89 CHF – Karte 61/135 CHF
◆ Ein schönes Riegelhaus beherbergt dieses Restaurant mit hübschen Gaststuben, in denen man an gut eingedeckten Tischen klassische Speisen serviert.

VOUVRY – Valais (VS) – 552 F11 – 2 960 h. – alt. 381 m – ✉ 1896 7 C6

Bern 103 – Montreux 13 – Aigle 11 – Évian-les-Bains 26 – Monthey 12 – Sion 60

XXX **Auberge de Vouvry** (Martial Braendle) avec ch VISA AE
2 av. du Valais – ✆ 024 481 12 21 – info@aubergedevouvry.ch – Fax 024 481 17 54 – fermé 1er - 10 janvier, dimanche soir et lundi
14 ch – 75/95 CHF 95/150 CHF – ½ P +60 CHF
Rest *Le Bistrot* – voir ci-après
Rest – Menu 55 CHF (déj.)/190 CHF – Carte 95/161 CHF
Spéc. Souris d'agneau confit au curry. Les poissons du Lac Léman selon arrivage. La chasse de la région (automne). **Vins** Vouvry, Cornalin
◆ Ex-relais de poste au centre du village. Salle tenant à l'écart des modes son immuable décor rétro, cuisine traditionnelle revisitée, cave de prestige, chambres pour l'étape.

X **Le Bistrot** – Auberge de Vouvry VISA AE
2 av. du Valais – ✆ 024 481 12 21 – info@aubergedevouvry.ch – Fax 024 481 17 54 – fermé 1er - 10 janvier, dimanche soir et lundi
Rest – (18 CHF) Menu 50 CHF – Carte 52/93 CHF
◆ Une belle démonstration de cuisine traditionnelle vous attend à cette enseigne partageant ses murs avec l'Auberge de Vouvry. On ripaille aussi à l'extérieur aux beaux jours.

VUFFLENS-LE-CHÂTEAU – Vaud (VD) – 552 D10 – 631 h. – alt. 471 m – ✉ 1134 6 B5

Bern 111 – Lausanne 17 – Morges 2

La Côte, Golf Parc Signal de Bougy Bougy-Villars, Sud-Ouest: 12 km par Aubonne et route du Signal de Bougy, ✆ 021 821 59 50

L'Ermitage (Bernard Ravet) avec ch rest,
26 rte du Village – 021 804 68 68 – ermitage@ravet.ch – Fax 021 802 22 40 – fermé 23 décembre - 16 janvier, 27 juillet - 14 août, dimanche et lundi
9 ch – 380/400 CHF 400/450 CHF – **Rest** – Menu 68 CHF (déj.)/250 CHF – Carte 188/273 CHF
Spéc. Dînette des quatre foies gras. Composition marine "Retour de Guy". Jarret de veau rôti longuement à la broche. **Vins** Gamaret (Vaud)
◆ Repas-plaisir en perspective dans cette jolie demeure tenue en famille et agrémentée d'un jardin avec pièce d'eau. Père et fils au "piano", mets créatifs, chambres exquises.

Une nuit douillette sans se ruiner ?
Repérez les Bibs Hôtel.

VUISTERNENS-EN-OGOZ – Fribourg (FR) – 552 G9 – 709 h. – alt. 801 m – ✉ 1696 7 C5

Bern 51 – Fribourg 19 – Montreux 50 – Murten 34 – Thun 81

Hostellerie des Chevaliers d'Ogoz avec ch rest,
52 rte de Villarlod – 026 411 11 05 – chevaliers.ogoz@bluewin.ch – Fax 026 411 45 05 – fermé 24 décembre - 3 janvier, 21 juillet - 10 août, dimanche soir et lundi
4 ch – 70 CHF 130 CHF – ½ P +30 CHF – **Rest** – (16 CHF) Menu 42 CHF (déj.) /94 CHF – Carte 42/92 CHF
◆ Dans un virage proche de l'église, maison corpulente entretenant une ambiance familiale. Du café, où la clientèle locale a ses habitudes, on accède à la salle à manger.

VULPERA – Graubünden – 553 Z9 – siehe Scuol

WABERN – Bern – 551 J7 – siehe Bern

WÄDENSWIL – Zürich (ZH) – 551 Q6 – 19 464 Ew – Höhe 408 m – ✉ 8820 4 G3

Bern 149 – Zürich 24 – Aarau 71 – Baden 48 – Luzern 50 – Schwyz 34

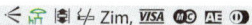

Du Lac Zim,
Seestr. 100 – 044 780 00 31 – dulac.waedenswil@bluewin.ch – Fax 044 780 05 70
31 Zim – 115/155 CHF 175/195 CHF – ½ P +40 CHF – **Rest** – (17 CHF) – Karte 36/83 CHF
◆ Der Lage zwischen der Seestrasse und der Bahnlinie hat man mit gut isolierten Fenstern Rechnung getragen. Die geräumigen Zimmer sind hell und funktionell eingerichtet. Restaurant mit Wintergarten und Bar.

Engel Rest,
Engelstr. 2 – 044 780 00 11 – office@engel-waedenswil.ch – Fax 044 780 00 12
10 Zim – 120 CHF 170 CHF – **Rest** – *(geschl. 24. Dezember - 4. Januar)* (20 CHF) – Karte 43/74 CHF
◆ In dem kleinen Hotel beim Bahnhof - nur durch die Bahnlinie vom See getrennt - findet man praktische Zimmer mit zeitgemässer Einrichtung. Schlicht-modernes Restaurant mit grossen Fenstern zum See.

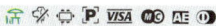

Eichmühle
Neugutstr. 933, Richtung Einsiedeln : 3 km – 044 780 34 44 – eder@eichmuehle.ch – Fax 044 780 48 64 – geschl. 1. - 10. Januar, 22. September - 5. Oktober, Sonntag ausser mittags von September bis Mitte Juli und Montag
Rest – Menü 59 CHF (mittags)/120 CHF – Karte 80/146 CHF
◆ In einem Bauerngehöft auf einer Hügelkuppe befindet sich dieses angenehme Restaurant - verschiedene kleine Stuben und eine schöne Gartenterrasse.

WALCHWIL – Zug (ZG) – 551 P6 – 3 150 Ew – Höhe 449 m – ✉ 6318 4 G3

Bern 144 – Luzern 40 – Aarau 67 – Einsiedeln 34 – Schwyz 18 – Zug 9 – Zürich 45

Sternen (René Weder)

Dorfstr. 1 – ✆ 041 759 04 44 – info@sternen-walchwil.ch – Fax 041 759 04 40 – geschl. 24. März - 11. April, 1. - 24. September, Montag und Dienstag

Rest – Menü 68 CHF (mittags)/170 CHF – Karte 92/156 CHF

Spez. Tranche von der Entenleber mit Apfeltarte und Apfelbalsam. Königstäubchen mit Portweinjus und Gemüsebouquet. Quarksoufflé mit Früchtesorbets.
Weine Walchwiler

◆ In den elegant eingerichteten Räumen dieses schönen, renovierten Holzhauses a. d. J. 1830 geniesst man klassische Kreationen. Sehr nett sitzt man auch auf der Seeterrasse!

Zugersee Zugersee,

Artherstr. 6 – ✆ 041 758 17 77 – zugersee@bluewin.ch – Fax 041 759 07 70 – geschl. 4. - 24. Februar, 13. - 27. Oktober, Dienstag von November bis Februar und Montag

Rest – (25 CHF) Menü 41 CHF (mittags)/78 CHF – Karte 49/104 CHF

◆ Vom direkt am Seeufer gelegenen, modern eingerichteten Restaurant aus bietet sich dem Gast beim Speisen eine sehr schöne Sicht auf den Zugersee.

WALDENBURG – Basel-Landschaft (BL) – 551 L5 – 1 328 Ew – Höhe 518 m – ✉ 4437 3 E3

Bern 67 – Basel 31 – Liestal 14 – Luzern 77 – Olten 18

Zum Schlüssel

Hauptstr. 58 – ✆ 061 961 81 31 – info@gasthof-schluessel.ch – Fax 061 961 81 31 – geschl. 18. Februar - 12. März, 12. - 21. September und Sonntag

Rest – (17 CHF) Menü 52 CHF (mittags)/85 CHF – Karte 64/104 CHF

◆ Im schönen Gasthaus aus dem 15. Jh. hat der Gast die Wahl zwischen einem etwas schlichteren ländlichen Bereich und einer gediegeneren, gemütlich-rustikalen Stube.

WALENSTADT – Sankt Gallen (SG) – 551 U6 – 4 532 Ew – Höhe 426 m – ✉ 8880 5 I3

Bern 205 – Sankt Gallen 95 – Bad Ragaz 24 – Buchs 34 – Herisau 72 – Rapperswil 50

Tourist Information, Bahnhofstr. 19, ✆ 081 735 22 22, info@tourismus-walenstadt.ch, Fax 081 735 22 22

Walensee★★

Seehof Zim,

Seestr. 104 – ✆ 081 735 12 45 – seehof.walenstadt@bluewin.ch – Fax 081 735 11 79 – geschl. 2. - 25. Januar

25 Zim – †85/95 CHF ††140/160 CHF – ½ P +35 CHF – **Rest** – Karte 33/84 CHF

◆ Die Zimmer des nicht weit vom See gelegenen Hotels sind mit dunklen Holzmöbeln im Stil der 70er Jahre eingerichtet, von den meisten hat man eine schöne Seesicht. Restaurant mit traditionellem Angebot.

WALLISELLEN – Zürich – 551 Q4 – siehe Zürich

WALTENSBURG (VUORZ) – Graubünden (GR) – 553 S9 – 383 Ew – Höhe 1 000 m – ✉ 7158 10 H4

Bern 204 – Chur 40 – Bad Ragaz 64

Ucliva Obersaxen und Vorderrheintal, Zim,

Nord : 1 km, Richtung Andiast – ✆ 081 941 22 42 – info@ucliva.ch – Fax 081 941 17 40 – geschl. Ende Oktober - Mitte Dezember, 7. - 30. April und 13. Mai - 15. Juni

22 Zim – †114/171 CHF ††168/280 CHF – ½ P +35 CHF – **Rest** – (18 CHF) Menü 45 CHF – Karte 38/69 CHF

◆ Das nach ökologischen Gesichtspunkten gebaute und geführte Hotel in ruhiger Lage ist ein familienfreundliches Haus mit schlichten, rustikalen Zimmern und schöner Aussicht. Gemütliche Gaststube mit traditioneller (Bio-)Küche.

WALZENHAUSEN – Appenzell Ausserrhoden (AR) – 551 V-W4 – 2 181 Ew – Höhe 672 m – ✉ 9428 5 I2

Bern 230 – Sankt Gallen 25 – Altstätten 15 – Bregenz 19 – Herisau 36 – Lustenau 13

Walzenhausen < Bodensee, Zim, Zim,
VISA MC AE D
Dorf 45 – ✆ 071 886 21 21 – info@hotel-walzenhausen.ch – Fax 071 888 10 84
70 Zim – ♦125/180 CHF ♦♦190/300 CHF – ½ P +35 CHF – **Rest** – (22 CHF) Menü 44 CHF (abends) – Karte 53/89 CHF
◆ Dieses Haus bietet ein gutes Angebot für Kurgäste, Urlauber und Tagungsreisende. In den unterschiedlich eingerichteten Zimmern findet man teilweise auch einen Whirlpool. Das Restaurant in mediterranen Farben bietet einen schönen Blick auf den Bodensee.

WANGEN AN DER AARE – Bern (BE) – 551 K5 – 1 889 Ew – Höhe 423 m – ✉ 3380 3 E3

Bern 44 – Aarau 44 – Basel 58 – Luzern 71 – Solothurn 15

Al Ponte VISA MC AE D
Wangenstr. 55, (an der Autobahnausfahrt) – ✆ 032 636 54 54 – info@alponte.ch – Fax 032 636 54 55 – geschl. Weihnachten
54 Zim – ♦130 CHF ♦♦170 CHF – **Rest** – (19 CHF) – Karte 40/89 CHF
◆ Nicht an der schönen historischen Holzbrücke, sondern an der neuen Brücke nicht weit von der Autobahnausfahrt findet man dieses Hotel mit funktionell eingerichteten Zimmern. Einfache, rustikale Wirtschaft und etwas gehobeneres Stübli.

WANGEN BEI DÜBENDORF – Zürich (ZH) – 551 Q5 – 5 978 Ew – Höhe 445 m – ✉ 8602 4 G2

Bern 134 – Zürich 14 – Frauenfeld 36 – Schaffhausen 42 – Zug 48

Sternen - Badstube VISA MC AE
Sennhüttenstr. 1 – ✆ 044 833 44 66 – info@sternenwangen.ch – Fax 044 833 44 65 – geschl. 1. - 9. Januar, 13. - 27. Juli, Sonntag und Montag
Rest – Menü 46 CHF (mittags)/98 CHF – Karte 65/92 CHF
Rest *Gaststube* – (19 CHF) – Karte 41/78 CHF
◆ Gelungen hat man in der Badstube a. d. 16. Jh. das historische Gewölbe mit moderner Einrichtung kombiniert. Die Küche bietet Klassisches. Ländlich-schlicht ist die Gaststube mit traditioneller Küche.

WARTH BEI FRAUENFELD – Thurgau (TG) – 551 R4 – 1 131 Ew – Höhe 450 m – ✉ 8532 4 G2

Bern 166 – Zürich 47 – Frauenfeld 5 – Schaffhausen 41

Kartause Ittingen Zim, Rest,
VISA MC AE D
– ✆ 052 748 44 11 – info@kartause.ch – Fax 052 748 44 55 – geschl. 15. Dezember - 4. Januar und ab 1. Oktober wegen Umbau
67 Zim – ♦163 CHF ♦♦247 CHF
Rest *Zur Mühle* – Karte 43/89 CHF
◆ Das Hotel ist in eine schöne ehemalige Klosteranlage integriert - mit grossem Park, Gutsbetrieb, Museum, Barockkirche und Seminarzentrum. Blickfang im Restaurant ist ein mächtiges Mühlrad. Das Angebot ist traditionell. Hübsche Gartenwirtschaft.

WATTWIL – Sankt Gallen (SG) – 551 S5 – 8 265 Ew – Höhe 614 m – ✉ 9630 5 H3

Bern 186 – Sankt Gallen 37 – Bad Ragaz 68 – Rapperswil 27

Krone VISA MC
Ebnaterstr. 136 – ✆ 071 988 13 44 – info@kronewattwil.ch – Fax 071 988 67 44 – geschl. 28. Januar - 5. Februar, 21. Juli - 5. August, 29. September - 7. Oktober, Montag und Dienstag
Rest – Menü 54 CHF (mittags)/115 CHF – Karte 61/118 CHF
Rest *Bistro* – (19 CHF) Menü 54 CHF (mittags) – Karte 49/97 CHF
◆ Im angenehm hellen und modern gestalteten Restaurant serviert man dem Gast in elegantem Rahmen eine schmackhafte und zeitgemässe Küche. Etwas einfacher präsentiert sich das rustikal-moderne Bistro. Daran angrenzend: die gemütliche Lounge.

WEESEN – Sankt Gallen (SG) – 551 T6 – 1 422 Ew – Höhe 424 m – ✉ 8872 5 H3

Bern 186 – Sankt Gallen 82 – Bad Ragaz 43 – Glarus 15 – Rapperswil 28

Parkhotel Schwert

Zim, Zim, VISA MC AE

Hauptstr. 23 – ✆ 055 616 14 74 – anhorn@parkhotelschwert.ch – Fax 055 616 18 53

35 Zim – 95/125 CHF 140/190 CHF – ½ P +35 CHF – **Rest** – *(geschl. 14. Januar - 14. Februar)* (19 CHF) – Karte 37/77 CHF

◆ Im vielleicht ältesten Hotel der Schweiz aus dem 15. Jh. wurden originale Mauerwerke und Holzbalken aus dem Mittelalter geschmackvoll in ein modernes Interieur integriert. Gediegen wirkt das A-la-carte-Restaurant mit schöner Terrasse.

Flyhof

VISA MC AE

Betliserstr. 16 – ✆ 055 616 12 30 – flyhof@bluewin.ch – Fax 055 616 12 40 – geschl. 28. Januar - 21. Februar, Donnerstag ausser Mai - Mitte Oktober und Mittwoch

Rest – (24 CHF) Menü 36 CHF (mittags)/89 CHF – Karte 47/90 CHF

◆ Im einstigen Zollhaus a. d. 16. Jh. bietet man in gemütlichen Stuben oder auf der schönen Terrasse zum Walensee mediterran inspirierte Küche und traditionelle Gerichte.

Fischerstube

A/C VISA MC AE

Marktgasse 9, (1. Etage) – ✆ 055 616 16 08 – weesenfischerstube@bluewin.ch – Fax 055 616 12 39 – geschl. Januar 2 Wochen, November 2 Wochen, Dienstag und Mittwoch

Rest – *(Tischbestellung ratsam)* Menü 47 CHF (mittags)/115 CHF – Karte 59/140 CHF

◆ Nach einem Komplettumbau erstrahlt dieses alteingesessene Restaurant nun in neuem Glanz. In traditionell oder modern eingerichteten Stuben serviert man Fischspezialitäten.

WEGGIS – Luzern (LU) – 551 P7 – 3 616 Ew – Höhe 435 m – ✉ 6353 4 F4

Bern 140 – Luzern 21 – Schwyz 30 – Zug 28

Tourist Information, Seestr. 5, ✆ 041 390 11 55, info.weggis@wvrf.ch, Fax 041 391 00 91

Rigi-Kulm★★★ mit Luftseilbahn und ab Rigi-Kaltbad mit Zahnradbahn

Lokale Veranstaltungen : 04.07 - 06.07 : Rosenfest

Park Hotel Weggis

Vierwaldstättersee, (geheizt) A/C Rest, Rest, VISA MC AE

Hertensteinstr. 34 – ✆ 041 392 05 05 – info@phw.ch – Fax 041 392 05 28

47 Zim – 250/315 CHF 340/570 CHF, 32 CHF – 6 Suiten

Rest *Annex* – separat erwähnt

Rest *Sparks* – Menü 58 CHF (mittags)/82 CHF – Karte 65/118 CHF

◆ Das klassische Hotel aus der Jahrhundertwende besticht mit geschmackvollem und hochwertigem Design und modernem Spa. Besonderes komfortabel: Suiten und Juniorsuiten im Neubau. Elegant wirkt das Sparks mit zeitgemässer Küche.

Beau Rivage

Vierwaldstättersee, VISA MC AE

Gotthardstr. 6 – ✆ 041 392 79 00 – info@beaurivage-weggis.ch – Fax 041 390 19 81 – geschl. Ende Oktober - Ende März

41 Zim – 140/200 CHF 240/460 CHF – ½ P +55 CHF – **Rest** – Menü 50/67 CHF – Karte 60/117 CHF

◆ Eine wunderbare Seesicht, ein gepflegter Garten mit Pool, gediegene, unterschiedlich eingerichtete Zimmer: nur ein paar der Attribute, die dieses klassische Hotel auszeichnen. Das gepflegte Restaurant ist mit Stilmöbeln eingerichtet. Schön: die Gartenterrasse.

Albana

Vierwaldstättersee, Rest, Rest, VISA MC AE

Luzernerstr. 26 – ✆ 041 390 21 41 – albanaweggis@access.ch – Fax 041 390 29 59 – geschl. Oktober - Mai

57 Zim – 150/250 CHF 280/360 CHF – ½ P +58 CHF

Rest *Panorama* – Menü 48 CHF – Karte 58/98 CHF

◆ Etwas erhöht und ruhig in einem kleinen Park gelegenes Hotel. Die Zimmer sind mit lachsfarbenen Holzmöbeln komfortabel und zeitgemäss ausgestattet. Sehenswerter Spiegelsaal. Einen traumhaften Blick über den Vierwaldstättersee hat man vom Restaurant aus.

Alexander Vierwaldstättersee,
Hertensteinstr. 42 – Zim, Rest,
041 392 22 22 – info@alexander-gerbi.ch – Fax 041 392 22 23
50 Zim – 135/195 CHF 250/320 CHF – ½ P +55 CHF – **Rest** – Menü 60/74 CHF – Karte 50/83 CHF
◆ Die Südlage der unterschiedlich gestalteten Zimmer mit Balkon und traumhafter Aussicht garantiert - schönes Wetter vorrausgesetzt - uneingeschränkten Sonnengenuss. Hinter der grossen, modernen Hotelhalle befindet sich der klassische Speisesaal.

Gerbi Vierwaldstättersee, Zim,
Hertensteinstr. 48 – 041 392 22 24 Rest,
– gerbi@alexander-gerbi.ch – Fax 041 392 22 25 – geschl. Januar - Februar 4 Wochen
20 Zim – 165/205 CHF 250/320 CHF – 4 Suiten – ½ P +55 CHF – **Rest** – (21 CHF) Menü 65 CHF – Karte 49/108 CHF
◆ Dieses für Ferien und Geschäftsreise geeignete Hotel liegt nah beim Seeufer. Die Zimmer wirken hell, sind mit Eschenmobiliar eingerichtet und bieten eine schöne Aussicht. Elegant-rustikale Ausstattung prägt das Restaurant.

Central am See Vierwaldstättersee, Rest,
Seestr. 25 – 041 392 09 09 – info@ Zim, Rest,
central-am-see.ch – Fax 041 392 09 00 – geschl. Anfang November - 1. Februar
32 Zim – 125/145 CHF 180/255 CHF – ½ P +40 CHF – **Rest** – (25 CHF) Menü 35 CHF (mittags) – Karte 40/96 CHF
◆ Direkt an der Promenade gelegen, bietet dieses Haus seinem Gast modern gestaltete Zimmer von guter Grösse mit schönem Blick auf den See. Zum Speisen steht neben dem modernen Wintergarten und der rustikalen Stube eine Terrasse unmittelbar am Seeufer bereit.

Rössli (Solebad)
Seestr. 52 – 041 392 27 27 – mail@wellness-roessli.ch – Fax 041 392 27 26 – geschl. 6. - 17. Januar
60 Zim – 120/150 CHF 200/270 CHF – ½ P +40 CHF – **Rest** – Menü 78 CHF – Karte 36/111 CHF
◆ Die meisten Zimmer dieses Hotels in direkter Seenähe sind mit hellem Mobiliar zeitgemäss und funktionell eingerichtet. Moderner Wellnessbereich. Netter Innenhof. Heller Speisesaal in gelbem Pastell und rustikale Gaststube. Internationale zeitgemässe Küche.

Seehotel Gotthard
Gotthardstr. 11 – 041 390 21 14 – gotthard@gotthard-weggis.ch – Fax 041 390 09 14 – geschl. Mitte Oktober - Mitte Dezember
16 Zim – 110/165 CHF 160/270 CHF – ½ P +40 CHF – **Rest** – *(geschl. Dienstag)* (25 CHF) Menü 40 CHF (mittags) – Karte 45/97 CHF
◆ Seit vielen Jahren von der Inhaberfamilie geführtes Haus am See mit neuzeitlichen Zimmern, teils mit kleinem Balkon. Mitbenutzung des Freizeitbereichs des Hotels Beau Rivage. Zum Restaurant gehört eine Seeterrasse mit herrlicher Sicht.

Friedheim Vierwaldstättersee, Rest,
Friedheimweg 31 – 041 390 11 81 – info@hotel-friedheim.ch – Fax 041 390 27 40 – geschl. Anfang Oktober - 25. März
21 Zim – 70/110 CHF 140/240 CHF – ½ P +40 CHF – **Rest** – Menü 59 CHF – Karte 34/89 CHF
◆ Das alte Bauernhaus aus dem 17. Jh. liegt, umgeben von Wiesen, schön oberhalb des Dorfes. Man verfügt über teils kleine, zeitgemäss ausgestattete Zimmer. In der einfachen, aber gemütlichen Stube werden traditionelle Gerichte serviert.

Annex – Park Hotel Weggis Vierwaldstättersee,
Hertensteinstr. 34 – 041 392 05 05 – info@phw.ch – Fax 041 392 05 28 – geschl. Dienstag
Rest – *(nur Abendessen ausser Sonntag)* Menü 98/165 CHF – Karte 86/160 CHF
Spez. Gänseleberterrine auf mariniertem Rhabarber und Cotto d'Uva-Gelee. Grillierter Atlantik-Steinbutt auf Carciofini und Rucola mit Bärlauchrisotto. Erdbeer-Quarkmousse mit Zitronensorbet und Aceto Balsamico.
◆ Ein Gefühl von Luxus vermittelt das Designer-Ambiente des Restaurants mit Blick auf den See. Hier bietet man internationale Küche. Nette Terrasse zum See sowie zum Park.

XX **Renggli's Seerestaurant** ← Vierwaldstättersee,
Seestr. 21 – ✆ 041 390 01 70 – Fax 041 390 02 70 – geschl. November, Dienstag von Oktober bis April und Mittwoch VISA MC AE
Rest – (39 CHF) Menü 65 CHF (mittags)/95 CHF – Karte 51/134 CHF
◆ Im modern dekorierten Restaurant oder auf der schön am Seeufer gelegenen Speiseterrasse geniessen Sie beim Essen die traumhafte Aussicht auf die Umgebung.

X **The Grape** VISA MC AE
Seestr. 60 – ✆ 041 392 07 07 – info@phw.ch – Fax 041 392 05 28 – geschl. Mittwoch
Rest – (23 CHF) – Karte 48/117 CHF
◆ In diesem Restaurant verbindet sich trendiger Designerstil mit California Cuisine. Dazu bietet man eine gute Auswahl an Überseeweinen.

in Hertenstein Süd-West : 3 km – Höhe 435 m – ✉ 6353 Hertenstein

Hertenstein Resort ← Vierwaldstättersee,
Hertensteinstr. 156 – ✆ 041 390 14 44 – info@hotelhertenstein.ch – Fax 041 390 27 66 Zim, P VISA MC AE
59 Zim – †90/159 CHF ††160/270 CHF, ☐ 25 CHF – 3 Suiten – ½ P +54 CHF – **Rest** – *(geschl. Montag und Dienstag von November bis März)* Menü 82 CHF – Karte 45/108 CHF
◆ Die Lage am See sowie neuzeitlich möblierte und funktionell ausgestattete Zimmer machen das gepflegte Hotel aus - die Villa dient als Annex. Leicht elegant wirkt das Restaurant, in dem der Gast aus einer traditionellen Karte wählen kann. Schöne Seeterrasse.

Graziella ← Vierwaldstättersee,
Hertensteinstr. 132 – ✆ 041 392 78 78 – info@graziella.ch – Fax 041 392 78 88 P VISA MC AE
46 Zim ☐ – †130/200 CHF ††210/280 CHF – ½ P +35 CHF – **Rest** – *(nur für Hausgäste)*
◆ Vor allem Frauen schätzen das Wellnessangebot des Hotels in schöner und ruhiger Seelage. Die hellen Zimmer mit Balkon und eine spezielle Früchte-Diät sind weitere Pluspunkte.

Rot steht für unsere besonderen Empfehlungen!

WEINFELDEN – Thurgau (TG) – 551 T4 – 9 456 Ew – Höhe 429 m – ✉ 8570 5 H2

Bern 182 – Sankt Gallen 40 – Arbon 26 – Frauenfeld 19 – Konstanz 20

Thurgauerhof garni VISA MC AE
Thomas-Bornhauser-Str. 10 – ✆ 071 626 33 33 – info@thurgauerhof.com – Fax 071 626 34 34
69 Zim ☐ – †95/125 CHF ††160/190 CHF
◆ Im Ortskern gelegenes Hotel mit Kongresszentrum. Die Zimmer sind zeitgemäss, hell und freundlich und bieten eine solide technische Ausstattung.

Zur Eisenbahn Zim, Zim, P VISA MC
Bahnhofstr. 2 – ✆ 071 622 10 60 – info@gasthof-eisenbahn.ch – Fax 071 622 79 86 – geschl. 27. Januar - 4. Februar, 27. Juli - 10. August, Sonntagabend und Montag
7 Zim ☐ – †85 CHF ††160 CHF – **Rest** – (17 CHF) – Karte 40/92 CHF
◆ Wie der Name bereits vermuten lässt, liegt das Riegelhaus bei den Bahngleisen - ein kleines Hotel mit hellen, neuzeitlichen Gästezimmern. Gepflegte Restauration mit saisonaler Küche und ansprechenden Spezialitätenwochen.

XX **Wirtschaft zum Löwen** VISA MC AE
Rathausstr. 8 – ✆ 071 622 54 22 – Fax 071 622 13 98 – geschl. 18. Juli - 8. August, Mittwoch und Donnerstag
Rest – (17 CHF) Menü 54/89 CHF – Karte 50/89 CHF
◆ Im Zentrum des Ortes findet man das schöne alte Riegelhaus aus dem 15. Jh. - bestehend aus der rustikalen Gaststube und dem leicht eleganten Ratsherrenstübli.

Gambrinus
Marktstr. 2 – ✆ 071 622 11 40 – info@gambrinus-weinfelden.ch – Fax 071 622 13 39 – geschl. 18. - 28. April, 8. - 21. Juli, 7. - 20. Oktober, Sonntag und Montag
Rest – (34 CHF) Menü 82 CHF (abends) – Karte 50/109 CHF
◆ In dem kleinen alten Gasthaus nehmen Sie in gemütlich-rustikalen Stuben Platz - frische Pasta wird vor Ihren Augen à la minute zubereitet.

Pulcinella
Wilerstr. 8 – ✆ 071 622 12 66 – Fax 071 622 13 77 – geschl. Weihnachten, 16. - 24. März, 13. Juli - 4. August, Sonntag und Montag
Rest – Menü 70 CHF – Karte 43/93 CHF
◆ Seit vielen Jahren führen die Pelusos dieses im Zentrum, nicht weit vom Bahnhof gelegene Restaurant, in dem frische italienische Speisen aus guten Produkten serviert werden.

WEININGEN – Zürich (ZH) – 551 P4 – 3 791 Ew – Höhe 413 m – ✉ 8104 4 F2

Bern 117 – Zürich 21 – Aarau 39 – Luzern 56 – Schaffhausen 58

Winzerhaus ← Limmattal,
Haslernstr. 28, Nord : 1 km – ✆ 044 750 40 66 – mail@winzerhaus.ch – Fax 044 750 40 95 – geschl. 24. Dezember - 9. Januar und Dienstag
Rest – (33 CHF) – Karte 55/112 CHF
◆ Inmitten von Weinbergen liegt dieses hübsche Haus erhöht über dem Limmattal. Eine besondere Attraktion ist die grosse Terrasse mit herrlichem Blick über die Landschaft.

WEISSBAD – Appenzell Innerrhoden – 551 U5 – siehe Appenzell

WEISSFLUHGIPFEL – Graubünden – 553 W8 – siehe Davos

WEITE – Sankt Gallen (SG) – 551 U6 – Höhe 469 m – ✉ 9476 5 I3

Bern 224 – Sankt Gallen 73 – Bad Ragaz 16 – Buchs 11 – Feldkirch 24 – Rapperswil 68

Heuwiese
Nord-Ost : 1,5 km – ✆ 081 783 10 55 – info@restaurantheuwiese.com – Fax 081 783 31 86 – geschl. 1. - 12. Oktober, Sonntag und Montag
Rest – *(Tischbestellung ratsam)* Menü 85 CHF – Karte 69/128 CHF
◆ Abgelegene, nicht alltägliche Adresse im Grünen. In lockerer und ungezwungener Atmosphäre serviert man zeitgemässe Küche. Schöne Innenhofterrasse.

WENGEN – Bern (BE) – 551 L9 – Höhe 1 275 m – Wintersport : 1 274/2 500 m 5 17 – ✉ 3823 8 E5

Bern 71 – Interlaken 16 – Grindelwald 16 – Luzern 82

Autos nicht zugelassen

Wengen Tourismus, Dorfstrasse, ✆ 033 855 14 14, info@wengen.ch, Fax 033 855 30 60

Lage★★★

Jungfraujoch★★★ mit Bahn – Trümmelbachfälle★★★ – Kleine Scheidegg★★ Süd-Ost mit Bahn

Lokale Veranstaltungen : 11.01 - 13.01 : Internationale Lauberhornrennen

mit Zahnradbahn ab Lauterbrunnen erreichbar

Regina ← Jungfrau und Berge,
– ✆ 033 856 58 58 – regina@wengen.com – Fax 033 856 58 50 – geschl. Mitte Oktober - Mitte Dezember und 6. April - 24. Mai
80 Zim – †130/230 CHF ††260/500 CHF – 5 Suiten – ½ P +50 CHF
Rest *Chez Meyer's* – separat erwähnt
◆ Unübersehbar thront das Haus über dem Ort. In gediegenen, mit massiven Holzmöbeln eingerichteten Zimmern geniesst man die Ruhe und eine unverbaute, traumhafte Aussicht.

Beausite Park Hotel Jungfrau und Berge,
– 033 856 51 61 – hotel@parkwengen.ch – Fax 033 855 30 10 – *geschl. Ende September - Mitte Dezember und 13. April - 24. Mai* Rest, Rest, VISA
37 Zim – 165/275 CHF 290/520 CHF – 3 Suiten – ½ P +25 CHF – **Rest** – Menü 60 CHF (abends) – Karte 62/100 CHF
◆ Neben der sehr ruhigen Lage etwas ausserhalb am Waldrand schätzen die Gäste dieses Ferienhotels die modernen Zimmer in warmen Farbtönen sowie den Wellnessbereich. Klassisches Ambiente und zeitlose Eleganz prägen die unterschiedlichen Restaurantbereiche.

Caprice Jungfrau-Massiv, VISA
– 033 856 06 06 – hotel@caprice-wengen.ch – Fax 033 856 06 07 – *geschl. Ende September - Mitte Dezember und Anfang April - Mitte Mai*
15 Zim – 160/510 CHF 200/640 CHF – 3 Suiten – ½ P +50 CHF
Rest Caprice – separat erwähnt
◆ Hinter der holzverkleideten Fassade des im Chaletstil erbauten Hotels erwarten Sie schöne, wohnliche Gästezimmer mit Balkon und Aussicht auf die Berge.

Schönegg Jungfrau und Berge, VISA AE
– 033 855 34 22 – mail@hotel-schoenegg.ch – Fax 033 855 42 33 – *geschl. Ende September - Mitte Dezember und Mitte April - Mitte Juni*
21 Zim – 110/180 CHF 220/360 CHF – ½ P +30 CHF – **Rest** – *(im Winter nur Abendessen)* (15 CHF) Menü 38 CHF (mittags)/90 CHF – Karte 64/125 CHF
◆ Das Hotel des ehemaligen Mitglieds der Schweizer Ski-Nationalmannschaft liegt leicht erhöht im Zentrum. Man bietet helle Zimmer in rustikalem Stil mit Balkon oder Terrasse. Hübsche holzgetäferte Restauranträume und eine nette schattige Gartenterrasse.

Wengener Hof Jungfrau, Berge und Tal,
– 033 856 69 69 – hotel@wengenerhof.ch – Fax 033 856 69 70 – *geschl. Ende September - Mitte Dezember und 5. April - 24. Mai* Rest, VISA AE
40 Zim – 104/163 CHF 208/326 CHF – ½ P +30 CHF – **Rest** – *(nur für Hausgäste)*
◆ Die ruhige Lage mit bezaubernder Aussicht, der gepflegte Panoramagarten und nicht zuletzt die Gestaltung der Räume mit hellen, freundlichen Farben sprechen für dieses Hotel.

Silberhorn Berge, Zim, Rest,
– 033 856 51 31 – hotel@silberhorn.ch – Fax 033 856 51 32 – *geschl. Mitte Oktober - Mitte Dezember und 14. April - 17. Mai* VISA AE
70 Zim – 127/227 CHF 214/420 CHF – ½ P +25 CHF – **Rest** – (15 CHF) – Karte 43/65 CHF
◆ In dem unmittelbar am Bahnhof gelegenen Hotel werden Gäste in praktisch eingerichteten Zimmern mit freundlicher Ausstrahlung beherbergt. Grosser, zweckmässiger Speisesaal. Terrasse mit wunderbarem Ausblick.

Alpenrose Jungfrau-Massiv und Berge,
– 033 855 32 16 – info@alpenrose.ch – Fax 033 855 15 18 – *geschl. Ende September - Mitte Dezember und Mitte April - Mitte Mai* Zim, Rest, VISA AE
48 Zim – 100/175 CHF 190/362 CHF – ½ P +25 CHF – **Rest** – *(nur Abendessen) (nur für Hausgäste)*
◆ Unterhalb des Dorfzentrums trifft man hier auf ein ruhig gelegenes Hotel, das vor allem von den Balkonen aus eine unvergessliche Aussicht bietet. Gemütliche, rustikale Zimmer.

Berghaus Jungfrau, VISA AE
– 033 855 21 51 – berghaus@wengen.com – Fax 033 855 38 20 – *geschl. 1. - 21. Dezember und 31. März - 6. Juni*
19 Zim – 88/157 CHF 176/314 CHF – ½ P +25 CHF – **Rest** – Menü 45 CHF (abends) – Karte 44/90 CHF
◆ Hier legt man grossen Wert auf persönliche Gästebetreuung. Neben der ruhigen, sonnigen Lage mit schöner Aussicht sprechen auch die gepflegten Zimmer für das Haus. Trotz der Höhenlage haben Fischgerichte ihren festen Platz auf der Speisekarte.

Chez Meyer's – Hotel Regina
– ✆ *033 856 58 58 – regina@wengen.com – Fax 033 856 58 50 – geschl. Ende September - Mitte Dezember und 30. März - 13. Juni*
Rest – Menü 110/185 CHF – Karte 115/163 CHF
◆ Hinter der schönen Fassade des Hotels Regina empfängt den Gast ein stilvoll eingerichtetes Restaurant mit gepflegtem Dekor und ansprechend eingedeckten Tischen.

Caprice – Hotel Caprice
– ✆ *033 856 06 06 – hotel@caprice-wengen.ch – Fax 033 856 06 07 – geschl. Ende September - Mitte Dezember und Anfang April - Mitte Mai*
Rest – *(mittags nur kleine Karte)* Menü 69/99 CHF – Karte 111/154 CHF
◆ Klassische Küche mit modernen Akzenten erwartet den Gast im Restaurant des Hotel Caprice. Schön sitzt man auch auf der Panoramaterrasse.

Bären mit Zim — Jungfrau-Massiv,
– ✆ *033 855 14 19 – info@baeren-wengen.ch – Fax 033 855 15 25 – geschl. Ende September - Mitte Dezember und 30. März - 25. Mai*
14 Zim – 70/120 CHF 140/220 CHF – ½ P +20 CHF – **Rest** – *(geschl. Sonntag im Sommer)* (16 CHF) Menü 42/59 CHF (abends) – Karte 46/80 CHF
◆ In dem familiär geführten, ruhig im unteren Dorfteil gelegenen Haus wird man im modern gestalteten Restaurant oder auf der Panoramaterrasse mit internationaler Küche bewirtet.

in Wengernalp mit Zug ab Interlaken, Lauterbrunnen oder Wengen erreichbar – Höhe 1 874 m – ✉ 3823 Wengen

Jungfrau — Jungfrau-Massiv,
– ✆ *033 855 16 22 – Fax 033 855 30 69 – geschl. Weihnachten - Ende März*
23 Zim (½ P. inkl.) – 250/360 CHF 360/510 CHF – **Rest** – *(geschl. Mitte September - Mitte Juni) (abends nur für Hausgäste)* Karte 53/83 CHF
◆ Ein aussergewöhliches Hotel in herrlicher Lage: Die mit ausgesuchtem Mobiliar geschmackvoll eingerichteten Zimmer bieten gehobenen Komfort vor atemberaubender Bergkulisse.

WERMATSWIL – Zürich (ZH) – 551 R5 – Höhe 560 m – ✉ 8615 — 4 G2

Bern 144 – Zürich 24 – Frauenfeld 46 – Schwyz 58 – Zug 59

Puurehuus — Zim,
Fehraltdorferstr. 9 – ✆ 043 399 16 16 – info@puurehuus.ch – Fax 043 399 16 17
18 Zim – 120 CHF 160 CHF – **Rest** – (19 CHF) Menü 47 CHF (mittags)/88 CHF – Karte 53/110 CHF
◆ Fast ländlich und doch verkehrsgünstig ist die Lage dieses kleinen Hotels. Besonders schön sind die modernen Gästezimmer im Anbau, etwas einfacher im Haupthaus. Restaurant mit gehoben-rustikalem Ambiente und zeitgemäss ausgelegter Karte. Schlichte Gaststube.

WERNETSHAUSEN – Zürich (ZH) – 551 R5 – Höhe 730 m – ✉ 8342 — 4 G3

Bern 156 – Zürich 31 – Rapperswil 14 – Uster 24 – Winterthur 40

Hohes Schlössli
Bachtelstr. 63 – ✆ 044 938 13 13 – info@hohes-schloessli.ch – Fax 044 938 13 10 – geschl. 18. - 25. Februar, 29. April - 6. Mai, 6. - 20. August, Sonntag und Montag
Rest – Menü 28 CHF (mittags)/99 CHF – Karte 50/111 CHF
◆ An der Strasse nach Hasenstrick findet man dieses rustikal mit Sichtbalken dekorierte Restaurant. Eine sehr schöne Sicht auf das Unterland bietet die Terrasse.

WETTINGEN – Aargau (AG) – 551 O4 – 17 870 Ew – Höhe 388 m – ✉ 5430 — 4 F2

Bern 106 – Aarau 28 – Baden 3 – Schaffhausen 70 – Zürich 25

Verkehrsverein, Seminarstr. 54, ✆ 056 426 22 11, schmidtravel@bluewin.ch, Fax 056 427 16 47

Lägern Otelfingen, Ost : 5 km, ✆ 044 846 68 00

Sternen - Spörristube

Klosterstr. 9 – 056 427 14 61 – gasthof.sternen@freesurf.ch – Fax 056 427 14 62 – geschl. 24. Dezember - 1. Januar und Samstagmittag
Rest – Menü 54 CHF (mittags) – Karte 58/109 CHF
Rest *Kloster-Taverne* – (19,90 CHF) Menü 69 CHF – Karte 47/99 CHF
◆ Die rustikal eingerichtete Spörristube ist mit Ausstellungsstücken des bekannten gleichnamigen Schweizer Künstlers dekoriert. Der Gast wählt aus einem zeitgemässen Angebot. Die Kloster-Taverne befindet sich im ehemaligen Weiberhaus aus dem 13. Jh.

WETZIKON – Zürich (ZH) – 551 R5 – 18 129 Ew – Höhe 532 m – ✉ 8620 — 4 G3

Bern 150 – Zürich 29 – Rapperswil 15 – Schwyz 51

Il Casale (Antonio Colaianni)

Lentholdstr. 5 – 043 477 57 37 – info@il-casale.ch – Fax 043 477 57 38 – geschl. 18. Februar - 3. März, 21. Juli - 4. August, Sonntag und Montag
Rest – Menü 63 CHF (mittags)/155 CHF – Karte 100/134 CHF
Rest *Bistro* – separat erwähnt
Spez. Artischockenboden mit lauwarmen Gemüsen. Ormalinger Jungschwein karamellisiert. Geschmorte Kalbsbacke und Kalbsfilet mit Marktgemüse und Kartoffelpüree. **Weine** Meilener, Fläscher
◆ Restaurant in einem schön restaurierten Sandsteinklinkergebäude gegenüber dem Bahnhof. Im Inneren überrascht minimalistisches Design in Schwarz und Weiss. Mediterrane Küche.

Bistro – Restaurant Il Casale

Lentholdstr. 5 – 043 477 57 37 – info@il-casale.ch – Fax 043 477 57 38 – geschl. 18. Februar - 3. März, 21. Juli - 4. August, Sonntag und Montag
Rest – Karte 42/68 CHF
◆ Das Bistro - unter einem Dach mit dem Restaurant Il Casale - gefällt mit seinem geradlinigen, fast puristischen Stil. Geboten werden preisgünstige traditionelle Gerichte.

WIDEN – Aargau (AG) – 551 O5 – 3 636 Ew – Höhe 548 m – ✉ 8967 — 4 F3

Bern 110 – Aarau 33 – Baden 23 – Dietikon 8 – Wohlen 12 – Zürich 21

Ryokan Hasenberg - Usagiyama mit Zim

< Unterland und Berge, Rest, Zim,

Hasenbergstr. 74, (auf dem Hasenberg), Nord-Ost 1,5 km – 056 648 40 00 – info@hotel-hasenberg.ch – Fax 056 648 40 01 – geschl. 1. - 4. Januar, 25. Februar - 10. März und 4. - 18. August
6 Zim – 180/200 CHF 200/220 CHF, 20 CHF
Rest – *(geschl. Montag) (nur Abendessen)* Menü 97/300 CHF
Rest *Hasenberg* – *(geschl. Montag)* (20 CHF) Menü 28 CHF (mittags) – Karte 51/138 CHF
Rest *Sushi Nouveau* – *(geschl. Montag und Dienstag) (nur Abendessen)* Karte 25/70 CHF
◆ Eines der Restaurants in dem modern-puristischen Haus ist das Usagiyama, in dem Kaiseki-Menüs angeboten werden. Die beste Aussicht hat man von der Terrasse. Traditionelle japanische Küche im Hasenberg. Sushi Nouveau mit Sushi-Bar.

WIDNAU – Sankt Gallen (SG) – 551 W5 – 7 470 Ew – Höhe 406 m – ✉ 9443 — 5 I2

Bern 239 – Sankt Gallen 36 – Altstätten 9 – Bregenz 23 – Dornbirn 16 – Feldkirch 24

Forum garni

Bahnhofstr. 24 – 071 722 88 66 – info@forum-hotel.ch – Fax 071 722 88 67 – geschl. 21. Dezember - 6. Januar
37 Zim – 80/120 CHF 150/190 CHF
◆ Neben diversen Geschäften ist in dem Gebäude ein modernes Businesshotel untergebracht. Die Zimmer wirken hell und frisch, sind sehr gepflegt und bieten genügend Platz.

Metropol Rest, Zim, Rest, VISA MC AE
Bahnhofstr. 26 – ✆ 071 726 30 30 – hotel@metropol-widnau.ch – Fax 071 726 30 00
27 Zim – 80/85 CHF 130/140 CHF
Rest *Bel Etage* – *(geschl. Sonntagabend und Montag)* Menü 35 CHF (mittags)/85 CHF – Karte 45/82 CHF
◆ Hier erwarten Sie ausreichend grosse, mit hellem Mobiliar praktisch eingerichtete Zimmer. Interessant für Geschäftsreisende: alle Zimmer mit Fax- und Internetanschluss. Dachrestaurant Bel Etage mit Panoramafenstern und Terrasse.

Sie suchen ein besonderes Hotel für einen sehr angenehmen Aufenthalt?
Reservieren Sie in einem roten Haus: ... .

WIGOLTINGEN – Thurgau (TG) – 551 S3 – 2 036 Ew – Höhe 435 m – ✉ 8554 5 H2

Bern 177 – Sankt Gallen 50 – Frauenfeld 15 – Konstanz 18 – Winterthur 33

Taverne zum Schäfli (Wolfgang Kuchler) VISA MC AE
Oberdorfstr. 8 – ✆ 052 763 11 72 – Fax 052 763 37 81 – geschl. 1. - 20. Januar, 21. Juli - 12. August, Sonntag und Montag
Rest – *(Tischbestellung ratsam) (nur Menü)* (29 CHF) Menü 75 CHF (mittags)/ 190 CHF
Spez. Variation vom Thunfisch und Orkney Salm. Zanderschnitte auf der Haut kross gebraten mit Selleriekompott und Pistousauce. Treberwürste vom Ottoberg auf Rahmlauch (Winter). **Weine** Ottenberger, Jeninser
◆ Gemütliche Stuben im Biedermeierstil verbergen sich in dem schönen Riegelhaus aus dem 17. Jh. Die zeitgemässe Küche ist ausgezeichnet.

WIKON – Luzern – 551 M5 – siehe Reiden

WIL – Sankt Gallen (SG) – 551 S4 – 16 392 Ew – Höhe 571 m – ✉ 9500 5 H2

Bern 178 – Sankt Gallen 32 – Glarus 65 – Konstanz 31 – Winterthur 34
Tourist Info, Bahnhofplatz 6, ✆ 071 913 70 00, touristinfo@stadtwil.ch, Fax 071 913 70 09
Aussicht★ vom Vorplatz der Stadtkirche

Schwanen A/C Zim, VISA MC
Obere Bahnhofstr. 21 – ✆ 071 913 05 10 – info@hotel-schwanen.ch – Fax 071 913 05 15
24 Zim – 115/155 CHF 160/220 CHF
Rest *Schwanenstube* – *(geschl. 20. Juli - 10. August, Samstagmittag und Sonntag)* (28 CHF) Menü 40 CHF (mittags) – Karte 55/129 CHF
Rest *Bistro* – (19 CHF) – Karte 39/80 CHF
◆ In diesem Hotel in Zentrumslage wählt der Gast zwischen modernen Zimmern im neueren Anbau und den klassischen, relativ ruhig zur Fussgängerzone gelegenen Zimmern im Haupthaus. Im ersten Stock befindet sich die elegante Schwanenstube. Einfacher: das Bistro.

Rössli mit Zim VISA MC AE
Toggenburgerstr. 59, (1. Etage) – ✆ 071 913 97 50 – info@roessli-wil.ch – Fax 071 913 97 51 – geschl. 21. - 27. Januar, 17. - 23. März und 14. Juni - 3. August
6 Zim – 98/110 CHF 145 CHF – **Rest** – *(geschl. Sonntag und Montag)* (24 CHF) Menü 54 CHF (mittags)/109 CHF – Karte 62/120 CHF
◆ Dieses typische Gasthaus beherbergt ein rustikales, hell und freundlich gestaltetes Restaurant sowie schlicht-modern und praktisch eingerichtete, günstige Zimmer.

Hof zu Wil VISA MC AE
Marktgasse 88 – ✆ 071 913 87 00 – info@hofzuwil.ch – Fax 071 913 87 01 – geschl. 21. Juli - 3. August
Rest – (19,50 CHF) Menü 60/88 CHF – Karte 37/96 CHF
◆ In dem ehemaligen Abteigebäude aus dem 14. Jh. gehen alte Mauern und moderne Einrichtung eine harmonische Verbindung ein. Historische Säle und Ausstellungsräume.

in Bronschhofen Nord : 1,5 km – Höhe 563 m – ✉ 9552 Bronschhofen

XX **Burghalde** mit Zim — Zim, P VISA MC
Hauptstr. 24 – ✆ 071 911 51 08 – info@restaurant-burghalde.ch – Fax 071 911 51 76 – geschl. Samstagmittag, Sonntag und Montagmittag
7 Zim – †140 CHF ††200 CHF – **Rest** – Karte 78/128 CHF
◆ Sowohl das schöne Restaurant als auch die angenehmen Zimmer des in einem gepflegten Garten gelegenen Fachwerkhauses sind geschmackvoll im Biedermeierstil eingerichtet.

WILA – Zürich (ZH) – **551** R5 – 1 793 Ew – Höhe 569 m – ✉ 8492 — 4 **G2**

Bern 158 – Zürich 37 – Frauenfeld 22 – Rapperswil 27 – Winterthur 17

in Schalchen Süd-West : 2,5 km – Höhe 670 m – ✉ 8492 Wila

X **Chrüz** — P VISA MC
Dorfstr. 14 – ✆ 052 385 12 93 – chruez@bluewin.ch – geschl. 12. März - 1. April, 26. August - 15. September, Dienstag und Mittwoch
Rest – Menü 35 CHF (mittags)/75 CHF – Karte 49/93 CHF
◆ In ländlicher Umgebung liegt dieser sympathische kleine Familienbetrieb mit seinen zwei gemütlich-rustikalen Stuben und einem netten Gärtli.

WILDEGG – Aargau (AG) – **551** N4 – 3 407 Ew – Höhe 354 m – ✉ 5103 — 3 **F2**

Bern 90 – Aarau 11 – Baden 20 – Luzern 58 – Zürich 35

Schloss★

Aarehof — Zim, P VISA MC AE
Bahnhofstr. 5 – ✆ 062 893 23 23 – empfang@aarehof.ch – Fax 062 893 15 04
58 Zim – †120/140 CHF ††170/200 CHF – ½ P +45 CHF – **Rest** – (19,50 CHF) Menü 48 CHF (mittags)/85 CHF – Karte 43/94 CHF
◆ Das gegenüber dem Bahnhof gelegene Hotel bietet seinen Gästen Zimmer verschiedenen Alters und Einrichtung; sie sind gepflegt und zeitgemäss ausgestattet. Farbenfroh präsentiert sich das moderne Hauptrestaurant mit trendiger Bar.

WILDERSWIL – Bern – **551** L9 – siehe Interlaken

WILDHAUS – Sankt Gallen (SG) – **551** U6 – 1 260 Ew – Höhe 1 098 m – Wintersport : 1 050/2 262 m 3 16 – ✉ 9658 — 5 **I3**

Bern 214 – Sankt Gallen 70 – Altstätten 35 – Bad Ragaz 40 – Rapperswil 53

Toggenburg Tourismus, Tourist Info, Hauptstrasse, ✆ 071 999 27 27, wildhaus@toggenburg.org, Fax 071 999 29 29

Lage★

Stump's Alpenrose — Säntis und Churfirsten, Rest, Rest, P VISA MC AE
(beim Schwendisee), Süd : 2,5 km – ✆ 071 998 52 52 – info@stumps-alpenrose.ch – Fax 071 998 52 53
50 Zim – †161 CHF ††286 CHF – ½ P +47 CHF – **Rest** – (34 CHF) Menü 40 CHF (mittags)/59 CHF – Karte 42/95 CHF
◆ Oberhalb des Ortes, in ruhiger Aussichtslage, bietet dieses Haus seinen Gästen mit hellen Naturholzmöbeln zeitgemäss eingerichtete Zimmer und einen Wohlfühlbereich. Gaststube und neo-rustikales Restaurant.

WILEN – Obwalden – **551** N8 – siehe Sarnen

Das Symbol in Rot weist auf besonders ruhige Häuser hin – hier ist nur der Gesang der Vögel am frühen Morgen zu hören…

WINKEL – Zürich (ZH) – 551 Q4 – Höhe 450 m – ✉ 8185 4 G2

Bern 134 – Zürich 18 – Baden 35 – Winterthur 16

in Niederrüti Süd : 1 km – Höhe 443 m – ✉ 8185 Winkel

Wiesental - Arte

Zürichstr. 25 – ✆ 044 860 15 00 – info@wiesental.ch – Fax 044 862 18 02 – geschl. 22. Dezember - 6. Januar, Samstag und Sonntag

Rest – Menü 48 CHF – Karte 55/133 CHF

Rest *Wiesi-Stübli* – (22 CHF) – Karte 51/108 CHF

◆ Dieses freundlich und modern gestaltete Restaurant bietet neuzeitliche Küche oder Klassiker von Rosa Tschudi, die montags auch selbst am Herd steht. Einfache Gaststube mit traditionellen Gerichten.

WINTERTHUR – Zürich (ZH) – 551 Q4 – 90 483 Ew – Höhe 439 m – ✉ 8400 4 G2

Bern 146 – Zürich 28 – Baden 46 – Konstanz 45 – Schaffhausen 27

Winterthur Tourismus, im Hauptbahnhof, ✆ 052 267 67 00, tourismus@win.ch, Fax 052 267 68 58 A

Winterberg, Süd: 12 km, ✆ 052 345 11 81 ;

Schloss Goldenberg Dorf, Nord-West: 13 km Richtung Flaach, ✆ 052 305 23 33

Sammlung Oskar Reinhart "Am Römerholz"★★ Nord, über Haldenstrasse B. Kunstmuseum★ B M² – Villa Flora★★ Süd, über Tösstalstrasse B

Lokale Veranstaltungen : 27.06 - 29.06 : Albanifest, Stadtfest

Park Hotel

Zim, Zim,

Stadthausstr. 4 – ✆ 052 265 02 65 – welcome@phwin.ch – Fax 052 265 02 75 B r

73 Zim – 155/255 CHF 245/345 CHF

Rest *Bloom* – Menü 34 CHF (mittags) – Karte 46/104 CHF

◆ Dieses Haus bietet Zimmer mit gutem Platzangebot, die mit modernen Möbeln komfortabel eingerichtet und auch technisch auf dem neuesten Stand sind. Trendiges Restaurant Bloom mit zeitgemässer Küche.

Banana City

Zim, Zim,

Schaffhauserstr. 8 – ✆ 052 268 16 16 – info@bananacity.ch – Fax 052 268 16 00 A b

101 Zim – 130/185 CHF 185/245 CHF –

Rest – Menü 18 CHF – Karte 42/92 CHF

◆ Den ungewöhnlichen Namen verdankt man der langen, gebogenen Form des Glasfassadenhauses. Moderne, funktionell ausgestattete Zimmer mit gutem Platzangebot erwarten den Gast.

Wartmann

Zim, Zim,

Rudolfstr. 15 – ✆ 052 260 07 07 – wartmann@wartmann.ch – Fax 052 213 30 97 – geschl. 23. Dezember - 2. Januar A s

72 Zim – 103/168 CHF 160/230 CHF

Rest *Gleis 11* – (19 CHF) Menü 79 CHF (abends) – Karte 35/78 CHF

◆ In dem zentral gegenüber dem Bahnhof gelegenen Hotel übernachtet der Gast in leicht unterschiedlichen, hellen Zimmern, die mit Einbaumobiliar zweckmässig eingerichtet sind. In schickem Design zeigt sich das Restaurant Gleis 11.

Ibis

Zim,

Brühlbergstr. 7, über ④ – ✆ 052 264 57 00 – h3561@accor.com – Fax 052 264 57 11

88 Zim – 92/152 CHF 92/152 CHF, 14 CHF – **Rest** – *(geschl. Sonntagmittag)* (16 CHF) Menü 25 CHF – Karte 37/63 CHF

◆ Modern, funktionell und sachlich eingerichtete Zimmer - recht schlicht und preisgünstig - erwarten Sie in diesem Ibis-Hotel nicht weit vom Zentrum.

Concordia

Feldstr. 2 A – ✆ 052 213 38 32 – Fax 052 213 38 30 – geschl. 24. Dezember - 2. Januar, 21. - 24. März, Juli - August 3 Wochen, Samstagmittag, Sonntagmittag und Montag

Rest – (23 CHF) Menü 89 CHF (abends) – Karte 53/100 CHF

◆ In einem gepflegten, durch farbig gestrichene Wände bestimmten Ambiente reicht man dem Gast eine klassisch-italienisch ausgelegte Karte. Nette Terrasse.

Archplatz . . . . . A 3
Bahnhofplatz . . . . . A 4
Bahnmeisterweg . . . . . A 5
Gertrudstrasse . . . . . A 6
Holderplatz . . . . . B 7
Kasinostrasse . . . . . B 9
Marktgasse . . . . . B
Meisenstrasse . . . . . A 10
Merkurstrasse . . . . . B 12
Metzggasse . . . . . B 13
Nelkenstrasse . . . . . B 15
Neumarkt . . . . . B 16
Römerstrasse . . . . . B 18
Rychenbergstrasse . . . . . B 19
St. Gallerstrasse . . . . . B 21
St. Georgenplatz . . . . . AB 22
Stadthausstrasse . . . . . B
Steinberggasse . . . . . B
Sulzbergstrasse . . . . . B 24
Turnerstrasse . . . . . A 25
Zeughausstrasse . . . . . B 27

Trübli

Bosshardengässchen 2 – ✆ 052 212 55 36 – truebli@bluewin.ch – Fax 052 212 55 25 – geschl. 3. - 5. Januar, 15. - 26. April, 29. Juli - 2. August, Montag, Sonn- und Feiertage

Rest – (19,50 CHF) Menü 44 CHF (mittags)/94 CHF – Karte 57/91 CHF B **a**

◆ Am Rande der Altstadt befindet sich diese helle, gemütlich-rustikal eingerichtete Stube, in der man aus einem traditionellen Speisenangebot wählt.

in Wülflingen über ⑤ : **2,5 km** – ✉ **8408 Winterthur**

Taggenberg (Peter Schnaibel)

Taggenbergstr. 79, über Strassenverkehrsamt Nord : 1,5 km – ✆ 052 222 05 22 – info@taggenberg.ch – Fax 052 222 05 24 – geschl. Februar 1 Woche, August 1 Woche, Oktober 2 Wochen, Sonntag und Montag

Rest *(Tischbestellung ratsam abends)* Menü 66 CHF (mittags)/132 CHF – Karte 78/127 CHF

Spez. Lauwarmes Heilbuttfilet auf Fenchelbiskuit mit Dillsablé und Tomatenkonfitüre. Doppeltes Kalbskotelett aus dem Ofen. Vegetarisches Menü.

◆ Das familiär geleitete Restaurant auf dem Taggenberg bietet zeitgemässe Küche, die im gemütlich-ländlichen Gastraum oder auf der schönen Panoramaterrasse serviert wird.

WÖLFLINSWIL – Aargau (AG) – 551 M4 – 784 Ew – Höhe 440 m – ✉ 5063 3 E2

Bern 119 – Aarau 11 – Zürich 55 – Basel 47 – Lörrach 49

Ochsen

Dorfplatz 56 – ✆ 062 877 11 06 – info@ochsen-woelflinswil.ch – Fax 062 877 11 04 – geschl. Weihnachten, 11. - 27. Februar, 22. September - 8. Oktober, Dienstagabend und Mittwoch

Rest – (15 CHF) Menü 65 CHF (abends) – Karte 48/95 CHF

◆ Der Familienbetrieb befindet sich in einem Landgasthof aus dem 13. Jh. und bietet in elegant-rustikaler Umgebung eine solide und traditionelle Küche an.

WOHLEN BEI BERN – Bern (BE) – 551 I7 – 8 952 Ew – Höhe 549 m – ✉ 3033 2 D4

Bern 10 – Biel 49 – Burgdorf 33 – Solothurn 48

Kreuz
Hauptstr. 7 – ☎ 031 829 11 00 – info@kreuzwohlen.ch – Fax 031 829 19 02 – geschl. 18. - 26. Februar, 7. Juli - 5. August, Montag und Dienstag
Rest – (16 CHF) Menü 90 CHF – Karte 42/84 CHF
◆ Hier wurde, so erzählt man, im 18. Jh. die Berner Platte, ein Schweizer Nationalgericht, kreiert. Heute serviert man in 12. Generation gutbürgerliche Gerichte.

WOLFERTSWIL – Sankt Gallen (SG) – 551 T5 – Höhe 769 m – ✉ 9116 5 H2

Bern 195 – Sankt Gallen 24 – Konstanz 49 – Winterthur 48

Löwen
Unterdorfstr. 7 – ☎ 071 393 66 16 – gasthaus-loewen@bluemail.ch – Fax 071 393 66 17 – geschl. 22. Dezember - 3. Januar, 21. März - 8. April, 18. Juli - 5. August, Samstagmittag, Montag, Sonn- und Feiertage
Rest – Menü 57 CHF (mittags)/116 CHF – Karte 52/106 CHF
◆ Das kleine Gasthaus direkt neben der Kirche bietet in seinem schönen Jugendstilsaal ein Gourmetmenu, in der einfachen Stube zeitgemässe A-la-carte-Gerichte.

WOLFGANG – Graubünden – 553 X8 – siehe Davos

WOLLISHOFEN – Zürich – 551 P5 – siehe Zürich

WORB – Bern (BE) – 551 J7 – 10 895 Ew – Höhe 585 m – ✉ 3076 2 D4

Bern 11 – Burgdorf 20 – Langnau im Emmental 20 – Thun 28

Zum Löwen Rest,
Enggisteinstr. 3 – ☎ 031 839 23 03 – office@loewen-worb.ch – Fax 031 839 58 77
13 Zim – 108/120 CHF 155/170 CHF –
Rest – *(geschl. 26. Juli - 10. August, Samstag und Sonntag)* (17 CHF) Menü 58/78 CHF – Karte 46/95 CHF
◆ Der schöne, typische Berner Landgasthof aus dem 15. Jh. beherbergt seine Gäste in rustikal eingerichteten Zimmern von guter Grösse. Interessant: das Korkenziehermuseum. Restaurant mit traditioneller Karte.

WORBEN – Bern (BE) – 552 I6 – 2 199 Ew – Höhe 442 m – ✉ 3252 2 D3

Bern 35 – Aarberg 8 – Biel 9 – Murten 28 – Solothurn 29

Worbenbad Zim,
Hauptstr. 77 – ☎ 032 384 67 67 – info@worbenbad.com – Fax 032 384 79 06
29 Zim – 99/135 CHF 140/178 CHF, 21 CHF
Rest *Le Grill* – *(geschl. Sonntagabend)* Menü 44 CHF (mittags) – Karte 47/82 CHF
Rest *Sardi's* – *(geschl. Sonntagabend)* (18 CHF) Menü 40/50 CHF – Karte 39/74 CHF
◆ Neben zeitgemäss eingerichteten Gästezimmern zählen ein grosses Hallenbad sowie Sauna, Dampfbad und Solarien zu den Annehmlichkeiten dieses Hotels. Das Restaurant Le Grill bietet internationale Gerichte. Im Sardi's serviert man eine mediterrane Küche.

WÜLFLINGEN – Zürich – 551 Q4 – siehe Winterthur

WÜRENLOS – Aargau (AG) – 551 O4 – 4 793 Ew – Höhe 420 m – ✉ 5436 4 F2

Bern 110 – Aarau 31 – Baden 8 – Luzern 59 – Zürich 17

Rössli
Landstr. 77 – ☎ 056 424 13 60 – info@roessli-wuerenlos.ch – Fax 056 424 30 50 – geschl. Sonntag und Montag
Rest – Menü 38 CHF (mittags) – Karte 63/120 CHF
◆ Das schöne alte Riegelhaus war ursprünglich eine Umspannstation für Postkutschenpferde. Schon in fünfter Generation bewirtet man hier Gäste in diversen rustikalen Stuben.

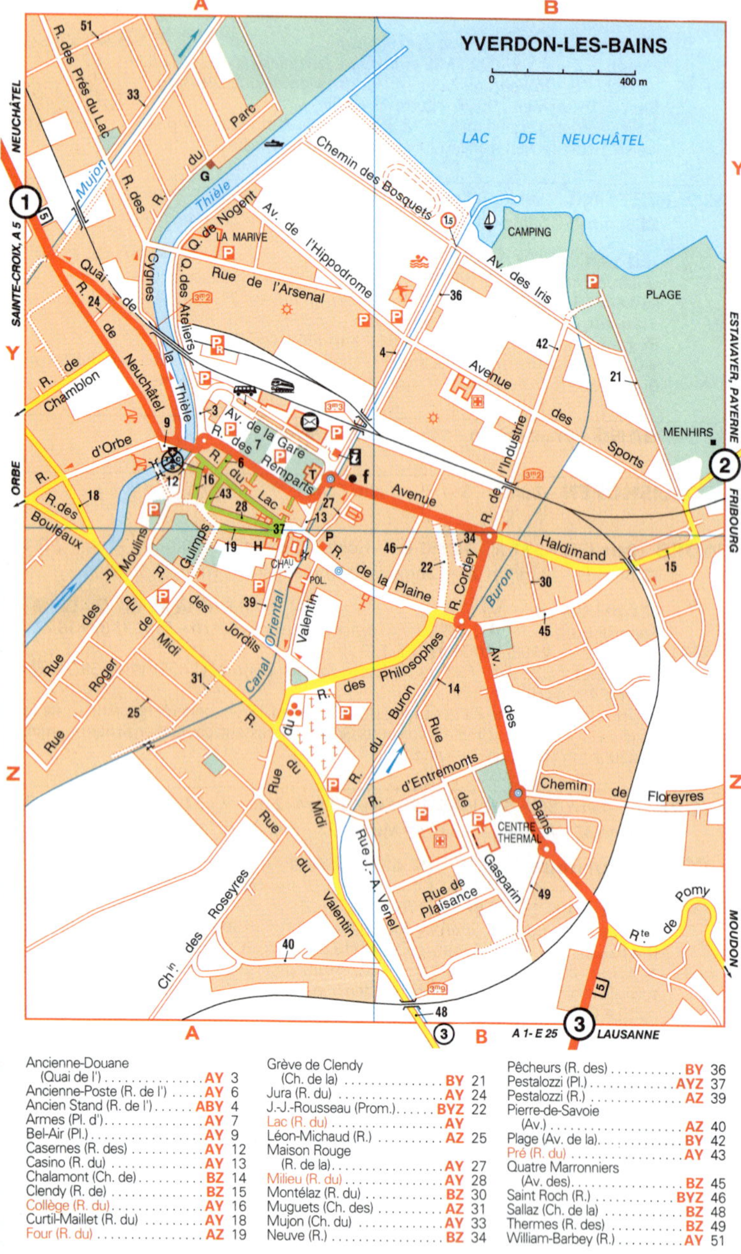

Ancienne-Douane (Quai de l') . . . . . . AY 3
Ancienne-Poste (R. de l') . . . . . AY 6
Ancien Stand (R. de l') . . . . . . ABY 4
Armes (Pl. d') . . . . AY 7
Bel-Air (Pl.) . . . . AY 9
Casernes (R. des) . . . . AY 12
Casino (R. du) . . . . AY 13
Chalamont (Ch. de) . . . . BZ 14
Clendy (R. de) . . . . BZ 15
Collège (R. du) . . . . AY 16
Curtil-Maillet (R. du) . . . . AY 18
Four (R. du) . . . . AZ 19
Grève de Clendy (Ch. de la) . . . . . BY 21
Jura (R. du) . . . . AY 24
J.-J.-Rousseau (Prom.) . . . . . . BYZ 22
Lac (R. du) . . . . AY
Léon-Michaud (R.) . . . . AZ 25
Maison Rouge (R. de la) . . . . . . AY 27
Milieu (R. du) . . . . AY 28
Montélaz (R. du) . . . . BZ 30
Muguets (Ch. des) . . . . AZ 31
Mujon (Ch. du) . . . . AY 33
Neuve (R.) . . . . BZ 34
Pêcheurs (R. des) . . . . BY 36
Pestalozzi (Pl.) . . . . AYZ 37
Pestalozzi (R.) . . . . AZ 39
Pierre-de-Savoie (Av.) . . . . AZ 40
Plage (Av. de la) . . . . BY 42
Pré (R. du) . . . . AY 43
Quatre Marronniers (Av. des) . . . . BZ 45
Saint Roch (R.) . . . . BYZ 46
Sallaz (Ch. de la) . . . . BZ 48
Thermes (R. des) . . . . BZ 49
William-Barbey (R.) . . . . AY 51

YVERDON-LES-BAINS – Vaud (VD) – 552 E8 – 24 376 h. – alt. 435 m – Stat. thermale – ✉ 1400 6 B5

Bern 76 – Neuchâtel 40 – La Chaux-de-Fonds 57 – Lausanne 40 – Pontarlier 48

Office du Tourisme et du Thermalisme, 2 av. de la Gare, ✆ 024 423 61 01, info@yverdon-les-bains.ch, Fax 024 426 11 22 AY

Vuissens, Sud-Est : 17 km par route de Moudon, ✆ 024 433 33 00

Château de Grandson★★ : site★★ par ① : 3,5 km

Manifestations locales : 03.07 - 30.08 : Fest'Yv'Etés, divers concerts tous les jeudi soir et samedi matin (jazz, chœurs, rock, blues ...)

Stadtplan siehe vorhergehende Seite

Du Théâtre sans rest

5 av. Haldimand – ✆ 024 424 60 00 – info@hotelyverdon.ch – Fax 024 424 60 01

24 ch ☕ – †120/150 CHF ††175/210 CHF AZ **f**

◆ En centre-ville, bâtisse ancienne rénovée avec soin. Meubles en acajou massif dans les chambres, parfois rehaussées de vieilles boiseries ou adoptant un style plus moderne.

YVONAND – Vaud (VD) – 552 F8 – 2 278 h. – alt. 434 m – ✉ 1462 6 B4

Bern 66 – Neuchâtel 47 – Lausanne 47 – Yverdon-les-Bains 9

Gare

11 r. du Temple – ✆ 024 430 24 04 – info@hotel-de-la-gare.ch – Fax 024 430 24 06 – fermé 6 - 27 janvier

14 ch ☕ – †85 CHF ††120 CHF – ½ P +20 CHF – **Rest** – *(fermé mardi)* (16 CHF) Menu 45 CHF – Carte 46/71 CHF

◆ Au cœur du village, établissement familial où vous serez hébergés dans de sobres petites chambres très convenables pour l'étape. Salle de restaurant au décor bourgeois. Recettes de saison.

YVORNE – Vaud (VD) – 552 G11 – 962 h. – alt. 395 m – ✉ 1853 7 C6

Bern 105 – Montreux 14 – Aigle 2 – Lausanne 43 – Martigny 29

La Roseraie (Christophe Rod)

Nord : 2 km par route cantonale – ✆ 024 466 25 89 – info@roseraie.ch – Fax 024 466 56 28 – fermé 23 décembre - 10 janvier, 20 juillet - 11 août, dimanche et lundi

Rest – Menu 75 CHF (déj.)/160 CHF – Carte 94/143 CHF

Rest *La Pinte* – Menu 49 CHF – Carte 66/95 CHF

Spéc. Lasagne de polenta croustillante aux grenouilles et champignons. Saint-Pierre rôti entier aux tomates et olives. La bécasse aux raisins et son toast de foie gras (octobre - novembre). **Vins** Yvorne

◆ Accueil avenant, intime salle à manger semée de pointes de raffinement, appétissante cuisine au goût du jour et service non somnolent : un bon moment de table en perspective ! Plats traditionnels à prix doux et ambiance bistrot à La Pinte.

ZÄZIWIL – Bern – 551 K7 – siehe Grosshöchstetten

ZEIHEN – Aargau (AG) – 551 N4 – 863 Ew – Höhe 433 m – ✉ 5079 3 E2

Bern 98 – Aarau 15 – Baden 23 – Basel 46 – Schaffhausen 90

in Oberzeihen Süd-West : 1 km – ✉ 5079 Zeihen

Ochsen

Weizacher 2 – ✆ 062 876 11 35 – info@ochsen-oberzeihen.ch – Fax 062 876 32 45 – geschl. 11. - 28. Februar, 18. August - 4. September, Montag und Dienstag

Rest – *(nur Abendessen ausser Samstag und Sonntag)* Karte 44/96 CHF

◆ Dies ist ein Landgasthof wie aus dem Bilderbuch, der Ihnen nebst freundlichem und sehr familiärem Service gute bürgerliche Grillgerichte offeriert.

ZERMATT – **Wallis (VS)** – **552** K13 – **5 988 Ew – Höhe 1 610 m – Wintersport : 1 620/3 883 m** ⛡ **21** ⛷ **34** – ✉ **3920** 8 **E7**

▶ Bern 115 – Brig 40 – Sierre 59 – Sion 75

Autos nicht zugelassen

ℹ Zermatt Tourismus, Bahnhofplatz 5, ✆ 027 966 81 00, info@zermatt.ch, Fax 027 966 81 02 AY

Matterhorn Täsch, Nord : Zug 13 Minuten, dann Richtung Randa : 2 km, ✆ 027 967 70 00

Lage★★★

Gornergrat★★★ Süd-Ost mit Zahnradbahn BZ – Stockhorn★★★ mit Luftseilbahn vom Gornergrat – Klein Matterhorn★★★ Süd-West mit Luftseilbahn AZ – Theodulgletscher★★ Süd mit Luftseilbahn – Unter Rothorn★★ Ost mit Standseilbahn BY – Schwarzsee★ Süd-West mit Luftseilbahn AZ

Lokale Veranstaltungen : 17.08 : Folklore-Festival mit grossem Folkloreumzug

ZERMATT

Bachstrasse . . . . **AZ**
Bahnhofstrasse . . . . . **AYZ**
Getwingstrasse . . . . . **ABY**
Hofmattstrasse . . . . **AY** 3
Kirchstrasse . . . . **AZ** 4
Matterstrasse . . . . **AYZ** 5
Mattertalstrasse . . . . . . **BY**
Oberdorfstrasse . . . . . . **AZ** 6
Obere Mattenstrasse . **BY** 7
Riedstrasse . . . . **BZ** 8
Schluhmattenstrasse . . **AZ**
Spissstrasse . . . . **BY**
Steinmattenstrasse . . . **AZ** 9
Untere Mattenstrasse . **BY** 10
Vispastrasse . . . . **AYZ** 12
Wiestistrasse . . . . **BY** 14

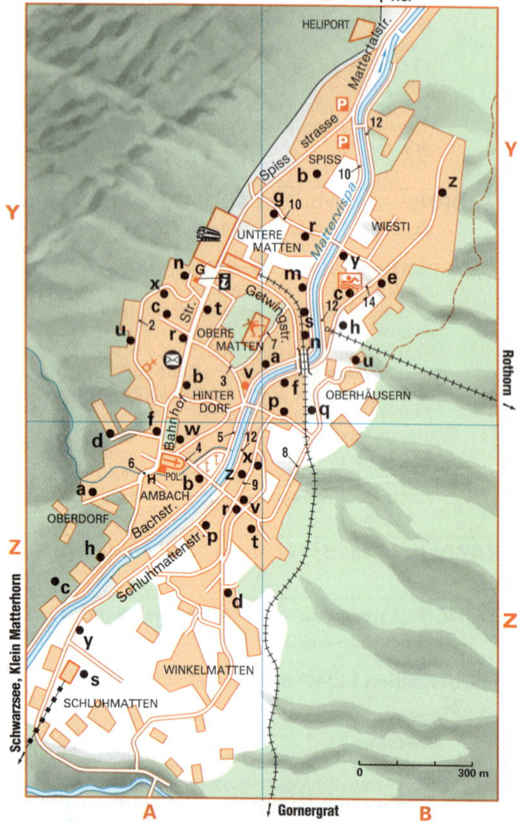

Grand Hotel Zermatterhof < Rest, VISA AE

Bahnhofstr. 55 – ✆ 027 966 66 00 – info@zermatterhof.ch – Fax 027 966 66 99 – geschl. 15. April - 15. Juni und 28. September - 29. November AZ **w**

71 Zim – 295/395 CHF 420/650 CHF – 13 Suiten – ½ P +65 CHF
Rest *Lusi* – *(geschl. Sonntag und Montag) (mittags kleine Karte)* (35 CHF) Menü 72 CHF (abends) – Karte 75/111 CHF
Rest *Prato Borni* – *(nur Abendessen)* Menü 65 CHF – Karte 98/141 CHF

◆ Das schöne traditionsreiche Grand Hotel überzeugt als erstes Haus am Platz auch anspruchsvolle Gäste. Komfortable Zimmer und luxuriöse Suiten garantieren Erholung. Modern-elegantes Lusi mit einer interessanten Abendkarte.

Mont Cervin Palace < Zim, Rest, VISA AE

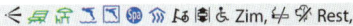

Bahnhofstr. 31 – ✆ 027 966 88 88 – mcp.reservation@seilerhotels.ch – Fax 027 966 88 99 – geschl. 20. April - 13. Juni und 30. September - 28. November AY **b**

115 Zim – 330/450 CHF 520/700 CHF – 56 Suiten – ½ P +75 CHF
Rest – *(nur Abendessen)* Menü 86 CHF – Karte 76/128 CHF
Rest *Grill Le Cervin* – *(geschl. Sonntag im Sommer, Montag ausser abends im Sommer und Dienstagmittag im Winter)* (30 CHF) Menü 42 CHF (mittags) – Karte 72/128 CHF

◆ Dieses Haus vereint Schweizer Hoteltradition mit neuzeitlichem Komfort. Die Zimmer: von Standard bis zur modern-rustikalen Luxussuite. Sehr schöner grosszügiger Spa-Bereich. Gediegenes Ambiente im Speisesaal. Grill Le Cervin in elegantem Stil.

The Omnia < Zermatt und Matterhorn, VISA AE

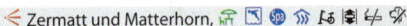

Auf dem Fels – ✆ 027 966 71 71 – info@the-omnia.com – Fax 027 966 71 00 – geschl. 13. April - 14. Juni AZ **d**

18 Zim – 290/450 CHF 390/680 CHF – 12 Suiten – **Rest** – *(Tischbestellung erforderlich)* Menü 65 CHF – Karte 56/92 CHF

◆ Das Designerhotel thront auf einem Felsen über dem Ortskern. Das geradlinige Interieur verbindet gelungen klassische und topmoderne Elemente. Neueste Technik in den Zimmern. Trendig gestaltetes Restaurant mit zeitgemässem Angebot.

Alpenhof < VISA AE

Matterstr. 43 – ✆ 027 966 55 55 – info@alpenhofhotel.com – Fax 027 966 55 56 – geschl. 19. April - 14. Juni und 30. September - 29. November BY **m**

53 Zim – 154/244 CHF 284/488 CHF – 8 Suiten – ½ P +35 CHF
Rest *Alpenhof - Le Gourmet* – separat erwähnt

◆ Das schöne Chalet bietet ausser dem grosszügigen Wellnessbereich sehr geschmackvolle Gästezimmer. Angenehme helle Farben erzeugen behagliche Wärme.

Alex < VISA AE

Bodmenstr. 12 – ✆ 027 966 70 70 – info@hotelalexzermatt.com – Fax 027 966 70 90 – geschl. 13. April - 20. Juni und 12. Oktober - 22. November AY **n**

70 Zim – 180/390 CHF 300/540 CHF – 14 Suiten – ½ P +30 CHF – **Rest** – Menü 85 CHF – Karte 72/132 CHF

◆ Durch eine schöne Garten-Terrassenanlage erreicht man dieses traditionelle Haus, in dem persönliche Betreuung und schönes, individuelles Wohnen gross geschrieben werden. Sie speisen in rustikal-gemütlichem Ambiente - im Sommer auch im lichten Wintergarten.

Monte Rosa Rest, VISA AE

Bahnhofstr. 80 – ✆ 027 966 03 33 – monterosa@zermatt.ch – Fax 027 966 03 30 – geschl. Anfang Oktober - Mitte Dezember und 13. April - 13. Juni AZ **f**

43 Zim – 152/315 CHF 260/500 CHF – 4 Suiten – ½ P +55 CHF – **Rest** – *(nur Abendessen)* Menü 75 CHF – Karte 57/100 CHF

◆ 1832 erbaut, stellt dieses Haus ein typisches Berghotel mit dem Flair alter Zeiten dar. Sie finden hier komfortabel und mit Geschmack eingerichtete Zimmer vor. Stilvoll-klassisches Restaurant.

Parkhotel Beau-Site Rest, VISA

Brunnmattgasse 9 – 027 966 68 68 – info@parkhotel-beausite.ch – Fax 027 966 68 69 – geschl. 20. April - 16. Mai und 13. Oktober - 29. November BY **p**

61 Zim – 144/204 CHF 238/408 CHF – 5 Suiten – ½ P +36 CHF – **Rest** – *(nur Abendessen)* Menü 37/45 CHF – Karte 44/80 CHF

◆ Ruhig und leicht erhöht liegt dieses typische Ferienhotel - ganz in der Nähe sind Zentrum und Bergbahn. Modern-elegante und sehr wohnliche Zimmer. Der Restaurantbereich verteilt sich auf einen Speisesaal sowie mehrere gemütliche Stuben. Traditionelle Küche.

Mirabeau VISA

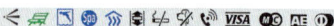

Untere Mattenstr. 12 – 027 966 26 60 – info@hotel-mirabeau.ch – Fax 027 966 26 65 – geschl. 27. April - 6. Juni und 5. - 20. Oktober BY **g**

62 Zim – 131/245 CHF 264/550 CHF – ½ P +45 CHF

Rest *Le Corbeau d'Or* – separat erwähnt

◆ Ein Gästehaus mit top-modernen Zimmern, Wellnessbereich und Wine-Lounge ergänzt gelungen das Haupthaus. Überall im Annex hat man Naturmaterialien aus der Region verwendet.

La Ginabelle VISA

Vispastr. 52 – 027 966 50 00 – info@la.ginabelle.ch – Fax 027 966 50 10 – geschl. Ende Oktober - Anfang Dezember und 20. April - 9. Mai BY **y**

44 Zim – 162/230 CHF 256/606 CHF – ½ P +40 CHF – **Rest** – *(nur Abendessen) (im Winter nur Menü)* Menü 38/88 CHF – Karte 48/88 CHF

◆ Schon das schöne Äussere des Chalets lädt zum Verweilen ein. Innen gefallen die eleganten öffentlichen Bereiche sowie die geschmackvollen Zimmer. Leicht vornehm wirkendes Restaurant mit zeitgemässer Küche.

Schweizerhof und Residence VISA

Bahnhofstr. 5 – 027 966 00 00 – schweizerhof@zermatt.ch – Fax 027 966 00 66 – geschl. Ende September - Mitte Dezember und 14. April - 16. Mai AY **t**

86 Zim – 180/260 CHF 330/500 CHF – 22 Suiten – ½ P +55 CHF

Rest *Da Mario* – *(geschl. Ende September - Mitte Dezember, 14. April - 19. Juni und Sonntag im Sommer) (nur Abendessen)* Karte 47/112 CHF

Rest *Prato Borni* – *(geschl. Mitte April - Mitte Dezember) (nur Abendessen)* Menü 55 CHF – Karte 40/89 CHF

Rest *Schwyzer Stübli* – *(geschl. Ende September - Mitte Dezember, 1. April - 16. Mai und Sonntagmittag)* (24 CHF) Menü 55 CHF – Karte 43/87 CHF

◆ Zentral gelegen, bietet das Haus mit hellen Pinienholzmöbeln eingerichtete Zimmer, in verschiedenen Grössenvarianten. Gehoben präsentiert sich das Restaurant Da Mario mit italienischer Küche. Rustikal-gemütlich: Das Prato Borni mit Käsespezialitäten.

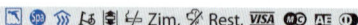

Albana Real Zim, Rest, VISA

Schluhmattstr. 19 – 027 966 61 61 – info@hotelalbanareal.com – Fax 027 966 61 62 AZ **p**

37 Zim – 150/460 CHF 250/480 CHF – 6 Suiten – ½ P +45 CHF

Rest *Rua Thai* – *(geschl. Oktober und November) (nur Abendessen)* Menü 45/89 CHF – Karte 45/97 CHF

Rest *Fuji of Zermatt* – *(geschl. Oktober und November) (nur Abendessen)* Menü 50/95 CHF – Karte 27/119 CHF

◆ In dem ruhig gelegenen Hotel bezieht der Gast ein Zimmer, das mit solidem Holz wohnlich im Stil der Jahrhundertwende eingerichtet ist. Moderner Wellnessbereich. Thailändische Küche im Rua Thai. Im Fuji of Zermatt: Japanische Spezialitäten.

Schönegg Zermatt und Matterhorn, VISA

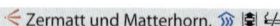

Riedweg 35 – 027 966 34 34 – info@schonegg.ch – Fax 027 966 34 35 – geschl. 19. April - 31. Mai und 1. Oktober - 30. November BY **u**

35 Zim – 165/325 CHF 270/550 CHF – ½ P +45 CHF

Rest *Gourmetstübli* – separat erwähnt

◆ Hotel in leicht erhöhter, ruhiger Lage mit toller Sicht. Ein Aufzug bringt Sie von der Talstation durch den Berg hindurch direkt zur Hotelrezeption. Moderner Saunabereich.

Berghof Zim, Rest, VISA

Winkelmattenweg 18 – 027 966 69 00 – info@berghof-zermatt.ch – Fax 027 966 69 01 – geschl. 4. Mai - 28. Juni und 19. Oktober - 1. November AZ **s**

25 Zim – 140/210 CHF 280/370 CHF – 3 Suiten – ½ P +30 CHF – **Rest** – *(mittags kleine Karte)* Menü 88 CHF – Karte 69/106 CHF

◆ Nur wenige Schritte von der Talstation der Matterhorn-Bahnen entfernt liegt dieses Hotel, dessen nette, frisch wirkende Zimmer mit hellem Naturholz möbliert sind. Wintergarten, Terrasse zum Garten und ein helles, rustikales Stübli bilden die Restauration.

Sonne Zim, VISA

Metzggasse 35 – 027 966 20 66 – info@sonnezermatt.ch – Fax 027 966 20 65

39 Zim – 160/275 CHF 270/460 CHF – 4 Suiten – ½ P +35 CHF – **Rest** – *(nur für Hausgäste)* AZ **a**

◆ Die meisten Zimmer dieses gepflegten Hotels mit regionstypischer Balkonfassade sind mit dunklem Nussbaummobiliar gediegen-elegant eingerichtet. Zahlreiche Suiten vorhanden.

National VISA

Matterstr. 39 – 027 966 99 66 – national@active.ch – Fax 027 967 59 07 – geschl. 12. April - 17. Mai und 15. Oktober - 29. November BY **s**

50 Zim – 158/275 CHF 276/470 CHF – 4 Suiten – ½ P +40 CHF – **Rest** – *(nur Abendessen)* Karte 42/85 CHF

◆ Hinter der Balkonfassade dieses zentral gelegenen Hotels erwarten den Gast zeitgemäss ausgestattete Zimmer teils mit Blick auf das Matterhorn und ein schöner Wellnessbereich. Viel Holz macht das Restaurant gemütlich.

Julen Zim, Rest, VISA

Riedstr. 2 – 027 966 76 00 – info@julen.com – Fax 027 966 76 76 AZ **r**

27 Zim – 143/233 CHF 286/542 CHF – 5 Suiten – ½ P +25 CHF

Rest – (28 CHF) Menü 35 CHF – Karte 53/100 CHF

Rest *Schäferstübli* – *(geschl. Mai - Juni) (nur Abendessen)* (28 CHF) Menü 35 CHF – Karte 41/101 CHF

◆ Sehr geschmackvolle, mit hellen Holzmöbeln rustikal gestaltete Zimmer und ein moderner Wellnessbereich ermöglichen dem Urlauber einen angenehmen Aufenthalt. Gemütliches Restaurant mit Personal in schöner Tracht. Grill-und Käsespezialitäten im Schäferstübli.

Cœur des Alpes garni Matterhorn, VISA

Oberdorfstr. 134 – 027 966 40 80 – info@coeurdesalpes.ch – Fax 027 966 40 81 – geschl. Mai - Juni und 13. Oktober - 16. November AZ **c**

7 Zim – 160/230 CHF 200/320 CHF – 7 Suiten

◆ Schöne, von dem bekannten Zermatter Künstler Heinz Julen in modernem Stil gestaltete Räume, ein schöner Badebereich und eine herrliche Aussicht sprechen für dieses Haus.

Eden garni VISA

Riedstr. 5 – 027 967 26 55 – info@hotel-eden.ch – Fax 027 967 62 40 – geschl. 4. Mai - 13. Juni und 5. Oktober - 27. November AZ **v**

30 Zim – 125/195 CHF 195/385 CHF

◆ Neuzeitlich ausgestattete Zimmer, ein gepflegter Wellnessbereich mit Zugang zum Garten und ein Open-End-Frühstücksbuffet sprechen für das im Chalet-Stil gebaute Hotel.

Albatros garni VISA

Steinmattstr. 93 – 027 966 80 60 – reception@hotel-albatros.ch – Fax 027 966 80 66 – geschl. Mitte Oktober - Ende Dezember und 20. April - 27. Juni

20 Zim – 120/200 CHF 160/340 CHF AZ **d**

◆ Ein hübsches, gut unterhaltenes Hotel, dessen Zimmer mit modernem, wohnlichem Ambiente überzeugen - helles Holzmobiliar und italienische Stoffe wirken sehr ansprechend.

Chesa Valese garni VISA

Steinmattstr. 30 – 027 966 80 80 – info@chesa-valese.ch – Fax 027 966 80 85 AZ **z**

23 Zim – 105/165 CHF 200/310 CHF

◆ Diese Adresse besticht durch ihre gemütlich-rustikale Einrichtung: eine liebevoll gestaltete Hotelhalle und moderne, mit hellem Holz möblierte Zimmer laden zum Verweilen ein.

Antares Zim, Rest,
Schluhmattstr. 101 – 027 967 36 64 – antares@zermatt.ch – Fax 027 967 52 36 – geschl. 25. Mai - 15. Juni und 1. Oktober - 15. November AZ y
36 Zim – 148/245 CHF 236/430 CHF – ½ P +30 CHF – **Rest** – *(geschl. 20. April - 25. Juni und 20. September - 15. November) (in der Zwischensaison nur Abendessen)* Karte 39/106 CHF
◆ Das am Ortsrand gelegene Hotel bietet dem Erholungsuchenden Ruhe und Aussicht auf die Berge. Nicht nur die vielen Stammgäste schätzen die familiäre Atmosphäre. Zwei Bars - English-Bar und Sky-Club - ergänzen das Restaurant. Klassische Küche.

Alpen Resort Hotel
Spissstr. 52 – 027 966 30 00 – alpenresort@bestwestern.ch – Fax 027 966 30 55 BY b
55 Zim – 155/315 CHF 199/400 CHF – ½ P +40 CHF – **Rest** – *(mittags kleine Karte)* Menü 52 CHF – Karte 36/87 CHF
◆ Das Hotel mit zwei Annex-Gebäuden beherbergt geräumige, überwiegend mit dunklem Landhausmobiliar ausgestattete Zimmer, meist mit Balkon. In drei Räume unterteiltes, klassisch-rustikales Restaurant.

Simi garni
Brantschenhaus 20 – 027 966 45 00 – info@hotelsimi.ch – Fax 027 966 45 05 – geschl. 26. Oktober - 1. Dezember AY c
43 Zim – 135/180 CHF 240/350 CHF
◆ Ein hundefreundliches Hotel in zentraler und doch ruhiger Lage. Die Zimmer sind wohnlich mit rustikalem Touch eingerichtet und recht geräumig - einige mit "Wellnessdusche".

Allalin garni
Kirchstr. 40 – 027 966 82 66 – info@hotel-allalin.ch – Fax 027 966 82 65
30 Zim – 100/180 CHF 190/320 CHF AZ b
◆ Auffallend in diesem Haus sind die schönen handgeschnitzten Türstöcke und, in manchen Zimmern, die Kassettendecken. Freundlicher Frühstücksraum mit hellem Parkett.

Butterfly Rest,
Bodmenstr. 21 – 027 966 41 66 – info@hotel-butterfly.com – Fax 027 966 41 65 – geschl. Ende Oktober - Mitte Dezember und 13. April - 14. Mai AY x
61 Zim – 150/190 CHF 240/360 CHF – ½ P +36 CHF – **Rest** – *(nur für Hausgäste)* Menü 45 CHF
◆ Etwas versteckt und ruhig liegt dieses Hotel oberhalb des Bahnhofs. Der Gast wohnt in Zimmern, die im rustikalen Stil eingerichtet wurden.

Pollux Zim,
Bahnhofstr. 28 – 027 966 40 00 – info@hotelpollux.ch – Fax 027 966 40 01
35 Zim – 123/207 CHF 232/353 CHF – ½ P +51 CHF – **Rest** – (22 CHF) AY r
Menü 37 CHF (mittags)/51 CHF – Karte 48/93 CHF
◆ In das moderne Design der Gästezimmer dieses zentral gelegenen Hotels hat man gelungen rustikale Elemente einfliessen lassen. Hauseigene Diskothek. Von der Terrasse des Restaurants aus beobachten Sie das lebendige Treiben im Ort.

Christiania Zim,
Wiestistr. 7 – 027 966 80 00 – info@christiania-zermatt.com – Fax 027 966 80 10 – geschl. Mitte Oktober - Anfang Dezember und 12. April - 1. Juni BY c
72 Zim – 105/195 CHF 210/390 CHF – ½ P +45 CHF – **Rest** – *(geschl. Mitte Oktober - Anfang Dezember und 12. April - 15. Juni) (im Sommer nur Abendessen)* Menü 48 CHF (abends) – Karte 51/87 CHF
◆ Urlauber schätzen das Hotel vor allem wegen des grossen Hallenbades mit Liegewiese und des hauseigenen Minigolfplatzes. Sie wohnen in zeitgemäss gestalteten Zimmern. Sie speisen im grossen Restaurant oder auf der Sonnenterrasse mit schönem Matterhornblick.

Perren Zim, Zim,
Vispastr. 10 – 027 966 52 00 – info@hotel-perren.ch – Fax 027 966 52 52 – geschl. Ende Oktober - Anfang Dezember und 20. April - 23. Mai BY f
70 Zim – 93/160 CHF 186/330 CHF – ½ P +40 CHF – **Rest** – Menü 38 CHF (abends) – Karte 42/80 CHF
◆ Aus zwei miteinander verbundenen Gebäuden besteht dieses gewachsene Hotel. Besonders geräumig sind die Deluxe-Zimmer, meist mit Matterhornblick. Rustikales A-la-carte-Restaurant.

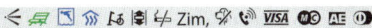

Metropol Zim, VISA MC AE D
Matterstr. 9 – 027 966 35 66 – metropol.zermatt@reconline.ch – Fax 027 966 35 65 – geschl. Mai und November BY **a**
20 Zim – 140/320 CHF 230/430 CHF – ½ P +46 CHF – **Rest** – *(nur für Hausgäste)*
◆ Die Zimmer des Hauses bieten eine solide Ausstattung und verfügen teilweise über Balkon. Eine grosszügige Wellnessanlage sorgt ebenfalls für Erholung.

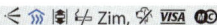

Tschugge Zim, VISA MC
Bodmenstr. 60 – 027 966 40 20 – info@hotel-tschugge.ch – Fax 027 966 40 25 AY **u**
28 Zim – 125/230 CHF 230/420 CHF – ½ P +35 CHF – **Rest** – *(geschl. Mitte September - Mitte Dezember und Mitte April - Mitte Juli) (nur Abendessen)* Karte 48/90 CHF
◆ Durch eine grosszügige Halle mit Polstersitzgruppen betreten Sie Ihr Domizil. Neben komfortablen Gästezimmern bietet man auch sehr einfache alte Zimmer. Neuer Freizeitbereich. Wände aus naturbelassenem Fels gaben dem Felsenrestaurant seinen Namen.

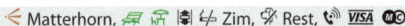

Europe Matterhorn, Zim, Rest, VISA MC
Riedstr. 18 – 027 966 27 00 – info@europe-zermatt.ch – Fax 027 966 27 05 – geschl. Mai AZ **t**
23 Zim – 90/155 CHF 180/330 CHF – ½ P +20 CHF – **Rest** – *(nur Abendessen für Hausgäste)* Menü 52 CHF
◆ Von der Hälfte der ruhigen, wohnlich eingerichteten Gästezimmer bietet sich eine sehr schöne Sicht auf das Wahrzeichen Zermatts. Gratis: der Wellnessbereich des Hotel Julen.

Daniela garni VISA MC AE D
Steinmatte 39 – 027 966 77 00 – hotel.daniela@zermatt.ch – Fax 027 966 77 77 AZ **x**
22 Zim – 85/189 CHF 170/366 CHF
◆ Stoffe in freundlichen Farben unterstreichen das wohnliche Ambiente der Zimmer. Der Wellnessbereich des Schwesterhotels Julen kann gratis mitbenutzt werden.

Bella Vista garni Zermatt und Matterhorn, VISA MC AE
Riedweg 15 – 027 966 28 10 – bellavista.zermatt@reconline.ch – Fax 027 966 28 15 – geschl. Ende Oktober - Mitte Dezember und 30. April - 1. Juni BY **q**
21 Zim – 100/150 CHF 170/260 CHF
◆ Freundliche, familiäre Betreuung durch Fam. Götzenberger, nette, etwas unterschiedliche Zimmer und exzellentes Frühstück mit Selbstgebackenem zeichnen dieses Hotel aus.

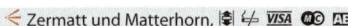

Alpen Lodge garni Matterhorn und Zermatt, VISA MC
Zer Bännu 22 – 027 966 97 97 – info@alpenlodge.com – Fax 027 966 97 98 – geschl. 30. April - 1. Juni und 10. - 31. Oktober BY **z**
12 Zim – 113/203 CHF 150/310 CHF
◆ Die Kombination von modernem Design und warmem hellem Holz begleitet Sie vom Empfang bis in die technisch gut ausgestatteten Zimmer. Trendig ist auch der Saunabereich.

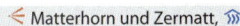

Style Hotel Biner Rest, VISA MC AE D
Untere Mattenstr. 50 – 027 966 56 66 – info@stylehotel.ch – Fax 027 966 56 67 BY **r**
44 Zim – 155/235 CHF 250/410 CHF – ½ P +45 CHF – **Rest** – *(nur Abendessen) (nur Menü)* Menü 54 CHF
◆ Dieses etwas versteckt im unteren Dorfteil liegende Hotel mit trendig-modernen Zimmern spricht vor allem junges Publikum an und ist sehr familienfreundlich gestaltet. Im Restaurant hat man sich auf Vollwertküche und vegetarische Gerichte spezialisiert.

Welschen garni VISA MC AE D
Wiestistr. 44 – 027 967 54 22 – welschen.zermatt@reconline.ch – Fax 027 967 54 23 – geschl. Ende September - Mitte Dezember und 21. April - 28. Juni BY **h**
16 Zim – 80/110 CHF 152/212 CHF
◆ In der ruhig, nicht weit von der Talstation des Sunnegga-Express gelegenen sympathischen Familienpension beherbergt man seine Gäste in wohnlichen, rustikal möblierten Räumen.

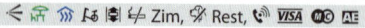

Alpenblick Zim, Rest, VISA MC AE
Oberdorfstr. 106 – ✆ 027 966 26 00 – alpenblick.zermatt@reconline.ch – Fax 027 966 26 05 – geschl. Anfang Oktober - Ende Dezember AZ h
32 Zim (½ P. inkl.) – †120/225 CHF ††210/380 CHF – **Rest** – Menü 45 CHF – Karte 44/96 CHF
◆ Hier findet der Gast Ruhe in geräumigen Zimmern des familiengeführten Hotels, die sich in Grösse und Einrichtung unterscheiden - meist mit Sitzecke. Rustikal gestaltetes Restaurant mit Gartenterrasse und traditionellem Angebot.

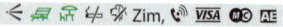

Cheminée Zim, VISA MC AE
Matterstr. 31 – ✆ 027 966 29 44 – cheminee@zermatt.ch – Fax 027 966 29 55 – geschl. Mitte Oktober - Anfang Dezember und 20. April - 15. Juni BY n
16 Zim – †80/125 CHF ††150/250 CHF – ½ P +30 CHF – **Rest** – *(im Sommer nur Abendessen)* Karte 38/77 CHF
◆ Direkt neben der durch den Ort fliessenden Mattervispa liegt dieses Hotel, das über helle, frisch wirkende Zimmer mit Sitzecke verfügt. Einfach und rustikal ist das Restaurant gehalten - Wintergarten für Nichtraucher.

Holiday VISA MC AE
Gryfelblatte 4 – ✆ 027 967 12 03 – info@hotelholiday.ch – Fax 027 967 50 14 – geschl. Anfang Oktober - Ende Dezember und 6. April - 20. Mai BY e
35 Zim – †106/200 CHF ††170/320 CHF – ½ P +35 CHF – **Rest** – *(nur Abendessen)* Menü 45/98 CHF – Karte 55/96 CHF
◆ Dieses Hotel in ruhiger Lage verfügt über recht einfache, ältere, aber gepflegte Zimmer. Vom Balkon aus geniessen Sie eine schöne Sicht. Ansprechendes zeitgemässes Speisenangebot.

XXX **Le Corbeau d'Or** – Hotel Mirabeau VISA MC AE
Unteremattenstr. 12 – ✆ 027 966 26 60 – info@hotel-mirabeau.ch – Fax 027 966 26 65 – geschl. Ende September - Anfang Dezember, 13. April - 10. Juli, Sonntag und Montag BY g
Rest – *(nur Abendessen) (Tischbestellung ratsam)* Menü 98/130 CHF – Karte 74/151 CHF
◆ Das kleine gediegene Gourmet-Restaurant des Hotels Mirabeau lockt den Geniesser mit schmackhaften, zeitgemässen und kreativen Gerichten.

XXX **Alpenhof - Le Gourmet** – Hotel Alpenhof VISA MC AE
Matterstr. 43 – ✆ 027 966 55 55 – info@alpenhofhotel.com – Fax 027 966 55 56 – geschl. Mitte September - Anfang Dezember, 12. April - 3. Juli und Mittwoch BY m
Rest – *(nur Abendessen) (Tischbestellung ratsam)* Menü 95/135 CHF – Karte 84/138 CHF
◆ Die schmackhaften kreativen Speisen, die in diesem hellen, elegant wirkenden kleinen Restaurant serviert werden, zeugen vom Können der weissen Brigade.

XXX **Gourmetstübli** – Hotel Schönegg VISA MC AE
– ✆ 027 966 34 34 – info@schonegg.ch – Fax 027 966 34 35 – geschl. Mitte September - Mitte Dezember, 7. April - 5. Juli und Mittwoch BY u
Rest – *(mittags kleine Karte)* Karte 66/135 CHF
◆ Eine mit Geschmack zubereitete zeitgemässe Küche bietet dieses gehoben rustikal gestaltete Restaurant. Von der Terrasse hat man einen tollen Blick aufs Matterhorn.

XX **Le Mazot** VISA MC AE
Hofmattstr. 23 – ✆ 027 966 06 06 – le.mazot@reconline.ch – Fax 027 966 06 07 – geschl. 30. April - 14. Juni, 20. Oktober - 28. November und Montag AY v
Rest – *(nur Abendessen) (Tischbestellung ratsam)* Karte 54/108 CHF
◆ Ein ortstypisches Grillrestaurant ist das Le Mazot. Inmitten seiner Gäste bereitet der Patron über glühenden Holzkohlen unter anderem seine bekannten Lammspezialitäten zu.

in Ried über Spazierweg BY (40 min.) – Höhe 1 386 m – ✉ 3920 Zermatt

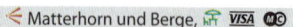

X **Ried** Matterhorn und Berge, VISA MC
– ✆ 027 967 42 84 – ried@zermatt.ch – geschl. Mitte Oktober - Ende Dezember und 7. April - 22. Mai
Rest – *(nur Mittagessen)* Karte 32/64 CHF
◆ Ganz in Holz zeigt sich der urige Gastraum, berghüttentypisch das Angebot. Direkt an der Talabfahrt von Rothorn/Sunnegga gelegen! Terrasse mit Blick auf das Matterhorn.

in Findeln mit Sunnegga Express und Spazierweg (25 min.) oder über Spazierweg von Zermatt (50 min.) erreichbar – Höhe 2 036 m – ✉ 3920 Zermatt

X **Findlerhof** ← Matterhorn, VISA MC
– ✆ *027 967 25 88 – info@findlerhof.ch – Fax 027 967 28 53 – geschl. 21. April - 13. Juni und 6. Oktober - 30. November*
Rest – *(nur Mittagessen) (Tischbestellung ratsam im Winter)* Karte 49/103 CHF
◆ Das schöne Bergrestaurant ist eine beliebte gastronomische Adresse. Von der Terrasse aus hat man eine einmalige Sicht auf das Matterhorn. Im Winter gut per Ski zu erreichen.

auf der Riffelalp mit Zahnradbahn Gornergrat und Riffelalpbähnli (Sommer) (20 min.) erreichbar – Höhe 2 210 m – ✉ 3920 Zermatt

Riffelalp Resort ← Matterhorn und Berge,
– ✆ *027 966 05 55* Rest, Rest, VISA MC AE D
– reservation@riffelalp.com – Fax 027 966 05 50 – geschl. Ende September - Mitte Dezember und 13. April - 16. Juni
65 Zim – 210/590 CHF 380/1050 CHF – 5 Suiten – ½ P +80 CHF
Rest *Alexandre* – Karte 52/118 CHF
◆ Luxuriöse Unterkunft mit elegant-rustikalem Komfort inmitten eines Skigebiets. Die meisten Zimmer ermöglichen einen phantastischen Blick auf die Berge! Geschmackvoll gestaltet: Alexandre.

auf dem Gornergrat mit Zahnradbahn Gornergrat (40 min.) erreichbar – Höhe 3 089 m – ✉ 3920 Zermatt

Kulmhotel Gornergrat ← Matterhorn und Berge,
– ✆ *027 966 64 00 – gornergrat.kulm@zermatt.ch – Fax 027 966 64 04 – geschl. Anfang November - Mitte Dezember* Zim, VISA MC AE D
23 Zim – 115/165 CHF 200/300 CHF – ½ P +25 CHF – **Rest** – Karte 37/80 CHF
◆ Einzigartig und unbeschreiblich schön ist die Lage dieses Hotels - dem höchstgelegenen der Schweiz! Modern-rustikal und technisch gut ausgestattete Zimmer. Highlight ist die Terrasse inmitten der grandiosen hochalpinen Bergwelt.

in Furi mit Gondelbahn erreichbar – Höhe 1 861 m – ✉ 3920 Zermatt

Silvana ← Zim, Rest, VISA MC
Furri – ✆ 027 966 28 00 – silvana@zermatt.ch – Fax 027 966 28 05 – geschl. Ende September - Anfang Dezember und 1. Mai - 25. Juni
21 Zim – 100/140 CHF 200/280 CHF – ½ P +35 CHF
Rest *Gitz-Gädi* – *(Tischbestellung erforderlich im Winter abends)* Karte 37/82 CHF
◆ Von der Zwischenstation der Gondelbahn aus sind es nur wenige Schritte zu diesem Haus. Ruhe und Abgeschiedenheit geniesst man in Zimmern mit einfachem Komfort. Nach einem netten Besuch im Gitz-Gädi wagen Sie mit Schlitten und Fackel die Abfahrt nach Zermatt.

in Zum See mit Gondelbahn bis Furi und Spazierweg (15 min.) oder über Schwarzseepromenade AZ (40 min.) erreichbar – ✉ 3920 Zermatt

X **Zum See** VISA MC AE
– ✆ *027 967 20 45 – info@zumsee.ch – Fax 027 967 18 73 – geschl. Mitte Oktober - Mitte Dezember und 13. April - 20. Juni*
Rest – *(nur Mittagessen) (Tischbestellung ratsam)* Karte 46/103 CHF
◆ Nach einem schönen Spaziergang erreicht man dieses in einem Bergweiler gelegene, gemütliche Restaurant mit romantischer Terrasse. Einfache, aber gute Küche.

ZINAL – Valais (VS) – 552 J12 – alt. 1 671 m – Sports d'hiver : 1 670/2 896 m 1 6 – ✉ 3961 8 **E6**

Bern 195 – Sion 42 – Brig 60 – Sierre 27

Office du Tourisme, ✆ 027 475 13 70, zinal@sierre-anniviers.ch, Fax 027 475 29 77

Manifestations locales : 26.01 - 27.01 : Concentration internationale de parapentes (Mauler Cup)

Europe rest, ch,
– 027 475 44 04 – info@europezinal.ch – Fax 027 475 44 14 – fermé mi-octobre - mi-décembre et début avril - début juin
34 ch – 88/146 CHF 170/252 CHF – ½ P +28 CHF – **Rest** – (20 CHF) Menu 37/62 CHF – Carte 36/81 CHF
◆ Construction récente de type chalet surveillant la place principale. Chambres de bon calibre et duplex familiaux. Équipements modernes. Proximité des remontées mécaniques. Bar-pizzeria et restaurant où l'on vient faire des repas plus élaborés.

ZOFINGEN – Aargau (AG) – 551 M5 – 9 432 Ew – Höhe 432 m – 4800 3 E3

Bern 70 – Aarau 19 – Luzern 46 – Olten 12 – Solothurn 39

Stadt- und Verkehrsbüro, Stadthaus, Kirchplatz 26, 062 745 71 72, verkehrsbuero@zofingen.ch

Lokale Veranstaltungen : 30.06 : New Orleans meets

Zofingen Zim, Zim,
Kirchplatz 30 – 062 745 03 00 – info@hotel-zofingen.ch – Fax 062 745 03 99
45 Zim – 130/210 CHF 230/300 CHF – ½ P +30 CHF
Rest – (19 CHF) – Karte 41/101 CHF
Rest *Thutstube* – (28 CHF) Menü 50 CHF – Karte 47/94 CHF
◆ Das gepflegte, neuzeitliche Stadthotel befindet sich im Ortskern. Die zeitgemässe Einrichtung und die Seminarräume eignen sich auch für Tagungen. Zwei Restaurantstuben, das "Braui" und das " Bögli", mit bürgerlicher Kost. Klassische Küche in der Thutstube.

Federal
Vordere Hauptgasse 57 – 062 751 88 10 – info@federal-zofingen.ch – Fax 062 751 88 67 – geschl. 24. - 30. Dezember, 13. Juli - 1. August, Sonntag und Montag
Rest – Menü 44 CHF (mittags)/98 CHF – Karte 72/116 CHF
◆ Das ältere Stadthaus befindet sich in der Altstadt Zofingens und verfügt über ein gediegenes Restaurant mit klassischem Touch. Die Küche ist euro-asiatisch.

Schmiedstube
Schmiedgasse 4 – 062 751 10 58 – info@schmiedstube.ch – Fax 062 751 18 60 – geschl. Samstagabend und Sonntag
Rest – (18 CHF) Menü 55/95 CHF – Karte 54/99 CHF
◆ Mit Sichtbalken und schöner Holzdecke dekorierte, gediegene Stube im 1. Stock eines Altstadthauses a. d. 15. Jh. Klassische Speisekarte. Einfacherer Bereich im Parterre.

ZOLLIKON – Zürich – 551 Q5 – siehe Zürich

G. Thouvenin/SCOPE

Zürich mit Fraumünsterkirche und Sankt Peter Kirche

ZÜRICH

Kanton : ZH Zürich
Michelin-Karte : 551 P5
Einwohnerzahl : 363 273 Ew
Höhe : 409 m – **Postleitzahl :** ✉ 8000

Bern 125 – Aarau 47 – Baden 24 – Chur 122 – Winterthur 28
Atlas : 4 **G2**

PRAKTISCHE HINWEISE

Tourist-Information

Zürich Tourismus, Tourist Service im Hauptbahnhof, ✆ 044 215 40 00, information@zuerich.com, Fax 044 215 40 44 **EY**

Automobilclubs

Uraniastr. 14, ✆ 044 217 30 70, Fax 044 217 30 61 **EY**
Forchstr. 95, ✆ 044 387 75 00, Fax 044 387 75 09 **DX**

Flughafen

Unique, ✆ 043 816 22 11

Fluggesellschaften

Swiss International Air Lines Ltd., ✆ 0848 852 000, Fax 044 564 60 62
Air France, Europastr. 31, 8152 Glattbrugg, ✆ 044 439 18 18
Alitalia, Neugutstr. 66, 8600 Dübendorf, ✆ 0848 486 486, Fax 044 824 45 10
Austrian Airlines, Gutenbergstr. 10, ✆ 044 286 80 88, Fax 044 286 80 98
British Airways, Löwenstr. 29, ✆ 0848 845 845, Fax 0848 845 849
Lufthansa, Gutenbergstr. 10, ✆ 0900 900 922, Fax 044 286 72 05

FREIZEIT

Lokale Veranstaltungen

13.04 - 14.04 : "Sechseläuten" Frühlingsfest
15.09 : Knabenschiessen, Schützenfest für Jugendliche

Golfplätze

9 Dolder, ✆ 044 261 50 45 ;
9 Unterengstringen, Nord-West : 18 km über Ausfahrt Weiningen, Richtung Geroldswil, Fahrweid und Überlandstrasse, ✆ 044 748 57 40 ;
9 Winterberg, Nord : Richtung Effretikon-Lindau : 20 km, ✆ 052 345 11 81 ;
18 Zumikon Süd-Ost : 9 km, ✆ 043 288 10 88 ;
18 Hittnau Ost : 33 km, ✆ 044 950 24 42 ;
18 Breitenloo Oberwil bei Nürensdorf, Nord : 22 km, ✆ 044 836 40 80

Fussball-Europameisterschaft

09.06, 13.06, 17.06 : Vorrundenspiele

SEHENSWÜRDIGKEITEN

SEHENSWERT

Die Quais★★ : Ausblicke★ FZ - Mythenquai : Ausblicke★ CX - Kunsthaus★★ FZ - Stiftung Sammlung E. G. Bührle★★ BU M3 - Fraumünster : Kreuzgang★, Fenster★ EZ - Felix- und Regulakirche★ AT **E** - Zoo Zürich★ BT - Grossmünster★ FZ - Altstadt★★

MUSEEN

Schweizerisches Landesmuseum★★★ EY - Museum Rietberg★★ CX **M2**

AUSFLUGSZIELE

Uetliberg★★ mit Bahn AU - Albisstrasse★ über ⑥ - Ehem. Kloster Kappel★ Süd-West : 22 km über ⑥ - Eglisau : Lage★ Nord : 27 km über ①

SCHIFFFAHRTEN

Informationen bei der Zürichsee-Schifffahrtsgesellschaft - Mythenquai 333, ✆ 044 487 13 33

Alphabetisches Hotel- und Restaurantverzeichnis

A

	Seite
Adler	10
Airport	21
Alden Hotel Splügenschloss	14
Allegra	21
Alpenrose	19
Ambassador	9
Angela (Da)	18
Ascot	15
Au Premier	18

B

	Seite
Ban Song Thai	13
Baur au Lac	14
Belair	22
Bistro	20
Bistro Quadrino	13
Blaue Ente	13
Blu	20
Bü's	19

C

	Seite
Caduff's Wine Loft	19
Casa Aurelio	18
Casa Ferlin	12
Central Plaza	8
Ciro	19
City	16
Claridge	9
Conti	11
Courtyard by Marriott	20
Crowne Plaza	15

D

	Seite
Didi's Frieden	13
Doktorhaus (Zum)	22
Dolder Waldhaus	8

E

	Seite
Eden au Lac	8
Engimatt	15

F

	Seite
Fleming's	17
Florhof	8
Fly away	21
Four Points by Sheraton	15
Franziskaner	10

G

	Seite
Gattopardo (Il)	17
Giesserei	20
Giglio (Il)	18
Glärnischhof	15
Glockenhof	16
Greulich	16
Greulich (Rest.)	17

H

	Seite
Haus zum Rüden	12
Helmhaus	10
Heugümper	19
Hilton Zurich Airport	21
Hirschen	11

I-J-K

	Seite
Ibis	17
Idaburg	19
Intermezzo	18
Josef	20
Kaiser's Reblaube	17
Kindli	16
Kronenhalle	11
Krone Unterstrass	9

L

	Seite
Lady's First	10
Lake Side	12
Landhus	20
Lindenhofkeller	17
Luo	12

M

	Seite
Mercure Hotel Stoller	16
Mesa	12
Montana	16
Mövenpick	21

N

	Seite
Novotel Zürich Airport Messe	21
Novotel Zürich City-West	16

O

	Seite
Oepfelchammer	13
Opera	9

P

	Seite
Park Hyatt	14
Plattenhof	10

R

	Seite
Rechberg	13
Renaissance Zürich Hotel	20
Rex	10
Rigiblick - Spice	11
Rigihof	9
Rössli	11
Rosaly's	13
Rütli	11

S

	Seite
Sala of Tokyo	18
Sale e Pepe	18
Sankt Meinrad	18
Savoy Baur en Ville	14
Schweizerhof	14
Seefeld	9
Seegarten	10
Seidenspinner	19
Sein	17
Sheraton Neues Schloss Zürich	15
Sofitel	8
Sonnenberg	11
Steigenberger Bellerive au Lac	8
Storchen (Zum)	15
Swissôtel Zürich	20

T

	Seite
Tao's	17
Théâtre (Du)	10
Ti-Fondata-Stapferstube	12

U

	Seite
Uto Kulm	22

V

	Seite
Veltlinerkeller	18
Vivendi	21
Vorderer Sternen	13

W

	Seite
Walhalla	16
Wellenberg	9
Widder	14
Wien Turin	13
Wirtschaft Flühgass	11
Wirtschaft zur Höhe	22
Wolfbach	12

Z

	Seite
Zentraleck	19
Zunfthaus zur Zimmerleuten	12
Zürichberg	9
Zürich Marriott	8

Restaurants, die sonntags geöffnet sind

Alpenrose	19
Blaue Ente	13
Blu	20
Conti	11
Doktorhaus (Zum)	22
Giesserei	20
Greulich (Rest.)	17
Kronenhalle	11
Lake Side	12
Rechberg	13
Rosaly's	13
Sonnenberg	11
Vorderer Sternen	13
Wien Turin	13
Wirtschaft zur Höhe	22
Zunfthaus zur Zimmerleuten	12

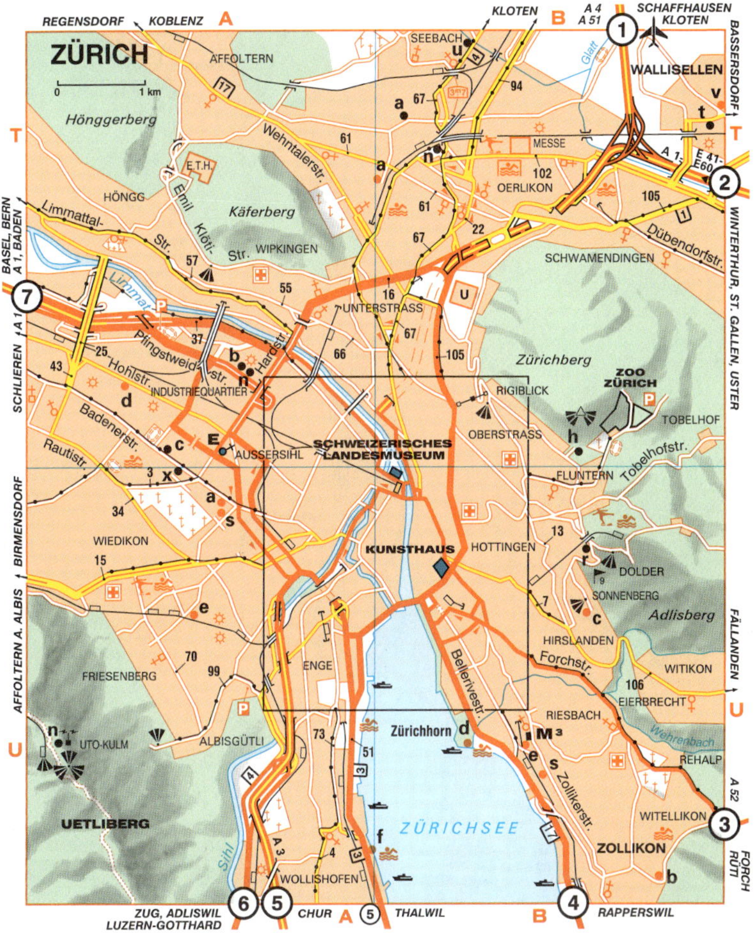

ZÜRICH

Strasse	Planquadrat	Nr.
Albisriederstrasse	AU	3
Albisstrasse	AU	4
Asylstrasse	BU	7
Badenerstrasse	ATU	
Bellerivestrasse	BU	
Bergstrasse	BU	13
Birmensdorferstrasse	AU	15
Bucheggstrasse	ABT	16
Dörflistrasse	BT	22
Dübendorfstrasse	BT	
Emil Klöti-Strasse	AT	
Europabrücke	AT	25
Forchstrasse	BU	
Gutstrasse	AU	34
Hardstrasse	AT	
Hardturmstrasse	AT	37
Hohlstrasse	AT	
Limmattalstrasse	AT	
Luggwegstrasse	AT	43
Mythenquai	AU	51
Nordstrasse	AT	55
Ottenbergstrasse	AT	56
Rautistrasse	ATU	
Regensbergstrasse	ABT	61
Rotbuchstrasse	ABT	66
Schaffhauserstrasse	BT	67
Schweighofstrasse	AU	70
Seestrasse	AU	73
Thurgauerstrasse	BT	94
Tobelhofstrasse	BTU	
Uetlibergstrasse	AU	99
Wallisellenstrasse	BT	102
Wehntalerstrasse	AT	
Winterthurerstrasse	BT	105
Witikonerstrasse	BU	106
Zollikerstrasse	BU	

Gute Küche zu günstigem Preis? Folgen Sie dem „Bib Gourmand". – Das freundliche Michelin-Männchen heisst „Bib" und steht für ein besonders gutes Preis-Leistungs-Verhältnis!

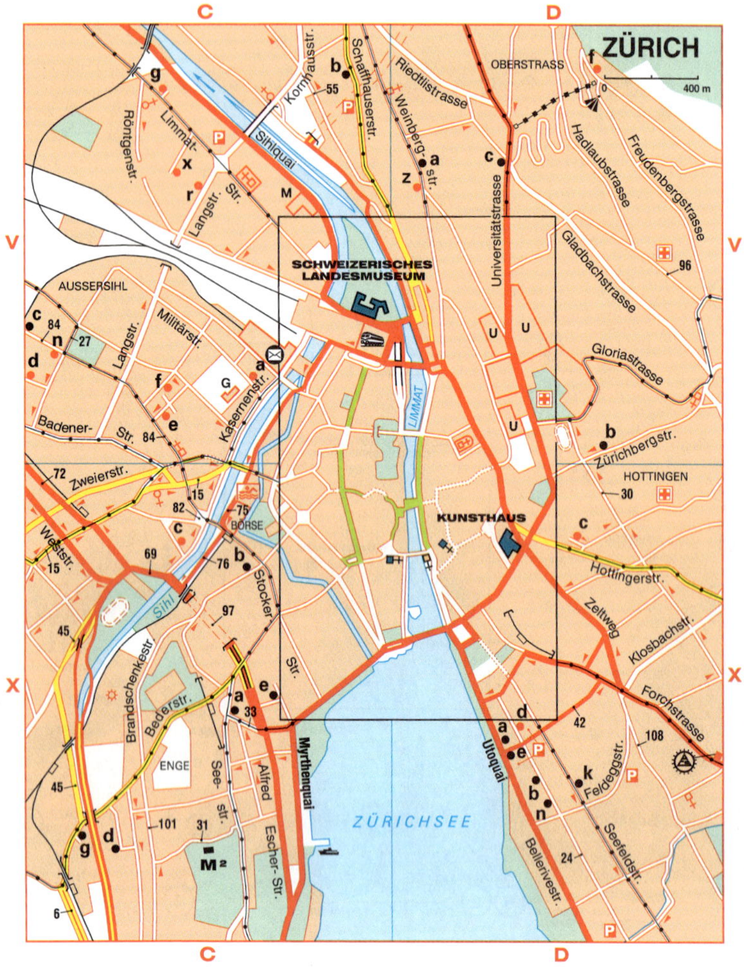

Allmendstrasse . . . . CX 6
Augustinergasse . . . . EZ 9
Bärengasse . . . . EZ 10
Bahnhofstrasse . . . . EYZ
Beethovenstrasse . . . . EZ 12
Bellevueplatz . . . . FZ
Birmensdorferstrasse . . . . . . CX 15
Claridenstrasse . . . . EZ 18
Clausiusstrasse . . . . FY 19
Culmannstrasse . . . . FY 21
Dufourstrasse . . . . DX 24
Feldstrasse . . . . CV 27
Fraumünsterstrasse . . . . EZ 28
Freiestrasse . . . . DVX 30
Gablerstrasse . . . . CX 31
General Wille-Strasse . . . . CX 33
Hafnerstrasse . . . . EY 36
Kantonsschulstrasse . . . . FZ 39
Konradstrasse . . . . EY 40
Kreuzstrasse . . . . DX 42
Limmatquai . . . . FYZ
Löwenstrasse . . . . EY
Manessestrasse . . . . CX 45
Marktgasse . . . . FZ 46
Münsterhof . . . . EZ 48
Museumstrasse . . . . EY 49
Nelkenstrasse . . . . FY 52
Neumarkt . . . . FZ 54
Nordstrasse . . . . DV 55
Paradeplatz . . . . EZ
Poststrasse . . . . EZ 58
Rathausbrücke . . . . EFZ 60
Rennweg . . . . EYZ 63
Rindermarkt . . . . FZ 64
St. Peterstrasse . . . . EZ 57
Schimmelstrasse . . . . CX 69
Seebahnstrasse . . . . CX 72
Selnaustrasse . . . . CX 75
Sihlhölzlistrasse . . . . CX 76
Stadelhoferstrasse . . . . FZ 78
Stampfenbachplatz . . . . FY 79
Stampfenbachstrasse . . . . . . EFY 81
Stauffacherplatz . . . . CX 82
Stauffacherstrasse . . . . CVX 84
Storchengasse . . . . EZ 85
Strehlgasse . . . . EZ 87
Sumatrastrasse . . . . FY 88
Talacker . . . . EZ 90
Tannenstrasse . . . . FY 91
Theaterstrasse . . . . FZ 93
Toblerstrasse . . . . DV 96
Tunnelstrasse . . . . CX 97
Uraniastrasse . . . . EYZ
Usteristrasse . . . . EY 100
Waffenplatzstrasse . . . . CX 101
Weinbergfussweg . . . . FY 103
Zollikerstrasse . . . . DX 108

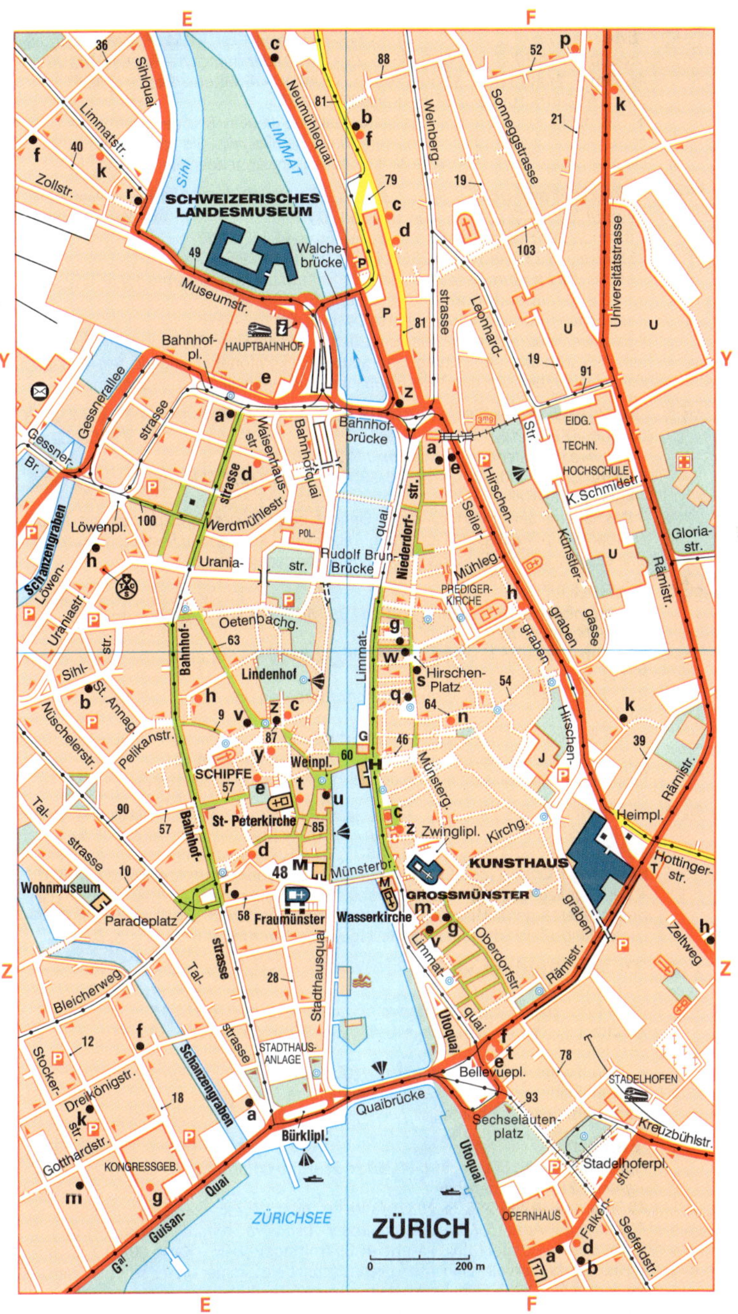
SCHWEIZERISCHES LANDESMUSEUM
HAUPTBAHNHOF
LIMMAT
Sihl
Walchebrücke
Bahnhofbrücke
Rudolf Brun-Brücke
Lindenhof
SCHIPFE
St- Peterkirche
Weinpl.
Münsterbr.
Fraumünster
Wasserkirche
GROSSMÜNSTER
KUNSTHAUS
EIDG. TECHN. HOCHSCHULE
PREDIGER-KIRCHE
Wohnmuseum
Paradeplatz
Bürklipl.
Quaibrücke
Bellevuepl.
Sechseläutenplatz
STADELHOFEN
Stadelhoferpl.
OPERNHAUS
KONGRESSGEB.
STADTHAUS-ANLAGE
ZÜRICHSEE
ZÜRICH
0
200 m
Museumstr.
Bahnhofpl.
Löwenpl.
Heimpl.
Zwinglipl.
Hirschen-Platz
Universitätstrasse
Rämistr.
Utoquai
Limmatquai
Bahnhofstrasse
Talstrasse
Schanzengraben
Gessnerallee
Sonneggstrasse
Weinbergstrasse
Leonhardstr.
Neumühlequai
Niederdorfstr.
Seilergraben
Hirschengraben
Künstlergasse
Münsterg.
Oberdorfstr.
Zeltweg
Hottingerstr.
Kreuzbühlstr.
Falkenstr.
Seefeldstr.
Gal. Guisan-Quai
Stadthausquai
Bahnhofquai
Uraniastr.
Sihlquai
Limmatstr.
Zollstr.
Werdmühlestr.
Waisenhausstr.
Oetenbachg.
Pelikanstr.
Nüschelerstr.
Bleicherweg
Stockerstr.
Dreikönigstr.
Gotthardstr.
Gloriastr.
K. Schmidstr.
Mühleg.
Kirchg.
E
F
Y
Z

Rechtes Ufer der Limmat (Universität, Kunsthaus)

Eden au Lac
Rest, VISA AE

Utoquai 45 ✉ 8008 – ✆ 044 266 25 25 – info@edenaulac.ch – Fax 044 266 25 00
46 Zim – 440/520 CHF 660/740 CHF, 40 CHF – 4 Suiten – **Rest** – (38 CHF) Menü 65 CHF (mittags)/145 CHF – Karte 79/150 CHF 6 DX a

◆ Das neubarocke Hotel gilt als Kulturdenkmal, das das Bild der Seefront seit 1909 entscheidend geprägt hat. Im Inneren finden Sie alles, was Sie von einem Luxushotel erwarten. Klassisches Gourmetrestaurant mit saisonaler, zeitgemässer Küche.

Zürich Marriott
Zim, Rest, VISA AE

Neumühlequai 42 ✉ 8001 – ✆ 044 360 70 70 – marriott.zurich@marriotthotels.com – Fax 044 360 77 77 7 EY c
255 Zim – 255/445 CHF 255/445 CHF, 36 CHF – 9 Suiten
Rest *White Elephant* – *(geschl. Samstagmittag und Sonntagmittag)* (27 CHF) Menü 69 CHF (abends Buffet) – Karte 50/106 CHF
Rest *Echo* – *(nur Abendessen)* Karte 54/116 CHF

◆ Das Hochhaus mit eigener Tiefgarage liegt direkt am Fluss. Die Zimmer unterscheiden sich in Grösse und Ausstattung, sind neuzeitlich-komfortabel eingerichtet. Modern, in klaren Linien zeigt sich das White Elephant mit seinen thailändischen Speisen.

Steigenberger Bellerive au Lac
Zim, VISA AE

Utoquai 47 ✉ 8008 – ✆ 044 254 40 00 – bellerive@steigenberger.ch – Fax 044 254 40 01 6 DX e
51 Zim – 290/500 CHF 340/580 CHF – **Rest** – (27 CHF) Menü 55 CHF (mittags) – Karte 63/138 CHF

◆ Das Haus mit der modern-eleganten Einrichtung im Stil der 20er Jahre liegt am Ufer. Die Zimmer sind zeitgemäss in Gestaltung, Technik und Komfort. Im Restaurant bietet man eine ausgewogene 5-Elemente-Küche aus regionalen Produkten.

Sofitel
Zim, Zim, VISA AE

Stampfenbachstr. 60 ✉ 8006 – ✆ 044 360 60 60 – h1196@accor.com – Fax 044 360 60 61 7 FY b
134 Zim – 210/535 CHF 230/535 CHF, 32 CHF – 4 Suiten
Rest *Luo* – separat erwähnt
Rest *Bel Etage* – *(geschl. Samstag, Sonntagmittag und Feiertage)* (26 CHF) – Karte 54/110 CHF

◆ Von dem ganz im Stil eines eleganten Schweizer Chalets gehaltenen Empfangsbereich bis in die schallisolierten Zimmer prägen Holz und warme Farben das Interieur des Hauses. Rustikal-gediegen präsentiert sich das Bel Etage, die Karte ist zeitgemäss.

Central Plaza
Zim, Zim, VISA AE

Central 1 ✉ 8001 – ✆ 044 256 56 56 – info@central.ch – Fax 044 256 56 57
101 Zim – 250/320 CHF 250/385 CHF, 18 CHF – 4 Suiten 7 FY z
Rest *King's Cave* – *(geschl. Samstagmittag und Sonntagmittag)* Karte 44/95 CHF

◆ Das Haus liegt gegenüber dem Bahnhof, direkt am Limmatufer. Die komfortablen Gästezimmer überzeugen mit ihrer topmodernen Ausstattung. Schön ist das Ambiente im Grillrestaurant King's Cave - das unterteilte Kellergewölbe diente früher z. T. als Tresor der UBS.

Dolder Waldhaus
Zürich und See, Rest, VISA AE

Kurhausstr. 20 ✉ 8032 – ✆ 044 269 10 00 – info@dolderwaldhaus.ch – Fax 044 269 10 01 5 BU r
70 Zim – 230/330 CHF 340/480 CHF – 30 Suiten – **Rest** – (25 CHF) – Karte 56/110 CHF

◆ Das ruhig gelegene 9-stöckige Haus verfügt über neuzeitliche Zimmer mit Balkon und Blick auf Stadt und See. Für Familien und längere Aufenthalte: die modernen Appartements. Restaurant mit bürgerlich-gediegenem Ambiente und netter Terrasse.

Florhof
Zim, VISA AE

Florhofgasse 4 ✉ 8001 – ✆ 044 250 26 26 – info@florhof.ch – Fax 044 250 26 27 – geschl. 21. - 28. Dezember 7 FZ k
35 Zim – 235/295 CHF 370/390 CHF – **Rest** – *(geschl. 22. Dezember - 7. Januar, 19. April - 5. Mai, Montag ausser abends im Sommer, Samstagmittag, Sonn- und Feiertage)* (35 CHF) Menü 47 CHF (mittags)/88 CHF – Karte 80/110 CHF

◆ Eine geschmackvolle Einrichtung kennzeichnet die Zimmer dieses schönen Patrizierhauses aus dem 16. Jh. Liebe zum Detail und gute Technik überzeugen auf ganzer Linie. Ein edles Gedeck erwartet Sie im eleganten Restaurant.

Le Guide MICHELIN

Une collection à savourer!

Belgique & Luxembourg
Deutschland
España & Portugal
France
Great Britain & Ireland
Italia
Nederland
Österreich
Portugal
Suisse-Schweiz-Svizzera
Main Cities of Europe

Et aussi:

Las Vegas
London
Los Angeles
New York City
Paris
San Francisco
Tokyo

Ambassador Zim, VISA MC AE D

Falkenstr. 6 ✉ 8008 – ✆ 044 258 98 98 – welcome@ambassadorhotel.ch – Fax 044 258 98 00 7 FZ **a**

45 Zim – †220/410 CHF ††340/490 CHF, ☕ 24 CHF

Rest *A l'Opera* – (25 CHF) Menü 41 CHF (mittags)/65 CHF – Karte 52/111 CHF

♦ Das ehemalige Patrizierhaus befindet sich am Rande des Zentrums in unmittelbarer Nähe des Opernhauses. Es stehen moderne, gut ausgestattete Gästezimmer zur Verfügung. Wandmalereien mit Opernszenen schmücken das Restaurant A l'Opera.

Opera garni VISA MC AE D

Dufourstr. 5 ✉ 8008 – ✆ 044 258 99 99 – welcome@operahotel.ch – Fax 044 258 99 00 7 FZ **b**

62 Zim – †198/370 CHF ††310/470 CHF, ☕ 24 CHF

♦ Das direkt gegenüber gelegene Opernhaus hat diesem Geschäftshotel seinen Namen gegeben. Die Zimmer sind modern und wohnlich eingerichtet und in warmen Farben gehalten.

Claridge Rest, P VISA MC AE D

Steinwiesstr. 8 ✉ 8032 – ✆ 044 267 87 87 – info@claridge.ch – Fax 044 251 24 76 – geschl. 21. Dezember - 2. Januar 7 FZ **h**

31 Zim – †230/340 CHF ††260/490 CHF, ☕ 25 CHF

Rest *Orson's* – *(geschl. Sonntag)* (27 CHF) Menü 48 CHF (mittags) – Karte 55/107 CHF

Rest *Ace* – *(geschl. Sonntag)* (27 CHF) Menü 48 CHF (mittags) – Karte 43/73 CHF

♦ Nahe dem Zentrum gelegenes Haus aus dem Jahre 1835. Die unterschiedlich konzipierten Zimmer sind teilweise mit Louis XV-Möbeln hübsch ausgestattet. Im Orson's serviert man klassische Küche. Das Aceist ein Bistro/Tagesrestaurant mit traditionellem Angebot.

Krone Unterstrass Rest, Zim, Zim, Rest, P VISA MC AE D

Schaffhauserstr. 1 ✉ 8006 – ✆ 044 360 56 56 – info@hotel-krone.ch – Fax 044 360 56 00 6 CV **b**

57 Zim – †180/220 CHF ††250/300 CHF, ☕ 19 CHF – **Rest** – (22 CHF) – Karte 52/86 CHF

♦ Die Zimmer dieses etwas oberhalb des Zentrums gelegenen Hauses sind geschmackvoll und modern gestaltet und bieten zeitgemässen Komfort. Gepflegtes A-la-carte-Restaurant und einfaches Tagesrestaurant zur Strasse hin.

Zürichberg ← Zürich, See und Berge, Zim, Zim, VISA MC AE D

Orellistr. 21 ✉ 8044 – ✆ 044 268 35 35 – info@zuerichberg.ch – Fax 044 268 35 45 5 BT **h**

66 Zim ☕ – †195/480 CHF ††270/480 CHF – **Rest** – (21 CHF) Menü 45 CHF (mittags) – Karte 58/100 CHF

♦ Das ehemalige Kurhaus a. d. J. 1900 und ein mit Holz verkleideter Neubau in Ellipsen-Form bilden dieses Hotel - einige der Zimmer sind recht luxuriös. Skulpturenausstellung. Eine Panoramaterrasse ergänzt das Restaurant.

Seefeld garni P VISA MC AE D

Seefeldstr. 63 ✉ 8008 – ✆ 044 387 41 41 – info@hotel-seefeld.ch – Fax 044 387 41 51 6 DX **k**

64 Zim ☕ – †200/245 CHF ††260/380 CHF

♦ Ein moderner Stil, ruhige Farben und eine funktionelle Ausstattung machen die Zimmer dieses im trendigen Seefeldquartier nahe dem Zentrum gelegenen Hotels aus.

Wellenberg garni VISA MC AE D

Niederdorfstr. 10 ✉ 8001 – ✆ 043 888 44 44 – reservation@hotel-wellenberg.ch – Fax 043 888 44 45 7 FZ **s**

45 Zim ☕ – †215/390 CHF ††275/450 CHF

♦ Mitten in der Altstadt gelegenes Haus, das über moderne Zimmer, teils im Art déco-Stil, verfügt. Es erwartet Sie ein eleganter Frühstücksraum mit Terrasse unter einer Laube.

Rigihof P VISA MC AE D

Universitätstr. 101 ✉ 8006 – ✆ 044 360 12 00 – info@hotel-rigihof.ch – Fax 044 360 12 07 6 DV **c**

67 Zim ☕ – †190/310 CHF ††270/390 CHF

Rest *Bauhaus* – (19,50 CHF) Menü 42/55 CHF – Karte 50/91 CHF

♦ Im Bauhausstil konzipiertes Hotel: Jedes der hellen, modernen Zimmer ist einer anderen mit Zürich verbundenen Persönlichkeit künstlerisch gewidmet und trägt ihren Namen. Klare Linien und Farben herrschen im Restaurant Bauhaus vor.

Adler Zim, VISA MC AE
Rosengasse 10, (am Hirschenplatz) ✉ 8001 – ✆ 044 266 96 96 – info@hotel-adler.ch – Fax 044 266 96 69 7 FZ **w**
52 Zim – 150/300 CHF 230/330 CHF – ½ P +35 CHF
Rest *Swiss Chuchi* – *(geschl. Weihnachten)* (17 CHF) – Karte 42/88 CHF
◆ Die Zimmer mit hellem, funktionellem Holzmobiliar und moderner Technik sind mit Wandbildern von Zürcher Altstadtansichten des Malers Heinz Blum geschmückt. Ein rustikales Umfeld erwartet Sie im zur Strasse liegenden Swiss Chuchi.

Helmhaus garni A/C VISA MC AE
Schifflände 30 ✉ 8001 – ✆ 044 266 95 95 – info@helmhaus.ch – Fax 044 266 95 66 7 FZ **v**
24 Zim – 190/280 CHF 270/390 CHF
◆ Das im Herzen der Stadt gelegene Haus bietet funktionell ausgestattete Gästezimmer - einige sind besonders modern gestaltet. Netter Frühstücksraum in der ersten Etage.

Franziskaner garni VISA MC AE
Niederdorfstr. 1 ✉ 8001 – ✆ 044 250 53 00 – service@hotel-franziskaner.ch – Fax 044 250 53 01 7 FZ **q**
23 Zim – 180/200 CHF 210/270 CHF
◆ Das im 14. Jh. erbaute Altstadthaus befindet sich im trendigen Niederdorf und beherbergt moderne, mit Parkettfussboden ausgestattete Zimmer in freundlichen Farbtönen.

Du Théâtre garni VISA MC AE
Seilergraben 69 ✉ 8001 – ✆ 044 267 26 70 – info@hotel-du-theatre.ch – Fax 044 267 26 71 7 FY **e**
50 Zim – 170/235 CHF 210/290 CHF, 18 CHF
◆ Am Rande des Niederdorfs, nur wenige Gehminuten vom Bahnhof entfernt, liegt dieses Hotel mit seinen modernen, technisch gut ausgestatteten Gästezimmern.

Lady's First garni VISA MC AE
Mainaustr. 24 ✉ 8008 – ✆ 044 380 80 10 – info@ladysfirst.ch – Fax 044 380 80 20 – geschl. 22. Dezember - 3. Januar 6 DX **n**
28 Zim – 195/290 CHF 250/340 CHF
◆ Die oberen Etagen sowie der Wellnessbereich mit grosser Dachterrasse sind Frauen vorbehalten. Man übernachtet in schlicht gestalteten Zimmern mit modernen Einbaumöbeln.

Plattenhof Zim, VISA MC AE
Plattenstr. 26 ✉ 8032 – ✆ 044 251 19 10 – hotel@plattenhof.ch – Fax 044 251 19 11 6 DV **b**
37 Zim – 195/325 CHF 235/365 CHF
Rest *Sento* – *(geschl. 22. Dezember - 7. Januar, Samstag und Sonntag)* (26 CHF) – Karte 46/80 CHF
◆ Das in einem Wohnquartier am Zentrumsrand gelegene Hotel gefällt vor allem mit seinen modernen Designer-Zimmern. Die älteren Zimmer sind einfacher und günstiger. Trendig: das Sento mit italienischer Frischküche.

Rex Zim, P VISA MC AE
Weinbergstr. 92 ✉ 8006 – ✆ 044 360 25 25 – rex@zuerich-hotels.ch – Fax 044 360 25 52 6 DV **a**
41 Zim – 120/195 CHF 150/290 CHF – **Rest** – *(geschl. Samstag und Sonntag) (nur Mittagessen)* Karte ca. 33 CHF
◆ Das Hotel befindet sich am Rande des Stadtzentrums und bietet sowohl moderne als auch etwas ältere Gästezimmer; sie sind funktionell eingerichtet und teils recht grosszügig.

Seegarten VISA MC AE
Seegartenstr. 14 ✉ 8008 – ✆ 044 388 37 37 – contact@hotel-seegarten.ch – Fax 044 383 37 38 6 DX **b**
28 Zim – 185/255 CHF 285/325 CHF
Rest *Latino* – *(geschl. Samstagmittag und Sonntagmittag)* (35 CHF) – Karte 56/113 CHF
◆ Eine südländische Atmosphäre begleitet den Gast vom pflanzengeschmückten Eingang bis in die Zimmer, die mit Parkettböden und Rattan- oder Naturholzmöbeln eingerichtet sind. Terrakottaboden und Dekor lassen das Restaurant mediterran wirken. Italienische Karte.

Rössli garni
Rössligasse 7 ✉ 8001 – ✆ 044 256 70 50 – reception@hotelroessli.ch – Fax 044 256 70 51 7 FZ **g**
27 Zim ☕ – 🚹210/260 CHF 🚹🚹290/320 CHF
◆ In dem Altstadthaus stehen funktionelle Gästezimmer zur Verfügung, im Nebenhaus moderner. Sehr hübsch sind die 2 Suiten mit Dachterrasse. Bar mit Snackangebot.

Hirschen garni
Niederdorfstr. 13 ✉ 8001 – ✆ 043 268 33 33 – info@hirschen-zuerich.ch – Fax 043 268 33 34 7 FY **g**
27 Zim ☕ – 🚹150/175 CHF 🚹🚹175/210 CHF
◆ Ein 300 Jahre altes Gasthaus mit funktionell und zeitgemäss gestalteten Zimmern und einer Weinstube im Gewölbekeller a. d. 16. Jh. Im Sommer sehr schön: die Dachterrasse.

Rütli garni
Zähringerstr. 43 ✉ 8001 – ✆ 044 254 58 00 – info@rutli.ch – Fax 044 254 58 01 – geschl. 21. Dezember - 6. Januar 7 FY **a**
62 Zim ☕ – 🚹175/220 CHF 🚹🚹300/340 CHF
◆ Nahe dem Bahnhof gelegenes Hotel mit einem netten Empfangsbereich und schlicht-modern eingerichteten Gästezimmern. Interessant sind die Graffiti-Zimmer.

Rigiblick - Spice (Felix Eppisser) mit Zim — ≤ Zürich, Zim,
Germaniastr. 99 ✉ 8006 – ✆ 043 255 15 70 – eppisser@restaurantrigiblick.ch – Fax 043 255 15 80 6 DV **f**
7 Zim ☕ – 🚹350/700 CHF 🚹🚹350/700 CHF
Rest *Bistro Quadrino* – separat erwähnt
Rest – *(geschl. Sonntag und Montag) (Tischbestellung ratsam)* Menü 62 CHF (mittags)/152 CHF – Karte 105/138 CHF
Spez. Milchlamm mit Spargeln und Morcheln (Frühling). Ravioli von weissem Trüffel (Herbst). Steinbutt auf Mungobohnen-Dahl mit Massamam-Curry-Espuma. **Weine** Räuschling
◆ Klar und puristisch-elegant ist das Ambiente im Restaurant Spice. Der Gast geniesst euro-asiatische Küche und eine tolle Aussicht. Topmodern hat man die Juniorsuiten gestaltet.

Sonnenberg — ≤ Zürich und See,
Hitziweg 15 ✉ 8032 – ✆ 044 266 97 97 – restaurant@sonnenberg-zh.ch – Fax 044 266 97 98 5 BU **c**
Rest – *(Tischbestellung erforderlich)* (38 CHF) – Karte 66/160 CHF
◆ Hoch gelegen im Gebäude der FIFA mit grandiosem Ausblick auf Stadt, See und Berge. Spezialität des Panoramarestaurants sind Kalb- und Rindgerichte.

Conti
Dufourstr. 1 ✉ 8008 – ✆ 044 251 06 66 – ristorante.conti@bindella.ch – Fax 044 251 06 86 7 FZ **d**
Rest – (38 CHF) – Karte 64/133 CHF
◆ In dem Restaurant in unmittelbarer Nähe der Oper erwartet Sie ein klassisch-gediegenes Interieur mit schöner hoher Stuckdecke, eine Bilderausstellung und italienische Küche.

Kronenhalle
Rämistr. 4 ✉ 8001 – ✆ 044 262 99 00 – kronenhalle@bluewin.ch – Fax 044 262 99 19 7 FZ **f**
Rest – *(Tischbestellung ratsam)* Karte 74/136 CHF
◆ Am Bellevueplatz liegt diese Zürcher Institution mit ihrer langen Tradition, die hier sichtlich und mit viel Erfolg gepflegt wird. Sehenswerte Kunstsammlung!

Wirtschaft Flühgass
Zollikerstr. 214 ✉ 8008 – ✆ 044 381 12 15 – info@fluehgass.ch – Fax 044 422 75 32 – geschl. 21. Dezember - 6. Januar, 12. Juli - 10. August, Samstag ausser abends in November - Dezember und Sonntag 5 BU **s**
Rest – *(Tischbestellung ratsam)* (30 CHF) Menü 65/140 CHF – Karte 57/126 CHF
◆ Die ehemalige Weinschenke aus dem 16. Jh. beherbergt ein gemütliches Restaurant, in dem eine klassische französische Küche geboten wird.

XX **Mesa**

Weinbergstr. 75 ✉ 8006 – ✆ 043 321 75 75 – info@mesa-restaurant.ch – Fax 043 321 75 77 – geschl. 24. Dezember - 10. Januar, 22. Juli - 15. August, Samstagmittag, Sonntag und Montag 6 DV z

Rest – *(Tischbestellung ratsam)* (32 CHF) Menü 52 CHF (mittags)/140 CHF – Karte 102/150 CHF

◆ Parkettfussboden und weisse Wände unterstreichen die elegante Note in diesem modernen Restaurant. Serviert wird eine zeitgemässe Küche.

XX **Haus zum Rüden**

Limmatquai 42, (1. Etage) ✉ 8001 – ✆ 044 261 95 66 – info@hauszumrueden.ch – Fax 044 261 18 04 – geschl. Weihnachten, Samstag und Sonntag 7 FZ c

Rest – (32 CHF) Menü 59 CHF (mittags)/138 CHF – Karte 73/140 CHF

◆ Das Restaurant im Zunfthaus aus dem 13. Jh. überrascht mit seiner gotischen Holzflachtonnendecke. In historisch-gediegener Atmosphäre wählt man von einer klassischen Karte.

XX **Zunfthaus zur Zimmerleuten**

Limmatquai 40, (1. Etage) ✉ 8001 – ✆ 044 250 53 63 – zimmerleuten@kramergastronomie.ch 7 FZ z

Rest – (25 CHF) Menü 35 CHF (mittags) – Karte 56/108 CHF

Rest *Küferstube* – (19 CHF) – Karte 45/87 CHF

◆ Im ersten Stock des Zunfthauses aus dem Jahre 1708 befindet sich das Restaurant. Geschnitzte Holzbalken geben dem Raum sein stimmungsvolles Ambiente.

XX **Wolfbach**

Wolfbachstr. 35 ✉ 8032 – ✆ 044 252 51 80 – info@ristorante-wolfbach.ch – Fax 044 252 53 12 – geschl. 24. Dezember - 6. Januar, 21. - 30. März, 28. Juli - 10. August, Samstagmittag und Sonntag 6 DX c

Rest – (33 CHF) Menü 63 CHF (mittags)/120 CHF – Karte 78/141 CHF

◆ Ein hell und freundlich gestaltetes Restaurant mit rustikalem Charakter, in dem Sie zeitgemäss zubereitete mediterrane Gerichte erwarten.

XX **Ti-Fondata-Stapferstube**

Culmannstr. 45 ✉ 8006 – ✆ 044 350 11 00 – massimiliano@restauranti.ch – Fax 044 350 11 01 – geschl. Weihnachten, Neujahr, 20. Juli - 4. August, Montag von Juni bis August, Samstagmittag, Sonn- und Feiertage 7 FY p

Rest – (29 CHF) Menü 39 CHF – Karte 55/92 CHF

◆ Dieses traditionsreiche Haus hat sich Produkten aus dem Tessin verschrieben: frische typische Küche sowie eine grosse Auswahl an Tessiner Weinen und Grappa.

XX **Lake Side** ← Zürichsee,

Bellerivestr. 170 ✉ 8008 – ✆ 044 385 86 00 – info@lake-side.ch – Fax 044 385 86 01 5 BU d

Rest – (32 CHF) – Karte 57/122 CHF

◆ Im Seepark Zürichhorn liegt dieses moderne Restaurant mit zeitgemässer Küche und Sushi-Bar. Im Sommer lockt die grosse Terrasse am Seeufer.

XX **Luo** – Hotel Sofitel

Stampfenbachstr. 60 ✉ 8006 – ✆ 043 810 00 65 – Fax 043 322 58 18 – geschl. 23. Dezember - 6. Januar, 21. Juli - 10. August, Samstagmittag und Sonntag 7 FY f

Rest – (23 CHF) Menü 65/95 CHF – Karte 46/93 CHF

◆ Backsteinwände und eine schöne Holzdecke geben dem Restaurant seinen gepflegtrustikalen Rahmen. Geboten wird eine schmackhafte chinesische Küche.

XX **Casa Ferlin**

Stampfenbachstr. 38 ✉ 8006 – ✆ 044 362 35 09 – casaferlin@bluewin.ch – Fax 044 362 35 34 – geschl. 12. Juli - 10. August, Samstag und Sonntag 7 FY c

Rest – *(Tischbestellung ratsam)* (32 CHF) Menü 52 CHF (mittags)/105 CHF – Karte 63/138 CHF

◆ Eine traditionelle familiengeführte Adresse mit klassisch-rustikalem Ambiente. Das Restaurant wurde bereits 1907 eröffnet und bietet italienische Gerichte an.

XX **Wien Turin**

Universitätstr. 56 ✉ 8006 – ✆ 044 350 30 15 – info@wienturin.ch – Fax 044 350 30 16 – geschl. 22. Dezember - 7. Januar, 21. - 31. März, 26. Juli - 11. August, Samstagmittag, Sonntagmittag und Montag 7 FY k

Rest – (25 CHF) Menü 40 CHF (mittags)/140 CHF – Karte 70/123 CHF

◆ In dem schönen Haus oberhalb des Zentrums bietet man eine wöchentlich wechselnde Karte mit frisch zubereiteten Spezialitäten aus Österreich und dem Piemont. Nette Terrasse.

X **Oepfelchammer**

Rindermarkt 12, (1. Etage) ✉ 8001 – ✆ 044 251 23 36 – Fax 044 262 75 33 – geschl. 22. Dezember - 8. Januar, 13. Juli - 11. August, Montag, Sonn- und Feiertage 7 FZ n

Rest – (25 CHF) – Karte 53/95 CHF

◆ Schon der Dichter Gottfried Keller war Stammgast in der urchigen Weinstube. Zeitgemässe Küche aber auch Traditionelles erwartet den Gast in dem Haus aus dem 19. Jh.

X **Vorderer Sternen**

Theaterstr. 22 ✉ 8001 – ✆ 044 251 49 49 – info@vorderer-sternen.ch – Fax 044 252 90 63 7 FZ e

Rest – (27 CHF) – Karte 42/92 CHF

◆ Im Parterre befindet sich ein einfaches Café, darüber das Restaurant mit heimeligem Charakter und dunklem Holz. Man bietet eine traditionelle Karte.

X **Didi's Frieden**

Stampfenbachstr. 32 ✉ 8006 – ✆ 044 253 18 10 – info@didisfrieden.ch – Fax 044 253 18 12 – geschl. 24. Dezember - 6. Januar, 21. April - 4. Mai, 6. - 19. Oktober, Samstagmittag, Sonn- und Feiertage 7 FY d

Rest – *(Tischbestellung ratsam)* (26 CHF) Menü 94 CHF – Karte 55/104 CHF

◆ Ein helles, freundliches Restaurant in klarem, modernem Bistrostil. Serviert werden zeitgemässe Speisen - am Mittag bietet man eine kleine Karte.

X **Rechberg**

Chorgasse 20 ✉ 8001 – ✆ 044 251 17 60 – rrb@freesurf.ch – Fax 044 252 48 28 – geschl. Samstagmittag, Sonntagmittag und Montag ausser mittags von November bis Februar 7 FY h

Rest – *(Tischbestellung ratsam)* (25 CHF) Menü 75 CHF – Karte 60/104 CHF

◆ Schlicht präsentiert sich dieses beliebte Zürcher Altstadtrestaurant. Aufgetischt werden variantenreiche, oft ungewöhnlich zusammengestellte Gerichte aus aller Welt.

X **Bistro Quadrino** – Restaurant Rigiblick

Germaniastr. 99 ✉ 8006 – ✆ 043 255 15 70 – eppisser@restaurantrigiblick.ch – Fax 043 255 15 80 – geschl. Sonntag und Montag 6 DV f

Rest – (20 CHF) – Karte 56/90 CHF

◆ Ein Bistro in geradlinigem Design, das Ess-Bar, Lounge und begehbare Weinvitrine gelungen kombiniert und mit zeitgemässer Küche überzeugt. Phantastische Sicht.

X **Blaue Ente**

Seefeldstr. 223, (Mühle Tiefenbrunnen) ✉ 8008 – ✆ 044 388 68 40 – info@blaue-ente.ch – Fax 044 422 77 41 – geschl. Weihnachten und Neujahr

Rest – *(Tischbestellung ratsam)* (29 CHF) – Karte 66/111 CHF 5 BU e

◆ Das trendige Restaurant mit viel Glas, Röhren und gigantischem Räderwerk liegt in der ehemaligen Mühle Tiefenbrunnen. Heitere Atmosphäre, das Angebot modern-gutbürgerlich.

X **Rosaly's**

Freieckgasse 7 ✉ 8001 – ✆ 044 261 44 30 – info@rosalys.ch – Fax 044 252 90 63 – geschl. Samstagmittag 7 FZ t

Rest – (24 CHF) – Karte 46/82 CHF

◆ Das Ambiente in diesem modernen, schlicht möblierten Restaurant ist locker und es werden interessante internationale Gerichte auf gehobener traditioneller Basis zubereitet.

X **Ban Song Thai**

Kirchgasse 6 ✉ 8001 – ✆ 044 252 33 31 – bansong@bluewin.ch – Fax 044 252 33 15 – geschl. 24. Dezember - 2. Januar, 21. Juli - 10. August, Samstagmittag und Sonntag 7 FZ m

Rest – *(Tischbestellung ratsam)* (20 CHF) Menü 60 CHF – Karte 44/82 CHF

◆ Ganz in der Nähe von Kunsthaus und Grossmünster befindet sich dieses Restaurant. Der Name des Hauses sagt es bereits: Die Küche lädt Sie ein auf eine Reise nach Thailand.

Linkes Ufer der Limmat (Hauptbahnhof, Geschäftszentrum)

Baur au Lac
Zim, Rest,
Talstr. 1 ✉ 8001 – ✆ 044 220 50 20 – info@bauraulac.ch – Fax 044 220 50 44
VISA MC AE D
7 EZ **a**

107 Zim – 520/820 CHF 820 CHF, 42 CHF – 17 Suiten
Rest *Le Pavillon / Le Français* – (49 CHF) Menü 90 CHF – Karte 81/182 CHF
Rest *Rive Gauche* – *(geschl. 20. Juli - 11. August und Sonntag)* Karte 63/131 CHF
◆ Nobel ist dieses imposante Hotel aus dem 19. Jh.: Es besticht durch eine grosszügige Halle, luxuriöse Zimmer und eine schöne Gartenanlage. Die mediterrane Küche serviert man im Sommer im Pavillon, im Winter im Français. Trendig und beliebt: das Rive Gauche.

Park Hyatt
Zim, VISA MC AE D
Beethovenstr. 21 ✉ 8002 – ✆ 043 883 12 34 – zurich.park@hyattintl.com – Fax 043 883 12 35
7 EZ **k**

138 Zim – 460/1230 CHF 610/1380 CHF, 40 CHF – 4 Suiten
Rest *Parkhuus* – *(geschl. Samstagmittag und Sonntag)* Menü 59 CHF (mittags) – Karte 54/147 CHF
◆ Hinter einer modernen Glasfassade überzeugen geschmackvolle, luxuriöse Zimmer mit neuester Technik sowie professioneller Service. The Lounge bietet Snacks. Onyx Bar. Elegant: das Parkhuus mit raumhohen Fenstern und schönem verglasten Weinkeller auf 2 Etagen.

Savoy Baur en Ville
VISA MC AE D
am Paradeplatz ✉ 8001 – ✆ 044 215 25 25 – welcome@savoy-zuerich.ch – Fax 044 215 25 00
7 EZ **r**

104 Zim – 510 CHF 780 CHF – 8 Suiten
Rest *Baur* – *(geschl. Samstag, Sonn- und Feiertage)* (48 CHF) Menü 72 CHF (mittags) – Karte 72/140 CHF
Rest *Orsini* – *(Tischbestellung ratsam)* (48 CHF) Menü 66 CHF (mittags) – Karte 74/137 CHF
◆ Das im Herzen der Stadt gelegene Hotel bietet mit seiner grosszügigen Architektur des 19. Jh. einen stilvollen Rahmen. Service und modern-elegantes Interieur überzeugen. Klassisch-elegant: das Baur in der 1. Etage. Die italienische Alternative: das Orsini.

Widder
Rest, Rest, VISA MC AE D
Rennweg 7 ✉ 8001 – ✆ 044 224 25 26 – home@widderhotel.ch – Fax 044 224 24 24
7 EZ **v**

42 Zim – 520/600 CHF 770/900 CHF, 48 CHF – 7 Suiten
Rest – *(geschl. Sonntagmittag)* Menü 72 CHF (mittags)/130 CHF – Karte 90/142 CHF
◆ Das Hotel ist ein schmuckes Ensemble aus 8 historischen Altstadthäusern, in die man gelungen zeitgenössische Bauelemente integriert hat. Geschmackvoll ist das edle Interieur. Zwei hübsche Restauranträume - jeder mit seinem eigenen Charakter.

Schweizerhof
Zim, Rest, VISA MC AE D
Bahnhofplatz 7 ✉ 8001 – ✆ 044 218 88 88 – info@hotelschweizerhof.com – Fax 044 218 81 81
7 EY **a**

115 Zim – 322/509 CHF 535/759 CHF
Rest *La Soupière* – *(geschl. 25. Dezember - 2. Januar, Samstag in Juli - August und Sonntag)* Menü 76 CHF (mittags) – Karte 90/134 CHF
◆ Im Herzen der Stadt, direkt gegenüber dem Hauptbahnhof, liegt diese traditionsreiche Residenz. Hinter einer imposanten Fassade überzeugen moderne Eleganz und Wohnkomfort. Das Restaurant La Soupière präsentiert sich klassisch-gediegen.

Alden Hotel Splügenschloss
Zim, Rest,
Splügenstr. 2 ✉ 8002 – ✆ 044 289 99 99 – welcome@alden.ch – Fax 044 289 99 98
P VISA MC AE D
6 CX **e**

10 Zim – 700/1500 CHF 700/1500 CHF – 12 Suiten
Rest *Gourmet* – *(geschl. Samstagmittag und Sonntag)* Menü 65 CHF (mittags)/150 CHF – Karte 92/149 CHF
Rest *Bar / Bistro* – Karte 48/91 CHF
◆ Hinter der prächtigen Fassade des a. d. J. 1895 stammenden Gebäudes verbergen sich modernste Suiten mit eleganter Designer-Einrichtung. Zeitgemässe Küche serviert man im geschmackvoll-gediegenen Gourmet.

Four Points by Sheraton
Kalandergasse 1, (Sihlcity) ✉ 8045 – ✆ 044 554 00 00 – sihlcity@fourpoints.com – Fax 044 554 00 01 6 CX **g**
128 Zim – 230/410 CHF 230/410 CHF, 30 CHF – 4 Suiten
Rest *Rampe Süd* – *(geschl. Sonn- und Feiertage)* Menü 60/80 CHF – Karte 44/96 CHF
◆ In der "Sihlcity" mit grossem Einkaufszentrum liegt dieses komfortable Hotel mit technisch sehr gut ausgestatteten Zimmern in topmodernem Design. Im trendigen Restaurant bietet man internationale Küche.

Zum Storchen Zim, Zim, Rest,
Am Weinplatz 2 ✉ 8001 – ✆ 044 227 27 27 – info@storchen.ch – Fax 044 227 27 00 7 EZ **u**
70 Zim – 410/470 CHF 560/780 CHF
Rest *Rôtisserie* – (55 CHF) Menü 95 CHF – Karte 67/112 CHF
◆ Das traditionelle Hotel - eines der ältesten der Stadt - liegt direkt an der Limmat. Geschmackvolle Stoffe von Jouy schmücken die eleganten und komfortablen Zimmer. Eine schöne Terrasse am Fluss ergänzt das Restaurant und bietet einen Blick auf die Altstadt.

Crowne Plaza Zim,
Badenerstr. 420 ✉ 8040 – ✆ 044 404 44 44 – info@cpzurich.ch – Fax 044 404 44 40 5 AT **c**
364 Zim – 230/550 CHF 230/550 CHF, 33 CHF
Rest *Relais des Arts* – *(geschl. Samstag und Sonntag)* (30 CHF) Menü 45 CHF (mittags) – Karte 50/101 CHF
◆ Zu den Annehmlichkeiten dieses Hotels zählt neben komfortablen Zimmern - neuzeitlich und funktionell ausgestattet - auch die gute Anbindung an die Umgebung. Fitnessbereich. Im Relais des Arts bittet man Sie in leicht elegantem Umfeld zu Tisch.

Ascot Zim, Zim,
Tessinerplatz 9 ✉ 8002 – ✆ 044 208 14 14 – info@ascot.ch – Fax 044 208 14 20
74 Zim – 290/460 CHF 350/580 CHF 6 CX **a**
Rest *Lawrence* – *(geschl. Samstag und Sonntag)* Menü 62 CHF (mittags) – Karte 67/129 CHF
◆ Das Haus mit stilvoller Einrichtung bietet komfortable Zimmer, die entweder in dunklem Mahagoni oder in heller gekalkter Eiche gestaltet sind. Das Lawrence ist im Tudorstil gehalten.

Sheraton Neues Schloss Zürich Zim,
Stockerstr. 17 ✉ 8002 – ✆ 044 286 94 00 – neuesschloss@arabellasheraton.com – Fax 044 286 94 45 7 EZ **m**
60 Zim – 240/490 CHF 240/490 CHF, 35 CHF
Rest *Le Jardin* – *(geschl. Samstag, Sonn- und Feiertage)* Karte 51/97 CHF
◆ Unweit des Sees gelegen, ist das Haus optimaler Ausgangspunkt für Ihre Unternehmungen. Die Gästezimmer sind mit elegantem Mobiliar modern eingerichtet. Restaurant im Parterre mit zeitgemässer Küche.

Engimatt Rest, Zim,
Engimattstr. 14 ✉ 8002 – ✆ 044 284 16 16 – info@engimatt.ch – Fax 044 201 25 16 6 CX **d**
73 Zim – 210/360 CHF 240/430 CHF – **Rest** – (19 CHF) Menü 45 CHF (mittags)/79 CHF – Karte 53/86 CHF
◆ Das Hotel liegt zentrumsnah und dennoch im Grünen. Es erwarten Sie individuell und solide, in modernem Stil ausgestattete Zimmer - alle mit Balkon. Das Restaurant Orangerie ist ein moderner Glas- und Stahlbau im Wintergartenstil mit angenehmer Gartenterrasse.

Glärnischhof Rest, Zim,
Claridenstr. 30 ✉ 8002 – ✆ 044 286 22 22 – info@hotelglaernischhof.ch – Fax 044 286 22 86 7 EZ **f**
62 Zim – 240/430 CHF 290/490 CHF
Rest *Le Poisson* – *(geschl. Samstag, Sonn- und Feiertage)* Menü 59 CHF (mittags)/78 CHF – Karte 65/114 CHF
Rest *Vivace* – (23 CHF) – Karte 44/99 CHF
◆ Das Stadthaus befindet sich am Rande des Zentrums und verfügt über grosse Gästezimmer mit hohen Decken und schönem Mobiliar aus Nussbaumholz. Im Le Poisson serviert man Fischgerichte.

Glockenhof Zim, Zim, VISA AE
Sihlstr. 31 ✉ 8001 – ✆ 044 225 91 91 – info@glockenhof.ch – Fax 044 225 92 92
95 Zim – †200/410 CHF ††300/540 CHF – **Rest** – (22 CHF) Menü 45 CHF (mittags) – Karte 41/92 CHF 7 EZ **b**
◆ Die zentrale Lage ist nur einer der Vorzüge dieses gut geführten Hotels. Neben Zimmern in klassischem Stil bietet man auch geschmackvoll-moderne Designer-Zimmer. Restaurant Glogge-Stube mit angenehm ruhiger Terrasse. Bistro Glogge-Egge.

Greulich VISA AE
Herman Greulich-Str. 56 ✉ 8004 – ✆ 043 243 42 43 – mail@greulich.ch – Fax 043 243 42 00 6 CV **c**
18 Zim – †205/225 CHF ††285/305 CHF, 25 CHF
Rest *Greulich* – separat erwähnt
◆ Gartenzimmer sowie Juniorsuiten in einem Innenhof mit Birkenhain überzeugen mit ihrer Ausstattung in puristisch-modernem Design.

Novotel Zürich City-West Rest, VISA AE
Schiffbaustr. 13 ✉ 8005 – ✆ 044 276 22 22 – H2731@accor.com – Fax 044 276 23 23 5 AT **b**
142 Zim – †160/299 CHF ††160/299 CHF, 25 CHF – **Rest** – Karte 53/92 CHF
◆ Das vollständig schwarz verglaste Hotel bietet identische mit weiss furniertem Einbaumobiliar ausgestattete, moderne Zimmer mit ausreichendem Platzangebot.

Mercure Hotel Stoller Rest, VISA AE
Badenerstr. 357 ✉ 8003 – ✆ 044 405 47 47 – h5488@accor.com – Fax 044 405 48 48 5 AU **x**
79 Zim – †135/315 CHF ††135/335 CHF, 25 CHF
Rest *Ratatouille* – (25 CHF) Menü 45 CHF – Karte 42/90 CHF
◆ An der Peripherie der Innenstadt nahe einer Tramstation gelegen. Einheitliche Zimmer mit grauen Furniermöbeln. Nach hinten ruhigere Räume mit Balkon. Das Ratatouille, im Sommer mit Strassencafé, ist in zwei Stuben mit dunklem Holzmobiliar aufgeteilt.

Kindli Zim, VISA AE
Pfalzgasse 1 ✉ 8001 – ✆ 043 888 76 76 – hotel@kindli.ch – Fax 043 888 76 77
17 Zim – †260/360 CHF ††400/440 CHF 7 EZ **z**
Rest *Zum Kindli* – *(geschl. Sonn- und Feiertage ausser im Winter)* (31 CHF) – Karte 67/117 CHF
◆ In dem traditionsreichen Zürcher Stadthaus erwarten Sie familiäre Atmosphäre und wohnliche, individuelle Zimmer, meist im Laura-Ashley-Stil; einige sind besonders modern. Dezent-elegantes Restaurant mit zeitgemässem Angebot.

City Rest, Zim, VISA AE
Löwenstr. 34 ✉ 8001 – ✆ 044 217 17 17 – hotelcity@bluewin.ch – Fax 044 217 18 18 7 EY **h**
68 Zim – †150/200 CHF ††210/320 CHF – **Rest** – *(geschl. 24. Dezember - 2. Januar, 21. Juli - 4. August, Samstag, Sonn- und Feiertage)* (19,50 CHF) Menü 32 CHF (mittags) – Karte 39/85 CHF
◆ Das Haus im Zentrum hat Zimmer unterschiedlichen Zuschnitts, die mit solidem Mobiliar ausgestattet und in diversen hellen Farben gehalten sind. Hofzimmer klimatisiert.

Montana Zim, Zim, VISA AE
Konradstr. 39 ✉ 8005 – ✆ 043 366 60 00 – reservation@hotelmontana.ch – Fax 043 366 60 10 7 EY **f**
74 Zim – †155/180 CHF ††200/270 CHF
Rest *Le Lyonnais* – *(geschl. Samstagmittag, Sonn- und Feiertage)* Menü 25 CHF (mittags) – Karte 45/94 CHF
◆ Hinter dem Bahnhof liegt dieses vor allem auf Durchreisende ausgelegte Hotel. Mit dem verglasten Lift im gedeckten Lichthof gelangen Sie in neuzeitlich ausgestattete Zimmer. Bistro Le Lyonnais mit separatem Eingang und typischer Einrichtung.

Walhalla garni VISA AE
Limmatstr. 5 ✉ 8005 – ✆ 044 446 54 00 – walhalla-hotel@bluewin.ch – Fax 044 446 54 54 7 EY **r**
48 Zim – †135/160 CHF ††185/220 CHF, 16 CHF
◆ Hotel in verkehrsgünstiger Lage hinter dem Bahnhof an einer Tramstation. Gemalte Götterszenen zieren die mit dunklem Holz möblierten Zimmer.

Fleming's Zim, VISA MC AE

Brandschenkestr. 10 ✉ 8001 – ✆ 044 563 00 00 – zuerich@flemings-hotels.com – Fax 044 563 00 99 6 CX b

28 Zim – †160/304 CHF ††200/336 CHF, 24 CHF – **Rest** – (19 CHF) – Karte 43/70 CHF

♦ Zentral liegt das Hotel im Geschäfts- und Bankenviertel von Zürich. Die Zimmer sind in sachlich-modernem Stil gehalten und verfügen über schöne Granit-Glas-Duschen.

Ibis Zim, AC Rest, Zim, VISA MC AE

Schiffbaustr. 11 ✉ 8005 – ✆ 044 276 21 00 – h2942@accor.com – Fax 044 276 21 01 5 AT n

155 Zim – †120/170 CHF ††120/170 CHF, 14 CHF – **Rest** – *(geschl. Samstagmittag und Sonntagmittag)* (18 CHF) – Karte 40/69 CHF

♦ An Stelle der alten Schiffsbauhallen steht hier heute ein Hotel, das in seinen funktionell eingerichteten Zimmern zu fairen Preisen alles Notwenige bietet.

Il Gattopardo AC VISA MC AE

Rotwandstr. 48 ✉ 8004 – ✆ 043 443 48 48 – Fax 043 243 85 51 – geschl. 14. Juli - 13. August, Samstagmittag und Sonntag 6 CV e

Rest – (32 CHF) Menü 48 CHF (mittags)/85 CHF – Karte 71/124 CHF

♦ Hier bietet man engagierten Service und italienische Küche auf hohem Niveau. Der Rahmen: eine gelungene Mischung aus Klassisch und Modern. Begehbarer Weinkeller (für Gruppen).

Tao's VISA MC AE

Augustinergasse 3 ✉ 8001 – ✆ 044 448 11 22 – welcome@taos-lounge.ch – Fax 044 448 11 23 – geschl. Weihnachten, Neujahr, Sonntag und Montag 7 EZ e

Rest – Menü 45 CHF (mittags) – Karte 93/144 CHF

Rest *Lounge* – Menü 36 CHF (mittags) – Karte 58/130 CHF

♦ Die stilvolle fernöstliche Atmosphäre in diesem Restaurant im Zentrum von Zürich vermittelt einen Hauch Exotik. Geboten wird euro-asiatische Küche. Die schöne Lounge im Parterre ist eine legere Alternative zum Gourmetrestaurant. Hübsche Terrasse.

Restaurant Greulich – Hotel Greulich P VISA MC AE

Herman Greulich-Str. 56 ✉ 8004 – ✆ 043 243 42 43 – mail@greulich.ch – Fax 043 243 42 00 – geschl. Samstagmittag und Sonntagmittag 6 CV c

Rest – (27 CHF) Menü 80 CHF – Karte 75/119 CHF

♦ Ein modernes Ambiente, klare Linien und eine kreative, spanisch inspirierte Küche erwarten den Gast in diesem Restaurant, das über eine nette Innenhofterrasse verfügt.

Lindenhofkeller VISA MC AE

Pfalzgasse 4 ✉ 8001 – ✆ 044 211 70 71 – info@lindenhofkeller.ch – Fax 044 212 33 37 – geschl. 22. Dezember - 3. Januar, 15. - 21. September, Samstag ausser Ende November - Dezember, Sonn- und Feiertage 7 EZ c

Rest – Menü 68 CHF (mittags)/125 CHF – Karte 58/130 CHF

♦ Beim Eingang die Wein-Lounge, dann der Abstieg in das geschmackvolle Gewölberestaurant, wo Sie in gemütlichem Ambiente eine zeitgemässe Karte erwartet.

Sein AC VISA MC AE

Schützengasse 5 ✉ 8001 – ✆ 044 221 10 65 – restaurantsein@bluewin.ch – Fax 044 212 65 80 – geschl. 24. - 30. Dezember, 21. Juli - 10. August, Samstag ausser abends von Mitte November bis Weihnachten, Sonn- und Feiertage

Rest – Menü 68 CHF (mittags)/150 CHF – Karte 74/134 CHF 7 EY d

Rest *Tapas Bar* – Karte 53/96 CHF

♦ Das Sein ist ein modern gestaltetes Restaurant in Bahnhofsnähe. Abends empfiehlt sich das Gourmetmenü, einfacher ist das Angebot am Mittag. Zeitgemäss ausgerichtete Karte. Kleine Köstlichkeiten in der Tapas Bar.

Kaiser's Reblaube VISA MC

Glockengasse 7 ✉ 8001 – ✆ 044 221 21 20 – rest.reblaube@bluewin.ch – Fax 044 221 21 55 – geschl. 21. Juli - 10. August, Montagabend ausser Oktober - März, Samstagmittag und Sonntag 7 EZ y

Rest – *(Tischbestellung ratsam)* (39 CHF) Menü 58 CHF (mittags)/130 CHF – Karte 69/129 CHF

♦ In einem historischen Altstadthaus in einem Gewirr von Gassen liegt im 1. Stock das gemütliche Goethe-Stübli. Lebendige Weinstube mit Garten. Zeitgemässe Küche.

XX **Intermezzo** AC VISA MC AE

Beethovenstr. 2, (im Kongresshaus) ✉ 8002 – ✆ 044 206 36 36 – intermezzo@kongresshaus.ch – Fax 044 206 36 59 – geschl. 14. Juli - 10. August, Samstag, Sonn- und Feiertage 7 EZ **g**

Rest – Menü 59 CHF (mittags) – Karte 75/133 CHF

♦ Angenehm hell und elegant hat man das Restaurant im Kongresshaus gestaltet. An gut eingedeckten Tischen reicht man eine zeitgemässe Karte.

XX **Veltlinerkeller** VISA MC AE D

Schlüsselgasse 8 ✉ 8001 – ✆ 044 225 40 40 – info@veltlinerkeller.ch – Fax 044 225 40 45 – geschl. 21. Juli - 19. August, Samstag und Sonntag

Rest – *(Tischbestellung ratsam)* Karte 71/111 CHF 7 EZ **t**

♦ Ein traditioneller Familienbetrieb mit klassisch-französisch ausgerichteter Karte. Schön gearbeitetes Holz schafft in den beiden Stuben eine gemütlich-gediegene Atmosphäre.

XX **Au Premier** AC VISA MC AE D

im Hauptbahnhof, (1. Etage) ✉ 8001 – ✆ 044 217 15 55 – info@candriancatering.ch – Fax 044 217 15 00 – geschl. Samstag, Sonn- und Feiertage

Rest – (36 CHF) Menü 55 CHF (mittags) – Karte 63/107 CHF 7 EY **e**

♦ Das "Restaurant mit Anschluss" liegt im 1. Stock des Hauptbahnhofs - ergänzt durch eine Bistro-Bar und eine Kunst-Galerie. Mitte Juli bis Mitte August nur Schwedenbuffet.

XX **Il Giglio** VISA MC AE D

Weberstr. 14 ✉ 8004 – ✆ 044 242 85 97 – Fax 044 291 01 83 – geschl. 24. Dezember - 6. Januar, 19. Juli - 10. August, Samstag ausser abends von September bis Mai, Sonn- und Feiertage 6 CX **c**

Rest – (31 CHF) Menü 49 CHF (mittags)/85 CHF – Karte 64/111 CHF

♦ Das kleine, weiss eingedeckte Lokal, dessen Wände moderne Kunst ziert, liegt ein Stück von der Innenstadt entfernt. Die Speisenauswahl ist italienisch.

XX **Casa Aurelio** P VISA MC AE D

Langstr. 209 ✉ 8005 – ✆ 044 272 77 44 – Fax 044 272 77 24 – geschl. 24. Dezember - 6. Januar, 3. - 24. August und Sonntag 6 CV **r**

Rest – (29 CHF) Menü 38 CHF (mittags) – Karte 58/115 CHF

♦ Fresken zieren die Wände der optisch getrennten Räume, die an alte spanische Villen erinnern. Hier serviert man dem Gast Speisen der spanischen Küche.

XX **Sala of Tokyo** VISA MC AE D

Limmatstr. 29 ✉ 8005 – ✆ 044 271 52 90 – sala@active.ch – Fax 044 271 78 07 – geschl. 23. Dezember - 7. Januar, 20. Juli - 11. August, Samstagmittag, Sonntag und Montag 7 EY **k**

Rest – Menü 90/125 CHF – Karte 49/121 CHF

♦ Neben Sushi-Bar und Restaurant bietet man hier in einem geradlinig-modernen Ambiente authentische Speisen, die an speziellen "Sankaiyaki"- Grilltischen zubereitet werden.

XX **Da Angela** P VISA MC AE D

Hohlstr. 449 ✉ 8048 – ✆ 044 492 29 31 – info@daangela.ch – Fax 044 492 29 32 – geschl. 28. Juli - 10. August, Samstagmittag und Sonntag 5 AT **d**

Rest – (32 CHF) – Karte 55/107 CHF

♦ Ein sehr traditioneller Italiener mit schöner Terrasse unter schattenspendenden Kastanien. Zu den aus frischen Produkten zubereiteten Speisen zählt auch die hausgemachte Pasta.

XX **Sale e Pepe** P VISA MC AE D

Sieberstr. 18, in Wiedikon ✉ 8055 – ✆ 044 463 07 36 – Fax 044 463 07 01 – geschl. 28. Juli - 17. August, Samstagmittag und Sonntag 5 AU **e**

Rest – (29 CHF) – Karte 49/90 CHF

♦ Am Stadtrand, versteckt in einer neuen Überbauung gelegen, bietet Ihnen dieses Restaurant in modernem Ambiente Speisen aus der Küche Italiens.

X **Sankt Meinrad** AC VISA MC AE D

Stauffacherstr. 163 ✉ 8004 – ✆ 043 534 82 77 – restaurant@sanktmeinrad.ch – geschl. 23. Dezember - 7. Januar, 20. Juli - 11. August, Samstagmittag, Sonntag und Montag 6 CV **n**

Rest – (25 CHF) – Karte 64/110 CHF

♦ Eine moderne und doch gemütlich-warme Atmosphäre herrscht in dem Restaurant unweit der Bäckeranlage. Geboten wird kreative Küche.

Heugümper

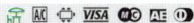

Waaggasse 4 ✉ 8001 – ✆ 044 211 16 60 – info@restaurantheuguemper.ch – Fax 044 211 16 61 – geschl. 22. Dezember - 2. Januar, 12. Juli - 17. August, Samstag ausser abends von Oktober bis Dezember, Sonn- und Feiertage 7 EZ **d**

Rest – (42 CHF) Menü 108 CHF – Karte 68/129 CHF

♦ Dieses in der Altstadt nahe dem Fraumünster gelegene Haus beherbergt ein schickes modern-legeres Bistro, in dem man schmackhafte euro-asiatische Gerichte serviert.

Caduff's Wine Loft

Kanzleistr. 126 ✉ 8004 – ✆ 044 240 22 55 – caduff@wineloft.ch – Fax 044 240 22 56 – geschl. 24. Dezember - 3. Januar, Samstagmittag und Sonntag 6 CV **d**

Rest – *(Tischbestellung ratsam)* (30 CHF) Menü 52 CHF (mittags)/115 CHF – Karte 80/129 CHF

♦ Im ehemaligen Blumengrosshandel oder auf der neuen Terrasse serviert man Schmackhaftes aus ausgesuchten Frischprodukten - dazu ein edler Tropfen aus dem legendären Weinkeller.

Seidenspinner

Ankerstr. 120 ✉ 8004 – ✆ 044 241 07 00 – restaurant@seidenspinner.ch – Fax 044 241 07 10 – geschl. Sonntag und Montag 6 CV **f**

Rest – *(nur Abendessen ausser Mittwoch)* (38 CHF) – Karte 76/112 CHF

♦ Zeitgemässe Küche bietet dieses Restaurant mit netter, grüner Innenhofterrasse. Mit gebrochenen Spiegeln verzierte Wände schaffen ein spezielles Ambiente.

Bü's

Kuttelgasse 15 ✉ 8001 – ✆ 044 211 94 11 – Fax 044 211 94 10 – geschl. 21. April - 4. Mai, 6. - 19. Oktober, Samstag und Sonntag 7 EZ **h**

Rest – *(Tischbestellung ratsam)* (36 CHF) Menü 62 CHF (mittags)/94 CHF – Karte 58/99 CHF

♦ In dem gemütlichen Restaurant nur ein paar Schritte von der berühmten Bahnhofstrasse bietet man mediterran geprägte Gerichte sowie Traditionelles. Exzellentes Weinangebot.

Ciro

Militärstr. 16 ✉ 8004 – ✆ 044 241 78 41 – ciro@swissonline.ch – Fax 044 291 14 24 – geschl. Sonntag 6 CV **a**

Rest – Karte 50/85 CHF

♦ In dem kleinen, nicht weit enfernt vom Bahnhof liegenden Restaurant serviert man dem Gast typische italienische Speisen und Weine.

Idaburg

Gertrudstr. 44 ✉ 8003 – ✆ 044 451 18 42 – Fax 044 450 11 92 – geschl. 24. Dezember - 8. Januar, 17. - 30. Juni, Samstagabend, Sonntag und Montag 5 AU **a**

Rest – *(mittags nur kleine Karte)* Karte 60/99 CHF

♦ Diese Adresse ist eines der ersten typischen Quartierrestaurants der Stadt. In hellem, freundlichem Ambiente serviert man zeitgemässe Küche. Terrasse zur ruhigen Strasse.

Zentraleck

Zentralstr. 161 ✉ 8003 – ✆ 044 461 08 00 – restaurant@zentraleck.ch – geschl. 29. Dezember - 6. Januar, 19. Juli - 10. August, Samstag und Sonntag 5 AU **s**

Rest – (19,50 CHF) Menü 78 CHF (abends) – Karte 59/103 CHF

♦ Etwas ausserhalb des Zentrums, nahe einer Tramstation, liegt dieses neuzeitlich gestaltete Restaurant. Kleines wechselndes Angebot einer zeitgemässen frischen Marktküche.

Alpenrose

Fabrikstr. 12 ✉ 8005 – ✆ 044 271 39 19 – Fax 044 271 02 76 – geschl. 23. Dezember - 4. Januar, 13. Juli - 12. August, Samstagmittag, Sonntagmittag, Dienstagmittag und Montag 6 CV **g**

Rest – *(Tischbestellung ratsam)* (27 CHF) – Karte 51/85 CHF

♦ Seit über 100 Jahren bewirtet man in diesem typischen Quartierrestaurant schon seine Gäste. In einfachem, traditionellem Rahmen serviert man frische Bio-Marktküche.

Bistro
Dufourstr. 35 ✉ 8008 – ✆ 044 261 06 00 – Fax 044 262 06 01 – geschl. 29. Dezember - 6. Januar, 17. Juli - 10. August, Samstag und Sonntag 6 DX **d**
Rest – Karte 40/95 CHF
◆ Solide traditionelle Küche zu einem günstigen Preis bietet man in diesem familiär geleiteten Restaurant im Seefeldquartier.

Josef
Gasometerstr. 24 ✉ 8005 – ✆ 044 271 65 95 – info@josef.ch – geschl. Samstagmittag und Sonntag 6 CV **x**
Rest – (27 CHF) Menü 66 CHF (abends) – Karte 56/66 CHF
◆ Locker und leger geht es zu in dem Restaurant mit Bar, gelegen in einem lebendigen Quartier. Der Gast wählt aus vielen kleinen Speisen sein Menü.

in Zürich-Oerlikon Nord – Höhe 442 m – ✉ 8050 Zürich-Oerlikon

Swissôtel Zürich Zim, Zim, Zim,
Schulstr. 44, (am Marktplatz) – ✆ 044 317 31 11 – zurich@swissotel.com – Fax 044 312 44 68 5 BT **n**
336 Zim – 210/480 CHF 210/480 CHF, 35 CHF – 11 Suiten
Rest *Dialog* – *(geschl. 16. Juli - 19. August, Samstag und Sonntag)* (36 CHF) Menü 55 CHF (mittags) – Karte 63/107 CHF
Rest *Szenario* – (24 CHF) – Karte 48/108 CHF
◆ Das Hochhaus liegt im Zentrum am Marktplatz. Die Zimmer sind mit hellen, zeitlosen Holzmöbeln ausgestattet. Hallenbad in der 32. Etage mit Blick über die ganze Stadt. Offener, zweigeteilter Gastronomiebereich: einfacherer Speiseraum und gehobeneres Restaurant.

Courtyard by Marriott Rest,
Max Bill-Platz 19 – ✆ 044 564 04 04 – courtyard.zuerich@courtyard.com – Fax 044 564 04 00 5 BT **a**
152 Zim – 189/419 CHF 189/419 CHF, 28 CHF –
Rest – Karte 43/83 CHF
◆ Dieses Hotel ist Teil eines grossen Wohn/Geschäftskomplexes. Die Gästezimmer überzeugen mit ihrer modernen und technisch sehr guten Ausstattung. Trendiges Restaurant mit internationalem Angebot.

Giesserei
Birchstr. 108 – ✆ 043 205 10 10 – info@diegiesserei.ch – Fax 043 205 10 11 – geschl. 24. Dezember - 6. Januar, Samstag in Juli - August, Sonntag im Sommer und Feiertage 5 BT **a**
Rest – Karte 56/98 CHF
◆ Ein Restaurant mit schlichtem Rahmen in zwei ehemaligen, durch alte Industriearchitektur geprägten Fabrikhallen. Geboten wird zeitgemässe Küche.

in Zürich-Seebach Nord – Höhe 442 m – ✉ 8052 Zürich-Seebach

Landhus Zim, Rest,
Katzenbachstr. 10 – ✆ 044 308 34 00 – info@landhus-zuerich.ch – Fax 044 308 34 51 – geschl. 23. - 25. Dezember 5 BT **u**
28 Zim – 105/120 CHF 130/155 CHF – ½ P +45 CHF – **Rest** – (18 CHF) – Karte 43/75 CHF
◆ Das Haus befindet sich am Stadtrand und ist über die Schaffhauserstrasse zu erreichen. Die Gästezimmer sind mit zeitgemässen Holzmöbeln praktisch eingerichtet. Freundlich gestaltetes Restaurant mit bürgerlichen Speisen.

in Glattbrugg Nord : 8 km über ① – Höhe 432 m – ✉ 8152 Glattbrugg

Renaissance Zürich Hotel Zim,
Thurgauerstr. 101 – ✆ 044 874 50 00 – renaissance.zurich@renaissancehotels.com – Fax 044 874 50 01
196 Zim – 199/455 CHF 199/455 CHF, 35 CHF – 8 Suiten
Rest *Asian Place* – *(geschl. 24. Dezember - 2. Januar, Juli - August 6 Wochen, Samstagmittag und Sonntag)* Karte 47/117 CHF
Rest *Brasserie* – Menü 39 CHF (mittags) – Karte 43/94 CHF
◆ Das Hotel verfügt über einen grossen öffentlichen Freizeitbereich im UG und geräumige Zimmer mit solidem dunklem Holzmobiliar. Im Asian Place reicht die Angebotspalette von chinesisch und thai über japanisch bis hin zu indonesisch. Traditionell: die Brasserie.

Hilton Zurich Airport
Hohenbühlstr. 10 – 044 828 50 50 – zurich@hilton.ch – Fax 044 828 51 51
310 Zim – 199/584 CHF 199/584 CHF, 35 CHF – 13 Suiten
Rest *Market Place* – Menü 55 CHF (Buffet) – Karte 48/117 CHF
◆ In Flugplatznähe findet man das Hotel, dessen freundliche Zimmer mit hellen Holzmöbeln ausgestattet wurden. In zwei Etagen kann man in Executive-Rooms wohnen. Market Place mit offener Showküche.

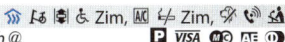

Mövenpick
Walter Mittelholzerstr. 8 – 044 808 88 88 – hotel.zurich.airport@moevenpick.com – Fax 044 808 88 77
333 Zim – 215/685 CHF 215/685 CHF, 33 CHF
Rest *Appenzeller Stube* – *(geschl. Juli - August 4 Wochen)* Menü 45 CHF (mittags)/85 CHF – Karte 59/121 CHF
Rest *Mövenpick Rest.* – (19,50 CHF) – Karte 40/112 CHF
Rest *Dim Sum* – *(geschl. Juli - August 4 Wochen und Sonntag)* Karte 41/112 CHF
◆ Das Hotel in direkter Autobahnnähe verfügt über moderne, komfortable Superior- sowie funktionelle Standardzimmer von gutem Platzangebot. Appenzeller Stube mit Schweizer Atmosphäre. Mövenpick Restaurant mit Internationalem. Chinesisches im Dim Sun.

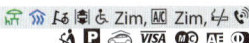

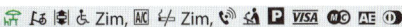

Novotel Zürich Airport Messe
Lindbergh - Platz 1 – 044 829 90 00 – h0884@accor.com – Fax 044 829 99 99
255 Zim – 140/430 CHF 140/455 CHF, 25 CHF – **Rest** – (20 CHF) – Karte 54/93 CHF
◆ Am Rande des Zentrums, einige Minuten von der neuen Messe entfernt, bietet dieses Businesshotel geräumige, mit hellem, solidem Holzmobiliar modern ausgestattete Zimmer. Bunte Bilder schmücken die Wände im modernen Restaurant mit internationaler Küche.

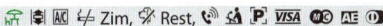

Airport
Oberhauserstr. 30 – 044 809 47 47 – reservation@hotel-airport.ch – Fax 044 809 47 74
44 Zim – 140/210 CHF 180/240 CHF, 20 CHF
Rest *Edo Garden* – *(geschl. Samstagmittag und Sonntagmittag)* (26 CHF) Menü 54 CHF – Karte 45/114 CHF
Rest *Fujiya of Japan* – *(geschl. Samstagmittag und Sonntagmittag) (nur Abendessen von 14. Juni - 17. August)* Menü 84/114 CHF – Karte 53/114 CHF
◆ Dieses Hotel mit seiner funktionellen und zeitgemässen Einrichtung sowie seiner Lage - nur wenige Minuten vom Flughafen entfernt - spricht besonders Businessreisende an. Edo Garden mit überwiegend japanischer Küche. Teppanyaki-Spezialitäten im Fujiya of Japan.

Vivendi
Europastr. 2 – 043 211 32 42 – info@restaurant-vivendi.ch – Fax 043 211 32 41 – geschl. 22. Dezember - 2. Januar, Samstag, Sonn- und Feiertage
Rest – Karte 52/95 CHF
◆ Ein modernes, in klaren Linien und dezenten Tönen gehaltenes Restaurant, in dem man eine traditionell ausgelegte Küche mit zeitgemässen Akzenten serviert.

in Kloten Nord : 12 km über ① – Höhe 447 m – 8302 Kloten

Allegra
Hamelirainstr. 3 – 044 804 44 44 – reservation@hotel-allegra.ch – Fax 044 804 41 41
132 Zim – 130/180 CHF 150/220 CHF, 16 CHF – **Rest** – Karte 40/87 CHF
◆ Das neuzeitliche Geschäftshotel bietet grosszügige Zimmer mit funktioneller, farbenfroher Einrichtung. Das Haus hat einen gratis Bus-Service von und zum Flughafen.

Fly away
Marktgasse 19 – 044 804 44 55 – reservation@hotel-flyaway.ch – Fax 044 804 44 50
42 Zim – 123/222 CHF 150/296 CHF, 15 CHF – **Rest** – (25 CHF) – Karte 46/107 CHF
◆ Nahe dem Bahnhof gelegenes Hotel, in dem zeitlos und funktionell ausgestattete Gästezimmer mit gutem Platzangebot zur Verfügung stehen. Italienische Gerichte im Restaurant.

in Wallisellen Nord-Ost : 10 km – Höhe 431 m – ✉ 8304 Wallisellen

Belair

Alte Winterthurerstr. 16 – ✆ 044 839 55 55 – info@belair-hotel.ch – Fax 044 839 55 65 5 BT t

47 Zim – 170/240 CHF 190/260 CHF

Rest *La Cantinella* – (29 CHF) – Karte 55/95 CHF

◆ Das Hotel befindet sich in verkehrsgünstiger Lage und verfügt über modern-funktionelle, technisch gut ausgestattete Zimmer (Standardzimmer sowie geräumigere Businesszimmer). Restaurant La Cantinella in neuzeitlichem Design und mit italienischem Speisenangebot.

Zum Doktorhaus

Alte Winterthurerstr. 31 – ✆ 044 830 58 22 – info@doktorhaus.ch – Fax 044 830 19 03 5 BT v

Rest – (38 CHF) Menü 58/110 CHF – Karte 58/118 CHF

◆ Das Gasthaus a. d. J. 1732 beherbergt zwei moderne Restauranträume mit wechselnden Bilderausstellungen und klassischer Karte. Trendige Bar/Lounge mit Biergarten.

in Zollikon Süd-Ost : 4 km über ④ – Höhe 415 m – ✉ 8702 Zollikon

Wirtschaft zur Höhe

Höhestr. 73 – ✆ 044 391 59 59 – scherrershohi@bluewin.ch – Fax 044 392 00 02 – geschl. 6. - 19. Oktober und Montag 5 BU b

Rest – (44 CHF) Menü 58 CHF (mittags)/115 CHF – Karte 70/143 CHF

◆ Das Lokal im ehemaligen Bauernhaus aus dem 17. Jh. mit schöner Terrasse erreicht man über einige Stufen. In der gediegenen Stube werden klassische Gerichte angeboten.

in Zürich-Wollishofen über ⑤ : 4 km – Höhe 409 m – ✉ 8038 Zürich

Blu

< Zürichsee,

Seestr. 457 – ✆ 044 488 65 65 – info@blu-restaurant.ch – Fax 044 488 65 66 – geschl. Samstagmittag 5 AU f

Rest – Karte 61/112 CHF

◆ Trendiges, bewusst schlicht gehaltenes Seerestaurant mit toller Sicht durch die raumhohe Glasfront. Schön: die Terrasse mit Strand-Flair. Italienische Küche. Galerie mit Bar.

auf dem Uetliberg ab Zürich Hauptbahnhof mit der SZU-Bahn in 25 min. und 10 min. Fussweg erreichbar – Höhe 871 m – ✉ 8143 Uetliberg

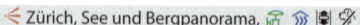

Uto Kulm

< Zürich, See und Bergpanorama,

– ✆ 044 457 66 66 – info@utokulm.ch – Fax 044 457 66 99 5 AU n

55 Zim – 150/300 CHF 250/400 CHF – **Rest** – Menü 79 CHF (abends) – Karte 45/104 CHF

◆ Auf dem Zürcher Hausberg - mit einer wundervollen Aussicht - liegt dieses moderne Hotel. Neben funktionellen Standardzimmern bietet man schöne, kleine Romantiksuiten. Helles, unterteiltes Ausflugsrestaurant mit Wintergarten und internationalem Angebot.

ZUG K – Zug (ZG) – 551 P6 – 22 973 Ew – Höhe 425 m – ✉ 6300 4 G3

Bern 139 – Luzern 34 – Zürich 31 – Aarau 58 – Schwyz 27

Zug Tourismus, Reisezentrum, Bahnhofplatz, ✆ 041 723 68 00, tourism@zug.ch, Fax 041 723 68 10 Y

18 Schönenberg, Nord-Ost : 14 km, ✆ 044 788 90 40 ;

27 Ennetsee / Holzhäusern Rotkreuz, ✆ 041 799 70 10

Zuger See★★ – Die Quais★ : Ausblicke★ – Altstadt★ Z

Zugerberg★ über ② : 7,5 km – Ehemalige Zisterzienserabtei Kappel★ : Glasgemälde★ über ①

Lokale Veranstaltungen : 21.06 oder 28.06 : Seefest

ZUG

Aabachstrasse	Y	
Aegeristrasse	Z	
Alpenquai	Y	
Alpenstrasse	Y	
Artherstrasse	Z	
Baarerstrasse	Y	
Bahnhofstrasse	YZ	
Bundesplatz	Y	
Bundesstrasse	Y	
Chamerstrasse	Y	
Dammstrasse	Y	
Fischmarkt	Z	3
Gartenstrasse	Y	4
Gotthardstrasse	Y	
Grabenstrasse	Z	
Guggiweg	YZ	
Hirschenplatz	Z	
Hofstrasse	Z	6
Industriestrasse	Y	7
Kirchenstrasse	Z	9
Kolinplatz	Z	
Landsgemeindeplatz	Z	10
Metallstrasse	Y	
Neugasse	Z	
Ober-Altstadt	Z	12
Postplatz	Z	
Poststrasse	YZ	
Rigistrasse	Y	13
St. Oswalds-Gasse	Z	15
Schmidgasse	Y	16
Seestrasse	Z	
Unter-Altstadt	Z	18
Vorstadt	YZ	
Vorstadtquai	YZ	
Zeughausgasse	Z	19
Zugerbergstrasse	Z	

Parkhotel Zug

Rest, Zim, Rest, VISA

Industriestr. 14 – ☎ 041 727 48 48 – phz@parkhotel.ch – Fax 041 727 48 49 Y b

106 Zim – 190/333 CHF 240/400 CHF – 6 Suiten

Rest *A Point* – Menü 27 CHF (mittags) – Karte 61/117 CHF

♦ Das gehobene Geschäftshotel bietet modern eingerichtete Räume mit guter Ausstattung, die Zimmer in der Residenz sind geräumiger, teils mit kleinem Wintergartenanbau. Schachbrett-Boden, Säulen und Lederbänke verleihen dem A Point leichtes Brasserie-Ambiente.

City Hotel Ochsen

Zim, VISA

Kolinplatz 11 – ☎ 041 729 32 32 – info@ochsen-zug.ch – Fax 041 729 32 22

48 Zim – 179/189 CHF 269/350 CHF – ½ P +54 CHF Z a

Rest *Au Premier* – *(geschl. Weihnachten)* Menü 48 CHF (mittags)/80 CHF – Karte 55/110 CHF

♦ Zentral am Kolinplatz liegt dieses ansprechende alte Stadthaus, in dem schon Goethe übernachtet haben soll. Die Zimmer sind bei ausreichendem Komfort funktionell gestaltet. Im Au Premier speisen Sie in rustikal-gediegenem Ambiente unter einer alten Holzdecke.

Löwen garni

Zugersee, VISA

Landsgemeindeplatz 1 – ☎ 041 725 22 22 – info@loewen-zug.ch – Fax 041 725 22 00 – geschl. 20. Dezember - 4. Januar Z n

48 Zim – 185/240 CHF 270/340 CHF

♦ Die angenehme Lage nicht weit vom Ufer, der sehr schöne Blick auf den Zugersee sowie modern eingerichtete Gästezimmer sprechen für dieses kürzlich renovierte Hotel.

Zugertor
Baarerstr. 97, über ① – ✆ 041 729 38 38 – info@zugertor.ch – Fax 041 711 32 03 – Hotel: geschl. 23. Dezember - 6. Januar
35 Zim – 135/190 CHF 170/230 CHF – ½ P +30 CHF
Rest *Zeno's Spezialitäten Restaurant* – *✆ 041 720 09 19 (geschl. 22. - 26. Dezember, 20. Juli - 10. August und Samstag)* (19 CHF) Menü 68 CHF – Karte 43/85 CHF
♦ Die funktionellen Zimmer dieses am Zentrumsrand gelegenen, solide geführten Stadthotels sind im Altbau mit mahagonifarbenen Holzmöbeln eingerichtet, im Neubau mit hellem Holz. Zeno's Spezialitäten Restaurant ist hell und neuzeitlich gestaltet.

Guggital
Zug, See und Berge, Zim,
Zugerbergstr. 46, über Zugerbergstrasse Z – ✆ 041 711 28 21 – guggital@starnet.ch – Fax 041 710 14 43 – geschl. 22. Dezember - 2. Januar
32 Zim – 120/170 CHF 195/230 CHF – ½ P +35 CHF – **Rest** – *(geschl. 27. Dezember - 3. Januar)* (18 CHF) Menü 35 CHF (mittags)/65 CHF – Karte 35/89 CHF
♦ Dieses erhöht gelegene Hotel bietet seinen Gästen ruhige, moderne Zimmer, die teils mit verschiedenfarbenen soliden Möbeln eingerichtet sind. Vom bürgerlichen Restaurant und der schattigen Terrasse hat man eine schöne Panoramasicht über den Zugersee.

Rathauskeller - Zunftstube
Ober-Altstadt 1, (1. Etage) – ✆ 041 711 00 58 – contact@rathauskeller.ch – Fax 041 712 18 88 – geschl. 23. Dezember - 7. Januar, 16. - 31. März, 3. - 19. August, Sonntag und Montag Z d
Rest – *(Tischbestellung ratsam)* Menü 68 CHF (mittags)/130 CHF – Karte 97/164 CHF
Rest *Bistro* – (27 CHF) – Karte 52/106 CHF
♦ Schnitzereien, Versace-Porzellan und moderne schwarze Lederstühle machen das elegant-klassische Interieur der Zunftstube im 1. Stock dieses schönen Altstadthauses aus. Leger: das Bistro mit modernen Einrichtungselementen und abwechslungsreicher Dekoration.

Aklin
Kolinplatz 10 – ✆ 041 711 18 66 – info@restaurantaklin.ch – Fax 041 711 07 50 – geschl. Juli, Samstagmittag, Sonn- und Feiertage Z e
Rest – (23 CHF) Menü 85/98 CHF – Karte 52/137 CHF
♦ In dem schönen Altstadthaus a. d. J. 1787 bilden moderner Bistrostil einerseits und ein geschmackvolles historisches Ambiente andererseits ein sehenswertes Interieur.

Zum Kaiser Franz im Rössl
Vorstadt 8 – ✆ 041 710 96 36 – info@kaiser-franz.ch – Fax 041 710 97 37 – geschl. 28. Juli - 3. August, Samstagmittag und Sonntag Z g
Rest – *(Tischbestellung ratsam)* (33 CHF) Menü 45 CHF (mittags)/105 CHF – Karte 62/105 CHF
♦ Dezente Farben, Hussenstühle, Säulen sowie Bilder und Wandmalereien verleihen dem Restaurant klassisches Flair. Österreichische Speisen.

Glashof
Baarerstr. 41 – ✆ 041 710 12 48 – glashof@tiscalinet.ch – Fax 041 710 62 48 – geschl. 21. Dezember - 3. Januar, Samstag, Sonn- und Feiertage Y h
Rest – (21 CHF) Menü 55 CHF (mittags) – Karte 45/97 CHF
♦ Dieses gut geführte Haus ist Restaurant und Bistro-Bar zugleich. Eine Deckenkonstruktion aus Metall, rote Ledersessel und Gemälde prägen das Ambiente. Schweizer Küche.

ZUMIKON – Zürich (ZH) – 551 Q5 – 4 550 Ew – Höhe 659 m – ✉ 8126 4 G3

Bern 135 – Zürich 10 – Rapperswil 24 – Winterthur 35

Triangel
Ebmatingerstr. 3 – ✆ 044 918 04 54 – info@triangel.ch – Fax 044 919 07 55 – geschl. 24. Dezember - 2. Januar, Samstagmittag und Sonntag
Rest – (28 CHF) Menü 43 CHF (mittags)/95 CHF – Karte 47/108 CHF
♦ In dem hell gestalteten Restaurant mit seinen zwei verschiedenen Stuben serviert man zeitgemässe mediterrane Gerichte. Bilder von Max Bill setzen farbige Akzente.

ZUOZ – Graubünden (GR) – 553 X10 – 1 353 Ew – Höhe 1 695 m – Wintersport : 1 716/2 465 m 5 – ✉ 7524 11 J5

Bern 319 – Sankt Moritz 19 – Scuol 46 – Chur 82 – Davos 50 – Merano 120

Zuoz Tourist Information Engadin Sankt Moritz, via maistra, ✆ 081 854 15 10, zuoz@topengadin.ch, Fax 081 854 33 34

Engadin Golf Zuoz-Madulain, ✆ 081 851 35 80

Lage★★ – Hauptplatz★★ – Engadiner Häuser★

Lokale Veranstaltungen : 01.03 : "chalandamarz", alter Frühlingsbrauch und Kinderfest

Castell Inntal und Berge, Rest,

Nord : 1 km – ✆ 081 851 52 53 – info@hotelcastell.ch – Fax 081 851 52 54 – geschl. Mitte Oktober - Anfang Dezember und 30. März - 6. Juni

68 Zim – 160/240 CHF 220/400 CHF – ½ P +60 CHF – **Rest** – Karte 62/98 CHF

◆ Gelungen vereint dieses Hotel Traditionelles und modernstes Design. Interessante Lichteffekte im puristisch gestylten Hamam. Markant: die Lage über dem Tal. Zeitgemässe Küche aus aller Welt im klassischen Speisesaal unter einer beeindruckenden Stuckdecke.

Belvair garni

Vuorcha – ✆ 081 854 20 23 – info@hotel-belvair.ch – Fax 081 854 20 55 – geschl. Mitte Oktober - Mitte Dezember und 24. März - 13. Juni

12 Zim – 124/165 CHF 180/240 CHF

◆ Die Zimmer des Hotels Belvair sind mit italienischen Möbeln geschmackvoll und wohnlich eingerichtet und bieten bei angenehmer Grösse neuzeitlichen Wohnkomfort.

Klarer Zim, Rest,

Hauptstr. 24 – ✆ 081 851 34 34 – info@klarerconda.ch – Fax 081 851 34 00 – geschl. 28. April - 31. Mai

19 Zim – 90/140 CHF 150/220 CHF – ½ P +40 CHF – **Rest** – *(geschl. Montag in der Zwischensaison)* (18 CHF) Menü 46 CHF (mittags)/60 CHF – Karte 31/93 CHF

◆ In dem typischen Engadiner Haus wohnt man in gepflegten, mit solidem Holzmobiliar und zeitgemässer Technik ausgestatteten Zimmern von ausreichender Grösse. In ländlich-rustikalem Umfeld speist man unter schönen massiven Steingewölben.

Dorta

Via Dorta 73 – ✆ 081 854 20 40 – info@dorta.ch – Fax 081 854 00 40 – geschl. Ende Oktober - Anfang Dezember, 20. April - 6. Juni, Dienstag ausser abends in Hochsaison und Montag

Rest – *(in Nebensaison nur Abendessen)* Menü 47 CHF – Karte 42/97 CHF

◆ "Das originellste Lokal im Tal" hat man in einem der ältesten Bauernhäuser des Engadins eingerichtet - sein ursprünglicher uriger Scheunen-Charakter ist erhalten geblieben.

Wentrel V./GETTY IMAGES

Schloss Vaduz

FÜRSIENTUM LIECHTENSTEIN

Michelin-Karte : 551 VW6+7 – **553** VW6+7 – **729** M4 **Atlas :** 5 **I3**

PRAKTISCHE HINWEISE

Die Hauptstadt des Fürstentums Liechtenstein, das eine Fläche von 160 km² und eine Einwohnerzahl von 35 010 hat, ist VADUZ. Die Amtssprache ist Deutsch, darüber hinaus wird auch ein alemannischer Dialekt gesprochen. Landeswährung sind Schweizer Franken.
La principauté de Liechtenstein d'une superficie de 160 km², compte 35 010 habitants. La capitale est VADUZ. La langue officielle est l'allemand, mais on y parle également un dialecte alémanique. Les prix sont établis en francs suisses.
Il principato del Liechtenstein ha una superficie di 160 km² e conta 35 010 abitanti. Capitale é VADUZ. La lingua ufficiale é il tedesco, ma vi si parla anche un dialetto alemanno. I prezzi sono stabiliti in franchi svizzeri.
The principality of Liechtenstein, covering an area of 61,8 square miles, has 35 010 inhabitants. VADUZ is the capital. The official language is German, but a Germanic dialect is also spoken. Prices are in Swiss francs.

Tourist-Information

Lichtenstein Tourismus, Städtle 37, ✉ 9490 Vaduz, ✆ (00423) 239 63 00, info@tourismus.li, Fax (00423) 239 63 01

Automobilclub

ACFL Automobil Club des Fürstentums Lichtenstein, Rätikonstr. 31, ✉9490 Vaduz, ✆ (00423) 237 67 67, Fax (00423) 233 30 50

FREIZEIT

Lokale Veranstaltungen

Juli : Film Fest, Open Air in Vaduz
15.08 : Staatsfeiertag mit Volksfest und Feuerwerk

Wintersport

Malbun 1 602/2 000 m 5
Steg 1303 m

Balzers – 551 V7 – 553 V7 – 4 402 Ew – Höhe 474 m – ✉ 9496 5 I3

Bern 224 – Vaduz 9 – Chur 29 – Feldkirch 22 – Zürich 101

Hofbalzers

Höfle 2 – (00423) 388 14 00 – info@hofbalzers.li – Fax (00423) 388 14 55 – geschl. 20. Dezember - 7. Januar

26 Zim – 135 CHF 185 CHF

Rest *Leonardo* – separat erwähnt

◆ Dieser zentral gelegene Gasthof beherbergt modern ausgestattete, recht komfortable Zimmer, die in funktionellem Stil möbliert sind.

Leonardo – Hotel Hofbalzers

Höfle 2 – (00423) 384 14 33 – info@leonardo-balzers.li – Fax (00423) 384 34 33 – geschl. Februar und Mai jeweils 1 Woche, August - September 3 Wochen, Montag und Dienstag

Rest – (27 CHF) – Karte 58/106 CHF

◆ Ein schönes modernes Restaurant, teils Enoteca mit sehr guten italienischen Weinen und schmackhafter "cucina italiana". Angenehme schattige Terrasse.

Gute und preiswerte Häuser kennzeichnet das Michelin-Männchen, der „Bib":
der rote „Bib Gourmand" für die Küche,
der blaue „Bib Hotel" bei den Zimmern.

Schaan – 551 V6 – 553 V6 – 5 696 Ew – Höhe 452 m – ✉ 9494 5 I3

Bern 237 – Vaduz 4 – Chur 47 – Feldkirch 11 – Zürich 112

Linde Rest,

Feldkircherstr. 1 – (00423) 232 17 04 – mail@hotel-linde.li – Fax (00423) 232 09 29 – geschl. 21. Dezember - 10. Januar

23 Zim – 78/98 CHF 135/150 CHF – **Rest** – *(geschl. Sonntag)* (17 CHF) – Karte 28/73 CHF

◆ Leicht zu finden ist dieses Haus an einer Kreuzung im Ortszentrum. Die Zimmer wirken hell und frisch und sind zeitgemäss ausgestattet - ruhiger sind die nach hinten gelegenen. Schlichtes Restaurant mit grosser Kaffeebar.

Triesen – 551 V7 – 553 V7 – 4 634 Ew – Höhe 466 m – ✉ 9495 5 I3

Bern 230 – Vaduz 4 – Chur 39 – Feldkirch 18 – Zürich 105

Schatzmann (Klaus Schatzmann) Zim,

Landstr. 80 – (00423) 399 12 12 – info@schatzmann.li – Fax (00423) 399 12 10 – geschl. 24. Dezember - 7. Januar

29 Zim – 120/170 CHF 165/210 CHF – ½ P +48 CHF – **Rest** – *(geschl. 24. Dezember - 8. Januar, 19. Juli - 10. August, Samstagmittag, Sonntag und Montag)* Menü 61 CHF (mittags)/138 CHF – Karte 65/159 CHF

Spez. Variation von Fischen und Krustentieren in 3 Gängen serviert. Rehrückenfilet mit warmem Holunderblütengelee und Liebstöckeljulienne. Weisser Pfirsich mit Pistazienglace, Himbeercoulis und Champagner-Espuma.

Weine Vaduz, Fläscher

◆ Neben einfacheren, rustikalen Zimmernim Stammhaus verfügt diese Adresse über einen modernen Anbau, der mit gutem, zeitgemässem Wohnkomfort und viel Platz überzeugt. Das Restaurant mit Wintergarten besticht durch eine unkomplizierte, schmackhafte Küche.

Meierhof Rest, Zim,

Meierhofstr. 15 – (00423) 399 00 11 – info@meierhof.li – Fax (00423) 399 00 88

43 Zim – 126/155 CHF 180/220 CHF – **Rest** – *(geschl. 22. Dezember - 6. Januar, 27. Juli - 17. August, Freitag und Samstag)* (24 CHF) – Karte 39/86 CHF

◆ An der Strasse nach Triesenberg findet man dieses aus drei Gebäuden bestehende Hotel. Die meisten der zeitgemäss augestatteten Zimmer haben Balkon oder Terrasse. Das Restaurant teilt sich in einen modernen und einen rustikalen Bereich.

Schlosswald garni

Eichholzweg 6 – ✆ (00423) 392 24 88 – schlosswald@hotels.li – Fax (00423) 392 24 36

34 Zim – 125/160 CHF 175/220 CHF

◆ Oberhalb des schön gelegenen hauseigenen Freibades liegt dieses Hotel, dessen praktisch eingerichtete Zimmer neuzeitlichen Wohnkomfort bieten.

Sie suchen ein besonderes Hotel für einen sehr angenehmen Aufenthalt? Reservieren Sie in einem roten Haus: … .

Triesenberg – 551 V6 – 553 V6 – 2 580 Ew – Höhe 884 m – ✉ 9497 5 I3

Bern 231 – Vaduz 6 – Chur 41 – Feldkirch 20 – Zürich 109

Kulm Bergpanorama und Rheintal, Rest, Rest,

Jonaboda 2 – ✆ (00423) 237 79 79 – info@hotelkulm.li – Fax (00423) 237 79 78 – geschl. 7. - 21. Januar

20 Zim – 105/115 CHF 137/177 CHF – ½ P +44 CHF – **Rest** – (17 CHF) Menü 45 CHF (mittags)/76 CHF – Karte 51/100 CHF

◆ Die mit hellem Weichholz möblierten Zimmer bieten einfachen Komfort. Fragen Sie nach einem der talseitigen Zimmer - hier hat man eine schöne Sicht auf Berge und Rheintal. Teil des Restaurants ist der Wintergarten mit phantastischer Aussicht.

Vaduz – 551 V6 – 553 V6 – 5 014 Ew – Höhe 460 m – ✉ 9490 5 I3

Bern 233 – Chur 43 – Feldkirch 15 – Sankt Anton am Arlberg 76 – Zürich 109

Siehe auch Titelseite Liechtenstein

Liechtensteinische Staatliche Kunstsammlung : Sammlung des Regierenden Fürsten★

Park-Hotel Sonnenhof (Hubertus Real) Zim, Rest,

Mareestr. 29 – ✆ (00423) 239 02 02 – real@sonnenhof.li – Fax (00423) 239 02 03 – geschl. 23. Dezember - 6. Januar

29 Zim – 260/390 CHF 390/520 CHF – ½ P +45 CHF – **Rest** – *(geschl. 23. Dezember - 13. Januar, Samstagmittag und Sonntag) (Tischbestellung erforderlich)* Menü 64 CHF (mittags)/145 CHF – Karte 77/148 CHF

Spez. Asiatisch mariniertes Thunfischtartar mit Mangoragout und Zitronengrasschaum. Knusprig glasierte Brust vom Wollschwein mit gerösteten Artischocken. Topfensoufflé mit Kumquat-Chutney und Campari-Orange-Sorbet.

Weine Vaduzer

◆ Neben der schönen, sehr ruhigen Aussichtslage in einem gepflegten Park überzeugen in diesem traditionellen Haus elegant und geschmackvoll eingerichtete Räume. Im gediegenen Restaurant und auf der netten Terrasse wird gute internationale Küche serviert.

Residence

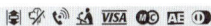

Städtle 23 – ✆ (00423) 239 20 20 – welcome@residence.li – Fax (00423) 239 20 22

29 Zim – 220 CHF 280 CHF

Rest *Residence* – separat erwähnt

◆ Vom Empfangsbereich bis in die technisch gut ausgestatteten Zimmer bestimmen klare Linien und helle, warme Farben das moderne Design dieses Hotels in der Fussgängerzone.

Löwen

Herrengasse 35 – ✆ (00423) 238 11 44 – office@hotel-loewen.li – Fax (00423) 238 11 45 – geschl. 21. Dezember - 6. Januar, 15. Juli - 1. August, Samstag und Sonntag

8 Zim – 195/245 CHF 295/345 CHF – **Rest** – (24 CHF) Menü 62 CHF (mittags)/95 CHF – Karte 53/113 CHF

◆ Beim hauseigenen Weinberg liegt die einstige Umspannstation a. d. 14. Jh. Das Haus beherbergt ein rustikales Restaurant und stilvolle, teils mit Antiquitäten bestückte Zimmer.

XXX **Real** mit Zim

Städtle 21, (1. Etage) – ✆ (00423) 232 22 22 – real@hotels.li – Fax (00423) 232 08 91 – geschl. 23. - 26. Dezember

12 Zim – 185/225 CHF 240/270 CHF – **Rest** – Menü 132 CHF – Karte 68/133 CHF

◆ Gediegen ist das Au Premier in der 1. Etage des traditionsreichen Hauses. Rustikal-bürgerlich: die Vaduzerstube. Terrasse zur Fussgängerzone. Klassische französische Küche.

XX **Torkel**

Hintergass 9 – ✆ (00423) 232 44 10 – office@torkel.li – Fax (00423) 232 44 05 – geschl. 22. Dezember - 20. März und Sonntag

Rest – Menü 64/98 CHF – Karte 61/127 CHF

◆ Neben den modernen Bildern wechselnder Kunstausstellungen beeindruckt hier ein gewaltiger Torkelbaum. Im Sommer sitzt es sich angenehm im Freien oberhalb der Rebberge.

X **Restaurant Residence** – Hotel Residence

Städtle 23 – ✆ (00423) 239 87 87 – info@restaurant-residence.li – Fax (00423) 239 87 86

Rest – (24 CHF) Menü 36 CHF (mittags)/111 CHF – Karte 64/101 CHF

◆ Die geradlinige Einrichtung und blanke Tische schaffen in diesem Restaurant ein trendiges Ambiente. Geboten werden zeitgemässe Gerichte.

Principales stations de sports d'hiver

Wichtigste Wintersportplätze

Principali Stazioni di sport invernali

Main-Winter sports Stations

	Page	Altitude mini/maxi	Nombre	En km	Curling
→	Page	Altitude mini/maxi	Number	in km	
→	Pagina	Altitudine mini/massi	Numero	in km	
→	Seite	Höhe mini/maxi	Anzahl	in km	
Adelboden (BE)	92	1353 m./2362 m.	23	25	🥌
Andermatt (UR)	97	1444 m./2963 m.	9	28	
Arosa (GR)	101	1800 m./2653 m.	13	26	🥌
Bettmeralp (VS)(mit 🚡)	144	1935 m./2869 m.	17	4	
Bever (GR)	145	1714m.		36	
Blatten bei Naters/ Belalp (VS)	149	1327 m./3112 m.	8	6	
Breil/Brigels (GR)	152	1257 m./2418 m.	7	15	
Celerina/Schlarigna (GR)	163	1720 m./3057 m.	23	185	🥌
Champéry (VS)	165	900 m./2466 m.	186	10	🥌
Charmey (FR)	166	900 m./1630 m.	7	25	
Château-d'Oex (VD)	167	958 m./1630 m.	7	45	🥌
Crans-Montana (VS)	175	1500 m./3000 m.	23	70	🥌
Davos (GR)	181	1560 m./2844 m.	28	75	🥌
Les Diablerets (VD)	187	1151 m./2120 m.	28	30	🥌
Disentis/Muster (GR)	189	1227 m./2833 m.	9	25	🥌
Engelberg (OW)	194	1050 m./3028 m.	20	37	🥌
Fiesch (VS)	199	1060 m./2869 m.	17	12	
Flims (GR)	201	1100 m./3018 m.	23	29	🥌
Flumserberg (SG)	204	1400 m./2222 m.	15	19	
Grächen (VS)	238	1617 m./2868 m.	13		
Grimentz (VS)	240	1570 m./2900 m.	9	17	🥌
Grindelwald (BE)	–	1034 m./2500 m.	22	17	🥌
Gstaad (BE)	244	1050 m./2151 m.	16	15	🥌

Patinoire Skating rink Pattinatoio Eisbahn	Piscine couverte Indoor pool Picina copperta Hallenbad	Liaison avec Reliable by Riggato de Verbindung mit	i : ✆	
✓			033 673 80 80	**Adelboden** (BE)
			041 887 14 54	**Andermatt** (UR)
✓			081 378 70 20	**Arosa** (GR)
✓	✓		027 928 60 60	(mit 🚡) **Bettmeralp** (VS)
✓			081 852 49 45	**Bever** (GR)
	✓		027 921 60 40	**Blatten bei Naters/ Belalp** (VS)
✓	✓	Waltensburg/Vuorz	081 941 13 31	**Breil/Brigels** (GR)
✓		Top of Snow Corviglia: St. Moritz/Celerina	081 830 00 11	**Celerina/Schlarigna** (GR)
✓	✓	Les Portes du Soleil: Suisse-France	024 479 20 20	**Champéry** (VS)
	✓		026 927 55 80	**Charmey** (FR)
✓			026 924 25 25	**Château-d'Oex** (VD)
✓	✓	Aminona	027 485 04 04	**Crans-Montana** (VS)
✓	✓	Klosters	081 415 21 21	**Davos** (GR)
✓	✓	Villars-sur-Ollon/Gryon	024 492 33 58	**Les Diablerets** (VD)
✓	✓		081 920 30 20	**Disentis/Muster** (GR)
✓	✓		041 639 77 77	**Engelberg** (OW)
	✓		027 970 60 70	**Fiesch** (VS)
✓		Laax/Falera	081 920 92 00	**Flims** (GR)
	✓		081 720 18 18	**Flumserberg** (SG)
✓	✓		027 955 60 60	**Grächen** (VS)
✓	✓		027 475 14 93	**Grimentz** (VS)
✓	✓	Wengen	033 854 12 12	**Grindelwald** (BE)
✓	✓	Saanen/Rougemont	033 748 81 81	**Gstaad** (BE)

	Page	Altitude mini/maxi	Nombre	En km	Curling
→	Page	Altitude mini/maxi	Number	in km	
→	Pagina	Altitudine mini/massi	Numero	in km	
→	Seite	Höhe mini/maxi	Anzahl	in km	
Haute-Nendaz (VS)	250	1400 m./3300 m.	63	11	🥌
Kandersteg (BE)	262	1200 m./1700 m.	3	44	🥌
Klosters (GR)	264	1124 m./2844 m.	35	35	🥌
Laax (GR)	269	1100 m./3018 m.	23	15	
Lenk (BE)	284	1068 m./2200 m.	22	49	🥌
Lenzerheide/Lai (GR)	285	1475 m./2865 m.	27	52	🥌
Leukerbad (VS)	287	1411 m./2700 m.	12	25	🥌
Leysin (VD)	288	1350 m./2205 m.	13	7	🥌
Malbun (FL)	–	1602 m./2000 m.	5		
Maloja (GR)	314	1800 m./2159 m.	2	180	
Les Marécottes (VS)	317	1110 m./2220 m.	5		
Meiringen (BE)	318	602 m./2433 m.	13	12	
Moléson-sur-Gruyères (FR)	–	1110 m./2002 m.	5		
Morgins (VS)	–	1350 m./2466 m.	186	20	
Les Mosses (VD)	331	1450 m./1870 m.	13	42	
Münster (VS)	–	1350m./1550 m.	1	100	
Mürren (BE) (mit Zahnradbahn)	333	1650 m./2970 m.	10		🥌
Oberiberg/Hoch-Ybrig (SZ)	–	1087 m./1856 m.	9		
Obersaxen Meierhof (GR)	345	1201 m./2310 m.	15	22	
Ovronnaz (VS)	351	1400 m./2500 m.	8	25	
Les Paccots (FR)	–	1061 m./1500 m.	10		
Pontresina (GR)	355	1805 m./2262 m.	2	185	🥌
Riederalp (VS) (mit 🚡)	364	1925 m./2869 m.	17		
Rougemont (VD)	370	992 m./2151 m.	16	7	
Saas-Fee (VS)	371	1800 m./3600 m.	18	6	🥌
Saas-Grund (VS)	375	1559 m./3200 m.	7	26	🥌
Saignelégier/Franches-Montagnes (JU)	–	env. 1000 m.		100	🥌
Saint-Cergue (VD)	–	1044 m./1150 m.	3	90	
Saint-Luc (VS)	377	1650 m./3000 m.	13		
Samedan (GR)	378	1750 m./2453 m.	1	185	🥌
Samnaun (GR)	–	1840 m./2864 m.	35	7	

Patinoire Skating rink Pattinatoio Eisbahn	**Piscine couverte** Indoor pool Picina copperta Hallenbad	**Liaison avec** Reliable by Riggato de Verbindung mit	i : ☎	
✓		4 Vallées: Verbier/ Nendaz/Thyon/ Veysonnaz/La Tzoumaz	027 289 55 89	**Haute-Nendaz** (VS)
✓			033 675 80 80	**Kandersteg** (BE)
✓	✓	Davos	081 410 20 20	**Klosters** (GR)
	✓	Flims-Falera	081 920 81 81	**Laax** (GR)
✓	✓		033 736 35 35	**Lenk** (BE)
✓	✓	Lenzerheide-Valbella-Parpan-Churwalden	081 385 11 20	**Lenzerheide/Lai** (GR)
✓	✓		027 472 71 71	**Leukerbad** (VS)
✓	✓		024 493 33 00	**Leysin** (VD)
✓			00423 263 65 77	**Malbun** (FL)
✓			081 824 31 88	**Maloja** (GR)
	✓		027 761 31 01	**Les Marécottes** (VS)
✓	✓	Haslital. Berner Oberland	033 972 50 50	**Meiringen** (BE)
			026 921 85 00	**Moléson-sur-Gruyères** (FR)
✓		Les Portes du Soleil: Suisse-France	024 477 23 61	**Morgins** (VS)
✓			024 491 14 66	**Les Mosses** (VD)
			027 973 17 45	**Münster** (VS)
✓	✓		033 856 86 86	**Mürren** (BE) (mit Zahnradbahn)
			055 414 26 26	**Oberiberg/Hoch-Ybrig** (SZ)
		Obersaxen/Lumnezia/ Mundaun	081 933 22 22	**Obersaxen Meierhof** (GR)
	✓		027 306 42 93	**Ovronnaz** (VS)
✓			021 948 84 56	**Les Paccots** (FR)
✓	✓		081 838 83 00	**Pontresina** (GR)
	✓	Skiarena Aletsch: Riederalp-Bettmeralp-Fiescheralp	027 928 60 50	**Riederalp** (VS) (mit 🚡)
		Gstaad/Saanen	026 925 11 66	**Rougemont** (VD)
✓	✓		027 958 18 58	**Saas-Fee** (VS)
✓			027 958 66 66	**Saas-Grund** (VS)
✓	✓	Mont Crosin/ Mont Soleil	032 420 47 70	**Saignelégier/Franches-Montagnes** (JU)
		La Givrine	022 360 13 14	**Saint-Cergue** (VD)
✓		Chandolin	027 475 14 12	**Saint-Luc** (VS)
✓			081 851 00 60	**Samedan** (GR)
✓	✓	Silvretta Arena: Samnaun/Ischgl (A)	081 868 58 58	**Samnaun** (GR)

	Page	Altitude mini/maxi	Nombre	En km	Curling
→	Page	Altitude mini/maxi	Number	in km	
→	Pagina	Altitudine mini/massi	Numero	in km	
→	Seite	Höhe mini/maxi	Anzahl	in km	
Sankt Moritz (GR)	387	1772 m./3057 m.	23	185	🥌
Sankt Stephan (BE)	–	1000 m./2011 m.	19	14	
Savognin (GR)	394	1200 m./2713 m.	10	32	🥌
Schwarzsee (FR)	–	1046 m./1700 m.	7		
Scuol/Schuls (GR)	400	1250 m./2783 m.	12	77	🥌
Sedrun (GR)	402	1450 m./2215 m.	9	152	🥌
Le Sentier/ Vallée de Joux (VD)	261	1010 m./1437 m.	10	220	
Sils-Maria (GR)	406	1800 m./3303 m.	13	180	🥌
Silvaplana (GR)	408	1870 m./3303 m.	13	180	🥌
Sörenberg (LU)	412	1166 m./2350 m.	15	35	
Splügen (GR)	–	1464 m./2215 m.	6	40	🥌
Thyon - Les Collons (VS)	427	1800 m./3300 m.	63	6	
Ulrichen (VS)	430	1347 m.		100	
Unteriberg (SZ)	–	925 m./1096 m.	1	30	
Unterwasser (SG)	431	910 m./2262 m.	19	30	
Val Müstair: Müstair-Tschierv (GR)	–	2000 m./2700 m.	3	40	
Verbier (VS)	434	1500 m./3330 m.	63	10	🥌
Veysonnaz (VS)	440	1400 m./3300 m.	63		
Villars-sur-Ollon (VD)	440	1200 m./2120 m.	28	50	
Wengen (BE) (mit Zahnradbahn)	451	1274 m./2500 m.	22		🥌
Wildhaus (SG)	456	1050 m./2262 m.	19	18	🥌
Zermatt (VS) (mit Zahnradbahn)	462	1620 m./3883 m.	55		🥌
Zinal (VS)	469	1670 m./2896 m.	7	20	
Zuoz (GR)	497	1716 m./2465 m.	5	185	🥌
Zweisimmen (BE)	–	948 m./2011 m.	19	35	

Patinoire Skating rink Pattinatoio Eisbahn	Piscine couverte Indoor pool Picina copperta Hallenbad	Liaison avec Reliable by Riggato de Verbindung mit	:	
⛸		Top of Snow Corviglia: St. Moritz-Celerina	081 837 33 33	**Sankt Moritz** (GR)
		Zweisimmen/ Schönried/Saanenmöser	033 729 80 46	**Sankt Stephan** (BE)
⛸	🏊		081 659 16 16	**Savognin** (GR)
			026 412 13 13	**Schwarzsee** (FR)
⛸	🏊	Motta Naluns: Ftan-Scuol-Sent	081 861 22 22	**Scuol/Schuls** (GR)
⛸	🏊	Oberalppass	081 920 40 30	**Sedrun** (GR)
⛸	🏊		021 845 17 77	**Le Sentier/ Vallée de Joux** (VD)
⛸	🏊	Silvaplana-Surlej	081 838 50 50	**Sils-Maria** (GR)
⛸		Sils-Maria	081 838 60 00	**Silvaplana** (GR)
⛸	🏊		041 488 11 85	**Sörenberg** (LU)
⛸			081 650 90 30	**Splügen** (GR)
	🏊	4 Vallées: Verbier/Nendaz/ Thyon/Veysonnaz/ La Tzoumaz	027 281 27 27	**Thyon - Les Collons** (VS)
			027 973 32 32	**Ulrichen** (VS)
	🏊		055 414 10 10	**Unteriberg** (SZ)
		Obertoggenburg: Alt St. Johann/ Unterwasser/Wildhaus	071 999 19 23	**Unterwasser** (SG)
⛸			081 858 58 58	**Val Müstair: Müstair-Tschierv** (GR)
⛸	🏊	4 Vallées: Verbier/ Nendaz/Thyon/ Veysonnaz/La Tzoumaz	027 775 38 88	**Verbier** (VS)
⛸	🏊	4 Vallées: Verbier/ Nendaz/Thyon/ Veysonnaz/La Tzoumaz	027 207 10 53	**Veysonnaz** (VS)
⛸	🏊	Les Diablerets/Gryon	024 495 32 32	**Villars-sur-Ollon** (VD)
⛸	🏊	Grindelwald	033 855 14 14	**Wengen** (BE) (mit Zahnradbahn)
⛸		Obertoggenburg: Alt St. Johann/ Unterwasser/Widhaus	071 999 27 27	**Wildhaus** (SG)
⛸		Cervinia (I)/ Valtournenche (I)	027 966 81 00	**Zermatt** (VS) (mit Zahnradbahn)
⛸	🏊		027 475 13 70	**Zinal** (VS)
⛸			081 854 15 10	**Zuoz** (GR)
		St. Stephan/Schönried/ Saanenmöser	033 722 11 33	**Zweisimmen** (BE)

Cartes des stations de sports d'hiver

- ● Stations de sports d'hiver
- Téléphérique
- Funiculaire, voie à crémaillère
- Transport des autos par voie ferrrée

État des routes. Informations routières : ✆ 163

11-5 Fermeture possible en période d'enneigement. *(Ex : Novembre-Mai)*

Karte der Wintersportorte

- ● Wintersportort
- Seilbahn
- Standseilbahn, Zahnradbahn
- Autotransport per Bahn

Strassenzustand Telefonische Auskunft: ✆ 163

11-5 Ggf. Wintersperre. *(Beisp. : November-Mai)*

Carte delle stazioni di sport invernali

- ● Stazione di sport invernali
- Funivia
- Funicolare, ferrovia a cremagliera
- Trasporto auto su treno

Informazioni sullo stato delle strade: ✆ 163

11-5 Chiusura possibile in periodo d'innevamento. *(Esempio : Novembre-Maggio)*

Map of winter sports stations

- ● Winter sports resort
- Cablecar
- Funicular, rack railway
- Transportation of vehicles by rail

For the latest road conditions: ✆ 163

11-5 Approximate period when roads are snowbound and possibly closed. *(Ex : November-May)*

RHEIN
A 35
N 19
D 419
Belfort
BASEL
FRANCE
A 36
Doubs
Doubs
Saignelégier
(Franches-Montagnes)
Solothurn
Besançon
Mont Crosin
Mont Soleil
A 5
N 57
Saint-Imier
Biel/
Bienne
D 461
La Chaux-de-Fonds
A 1
18
Neuchâtel
A 1
BERN
Fleurier
(Val-de-Travers)
A 5
Lac de Neuchâtel
Aare
A 6
N 57
Fribourg
A 1
Schwarzsee
11
Charmey
A 12
Saanenmöser
Zweisimmen
Les Paccots
Schönried
Sankt Stephan
Le Sentier
(Vallée de Joux)
LAUSANNE
Rougemont
A 9
Château-d'Oex
Gstaad
Lenk
A 1
Montreux
Saint-Cergue
LAC LÉMAN
Les Mosses
Les
Diablerets
Crans-
Montana
Leysin
D 1005
11
1732
Col de la Croix
Anzère
D 1005
Villars-
s-Ollon
11-5
Sion
A 9
A 9
Morgins
Ovronnaz
Veysonnaz
Champéry
Rhône
Haute-
Nendaz
Thyon-
Les Collons
RHÔNE
GENÈVE
Les Marécottes
FRANCE
Martigny
Verbier
A 40
Chamonix
Tunnel du Gr.
St. Bernard
MONT BLANC

DEUTSCHLAND
RHEIN
A 35
Schaffhausen
15
A 7
A 1
BASEL
A 3
Aare
Winterthur
A 2
A 1
ZÜRICH
Reuss
A 3
18
Solothurn
Aare
A 5
A 2
Zug
A 14
8
Einsiedeln
Unteriberg
Oberiberg
A 1
Luzern
Braunwa
Hoch-Ybrig
A 2
10
4
Altdorf
1948
Klausenpas
17
10-5
BERN
Aare
A 6
Sörenberg
10-5
Engelberg
3239
Titlis
Hasliberg
11
19
Sedrun
Disen
Must
Meiringen
2259
Sustenpass
2044
Interlaken
A 8
6
11-5
Andermatt
Oberalppass
11-5
11
Grindelwald
11-5
Realp
11-5
11-5
Wengen
Lauterbrunnen
Furkapass
2431
St. Gotthardpass
P.so del S. Gottardo
2108
Grimselpass
2165
11-5
2970
Schilthorn
Mürren
4158
Jungfrau
Oberwald
Ulrichen
Zweisimmen
Sankt Stephan
Münster
11-5
Kandersteg
Fiescheralp
Adelboden
Lötschbergtunnel
Bettmeralp
19
A 2
Lenk
Lauchernalp
Riederalp
Rotten
taad
Leukerbad
Belalp
Fiesch
Blatten bei Naters
Crans-Montana
Aminona
Goppenstein
Brig
erets
Croix
Anzère
Visp
Simplonpass
Sion
A 9
2005
Locarno
Saint-Luc
Veysonnaz
9
Grimentz
Grächen
Saas Grund
Thyon-Les Collons
Zinal
Täsch
Saas Fee
Verbier
S 34
Maggiore
ZERMATT
MATTERHORN
4478
MONTE ROSA
4634
Cervinia
Valtournenche
ITALIA
Lago

Konstanz
Bodensee
Bregenz
DEUTSCHLAND
A 96
A 1
Sankt Gallen
8
Appenzell
A 13
ÖSTERREICH
A 12
A 14
St. Anton
S 16
Unterwasser
Wildhaus
Vaduz
Steg
Malbun
LIECHTENSTEIN
A 3
Flumserberg
Ischgl
Samnaun
28
Klosters
Sent
27
Ftan
Scuol (Schuls)
Tarasp-Vulpera
Rhein
Chur
Laax
Flims
Falera
Waltensburg/ Vuorz
Obersaxen Meierhof
Churwalden
DAVOS
Arosa
2383
Flüelapass
Susch
Zernez
Lenzerheide/ Lai
11-5
11-6
Thusis
Tschierv
Fuldera
Müstair
Sta. Maria i. M. (Val Müstair)
Albulapass
2312
Zuoz
Savognin
Bever
Celerina/ Schlarigna
Samedan
Splügen
Pontresina
Splügenpass/ P.so dello Spluga
SANKT MORITZ
Galleria del Bernardino
Silvaplana
2328
Sils-Maria
Maloja
P.so del Bernina
10-5
4049
Piz Bernina
3
S 36
A 13
S 39
S 38
Adda
Bellinzona
Como
Lago di Como
ITALIA
Oglio
Como

Jours fériés en Suisse

Date Datum Data	Jour férié Feiertag Giorno festivo	AI	AG	AR	BE	BL	BS	FR	GE	GL	GR	JU	LU	NE
1 janv. 1 Jan. 1 gennaio	Nouvel An Neujahrstag Capodanno	●	●	●	●	●	●	●	●	●	●	●	●	●
2 janv. 2 Jan. 2 gennaio	Berchtoldstag		●		●			●		●		●	●	
6 janv. 6 Jan. 6 gennaio	Epiphanie Dreikönigstag Epifania													
1 mars 1 März 1 marzo	Instauration de la République													●
19 mars 19 März 19 marzo	Saint-Joseph Josephstag San Giuseppe												●	
21 mars 21 März 21 marzo	Vendredi Saint Karfreitag Venerdì santo	●	●	●	●	●	●	●	●	●	●	●	●	●
24 mars 24 März 24 marzo	Lundi de Pâques Ostermontag Lunedì di Pasqua	●	●	●	●	●	●	●	●	●	●	●	●	●
3 avril 3 April 3 aprile	Fahrtsfest									●				
1 mai 1 Mai 1 maggio	Fête du travail Tag der Arbeit Festa del lavoro					●	●					●		
1 mai 1 Mai 1 maggio	Ascension Auffahrt Ascensione	●	●	●	●	●	●	●	●	●	●	●	●	●
12 mai 12 Mai 12 maggio	Lundi de Pentecôte Pfingstmontag Lunedì di Pentecoste	●	●	●	●	●	●	●	●	●	●	●	●	●
22 mai 22 Mai 22 maggio	Fête-Dieu Fronleichnam Corpus Domini	●	●					●				●	●	
23 juin 23 Juni 23 giugno	Commémoration du Plébiscite jurassien											●		
29 juin 29 Juni 29 giugno	Sts-Pierre-et-Paul Peter und Paul SS. Pietro e Paolo													
1 août 1 Aug. 1 agosto	Fête nationale Bundesfeier Festa nazionale	●	●	●	●	●	●	●	●	●	●	●	●	●
15 août 15 Aug. 15 agosto	Assomption Maria Himmelfahrt Assunzione	●	●					●				●	●	
11 sept. 11 Sept. 11 settembre	Jeûne genevois Genfer Bettag Digiuno ginevrino								●					
22 sept. 22 Sept. 22 settembre	Lundi du Jeûne fédéral/ Bettagsmontag/ Lunedì del digiuno federale													●

Feiertage in der Schweiz

Giorni festivi in Svizzera

NW	OW	SG	SH	SO	SZ	TG	TI	UR	VD	VS	ZG	ZH	Jour férié Feiertag Giorno festivo	Date Datum Data
•	•	•	•	•	•	•	•	•	•	•	•	•	Nouvel an Neujahrstag Capodanno	1 janv. 1 Jan. 1 gennaio
	•		•	•		•			•		•	•	Berchtoldstag	2 janv. 2 Jan. 2 gennaio
					•		•	•					Épiphanie Dreikönigstag Epifania	6 janv. 6 Jan. 6 gennaio
													Instauration de la république	1 mars 1 März 1 marzo
•					•		•	•		•			Saint-Joseph Josephstag San Giuseppe	19 mars 19 März 19 marzo
•	•	•	•	•	•	•		•	•		•	•	Vendredi Saint Karfreitag Venerdì santo	21 mars 21 März 21 marzo
•	•	•	•	•	•	•	•	•	•		•	•	Lundi de Pâques Ostermontag Lunedì di Pasqua	24 mars 24 März 24 marzo
													Fahrtsfest	3 avril 3 April 3 aprile
			•			•	•					•	Fête du travail Tag der Arbeit Festa del lavoro	1 mai 1 Mai 1 maggio
•	•	•	•	•	•	•	•	•	•	•	•	•	Ascension Auffahrt Ascensione	1 mai 1 Mai 1 maggio
•	•	•	•	•	•	•	•	•	•		•	•	Lundi de Pentecôte Pfingstmontag Lunedì di Pentecoste	12 mai 12 Mai 12 maggio
•	•			•	•		•	•		•	•		Fête-Dieu Fronleichnam Corpus Domini	22 mai 22 Mai 22 maggio
													Commémoration du Plébiscite jurassien	23 juin 23 Juni 23 giugno
							•						Sts-Pierre-et-Paul Peter und Paul SS. Pietro e Paolo	29 juin 29 Juni 29 giugno
•	•	•	•	•	•	•	•	•	•	•	•	•	Fête nationale Bundesfeier Festa nazionale	1 août 1 Aug. 1 agosto
•	•			•	•		•	•		•	•		Assomption Maria Himmelfahrt Assunzione	15 août 15 Aug. 15 agosto
													Jeûne genevois Genfer Bettag Digiuno ginevrino	11 sept. 11 Sept. 11 settembre
									•				Lundi du Jeûne fédéral/ Bettagsmontag/Lunedì del digiuno federale	22 sept. 22 Sept. 22 settembre

Date Datum Data	Jour férié Feiertag Giorno festivo	AI	AG	AR	BE	BL	BS	FR	GE	GL	GR	JU	LU	NE
25 sept. 25 Sept. 25 settembre	Fête de St-Nicolas de Flüe/Bruderklausenfest/San Nicolao della Flüe													
1 nov. 1 Nov. 1 novembre	Toussaint Allerheiligen Ognissanti	●	●					●		●		●	●	
8 déc. 8 Dez. 8 dicembre	Immaculée Conception/ Maria Empfängnis/ Immacolata	●	●					●					●	
25 déc. 25 Dez. 25 dicembre	Noël/ Weihnachtstag Natale	●	●	●	●	●	●	●	●	●	●	●	●	●
26 déc. 26 Dez. 26 dicembre	Saint-Etienne Stephanstag Santo Stefano	●	●	●	●	●	●	●		●	●		●	
31 déc. 31 Dez. 31 dicembre	Restauration de la République								●					

NW	OW	SG	SH	SO	SZ	TG	TI	UR	VD	VS	ZG	ZH	Jour férié Feiertag Giorno festivo	Date Datum Data
	●												Fête de St-Nicolas de Flüe/Bruderklau-senfest/San Nicolao della Flüe	25 sept. 25 Sept. 25 settembre
●	●	●		●	●		●	●		●	●		Toussaint Allerheiligen Ognissanti	1 nov. 1 Nov. 1 novembre
●	●				●		●	●		●	●		Immaculée Conception/ Maria Empfängnis/ Immacolata	8 déc. 8 Dez. 8 dicembre
●	●	●	●	●	●	●	●	●	●	●	●	●	Noël/ Weihnachtstag Natale	25 déc. 25 Dez. 25 dicembre
●	●	●	●	●	●	●	●	●			●	●	Saint-Etienne Stephanstag Santo Stefano	26 déc. 26 Dez. 26 dicembre
													Restauration de la République	31 déc. 31 Dez. 31 dicembre

Principales foires

Wichtigste Messen
Principali fiere
Main fairs

BASEL (BS)

15.02 – 24.02 – MUBA

→ Die Publikums- und Erlebnismesse.
→ La foire-événement grand public.

03.04 – 10.04 – BASELWORLD

→ Weltmesse für Uhren und Schmuck.
→ Foire mondiale de l'horlogerie et de la bijouterie.

25.10 – 02.11

→ Basler Herbstwarenmesse und Basler Weinmesse.
→ Foire commerciale d'automne et foire aux vins de Bâle.

BERN (BE)

25.04 – 04.05 – BEA

→ Ausstellung für Gewerbe, Landwirtschaft, Handel und Industrie.
→ Comptoir de Berne.

GENÈVE (GE)

06.03 – 16.03

→ Salon international de l'automobile.
→ Internationaler Automobil- Salon.

02.04 – 06.04

→ Salon international des inventions, des techniques et produits nouveaux.
→ Internationale Messe für Erfindungen, neue Techniken und Produkte.

30.04 – 04.05

→ Salon international du livre et de la presse.
→ Internationale Messe für Buch und Presse.

30.04 – 04.05 – EUROP'ART

→ Foire internationale d'art ancien, moderne et actuel.
→ Internationale Messe für alte, moderne und aktuelle Kunst.

14.11 – 23.11 – FOIRE DE GENÈVE

→ Salon des arts ménagers.
→ Haus und Heim Ausstellung.

LAUSANNE (VD)

23.02 – 02.03

→ Exposition Habitat et Jardin.
→ Haus und Garten Ausstellung.

19.09 – 28.09 – COMPTOIR SUISSE

→ Foire nationale.
→ Nationale Messe.

09.11 – 12.11 – GASTRONOMIA

→ Salon international de l'alimentation, de la restauration et de l'hôtellerie.
→ Internationale Fachmesse für Lebensmittel, Hotel und Gastgewerbe

LUZERN (LU)

25.04 – 04.05 – LUGA

→ Luzerner Landwirtschafts- und Gewerbeausstellung.
→ Exposition pour l'agriculture et l'artisanat de la Suisse centrale.

SANKT GALLEN (SG)

02.04 – 06.04 – OFFA

→ Ostschweizer Frühlings- und Freizeitmesse mit OFFA-Pferdemesse.
→ Foire du printemps et des loisirs de la Suisse orientale, avec exposition internationale de chevaux.

09.10 - 19.10 - OLMA

→ Schweizer Messe für Land- und Milchwirtschaft.

→ Foire suisse de l'agriculture et de l'industrie laitière.

ZÜRICH (ZH)

20.05 - 23.05 - ORBIT-IEX

→ Fachmesse für Informatik, Kommunikation und Organisation.

→ Salon de l'informatique, de la communication et de l'organisation.

26.09 - 05.10 - ZÜSPA

→ Zürcher Herbstschau für Haushalt, Wohnen, Sport und Mode.

→ Salon d'automne zurichois des arts ménagers, du logement, du sport et de la mode.

31.10 - 13.11 - EXPOVINA

→ Zürcher Wein Ausstellung.

→ Salon du vin.

Lexique

Lexikon (siehe S. 527)

Lessico (vedere p. 534)

Lexicon

A	→	→	→
à louer	zu vermieten	a noleggio	for hire
addition	Rechnung	conto	bill, check
aéroport	Flughafen	aeroporto	airport
agence de voyage	Reisebüro	agenzia di viaggio	travel bureau
agencement	Einrichtung	installazione	installation
agneau	Lamm	agnello	lamb
ail	Knoblauch	aglio	garlic
amandes	Mandeln	mandorle	almonds
ancien, antique	ehemalig, antik	vecchio, antico	old, antique
août	August	agosto	August
art-déco	Jugendstil	art-déco, liberty	Art Deco
artichaut	Artischocke	carciofo	artichoke
asperges	Spargeln	asparagi	asparagus
auberge	Gasthaus	locanda	inn
aujourd'hui	heute	oggi	today
automne	Herbst	autunno	autumn
avion	Flugzeug	aereo	aeroplane
avril	April	aprile	April

B	→	→	→
bac	Fähre	traghetto	ferry
bagages	Gepäck	bagagli	luggage
bateau	Boot, Schiff	barca	ship
bateau à vapeur	Dampfer	batello a vapore	steamer
baudroie	Seeteufel	pescatrice	angler fish
beau	schön	bello	fine, lovely
bette	Mangold	bietola	chards
beurre	Butter	burro	butter
bien, bon	gut	bene, buono	good, well
bière	Bier	birra	beer
billet d'entrée	Eintrittskarte	biglietto d'ingresso	admission ticket
blanchisserie	Wäscherei	lavanderia	laundry
bœuf bouilli	Siedfleisch	bollito di manzo	boiled beef
bouillon	Fleischbrühe	brodo	clear soup
bouquetin	Steinbock	stambecco	ibex
bouteille	Flasche	bottiglia	bottle
brochet	Hecht	luccio	pike

C	→	→	→
cabri, chevreau	Zicklein, Gitzi	capretto	young goat
café	Kaffee	caffè	coffee
café-restaurant	Wirtschaft	ristorante-bar	café-restaurant
caille	Wachtel	quaglia	partridge
caisse	Kasse	cassa	cash desk
campagne	Land	campagna	country
canard, caneton	Ente, junge Ente	anatra	duck
cannelle	Zimt	cannella	cinnamon
câpres	Kapern	capperi	capers
carnaval	Fasnacht	carnevale	carnival
carottes	Karotten	carote	carrots
carpe	Karpfe	carpa	carp
carte postale	Postkarte	cartolina postale	postcard
cascades, chutes	Wasserfälle	cascate	waterfalls
céleri	Sellerie	sedano	celery
cépage	Rebsorte	ceppo	grape variety
cèpes, bolets	Steinpilze	boleto	ceps
cerf	Hirsch	cervo	stag (venison)
cerises	Kirschen	ciliegie	cherries
cervelle de veau	Kalbshirn	cervella di vitello	calf's brain
chaînes	Schneeketten	catene da neve	snow chain
chambre	Zimmer	camera	room
chamois	Gems	camoscio	chamois
champignons	Pilze	funghi	mushrooms
change	Geldwechsel	cambio	exchange
charcuterie	Aufschnitt	salumi	pork butcher's meat
château	Burg, Schloss	castello	castle
chevreuil	Reh	capriolo	roe deer (venison)
chien	Hund	cane	dog
chou	Kraut, Kohl	cavolo	cabbage
chou de Bruxelles	Rosenkohl	cavolini di Bruxelles	Brussel sprouts
chou rouge	Rotkraut	cavolo rosso	red cabbage
chou-fleur	Blumenkohl	cavolfiore	cauliflower
choucroute	Sauerkraut	crauti	sauerkraut
circuit	Rundfahrt	circuito	round tour
citron	Zitrone	limone	lemon
clé	Schlüssel	chiave	key
col	Pass	passo	pass
collection	Sammlung	collezione	collection
combien ?	wieviel ?	quanto ?	how much ?
commissariat	Polizeirevier	commissariato	police headquarters
concombre	Gurke	cetriolo	cucumber
confiture	Konfitüre	marmellata	jam
coquille Saint-Jacques	Jakobsmuschel	cappasanta	scallops
corsé	kräftig	robusto	full bodied
côte de porc	Schweinekotelett	braciola di maiale	pork chop
côte de veau	Kalbskotelett	costata di vitello	veal chop
courge	Kürbis	zucca	pumpkin
courgettes	Zucchini	zucchino	zucchini
crème	Rahm	panna	cream
crêpes	Pfannkuchen	crespella	pancakes
crevaison	Reifenpanne	foratura	puncture
crevettes	Krevetten	gamberetti	shrimps, prawns
crudités	Rohkost	verdure crude	raw vegetables
crustacés	Krustentiere	crostacei	crustaceans
cuissot	Keule	cosciotto	leg

D

débarcadère	Schiffanlegestelle	pontile di sbarco	landing-wharf
décembre	Dezember	dicembre	December
demain	morgen	domani	tomorrow
demander	fragen, bitten	domandare	to ask for
départ	Abfahrt	partenza	departure
dimanche	Sonntag	domenica	Sunday
docteur	Arzt	dottore	doctor
doux	mild	dolce	sweet, mild

E

eau gazeuse	mit Kohlensäure (Wasser)	acqua gasata	sparkling water
eau minérale	Mineralwasser	acqua minerale	mineral water
écrevisse	Flusskrebs	gambero	crayfish
église	Kirche	chiesa	church
émincé	Geschnetzeltes	a fettine	thin slice
en daube, en sauce	geschmort, mit Sauce	stracotto,in salsa	stewed, with sauce
en plein air	im Freien	all'aperto	outside
endive	Endivie	indivia	chicory
entrecôte	Zwischenrippenstück	costata	sirloin steak
enveloppes	Briefumschläge	buste	envelopes
épinards	Spinat	spinaci	spinach
escalope panée	paniertes Schnitzel	cotoletta alla milanese	escalope in breadcrumbs
escargots	Schnecken	lumache	snails
étage	Stock, Etage	piano	floor
été	Sommer	estate	summer
excursion	Ausflug	escursione	excursion
exposition	Ausstellung	esposizione, mostra	exhibition, show

F

faisan	Fasan	fagiano	pheasant
farci	gefüllt	farcito	stuffed
fenouil	Fenchel	finocchio	fennel
féra	Felchen	coregone	dace
ferme	Bauernhaus	fattoria	farm
fermé	geschlossen	chiuso	closed
fêtes, jours fériés	Feiertage	giorni festivi	bank holidays
feuilleté	Blätterteig	sfoglia	puff pastry
février	Februar	febbraio	February
filet de bœuf	Rinderfilet	filetto di bue	fillet of beef
filet de porc	Schweinefilet	filetto di maiale	fillet of pork
fleuve	Fluss	fiume	river
foie de veau	Kalbsleber	fegato di vitello	calf's liver
foire	Messe, Ausstellung	fiera	fair
forêt, bois	Wald	foresta, bosco	forest, wood
fraises	Erdbeeren	fragole	strawberries
framboises	Himbeeren	lamponi	raspberries
fresques	Fresken	affreschi	frescoes
frit	fritiert	fritto	fried
fromage	Käse	formaggio	cheese

fromage blanc	Quark	formaggio fresco	curd cheese
fruité	fruchtig	fruttato	fruity
fruits de mer	Meeresfrüchte	frutti di mare	seafood
fumé	geräuchert	affumicato	smoked

G	→	→	→
gare	Bahnhof	stazione	station
gâteau	Kuchen	dolce	cake
genièvre	Wacholder	coccola	juniper berry
gibier	Wild	selvaggina	game
gingembre	Ingwer	zenzero	ginger
girolles	Pfifferlinge, Eierschwämme	gallinacci (funghi)	chanterelles
glacier	Gletscher	ghiacciaio	glacier
grillé	gegrillt	alla griglia	grilled
grotte	Höhle	grotta	cave

H	→	→	→
habitants	Einwohner	abitanti	residents, inhabitants
hebdomadaire	wöchentlich	settimanale	weekly
hier	gestern	ieri	yesterday
hiver	Winter	inverno	winter
homard	Hummer	astice	lobster
hôpital	Krankenhaus	ospedale	hospital
hôtel de ville, mairie	Rathaus	municipio	town hall
huile d'olives	Olivenöl	olio d'oliva	olive oil
huîtres	Austern	ostriche	oysters

I – J	→	→	→
interdit	verboten	vietato	prohibited
jambon (cru, cuit)	Schinken (roh, gekocht)	prosciutto (crudo, cotto)	ham (raw, cokked)
janvier	Januar	gennaio	January
jardin, parc	Garten, Park	giardino, parco	garden, park
jeudi	Donnerstag	giovedì	Thursday
journal	Zeitung	giornale	newspaper
jours fériés	Feiertage	festivi	bank holidays
juillet	Juli	luglio	July
juin	Juni	giugno	June
jus de fruits	Fruchtsaft	succo di frutta	fruit juice

L	→	→	→
lac	See	lago	lake
lait	Milch	latte	milk
langouste	Languste	aragosta	spiny lobster
langoustines	Langustinen	scampi	Dublin bay prawns
langue	Zunge	lingua	tongue
lapin	Kaninchen	coniglio	rabbit
léger	leicht	leggero	light
légumes	Gemüse	legume	vegetable
lentilles	Linsen	lenticchie	lentils
lièvre	Hase	lepre	hare
lit	Bett	letto	bed

lit d'enfant	Kinderbett	lettino	child's bed
lotte	Seeteufel	pescatrice	monkfish
loup de mer	Seewolf, Wolfsbarsch	branzino	sea bass
lundi	Montag	lunedì	Monday

M	→	→	→
mai	Mai	maggio	May
maison	Haus	casa	house
maison corporative	Zunfthaus	sede corporativa	guild house
manoir	Herrensitz	maniero	manor house
mardi	Dienstag	martedì	Tuesday
mariné	mariniert	marinato	marinated
mars	März	marzo	March
mercredi	Mittwoch	mercoledì	Wednesday
miel	Honig	miele	honey
moelleux	weich, gehaltvoll	vellutato	mellow
monument	Denkmal	monumento	monument
morilles	Morcheln	spugnole (funghi)	morels
moules	Muscheln	cozze	mussels
moulin	Mühle	mulino	mill
moutarde	Senf	senape	mustard

N	→	→	→
navet	weisse Rübe	navone	turnip
neige	Schnee	neve	snow
Noël	Weihnachten	Natale	Christmas
noisettes, noix	Haselnüsse, Nüsse	nocciole, noci	hazelnuts, nuts
nombre de couverts limités	Tischbestellung ratsam	coperti limitati-prenotare	booking essential
nouilles	Nudeln	tagliatelle, fettuccine	noodles
novembre	November	novembre	November

O	→	→	→
octobre	Oktober	ottobre	October
œuf à la coque	weiches Ei	uovo à la coque	soft-boiled egg
office de tourisme	Verkehrsverein	informazioni turistiche	tourist information office
oignons	Zwiebeln	cipolle	onions
omble chevalier	Saibling	salmerino	char
ombragé	schattig	ombreggiato	shaded
oseille	Sauerampfer	acetosella	sorrel

P	→	→	→
pain	Brot	pane	bread
Pâques	Ostern	pasqua	Easter
pâtisseries	Feingebäck, Kuchen	pasticceria	pastries
payer	bezahlen	pagare	to pay
pêches	Pfirsiche	pesche	peaches
peintures, tableaux	Malereien, Gemälde	dipinti, quadri	paintings
perche	Egli	persico	perch
perdrix, perdreau	Rebhuhn	pernice	partridge
petit déjeuner	Frühstück	prima colazione	breakfast
petits pois	grüne Erbsen	piselli	green peas
piétons	Fussgänger	pedoni	pedestrians

pigeon	Taube	piccione	pigeon
pinacothèque	Gemäldegalerie	pinacoteca	picture gallery
pintade	Perlhuhn	faraona	guinea fowl
piscine, -	Schwimmbad	piscina,	swimming pool,
couverte	Hallen-	- coperta	in-door -
plage	Strand	spiaggia	beach
pleurotes	Austernpilze	gelone	oyster mushrooms
pneu	Reifen	pneumatico	tyre
poireau	Lauch	porro	leek
poires	Birnen	pere	pears
pois gourmands	Zuckerschoten	taccole	mange tout
poisson	Fisch	pesce	fish
poivre	Pfeffer	pepe	pepper
police	Polizei	polizia	police
pommes	Äpfel	mele	apples
pommes de terre,	Kartoffeln,	patate,	potatoes,
- à l'eau	Salz -	- bollite	boiled -
pont	Brücke	ponte	bridge
ponton d'amarrage	Bootsteg	pontile	jetty
poulet	Hähnchen	pollo	chicken
pourboire	Trinkgeld	mancia	tip
poussin	Kücken	pulcino	young chicken
printemps	Frühling	primavera	spring
promenade	Spaziergang	passeggiata	walk
prunes	Pflaumen	prugne	plums

Q	→	→	→
quetsche	Zwetschge	grossa susina	dark-red plum
queue de bœuf	Ochsenschwanz	coda di bue	oxtail

R	→	→	→
raie	Rochen	razza	skate
raifort	Meerrettich	rafano	horseradish
raisin	Traube	uva	grape
régime	Diät	dieta	diet
remonte-pente	Skilift	ski-lift	ski-lift
renseignements	Auskünfte	informazioni	information
repas	Mahlzeit	pasto	meal
réservation	Tischbestellung	prenotazione	booking
résidents seulement	nur Hotelgäste	solo per clienti alloggiati	residents only
ris de veau	Kalbsbries, Milken	animelle di vitello	sweetbread
rive, bord	Ufer	riva	shore, river bank
rivière	Fluss	fiume	river
riz	Reis	riso	rice
roches, rochers	Felsen	rocce	rocks
rognons	Nieren	rognone	kidneys
rôti	gebraten	arrosto	roasted
rouget	Rotbarbe	triglia	red mullet
rue	Strasse	strada	street
rustique	rustikal, ländlich	rustico	rustic

S	→	→	→
saignant	englisch gebraten	al sangue	rare
Saint-Pierre (poisson)	Sankt-Peters Fisch	sampietro (pesce)	John Dory (fish)
safran	Safran	zafferano	saffron
salle à manger	Speisesaal	sala da pranzo	dining-room
salle de bain	Badezimmer	stanza da bagno	bathroom
samedi	Samstag	sabato	Saturday
sandre	Zander	lucio perca	perch pike
sanglier	Wildschwein	cinghiale	wild boar
saucisse	Würstchen	salsiccia	sausage
saucisson	Trockenwurst	salame	sausage
sauge	Salbei	salvia	sage
saumon	Lachs	salmone	salmon
sculptures sur bois	Holzschnitzereien	sculture in legno	wood carvings
sec	trocken	secco	dry
sel	Salz	sale	salt
semaine	Woche	settimana	week
septembre	September	settembre	September
service compris	Bedienung inbegriffen	servizio incluso	service included
site, paysage	Landschaft	località, paesaggio	site, landscape
soir	Abend	sera	evening
sole	Seezunge	sogliola	sole
sucre	Zucker	zucchero	sugar
sur demande	auf Verlangen	a richiesta	on request
sureau	Holunder	sambuco	elderbarry

T	→	→	→
tarte	Torte	torta	tart
téléphérique	Luftseilbahn	funivia	cable car
télésiège	Sessellift	seggiovia	chair lift
thé	Tee	tè	tea
thon	Thunfisch	tonno	tuna
train	Zug	treno	train
train à crémaillère	Zahnradbahn	treno a cremagliera	rack railway
tripes	Kutteln	trippa	tripe
truffes	Trüffeln	tartufi	truffles
truite	Forelle	trota	trout
turbot	Steinbutt	rombo	turbot

V	→	→	→
vacances, congés	Ferien	vacanze	holidays
vallée	Tal	vallata	valley
vendredi	Freitag	venerdì	Friday
verre	Glas	bicchiere	glass
viande séchée	Trockenfleisch	carne secca	dried meats
vignes, vignoble	Reben, Weinberg	vite, vigneto	vines, vineyard
vin blanc sec	herber Weisswein	vino bianco secco	dry white wine
vin rouge, rosé	Rotwein, Rosé	vino rosso, rosato	red wine, rosé
vinaigre	Essig	aceto	vinegar
voiture	Wagen	machina	car
volaille	Geflügel	pollame	poultry
vue	Aussicht	vista	view

Lexikon

Lexique (voir page 520)

Lessico (vedere p. 534)

Lexicon

A	→	→	→
Abend	soir	sera	evening
Abfahrt	départ	partenza	departure
Äpfel	pommes	mele	apples
April	avril	aprile	April
Artischocke	artichaut	carciofo	artichoke
Arzt	docteur	dottore	doctor
auf Verlangen	sur demande	a richiesta	on request
Aufschnitt	charcuterie	salumi	pork butcher's meat
August	août	agosto	August
Ausflug	excursion	escursione	excursion
Auskünfte	renseignements	informazioni	information
Aussicht	vue	vista	view
Ausstellung	exposition	esposizione, mostra	exhibition, show
Austern	huîtres	ostriche	oysters
Austernpilze	pleurotes	gelone	oyster mushrooms
Auto	voiture	Vettura	car

B	→	→	→
Badezimmer	salle de bain	stanza da bagno	bathroom
Bahnhof	gare	stazione	station
Bauernhaus	ferme	fattoria	farm
Bedienung inbegriffen	service compris	servizio incluso	service included
Bett	lit	letto	bed
bezahlen	payer	pagare	to pay
Bier	bière	birra	beer
Birnen	poires	pere	pears
Blätterteig	feuilletage	pasta sfoglia	puff pastry
Blumenkohl	chou-fleur	cavolfiore	cauliflower
Boot, Schiff	bateau	barca	ship
Bootsteg	ponton d'amarrage	pontile	jetty
Briefumschläge	enveloppes	buste	envelopes
Brot	pain	pane	bread
Brücke	pont	ponte	bridge
Burg, Schloss	château	castello	castle
Butter	beurre	burro	butter

C - D	→	→	→
Dampfer	bateau à vapeur	batello a vapore	steamer
Denkmal	monument	monumento	monument

Dezember	décembre	dicembre	December
Diät	régime	dieta	diet
Dienstag	mardi	martedì	Tuesday
Donnerstag	jeudi	giovedì	Thursday

E	→	→	→
Egli	perche	persico	perch
ehemalig, antik	ancien, antique	vecchio, antico	old, antique
Ei	œuf	uovo	egg
Einrichtung	agencement	installazione	installation
Eintrittskarte	billet d'entrée	biglietto d'ingresso	admission ticket
Einwohner	habitants	abitanti	residents, inhabitants
Endivie	endive	indivia	chicory
englisch gebraten	saignant	al sangue	rare
Ente, junge Ente	canard, caneton	anatra	duck
Erdbeeren	fraises	fragole	strawberries
Essig	vinaigre	aceto	vinegar

F	→	→	→
Fähre	bac	traghetto	ferry
Fasan	faisan	fagiano	pheasant
Fasnacht	carnaval	carnevale	carnival
Februar	février	febbraio	February
Feiertage	jours fériés	festivi	bank holidays
Feingebäck, Kuchen	pâtisseries	pasticceria	pastries
Felchen	féra	coregone	dace
Felsen	roches, rochers	rocce	rocks
Fenchel	fenouil	finocchio	fennel
Ferien	vacances, congés	vacanze	holidays
Fisch	poisson	pesce	fish
Flasche	bouteille	bottiglia	bottle
Fleischbrühe	bouillon	brodo	clear soup
Flughafen	aéroport	aeroporto	airport
Flugzeug	avion	aereo	aeroplane
Fluss	fleuve, rivière	fiume	river
Flusskrebs	écrevisse	gambero	crayfish
Forelle	truite	trota	trout
fragen, bitten	demander	domandare	to ask for
Freitag	vendredi	venerdì	Friday
Fresken	fresques	affreschi	frescoes
fruchtig	fruité	fruttato	fruity
Fruchtsaft	jus de fruits	succo di frutta	fruit juice
Frühling	printemps	primavera	spring
Frühstück	petit déjeuner	prima colazione	breakfast
Fussgänger	piétons	pedoni	pedestrians

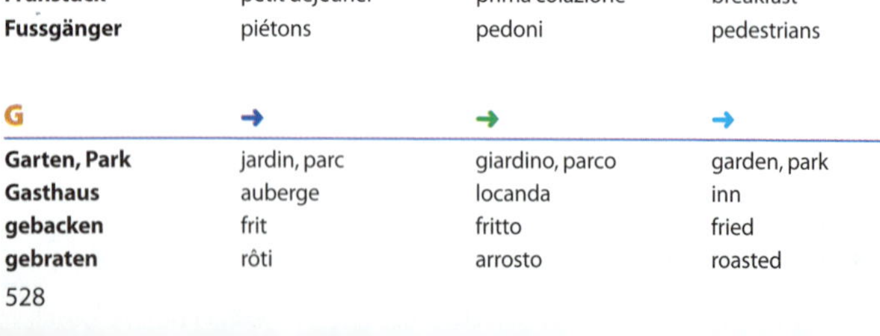

G	→	→	→
Garten, Park	jardin, parc	giardino, parco	garden, park
Gasthaus	auberge	locanda	inn
gebacken	frit	fritto	fried
gebraten	rôti	arrosto	roasted

Geflügel	volaille	pollame	poultry
gefüllt	farci	farcito	stuffed
gegrillt	grillé	alla griglia	grilled
Geldwechsel	change	cambio	exchange
Gemäldegalerie	pinacothèque	pinacoteca	picture gallery
Gems	chamois	camoscio	chamois
Gemüse	légumes	legume	vegetables
Gepäck	bagages	bagagli	luggage
geräuchert	fumé	affumicato	smoked
geschlossen	fermé	chiuso	closed
geschmort, mit Sauce	en daube, en sauce	stracotto, in salsa	stewed, with sauce
Geschnetzeltes	émincé	a fettine	thin slice
gestern	hier	ieri	yesterday
Glas	verre	bicchiere	glass
Gletscher	glacier	ghiacciaio	glacier
grüne Erbsen	petits pois	piselli	green peas
Gurke	concombre	cetriolo	cucumber
gut	bien, bon	bene, buono	good, well

H	→	→	→
Hähnchen	poulet	pollo	chicken
Hartwurst	saucisson	salame	sausage
Hase	lièvre	lepre	hare
Haselnüsse, Nüsse	noisettes, noix	nocciole, noci	hazelnuts, nuts
Haus	maison	casa	house
Hecht	brochet	luccio	pike
Herbst	automne	autunno	autumn
Herrensitz	manoir	maniero	manor house
heute	aujourd'hui	oggi	today
Himbeeren	framboises	lamponi	raspberries
Hirsch	cerf	cervo	stag (venison)
Höhle	grotte	grotta	cave
Holunder	sureau	sambuco	elderbarry
Holzschnitzereien	sculptures sur bois	sculture in legno	wood carvings
Honig	miel	miele	honey
Hummer	homard	astice	lobster
Hund	chien	cane	dog

I - J		→	→
im Freien	en plein air	all'aperto	outside
Ingwer	gingembre	zenzero	ginger
Jakobsmuschel	coquille Saint-Jacques	cappasanto	scallops
Januar	janvier	gennaio	January
Jugendstil	art-déco	art-déco, liberty	Art Deco
Juli	juillet	luglio	July
Juni	juin	giugno	June

K	→	→	→
Kaffee	café	caffè	coffee
Kalbshirn	cervelle de veau	cervella di vitello	calf's brain
Kalbskotelett	côte de veau	costata di vitello	veal chop
Kalbsleber	foie de veau	fegato di vitello	calf's liver
Kalbsbries, Milken	ris de veau	animelle di vitello	sweetbread

Kaninchen	lapin	coniglio	rabbit
Kapern	câpres	capperi	capers
Karotten	carottes	carote	carrots
Karpfe	carpe	carpa	carp
Kartoffeln, Salz -	pommes de terre, - à l'eau	patate, bollite	potatoes, boiled
Käse	fromage	formaggio	cheese
Kasse	caisse	cassa	cash desk
Keule	gigue, cuissot	cosciotto	leg
Kinderbett	lit d'enfant	lettino	child's bed
Kirche	église	chiesa	church
Kirschen	cerises	ciliegie	cherries
Knoblauch	ail	aglio	garlic
Konfitüre	confiture	marmellata	jam
kräftig	corsé	robusto	full bodied
Krankenhaus	hôpital	ospedale	hospital
Kraut, Kohl	chou	cavolo	cabbage
Krevetten	crevettes	gamberetti	shrimps, prawns
Krustentiere	crustacés	crostacei	crustaceans
Kuchen	gâteau	dolce	cake
Kücken	poussin	pulcino	young chicken
Kürbis	courge	zucca	pumpkin
Kutteln	tripes	trippa	tripe

L	→	→	→
Lamm	agneau	agnello	lamb
Lachs	saumon	salmone	salmon
Land	campagne	campagna	country
Landschaft	site, paysage	località, paesaggio	site, landscape
Languste	langouste	aragosta	spiny lobster
Langustinen	langoustines	scampi	Dublin bay prawns
Lauch	poireau	porri	leek
leicht	léger	leggero	light
Linsen	lentilles	lenticchie	lentils
Luftseilbahn	téléphérique	funivia	cable car

M	→	→	→
Mahlzeit	repas	pasto	meal
Mai	mai	maggio	May
Malereien, Gemälde	peintures, tableaux	dipinti, quadri	paintings
Mandeln	amandes	mandorle	almonds
Mangold	bette	bietola	chards
mariniert	mariné	marinato	marinated
März	mars	marzo	March
Meeresfrüchte	fruits de mer	frutti di mare	seafood
Meerrettich	raifort	rafano	horseradish
Messe, Ausstellung	foire	fiera	fair
Milch	lait	latte	milk
mild	doux	dolce	sweet, mild
Mineralwasser	eau minérale	acqua minerale	mineral water
mit Kohlensäure (Wasser)	eau gazeuse	acqua gasata	sparkling water
Mittwoch	mercredi	mercoledì	Wednesday
Montag	lundi	lunedì	Monday

Morcheln	morilles	spugnole (funghi)	morels
morgen	demain	domani	tomorrow
Mühle	moulin	mulino	mill
Muscheln	moules	cozze	mussels

N	→	→	→
Nieren	rognons	rognone	kidneys
November	novembre	novembre	November
nur für Hotelgäste	résidents seulement	solo per clienti alloggiati	residents only
Nudeln	nouilles	fettucine	noodles

O	→	→	→
Ochsenschwanz	queue de bœuf	coda di bue	oxtail
Oktober	octobre	ottobre	October
Olivenöl	huile d'olives	olio d'oliva	olive oil
Ostern	Pâques	pasqua	Easter

P	→	→	→
paniertes Schnitzel	escalope panée	cotolet a alla milanese	escalope in breadcrumbs
Pass	col	passo	pass
Perlhuhn	pintade	faraona	guinea fowl
Pfannkuchen	crêpes	crespella	pancakes
Pfeffer	poivre	pepe	pepper
Pfifferlinge, Eierschwämme	girolles	gallinacci (funghi)	chanterelles
Pfirsiche	pêches	pesche	peaches
Pflaumen	prunes	prugne	plums
Pilze	champignons	funghi	mushrooms
Polizei	police	polizia	police
Polizeirevier	commissariat	commissariato	police headquarters
Postkarte	carte postale	cartolina postale	postcard

Q	→	→	→
Quark	fromage blanc	formaggio fresco	curd cheese

R	→	→	→
Rahm	crème	panna	cream
Rathaus	hôtel de ville, mairie	municipio	town hall
Reben, Weinberg	vignes, vignoble	vite, vigneto	vines, vineyard
Rebhuhn	perdrix, perdreau	pernice	partridge
Rebsorte	cépage	ceppo	grape variety
Rechnung	addition	conto	bill, check
Reh	chevreuil	capriolo	roe deer (venison)
Reifen	pneu	pneumatico	tyre
Reifenpanne	crevaison	foratura	puncture
Reis	riz	riso	rice
Reisebüro	agence de voyage	agenzia di viaggio	travel bureau
Rinderfilet	filet de bœuf	filetto di bue	fillet of beef
Rochen	raie	razza	skate
Rohkost	crudités	verdure crude	raw vegetables
Rosenkohl	chou de Bruxelles	cavolini di Bruxelles	Brussel sprouts

Rotbarbe	rouget	triglia	red mullet
Rotkraut	chou rouge	cavolo rosso	red cabbage
Rotwein, Rosé	vin rouge, rosé	vino rosso, rosato	red wine, rosé
Rundfahrt	circuit	circuito	round tour
rustikal, ländlich	rustique	rustico	rustic

S	→	→	→
Safran	safran	zafferano	saffron
Saibling	omble chevalier	salmerino	char
Salbei	sauge	salvia	sage
Salz	sel	sale	salt
Sammlung	collection	collezione	collection
Samstag	samedi	sabato	Saturday
Sankt-Peters Fisch	Saint-Pierre (poisson)	sampietro (pesce)	John Dory (fish)
Sauerkraut	choucroute	crauti	sauerkraut
Sauerampfer	oseille	acetosella	sorrel
schattig	ombragé	ombreggiato	shaded
Schiffanlegestelle	débarcadère	pontile di sbarco	landing-wharf
Schinken (roh, gekocht)	jambon (cru, cuit)	prosciutto (crudo, cotto)	ham (raw, cokked)
Schlüssel	clé	chiave	key
Schnecken	escargots	lumache	snails
Schnee	neige	neve	snow
Schneeketten	chaînes	catene da neve	snow chain
schön	beau	bello	fine, lovely
Schweinefilet	filet de porc	filetto di maiale	fillet of pork
Schweinekotelett	côte de porc	braciola di maiale	pork chop
Schwimmbad, Hallen -	piscine, - couverte	piscina, - coperta	swimming pool, in-door -
See	lac	lago	lake
Seeteufel	baudroie, lotte	pescatrice	angler fish, monkfish
Seewolf, Wolfsbarsch	loup de mer	branzino	sea bass
Seezunge	sole	sogliola	sole
Seilbahn	téléphérique	funivia	cable car
Sellerie	céleri	sedano	celery
Senf	moutarde	senape	mustard
September	septembre	settembre	Septembe
Sessellift	télésiège	seggiovia	chair lift
Siedfleisch	bœuf bouilli	bollito di manzo	boiled beef
Skilift	remonte-pente	ski-lift	ski-lift
Sommer	été	estate	summer
Sonntag	dimanche	domenica	Sunday
Spargeln	asperges	asparagi	asparagus
Spaziergang	promenade	passeggiata	walk
Speisesaal	salle à manger	sala da pranzo	dining-room
Spinat	épinards	spinaci	spinach
Steinbock	bouquetin	stambecco	ibex
Steinbutt	turbot	rombo	turbot
Steinpilze	cèpes, bolets	boleto	ceps
Stock, Etage	étage	piano	floor
Strand	plage	spiaggia	beach
Strasse	rue	strada	street

T	→	→	→
Tal	vallée	vallata	valley
Taube	pigeon,	piccione	pigeon

Tee	thé	tè	tea
Thunfisch	thon	tonno	tuna
Tischbestellung	réservation	prenotazione	booking
Tischbestellung ratsam	nombre de couverts limités	coperti limitati-prenotare	booking essential
Torte	tarte	torta	tart
Traube	raisin	uva	grape
Trinkgeld	pourboire	mancia	tip
trocken	sec	secco	dry
trockener Weisswein	vin blanc sec	vino bianco secco	dry white wine
Trockenfleisch	viande séchée	carne secca	dried meats
Trüffeln	truffes	tartufi	truffles

U - V

	→	→	→
Ufer	rive, bord	riva	shore, river bank
verboten	interdit	vietato	prohibited
Verkehrsverein	office de tourisme	informazioni turistiche	tourist information office

W

	→	→	→
Wacholder	genièvre	coccola	juniper berry
Wachtel	caille	quaglia	partridge
Wald	forêt, bois	foresta, bosco	forest, wood
Wäscherei	blanchisserie	lavanderia	laundry
Wasserfälle	cascades, chutes	cascate	waterfalls
weich, gehaltvoll	moelleux	vellutato	mellow
weiches Ei	œuf à la coque	uovo à la coque	soft-boiled egg
Weihnachten	Noël	Natale	Christmas
weisse Rübe	navet	navone	turnip
wieviel ?	combien ?	quanto ?	how much ?
Wild	gibier	selvaggina	game
Wildschwein	sanglier	cinghiale	wild boar
Winter	hiver	inverno	winter
Wirtschaft	café-restaurant	ristorante-bar	café-restaurant
Woche	semaine	settimana	week
wöchentlich	hebdomadaire	settimanale	weekly
Würstchen	saucisse	salsiccia	sausage

Z

	→	→	→
Zahnradbahn	train à crémaillère	treno a cremagliera	rack railway
Zander	sandre	lucio perca	perch pike
Zeitung	journal	giornale	newspaper
Zicklein, Gitzi	chevreau, cabri	capretto	young goat
Zimmer	chambre	camera	room
Zimt	cannelle	cannella	cinnamon
Zitrone	citron	limone	lemon
zu vermieten	à louer	a noleggio	for hire
Zucchini	courgettes	zucchino	zucchini
Zucker	sucre	zucchero	sugar
Zuckerschoten	pois gourmands	taccole	mange tout
Zug	train	treno	train
Zunfthaus	maison corporative	sede corporativa	guild house
Zunge	langue	lingua	tongue
Zwetschge	quetsche	grossa susina	dark-red plum
Zwiebeln	oignons	cipolle	onions
Zwischenrippenstück	entrecôte	costata	sirloin steak

Lessico

Lexique (voir page 520)
Lexikon (siehe S. 527)
Lexicon

A	→	→	→
a fettine	émincé	Geschnetzeltes	thin slice
a noleggio	à louer	zu vermieten	for hire
a richiesta	sur demande	auf Verlangen	on request
abitanti	habitants	Einwohner	residents, inhabitants
aceto	vinaigre	Essig	vinegar
acetosella	oseille	Sauerampfer	sorrel
acqua gasata	eau gazeuse	mit Kohlensäure (Wasser)	sparkling water
acqua minerale	eau minérale	Mineralwasser	mineral water
aereo	avion	Flugzeug	aeroplane
aeroporto	aéroport	Flughafen	airport
affreschi	fresques	Fresken	frescoes
affumicato	fumé	geräuchert	smoked
agenzia di viaggio	agence de voyage	Reisebüro	travel bureau
aglio	ail	Knoblauch	garlic
agnello	agneau	Lamm	lamb
agosto	août	August	August
al sangue	saignant	englisch gebraten	rare
all'aperto	en plein air	im Freien	outside
alla griglia	grillé	gegrillt	grilled
anatra	canard, caneton	Ente, junge Ente	duck
animelle di vitello	ris de veau	Kalbsbries, Milken	sweetbread
aprile	avril	April	April
aragosta	langouste	Languste	spiny lobster
arrosto	rôti	gebraten	roasted
art-déco, liberty	art-déco	Jugendstil	Art Deco
asparagi	asperges	Spargeln	asparagus
astice	homard	Hummer	lobster
autunno	automne	Herbst	autumn

B	→	→	→
bagagli	bagages	Gepäck	luggage
barca	bateau	Boot, Schiff	ship
battello a vapore	bateau à vapeur	Dampfer	steamer
bello	beau	schön	fine, lovely
bene, buono	bien, bon	gut	good, well
bicchiere	verre	Glas	glass
bietola	bette	Mangold	chards
biglietto d'ingresso	billet d'entrée	Eintrittskarte	admission ticket
birra	bière	Bier	beer
boleti	cèpes, bolets	Steinpilze	ceps
bollito di manzo	bœuf bouilli	Siedfleisch	boiled beef

bottiglia	bouteille	Flasche	bottle
braciola di maiale	côte de porc	Schweinekotelett	pork chop
branzino	loup de mer	Seewolf, Wolfsbarsch	sea bass
brodo	bouillon	Fleischbrühe	clear soup
burro	beurre	Butter	butter
buste	enveloppes	Briefumschläge	envelopes

C

C	→	→	→
caffè	café	Kaffee	coffee
cambio	change	Geldwechsel	exchange
camera	chambre	Zimmer	room
camoscio	chamois	Gems	chamois
campagna	campagne	Land	country
cane	chien	Hund	dog
cannella	cannelle	Zimt	cinnamon
cappasanta	coquille Saint-Jacques	Jakobsmuschel	scallops
capperi	câpres	Kapern	capers
capretto	cabri, chevreau	Zicklein, Gitzi	young goat
capriolo	chevreuil	Reh	roe deer (venison)
carciofo	artichaut	Artischocke	artichoke
carne secca	viande séchée	Trockenfleisch	dried meats
carnevale	carnaval	Fasnacht	carnival
carote	carottes	Karotten	carrots
carpa	carpe	Karpfe	carp
cartolina postale	carte postale	Postkarte	postcard
casa	maison	Haus	house
cascate	cascades, chutes	Wasserfälle	waterfalls
cassa	caisse	Kasse	cash desk
castello	château	Burg, Schloss	castle
catene da neve	chaînes	Schneeketten	snow chain
cavolfiore	chou-fleur	Blumenkohl	cauliflower
cavolini di Bruxelles	chou de Bruxelles	Rosenkohl	Brussel sprouts
cavolo	chou	Kraut, Kohl	cabbage
cavolo rosso	chou rouge	Rotkraut	red cabbage
cervella di vitello	cervelle de veau	Kalbshirn	calf's brain
cervo	cerf	Hirsch	stag (venison)
cetriolo	concombre	Gurke	cucumber
chiave	clé	Schlüssel	key
chiesa	église	Kirche	church
chiuso	fermé	geschlossen	closed
ciliegie	cerises	Kirschen	cherries
cinghiale	sanglier	Wildschwein	wild boar
cipolle	oignons	Zwiebeln	onions
circuito	circuit	Rundfahrt	round tour
coda di bue	queue de bœuf	Ochsenschwanz	oxtail
collezione	collection	Sammlung	collection
commissariato	commissariat	Polizeirevier	police headquarters
coniglio	lapin	Kaninchen	rabbit
conto	addition	Rechnung	bill, check
coperti limitati-prenotare	nombre de couverts limités	Tichbestellung ratsam	booking essential
coregone	féra	Felchen	dace
costata	entrecôte	Zwischenrippenstück	sirloin steak
cosciotto	gigue, cuissot	Keule	leg
costata di vitello	côte de veau	Kalbskotelett	veal chop

cotoletta alla milanese	escalope panée	paniertes Schnitzel	escalope in breadcrumbs
cozze	moules	Muscheln	mussels
crauti	choucroute	Sauerkraut	sauerkraut
cremagliera	train à crémaillère	Zahnradbahn	rack railway
crespella	crêpes	Pfannkuchen	pancakes
crostacei	crustacés	Krustentiere	crustaceans

D	→	→	→
dicembre	décembre	Dezember	December
dieta	régime	Diät	diet
dipinti, quadri	peintures, tableaux	Malereien, Gemälde	paintings
dolce	gâteau	Kuchen	cake
dolce	doux	mild	sweet, mild
domandare	demander	fragen, bitten	to ask for
domani	demain	morgen	tomorrow
domenica	dimanche	Sonntag	Sunday
dottore	docteur	Arzt	doctor

E	→	→	→
escursione	excursion	Ausflug	excursion
esposizione, mostra	exposition	Ausstellung	exhibition, show
estate	été	Sommer	summer

F	→	→	→
fagiano	faisan	Fasan	pheasant
faraona	pintade	Perlhuhn	guinea fowl
farcito	farci	gefüllt	stuffed
fattoria	ferme	Bauernhaus	farm
febbraio	février	Februar	February
fegato di vitello	foie de veau	Kalbsleber	calf's liver
festivi	jours fériés	Feiertage	bank holidays
fiera	foire	Messe, Ausstellung	fair
filetto di bue	filet de bœuf	Rinderfilet	fillet of beef
filetto di maiale	filet de porc	Schweinefilet	fillet of pork
finocchio	fenouil	Fenchel	fennel
fiume	fleuve, rivière	Fluss	river
foratura	crevaison	Reifenpanne	puncture
foresta, bosco	forêt, bois	Wald	forest, wood
formaggio	fromage	Käse	cheese
formaggio fresco	fromage blanc	Quark	curd cheese
fragole	fraises	Erdbeeren	strawberries
fritto	frit	fritiert	fried
fruttato	fruité	fruchtig	fruity
frutti di mare	fruits de mer	Meeresfrüchte	seafood
funghi	champignons	Pilze	mushrooms
funivia	téléphérique	Luftseilbahn	cable car

G	→	→	→
gallinacci (funghi)	girolles	Pfifferlinge, Eierschwämme	chanterelles
gamberetti	crevettes	Krevetten	shrimps, prawns
gambero	écrevisse	Flusskrebs	crayfish

gelone	pleurotes	Austernpilze	oyster mushrooms
gennaio	janvier	Januar	January
ghiacciaio	glacier	Gletscher	glacier
giardino, parco	jardin, parc	Garten, Park	garden, park
ginepro	genièvre	Wacholder	juniper berry
giornale	journal	Zeitung	newspaper
giorni festivi	fêtes, jours fériés	Feiertage	bank holidays
giovedì	jeudi	Donnerstag	Thursday
giugno	juin	Juni	June
grossa susina	quetsche	Zwetschge	dark-red plum
grotta	grotte	Höhle	cave

I	→	→	→
ieri	hier	gestern	yesterday
indivia	endive	Endivie	chicory
informazioni	renseignements	Auskünfte	information
informazioni turistiche	office de tourisme	Verkehrsverein	tourist information office
installazione	agencement	Einrichtung	installation
inverno	hiver	Winter	winter

L	→	→	→
lago	lac	See	lake
lamponi	framboises	Himbeeren	raspberries
latte	lait	Milch	milk
lavanderia	blanchisserie	Wäscherei	laundry
leggero	léger	leicht	light
legume	légumes	Gemüse	vegetable
lenticchia	lentilles	Linsen	lentils
lepre	lièvre	Hase	hare
lettino	lit d'enfant	Kinderbett	child's bed
letto	lit	Bett	bed
limone	citron	Zitrone	lemon
lingua	langue	Zunge	tongue
località, paesaggio	site, paysage	Landschaft	site, landscape
locanda	auberge	Gasthaus	inn
luccio	brochet	Hecht	pike
luccio perca	sandre	Zander	perch pike
luglio	juillet	Juli	July
lumache	escargots	Schnecken	snails
lunedì	lundi	Montag	Monday

M	→	→	→
maggio	mai	Mai	May
mancia	pourboire	Trinkgeld	tip
mandorle	amandes	Mandeln	almonds
maniero	manoir	Herrensitz	manor house
marinato	mariné	mariniert	marinated
marmellata	confiture	Konfitüre	jam
martedì	mardi	Dienstag	Tuesday
marzo	mars	März	March
mele	pommes	Äpfel	apples
mercoledì	mercredi	Mittwoch	Wednesday
miele	miel	Honig	honey

monumento	monument	Denkmal	monument
morbido, cremoso	moelleux	weich, gehaltvoll	mellow
mulino	moulin	Mühle	mill
municipio	hôtel de ville, mairie	Rathaus	town hall

N	→	→	→
Natale	Noël	Weihnachten	Christmas
navone	navet	weisse Rübe	turnip
neve	neige	Schnee	snow
nocciole, noci	noisettes, noix	Haselnüsse, Nüsse	hazelnuts, nuts
novembre	novembre	November	November

O	→	→	→
oggi	aujourd'hui	heute	today
olio d'oliva	huile d'olives	Olivenöl	olive oil
ombreggiato	ombragé	schattig	shaded
ospedale	hôpital	Krankenhaus	hospital
ostriche	huîtres	Austern	oysters
ottobre	octobre	Oktober	October

P	→	→	→
pagare	payer	bezahlen	to pay
pane	pain	Brot	bread
panna	crème	Rahm	cream
partenza	départ	Abfahrt	departure
Pasqua	Pâques	Ostern	Easter
passeggiata	promenade	Spaziergang	walk
passo	col	Pass	pass
pasticceria	pâtisseries	Feingebäck, Kuchen	pastries
pasto	repas	Mahlzeit	meal
patate,	pommes de terre	Kartoffeln, Salz -	potatoes,
- bollite	, - à l'eau		boiled -
pedoni	piétons	Fussgänger	pedestrians
pepe	poivre	Pfeffer	pepper
pere	poires	Birnen	pears
pernice	perdrix, perdreau	Rebhuhn	partridge
persico	perche	Egli	perch
pescatrice	baudroie, lotte	Seeteufel	angler fish, monkfish
pesce	poisson	Fisch	fish
pesche	pêches	Pfirsiche	peaches
piano	étage	Stock, Etage	floor
piccione	pigeon, pigeonneau	Taube, junge Taube	pigeon
pinacoteca	pinacothèque	Gemäldegalerie	picture gallery
piscina,	piscine,	Schwimmbad,	swimming pool,
- coperta	- couverte	Hallen -	indoor -
piselli	petits pois	grüne Erbsen	green peas
pneumatico	pneu	Reifen	tyre
polizia	police	Polizei	police
pollame	volaille	Geflügel	poultry
pollo	poulet	Hähnchen	chicken
ponte	pont	Brücke	bridge

pontile	ponton d'amarrage	Bootsteg	jetty
pontile di sbarco	débarcadère	Schiffanlegestelle	landing-wharf
porro	poireau	Lauch	leek
prenotazione	réservation	Tischbestellung	booking
prima colazione	petit déjeuner	Frühstück	breakfast
primavera	printemps	Frühling	spring
prosciutto (crudo, cotto)	jambon (cru, cuit)	Schinken (roh, gekocht)	ham (raw, cokked)
prugne	prunes	Pflaumen	plums
pulcino	poussin	Kücken	chick

Q - R

Q - R	→	→	→
quaglia	caille	Wachtel	partridge
quanto ?	combien ?	wieviel ?	how much ?
rafano	raifort	Meerrettich	horseradish
razza	raie	Rochen	skate
riso	riz	Reis	rice
ristorante-bar	café-restaurant	Wirtschaft	café-restaurant
riva	rive, bord	Ufer	shore, river bank
robusto	corsé	kräftig	full bodied
rocce	roches, rochers	Felsen	rocks
rognone	rognons	Nieren	kidneys
rombo	turbot	Steinbutt	turbot
rustico	rustique	rustikal, ländlich	rustic

S

S	→	→	→
sabato	samedi	Samstag	Saturday
sala da pranzo	salle à manger	Speisesaal	dining-room
salame	saucisson	Hartwurst	sausage
sale	sel	Salz	salt
salmerino	omble chevalier	Saibling	char
salmone	saumon	Lachs	salmon
salsiccia	saucisse	Würstchen	sausage
salumi	charcuterie	Aufschnitt	pork butcher's meat
salvia	sauge	Salbei	sage
sambuco	sureau	Holunder	elderbarry
sampietro (pesce)	Saint-Pierre (poisson)	Sankt-Peters Fisch	John Dory (fish)
scampi	langoustines	Langustinen	Dublin bay prawns
sculture in legno	sculptures sur bois	Holzschnitzereien	wood carvings
secco	sec	trocken	dry
sedano	céleri	Sellerie	celery
sede corporativa	maison corporative	Zunfthaus	guild house
seggiovia	télésiège	Sessellift	chair lift
Selvaggina	gibier	Wild	game
senape	moutarde	Senf	mustard
sera	soir	Abend	evening
servizio incluso	service compris	Bedienung inbegriffen	service included
settembre	septembre	September	September
settimana	semaine	Woche	week
settimanale	hebdomadaire	wöchentlich	weekly
sfoglia	feuilleté	Blätterteig	puff pastry
ski-lift	remonte-pente	Skilift	ski-lift
sogliola	sole	Seezunge	sole

solo per clienti alloggiati	résidents seulement	nur für Hotelgäste	residents only
spiaggia	plage	Strand	beach
spinaci	épinards	Spinat	spinach
spugnole (funghi)	morilles	Morcheln	morels
stambecco	bouquetin	Steinbock	ibex
stanza da bagno	salle de bain	Badezimmer	bathroom
stazione	gare	Bahnhof	station
stracotto,	en daube, en sauce	geschmort, mit Sauce	stewed, with sauce
in salsa strada	rue	Strasse	street
succo di frutta	jus de fruits	Fruchtsaft	fruit juice

T	→	→	→
taccole	pois gourmands	Zuckerschoten	mange tout
tartufi	truffes	Trüffeln	truffles
tè	thé	Tee	tea
tonno	thon	Thunfisch	tuna
torta	tarte	Torte	tart
traghetto	bac	Fähre	ferry
treno	train	Zug	train
triglia	rouget	Rotbarbe	red mullet
trippa	tripes	Kutteln	tripe
trota	truite	Forelle	trout

U	→	→	→
uovo à la coque	œuf à la coque	weiches Ei	soft-boiled egg
uva	raisin	Traube	grape

V	→	→	→
vacanze	vacances, congés	Ferien	holidays
vallata	vallée	Tal	valley
vecchio, antico	ancien, antique	ehemalig, antik	old, antique
venerdì	vendredi	Freitag	Friday
verdure crude	crudités	Rohkost	raw vegetables
vettura	voiture	Auto	car
vietato	interdit	verboten	prohibited
vino bianco secco	vin blanc sec	herber Weisswein	dry white wine
vino rosso, rosato	vin rouge, rosé	Rotwein, Rosé	red wine, rosé
vista	vue	Aussicht	view
vite, vigneto	vignes, vignoble	Reben, Weinberg	vines, vineyard
vitigno	cépage	Rebsorte	grape variety

Z	→	→	→
zafferano	safran	Safran	saffron
zenzero	gingembre	Ingwer	ginger
zucca	courge	Kürbis	pumpkin
zucchero	sucre	Zucker	sugar
zucchino	courgettes	Zucchini	zucchini

Distances

QUELQUES PRÉCISIONS

Au texte de chaque localité vous trouverez la distance des villes environnantes et celle de Berne.

Les distances sont comptées à partir du centre-ville et par la route la plus pratique, c'est-à-dire celle qui offre les meilleures conditions de roulage, mais qui n'est pas nécessairement la plus courte.

Entfernungen

EINIGE ERKLÄRUNGEN

In jedem Ortstext finden Sie Entfernungen zu grösseren Städten in der Umgebung und nach Bern.

Die Entfernungen gelten ab Stadtmitte unter Berücksichtigung der günstigsten (nicht kürzesten) Strecke.

Distanze

QUALCHE CHIARIMENTO

Nel testo di ciascuna località troverete la distanza dalle città viciniori e da Berna.

Le distanze sono calcolate a partire dal centro delle città e seguendo la strada più pratica, ossia quella che offre le migliori condizioni di viaggio ma che non è necessariamente la più breve.

Distances

COMMENTARY

The text of each town includes its distance from its immediate neighbours and from Bern.

Distances are calculated from centres and along the best roads from a motoring point of view - not necessarily the shortest.

Distances entre principales villes

Entfernungen zwischen den grösseren Städten

Distanze tra le principali città

Distances between major towns

Genève - Winterthur: 302 km

	Aarau	Baden	Basel	Bellinzona	Bern	Biel/Bienne	Brig	La-Chaux-de-Fonds	Chur	Davos	Delémont	Frauenfeld	Fribourg	Genève	Lausanne	Locarno	Lugano	Luzern	Martigny	Montreux	Morges	Neuchâtel	Nyon	Olten	St.Gallen	Schaffhausen	Schwyz	Sierre	Sion	Solothurn	Thun	Vevey	Winterthur	Yverdon-les-Bains	Zug
Baden	31																																		
Basel	55	64																																	
Bellinzona	480	491	529																																
Bern	79	109	134	424																															
Biel/Bienne	81	115	136	452	39																														
Brig	356	365	409	133	93	127																													
La-Chaux-de-Fonds	154	163	103	526	192	44	509																												
Chur	201	212	249	178	246	267	171	386																											
Davos	229	240	278	234	274	295	228	414	57																										
Delémont	71	103	43	442	95	51	420	58	265	294																									
Frauenfeld	109	86	123	304	181	180	286	259	127	155	203																								
Fribourg	115	145	170	249	33	50	186	74	263	308	131	219																							
Genève	222	256	265	391	153	161	381	159	399	428	220	329	122																						
Lausanne	161	195	216	449	93	104	261	95	338	367	177	269	62	60																					
Locarno	362	373	411	19	408	428	62	547	162	219	490	288	440	391	451																				
Lugano	376	387	425	33	421	442	103	539	176	192	504	302	454	386	446	42																			
Luzern	52	69	108	202	90	113	140	244	155	184	187	130	123	243	182	223	235																		
Martigny	222	253	277	353	141	167	343	163	387	415	245	326	108	109	69	338	331	231																	
Montreux	172	207	228	458	93	125	262	120	339	368	202	280	60	83	26	227	436	183	44																
Morges	173	207	218	438	105	112	273	112	350	379	173	281	73	49	12	424	417	194	80	37															
Neuchâtel	176	185	125	548	167	32	531	22	371	399	80	245	53	129	71	504	497	229	140	97	81														
Nyon	199	234	245	413	131	139	403	139	377	406	200	307	99	24	38	398	391	221	107	64	27	134													
Olten	14	43	68	386	65	59	363	116	208	237	58	116	97	208	147	406	418	54	206	160	159	222	186												
St.Gallen	155	133	170	273	219	227	266	306	96	124	249	47	252	376	315	293	305	129	360	313	327	402	354	169											
Schaffhausen	77	54	96	332	149	149	314	233	154	183	176	28	181	297	236	352	364	110	290	244	248	329	275	90	75										
Schwyz	79	89	133	214	127	151	151	269	123	151	212	97	159	279	218	235	247	36	267	221	230	333	257	93	96	125									
Sierre	165	191	184	195	92	126	185	207	209	265	258	268	140	148	111	143	184	174	45	83	122	182	148	153	266	270	209								
Sion	230	208	200	212	155	184	202	191	226	282	242	284	124	133	95	159	201	190	29	68	106	166	133	218	283	286	226	17							
Solothurn	48	83	73	414	37	24	392	116	237	266	58	156	68	175	114	435	447	82	177	131	126	222	153	35	203	129	117	129	205						
Thun	113	142	168	201	30	64	138	220	214	271	248	216	51	182	121	221	233	93	159	113	133	236	160	94	222	189	130	65	187	64					
Vevey	166	200	221	286	92	119	260	114	337	366	196	274	59	79	20	234	447	181	50	7	31	114	57	152	310	247	218	94	78	119	120				
Winterthur	81	47	108	314	154	153	289	244	137	166	188	17	186	302	241	335	347	77	295	249	253	340	280	95	57	31	73	247	323	129	183	246			
Yverdon-les-Bains	144	179	197	499	76	76	245	62	322	351	151	252	49	92	33	467	459	166	102	59	43	65	70	131	295	226	202	145	130	97	105	53	251		
Zug	54	47	103	228	115	126	165	240	118	147	183	70	147	267	206	248	260	26	255	209	218	321	245	67	91	105	27	202	283	101	138	206	55	243	
Zürich	53	25	88	302	126	125	279	224	124	153	167	42	158	273	212	322	334	50	267	221	225	320	251	66	83	67	54	219	295	100	155	218	27	250	28

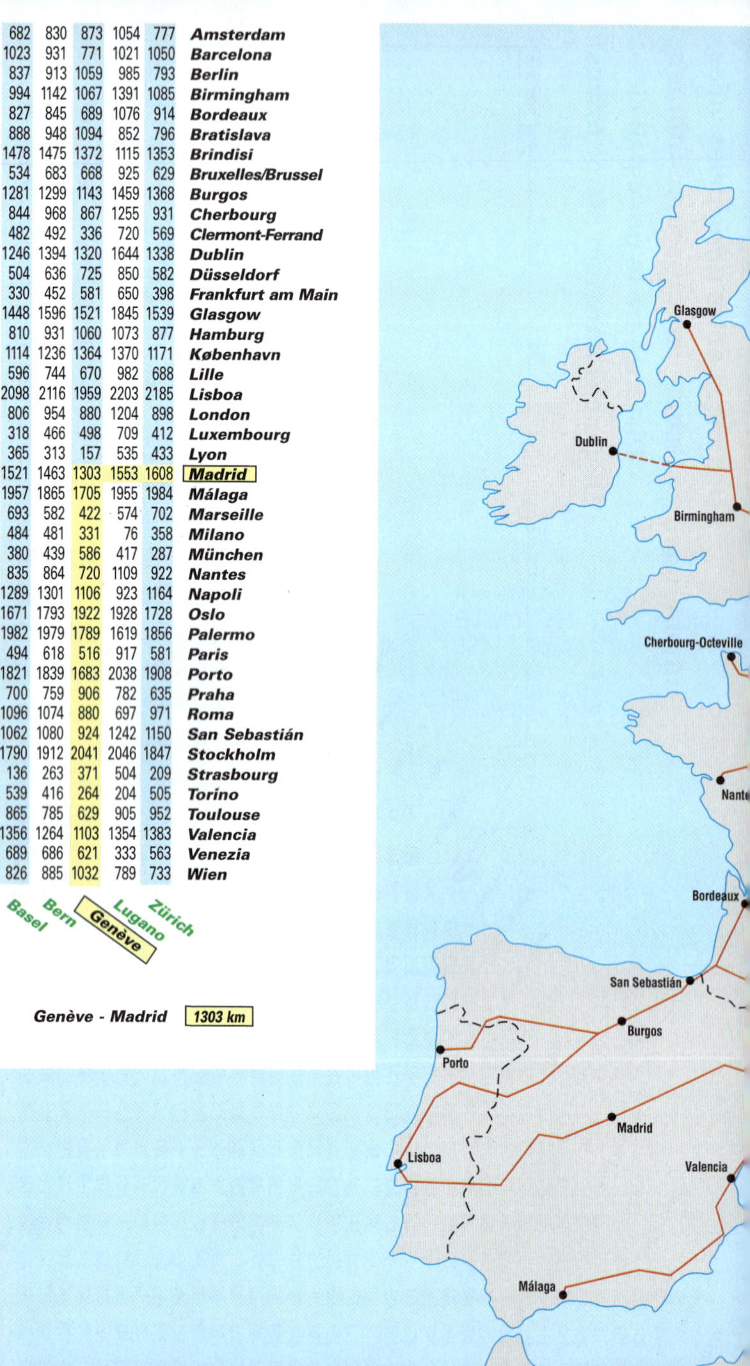

Basel	Bern	**Genève**	Lugano	Zürich	
682	830	873	1054	777	**Amsterdam**
1023	931	771	1021	1050	**Barcelona**
837	913	1059	985	793	**Berlin**
994	1142	1067	1391	1085	**Birmingham**
827	845	689	1076	914	**Bordeaux**
888	948	1094	852	796	**Bratislava**
1478	1475	1372	1115	1353	**Brindisi**
534	683	668	925	629	**Bruxelles/Brussel**
1281	1299	1143	1459	1368	**Burgos**
844	968	867	1255	931	**Cherbourg**
482	492	336	720	569	**Clermont-Ferrand**
1246	1394	1320	1644	1338	**Dublin**
504	636	725	850	582	**Düsseldorf**
330	452	581	650	398	**Frankfurt am Main**
1448	1596	1521	1845	1539	**Glasgow**
810	931	1060	1073	877	**Hamburg**
1114	1236	1364	1370	1171	**København**
596	744	670	982	688	**Lille**
2098	2116	1959	2203	2185	**Lisboa**
806	954	880	1204	898	**London**
318	466	498	709	412	**Luxembourg**
365	313	157	535	433	**Lyon**
1521	1463	1303	1553	1608	**Madrid**
1957	1865	1705	1955	1984	**Málaga**
693	582	422	574	702	**Marseille**
484	481	331	76	358	**Milano**
380	439	586	417	287	**München**
835	864	720	1109	922	**Nantes**
1289	1301	1106	923	1164	**Napoli**
1671	1793	1922	1928	1728	**Oslo**
1982	1979	1789	1619	1856	**Palermo**
494	618	516	917	581	**Paris**
1821	1839	1683	2038	1908	**Porto**
700	759	906	782	635	**Praha**
1096	1074	880	697	971	**Roma**
1062	1080	924	1242	1150	**San Sebastián**
1790	1912	2041	2046	1847	**Stockholm**
136	263	371	504	209	**Strasbourg**
539	416	264	204	505	**Torino**
865	785	629	905	952	**Toulouse**
1356	1264	1103	1354	1383	**Valencia**
689	686	621	333	563	**Venezia**
826	885	1032	789	733	**Wien**

Genève - Madrid 1303 km

Oslo
Stockholm
København
Hamburg
Berlin
Amsterdam
ondon
Düsseldorf
Bruxelles
Brussel
Lille
Praha
Frankfurt
Luxembourg
Paris
Strasbourg
Wien
Bratislava
München
BASEL
ZÜRICH
BERN
GENÈVE
LUGANO
Venezia
Clermont-Ferrand
Lyon
Milano
Torino
Toulouse
Marseille
Roma
Barcelona
Napoli
Brindisi
Palermo

Indicatifs Téléphoniques Internationaux

Important : pour les communications internationales, le zéro (0) initial de l'indicatif interurbain n'est pas à composer (excepté pour les appels vers l'Italie).

Prefissi Telefonici Internazionali

Importante : per comunicazioni internazionali, non bisogna comporre lo zero (0) iniziale dell'indicativo interurbano (escluse le chiamate per l'Italia).

from / to	A	B	CH	CZ	D	DK	E	FIN	F	GB	GR	FL
A Austria	–	0032	0041	00420	0049	0045	0034	00358	0033	0044	0030	00423
B Belgium	0043	–	0041	00420	0049	0045	0034	00358	0033	0044	0030	00423
CH Switzerland	0043	0032	–	00420	0049	0045	0034	00358	0033	0044	0030	00423
CZ Czech Republic	0043	0032	0041	–	0049	0045	0034	00358	0033	0044	0030	00423
D Germany	0043	0032	0041	00420	–	0045	0034	00358	0033	0044	0030	00423
DK Denmark	0043	0032	0041	00420	0049	–	0034	00358	0033	0044	0030	00423
E Spain	0043	0032	0041	00420	0049	0045	–	00358	0033	0044	0030	00423
F France	0043	0032	0041	00420	0049	0045	0034	00358	–	0044	0030	00423
FIN Finland	99043	0032	99041	00420	0049	0045	0034	–	0033	0044	0030	990423
FL Liechtenstein	0043	0032	0041	00420	0049	0045	0034	00358	0033	0044	0030	–
GB United Kingdom	0043	0032	0041	00420	0049	0045	0034	00358	0033	–	0030	00423
GR Greece	0043	0032	0041	00420	0049	0045	0034	00358	0033	0044	–	00423
H Hungary	0043	0032	0041	00420	0049	0045	0034	00358	0033	0044	0030	00423
I Italy	0043	0032	0041	00420	0049	0045	0034	00358	0033	0044	0030	00423
IRL Ireland	0043	0032	0041	00420	0049	0045	0034	00358	0033	0044	0030	00423
J Japan	00143	00132	00141	001420	00149	00145	00134	001358	00133	00144	00130	011423
L Luxembourg	0043	0032	0041	00420	0049	0045	0034	00358	0033	0044	0030	00423
N Norway	0043	0032	0041	00420	0049	0045	0034	0358	0033	0044	0030	00423
NL Netherlands	0043	0032	0041	00420	0049	0045	0034	00358	0033	0044	0030	00423
P Portugal	0043	0032	0041	00420	0049	0045	0034	00358	0033	0044	0030	00423
PL Poland	0043	0032	0041	00420	0049	0045	0034	00358	0033	0044	0030	00423
S Sweden	00943	00932	00941	009420	00949	00945	00934	009358	00933	00944	00930	009423
USA	01143	01132	01141	011420	01149	01145	01134	011358	01133	01144	01130	011423

Internationale Telefon-Vorwahlnummern

Wichtig : bei Auslandsgesprächen darf die Null (0) der Ortsnetzkennzahl nicht gewählt werden (ausser bei Gesprächen nach Italien).

International Dialling Codes

Note : when making an internationall call, do not dial the first «0» of the city codes (except for calls to Italy).

H	I	IRL	J	L	N	NL	P	PL	S	USA	
0036	0039	00353	0081	00352	0047	0031	00351	0048	0046	001	**Austria A**
0036	0039	00353	0081	00352	0047	0031	00351	0048	0046	001	**Belgium B**
0036	0039	00353	0081	00352	0047	0031	00351	0048	0046	001	**Switzerland CH**
0036	0039	00353	0081	00352	0047	0031	00351	0048	0046	001	**Czech Republic CZ**
0036	0039	00353	0081	00352	0047	0031	00351	0048	0046	001	**Germany D**
0036	0039	00353	0081	00352	0047	0031	00351	0048	0046	001	**Denmark DK**
0036	0039	00353	0081	00352	0047	0031	00351	0048	0046	001	**Spain E**
0036	0039	00353	0081	00352	0047	0031	00351	0048	0046	001	**France F**
0036	0039	00353	0081	00352	0047	0031	00351	0048	0046	001	**Finland FIN**
0036	0039	00353	0081	00352	0047	0031	00351	0048	0046	001	**Liechtenstein FL**
0036	0039	00353	0081	00352	0047	0031	00351	0048	0046	001	**United Kingdom GB**
0036	0039	00353	0081	00352	0047	0031	00351	0048	0046	001	**Greece GR**
–	0039	00353	0081	00352	0047	0031	00351	0048	0046	001	**Hungary H**
0036	–	00353	0081	00352	0047	0031	00351	0048	0046	001	**Italy I**
0036	0039	–	0081	00352	0047	0031	00351	0048	0046	001	**Ireland IRL**
00136	0139	001353	–	011352	00147	00131	001351	00148	00146	0011	**Japan J**
0036	0039	00353	0081	–	0047	0031	00351	0048	0046	001	**Luxembourg L**
0036	0039	00353	0081	00352	–	0031	00351	0048	0046	001	**Norway N**
0036	0039	00353	0081	00352	0047	–	00351	0048	0046	001	**Netherlands NL**
0036	0039	00353	0081	00352	0047	0031	–	0048	0046	001	**Portugal P**
0036	0039	00353	0081	00352	0047	0031	00351	–	0046	001	**Poland PL**
00936	0939	009353	0981	009352	00947	00931	009351	00948	–	0091	**Sweden S**
01136	01139	011353	01181	011352	01147	01131	011351	01148	01146	–	**USA**

Die Sterne
Les étoiles
The stars
Le stelle

Bib Gourmand

Sorgfältig zubereitete, preiswerte Mahlzeiten
Repas soignés à prix modérés
Good food at moderate prices
Pasti accurati a prezzi contenuti

Bib Hôtel

Hier übernachten Sie gut und preiswert
Bonnes nuits à petits prix
Good accomodation at moderate prices
Buona sistemazione a prezzo contenuto

Angenehme und ruhige Häuser
Agrément et tranquillité
Peaceful atmosphere and setting
Amenità e tranquillità

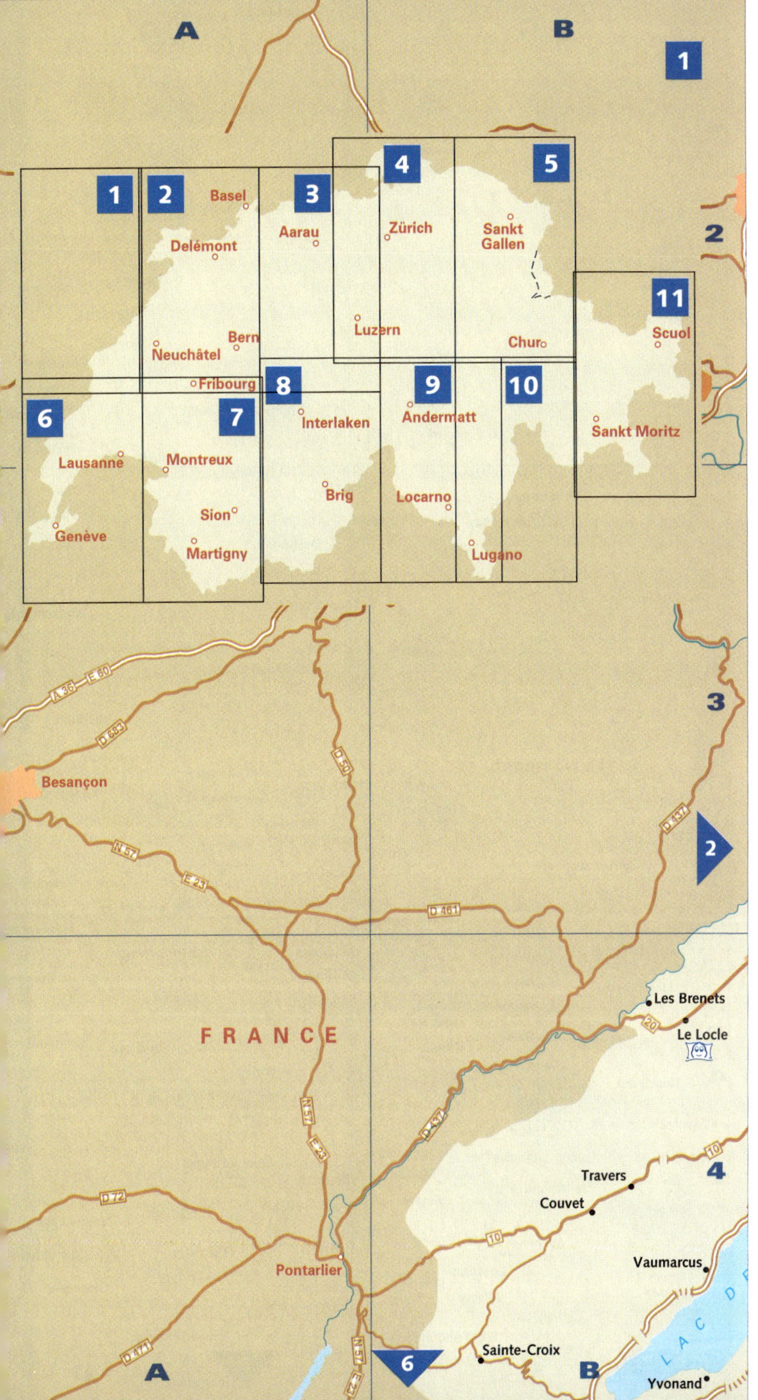
A
B
1
2
3
4
5
6
7
8
9
10
11
Basel
Delémont
Aarau
Zürich
Sankt Gallen
Luzern
Bern
Neuchâtel
Fribourg
Chur
Scuol
Interlaken
Andermatt
Sankt Moritz
Lausanne
Montreux
Sion
Martigny
Genève
Brig
Locarno
Lugano
Besançon
FRANCE
Les Brenets
Le Locle
Travers
Couvet
Vaumarcus
Pontarlier
Sainte-Croix
Yvonand
LAC D
A 36
E 60
D 683
D 50
N 57
E 23
D 461
D 437
D 72
D 471
10
20

2
C
D
Mulhouse
2
Belfort
FRANCE
RHEIN
Basel
Allschwil
Bottmingen
Oberwil
Arlesheim
Flüh
Aesch
Dornach
Burg im Leimental
Vendlincourt
Laufen
Grellingen
Miécourt
Roggenburg
Pleujouse
Porrentruy
Courgenay
Asuel
Delémont
Bassecourt
Matzendorf
Doubs
3
Saulcy
Moutier
Le Pichoux
Goumois
Riedholz
Loveresse
1
Solothurn
Le Noirmont
Bettlach
Péry-Reuchenette
Plagne
Grenchen
Kriegstetten
Sonceboz
Pieterlen
Gerlafingen
Les Bois
Orvin
Büren an der Aare
Mühledorf
Saint-Imier
Biel
Utzenstorf
Ipsach
Aare
Studen
Diessbach bei Büren
Büren zum Hof
Sutz-Lattrigen
Fraubrunnen
Twann
Worben
La Chaux-de-Fonds
Lignières
Mörigen
Scheunenberg
Lyss
Gerolfingen
Bieler See
Burgdorf
Dombresson
La Neuveville
Aarberg
Schüpfen
Le Landeron
Lüscherz
Aare Kanal
Seedorf
Boudevilliers
Gals
Tschugg
Münchenbuchsee
Schönbühl
4
Saint-Blaise
Neuchâtel
Säriswil
Monruz
Murzelen
Wohlen bei Bern
Aare
Montézillon
Sugiez
Bern
Mont Vully
Cortaillod
Lugnorre
Gempenach
Oberbottingen
Murten
Ulmiz
LAC DE NEUCHÂTEL
Vallamand-Dessous
Murten See
Meyriez
Aare
Flamatt
Thörishaus
Münsingen
Saane
Avenches
Villarepos
Oberbalm
Niedermuhlern
Estavayer-le-Lac
Courtion
Misery
Pensier
Düdingen
Gerzensee
Léchelles
Schwarzenburg
Fribourg
Payerne
Bourguillon
7
C
7
Guggisberg
D
D 466
D 432
D 419
D 419
D 432
N 19
E 27
A 35
E 25
E 60
A 5
E 35
18
18
6
A 16
E 27
6
E 27
30
6
30
A 16
E 27
A 5
E 25
A 1
A 6
E 27
10
22
A 1
E 25
10
A 12
E 27
A 1
E 25
1
A 5
A 6

E
F
DEUTSCHLAND
Neunkirch
Osterfingen
3
2
Kleindöttingen
Böttstein
Rheinfelden
Untersiggenthal
Pratteln
Frick
Baden
Dielsdorf
Bad Schauenburg
Zeihen
Birmenstorf
Wettingen
Buchs
Liestal
Ormalingen
Würenlos
Wölflinswil
Fislisbach
Geroldswil
Brunegg
Wildegg
Spreitenbach
Dietikon
Aare
Obererlinsbach
Läufelfingen
Lenzburg
Stüsslingen
Aarau
Widen
Uetliber
Eptingen
Suhr
Schönenwerd
Bremgarten
Berikon
Trimbach
Olten
Oberentfelden
Seon
Seengen
Hägendorf
Egerkingen
Kappel
Aarburg
Birrwil
Meisterschwanden
Muri
Ottenbach
Zofingen
Kestenholz
Hallwiler See
Beinwil am See
Oberbipp
Reiden
Roggwil
Wangen an der Aare
Baldegger See
Steinhau
Sankt Erhard
Herlisberg
Sins
Langenthal
Nebikon
Hünenberg
Hochdorf
Ebersecken
Sursee
Eich
Ballwil
Buonas
Thörigen
Hildisrieden
Madiswil
Sempacher See
Sempach
Udligenswil
Ursenbach
Sempach Station
Ebikon
Huttwil
Adligenswil
Dürrenroth
Sigigen
Meggen
Greppe
Luzern
Weggis
Menzberg
Blatten
Sumiswald
Bürgenstock
Hergiswil
Emme
Lüderenalp
Buochs
Stansstad
Stans
Heiligkreuz
Alpnach
Dallenwil
Langnau im Emmental
Sarner Aa
Kerns
Sarnen
Escholzmatt
Wilen
Sankt Niklausen
Grosshöchstetten
Flühli
Sachseln
Flüeli-Ranft
Zäziwil
Sarner See
4
Eggiwil
Konolfingen
Giswil
Engelberg
Schangnau
Sörenberg
Kemmeriboden-Bad
Brienz
Hofstetten
Steffisburg
8
Meiringen
Thun
Giessbach
See

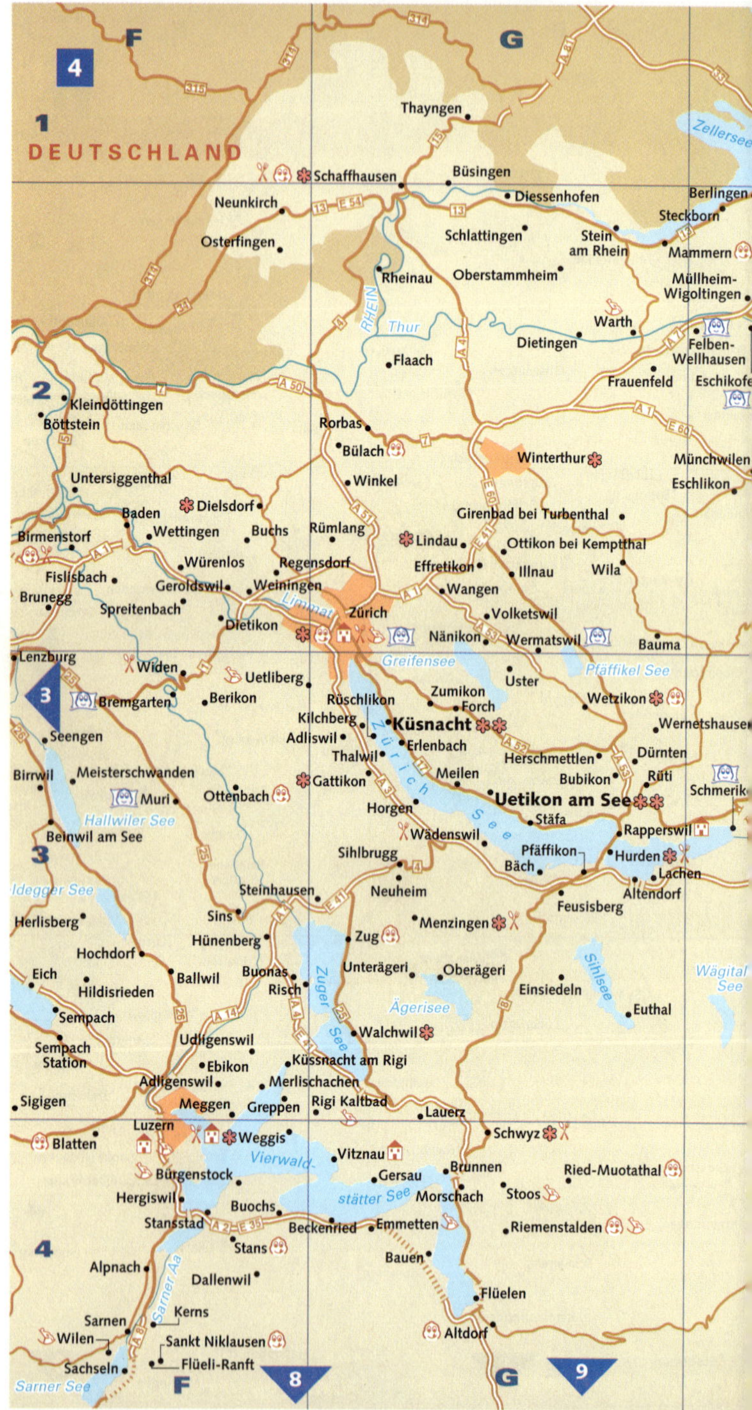

Überlinger See
Ravensburg
DEUTSCHLAND
BODENSEE
Mannenbach
Ermatingen
Tägerwilen
Kreuzlingen
Altnau
Güttingen
Kesswil
Wigoltingen
Uttwil
Weinfelden
Egnach
Erlen
Thur
Arbon
Bregenz
Horn
Lömmenschwil
Tübach
Rorschach
Buriet-Thal
Goldach
Bischofszell
Sankt Pelagiberg
Rorschacherberg
Walzenhausen
Wil
Sankt Gallen
Grub
Heiden
Arnegg
Berneck
Dornbirn
Rehetobel
Uzwil
Abtwil
Speicher
Widnau
Flawil
Altstätten
Wolfertswil
Herisau
Gais
Degersheim
ÖSTERREICH
Appenzell
Oberriet
Gonten
Weissbad
Urnäsch
Wattwil
Feldkirch
Ebnat-Kappel
Rhein
Sax
Ricken
Wildhaus
LIECHTENSTEIN
Unterwasser
Thur
Schaan
Buchs
Vaduz
Amden
Triesenberg
Weesen
Walenstadt
Walensee
Oberschan
Triesen
Filzbach
Weite
Balzers
Mollis
Flumserberg Tannenbodenalp
Netstal
Mels
Fläsch
Maienfeld
Glarus
Bad Ragaz
Grüsch
Pragg-Jenaz
Untervaz
Braunwald
Elm
Linthal
Chur
Tamins
Domat/Ems
Murschetg
Flims
Laax
Arosa
H
I
J
1
2
3
4
5
9
10
11

4
6
A
1
B
Sainte-Croix
LAC
Yvonand
Yverdon-les-Bains
Doubs
Les Clées
Orbe
Croy
Romainmôtier
Sugnens
Peney-le-Jorat
5
Cossonay
Mézières
Penthaz
Sullens
Vallée de Joux
Vers-chez-les-Blanc
Romanel-sur-Lausanne
Romanel-sur-Morges
CRISSIER
Apples
Echandens
Bussigny-pr-s-Lausanne
Vufflens-le-Château
Lausanne
Lavigny
Lutry
Aran
Aubonne
Morges
Villette
Grandvaux
Préverenges
Cully
La Cure
Rolle
LAC LÉMAN
Genolier
Bursinel
Begnins
Coinsins
Chéserex
Prangins
La Rippe
Nyon
Crassier
Thonon-les-Bains
Bogis-Bossey
Céligny
Chavannes-de-Bogis
Coppet
Hermance
6
Anières
Bellevue
Satigny
Cologny
Peney-Dessus
Genève
Conches
Thônex
Troinex
Sezegnin
La Croix-de-Rozon
7
F R A N C E
Annecy
A
B
Megève

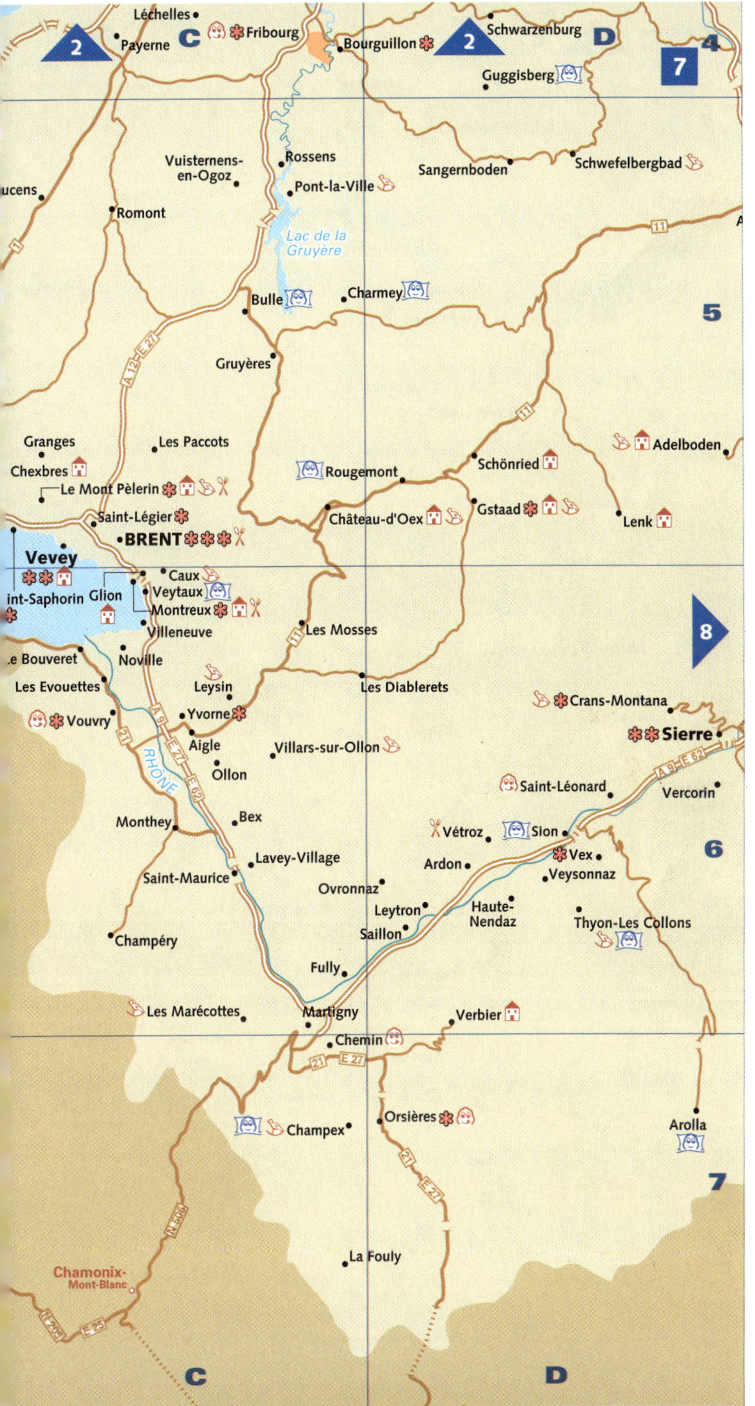

Léchelles
Payerne
Fribourg
Bourguillon
Schwarzenburg
Guggisberg
7
Vuisternens-en-Ogoz
Rossens
Sangernboden
Schwefelbergbad
Pont-la-Ville
Romont
Lac de la Gruyère
Bulle
Charmey
5
Gruyères
Granges
Les Paccots
Chexbres
Le Mont Pèlerin
Rougemont
Schönried
Adelboden
Château-d'Oex
Gstaad
Lenk
Saint-Légier
BRENT
Vevey
Caux
Glion
Veytaux
Montreux
Villeneuve
Les Mosses
8
Noville
Les Evouettes
Leysin
Les Diablerets
Crans-Montana
Vouvry
Yvorne
Sierre
Aigle
Villars-sur-Ollon
Ollon
RHÔNE
Saint-Léonard
Vercorin
Monthey
Bex
Vétroz
Sion
Vex
6
Lavey-Village
Ardon
Veysonnaz
Saint-Maurice
Ovronnaz
Leytron
Haute-Nendaz
Thyon-Les Collons
Saillon
Champéry
Fully
Les Marécottes
Martigny
Verbier
Chemin
Champex
Orsières
Arolla
7
La Fouly
Chamonix-Mont-Blanc
C
D

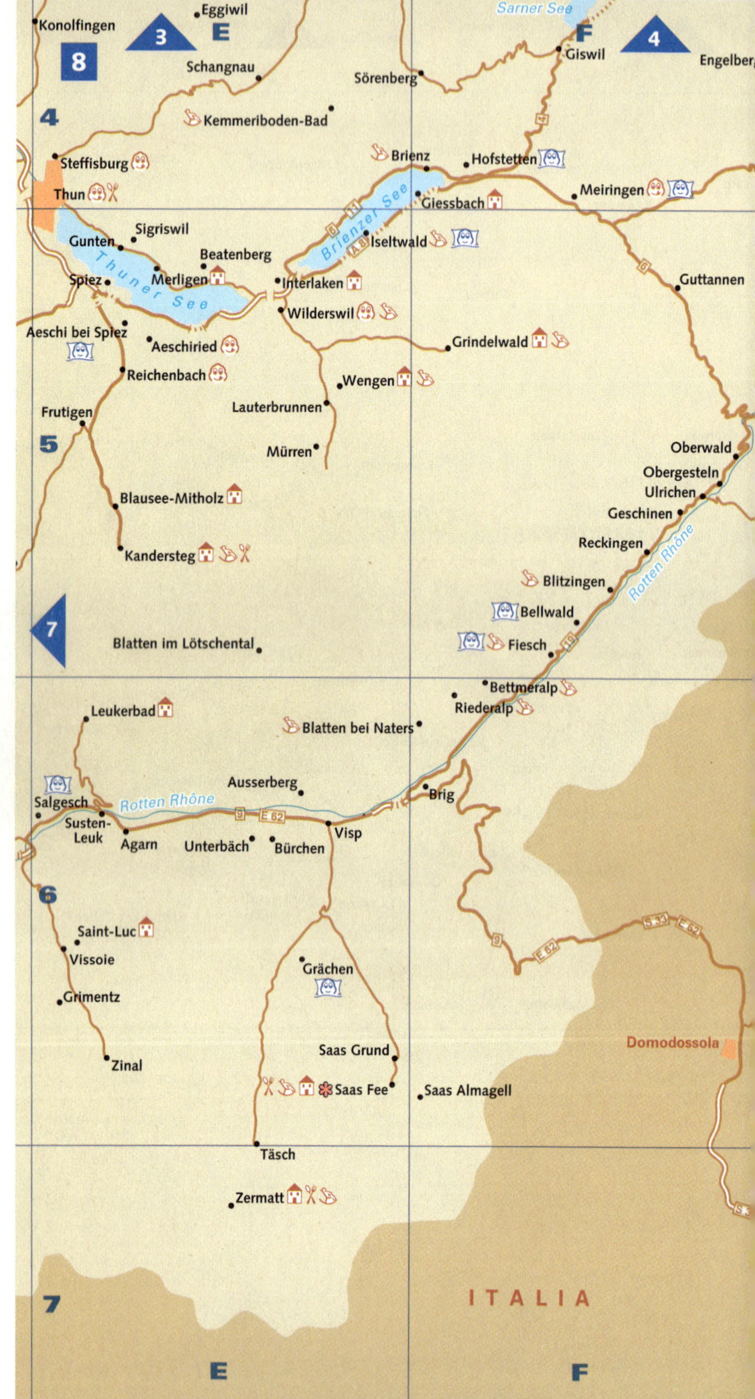

Konolfingen
Eggiwil
3
E
8
4
Schangnau
Kemmeriboden-Bad
Sarner See
F
4
Giswil
Engelberg
Sörenberg
Steffisburg
Thun
Brienz
Hofstetten
Meiringen
Giessbach
Brienzer See
Iseltwald
Sigriswil
Gunten
Beatenberg
Thuner See
Merligen
Spiez
Interlaken
Wilderswil
Guttannen
Aeschi bei Spiez
Aeschiried
Grindelwald
Reichenbach
Wengen
Lauterbrunnen
Frutigen
5
Mürren
Oberwald
Obergesteln
Ulrichen
Blausee-Mitholz
Geschinen
Kandersteg
Reckingen
Rotten Rhône
Blitzingen
Bellwald
7
Blatten im Lötschental
Fiesch
Bettmeralp
Riederalp
Leukerbad
Blatten bei Naters
Ausserberg
Brig
Salgesch
Rotten Rhône
Susten-
Leuk
Agarn
Unterbäch
Bürchen
Visp
E 62
6
Saint-Luc
Vissoie
Grächen
Grimentz
Domodossola
Saas Grund
Zinal
Saas Fee
Saas Almagell
Täsch
Zermatt
7
ITALIA
E
F

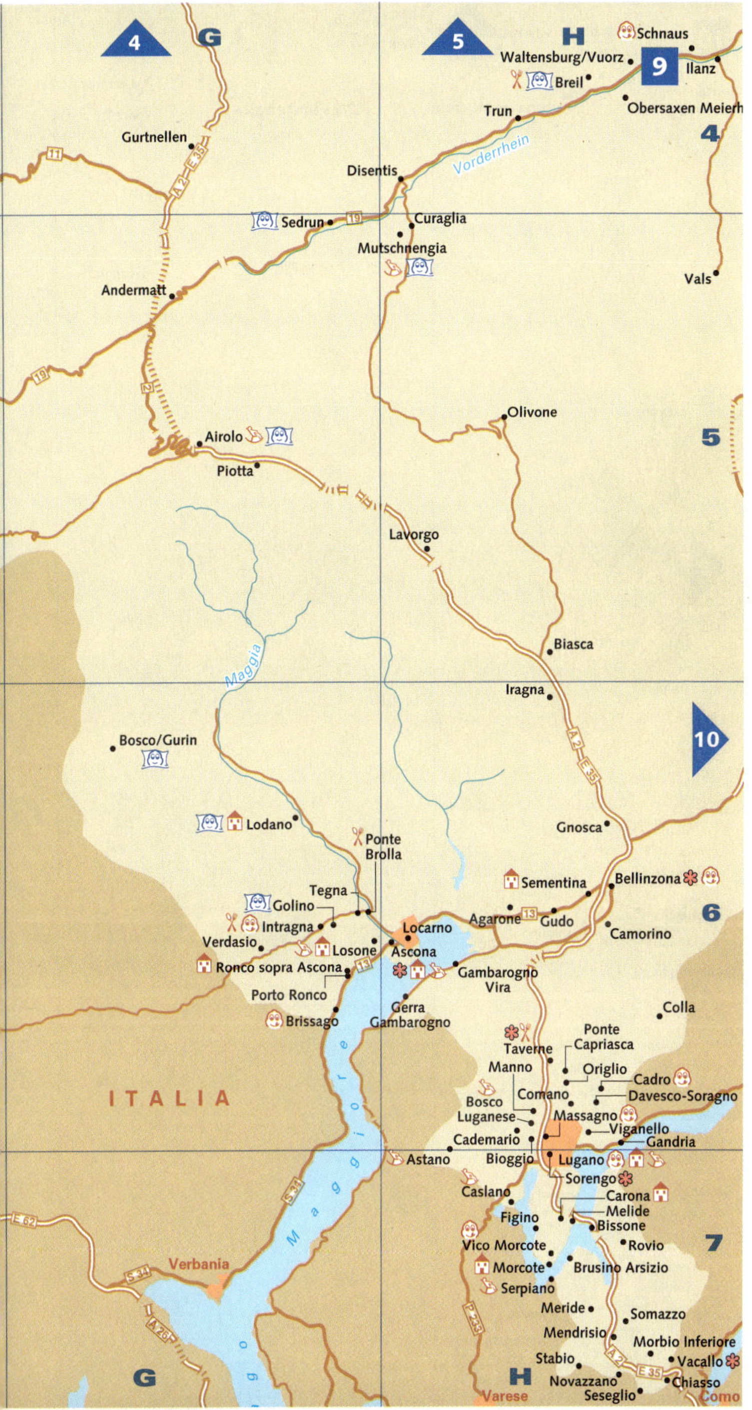

4
G
5
H
Schnaus
Waltensburg/Vuorz
9
Ilanz
Breil
Obersaxen Meierh
Trun
4
Vorderrhein
Gurtnellen
Disentis
Sedrun
Curaglia
Mutschnengia
Vals
Andermatt
Olivone
5
Airolo
Piotta
Lavorgo
Maggia
Biasca
Iragna
10
Bosco/Gurin
Lodano
Ponte Brolla
Gnosca
Sementina
Bellinzona
Tegna
Golino
6
Agarone
Gudo
Intragna
Locarno
Camorino
Verdasio
Losone
Ascona
Ronco sopra Ascona
Gambarogno
Vira
Porto Ronco
Gerra
Gambarogno
Colla
Brissago
Ponte
Capriasca
Taverne
Manno
Origlio
ITALIA
Cadro
Comano
Davesco-Soragno
Bosco
Luganese
Massagno
Viganello
Cademario
Gandria
Astano
Bioggio
Lugano
Sorengo
Caslano
Carona
Melide
Figino
Bissone
Vico Morcote
Rovio
7
Morcote
Brusino Arsizio
Verbania
Serpiano
Meride
Somazzo
Mendrisio
Morbio Inferiore
Stabio
Vacallo
G
H
Novazzano
Chiasso
Varese
Seseglio
Como
Maggiore

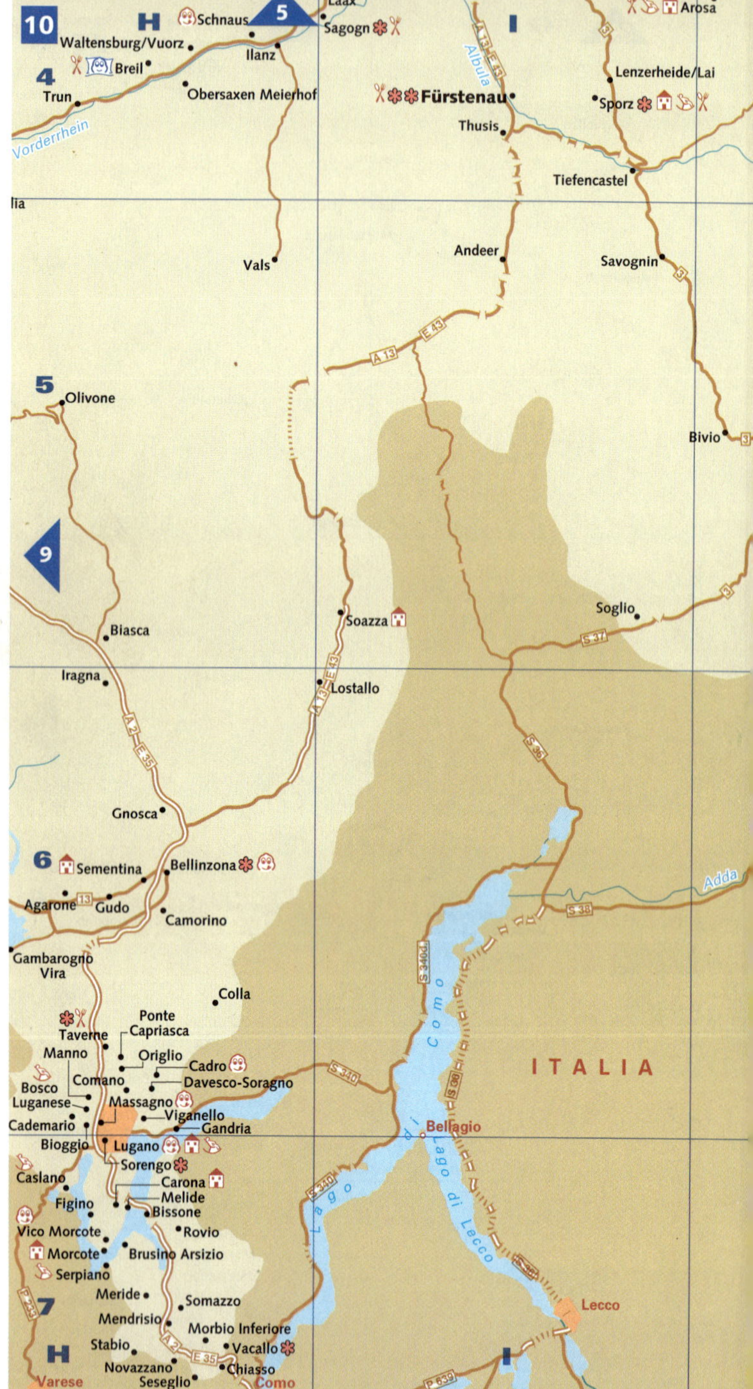
10
H
Schnaus
5
Laax
Sagogn
Arosa
Waltensburg/Vuorz
Ilanz
Breil
4
Trun
Obersaxen Meierhof
Fürstenau
Thusis
Lenzerheide/Lai
Sporz
Albula
Vorderrhein
Tiefencastel
Vals
Andeer
Savognin
A 13
E 43
5
Olivone
Bivio
9
Soazza
Soglio
S 37
Biasca
Iragna
Lostallo
A 2
E 35
S 36
Gnosca
6
Sementina
Bellinzona
Adda
Agarone
Gudo
Camorino
S 38
Gambarogno
Vira
S 340d
Colla
Ponte
Capriasca
Taverne
Manno
Origlio
Cadro
Comano
Davesco-Soragno
Bosco
Luganese
Massagno
S 340
ITALIA
Cademario
Viganello
Gandria
Bellagio
Bioggio
Lugano
Sorengo
Caslano
Carona
Melide
Figino
Bissone
Lago di Como
Lago di Lecco
Vico Morcote
Rovio
Morcote
Brusino Arsizio
Serpiano
Meride
Somazzo
7
Mendrisio
Morbio Inferiore
Stabio
Vacallo
H
Novazzano
Chiasso
Seseglio
Varese
Como
Lecco
P 639
P 233

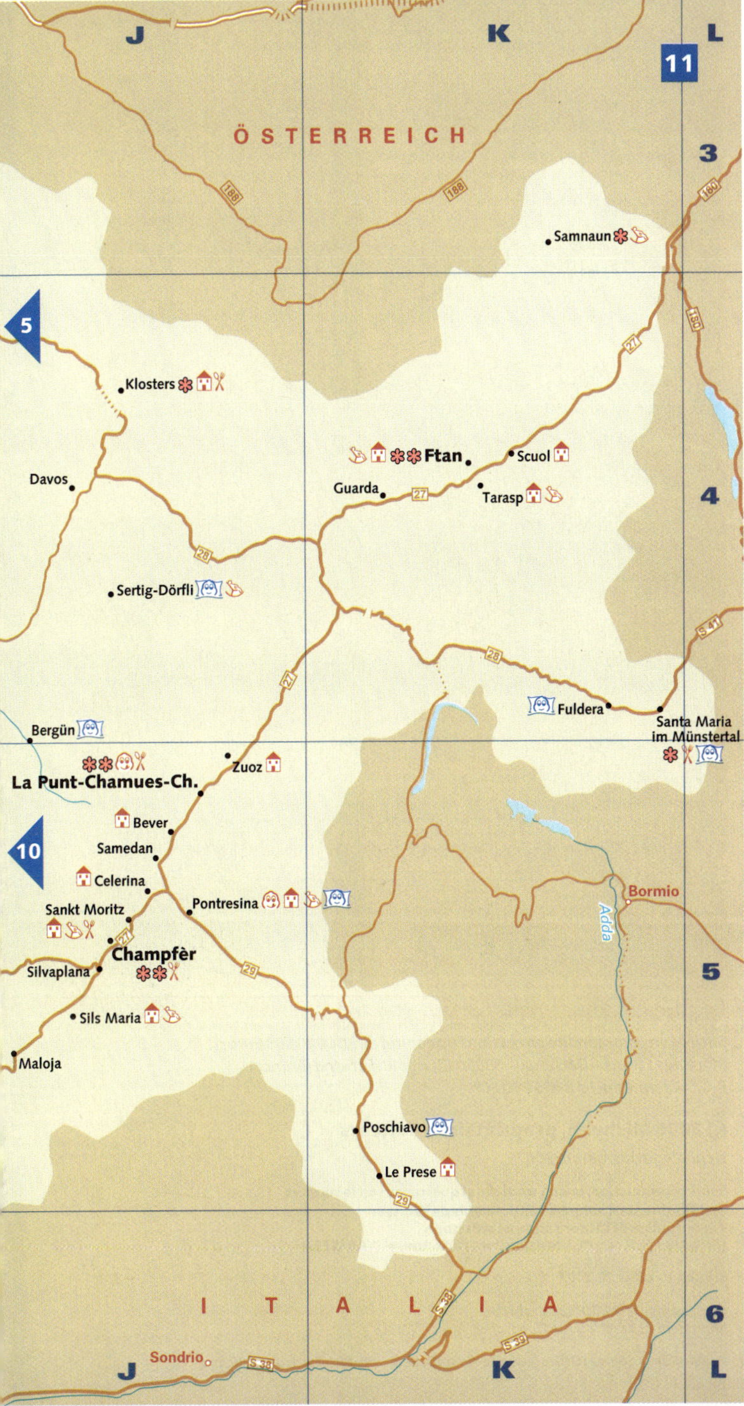

J
K
L
11
ÖSTERREICH
3
188
188
180
Samnaun
5
Klosters
Ftan
Scuol
Davos
Guarda
27
Tarasp
4
28
Sertig-Dörfli
27
S 41
28
Fuldera
Santa Maria
im Münstertal
Bergün
Zuoz
La Punt-Chamues-Ch.
Bever
10
Samedan
Celerina
Bormio
Adda
Pontresina
Sankt Moritz
27
Champfèr
5
Silvaplana
29
Sils Maria
Maloja
Poschiavo
Le Prese
29
ITALIA
S 38
6
S 39
Sondrio
S 38
J
K
L

Manufacture française des pneumatiques Michelin
Société en commandite par actions au capital de 304 000 000 Euros
Place des Carmes-Déchaux – 63000 Clermont-Ferrand (France)
R.C.S. Clermond-Fd B 855 200 507

Dépôt légal novembre 2007

Printed in France 10-2007

Compogravure : MAURY, Malesherbes
Imprimeur et brocheur : La Tipografica Varese, Varese

Population : « Source : Office fédéral de la statistique, site Web Statistique suisse »